ISBN 978-0-265-64616-8
PIBN 10996183

FB &c Ltd, Dalton House, 60 Windsor Avenue, London, SW19 2RR.
Company number 08720141. Registered in England and Wales.

For support please visit www.forgottenbooks.com

Centralblatt

für

gesammte Unterrichts-Verwal

in Preußen.

---

usgegeben in dem Ministerium der geistlichen, Un
und Medizinal-Angelegenheiten.

Jahrgang 1892.

Berlin.
Verlag von Wilhelm Hertz.
(Bessersche Buchhandlung.)

gesammte Unterrichts-Verwaltung
in Preußen.

ausgegeben in dem Ministerium der geistlichen,
Unterrichts- und Medizinal-Angelegenheiten.

Januar-Februar-März-Heft.

Berlin 1892.
Verlag von Wilhelm Hertz.
(Bessersche Buchhandlung.)
Behrenstraße 17.

Centralblatt
für
die gesammte Unterrichts-Verwaltung in Preußen.

Herausgegeben in dem Ministerium der geistlichen, Unterrichts- und Medizinal-Angelegenheiten.

№ 1 u. 2. Berlin, den 2. Januar 1892.

A. Ministerium der geistlichen, Unterrichts- und Medizinal-Angelegenheiten.

Chef:

Seine Excellenz Graf von Zedlitz-Trützschler, Staatsminister. (W. Unter den Linden 4.)

Unter-Staatssekretär:

D. von Weyrauch. (W. Lutherstr. 4.)

Abtheilungen des Ministeriums.

I. Abtheilung für die geistlichen Angelegenheiten.

Direktoren:

D. von Weyrauch, Unter-Staatssekretär (s. vorher).
Dr. Bartsch, Wirklicher Geheimer Ober-Regierungsrath. (W. Derfflingerstraße 26.)

Vortragende Räthe:

D. Richter, Feldpropst. (C. Neue Friedrichstraße 1. Hinter der Garnisonkirche.)
Dr. Wehrenpfennig, Geheimer Ober-Regierungsrath. (W. Magdeburgerstraße 32.)
Binter, Geheimer Ober-Regierungsrath. (W. Lützowstraße 41.)
D. Dr. Weiß, Ober-Konsistorialrath und Professor. (W. Landgrafenstraße 8.)
Dr. Jordan, Geheimer Ober-Regierungsrath. (W. Buchenstraße 8.)
Löwenberg, desgl. (W. Kurfürstendamm 189.)

Graf von Bernstorff-Stintenburg, Geheimer Ober-Regierungsrath, Kammerherr. (W. Rauchstraße 5.)
Hegel, Geheimer Regierungsrath. (W. Keithstraße 8.)
Wever, dsgl. (W. Nettelbeckstraße 10.)
Dr. Renvers, dsgl. (W. Lutherstraße 45.)
Dr. Förster, dsgl. (W. Bayreutherstraße 4.)
Bautechnischer Rath, z. Z. unbesetzt.

Hilfsarbeiter:

Steinhausen, Regierungsrath. (W. Potsdamerstraße 78.)
Schwartzkopff, dsgl. (SW. Schönebergerstraße 18.)

IIa. Erste Abtheilung für die Unterrichts-Angelegenheiten.

Direktor:

de la Croix, Wirklicher Geheimer Ober-Regierungsrath, Mitglied des Staatsrathes und Vorsitzender des Kuratoriums der Königl. Bibliothek zu Berlin. (W. Karlsbad 6.)

Vortragende Räthe:

Dr. Schöne, Wirklicher Geheimer Ober-Regierungsrath und General-Direktor der Museen. (W. Thiergartenstraße 27, im Garten.)
Dr. Schneider, Wirklicher Geheimer Ober-Regierungsrath. (SW. Tempelhofer-Ufer 82.)
Dr. Stauder, Geheimer Ober-Regierungsrath. (W. Burggrafenstraße 19.)
Dr. Wehrenpfennig, dsgl. — s. Abth. I.
Bohtz, dsgl. (W. Hohenzollernstraße 14.)
Dr. Jordan, dsgl. — s. Abth. I.
Polenz, dsgl. (W. Kaiserin-Augusta-Straße 78.)
Dr. Althoff, dsgl. (W. Friedrich-Wilhelm-Straße 17.)
Persius, dsgl., Konservator der Kunstdenkmäler. (NW. Klopstockstraße 35.)
Dr. Höpfner, Geheimer Ober-Regierungsrath. (W. Kurfürstendamm 118.)
Naumann, dsgl. (W. Burggrafenstraße 4.)
Wever Geheimer Regierungsrath. — s. Abth. I.
Dr. Renvers, dsgl. — s. Abth. I.
Dr. Köpke, dsgl. (W. Kleiststraße 5.)
Dr. Schottmüller, dsgl. (Zehlendorf, Mühlenstraße.)
Müller, dsgl. (W. Kaiserin-Augusta-Straße 58.)
Bautechnischer Rath, z. Z. unbesetzt. — s. Abth. I.

Hilfsarbeiter:

von Moltke, Regierungsrath. (NW. Händelstraße 15.)
Dr. Schmidt, Regierungs-Assessor. (W. Genthinerstraße 35.)
Dr. Frommhold, Privatdozent, Gerichts-Assessor. (W. Bernburgerstraße 8.)

IIb. Zweite Abtheilung für die Unterrichts-Angelegenheiten.

Direktor:

Dr. Kügler, Wirkl. Geheimer Ober-Regierungsrath, Mitglied der Ansiedelungs-Kommission für Westpreußen und Posen. (W. Flottwellstraße 4.)

Vortragende Räthe:

Dr. Schneider, Wirkl. Geheimer Ober-Regierungsrath, — s. Abth. IIa.
Dr. Wehrenpfennig, Geheimer Ober-Regierungsrath. — s. Abth. I u. IIa.
Sinter, Geheimer Ober-Regierungsrath. — s. Abth. I.
Bayer, dsgl. (C. Kl. Präsidentenstraße 8.)
von Bremen, dsgl. (W. Regentenstraße 11a.)
Bever, Geheimer Regierungsrath. — s. Abth. I u. IIa.
Dr. Köpke, dsgl. — s. Abth. IIa.
Müller, dsgl. — s. Abth. IIa.
von Chappuis, dsgl. (W. Wichmannstraße 10.)
Brandi, dsgl. (W. Dörnbergstraße 3.)
Bautechnischer Rath, z. Z. unbesetzt. — s. Abth. I u. II a.

Hilfsarbeiter:

von Moltke, Regierungsrath. — s. Abth. IIa.
Dr. Mauve, Regierungs-Assessor. (W. Kleiststraße 41.)

III. Abtheilung für die Medizinal-Angelegenheiten.

Direktor:

Dr. Bartsch, Wirkl. Geheimer Ober-Regierungsrath. — s. Abth. I.

Vortragende Räthe:

Dr. von Coler, General-Stabsarzt der Armee mit dem Range eines Generallieutenants, Excell., Chef des Sanitätskorps und Wirkl. Geheimer Ober-Medizinalrath.
Löwenberg, Geheimer Ober-Regierungsrath. — s. Abth. I.
Dr. Skrzeczka, Geheimer Ober-Medizinalrath und ordentlicher Honorar-Professor. (W. Linkstraße 41, im Sommer Steglitz, Filandastraße.)
Dr. Schönfeld, Geheimer Ober-Medizinalrath. (W. Kurfürstenstraße 124a.)

Weyer, Geheimer Regierungsrath. — s. Abth. I u. IIa. u. b.
Dr. Pistor, Geheimer Medizinalrath. (W. von der Heydt-St 13.)
Bautechnischer Rath, z. Z. unbesetzt. — s. Abth. I u. IIa. u. b.

Konservator der Kunstdenkmäler.

Persius, Geheimer Ober-Regierungsrath, Hof-Architekt, Direktor der Schloß-Baukommission. — s. Abth. IIa.

Central-Bureau.
(Unter den Linden 4.)

Lauer, Geh. Rechn. Rath, Vorsteher.

Baubeamte.

Dr. Meydenbauer, Geheimer Baurath. (W. Magdeburgerstr. 5.)
Bürckner, Baurath, Landbauinspektor. (SW. Hallesche Straße 14.)
Ditmar, Landbauinspektor. (W. Friedrich-Wilhelm-Straße 10.)

Geheime Expedition.

Vater, Geh. Kanzl. Rath. (W. Bülowstraße 18.)

Geheime Kalkulatur.

Dänell, Geh. Rechn. Rath, Vorsteher. (W. Bülowstraße 47/48.)

Geheime Registratur der Abtheilungen für die geistlichen und die Unterrichts-Angelegenheiten.

Willmann, Geh. Rechn. Rath, Vorsteher. (W. Kurfürstenstraße 15/16.)

Geheime Registratur der Abtheilung für die Medizinal-Angelegenheiten.

Klipfel, Geh. Kanzl. Rath. (W. von der Heydt-Straße 6.)

Geheime Kanzlei.

Reich, Geh. Kanzl. Rath, Geh. Kanzleidirektor. (C. Linienstr. 69/70.)

Generalkasse des Ministeriums. (W. Behrenstraße 72.)
Rendant: Hasselbach, Geh. Rechn. Rath. (Friedenau, am Maybach-Platze.)

Ministerial-Bibliothek.

Schindler, Kanzl. Rath, Bibliothekar. (Steglitz, Fichtestraße 24.)

Wissenschaftliche Deputation für das Medizinalwesen.

Direktor:

Dr. Bartsch, Wirkl. Geheimer Ober-Regierungsrath und Ministerial-Direktor.

Ordentliche Mitglieder:

Dr. **Virchow**, Geheimer Medizinalrath und Professor.
„ **von Hofmann**, Geheimer Regierungsrath und Professor.
„ **Bardeleben**, Geheimer Ober=Medizinalrath und Professor.
„ **Skrzeczka**, Geheimer Ober=Medizinalrath und ordentlicher Honorar=Professor.
Dr. **von Bergmann**, Geheimer Medizinalrath und Professor.
„ **Pistor**, Geheimer Medizinalrath.
„ **Leyden**, Geheimer Medizinalrath und Professor.
„ **Gerhardt**, Geheimer Medizinalrath und Professor.
„ **Schönfeld**, Geheimer Ober=Medizinalrath.
„ **Olshausen**, Geheimer Medizinalrath und Professor.
„ **Jolly**, Geh. Medizinalrath und Professor.
„ **Rubner**, ordentlicher Professor.

Technische Kommission für pharmazeutische Angelegenheiten.

Vorsitzender:

Dr. **Pistor**, Geheimer Medizinalrath.

Mitglieder:

Kobligk, Apothekenbesitzer. **Hobe**, Apotheker.
Dr. **Schacht**, dsgl., Medizinal=Assessor.
Frölich, Apothekenbesitzer.

Die Sachverständigen=Vereine.

I. Litterarischer Sachverständigen=Verein.

Vorsitzender: Dr. **Dambach**, Wirklicher Geheimer Ober=Postrath, vortragender Rath und Justiziar im Reichs=Postamte, außerordentlicher Professor in der juristischen Fakultät der Universität Berlin.

Mitglieder:

Dr. **Dernburg**, Geheimer Justizrath und ordentlicher Professor in der juristischen Fakultät der Universität Berlin.
Dr. **Hinschius**, Geheimer Justizrath und ordentlicher Professor in der juristischen Fakultät der Universität Berlin.
Hertz, Verlagsbuchhändler zu Berlin.
Dr. **Hirsch**, Geheimer Medizinalrath und ordentlicher Professor in der medizinischen Fakultät der Universität Berlin.
Dr. **Töche**, Königlicher Hof=Buchhändler und Hof=Buchdrucker zu Berlin.

Stellvertreter:

Dr. Hübler, Geheimer Ober-Regierungsrath und ordentlicher Professor in der juristischen Fakultät der Universität Berlin.
Mühlbrecht, Verlagsbuchhändler zu Berlin.
Höfer, Verlagsbuchhändler zu Berlin.
Dr. Daude, Geheimer Regierungsrath, Universitätsrichter zu Berlin.
Dr. Rodenberg, Schriftsteller zu Berlin.
Reimer, Verlagsbuchhändler zu Berlin.

II. Musikalischer Sachverständigen-Verein.

Vorsitzender: Dr. Dambach (siehe ad I).

Mitglieder:

Golz, Kammergerichtsrath zu Berlin, zugleich Stellvertreter des Vorsitzenden.
Weiß, Komponist und Musikverleger zu Berlin.
Bahn, Königlicher Hof-Buch- und Musikalienhändler zu Berlin.
Löschhorn, Professor zu Berlin.
Bock, Königlicher Hof-Musikalienhändler zu Berlin.
Blumner, Professor und Direktor der Sing-Akademie zu Berlin.

Stellvertreter:

Radecke, Kapellmeister zu Berlin.
Becker, Albert, Professor, Komponist zu Berlin.
Dr. Alsleben, Professor, Gesang- und Musiklehrer zu Berlin.
Klingner, Kammergerichtsrath zu Berlin.

III. Künstlerischer Sachverständigen-Verein.

Vorsitzender: Dr. Dambach (siehe ad I).

Mitglieder:

Schrader, Geschichtsmaler, Professor, Senator u. Mitglied d. Akad. der Künste, zugleich Stellvert. des Vorsitzenden, zu Berlin.
Ernst, Kunst- und Buchhändler zu Berlin.
Sußmann-Hellborn, Professor und Bildhauer, artistischer Direktor der Königlichen Porzellan-Manufaktur, zu Berlin.
Ende, Geh. Reg. Rath, Professor, Senator und Vorsteher eines Meister-Ateliers bei der Akademie der Künste zu Berlin.
Duncker, Hof-Buchhändler zu Berlin.
Dr. Daude (s. ad I).

Stellvertreter:

Meyerheim, Professor und Genremaler zu Berlin.
Jacoby, Professor, technischer Beirath für die artistischen Publikationen bei den Museen zu Berlin.

Busse, Geh. Ober-Reg. Rath, Direktor der Reichsdruckerei zu Berlin.
Wolff, Bildhauer, Professor, Senator und Mitglied der Akad. d. Künste zu Berlin.
Schaper, Bildhauer, Professor an der Akad. der Künste zu Berlin.

IV. Photographischer Sachverständigen-Verein.

Vorsitzender: Dr. **Dambach** (siehe ad I).

Mitglieder:

Schrader, Professor, Geschichtsmaler, zugleich Stellvertreter des Vorsitzenden (siehe ad III).
Duncker, Hof-Buchhändler (siehe ad III).
Dr. **Vogel**, Professor an der Technischen Hochschule zu Berlin.
Jeckert, Maler, Lithograph, Mitglied der Akad. d. Künste zu Berlin.
Ernst, Kunst- und Buchhändler (siehe ad III).
Hartmann, Hof-Photograph und Maler zu Berlin.

Stellvertreter:

Busse, Geh. Ober-Reg. Rath (siehe ad III).
Dr. **Stolze**, Redakteur des photographischen Wochenblattes zu Berlin.
Jechner, Photograph zu Berlin.

V. Gewerblicher Sachverständigen-Verein.

Vorsitzender: Dr. **Dambach** (siehe ad I).

Mitglieder:

Lüders, Geheimer Ober-Regierungsrath, zugleich Stellvertreter des Vorsitzenden, zu Berlin.
Dr. **Hinschius**, Geheimer Justizrath und ordentlicher Professor (siehe ad I).
Grunow, Erster Direktor des Kunstgewerbe-Museums zu Berlin.
Dr. **Weigert**, Fabrikbesitzer zu Berlin.
Sußmann-Hellborn, Professor 2c. (siehe ad III).
March, Kommerzienrath zu Charlottenburg.
Heyden, Baurath, Mitglied der Akademie der Künste zu Berlin.
Dr. **Lessing**, Professor und Direktor der Sammlungen des Kunstgewerbe-Museums zu Berlin.
Dr. **Siemering**, Bildhauer, Senator nnd Mitglied der Akademie der Künste und Vorsteher des Rauch-Museums, zu Berlin

Stellvertreter:

Heese, Kommerzienrath zu Berlin.
Lieck, Tapetenfabrikant zu Berlin.

Vollgold, Hofgoldschmied, Gold- und Silberwaarenfabrikant zu Berlin.
Puls, Fabrikant schmiedeeiserner Ornamente 2c. zu Berlin.
Söhlke, Kommerzienrath zu Berlin.
Ihne, Architekt zu Berlin.
Dr. **Daube** (siehe ad I).
Spannagel, Kaufmann zu Berlin.

Landes-Kommission zur Berathung über die Verwendung der Fonds für Kunstzwecke.

Becker, Professor, Geschichtsmaler, z. Z. Präsident der Akademie der Künste zu Berlin.
von **Bochmann**, Maler zu Düsseldorf.
Eilers, Profess., Kupferstecher, Mitglied der Akademie der Künste zu Berlin.
Ende, Geh. Reg. Rath, Profess., Senator und Vorsteher eines Meister-Ateliers bei der Akademie der Künste zu Berlin.
von **Gebhardt**, Profess., Geschichtsmaler und Lehrer an der Kunstakademie zu Düsseldorf.
Geselschap, Profess., Geschichtsmaler, Senator der Akademie der Künste zu Berlin.
Heyden, Baurath, Senator der Akademie der Künste zu Berlin.
Janßen, Profess., Geschichtsmaler, Lehrer an der Kunstakademie zu Düsseldorf.
Dr. **Jordan**, Geh. Ob. Reg. Rath, auftrw. Direktor der National-Galerie zu Berlin.
von **Keudell**, Kaiserl. Botschafter z. D., Wirkl. Geheimer Rath, Excell., zu Berlin.
Meyerheim, Profess., Mitglied der Akademie der Künste zu Berlin.
Schmidt, Profess. Landschaftsmaler, Lehrer an der Kunstakademie zu Königsberg.
Schrader, Profess., Geschichtsmaler, Senator der Akademie der Künste zu Berlin.
Dr. **Siemering**, Bildhauer, Mitglied und Senator der Akademie der Künste zu Berlin.
von **Werner**, Profess., Geschichtsmaler, Director der akademischen Hochschule für die bildenden Künste, Senator und Vorsteher eines Meister-Ateliers bei der Akademie der Künste zu Berlin.
Wolff, Profess., Bildhauer, Senator der Akademie der Künste zu Berlin.

Königliche Turnlehrer-Bildungsanstalt zu Berlin.
(SW. Friedrichstraße 229.)

Direktor:

Dr. Köpke, Geheimer Regierungsrath.

Lehrer:

Dr. Euler, Professor, Unterrichts-Dirigent. (N. Oranienstr. 60/68.)
Eckler, Oberlehrer, zugleich Bibliothekar. (SW. Friedrichstraße 7.)
Dr. Brösike, Lehrer für Anatomie.

Königliches evangelisches Lehrerinnen-Seminar, Gouvernanten-Institut und Pensionat zu Droyßig bei Zeitz.

Direktor: Moldehn.

B. Die Königlichen Provinzialbehörden für die Unterrichts-Verwaltung.

Anmerkungen.

1. Bei den Regierungskollegien, bezw. den betreffenden Abtheilungen derselben werden nachstehend außer dem Dirigenten nur die schulkundigen Mitglieder aufgeführt.

2. Die bei den Regierungen angestellten Regierungs- und Schulräthe sind, nach Maßgabe ihrer Funktionen, auch Mitglieder des Provinzial-Schulkollegiums.

I. Provinz Ostpreußen.

1. Ober-Präsident zu Königsberg.

Se. Exc. Graf zu Stolberg-Wernigerode.

2. Provinzial-Schulkollegium zu Königsberg.

Präsident: Se. Exc. Graf zu Stolberg-Wernigerode, Ober-Präsident.
Direktor: Dr. von Heydebrand und der Lasa.
Mitglieder: Vater, Provinz. Schulrath.
Provinz. Schulrath, z. Z. unbesetzt.
Lempfert, Reg. Rath, Verwalt. Rath und Justiziar im Nebenamte.

3. Regierung zu Königsberg.

a. Präsident.

Dr. von Heydebrand und der Lasa.

b. Abtheilung für Kirchen- und Schulwesen.

Dirigent: Meier, Ob. Reg. Rath.
Reg. Räthe: Dr. Kretschmer, Reg. und Schulrath.
Schellong, dsgl.

Außerdem bei der
Abtheilung beschäftigt: Tarony, Schulrath, Kreis-Schulinspektor.

4. Regierung zu Gumbinnen.

a. Präsident.

Steinmann.

b. Abtheilung für Kirchen- und Schulwesen.

Dirigent: Hoppe, Ob. Reg. Rath.
Reg. Räthe: Dr. Ohlert, Reg. und Schulrath.
Meinke, dsgl.

II. Provinz Westpreußen.

1. Ober-Präsident zu Danzig.

Se. Exc. Dr. von Goßler, Staatsminister.

2. Provinzial-Schulkollegium zu Danzig.

Präsident: Se. Exc. Dr. von Goßler, Staatsminister, Ober-Präsident.
Direktor: von Holwede, Reg. Präsident.
Mitglieder: Dr. Kruse, Provinz. Schulrath, Geh. Reg. Rath.
Dr. Völcker, Provinz. Schulrath.
Dr. Kühne, Reg. Rath, Verwalt. Rath und Justiziar im Nebenamte.

3. Regierung zu Danzig.

a. Präsident.

von Holwede.

b. Abtheilung für Kirchen- und Schulwesen.

Dirigent: Bergmann, Ob. Reg. Rath.
Reg. Räthe: Thaiß, Reg. und Schulrath.
Dr. Rohrer, dsgl.

4. Regierung zu Marienwerder.

a. Präsident.

von Horn.

b. Abtheilung für Kirchen- und Schulwesen.

Dirigent: Schweder, Ob. Reg. Rath.
Reg. Räthe: Triebel, Reg. und Schulrath.
Pfennig, dsgl.

Außerdem bei der
Abtheilung beschäftigt: Jenetzky, Schulrath, Kreis-Schulinspektor.

III. Provinz Brandenburg.

1. Ober-Präsident zu Potsdam.

Se. Exc. Dr. von Achenbach, Staatsminister, zugleich Ober-Präsident des Stadtkreises Berlin.

2. Provinzial-Schulkollegium zu Berlin

für die Provinz Brandenburg und den Stadtkreis Berlin. Demselben ist außer den Angelegenheiten der höheren Unterrichtsanstalten und der Seminare auch das Elementarschulwesen der Stadt Berlin übertragen.

Präsident: Se. Exc. Dr. von Achenbach, Staatsminister, Ober-Präsident zu Potsdam.
Vice-Präsident: Tappen, Geh. Ob. Reg. Rath.
Mitglieder: Dr. Klix, Provinz. Schulrath, Geh. Reg. Rath.
Gruhl, Provinz. Schulrath, Geh. Reg. Rath.
Müller, dsgl.
Dr. Pilger, dsgl.
Skrodzki, dsgl.
Glasewald, Reg. Rath, Verwalt. Rath u. Justiziar.
Ehrenmitglied: Reichenau, Geh. Ob. Reg. Rath.

3. Regierung zu Potsdam.

a. Präsident.

Graf Hue de Grais.

b. Abtheilung für Kirchen- und Schulwesen.

Dirigent: Lucanus, Ob. Reg. Rath.
Reg. Räthe: Dr. Dittmar, Reg. und Schulrath.
Böckler, dsgl.
Trinius, dsgl.

4. Regierung zu Frankfurt a. O.

a. Präsident.

von Puttkamer.

b. Abtheilung für Kirchen- und Schulwesen.

Dirigent: von Schrötter, Ob. Reg. Rath.
Reg. Räthe: Schumann, Reg. und Schulrath, Geh. Reg. Rath.
Heiber, Reg. und Schulrath.

IV. Provinz Pommern.

1. Ober-Präsident zu Stettin.

Se. Exc. von Puttkamer, Staatsminister.

2. Provinzial-Schulkollegium zu Stettin.

Präsident: Se. Exc. von Puttkamer, Staatsminister, Ober-Präsident.
Direktor: von Sommerfeld, Regier. Präsident.
Mitglieder: Dr. Wehrmann, Provinz. Schulrath, Geh. Reg. Rath.
Bethe, Provinz. Schulrath.
von Strantz, Reg. Rath, Verwalt. Rath und Justiziar im Nebenamte.

3. Regierung zu Stettin.

a. Präsident.

von Sommerfeld.

b. Abtheilung für Kirchen- und Schulwesen.

Dirigent: Schreiber, Ob. Reg. Rath.
Reg. Räthe: Dr. Königk, Reg. und Schulrath, Geh. Reg. Rath.
Hauffe, Reg. und Schulrath.

4. Regierung zu Cöslin.

a. Präsident.

Graf Clairon d'Haussonville.

b. Abtheilung für Kirchen- und Schulwesen.

Dirigent: Höfer, Ob. Reg. Rath.
Reg. Räthe: Hielscher, Reg. und Schulrath.
Weise, dsgl.

5. Regierung zu Stralsund.

a. Präsident.

Dr. von Arnim.

b. Kollegium.

Reg. Räthe: Rolshoven, Ob. Reg. Rath, Stellvertreter des Präsidenten.
Maaß, Reg. und Schulrath.

V. Provinz Posen.

1. Ober-Präsident zu Posen.

Se. Exc. Freiherr von Wilamowitz-Möllendorff.

2. Provinzial-Schulkollegium zu Posen.

Präsident: Se. Exc. Freiherr von Wilamowitz-Möllendorff, Ober-Präsident.
Direktor: Himly, Reg. Präsident.
Mitglieder: Polte, Provinz. Schulrath, Geh. Reg. Rath.

Luke, Provinz. Schulrath.
Giseviu s, Reg. Assessor, Verwalt. Rath u. Justiziar.

3. Regierung zu Posen.

a. Präsident.

Himly.

b. Abtheilung für Kirchen- und Schulwesen.

Dirigent: von Natzmer, Ob. Reg. Rath.
Reg. Räthe: Skladny, Reg. und Schulrath.
Gabriel, dsgl.
Dr. Franke, dsgl.
Außerdem bei der Abtheilung beschäftigt: Snoy, Schulrath, Seminar-Direktor.

4. Regierung zu Bromberg.

a. Präsident.

von Tiedemann, Mitglied des Staatsrathes.

b. Abtheilung für Kirchen- und Schulwesen.

Dirigent: Reichenau, Ob. Reg. Rath.
Reg. Räthe: Dr. Nagel, Reg. und Schulrath.
Klewe, dsgl.

VI. Provinz Schlesien.

1. Ober-Präsident zu Breslau.

Se. Exc. D. von Seydewitz, Wirkl. Geh. Rath.

2. Provinzial-Schulkollegium zu Breslau.

Präsident: Se. Exc. D. von Seydewitz, Ober-Präsident, Wirkl. Geh. Rath.
Direktor (mit dem Range eines Ober-Regierungsrathes):
Dr. Willdenow, Geh. Reg. Rath.
Mitglieder: Tschackert, Provinz. Schulrath, Profess., Geh. Reg. Rath.
Eismann, Reg. und Schulrath, Konsist. Rath.
Hoppe, Provinz. Schulrath.
Dr. Montag, dsgl.
von Bornstedt, Reg. Rath, Verw. Rath und Justiziar im Nebenamte.

3. Regierung zu Breslau.

a. Präsident.

Frhr. Juncker von Ober-Conreut, Wirkl. Geh. Ob. Reg. Rath.

b. Abtheilung für Kirchen- und Schulwesen.

Dirigent: von Wallenberg, Ob. Reg. Rath.
Reg. Räthe: Eismann, Reg. und Schulrath, Konsist. Rath.
Sperber, Reg. und Schulrath.
Dr. Gansen, dsgl.

Außerdem bei der
Abtheilung beschäftigt: Dr. Montag, Prov. Schulrath, f. Prov. Schulkolleg.
Dr. Butzky, Schulrath, Kreis-Schulinspektor.

4. Regierung zu Liegnitz.

a. Präsident.

Prinz Handjery.

b. Abtheilung für Kirchen- und Schulwesen.

Dirigent: von Dallwitz, Ob. Reg. Rath.
Reg. Räthe: Jüttner, Reg. und Schulrath, Geh. Reg. Rath.
Friese, Reg. und Schulrath.
Altenburg, dsgl.

5. Regierung zu Oppeln.

a. Präsident.

Dr. von Bitter.

b. Abtheilung für Kirchen- und Schulwesen.

Dirigent: Grundmann, Ob. Reg. Rath.
Reg. Räthe: Kupfer, Reg. und Schulrath.
Wende, dsgl.
Reg.- und Schulrath, z. Z. unbesetzt.

VII. **Provinz Sachsen.**

1. Ober-Präsident zu Magdeburg.

Se. Exc. von Pommer-Esche.

2. Provinzial-Schulkollegium zu Magdeburg.

Präsident: Se. Exc. von Pommer-Esche, Ober-Präsident.
Direktor: Graf Baudissin, Reg. Präsident.
Mitglieder: Dr. Göbel, Prov. Schulrath, Geh. Reg. Rath.
Trosien, dsgl. dsgl.
Nitze, Ob. Konsist. Rath, Justiziar.
Schuppe, Geh. Reg. Rath, Verwalt. Rath.
Bode, Reg. und Schulrath.

3. Regierung zu Magdeburg.

a. Präsident.

Graf Baudissin.

b. Abtheilung für Kirchen- und Schulwesen.

Dirigent: Kuhnow, Ob. Reg. Rath.
Reg. Räthe: Bode, Reg. und Schulrath.
Schönwälder, dsgl.

Außerdem bei der
Abtheilung beschäftigt: Dr. Protzen, Schulrath, Kreis-Schulinsp.

4. Regierung zu Merseburg.

a. Präsident.

von Diest, Wirkl. Geh. Ober-Reg. Rath.

b. Abtheilung für Kirchen- und Schulwesen.

Dirigent: Pogge, Ob. Reg. Rath.
Reg. Räthe: Haupt, Reg. und Schulrath, Geh. Reg. Rath.
D. Treibel, Reg. und Schulrath.

Außerdem bei der
Abtheilung beschäftigt: Herrmann, Seminar-Direktor.

5. Regierung zu Erfurt.

a. Präsident.

von Brauchitsch.

b. Abtheilung für Kirchen- und Schulwesen.

Dirigent: von Tzschoppe, Ob. Reg. Rath, Stellv. d. Präsid.
Reg. Rath: Hardt, Reg. und Schulrath.

Außerdem bei der
Abtheilung beschäftigt: Nagel, Geh. Reg. Rath, Militär-Oberpfarrer a. D.

VIII. **Provinz Schleswig-Holstein.**

1. Ober-Präsident zu Schleswig.

Se. Exc. von Steinmann, Wirkl. Geh. Rath.

2. Provinzial-Schulkollegium zu Schleswig.

Präsident: Se. Exc. von Steinmann, Ober-Präsident, Wirkl. Geh. Rath.
Mitglieder: D. Schneider, Reg. und Schulrath, Geh. Reg. Rath.
Dr. Kammer, Provinz. Schulrath.
Kuntze, Geh. Reg. Rath, Verwalt. Rath und Justiziar im Nebenamte.

3. Regierung zu Schleswig.

a. Präsident.

Zimmermann.

b. Abtheilung für Kirchen- und Schulwesen.

Dirigent: Schow, Ob. Reg. Rath.
Reg. Räthe: D. Schneider, Reg. und Schulrath, Geh. Reg. Rath.
Saß, Reg. und Schulrath.
Außerdem bei der Regierung in der Schulverwaltung beschäftigt: Dr. Preische, Schulrath, Seminar-Direktor.

IX. Provinz Hannover.

1. Ober-Präsident zu Hannover.

Se. Exc. Dr. von Bennigsen, Wirkl. Geh. Rath.

2. Provinzial-Schulkollegium zu Hannover.

Präsident: Se. Exc. Dr. von Bennigsen, Ober-Präsident, Wirkl. Geh. Rath.
Direktor (mit dem Range eines Ober-Regierungsrathes):
Dr. Biedenweg, Geh. Reg. Rath, Verwalt. Rath und Justiziar.
Mitglieder: Dr. Breiter, Prov. Schulrath, Geh. Reg. Rath.
" Häckermann, dsgl. dsgl.
" Wendland, Prov. Schulrath.

3. Regierung zu Hannover.

a. Präsident.

Graf von Bismarck-Schönhausen.

b. Abtheilung für Kirchen- und Schulwesen.

Dirigent: von Oertzen, Ob. Reg. Rath.
Reg. Rath: Pabst, Reg. und Schulrath, Geh. Reg. Rath.

4. Regierung zu Hildesheim.

a. Präsident.

Dr. Schultz.

b. Abtheilung für Kirchen- und Schulwesen.

Dirigent: Dr. Mejer, Ob. und Geh. Reg. Rath, des Präsidenten.

Reg. Räthe. Leverkühn, Reg. und Schulrath, Geh. Reg. Rath.
Wedekin, Reg. und Schulrath, Seminar-Direktor.

5. Regierung zu Lüneburg.

a. Präsident.

von Colmar-Meyenburg.

b. Abtheilung für Kirchen- und Schulwesen.

Dirigent: von Massow, Ob. Reg. Rath, Stellv. d. Präsid.
Reg. Rath: Dr. Sachse, Reg. und Schulrath.

6. Regierung zu Stade.

a. Präsident.

Dr. von Heyer.

b. Abtheilung für Kirchen- und Schulwesen.

Dirigent: Naumann, Ob. Reg. Rath, Stellv. des Präsid.
Reg. Rath: D. Lauer, Reg. und Schulrath.
Außerdem bei der
Abtheilung beschäftigt: Dr. Jüngling, Seminar-Director.

7. Regierung zu Osnabrück.

a. Präsident.

Dr. Stüve.

b. Kollegium.

Dirigent: Herr, Ob. Reg. Rath, Stellvertr. des Präsidenten.
Reg. Räthe: Reg. und Schulrath, z. Z. unbesetzt.
Diercke, Reg. und Schulrath, Seminar-Direktor.

8. Regierung zu Aurich.

a. Präsident.

von Hartmann.

b. Kollegium.

Reg. Räthe: Brunner, Ob. Reg. Rath, Stellvertreter des Präsidenten.
Schulze, Reg. und Schulrath.

X. Provinz Westfalen.

1. Ober-Präsident zu Münster.

Se. Exc. Studt.

2. Provinzial-Schulkollegium zu Münster.

Präsident: Se. Exc. Studt, Ober-Präsident.
Direktor: Schwarzenberg, Reg. Präsident.
Mitglieder: Dr. Schultz, Provinz. Schulrath, Geh. Reg. Rath.
Mirus, Geh. Reg. Rath, Verwalt. Rath im Nebenamte.
Dr. Schulz, Reg. und Schulrath, Geh. Reg. Rath.
Dr. Rothfuchs, Provinz. Schulrath.
Flies, Konsist. Rath, Justiziar im Nebenamte.
Friedrich, Reg. und Schulrath, im Nebenamte.

3. Regierung zu Münster.

a. Präsident.

Schwarzenberg.

b. Abtheilung für Kirchen- und Schulwesen.

Dirigent: Vormbaum, Ob. Reg. Rath.
Reg. Räthe: Dr. Schulz, Reg. und Schulrath, Geh. Reg. Rath.
Friedrich, Reg. und Schulrath.

4. Regierung zu Minden.

a. Präsident.

von Pilgrim.

b. Abtheilung für Kirchen- und Schulwesen.

Dirigent: von Lüpke, Ob. Reg. Rath.
Reg. Räthe: Hechtenberg, Reg. und Schulrath.
Vandenesch, dsgl.

5. Regierung zu Arnsberg.

a. Präsident.

Winzer.

b. Abtheilung für Kirchen- und Schulwesen.

Dirigent: Röhrig, Ob. Reg. Rath.
Reg. Räthe: Dr. Kley, Reg. und Schulrath.
Cremer, dsgl.
Außerdem bei der Abtheilung beschäftigt: Dr. Tyszka, Schulrath, Kreis-Schulinspektor.

XI. Provinz Hessen-Nassau.

1. Ober-Präsident zu Cassel.

Se. Exc. Graf zu Eulenburg, Staatsminister.

2. Provinzial=Schulkollegium zu Cassel.

Präsident: Se. Exc. Graf zu Eulenburg, Staatsminister, Ober=Präsident.
Direktor: Rothe, Reg. Präsident.
Mitglieder: Dr. Lahmeyer, Provinz. Schulrath, Geh. Reg. Rath.
Opitz, Ob. Reg. Rath, Verwalt. Rath und Justiziar, im Nebenamte.
Kannegießer, Provinz. Schulrath.
Ehrenmitglied: Kretschel, Geh. Reg. Rath, Provinz. Schulrath a. D.

3. Regierung zu Cassel.

a. Präsident.

Rothe.

b. Abtheilung für Kirchen= und Schulwesen.

Dirigent: Opitz, Ob. Reg. Rath.
Reg. Räthe: Hasse, Reg. und Schulrath, Geh. Reg. Rath.
Sternkopf, Reg. und Schulrath.
Außerdem bei der Abtheilung beschäftigt: Püttgen, Gymnas. Oberlehrer, auftragsw.

4. Regierung zu Wiesbaden.

a. Präsident.

von Tepper=Laski.

b. Abtheilung für Kirchen= und Schulwesen.

Dirigent: de la Croix, Ob. Reg. Rath, Konsist. Präsident.
Reg. Räthe: Risch, Reg. und Schulrath, Konsist. Rath, Geh. Reg. Rath.
Dr. Roß, Reg. und Schulrath.

XII. Rheinprovinz.

1. Ober=Präsident zu Coblenz.

Se. Exc. Nasse, Mitglied des Staatsrathes.

2. Provinzial=Schulkollegium zu Coblenz.

Präsident: Se. Exc. Nasse, Ober=Präsident.
Direktor: von Itzenplitz, Reg. Präsident.
Mitglieder: Dr. Deiters, Provinz. Schulrath, Geh. Reg. Rath.
Linnig, dsgl. dsgl.
Dr. Münch, Provinz. Schulrath.
Henning, dsgl.
Dr. Mager, Reg. Rath, Verwalt. Rath und Justiziar.

3. Regierung zu Coblenz.

a. Präsident.

von Itzenplitz.

b. Abtheilung für Kirchen- und Schulwesen.

Dirigent: Koch, Ob. Reg. Rath, Stellvertr. des Präsidenten.
Reg. Räthe: Dr. Breuer, Reg. und Schulrath.
Anderson, dsgl.

4. Regierung zu Düsseldorf.

a. Präsident.

Frhr. von der Recke von der Horst.

b. Abtheilung für Kirchen- und Schulwesen.

Dirigent: Czirn von Terpitz, Ober-Reg. Rath.
Reg. Räthe: Hildebrandt, Reg. und Schulrath.
Dr. Rovenhagen, dsgl., Professor.
Bauer, Reg. und Schulrath.

5. Regierung zu Cöln.

a. Präsident.

von Sydow.

b. Abtheilung für Kirchen- und Schulwesen.

Dirigent: Fink, Ob. Reg. Rath, Stellvertr. des Präsidenten.
Reg. Räthe: Florschütz, Reg. und Schulrath.
D. Schönen, dsgl.

6. Regierung zu Trier.

a. Präsident.

von Heppe.

b. Abtheilung für Kirchen- und Schulwesen.

Dirigent: von Geldern, Ob. Reg. Rath, Stellv. d. Präsid.
Reg. Räthe: Dr. Schumann, Reg. und Schulrath.
Dr. Flügel, dsgl.

7. Regierung zu Aachen.

a. Präsident.

von Hoffmann.

b. Abtheilung für Kirchen- und Schulwesen.

Dirigent: von Bremer, Ob. Reg. Rath, Stellv. d. Präsid.
Reg. Räthe: Glasmachers, Reg. und Schulrath.
Schieffer, dsgl.

XIII. Hohenzollernsche Lande.

Regierung zu Sigmaringen.

a. Präsident.

Frhr. Frank von Fürstenwerth.

b. Kollegium.

Reg. Räthe: Drolshagen, Verwaltungsger.-Direktor, Stellvertreter des Präsidenten.
Schellhammer, Pfarrer, auftragsw. Reg. und Schulrath.

Fürstenthümer Waldeck und Pyrmont.

Landesdirektor.

von Saldern zu Arolsen.

C. Kreis-Schulinspektoren.

I. Provinz Ostpreußen.

Aufsichtsbezirke:

1. Regierungsbezirk Königsberg.

a. Ständige Kreis-Schulinspektoren.

1. Allenstein. Spohn zu Allenstein.
2. Braunsberg. Seemann zu Braunsberg.
3. Guttstadt. Reimann zu Guttstadt, Kr. Heilsberg.
4. Heilsberg. Dr. Nobels zu Heilsberg.
5. Hohenstein. von Drygalski zu Hohenstein, Kr. Osterode.
6. Memel I. Schröder zu Prökuls, Kr. Memel.
7. Neidenburg. Rohde zu Neidenburg.
8. Ortelsburg I. Pöhlmann zu Ortelsburg.
9. Ortelsburg II. Dr. Komorowski zu Ortelsburg.
10. Osterode. Blümel zu Osterode.
11. Rössel. Schlicht zu Rössel.
12. Soldau. Hoche zu Soldau, Kr. Neidenburg, auftragsw.
13. Wartenburg. z. Z. unbesetzt.

b. Kreis-Schulinspektoren im Nebenamte.

1. Pr. Eylau I. u. III. Bourwieg, Superint. zu Pr. Eylau.
2. Pr. Eylau II. Mulert, Pfarrer in Kanditten, Kr. Pr. Eylau.
3. Fischhausen I. Dr. Steinwender, Superint. zu Germau, Kr. Fischhausen.

Aufsichtsbezirke:	
4. Fischhausen II.	Frölke, Pfarrer zu Wargen, Kr. Fischhausen.
5. Fischhausen III.	Derselbe.
6. Friedland I.	z. Z. unbesetzt.
7. Friedland II.	Henschke, Pfarrer und Superint. Verweser zu Bartenstein, Kr. Friedland.
8. Gerdauen I.	Lic. Gemmel, Pfarrer zu Assaunen, Kr. Gerdauen.
9. Gerdauen II.	Borowski, Superint. zu Laggarben, Kr. Gerdauen.
10. Gerdauen III.	Messerschmidt, Pfarrer zu Nordenburg, Kr. Gerdauen.
11. Heiligenbeil I.	Wehringer, Pfarrer zu Grunau, Kr. Heiligenbeil.
12. Heiligenbeil II.	Bordt, Pfarrer zu Hermsdorf, Kr. Heiligenbeil.
13. Heilsberg III.	Wobäge, Superint. zu Heilsberg.
14. Pr. Holland I.	Krukenberg, Superint. zu Pr. Holland.
15. Pr. Holland II.	Gorsall, Pfarrer zu Döbern, Kr. Pr. Holland.
16. Königsberg, Stadt.	Dr. Tribukait, Stadtschulrath zu Königsberg.
17. Königsberg, Land I.	Ebel, Prediger zu Königsberg.
18. Königsberg, Land II.	Lackner, Superint. zu Königsberg.
19. Königsberg, Land III.	Besch, Pfarrer zu Neuhausen, Kr. Königsberg.
20. Labiau I.	Kühn, Super. zu Laukischken, Kr. Labiau.
21. Labiau II.	Dengel, Pfarrer zu Popelken, Kr. Labiau.
22. Memel II.	Oloff, Superint. zu Memel.
23. Mohrungen I.	Fischer, Superint. Verweser zu Saalfeld, Kr. Mohrungen.
24. Mohrungen II.	Depner, Prediger zu Mohrungen.
25. Rastenburg I.	z. Z. unbesetzt.
26. Rastenburg II.	Malletke, Pfarrer zu Wenden, Kr. Rastenburg.
27. Wehlau I.	Zilius, dsgl. zu Wehlau.
28. Wehlau II.	Wedemann, dsgl. zu Grünhain, Kr. Wehlau.

2. Regierungsbezirk Gumbinnen.

a. Ständige Kreis-Schulinspektoren.

1. Darkehmen.	Dr. Schmidt zu Darkehmen, auftragsw.

Aufsichtsbezirke:

2. Heydekrug.	z. Z. unbesetzt.
3. Insterburg.	Krantz zu Insterburg, auftragsw.
4. Johannisburg.	Molter zu Johannisburg, auftragsw.
5. Lötzen.	Anders zu Lötzen.
6. Oletzko.	Dr. Korpjuhn zu Marggrabowa, Kr. Oletzko.
7. Pillkallen.	Kurpiun zu Pillkallen, auftragsw.
8. Tilsit.	Schwede zu Tilsit.

b. Kreis-Schulinspektoren im Nebenamte.

1. Angerburg I.	Braun, Superint. zu Angerburg.
2. Angerburg II.	vacat. Dieser Aufsichtsbezirk wird durch Superint. Braun vertretungsw. verwaltet.
3. Goldap. I.	Dr. Woysch, Superint. zu Goldap.
4. Goldap II.	Freiberg, Pfarrer zu Tollmingkehmen, Kr. Goldap.
5. Gumbinnen I.	Rosseck, Superint. zu Gumbinnen.
6. Gumbinnen II.	Kröhnke, Pfarrer zu Szirgupönen, Kr. Gumbinnen.
7. Lyck I.	Siemienowski, Superint. zu Lyck.
8. Lyck II.	von Herrmann, Pfarrer zu Borcymmen, Kr. Lyck.
9. Niederung I.	Konopacki, dsgl. zu Lappienen, Kr. Niederung.
10. Niederung II.	Hoffheinz, Superint. zu Neukirch, Kr. Niederung.
11. Ragnit I.	Hammer, Pfarrer zu Ragnit.
12. Ragnit II.	Friedemann, Superint. zu Kraupischken, Kr. Ragnit.
13. Ragnit III.	Hammer, Pfarrer zu Wischwill, Kr. Ragnit.
14. Sensburg I.	Gerß, Superint. zu Sensburg.
15. Sensburg II.	Casper, Pfarrer zu Seehesten, Kr. Sensburg.
16. Stallupönen I.	Pohl, Superint. zu Kattenau, Kr. Stallupönen.
17. Stallupönen II.	Glodkowski, Pfarrer zu Stallupönen.

II. Provinz Westpreußen.

1. Regierungsbezirk Danzig.

a. Ständige Kreis-Schulinspektoren.

1. Berent.	Nitsch zu Berent.
2. Carthaus I.	Schmidt zu Carthaus.

Aufsichtsbezirke:

3. Carthaus II. — Dr. Ranck zu Carthaus.
4. Danzig, Höhe. — Dr. Scharfe zu Danzig.
5. Dirschau. — z. Z. unbesetzt.
6. Neustadt i. Westpr. — Wernicke zu Neustadt i. Westpr.
7. Putzig. — Dr. Lipkau zu Putzig.
8. Pr. Stargard I. — Richter zu Pr. Stargard.
9. Pr. Stargard II. — Dr. Rösler daselbst.
10. Schöneck. — Friedrich zu Schöneck.
11. Sullenschin. — Fengler zu Sullenschin.
12. Zoppot. — Witt zu Zoppot.

b. Kreis-Schulinspektoren im Nebenamte.

1. Danzig, Nehrung. — Franck, Konsistorialrath zu Danzig.
2. Danzig, Werder. — Schaper, Pfarrer zu Wotzlaff.
3. Danzig, Stadt. — z. Z. unbesetzt.
4. Elbing, Höhe, östl. — Sensfuß, Pfarrer zu Trunz.
5. Elbing, Niederung, wstl. — Mootz, dsgl. zu Neuheide.
6. Elbing. — Wagner, Dekan zu Elbing.
7. Gr. Marienburger Werder. — Kähler, Superint. zu Neuteich.
8. Kl. Marienburger Werder. — Christmann, Pfarrer zu Altfelde.
9. Marienburg. — Nitsch, Dekan zu Marienburg.
10. Tiegenhof I. — Thrum, Pfarrer zu Tiegenhof.
11. Tiegenhof II. — Grunenberg, Dekan zu Gr. Lichtenau.

2. Regierungsbezirk Marienwerder.

a. Ständige Kreis-Schulinspektoren.

1. Briesen. — Winter zu Briesen.
2. Bruß. — Wiese zu Bruß, Kr. Konitz.
3. Dt. Eylau. — Skrzeczka zu Dt. Eylau, Kr. Rosenberg, auftragsw.
4. Flatow. — Bennewitz zu Flatow.
5. Pr. Friedland. — Gerner zu Pr. Friedland, Kr. Schlochau.
6. Graudenz. — Dr. Kaphahn zu Graudenz.
7. Konitz. — Dr. Jonas zu Konitz.
8. Dt. Krone I. — Dr. Hatwig zu Dt. Krone.
9. Dt. Krone II. — Bartsch daselbst.
10. Kulm. — Dr. Cunerth zu Kulm.
11. Kulmsee. — Kittelmann zu Kulmsee, Kr. Thorn
12. Lautenburg. — Dr. Hubrich zu Strasburg, auftragsw
13. Lessen. — Eichhorn zu Lessen, Kr. Graudenz.
14. Löbau. — Streibel zu Löbau.

Aufsichtsbezirke:

15. Marienwerder. z. Z. unbesetzt.
16. Mewe. von Homeyer zu Mewe, Kr. Marienwerder.
17. Neuenburg. Engelien zu Neuenburg, Kr. Schwetz.
18. Neumark. Lange zu Neumark, Kr. Löbau.
19. Prechlau. Henkel zu Prechlau, Kr. Schlochau.
20. Rosenberg. z. Z. unbesetzt.
21. Schlochau. Lettau zu Schlochau.
22. Schwetz I. Scheuermann zu Schwetz.
23. Schwetz II. Treichel daselbst.
24. Schönsee. Dr. Hoffmann zu Schönsee, Kr. Briesen.
25. Strasburg. Dr. Quehl zu Strasburg.
26. Stuhm. Dr. Zint zu Stuhm.
27. Thorn. Schröter zu Thorn.
28. Tuchel I. Dr. Knorr zu Tuchel.
29. Tuchel II. Menge daselbst.
30. Zempelburg. Dr. Block zu Zempelburg, Kr. Flatow.

b. Kreis-Schulinspektoren im Nebenamte.

Keine.

III. Provinz Brandenburg.

1. Stadt Berlin.

a. Ständige Kreis-Schulinspektoren.

Keine.

b. Kreis-Schulinspektoren im Nebenamte.

1. Berlin I. d'Hargues, städtischer Schulinspektor.
2. Berlin II. Haase, dsgl.
3. Berlin III. Stier, dsgl.
4. Berlin IV. Dr. Pohle, dsgl.
5. Berlin V. Dr. Jonas, dsgl.
6. Berlin VI. Dr. Fischer, dsgl.
7. Berlin VII. z. Z. unbesetzt.
8. Berlin VIII. Dr. Zwick, dsgl.

2. Regierungsbezirk Potsdam.

a. Ständige Kreis-Schulinspektoren.

1. Landkreis Berlin-Niederbarnim. Bandtke zu Berlin.
2. " Berlin-Teltow. Kob daselbst.

b. Kreis-Schulinspektoren im Nebenamte.

1. Angermünde I. Möller, Pfarrer zu Parstein, Kr. Angermünde, auftragsw.

Aufsichtsbezirke:

2. Angermünde II.	Röser, Pfarrer zu Crussow, Kr. Angermünde.
3. Baruth.	Dr. Dieben, Superint. zu Baruth, Kr. Jüterbog-Luckenwalde.
4. Beelitz.	Miething, desgl. zu Beelitz, Kr. Zauch-Belzig.
5. Beeskow.	Müller, dsgl. zu Beeskow, Kr. Beeskow-Storkow.
6. Belzig I.	Meyer, dsgl. zu Belzig, Kr. Zauch-Belzig.
7. Belzig II.	Kühne, Pastor zu Raben, Kr. Zauch-Belzig.
8. Berlin, Land I.	Hosemann, Superint. zu Biesdorf, Kr. Niederbarnim.
9. Berlin, Land II.	Heinrich, dsgl. zu Dalldorf, Kr. Niederbarnim.
10. Berlin, Land III.	Winkler, Erzpriester zu Frankfurt a. O.
11. Bernau I.	Thiemann, Superint. zu Biesenthal, Kr. Oberbarnim.
12. Bernau II.	Reichardt, Pastor zu Zehlendorf bei Oranienburg, Kr. Niederbarnim.
13. Brandenburg I.	Spieß, Superint. zu Brandenburg a. H.
14. Brandenburg II.	Golling, dsgl. zu Brandenburg a. H.
15. Brandenburg III.	Rascher, Superint. a. D., Pastor zu Schmergow bei Gr. Kreutz, Kr. Zauch-Belzig.
16. Charlottenburg.	Müller, Oberprediger zu Charlottenburg.
17. Cöln, Land I.	Lange, Superint. zu Teltow.
18. Cöln, Land II.	Vorberg, dsgl. zu Schöneberg bei Berlin, Kr. Teltow.
19. Dahme.	Hähnelt, dsgl. zu Dahme, Kr. Jüterbog-Luckenwalde.
20. Eberswalde I.	Bartusch, dsgl. zu Niederfinow, Kr. Angermünde.
21. Eberswalde II.	Jonas, Oberprediger zu Eberswalde, Kr. Oberbarnim.
22. Fehrbellin.	Zitzlaff, Superint. zu Fehrbellin, Kr. Osthavelland.
23. Gramzow.	Hanse, Pastor zu Briest bei Passow, Kr. Angermünde.
24. Havelberg, Stadt.	Jacob, Oberprediger zu Havelberg, Kr. Westprignitz.

Aufsichtsbezirke:

25. Havelberg, Dom-Wilsnack. Sior, Superint. daselbst.

26. Jüterbog. Pfitzner, dsgl. zu Bochow bei Jüterbog, Kr. Jüterbog-Luckenwalde.

27. Kyritz. Niemann, dsgl. zu Kyritz, Kr. Ostprignitz.

28. Lenzen. von Hoff, dsgl. zu Kietz bei Lenzen, Kr. Westprignitz.

29. Lindow-Gransee. Breithaupt, dsgl. zu Gransee, Kr. Ruppin.

30. Luckenwalde I. Zander, dsgl. zu Luckenwalde, Kr. Jüterbog-Luckenwalde.

31. Luckenwalde II. Großmann, Superint. a. D., Pastor zu Dorf Zinna, Kr. Jütrrbog-Luckenwalde.

32. Nauen. Dr. Stürzebein, Superint. zu Nauen, Kr. Osthavelland.

33. Perleberg I. Riegel, dsgl. zu Perleberg, Kr. Westprignitz.

34. Perleberg II. Drescher, Pastor zu Uenze, Kr. Westprignitz.

35. Potsdam I. Persius, dsgl. zu Potsdam.

36. Potsdam II. Klehmet, Pastor zu Caputh, Kr. Zauch-Belzig.

37. Potsdam III. Lic. Mellin, Superint. a. D., Pastor zu Ahrensdorf, Kr. Teltow.

38. Potsdam IV. Reisenrath, Superint. zu Bornim, Kr. Osthavelland.

39. Potsdam V. Kleineidam zu Charlottenburg.

40. Prenzlau I. Block, Pastor zu Prenzlau.

41. Prenzlau II. Baltzer, dsgl. zu Wichmannsdorf, Kr. Templin.

42. Prenzlau III. Höhne, Pastor zu Fahrenwalde bei Brüssow, Kr. Prenzlau.

43. Pritzwalk I. Klügel, Superint. zu Pritzwalk, Kr. Ostprignitz.

44. Pritzwalk II. Derselbe, auftragsw.

45. Putlitz. Crusius, Superint. zu Kletzke, Kr. Westprignitz.

46. Rathenow I. Glokke, dsgl. zu Rathenow, Kr. Westhavelland.

47. Rathenow II. Curds, Pastor zu Liepe bei Buschow, Kr. Westhavelland.

Aufsichtsbezirke:

48. Rheinsberg. Stobwasser, Pastor zu Zühlen, Kr. Ruppin.

49. Ruppin I. Schmidt, Superint. zu Neu-Ruppin, Kr. Ruppin.

50. Ruppin II. Wackernagel, Pastor zu Wustrau, Kr. Ruppin.

51. Schwedt. Niedergesässe, Superint. zu Schwedt a. O., Kr. Angermünde.

52. Spandau. Hensel, dsgl. zu Spandau.

53. Storkow I. Stöß, Pfarrer zu Rauen, Kr. Beeskow-Storkow, austragsw.

54. Storkow II. Asmis, Pastor zu Neu-Zittau, Kr. Beeskow-Storkow.

55. Strasburg U. M. Nitzsch, Superint. zu Strasburg U. M., Kr. Prenzlau.

56. Strausberg I. Cramer, dsgl. zu Alt-Landsberg, Kr. Niederbarnim.

57. Strausberg II. Bäthge, Pastor zu Werder bei Rehfelde, Kr. Niederbarnim.

58. Templin I. Petrenz, Superint. zu Templin.

59. Templin II. Schiebeck, Pastor zu Hammelspring, Kr. Templin.

60. Treuenbrietzen. Hobohm, Superint. zu Treuenbrietzen, Kr. Zauch-Belzig.

61. Wittenberge. Kowalsky, Erzpriester zu Neu-Ruppin, Kr. Ruppin.

62. Wittstock. Beckmann, Superint. zu Christdorf, Kr. Ostprignitz.

63. Wriezen I. Wilke, dsgl. zu Freienwalde a. O., Kr. Oberbarnim.

64. Wriezen II. Böse, Pastor zu Lüdersdorf b. Wriezen, Kr. Oberbarnim.

65. Wusterhausen a. Dosse. Büchsel, Superint. zu Wusterhausen a. D., Kr. Ruppin.

66. Königs-Wusterhausen I. Schumann, dsgl. zu Königs-Wusterhausen, Kr. Teltow.

67. Kön. Wusterhausen II. Wernicke, Oberprediger zu Wendisch-Buchholz, Kr. Beeskow-Storkow.

68. Zehdenick. Kikebusch, Superint. zu Zehdenick, Kr. Templin.

69. Zossen I. Schmidt, dsgl. zu Mittenwalde, Kr. Teltow.

70. Zossen II. Schmidt, Oberprediger zu Zossen, Kr. Teltow.

Aufsichtsbezirke:

3. Regierungsbezirk Frankfurt a. O.

a. Ständige Kreis-Schulinspektoren.

Keine.

b. Kreis-Schulinspektoren im Nebenamte.

1. Arnswalde I. — Sauer, Superint. zu Arnswalde.
2. Arnswalde II. — Priepke, Diakonus zu Neuwedell, Kr. Arnswalde.
3. Arnswalde III. — Schmidt, Pfarrer zu Granow, Kr. Arnswalde.
4. Dobrilugk I. — Stockmann, Superint. zu Finsterwalde, Kr. Luckau.
5. Dobrilugk II. — Schmidt, Schloßprediger zu Dobrilugk, Kr. Luckau.
6. Forst N. L. — Stange, Superint. zu Eulo bei Forst N. L., Kr. Sorau.
7. Frankfurt I. — Paalzow, Oberpfarrer z. Frankfurt a. O.
8. Frankfurt II. — Nigmann, Pfarrer zu Kl. Rade, Kr. West-Sternberg.
9. Frankfurt III. — Gutbier, dsgl. zu Mallnow, Kr. Lebus.
10. Frankfurt IV. — Köppel, dsgl. zu Sachsendorf, Kr. Lebus.
11. Frankfurt V. — Winkler, Erzpriester zu Frankfurt a. O.
12. Friedeberg N. M. I. — Köppel, Archidiak. zu Friedeberg N. M.
13. Friedeberg N. M. II. — Stanke, Oberpfarrer zu Woldenberg, Kr. Friedeberg N. M.
14. Fürstenwalde. — Beyer, Superint. zu Buchholz, Kr. Lebus.
15. Guben I. — Senckel, Pfarrer zu Wellmitz, Kr. Guben.
16. Guben II. — Rothe, Superint. zu Gr. Breesen, Kr. Guben.
17. Kalau I. — Lützen, dsgl. zu Kalau.
18. Kalau II. — Goßlau, Pfarrer zu Greifenhain, Kr. Kalau.
19. Königsberg N. M. I. — z. Zt. unbesetzt.
20. Königsberg N. M. II. — Dortschy, Pfarrer zu Wrechow, Kr. Königsberg N. M.
21. Königsberg N. M. III. — Grunow, dsgl. zu Neu-Lietzegöricke, Kr. Königsberg N. M.
22. Königsberg N. M. IV. — Tillich, Superint. zu Schönfließ, Kr. Königsberg N. M.
23. Königsberg N. M. V. — Müller, Pfarrer zu Rosenthal, Kr. Soldin.

Aufsichtsbezirke:

24. Kottbus I.	Büchsel, Superint. zu Kottbus.
25. Kottbus II.	Frick, Pfarrer zu Gr. Lieskow, Kr. Kottbus.
26. Kottbus III.	Korreng, dsgl. zu Burg, Kr. Kottbus.
27. Krossen a. O. I.	Frädrich, Superint. zu Krossen a. O., Kr. Krossen.
28. Krossen a. O. II.	Fliegenschmidt, dsgl. zu Bobersberg, Kr. Krossen.
29. Küstrin.	Pfeiffer, dsgl. zu Küstrin, Kr. Königsberg N. M.
30. Landsberg a. W. I.	Dr. Rolke, dsgl. zu Landsberg a. W.
31. Landsberg a. W. II.	Schmock, Pfarrer zu Stennewitz, Kr. Landsberg a. W.
32. Landsberg a. W. III.	Stäglich, dsgl. zu Landsberg a. W.
33. Luckau I.	Schippel, Oberpfarrer zu Luckau.
34. Luckau II.	Fricke, Superint. zu Drahnsdorf, Kr. Luckau.
35. Lübben I.	Schultz, Vice-Generalsuperint. zu Lübben.
36. Lübben II.	Janke, Oberpfarrer zu Friedland N. L., Kr. Lübben.
37. Müncheberg.	z. Z. unbesetzt.
38. Neuzelle.	Frenzel, Erzpriester zu Seitwann, Kr. Guben.
39. Schwiebus.	Gutsche, dsgl. zu Oppelwitz, Kr. Züllichau-Schwiebus.
40. Soldin I.	Gloatz, Superint. zu Soldin.
41. Soldin II.	Schmidt, Oberpfarrer zu Berlinchen, Kr. Soldin.
42. Sonnenburg.	Klingebeil, Superint. zu Sonnenburg, Kr. Ost-Sternberg.
43. Sonnewalde.	Hengstenberg, dsgl. zu Sonnewalde, Kr. Luckau.
. Sorau I.	Petri, dsgl. zu Sorau.
Sorau II.	Göttling, Archidiakonus daselbst.
Spremberg I.	Tietze, Superint. zu Spremberg.
44. Spremberg II.	Böckler, Pfarrer zu Wendisch-Sornow, Kr. Kalau.
48. Sternberg I.	Petri, Superint. zu Drossen, Kr. West-Sternberg.
49. Sternberg II.	Dr. Hoffmann, Oberpfarrer zu Zielenzig, Kr. Ost-Sternberg.

Aufsichtsbezirke:

50. Sternberg III. — Reichert, Superint. zu Reppen, Kr. West-Sternberg.
51. Sternberg IV. — Schenck, Pfarrer zu Lindow, Kr. Ost-Sternberg.
52. Züllichau I. — Röhricht, Superint. zu Züllichau Kr. Züllichau-Schwiebus.
53. Züllichau II. — z. Z. unbesetzt.

IV. Provinz Pommern.

1. Regierungsbezirk Stettin.

a. Ständige Kreis-Schulinspektoren.

Keine.

b. Kreis-Schulinspektoren im Nebenamte.

1. Anclam I. — Wahrendorf, Pfarrer zu Anclam.
2. Anclam II. — Köhn, dsgl. zu Ducherow.
3. Bahn. — Müller, Superint. zu Bahn.
4. Cammin i. P. I. — Lohoff, Superint. zu Cammin i. P.
5. Cammin i. P. II. — Freyer, Pfarrer daselbst.
6. Colbatz I. — Rutzen, Superint. zu Neumark i. P.
7. Colbatz II. — Hildebrandt, Superint. a. D., Pastor zu Babbin bei Wartenberg i. P.
8. Daber. — Wegner, Superint. zu Daber.
9. Demmin I. — Thym, dsgl. zu Demmin.
10. Demmin II. — Sellin, Pfarrer zu Jarmen.
11. Demmin III. — Möller, dsgl. zu Cummerow b. Neuwolkwitz.
12. Freienwalde I. — Sternberg, Superint. zu Freienwalde i. P.
13. Freienwalde II. — Witte, Pfarrer zu Silligsdorf bei Ruhnow.
14. Gartz a. O. — Petrich, Superint. zu Gartz a. O.
15. Gollnow I. — Dr. Schultze, Superint. zu Gollnow.
16. Gollnow II. — Nobiling, Pastor zu Rosenow bei Priemhausen.
17. Greifenberg I. — Friedemann, Superint. zu Greifenberg i. P.
18. Greifenberg II. — Kühl, Archidiakonus daselbst.
19. Greifenhagen. — Gehrke, Superint. zu Greifenhagen.
20. Jacobshagen I. — Klincke, dsgl. zu Jacobshagen.
21. Jacobshagen II. — Brinckmann, Pfarrer zu Cremmin bei Butow i. P.
22. Jacobshagen III. — Karow, dsgl. zu Zachau.

Aufsichtsbezirke:

23. Labes.	Körner, Superint. zu Wangerin.
24. Naugard I.	Oelgarde, dsgl. zu Naugard.
25. Naugard II.	Walter, Pfarrer zu Gülzow.
26. Pasewalk I.	Kupke, dsgl. zu Pasewalk.
27. Pasewalk II.	Langer, dsgl. zu Coblentz b. Pasewalk
28. Penkun.	Hildebrandt, Superint. zu Penkun
29. Pyritz I.	Berg, Oberpfarrer zu Pyritz.
30. Pyritz II.	Schmidt, Superint. zu Beyersdorf.
31. Regenwalde.	Diewitz, dsgl. zu Alt-Labbuhn bei Regenwalde.
32. Stargard i. P.	Haupt, dsgl. zu Stargard i. P.
33. Stettin, Stadt.	Pötter, Generalsuperint. zu Stettin.
34. Stettin, Land I.	Hoffmann Superint. zu Frauendorf
35. Stettin, Land II.	Knüppel, Pfarrer zu Alt-Damm.
36. Stettin, Archipresbyteriat.	Kraetzig, Erzpriester zu Pasewalk.
37. Treptow a. Rega.	Mittelhausen, Superint. zu Treptow a. Rega.
38. Treptow a. Toll. I.	Wegener, dsgl. zu Treptow a. Toll
39. Treptow a. Toll. II.	Thilo, Pfarrer zu Werder bei Treptow a. Toll.
40. Ueckermünde I.	Görcke, Superint. zu Ueckermünde.
41. Ueckermünde II.	Wegener, Pfarrer zu Jasenitz.
42. Usedom I.	Gercke, Superint. zu Usedom.
43. Usedom II.	Wiesener, Pfarrer zu Swinemünde.
44. Werben I.	Gercke, Superint. zu Werben bei Damnitz, Kr. Pyritz.
45. Werben II.	Meinhold, Pfarrer zu Sandow bei Schönwerder.
46. Wollin I.	Vogel, Superint. zu Wollin i. P.
47. Wollin II.	Hintze, Pfarrer zu Martentin bei Parlowkrug.

2. Regierungsbezirk Cöslin.

a. Ständige Kreis-Schulinspektoren.

Keine.

b. Kreis-Schulinspektoren im Nebenamte.

1. Belgard I.	Gensichen, Superint. zu Belgard a. Pers.
2. Belgard II.	Krüger, Pastor zu Woldisch b. Tychow.
3. Bernsdorf.	von Gierszewski, Dekan zu Bernsdorf bei Bütow.
4. Bublitz I.	Herwig, Superint. zu Bublitz.

Aufsichtsbezirke:

5. Bublitz II.	Splittgerber, Pastor zu Goldbeck, Kr. Bublitz.
6. Bütow I.	Neumann, Superint. zu Bütow.
7. Bütow II.	Eitner, Pastor zu Alt-Colziglow, Kr. Rummelsburg.
8. Cörlin.	Lohoff, Superint. zu Cörlin, Kr. Kolberg-Cörlin.
9. Cöslin I.	Hielscher, Reg. und Schulrath zu Cöslin.
10. Cöslin II.	Cauße, Superint. zu Sohrenbohm, Kr. Cöslin.
11. Cöslin III.	Richert, Pastor zu Alt-Belz, Kr. Cöslin.
12. Kolberg I.	Wolfgramm, Superint. zu Kolberg.
13. Kolberg II.	Derselbe.
14. Dramburg I.	Möhr, Superint. zu Dramburg.
15. Dramburg II.	Prahl, Pastor zu Alt-Strädnitz, Kr. Dramburg.
16. Lauenburg I.	Kasischke, Superint. zu Lauenburg i. P.
17. Lauenburg II.	Bogdan, Pastor zu Garzigar, Kr. Lauenburg i. P.
18. Lauenburg III.	Brenske, dsgl. zu Saulin, Kr. Lauenburg i. P.
19. Neustettin I.	Lüdecke, Superint. zu Neustettin.
20. Neustettin II.	Rohloff, Oberpfarrer zu Bärwalde, Kr. Neustettin.
21. Ratzebuhr.	Malisch, Superint. zu Ratzebuhr, Kr. Neustettin.
22. Rügenwalde I.	Heberlein, Pfarrer zu Grupenhagen, Kr. Schlawe.
23. Rügenwalde II.	Derselbe auftragsw.
24. Rummelsburg I.	Rewald, Superint. zu Rummelsburg.
25. Rummelsburg II.	Quandt, Pastor zu Treten, Kr. Rummelsburg.
26. Schivelbein.	Wetzel, Superint. zu Schivelbein.
27. Schlawe I.	Plänsdorf, dsgl. zu Schlawe.
28. Schlawe II.	Baars, Pastor zu Schlawe.
29. Stolp, Stadt I.	Riemer, Superint. zu Stolp.
30. Stolp, Stadt II.	Hentschel, Pastor zu Weitenhagen, Kr. Stolp.
31. Stolp, Stadt III.	Rathke, dsgl. zu Symbow, Kr. Schlawe.
32. Stolp, Altstadt I.	Kloß, Superint. zu Altstadt Stolp.
33. Stolp, Altstadt II.	Wegeli, Pastor zu Glowitz, Kr. Stolp.
34. Stolp, Altstadt III.	Meibauer, dsgl. zu Stojentin, Kr. Stolp.

Aufsichtsbezirke:

35. Tempelburg I.	Schröder, Diakonus zu Tempelburg, Kr. Neustettin.
36. Tempelburg II.	Hedtke, Pfarrer zu Virchow, Kr. Dramburg.

3. Regierungsbezirk Stralsund.

a. Ständige Kreis-Schulinspektoren.

Keine.

b. Kreis-Schulinspektoren im Nebenamte.

1. Altenkirchen a. Rügen.	Schultz, Superint. zu Altenkirchen, Kr. Rügen.
2. Barth.	Baudach, dsgl. zu Barth, Kr. Franzburg.
3. Bergen a. R.	Schultz, Pastor zu Bergen, Kr. Rügen.
4. Demmin.	Thym, Superint. zu Demmin.
5. Franzburg.	Wartchow, Superint. zu Franzburg.
6. Garz a. R.	Ahlborn, dsgl. zu Garz, Kr. Rügen.
7. Greifswald, Stadt.	Harder, Superint. zu Greifswald.
8. Greifswald, Land.	Hoppe, Superint. zu Hanshagen, Kr. Greifswald.
9. Grimmen.	Knust, dsgl. zu Grimmen.
10. Loitz.	Aebert, dsgl. zu Loitz, Kr. Grimmen.
11. Stralsund.	Fretzdorf, dsgl. zu Stralsund.
12. Wolgast.	Klopsch, Pastor zu Lassan, Kr. Greifswald, auftragsw.

V. Posen.

1. Regierungsbezirk Posen.

a. Ständige Kreis-Schulinspektoren.

1. Adelnau.	Baumhauer zu Adelnau.
2. Birnbaum.	Tietz zu Birnbaum, auftragsw.
3. Fraustadt.	Grubel zu Fraustadt.
4. Gostyn.	Platsch zu Lissa.
5. Grätz.	Casper zu Grätz.
6. Jarotschin.	Ortlieb zu Jarotschin.
7. Kempen.	Dr. Hilser zu Kempen.
8. Koschmin.	z. Z. unbesetzt.
9. Kosten.	Hesse zu Kosten.
10. Krotoschin.	Büttner zu Krotoschin.
11. Lissa.	Fehlberg, Schulrath zu Lissa.
12. Meseritz.	Tecklenburg zu Meseritz.
13. Neutomischel.	Kießner zu Neutomischel.
14. Ostrowo.	Dr. Hippauf, Schulrath zu Ostrowo

Aufsichtsbezirke:

Bezirk	Kreis-Schulinspektor
15. Pleschen.	Rohde zu Pleschen.
16. Posen I.	Schwalbe, Schulrath zu Posen.
17. Posen II.	Gärtner daselbst.
18. Posen III.	Thomas daselbst.
19. Pudewitz.	Albrecht zu Pudewitz, Kr. Schroda.
20. Rawitsch.	Wenzel zu Rawitsch.
21. Rogasen.	Lust, Schulrath zu Rogasen, Kr. Obornik.
22. Samter.	Dr. Baier zu Samter.
Schildberg.	Eberhardt zu Schildberg.
Schmiegel.	Hasemann zu Schmiegel.
Schrimm I.	Holtz zu Schrimm.
23. Schrimm II.	Dr. Schlegel daselbst.
[illegible]. Schroda.	Brandenburger zu Schroda.
28. Wollstein.	Dr. Kaute zu Wollstein.
29. Wreschen.	Dr. Remitz zu Wreschen.

b. Kreis-Schulinspektoren im Nebenamte.

Bezirk	Kreis-Schulinspektor
1. Adelnau.	Harhausen, Pfarrer zu Adelnau.
2. Birnbaum I.	z. Z. unbesetzt.
3. Birnbaum II.	Radtke, Oberpfarrer zu Birnbaum.
4. Borek.	Esche, Superint. zu Borek, Kr. Koschmin.
5. Fraustadt.	Zarnack, dsgl. zu Heyersdorf, Kr. Fraustadt.
6. Grätz.	Hädrich, Pfarrer zu Grätz.
7. Karge.	Jakobielski, Oberpfarrer zu Karge, Kr. Bomst.
8. Kempen.	Than, Superint. zu Kempen.
9. Kobylin.	Baumgart, Pfarrer zu Kobylin, Kr. Krotoschin.
10. Krotoschin.	Füllkrug, Superint. zu Krotoschin.
11. Lissa I.	Petzold, dsgl. zu Lissa.
12. Lissa II.	Linke, Pastor daselbst.
13. Meseritz.	Müller, Superint. zu Meseritz.
14. Neutomischel.	Böttcher, dsgl. zu Neutomischel.
15. Neustadt bei Pinne.	Grollmus, Pfarrer zu Neustadt bei Pinne.
16. Obornik.	Warnitz, Superint. zu Obornik.
17. Pleschen.	Raddatz, Pfarrer zu Pleschen.
18. Posen I.	Zehn, Superint. zu Posen.
19. Posen II.	Dr. Borgius, Konsist. Rath zu Posen.
20. Punitz.	Günther, Pfarrer zu Punitz, Kr. Gostyn.
21. Rakwitz.	Flatau, dsgl. zu Jablone, Kr. Bomst.

Aufsichtsbezirke:

22. Rawitsch.	Kaiser, Superint. zu Rawitsch.
23. Rogasen.	Wagler, Pfarrer zu Rogasen, Kr. Obornik.
24. Samter I.	Schammer, dsgl. zu Pinne, Kr. Samter.
25. Samter II.	Reyländer, Superint. zu Samter.
26. Schroda.	Pickert, Pfarrer zu Schroda.
27. Wollstein.	Lierse, Super. zu Wollstein, Kr. Bomst.
28. Wreschen.	Bock, Pfarrer zu Wreschen.

2. Regierungsbezirk Bromberg.

a. Ständige Kreis-Schulinspektoren.

1. Bromberg I.	Dr. Grabow zu Bromberg.
2. Bromberg II.	Heckert daselbst.
3. Czarnikau.	Schick zu Czarnikau.
4. Gnesen.	Brüggemann zu Gnesen.
5. Inowrazlaw.	Binkowski, Schulrath zu Inowrazlaw.
6. Kolmar i. P.	Pensky zu Schneidemühl, Kr. Kolmar.
7. Mogilno.	Storz zu Mogilno.
8. Schubin.	Sachse zu Schubin.
9. Wirsitz.	z. Z. unbesetzt.
10. Witkowo.	Folz zu Witkowo.
11. Wongrowitz.	Biedermann zu Wongrowitz.
12. Znin	Kiesel zu Znin.

b. Kreis-Schulinspektoren im Nebenamte.

1. Bromberg, Stadt I.	Lic. Saran, Superint. zu Bromberg.
2. Bromberg, Stadt II.	Reichert, Pfarrer daselbst.
3. Bromberg, Land.	z. Z. unbesetzt.
4. Crone a. B.	dsgl.
5. Czarnikau.	Höhne, Superint. zu Czarnikau.
6. Exin.	Braune, Pfarrer zu Exin, Kr. Schubin.
7. Filehne.	Beyer, Superint. zu Filehne.
8. Friedheim.	Weckwarth, Pfarrer zu Friedheim, Kr. Wirsitz.
9. Gnesen.	Kaulbach, Superint. zu Gnesen.
10. Inowrazlaw I.	Hildt, dsgl. zu Inowrazlaw.
11. Inowrazlaw II.	Schwanbeck, Pfarrer daselbst.
12. Kolmar i. P.	Münnich, Superint. zu Kolmar i. P.
13. Kowalewko.	z. Z. unbesetzt, vertrw. Braune, s. Nr. 6.
14. Kruschwitz.	Schureck, Pfarrer zu Kruschwitz, Kr. Strelno.
15. Kreuz.	Angermann, Pfarrer zu Alt-Sorge, Kr. Filehne.

Aufsichtsbezirke:

16. Labischin. Renowanz, Pfarrer zu Bartschin, Kr. Schubin.
17. Nakel. Benzlaff, dsgl. zu Nakel, Kr. Wirsitz.
18. Schönlanke. Kritzinger, dsgl. zu Grünfier, Kr. Filehne.
19. Schulitz. Heckert, Kreis-Schulinsp. zu Bromberg, auftragsw.
20. Strelno. Naatz, Pfarrer zu Strelno.
21. Weißenhöhe. Schönfeld, Superint. zu Weißenhöhe, Kr. Wirsitz.
22. Wirsitz. Wätzmann, Pfarrer zu Wirsitz.
23. Witkowo. Frischbier, dsgl. zu Witkowo.
24. Wongrowitz. Schulz, dsgl. zu Wongrowitz.

VI. Provinz Schlesien.

1. Regierungsbezirk Breslau.

a. Ständige Kreis-Schulinspektoren.

1. Breslau, Land. Heyse zu Breslau.
2. Brieg. Eberstein zu Brieg.
3. Frankenstein. Dr. Malende zu Frankenstein.
4. Glatz. Illgner zu Glatz.
5. Habelschwerdt. Zwerschke zu Habelschwerdt.
6. Militsch. Zopf zu Militsch.
7. Münsterberg-Nimptsch. Arndt zu Nimptsch.
8. Namslau. Rufin zu Namslau.
9. Neurode. Dr. Springer zu Neurode.
10. Ohlau. Schröter, Schulrath zu Ohlau.
11. Reichenbach. Tamm zu Reichenbach.
12. Schweidnitz. Gaupp zu Schweidnitz.
13. Waldenburg. Vigouroux zu Waldenburg.
14. Gr. Wartenberg. Grensemann zu Gr. Wartenberg.

b. Kreis-Schulinspektoren im Nebenamte.

1. Breslau, Stadt. Dr. Pfundtner, Stadtschulrath zu Breslau.
2. Guhrau I. Krebs, Superint. zu Herrnstadt, Kr. Guhrau.
3. Guhrau II. Bayerhaus, Pastor zu Nieder-Schüttlau, Kr. Guhrau.
4. Guhrau III. Stiller, Erzpriester zu Guhrau.
5. Neumarkt I. Reymann, Superint. zu Ober-Stephansdorf, Kr. Neumarkt.

Aufsichtsbezirke:

6. Neumarkt II.	Stelzer, Pastor zu Rackschütz, Kr. Neumarkt.
7. Neumarkt III.	Linke, Pfarrer zu Ober-Stephansdorf, Kr. Neumarkt.
8. Neumarkt IV.	Werner, Pfarrer zu Polsnitz, Kr. Neumarkt.
9. Oels I.	Ueberschär, Superint. zu Oels.
10. Oels II.	Schneider, Pastor zu Stampen, Kr. Oels.
11. Oels III.	Strauß, Superint. zu Mühlwitz, Kr. Oels.
12. Oels IV.	Fengler, Pfarrer zu Oels.
13. Steinau I.	Lauschner, Superint. zu Steinau.
14. Steinau II.	Hilbrandt, dsgl. zu Raudten, Kr. Steinau.
15. Steinau III.	Gebel, Pfarrer zu Preichau, Kr. Steinau.
16. Strehlen.	Hartmann, Superint. zu Strehlen.
17. Striegau I.	Wiese, Superint. zu Conradswaldau, Kr. Schweidnitz.
18. Striegau II.	Dohm, Stadtpfarrer zu Striegau.
19. Trebnitz I.	von Chiechanski, Pastor zu Ober-Glauche, Kr. Trebnitz.
20. Trebnitz II.	Adam, dsgl. zu Hochkirch, Kr. Trebnitz.
21. Trebnitz III.	Obst, Pfarrer zu Zirkwitz, Kr. Trebnitz.
22. Wohlau I. und II.	Fromm, Pastor zu Piskorsine, Kr. Wohlau.
23. Wohlau III.	Hauke, Pfarrer zu Wohlau.

2. Regierungsbezirk Liegnitz.

a. Ständige Kreis-Schulinspektoren.

1. Sagan.	Dr. Hörnlein, Schulrath zu Sagan.

b. Kreis-Schulinspektoren im Nebenamte.

1. Bolkenhain I.	Hillberg, Superint. zu Rohnstock, Kr. Bolkenhain.
2. Bolkenhain II.	Wolff, Pfarrer zu Hohenfriedeberg, Kr. Bolkenhain.
3. Bunzlau I.	Straßmann, Superint. zu Bunzlau.
4. Bunzlau II.	Dehmel, Pfarrer zu Waldau O. L., Kr. Bunzlau.
5. Bunzlau III.	Kreuz, Erzpriester zu Bunzlau.
6. Freystadt I.	Flashar, Pastor prim. zu Freystadt.
7. Freystadt II.	Kolbe, Pastor daselbst.

Aufsichtsbezirke:	
8. Freystadt III.	Ginella, Pfarrer zu Beuthen a. O., Kr. Freystadt.
9. Glogau I.	Rosemann, Pastor zu Jacobskirch, Kr. Glogau.
10. Glogau II.	Ender, Pastor zu Glogau.
11. Glogau III.	Schönborn, Pfarrer zu Jaetschau, Kr. Glogau.
12. Görlitz I.	Braune, Pastor zu Görlitz.
13. Görlitz II.	Brückner, dsgl. zu Gersdorf O. L., Landkr. Görlitz.
14. Görlitz III.	Kolde, Pastor zu Lissa, Landkr. Görlitz.
15. Goldberg.	Teuchert, Pastor zu Harpersdorf, Kr. Goldberg-Haynau.
16. Grünberg I.	Lonicer, Pastor prim. zu Grünberg.
17. Grünberg II.	Gerntke, Pfarrer daselbst.
18. Haynau.	Grießdorf, Superint. zu Steudnitz, Kr. Goldberg-Haynau.
19. Hirschberg I.	Prox, dsgl. zu Stonsdorf, Kr. Hirschberg.
20. Hirschberg II.	Haym, Pastor zu Hermsdorf u. K., Kr. Hirschberg.
21. Hirschberg III.	Löwe, Stadtpfarrer zu Hirschberg.
22. Hoyerswerda I.	Kuring, Superint. zu Hoyerswerda.
23. Hoyerswerda II.	Wahn, Oberpfarrer zu Ruhland, Kr. Hoyerswerda.
24. Jauer I.	Thiemich, Pastor prim. zu Jauer.
25. Jauer II.	Dr. Herbig, Erzpriester daselbst.
26. Landeshut I.	Förster, Pastor prim. zu Landeshut.
27. Landeshut II.	Töpler, Pfarrer zu Neuen, Kr. Landeshut.
28. Lauban I.	Thusius, Superint. zu Lauban.
29. Lauban II.	Ritter, dsgl. zu Marklissa, Kr. Lauban.
30. Ober-Lausitz.	Urbaneck, Pfarrer zu Görlitz.
31. Liegnitz, Stadt.	Schröder, Stadtschulrath zu Liegnitz.
32. Liegnitz, Land I.	Struve, Pastor zu Neudorf, Landkr. Liegnitz.
33. Liegnitz, Land II.	Aumann, Superint. zu Groß-Tinz, Landkr. Liegnitz.
34. Liegnitz, Land III.	Adler, Erzpriester zu Liegnitz.
35. Löwenberg I.	Fiedler, Pastor und Superint. Verw. zu Löwenberg.
36. Löwenberg II.	Berger, Pastor zu Lähn, Kr. Löwenberg.

Aufsichtsbezirke:

37. Löwenberg III.	Günzel, Superint. zu Flinsberg, Kr. Löwenberg.
38. Löwenberg IV.	Franke, Pfarrer zu Kesselsdorf, Kr. Löwenberg.
39. Lüben I.	Stosch, Superint. zu Seebnitz, Kr. Lüben.
40. Lüben II.	Rosemann, Superint. zu Dittersbach, Kr. Lüben.
41. Rothenburg I.	Schulze, Superint. zu See, Kr. Rothenburg O. L.
42. Rothenburg II.	z. Z. unbesetzt.
43. Schönau I.	Därr, Superint. zu Jannowitz, Kr. Schönau.
44. Schönau II.	Weidler, Pfarrer zu Kupferberg, Kr. Schönau.
45. Sprottau I.	Effenberger, Pastor zu Sprottau.
46. Sprottau II.	Staude, Erzpriester zu Sprottau.

3. Regierungsbezirk Oppeln.

a. Ständige Kreis-Schulinspektoren.

1. Beuthen.	Arlt zu Beuthen.
2. Falkenberg O. S.	Czygan zu Falkenberg.
3. Ober-Glogau.	Hauer zu Ober-Glogau, Kr. Neustadt.
4. Grottkau.	Keihl zu Grottkau.
5. Hultschin.	Heisig zu Hultschin, Kr. Ratibor.
6. Karlsruhe.	Jeron zu Karlsruhe, Kr. Oppeln.
7. Kattowitz.	Dr. Körnig zu Kattowitz.
8. Königshütte.	Sternaux zu Königshütte, Kr. Beuthen.
9. Kosel I.	Dr. Hüppe zu Kosel.
10. Kosel II.	Dr. Engelen daselbst.
11. Kreuzburg I.	Neuendorff zu Kreuzburg auftragsw.
12. Kreuzburg II.	Dr. Werner daselbst.
13. Leobschütz I.	Elsner zu Leobschütz.
14. Leobschütz II.	Stordeur daselbst.
15. Leschnitz.	Weichert zu Leschnitz, Kr. Gr. Strehlitz.
16. Loslau.	Polaczek zu Rybnik, auftragsw.
17. Lublinitz I.	Hennig zu Lublinitz.
18. Lublinitz II.	Dr. Mikulla daselbst.
19. Neiße I.	Faust zu Neiße.
20. Neiße II.	Dr. Giese daselbst.
21. Neustadt O. S.	Dr. Schäffer zu Neustadt.
22. Nicolai.	Pabel zu Nicolai, Kr. Pleß.
23. Oppeln I.	Schreier, Schulrath zu Oppeln.
24. Oppeln II.	Zacher daselbst.

Aufsichtsbezirke:

25. Peiskretscham.	Dr. Starker zu Peiskretscham, Kr. Tost-Gleiwitz.
26. Pleß I.	Pastuszyk zu Pleß.
27. Ratibor I.	Pelz zu Ratibor.
28. Ratibor II.	Dr. Rhode, Schulrath zu Ratibor.
29. Rosenberg O. S.	Waschow zu Rosenberg.
30. Rybnik.	Dr. Böhm zu Rybnik.
31. Groß-Strehlitz.	Dr. Hahn zu Gr. Strehlitz.
32. Tarnowitz.	Woitylak zu Tarnowitz.
33. Tost-Gleiwitz.	Schink zu Gleiwitz.
34. Zabrze.	Köhler zu Zabrze.

b. Kreis-Schulinspektoren im Nebenamte.

1. Leobschütz-Kosel.	Schultz, Superint. zu Leobschütz.
2. Oppeln III.	Geisler, Konsistorialrath u. Superint. zu Oppeln.
3. Pleß II.-Rybnik.	D. Kölling, Superint. zu Pleß.

VII. Provinz Sachsen.

1. Regierungsbezirk Magdeburg.

a. Ständige Kreis-Schulinspektoren.

Keine.

b. Kreis-Schulinspektoren im Nebenamte.

1. Altenplathow.	Schneider, Superint. zu Altenplathow, Kr. Jerichow II.
2. Anderbeck.	Dr. Oelze, dsgl. zu Anderbeck, Kr. Oschersleben.
3. Arendsee.	Schütz, Superint. zu Arendsee, Kr. Osterburg.
4. Aschersleben, Stadt.	Heimerdinger, Oberpfarrer zu Aschersleben.
5. Aschersleben, Land.	Koch, Superint. zu Cochstedt, Kr. Aschersleben.
6. Atzendorf I.	Schmidt, Superint. zu Eggersdorf, Kr. Calbe a. S.
7. Atzendorf II.	Kögel, Pastor zu Staßfurt, Kr. Calbe a. S.
8. Bahrendorf.	Cäsar, Pastor zu Sülldorf, Kr. Wanzleben, auftragsw.
9. Baarleben.	Raabe, Superint. zu Irxleben, Kr. Wolmirstedt.
10. Beetzendorf.	Wernecke, Pfarrer zu Beetzendorf, Kr. Salzwedel.

Aufsichtsbezirke:

11. Bornstedt.	Krause, Superint. zu Nord-Germersleben, Kr. Neuhaldensleben.
12. Brandenburg a. H.	Spieß, dsgl. zu Brandenburg a. H., Altstadt, Kr. Brandenburg.
13. Burg I.	Thieme, dsgl. zu Cörbelitz, Kr. Jerichow I.
14. Burg II.	Wilcke, Pastor zu Grabow, Kr. Jerichow I.
15. Calbe a. S. I.	Hundt, Oberprediger zu Calbe a. S.
16. Calbe a. S. II.	Dr. Schapper, Superint. zu Groß-Rosenberg, Kr. Calbe a. S.
17. Clötze I.	Schmeißer, dsgl. zu Altmersleben, Kr. Salzwedel.
18. Clötze II.	Wolf, Pastor zu Clötze, Kr. Gardelegen.
19. Cracau.	Pfeiffer, Superint. zu Cracau, Kr. Jerichow I.
20. Egeln.	Hermes, dsgl. zu Egeln, Kr. Wanzleben.
21. Eisleben I.	Dittmar, dsgl. zu Eilsleben.
22. Eisleben II.	Völker, Pastor zu Harbke, Kr. Neuhaldensleben.
23. Gardelegen I.	Feiertag, dsgl. zu Mieste, Kr. Gardelegen.
24. Gardelegen II.	Fritze, dsgl. zu Kloster-Neuendorf, Kr. Gardelegen.
25. Gommern.	Hoffmann, dsgl. zu Gommern, Kr. Jerichow I.
26. Gröningen.	Grabe, Superint. zu Gröningen, Kr. Oschersleben.
27. Halberstadt, Stadt.	Bärthold, Oberprediger zu Halberstadt.
28. Halberstadt, Land.	Allihn, Pastor zu Athenstedt, Kr. Halberstadt.
29. Loburg.	Dransfeld, Superint. zu Leitzkau, Kr. Jerichow I.
30. Magdeburg, Stadt.	Städt. Schuldeputation zu Magdeburg.
31. Magdeburg.	Brieden, Propst daselbst.
32. Neuhaldensleben I.	Meischeider, Oberprediger zu Neuhaldensleben.
33. Neuhaldensleben II.	Schneider, Superint. zu Vahldorf, Kr. Neuhaldensleben.
34. Oschersleben.	Gaudig, dsgl. zu Oschersleben.

Aufsichtsbezirke:

35. Osterburg.	Palmié, Superint. zu Osterburg.
36. Osterwieck.	Leipoldt, dsgl. zu Osterwieck, Kr. Halberstadt.
37. Quedlinburg, Stadt.	Erbstein, Oberpfarrer zu Quedlinburg, Kr. Aschersleben.
38. Quedlinburg, Land.	Busch, Superint. zu Quedlinburg, Kr. Aschersleben.
39. Salzwedel I.	Mauger, Pastor zu Bombeck, Kr. Salzwedel.
40. Salzwedel II.	Lehmann, dsgl. zu Jübar, Kr. Salzwedel.
41. Sandau I.	Schütze, Oberpfarrer zu Sandau, Kr. Jerichow II.
42. Sandau II.	Hoffmann, Superint. zu Großmangelsdorf, Kr. Jerichow II.
43. Seehausen.	Seipke, Pastor zu Crüden, Kr. Osterburg.
44. Stendal I.	Jeep, Superint. zu Stendal.
45. Stendal II.	Pflanz, Pastor zu Kläden, Kr. Stendal.
46. Tangermünde I.	Langguth, Superint. zu Tangermünde, Kr. Stendal.
47. Tangermünde II.	Riecke, Pastor zu Bellin, Kr. Stendal, auftragsw.
48. Wanzleben.	Meyer, Pastor zu Remkersleben, Kr. Wanzleben.
49. Weferlingen.	Holtzheuer, Superint. zu Weferlingen, Kr. Gardelegen.
50. Werben.	Oelze, dsgl. zu Iden, Kr. Osterburg.
51. Grafschaft Stolberg-Wernigerode.	Dr. Renner, Konsist. Rath, Superint. und Hofprediger zu Wernigerode.
52. Wolfsburg.	Reichsgraf von der Schulenburg zu Wolfsburg, Kr. Gardelegen.
53. Wolmirstedt I.	Schellert, Pastor zu Farsleben, Kr. Wolmirstedt.
54. Wolmirstedt II.	Schindler, dsgl. zu Loitsche, Kr. Wolmirstedt.
55. Ziesar.	Oelze, Superint. zu Ziesar, Kr. Jerichow I.

2. Regierungsbezirk Merseburg.

a. Ständige Kreis-Schulinspektoren.

Keine.

Aufsichtsbezirke:

b. Kreis-Schulinspektoren im Nebenamte.

1. Artern. Jahr, Superint. zu Artern, Kr. Sangerhausen.
2. Barnstädt. Wettler, Pfarrer zu Barnstädt, Kr. Querfurt.
3. Beichlingen. Allihn, Superint. zu Battgendorf, Kr. Eckartsberga.
4. Belgern. Lemme, Diakonus zu Belgern, Kr. Torgau.
5. Bitterfeld. Dreyhaupt, Superint. zu Bitterfeld
6. Brehna. Goltze, Oberpfarrer zu Brehna, Kr. Bitterfeld.
7. Cönnern. Taube, Pfarrer zu Lebendorf, Saalkreis
8. Delitzsch. Hahn, Superint. zu Delitzsch.
9. Düben. Thon, Pfarrer zu Großwölkau, Kr. Delitzsch.
10. Eckartsberga. Naumann, Superint. zu Eckartsberga
11. Eilenburg. Wurm, dsgl. zu Eilenburg, Kr. Delitzsch
12. Eisleben. Rothe, dsgl. zu Eisleben, Mansfelder Seekreis.
13. Elsterwerda. Manitius, Pfarrer zu Saathain, Kr. Liebenwerda, auftragsw.
14. Ermsleben. Besser, Superint. zu Ermsleben Mansfelder Gebirgskreis.
15. Freyburg a. U. Holzhausen, dsgl. zu Freyburg a. U. Kr. Querfurt.
16. Gerbstedt. Perschmann, dsgl. zu Gerbstedt Mansfelder Seekreis.
17. Giebichenstein. Bethge, dsgl. zu Giebichenstein Saalkreis.
18. Gollme. Opitz, dsgl. zu Gollme, Kr. Delitzsch
19. Gräfenhainichen. Salau, Oberpfarrer zu Gräfenhainichen, Kr. Bitterfeld.
20. Halle, Stadt I. Dr. Förster, Superint. zu Halle a. S
21. Halle, Stadt II. Dr. Woker, Dechant daselbst.
22. Halle, Land I. Fabarius, Superint. zu Reideburg Saalkreis.
23. Halle, Land II. Franke, Pfarrer zu Trotha, Saalkreis
24. Heldrungen. Dr. Reineck, Superint. zu Heldrungen Kr. Eckartsberga.
25. Herzberg. Gisevius, dsgl. zu Herzberg, Kr. Schweinitz.

Aufsichtsbezirke:

26. Hohenmölsen.	Topf, Pastor zu Köttichau, Kr. Weißenfels.
27. Kemberg.	Schuchardt, Superint. zu Kemberg, Kr. Wittenberg.
28. Lauchstädt.	Philler, dsgl. zu Lauchstädt, Kr. Merseburg.
29. Liebenwerda.	Grunewald, Superint. zu Liebenwerda.
30. Lissen.	Schlemmer, dsgl. zu Lissen, Kr. Weißenfels.
31. Lützen.	Begrich, Superint. zu Lützen, Kr. Merseburg.
32. Mansfeld.	Happich, Pfarrer zu Braunschwende, Mansfelder Gebirgskreis.
33. Merseburg, Stadt.	Martius, Professor, Stifts-Superint. zu Merseburg.
34. Merseburg, Land.	Stöcke, Superint. zu Niederbeuna, Kr. Merseburg.
35. Mücheln.	Möller, dsgl. zu Mücheln, Kr. Querfurt.
36. Naumburg.	Dr. Zschimmer, dsgl. zu Naumburg a. S.
37. Pforta.	Witte, Professor, Geistlicher Inspektor an der Landesschule zu Pforta, Kr. Naumburg a. S.
38. Prettin.	Opitz, Superint. zu Prettin, Kr. Torgau.
39. Querfurt.	Reicholt, Pfarrer zu Lodersleben, Kr. Querfurt.
40. Radewell.	Seidler, dsgl. zu Radewell, Saalkr.
41. Sangerhausen.	Höhendorf, Superint. zu Sangerhausen.
42. Schkeuditz.	Lüttke, dsgl. zu Schkeuditz, Kr. Merseburg.
43. Schlieben.	Kegel, Superint. Vikar zu Schlieben, Kr. Schweinitz.
44. Schraplau.	Otto, Superint. zu Esperstedt, Mansfelder Seekreis.
45. Schweinitz.	Tischer, Oberpfarrer zu Schweinitz.
46. Torgau.	Trümpelmann, Superint. zu Torgau.
47. Weißenfels.	Vogel, dsgl. zu Weißenfels.
48. Wittenberg.	Dr. Reinicke, Professor am Prediger-Seminare zu Wittenberg.
49. Zahna.	Rietz, Superint. zu Zahna, Kr. Wittenberg.
50. Zeitz, Stadt.	Neubert, dsgl. zu Zeitz.

Aufsichtsbezirke:

51. Zeitz, Land I. — Dr. Haase, Superint. a. D. zu Zangenberg, Kr. Zeitz.
52. Zeitz, Land II. — Luther, Superint. zu Wittgendorf, Kr. Zeitz.
53. Grafschaft Stolberg-Roßla. — Paulus, Konsist. Rath, Superint. und Pastor zu Roßla, Kr. Sangerhausen.
54. Grafschaft Stolberg-Stolberg. — Pfitzner, Konsist. Rath und Archidiakonus zu Stolberg, Kr. Sangerhausen.

3. Regierungsbezirk Erfurt.

a. Ständige Kreis-Schulinspektoren.

1. Heiligenstadt II. — Dr. Regent zu Heiligenstadt.
2. Worbis. — Polack zu Worbis.

b. Kreis-Schulinspektoren im Nebenamte.

1. Bleicherode. — Gaudig, Superint. zu Bleicherode, Kr. Grafschaft Hohenstein.
2. Dachrieden. — Iber, Archidiakonus zu Mühlhausen i. Th.
3. Erfurt I. — Der Magistrat zu Erfurt.
4. Erfurt II. — Reick, Dompropst zu Erfurt.
5. Ermstedt. — Scheibe, Pfarrer zu Ermstedt, Landkr. Erfurt.
6. Gebesee. — Cramer, Pfarrer zu Großballhausen, Kr. Weißensee.
7. Gefell. — Menzel, Oberpfarrer zu Gefell, Kr. Ziegenrück.
8. Günstedt. — Güldenberg, Pfarrer zu Günstedt, Kr. Weißensee.
9. Heiligenstadt I. — Kulisch, Superint. zu Heiligenstadt.
10. Klein-Furra. — Pape, Pfarrer zu Klein-Furra, Kr. Grafschaft Hohenstein.
11. Langensalza. — Schniewind, Superint. zu Langensalza.
12. Mühlhausen i. Th. — Winkler, dsgl. zu Mühlhausen i. Th.
13. Nordhausen I. — Rosenthal, Superint. zu Nordhausen.
14. Nordhausen II. — Der Magistrat zu Nordhausen.
15. Nordhausen III. — Duwald, Pfarrverweser zu Nordhausen, auftragsw.
16. Oberdorla. — Ludwig, Pfarrer zu Niederdorla, Kr Mühlhausen i. Th.

Aufsichtsbezirke:

17. Ranis.	Ullrich, Oberpfarrer zu Ranis, Kr. Ziegenrück.
18. Salza.	Schattenberg, Superint. zu Salza, Kr. Grafschaft Hohenstein.
19. Schleusingen.	Göbel, dsgl. zu Schleusingen.
20. Sömmerda.	von Puttkamer, Pfarrer zu Straußfurt, Kr. Weißensee.
21. Suhl.	Gerlach, Superint. zu Suhl, Kr. Schleusingen.
22. Tennstedt.	Spigaht, dsgl. zu Tennstedt, Kr. Langensalza.
23. Treffurt.	Hesse, Pfarrer zu Großburschla, Kr. Mühlhausen i. Th.
24. Walschleben.	Dr. Müller zu Kühnhausen, Landkr. Erfurt.
25. Weißensee.	Baarts, Superint. zu Weißensee.
26. Ziegenrück.	Hahmann, dsgl. zu Wernburg, Kr. Ziegenrück.

VIII. Provinz Schleswig-Holstein.

a. Ständige Kreis-Schulinspektoren.

1. Apenrade.	Mosehuus zu Apenrade.
2. Hadersleben.	Stegelmann zu Hadersleben.
3. Herzogth. Lauenburg.	Dr. Schütt zu Ratzeburg, Kr. Herzogthum Lauenburg.
4. Tondern I.	Schöppa zu Tondern.
5. Tondern II.	Burgdorf zu Tondern.

b. Kreis-Schulinspektoren im Nebenamte.

1. Altona.	Wagner, Schulrath zu Altona.
2. Norder-Dithmarschen I.	Grantz, Pastor zu Heide, Kr. Norder-Dithmarschen.
3. - II.	Landt, dsgl. zu Neuenkirchen, Kr. Norder-Dithmarschen.
4. - III.	(einstweilen auf die Bezirke I. und II. vertheilt.)
5. Süder-Dithmarschen I.	Petersen, Kirchenpropst zu Meldorf, Kr. Süder-Dithmarschen.
6. - II.	Hinrichs, Pastor zu Burg i. D., Kr. Süder-Dithmarschen.
7. III.	Mau, Hauptpastor zu Marne, Kr. Süder-Dithmarschen.

Aufsichtsbezirke:

8. Eckernförde I.	Holm, Kirchenpropst zu Hütten, Kr. Eckernförde.
9. " II.	Hornbostel, Pastor zu Krusendorf, Kr. Eckernförde.
10. Eiderstedt.	Dr. Schwartz, Kirchenpropst und Konsist. Rath zu Garding, Kr. Eiderstedt.
11. Flensburg I.	Peters, Kirchenpropst zu Flensburg.
12. " II.	Johnsen, Pastor zu Adelby, Kr. Flensburg.
13. " III.	Thomsen, dsgl. zu Sterup, Kr. Flensburg.
14. Husum I.	Hasselmann, Kirchenpropst zu Husum.
15. " II.	Reuter, Pastor zu Viöl, Kr. Husum.
16. Kiel, Stadtkreis.	Kuhlgatz, Stadtschulrath zu Kiel.
17. Kiel, Land I.	Jeß, Kirchenpropst zu Kiel.
18. " II.	Sörensen, dsgl. zu Neumünster, Landkr. Kiel.
19. Oldenburg I.	Martens, Kirchenpropst zu Neustadt, Kr. Oldenburg.
20. " II.	Haase, Hauptpastor zu Grube, Kr. Oldenburg.
21. Fehmarn, Insel.	Michler, Kirchenpropst zu Burg a. F., Kr. Oldenburg.
22. Pinneberg I.	Paulsen, Pastor zu Nienstedten, Kr. Pinneberg.
23. Pinneberg II.	Derselbe, vertretungsweise.
24. Pinneberg III.	Buchholz, Kirchenpropst zu Elmshorn, Kr. Pinneberg.
25. Plön I.	Nissen, Pastor zu Gikau, Kr. Plön.
26. Plön II.	Beckmann, Hauptpastor zu Schönberg, Kr. Plön.
27. Plön III.	Genzken, dsgl. zu Preetz, Kr. Plön.
28. Rendsburg I.	Hansen, dsgl. zu Rendsburg.
29. " II.	von der Heyde, Kirchenpropst zu Nortorf, Kr. Rendsburg.
30. " III.	Treplin, Pastor zu Hademarschen, Kr. Rendsburg.
31. Schleswig I.	Franzen, Pastor zu Busdorf, Kr. Schleswig.
32. " II.	Hansen, Kirchenpropst zu Toestrup, Kr. Schleswig.
33. " III.	Harders, Pastor zu Erfde, Kr. Schleswig.

Aufsichtsbezirke:

34. Segeberg I.	David, Hauptpastor zu Segeberg.
35. „ II.	Dr. Hansen, Pastor zu Leezen, Kr. Segeberg.
36. „ III.	Bruhn, dsgl. zu Schlamersdorf, Kr. Segeberg.
37. Steinburg I.	Hasselmann, Kirchenpropst zu Krempe, Kr. Steinburg.
38. „ II.	Lilie, Pastor zu Horst, Kr. Steinburg.
39. „ III.	Kramm, Pastor zu St. Margarethen, Kr. Steinburg.
40. Stormarn I.	Chalybäus, Kirchenpropst zu Alt-Rahlstedt, Kr. Stormarn.
41. „ II.	Peters, Pastor zu Bergstedt, Kr. Stormarn.
42. „ III.	Bätz, Hauptpastor zu Oldesloe, Kr. Stormarn.

IX. Provinz Hannover.

1. Regierungsbezirk Hannover.

a. Ständige Kreis-Schulinspektoren.

Keine.

b. Kreis-Schulinspektoren im Nebenamte.

1. Bassum.	Mehliß, Superint. zu Bassum, Kr. Syke.
2. Gr. Berkel.	Sievers, dsgl. zu Gr. Berkel, Kr. Hameln.
3. Börry.	Rauterberg, dsgl. zu Börry, Kr. Hameln.
4. Diepholz.	Stölting, dsgl. zu Diepholz.
5. Hameln, Stadt.	Hornkohl, sen. min. und Pastor prim. zu Hameln.
6. Hannover I., Stadt.	z. Z. unbesetzt.
7. Hannover II.	Köchy, Seminar-Direktor zu Hannover.
8. Hannover III.	Henniges, Pastor zu Linden.
9. Hoya.	Cordes, Superint. zu Hoya.
10. Jeinsen.	Loofs, dsgl. zu Jeinsen, Kr. Springe.
11. Limmer.	Wendland, dsgl. zu Limmer, Landkr. Linden.
12. Linden.	Wecken, Pastor prim. zu Linden, Stadtkr. Linden.
13. Loccum.	Büchmann, Konventual-Studien-Direktor zu Loccum, Kr. Stolzenau.

Aufsichtsbezirke:

14. Lohe. — Giesecke, Pastor zu Lohe, Kr. Nienburg.
15. Neustadt a. R. — Bunnemann, Superint. und Pastor prim. zu Neustadt a. R.
16. Nienburg. — Lührs, dsgl. und dsgl. zu Nienburg.
17. Oldendorf. — Suffert, Superint. zu Oldendorf bei Elze, Kr. Hameln.
18. Pattensen im Calenb. — Fraatz, Superint. und Pastor prim. zu Pattensen, Kr. Springe.
19. Ronnenberg. — Peetz, Superint. und Pastor prim. zu Ronnenberg, Landkr. Linden.
20. Springe. — Pramann, Superint. und Pastor prim. zu Springe.
21. Stolzenau. — Firnhaber, Superint. zu Stolzenau.
22. Sulingen. — Jahns, dsgl. zu Sulingen.
23. Twistringen. — Rütemeyer, Pfarrvikar zu Twistringen, Kr. Syke, vertretungsw.
24. Vilsen. — Meyer, Superint. und Pastor prim zu Vilsen, Kr. Hoya.
25. Weyhe. — Landsberg, Superint. zu Kirchweyhe, Kr. Syke.
26. Wunstorf. — Freybe, dsgl. und Pastor prim. zu Wunstorf, Kr. Neustadt a. R.

2. Regierungsbezirk Hildesheim.

a. Ständige Kreis-Schulinspektoren.

Keine.

b. Kreis-Schulinspektoren im Nebenamte.

1. Alfeld. — Krüger, Superint. und erster Pastor zu Alfeld.
2. Bockenem I. — Rotermund, Superint. und erster Pastor zu Bockenem, Kr. Marienburg.
3. Bockenem II. — Bank, Pfarrer zu Ringelheim, Kr. Goslar.
4. Borsum. — Graen, dsgl. zu Hildesheim.
5. Bovenden. — Arnold, Superint. und Pastor zu Göttingen.
6. Clausthal. — Rothert, dsgl. und erster Pastor zu Clausthal, Kr. Zellerfeld.
7. Detfurth. — Peters, Dechant und Pfarrer zu Düngen, Kr. Marienburg.
8. Dransfeld. — Quantz, Superintend. und Pastor zu Dransfeld, Kr. Münden.

Aufsichtsbezirke:

9. Duderstadt.	Schmitz, Dechant und Stadtpfarrer zu Duderstadt.
10. Einbeck I.	Lic. theol. Dr. Elster, Pastor, Senior Ministerii zu Einbeck.
11. Einbeck II.	Bordemann, Superint. und Pastor zu Einbeck.
12. Elze.	Dammers, Superint. u. erster Pastor zu Elze, Kr. Gronau.
13. Gieboldehausen.	Vollmer, Dechant und Pfarrer zu Rüdershausen, Kr. Duderstadt.
14. Göttingen I.	Brügmann, Superint. und Pastor zu Göttingen.
15. Göttingen II.	Kayser, dsgl. u. dsgl. daselbst.
16. Göttingen III.	Dr. Steinmetz, dsgl. u. dsgl. daselbst.
17. Goslar.	Stübe, Pfarrer zu Liebenburg, Kr. Goslar.
18. Gronau.	Rappe, Dechant und Pfarrer zu Emmerke, Landkr. Hildesheim.
19. Hardegsen.	Ubbelohde, Superint. u. erster Pastor zu Hardegsen, Kr. Northeim.
20. Hedemünden.	Schumann, Superint. u. erster Pastor zu Hedemünden, Kr. Münden.
21. Herzberg.	Knoche, Superint. und Pastor zu Herzberg, Kr. Osterode.
22. Hildesheim I.	Hahn, Konsist. Rath, Generalsuperint. und Pastor zu Hildesheim.
23. Hildesheim II.	Edelmann, Pfarrer daselbst.
24. Hohnstedt.	Wolter, Superint. u. Pastor zu Hohnstedt, Kr. Northeim.
25. Hohnstein.	Gerlach, Konsist. Rath, Superint. und Pastor zu Niedersachswerfen, Kr. Ilfeld.
26. Lindau.	Eichmann, Dechant und Pfarrer zu Bilshausen, Kr. Duderstadt.
27. Markoldendorf.	Dr. Hoppe, Superint. u. Pastor zu Markoldendorf, Kr. Einbeck.
28. Münden.	Prof. Dr. Bahrdt, Rektor zu Münden.
29. Nettlingen.	Müller, Superint. u. Pastor zu Nettlingen, Kr. Marienburg.
30. Northeim.	Tölke, erster Pastor und Senior Ministerii zu Northeim.
31. Okerthal.	Twele, Superint. und Pastor zu Bienenburg, Kr. Goslar.

Aufsichtsbezirke:

32. Osterode.	Baustädt, dsgl. u. dsgl. zu Osterode.
33. Peine I.	Küster, Superint. u. erster Pastor zu Peine.
34. Peine II.	Engelke, Pfarrer zu Hohenhameln, Kr. Peine.
35. Salzgitter.	Kleuker, Superint. und erster Pastor zu Salzgitter, Kr. Goslar.
36. Sarstedt.	Borchers, dsgl. und Pastor zu Sarstedt, Landkr. Hildesheim.
37. Sehlde.	Rasch, dsgl. u. dsgl. zu Sehlde, Kr. Marienburg.
38. Solchen.	Danckwerts, Superint. und Pastor zu Solchen, Kr. Peine.
39. Uslar.	Lamberti, Superint. u. erster Pastor zu Uslar.
40. Vörste.	Mellin, Pastor zu Harsum, Landkr. Hildesheim.
41. Willershausen.	Meyer, Superint. und Pastor zu Willershausen, Kr. Osterode.
42. Winzenburg.	Plathner, Pfarrer zu Winzenburg, Kr. Alfeld.
43. Wrisbergholzen.	Höpfner, Superint. und Pastor zu Wrisbergholzen, Kr. Alfeld.
44. Zellerfeld.	Petri, Superint. und erster Pastor zu Zellerfeld.

3. Regierungsbezirk Lüneburg.

a. Ständige Kreis-Schulinspektoren.

Keine.

b. Kreis-Schulinspektoren im Nebenamte.

1. Ahlden.	Tölle, Superint. zu Ahlden, Kr. Fallingbostel.
2. Beedenbostel.	Woltmann, dsgl. zu Beedenbostel, Landkr. Celle.
3. Bergen b. Celle.	Kreusler, Pastor zu Celle, auftragsw.
4. Bevensen.	Meyer, Superint. zu Bevensen, Kr. Uelzen.
5. Bleckede I.	Jakobshagen, dsgl. zu Bleckede.
6. Bleckede II.	Dittrich, Pastor zu Barscamp, Kr. Bleckede, auftragsw.
7. Burgdorf b. Celle.	Meyer, Superint. zu Burgdorf.
8. Burgwedel.	Maseberg, dsgl. zu Burgwedel, Kr. Burgdorf.

Aufsichtsbezirke:

9. Celle I.	Rauterberg, Archidiakonus zu Celle,
10. Celle II.	Kreusler, Pastor daselbst,
11. Celle III.	Deiß, dsgl. daselbst.
12. Dannenberg I.	Deicke, Superint. zu Dannenberg.
13. Dannenberg II.	Bode, Pastor zu Hitzacker, Kr. Dannenberg.
14. Ebstorf.	Biedenweg, Superint. zu Ebstorf, Kr. Uelzen.
15. Fallersleben.	Seebohm, dsgl. zu Fallersleben, Kr. Gifhorn.
16. Gartow.	Seevers, Pastor zu Gartow, Kr. Lüchow.
17. Gifhorn.	Schuster, dsgl. zu Gifhorn.
18. Harburg I.	Schünhoff, Generalsuperint., Konsist. Rath zu Harburg.
19. Harburg II.	Sietz, Pastor zu Sinstorf, Landkr. Harburg.
20. Harburg III.	Derselbe, auftragsw.
21. Harburg IV.	Meyer, dsgl. zu Harburg.
22. Hoya.	Cordes, Superint. zu Hoya.
23. Limmer.	Wendland, dsgl. zu Limmer, Kr. Linden.
24. Lüchow.	Taube, Propst zu Lüchow.
25. Lüne I.	Dr. phil. Raven, Superint. zu Lüne, Landkr. Lüneburg.
26. Lüne II.	Ruschenbusch, Pastor zu Reinstorf, Landkr. Lüneburg.
27. Lüne III.	Ahlert, dsgl. zu Amelinghausen, Landkr. Lüneburg.
28. Lüneburg.	Beyer, Stadtsuperint. zu Lüneburg.
29. Neustadt a. Rbge.	Bunnemann, Superint. zu Neustadt a. Rbge.
30. Pattensen I.	Parisius, dsgl. zu Pattensen, Kr. Winsen a. d. L.
31. Pattensen II.	Meyer, Pastor zu Salzhausen, Kr. Winsen a. d. L.
32. Rotenburg.	Kottmeier, Superint. zu Rotenburg.
33. Sarstedt.	Borchers, dsgl. zu Sarstedt, Landkr. Hildesheim.
34. Sievershausen.	Schwane, dsgl. zu Sievershausen, Kr. Burgdorf.
35. Soltau.	Stalmann, dsgl. zu Soltau.
36. Uelzen.	Beer, Propst zu Uelzen.

Aufsichtsbezirke:

37. Walsrode I. — Knoke, Superint. zu Walsrode, Kr. Fallingbostel.
38. Walsrode II. — Schwerdtmann, Pastor zu Dorfmark, Kr. Fallingbostel.
39. Winsen a. d. L. — Hermann, Superint. zu Winsen a. d. L.
40. Wittingen I. — Berkenbusch, dsgl. zu Wittingen, Kr. Isenhagen.
41. Wittingen II. — Eicke, Pastor zu Brome, Kr. Isenhagen
42. Wittingen III. — Bernstorf, Pastor zu Groß-Oesingen Kr. Isenhagen.
43. Reg. Bezirk Lüneburg. — Dr. Gronemann, Landrabbiner zu Hannover.

4. Regierungsbezirk Stade.

a. Ständige Kreis-Schulinspektoren.

Keine.

b. Kreis-Schulinspektoren im Nebenamte.

1. Achim. — Hartmann, Pastor zu Arbergen, Kr. Achim.
2. Altes Land. — Havemann, Superint. zu Jork.
3. Bargstedt. — Wiedemann, dsgl zu Bargstedt, Kr. Stade.
4. Blumenthal I. — Müller, dsgl. zu Blumenthal.
5. Blumenthal II. — Keller, Pastor daselbst.
6. Bremervörde. — Ocker, Superint. zu Bremervörde.
7. Buxtehude. — Magistrat zu Buxtehude, Kr. Bremervörde.
8. Hadeln. — Bohnenstädt, Seminar-Direktor zu Bederkesa, Kr. Lehe.
9. Himmelpforten. — Arfken, Pastor zu Himmelpforten, Kr. Stade.
10. Horneburg. — Rost, dsgl. zu Horneburg, Kr. Stad
11. Kehdingen. — Kahrs, dsgl. zu Freiburg, Kr. Keh dingen.
12. Lehe. — Rechtern, Superint. zu Lehe.
13. Lesum. — Rakenius, dsgl. zu Lesum, Kr. Blumenthal.
14. Lilienthal. — Krull, dsgl. zu Lilienthal, Kr. Osterhol
15. Neuhaus a. O. — Böcker, Pastor zu Oberndorf, Kr. Neu haus a. O.
16. Osten. — von Hanffstengel, Superint. zu Oste Kr. Neuhaus a. O.

Aufsichtsbezirke:

17. Osterholz.	Degener, Pastor zu Ritterhude, Kr. Osterholz.
18. Rotenburg.	Kottmeier, Superint. zu Rotenburg.
19. Sandstedt.	Ohnesorg, dsgl. zu Sandstedt, Kr. Geestemünde.
20. Scheessel.	Richelmann, Pastor zu Scheessel, Kr. Rotenburg.
21. Selsingen.	Dreyer, Pastor in Selsingen, Kr. Bremervörde.
22. Sittensen.	Lühmann, dsgl. zu Sittensen, Kr. Zeven.
23. Stade, Stadt.	Magistrat zu Stade.
24. Verden, I., Stadt.	Schulvorstand zu Verden.
25. Verden II., Andreas.	Wolff, Pastor zu Verden.
26. Verden III., Dom.	Dieckmann, Superint. zu Verden.
27. Worpswede.	von Hanffstengel, Pastor zu Worpswede, Kr. Osterholz.
28. Wulsdorf.	Schröder, Superint. zu Wulsdorf, Kr. Geestemünde.
29. Wursten.	Schröder, Pastor zu Spieka, Kr. Lehe.
30. Zeven.	Stakemann, dsgl. zu Wilstedt, Kr. Zeven.

5. Regierungsbezirk Osnabrück.

a. Ständige Kreis-Schulinspektoren.

1. Osnabrück-Bersenbrück-Wittlage.	Koop zu Osnabrück.

b. Kreis-Schulinspektoren im Nebenamte.

1. Aschendorf.	Gattmann, Pastor zu Aschendorf
2. Bentheim, Grafschaft.	Menke, dsgl. zu Bentheim.
3. Bentheim, Niedergrafschaft.	Nyhuis, dsgl. zu Arkel, Kr. Grafschaft Bentheim.
4. Bentheim, Obergrafschaft.	Hesse, Pastor zu Brandlecht, Kr. Grafschaft Bentheim.
5. Bersenbrück.	Flebbe, dsgl. zu Bippen, Kr. Bersenbrück.
6. Bersenbrück-Bramsche.	Meyer, Superint. zu Bramsche, Kr. Bersenbrück.
7. Haselünne.	Schniers, Pastor zu Haselünne, Kr. Meppen.

Aufsichtsbezirke:

8. Hümmling.	Pohlmann, Dechant zu Sögel, Kr Hümmling.
9. Iburg=Melle.	Heilmann, Pastor zu Iburg.
10. Lingen I.	Schriever, Dechant zu Plantlünne, Kr. Lingen.
11. Lingen II.	Raydt, Superint. zu Lingen.
12. Melle=Wittlage.	Lauenstein, Superint. zu Buer, Kr. Melle.
13. Meppen.	Dr. Hune, Gymnasial=Direktor zu Meppen.
14. Meppen=Papenburg.	Graßhoff, Superint. u. Konsist. Rath daselbst.
15. Osnabrück.	Bartels, Pastor zu Osnabrück.
16. Osnabrück=Iburg.	Mauersberg, Superint. und Konsist Rath zu Georg=Marien=Hütte, Landkr Osnabrück.

6. Regierungsbezirk Aurich.

a. Ständige Kreis=Schulinspektoren.

Keine.

b. Kreis=Schulinspektoren im Nebenamte.

1. Amdorf.	Reimers, Pfarrer zu Amdorf, Kr Leer.
2. Aurich I.	Kirchhoff, Konsist. Rath zu Aurich.
3. Aurich II.	Augener, Superint. zu Aurich.
4. Aurich=Oldendorf.	Bode, dsgl. zu Aurich.
5. Bingum.	Müller, dsgl. zu Bingum, Kr. Weener.
6. Eilsum.	Wübbena, dsgl. zu Eilsum, Landkr Emden.
7. Emden I.	Frerichs, Pastor zu Emden.
8. Emden. II.	Middendorff, Pastor zu Emden.
9. Esclum=	Riedlin, Superint. zu Esclum, Kr Leer.
10. Esens.	Voß, dsgl. zu Esens, Kr. Wittmund
11. Jemgum.	Pannenborg, Pastor zu Klein Midlum, Kr. Weener.
12. Leer I.	Warnke, Pastor zu Leer.
13. Leer II.	Tholens, Pastor daselbst.
14. Marienhafe.	Goffel, Superint. zu Marienhafe, Kr Norden.
15. Nesse.	Köppen, dsgl. zu Nesse, Kr. Norden
16. Norden I.	Strate, Pastor zu Norden.

Aufsichtsbezirke:

17. Norden II.	Kerstiens, Pastor zu Norden.
18. Reepsholt.	de Boer, Superint. zu Reepsholt, Kr Wittmund.
19. Riepe.	Elster, dsgl. zu Riepe, Kr. Aurich.
20. Weener.	Smidt, dsgl. zu Weener.
21. Westerhusen.	Sanders, dsgl. zu Westerhusen, Kr. Emden.
22. Wittmund.	Stracke, Pastor zu Wittmund.

X. Provinz Westfalen.

1. Regierungsbezirk Münster.

a. Ständige Kreis-Schulinspektoren.

1. Ahaus.	Koch zu Ahaus.
2. Beckum.	Feldhaar zu Beckum.
3. Borken.	Stork zu Borken.
4. Coesfeld.	Schmitz zu Coesfeld.
5. Lüdinghausen.	Wallbaum zu Lüdinghausen.
6. Münster.	Schürholz zu Münster.
7. Recklinghausen.	Witte zu Recklinghausen.
8. Steinfurt.	Schürhoff zu Burgsteinfurt, Kr. Steinfurt.
9. Tecklenburg-Münster-Steinfurt-Warendorf.	Bischoff zu Tecklenburg.
10. Warendorf.	Schunck zu Warendorf.

b. Kreis-Schulinspektoren im Nebenamte.

1. Ahaus-Borken-Coesfeld.	Evers, Pfarrer zu Werth, Kr. Borken.
2. Beckum-Lüdinghausen-Recklinghausen.	Arning, dsgl. zu Recklinghausen.

2. Regierungsbezirk Minden.

a. Ständige Kreis-Schulinspektoren.

1. Bielefeld.	Culemann zu Bielefeld, auftragsw.
2. Büren.	Brand zu Büren.
3. Höxter. I.	Dr. Laureck zu Höxter.
4. Minden.	Kindermann zu Minden.
5. Paderborn.	Dr. Winter zu Paderborn.
6. Warburg.	Sierp zu Warburg.
7. Wiedenbrück.	Rasche zu Wiedenbrück.

b. Kreis-Schulinspektoren im Nebenamte.

1. Alswede.	Kunsemüller, Pfarrer zu Alswede, Kr. Lübbecke.

Aufsichtsbezirke:

2. Bünde.	Baumann, dsgl. zu Bünde, Kr. Herford.
3. Enger.	Niemöller, dsgl. zu Enger, Kr. Herford
4. Herford.	Sander, dsgl. zu Herford.
5. Hörter II.	Dufft, Pfarrer zu Bruchhausen bei Ottbergen, Kr. Hörter.
6. Kirchlengern.	Höpker, dsgl. zu Kirchlengern, Kr. Herford.
7. Lübbecke.	Priester, dsgl. zu Lübbecke.
8. Rheda.	Schengberg, dsgl. zu Rheda, Kr. Wiedenbrück.
9. Steinhagen.	z. Z. unbesetzt.
10. Werther.	Hüter, Superint. zu Borgholzhausen, Kr. Halle.

3. Regierungsbezirk Arnsberg.

a. Ständige Kreis-Schulinspektoren.

1. Altena-Olpe-Siegen.	Schräder, Schulrath zu Attendorn.
2. Arnsberg-Iserlohn.	Hüser zu Arnsberg.
3. Bochum-Hagen.	Dr. D'ham zu Bochum.
4. Brilon-Wittgenstein.	Wolff zu Brilon.
5. Dortmund-Hörde.	Dr. Grosse-Bohle zu Dortmund.
6. Gelsenkirchen-Hattingen-Schwelm.	Völcker zu Gelsenkirchen, auftragsw.
7. Hamm-Soest.	Schallau zu Soest.
8. Lippstadt.	Rhein zu Lippstadt.
9. Meschede.	Dr. Besta zu Meschede.

b. Kreis-Schulinspektoren im Nebenamte.

1. Altena.	Husselmann, Pfarrer zu Neuenrade
2. Aplerbeck-Hörde.	Meinberg, dsgl. zu Aplerbeck.
3. Arnsberg-Brilon-Meschede.	Klöne, dsgl. zu Arnsberg.
4. Barop.	Rottmann, dsgl. zu Hachenen.
5. Berleburg.	Dickel, Superint. zu Arfeld.
6. Bochum.	Kleppel, Pfarrer zu Bochum.
7. Böhle-Hagen.	Crone, dsgl. zu Böhle.
8. Breckerfeld.	Schulte, dsgl. zu Zurstraße.
9. Dortmund.	z. Z. unbesetzt.
10. Freudenberg.	Stein, Pfarrer zu Crombach.
11. Gelsenkirchen.	Deutelmoser, Pfarrer zu Gelsenkirchen
12. Gevelsberg.	Klingemann, Pfarrer zu Gevelsberg
13. Hagen.	Zur Nieden, dsgl. zu Hagen.

Aufsichtsbezirke:

14. Halver. — Quincke, Pfarrer zu Halver.
15. Hamm. — Hengstenberg, dsgl. zu Rhynern.
16. Haßlinghausen. — Tietzel, dsgl. zu Haßlinghausen.
17. Hattingen. — Meyer-Peter, dsgl. zu Hattingen.
18. Hemer-Menden. — Pake, dsgl. zu Hemer.
19. Herne. — Schmidt, dsgl. zu Bochum.
20. Hohenlimburg-Letmathe. — von der Kuhlen, Pfarrer zu Letmathe.
21. Iserlohn. — Pickert, Superint. zu Iserlohn.
22. Königssteele. — Augener, dsgl. zu Königssteele.
23. Laasphe. — Rohrberg, Pfarrer zu Feudingen.
24. Langendreer. — Landgrebe, dsgl. zu Langendreer.
25. Langerfeld-Schwelm. — Bornscheuer, dsgl. zu Langerfeld.
26. Lüdenscheid. — Rottmann, dsgl. zu Lüdenscheid.
27. Lünen-Brechten. — Schlett, dsgl. zu Brechten.
28. Lütgendortmund. — Schulze-Rölle, dsgl. zu Lütgendortmund.
29. Netphen. — Köhne, dsgl. zu Netphen.
30. Schwerte. — Gräve, dsgl. zu Schwerte.
31. Siegen. — Winterhager, dsgl. zu Siegen.
32. Soest-Lippstadt. — Frahne, dsgl. zu Soest.
33. Unna. — Zur Nieden, dsgl. zu Drechen.
34. Wetter-Herdecke. — Göcker, dsgl. zu Wetter.
35. Wilnsdorf. — Stenger, dsgl. zu Rödgen.
36. Witten. — König, Superint. zu Witten.

XI. Provinz Hessen-Nassau.

1. Regierungsbezirk Cassel.

a. Ständige Kreis-Schulinspektoren.

1. Fulda. — Dr. von Coellen zu Fulda.

b. Kreis-Schulinspektoren im Nebenamte.

1. Ahna. — Riebeling, Pfarrer zu Wolfsanger, Landkr. Cassel.
2. Allendorf a. W. — Lautemann, Metropolitan zu Allendorf a. W., Kr. Witzenhausen.
3. Amöneburg. — Schick, Pfarrer zu Anzefahr, Kr. Kirchhain.
4. Bergen. — Hufnagel, dsgl. zu Kesselstadt, Landkr. Hanau.
5. Borken. — Kröger, dsgl. zu Nassenerfurt, Kr. Homberg.

Aufsichtsbezirke:

6. Büchertthal.	Schmincke, Metropolitan zu Bruchköbel, Landkr. Hanau.
7. Cassel, Stadt.	Bornmann, Stadtschulrath, Stadtschulinspizient zu Cassel.
8. Eiterfeld.	Kaul, Dechant zu Kirchhasel, Kr. Hünfeld.
9. Eschwege, Stadt.	Hochhut, Superint., Stadtschulinspizient zu Eschwege.
10. Eschwege, Land I.	Derselbe.
11. Eschwege, Land II.	Voigt, Pfarrer zu Rambach, Kr. Eschwege.
12. Felsberg.	Faulhaber, dsgl. zu Gensungen, Kr. Melsungen.
13. Frankenberg.	Wessel, Metropolitan zu Frankenberg.
14. Fritzlar.	Pyroth, Rektor zu Fritzlar.
15. Frohnhausen.	Happich, Pfarrer zu Cappel, Kr. Marburg.
16. Fulda.	Rollmann, Superint. zu Fulda.
17. Gelnhausen, Stadt.	Fritsch, Pfarrer, Stadtschulinspizient zu Gelnhausen.
18. Gelnhausen, Land I.	Pfeifer, Metropolitan zu Meerholz, Kr. Gelnhausen.
19. Gelnhausen, Land II.	Fenner, Pfarrer zu Spielberg, Kr. Gelnhausen.
20. Gersfeld I.	Baumann, Oberpfarrer zu Tann, Kr. Gersfeld.
21. Gersfeld II.	Helfrich, Pfarrer zu Poppenhausen, Kr. Gersfeld.
22. Gottsbüren.	Schrader, Pfarrer zu Gottsbüren, Kr. Hofgeismar.
23. Grebenstein.	Vilmar, dsgl. zu Immenhausen, Kr. Hofgeismar.
24. Gudensberg.	Stolzenbach, dsgl. zu Obervorschütz, Kr. Fritzlar.
25. Hanau, Stadt.	Junghenn, Schuldirektor, Stadtschulinspizient zu Hanau.
26. Hersfeld, Stadt.	Dr. Vial, Superint., Stadtschulinspizient zu Hersfeld.
27. Hersfeld, Land I.	Hosbach, Pfarrer zu Hersfeld.
28. Hersfeld, Land II.	Rosenstock, dsgl. zu Philippsthal, Kr. Hersfeld.
29. Hofgeismar, Stadt.	Fuldner, dsgl., Stadtschulinspizient zu Hofgeismar.

Aufsichtsbezirke:

30. Homberg, Stadt. Schotte, Metropolitan, Stadtschulinspizient zu Homberg.
31. Homberg, Land. Derselbe.
32. Hünfeld I. Bode, Pfarrer zu Buchenau, Kr. Hünfeld.
33. Hünfeld II. Koch, Dechant zu Hünfeld.
34. Kaufungen. Schumann, Pfarrer zu Crumbach, Landkr. Cassel.
35. Kirchhain. Fett, Pfarrer zu Kirchhain.
36. Lichtenau (Hess.). Ritter, Metropolitan zu Lichtenau, Kr. Witzenhausen.
37. Marburg, Stadt. Bernhardt, Pfarrer, Stadtschulinspizient zu Marburg.
38. Marburg, Land. Derselbe.
39. Melsungen, Stadt. Endemann, Metropolitan, Stadtschulinspizient zu Melsungen.
40. Melsungen, Land. Derselbe.
41. Neukirchen I. Gleim, Metropolitan zu Neukirchen, Kr. Ziegenhain.
42. Neukirchen II. Brauns, Pfarrer zu Schrecksbach, Kr. Ziegenhain.
43. Obernkirchen. Diedelmeier, dsgl. zu Rodenberg, Kr. Rinteln.
44. Rauschenberg. Seßler, dsgl. zu Schönstadt, Kr. Marburg.
45. Rinteln. Bürgener, dsgl. zu Fuhlen, Kr. Rinteln.
46. Rotenburg. Rothnagel, Metropolitan zu Rotenburg.
47. Schlüchtern, Stadt. z. Z. unbesetzt.
48. Schlüchtern, Land. Heck, Superint. zu Schlüchtern.
49. Schmalkalden, Stadt. Vilmar, Pfarrer zu Schmalkalden.
50. Schmalkalden, Land I. Derselbe.
51. Schmalkalden, Land II. Obstfelder, Pfarrer zu Steinbach-Hallenberg, Kr. Schmalkalden.
52. Schwarzenfels. Orth, dsgl. zu Ramholz, Kr. Schlüchtern.
53. Sontra. Brauns, Metropolitan zu Sontra, Kr. Rotenburg.
54. Spangenberg. Grimmel, Pfarrer zu Mörshausen, Kr. Melsungen.
55. Trendelburg. Gnatz, dsgl. zu Carlshafen, Kr. Hofgeismar.

Aufsichtsbezirke:

56. Treysa. — Schweinsberg, Pfarrer zu Treysa, Kr. Ziegenhain.
57. Vöhl. — Meyer, dsgl. zu Höringhausen, Kr. Frankenberg.
58. Waldkappel. — Wepler, dsgl. zu Waldkappel, Kr. Eschwege.
59. Wetter. — Loderhose, Oberpfarrer zu Wetter, Kr. Marburg.
60. Wilhelmshöhe. — Zinn, Pfarrer zu Kirchbauna, Landkr. Cassel.
61. Windecken. — Limbert, dsgl. zu Ostheim, Landkr. Hanau.
62. Witzenhausen. — Reimann, Metropolitan zu Witzenhausen.
63. Wolfhagen. — Jacobi, 1. Pfarrer, Metropolitanats-Verw. zu Wolfhagen.
64. Ziegenhain. — Schenk, Pfarrer zu Ziegenhain.
65. Zierenberg. — Wiegand, dsgl. zu Niederelsungen, Kr. Wolfhagen.

2. Regierungsbezirk Wiesbaden.

a. Ständige Kreis-Schulinspektoren.

Keine.

b. Kreis-Schulinspektoren im Nebenamte.

1. Arnstein. — Meurer, Pfarrer zu Arnstein, Unterlahnkreis.
2. Battenfeld. — Cellarius, Dekan zu Battenfeld, Kr. Biedenkopf.
3. Bergebersbach. — Grünschlag, Pfarrer zu Bergebersbach, Dillkr.
4. Berod. — Kunst, dsgl. zu Berod, Kr. Westerburg.
5. Biebrich-Mosbach. — Wilhelmi, Konsist. Rath zu Biebrich-Mosbach, Landkr. Wiesbaden.
6. Bockenheim I. — Die Stadtschuldeputation zu Bockenheim, Landkr. Frankfurt a. M.
7. Bockenheim II. — Weidemann, Pfarrer daselbst.
8. Braubach. — Wilhelmi, Dekan zu Braubach, Kr. St. Goarshausen.
9. Buchenau. — Schneider, Pfarrer zu Buchenau, Kr. Biedenkopf.
10. Cronberg. — Ehrlich, Dekan zu Cronberg, Kr. Obertaunus.

Aufsichtsbezirke:

11. Cubach.	Deißmann, Pfarrer zu Cubach, Oberlahnkr.
12. Diethardt.	Schmidt, dsgl. zu Miehlen, Kr. St. Goarshausen.
13. Diez.	Jäger, dsgl. zu Diez, Unterlahnkr.
14. Dillenburg.	Manger, dsgl. zu Dillenburg, Dillkr.
15. Dornholzhausen.	Höfer, Pfarrer zu Dornholzhausen, Kr. Obertaunus.
16. Dörsdorf.	Bickel, dsgl. zu Dörsdorf, Unterlahnkr.
17. Ems.	Heydeman, dsgl. zu Ems, Unterlahnkr.
18. Erbach a. Rhein.	Giesen, Dekan zu Erbach a. Rhein, Kr. Rheingau.
19. Frankfurt a. M.	Die städtische Schuldeputation.
20. Gladenbach.	Braun, Pfarrer zu Gladenbach, Kr. Biedenkopf.
21. Grävenwiesbach.	Schmidtborn, Pfarrer zu Espa, Kr. Usingen.
22. Grenzhausen.	Müller, Dekan zu Grenzhausen, Kr. Unterwesterwald.
23. Griesheim.	Fabricius, Pfarrer zu Griesheim, Kr. Höchst.
24. Hachenburg.	Naumann, dsgl. zu Kroppach, Kr. Oberwesterwald.
25. Hadamar.	Franz, Pfarrer zu Hadamar, Kr. Limburg.
26. Heddernheim.	Brühl, dsgl. zu Ried, Kr. Höchst.
27. Herborn I.	Büren, Rektor zu Herborn, Dillkr.
28. Herborn II.	Hausen, Pfarrer daselbst.
29. Holzappel.	Stahl, dsgl. zu Holzappel, Unterlahnkr.
30. Homburg v. d. H.	Bömel, dsgl. zu Homburg v. d. H., Kr. Obertaunus.
31. Idstein I.	Cuntz, Dekan zu Idstein, Kr. Untertaunus.
32. Idstein II.	Schilo, Pfarrer daselbst.
33. Idstein III.	Oppermann, Rektor daselbst.
34. Kettenbach.	Wißmann, Dekan zu Kettenbach, Kr. Untertaunus.
35. Kirdorf.	Zirvas, Pfarrer zu Kirdorf, Kr. Obertaunus.
36. Langenschwalbach.	Gieße, Dekan zu Langenschwalbach, Kr. Untertaunus.
37. Limburg I.	Tripp, Stadtpfarrer zu Limburg.
38. Limburg II.	Krücke, Pfarrer daselbst.

Aufsichtsbezirke:	
39. Marienberg.	Altbürger, Dekan zu Marienberg, Kr. Oberwesterwald.
40. Massenheim.	Dörr, Pfarrer zu Massenheim, Landkr. Wiesbaden.
41. Meudt.	Buus, dsgl. zu Moellingen, Kr. Westerburg.
42. Montabaur I.	Dr. Bartholome, Seminar-Direktor zu Montabaur, Kr. Unterwesterwald.
43. Montabaur II.	Klau, Benefiziat daselbst.
44. Nassau I.	Dr. Buddeberg, Rektor zu Nassau, Unterlahnkr.
45. Nassau II.	Müller, Pfarrer zu Dausenau, Unterlahnkreis.
46. Nastätten.	Michels, Pfarrer zu Oberlahnstein, Kr. St. Goarshausen.
47. Nenderoth.	Eibach, dsgl. zu Nenderoth, Dillkr.
48. Oberrad.	Dr. Enders, dsgl. zu Oberrad, Landkr. Frankfurt a. M.
49. Ransbach.	Stähler, Dekan zu Ransbach, Kr. Unterwesterwald.
50. Rennerod.	Brückmann, dsgl. zu Rennerod, Kr. Westerburg.
51. Rodheim.	Schmidt, dsgl. zu Rodheim, Kr. Biedenkopf.
52. Rotzenhahn.	Schneider, Pfarrer zu Rotzenhahn, Kr. Oberwesterwald.
53. Rüdesheim.	Feldmann, dsgl. zu Geisenheim, Kr. Rheingau.
54. Runkel.	Cäsar, dsgl. zu Runkel, Oberlahnkr.
55. St. Goarshausen.	Wolff, dsgl. zu Weyer, Kr. St. Goarshausen.
56. Sonnenberg.	Schupp, dsgl. zu Sonnenberg, Landkr. Wiesbaden.
57. Usingen I.	Kietz, Seminar-Direktor zu Usingen.
58. Usingen II.	Overhage, Dekan daselbst.
59. Villmar.	Ibach, Dekan zu Villmar, Oberlahnkr.
60. Wallau.	Neff, Pfarrer zu Wallau, Kr. Biedenkopf.
61. Wicker.	Orth, dsgl. zu Wicker, Landkr. Wiesbaden.
62. Weilburg.	Moser, dsgl. zu Weilburg, Oberlahnkr.
63. Westerburg.	Schmidt, dsgl. zu Westerburg.
64. Wiesbaden.	Die städtische Schuldeputation zu Wiesbaden.

Aufsichtsbezirke:

XII. Rheinprovinz.

1. Regierungsbezirk Coblenz.

a. Ständige Kreis-Schulinspektoren.

1. Adenau.	Dr. Nebling zu Altenahr, Kr. Ahrweiler.
2. Ahrweiler.	Lünenborg zu Remagen, Kr. Ahrweiler.
3. Altenkirchen.	Dr. Geis zu Altenkirchen, auftragsw.
4. Coblenz.	Raßmann zu Coblenz.
5. Cochem-Zell.	Hermans zu Cochem.
6. St Goar.	Klein zu Boppard, Kr. St. Goar.
7. Kreuznach-Meisenheim.	Dr. Brabänder zu Kreuznach.
8. Mayen.	Kelleter zu Mayen.
9 Neuwied.	Diestelkamp zu Neuwied, auftragsw.
10. Simmern-Zell.	Liese zu Simmern.

b. Kreis-Schulinspektoren im Nebenamte.

1. Braunfels.	Bingel, Pfarrer zu Braunfels, Kr. Wetzlar.
2. Greifenstein.	Rinn, dsgl. zu Dillheim, Kr. Wetzlar.
3. Wetzlar.	Schöler, dsgl. zu Wetzlar.

2. Regierungsbezirk Düsseldorf.

a. Ständige Kreis-Schulinspektoren.

1. Burscheid.	Pfähler zu Burscheid, auftragsw.
2. Cleve.	Dr. Wessig zu Cleve.
3. Düsseldorf, Land.	Kreutz zu Düsseldorf.
4. Essen I.	Plagge zu Essen.
5. Essen II.	Dr. Fuchte zu Essen.
6. Geldern.	Dr. Fenger zu Geldern.
7. M. Gladbach.	Kentenich, Schulrath zu M. Gladbach.
8. Grevenbroich.	Dr. Schäfer zu Rheydt, Landkr. M. Gladbach.
9. Kempen.	Dr. Ruland zu Crefeld.
10. Lennep-Remscheid.	Dr. Lorenz zu Lennep.
11. Mettmann.	Dr. Jeltsch zu Elberfeld.
12. Mörs.	Becker zu Mörs.
13. Mülheim a. d R.	Dr. Riemenschneider zu Mülheim a. d. R.'
14. Neuß u. Crefeld, Land.	Dr. Finkenbrink zu Neuß.
15. Rees.	Sermond zu Wesel, Kr. Rees.
16. Ruhrort.	Dr. Witte, Prof. zu Ruhrort, auftragsw.
17. Solingen.	Dr. Voigt zu Solingen, dsgl.

Aufsichtsbezirke:

b. Kreis-Schulinspektoren im Nebenamte.

1. Barmen, Stadt.	Windrath, Stadtschulinsp. zu Barmen.
2. Crefeld, dsgl.	Dr. Keußen, dsgl. zu Crefeld.
3. Düsseldorf, dsgl.	Keßler, dsgl. zu Düsseldorf.
4. Duisburg, dsgl.	Die Stadtschulinspektion.
5. Elberfeld, dsgl.	Dr. Boodstein, Beigeordneter und Stadtschulinspektor zu Elberfeld.
6. Essen, dsgl.	Lenßen, Pfarrer zu Essen.
7. Essen, Land.	Brüggemann, dsgl. zu Kettwig, Landkr. Essen.

3. Regierungsbezirk Cöln.

a. Ständige Kreis-Schulinspektoren.

1. Bergheim.	Fraune zu Bergheim.
2. Bonn-Rheinbach.	Reinckens zu Bonn.
3. Euskirchen-Rheinbach.	Hopstein zu Euskirchen.
4. Gummersbach-Waldbröl.	Prosch zu Gummersbach.
5. Cöln, Land.	Löhe zu Cöln.
6. Mülheim a. Rh.-Wipperfürth.	Dr. Burkardt zu Mülheim a. Rh
7. Siegkreis.	Göstrich zu Siegburg.

b. Kreis-Schulinspektoren im Nebenamte.

1. Cöln, Altstadt.	Dr. Brandenburg zu Cöln.
2. Cöln, Neustadt und eingemeindete Orte.	Dr. Blumberger zu Cöln.

4. Regierungsbezirk Trier.

a. Ständige Kreis-Schulinspektoren.

1. Berncastel.	Werners zu Berncastel, auftrags[illegible]
2. Bitburg.	Esch zu Bitburg.
3. Merzig.	Dr. Berief zu Merzig.
4. Ottweiler.	Erdmann zu Ottweiler.
5. Prüm.	Musolff zu Prüm.
6. Saarbrücken.	Dr. Rachel zu Saarbrücken.
7. Saarburg.	Mühlhoff zu Saarburg.
8. Saarlouis.	Dr. Kallen.
9. Trier I.	Hoffmann zu Trier.
10. Trier II.	Schröder zu Trier.
11. St. Wendel.	Dr. Pick zu St. Wendel.
12. Wittlich.	Simon zu Wittlich.

Aufsichtsbezirke:

b. Kreis- bezw. Verings-Schulinspektoren im Nebenamte.

1. Baumholder. Heß, Pfarrer zu Baumholder, Kr. St. Wendel.
2. Daun. z. Z. unbesetzt.
3. Dudweiler. Lichnock, dsgl. zu St. Johann, Kr. Saarbrücken.
4. Hottenbach. Hackenberg, dsgl. zu Hottenbach, Kr. Berncastel.
5. St. Johann. Ilse, Oberpfarrer zu St. Johann, Kr. Saarbrücken.
6. Neunkirchen. Riehn, Pfarrer zu Neunkirchen, Kr. Ottweiler.
7. Offenbach. Metz, dsgl. zu Offenbach, Kr. St. Wendel.
8. Ottweiler. Simon, dsgl. zu Ottweiler.
9. Trier. Dr. Schumann, Reg. und Schulrath, Pfarrer zu Trier.
10. Veldenz. Spies, Pfarrer zu Mülheim, Kr. Berncastel.
11. St. Wendel. Heß, Pfarrer zu Baumholder, Kr. St. Wendel.

5. Regierungsbezirk Aachen.

a. Ständige Kreis-Schulinspektoren.

1. Aachen I. Dr. Ratte zu Aachen.
2. Aachen II. Dr. Keller daselbst.
3. Düren. Kallen zu Düren.
4. Eupen. Zillikens zu Eupen.
5. Heinsberg. z. Z. unbesetzt.
6. Jülich. Mundt zu Jülich.
7. Malmedy. Dr. Esser zu Malmedy.
8. Schleiden. Dr. Schaffrath zu Schleiden.

b. Kreis-Schulinspektoren im Nebenamte.

1. Aachen. Küster, Pfarrer zu Aachen.
2. Düren-Jülich. Demmer, dsgl. zu Eschweiler, Landkr. Aachen.
3. Erkelenz-Geilenkirchen-Heinsberg. Haberkamp, dsgl. zu Hückelhoven, Kr. Erkelenz.
4. Schleiden-Malmedy-Montjoie. Nacken, dsgl. zu Malmedy.

Aufsichtsbezirke:

XIII. Hohenzollernsche Lande.

Regierungsbezirk Sigmaringen.

a. Ständige Kreis-Schulinspektoren.

1. Hechingen. Dr. Straubinger zu Hechingen.
2. Sigmaringen. Dr. Schmitz zu Sigmaringen.

b. Kreis-Schulinspektoren im Nebenamte.

Keine.

D. Königl. Akademie der Wissenschaften zu Berlin.

(NW. Unter den Linden 38.)

Protektor.

Seine Majestät der Kaiser und König.

Beständige Sekretare.

(Die mit einem * Bezeichneten sind Professoren an der Universität zu Berlin.)

a. für die physikalisch-mathematische Klasse.

*Dr. du Bois-Reymond, Geh. Med. Rath, Prof.
 „ Auwers, Geh. Reg. Rath, Prof.

b. für die philosophisch-historische Klasse.

*Dr. Curtius, Geh. Reg. Rath, Prof.
* „ Mommsen, Prof.

1. Ordentliche Mitglieder.

a. Physikalisch-mathematische Klasse.

*Dr. du Bois-Reymond, Geh. Med. Rath, Prof.
* „ Beyrich, Geh. Bergrath, Prof.
* „ Rammelsberg, Geh. Reg. Rath, Prof.
* „ Kummer, dsgl., dsgl.
* „ Weierstraß, Prof.
* „ von Hofmann, Geh. Reg. Rath, Prof.
 „ Auwers, dsgl., dsgl.
* „ Roth, Prof.
 „ Pringsheim, Geh. Reg. Rath, Prof.
* „ von Helmholtz, Wirkl. Geh. Rath, Excell., Prof.
 „ von Siemens, Geh. Reg. Rath.
* „ Virchow, Geh. Med. Rath, Prof.
* „ Schwendener, Prof.

†Dr. Munk, Prof.
† " Landolt, Geh. Reg. Rath, Prof.
† " Waldeyer, Geh. Med. Rath, Prof.
† " Fuchs, Prof.
† " Schulze, Franz Eilhard, Geh. Reg. Rath, Prof.
† " von Bezold, Geh. Reg. Rath, Prof.
† " Klein, Karl, Geh. Bergrath, Prof.
† " Möbius, Geh. Reg. Rath, Prof.
† " Kundt, August, Prof.
† " Engler, Adolf, dsgl.

b. Philosophisch-historische Klasse.

† " Kiepert, Prof.
† " Weber, Albr., dsgl.
† " Mommsen, dsgl.
† " Kirchhoff, Ad., dsgl.
† " Curtius, Geh. Reg. Rath, Prof
† " Zeller, dsgl., dsgl.
† " Vahlen, dsgl., dsgl.
" Schrader, Prof.
" von Sybel, Wirkl. Geh. Ober-Reg. Rath, Direktor der Staatsarchive.
†D. Dillmann, Prof.
Dr. Conze, Prof., General-Sekretär der Central-Direktion des Kaiserlichen Archäologischen Institutes.
† " Tobler, Prof.
† " Wattenbach, Geh. Reg. Rath, Prof.
† " Diels, Prof.
† " Pernice, Geh. Justizrath, Prof.
† " Brunner, dsgl., dsgl.
† " Schmidt, Joh., Prof.
† " Hirschfeld, dsgl.
† " Sachau, Geh. Reg. Rath, Prof.
† " Schmoller, dsgl., Historiograph der Brandenburgischen Geschichte.
† " Dilthey, Prof.
" Dümmler, Geh. Reg. Rath, Prof., Vorsitzender der Central-Direktion der Monumenta Germaniae historica.
† " Köhler, Prof.
† " Weinhold, Geh. Reg. Rath, Prof.
† " von der Gabelentz, Prof.
†D. et Dr. phil. Harnack, Prof.

2. Auswärtige Mitglieder.

a. Physikalisch-mathematische Klasse.

Dr. Neumann, Geh. Reg. Rath und Prof. a. d. Universität zu Königsberg.
" Bunsen, Geh. Rath und Prof. zu Heidelberg.
" Kopp, Geh. Rath und Prof. zu Heidelberg.
Sir Richard Owen, Prof. zu London.
Sir George Biddell Airy, Direktor der Sternwarte zu Greenwich.
Charles Hermite, Mitglied d. Akad. der Wissensch. zu Paris.
Dr. phil. et med. August Kekulé, Geh. Reg. Rath und Prof. an der Universität zu Bonn.

b. Philosophisch-historische Klasse.

Sir Rawlinson, Königl. Großbritann. Oberst zu London.
Giov. Batt. de Rossi, Scriptor an der Vatikan. Bibliothek zu Rom.
Dr. Otto von Böhtlingk, Kais. Russischer Geh. Staatsrath a. D. Prof., z. Z. in Leipzig.
Rudolph von Roth, Prof. in Tübingen.

3. Ehren-Mitglieder der Gesammt-Akademie.

Don Baldassare Boncompagni, dei Principi di Piombino, zu Rom.
Dr. Georg Hanssen, Geh. Reg. Rath, Prof. a. d. Universität zu Göttingen.
Earl of Crawfort and Balcarres zu Dunecht, Aberdeen.
Dr. Max Lehmann, ordentl. Professor an der Universität zu Marburg.
" Ludwig Boltzmann zu München.

E. Königliche Akademie der Künste zu Berlin.

(NW. Unter den Linden 88. Bureau: NW. Universitätsstraße 6.)

Protektor.

Seine Majestät der Kaiser und König.

Kurator.

Se. Exc. Graf von Zedlitz-Trützschler, Staatsminister und Minister der geistlichen 2c. Angelegenheiten.

Präsidium und Sekretariat.

Präsident
für 1. Oktober 1891/92: Becker, K., Prof., Geschichtsmaler.

Stellvertreter des Präsidenten: Dr. Blumner, Prof., Vorsteher einer Meisterschule für musikalische Komposition und Direktor der Singakademie.

Erster ständiger Sekretär: fehlt zur Zeit.

Zweiter ständiger Sekretär: Dr. Spitta, Geh. Reg. Rath, Prof. a. d. Universität.

Inspektor: Schwerdtfeger, Rechnungsrath.

1. Senat.

a. Sektion für die bildenden Künste.

Vorsitzender: Becker, K., Prof., Maler.
Stellvertreter: Ende, Geh. Reg. Rath, Prof., Architekt.

Mitglieder.

Amberg, Prof., Maler.

Becker, K., Prof., Maler.

Begas, Reinh., Prof., Bildhauer, Vorsteher des akademischen Meisterateliers für Bildhauerkunst.

Dr. Bode, Geh. Reg. Rath., Direktor der Gemälde-Galerie der Königl. Museen.

Bracht, Prof., Maler.

Calandrelli, Prof., Bildhauer.

Dr. Dobbert, Prof. an der Technischen Hochschule und Lehrer an der Akademischen Hochschule für die bildenden Künste.

Encke, Prof., Bildhauer.

Ende, Geh. Reg. Rath, Prof., Architekt, Vorsteher eines akademischen Meisterateliers für Architektur.

Ewald, E., Prof., Direktor der Unterrichtsanstalt des Kunstgewerbe-Museums und auftragsw. Direktor der Königl. Kunstschule.

Geselschap, Prof., Maler.

Gude, Prof., Maler, Vorsteher eines akademischen Meisterateliers für Landschaftsmalerei.

Heyden, Ad., Baurath.

Dr. Jordan, Geh. Ob. Reg. Rath, auftragsw. Direktor der National-Galerie.

Knaus, L., Prof., Maler.

Knille, O., Prof. Maler, Vorsteher eines akademischen Meisterateliers für Malerei.

Köpping, Prof., Maler und Radirer, Vorsteher des akademischen Meisterateliers für Kupferstich.

Dr. Menzel, Ad., Prof., Maler.

Otzen, J., Geh. Reg. Rath, Prof., Architekt, Vorsteher eines akademischen Meisterateliers für Architektur.

Polenz, Geh. Ob. Reg. Rath.

Raschdorff, Geh. Reg. Rath, Prof. an der Technischen Hochschule, Architekt.
Schaper, F., Prof., Bildhauer.
Schrader, Jul., Prof., Maler.
Schwechten, F., Baurath.
Dr. Siemering, R., Prof., Bildhauer.
von Werner, A., Prof., Direktor der Akademischen Hochschule für die bildenden Künste, Maler.
Wolff, Albert, Prof., Bildhauer.

b. Sektion für Musik.

Vorsitzender: Dr. Blumner, Prof., siehe vorher.
Stellvertreter: Bargiel, Prof., Musikdirektor, Vorsteher einer Meisterschule für musikalische Komposition.

Mitglieder:

Bargiel, Prof., siehe vorher.
Becker, Albert, Prof.
Dr. Blumner, Prof., siehe vorher.
Bruch, Max, Prof., Vorsteher einer Meisterschule für musikalische Komposition.
Hofmann, Prof.
Dr. Joachim, J., Prof., Kapellmeister d. Königl. Akad. d. Künste rc.
Polenz, Geh. Ob. Reg. Rath.
Radecke, Königl. Kapellmeister z. D., Prof.
Rudorff, E., Prof.
Schulze, Ad., Prof.
Dr. Spitta, Geh. Reg. Rath. a. o. Prof., zweiter ständiger Sekretär.
Vierling, Musikdirektor, Prof.

2. Hiesige ordentliche Mitglieder.

a. Sektion für die bildenden Künste.

Vorsitzender: Becker, K., Prof., siehe vorher.
Stellvertreter: Ende, H., Prof., Geh. Reg. Rath, siehe vorher.
Adler, Geh. Ober-Baurath, Prof.
Amberg, Prof., Maler.
Begas, Reinh., Prof., Bildhauer.
Biermann, E., Prof., Maler.
Biermann, G., Prof., Maler.
Bleibtreu, Prof., Maler.
Bracht, Prof., Maler.
Brausewetter, Prof., Maler.
Calandrelli, Prof., Bildhauer.

Cretius, Prof., Maler.
Eberlein, Bildhauer.
Eilers, Prof., Kupferstecher.
Encke, Prof., Bildhauer.
Feckert, Maler und Lithograph.
Friedrich, Prof., Maler.
Geselschap, Prof., Maler.
Gräf, Prof., Maler.
Grisebach, Architekt.
von Großheim, Architekt.
Gude, Prof., Maler.
Gussow, Prof., Maler.
Graf von Harrach, Maler.
Henning, Prof., Maler.
Herter, Prof., Bildhauer.
Heyden, Baurath.
Hildebrand, Prof., Maler.
Hopfgarten, Prof., Maler.
Jacoby, Prof., Kupferstecher.
von Kameke, Prof., Maler.
Kayser, Architekt.
Knaus, Prof., Maler.
Knille, Prof., Maler.
Kraus, F., Maler.
Lessing, Otto, Prof., Bildhauer.
Ludwig, Prof., Maler.
Dr. Menzel, Prof., Maler.
Meyerheim, Paul, Prof., Maler.
Orth, A., Baurath.
Otzen, Joh., Geh. Reg. Rath, Prof., Architekt.
Pape, E., Prof., Maler.
Raschdorff, Geh. Reg. Rath, Prof., Architekt.
Schaper, Prof., Bildhauer.
Scheurenberg, Prof., Maler.
Schmieden, Baurath.
Schrader, Jul., Prof., Maler.
Schwechten, Baurath.
Dr. Siemering, Prof., Bildhauer.
Spangenberg, Louis, Maler.
Wallot, Baurath.
von Werner, Prof., Direktor, Maler
Werner, F., Prof., Maler.
Wolff, Alb., Prof., Bildhauer.

b. Sektion für Musik.

Vorsitzender: Dr. Blumner, Prof., siehe vorher.
Stellvertreter: Bargiel, Prof.
Becker, Alb., Prof.
Dr. Bellermann, Prof.
Bruch, Max, Prof., Vorsteher einer Meisterschule für musikalische Komposition.
Dorn, Prof., Königlicher Kapellmeister a. D.
Gernsheim, Prof.
Hofmann, H., Prof.
Dr. Joachim, Prof., Kapellmeister der Königl. Akademie d. Künste
Radecke, Prof., Königlicher Kapellmeister z. D.
Rudorff, E., Prof.
Succo, R., Prof.
Vierling, Prof.

3. Ehrenmitglieder der Gesammt-Akademie.

Ihre Majestät die Kaiserin und Königin Friedrich.
Seine Hoheit der Herzog Ernst zu Sachsen-Koburg und Gotha.
Se. Exc. D. Dr. Falk, Staatsminister.
Se. Exc. D.. Dr jur. und Dr. med. von Goßler, Staatsminister
Graf Adolf Friedrich von Schack zu München.
Dr. jur. Carl Zöllner, Geheimer Regierungsrath.

4. Akademische Hochschule für die bildenden Künste.
(NW. Unter den Linden 38.)

Direktor: von Werner, Prof.
Direktorial-Assistent: Teschendorff, Prof., Maler.

5. Akademische Meister-Ateliers.

a. für Maler.

Gude, Prof. für Landschaftsmalerei.
Knille, Prof. für Geschichtsmalerei.
von Werner, Prof. für Geschichtsmalerei.

b. für Bildhauer.

Begas, R., Prof., Bildhauer.

c. für Baukunst.

Ende, Geh. Reg. Rath, Prof.
Otzen, Geh. Reg. Rath, Prof.

d. für Kupferstecher.

Köpping, Maler und Radirer.

6. Akademische Hochschule für Musik.
(W. Potsdamerstraße 120.)

a. Direktorium.

Vorsitzender: (bis Ende August 1892) Rudorff, Prof.

Mitglieder:

Dr. Joachim, Prof. und Kapellmeister der Akademie, Vorsteher der Abtheilung für Orchester-Instrumente.
Dr. Spitta, Geh. Reg. Rath, a. o. Prof., zweiter ständiger Sekretär, Vorsteher der gesammten Verwaltung.
Bargiel, Prof., Vorsteher der Kompositions-Abtheilung.
Rudorff, Prof., Vorsteher der Abtheilung für Klavier und Orgel.
Schulze, Ad., Prof., Vorsteher der Abtheilung für Gesang.

b. Abtheilungen.

Vorsteher der Abtheilung
1. für Komposition und Theorie der Musik: Bargiel.
2. für Gesang: Schulze, Ad., Prof.
3. für Orchester-Instrumente: Dr. Joachim, Prof., Kapellmeister der Akademie.
4. für Klavier und Orgel: Rudorff, Prof.

Dirigent der Aufführungen: Dr. Joachim, Prof., Kapellmeister der Akademie.

7. Akademische Meisterschulen für musikalische Komposition.
(NW. Universitätsstraße 6.)

Vorsteher.

Bargiel, Prof., Musikdirektor.
Dr. Blumner, Prof.
Bruch, Max, Prof.

8. Akademisches Institut für Kirchenmusik.
(W. Potsdamerstraße 120.)

Direktor: fehlt zur Zeit.

F. Königliche Museen zu Berlin.
(Lokal: C. Gebäude des älteren Museums am Lustgarten, Eingang zunächst der Friedrichs-Brücke.)

General-Direktor.

Schöne, Wirkl. Geheimer Ober-Regierungs- u. vortrag. Rath im Ministerium der geistlichen 2c. Angelegenheiten.

Beamte der Generalverwaltung.

Dr. Schauenburg, Ger. Assessor, Justiziar und Verwaltungsrat auftragsw.
Walther, Rechn. Rath, Bureau-Vorsteher und Erster Sekretä

Dr. Humann, Direktor, wohnhaft zu Smyrna.
Jacoby, L., Prof., technischer Beirath für artistische Publikation
Merzenich, Baurath, Architekt der Museen.
Dr. Rathgen, Chemiker.
= von Béguelin, Bibliothekar.
Siecke, technischer Inspektor der Gipsformerei.

Abtheilungen und Sachverständigen-Kommissionen.*)

1. Gemälde-Galerie.

Direktor: Dr. Bode, Geh. Reg. Rath.
Assistent: Dr. von Tschudi.
Erster Restaurator: Hauser.
Zweiter Restaurator und Inspektor: z. Z. unbesetzt.

Sachverständigen-Kommission.

Mitglieder: Dr. Bode, Geh. Reg. Rath, Direktor der Gemäld Galerie und auftragsw. der Sammlung vo Skulpturen und Abgüssen des christlichen Ze alters.
Dr. Grimm, Geh. Reg. Rath, o. Prof. a. d. Unive
Dr. Jordan, Geh. Ob. Reg. und vortrag. Ra im Ministerium der geistlichen ꝛc. Angelegenheite auftragsw. Direktor der National-Galerie.
Knaus, Prof., Geschichtsmaler, Mitglied d Senates der Akademie der Künste.

Stellvertreter: von Beckerath, Kaufmann.
Dr. Dohme, Direktor, Geh. Reg. Rath.
Geselschap, Prof., Geschichtsmaler, Mitglied d Senates der Akademie der Künste.
Graf von Harrach, Geschichtsmaler, Mitglied d Akademie der Künste.

2. Sammlung der Skulpturen und Abgüsse des christlichen Zeitalte

Direktor: Dr. Bode, Direktor, Geh. Reg. Rath, auftrags

*) Die Mitglieder ꝛc. der Sachverständigen-Kommissionen sind du Allerhöchsten Erlaß vom 13. April 1891 für die Zeit bis zum 31. März 18 ernannt (Centr. Bl. für 1891 S. 401 ff.).

Sachverständigen-Kommission.

Mitglieder: Dr. Bode, Direktor, Geh. Reg. Rath.
von Beckerath, Kaufmann.
Sußmann-Hellborn, Prof., Bildhauer.

Stellvertreter: Begas, Prof., Bildhauer, Mitglied des Senates der Akademie der Künste.
Dr. Dobbert, Prof. a. d. Techn. Hochschule.

3. Sammlung der antiken Skulpturen und Gipsabgüsse.

Direktor: Dr. Kekulé, Geh. Reg. Rath, o. Prof. a. d. Univers.

Assistent: Dr. Puchstein, Privatdozent an der Universität.

Sachverständigen-Kommission.

Mitglieder: Dr. Kekulé, Geh. Reg. Rath, Direktor.
Dr. Hübner, o. Prof. a. d. Univers.
Wolff, Prof., Bildhauer, Mitglied des Senates der Akademie der Künste.

Stellvertreter: Dr. Siemering, Prof., Bildhauer, Mitglied des Senates der Akademie der Künste.
Dr. Conze, Prof., Generalsekretär des deutschen Archäologischen Institutes.

4. Antiquarium.

Direktor: Dr. Curtius, Geh. Reg. Rath, o. Prof. a. d. Universität, Mitglied und beständiger Sekretar der Akademie der Wissenschaften.

Assistent: Dr. Furtwängler, a. o. Prof. a. d. Univers.

Sachverständigen-Kommission.

Mitglieder: Dr. Curtius, Geh. Reg. Rath, Direktor.
Dr. Hübner, o. Prof. a. d. Univers.
Dr. Lessing, Prof., Direkt. der Samml. des Kunstgewerbe-Museums.

Stellvertreter: Dr. Trendelenburg, Prof., Oberlehrer am Askanischen Gymnasium.
Dr. Dressel, Direktorial-Assistent bei dem Münz-Kabinet der Königlichen Museen.

5. Münz-Kabinet.

Direktor: Dr. von Sallet, Prof.

Assistenten: Dr. Menadier.
Dr. Dressel.

Sachverständigen-Kommission.

Mitglieder: Dr. von Sallet, Direktor.
Dannenberg, Landgerichtsrath a. D.

Dr. Mommsen, o. Prof. a. d. Univers., Mitgli
und beständiger Sekretar der Akademie d
Wissenschaften.
Dr. Sachau, Geh. Reg. Rath, o. Prof. a.
Univers., kommiss. Direktor des Seminares fü
orientalische Sprachen und Mitglied der Akadem
der Wissenschaften.
von Winterfeldt, General der Infanterie, Ad
jutant Sr. Königl. Hoheit des Prinzen Alexande
Stellvertreter: Dr. Wattenbach, Geh. Reg. Rath, o. Prof. a.
Univers., Mitglied der Akademie der Wissenschafte
Dr. Koehler, o. Prof. a. d. Univers.

6. Kupferstich-Kabinet.

Direktor: Dr. Lippmann, Geh. Reg. Rath.
Assistenten: Dr. Springer.
Dr. von Loga.
Dr. Kämmerer.
Restaurator: fehlt z. Z.

Sachverständigen-Kommission.

Mitglieder: Dr. Lippmann, Geh. Reg. Rath, Direktor.
von Beckerath, Kaufmann.
Dr. Grimm, Geh. Reg. Rath, o. Prof. a. d. Univers
Stellvertreter: Dr. Dohme, Direktor, Geh. Reg. Rath.
Dr. Jordan, Geh. Ob. Reg. und vortrag. Rath
im Ministerium der geistlichen rc. Angelegenheiten, auftragsw. Direktor der National-Galerie

7. Sammlung der ägyptischen Alterthümer.

Direktor: Dr. Erman, a. o. Prof. a. d. Univers.
Assistent: Dr. Steindorff, Privatdozent a. d. Univers.

Sachverständigen-Kommission.

Mitglieder: Dr. Erman, a. o. Prof. a. d. Univers., Direktor.
Dr. Sachau, Geh. Reg. Rath, o. Prof. a. d.
Univers., kommiss. Direktor des Seminars für
orientalische Sprachen und Mitglied der Akademie
der Wissenschaften.
D. Dr. Schrader, o. Prof. a. d. Univers., Mitglied
der Akademie der Wissenschaften.
Stellvertreter: D. Dillmann, o. Prof. a. d. Univers., Mitglied
der Akademie der Wissenschaften.
Dr. von Kaufmann, Prof. a. d. Techn. Hochschule,
Privatdozent a. d. Univers.

Dr. Conze, Prof., Generalsekretär des deutschen Archäologischen Institutes.
Dr. Belger, Oberlehrer am Friedrichs-Gymnasium.

8. Museum für Völkerkunde.
(SW. Königgrätzerstr. 120.)

Direktoren: Dr. Bastian, a. o. Prof. a. d. Univers., Geh. Reg. Rath, Direktor der ethnologischen Abtheilung.
Dr. Voß, Direktor der prähistorischen Abtheilung.
Assistenten: Dr. Grünwedel, Prof.
Dr. Grube, a. o. Professor a. d. Univers.
Dr. von Luschan, Privatdozent a. d. Univers.
Dr. Weigel.
Ein Assistent fehlt z. Z.
Konservator: Krause.

Sachverständigen-Kommissionen.

a. Ethnologische Abtheilung des Museums für Völkerkunde.

Mitglieder: Dr. Bastian, a. o. Prof. a. d. Univers., Geh. Reg. Rath, Direktor.
Dr. Virchow, o. Prof. a. d. Univers., Geh. Med. Rath, Mitglied der Akademie der Wissenschaften.
Dr. Jagor.
Dr. Reiß, Konsul a. D.
Dr. Freiherr von Richthofen, o. Prof. a. d. Univers.
Stellvertreter: Dr. Wetzstein, Konsul a. D.
Dr. Hartmann, a. o. Prof. a. d. Univers., Geh. Med. Rath.
Dr. med. Bartels, Sanitätsrath.
Dr. Joest, Prof.
Künne, Buchhändler in Charlottenburg.

b. Vorgeschichtliche Abtheilung des Museums für Völkerkunde.

Mitglieder: Dr. Voß, Direktor.
Dr. Virchow, o. Prof. a. d. Univers., Geh. Med. Rath, Mitglied der Akademie der Wissenschaften.
Dr. Schwartz, Prof., Direktor des Luisengymnas.
Stellvertreter: Dr. med. Bartels.
Dr. von Kaufmann, Prof. an der Technischen Hochschule, Privatdozent a. d. Univers.
von Heyden, Prof., Geschichtsmaler.

9. Kunstgewerbe-Museum.

(SW. Königgrätzerstr. 120).

Direktoren: Grunow, Erster Direktor.
Dr. Lessing, Prof., Direktor d. Sammlungen.
Ewald, Prof., Direktor d. Unterrichtsanstalt.

Assistenten: Fendler.
Dr. von Falke.
Borrmann, Reg. Baumeister, auftragsw.

Bibliothekar: Dr. Jessen.

Bibliotheks-Assistent: z. Z. unbesetzt.

Mitglieder des Beirathes.*)

Dr. Bertram, Prof., Stadtschulrath.
Dr. Bode, Geh. Reg. Rath, Direktor der Gemälde-Galerie und auftragsw. Direktor der Sammlung der Skulpturen des christlichen Zeitalters bei den Königl. Museen.
Dr. Dohme, Direktor, Geh. Reg. Rath.
Ewald, Prof., Direktor der Unterrichtsanstalt des Kunstgewerbe-Museums.
Dr. von Forckenbeck, Ober-Bürgermeister.
Grunow, Erster Direktor des Kunstgewerbe-Museums.
Hainauer, Banquier.
Graf von Harrach, Historienmaler.
von Heyden, Prof., Historienmaler.
Heyden, Königlicher Baurath.
Jessen, Direktor der Berliner Handwerkerschule.
Ihne, Königlicher Hof-Baurath und Hof-Architekt.
Krätke, Direktor der Aktiengesellschaft für Fabrikation von Bronzewaaren und Zinkguß.
Dr. Lessing, Prof., Direktor der Sammlungen des Kunstgewerbe-Museums.
Lessing, Bildhauer, Prof.
Dr. Lippmann, Geh. Reg. Rath, Direktor des Kupferstich-Kabinets bei den Königl. Museen.
March, Königlicher Kommerzienrath.
Puls, Kunstschlossermeister.
Dr. Reuleaux, Geh. Reg. Rath, Prof. an der Technischen Hochschule.
Dr. Stryck, Stadtverordnetenvorsteher.
Sußmann-Hellborn, Prof., Bildhauer.
Vollgold, Königlicher Kommerzienrath.
Dr. Weigert, Max, Stadtrath und Fabrikbesitzer.

---

*) Die Mitglieder des Beirathes sind durch Allerhöchsten Erlaß vom 1. Mai 1889 für die Zeit bis zum 31. März 1892 ernannt (Centr. Bl. für 1889 S. 519).

G. National-Galerie zu Berlin.
(C. Hinter dem Packhof 3.)

Direktion.

Jordan, Geh. Ob. Reg. Rath und vortrag. Rath im Ministerium der geistlichen ꝛc. Angelegenheiten, auftragsw. Direktor.

. von Donop, Prof., Direktorial-Assistent.

H. Rauch-Museum zu Berlin.
(C. Klosterstraße 75.)

orsteher: Dr. Siemering, Prof.

Königliche Wissenschaftliche Anstalten zu Berlin (Potsdam).

1. Königliche Bibliothek.
(W. Platz am Opernhause.)

a. Kuratorium.

e la Croix, Wirkl. Geh. Ober-Reg. Rath und Ministerial-Direktor, Vorsitzender.

r. Schöne, General-Direktor der Königl. Museen und Wirkl. Geh. Ober-Reg. Rath.

= Althoff, Geh. Ober-Reg. Rath und vortrag. Rath im Ministerium der geistlichen ꝛc. Angelegenheiten.

= Foerster, Geh. Reg. Rath, Professor, Direktor der Sternwarte zu Berlin.

= Wattenbach, Geh. Reg. Rath, ordentl. Prof., Mitglied der Königl. Akademie der Wissenschaften zu Berlin.

= Wilmanns, Generaldirektor der Königl. Bibliothek.

= Hartwig, Geh. Reg. Rath, Ober-Bibliothekar zu Halle a. S.

= Heller, Prof. zu Kiel.

b. General-Direktor.

Dr. Wilmanns, zugleich Direktor der Abtheilung für Druckschriften.

c. Justiziar.

Dr. Daube, Geh. Reg. Rath, Univers. Richter.

d. Abtheilungs-Direktoren.

Dr. Wilmanns, s. vorstehend b.
" Rose, Geh. Reg. Rath, bei der Abtheilung für Handschriften
D. und Dr. von Gebhardt, Prof., bei der Abtheilung für Druckschriften.

e. Bibliothekare und Kustoden.

Dr. Grützmacher, Bibliothekar.
" Söchting, dsgl.
" Stern, dsgl., Prof.
" Klatt, Bibliothekar.
" Meisner, dsgl.
" Müller, Joh., dsgl.
" Boysen, dsgl.
" Kopfermann, Kustos.
Dr. Ippel, Kustos.
" Zeincke, dsgl.
" Valentin, dsgl.
" Gleiniger, dsgl.
" Weil, dsgl.
" Krause, dsgl.
" Gädertz, dsgl.

f. Hilfskustoden.

Dr. Blumenthal.
" Paalzow.
" Schulze.
" Frantz.
Dr. Kagelmacher.
" Preuß.
" Reimann.
" Peter.

g. Bureau.

Jochens, Kanzlei-Rath, Ober-Sekretär.

2. Königliche Sternwarte.

(S.W. Enckeplatz 3a.)

Direktor: Dr. Foerster, Geh. Reg. Rath, o. Prof. a. d. Univers.
Erster Assistent: Dr. Knorre.
Zweiter Assistent: Dr. Battermann.
Dritter Assistent: Dr. Goldstein, Professor.
Direktoren des Rechen-Institutes der Sternwarte: Dr. Foerster, s. vorst.
" Tietjen, o. Prof. a. d. Univers.

3. Königlicher Botanischer Garten.

(W. Potsdamerstraße 75.)

Direktor: Dr. Engler, o. Professor a. d. Univers., Mitglied der Akademie der Wissenschaften.
Unter-Direktor: Dr. Urban, Prof.
Kustos: Dr. Pax, Privatdozent.
Hilfskustos: Hennings.

Assistent: Dr. Riedenzu.
Inspektor: Perring.

4. Königliches Geodätisches Institut und Centralbureau der Europäischen Gradmessung.

(W. Lützowstraße 42.)

Direktor.

Dr. Helmert, Prof. a. d. Univers.

Sektionschefs.

Dr. Albrecht, Prof.
" Fischer, dsgl.
Dr. Löw, Prof.

Assistenten.

Dr. Westphal.
" Börsch.
Dr. Krüger.
" Borraß.

Bureau.

Vorsteher: Thurk, Sekretär und Kalkulator.

5. Königliches Meteorologisches Institut.

I. Centralstelle.

(W. Schinkelplatz 6.)

Direktor.

Dr. von Bezold, Geh. Reg. Rath, Prof. an der Universität, Mitglied der Akademie der Wissenschaften zu Berlin.

Wissenschaftliche Oberbeamte.

Dr. Hellmann.
Dr. Sprung.
Dr. Aßmann, Privatdozent.

Wissenschaftlicher Assistent.

Dr. Kremser.

Bureau.

von Büttner, Sekretär.

II. Magnetisches Observatorium bei Potsdam.

Observator.

Dr. Eschenhagen.

6. Königliches Astrophysikalisches Observatorium auf dem Telegraphenberge bei Potsdam.

Direktor.

Dr. Vogel, Geh. Reg. Rath, Prof.

Observatoren.

Dr. Spörer, Prof., Erster Observator und Stellvertreter des Direktors in Verhinderungsfällen.
Dr. Lohse.
Dr. Müller, G., Prof.
Assistent: Dr. Kempf.

K. Die Königlichen Universitäten.

1. Albertus-Universität zu Königsberg i. Pr.

Kurator.

Se. Exc. Graf zu Stolberg-Wernigerode, Ober-Präsident.

Kuratorialrath und Stellvertreter des Kurators in Behinderungsfällen.

Maubach, Oberpräsidialrath.

Zeitiger Rektor.

Prof. Dr. Hermann, Geh. Med. Rath.

Universitäts-Richter.

von der Trenck, Staatsanwalt.

Zeitige Dekane

der theologischen Fakultät: Prof. D. et Dr. phil. Cornill,
der juristischen Fakultät: Prof. Dr. Salkowski,
der medizinischen Fakultät: Prof. Dr. Jaffe,
der philosophischen Fakultät: Prof. Dr. Lindemann.

Der akademische Senat besteht aus

dem zeitigen Rektor Prof. Dr. Hermann, Geh. Med. Rath,
dem zeitigen Prorektor Prof. Dr. Bezzenberger,
dem zeitigen Stipendien-Kurator Prof. Dr. Güterbock,
dem Universitäts-Richter, Staatsanwalt von der Trenck,
den Dekanen der vier Fakultäten und folgenden Senatoren:

Prof. Dr. Schirmer.
" " Prutz.
Prof. Dr. Dohrn.
" " Fleischmann.

Fakultäten.

1. Theologische Fakultät.

a. Ordentliche Professoren.

D. Sommer, Konsistorialrath.
" Voigt, dsgl. (von seinen akademischen Verpflichtungen entbunden).
" Grau.
" Jacoby, Konsistorialrath und Mitglied des Konsistoriums der Provinz Ostpreußen.
D. et Dr. phil. Cornill.
" Benrath.
" Dorner.

b. Außerordentliche Professoren.

D. Klöpper.
Lic. theol. Link.

c. Privatdozent.

Lic. theol. u. Dr. phil. Löhr.

d. Lektoren.

Dr. Pelka, Hofpred. u. Konsist. Rath.
Lackner, Superintendent und Archidiakonus.

2. Juristische Fakultät.

a. Ordentliche Professoren.

Dr. Schirmer, Geh. Justizrath.
" Güterbock, dsgl.
" Gareis.
Dr. Zorn.
" Salkowski.

b. Außerordentlicher Professor.

Dr. Endemann.

c. Privatdozent.

Dr. Weyl, Gerichts-Assessor.

3. Medizinische Fakultät.

a. Ordentliche Professoren.

Dr. Dorn, Geh. Med. Rath.
" Neumann, dsgl.
" Jaffe.
" von Hippel, Geh. Med. Rath.
Dr. Hermann, Geh. Med. Rath.
" Braun, Heinr., Med. Rath.
" Stieda.
" Lichtheim, Med. Rath.

b. Außerordentliche Professoren.

Dr. Grünhagen.
" Samuel.
" Berthold.
" Schneider.
" Caspary.
Dr. Schreiber.
" Langendorff.
" Seydel, Stadtphysikus.
" von Esmarch.

c. Privatdozenten.

Dr. Meschede, Direkt. d. städt. Krankenanstalt, Prof.
= Münster, Prof.
= Treitel.
= Stetter.
= Zander.

Dr. Falkenheim.
= Nauwerk, Prof.
= Schirmer.
= Samter.

4. Philosophische Fakultät.

a. Ordentliche Professoren.

Dr. Neumann, Geh. Reg. Rath, Mitglied der Akademie der Wissenschaften zu Berlin.
= Friedländer, Geh. Reg. R.
= Schade, dsgl.
= Umpfenbach.
= Spirgatis.
= Schöne.
= Ritthausen.
= Kißner.
= Rühl.
= Walter.
= Prutz.
= Lossen.

Dr. Pape.
= Ludwich.
= Lindemann.
= Hirschfeld.
= Bezzenberger.
= Thiele.
= Dehio.
= Fleischmann.
= Hahn.
= Braun, Maximilian.
= Luerssen.
= Peters.
= Koken.
= Baumgart.
= Jahn.

b. Außerordentliche Professoren.

Dr. Lohmeyer.
= Saalschütz.
= Marek.
= Garbe.
= Hurwitz.

Dr. Volkmann.
= Schubert.
= Jeep.
= Hasbach.
= Blochmann.

c. Privatdozenten.

Dr. Merguet, Gymnasial-Oberlehrer a. D.
= Jentzsch, Prof.
= Rahts.
= Hilbert.
= Appel, z. Z. in Breslau.
= Hecht.

Dr. Kaluza.
= Lassar-Cohn.
= Eberhardt.
= Franz.
= Haase.
= Hoffmann.
= Wiechert.

d. Lektor.

Favre.

Sprach- und Exercitienmeister.

Laudien, Musikdirektor und akad. Musiklehrer.
Grünekle e, Fechtlehrer.
Stoige, Lehrer der Tanzkunst.
Heinrich, Lehrer der Stenographie.
Stensbeck, Lehrer der Reitkunst.

Beamte.

Universitäts-Sekretär: Lorkowski, Geh. Rechnungsrath, zugleich Inspektor des Universitäts-Gebäudes.

Universitäts-Kassen-Rendant, 2. Depositar und Quästor: Kirstein, Rechnungsrath.

Universitäts-Architekt.

Knappe, Schloß-Bauinspektor.

---

2. Friedrich-Wilhelms-Universität zu Berlin.

Kuratorium.

Stellvertreter.

Der zeitige Rektor, Prof. Dr. Foerster, Geh. Reg. Rath und der Universitäts-Richter, Geh. Reg. Rath Dr. Daude.

Zeitiger Rektor.

Prof. Dr. Foerster, Geh. Reg. Rath.

Universitäts-Richter.

Dr. Daude, Geh. Reg. Rath.

Zeitige Dekane

der theologischen Fakultät: ord. Prof. D. Kaftan,
der juristischen Fakultät: ord. Prof. Dr. Kohler,
der medizinischen Fakultät: ord. Prof. Dr. du Bois-Reymond, Geh. Med. Rath,
der philosophischen Fakultät: ord. Prof. Dr. Diels.

Der akademische Senat

besteht aus dem Rektor, dem Universitäts-Richter, dem Prorektor ord. Prof. Dr. Tobler;

den Dekanen der vier Fakultäten und den Senatoren:

ord. Prof. Dr. Eck, Geh. Justizrath.
" " " Schmoller.
" " " von Bardeleben, Geh. Ober-Med. Rath.
" " " Hinschius, Geh. Justizrath.
" " " Zupitza.

Fakultäten.

1. Theologische Fakultät.

a. Ordentliche Professoren.

D. Steinmeyer.
" Dillmann, Mitglied der Akademie der Wissenschaften.
" Weiß, Ober-Konsist. Rath und vortragender Rath im Ministerium der geistlichen ꝛc. Angelegenheiten.
" Frhr. von der Goltz, Ober-Konsistorialrath, Mitglied des Evang. Ober-Kirchenrathes und Propst.
" Pfleiderer.
" Kleinert, Konsistorialrath und Mitglied des Konsistoriums der Provinz Brandenburg.
" Dr. phil. Harnack, Mitglied der Akademie der Wissenschaften.
" Kaftan.

b. Ordentlicher Honorar-Professor.

D. Brückner, Wirkl. Ober-Konsistorialrath, geistlicher Vice-Präsident des Evang. Ober-Kirchenrathes, Generalsuperintendent und Propst zu Berlin.

c. Außerordentliche Professoren.

Dr. Strack.
" Deutsch, Konsistorialrath und Mitglied des Konsistoriums der Provinz Brandenburg.
Lic. Dr. Müller, Nik.
" " Runze.

d. Privatdozenten.

Lic. Plath, Prof.
" Dr. Frhr. von Soden.
Lic. Titius.

2. Juristische Fakultät.

a. Ordentliche Professoren.

Dr. Dernburg, Geh. Justizrath, Mitglied des Herrenhauses.
" von Gneist, Wirkl. Geh. Ober-Justizrath, Oberverwaltungsgerichtsrath und Mitglied des Staatsrathes.
" Berner, Geh. Justizrath.
" Goldschmidt, dsgl.
" Hinschius, dsgl., Mitglied des Herrenhauses.
" Brunner, dsgl., Mitglied der Akademie der Wissenschaften
" Hübler, Geh. Ober-Reg. Rath.
" Pernice, Geh. Justizrath, Mitglied der Akademie der Wissenschaften.
" Gierke, Geh. Justizrath.

Dr. Eck, Geh. Justizrath.
= Kohler.

b. Ordentliche Honorar=Professoren.

Dr. Aegidi, Geh. Legationsrath z. D.
= Stölzel, Präsident der Justiz=Prüfungs=Kommission und vortragender Rath im Justizministerium, Kronsyndikus und Mitglied des Herrenhauses.
= von Cuny, Geh. Justizrath, Mitglied der Hauptverwaltung der Staatsschulden.

c. Außerordentliche Professoren.

Dr. Dambach, Wirkl. Geh. Ober=Postrath, vortrag. Rath und Justiziar im Reichs=Postamte, Kronsyndikus und Mitglied des Herrenhauses.
= Rubo, Amtsgerichtsrath.
= Bernstein.
= Zeumer.
= Gradenwitz.

d. Privatdozenten.

Dr. Jacobi, Justizrath, Rechtsanwalt und Notar.
= Ryck, Landgerichtsrath.
= Bornhak, Ger. Assess.
Dr. Preuß.
= Biermann, Ger.=Assess.
= Heilborn.
= Hübner.

3. Medizinische Fakultät.

a. Ordentliche Professoren.

Dr. von Bardeleben, Geh. Ober=Mediz. Rath, Generalarzt I. Kl. mit dem Range als Generalmajor.
= Virchow, Geh. Mediz. Rath, Mitglied der Akademie der Wissenschaften.
= du Bois=Reymond, Geh. Medizinalrath, Mitglied und beständiger Sekretar der Akademie der Wissenschaften.
= Gerhardt, Geh. Medizinalrath.
= Hirsch, dsgl.
= Olshausen, dsgl.
= Leyden, dsgl.
= Gusserow, dsgl.
= Waldeyer, dsgl., Mitglied der Akademie der Wissenschaften.
= von Bergmann, dsgl. und Generalarzt I. Kl. mit dem Range als Generalmajor.
= Liebreich, Geh. Medizinalrath.
= Schweigger, dsgl., Generalarzt.
= Jolly, Geh. Medizinalrath.

Dr. Hertwig.
= Rubner.

b. Ordentliche Honorar=Professoren.

Dr. Rose, dirigirender Arzt der chirurg. Station des Krankenhauses Bethanien.
= Koch, Geh. Med. Rath, Generalarzt II. Klasse, Mitglied des Staatsrathes und des Kaiserl. Gesundheitsamtes, Direktor des Instituts für Infektionskrankheiten.
= Skrzeczka, Geh. Ober=Med. Rath und vortrag. Rath im Ministerium der geistl. 2c. Angelegenh., Mitglied des Kaiserl. Gesundheitsamtes.

c. Außerordentliche Professoren.

Dr. Henoch, Geh. Med. Rath.
= Gurlt, dsgl.
= Hartmann, Geh. Mediz. Rath, Prosektor.
= Lewin, Georg Rich., dsgl., Mitglied des Kaiserl. Gesundheitsamtes.
= Munk, Herm., Mitglied d. Akad. d. Wissenschaften.
= Lucae.
= Salkowski.
= Fritsch.
= Fräntzel, Geh. Mediz. Rath, Ober=Stabs= und Regim. Arzt, dirig. Arzt im Charité=Krankenh.
= Senator, Geh. Med. Rath.
= Busch.
= Fasbender.
= Schöler.

Dr. Hirschberg.
= Ewald.
= Bernhardt.
= Sonnenburg.
= Schweninger, Mitglied d. Kaiserl. Gesundheitsamtes.
= Wolff, Julius.
= Mendel.
= Falk, Kreisphysikus.
= Fränkel, Bernh., Sanitätsrath.
= Gad.
= Kossel.
= Trautmann, Generalarzt a. D.
= Virchow, Hans, Prosektor.
= Wolff, Max.
= Brieger.
= Ehrlich.

d. Privatdozenten.

Dr. Kristeller, Geh. Sanitätsrath.
= Mitscherlich, Prof.
= Schelske.
= Tobold, Geh. Sanitätsrath u. Prof.
= Eulenburg, früh. ordentl. Professor in Greifswald.

Dr. Burchardt, Prof., Ober=Stabsarzt I. Klasse und Erster Garnisonarzt von Berlin.
= Guttmann, Sanitätsrath.
= Zülzer, Prof.
= Rieß.
= Güterbock, Mediz. Rath.
= Perl.

Dr. Guttstadt, Prof., Dezernent für Medizinalstatistik im Königl. Statist. Bureau.
= Landau.
= Martin.
= Litten, Prof.
= Fränkel, Albert, Prof.
= Remak.
= Veit.
= Horstmann, Prof.
= Salomon.
= Lassar.
= Lewinski.
= Lewin, Louis.
= Herter.
= Rabl-Rückhard, Prof. und Ober-Stabsarzt.
= Behrend.
= Gluck, Prof.
= Baginsky, Adolf.
= Schüller, Prof.
= Moeli.
= Munk, Immanuel.
= Grunmach, Prof.
= Fehleisen.
= Baginsky, Benno.
= Israel.
= Krause, Prof.
= Hölzke.
= Oppenheim.

Dr. Winter.
= Benda.
= Siemerling.
= Jacobson.
= Krönig.
= Dührssen.
= Preyer, früher ord. Prof. in Jena, Grßhzgl. Sächs. Hofrath.
= Langgaard.
= Rawitz.
= Nagel.
= Straßmann, gerichtlicher und Stadtphysikus.
= von Noorden.
= Rosenheim.
= Klemperer.
= Nitze.
= Silex.
= Langerhans.
= Hansemann.
= Posner.
= Pfeiffer.
= du Bois-Reymond.
= Goldscheider, Stabsarzt.
= de Ruyter.
= Köppen.
= Günther.
= Pagel.
= Schlange.

Lehrer der Zahnheilkunde.

Dr. Pätsch, Sanitätsrath, Prof. und prakt. Arzt.
= Miller, Prof. und Zahnarzt.
Warnekros, Prof. und Zahnarzt.

4. Philosophische Fakultät.

a Ordentliche Professoren.

Dr. Kummer, Geh. Reg. Rath, Mitglied der Akademie der Wissenschaften.
= Zeller, dsgl., dsgl.
= Weinhold, dsgl., dsgl.
= von Helmholtz, Wirkl. Geh. Rath, Excellenz, Präsident der Physikalisch-Technischen Reichsanstalt und Mitglied der

Akademie der Wissenschaften, Vicekanzler der Friedensklasse des Ordens pour le mérite.

Dr. Mommsen, Mitglied und beständiger Sekr.tar der Akademie der Wissenschaften (von den akademischen Verpflichtungen entbunden).

" Curtius, Geh. Reg. Rath, Mitglied und beständiger Sekretar der Akademie der Wissenschaften, Direktor des Antiquariums der Königl. Museen.

" Vahlen, Geh. Reg. Rath, Mitglied der Akademie der Wissenschaften.

" Wattenbach, dsgl., dsgl.

D. Dr. Schrader, Mitglied der Akademie der Wissenschaften.

Dr. von Hofmann, Geh. Reg. Rath, Mitglied der Akademie der Wissenschaften und des Kaiserl. Gesundheitsamtes.

" Weierstraß, Mitglied der Akademie der Wissenschaften.

" Wagner, Adolf, Geh. Reg. Rath, Mitglied des Stat. Bureaus.

" Beyrich, Geh. Bergrath, Verwaltungs-Direktor des Museums für Naturkunde, Mitglied der Akademie der Wissenschaften.

" Kirchhoff, Adolf, Mitglied der Akademie der Wissenschaften.

" Schmoller, Mitglied des Staatsrathes und der Akademie der Wissenschaften, Historiograph der Brandenburgischen Geschichte.

" von Treitschke, Geh. Reg. Rath, Historiograph des Preußischen Staates.

" Dilthey, Mitglied der Akademie der Wissenschaften.

" Schwendener, dsgl.

" Landolt, Geh. Reg. Rath, Mitglied der Akademie der Wissenschaften und Mitglied des Kuratoriums der Physikalisch-Technischen Reichsanstalt.

" Weber, Friedr. Albr., Mitglied der Akademie der Wissenschaften.

" Möbius, Karl, Geh. Reg. Rath, Mitglied der Akademie der Wissenschaften.

" Fuchs, Mitglied der Akademie der Wissenschaften.

" Hübner.

" Tobler, Mitglied der Akademie der Wissenschaften.

" Kundt, dsgl., Mitglied des Kuratoriums der Physikalisch-Technischen Reichsanstalt.

" Schulze, Franz Eilhardt, Geh. Reg. Rath, Mitglied der Akademie der Wissenschaften.

" Sachau, Geh. Reg. Rath, Mitglied der Akademie der Wissenschaften, kommissarischer Direktor des Seminars für orientalische Sprachen.

" Köhler, Mitglied der Akademie der Wissenschaften.

Dr. Hirschfeld, Mitglied der Akademie der Wissenschaften.

= Grimm, Geh. Reg. Rath.

= Schmidt, Joh., Mitglied der Akademie der Wissenschaften.

= Kekulé, Geh. Reg. Rath, Direktor der antiken Skulpturen und Gypsabgüsse der Königl. Museen.

= Kiepert, Mitglied der Akademie der Wissenschaften.

= Rammelsberg, Geh. Reg. Rath, Mitglied der Akademie der Wissenschaften (von den akademischen Verpflichtungen entbunden).

= Foerster, Geh. Reg. Rath, Direktor der Königl. Sternwarte, Mitglied d. Kuratoriums d. Physikalisch-Technischen Reichsanstalt und der Kaiserl. Normal-Aichungs-Kommission.

= Zupitza.

= Frhr. von Richthofen.

= Scheffer-Boichhorst.

= Klein, Geh. Bergrath, Mitglied der Akademie der Wissenschaften.

= Engler, Mitglied der Akademie der Wissenschaften.

= Schmidt, Erich.

= Kronecker, Mitglied der Akademie der Wissenschaften.

= Lenz.

= von Bezold, Geh. Reg. Rath, Direktor des Meteorologischen Institutes, Mitglied der Akademie der Wissenschaften und des Kuratoriums der Physikalisch-Technischen Reichsanstalt.

= Diels, Mitglied der Akademie der Wissenschaften.

= Tietjen.

= Helmert, Direktor des Geodätischen Institutes und Mitglied des Kuratoriums der Physikalisch-Technischen Reichsanstalt.

= Roth, Mitglied der Akademie der Wissenschaften.

= von der Gabelentz, dsgl.

= Dames.

b. Ordentliche Honorar-Professoren.

Dr. Lazarus.

= Tiemann.

= Michelet.

c. Außerordentliche Professoren.

Dr. Werder, Geh. Reg. Rath.

= Dieterici, Friedrich.

= Schneider, Ernst Robert, Geh. Reg. Rath.

= Steinthal, Hajim.

Dr. Bellermann, Mitglied der Akademie der Künste.

= Wichelhaus, Mitglied der Kgl. techn. Deputation für Gewerbe.

Dr. Orth.
" Garcke.
" Bastian, Geh. Reg. Rath, Direktor des Museums für Völkerkunde.
" Kny.
" Ascherson, Paul.
" von Martens.
" Sell, Geh. Reg. Rath und Mitglied des Reichs-Gesundheitsamtes
" Spitta, Geh. Reg. Rath, ständiger Sekretär der Akademie der Künste.
" Meitzen, Geh. Reg. Rath a. D.
" Berendt, Landesgeologe.
" Paulsen.
" Pinner, Mitglied des Kaiserl. Patentamtes.
" Liebermann.
" Geiger.
" Wittmack, Geh. Reg. Rath.
" Magnus.
" Barth.
" Brückner, Alex.
" Böckh, Geh. Reg. Rath. Direkt. d. statist. Bureaus der Stadt Berlin.

Dr. Hettner.
" Roediger.
" von Giżycki.
" Furtwängler, Direktorial-Assistent an den Königl. Museen.
" Delbrück.
" Erman, Direktor der ägyptischen Abtheilung der Königl. Museen.
" Planck.
" Ebbinghaus.
" Biedermann.
" Gabriel.
" Loffen, Landesgeologe.
" Hoffory.
" Frey.
" Reesen, Mitglied des Kais. Patentamtes.
" Knoblauch.
" König.
" Wätzoldt.
" Geldner.
" Lehmann-Filhés.
" Naudé.
" Grube.

d. Privatdozenten.

Dr. Hoppe, Prof.
" Brugsch, Legationsrath und Professor.
" Jordan, Geh. Ober-Reg. und vortrag. Rath im Ministerium der geistl. ꝛc. Angelegenh., auftragsw. Direktor der Kgl. National-Galerie.
" Glan.
" Aron, Prof.
" Lasson, Prof.
" Droysen.

Dr. von Kaufmann, Prof. der Staatswissensch. an der Technischen Hochschule zu Berlin.
" Karsch.
" Thiesen, Prof. bei der Physikalisch-Technischen Reichsanstalt.
" Will.
" Klebs.
" Schotten, Kaiserl. Reg. Rath, Mitglied des Kaiserl. Patentamtes.

Dr. Krabbe.
= Dessau.
= Simmel.
= Höniger.
= Döring, Gymn. Dir. a. D.
= Rodenberg.
= Kalkmann.
= Fock.
= Jastrow.
= Hayduck.
= Pringsheim.
= Heider.
= Weinstein.
= Meyer, Rich.
= Seeliger.
= Wahnschaffe, Landesgeologe.
= Tenne.
= Wesendonck.
= Aßmann.
= Hense.
= Kötter.
= Korschelt.
= Schiemann, Geh. Staats-Archivar.
= Volkens.
= Rothstein.
= Rinne.
= Marcks.
= Friedheim.
= Freund.
= Reiffert.
= Sternfeld.

Dr. von Luschan.
= Schlesinger.
= Jahn.
= Traube.
= Marckwald.
= Sering, ordentl. Prof. d. Staatswissenschaften an der Landwirthsch. Hochschule.
= Töpffer.
= Dove.
= Graef.
= Puchstein.
= Arons.
= Pax.
= Reinhardt.
= Heusler.
= Jaekel.
= Franke.
= Liesegang.
= Oldenberg.
= Steindorff.
= Winckler.
= Herrmann.
= Kretschmer.
= Wohl.
= Kübler.
= Meinardus.
= Schick.
= Huth.
= Cloëtta.
= Warburg.

Sprachlehrer.

Dr. Michaelis, Professor, Lektor der Stenographie.
Rossi, Lektor der italienischen Sprache.
Harsley, Lektor der englischen Sprache.

Exercitienmeister.

Naumann, Universitäts-Fechtlehrer.
Freising, Universitäts-Tanzlehrer.
Hemmerling, Universitäts-Stallmeister.

Beamte.

Laury, Geh. Kanzleirath, Universitäts-Sekretär.
Wetzel, Kanzleirath, Universitäts-Rektorats-Sekretär.
Schmidt, Rechnungsrath, Universitäts-Kuratorial-Sekretär und Kalkulator.
Claus, Rechnungsrath, Rendant, zugleich mit der Leitung der Quästurgeschäfte beauftragt.

Das Seminar für orientalische Sprachen.

(Am Lustgarten 6. C.)

Kommissarischer Direktor: Dr. Sachau, E., Geh. Reg. Rath, ord. Prof. — s. Univ.
Kommissarischer Bibliothekar und Sekretär: Dr. Moritz.
Lehrer des Chinesischen: Arendt, Prof.
Lektor " " Hsüeh Shen.
" " " Au Fung Tschü.
Lehrer des Japanischen: Dr. Lange, Prof.
Lektor " " Senga, Tsutuaro.
Lehrer des Arabischen: Dr. Hartmann, Prof.
" " " Dr. Moritz.
Lektor " Syrisch-Arabischen: Amin Máarbes.
" " Egyptisch-Arabischen: Hassan Taufik.
Lektor des Marokkanisch-Arabischen: Muhammed Bu Selham.
Lektor des Türkischen: Dr. Foy.
Lehrer des Suaheli: Dr. Büttner, Missionsinspektor.
Lektor des Suaheli: Amir Bin Nasi'r Lomeri.
Lektor des Persischen und Hindustani: Djami Chan Ghori.

Das zahnärztliche Institut.

(Dorotheenstraße 40. NW.)

Direktor: Dr. Busch, außerord. Prof. — s. Univ.
Lehrer: Dr. Pätsch, Sanitätsrath und Professor.
Dr. Miller, Professor.
Warnekros, Prof. Zahnarzt.

---

3. Universität zu Greifswald.

Kurator.

von Hausen, Geheimer Regierungsrath.

Zeitiger Rektor.

Prof. Dr. Zimmer für das Amtsjahr 15. Mai 1891/92.

Universitäts-Richter.

Dr. Gesterding, Polizei-Direktor.

Zeitige Dekane

der theologischen Fakultät: Prof. D. Schultze,
der juristischen Fakultät: Prof. Dr. Störk,
der medizinischen Fakultät: Prof. Dr. Löffler,
der philosophischen Fakultät: Prof. Dr. Minnigerode.

Der akademische Senat

besteht außer dem zeitigen Rektor, dem Universitäts-Richter und den Dekanen der vier Fakultäten z. Z. aus
dem zeitigen Prorektor Prof. Dr. Reifferscheid,
den Senatoren Prof. Dr. Ulmann,
" " Bierling,
" D. Cremer, Konsistorialrath,
" Dr. Helferich.

Das akademische Konzil

besteht aus dem Rektor, als Vorsitzenden, und allen ordentlichen Professoren.

Fakultäten.

1. Theologische Fakultät.

a. Ordentliche Professoren.

D. et Dr. phil. Zöckler, Konsist. Rath.
" Cremer, Konsist. Rath.
" Schultze.
" Schlatter.
" von Nathusius.
" et Dr. phil. Baethgen, Konsistorialrath und Mitglied des Konsistoriums der Provinz Pommern.

b. Außerordentlicher Professor.

Lic. theol. et Dr. phil. Giesebrecht.

c. Privatdozenten.

Lic. theol. Dalmer.
" " Schäder.
" " et Dr. phil. Bosse.

2. Juristische Fakultät.

a. Ordentliche Professoren.

Dr. Häberlin, Geh. Justizrath.
D. et Dr. jur. Bierling, dsgl.
Dr. Pescatore.
Dr. Weismann.
" Störk.
" Heck.

b. Außerordentlicher Professor.

Dr. Stampe.

c. Privatdozent.

Dr. Medem, Landgerichtsrath, Professor.

3. Medizinische Fakultät.

a. Ordentliche Professoren.

Dr. Pernice, Geh. Med. Rath.
" Mosler, dsgl.
" Landois, dsgl.
" Schirmer, dsgl.
" Schulz.
Dr. Sommer.
" Helferich.
" Grawitz.
" Löffler.

b. Außerordentliche Professoren.

Dr. Eichstedt.
" Arndt.
" Krabler.
" Solger.
" Frhr. von Preuschen von und zu Liebenstein.
Dr. Beumer, Kreisphysikus.
" Strübing.
" Heidenhain.
" Peiper.

c. Privatdozenten.

Dr. Hoffmann.
Dr. Ballowitz.

4. Philosophische Fakultät.

a. Ordentliche Professoren.

D. et Dr. phil. Baier, Geh. Reg. Rath.
Dr. med. " " Limpricht, dsgl.
" Ahlwardt, Mitglied der Akademie der Wissenschaften.
" Susemihl.
" Preuner.
" Schuppe.
" Ulmann.
" Thomé.
" Schwanert.
" med. et phil. Gerstäcker.
Dr. Reifferscheid.
" Koschwitz.
" Zimmer.
" Schmitz.
" Cohen.
" Oberbeck.
" Minnigerode.
" Seeck.
" Maaß.
" Rehmke.
" Bernheim.
" Struck.
" Marx.
" Credner.

b. Ordentlicher Honorar-Professor.

Dr. Scholz.

c. Außerordentliche Professoren.

Dr. Pyl.
" Konrath.
" Holtz.
Dr. Pietsch, z. Zt. beurlaubt.
Lic. theol. et Dr. phil. Keßler.
Dr. Fuchs.

d. Privatdozenten.

Dr. Möller.
" Müller.
" Deecke.
" Schmitt.
" Semmler.
Dr. Siebs.
" Schulze.
" Cloëtta.
" Biltz.

Lehrer für neuere Sprachen und Künste.

Dr. Franz, Lektor der englischen Sprache.
Bemmann, Musikdirektor.
Drönewolf, Musikdirektor.
von Dewitz, Zeichenlehrer.
Range, Turn- und Fechtlehrer.
Hecht, Reitlehrer.
Bieck, Univers. Tanzlehrer.

Universitäts-Beamte.

Ballowitz, Rechnungsrath, Universitätskassen-Rendant.
Räder, Rechnungsrath, Universitäts-Quästor.
Otto, Kuratorial-Sekretär.
Bohn, Universitäts-Sekretär.

Akademischer Baumeister.

Brinkmann, Land-Bauinspektor.

---

4. Universität zu Breslau.

Kurator.

Se. Exc. D. von Seydewitz, Wirkl. Geh. Rath, Ober-Präsident.
Kuratorialrath: von Frankenberg-Proschlitz, Geh. Reg. Rath, Vertreter des Kurators in Behinderungsfällen.

Rektor und Senat für das Amtsjahr 1891/92.

Rektor: Prof. Dr. Schmidt, Herm.
Exrektor: Prof. Dr. Brie, Geh. Justizrath.
Universitäts-Richter: Dr. Willdenow, Geh. Reg. Rath.

Dekane
der evang. theol. Fakultät: Prof. D. Hahn,
der kathol. theol. Fakultät: Prof. D. Commer,

der jurist. Fakultät: Prof. Dr. Wlassak,
der medizinischen Fakultät: Prof. Dr. Flügge,
der philosoph. Fakultät: Prof. Dr. Prätorius.

Erwählte Senatoren:

Prof. Dr. Dahn, Geh. Justizrath.
" D. Scholz, Fürsterzbisch. Geistl. Rath.
Prof. Dr. Ladenburg, Geh. Reg. Rath.
Prof. Dr. Ponfick, Geh. Med. Rath.
" " Partsch, Jos.
" " Elster.

Fakultäten.

1. Evangelisch-theologische Fakultät.

a. Ordentliche Professoren.

D. Meuß, Konsist. Rath.
" Hahn.
" Weingarten.
D. Schmidt.
" Dr. phil. Müller.
" Kittel.

b. Ordentlicher Honorar-Professor.

D. Dr. phil. Erdmann, Wirkl. Ober-Konsistorialrath und Generalsuperintendent von Schlesien.

c. Außerordentliche Professoren.

Lic. theol. Dr. phil. Kühl.
Lic. theol. Dr. phil. Arnold.

2. Katholisch-theologische Fakultät.

a. Ordentliche Professoren.

D. Friedlieb.
" Lämmer, Prälat, Protonotar.
" Probst, Päpstl. Hausprälat, Domherr.
D. Scholz, Fürsterzbisch. Geistl. Rath.
" König.
" Krawutzky.
" Commer.

b. Ordentliche Honorar-Professoren.

D. Kayser, Dompropst.
D. Frantz.

c. Außerordentlicher Professor.

D. Müller.

3. Juristische Fakultät.

a. Ordentliche Professoren.

Dr. Dahn, Geh. Justizrath.
" Brie, dsgl.
" Schott.
Dr. Wlassak.
" Fischer.
" Bennecke.

b. Außerordentlicher Professor.

Dr. Bruck.

c. Privatdozenten.

Dr. Eger, Reg. Rath.
" Frommhold, Gerichts-Assessor, z. Z. Hilfsarbeiter im Kultusministerium.
" Schultze, Gerichts-Assessor.

4. Medizinische Fakultät.

a. Ordentliche Professoren.

Dr. Heidenhain, Geh. Med. Rath.
" Biermer, desgl. (entbunden von der Verpflichtung, Vorlesungen zu halten).
" Fischer, Geh. Med. Rath (entbunden von der Verpflichtung, Vorlesungen zu halten).
" Förster, Geh. Med. Rath.
Dr. Hasse, Geh. Med. Rath.
" Ponfick, dsgl.
" Fritsch, dsgl.
" Mikulicz, dsgl., Mitglied des Medizinal-Kollegiums der Provinz Schlesien.
" Flügge.
" Filehne.
" Wernicke, Med. Rath.

b. Außerordentliche Professoren.

Dr. Grosser (im Ruhestand).
" Auerbach.
" Cohn, Herm.
" Richter, Med. Rath.
" Hirt.
" Sommerbrodt.
" Reisser.
" Soltmann.
Dr. Magnus.
" Born.
" Wiener.
" Lesser.
" Rosenbach.
" Müller, Fried.
" Partsch, Karl.

c. Privatdozenten.

Dr. Bruck, Prof.
" Gottstein, dsgl.
" Fränkel, Ernst.
" Kolaczek.
" Buchwald.
" Jacobi, Sanitätsrath, Bezirksphysikus.
" Freund.
" Kroner.
" Röhmann.
Dr. Hiller, Stabsarzt a. D.
" Schröter, Ober-Stabsarzt I. Kl. und Regimentsarzt, Prof.
" Kaufmann.
" Hürthle.
" Alexander.
" Pfannenstiel.
" Bitter.
" Heinz.

5. Philosophische Fakultät.

a. Ordentliche Professoren.

Dr. Röpell, Geh. Reg. Rath, Mitglied d. Herrenhauses.
= Hertz, Geh. Reg. Rath.
= Galle, dsgl.
= Roßbach, Aug., dsgl.
= Meyer, O. E., dsgl.
= Poleck, dsgl.
= Nehring.
= Cohn, Ferd., Geh. Reg. Rath.
= Ladenburg, dsgl.
= Förster.
= Rosanes.
= Weber, Th. (von den amtl. Verpflichtungen entbund.).
= Prätorius.
= von Junke (entbunden von der Verpflichtung, Vorlesungen zu halten).

Dr. Caro.
= Baeumker.
= Chun.
= Partsch, Jos.,
= Vogt.
= Kölbing.
= Hüffer.
= Elster.
= Freudenthal.
= Fick (entbunden von der Verpflichtung, Vorlesungen zu halten).
= Hillebrandt.
= Kaufmann.
= Prantl.
= Lipps.
= Wilcken.

b. Außerordentliche Professoren.

Dr. Grünhagen, Geh. Archivrath.
= Weiske.
= Metzdorf (von den amtl. Verpflichtungen entbunden).
= Friedländer, (dsgl.).
= Holdefleiß.

Dr. Zacher.
= Schmarsow.
= Koch.
= Fränkel, Siegm.
= Hintze.
= Dieterici.
= Sombart.

c. Mit Haltung von Vorlesungen beauftragt:

Dr. Appel, Privatdozent aus Königsberg.
Beyer, Geh. Regierungs- und Baurath.
Kayser, Forstmeister.
Dr. Schulze, kommiss. zweiter Direktor der agrikulturchemischen Versuchsstation.

d. Privatdozenten.

Dr. Bobertag.
= Cohn, Leop.
= Rohde.
= Gürich.
= Pakscher.
= Ahrens.

Dr. London.
= Kruse.
= Peiser.
= Skutsch.
= Mez.
= Gerlach.

Sprach- und Kunst-Unterricht.

Lektor der französischen Sprache: Billet, Oberlehrer.
Lektor der englischen Sprache: Privatlehrer Pughe.
Dr. Schäffer, Prof., Musikdirektor, Musiklehrer.
= Bohn, Gesanglehrer und Organist an der Kreuzkirche, dsgl.
Assmann, Zeichner.
Pfeiffer, Fecht- und Voltigirmeister.

Universitäts-Beamte.

Richter, Universitäts-Sekretär.
Klepper, Rendant und Quästor.

---

5. Vereinigte Friedrichs-Universität Halle-Wittenberg zu Halle.

Kurator.

D. Dr. Schrader, Geheimer Ober-Regierungsrath.

Rektor.

Vom 12. Juli 1891 bis 12. Juli 1892.

Prof. Dr. Kraus.

Universitäts-Richter.

Dr. jur. Schollmeyer, ordentl. Professor.

Dekane der Fakultäten.

Vom 12. Januar bis 12. Juli 1892.

In der theologischen Fakultät: Prof. D. Kähler.
In der juristischen Fakultät: Prof. Dr. Löning.
In der medizinischen Fakultät: Prof. Dr. Renk.
In der philosophischen Fakultät: Prof. Dr. Haym.

Das Generalkonzil

besteht aus sämmtlichen ordentlichen Professoren und dem Universitäts-Richter.

Der akademische Senat

besteht aus dem Rektor, dem Prorektor, den Dekanen der vier Fakultäten, fünf aus der Zahl der ordentlichen Professoren gewählten Senatoren und dem Universitäts-Richter.

Wahlsenatoren

vom 12. Juli 1891 bis 12. Juli 1892.

Prof. D. Haupt, Konsist.-Rath.
= Dr. Renk.
= = Huber.
Prof. Dr. Pischel.
= = Sievers.

Universitäts-Aedil.

Prof. Dr. Meyer.

Fakultäten.

1. Theologische Fakultät.

a. Ordentliche Professoren.

D. Dr. Köstlin, Konsist. Rath, ordentl. Mitgl. des Konsistoriums der Provinz Sachsen.
D. Beyschlag.
D. Haupt, Konsist. Rath.
" Hering.
" Kähler.
" Dr. Kautzsch.
" " Loofs.

b. Außerordentliche Professoren.

Lic. theol. Eichhorn.
Lic. theol. Dr. phil. Rothstei

c. Privatdozenten.

D. Förster, Königlicher Superintendent.
Lic. theol. Gunkel.
" " Dr. Ficker.

2. Juristische Fakultät.

a. Ordentliche Professoren.

Dr. Fitting, Geh. Just. Rath.
" Boretius (von der Verpflicht. zum Halten von Vorlesungen entbunden).
" Lastig.
Dr. v. Liszt.
" Löning.
" Schollmeyer.
" Stammler.
" Huber.

b. Ordentlicher Honorar-Professor.

Dr. von Brünneck.

c. Außerordentlicher Professor.

Dr. Rümelin.

d. Privatdozenten.

Dr. Arndt, Ober-Bergrath und Justiziar bei dem Ober-Bergan
" Niemeyer.
" van Calker.

3. Medizinische Fakultät.

a. Ordentliche Professoren.

Dr. Krahmer, Geh. Med. Rath, Kreisphysikus.
" Weber, Geh. Med. Rath.
" Ackermann, dsgl.
" Welcker, dsgl.
Dr. Bernstein.
" Gräfe, Geh. Med. R
" Hitzig, dsgl.
" Eberth, dsgl.
" Kaltenbach, dsgl.

Dr. Renk, außerord. Mitglied des Gesundheitsamtes.

Dr. Harnack.
= von Bramann.

b. Außerordentliche Professoren.

Dr. Schwartze, Geh. Med. Rath.
= Kohlschütter.
= Seeligmüller.
= Pott.
= Genzmer.

Dr. Küßner.
= Oberst.
= Schwarz.
= Frhr. v. Mering.
= Krause.
= Bunge.

c. Privatdozenten.

Dr. Holländer, Prof.
= Hessler.
= Leser.
= Risel, San. Rath, Kreisphysikus.

Dr. von Herff.
= Eisler.
= Kromayer.

4. Philosophische Fakultät.

a. Ordentliche Professoren.

Dr. jur. et phil. Erdmann, Eduard.
Dr. Knoblauch, Geh. Reg. Rath, Präsid. der Kaiserl. Leopold. Carolin. Deutschen Akademie, Mitglied des Herrenhauses.
= Keil, Geh. Reg. Rath.
= Kühn, desgl.
= Haym.
= Kraus.
= Conrad, Geh. Reg. Rath.
= Droysen.
= Kirchhoff.
= Grenacher.

Dr. Dittenberger.
= Suchier.
= von Fritsch.
= Lindner.
= Sievers.
= Pischel.
= Volhard.
= Cantor.
= Erdmann.
= Robert.
= Wangerin.
= Müller.
= Meyer.
= Dorn.
= Märcker, Geh. Reg. Rath.

b. Ordentlicher Honorar-Professor.

Dr. Hertzberg.

c. Außerordentliche Professoren.

Dr. Eisenhart.
= Taschenberg I, Ernst.
= Freytag.
= Wüst.
= Ewald.
= Rathke, z. Z. in Marburg.

Dr. Pütz.
= Vaihinger.
= Zachariä.
= Lüdecke.
= Döbner.
= Friedberg.

Dr. Wagner.
= Brauns.
= Wiltheiß.
= Zopf.
= Burbach.

Dr. Taschenberg II, Otto.
= Friedensburg (z. Z. beurlaubt).
= Uphues.
= Albert.

d. Privatdozenten.

Dr. Cornelius, Prof.
= Baumert.
= Wenck.
= Erdmann, Hugo.
= Wiener.
= Collitz (z. Z. beurlaubt).
= Husserl.
= Frech.
= von Arnim.
= Bremer.
= von Heinemann.
= Brode.
= Ule.

Dr. Schmidt.
= Wernicke.
= von Rebeur-Paschwitz.
= Schenck.
= Fischer.
= Diehl.
= Zimmern.
= Stäckel.
= Wohltmann.
= Heukenkamp.
= Brandes.
= Ihm.
= Voretzsch.

Lektoren.

Dr. Franz, Robert, Universitäts-Musikdirektor.
Reubke, Universitäts-Musiklehrer.
Dr. Heyer.
Knoch, Regierungs-Baumeister.
von Mendel-Steinfels, Dekonomierath.

Sprachlehrer.

Dr. Aue, für englische Sprache.
= Wiese, für italienische Sprache.
Heukenkamp, Privatdozent, auftragsw. für französische Sprache (s. phil. Fak.).

Exercitienmeister.

Schenck, akademischer Zeichner und Zeichenlehrer.
Rocco, Tanzmeister.
Fessel, Univers. Turn- und Fechtlehrer.
Schreiber, Univers. Reitlehrer.

Universitäts-Beamte.

Stade, Rechnungsrath, Kuratorial-Sekretär.
Nittritz, Kanzleirath, Universitäts-Sekretär.
Boltze, Rechnungsrath, Rendant und Quästor.

Universitäts-Baubeamter.

Lohse, Königl. Kreis-Bauinspektor.

6. Christian-Albrechts-Universität zu Kiel.

Kurator.

Dr. Chalybaeus, Konsistorial-Präsident.

Rektor.

Professor Dr. Reinke für das Amtsjahr 1891/92.*)

Dekane

der theologischen Fakultät: Prof. D. Nitzsch,
der juristischen Fakultät: Prof. Dr. Pappenheim,
der medizinischen Fakultät: Prof. Dr. Heller,
der philosophischen Fakultät: Prof. Dr. Lehmann.

Akademischer Senat.

Der Rektor.
Der Prorektor: Dr. Karsten.
Die vier Dekane.
Vier von dem akademischen Konsistorium gewählte ordentliche Professoren, zur Zeit:

Prof. Dr. Hänel.
= = Gering.
Prof. Dr. Brandt.
= = Quincke, Geh. Med. Rath.

Akademisches Konsistorium.

Mitglieder: sämmtliche ordentliche Professoren.

Fakultäten.

1. Theologische Fakultät.

a. Ordentliche Professoren.

D. Klostermann.
= Nitzsch.
D. Kawerau.
= Dr. Schürer.

b. Ordentlicher Honorar-Professor.

Dr. Bredenkamp.

c. Außerordentlicher Professor.

Lic. Ritschl.

2. Juristische Fakultät.

a. Ordentliche Professoren.

Dr. Hänel.
= Schloßmann.
= von Kries.
Dr. Pappenheim.
= Kipp.

*) Für das Amtsjahr 1892/93 Professor Dr. Hänel.

b. Außerordentlicher Professor.

Dr. Frantz.

c. Privatdozent.

Dr. von Hippel.

3. Medizinische Fakultät.

a. Ordentliche Professoren.

Dr. von Esmarch, Geh. Med. Rath, Mitglied des Med. Kolleg. zu Kiel.
" Hensen, Geh. Med. Rath.
" Heller.
" Völckers.
Dr. Flemming.
" Quincke, Geh. Med. Rath, Mitglied des Med. Kolleg. zu Kiel.
" Werth, dsgl., dsgl.

b. Außerordentliche Professoren.

Dr. Bockendahl, Reg. und Geh. Med. Rath.
" Petersen.
" Falck.
Dr. Fischer.
" Graf von Spee.
" Kosegarten.
" von Starck.

c. Privatdozenten.

Dr. Jessen, Med. Rath.
" Seeger.
" Dähnhardt.
" Paulsen.
" Hoppe-Seyler.
" Kirchhoff.
Dr. Hochhaus.
" Gläveke.
" Döhle.
" Bier.
" Fricke, Zahnarzt.

4. Philosophische Fakultät.

a. Ordentliche Professoren.

Dr. Forchhammer, Geh. Reg. Rath.
" Karsten, dsgl.
" Seelig.
" Weyer.
" Hoffmann.
" Backhaus, Geh. Reg. Rath.
" Schirren.
" Pfeiffer (entbunden von der Verpflichtung, Vorlesungen zu halten).
" Pochhammer.
" Stimming.
" Krüger, Geh. Reg. Rath.
Dr. Blaß.
" Busolt.
" Glogau.
" Krümmel.
" Reinke.
" Lehmann.
" Brandt.
" Gering.
" Deußen.
" Oldenberg.
" Erdmann.
" Curtius.
" Bruns.
" Schumm.

b. Außerordentliche Professoren.

Dr. Haas.
„ Sarrazin.
„ Weber.
„ Rügheimer.

Dr. Lamp.
„ Roßbach.
„ Kreutz.
„ Rodewald.

c. Privatdozenten.

Dr. Groth, Prof.
„ Alberti.
„ Emmerling, Prof.
„ Tönnies, Prof.
„ Berend.
„ Dahl.
„ Schütt.

Dr. Hagen, Prof.
„ Stoehr.
„ Wolff.
„ Unzer.
„ Schneidemühl.
„ Cauer.

Lektoren.

Sterroz, Lektor der französischen Sprache.
Heise, Lektor der englischen Sprache.

Lehrer für Künste.

Prof. Stange, akademischer Musikdirektor.
Lehrer der Zeichenkunst, vakat.
Brandt, Lehrer der Fechtkunst.
Gamst, akad. Turnlehrer.

Beamte.

Syndikus: Paulsen, Amtsgerichtsrath.
Rendant: Maaßen.
Sekretär: Werner.

---

7. Georg=Augusts=Universität zu Göttingen.

Rector Magnificentissimus.

Seine Königl. Hoheit der Regent des Herzogthums Braunschweig, Prinz Albrecht von Preußen.

Kurator.

Dr. jur. von Meier, Geh. Reg. Rath.

Prorektor

bis zum 1. September 1892.

Professor Dr. von Wilamowitz=Möllendorff.

Universitäts=Richter.

Bacmeister, Landrichter.

Dekane

in der theologischen Fakultät bis zum 15. Oktober 1892: Pro D. Häring,
in der juristischen Fakultät bis zum 18. März 1892: Pro Dr. J. Merkel,
in der medizinischen Fakultät bis zum 1. Juli 1892: Pro Dr. Fr. Merkel,
in der philosophischen Fakultät bis zum 1. Juli 1892: Pro Dr. Riecke.

Senat.

Vorsitzender: Prorektor Professor Dr. von Wilamowitz-Möllen dorff.
Mitglieder: die ordentlichen Professoren und der Univers. Richte

Fakultäten.

1. Theologische Fakultät.

a. Ordentliche Professoren.

D. Wiesinger, Konsistorialrath, Konventual des Klosters Loccum.
D. Dr. phil. Schultz, Konsistorialrath, Abt zu Bursfelde.
" Knoke.
" Häring.
" Dr phil. Tschackert.
" Bonwetsch.

b. Außerordentliche Professoren.

D. Dr. phil. Lünemann. Lic. theol. Weiß.

c. Privatdozenten.

Lic. Bousset.
" Tröltsch.
" Wrede.
" theol. Dr. phil. Rahlfs.

2. Juristische Fakultät.

a. Ordentliche Professoren.

Dr. jur. et phil. von Ihering, Geh. Justizrath.
D. Dr. jur. Dove, dsgl., Mitglied des Herrenhauses und des Landes-Konsist. in Hannover.
Dr. jur. Ziebarth, Geh. Just. Rath.
Dr. Frensdorff, Geh. Justi rath.
" von Bar, dsgl.
" Regelsberger, dsgl.
" Merkel, J.
" Ehrenberg.
" Detmold.

b. Ordentlicher Honorär-Professor.

Dr. Planck, Geheimer Justizrath.

c. Privatdozenten.

Dr. Goldschmidt (beurlaubt).
" André.

3. Medizinische Fakultät.

a. Ordentliche Professoren.

Dr. Hasse, Geh. Hofrath.
" Meißner, Geh. Med. Rath.
" Meyer, Ludw., dsgl.
" Ebstein, dsgl.
" Marmé.
" König, Geh. Med. Rath.
Dr. Orth.
" Merkel, Fr.
" Wolffhügel.
" Runge.
" Schmidt-Rimpler, Geh. Med. Rath.

b. Ordentlicher Honorar-Professor.

Dr. Esser.

c. Außerordentliche Professoren.

Dr. Herbst.
" Krause.
" Lohmeyer.
" Husemann.
Dr. Rosenbach.
" Damsch.
" Bürkner.

d. Privatdozenten.

Dr. Droysen.
" Hildebrand.
Dr. Disse.
" Nicolaier.

4. Philosophische Fakultät.

a. Ordentliche Professoren.

Dr. phil., jur. et cam. Hanssen, Geh. Reg. Rath, Ehrenmitglied der Akademie der Wissenschaften zu Berlin.
" Wüstenfeld, Geh. Reg. Rath (entbunden von der Verpflichtung, Vorlesungen zu halten).
" Wieseler, Geh. Reg. Rath.
" Sauppe, dsgl.
" Griepenkerl.
" Stern.
" Schering, Geh. Reg. Rath.
" Baumann, dsgl.
Dr. phil. et med. Ehlers, Geh. Reg. Rath.
" Schwarz.
" Dilthey.
" Volquardsen.
" Wagner, H.
" von Koenen.
" Müller, G. E.
" Weiland.
" Riecke.
" Kielhorn.
" von Kluckhohn.
" Steindorff.
" Heyne.

Dr. von Wilamowitz-Möllendorff.
" Voigt.
" Cohn.
" Klein, Felix.
" Schur.
" Meyer, W.
" Dziatzko.
" Liebisch.
" Berthold.

Dr. Lexis.
" Brandl.
" Peter.
D. Dr. phil. Smend.
Dr. Wallach.
" Leo.
" Liebscher.
" Roethe.
" Gaspary.

b. Ordentliche Honorar-Professoren.

Dr. jur. et phil. Soetbeer.
" Wüstenfeld.

Dr. Mithoff, Kaiserl. Russ. Wirkl. Staatsrath.

c. Außerordentliche Professoren.

Dr. Boedecker.
" von Uslar.
" Tollens.
" Peipers.
" Rehnisch.
" Polstorff.
" Bechtel.
" Eggert (beurl. n. Japan).

Dr. Lange.
Freiberg.
Dr. Pietschmann.
" von Buchka.
" Lehmann.
" Backhaus.
" Nernst.

d. Privatdozenten.

Dr. Fesca, Prof. (beurl. n. Japan).
" Andresen.
" Hamann.
" von Kap-herr.
" Schönflies.
" Henking.

Dr. Koch.
" Rümker.
" Cloëtta, in Berlin.
" Burkhardt.
" Drude.
" Gercke.
" Bürger.

Lektoren.

Ebray, Lektor der französischen Sprache.
Dr. Miller, Prof., Lektor der englischen Sprache.

Lehrer der Künste und Exercitienmeister.

Schweppe, Rittmeister a. D., Stallmeister.
Peters, Zeichenlehrer.
Grüneklee, Fechtmeister.
Hölzke, Tanzmeister.

Beamte der Universität.

Meyer, Kuratorial-Sekretär.

Steup, Universitäts-Sekretär.
Dr. Bauer, Quästor.
Heine, Domänenrath, Rendant.

Universitäts-Bauamt.

Breymann, Kreis-Bauinspektor.

8. Universität zu Marburg.

Kurator.

Steinmetz, Geh. Ober-Reg. Rath.

Rektor.

Prof. Dr. Leonhard.

Prorektor.

Prof. Dr. Weber.

Universitäts-Richter.

Geh. Justizrath Prof. Dr. Ubbelohde (s. jurist. Fakultät).

Dekane

in der theologischen Fakultät: Prof. D. Dr. phil. Jülicher,
in der juristischen Fakultät: Prof. Dr. H. Lehmann,
in der medizinischen Fakultät: Prof. Dr. Ahlfeld,
in der philosophischen Fakultät: Prof. Dr. Paasche.

Der akademische Senat

besteht aus sämmtlichen ordentlichen Professoren der vier Fakultäten.

Fakultäten.

1. Theologische Fakultät.

a. Ordentliche Professoren.

D. Dr. Heinrici, Konsist. Rath.
" " Herrmann.
" " Graf Baudissin.
D. Achelis.
D. Dr. phil. Jülicher.
Lic. D. Mirbt.

b. Privatdozenten.

Lic. theol. Dr. phil. Werner. Lic. theol. Beß.

2. Juristische Fakultät.

a. Ordentliche Professoren.

Dr. Ubbelohde, Geh. Justizrath, Mitglied des Herrenhauses.
" Enneccerus.
Dr. Westerkamp.
" von Lilienthal.
" Leonhard.
" Lehmann.

b. Außerordentlicher Professor.

Dr. Rehm.

c. Privatdozenten.

Dr. Schmidt, B., Justizrath.
= Wolff, B. F. J., Justizrath.
Dr. Laß.
= Wagenfeld.

3. Medizinische Fakultät.

a. Ordentliche Professoren.

Dr. Nasse, Geh. Med. Rath.
= Mannkopff, dsgl.
= Cramer, Direktor der Landes-Irrenheilanstalt.
= med. et phil. Külz, Geh. Med. Rath.
= Ahlfeld, Direktor der Entbindungs- u. Hebammen-Lehranstalt.
Dr. Marchand.
= Gasser.
= Meyer, Hans.
= Küster, Geh. Med. Rath
= Uhthoff.
= Fränkel.

b. Ordentlicher Honorar-Professor.

Dr. Wagener, Geh. Med. Rath.

c. Außerordentliche Professoren.

Dr. Lahs.
= Rumpf.
= Strahl.
Dr. Barth.
= Tuczek.

d. Privatdozenten.

Dr. Hüter, Professor.
= von Heusinger, Prof., Sanitätsrath, Kreisphysikus.
Dr. von Büngner.
= Zumstein.
= Sandmeyer.

4. Philosophische Fakultät.

a. Ordentliche Professoren.

Dr. Gläser.
= Schmidt, L., Geh. Reg. Rath.
= Melde, Geh. Reg. Rath.
= Justi, dsgl.
= Bergmann, dsgl.
= phil. et med. Greef, dsgl.
D. Dr. Wellhausen.
Dr. Stengel.
= Bauer.
Dr. Weber.
= Zincke.
= Cohen, H.
= Fischer.
= Paasche.
= Frh. von der Ropp.
= Niese.
= Schmidt, E.
= Kayser.
= Birt.
= von Sybel.

Dr. Lehmann, Max, Ehrenmitglied der Akademie der Wissenschaften zu Berlin.
Dr. Schröder.
„ Wissowa.
„ Meyer, Arthur.

b. Außerordentliche Professoren.

Dr. von Drach.
„ Heß.
„ Feußner.
„ Viktor.
Dr. Fittica.
„ Natorp.
„ Kohl.
„ Elsas.
Dr. Rathke, außerordentlicher Professor zu Halle.

c. Privatdozenten.

Dr. Klein.
„ Stosch.
„ Roser.
„ Kauffmann.
„ Brauns.
„ Plate.
„ Study.
„ von Oettingen.
Dr. Graf.
„ Kehr.
„ Judrich.
„ v. d. Steinen, Prof.
„ Wrede.
„ Wenck.
„ Küster.
„ Dieterich.

Lektoren.

Lektor der französ. Sprache: cand. phil. Klincksieck (auftrw.).
Lektor der engl. Sprache: Harlock (auftrw.).
Lektor der hebr. Sprache: Dr. Ley, Prof.
Lehrer der Zahnheilkunde: Witzel.

In Künsten und Leibesübungen geben Unterricht:

Barth, Universitäts-Musikdirektor, Professor.
Schürmann, Universitäts-Zeichenlehrer.
Harms, Fechtlehrer (auftragsw.).
Daniel, Universitäts-Reitlehrer (auftragsw.).

Beamte der Universität.

Stiebing, Kanzleirath, Kuratorial-Sekretär.
König, Kanzleirath, Universitäts-Sekretär.
Beckmann, Universitäts-Kassenrendant.

---

9. Rheinische Friedrich-Wilhelms-Universität zu Bonn.

Kurator.

Dr. Gandtner, Geh. Ob. Reg. Rath.

Zeitiger Rektor.

Prof. Dr. Strasburger, Geh. Reg. Rath.

Universitäts-Richter.

Brockhoff, Geh. Bergrath.

Zeitige Dekane

der evangel.-theolog. Fakultät: Prof. D. Sieffert,
der kathol.-theolog. Fakultät: Prof. D. Schrörs,
der juristischen Fakultät: Prof. Dr. Ritter von Schulte, Ge Just. Rath,
der medizinischen Fakultät: Prof. Dr. Pflüger, Geh. Med. Rat
der philosophischen Fakultät: Prof. Dr. Schlüter.

Der akademische Senat

besteht aus dem Rektor, dem Prorektor Geh. Just. Rath Pr Dr. Hüffer, dem Universitäts-Richter, den Dekanen d fünf Fakultäten und den Senatoren:

Prof. Dr. Neuhäuser, Geh. Reg. Rath.
" " Wilmanns.
" " Saemisch, Geh. Med. Rath.
" " Ritter.

Fakultäten.

1. Evangelisch-theologische Fakultät.

a. Ordentliche Professoren.

D. Krafft, Konsist. Rath, Mitglied des Konsistoriums der Rheinprovinz.
" Kamphausen.
D. Sieffert.
" Dr. Grafe.
" Sachsse.
" Dr. Sell.

b. Außerordentliche Professoren.

Lic. theol. Meinhold.
Lic. theol. Dr. phil. Bratl

2. Katholisch-theologische Fakultät.

a. Ordentliche Professoren.

D. Reusch.
" Langen.
" Simar, Päpstl. Hausprälat.
" Kellner.
D. Kaulen.
" Schrörs.
" Kirschkamp.

b. Außerordentliche Professoren.

D. Fechtrup.
" Felten.
D. Englert.

3. Juristische Fakultät.

a. Ordentliche Professoren.

Dr. Ritter von Schulte, Geh. Justizrath.
= Endemann, dsgl.
= Krüger, dsgl.
= Seuffert, dsgl.
= jur. et phil. Hüffer, dsgl.
Dr. Lörsch, Geh. Justizrath, Mitglied des Herrenhauses u. Kronsyndikus.
= Kahl.
= Zitelmann.
= Baron.

b. Außerordentlicher Professor.

Dr. Landsberg.

c. Privatdozenten.

Dr. Pflüger.
Dr. Sartorius.

4. Medizinische Fakultät.

a. Ordentliche Professoren.

Dr. Veit, Geh. Ob. Med. Rath.
= von Leydig, Geh. Med. Rath (von den amtl. Verpflichtungen entbunden).
= med. et phil. Pflüger, Geh. Med. Rath.
= Koester.
= Saemisch, Geh. Med. Rath.
= Binz, dsgl.
= med. et phil. Frhr. von la Valette St. George, dsgl.
Dr. Trendelenburg, Geh. Med. Rath.
= Schultze.
= Pelman, Geh. Med. Rath, Direkt. der Rhein. Prov. Irren-Heil- und Pflege-Anstalt und Mitglied des Rhein. Mediz. Kollegiums.

b. Ordentlicher Honorar-Professor.

Dr. Schaaffhausen, Geh. Med. Rath.

c. Außerordentliche Professoren.

Dr. Doutrelepont, Geh. Med. Rath.
= Finkelnburg, Geh. Reg. Rath.
= med. et phil. v. Mosengeil.
= Nußbaum.
= Finkler.
= med. et phil. Fuchs.
= Walb.
Dr. Ungar, Med. Rath und Mitglied des Mediz. Kolleg. zu Coblenz.
= Schiefferdecker.
= med. et. phil. Leo.
= Witzel.

d. Privatdozenten.

Dr. Kocks.
= Burger.
= Kochs.
= Krukenberg.
= Bohland.
Dr. Geppert.
= Thomsen.
= Eigenbrodt.
= Boennecken.

5. Philosophische Fakultät.

a. Ordentliche Professoren.

Dr. Bücheler, Geh. Reg. Rath.
= Usener, dsgl.
= Lipschitz, dsgl.
= phil. et med. Kekulé, dsgl., Mitglied der Akademie der Wissenschaften zu Berlin.
= Meyer, Jürgen Bona, Geh. Reg. Rath.
= Justi, dsgl.
= Neuhäuser, dsgl.
= Nitzen, dsgl., Mitglied des Herrenhauses.
= Laspeyres.
= phil. et med. Strasburger, Geh. Reg. Rath.
= Menzel.
= Ritter.
Dr. Wilmanns.
= Aufrecht (von den amtl. Verpflichtungen entbunden).
= Rein.
D. Dr. phil. Bender.
Dr. Foerster.
= Ludwig.
= Schlüter.
= Trautmann.
= Jacobi.
= Hertz.
= Loeschcke.
= Prym.
= Gothein.
= Dietzel.
= Koser.
= Küstner.

b. Außerordentliche Professoren.

Dr. Schaarschmidt, Geh. Reg. Rath, Univ. Ober-Bibliothekar.
= Kortum.
= Klein.
= Witte (beurlaubt).
= Bertkau.
= Anschütz.
= Schimper.
Dr. Franck.
= Klinger.
= Elter.
= Lorberg.
= Wolff, Akademischer Musikdirektor.
= Pohlig.
= Wiedemann.

c. Privatdozenten.

Dr. Morsbach.
= Johow, Prof. (beurlaubt).
= Martius.
= Minkowski.
Dr. König.
= Reinhertz.
= Richarz.
= Buchholz.

Dr. Schenck.
" Voigt.
" Rauff.
" Pulfrich (beurlaubt).
" Bredt.
" Noll.
" Deichmüller.

Dr. Berger.
" Mönnichmeyer.
" Bethe.
" Klingemann.
" Immendorff.
" Erlenmeyer.

Lektoren.

Dr. Morsbach, Lektor der englischen Sprache.
" Lorck, Lektor der französischen Sprache.

Lehrer der Tonkunst.

Dr. Wolff, außerord. Prof. der Musik, Akademischer Musikdir.

Lehrer der Zeichenkunst.

Küppers, Prof., Bildhauer.

Exercitienmeister.

Ehrich, Fechtlehrer.

Beamte.

Hoffmann, Kanzleirath, Universitäts-Sekretär.
Weigand, Kuratorial-Sekretär.
Hövermann, Rechnungsrath, Universitäts-Kassenrendant und Quästor.

Universitäts-Architekt.

Münchhoff, Kreis-Bauinspektor.

---

10. Theologische und philosophische Akademie zu Münster.

Kurator.

Se. Exc. Studt, Ober-Präsident der Provinz Westfalen.
von Viebahn, Oberpräsidialrath, Stellvertreter des Kurators.

Rektor.

Prof. Dr. Langen.

Dekane

der theologischen Fakultät: Prof. D. Sdralek,
der philosophischen Fakultät: Prof. Dr. Spicker.

Senat.

Sämmtliche Professoren beider Fakultäten.

Akademischer Richter.

Racke, Landgerichtsrath.

Fakultäten.

1. Theologische Fakultät.

a. Ordentliche Professoren.

D. Schwane, Hausprälat Sr. H. des Papstes.
D. Hartmann, Domkapitular.
" Funcke.
D. Sdralek.
" Schäfer, Aloys.
D. Dr. phil. Fell.

b. Außerordentliche Professoren.

D. Schäfer, Bernhard.
D. Rappenhöner, z. Z. in Bonn.

c. Privatdozenten.

Lic. theol. Bautz.
D. Pieper.

2. Philosophische Fakultät.

a. Ordentliche Professoren.

Dr. Hittorf, Geh. Reg. Rath.
" Karsch, Geh. Med. Rath.
" Stork, Geh. Reg. Rath.
" Langen.
" Stahl.
" Hosius, Geh. Reg. Rath.
" Spicker.
" Körting.
Dr. Niehues.
" Sturm.
" Salkowski.
" Hagemann.
" Brefeld.
" Nordhoff.
" Ketteler.
" von Below.

b. Außerordentliche Professoren.

Dr. Parmet.
" Landois.
" von Ochenkowski.
" Milchhöfer.
" Bartholomä.
Dr. Lehmann.
" Mügge.
" Fincke.
" von Lilienthal.
" Kaßner.

c. Privatdozenten.

Dr. Einenkel.
" Kappes.
Dr. Westhoff.
" Hosius.

Lektor.

Deiters, Lehrer der neueren Sprachen.

Lehrer für Künste.

Musiklehrer: Dr. Grimm, Musikdirektor, Prof. Schmidt, Domchor-Direktor.

Turn- und Fechtlehrer.

Bathe, Gymnasial-Elementarlehrer.

Zeichenlehrer.

Müller, Gymnasial-Elementarlehrer.

Akademische Beamte.

Sekretär und Quästor: Drosson.
Rendant der Akad. u. Studienfondskasse: Dexmann, Rechn. Rath.

---

11. Lyceum Hosianum zu Braunsberg.

Kurator.

Se. Exc. Graf zu Stolberg-Wernigerode, Ober-Präsident der Provinz Ostpreußen.

Rektor.

Vom 15. Oktober 1890 bis 15. Oktober 1893.

Prof. Dr. Killing.

Dekane

der theologischen Fakultät: Prof. Dr. Marquardt.
der philosophischen Fakultät: Prof. Dr. Weißbrodt.

Akademischer Richter.

Die Funktionen desselben werden von dem Richter der Universität zu Königsberg, Staatsanwalt von der Trenck, wahrgenommen.

Fakultäten.

1. Theologische Fakultät.

a. Ordentliche Professoren.

D. Oswald.
" Dittrich.
D. Weiß.
" Marquardt.

b. Privatdozent.

Dr. Kranich.

2. Philosophische Fakultät.

Ordentliche Professoren.

Dr. Bender, Geh. Reg. Rath.
" Weißbrodt.
Dr. Killing.
" Krause.

L. Die Königlichen Technischen Hochschulen.

1. Technische Hochschule zu Berlin.

A. Rektor und Senat.

a. Rektor.

Dr. Dörgens, Prof.

b. Prorektor.

Reuleaux, Prof., Geh. Reg. Rath.

c. Senats-Mitglieder.

Goering, Prof.
Dr. Hirschwald, dsgl.
Hörmann, dsgl.
Dr. von Kaufmann, dsgl.
Koch, dsgl.
Kühn, dsgl., Baurath.
Dr. Lampe, Prof.
Müller-Breslau, dsgl.
Riedler, dsgl.
Dr. Weeren, dsgl.
Zarnack, Marine-Baurath.

B. Abtheilungen.

(Die Mitglieder der Abtheilungs-Kollegien sind durch * bezeichnet.)

Abtheilung I. für Architektur.

Vorsteher.

Kühn, Prof., Baurath.

Mitglieder.

a. Etatsmäßig angestellte.

*Dr. Dobbert, Prof.
*Jacobsthal, dsgl.
*Koch, dsgl.
*Kühn, dsgl., Baurath.
*Raschdorff, J., Geh. Reg. Rath., Prof.
*Rietschel, Prof.
*Schäfer, dsgl.
*Strack, dsgl.
*Wolff, dsgl.

b. Nicht etatsmäßig angestellte.

*Adler, Geh. Ober-Baurath, Prof.
*Ende, Geh. Reg. Rath, Prof.
Geyer, Bildhauer.
Henseler, Genremaler, Prof.
Jacob, Landschaftsmaler, Prof.
Dr. Lessing, Prof.
Merzenich, Baurath.
*Otzen, Geh. Reg. Rath, Pro[f.]
Raschdorff, O., Reg. Baumeister, Prof.
Vollmer, Prof., Architekt.

c. Privatdozenten.

Dr. Bie.
Cremer, Prof.
Dr. Galland.
Dr. Gurlitt, Architekt.
Hacker, Baurath.
Mühlke, Bauinspektor.
Dr. Voß.

Abtheilung II. für Bau-Ingenieurwesen.

Vorsteher.

Müller-Breslau, Prof.

Mitglieder.

a. Etatsmäßig angestellte.

*Brandt, Prof.
*Dietrich, E., dsgl.
*Dr. Dörgens, dsgl.
*Goering, Prof.
*Müller-Breslau, dsgl.
*Schlichting, dsgl.

b. Nicht etatsmäßig angestellte.

Büsing, Ingenieur, Prof.
*Hagen, Geh. Ober-Baurath, Prof.
Hoßfeld, Baurath.
Scholtz, Baumeister.

c. Privatdozenten.

Donath, Kaiserl. Reg. Rath und Mitglied des Patentamtes.
Eger, Wasser-Bauinspektor.
Knauff, Reg. Bauführer, Stadtbaumeister a. D.
Dr. Pietsch.

Abtheilung III. für Maschinen-Ingenieurwesen mit Einschluß des Schiffbaues.

Vorsteher.

Riedler, Prof.

A. Abtheilung III. ausschl. der Sektion für Schiffbau.

Mitglieder.

a. Etatsmäßig angestellte.

*Consentius, Prof.
*Ludewig, dsgl.
*Meyer, Georg, dsgl.
*Reuleaux, Geh. Reg. Rath, Prof.
*Riedler, Prof.
*Dr. Slaby, dsgl.

b. Nicht etatsmäßig angestellte.

Hartmann, K., Kaiserl. Reg. Rath und ständiges Mitglied des Reichs-Versicherungsamtes.
*Hörmann, Prof.
Wehage, Kaiserl. Reg. Rath.

c. Privatdozenten.

Hartmann, K., Kaiserl. Reg. Rath und ständiges Mitglied des Reichs-Versicherungsamtes.
Hartmann, W., Reg. Baumeister.
Leist, Ingenieur.
Dr. Strecker, Ober-Telegraphen-Ingenieur im Reichs-Postamte.
= Vogel, Herz. Braunschw. außerord. Prof. a. D.
= Wedding.

B. Sektion für Schiffbau.

Vorsteher.

Zarnack, Marine-Baurath.

Mitglieder.

*Dietrich, A., Geh. Admiralitätsrath.
*Görris, Wirkl. Admiralitätsrath a. D.
*Schmidt, dsgl., Schiffbau-Ingenieur.
*Zarnack, Marine-Baurath.

Abtheilung IV. für Chemie und Hüttenkunde.

Vorsteher.

Dr. Weeren, Prof.

Mitglieder.

a. Etatsmäßig angestellte.

*Dr. Hirschwald, Prof.
* = Liebermann, dsgl.
* = Rüdorff, dsgl.
*Dr. Vogel, Prof.
* = Weeren, dsgl.
* = Witt, dsgl.

b. Nicht etatsmäßig angestellte.

Dr. Herzfeld.
= Jurisch.
= von Knorre.
Dr. Sell, Prof., Kaiserl. Geh. Reg. Rath.
= Wedding, Geh. Bergrath.

c. Privatdozenten.

Dr. Brand.
= Herzfeld.
= Jurisch.
Dr. von Knorre.
= Traube.

Abtheilung V. für allgemeine Wissenschaften.

Vorsteher.

Dr. Lampe, Prof.

Mitglieder.

a. Etatsmäßig angestellte.

*Dr. Hauck, Prof., Geh. Reg. Rath.
* = Hertzer, Prof.
* = Kossak, dsgl.
*Dr. Lampe, Prof.
* = Paalzow, dsgl.
* = Weingarten, dsgl.

b. Nicht etatsmäßig angestellte.

Dr. Buka, Oberl.
" Hamburger, Prof.
*" von Kaufmann, dsgl. u. Privatdoz. a. d. Univers.
Dr. Meyer, M.
Reichel, Kaiserl. Geh. Reg. Rath.

c. Privatdozenten.

Dr. Buka, Oberlehrer.
" Dziobek.
" Groß.
" Grunmach.
" Hamburger, Prof.
Dr. jur. et phil. Hilse.
" Kalischer.
" Kötter, Fritz.
" Servus.
" Wendt.

d. Lehrer, welcher zur Ertheilung von Unterricht in den neueren Sprachen an der Technischen Hochschule berechtigt ist.

Rossi, Lektor.

Der Bezirks-Physikus Sanitätsrath Dr. Becker ist mit der Abhaltung von Unterrichtskursen über die erste Hilfsleistung bei plötzlichen Unglücksfällen für sämmtliche Abtheilungen betraut.

Unterricht in Rund- und Zierschrift wird von dem Lehrer Nüsse ertheilt.

Dem Fechtmeister Teege in Berlin ist die Erlaubnis zum Unterrichte im Fechten und in den verwandten Leibesübungen ertheilt.

C. **Beamte.**

Arnold, Konsistorialrath, Syndikus.
Hoffmeister, Rechnungsrath, Rendant.
Kempert, Bibliothekar.

D. Mit der Technischen Hochschule sind folgende Institute verbunden:

I. Mechanische Werkstatt.

Martens, Prof., Vorsteher.

II. Königliche Mechanisch-technische Versuchs-Anstalt.

Martens, Prof., Vorsteher.

III. Königliche Prüfungs-Station für Baumaterialien.

Dr. Böhme, Prof., Vorsteher.

2. Technische Hochschule zu Hannover.

Königlicher Kommissar.

Se. Exc. Dr. von Bennigsen, Ober-Präsident, Wirkl. Geh. Rath.

A. Rektor und Senat.

a. Rektor.

(zugleich Vorsitzender des Senates.)

Dolezalek, Prof., Geh. Reg. Rath.

b. Prorektor.

Launhardt, Prof., Geh. Reg. Rath.

c. Senat.

Die Vorsteher der Abtheilungen I. bis V.

I. Köhler, Prof., Baurath.
II. Lang, Prof.
III. Riehn, Prof.
IV. Dr. Kohlrausch, Prof.
V. „ Rodenberg, Prof.

Von der Gesammtheit der Abtheilungs-Kollegien gewählte Senatoren:

Frese, Prof.
Dr. Ost, Prof.
„ Runge, dsgl.

B. Abtheilungen.

(Die Mitglieder der Abtheilungs-Kollegien sind mit * bezeichnet.)

Abtheilung I. für Architektur.

a. Etatsmäßig angestellte Mitglieder.

*Debo, Prof., Baurath.
*Köhler, Prof., Baurath.
*Schröder, Prof.
*Stier, Prof.
*Dr. Holtzinger, Prof.
*Hase, Prof., Geh. Reg. Rath.
Blancke, Maler.
Engelhard, Prof., Bildhauer.

b. Nicht etatsmäßig angestellte Mitglieder.

Kaulbach, Prof., Hofmaler.
Friedrich, Maler.
Schlieben, Architekt.

c. Privatdozenten.

Haupt, Architekt.
Geb, dsgl.
Schönermark, Architekt.

Abtheilung II. für Bau-Ingenieurwesen.

a. Etatsmäßig angestellte Mitglieder.

*Launhardt, Prof., Geh. Reg. Rath.
*Dolezalek, Prof., Geh. Reg. Rath.

*Dr. Jordan, Prof.	*Arnold, Prof.
*Barkhausen, dsgl.	*Lang, dsgl.

b. Privatdozent.

Petzold, Ingenieur.

Abtheilung III. für Maschinen-Ingenieurwesen.

a. Etatsmäßig angestellte Mitglieder.

*Dr. Rühlmann, Prof., Geh. Reg. Rath.	*Riehn, Prof.
	*Frank, dsgl.
*Fischer, Prof.	*Frese, dsgl.

b. Nicht etatsmäßig angestelltes Mitglied.

Müller, E., Prof.

Abtheilung IV. für chemisch-technische und elektrotechnische Wissenschaften.

a. Etatsmäßig angestellte Mitglieder.

*Dr. Kraut, Prof., Geh. Reg. Rath.	*Dr. Kohlrausch, Prof.
	* „ Kayser, dsgl.
*Ulrich, Prof.	* „ Ost, dsgl.

b. Privatdozenten.

Dr. Heim.	Dr. Merling.

Abtheilung V. für allgemeine Wissenschaften.

a. Etatsmäßig angestellte Mitglieder.

*Keck, Prof.	*Dr. Rodenberg, Prof.
*Dr. Kiepert, dsgl.	* „ Runge, dsgl.
* „ Heß, dsgl.	

b. Nicht etatsmäßig angestellte Mitglieder.

*Dr. Schäfer, Prof.	Dr. Kasten, Oberlehrer.
„ Meyer, Ad., Schuldirektor.	

c. Privatdozent.

Rommel, Bibliothekar.

C. Verwaltungsbeamte.

Kluge, Rech. Rath, Sekretär und Rendant.
Rommel, Bibliothekar.

3. Technische Hochschule zu Aachen.

Königlicher Kommissar.

von Hoffmann, Regierungs-Präsident.

A. Rektor und Senat.

a. Rektor.

Herrmann, Prof.

b. Prorektor.

Dr. Dürre, Prof.

c. Senats-Mitglieder.

Herrmann, Prof., z. Z. Rektor, Vorsitzender.
Schupmann, Prof.
Werner, Prof.
Pinzger, Prof.
Dr. Holzapfel, Prof.
Dr. von Mangoldt, dsgl.
= Wüllner, Prof., Geh. Reg. Rath.
= Grotrian, Prof.
Schulz, Prof.

B. Abtheilungen.

(Die Mitglieder der Abtheilungs-Kollegien sind durch * bezeichnet.)

Abtheilung I. für Architektur.

Etatsmäßige Professoren.

*Damert, Prof.
*Henrici, Prof.
*Reiff, Prof.
*Schupmann, Prof. Abtheilungs-Vorsteher.
*Dr. Vischer, Prof.

Dozenten.

Frentzen, Prof., Reg. Baumeister.
*Krauß, Bildhauer.

Privatdozent.

Buchkremer, Architekt.

Abtheilung II. für Bau-Ingenieurwesen.

Etatsmäßige Professoren.

*Dr. Heinzerling, Prof., Baurath.
*Intze, Prof.
*Werner, Prof., Abtheilungs-Vorsteher.
*Dr. Forchheimer, Prof.

Abtheilung III. für Maschinen-Ingenieurwesen.

Etatsmäßige Professoren.

*Dr. Grotrian, Prof.
*Gutermuth, dsgl.
*Herrmann, Prof.
*Köchy, dsgl.
*Lüders, Prof.
*Pinzger, dsgl., Abtheilungs-Vorsteher.

Dozent.

on Ihering, Reg. Baumeister.

lbtheilung IV. für Bergbau und Hüttenkunde und für Chemie.

Etatsmäßige Professoren.

Dr. Arzruni, Prof.
= Claisen, dsgl.
= Classen, dsgl.
*Dr. Dürre, Prof.
*Schulz, dsgl.
*Dr. Stahlschmidt, dsgl.

Dozenten.

Fenner, Ingenieur.
Dr. Holzapfel, Prof., Abtheilungs-Vorsteher.

Privatdozent.

Dr. Bortmann, Chemiker.

Abtheilung V. für allgemeine Wissenschaften, insbesondere für Mathematik und Naturwissenschaften.

Etatsmäßige Professoren.

*Dr. Jürgens, Prof.
* = von Mangoldt, Prof., Abtheilungs-Vorsteher.
* = Ritter, Prof., Geh. Reg. Rath.
*Dr. Stahl, Prof.
* = Wüllner, Prof., Geh. Reg. Rath.

Dozenten.

Dr. Wiener, Physiker.
Fuchs, Telegraphen-Direktor.

Privatdozent.

Dr. Jolles, Mathematiker.

Außerdem ertheilen Unterricht:

ienclever, General-Direktor, in der kaufmännischen Buchführung für Techniker.
Völckers, über die erste Hilfeleistung bei plötzlichen Unglücksfällen.

C. Verwaltungs-Beamte.

ing, Rechnungsrath, Rendant.
cvermüller, Bibliothekar.

M. Die höheren Lehranstalten.

Gesammtverzeichnis derjenigen Lehranstalten, welche gemäß §. 90 der Wehrordnung zur Ausstellung von Zeugnissen über die Befähigung für den einjährig-freiwilligen Militärdienst berechtigt sind.

Bemerkungen:

1) Gymnasien und Progymnasien an Orten, an welchen sich keine der zur Ertheilung wissenschaftlicher Befähigungszeugnisse berechtigten Anstalten unter A. b, B. b und c oder C. a (Real-Gymnasium, Realschule, Real-Progymnasium oder höhere Bürgerschule) mit obligatorischem Unterricht im Latein befindet, sind befugt, Befähigungszeugnisse auch ihren vom dem Unterrichte im Griechischen dispensirten Schülern auszustellen, insofern letztere an dem für jenen Unterricht eingeführten Ersatzunterricht regelmäßig theilgenommen und nach mindestens einjährigem Besuch der Sekunda auf Grund besonderer Prüfung ein Zeugnis über genügende Aneignung des entsprechenden Lehrpensums erhalten haben. Diese Anstalten sind mit einem * bezeichnet.

2) Die mit einem † bezeichneten Lehranstalten haben keinen obligatorischen Unterricht im Latein.

A. Lehranstalten, bei welchen der einjährige, erfolgreiche Besuch der zweiten Klasse zur Darlegung der Befähigung genügt.

a. Gymnasien.

Provinz Ostpreußen.

		Direktoren:
1.	Allenstein,	Dr. Sieroka.
2.	Bartenstein,	„ Schultz.
3.	Braunsberg,	Gruchot.
4.	Gumbinnen: Friedrichs-Gymnasium,	Kanzow.
5.	Hohenstein,	Dr. Müller.
6.	Insterburg: Gymnasium (verbunden mit Real-Gymnasium),	Laudien.
7.	Königsberg i. Ostpr.: Altstädtisches Gymnasium,	Dr. Babucke.
8.	Friedrichs-Kollegium,	„ Ellendt, Prof.
9.	Kneiphöfisches Gymnasium,	von Drygalski.
10.	Wilhelms-Gymnasium,	Dr. Große, Prof.
11.	Lyck.	Kotowski.
12.	Memel: Luisen-Gymnasium,	Dr. Küsel.
13.	Rastenburg,	„ Jahn.
14.	Rössel,	Buchholz.
15.	Tilsit,	Kahle, Prof.
16.	Wehlau.	Dr. Eichhorst.

Directoren:

Provinz Westpreußen.

		Directoren
1.	Culm,	Dr. Iltgen.
2.	Deutsch-Crone,	„ Stuhrmann.
3.	Danzig: Königliches Gymnasium,	„ Kretschmann.
4.	Städtisches Gymnasium,	„ Carnuth, Prof.
5.	Elbing,	„ Toeppen.
6.	Graudenz,	„ Anger.
7.	Konitz,	„ Tomaszewski, Prof.
8.	Marienburg,	„ Martens.
9.	Marienwerder,	„ Brocks.
10.	Neustadt,	„ Königsbeck, Prof.
11.	Pr. Stargard: Friedrichs-Gymnasium,	„ Wapenhensch.
12.	Strasburg,	Scotland.
13.	Thorn: Gymnasium (verbunden mit Real-Gymnasium),	Dr. Hayduck.

Provinz Brandenburg.

1.	Berlin: Askanisches Gymnasium,	Dr. Ribbeck, Prof.
2.	Französisches Gymnasium,	„ G. Schulze.
3.	Friedrichs-Gymnasium,	„ Kempf, Prof.
4.	Friedrichs-Werdersches Gymnasium,	„ Büchsenschütz, Pro .
5.	Friedrich-Wilhelms-Gymnasium,	Noetel.
6.	Humboldts-Gymnasium,	Dr. Lange, Prof.
7.	Joachimsthalsches Gymnas.,	„ Bardt.
8.	Gymnasium zum grauen Kloster,	„ theol. et phil. Hofmann, Prof.
9.	Köllnisches Gymnasium,	F. Kern, Prof.
10.	Königstädtisches Gymnasium,	Dr. Bellermann.
11.	Leibniz-Gymnasium,	„ Friedländer.
12.	Lessing-Gymnasium,	„ Redigan-Quaatz.
13.	Luisen-Gymnasium,	„ Schwartz, Prof.
14.	Luisenstädt. Gymnasium,	„ H. Müller, Prof.
15.	Sophien-Gymnasium,	„ Paul, Prof.
16.	Wilhelms-Gymnasium,	„ Kübler, Prof.
17.	Brandenburg: Gymnasium,	„ Rasmus.
18.	Ritter-Akademie,	„ Heine, Prof.
19.	Charlottenburg,	„ Schultz.
20.	Eberswalde,	„ Klein.

	Direktoren:
21. Frankfurt a. d. Oder,	G. Kern.
22. Freienwalde a. d. Oder,	Dr. Braumann, Prof
23. Friedeberg i. d. Neumark,	F. Schneider.
24. Fürstenwalde,	Dr. Buchwald.
25. Guben: Gymnasium (verbunden mit Real=Gymnasium),	= Hamdorff.
26. Königsberg i. d. Neumark,	Devantier.
27. Kottbus: Gymnasium (verbunden mit Real=Progymnasium),	Dr. G. Schneider.
28. Küstrin,	= Tschiersch.
29. Landsberg a. d. Warthe: Gymnasium (verbunden mit Real=Gymnasium),	= L. Schulze.
30. Luckau,	= Ebinger.
31. Neu=Ruppin,	= Begemann.
32. Potsdam,	= Bolz.
33. Prenzlau,	= Arnoldt.
34. Schwedt a. d. Oder,	= Zschau.
35. Sorau,	= Hedicke, Prof.
36. Spandau,	Pfautsch.
37. Steglitz,	Dr. Lück.
38. Wittstock,	= Großer, Prof.
39. Züllichau: Pädagogium,	= Hanow.

Provinz Pommern.

1. Anklam,	Heinze.
2. Belgard,	Stier, Prof.
3. Cöslin,	Sorof.
4. Colberg: Gymnasium (verbunden mit Real=Gymnasium),	Dr. Becker.
5. *Demmin,	Schneider.
6. Dramburg,	Dr. Queck, Prof.
7. Gartz a. d. Oder,	= Bitz.
8. Greifenberg i. Pomm.: Friedrich=Wilhelms=Gymnasium,	= Conradt, Prof.
9. Greifswald: Gymnasium (verbunden mit Real=Progymnasium),	= Steinhausen.
10. *Neustettin: Fürstin Hedwig'sches Gymnasium,	= Schirlitz.
11. Putbus: Pädagogium,	= Spreer.
12. Pyritz: Bismarck=Gymnasium,	= Zinzow.
13. Stargard i. Pomm.: Königl. und Gröning'sches Gymnasium,	= Streit.
14. Stettin: König=Wilhelms=Gymnasium,	= Muff.

		Direktoren:
15.	Marienstifts-Gymnasium,	Dr. Weicker.
16.	Stadt-Gymnasium,	Lemcke, Prof.
17.	Stolp: Gymnasium (verbunden mit Real-Progymnasium),	Dr. Reuscher.
18.	Stralsund,	= Peppmüller.
19.	Treptow a. d. Rega: Bugenhagen-Gymnasium,	Lic. Dr. Kolbe, Prof.

Provinz Posen.

1.	Bromberg,	Dr. Guttmann.
2.	Fraustadt: Gymnasium (verbunden mit Real-Gymnasium),	= Friebe.
3.	Gnesen,	= Schröer, Prof.
4.	Inowrazlaw,	= Eichner.
5.	Krotoschin: Wilhelms-Gymnasium,	= Jonas, Prof.
6.	Lissa,	= Kunze.
7.	Meseritz,	= Hampke, Prof.
8.	Nakel,	Heidrich, Prof.
9.	Ostrowo,	Dr. Beckhaus.
10.	Posen: Friedrich-Wilhelms-Gymnasium,	Leuchtenberger.
11.	Marien-Gymnasium,	Dr. Meinertz.
12.	Rogasen,	= Dolega.
13.	Schneidemühl,	Thalheim.
14.	Schrimm,	Dr. Martin.
15.	Wongrowitz.	= Zenzes.

Provinz Schlesien.

1.	Beuthen O. S.,	Dr. Schulte, Prof.
2.	Breslau: Elisabeth-Gymnasium,	= Pach.
3.	Friedrichs-Gymnasium,	Treu.
4.	Johannes-Gymnasium,	Dr. Müller, Prof.
5.	König-Wilhelms-Gymnasium,	= Eckardt
6.	Magdalenen-Gymnasium,	Rektor: Dr. Moller, Prof.
7.	Matthias-Gymnasium,	Dr. Oberdick.
8.	Brieg,	= Radtke, Prof.
9.	Bunzlau,	Sander, Reg.-u. Schulrath.
10.	Glatz,	Dr. Stein, Prof.
11.	Gleiwitz,	Ronke.
12.	Glogau: Evangelisches Gymnasium,	Dr. Laugen, Prof.
13.	Katholisches Gymnasium,	Dr. Jungels.
14.	Görlitz: Gymnasium (verbunden mit Realgymnasium),	= Eitner.

		Direktoren:
15.	Groß-Strehlitz,	Dr. Larisch.
16.	Hirschberg,	„ Lindner.
17.	Jauer,	„ Volkmann.
18.	Kattowitz,	„ Müller.
19.	Königshütte,	„ Brock.
20.	Kreuzburg,	„ Jänicke.
21.	Lauban,	„ Sommerbrodt.
22.	Leobschütz,	Hansel.
23.	Liegnitz: *Ritter-Akademie,	Dr. Kirchner.
24.	Städtisches Gymnasium	„ Wilh. Gemoll.
25.	Neiße,	„ Schröter.
26.	Neustadt O. S.,	„ Jung.
27.	Oels,	„ Abicht, Prof.
28.	Ohlau,	„ Feit.
29.	Oppeln,	„ Brüll.
30.	Patschkau,	„ Adam.
31.	Pleß: Evangelische Fürstenschule,	„ Schönborn.
32.	Ratibor,	„ Thiele.
33.	Sagan,	„ Nieberding.
34.	Schweidnitz,	„ Monse.
35.	Strehlen,	„ Petersdorff.
36.	Waldenburg,	„ Scheiding.
37.	Wohlau,	„ Altenburg.

Provinz Sachsen.

1.	Aschersleben: Gymnasium (verbunden mit Real-Progymnasium),	Dr. Steinmeyer.
2.	Burg: Viktoria-Gymnasium,	„ Holzweissig.
3.	Eisleben,	Weicker, Prof.
4.	Erfurt,	Heß.
5.	Halberstadt: Dom-Gymnasium,	z. Z. unbesetzt.
6.	Halle a. d. Saale: Lateinische Hauptschule,	Rektor: Dr. Fries.
7.	Stadt-Gymnasium,	Dr. Friedersdorff.
8.	Heiligenstadt,	„ Brüll.
9.	Magdeburg: Pädagogium des Klosters Unser Lieben Frauen,	Propst Dr. Urban, Prof.
10.	Dom-Gymnasium,	Dr. Briegleb.
11.	König-Wilhelms-Gymnasium,	„ Knaut, Prof.
12.	Merseburg: Dom-Gymnasium,	Rektor: Dr. Aßmus.
13.	Mühlhausen i. Thür.: Gymnasium (verbunden mit Real-Progymnasium),	Dr. Drenckhahn.

		Direktoren:
14. Naumburg a. d. S.: Dom-Gymnasium,		Dr. Röhl.
15. Neuhaldensleben,		„ Wegener.
16. Nordhausen a. Harz,		„ Grosch.
17. Pforta: Landesschule,	Rektor:	„ Volkmann, Prof.
18. Quedlinburg,		„ Dihle.
19. Roßleben: Klosterschule,		Rektor: Neumann, Prof.
20. Salzwedel,		Dr. Legerlotz.
21. Sangerhausen,		„ Menge, Prof.
22. Schleusingen,		„ Schmieder.
23. Seehausen i. d. Altmark,		„ Bindseil, Prof.
24. Stendal,		„ Gutsche, Prof.
25. Torgau,		„ Haacke, Prof.
26. Wernigerode,		„ Friedel.
27. Wittenberg,		Guhrauer.
28. Zeitz,		Lic. theol. Tauscher.

Provinz Schleswig-Holstein.

1. Altona: Christianeum,	Dr. Genz, Prof.
2. Flensburg: Gymnasium (verbunden mit Realgymnasium),	„ Müller.
3. Glückstadt,	„ Detlefsen, Prof.
4. Hadersleben: Gymnasium (verbunden mit Realprogymnasium),	Ostendorf.
5. *Husum,	Dr. Collmann.
6. Kiel,	Wegehaupt.
7. Meldorf,	Lorenz.
8. Ploen,	Fink.
9. Ratzeburg,	Dr. Steinmetz.
10. Rendsburg: Gymnasium (verbunden mit Realgymnasium),	„ Wallichs, Prof.
11. Schleswig: Domschule (verbunden mit Real-Progymnasium),	„ Gidionsen, Großherzogl. Oldenburg. Hofrath.
12. Wandsbeck: Matthias-Claudius-Gymnasium (verbunden mit Real-Progymnasium),	„ Klapp.

Provinz Hannover.

1. Aurich,	Dr. Becher.
2. Celle,	Dr. theol. et phil. Ebeling.
3. *Clausthal,	Dr. Seebeck, Prof.
4. Emden: Wilhelms-Gymnasium,	„ Schüßler, Prof.

Direktoren:

5. Göttingen: Gymnasium (verbunden mit Realgymnasium), Dr. Viertel, Prof.
6. Goslar: Gymnasium (verbunden mit Realgymnasium), Lic. Dr. Leimbach.
7. Hameln: Gymnasium (verbunden mit Real-Progymnasium), Dr. Dörries.
8. Hannover: Lyceum I. = Capelle, Prof.
9. = II. Radeck, Prof.
10. Kaiser-Wilhelms-Gymnasium, Dr. Wachsmuth, Pro
11. Hildesheim: Gymnasium Andreanum, = Hoche.
12. Gymnasium Josephinum (verbunden mit Real-Progymnasium), Kirchhoff.
13. Ilfeld: Klosterschule, Dr. Schimmelpfeng, Pro
14. Leer: Gymnasium (verbunden mit Realgymnasium), Quapp.
15. Linden: Kaiserin-Auguste-Viktoria-Gymnasium, Dr. Graßhof.
16. *Lingen: Gymnasium Georgianum, Freytag.
17. Lüneburg: Gymnasium Johanneum (verbunden mit Realgymnasium), Haage.
18. Meppen, Dr. Hune.
19. Norden: Ulrichs-Gymnasium, Hermann, Prof.
20. Osnabrück: Gymnasium Carolinum, Dr. Richter, Prof.
21. Raths-Gymnasium. Runge.
22. Stade: Gymnasium (verbunden mit Real-Progymnasium), Dr. Koppin.
23. *Verden: Domgymnasium, = Dieck.
24. Wilhelmshaven, = Holstein, Prof.

Provinz Westfalen.

1. Arnsberg: Gymnasium Laurentianum, Dr. Scherer.
2. Attendorn, = Brußkern.
3. Bielefeld: Gymnasium (verbunden mit Realgymnasium), = Nitzsch, Prof.
4. Bochum, = Broicher.
5. Brilon: Gymnasium Petrinum, = Hüser.
6. Burgsteinfurt: Gymnasium Arnoldinum (verbunden mit Realgymnasium), = Bouterwek.
7. Coesfeld: Gymnasium Nepomucenianum, = Hoff.
8. Dortmund, = Weidner, Prof.

		Direktoren:
9.	Gütersloh,	Dr. Lünzner, Prof.
0.	Hagen: Gymnasium (verbunden mit Realgymnasium),	= Stahlberg.
11.	*Hamm,	Schmelzer.
2.	*Herford: Friedrichs-Gymnasium,	Dr. Steusloff, Prof.
3.	Höxter: König-Wilhelms-Gymnasium,	Petri.
4.	Minden: Gymnasium (verbunden mit Realgymnasium),	Dr. Heinze.
5.	Münster: Paulinisches Gymnasium,	= Frey.
6.	Paderborn: Gymnasium Theodorianum,	= Hechelmann.
7.	Recklinghausen,	= Bockeradt.
8.	Rheine: Gymnasium Dionysianum,	= Grosfeld.
9.	*Soest: Archigymnasium,	= Göbel, Prof.
0.	Warburg,	= Hense, Prof.
1.	Warendorf: Gymnasium Laurentianum,	= Ganß.

Provinz Hessen-Nassau.

1.	Cassel: Friedrichs-Gymnasium,	Dr. Vogt.
2.	Wilhelms-Gymnasium,	= Heußner.
3.	Dillenburg,	Schmidt, Prof.
4.	Frankfurt a. M.: Kaiser-Friedrichs-Gymnasium,	Dr. Hartwig, Prof.
5.	Städtisches Gymnasium,	= Reinhardt.
6.	Fulda,	= Göbel.
7.	Hadamar,	= Peters.
8.	Hanau,	= Braun.
9.	Hersfeld: Gymnasium (verbunden mit Real-Progymnasium),	= Duden.
0.	Marburg,	= Buchenau.
1.	Montabaur: Kaiser-Wilhelms-Gymnasium,	= Wernefe.
.	Rinteln,	= Büsgen.
.	Weilburg,	= Bernhardt, Prof.
4.	Wiesbaden,	= Pähler.

Rheinprovinz.

1.	Aachen: Kaiser-Karls-Gymnasium,	Dr. Schwenger.
2.	Kaiser-Wilhelms-Gymnasium,	= Regel.
3.	Barmen,	= Henke.

		Direktoren:
4.	Bedburg: Ritter-Akademie,	Dr. Diehl.
5.	Bonn,	" Buschmann.
6.	Cleve,	" Liesegang.
7.	Coblenz,	z. Z. unbesetzt.
8.	Cöln: Gymnasium an der Apostelkirche,	" Waldeyer.
9.	Friedrich-Wilhelms-Gymnasium,	" Jäger.
10.	Kaiser-Wilhelms-Gymnasium,	" Schmitz.
11.	Gymnasium an Marzellen,	" Milz, Prof.
12.	Düren,	" Weidgen.
13.	Düsseldorf: Königliches Gymnasium,	" Uppenkamp.
14.	Städtisches Gymnasium (verbunden mit Realgymnasium),	" Matthias.
15.	Duisburg,	" Schneider.
16.	Elberfeld,	Scheibe, Prof.
17.	Emmerich	Akens.
18.	Essen,	Dr. Contzen.
19.	Kempen,	" Pohl.
20.	Krefeld,	" Wollseiffen.
21.	*Kreuznach,	Lutsch.
22.	Mörs,	Dr. Zahn.
23.	Mülheim a. d. Ruhr: Gymnasium (verbunden mit Real-Progymnasium),	" Zietzschmann.
24.	*München-Gladbach: Gymnasium (verbunden mit Real-Parallel-Klassen),[1]	" Schweikert.
25.	Münstereifel,	" Scheins.
26.	Neuß,	" Tücking.
27.	Neuwied: Gymnasium (verbunden mit Real-Progymnasium),	" Vogt, Prof.
28.	Saarbrücken,	" Breucker.
29.	Siegburg,	" vorm Walde.
30.	Sigmaringen,	" Eberhard.
31.	Trier,	" Wirsel.
32.	*Wesel,[1]	" Kleine.
33.	Wetzlar,	" Fehrs, Prof.

[1]) Das Real-Progymnasium ist eingegangen.

Direktoren:

b. Real-Gymnasien.

Provinz Ostpreußen.

1. Insterburg: Real=Gymnasium (verbunden mit Gymnasium), Laudien, Gymnas. Dir
2. Königsberg i. Ostpr.: auf der Burg. Dr. Boettcher.
3. Städtisches Real=Gymnasium, Kleiber, Prof.
4. Osterode i. Ostpr., Dr. Wüst.
5. Tilsit, Dangel.

Provinz Westpreußen.

1. Danzig: Real=Gymnasium zu St. Johann, Dr. Panten.
2. Real=Gymnasium zu St. Petri, Dr. Voelkel.
3. Elbing, Dr. Nagel, Prof.
4. Thorn: Real=Gymnasium (verbunden mit Gymnasium). = Hayduck, Gymnas. Dir.

Provinz Brandenburg.

1. Berlin: Andreas=Real=Gymnasium (Andreasschule), Dr. Bolze, Prof.
2. Dorotheenstädtisches Real=Gymnasium, = Schwalbe, Prof.
3. Falk=Real=Gymnasium, = Bach.
4. Friedrichs=Real=Gymnasium, = Gerstenberg.
5. Königl. Real=Gymnasium, = Simon.
6. Königstädtisches Real=Gymnasium, = Vogel.
- Luisenstädtisches Real=Gymnasium, = Foß, Prof.
8. Sophien=Real=Gymnasium, Martus, Prof.
9. Brandenburg, Dr. Hochheim, Prof.
10. Charlottenburg, = Hubatsch.
11. Frankfurt a. d. Oder, = Laubert.
12. Guben: Real=Gymnasium (verbunden mit Gymnasium), = Hamdorff, Gymn. Dir.
13. Landsberg a. d. Warthe: Real=Gymnasium (verbunden mit Gymnasium), = L. Schulze, Gymn. Dir.

		Direktoren:
14.	Perleberg,	Vogel.
15.	Potsdam,	Walther.

Provinz Pommern.

1.	Colberg: Real-Gymnasium (verbunden mit Gymnasium),	Dr. Becker, Gymnas. Dir.
2.	Stettin: Friedrich-Wilhelms-Real-Gymnasium,	„ Fritsche.
3.	Schiller-Real-Gymnasium,	„ Lehmann.
4.	Stralsund,	„ Brandt.

Provinz Posen.

1.	Bromberg,	Dr. Kiehl,
2.	Fraustadt: Real-Gymnasium (verbunden mit Gymnasium),	„ Friebe, Gymnas. Dir.
3.	Posen: Berger-Real-Gymnasium,	„ Geist.
4.	Rawitsch,	„ Liersemann.

Provinz Schlesien.

1.	Breslau: Real-Gymnasium zum heiligen Geist,	Dr. Reimann, Prof.
2.	Real-Gymnasium am Zwinger,	„ Meffert.
3.	Görlitz: Real-Gymnasium (verbunden mit Gymnasium),	„ Eitner, Gymnas. Dir
4.	Grünberg.	„ Räder.
5.	Landeshut,	„ Meier.
6.	Neiße,	„ Gallien.
7.	Reichenbach i. Schl.: Wilhelmsschule,	„ Beck, Prof.
8.	Sprottau,	Schwenkenbecher.
9.	Tarnowitz,	Dr. Wossidlo.

Provinz Sachsen.

1.	Erfurt,	Dr. Zange, Prof.
2.	Halberstadt,	„ Franz.
3.	Halle a. d. Saale.	Inspektor: Dr. Kramer Prof
4.	Magdeburg,	Dr. Junge, Prof.
5.	Magdeburg: Real-Gymnasium (ver-	

Direktoren:

bunden mit †Ober-Real-[Guericke-]
Schule), . . . Dr. Isensee, Prof.
6. Nordhausen a. Harz, = Wiesing.

Provinz Schleswig-Holstein.

1. Altona: Real-Gymnasium (verbunden mit Realschule), Dr. Schlee.
2. Flensburg: Real-Gymnasium (verbunden mit Gymnasium), = Müller, Gymnas. Dir.
3. Rendsburg: Real-Gymnasium (verbunden mit Gymnasium), = Wallichs, Prof., Gymnas. Dir.

Provinz Hannover.

1. Celle, Dr. Endemann, Prof.
2. Göttingen: Real-Gymnasium (verbunden mit Gymnasium), = Viertel, Prof., Gymnas. Dir.
3. Goslar: Real-Gymnasium (verbunden mit Gymnasium), Lic. Dr. Leimbach, Gymnas. Dir.
4. Hannover: Real-Gymnasium I., Dr. Schuster.
5. Leibniz-Real-Gymnasium, Ramdohr.
6. Harburg, Schwalbach.
7. Hildesheim: Andreas-Real-Gymnasium, Kalckhoff.
8. Leer: Real-Gymnasium (verbunden mit Gymnasium), Quapp, Gymnas. Dir.
9. Lüneburg: Real-Gymnasium (verbunden mit Gymnasium), Haage, Gymnas. Dir.
10. Osnabrück, Fischer.
11. Osterode, Dr. Naumann.
12. Quakenbrück, = Winter.

Provinz Westfalen.

1. Bielefeld: Real-Gymnasium (verbunden mit Gymnasium), Dr. Nitzsch, Prof., Gymnas. Dir.
2. Burgsteinfurt: dsgl., = Bouterwek, Gymnas. Dir.
3. Dortmund, = Meyer.

	Direktoren:
4. Hagen: Real=Gymnasium (verbunden mit Gymnasium),	Dr. Stahlberg, Gymnas. Dir.
5. Iserlohn,	= Langguth.
6. Lippstadt,	= Schröter.
7. Minden: Real=Gymnasium (verbunden mit Gymnasium),	= Heinze, Gymnas. Dir.
8. Münster,	Dr. Münch, Geh. Reg. Rath.
9. Schalke,	Dr. Willert.
10. Siegen,	= Jägert.
11. Witten,	(z. Z. unbesetzt).

Provinz Hessen=Nassau.

1. Cassel,	Dr. Wittich.
2. Frankfurt a. M.: Musterschule,	= Eiselen.
3. Wöhlerschule,	= Kortegarn.
4. Wiesbaden,	= Fischer, Prof.

Rheinprovinz.

1. Aachen,	Dr. Neuß.
2. Barmen,	= Pfundheller.
3. Coblenz,	= Most.
4. Cöln,	= Schorn, Prof.
5. Düsseldorf: Real=Gymnasium (verbunden mit städtischem Gymnasium),	= Matthias, Gymnas. Dir.
6. Duisburg,	= Steinbart.
7. Elberfeld,	= Börner.
8. Essen: Real=Gymnasium (verbunden mit höherer Bürgerschule),	= Heilermann.
9. Krefeld,	= Schauenburg.
10. Mülheim a. Rhein,	Cramer.
11. Ruhrort,	von Lehmann.
12. Trier,	Dr. Dronke.

c. Ober-Realschulen.

Provinz Brandenburg.

1. Berlin: †Friedrichs=Werdersche Ober=Realschule,	Dr. Ulbrich, Prof.
2. †Luisenstädtische Ober=Realschule,	= Bandow, Prof.

Direktoren:

Provinz Schlesien.

1. †Breslau, Dr. Fiedler.
2. †Gleiwitz, = Wernicke.

Provinz Sachsen.

1. †Halberstadt, Dr. Perle.
2. Magdeburg: †Guericke=Schule (verbunden mit Realgymnasium), = Isensee, Prof.

Provinz Schleswig=Holstein.

1. †Kiel, Dr. Meißel.

Provinz Hessen=Nassau.

1. Frankfurt a. M.: †Klingerschule, Dr. Simon, Prof.

Rheinprovinz.

1. †Cöln, Dr. Zieken.

B. Lehranstalten, bei welchen der einjährige, erfolgreiche Besuch der ersten (obersten) Klasse zur Darlegung der Befähigung nöthig ist.

a. **Progymnasien.**

Provinz Ostpreußen.

Rektoren:

1. Königsberg i. Ostpr.: Königliches Waisenhaus, Rohde.
2. Lötzen, Dr. Boehmer.

Provinz Westpreußen.

1. Berent, Neermann.
2. Löbau, Hache.
3. Neumark, Dr. Preuß.
4. Pr. Friedland, = Brennecke.
5. Schwetz, = Gronau.

Provinz Brandenburg.

1. Forst i. d. Lausitz: Progymnasium (verbunden mit Real=Progymnas.), Dr. Zitscher.
2. Groß=Lichterfelde, = Hempel.
3. Krossen: Progymnasium (verbunden mit Real=Progymnasium), = Berbig.

Rektoren:

Provinz Pommern.

1. Lauenburg i. Pomm., Sommerfeldt.
2. Schlawe, Dr. Rogge.

Provinz Posen.

1. Kempen, Mahn.
2. Tremessen, Smolka.

Provinz Schlesien.

1. Frankenstein, Dr. Thoms.
2. Striegau, „ Alb. Gemoll.

Provinz Sachsen.

1. Genthin, Müller.
2. Weißenfels, Dr. Rosalsky, Prof.

Provinz Schleswig-Holstein.

1. Neumünster: Progymnasium (verbunden mit Real-Progymnasium), Dr. Spangenberg.

Provinz Hannover.

1. Duderstadt: Progymnasium (verbunden mit Real-Progymnasium), Meyer, Prof.
2. Münden: Progymnasium (verbunden mit Real-Progymnasium), Dr. Bahrdt.
3. Nienburg: Progymnasium (verbunden mit Real-Progymnasium), „ Ritter.

Provinz Westfalen.

1. Dorsten, Dr. Beste.
2. Rietberg: Progymnas. Nepomucenum, „ Mueß.

Provinz Hessen-Nassau.

1. Eschwege: Friedrich-Wilhelms-Schule, Progymnasium (verbunden mit Real-Progymnasium), Direkt. Dr. Schirmer, Prof.
2. Höchst a. M.: Progymnasium (verbunden mit Real-Progymnasium), Mathi.
3. Homburg v. d. H.: Progymnasium, (verbunden mit Real-Progymnas.), Direktor: Dr. Schulze.
4. Limburg a. d. L.: Progymnasium (verbunden mit Real-Progymnas.), Haas.

Rektoren:

Rheinprovinz.

1. Andernach, Dr. Brüll.
2. Boppard, " Menge.
3. Brühl, " Eschweiler, Prof.
4. *Eschweiler: Progymnasium (verbunden mit Real-Abtheilungen)[1]), Liesen.
5. *Eupen, Progymnasium (verbunden mit Real-Abtheilungen)[1]), Dr. Schnütgen.
6. Euskirchen, " Doetsch.
7. Jülich, " Kuhl, Prof.
8. Linz, " Hünnekes.
9. Malmedy, Dünbier.
10. Prüm, Dr. Asbach.
11. Rheinbach, " Schlünkes.
12. Saarlouis[2]), Thele.
13. Sobernheim, Dr. Schmidt.
14. Trarbach, " Barlen.
15. St. Wendel, " Koch.
16. Wipperfürth, Breuer.

b. Realschulen.

Provinz Brandenburg.

Direktoren:

1. †Potsdam, Langhoff.

Provinz Sachsen.

1. †Halle a. d. Saale, Dr. Thaer.

Provinz Schleswig-Holstein.

1. Altona: †Realschule (verbunden mit Realgymnasium), Dr. Schlee.
2. †Ottensen, Strehlow.

Provinz Westfalen.

1. †Bochum, Liebhold.

Provinz Hessen-Nassau.

1. †Bockenheim, Walter.
2. Cassel: †Realschule I. in der Hedwigstraße, Dr. Ackermann.
3. †Realschule II. (Neue), " Quiehl.

[1]) Das Real-Progymnasium ist eingegangen.
[2]) Mit rückwirkender Kraft bis zum Ostertermine 1891.

		Direktoren:
4.	Frankfurt a. M: †Realschule der israelitischen Religions-Gesellschaft,	Dr. Hirsch.
5.	†Realschule der israelitischen Gemeinde (Philanthropin),	= Bärwald.
6.	†Adlerflychtschule,	= Scholderer.
7.	†Hanau,	= Schmidt.
8.	†Wiesbaden,	= Kaiser.

Rheinprovinz.

1.	Aachen †Realschule mit Fachklassen,	Pützer.
2.	†Barmen-Wupperfeld,	Dr. Kaiser, Prof.
3.	†Elberfeld,	= Artopé.
4.	†Krefeld,	Quossek.
5.	Remscheid: †Gewerbeschule (Realschule in Umwandlung zum Real-Progymnasium),	Dr. Petry.
6.	†Rheydt,	= Wittenhaus.
7.	Saarbrücken: †Realschule (Gewerbeschule),	Krüger.

c. Real-Progymnasien.

Provinz Ostpreußen.

		Rektoren:
1.	Gumbinnen,	Jacobi.
2.	Pillau,	Kröfing.

Provinz Westpreußen.

1.	Culm,	Rektor: Dabel.
2.	Dirschau,	= Killmann.
3.	Jenkau,	Direktor: Dr. Bonstedt
4.	Riesenburg,	Rektor: Müller.

Provinz Brandenburg.

1.	Forst i. d. Lausitz: Real-Progymnasium (verbunden mit Progymnasium),	Rektor: Dr. Zitscher.
2.	Havelberg,	= John.
3.	Kottbus: Real-Progymnasium (verbunden mit Gymnasium),	Dr. G. Schneider, Gymnas. Dir.
4.	Krossen: Real-Progymnasium (verbunden mit Progymnasium),	Rektor: Dr. Berbig.

5. Luckenwalde, Rektor: Dr. Vogel.
6. Lübben, " " Weineck.
7. Nauen, " " Schaper.
8. Rathenow, " Weisker.
9. Spremberg, Direktor: Schmidt.
10. Wriezen, Rektor: Gentz.

Provinz Pommern.

1. Greifswald: Real-Progymnasium (verbunden mit Gymnasium), Dr. Steinhausen, Gymnas. Dir.
2. Stargard i. Pomm., Rektor: Rohleder.
3. Stolp: Real-Progymnasium (verbunden mit Gymnasium), Dr. Reuscher, Gymnas. Dir.
4. Wolgast, Rektor: Dr. Kröcher.
5. Wollin, " Clausius.

Provinz Schlesien.

1. Freiburg i. Schles., Rektor: Dr. Meyer, Prof.
2. Löwenberg, " " Steinwörth.
3. Ratibor, " " Knape.

Provinz Sachsen.

1. Aschersleben: Real-Progymnasium (verbunden mit Gymnasium), Dr. Steinmeyer, Gymnas.-Dir.
2. Delitzsch, Rektor: Kayser, Prof.
3. Eilenburg, " Dr. Wiemann, Prof.
4. Eisleben, " Richter, Prof.
5. Gardelegen, " Francke.
6. Langensalza, " Dr. Ulrich.
7. Mühlhausen i. Thür.: Real-Progymnasium (verbunden mit Gymnas.), Dr. Dreckhahn, Gymnas. Dir.
8. Naumburg a. d. Saale, Rektor: Dr. Schröder.
9. Schönebeck a. d. Elbe, Direktor: Dr. Völker.

Provinz Schleswig-Holstein.

1. Hadersleben: Real-Progymnasium (verbunden mit Gymnasium), Ostendorf, Gymnas. Dir.
2. Itzehoe, Rektor: Dr. Seitz, Prof.
3. Lauenburg a. E.: Albinusschule, Direktor: Butz.

4. Marne: Rektor: von Holly-Ponientziet.
5. Neumünster: Real-Progymnasium (verbunden mit Progymnasium), " Dr. Spangenberg.
6. Oldesloe, " " Bangert.
7. Schleswig: Real-Progymnasium (verbunden mit der Domschule), Dr. Gidionsen, Gymnas. Direktor, Großherzogl. Oldenburg. Hofrath.
8. Segeberg: Wilhelmschule, Rektor: Dr. Jellinghaus.
9. Sonderburg, " Dr. Döring, Prof.
10. Wandsbeck: Real-Progymnasium (verbunden mit dem Matthias-Claudius-Gymnasium), " Klapp, Gymnas. Dir.

Provinz Hannover.

1. Buxtehude, Rektor: Dr. Pansch.
2. Duderstadt: Real-Progymnasium (verbunden mit Progymnasium), " Meyer, Prof.
3. Einbeck, " Dr. Lenk.
4. Hameln: Real-Progymnasium (verbunden mit Gymnasium), Dr. Dörries, Gymnas. Dir.
5. Hildesheim: Real-Progymnasium (verbunden mit Gymnasium), Kirchhoff, Gymnas. Dir.
6. Münden: Real-Progymnasium (verbunden mit Progymnasium). Rektor: Dr. Bahrdt, Prof.
7. Nienburg: Real-Progymnasium (verbunden mit Progymnasium), " Dr. Ritter.
8 Northeim, " " Rösener.
9. Otterndorf, " " Kückelhan.
10. Papenburg, " " Overholthaus.
11. Stade: Real-Progymnasium (verbunden mit Gymnasium), Dr. Koppin, Gymnas. Dir.
12. Uelzen, Rektor: Schöber, Prof.

Provinz Westfalen.

1. Altena, Dr. Rebling.
2. Bocholt, Waldau, Geistl.
3. Lüdenscheid, Dr. Oetting.

4. Schwelm, Dr. Tobien.
5. Wattenscheid, „ Führer.

Provinz Hessen-Nassau.

1. Biebrich-Mosbach, Rektor: Stritter.
2. Biedenkopf, „ Dr. Gruno.
3. Diez, „ Chun, Prof.
4. Ems, „ Wagner.
5. Eschwege: Friedrich-Wilhelms-Schule, Real-Progymnasium (verbunden mit Progymnasium), Direktor: Dr. Schirmer, Prof.
6. Fulda, Rektor: Dr. Bergmann.
7. Geisenheim, fehlt z. Zt.
8. Hersfeld: Real-Progymnasium (verbunden mit Gymnasium), Dr. Duden, Gymnas. Dir.
9. Höchst a. M.: Real-Progymnasium (verbunden mit Progymnasium), Rektor: Mathi.
10. Hofgeismar, „ Krösch.
11. Homburg v. d. H.: Real-Progymnasium (verbunden mit Progymnasium), Direktor: Dr. Schulze.
12. Limburg a. d. L.: desgl. Rektor: Haas.
13. Marburg, „ Dr. Hempfing.
14. Oberlahnstein, „ „ Widmann.
15. Schmalkalden, „ Homburg.

Rheinprovinz.[1])

1. Bonn,[2]) Dr. Hölscher, Prof.
2. Dülken, „ Höffling.
3. Düren, „ Becker.
4. Langenberg, „ Meyer.
5. Lennep, „ Fischer, Prof.
6. Mülheim a. d. Ruhr: Real-Progymnasium (verbunden m. Gymnasium), „ Zietzschmann, Gymnas. Dir.
7. Neuwied: Real-Progymnasium (verbunden mit Gymnasium), „ Vogt, Prof., Gymnas. Dir.

---

[1]) Die mit den Progymnasien zu Eschweiler und Eupen, sowie mit den Gymnasien zu München-Gladbach und Wesel verbunden gewesenen Real-Progymnasien sind eingegangen, und sind an diesen Anstalten jetzt nur noch Real-Abtheilungen vorhanden.

[2]) Mit rückwirkender Kraft bis zum Ostertermine 1891.

	Rektoren:
8. Oberhausen,	Dr. Auler.
9. Solingen,	= Heine, Prof.
10. Viersen,	= Dieckmann, Prof.

C. Lehranstalten, bei welchen das Bestehen der Entlassungsprüfung zur Darlegung der Befähigung gefordert wird.

a. Höhere Bürgerschulen.

Provinz Ostpreußen.

	Rektoren:
1. Königsberg i. Ostpr.: †Höhere Bürgerschule im Löbenicht,	Erdmann.

Provinz Westpreußen.

1. †Graudenz,	Grott.

Provinz Brandenburg.

1. Berlin: †Erste höhere Bürgerschule,	Dr. Geberding, Prof.
2. †Zweite höhere Bürgerschule,	= Reinhardt.
3. †Dritte höhere Bürgerschule,	= Lücking, Prof.
4. †Vierte höhere Bürgerschule,	z. Z. unbesetzt.
5. Strausberg: Real=Progymnasium,	Dr. Korschel.

Provinz Schlesien.

1. Breslau: †Erste evangelische höhere Bürgerschule,	Dr. Richter.
2. †Zweite evangelische höhere Bürgerschule,	= Breitsprecher.
3. †Kathol. höhere Bürgerschule,	= Höhnen.
4. †Görlitz,	= Baron.
5. Liegnitz: †Wilhelmsschule,	= Frankenbach.

Provinz Sachsen.

1. †Erfurt,	Venediger.

Provinz Hannover.

1. Emden: †Kaiser=Friedrichs=Schule,[1])	Suur.
2. †Geestemünde, [2])	Dr. Eilker, Prof.
3. Hannover: †Erste höhere Bürgerschule,	= Hemme, Prof.

[1] und [2]) Mit rückwirkender Kraft bis zum Ostertermin 1891.

Rektoren:

†Zweite höhere Bürgerschule, Dr. Rosenthal.

Provinz Westfalen.

1. †Dortmund: Gewerbeschule (höhere Bürgerschule), Dr. Behse.
2. †Hagen: Gewerbeschule (höhere Bürgerschule mit Fachklassen), = Holzmüller, Dir.

Provinz Hessen-Nassau.

1. Frankfurt a. M. †Selektenschule, Dirigent: Dr. Thormann, auftragsw.

Rheinprovinz.

1. Barmen: †Gewerbeschule (höhere Bürgerschule mit Fachklassen) Direktor: Dr. Lackemann.
2. †Cöln, Dr. Thomé, Prof.
3. †Düsseldorf, Viehoff.
4. Essen: †Höhere Bürgerschule (verbunden mit Real-Gymnasium), Dr. Heilermann, Real-Gymnasial-Dir.
5. †Hechingen, Röhr, Prof.

b. **Andere öffentliche Lehranstalten.**

Provinz Ostpreußen.

Direktoren:

1. Heiligenbeil: †Landwirthschaftsschule, Dr. Große.
2. Marggrabowa: Landwirthschaftsschule, = Schultz.

Provinz Westpreußen.

1. Marienburg: †Landwirthschaftsschule, Dr. Kuhnke.

Provinz Brandenburg.

1. Dahme: Landwirthschaftsschule, Dr. Droysen.

Provinz Pommern.

1. Eldena: Landwirthschaftsschule, Dr. Rhode.
2. Schivelbein i. Pomm.: dsgl., = Gruber.

Provinz Posen.

1. Samter: †Landwirthschaftsschule, Struve.

Provinz Schlesien.

	Direktoren:
1. Brieg: †Landwirthschaftsschule,	Schulz.
2. Liegnitz: †Landwirthschaftsschule,	Dr. Birnbaum.

Provinz Schleswig-Holstein.

1. Flensburg: †Landwirthschaftsschule (verbunden mit Handelsschule),	Liedke.
2. Flensburg: †Oeffentliche Handelsschule (verbunden mit Landwirthschaftsschule),	Dr. Flebbe.

Provinz Hannover.

1. Hildesheim: Landwirthschaftsschule,	Michelsen.

Provinz Westfalen.

1. Herford: †Landwirthschaftsschule,	Burgtorf.
2. Lüdinghausen: †dsgl.	Dr. Bildhaut.

Provinz Hessen-Nassau.

1. Weilburg: Landwirthschaftsschule,	Matzat.

Rheinprovinz.

1. Bitburg: †Landwirthschaftsschule,	Dr. Mecker.
2. Cleve: †Landwirthschaftsschule,	" Fürstenberg.

c. Privat-Lehranstalten.×)

Provinz Westpreußen.

1. Danzig: †Handels-Akademie unter Leitung des Realgymnasial-Direktors Dr. Voelkel.

Provinz Brandenburg.

1. Berlin: †Handelsschule des Direktors Lach (früher Dr. Th. Lange).
2. Falkenberg i. d. Mark: Viktoria-Institut von Albert Siebert (früher Dr. Schmidt).
3. Groß-Lichterfelde: Erziehungsanstalt des Dr. Christian Deter.

Provinz Posen.

1. Ostrau (früher Ostrowo) b. Filehne: Pädagogium des Dr. Max Beheim-Schwarzbach.

×) Die nachfolgenden Anstalten dürfen Befähigungszeugnisse nur auf Grund des Bestehens einer im Beisein eines Regierungs-Kommissars abgehaltenen Entlassungsprüfung ausstellen, sofern für diese Prüfung das Reglement von der Aufsichtsbehörde genehmigt ist.

Provinz Schlesien.

1. Breslau: †Handelsschule d. Direkt. Dr. Alexander Steinhaus.
2. Cosel O. Schl.: Höhere Privat-Knabenschule unter Leitung des Vorstehers G. Schwarzkopf.
3. Gnadenfrei: †Höhere Privat-Bürgerschule unter Leitung des Diakonus G. Lentz.
4. Niesky: Pädagogium unter Leitung des Vorstehers Hermann Bauer.

Provinz Sachsen.

1. Erfurt: †Handelsfachschule v. Albin Körner (früher Dr. Wahl).

Provinz Hannover.

1. Osnabrück: †Handelsschule des Dr. L. Lindemann (früher Nölle).

Provinz Westfalen.

1. Telgte: Progymnasiale und †höhere Bürgerschul-Abtheilung des Erziehungs-Institutes des Dr. Franz Knickenberg (früher J. Knickenberg sen.)

Provinz Hessen-Nassau.

1. Biebrich a. Rh.: †Knaben-Erziehungsanstalt des Dr. Künkler (früher Dr. Künkler und Dr. Burkart)[1].
2. Frankfurt a. M.: Erziehungs-Institut von W. Brötz (früher Ruoff-Hassel).
3. Friedrichsdorf b. Homburg v. d. Höhe: †Lehr- und Erziehungsanstalt des Dr. Proescholdt (früher Dr. Koch).
4. St. Goarshausen: †Erziehungs-Institut von Karl Harrach.

Rheinprovinz.

1. Kemperhof bei Coblenz: †Katholische Knaben-Unterrichts- und Erziehungs-Anstalt des Dr. Christian Joseph Jonas (früher Gerhard Loben).
2. Obercassel bei Bonn[2]: †Unterrichts- und Erziehungs-Anstalt von Ernst Kalkuhl.

In dem Fürstenthume Waldeck bestehen folgende Anstalten:

Das Gymnasium zu Corbach, Direktor: Dr. Wiskemann.

Das Realprogymnasium zu Arolsen — Rektor: Dr. Ebersbach, Prof.

---

[1] Die Fortdauer der Militärberechtigung ist zunächst auf ein weiteres Jahr (bis zum Ostertermine 1892 einschließlich) bewilligt worden.

[2] Mit rückwirkender Kraft zu Gunsten der Schüler, welche die im Juni 1890 und im Februar 1891 abgehaltenen Entlassungsprüfungen bestanden haben.

N. Die Königlichen Schullehrer- und Lehrerinnen-Seminare.

109 Lehrer-Seminare, — 9 Lehrerinnen-Seminare, — 1 Lehrerinnen-Kursus, — 1 Gouvernanten-Institut, — überhaupt 120 Lehrer- und Lehrerinnen-Bildungsanstalten.

I. Provinz Ostpreußen.

(7 evangel. Lehrer-Seminare, 1 kathol. Lehrer-Seminar.)

a. Regierungsbezirk Königsberg.

1. Braunsberg, kathol. Seminar, Direktor: Dr. Schanbau.
2. Preuß. Eylau, evang. Seminar, " Munther.
3. Ortelsburg, dsgl., " Delljen.
4. Osterode, dsgl., " Päch.
5. Waldau, dsgl., " Noack.

b. Regierungsbezirk Gumbinnen.

6. Angerburg, evang. Seminar, Direktor: Ortlepp.
7. Karalene, dsgl. " Snoy, Schulrath.[1]
8. Ragnit, dsgl. " Dr. Preische, Schulrath.[2]

II. Provinz Westpreußen.

(3 evangel., 3 kathol. Lehrer-Seminare.)

a. Regierungsbezirk Danzig.

9. Berent, kathol. Seminar, Direktor: Dr. Cyranka.
10. Marienburg, evangel. Seminar, " Schröter.

b. Regierungsbezirk Marienwerder.

11. Preuß. Friedland, evang. Seminar, Direktor: Urlaub.
12. Graudenz, kathol. Seminar, " Salinger.
13. Löbau, evang. Seminar, " Göbel, Schulrath.
14. Tuchel, kathol. Seminar, " Jablonski.

III. Provinz Brandenburg.

(10 evangel. Lehrer-Seminare, 1 evangel. Lehrerinnen-Seminar.)

a. Stadt Berlin.

15. Berlin, evang. Seminar für Stadtschullehrer, Direktor Paasche.
16. Berlin, evang. Lehrerinnen-Seminar, " Supprian

---

[1]) z. Z. bei der Königlichen Regierung zu Posen beschäftigt, wird vertreten durch den Ersten Seminarlehrer Romeiks zu Karalene.

[2]) z. Z. bei der Königlichen Regierung zu Schleswig beschäftigt, wird vertreten durch den Kreis-Schulinspektor Löschke.

b. Regierungsbezirk Potsdam.

17. Köpenick, evang. Seminar, Direktor: Dr. Plath.
18. Kyritz, dsgl., = Scheibner.
19. Neu-Ruppin, dsgl., = Dr. Hoffmann.
20. Oranienburg, dsgl., = Mühlmann.

c. Regierungsbezirk Frankfurt.

21. Altdöbern, evang. Seminar, Direktor: Moll.
22. Drossen, dsgl., = Roßmann.
23. Friedeberg N. M., dsgl., = Besig.
24. Königsberg N. M., dsgl., = Keetman.
25. Neuzelle, evang. Seminar und Waisenhaus, Direktor: Ruete, Oberpfarrer.

IV. Provinz Pommern.

(7 evangel. Lehrer-Seminare.)

a. Regierungsbezirk Stettin.

26. Cammin, evang. Seminar, Direktor Dittmann.
27. Pölitz, dsgl., = Lochmann.
28. Pyritz, dsgl., = Schwarzkopf.*)

b. Regierungsbezirk Cöslin.

29. Bütow, evang. Seminar, Direktor: Maigatter.
30. Dramburg, dsgl., = Hinze.
31. Cöslin, dsgl., = Presting.

c. Regierungsbezirk Stralsund.

32. Franzburg, evang. Seminar, Direktor: Breitsprecher.

V. Provinz Posen.

(2 evangel., 2 kathol. Lehrer-Seminare, 1 paritätisches Lehrer-Seminar, 1 Lehrerinnen-Seminar.)

a. Regierungsbezirk Posen.

33. Koschmin, evang. Seminar, Direktor: Peiper.
34. Paradies, kathol. Seminar, = Freundgen.
35. Posen, Lehrerinnen-Seminar, = Baldamus.
36. Rawitsch, paritä̈t. Seminar, = Klösel.

b. Regierungsbezirk Bromberg.

37. Bromberg, evangel. Seminar, Direktor: Tobias.
38. Exin, kathol. Seminar, = Dr. Kulla.

---

*) tritt am 1 April in den Ruhestand.

VI. Provinz Schlesien.

(9 evangel., 10 kathol. Lehrer-Seminare.)

a. Regierungsbezirk Breslau.

39. Breslau, kathol. Seminar, Direktor: Dr. Ziron.
40. Brieg, evang. Seminar, Dirigent: Waeber, Erster Seminarlehrer.
41. Habelschwerdt, kathol. Seminar, Direktor: Dr. Volkmer.
42. Münsterberg, evang. Seminar, " Trieschmann.
43. Oels, dsgl. " Dr. Scharlach.
44. Steinau a. O., dsgl. und Waisenhaus, " Spohrmann, Schulrath.

b. Regierungsbezirk Liegnitz.

45. Bunzlau, evang. Seminar, Waisen- und Schulanstalt, Direktor: Sander, Reg. u. Schulrath.
46 Liebenthal, kathol. Seminar, Direktor: Klose, Schulrath.
47. Liegnitz, evang. Seminar, " Banse.
48. Reichenbach O.L., evang. Seminar, " Lang, Schulrath.
49. Sagan, dsgl., " Stolzenburg.

c. Regierungsbezirk Oppeln.

50. Ober-Glogau, kathol. Seminar, Direktor: Kokott.
51. Kreuzburg, evang. Seminar, " Jänicke.
52. Peiskretscham, kathol. Seminar, " Dr. Schroller.
53. Pilchowitz, dsgl., " Dr. Otto.
54. Proskau, dsgl., " Damroth.
55. Rosenberg, dsgl., " Dr. Waschow.
56. Ziegenhals, dsgl., " Plischke.
57. Zülz, dsgl., " Dobroschke.

VII. Provinz Sachsen.

(9 evangel. Lehrer-Seminare, 1 kathol. Lehrer-Seminar, 1 evang. Gouvernanten-Institut, 1 evang. Lehrerinnen-Seminar.)

a. Regierungsbezirk Magdeburg.

58. Barby, evang. Seminar, Direktor: Voigt.
59. Genthin, dsgl., Dirigent: Brückner Erst. Seminarlehr.
60. Halberstadt, dsgl., Direktor: Dr. Hirt.
61. Osterburg, dsgl., " Eckolt.

b. Regierungsbezirk Merseburg.

62. Delitzsch, evang. Seminar, Direktor: Schöppa.

63. [1]) Droyßig, evang. Gouvernanten-Institut, Direktor: Moldehn.
64. [1]) Droyßig, evang. Lehrerinnen-Seminar, „ Moldehn.
65. Eisleben, evang. Seminar, Direktor: Martin.
66. Elsterwerda, dsgl., „ Dr. Thiemann.
67. Weißenfels, dsgl., „ Seeliger.

c. Regierungsbezirk Erfurt.

68. Erfurt, evang. Seminar, Direktor: Wieacker.
69. Heiligenstadt, kathol. Seminar, „ Dr. Weiß.

VIII. Provinz Schleswig-Holstein.

(5 evangel. Lehrer-Seminare, 1 evangel. Lehrerinnen-Seminar. — s. Anmerkung 2.)

70. Augustenburg, evang. Lehrerinnen-Seminar, Direktor: Eckert.
71. Eckernförde, evang. Seminar, „ Dr. Gregorovius.
72. Hadersleben, dsgl., „ Castens.
73. Tondern, dsgl., „ Löwer.
74. Segeberg. dsgl., „ Lange, Schulrath.
75. Uetersen, dsgl., „ Bent.

IX. Provinz Hannover.

(9 evangel. Lehrer-Seminare, 1 kathol. Lehrer-Seminar.)

a. Regierungsbezirk Hannover.

76. Hannover, evang. Seminar, Direktor: Köchy.
77. Wunstorf, dsgl., „ Rößler.

b. Regierungsbezirk Hildesheim.

78. Alfeld, evang. Seminar, Direktor: Dr. vom Berg.
79. Hildesheim, kath. Seminar, „ Wedekin, Reg. und Schulrath.

c. Regierungsbezirk Lüneburg.

80. Lüneburg, evang. Seminar, Direktor: Bünger.

d. Regierungsbezirk Stade.

81. Bederkesa, evang. Seminar, Direktor: Bohnenstädt.
82. Stade, dsgl., „ Dr. Jüngling.
83. Verden, dsgl., „ Stahn.

---

[1]) Die Anstalten zu Droyßig stehen unmittelbar unter dem Minister der geistlichen ꝛc. Angelegenheiten, s. S. 9 dieses Heftes.

[2]) Außerdem besteht zu Ratzeburg im Kreise Herzogthum Lauenburg ein landschaftliches Lehrer-Seminar. Die Direktorstelle ist zur Zeit unbesetzt.

e. Regierungsbezirk Osnabrück.

84. Osnabrück, evang. Semin., Direktor: Diercke, Reg. u. Schulrath

f. Regierungsbezirk Aurich.

85. Aurich, evang. Seminar, Direktor: van Senden

X. Provinz Westfalen.

(4 evangel., 3 kathol. Lehrer-, 2 kathol. Lehrerinnen-Seminare.)

a. Regierungsbezirk Münster.

86. Münster, kathol. Lehrerinnen-Seminar, Direktor: Dr. Kraß.
87. Warendorf, kathol. Seminar, = = Funk

b. Regierungsbezirk Minden.

88. Büren, kathol. Seminar, Direktor: Freusberg.
89. Gütersloh, evang. Seminar, Dirigent: Schulz, Erster Seminarlehrer
90. Paderborn, kathol. Lehrerinnen-Seminar, Direktor: Dr. Sommer
91. Petershagen, evang. Seminar, = z. Z. unbesetzt

c. Regierungsbezirk Arnsberg.

92. Hilchenbach, evang. Seminar, Direktor: Tismer.
93. Rüthen, kathol. Seminar, = Stuhldreier
94. Soest, evang. Seminar, = Feige.

XI. Provinz Hessen-Nassau.

(2 evangel., 3 paritätische Lehrer-Seminare, 1 kathol. Lehrer-Seminar, 1 kathol. Lehrerinnen-Kursus.)

a. Regierungsbezirk Cassel.

95. Fulda, kathol. Seminar, Direktor: Dr. Ernst.
96. Homberg, evang. Seminar, = = Otto.
97. Schlüchtern, dsgl. = Herrmann.

b. Regierungsbezirk Wiesbaden.

98. Dillenburg, parit. Lehrer-Semin., Direktor: Lotz.
99. Montabaur, dsgl. = Dr. Bartholomäus
100. Montabaur, kathol. Lehrerinnen-Kursus, = = Bartholomäus
101. Usingen, parit. Lehrer-Seminar, = Kietz, Reg. u. Schulrat

---

¹) z. Z. bei der Königlichen Regierung zu Merseburg beschäftigt, w... vertreten durch den Ersten Seminarlehrer Dr. Renisch vom Seminar Neuzelle.

XII. Rheinprovinz und Hohenzollern.

(5 evangel., 11 kathol. Lehrer-Seminare, 2 kathol. Lehrerinnen-Seminare 1 paritätisches Lehrerinnen-Seminar.)

a. Regierungsbezirk Coblenz.

102. Boppard, kathol. Seminar, Direktor: Bürgel.
103. Münstermaifeld, dsgl., = Modemann.
104. Neuwied, evang. Seminar, = Doyé.

b. Regierungsbezirk Düsseldorf.

105. Elten, kathol. Seminar, Direktor: Dr. Wimmers.
106. Kempen, dsgl., = = Velten.
107. Mettmann, evang. Seminar, = Guden.
108. Mörs, dsgl., = Tiedge.
109. Odenkirchen, kathol. Seminar, = Dr. Langen.
110. Rheydt, evang. Seminar, = = Blügel.
111. Xanten, kathol. Lehrerinnen-Seminar, = Eppink.

c. Regierungsbezirk Cöln.

112. Brühl, kathol. Seminar, Direktor: Dr. Beck.
113. Siegburg, dsgl., = = Küppers.

d. Regierungsbezirk Trier.

114. Ottweiler, evang. Seminar, Direktor: Diesner.
115. Prüm, kathol. Seminar, = Dr. Schäfer.
116. Saarburg, kathol. Lehrerinnen-Seminar, = Münch.
117. Trier, parität. Lehrerinnen-Semin., = Kreymer.
118. Wittlich, kathol. Seminar, = Dr. Verbeek.

e. Regierungsbezirk Aachen.

119. Cornelimünster, kathol. Seminar, Direktor: z. Z. unbesetzt, Loeser, Kreis-Schulinspektor, auftragsw.
120. Linnich, dsgl. = Dr. Schmitz.

O. Die Königlichen Präparandenanstalten.

(35 Präparandenanstalten.)

I. Provinz Ostpreußen.

a. Regierungsbezirk Königsberg.

1. Friedrichshoff, Vorsteher: Kucharski.

b. Regierungsbezirk Gumbinnen.

2. Lötzen, Vorsteher: Symanowski.
3. Pillkallen, = Koch.

II. Provinz Westpreußen.

a. Regierungsbezirk Danzig.

4. Preuß. Stargard, Vorsteher: Semprich.

b. Regierungsbezirk Marienwerder.

5. Deutsch-Krone, Vorsteher: Kunst.
6. Rehden, " Fromm.
7. Schwetz, " Schrank.

III. Provinz Brandenburg.

Keine.

IV. Provinz Pommern.

a. Regierungsbezirk Stettin.

8. Massow, Vorsteher: Frömter.
9. Plathe, " Bietzke.

b. Regierungsbezirk Cöslin.

10. Rummelsburg, Vorsteher Schirmer.

c. Regierungsbezirk Stralsund.

11. Tribsees, Vorsteher: Müller.

V. Provinz Posen.

a. Regierungsbezirk Posen.

12. Lissa, Vorsteher: Geschke.
13. Meseritz, " Sawitzky.
14. Rogasen, " Bergmann.

b. Regierungsbezirk Bromberg.

15. Czarnikau, Vorsteher: User.
16. Lobsens, " Schmidt.

VI. Provinz Schlesien.

a. Regierungsbezirk Breslau.

17. Landeck, Vorsteher: Janusch.
18. Schweidnitz, " Kleiner.

b. Regierungsbezirk Liegnitz.

19. Schmiedeberg, Vorsteher: Andrich.

c. Regierungsbezirk Oppeln.

20. Oppeln, Vorsteher: Schleicher.
21. Rosenberg, " Lepiorsch.
22. Ziegenhals, " Frobel.
23. Zülz, " Kolbe.

VII. Provinz Sachsen.

a. Regierungsbezirk Magdeburg.

24. Quedlinburg, Vorsteher: Risch.

b. Regierungsbezirk Erfurt.

25. Heiligenstadt, Vorsteher: Hillmann.
26. Wandersleben, " Reling.

VIII. Provinz Schleswig-Holstein.

27. Apenrade, Vorsteher: Krieger.
28. Barmstedt, " Bösch.

IX. Provinz Hannover.

a. Regierungsbezirk Hannover.

29. Diepholz, Vorsteher Grelle.

b. Regierungsbezirk Osnabrück.

30. Melle, Vorsteher: Vollmer.

c. Regierungsbezirk Aurich.

31. Aurich, Vorsteher: Hoffmeyer.

X. Provinz Westfalen.

a. Regierungsbezirk Arnsberg.

32. Laasphe, Vorsteher: Gehrig.

XI. Provinz Hessen-Nassau.

a. Regierungsbezirk Cassel.

33. Fritzlar, Vorsteher: Pyroth.

b. Regierungsbezirk Wiesbaden.

34. Herborn, Vorsteher: Hopf.

XII. Rheinprovinz.

a. Regierungsbezirk Coblenz.

35. Simmern, Vorsteher: Weyrauch.

P. Die Taubstummen-Anstalten.

(46 Taubstummen-Anstalten.)

I. Provinz Ostpreußen.

1 Angerburg, Provinzial-Taubst. Anstalt, Direktor: Wiechmann.
2. Königsberg, dsgl., " Reimer.

3. Königsberg, Anstalt des ostpreußischen Central-Vereines für Erziehung taubstummer Kinder, Direktor: Schön.
4. Rössel, Provinzial-Taubst. Anstalt, = Heinick.

II. Provinz Westpreußen.

1. Danzig, städtische Taubst. Anstalt, steht unter Leitung de städt. Schuldeputation.
2. Elbing, dsgl., dsgl.
3. Marienburg, Provinzial-Taubst. Anstalt, Direktor: Hollen-wegei
4. Schlochau, dsgl., Dirigent: Eimert.

III. Provinz Brandenburg mit Berlin.

1. Berlin, Königl. Taubst. Anstalt, Direktor: Walther.
2. Berlin, städtische Taubst. Anstalt, Rektor: Berndt.
3. Guben, Provinzial-Taubst. Anstalt, Direktor: Hilger.
4. Wriezen a. O., Wilhelm-Augusta-Stift, Provinzial-Taubst. Anstalt, = Kauer.

IV. Provinz Pommern.

1. Cöslin, Provinzial-Taubst. Anstalt, Vorsteher: Oltersdorf.
2. Stettin, dsgl., Direktor: Erdmann.
3. Stralsund, städt. Taubst. Anstalt, Lehrer u. Hausvater: Vo[

V. Provinz Posen.

1. Bromberg, Provinzial-Taubst. Anstalt, Vorsteher: Nordmann
2. Posen, dsgl., Direktor: Radomski.
3. Schneidemühl, dsgl., Vorsteher: Prüssing.

VI. Provinz Schlesien.

1. Breslau, Vereins-Taubst. Anstalt, Direktor: Bergmann
2. Liegnitz, dsgl., = Kratz.
3. Ratibor, dsgl., = Schwarz.

VII. Provinz Sachsen.

1. Erfurt, Provinzial-Taubst. Anstalt, Direktor: Prüfner.
2. Halberstadt, dsgl., = Keil.
3. Halle a. S., dsgl., = Köbrich.
4. Osterburg, dsgl., = Kühne.
5. Weißenfels, dsgl., Erster Lehrer Voi[auftrags

VIII. Provinz Schleswig-Holstein.

1. Schleswig, Provinzial-Taubst. Anstalt, Direktor: Engel

IX. Provinz Hannover.

1. Emden, Taubst. Anstalt, Direktor: Danger.
2. Hildesheim, Provinzial-Taubst. Anst., „ von Staden.
3. Osnabrück, dsgl., „ Zeller.
4. Stade, dsgl., „ Schröder.

X. Provinz Westfalen.

1. Büren, kathol. Provinzial-Taubst. Anstalt, Vorsteher: Derigs.
2. Langenhorst, dsgl., „ Bruß.
3. Petershagen, evangel. Provinzial-Taubst. Anstalt, „ Winter.
4. Soest, dsgl. „ Heinrich.

XI. Provinz Hessen-Nassau.

1 Camberg, Provinzial-Taubst. Anstalt, Dirigent: Wehrheim.
2. Frankfurt a. M., Taubst. Erziehungs-Anstalt, Vorsteher: Oberlehrer Vatter.
3. Homberg, kommunalständ. Taubst. Anstalt, Inspektor: Keßler.

XII. Rheinprovinz.

1. Aachen, simultane Vereins-Taubst. Anst., Direktor: Linnartz.
2. Brühl, kathol. Provinzial-Taubst. Anst., „ Fieth.
3. Elberfeld, evang. Provinz. Taubst. Anst., „ Sawallisch.
4. Essen, simultane Provinz. Taubst. Anst., „ Ochs.
5. Kempen, kathol. Provinz. Taubst. Anst., „ Kirfel.
6. Cöln, simultane Vereins-Taubst. Anst., „ Weißweiler.
7. Neuwied, evang. Provinz. Taubst Anst., „ Barth.
8. Trier, kathol. Provinzial-Taubst. Anst., „ Cüppers.

Q. Die Blinden-Anstalten.

(15 Blinden-Anstalten.)

I. Provinz Ostpreußen.

1. Königsberg, Anstalt des preußischen Provinzial-Vereines für Blinden-Unterricht, Direktor: Brandstäter.

II. Provinz Westpreußen.

1. Königsthal, (bei Danzig.) Wilhelm-Augusta-Provinzial-Blinden-Anstalt, Direktor: Krüger.

11*

III. Provinz Brandenburg mit Berlin.

1. Berlin, städtische Blinden-Schule, Rektor: Kull.
2. Steglitz, Königliche Blinden-Anstalt, Direktor: Wulff.
(bei Berlin.)

IV. Provinz Pommern.

1. Neu-Torney, Provinzial-Blinden-Anstalten,
(bei Stettin.) (a. für Knaben, b. Viktoria-Stiftung für Mädchen.) Direktor: Neumann.

V. Provinz Posen.

1. Bromberg, Provinzial-Blinden-Anstalt, Inspektor: Wittig.

VI. Provinz Schlesien.

1. Breslau, Schlesische Blinden-Unterrichts-Anst., Dirigent: Schottke, Oberlehrer.

VII. Provinz Sachsen.

1. Barby, Provinzial-Blinden-Anstalt, Direktor: Schön.

VIII. Provinz Schleswig-Holstein.

1. Kiel, provinzialständische Blinden-Anstalt, Direktor: Ferchen.

IX. Provinz Hannover.

1. Hannover, Provinzial-Blinden-Anstalt, Direktor: Metzler.

X. Provinz Westfalen.

1. Paderborn, Blinden-Anstalt für Zöglinge katholischer Konfession, Vorsteherin: Schwester Hildegarde Schwermann.
2. Soest, Blinden-Anstalt für Zöglinge evangelischer Konfession, Vorsteher: Lesche.

XI. Provinz Hessen-Nassau.

1. Frankfurt a. M., Blinden-Anstalt, Vorsteher: Schild, Inspektor.
2. Wiesbaden, dsgl., " Baldus.

XII. Rheinprovinz.

1. Düren, Provinz. Blinden-Anstalt, Direktor: Mecker.

R. Die öffentlichen höheren Mädchenschulen.*)

I. Provinz Ostpreußen.

a. Regierungsbezirk Königsberg.

1. Allenstein, städt. höh. Mädchensch., Dirigent: Schwenzfeier.
2. Bartenstein, dsgl., Rektor: Heinrich.
3. Königsberg, dsgl., Direktor: Heinrich.
4. Memel, dsgl., = Halling.
5. Osterode, dsgl., Rektor: Lauer.
6. Pillau, dsgl., = Rost.
7. Rastenburg, dsgl., = Penzky.
8. Wehlau, dsgl., = Knorr.

b. Regierungsbezirk Gumbinnen.

1. Gumbinnen, städt. höh. Mädchensch., Rektor: Dr. Rademacher.
2. Insterburg, dsgl., Direktor: Goerth.
3. Tilsit, dsgl., = Willms.

Außerdem bestehen noch folgende über das Ziel der Volksschule hinausgehende öffentliche Mädchenschulen:

1. Insterburg, städt. Mädchen-Mittelschule, Direktor: Goerth.
2. Lötzen, städt. gehobene Mädchenschule, z. Z. unbesetzt.
3. Lyck, dsgl. Rektor: Müller.
4. Tilsit, städt. Mädchen-Mittelschule, = Dorn.

II. Provinz Westpreußen.

a. Regierungsbezirk Danzig.

1. Berent, kathol. Marienstift, Vorsteherin: Fräulein Zynda.
2. Berent, höh. Mädchenschule, = = Eschholz.
3. Carthaus, kommunale höh. Mädchensch., Vorsteherin: Fräulein Skrczezka.
4. Danzig, städt. höh. Mädchensch., (Viktoria-Schule), Direktor: Dr. Neumann.
5. Dirschau, städt. höh. Mädchensch., Rektor: Dr. Günther.
6. Elbing, dsgl., Direktor: Dr. Witte.
7. Marienburg, höh. Mädchenschule, = Klug.
8. Schöneck, höh. Mädchenschulklasse der Stadtschule, Vorsteherin: Frl. Brandt.
9. Pr. Stargard, höh. Mädchenschulklasse der Stadtschule, z. Z. unbesetzt.

*) Es wird wiederholt darauf aufmerksam gemacht, daß durch die Aufnahme einer Schule in das nachstehende Verzeichnis an ihren Rechtsverhältnissen nichts geändert wird.

b. Regierungsbezirk Marienwerder.

1. Graudenz, städt. höh. Mädchensch., Direktor: Dr. Schneider.
2. Konitz, dsgl., Rektor: Marquardt.
3. Marienwerder, dsgl., Direktor: Diehl.
4. Schwetz, dsgl., " Landmann.
5. Strasburg, dsgl., Vorsteher: Müller.
6. Thorn, dsgl., Direktor: Schulz.

III. Provinz Brandenburg.

a. Stadt Berlin.

1. Berlin, Königl. Elisabeth-Schule, Direktor: Dr. Wätzoldt, Prof.
2. Berlin, Königl. Augusta-Schule, Seminar-Direktor: Supprian. (S. W. Kleinbeerenstraße 16—19.)
3. Berlin, städtische Luisen-Schule, Direktor: Dr. Ritter, Prof.
4. Berlin, städtische Viktoria-Schule, " " Huot.
5. Berlin, städtische Sophien-Schule, " " Benecke.
6. Berlin, städtische Charlotten-Schule, " " Goldbeck, Prof.
7. Berlin, städt. Margarethen-Schule, " " Cochius, dsgl.

b. Regierungsbezirk Potsdam.

1. Brandenburg a. H., städt. höh. Mädchenschule, Rektor: Becker.
2. Charlottenburg, dsgl., " von Mittelstädt.
3. Eberswalde, städt. höh. Mädchensch., " Wenzel.
4. Luckenwalde, dsgl., " Rolffs.
5. Perleberg, dsgl., " Dr. Müller.
6. Potsdam, dsgl., Direktor: Schmid.
7. Prenzlau, dsgl., Rektor: Limper.
8. Neu-Ruppin, dsgl., " Büchs.
9. Schwedt a. O., dsgl., " Ammerlahn.
10. Spandau, dsgl., " Schulz.
11. Wriezen a. O., dsgl., " Stephan.

c. Regierungsbezirk Frankfurt.

1. Forst i. L., städt. höh. Mädchensch., Rektor: Umhöfer.
2. Frankfurt a. O., städt. Augusta-Schule, interim. Direktor: Dr. Hoffbauer.
3. Guben, städt. höh. Mädchensch., Rektor: Dupré.
4. Königsberg N. M., dsgl., " Strehlow.
5. Küstrin, dsgl., " Lenz.
6. Landsberg a. W., dsgl., " Zander.

Außerdem bestehen noch folgende über das Ziel der Volksschule hinausgehende öffentliche Mädchenschulen:

1. Finsterwalde, städt. gehob. Mädchensch., Rektor: Dr. Raebel.

2. Frankfurt a. O., städt. Viktoria-Schule, Rektor: Bombe.
3 Friedeberg N. M., städt. gehob. Mädchensch., = Iskraut.
4. Fürstenwalde, städt. Mädchen-Mittelsch., = Koch.
5. Kottbus, dsgl., = Schmidt.
6. Krossen a. O., städt. gehob. Mädchensch., = Kunkel.
7. Lübben, dsgl., = Proposch.
8. Schwiebus, städt. Mädchen-Mittelschule, z. Z. unbesetzt.
9. Soldin, dsgl., Rektor: Ziegel.
10. Sorau, dsgl., = Wangrin.
11. Zielenzig, dsgl., = Rösler.

IV. Provinz Pommern.

a. Regierungsbezirk Stettin.

1. Anklam, Rektor: Spiecker.
2. Demmin, = Güttke.
3. Gollnow, = Keding.
4. Pyritz, = Heusel.
5. Stargard i. Pomm., = Centurier.
6. Stettin, Direktor: Dr. Haupt.
7. Swinemünde, Rektor: = Faber.
8. Treptow a. Rega, = Fixson.
9. Wollin i. Pomm., = Clausius.

b. Regierungsbezirk Cöslin.

1. Belgard a. Pers., städt. höh. Mädchensch., Rektor: Rost, zugleich Rekt. d. städt. Bürgersch.
2. Kolberg, dsgl., Rektor: Dr. Eggert.
3. Stolp, dsgl., = Jahn.

c. Regierungsbezirk Stralsund.

1. Greifswald, städt. höh. Mädchensch., (Kaiserin-Auguste-Viktoria-Schule), Direktor: Gäbel.

Außerdem besteht zu
Wolgast unter der Leitung des Rektors Menzel
eine über das Ziel der Volksschule hinausgehende öffentliche gehobene Mädchen-Oberschule.

V. Provinz Posen.

a. Regierungsbezirk Posen.

1. Grätz, städt. höh. Mädchensch., Vorsteherin: Frl. Pohl.
2. Kempen, dsgl., Rektor: Löhrke.
3. Krotoschin, dsgl., = Dr. Balke.
4. Meseritz, dsgl., = Richter.
5. Pleschen, dsgl., Vorsteherin: Frl. Wende.

6. Posen, Königl. Luisen-Schule, verbunden mit dem Lehrerinnen-Seminare, Direktor: Baldamus, Seminar-Direktor.
7. Wreschen, städt. höh. Mädchensch., Rektor: Dr. Klein.

b. Regierungsbezirk Bromberg.

1. Bromberg, städt. höh. Mädchensch., Direktor: Nehlipp.
2. Schneidemühl, dsgl., Kaiserin-Auguste-Viktoria-Schule, " Ernst.

Außerdem bestehen noch folgende über das Ziel der Volksschule hinausgehende öffentliche Mädchenschulen:

1. Bromberg, städt. Mädchen-Mittelschule, Rektor: Wilske.
2. Kolmar, städt. Mädchensch., Vorsteherin: Frl. Bendler.
3. Mogilno, dsgl., " " Bona.
4. Nakel, dsgl., Rektor: Trippensee.

VI. Provinz Schlesien.

a. Regierungsbezirk Breslau.

1. Breslau, Viktoria-Schule, Rektor: Dr. Saure.
2. Breslau, Augusta-Schule, Direktor: Bohnemann.
3. Schweidnitz, städt. höh. Mädchensch., Rektor: Engmann.
4. Waldenburg i. Schles., dsgl. " Schrage.

Außerdem bestehen noch folgende über das Ziel der Volksschule hinausgehende öffentliche Mädchenschulen:

1. Breslau, städt. evgl. Mädchen-Mittelsch. I., Rektor: Lipsius.
2. Breslau, städt. evgl. Mädchen-Mittelsch. II., " Dr. Wetzel.
3. Breslau, städt. kathol. Mädchen-Mittelsch., " Seltmann.

b. Regierungsbezirk Liegnitz.

1. Bunzlau, städt. höh. Mädchensch., Rektor: König.
2. Glogau, dsgl., Direktor: Dr. Lundehn.
3. Görlitz, dsgl., " " Linn.
4. Hirschberg, dsgl., Rektor: " Waldner.
5. Lauban, dsgl., " Preuß.
6. Liegnitz, dsgl., " Howe.

c. Regierungsbezirk Oppeln.

1. Kattowitz, städt. höh. Mädchensch., Rektor: Breuer.
2. Oppeln, dsgl., Direktor: Schumann.
3. Proskau, kommunale höh. Mädchensch., Vorsteherin: Fräulein Palm.

VII. Provinz Sachsen.

a. Regierungsbezirk Magdeburg.

1. Aschersleben, städt. höh. Mädchensch., Rektor: Nehry.
2. Burg, städt. Luisen-Schule, " Hübner.

3. Calbe a. S., städt. höh. Mädchensch., Rektor: Schulze.
4. Gardelegen, dsgl., Vorsteher: Francke.
5. Halberstadt, dsgl., Rektor: Dr. van der Briele.
6. Magdeburg, städt. Luisen-Schule, = = Kersten.
7. Magdeburg, städt. Augusta-Schule, = Hager.
8. Magdeburg-Neustadt, städt. höh. Mädchensch., = Nauendorf.
9. Oschersleben, städt. geh. Mädchensch., = Preuß.
10. Quedlinburg, städt. höh. Mädchensch., = Müller.
11. Salzwedel, dsgl., = Schulle.
12. Schönebeck, dsgl., = Brünig.
13. Seehausen i. A., dsgl., = Schnabel.
14. Staßfurt, dsgl., = Dr. Clodius.
15. Stendal, dsgl., = Schwarzenberg.
16. Wernigerode, dsgl., = Schurig, zugleich Rektor der Mittelschule.

Außerdem besteht zu
1. Wernigerode eine städtische Mädchen-Mittelschule, Rektor: Schurig, zugleich Rektor der höheren Mädchenschule.

b. Regierungsbezirk Merseburg.

1. Delitzsch, höh. Mädchenschule, Rektor: Paasch.
2. Droyßig, (Pensionat), Seminar-Direktor: Moldehn.
3. Eilenburg, höh. Mädchenschule, Rektor: Bismark.
4. Eisleben, dsgl., = Ebeling.
5. Halle a. S., höhere Mädchenschule in den Franckeschen Stiftungen, Inspektor: Dammann.
6. Halle a. S., städtische höhere Mädchenschule, Direktor: Dr. Biedermann.
7. Merseburg, höh. Mädchenschule, Rektor: Block.
8. Naumburg a. S., dsgl., = Dr. Rentner.
9. Torgau, dsgl., = = Gottschalk.
10. Weißenfels, dsgl., = Stöwesand.
11. Zeitz, dsgl., = Krebs.

Außerdem bestehen noch folgende über das Ziel der Volksschule hinausgehende Schulen:
1. Bitterfeld, gehobene Mädchenschule, Rektor: Dr. Fricke.
2. Kelbra, städtische gehobene Knaben- und Mädchenschule.

c. Regierungsbezirk Erfurt.

1. Erfurt, städt. höh. Mädchensch., Rektor: Köhne.
2. Langensalza, dsgl., Vorsteher: Schäfer, Archidiakonus.

3. Mühlhausen i. Thür., Rektor: Dr. Brinckmann.
4. Nordhausen, = = Reinsch.

Außerdem bestehen noch folgende über das Ziel der Volksschule hinausgehende Mittelschulen:
1. Erfurt, städt. Mittelschule für Mädchen, Rektor: Grundig.
2. Mühlhausen i. Thür., dsgl., Rektor: Dr. Brinckmann.
3. Nordhausen, städt. Mittelschule für Knaben und Mädchen, Rektor: Kunze.

VIII. Provinz Schleswig-Holstein.

1. Altona, städt. höh. Mädchensch., Direktor: Dr. Schäfer.
2. Altona, städt. Mädchen-Mittelsch. (Stadttheil Ottensen), Rektor: Hollmann.
3. Flensburg, städt. höh. Mädchensch., Direktor: Dr. Dix.
4. Kiel, dsgl., = Plümer.

Außerdem bestehen noch folgende über das Ziel der Volksschule hinausgehende öffentliche Mädchenschulen:
1. Altona, Mädchen-Mittelschule, Rektor: Dücker.
2. Apenrade, gehobene Mädchenschule, = Schlichting.
3. Segeberg, dsgl., Vorsteher: Lehrer Clairmont.
4. Tondern, Mittelschulklassen für Mädchen, Rektor: Simonsen.
5. Hadersleben, Mädchen-Mittelschule, (Auguste-Viktoria-Schule) Rektor: Bast.
6. Kiel, Mädchen-Mittelschule, = Holtzheuer.
7. Wandsbeck, dsgl., = Goecker.
8. Rendsburg, dsgl., = Dr. Höppe.

IX. Provinz Hannover.

a. Regierungsbezirk Hannover.

1. Hameln, städt. höh. Mädchensch., Direktor: Dr. Brandes.
2. Hannover, dsgl. I., = = Meyer.
3. Hannover, dsgl. II., = = Lohmann.

Außerdem bestehen noch folgende über das Ziel der Volksschule hinausgehende öffentliche Mädchenschulen:
1. Hannover, Stadttöchterschule I., Direktor: Dr. Tietz.
2. Hannover, dsgl. II., = = Heinrichs.
3. Hannover, dsgl. III., = = Witte.
4. Nienburg, städt. gehobene Töchterschule, Vorsteher: Lührs, Superint. und Kreis-Schulinsp.

b. Regierungsbezirk Hildesheim.

1. Duderstadt, höh. Mädchensch., Vorsteherin: Fräul. Bodenstein.

2. Einbeck, städt. höh. Mädchensch., Rektor: Ohlhoff.
3. Göttingen, dsgl., Vorsteher: Dr. Morgenstern.
4. Goslar, dsgl., = = Mosel.
5. Hildesheim, dsgl., Direktor: = Fischer.
6. Klausthal, dsgl., Vorsteher: Pastor Mercker.
7. Münden, höh. Mädchensch., = Dr. Bahrdt, Prof.

c. Regierungsbezirk Lüneburg.

1. Celle, städt. höh. Mädchensch., Direktor: Bösche.
2. Harburg, dsgl., Dirigent: Dr. Knopff.
3. Lüneburg, dsgl., Direktor: Karnstädt.
4. Uelzen, dsgl., Rektor: Schwentser.

d. Regierungsbezirk Stade.

1. Buxtehude, städt. höh. Mädchensch., Rektor: Pastor Rost (im Nebenamte).
2. Otterndorf, dsgl., Vorsteher: Oberlehrer Sagebiel (im Nebenamte).
3. Stade, dsgl., Direktor: Dr. Zechlin.

Außerdem besteht zu
Stade eine städt. Mädchen-Mittelsch., Direktor: Dr. Zechlin.

e. Regierungsbezirk Osnabrück.

1. Osnabrück, städt. höh. Mädchensch., Direktor: Dr. Heuermann.
2. Quakenbrück, dsgl., Vorsteherin: Fräul. Sickermann.

f. Regierungsbezirk Aurich.

1. Aurich, höh. Mädchensch., Vorsteherin: Frau Gordian.
2. Emden, städt. höh. Mädchensch., Direktor: Zwitzers.
3. Leer, dsgl., Rektor: Seedorf.
4. Norden, dsgl., Direktor: Müller.

X. Provinz Westfalen.

a. Regierungsbezirk Münster.

Keine.

b. Regierungsbezirk Minden.

1. Bielefeld, städt. evang. höh. Mädchensch., Direktor: Dr. Gerth.
2. Gütersloh, dsgl., Rektor: Hark, zugleich Rektor der evang. Volksschule.
3. Herford, dsgl., Direktor: Dr. Seehausen.
4. Minden, dsgl., z. Z. unbesetzt.
5. Paderborn, evang. höh. Mädchensch., Vorsteherin: Frl. Bertelsmann.

c. Regierungsbezirk Arnsberg.

1. Dortmund, Rektor: Dr. Knörich.
2. Hagen, Direktor: Wenzel.
3. Hamm, Rektor: Dr. Eddelbüttel.
4. Hörde, " Heeger.
5. Iserlohn, Direktor: Dr. Kreyenberg.
6. Lüdenscheid, Rektor: Schierenberg.
7. Schwelm, " Schäffer, zugleich Rekto der Volksschule
8. Siegen, " Bars.
9. Soest, " Junker.
10. Witten, " Dr. Zötlner.

XI. Provinz Hessen-Nassau.

a. Regierungsbezirk Cassel.

1. Cassel, städt. höh. Mädchensch., Direktor: Dr. Krummache
2. Hanau, dsgl., " Junghenn.
3. Marburg, dsgl., Dirigent: Bernhard, Pfarre

Außerdem bestehen noch folgende über das Ziel der Volksschule hinausgehende öffentliche Mädchenschulen:

1. Cassel, städt. Mädchen-Mittelschule, Rektor: Amelungk.
2. Eschwege, dsgl., " Schaafs.
3. Hanau, dsgl., Dirigent: Junghenn, Schuldirekto

b. Regierungsbezirk Wiesbaden.

1. Biebrich, städt. höh. Mädchensch., Vorsteher: Pfarrer Meyc
2. Bockenheim, dsgl., Direktor: Röpper.
3. Ems, dsgl., Vorsteherin: Frl. Dehnst
4. Frankfurt a. M., Elisabethen-Schule, städtische, Direktor: Dr. Rehorn.
5. Frankfurt a. M., Englische Fräuleinschule, höhere Mädchenschu der katholischen Gemeinde, Rektor: Dr. Scherer.
6. Frankfurt a M., höhere Mädchenschule d. israelitischen Gemeinde, Direktor: Dr. Bärwald
7. Frankfurt a. M., höhere Mädchenschule d. israelitischen Religionsgesellschaft, Direktor: Dr. Hirsch.
8. Frankfurt a. M., Bethmann-Schule, Rektor: Schäfer.
9. Frankfurt a. M., Humboldt-Schule, Direktor: Dr. Veidt.
10. Oberlahnstein, städt. höh. Mädchensch., Vorsteherin: Fräulei Ritterfel
11. Wiesbaden, dsgl., Direktor: Weldert.

XII. Rheinprovinz.

a. Regierungsbezirk Coblenz.

1. Boppard, städt. simultane höhere Mädchenschule, Rektor: Hackstedt.
2. Coblenz, höhere Mädchenschule der evangelischen Pfarrgemeinde mit Lehrerinnen-Bildungsanstalt, " Dr. Hessel.
3. Kirn, städt. höh. Mädchenschule, " Zahlfeld.
4. Neuwied, dsgl., Direktor: Nohl.
5. Wetzlar, dsgl., Rektor: Lürßen.

b. Regierungsbezirk Düsseldorf.

1. Barmen, städt. evangel. höh. Mädchensch. zu Mittel-Barmen, Direktor: Kaiser.
2. Barmen, dsgl. zu Ober-Barmen, Rektor: Armbrust.
3. Barmen, dsgl. zu Unter-Barmen, " Dr. Naßfeld.
4. Borbeck, kath. höh. Mädchensch., Vorsteherin: Fräulein Möllhoff.
5. Crefeld, städt. parität. höh. Mädchensch., Direktor: Dr. Buchner.
6. Dülken, dsgl., Vorsteherin: Fräulein Stangier.
7. Düsseldorf, Luisenschule, städt. parität. höh. Mädchensch., Direktor: Dr. Uellner.
8. Düsseldorf, Friedrichsschule, dsgl., " Derselbe.
9. Duisburg, städt. parität. höh. Mädchensch., " Dr. Joachim.
10. Elberfeld, städt. evangel. höh. Mädchensch., " Schornstein.
11. Emmerich, evangel. höh. Mädchensch. der Kirchengemeinde, Rektor: Vielhaber, Pfarrer.
12. Essen, städt. parität. höh. Mädchensch., Direktor: Dr. Kluge.
13. Geldern, städt. kathol. höh. Mädchensch., Vorsteherin: Fräulein Machate.
14. M. Gladbach, städt. parität. höh. Mädchensch. Vorsteher: Löhbach.
15. Lennep, städt. evangel. höh. Mädchensch., Vorsteherin: Fräulein Groos.
16. Mülheim a. d. Ruhr, städt. parität. höh. Mädchensch., Rektor: Finsterbusch.
17. Remscheid, städt. evangel. höh. Mädchensch., " Pfaffenbach.
18. Rheydt, städt. parität. höh. Mädchensch., " Manskopf.
19. Solingen, dsgl., " Dörr.

20. Uerdingen, städt. paritát. höh. Mädchensch., Vorsteherin: Fräulein Lauterbach
21. Wesel, dsgl., Rektor: Rodenbusch
Außerdem bestehen noch folgende über das Ziel der Volksschule hinausgehende öffentliche Mädchenschulen:
1. Crefeld, städt. paritát. Mittel-Mädchensch., Rektor: Schepers
2. Düsseldorf, dsgl., Rektor: Hagenbuch
3. Elberfeld, dsgl., „ Dräger.
4. Oberhausen, dsgl., „ Gößer.

c. Regierungsbezirk Cöln.

1. Cöln, städt. höh. Mädchensch., Direktor: Dr. Erkelenz.
2. Mülheim a. Rh., dsgl., Dirigent: „ Erckmann
3. Siegburg, dsgl., Vorsteherin: Fräul. Dahm
Außerdem besteht zu
1. Cöln eine über das Ziel der Volksschule hinausgehende städt. kath. Mittel-Mädchenschule. Rektor: Dr. Hoymann

d. Regierungsbezirk Trier.

1. Trier, Königl. höhere Mädchenschule, Seminar-Direktor Kreymer

e. Regierungsbezirk Aachen.

1. Aachen, städtische höhere Mädchenschule an St. Leonard, Vorsteherin: Fräulein Heckenbach
2. Düren, städtische paritätische höhere Mädchenschule, Rektor Donsbach
3. Malmedy, städtische höhere Mädchenschule, Vorsteherin: Fräulein Andrea
4. Stolberg, dsgl., Rektor: Dr. Wenders.

Außerdem bestehen noch folgende über das Ziel der Volksschule hinausgehende öffentliche Mädchenschulen:
1. Aachen, städtische Mädchen-Mittelsch., Vorsteherin: Fräulein Paulus
2. Aachen, dsgl., Vorsteherin: Fräulein Herrmann, Erste Lehrerin, auftragsw.

XIII. Hohenzollernsche Lande.

Keine.

8. Seminare und Termine für Abhaltung des sechswöchentlichen Seminarkursus seitens der Kandidaten des evangelischen Predigtamtes im Jahre 1892.

Evangel. Schullehrer-Seminar zu	Tag des Beginnes der Kurse.
	I. Provinz Ostpreußen.
Preuß. Eylau	15. Januar oder 1. Montag nach d. 15. Januar.
Ortelsburg	15. Mai „ „ „ „ „ 15. Mai.
Osterode	15. Oktober „ „ „ „ „ 15. Oktober.
Waldau	15. Oktober „ „ „ „ „ 15. Oktober.
Angerburg	15. Oktober „ „ „ „ „ 15. Oktober.
Karalene	15. Mai „ „ „ „ „ 15. Mai.
Ragnit	15. Januar „ „ „ „ „ 15. Januar.
	II. Provinz Westpreußen.
Marienburg	1. November od. 1. Montag nach d. 1. November.
Pr. Friedland	Montag nach Quasimodogeniti.
Löbau	8. Januar und 15. August.
	III. Provinz Brandenburg.
Berlin	Montag in der ersten Woche nach Neujahr.
Königsberg N. M.	Montag vor dem 15. Februar.
Neuzelle	Montag nach Quasimodogeniti.
Oranienburg	Montag nach Quasimodogeniti.
Kyritz	Montag vor dem 20. Mai.
Cöpenick	Zweiter Montag im August.
Neu-Ruppin	Acht Tage nach Beginn des zweiten Quartales (August) im Schuljahre.
Altdöbern	15. Oktober.
Drossen	Dritter Montag im Oktober.
Friedeberg N. M.	Erster Montag im November.
	IV. Provinz Pommern.
Kammin i. Pom.	Ostern.
Pölitz	Anfang November.
Pyritz	Mitte Mai.
Bütow	Anfang Januar.
Dramburg	Mitte August.
Cöslin	Montag nach Estomihi.
Franzburg	Anfang November.

Evangel. Schullehrer-Seminar zu	Tag des Beginnes der Kurse.
	V. Provinz Posen.
Koschmin	25. April.
Rawitsch (paritätisch)	17. Oktober.
Bromberg	11. Januar.
	VI. Provinz Schlesien.
Münsterberg	a. 11. Januar.
	b. 15. August.
Oels	31. Oktober.
Steinau	a. 25. April.
	b. 7. November.
Bunzlau	a. 11. Januar.
	b. 25. April.
Liegnitz	1. Februar.
Reichenbach O.L.	15. August.
Sagan	17. Oktober.
Kreuzburg	a. 25. April.
	b. 24. Oktober.
	VII. Provinz Sachsen.
Barby	1. August.
Halberstadt	25. April.
Osterburg	4. Januar.
Delitzsch	17. Oktober.
Eisleben	4. Januar.
Elsterwerda	25. April.
Weißenfels	8. August.
Erfurt	25. April.
	VIII. Provinz Schleswig-Holstein.
Eckernförde	Montag nach Trinitatis.
Tondern	Montag nach dem 29. Oktober.
Segeberg	Montag nach Trinitatis.
Uetersen	Montag nach dem 15. Januar.

Z. N. Wegen Raummangels kann bei dem Königlichen Schu lehrer-Seminare zu Hadersleben ein solcher Kursus nicht abg halten werden.

	IX. Provinz Hannover.
Hannover	Erster Montag im November.
Wunstorf	Montag nach dem 1. Sonntage nach Epiphania

[E]vangel. Schul[le]hrer-Seminar zu	Tag des Beginnes der Kurse.
[A]lfeld	Erster Montag im November.
[L]üneburg	Montag nach Ostern.
[B]ederkesa	Zweiter Montag im Oktober.
[S]tade	Montag nach dem 1. Sonntage nach Epiphanias.
[V]erden	Zweiter Montag im Oktober.
[O]snabrück	Montag nach dem 1. Sonntage nach Epiphanias.
[A]urich	Erster Montag im November.
	X. Provinz Westfalen.
[H]ilchenbach	a. Zweiter Montag im Januar.
	b. Montag nach dem Pfingstfeste.
[P]etershagen	a. Montag nach dem 15. Juni.
	b. Erster Montag im November.
[S]oest	a. Montag nach Trinitatis.
	b. Erster Montag im November.
	XI. Provinz Hessen-Nassau.
[H]omberg	Montag nach dem 1. August.
[S]chlüchtern	" " " 15. Januar.
[D]illenburg	" " " 15. Januar.
	XII. Rheinprovinz.
[N]euwied	Montag nach Jubilate.
[M]ettmann	Montag nach dem 1. Juli.
[M]örs	Montag nach Cantate.
[R]heydt	Erster Montag im November.
[O]ttweiler	Zweiter Montag nach Michaelis.

[.] Termine für die mündlichen Prüfungen an [d]en Schullehrer- und Lehrerinnen-Seminaren im Jahre 1892.

[N]r.	Seminar.	Tag des Beginnes der mündlichen Aufnahme-Prüfung.	Entlassungs-Prüfung.	zweiten Volksschullehrer-Prüfung.
		I. Provinz Ostpreußen.		
1.	Braunsberg, kath.	28. März.	17. März.	23. Novbr.
2.	Pr. Eylau, evang.	19. Septbr.	15. Septbr.	18. Mai.
3.	Ortelsburg, evang.	23. Septbr.	8. Septbr.	1. Juni.

Nr.	Seminar.	Tag des Beginnes der mündlichen Aufnahme-Prüfung.	Entlassungs-Prüfung.	zweiten Volksschullehrer-Prüfung.
4.	Osterode, evang.	1. April.	21. März.	2. Novbr.
5.	Waldau, evang.	8. April.	31. März.	9. Novbr.
6.	Angerburg, evang.	16. Septbr.	25. August.	4. Mai.
7.	Karalene, evang.	30. März.	7. März.	26. Oktober.
8.	Ragnit, evang.	4. April.	3. März.	30. Novbr.
	II. Provinz Westpreußen.			
1.	Berent, kath.	21. Mai.	17. Mai.	13. Oktober
2.	Marienburg, evang.	24. Febr.	15. März.	15. Septbr.
3.	Pr. Friedland, evang.	20. August.	16. August.	23. Juni.
	= am Nebenkursus	29. Oktober.	25. Oktober.	—
4.	Graudenz, kath.	9. April.	5. April.	10. Novbr.
5.	Löbau, evang.	26. März.	22. März.	2. Juni.
6.	Tuchel, kath.	1. Oktober.	27. Septbr.	12. Mai.
	III. Provinz Brandenburg und Berlin.			
1.	Berlin, Semin. für Stadtschullehrer, ev.	10. März.	7. März.	29. August.
2.	Berlin, Lehrerinnen-Seminar, evang.	3. März.	4. April.	—
3.	Cöpenick, evang.	17. März.	14. März.	19. Mai.
4.	Kyritz, evang.	22. Septbr.	19. Septbr.	20. Oktober
5.	Neu-Ruppin, evang.	31. März.	28. März.	23. Juni.
6.	Oranienburg, evang.	8. Septbr.	5. Septbr.	25. August.
7.	Altdöbern, evang.	24. März.	21. März.	16. Juni.
8.	Drossen, evang.	31. März.	28. März.	23. Juni.
9.	Friedberg N. M., evang.	8. Septbr.	5. Septbr.	17. Novbr.
10.	Königsberg N.M., evang.	29. Septbr.	26. Septbr.	27. Oktober
11.	Neuzelle, evang.	22. Septbr.	19. Septbr.	30. Juni.
	IV. Provinz Pommern.			
1.	Kammin, evang.	16. Septbr.	13. Septbr.	16. Novbr
2.	Pölitz, evang.	11. März.	8. März.	21. Juni.
3.	Pyritz, evang.	9. Septbr.	6. Septbr.	29. Novbr
4.	Bütow, evang.	26. August.	23. August.	6. April.
5.	Dramburg, evang.	4. März.	1. März.	5. Juli.

Nr.	Seminar.	Tag des Beginnes der mündlichen Aufnahme-Prüfung	Entlassungs-Prüfung.	zweiten Volksschullehrer-Prüfung.
6.	Cöslin, evang.	1. Septbr.	29. August.	8. Novbr.
7.	Franzburg, evang.	18. März.	15. März.	30. Mai.

V. **Provinz Posen.**

Nr.	Seminar.	Aufnahme-Prüfung	Entlassungs-Prüfung.	zweiten Volksschullehrer-Prüfung.
1.	Koschmin, evang.	25. März.	9. Febr.	1. Juni. 16. Novbr.
2.	Paradies, evang.	22. März.	23. Febr.	22. Juni. 23. Novbr.
3.	Posen, Lehrerinnen-Seminar.	21. April.	16. März.	—
4.	Rawitsch, paritāt.	22. März.	16. Febr.	18. Mai. 26. Oktobr.
5.	Bromberg, evang.	25. März.	1. März.	15. Juni. 7. Dzmbr.
6.	Exin, kath.	26. August.	23. August.	4. Mai. 19. Oktober.

VI. **Provinz Schlesien.**

Nr.	Seminar.	Aufnahme-Prüfung	Entlassungs-Prüfung.	zweiten Volksschullehrer-Prüfung.
1.	Breslau, kath.	5. April.	12. Januar.	30. Novbr.
2.	Brieg, evang.	15. März.	—	—
3.	Habelschwerdt, kath.	9. August.	3. Mai.	7. Septbr.
4.	Münsterberg, evang.	3. März.	11. Febr.	23. Juni.
5.	Oels, evang.	23. Juni.	16. Juni.	24. Novbr.
6.	Steinau a. O., evang.	30. August.	25. August.	10. Novbr.
7.	Bunzlau, evang.	30. August.	8. Septbr.	3. Novbr.
8.	Liebenthal, kath.	9. August.	21. Juni.	10. August.
9.	Liegnitz, evang.	23. Juni.	30. Juni.	18. August.
10.	Reichenbach O. L., evang.	9. Dezmbr.	7. Dezmbr.	19. Mai.
11.	Sagan, evang.	3. März.	18. Febr.	17. Novbr.
12.	Ober-Glogau, kath.	26. August.	23. August.	26. Oktober.
13.	Kreuzburg, evang.	3. März.	25. Febr.	20. Oktober.
14.	Peiskretscham, kath.	19. Febr.	16. Febr.	23. Novbr.
15.	Pilchowitz, kath.	11. März.	8. März.	17. August.
16.	Proskau, kath.	9. August.	5. Juli.	27. April.
17.	Rosenberg, kath.	9. Juni.	17. Mai.	6. April.
18.	Ziegenhals, kath.	9. August.	14. Juni.	12. Oktober.
19.	Zülz, kath.	25. April.	19. Januar.	16. Novbr.

Nr.	Seminar.	Tag des Beginnes der mündlichen Aufnahme-Prüfung.	Entlassungs-Prüfung.	zweiten Volksschullehrer-Prüfung.
	VII. Provinz Sachsen.			
1.	Barby, evang.	11. Febr.	5. Febr.	30. Mai.
2.	Halberstadt, evang.	10. März.	4. März.	20. Mai.
3.	Osterburg, evangg	22. Septbr.	16. Septbr.	14. Novbr.
4.	Delitzsch, evang.	17. März.	11. März.	15. August.
5.	Eisleben, evang.	25. Febr.	19. Febr.	13. Mai.
6.	Elsterwerda, evang.	25. August.	19. August.	7. Oktober.
7.	Genthin, evang.	23. März.		
8.	Weißenfels, evang.	31. März.	25. März.	20. Juni.
9.	Erfurt, evang.	*)	26. August.	28. Oktobr.
10.	Heiligenstadt, kath.	*)	5. Septbr.	10. Septbr.
	VIII. Provinz Schleswig-Holstein.			
1.	Augustenburg, Lehrerinn. Semin., evang.	9. Juni.	30. Mai.	—
2.	Eckernförde, evang.	27. April.	28. März.	23. April.
3.	Hadersleben, evang.	5. Oktober.	12. Septbr.	1. Oktober.
4.	Segeberg, evang.	12. Oktober.	22. Septbr.	8. Oktober.
5.	Tondern, evang.	4. Mai.	9. April.	30. April.
6.	Ueterfen, evang.	21. Dezmbr.	14. Dezmbr.	17. Dezmbr.
7.	Ratzeburg (ständisches Semin.), evang.	9. Mai.	23. März.	7. Mai.
	IX. Provinz Hannover.			
1.	Hannover, evang.	15. März.	7. März.	23. Mai.
2.	Wunstorf, evang.	30. August.	13. Septbr.	20. Juni.
3.	Alfeld, evang.	6. Septbr.	18. August.	23. Juni.
4.	Hildesheim, kath.	15. Septbr.	9. Septbr.	14. Oktober.
5.	Lüneburg, evang.	8. Septbr.	25. August.	16. Juni.
6.	Bederkesa, evang.	11. März.	3. März.	1. Juni.
7.	Stade, evang.	13. Septbr.	6. Septbr.	18. Mai.

*) An den Seminaren zu Erfurt und zu Heiligenstadt findet keine Aufnahmeprüfung statt; sie wird ersetzt durch die Abgangsprüfung an den Präparandenanstalten zu Wandersleben und Heiligenstadt.

Nr.	Seminar.	Tag des Beginnes der mündlichen Aufnahme-Prüfung.	Entlassungs-Prüfung.	zweiten Volksschullehrer-Prüfung.
8.	Verden, evang.	2. März.	10. März.	12. Mai.
9.	Osnabrück, evang.	9. Septbr.	30. August.	28. April.
10.	Aurich, evang.	8. März.	24. Febr.	29. Juni.
11.	Osnabrück, kath. (bischöfl. Semin.).	—	14. März.	18. August.
12.	Hannover, israel.	5. April.	28. März.	—

X. Provinz Westfalen.

Nr.	Seminar.	Aufnahme-Prüfung.	Entlassungs-Prüfung.	zweiten Volksschullehrer-Prüfung.
1.	Münster, Lehrerinnen-Seminar, kath.	2. August.	29. Juli.	—
2.	Warendorf, kath.	12. August.	9. August.	11. April.
3.	Büren, kath.	30. März. in Warendorf.	7. März.	3. Mai.
4.	Gütersloh, evang.	22. Febr.	—	
5.	Paderborn, Lehrerinn. Semin., kath.	2. März.	4. März.	—
6.	Petershagen, evang.	19. Febr.	16. Febr.	25. Oktober.
7.	Hilchenbach, evang.	15. Juli.	12. Juli.	12. Mai.
8.	Rüthen, kath.	12. Febr.	8. Febr.	5. Juli.
9.	Soest, evang.	28. März.	24. März.	3. Oktober.

XI. Provinz Hessen-Nassau.

Nr.	Seminar.	Aufnahme-Prüfung.	Entlassungs-Prüfung.	zweiten Volksschullehrer-Prüfung.
1.	Fulda, kath.	28. März.	3. März.	20. Oktober.
2.	Homberg, evang.	17. März.	14. März.	30. Juni.
3.	Schlüchtern, evang.	12. Septbr.	8. Septbr.	13. Oktober.
4.	Dillenburg, parit.	12. Septbr.	1. Septbr.	12. Mai.
5.	Montabaur, parit.	28. März.	28. April.	18. August.
6.	Usingen, parit.	17. März.	9. März.	23. Juni.
7.	Cassel, israel.	24. März.	21. März.	27. Oktober.

XII. Rheinprovinz und Hohenzollern.

Nr.	Seminar.	Aufnahme-Prüfung.	Entlassungs-Prüfung.	zweiten Volksschullehrer-Prüfung.
1.	Boppard, kath.	9. August.	1. August.	20. Oktober.
2.	Münstermaifeld, kath.	16. März.	4. März.	9. Juni.
3.	Neuwied, evang.	20. Juli.	21. Juli.	12. Oktober.
4.	Elten, kath.	16. März.	8. Febr.	2. Juni.
5.	Kempen, kath.	2. August.	8. August.	6. Oktober.
6.	Mettmann, evang.	17. Febr.	18. Febr.	17. Juni.
7.	Mörs, evang.	30. Juli.	1. August.	7. Novbr.

Nr.	Seminar.	Tag des Beginnes der mündlichen Aufnahme-Prüfung.	Entlassungs-Prüfung.	zweiten Volksschullehrer-Prüfung.
8.	Odenkirchen, kath.	16. März.	25. Febr.	23. Juni.
9.	Rheydt, evang.	4. August.	5. August.	3. Novbr.
10.	Xanten, Lehrerinnen-Seminar, kath.	16. März.	11. Febr.	—
11.	Brühl, kath.	2. August.	11. August.	3. Oktober.
12.	Siegburg, kath.	6. April.	21. März.	14. Juni.
13.	Ottweiler, evang.	23. März.	24. März.	23. Juni.
14.	Prüm, kath.	6. April.	16. Mai.	19. Mai.
15.	Saarburg, Lehrerinnen-Seminar, kath.	16. März.	7. April.	—
16.	Wittlich, kath.	9. August.	27. Juli.	17. Oktober.
17.	Cornelimünster, kath.	9. August.	4. August.	10. Oktober.
18.	Linnich, kath.	16. März.	22. Febr.	21. Juni.

U. Termine für die mündlichen Prüfungen an den Königlichen Präparandenanstalten im Jahre 1892.

Nr.	Präparandenanstalt.	Tag des Beginnes der mündlichen Aufnahme-Prüfung.	Entlassungs-Prüfung.
	I. Provinz Ostpreußen.		
1.	Friedrichshoff	23. September.	9. September.
2.	Pillkallen	28. März.	14. März.
3.	Lötzen	20. September.	26. August.
	II. Provinz Westpreußen.		
1.	Dt. Crone	28. April.	26. April.
2.	Pr. Stargard	29. April.	11. März.
3.	Rehden	5. Mai.	7. März.
4.	Schwetz	6. Mai.	9. März.

III. Provinz Brandenburg und Berlin.

Keine.

Nr.	Präparandenanstalt.	Tag des Beginnes der mündlichen Aufnahme-Prüfung.	Entlassungs-Prüfung.
	IV. Provinz Pommern.		
1.	Massow	30. März.	28. März.
2.	Plathe	29. September	27. September.
3.	Rummelsburg	23. September.	21. September.
4.	Tribsees	25. März.	21. März.
	V. Provinz Posen.		
1.	Czarnikau	29. März.	9. März.
2.	Lobsens	29. März.	9. März.
3.	Lissa	29. März.	9. März.
4.	Meseritz	29. März.	9. März.
5.	Rogasen	20. September.	23. September.
	VI. Provinz Schlesien.		
1.	Landeck	9. August.	6. Mai.
2.	Schweidnitz	29. März.	3. März.
3.	Schmiedeberg	22. September.	30. August.
4.	Oppeln	9. August.	24. Juni.
5.	Rosenberg	10. Juni.	20. Mai.
6.	Ziegenhals	9. August.	17. Juni.
7.	Zülz	25. April.	22. Januar.
	VII. Provinz Sachsen.		
1.	Quedlinburg	7. März.	5. März.
2.	Wandersleben	3. September.	1. September.
3.	Heiligenstadt	16. September.	14. September.
	VIII. Provinz Schleswig-Holstein.		
1.	Apenrade	25. April.	17. März.
2.	Barmstedt	29. September.	8. September.
	IX. Provinz Hannover.		
1.	Aurich	25. März.	29. Februar.
2.	Diepholz	22. März.	16. Februar.
3.	Melle	14. September.	16. August.
	X Provinz Westfalen.		
1.	Laasphe	24. März.	29. Juni.

Nr.	Präparandenanstalt.	Tag des Beginnes der mündlichen Aufnahme-Prüfung.	Entlassungs-Prüfung.
	XI. Provinz Hessen-Nassau.		
1.	Fritzlar	7. April.	17. März.
2.	Herborn	18. März.	1. April. 30. August.
	XII. Rheinprovinz und Hohenzollern.		
1.	Simmern	18. März.	21. März.

V. Orte und Termine für die Prüfungen der Lehrer an Mittelschulen sowie der Rektoren im Jahre 1892.

I. Uebersicht nach den Provinzen.

Provinz.	Tag des Beginnes der Prüfung für Lehrer an Mittelschulen.	Rektoren.	Ort.
Ostpreußen	27. April 19. Oktober	29. April 21. Oktober	Königsberg.
Westpreußen	14. Juni 29 November	15. Juni 30. November	Danzig.
Brandenburg	5. Mai 16. Juni 3 November 1. Dezember	12. Mai 31. Mai 8. November 6. Dezember	Berlin.
Pommern	15. Juni 14. Dezember	14. Juni 13. Dezember	Stettin.
Posen	27. April 9 November	29. April 11. November	Posen.
Schlesien	30. Mai 17. Oktober	3. Juni 21. Oktober	Breslau.
Sachsen	28. April 10. November	2. Mai 14. November	Magdeburg.
Schleswig-Holstein	22. Februar 26. August	26. Februar 31. August	Tondern.

Provinz.	Tag des Beginnes der Prüfung für Lehrer an Mittelschulen.	Tag des Beginnes der Prüfung für Rektoren.	Ort.
Hannover	4. Mai 26. Oktober	2. Mai 24. Oktober	Hannover.
Westfalen	15. März 18. Oktober	15. März 18. Oktober	Münster.
Hessen-Nassau	13. Juni 5. Dezember	16. Juni 8. Dezember	Cassel.
Rheinprovinz	23. Mai 5. November	2. Juni 10. November	Coblenz.

II. Chronologische Uebersicht.

Monat.	Tag des Beginnes der Prüfung für Lehrer an Mittelschulen	Tag des Beginnes der Prüfung für Rektoren.	Ort.
Februar	22.	26.	Tondern.
März	15.	15.	Münster.
April	27.	29.	Königsberg.
	27.	29.	Posen.
	28.	—	Magdeburg.
Mai	—	2.	Magdeburg.
	4.	2.	Hannover.
	5.	12.	Berlin.
	23.	—	Coblenz.
	30.	—	Breslau.
	—	31.	Berlin.
Juni	—	2.	Coblenz.
	—	3.	Breslau.
	13.	—	Cassel.
	14.	—	Danzig.
	15.	14.	Stettin.
	—	15.	Danzig.
	16.	—	Berlin.
	—	16.	Cassel.
August	26.	31.	Tondern.
Oktober	17.	—	Breslau.
	18.	18.	Münster.
	19.	21.	Königsberg.
	—	21.	Breslau.
	26.	24.	Hannover.
November	3.	8.	Berlin.

Monat.	Tag des Beginnes der Prüfung für Lehrer an Mittelschulen.	Rektoren.	Ort.
November	5.	10.	Coblenz.
	9.	11.	Posen.
	10.	14.	Magdeburg.
	29.	30.	Danzig.
Dezember	1.	6.	Berlin.
	5.	8.	Cassel.
	14.	13.	Stettin.

W. Orte und Termine für die Prüfungen der Lehrerinnen, der Sprachlehrerinnen und der Schulvorsteherinnen im Jahre 1892.*)

I. Alphabetische Uebersicht.

Ort.	Tag des Beginnes der Prüfung für Lehrerinnen.	Sprachlehrerinnen.	Schulvorsteherinnen.	Art der Lehrerinnen=Prüfung
Aachen	28. März	—	—	Abg. Prüf. a. d. städt. Leh[r.] Bild. Anst.
Augustenburg	30. Mai	—	—	dsgl. a. d. Königl. evan[g.] Lehrerinnen=Seminar.
Berent	7. Oktbr.	—	—	dsgl. a. d. Marienstift.
Berlin	28. April 17. Oktbr.	31. Mai 21. Novbr.	27. Mai 14. Novbr.	Kommiss. Prüf.
Breslau	31. März 22. Sptbr.	— —	— —	Abg. Prüf. a. d. Priv[at] Lehr. Bild. Anst. d[es] Dr. Nisle.
	7. April 15. Sptbr.	— —	— —	dsgl. des Frl. Knitt[el]
	4. Juli 15. Dzbr.	— —	— —	dsgl. des Frl. Holthaus[en]
	20. April 29. Sptbr.	20. April 29. Septbr.	20. April 29. Sptbr.	Kommiss. Prüf.
Bromberg	28. März 26. Sptbr.	— —	— —	Abg. Prüf. a. d. Priv. Lehr. Bild. Anst. d[es] Frl. Dreger.

*) Für die Bezeichnung „Lehrerinnen-Bildungs-Anstalt“ wird die Abkürzu[ng] Lehr. Bild. Anst. angewendet.

Ort.	Tag des Beginnes der Prüfung für Lehrerinnen.	Sprach-lehrerinnen.	Schulvor-steherinnen.	Art der Lehrerinnen-Prüfung.
…mberg	30. März	—	—	Kommiss. Prüf.
	7. Sptbr.	—	—	
	—	—	31. März	
	—	—	9. Sptbr.	
…ſſel	5. April	4. April	4. April	Abg. Prüf. a. d. städtisch. Lehr. Bild. Anst., — zugleich für Auswärtige.
…lenz	1. April	4. April (auch für kath. Bewerberinnen.)	4. April	Abg. Prüf. a. d. evang. Lehr. Bild. Anst., — zugleich für Auswärtige.
	8. März	—	18. März	Kommiss. Prüf. für kath. Bewerberinnen.
	21. Sptbr.	29. Sptbr.	28. Sptbr.	dsgl.
…ln	17. Febr.	—	-	Abg. Prüf. a. d. städtisch. Lehr. Bild. Anst.
	9. Mai	—	—	Abg. Prüf. an dem Kursus zur Bildung kath. Volksschullehrerinnen.
…lin	17. Mai	—	17. Mai	Kommiss. Prüf.
…nzig	24. März	26. März	29. März	Abg. Prüf. a. d. städtisch. Lehr. Bild. Anst., — zugleich für Auswärtige.
	14. Oktbr.	15. Oktbr.	18. Oktbr.	
…oßig	Anfang Juli	—	—	Abg. Prüf. a. d. Königl. evangel. Gouvernanten-Institut.
	Anfang Juli	—	—	Abg. Prüf. a. d. Königl. evang. Lehrerinnen-Seminar.
…dorf	12. Juli	—	14. Juli	Abg. Prüf. a. d. Luisen-Schule, — zugleich für Auswärtige, auch für kath. Bewerberin.
…ben	7. Juni	—	9. Juni	Kommiss. Prüf.
…feld	15. Febr.	—	—	Abg. Prüf. a. d. städtisch. Lehr. Bild. Anst.
…ng	19. August	—	23. August	dsgl., — zugl. f. Auswärtige.
…rt	3. Sptbr.	—	5. Sptbr.	Kommiss. Prüf.
…furt a. O.	1. April	—	—	dsgl.
	12. Sptbr.	—	—	
…furt a. M.	22. Sptbr.	21. Sptbr.	21. Sptbr.	Abg. Prüf. a. d. Elisabethen-sch., — zugl. f. Auswärtige.

Ort.	Tag des Beginnes der Prüfung für Lehrerinnen.	Sprach-lehrerinnen.	Schulvor-steherinnen.	Art der Lehrerinnen-Prüfung.
Gnadau	28. Mai	—	—	Abg. Prüf. a. d. Lehr. Bi Anst. d. ev. Brüdergemein
Görlitz	17. März	—	—	dsgl. a. d. städtisch. Le Bild. Anst.
Graudenz	20. Mai	—	—	dsgl.
Halberstadt	19. April	—	21. April	Kommiss. Prüf.
Halle a. S.	10. August	—	—	Abg. Prüf. a. d. Priv Lehr. Bild. Anst. bei d Franckeschen Stiftungen
Hannover	21. März	25. März	24. März	dsgl. a. d. städtisch. Le Bild. Anst., — zugle für Auswärtige.
	22. Sptbr.	19. Sptbr.	20. Sptbr.	Kommiss. Prüf.
Kaisers-werth	11. Febr.	—	—	Abg. Prüf. a. d. Lehr. Bi Anst. bei der Diakoniss Anstalt.
Keppel, Stift	9. Mai 7. Oktbr.	— —	9. Mai 7. Oktbr.	Kommiss. Prüf.
Königsberg i. Pr.	4. April 19. Sptbr.	9. Mai 5. Dzbr.	8. April 23. Sptbr.	dsgl.
Liegnitz	27. April	—	27. April	dsgl.
Magdeburg	— —	4. Mai 17. Oktbr.	— —	
Marien-burg	19. Febr.	—	—	Abg. Prüf. a. d. städti Lehr. Bild. Anst.
Marien-werder	24. Juni	—	—	dsgl.
Memel	26. Sptbr.	—	—	dsgl.
Montabaur	14. April	—	—	Abg. Prüf. a. d. Leh rinnenkursus.
Münster	5. April 26. Sptbr.	5. April 26. Sptbr.	5. April 26. Sptbr.	Kommiss. Prüf.
	29. Juli	—	—	Abg. Prüf. a. d. Kön kathol. Lehrerinnen-S minar.
Münster-eifel	12. Mai	—	—	dsgl. a. d. städtisch. Le Bild. Anst.
Neuwied	1. Juni	—	—	dsgl. dsgl.

Ort.	Tag des Beginnes der Prüfung für Lehrerinnen.	Sprachlehrerinnen.	Schulvorsteherinnen.	Art der Lehrerinnen-Prüfung.
aderborn	4. März	—	—	Abg. Prüf. a. d. Königl. kathol. Lehrerinnen-Seminar.
leß D. Schl.	4. Oktbr.	—	4. Oktbr.	Kommiss. Prüf.
osen	16. März	—	—	Abg. Prüf. a. d. Königl. Lehrerinnen-Seminar.
	15. März	—	—	Kommiss. Prüf.
	13. Sptbr.	—	—	
	—	15. März	19. März	
	—	13. Sptbr.	14. Sptbr.	
tsdam	24. März	—	—	dsgl.
arburg	7. April	—	—	Abg. Prüf. a. d. Königl. Lehrerinnen-Seminar und für Auswärtige.
Schleswig	9. Febr.	9. Febr.	13. Febr.	Kommiss. Prüf.
	16. August	16. August	20. August	
ettin	26. April	13. Mai	26. April	dsgl.
	18. Oktbr.	25. Novbr.	18. Oktbr.	dsgl.
tralsund	1. Novbr.	—	1. Novbr.	dsgl.
horn	1. Sptbr.	—	—	Abg. Prüf. a. d. städtisch. Lehr. Bild. Anst.
üt	20. Mai	—	—	dsgl. a. d. Privat-Lehr. Bild. Anst. des Direktors der städt. höh. Mädchenschule Willms.
ter	29. März	—	—	Abg. Prüf. a. d. Königl. Lehrerinnen-Seminar.
iesbaden	10. Mai	9. Mai.	9. Mai	dsgl. a. d. städt Lehr. Bild. Anst., — zugleich für Auswärtige.
nten	11. Febr.	—	—	dsgl. a. d. Königl. Lehrerinnen-Seminar.

II. Chronologische Uebersicht.

Monat.	Tag des Beginnes der Prüfung für Lehrerinnen.	Sprachlehrerinnen.	Schulvorsteherinnen.	Ort.	Art der Lehrerinnen-Prüfung.
bruar	9.	9.	—	Schleswig	Kommiss. Prüf.

Monat.	Tag des Beginnes der Prüfung für Lehrerinnen-	Sprachlehrerinnen.	Schulvorsteherinnen.	Ort.	Art der Lehrerinnen-Prüf
(noch Februar)	11.	—	—	Kaiserswerth	Abg. Prüf. a. d. Bild. Anst. bei der konissen-Anst.
	11.	—	—	Xanten	Abg. Prüf. a. d. K kathol. Lehrerinne minar.
	—	—	13.	Schleswig	Kommiss. Prüf.
	15.	—	—	Elberfeld	Abg. Prüf. a. d. Lehr. Bild. Anst.
	17.	—	—	Cöln	dsgl.
	19.	—	—	Marienburg	dsgl.
März	4.	—	—	Paderborn	Abg. Prüf. a. d. K kathol. Lehrerinne minar.
	8.	—	—	Coblenz	Kommiss. Prüf. für Bewerberinnen Bild. Anst.
	15.	—	—	Posen	Kommiss. Prüf.
	—	15.	—	Posen	
	16.	—	—	Posen	Abg. Prüf. a. d. K Lehrerinnen-Sem
	17.	—	—	Görlitz	Abg. Prüf. a. d. Lehr. Bild. Anst.
	—	—	18.	Coblenz	Kommiss. Prüf. für Bewerberinnen.
	—	—	19.	Posen	
	21.	—	—	Hannover	Abg. Prüf. a. d. Lehr. Bild. Anst., für Auswärtige.
	24.	—	—	Danzig	Abg. Prüf. a. d. Lehr. Bild. Anst
	24.	—	—	Potsdam	Kommiss. Prüf.
	—	25.	24.	Hannover	Abg. Prüf. a. d. Lehr. Bild. Anst., für Auswärtige.
	—	26.	—	Danzig	Abg. Prüf. a. d. Lehr. Bild. Anst
	28.	—	—	Bromberg	Abg. Prüf. a. d. Lehr. Bild. Ans Frl. Dreger.

[M]onat.	Tag des Beginnes der Prüfung für Lehrerinnen.	Sprachlehrerinnen.	Schulvorsteherinnen.	Ort.	Art der Lehrerinnen=Prüfung.
[n]och März)	28.	—	—	Aachen	Abg. Prüf. a. d. städt. Lehr. Bild. Anst.
	—	—	22.	Danzig	dsgl., zugl. f. Auswärtige.
	29.	—	19.	Trier	Abg. Prüf. a. d. Königl. Lehrerinnen=Seminar.
	30.	—	–	Bromberg	Kommiss. Prüf.
	—	—	31.	Bromberg	
	31.	—	—	Breslau	Abg. Prüf. a. d. Privat=Lehr. Bild. Anst. des Dr. Nisle.
[Ap]ril	1.	—	—	Frankfurt a. O.	Kommiss. Prüf.
	1.	—	—	Coblenz	Abg. Prüf. a. d. evang. Lehr. Bild. Anst. u. für Auswärtige.
	4.	—	—	Königsberg i. Pr.	Kommiss. Prüf.
	—	4*)	4.	Coblenz	Abg. Prüf. a. d. evang. Lehr. Bild. Anst. u. für Auswärtige.
	5.	4.	4.	Cassel	Abg. Prüf. a. d. städtisch. Lehr. Bild. Anst., zugl. für Auswärtige.
	5.	5.	5.	Münster	Kommiss. Prüf.
	7.	—	—	Breslau	Abg. Prüf. a. d. Privat=Lehr. Bild. Anst. d. Frl. Knittel.
	7.	—	—	Saarburg	Abg. Prüf. a. d. Königl. Lehrerinnen=Seminar und für Auswärtige.
	—	—	8.	Königsberg i. Pr.	Kommiss. Prüf.
	19.	—	—	Halberstadt	dsgl.
	20.	20.	20.	Breslau	dsgl.
	—	—	21.	Halberstadt	dsgl.
	26.	—	26.	Stettin	dsgl.
	27.	—	27.	Liegnitz	dsgl.
	28.	—	—	Berlin	dsgl.
[Ma]i	—	4.	—	Magdeburg	
	—	9.	—	Königsberg i. Pr.	Kommiss. Prüf.
	9.	—	9.	Keppel, Stift	dsgl.
	9.	—	—	Cöln	Abg. Prüf. a. d. städt. Kursus für kath. Volksschullehrerinnen.

*) Auch für katholische Bewerberinnen.

Monat	Tag des Beginnes der Prüfung für Lehrerinnen.	Sprachlehrerinnen.	Schulvorsteherinnen.	Ort.	Art der Lehrerinnen-Prüfun
(noch Mai)	10.	9.	9.	Wiesbaden	Abg. Prüf. a. d. städti Lehr. Bild. Anst., zu für Auswärtige.
	12.	—	—	Münstereifel	Abg. Prüf. a. d. stä Lehr. Bild. Anst.
	—	13.	—	Stettin	Kommiss. Prüf.
	17.	—	17.	Cöslin	dsgl.
	20.	—	—	Tilsit	Abg. Prüf. a. d. Priv Lehr. Bild. Anst. d Direkt. der städt. h Mädchensch. Willms
	20.	—	—	Graudenz	Abg. Prüf. a. d. städti Lehr. Bild. Anst.
	—	—	27.	Berlin	Kommiss. Prüf.
	28.	—	—	Gnadau	Abg. Prüf. a. d. Le Bild. Anst. der Brüd gemeinde.
	30.	—	—	Augustenburg	Abg. Prüf. a. d. Köni Lehrerinnen-Semina
	—	31.	—	Berlin	Kommiss. Prüf.
Juni	1.	—	—	Neuwied	Abg. Prüf. a. d. städti Lehr. Bild. Anst.
	7.	—	9.	Eisleben	Kommiss. Prüf.
	24.	—	—	Marienwerder	Abg. Prüf. a. d. stä Lehr. Bild. Anst.
Juli	Anfang	—	—	Droyßig	Abg. Prüf. a. d. Köni evangel. Gouvernant Institut.
	Anfang	—	—	Droyßig	Abg. Prüf. a. d. Köni evangel. Lehrerinn Seminar.
	4.	—	—	Breslau	dsgl. a. d. Privat-Le Bild. Anst. des J Holthausen.
	12.	—	14.	Düsseldorf	dsgl. a. d. Luisenschu zugl. für Auswärti
	29.	—	—	Münster	dsgl a. d. Königl. kath Lehrerinnen-Semina
August	10.	—	—	Halle a. S.	dsgl. a. d. Privat-Le Bild. Anst. d. d. Fran schen Stiftungen.

[M]onat.	Lehrerinnen.	Sprach-Lehrerinnen.	Schulvorsteherinnen.	Ort.	Art der Lehrerinnen-Prüfung.
	Tag des Beginnes der Prüfung für				
[Au]gust	16.	16.	—	Schleswig	Kommiss. Prüf.
	19.	—	—	Elbing	Abg. Prüf. a. d. städtisch. Lehr. Bild. Anst., zugl. für Auswärtige.
	—	—	20.	Schleswig	Kommiss. Prüf.
	—	—	23.	Elbing	Abg. Prüf. a. d. städtisch. Bild. Anst., zugl. für Auswärtige.
[Se]ptember	1.	—	—	Thorn	Abg. Prüf. a. d. städtisch. Lehr. Bild. Anst.
	3.	—	5.	Erfurt	Kommiss. Prüf.
	7.	—	—	Bromberg	Kommiss. Prüf.
	—	—	9.	Bromberg	
	12.	—	15.	Frankfurt a. O.	Kommiss. Prüf.
	13.	—	—	Posen	Kommiss. Prüf.
	—	13.	14.	Posen	
	15.	—	—	Breslau	Abg. Prüf. a. d. Privat-Lehr. Bild. Anst. des Frl. Knittel.
	19.	—	—	Königsberg i. Pr.	Kommiss. Prüf.
	—	19.	20.	Hannover	Kommiss. Prüf.
	21.	—	—	Coblenz	Kommiss. Prüf. für kath. Bewerberinnen.
	22.	21.	21.	Frankfurt a. M.	Abg. Prüf. a. d. Elisabethenschule, zugl. für Auswärtige.
	22.	—	—	Breslau	Abg. Prüf. a. d. Privat-Lehr. Bild. Anst. d. Dr. Nisle.
	22.	—	—	Hannover	Kommiss. Prüf.
	—	—	23.	Königsberg i. Pr.	Kommiss. Prüf.
	26.	—	—	Memel	Abg. Prüf. a. d. städtisch. Lehr. Bild. Anst.
	26.	—	—	Bromberg	Abg. Prüf. a. d. Privat-Lehr. Bild. Anst. des Frl. Dreger.
	26.	26.	26.	Münster	Kommiss. Prüf.
	—	—	28.	Coblenz	Kommiss. Prüf. für kathol. Bewerberinnen.
	29.	29.	29.	Breslau	dsgl.

Monat	Tag des Beginnes der Prüfung für Lehrerinnen	Sprachlehrerinnen	Schulvorsteherinnen	Ort	Art der Lehrerinnen-Prüfun
	—	29.	—	Coblenz	dsgl. für kathol. werberinnen.
Oktober	4.	—	4.	Pleß	Kommiss. Prüf.
	7.	—	—	Berent	Abg. Prüf. am kat Marienstifte.
	7.	—	7.	Keppel, Stift	Kommiss. Prüf.
	14.	15.	—	Danzig	Abg. Prüf. a. d. st Lehr. Bild. Anst., gleich für Auswär
	17.	—	—	Berlin	Kommiss. Prüf.
	—	17.	—	Magdeburg	
	—	—	18.	Danzig	Abg. Prüf a. d. s Lehr. Bild. Anst., z für Auswärtige.
	18.	—	18.	Stettin	Kommiss. Prüf.
November	1.	—	1.	Stralsund	dsgl.
	—	21.	14.	Berlin	Kommiss. Prüf.
	—	25.	—	Stettin	dsgl.
Dezember	—	5.	—	Königsberg i. Pr.	Kommiss. Prüf.
	15.	—	—	Breslau	Abg. Prüf. a. d. Pri Lehr. Bild. Anst. Frl. Holthausen.

X. Orte und Termine für Prüfungen der Lehrerinnen für weibliche Handarbeiten im Jahre 189

Nr.	Provinz.	Ort der Prüfung.	Tag des Beginnes der Prüfung.
1.	Ostpreußen	Königsberg	1. Juni
2.	Westpreußen	a. Danzig	16. März
		b. Danzig	16. November
3.	Brandenburg	a. Berlin (Augusta-Schule)	9. Mai
		b. Berlin (Elisabeth-Schule)	5. September
4.	Pommern	a. Stettin	25. April
		b. Stettin	17. Oktober
5.	Posen	a. Posen	22. März
		b. Posen	17. September

Nr.	Provinz.	Ort der Prüfung.	Tag des Beginnes der Prüfung.
6.	Schlesien	a. Breslau	31. März
		b. Liegnitz	31. März
		c. Breslau	22. September
7.	Sachsen	a. Magdeburg	29. April
		b. Erfurt	22. September
8.	Schleswig-Holstein	Kiel	9. März
9.	Hannover	a. Hannover	8. März
		b. Hannover	5. September
10.	Westfalen	a. Münster	12. Juli
		b. Keppel, Stift	11. Oktober
11.	Hessen-Nassau	a. Cassel	9. April
		b. Wiesbaden	12. Mai
		c. Frankfurt a. M.	24. September
12.	Rheinprovinz	a. Coblenz	17. Mai
		b. Coblenz	4. Oktober

V. Orte und Termine für die Prüfungen als Vorsteher und als Lehrer für Taubstummen-Anstalten im Jahre 1892.

I. Prüfung als Vorsteher:

zu Berlin an der Königl. Taubstummen-Anstalt Anfang September 1892.

II. Prüfungen als Lehrer:

Provinz.	Ort (Anstalt).	Tag des Beginnes der mündl. Prüfung.
1. Ostpreußen	zu Königsberg	am 7. Dezember.
2. Westpreußen	= Marienburg	= 22. November.
3. Brandenburg	= Berlin (Kgl. Taubst. Anst.)	= 3. September.
4. Pommern	= Stettin	= 28. Mai.
5. Posen	= Posen	= 3. November.
6. Schlesien	= Breslau	= 27. Oktober.
7. Sachsen	= Erfurt	= 8. Juni.
8. Schleswig-Holstein	= Schleswig	= 2. November.
9. Hannover	= Hildesheim.	= 1. April.
10. Westfalen	= Büren	= 5. August.
11. Hessen-Nassau	= Camberg	= 17. August.
12. Rheinprovinz	= Neuwied	= 5. Juli.

Z. Termin für die Turnlehrerprüfung.

Für die im Jahre 1892 zu Berlin abzuhaltende Turnlehre prüfung ist Termin auf

Montag den 29. Februar und folgende Tage

anberaumt worden.

Aa. Termin für Eröffnung des Kursus in der Königlichen Turnlehrer-Bildungsanstalt.

Der nächste Kursus zur Ausbildung von Turnlehrern der Königlichen Turnlehrer-Bildungsanstalt zu Berlin wird Anfang des Monats Oktober 1892 eröffnet werden.

Ab. Termin für Eröffnung des Kursus zur Aus bildung von Turnlehrerinnen.

Der nächste Kursus zur Ausbildung von Turnlehrerinnen i der Königl. Turnlehrer-Bildungsanstalt zu Berlin wird am

Montag den 4. April 1892

eröffnet werden.

Ac. Termine für die Turnlehrerinnenprüfunge

Die im Jahre 1892 zu Berlin abzuhaltenden Turnlel rerinnenprüfungen werden in den Monaten Mai und Novemb stattfinden, und wegen der Prüfungstage besondere Bekann machungen erlassen werden.

Ad. Termin für die Turnlehrerprüfung zu Hall a. S. bezw. für die Turnlehrerinnenprüfung Magdeburg.

Für die Provinz Sachsen wird die nächste Turnlehrerprüfun zu Halle a. S. vom 16. März 1892 ab und die nächste Tur lehrerinnenprüfung zu Magdeburg vom 7. April 1892 ab stat finden.

Das Nähere über diese Prüfungen enthalten unsere Bekanntmachungen in den Amtsblättern der Königlichen Regierungen zu Magdeburg, Merseburg und Erfurt.

Magdeburg, den 18. Dezember 1891.

Königliches Provinzial=Schul=Kollegium.
von Pömmer=Esche.

Bekanntmachung.

Inhalts=Verzeichnis des Januar=Februar=Heftes.

Druck von J. F. Starcke in Berlin.

Centralblatt

für

die gesammte Unterrichts-Verwaltung in Preußen.

Herausgegeben in dem Ministerium der geistlichen, Unterrichts- und Medizinal-Angelegenheiten.

№ 3. Berlin, den 2. März 1892.

1. Neue Lehrpläne und Prüfungsordnungen für höhere Schulen.

Berlin, den 6. Januar 1892.

Indem ich dem Königlichen Provinzial-Schulkollegium in den Anlagen je . . . . Exemplare der

I. Lehrpläne und Lehraufgaben für die höheren Schulen sowie der Gesichtspunkte für die Bemessung der Hausarbeit,

II. Ordnung der Reifeprüfungen an den höheren Schulen und Ordnung der Abschlußprüfungen nach dem sechsten Jahrgange der neunstufigen höheren Schulen

nebst Erläuterungen und Ausführungsbestimmungen zu I und II und der dazu gehörigen Denkschrift theils zu eigenem Gebrauche, theils zur Vertheilung an die Ihm unterstellten Lehrerkollegien übersende, bestimme ich, daß

> die Lehrpläne mit Beginn des Schuljahres 1892/93 bezw. bei Anstalten mit Wechsel-Abtheilungen für den Michaelis-Jahrgang mit Beginn des Winterhalbjahres 1892, die Ordnung der Entlassungsprüfungen und die Ordnung der Abschlußprüfungen mit Schluß des Schuljahres 1892/93 bezw. bei Anstalten mit Wechsel-Abtheilungen für den Michaelis-Jahrgang mit Schluß des Sommerhalbjahres 1893

nach Maßgabe der Erläuterungen und Ausführungsbestimmungen überall gleichmäßig zur Durchführung gelangen.

Die unter I mitgetheilten besonderen Lehraufgaben und Gesichtspunkte für die Bemessung der Hausarbeit sind zwar nur als amtlich gebilligte Anhaltspunkte für die Erfüllung der Lehrpläne zu betrachten, indessen doch insoweit verbindlich, als dieselben bezüglich des allgemeinen Lehrziels in jedem einzelnen Fache, der Höhe der Klassenaufgaben und der Art und des Maßes der Hausarbeiten sowie des anzuwendenden Lehrverfahrens bestimmte Anweisungen enthalten.

Alle den Anordnungen unter I und II entgegenstehenden Bestimmungen, insbesondere die revidirten Lehrpläne für die höheren Schulen vom 31. März 1882 und die Ordnung der Entlassungsprüfungen an den höheren Schulen vom 27. Mai 1882, sowie die dazu ergangenen den jetzigen Vorschriften entgegenstehenden Erläuterungen und Ergänzungen, mit Ausnahme der Bestimmungen über den katholischen Religionsunterricht, treten zu den obenbezeichneten Zeitpunkten außer Kraft.

Das Königliche Provinzial-Schulkollegium wird beauftragt, behufs Ausführung der mitgetheilten Bestimmungen unter I und II sofort das Erforderliche in die Wege zu leiten und insbesondere auch mit den Patronaten städtischer und stiftischer Anstalten das Nöthige zu vereinbaren.

Bis zum 1. Juni 1892 erwarte ich Bericht über das bis dahin Geschehene.

Die Schriftstücke unter I und II haben das Datum des gegenwärtigen Erlasses zu tragen.

Der Minister der geistlichen 2c. Angelegenheiten.

Graf von Zedlitz.

An
sämmtliche Königliche
Provinzial-Schulkollegien.
U. II Nr. 3373.

Lehrpläne und Lehraufgaben.

I. Allgemeine Lehrpläne.

A. Lehrplan der Gymnasien.

	VI	V	IV	IIIB	IIIA	IIB	IIA	IB	IA	Zusammen	Gegen bisher
Religion	3	2	2	2	2	2	2	2	2	19	± 0
Deutsch und Geschichtserzählungen	3 1 } 4	2 1 } 3	3	2	2	3	3	3	3	26	+ 5
Lateinisch	8	8	7	7	7	7	6	6	6	62	—15
Griechisch	—	—	—	6	6	6	6	6	6	36	— 4
Französisch	—	—	4	3	3	3	2	2	2	19	— 2
Geschichte und Erdkunde	2	2	2 2	2 1	2 1	2 1	3	3	3	26	— 2 s. Deutsch
Rechnen und Mathematik	4	4	4	3	3	4	4	4	4	34	± 0
Naturbeschreibung	2	2	2	2	—	—	—	—	—	8	— 2
Physik, Elemente der Chemie und Mineralogie	—	—	—	—	2	2	2	2	2	10	+ 2
Schreiben	2	2	—	—	—	—	—	—	—	4	± 0
Zeichnen	—	2	2	2	2	—	—	—	—	8	+ 2
Zusammen	25	25	28	30	30	30	28	28	28	252	—16

Bemerkungen:

a. Zu diesen Stunden treten ferner als allgemein verbindlich hinzu je 3 Stunden Turnen von VI bis I A und je 2 Stunden Singen in VI und V. Da dieselben als eigentliche Arbeitsstunden nicht zu erachten sind, so blieben sie oben außer Betracht.

Befreiungen vom Turnen finden nur auf Grund ärztlicher Zeugnisse und in der Regel nur auf ein halbes Jahr statt.

Die für das Singen beanlagten Schüler sind, Einzelbefreiungen auf Grund ärztlicher Zeugnisse wie in VI und V vorbehalten, auch von IV bis I A zur Theilnahme an dem Chorsingen verpflichtet.

b. Zur Fortsetzung des Zeichnens in je 2 Stunden sind an allen Gymnasien bezw. Progymnasien bis zur obersten Klasse Veranstaltungen getroffen; ebenso wird zur Erlernung des Englischen oder des Hebräischen in je 2 Stunden von II A bis I A Gelegenheit gegeben. Die Meldung zu diesem Unterricht verpflichtet zur Theilnahme auf mindestens ein halbes Jahr.

Wegen Verhütung jeder Ueberbürdung einzelner Schüler durch Theilnahme an wahlfreien Fächern vergleiche Erläuterungen unter III, 15.

c. Bezüglich der Trennung der Tertien und Sekunden an solchen Anstalten, wo diese Klassen noch räumlich vereinigt sind, siehe Erläuterungen unter III, 1.

d. Durch die Klammern zu Deutsch und Lateinisch soll angedeutet werden, daß diese beiden Gegenstände thunlichst in einer Hand zu vereinigen sind.

B. Lehrplan der Realgymnasien.

	VI	V	IV	IIIB	IIIA	IIB	IIA	IB	IA	Zusammen	Gegen bisher
Religion	3	2	2	2	2	2	2	2	2	19	±0
Deutsch und Geschichtserzählungen	3 / 1 (4)	2 / 1 (3)	3	3	3	3	3	3	3	28	+1
Lateinisch	8	8	7	4	4	3	3	3	3	43	−11
Französisch	—	—	5	5	5	4	4	4	4	31	−3
Englisch	—	—	—	3	3	3	3	3	3	18	−2
Geschichte und Erdkunde	2	2	2 / 2	2 / 2	2 / 2	2 / 1	3	3	3	28	−2 [illegible]
Rechnen und Mathematik	4	4	4	5	5	5	5	5	5	42	−2
Naturbeschreibung	2	2	2	2	2	2	—	—	—	12	±0
Physik	—	—	—	—	—	3	3	3	3	12	±0
Chemie und Mineralogie	—	—	—	—	—	—	2	2	2	6	±0
Schreiben	2	2	—	—	—	—	—	—	—	4	±0
Zeichnen	—	2	2	2	2	2	2	2	2	16	−2
Zusammen	25	25	29	30	30	30	30	30	30	259	−21

Bemerkungen:

a. Zu diesen Stunden treten ferner als allgemein verbindlich hinzu je 3 Stunden Turnen von VI bis IA und je 2 Stunden Singen in VI und V. Im Uebrigen Turnen und Singen wie zu A. Gymnasium.

b. Bezüglich der Trennung der Tertien und Sekunden gilt dasselbe wie zu A. Gymnasium.

c. Wegen der Klammern zu Deutsch und Lateinisch vergleiche A. Gymnasium. Durch die Vereinigung der naturwissenschaftlichen Fächer in einer Hand soll ermöglicht werden, jedem einzelnen dieser Fächer zeitweise die Stunden beider zuzuwenden.

C. Lehrplan der Oberrealschulen.

	VI	V	IV	IIIB	IIIA	IIB	IIA	IB	IA	Zusammen	Gegen bisher
Religion	3	2	2	2	2	2	2	2	2	19	± 0
Deutsch und Geschichtserzählungen	4 / 1 } 5	3 / 1 } 4	4	3	3	3	4	4	4	34	+ 4
Französisch	6	6	6	6	6	5	4	4	4	47	— 9
Englisch				5	4	4	4	4	4	25	— 1
Geschichte und Erdkunde	2	2	2 / 2	2 / 2	2 / 2	2 / 1	3	3	3	28	— 2 f. Deutsch
Rechnen und Mathematik	5	5	6	6	5	5	5	5	5	47	— 2
Naturbeschreibung	2	2	2	2	2	2				12	— 1
Physik					2	2	3	3	3	13	— 1
Chemie und Mineralogie						2	3	3	3	11	+ 2
Schreiben	2	2	2							6	± 0
Freihandzeichnen		2	2	2	2	2	2	2	2	16	— 8 f. Bem. a
Zusammen	25	25	28	30	30	30	30	30	30	258	— 18

Bemerkungen:

a. Zu diesen Stunden treten ferner als allgemein verbindlich hinzu je 3 Stunden Turnen von VI bis IA und je 2 Stunden Singen in VI und V. Im Uebrigen Turnen und Singen wie zu A Gymnasium.

Außerdem wird als wahlfreies Fach das Linearzeichnen von IIIA bis IA in je 2 Stunden gelehrt.

b. Bezüglich der Trennung der Tertien und Sekunden gilt dasselbe wie zu A. Gymnasium.

c. Wegen der Klammern zu Deutsch und Französisch vergl. A. Gymnasium. Durch die Vereinigung der naturwissenschaftlichen Fächer in einer Hand soll ermöglicht werden, jedem einzelnen dieser Fächer zeitweise die ganze Stundenzahl auch der anderen zuzuwenden.

D. Lehrplan der Realschulen (höheren Bürgerschulen).

Für diese Schulen gilt der Lehrplan der Oberrealschule von VI bis II B einschließlich, unbeschadet des vorgeschriebenen Abschlusses der gestellten Lehraufgaben.

Inwieweit es unter Berücksichtigung örtlicher Bedürfnisse angängig ist, diesen Lehrplan dahin zu ändern, daß von VI—II einschließlich eine Verstärkung des Deutschen und dementsprechend eine Verminderung des Rechnens und der Mathematik bezw. der Naturwissenschaft, oder des Französischen auf den bezüglichen Stufen eintrete, bleibt der Entscheidung der Aufsichtsbehörde überlassen. Die Wochenstundenzahl für die einzelnen Klassen darf dadurch nicht erhöht werden. Eine der möglichen Formen eines solchen Lehrplans findet in D[1] Ausdruck.

D¹ Andere Form eines Lehrplans der Realschulen.

	VI	V	IV	III	II	I	Zusammen	Gegen bisher	
Religion	3	2	2	2	2	2	13	± 0	
Deutsch und Geschichtserzählungen	5 } 6 1	4 } 5 1	5	5	4	3	28	+ 7	
Französisch	6	6	6	5	4	4	31	— 9	
Englisch	—	—	—	5	4	4	13	± 0	
Geschichte und Erdkunde	2	2	2 2	2 2	2 1	2 2	19	— 3	s. Deutsch.
Rechnen und Mathematik	4	4	5	5	5	5	28	— 1	
Naturbeschreibung	2	2	2	2	2	—	10	— 3	
Naturlehre	—	—	—	—	3	5	8	± 0	
Schreiben	2	2	2	—	—	—	6	— 2	
Freihandzeichnen	—	2	2	2	2	2	10	— 2	s. Bem. a.
Zusammen	25	25	28	30	29	29	166	—13	

Bemerkungen:

a. Zu diesen Stunden treten ferner als allgemein verbindlich hinzu je 3 Stunden Turnen in VI—I und je 2 Stunden Singen in VI und V. Im Uebrigen Turnen und Singen wie zu A. Gymnasium.

Außerdem wird als wahlfreies Fach das Linearzeichnen von III bis I in je 2 Stunden gelehrt.

b. Wegen der Klammern vergl. A. Gymnasium und C. Oberrealschule.

Zusatz zu A—D.

1. Der bis auf Weiteres zugelassene gymnasiale Unterbau bis II B einschließlich mit nicht allgemein verbindlichem Griechisch und dessen Ersatz durch Englisch und daran anschließend der Oberbau des Gymnasiums oder der Oberrealschule bedarf eines besonderen Lehrplans nicht, vielmehr gilt dafür, abgesehen von der bezeichneten Aenderung bezüglich des Griechischen und Englischen, der Lehrplan des Gymnasiums oder von II A an neben dem des Gymnasiums der der Oberrealschule. Zur Einführung dieser Form ist die Genehmigung der Aufsichtsbehörde erforderlich.

2. Für die Verbindung von Realgymnasium und lateinloser Realschule kann bis auf Weiteres der Lehrplan des Realgymnasiums und der Realschule nach dem sogen. Altonaer System zugelassen werden unter der Bedingung, daß die Zahl der Wochenstunden der einzelnen Klassen die der Realschule bezw. des Realgymnasiums nicht übersteigt, daß demgemäß die Stundenzahlen für einzelne Fächer entsprechend herabgesetzt werden, und daß das Turnen die vorgesehene Vermehrung erfährt. Wegen des Zeichnens in der Realschule gilt dasselbe wie zu D[1]. Zur Einführung dieser Form ist die Genehmigung der Aufsichtsbehörde erforderlich.

II. Besondere Lehrgegenstände.

1. Religion.

Evangelische Religion.

Vorbemerkung. Lehrziel, Lehraufgaben und methodische Bemerkungen gelten im Wesentlichen für die entsprechenden Stufen aller Arten von höheren Schulen.

a. Allgemeines Lehrziel.

Der evangelische Religionsunterricht an höheren Schulen verfolgt, unterstützt von der Gesammtthätigkeit derselben, das Ziel, die Jugend in Gottes Wort zu erziehen und sie zu befähigen, daß sie dereinst durch Bekenntnis und Wandel und namentlich auch durch lebendige Betheiligung am kirchlichen Gemeindeleben ein wirksames Beispiel gebe.

b. Lehraufgaben.

VI. 3 Stunden wöchentlich.

Biblische Geschichten des Alten Testamentes nach einem Lesebuch. Vor den Hauptfesten die betreffenden Geschichten des Neuen Testamentes. Aus dem Katechismus Durchnahme und Erlernung des 1. Hauptstückes mit Luthers Auslegung; einfache Worterklärung des 2. und 3. Hauptstückes ohne dieselbe.

Einprägung einer mäßigen Zahl von Katechismussprüchen und von 4 Liedern, zunächst im Anschluß an die Festzeiten des Kirchenjahres.

V. 2 Stunden wöchentlich.

Biblische Geschichten des Neuen Testamentes nach einem Lesebuch.

Aus dem Katechismus: Wiederholung der Aufgabe der vorigen Klasse; dazu Erklärung und Einprägung des 2. Hauptstückes mit Luthers Auslegung.

Katechismussprüche und Kirchenlieder wie in VI; Wiederholung der dort gelernten Kirchenlieder und Einprägung von 4 neuen.

IV. 2 Stunden wöchentlich.

Das Allgemeinste von der Eintheilung der Bibel und die Reihenfolge der biblischen Bücher. Uebungen im Aufschlagen von Sprüchen.

Lesung wichtiger Abschnitte des Alten und Neuen Testamentes behufs Wiederholung der biblischen Geschichten.

Aus dem Katechismus: Wiederholung der Aufgaben von VI und V, Erklärung und Einprägung des 3. Hauptstückes mit Luthers Auslegung und Bibelsprüchen. Auswendiglernen des 4. und 5. Hauptstückes. Katechismussprüche, wie in den vorangehenden Klassen, und Wiederholung der dort gelernten.

Wiederholung der in VI und V gelernten Kirchenlieder und Einprägung von 4 neuen.

IIIB. 2 Stunden wöchentlich.

Das Reich Gottes im Alten Testamente: Lesung entsprechender biblischer Abschnitte, dazu auch Psalmen und Stellen aus Hiob. Wiederholung des in VI, V und IV gelernten Katechismus nebst den dazu eingeprägten Sprüchen.

Wiederholung der früher gelernten Kirchenlieder und Einprägung einiger neuer (2—4) und werthvoller Liederstrophen.

Belehrungen über das Kirchenjahr und die Bedeutung der gottesdienstlichen Ordnungen.

IIIA. 2 Stunden wöchentlich.

Das Reich Gottes im Neuen Testamente: Lesung entsprechender biblischer Abschnitte. Eingehend die Bergpredigt; auch Gleichnisse.

Sicherung der erworbenen Kenntnis des Katechismus und des in den vorangegangenen Klassen angeeigneten Spruch- und Liederschatzes. Erklärung einiger Psalmen.

Reformationsgeschichte im Anschluß an ein Lebensbild Luthers.

IIB. 2 Stunden wöchentlich.

Bibellesen behufs Ergänzung der in Unter- und Obertertia gelesenen Abschnitte. Erklärung eines der synoptischen Evangelien.

Wiederholung des Katechismus und Aufzeigung seiner inneren Gliederung.

Wiederholung von Sprüchen, Liedern, Psalmen.

IIA. 2 Stunden wöchentlich.

Erklärung der ganzen Apostelgeschichte. Lesung von Abschnitten anderer neutestamentlicher Schriften.

Wiederholung von Katechismus, Sprüchen und Liedern.

IB. 2 Stunden wöchentlich.

Kirchengeschichte unter Beschränkung auf die für die kirchlich-religiöse Bildung der evangelischen Jugend unmittelbar bedeutsamen Stoffe: das Judenchristenthum, die Paulinische Auffassung über Person und Werk Christi, Augustinus, Pelagius, die Entwickelung der römisch-katholischen Kirche, die Reformation und ihre Vorbereitung, die wichtigsten Richtungen in der Fortentwickelung der evangelischen Kirche (Pietismus, Herrenhuter, Spener, Wichern), auch neuere Sekten, wie Methodisten, Baptisten, Irvingianer.

Erklärung neutestamentlicher Schriften: des Evangeliums Johannis und leichterer Briefe (Galater-, Philipper-, Jakobus-, Erster Korintherbrief, Brief an Philemon). Hier und in IA stellenweise unter Heranziehung des Urtextes.

IA. 2 Stunden wöchentlich.

Glaubens- und Sittenlehre in Gestalt einer Erklärung der Artikel I—XVI, XVIII und XX der Conf. Augustana nach vorangeschickter kurzer Einleitung über die drei alten Symbole.

Erklärung neutestamentlicher Schriften: des Römerbriefes, auch anderer Briefe aus dem bei IB angegebenen Kreise.

c. Methodische Bemerkungen.

Durch die neue Aufstellung der Lehraufgaben für den Religionsunterricht wird der Gedächtnisstoff auf das Nothwendige beschränkt, damit die ethische Seite des Unterrichts um so mehr in den Vordergrund treten könne. Auf die lebendige Annahme und wirkliche Aneignung der Heilsthatsachen und der Christenpflichten ist der Nachdruck im Religionsunterricht zu legen, und dieser, soweit er sich auf Geschichte stützt, auf die für das religiös-kirchliche Leben bleibend bedeutsamen Vorgänge zu beschränken.

Für keinen Unterrichtszweig gilt so sehr wie für diesen die Wahrheit, daß die Grundbedingung für den Erfolg in der lebendigen Persönlichkeit des Lehrers und dessen innerer Erfüllung mit dem Gegenstand liegt. Aber auch wo diese Grundbedingung vorhanden ist, darf es an der pädagogischen Einsicht nicht fehlen, welche in der Schlichtheit und Einfachheit des Darstellens und Fragens den Altersstufen der Schüler gerecht wird und das Dargebotene ihrer Auffassung klar und anschaulich zu vermitteln weiß. — Die Beschränkung des Gedächtnisstoffes macht es um so leichter möglich, das, was an Liedern und Bibelstellen und aus dem Katechismus gelernt wird, in einen sicheren, durch Wiederholung gefestigten Besitz des Schülers zu verwandeln, der diesem in das Leben nachfolgt.

Der unteren Stufe ist die biblische Geschichte des Alten und Neuen Testamentes in passender Auswahl und Darstellung nach einem zweckmäßigen biblischen Lesebuche, sowie die Erlernung der für diese Stufe geeigneten Kirchenlieder und der lutherische Katechismus zugewiesen. Der Lehrer hat dafür zu sorgen, daß alle Theile dieses Unterrichts in lebendige Beziehung gesetzt werden.

Der Mittelstufe fällt die Befestigung des Katechismus, die Wiederholung und Erweiterung des Lieder- und Spruchschatzes und die in ihrem Zusammenhange übersichtliche Geschichte des Reiches Gottes im Alten und Neuen Testamente zu. Hierzu tritt die Einführung in das Kirchenjahr und die gottesdienstliche Ordnung, sowie eine besonders an Luthers Person sich anschließende lebendige Erzählung der Reformation. Ein erster Abschluß wird in dem sechsten Jahreskursus erreicht, indem ein synoptisches Evangelium behufs zusammenhängender Auffassung des Lebens Jesu gelesen und erklärt wird.

Auf der Oberstufe wird die Kenntnis der Schriften des Neuen Testamentes in dem bei den besonderen Lehraufgaben bezeichneten Umfange erweitert, wobei dem Lehrer bei der Wahl im Einzelnen freie Bewegung, auch mit Rücksicht auf die Leistungsfähigkeit seiner Schüler, zu lassen ist. Als Einleitung in die Geschichte der Kirche dient das Lesen der für die Obersecunda bestimmten Apostelgeschichte.

Die Kirchengeschichte soll in der Prima nur in ihren Hauptmomenten und mit bestimmter Ausscheidung alles dessen gelehrt werden, was nicht von unmittelbarer Bedeutung für die religiös-kirchliche Bildung unserer Jugend ist. Sie hat sich also im Wesentlichen auf die Darstellung des Urchristenthums, der Reformation und ihrer Vorbereitung und auf die wichtigsten Erscheinungen der neueren Zeit zu beschränken.

Die christliche Glaubens- und Sittenlehre wird nicht nach einem System und Hilfsbuch, sondern im Anschluß an die evangelischen und apostolischen Schriften und an die Augustana gelehrt, indem nach kurzer Einleitung über die drei alten Symbole insbesondere die Artikel I—XVI bezw. XVIII u. XX des ersten Theils der Augustana erklärt werden.

Auch in der Prima des Gymnasiums ist bei dem Lesen der neutestamentlichen Schriften im Allgemeinen der deutsche Text zu Grunde zu legen. Jedoch kann hier wenigstens abschnittsweise der griechische Text herangezogen werden, um den Schüler zum Zurückgehen auf den Urtext anzuleiten. Es ist aber vorzusehen, daß dadurch der Unterricht nicht einen philologischen Charakter bekomme und sein Hauptzweck gefährdet werde.

Aus den sogenannten Einleitungswissenschaften für die biblischen Bücher ist nur das Nothwendigste zu geben. Kritische Untersuchungen auf diesem Gebiete gehören nicht in den Bereich der Schule.

Katholische Religion.

Bis zum Erlaß anderweitiger näherer Bestimmungen bewendet es bei der gegenwärtigen Ordnung.

2. Deutsch.

Vorbemerkung. Lehrziel, Lehraufgaben und methodische Bemerkungen gelten im Wesentlichen für die entsprechenden Stufen aller Arten von höheren Schulen.

a. Allgemeines Lehrziel.

Fertigkeit im richtigen mündlichen und schriftlichen Gebrauche der Muttersprache, Bekanntschaft mit den wichtigsten Abschnitten der Geschichte unserer Dichtung an der Hand des Gelesenen und Belebung des vaterländischen Sinnes insbesondere durch Einführung in die germanische Sagenwelt und in die für die Schule bedeutsamsten Meisterwerke unserer Literatur.

b. Lehraufgaben.

VI. 4 bezw. 5 Stunden wöchentlich.

Grammatik. Redetheile und Glieder des einfachen Satzes; Unterscheidung der starken und schwachen Flexion. (Terminologie durchaus in Uebereinstimmung mit dem lateinischen Unterricht.)

Rechtschreibeübungen in wöchentlichen Diktaten in der Klasse.

Lesen von Gedichten und Prosastücken (Fabel, Märchen, Erzählungen aus der vaterländischen Sage und Geschichte).

Mündliches Nacherzählen von Vorerzähltem. Au
wendiglernen und verständnisvolles Vortragen von Gedicht

V. 3 bezw. 4 Stunden wöchentlich.

Grammatik. Der einfache und der erweiterte Satz. D
Nothwendigste vom zusammengesetzten Satze. Rechtschreib
und Interpunktionsübungen in wöchentlichen Diktat
in der Klasse.

Mündliches Nacherzählen, erste Versuche i
schriftlichen Nacherzählen, im ersten Halbjahre in d
Klasse, im zweiten auch als Hausarbeit.

Erzählungen aus der alten Sage und Geschichte, so
wie VI.

IV. 3 bezw. 4 Stunden wöchentlich.

Grammatik. Der zusammengesetzte Satz. Das Wi
tigste aus der Wortbildungslehre, an typische Beispiele a
geschlossen.

Abwechselnd Rechtschreibeübungen in der Kla
und schriftliches freieres Nacherzählen des in der Klas
Gehörten (häusliche Arbeit alle 4 Wochen).

Lesen von Gedichten und Prosastücken. Nacherzähle
Auswendiglernen und verständnisvolles Vortragen v
Gedichten.

III B. 2 bezw. 3 Stunden wöchentlich.

Grammatik. Zusammenfassender Ueberblick über d
wichtigsten der deutschen Sprache eigenthümlichen grammatisch
Gesetze.

Häusliche Aufsätze (Erzählungen, Beschreibungen, Sch
derungen, Uebersetzungen aus der fremdsprachlichen Lektü
alle 4 Wochen.

Behandlung prosaischer und poetischer Lesestücke (ni
dische, germanische Sagen, allgemein Geschichtliches, Kult
geschichtliches, Geographisches, Naturgeschichtliches; Episch
insbesondere Balladen) Belehrungen über die poetisch
Formen, soweit zur Erläuterung des Gelesenen erforderli
Auswendiglernen und Vortragen von Gedichten wie a
den Vorstufen.

III A. 2 bezw. 3 Stunden wöchentlich.

Häusliche Aufsätze, wie III B; dazu Berichte üb
Selbsterlebtes, auch in Briefform.

Im Allgemeinen wie III B unter allmählichem Herv
treten der poetischen Lektüre vor der prosaischen. Lyrisches u
Dramatisches (insbesondere Schillers Glocke und Wilhelm Te

mit Anknüpfung weiterer induktiv zu behandelnder Belehrungen aus der Poetik und Rhetorik. (In Realanstalten statt des Dramas Homer in der Uebersetzung von Voß.) Auswendiglernen und Vortragen von Gedichten und Dichterstellen wie auf den Vorstufen.

II B. 3 Stunden wöchentlich.

Praktische Anleitung zur Aufsatzbildung durch Uebungen in Auffindung des Stoffs und Ordnung desselben in der Klasse.

Leichte Aufsätze abhandelnder Art alle 4 Wochen, besonders Vergleichungen neben erzählenden Darstellungen oder Berichten wie in III A, nur umfassender; auch Uebersetzungen aus der fremdsprachlichen Lektüre.

Lektüre. Jungfrau von Orleans (in Realanstalten Wilhelm Tell), Minna von Barnhelm, Hermann und Dorothea. Die Erklärung ist in möglichst einfacher Weise darauf zu richten, daß das Ganze von dem Schüler als ein in sich abgeschlossenes Kunstwerk aufgefaßt werde.

Auswendiglernen von Dichterstellen und erste Versuche im Vortrag kleiner eigener Ausarbeitungen über Gelesenes.

II A. 3 bezw. 4 Stunden wöchentlich.

Häusliche und Klassen-Aufsätze. Kleinere Abhandlungen aus dem dem Schüler im Unterrichte eröffneten Gesichtskreise; etwa 8 Aufsätze im Schuljahr.

Ferner:

1. Einführung in das Nibelungenlied unter Mittheilung von Proben aus dem Urtext, die vom Lehrer zu lesen und zu erklären sind. Ausblicke auf nordische Sagen und die großen germanischen Sagenkreise, auf die höfische Epik und die höfische Lyrik. — Einzelne sprachgeschichtliche Belehrungen durch typische Beispiele.

2. Zusammenfassender Rückblick auf die Arten der Dichtung.

3. Lesen von Dramen (z. B. Wallenstein, Egmont, Götz).

4. Gelegentliches Auswendiglernen von Dichterstellen und Vorträge der Schüler über den Inhalt bedeutenderer mittelhochdeutscher Dichtungen oder gelesener moderner Dramen und sonstiger Dichtungen nach eigenen Ausarbeitungen.

I B. 3 bezw. 4 Stunden wöchentlich.

Häusliche und Klassen-Aufsätze wie in II A.

Ferner:

1. Lebensbilder aus der deutschen Literaturgeschichte vom Beginn des 16. bis zum Ende des 18. Jahrhunderts in knapper Darstellung.

2. Lektüre. Lessing'sche Abhandlungen (Laokoon). Einige Oden Klopstocks; Schillers und Goethes Gedankenlyrik; ferner Dramen, namentlich Iphigenie, Braut von Messina (auf Realanstalten auch Sophokleische Dramen in der Uebersetzung). Proben von neueren Dichtern.

3. Vorträge der Schüler über Leben und Werke von Dichtern wie in II A. An die Stelle der genannten Prosalektüre tritt unter Umständen hier, wie auch in I A, die Durcharbeitung schwierigerer Stücke eines Lesebuchs für I.

I A. 3 bezw. 4 Stunden wöchentlich.

Häusliche und Klassen-Aufsätze wie in II A und in I B. Ferner:

1. Lebensbilder Goethes und Schillers und ihrer berühmtesten Zeitgenossen sowie bedeutenderer neuerer Dichter.

2. Lektüre aus der Hamburgischen Dramaturgie, ferner Lesen von Dramen, insbesondere auch Shakespeares in der Uebersetzung (an Gymnasien).

3. Vorträge der Schüler über Leben und Werke von Dichtern nach eigener Ausarbeitung.

c. Methodische Bemerkungen.

Wegen der Stellung des deutschen Unterrichts zu den übrigen Lehrgegenständen vgl. Erläuterungen u. s. w. III, 5.

Die grammatische Unterweisung in der Muttersprache ist beibehalten, um dem Schüler eine objektive Norm für die Beurtheilung eigenen und fremden Ausdrucks zu bieten und ihn auch später noch in Fällen des Zweifels zu leiten. Diese Unterweisung hat sich aber auf das Nothwendigste zu beschränken und immer an bestimmte Beispiele sich anzulehnen. Die Behandlung der deutschen Grammatik wie die einer Fremdsprache ist in deutschen höheren Schulen zu verwerfen.

Die stufenmäßig geordneten schriftlichen Uebungen sollen aus dem Unterrichte selbst erwachsen. Dadurch aber ist nicht ausgeschlossen, daß auf den oberen Stufen auch Aufgaben allgemeineren Inhalts, insofern eine genügende Vorbereitung darauf aus dem Unterrichte im Ganzen vorausgesetzt werden kann, zur Bearbeitung gestellt werden. Aufgaben, welche an das Gelesene sich anschließen, sind besonders auf den oberen Stufen zu empfehlen. Indessen muß dabei vor jeder Ueberspannung der Anforderungen namentlich in Bezug auf den Umfang der Arbeiten dringend gewarnt werden.

Bezüglich der Verwerthung der Uebersetzungen aus den Fremdsprachen für den deutschen Unterricht und der Bearbeitung eng begrenzter Wiederholungsaufgaben in anderen Fächern darf auf die Erläuterungen III, 6. verwiesen werden.

Anleitung zur Behandlung der gestellten Aufgaben ist auf allen Stufen erforderlich, aber so zu geben, daß die Schüler mehr und mehr lernen, unter Führung des Lehrers die Hauptgesichtspunkte und die Ordnung derselben selbst zu finden.

Auf Einfachheit der Darstellung, insbesondere des Satzbaus, ist zu halten und dem Eindringen fremdartiger Periodenbildung in die deutsche Darstellung entschieden zu wehren. Fremdwörter, für welche gute deutsche Ausdrücke vorhanden sind, die den vollen Begriffsinhalt und -umfang decken, sollen ausgemerzt werden. Indessen ist gerade in diesem Punkte ein verständiges Maßhalten geboten, um nicht der Willkür Thür und Thor zu öffnen. Es empfiehlt sich, an jeder Schule dafür bestimmte Normen aufzustellen.

Für die Pflege des mündlichen Ausdrucks ist in allen Fächern und auf allen Stufen Sorge zu tragen. Vor allem aber muß der Lehrer selbst mit gutem Beispiel vorangehen. Jede Nachlässigkeit in dieser Beziehung wirkt nachtheilig auf den Ausdruck der Schüler.

Sinngemäßes, betontes Lesen und Vortragen der Schüler muß stets geübt werden. Daran haben sich auf den oberen Klassen vorbereitete, kurze freie Vorträge über Gelesenes oder Gehörtes in regelmäßigen Zwischenräumen anzuschließen. Die Beurtheilung der Vorträge erfolgt durch den betreffenden Lehrer.

Im Auswendiglernen ist vorsichtig Maß zu halten und daraufhin der an den meisten Anstalten eingeführte Kanon von Gedichten erneuter Prüfung zu unterziehen.

Bei dem zu Lesenden ist zu scheiden zwischen Klassenlektüre und Privatlektüre. In ersterer ist überall das für die betreffende Stufe Typische ins Auge zu fassen, in letzterer die Eigenart des Schülers besonders zu berücksichtigen. Gedichte, welche in den Klassen behandelt werden, sind auf den unteren und mittleren Stufen zunächst von dem Lehrer gut vorzulesen, darnach sind die nöthigen sprachlichen und sachlichen Erläuterungen anzufügen und Grund- und Theilgedanken mit den Schülern aufzusuchen. Nach einem wiederholenden Lesen durch einen Schüler ist das Gedicht zum Lernen aufzugeben, um in der nächsten Stunde vorgetragen und zusammenfassend besprochen zu werden. Auch bei dem Lesen größerer Werke auf der Oberstufe sind vor allem die leitenden Grundgedanken unter Mitarbeit der Schüler herauszuheben, die Hauptabschnitte und deren Gliederung aufzuzeigen, und so das Ganze als solches dem Verständnis der Schüler zu erschließen. Der Kunstform ist dabei Beachtung zu schenken.

Besonders zu empfehlen ist die vergleichende Zusammenstellung von Gedichten, welche denselben Gegenstand behandeln. Die gelesenen Epen und Dramen sind nach ihrem ganzen Aufbau und den Charakteren der handelnden Personen zum vollen Verständnis zu bringen.

Die auf allen Stufen neben der Dichtung zu pflegende Prosalektüre hat den Gedanken- und Gesichtskreis des Schülers zu erweitern und zumal auf der Oberstufe den Stoff für Erörterung wichtiger allgemeiner Begriffe und Ideen zu bieten. Zweckmäßig geleitet kann diese Lektüre in der Prima die oft recht unfruchtbar betriebene und als besondere Lehraufgabe hier ausgeschiedene philosophische Propädeutik ersetzen.

Wegen der Behandlung des Mittelhochdeutschen siehe b. Lehraufgaben.

Behufs zweckmäßiger Wahl der Privatlektüre muß der Lehrer dem Schüler als Berather helfend zur Seite stehen und vor Allem Interesse und Freude an der Sache zu wecken suchen.

Der Unterricht im Deutschen ist neben dem in der Religion und der Geschichte der ethisch bedeutsamste in dem Organismus unserer höheren Schulen. Die demselben gestellte Aufgabe ist eine außerordentlich schwierige und kann nur von demjenigen Lehrer voll gelöst werden, welcher, gestützt auf tieferes Verständnis unserer Sprache und deren Geschichte, getragen von Begeisterung für die Schätze unserer Literatur und erfüllt von patriotischem Sinn, die empfänglichen Herzen unserer Jugend für deutsche Sprache, deutsches Volksthum und deutsche Geistesgröße zu erwärmen versteht.

3. Lateinisch.

A. Gymnasium.

a. Allgemeines Lehrziel.

Verständnis der bedeutenderen klassischen Schriftsteller der Römer und sprachlich-logische Schulung.

b. Lehraufgaben.

VI. 8 Stunden wöchentlich.

Formenlehre mit strengster Beschränkung auf das Regelmäßige und mit Ausschluß der Deponentia. Aneignung eines angemessenen Wortschatzes im Anschluß an das Lesebuch und zur Vorbereitung auf die Lektüre.

Das Lese- und Uebungsbuch nimmt seinen Stoff vorzugsweise aus der alten Sage und Geschichte, um damit inhaltlich und sprachlich eine Vorstufe für den Schriftsteller zu bilden. Es bietet möglichst viel zusammenhängenden Inhalt, und zwar zunächst und überwiegend lateinische Lesestücke, dann diesen entsprechende deutsche. Sämmtliche Abschnitte werden in der Schule, anfangs unter Anleitung und Hilfe des Lehrers, allmählich immer selbstthätiger übersetzt und dann zum Nachübersetzen aufgegeben. Uebungen im Konstruiren und Rückübersetzen. An den lateinischen und deutschen Abschnitten finden regelmäßige mündliche und schriftliche Uebungen in der Klasse statt.

Induktiv werden aus dem Lehrstoff abgeleitet einige elementare syntaktische Regeln, z. B. über Orts- und Zeitbestimmungen, den abl. instr. und die gebräuchlichsten Konjunktionen cum, quamquam, ut, ne, und einige Vorschriften über Wortstellung. Wöchentlich eine halbstündige Klassenarbeit im Anschluß an den Lesestoff. Reinschriften derselben und gegen Ende des Schuljahres statt dieser auch besondere, in der Klasse vorbereitete Uebersetzungen als Hausarbeiten.

V. 8 Stunden wöchentlich.

Wiederholung der regelmäßigen Formenlehre, die Deponentia, die unregelmäßige Formenlehre mit Beschränkung auf das Nothwendige. Aneignung eines angemessenen Wortschatzes wie in Sexta, unter Ausschluß besonderer, nicht an das Gelesene angelehnter Vokabularien.

Gebrauch des Lese- und Uebungsbuches wie in Sexta.

Nach Bedürfnis werden aus dem Lesestoff einige syntaktische Regeln, z. B. über Acc. c. inf., Participium conjunctum, Ablativus absolutus, Konstruktion der Städtenamen, und einige nothwendige stilistische Anweisungen abgeleitet. Mündliche und schriftliche Uebungen sowie Reinschriften wie in Sexta und abwechselnd damit besondere, in der Klasse vorbereitete Uebersetzungen als Hausaufgaben.

IV. 7 Stunden wöchentlich.

Lektüre im ersten Halbjahre 3, im zweiten 4 Stunden. Cornelius Nepos oder ein geeignetes Lesebuch. Die Vorbereitung der Lektüre findet im ersten Halbjahre in der Klasse statt. Fleißige Uebungen im Konstruiren, unvorbereiteten Uebertragen, Rückübersetzen.

Gelegentlich werden weitere stilistische Eigenheiten, wichtigere Phrasen und synonymische Unterscheidungen bei der Lektüre gelernt.

Grammatik im ersten Halbjahre 4, im zweiten 3 Stunden.

Wiederholung der Formenlehre. Das Wesentliche aus der Kasuslehre, im Anschluß an Musterbeispiele, die möglichst aus dem Gelesenen entnommen werden. Syntax des Verbums nach Bedürfnis.

Mündliche und schriftliche Uebersetzungen in das Lateinische aus einem Uebungsbuche, dessen Inhalt sich an das Gelesene anlehnt.

Wöchentlich eine kurze Uebersetzung ins Lateinische im Anschluß an die Lektüre als Klassenarbeit oder als häusliche Arbeit. Dazu in jedem Halbjahre drei schriftliche Uebersetzungen ins Deutsche.

III B. 7 Stunden wöchentlich.

Lektüre. 4 Stunden Cäsar, Bell. Gall.

Anleitung zur Vorbereitung. Fleißige Uebungen im Konstruiren, unvorbereiteten Uebersetzen und Rückübersetzen. Gelegentliche Ableitungen wie in Quarta.

Grammatik. 3 Stunden. Wiederholung der Kasuslehre. Hauptregeln der Tempus- und Moduslehre. Art der Unterweisung wie in Quarta.

Mündliche und schriftliche Uebersetzungen aus einem Uebungsbuche, dessen Inhalt sich an Cäsar anschließt.

Alle 8 Tage eine Uebersetzung ins Lateinische im Anschluß an Gelesenes als Klassenarbeit oder eine häusliche Arbeit; alle 6 Wochen statt der erwähnten Klassenarbeit eine schriftliche Uebersetzung ins Deutsche.

III A. 7 Stunden wöchentlich.

Lektüre. 4 Stunden Cäsar, Bell. Gall., Ovid, Metam nach einem Kanon. Anleitung zum Uebersetzen in der Klasse Erklärung und Einübung des daktylischen Hexameters. Art des Lesens und Uebungen wie in Untertertia.

Grammatik. 3 Stunden. Wiederholung und Ergänzung der Tempus- und Moduslehre, Abschluß der Verbalsyntax in ihren Hauptregeln.

Unterweisung, Gebrauch des Uebungsbuches und schriftliche Uebungen wie in Untertertia.

II B. 7 Stunden wöchentlich.

Lektüre. 4 Stunden. Leichtere Reden Ciceros, Auswahl aus Livius und Virgil, aus letzterem nach einem Kanon, der in sich abgeschlossene Bilder gewährt und einen Durchblick auf das Ganze ermöglicht, oder aus Ovid.

Anleitung zur Vorbereitung. Uebungen im unvorbereiteten Uebersetzen und Rückübersetzen. Auswendiglernen einzelner dichterischer Stellen. Gelegentlich werden aus dem Gelesenen stilistische Regeln und synonymische Unterscheidungen abgeleitet.

Grammatik. 3 Stunden. Wiederholungen und Ergänzungen.

Alle 8 Tage eine kurze Uebersetzung in das Lateinische

im Anschluß an Gelesenes als Klassenarbeit oder als häusliche Arbeit; alle 6 Wochen statt der erwähnten Klassenarbeit eine schriftliche Uebersetzung ins Deutsche.

II A. 6 Stunden wöchentlich.

Lektüre 5 Stunden. Livius und Sallust mit besonderer Rücksicht auf den Geschichtsunterricht, ausgewählte Reden Ciceros; Virgil nach einem Kanon. Regelmäßige Uebungen im unvorbereiteten Uebersetzen. Auswendiglernen einzelner Stellen aus Virgil. Nach Bedürfnis Ableitungen wie in Untersekunda.

Stilistische Zusammenfassungen und grammatische Wiederholungen im Anschluß an Gelesenes. Alle 14 Tage eine schriftliche Uebersetzung in das Lateinische abwechselnd als Klassen- und als Hausarbeit, daneben alle 6 Wochen eine Uebersetzung ins Deutsche als Klassenarbeit. Gelegentlich eine lateinische Inhaltsangabe lediglich zur Verarbeitung des Gelesenen. 1 Stunde.

I B. 6 Stunden wöchentlich.

Lektüre 5 Stunden. Tacitus, Auswahl aus Ciceros Briefen sowie aus Horaz. Ergänzende Privatlektüre namentlich aus Livius. Regelmäßige Uebungen im unvorbereiteten Uebersetzen. Auswendiglernen einzelner Stellen aus Horaz. Ableitung nothwendiger stilistischer Regeln und synonymischer Begriffe.

Alle 14 Tage eine Uebersetzung ins Lateinische im Anschluß an Gelesenes abwechselnd als Klassen- und als Hausarbeit, daneben alle 6 Wochen eine Uebersetzung ins Deutsche als Klassenarbeit. Bei Gelegenheit dieser schriftlichen Uebungen grammatische und stilistische Wiederholungen. Inhaltsangaben wie in Obersekunda. 1 Stunde.

I A. 6 Stunden wöchentlich.

Lektüre. 5 Stunden. Wie in I B, nur statt Ciceros Briefen eine größere Rede Ciceros. Ergänzende Privatlektüre namentlich aus Livius. Uebungen wie in Unterprima.

Schriftliche Uebungen wie in Unterprima. Inhaltsangaben wie in Obersekunda. 1 Stunde.

B. Realgymnasium.

a. Allgemeines Lehrziel.

Verständnis leichterer Stellen der in Prima gelesenen Schriftsteller und sprachlich-logische Schulung.

b. Lehraufgaben.

VI. 8 Stunden wöchentlich.

Wie im Gymnasium.

V. 8 Stunden wöchentlich.

Wie im Gymnasium.

IV. 7 Stunden wöchentlich,

Wie im Gymnasium.

III B. 4 Stunden wöchentlich.

Lektüre. Cäsar, Bell. Gall. oder aus einem geeigneten Lesebuch. 2 Stunden.

Grammatik. Wiederholungen der Formen- und Erweiterung der Kasuslehre. Moduslehre, soweit für das Lesen erforderlich. Uebungen im schriftlichen und mündlichen Uebersetzen aus dem Deutschen. 2 Stunden.

III A. 4 Stunden wöchentlich.

Lektüre. Cäsar, Bell. Gall. mit Auswahl. 2 Stunden.

Grammatik. Das Wichtigste aus der Tempus- und Moduslehre. Sonst wie in Untertertia. Dazu schriftliche und mündliche Uebersetzungen aus dem Deutschen und aus dem Lateinischen. 2 Stunden.

II B. 3 Stunden wöchentlich.

Lektüre. Cäsar, Bell. Gall. mit Auswahl, Ovid, Metam. nach einem Kanon. Erklärung und Einübung des daktylischen Hexameters. 2 Stunden.

Grammatik. Wiederholung aus der Formenlehre und der Syntax bei Gelegenheit der alle 14 Tage anzufertigenden schriftlichen Uebungen. Ein Uebungsbuch wird nicht gebraucht. Schriftliche Uebersetzungen aus dem Lateinischen. 1 Stunde.

II A. 3 Stunden wöchentlich.

Lektüre. Cäsar, Ovid, Metam. nach einem Kanon.

Schriftliche Uebungen. Alle 14 Tage eine Uebersetzung aus dem Lateinischen. Dabei gelegentlich grammatische Wiederholungen.

I A und I B. je 3 Stunden wöchentlich.

Lektüre. Einfachere Abschnitte aus Livius, Cicero, in Catil. I, II oder III, leichtere Stellen aus Virgils Aeneis nach einem Kanon, ähnlich wie im Gymnasium.

Schriftliche Uebungen. Alle 14 Tage eine Uebersetzung aus Livius. Dabei gelegentlich grammatische Wiederholungen.

c. Methodische Bemerkungen.

Zu A. 1. Grammatik, Wortschatz und schriftliche Uebungen. Entsprechend dem allgemeinen Lehrziel ist nach den bezeichneten Richtungen die Vorbereitung auf ein gründliches Verständnis der Schriftsteller und die sprachlich-logische Schulung fest im Auge zu behalten. Darnach ist von VI an die Auswahl des zu Lernenden und der Uebungen zu bemessen; dieselbe wird überall auf das Regelmäßige zu beschränken sein. Grammatik und die dazu gehörigen Uebungen sind fernerhin nur noch als Mittel zur Erreichung des bezeichneten Zwecks zu behandeln.

Bei der Wahl der Grammatik ist darauf zu achten, daß sie in ihrem ganzen Aufbau von dem der daneben gebrauchten griechischen Grammatik nicht allzu verschieden sei.

Untere Stufe. Als Ausgangspunkt für den ersten Unterricht in VI empfiehlt sich im Allgemeinen nicht die Regel, sondern der von dem Lehrer vorzuübersetzende und von dem Schüler in der Uebersetzung zu wiederholende lateinische Satz. Erst dann, wenn eine Reihe nach einem bestimmten Gesichtspunkt ausgewählter Sätze eingeübt, die Deklinationsformen daraus erklärt und vergleichend zusammengestellt sind, schließt sich jedesmal die gedächtnismäßig einzuprägende Regel an. Der anzueignende Wortschatz ergiebt sich aus dem Gelesenen.

Hand in Hand mit dieser Vorbereitung geht die mündliche und schriftliche Verarbeitung des Gelesenen und Gelernten durch umformende Uebersetzungen theils in die Muttersprache, theils aus derselben.

Die Beschwerung des Unterrichts mit besonderen Feinheiten der Aussprache empfiehlt sich nicht.

Mittlere Stufe. Ist so in VI und V Sicherheit in den gebräuchlichsten Formen und in den für das Uebersetzen unentbehrlichsten syntaktischen Regeln erreicht, so schließt sich daran auf der Mittelstufe die systematische Einübung der weiter nothwendigen syntaktischen Gesetze an, so zwar, daß auch hier immer erst von einer Reihe möglichst aus der Lektüre entnommener Mustersätze für die betreffende Regel ausgegangen und nach Aufzeigung derselben zu der gedächtnismäßigen Aneignung geschritten wird. Besonderes Gewicht ist auf gelegentliche Zusammenfassung von Gleichem oder Verwandtem, Unterordnung des Besonderen unter das allgemeine Gesetz zu legen.

Wortschatz und mündliche oder schriftliche Uebungen sind, immer im Zusammenhange mit dem Gelesenen, zu erweitern; die Uebungen im Uebersetzen ins Lateinische haben sich in der Regel an ein nach dem betreffenden Prosaiker zu bearbeitendes Uebungsbuch anzulehnen.

Durch eine solche innige Verbindung der einzelnen Theile des Unterrichts und die daraus sich ergebende geistige Zucht wird gleichzeitig ein gründliches Verständnis der Schriftsteller gefördert.

Obere Stufe. Auf der oberen Stufe kann in der einen zur Verfügung stehenden Stunde nur die Festhaltung erlangter Uebung und die gelegentliche Zusammenfassung und Erweiterung des Gelernten behufs Unterstützung der Lektüre das Ziel sein. Besondere Eigenthümlichkeiten im Gebrauch der Redetheile, stilistische und synonymische Ableitungen sind induktiv und mit maßvoller Beschränkung auf das Nothwendigste und Feststehende zu behandeln.

Die Texte für die häuslichen oder Klassen-Uebersetzungen ins Lateinische hat in der Regel der Lehrer, und zwar im Anschluß an Gelesenes, zu entwerfen. Dieselben sind einfach zu halten und fast nur als Rückübersetzungen ins Lateinische zu behandeln.

2. Lektüre. Je sicherer der Grund in Grammatik und Wortschatz gelegt ist, um so weniger wird das Lesen durch formale Hindernisse aufgehalten, und um so mehr werden bei der Erklärung überall die sachlichen Gesichtspunkte in den Vordergrund treten müssen. Etwaige Versuche, die bereits in den Erläuterungen zu den Lehrplänen von 1882 entschieden bekämpfte grammatische Erklärungsweise in Anwendung zu bringen, sind überall streng zurückzuweisen; das inhaltliche Verständnis des Gelesenen und die Einführung in das Geistes- und Kulturleben der Römer bilden die Hauptsache.

Auf die in den Lehraufgaben betonte Vorbereitung auf neue oder schwierigere Schriftsteller in der Klasse muß stets gehalten werden.

Die beste Erklärung ist und bleibt eine gute deutsche Uebersetzung des Schriftstellers. Dieselbe ist in gemeinsamer Arbeit von Lehrer und Schüler in der Klasse festzustellen und durch den Schüler zu wiederholen. Dadurch wird am wirksamsten dem Unfug der Benutzung von gedruckten Uebersetzungen vorgebeugt. Die systematisch geordneten schriftlichen Uebersetzungen aus dem Lateinischen in der Klasse bilden den Prüfstein erreichter Fertigkeit.

Sind gewisse Abschnitte oder ein Ganzes übersetzt, so ist mit dem Schüler eine Uebersicht über den Inhalt derselben und dessen Gliederung festzustellen. Auf der Oberstufe ist dabei durch den Lehrer außer den Grundgedanken auch die Kunstform des Gelesenen dem Schüler zum Verständnis zu bringen. Bei Schriftstellern oder Schriften, welche nicht vollständig gelesen werden können, ist streng darauf zu halten, daß die Auswahl nach bestimmten sachlichen Gesichtspunkten erfolge, und daß immer ein möglichst abgeschlossenes Bild gewährt werde. Zur Vervollständigung desselben muß auch die regelmäßig zu pflegende unvorbereitete Lektüre beitragen.

Prosaiker und Dichter neben einander zu lesen empfiehlt sich im Allgemeinen nicht.

Ein bisher viel zu wenig gewürdigter und doch im Interesse der Konzentration des Unterrichts überaus wichtiger Gesichtspunkt ist die nähere Verbindung der Prosalektüre mit der Geschichte. Dies gilt wie für das Deutsche und alle Fremdsprachen so insbesondere auch für das Lateinische. Dadurch wird es ermöglicht, ohne Ueberladung des Geschichtsunterrichts, für bedeutsame Abschnitte der Geschichte und hervorragende Persönlichkeiten einen durch individuelle Züge belebten Hintergrund zu gewinnen.

Eine zweckmäßige Verwerthung von Anschauungsmitteln, wie sie in Nachbildungen antiker Kunstwerke und in sonstigen Darstellungen antiken Lebens so reichlich geboten sind, kann nicht genug empfohlen werden.

Das Zurücktreten Ciceros aus seiner hervorragenden Stellung in der Schullektüre ist bedingt durch die Aenderung des Lehrziels. Die zu lesenden Reden und Briefe sind in erster Linie aus sachlichen Gesichtspunkten zu behandeln.

Zu B. Für die **Methode** des lateinischen Unterrichts an **Realgymnasien** gelten im Wesentlichen dieselben Bemerkungen wie für die an Gymnasien, selbstredend unter Beachtung des beschränkteren Lehrziels, der Lehraufgaben und der zur Verfügung stehenden geringeren Stundenzahl.

In III und II B der Realgymnasien ist es freigestellt, die gesammten Stunden zeitweise entweder auf das Lesen oder die Grammatik und mündliche oder schriftliche Uebungen zu verwenden. In I gehört die ganze Zeit, abgesehen von den schriftlichen Uebersetzungen aus dem Lateinischen, dem Schriftsteller und sind nur gelegentlich einzelne Stunden für grammatische Wiederholungen und Zusammenfassungen zu verwerthen.

Auf Gründlichkeit des Verständnisses ist auch hier mit aller Strenge zu achten und tastendes Rathen zurückzuweisen.

4. Griechisch.

a. Allgemeines Lehrziel.

Verständnis der bedeutenderen klassischen Schriftsteller der Griechen.

b. Lehraufgaben.

III B. 6 Stunden wöchentlich.

Die **regelmäßige Formenlehre** des attischen Dialekts bis zum verbum liquidum einschließlich. Das Nöthige aus der Laut- und Accentlehre in Verbindung mit der Flexionslehre. Auswendiglernen von Wörtern, soweit sie für das Lesen nöthig sind, mit Ausschluß besonderer, nicht an die Lektüre angelehnter Vokabularien. Im Anschlusse an das Gelesene sind einzelne syntaktische Regeln induktiv abzuleiten.

Mündliche und schriftliche Uebersetzungen ins Griechische behufs Einübung der Formenlehre, alle 14 Tage, theils Hausarbeiten, theils Klassenarbeiten, und zwar von Anfang an regelmäßig im Anschluß an den Lesestoff.

Lektüre nach einem geeigneten Lesebuche; dieselbe wird sofort begonnen und geht möglichst bald zu zusammenhängenden Lesestücken über. Der Stoff ist der griechischen Sage und Geschichte zu entnehmen. Es ist darauf zu achten, daß nur solche Wörter vorkommen, die regelmäßig in den Schulschriftstellern wiederkehren und daß alle unregelmäßigen Formen fortbleiben.

III A. 6 Stunden wöchentlich.

Die Verba in μι und die wichtigsten unregelmäßigen Verba des attischen Dialekts. Die Präpositionen gedächtnismäßig eingeprägt. Wiederholung und Ergänzung der Lehraufgabe der III B. Ausgewählte Hauptregeln der Syntax im Anschlusse an Gelesenes wie in III B.

Mündliche und schriftliche Uebersetzungsübungen in gleichem Umfange und nach den gleichen Grundsätzen wie in III B, desgleichen das Wörterlernen. Im ersten Halbjahre 3, im zweiten 2 Stunden.

Lektüre. Anfangs nach dem Lesebuch, bald Xenophons Anabasis. Anleitung zur Vorbereitung. Im ersten Halbjahre 3, im zweiten 4 Stunden.

II B. 6 Stunden wöchentlich.

Lektüre. Xenophon, Anabasis und Hellenika mit Auswahl, sowie Homers Odyssee.

Die Vorbereitung auf Homer erfolgt im ersten Halbjahre in der Klasse. Der epische Dialekt wird nicht systematisch durchgenommen, sondern durch Erklärung und gelegentliche Zusammenfassung bei dem Lesen eingeübt. Geeignete Stellen werden auswendig gelernt.

4 Stunden.

Grammatik. Die Syntax des Nomens (Artikel, Pronomen, Kasuslehre), sowie die nothwendigsten Hauptregeln der Tempus- und Moduslehre. Die Durchnahme der Syntax erfolgt, soweit nöthig, systematisch, indem im Uebrigen das bereits Vorgekommene zusammengefaßt und an Beispiele angeknüpft wird. Die Formenlehre wird wiederholt und nach Bedürfnis der Prosalektüre ergänzt.

Schriftliche Uebersetzungen werden wie bisher gefordert, gelegentlich treten an die Stelle der Uebersetzungen ins Griechische solche aus dem Griechischen ins Deutsche.

2 Stunden.

II A. 6 Stunden wöchentlich.

Lektüre. Auswahl aus Herodot, Xenophons Memorabilien und Homers Odyssee.

Von besonderer Erlernung des jonischen Dialekts sowie von der Uebertragung des Herodot ins Attische ist abzusehen. Auswendiglernen wie in II B.

5 Stunden.

Schriftliche Uebungen im Uebersetzen aus dem Griechischen in Verbindung mit dem Lesen des Prosaikers alle 4 Wochen, und zwar in der Regel in der Klasse.

Die Grammatik ist auf dieser Stufe zusammenfassend abzuschließen. Weitere Einführung in die Syntax der Tempora und Modi, Lehre vom Infinitiv und Partizip, wobei auf das der griechischen Sprache Eigenthümliche das Hauptgewicht fällt. Einübung des Gelernten in der Klasse zur Unterstützung der Lektüre.

1 Stunde.

I A und B. je 6 Stunden wöchentlich.

Lektüre. Plato mit Auswahl und Thukydides, letzterer mit Ausschluß schwierigerer Reden; Demosthenes, olynthische und philippische Reden. Vorgängige Vorbereitung in der Klasse. Homers Ilias und Sophokles. Sophokles ist mit den Schülern eine Zeit lang gemeinsam vorzubereiten. Auswendiglernen geeigneter Stellen aus den Dichtern wie früher. Außerdem ergänzend Privatlektüre.

Grammatische Wiederholungen aus allen Gebieten je nach Bedürfnis, aber nur gelegentlich. Uebersetzungen aus dem Griechischen alle 4 Wochen; dieselben sind in der Regel in der Klasse aus dem Schriftsteller oder auch nach Diktaten zu veranstalten.

c. Methodische Bemerkungen.

1. Grammatik, Wortschatz und schriftliche Uebungen. Die nach allen drei Richtungen zu treffende Auswahl bemißt sich lediglich nach dem Lehrziel.

Wegen der thunlichsten Uebereinstimmung der griechischen Grammatik mit der lateinischen s. Lateinisch.

Auszuscheiden aus dem grammatischen Unterricht ist alles, was im Lateinischen bereits vorweg genommen ist und nicht dem Zweck der Lektüre dient, insbesondere fallen fast alle allgemeinen Begriffsbestimmungen fort. Bezüglich der erst auf induktivem Wege aus dem Lesebuch zu gewinnenden und dann fest einzuprägenden Formen und syntaktischen Regeln gilt dasselbe wie für das Lateinische, nur mit dem Unterschied, daß die Rücksicht auf Uebersetzungen ins Griechische fast ganz aufhört. Die dahin zielenden schriftlichen Uebungen in III B bis II B sind elementarster Art und dienen nur der Einübung der Formen und der wichtigsten Sprachgesetze. Auf der Oberstufe entfallen sie ganz.

2. Lektüre. Dieselbe muß, unbeschadet der Gründlichkeit, zumal auf der Oberstufe umfassender werden, als bisher. Ilias und Odyssee z. B. sind thunlichst ganz zu lesen. Soweit dies in der Ursprache nicht möglich ist, sind behufs Ergänzung von dem Lehrer gute Uebersetzungen heranzuziehen. Bei der Behandlung Sophokleischer Stücke ist nach vorausgeschickter Uebersetzung und Einzelerklärung vor allem der Ideengehalt und dann das Verständnis der Kunstform dem Schüler zu erschließen. Dasselbe hat bei den Platonischen Dialogen zu geschehen, deren Auswahl in erster Linie im Hinblick auf den pädagogisch bedeutsamen ethischen Gehalt zu treffen ist.

Im Uebrigen gelten für die Behandlung der griechischen Schriftsteller dieselben Gesichtspunkte wie für die der lateinischen.

5. Französisch.

A. Gymnasium.

a. Allgemeines Lehrziel.

Verständnis nicht zu schwieriger bedeutender Schriftwerke der letzten drei Jahrhunderte und einige Geübtheit im praktischen mündlichen und schriftlichen Gebrauch der Sprache.

b. Lehraufgaben.

IV. 4 Stunden wöchentlich.

Erwerbung einer richtigen Aussprache durch praktische Uebungen zunächst in einem kurzen propädeutischen Kursus unter Ausschluß von theoretischen Regeln über Lautbildung und Aussprache. Leseübungen, erste Versuche im Sprechen in jeder Stunde. Aneignung eines mäßigen Wortschatzes.

Erlernen der regelmäßigen Konjugation unter vorläufiger Beschränkung auf den Indikativ; sowie der Hilfsverben avoir und être. Geschlechtswort, Theilartikel im Nominativ und Accusativ, Deklination des Hauptworts auch unter Berücksichtigung der wichtigsten Unregelmäßigkeiten, Eigenschaftswort, Veränderlichkeit desselben, regelmäßige und unregelmäßige Steigerung; Grundzahlwörter.

Schriftliche und mündliche Uebersetzungen aus dem Elementar- und Lesebuch; Uebungen im Rechtschreiben.

III B. 3 Stunden wöchentlich.

Fortsetzung der Sprech- und Leseübungen, Erweiterung des Wortschatzes s. IV.

Wiederholung der regelmäßigen Konjugation, sowie der Hilfsverben avoir und être unter besonderer Berücksichtigung der Konjunktivformen; Veränderungen in der Rechtschreibung gewisser er-Verben, ferner die allernothwendigsten unregelmäßigen Verba. Die letzteren sind gründlich auswendig zu lernen, auf das Gemeinsame gewisser Unregelmäßigkeiten ist hinzuleiten.

Schriftliche und mündliche Uebersetzungen aus dem Elementar- und Lesebuch; Rechtschreibeübungen.

III A. 3 Stunden wöchentlich.

Die unregelmäßigen Verben in logischer Gruppirung unter Ausscheidung der minder wichtigen und der selteneren Komposita. Ergänzung der sonstigen Formenlehre. Die syntaktischen Hauptgesetze in Bezug auf Gebrauch der Hilfsverben avoir und être, Wortstellung, Tempora, Indikativ und Konjunktiv, wesentlich induktiv behandelt, im Anschluß an Mustersätze; Erweiterung des Wort- und Phrasenschatzes.

Schriftliche und mündliche Uebersetzungen ins Französische, Diktate, nachahmende Wiedergaben.

Lektüre leichter geschichtlicher oder erzählender Prosa und einiger Gedichte. Uebungen im richtigen, betonten Lesen und im Sprechen (Frage und Antwort) im Anschluß an Gelesenes und Vorkommnisse des täglichen Lebens in jeder Stunde.

II B. 3 Stunden wöchentlich.

Befestigung des Konjunktiv; Artikel, Adjektiv, Adverb, Kasusrektion, Präpositionen, dann Particip, Infinitiv, behandelt wie in III A. Wiederholung des Fürworts, soweit dies auf der Unterstufe gelernt ist. Erweiterung des Wort- und Phrasenschatzes.

Schriftliche und mündliche Uebersetzungen in's Französische, Diktate, nachahmende Wiedergabe von Gelesenem und Vorerzähltem, Lektüre und Sprechübungen fortgesetzt wie in III A.

Von IV—II B. findet im Allgemeinen eine Scheidung der Stunden nach den einzelnen Unterrichtszweigen nicht statt. Die Lektüre und die sich daran anschließende Uebung im Sprechen stehen im Mittelpunkt des gesammten Unterrichts.

II A—I A. je 2 Stunden wöchentlich.

Lesen ausgewählter, vorzugsweise modern französischer Prosa, theilweise zur Belebung des geschichtlichen Stoffes, sowie geeigneter moderner Dichtungen, jedoch auch eines und des anderen klassischen Dramas, jedenfalls einer der großen Komödien Molières.

Auf Gedankeninhalt und gute Uebersetzung ist besonders Gewicht zu legen. Synonymisches, Stilistisches, Metrisches nach Bedürfnis und in maßvoller Beschränkung auf das Feststehende und allgemein Giltige im Anschluß an Gelesenes.

Gelegentliche zusammenfassende, grammatische Wiederholungen nebst mündlichen Uebersetzungen ins Französische, dazu alle 14 Tage eine Uebersetzung aus dem Französischen.

Fortgesetzte Uebungen im Sprechen in jeder Stunde, in der Hauptsache auch hier auf Frage und Antwort beschränkt, wie in III A.

B. Realgymnasium.

a. Allgemeines Lehrziel.

Verständnis der wichtigeren Schriftwerke der drei letzten Jahrhunderte und Uebung im praktischen mündlichen und schriftlichen Gebrauch der Sprache.

b. Lehraufgaben.

Vorbemerkung. Im Wesentlichen gelten hier dieselben Lehraufgaben wie zu A. Der Unterschied bemißt sich nach der größeren Stundenzahl und der Bedeutung des Fachs im Organismus der Schule. Aussprache- und Sprechübungen, Grammatik, schriftliche Uebungen, Wortschatz und Lektüre gewinnen größeren Umfang und erfahren eine eindringlichere Behandlung.

IV. 5 Stunden wöchentlich.

Wie am Gymnasium.

III A. 5 Stunden wöchentlich.

Grammatik wie am Gymnasium. Ferner die wichtigeren Regeln über die Veränderlichkeit des Perfektpartizips, gründliche Einübung der Fürwörter; Adverb, die Präpositionen de und à.

Im Uebrigen wie beim Gymnasium.

III A. 5 Stunden wöchentlich.

Die unregelmäßigen Verben wie in III A. des Gymnasiums. Gruppirende Zusammenfassung der gesammten Formenlehre. Hauptgesetze über den Gebrauch der Hilfsverben avoir und être und der unpersönlichen Verben. Tempora und Modi, theils induktiv, theils deduktiv. Erweiterung des Wort- und Phrasenschatzes.

Schriftliche und mündliche Uebersetzungen, Diktate, Lektüre, Uebungen im Sprechen wie an Gymnasien, nur erweitert und eingehender behandelt.

II B. 4 Stunden wöchentlich.

Die syntaktischen Hauptgesetze über Artikel, Adjektiv, Adverb, Fürwort, Kasusrektion, Infinitiv, Präpositionen und Konjunktionen. Erweiterung des Wort- und Phrasenschatzes

Im Uebrigen wie in III A.

II A—I A. je 4 Stunden wöchentlich.

Die Lektüre, welche auch hier wie an Gymnasien im Mittelpunkt des Unterrichts steht, wird ausgedehnter und eindringlicher behandelt, so daß eine reichere Anschauung von der Entwickelung und der Eigenart der französischen Literatur in den letzten Jahrhunderten gewonnen wird. Metrisches Lesen, Uebungen im Vortrag französischer Verse.

Ergänzung und Wiederholung der wichtigeren Abschnitte der Grammatik, theils planmäßig, theils nach Bedürfnis. Neue Gruppirung und tiefere Begründung der grammatischen Erscheinungen, Hinzunahme des mehr Phraseologischen. Aus der Stilistik, Synonymik und Metrik nur das für die Lektüre bezw. die Schreibübungen Nothwendigste, induktiv gewonnen. Erweiterung des Wortschatzes auch nach der technischen und wissenschaftlichen Seite.

Schriftliche und mündliche Uebersetzungen ins Französische, Diktate, Anleitung zum Aufsatz, von häufigen kleinen Wiedergaben des Gelesenen bis zur freieren Behandlung von eng begrenzten konkreten Thematen fortschreitend. Sprechübungen in jeder Stunde im Anschluß an Gelesenes wie an Vorkommnisse des täglichen Lebens.

C. Oberrealschule.

a. Allgemeines Lehrziel.

Wie am Realgymnasium, nur hinzuzufügen: sowie sprachlich-logische Schulung.

b. Lehraufgaben.

Vorbemerkung. An den lateinlosen Schulen hat das Französische bezüglich der sprachlich-logischen Schulung dieselbe Aufgabe zu lösen, wie an lateinlehrenden das Lateinische; auch steht an den ersteren für den Betrieb des Französischen weit mehr Zeit zur Verfügung. Daraus ergeben sich nothwendig Verschiedenheiten der Behandlung im Einzelnen trotz der im Wesentlichen für alle Realanstalten gleichen allgemeinen Normen. An den lateinlosen Anstalten muß das System der Grammatik als solches zur Erkenntnis gebracht werden, auch sind die Einzelheiten weniger dem Zufall zu überlassen; das Theoretische ist gründlicher zu befestigen, das Praktische reichlicher zu betreiben; dies gilt auch von den Hilfsdisciplinen, wie Stilistik, Metrik, Synonymik. Lektüre, Sprechübungen, schriftliche und mündliche Uebersetzungen, Diktate, Aufsätze im Ganzen wie an den Realgymnasien, nur eingehender.

Nach Vorstehendem genügt es, an dieser Stelle nur die Abweichungen der grammatischen Aufgaben zu bezeichnen.

VI. 6 Stunden wöchentlich.

Im Mittelpunkte steht die Erlernung der regelmäßigen Konjugation, sowie der Hilfsverben avoir und être. Das Nothwendigste aus der Formenlehre des Substantivs, des Adjektivs, der Zahlwörter, im Anschluß an Gelesenes.

V. 6 Stunden wöchentlich.

Systematische Durchnahme der Grammatik. Das Geschlechtswort, der sogenannte Theilartikel im Nominativ und Accusativ, das Nothwendigste über Geschlecht der Substantive, Bildung der Mehrheit, Bildung der weiblichen Form des Adjektivs; die Steigerung des Adjektivs, die Fürwörter unter Berücksichtigung der nothwendigsten syntaktischen Regeln, die Zahlwörter genauer. Wiederholung und feste Einprägung der regelmäßigen Konjugation, der Hilfsverben avoir und être. Die wichtigsten unregelmäßigen Verbalformen.

IV. 6 Stunden wöchentlich.

Wiederholung der Lehraufgabe der Quinta, namentlich der Fürwörter. Bildung und Steigerung des Adverbs, die unregelmäßigen Verben in logischer Gruppirung. Uebersicht über die Konjunktionen, zusammengestellt nach ihrer Bedeutung für die Satzarten; Präpositionen de und à.

Ueberblick über die gesammte Formenlehre.

III B. 6 Stunden wöchentlich.

Gebrauch der Hilfsverben avoir und être. Die unpersönlichen Verben. Syntax des Verbs: Gebrauch der Zeiten, Indikativ, Konjunktiv, Infinitiv, Partizip, Konkordanz, Rektion der Verben.

III A. 6 Stunden wöchentlich.

Wortstellung. Syntax des Artikels, des Adjektivs, des Fürworts, mit Ausnahme der demonstrativen und unbestimmten Fürwörter.

II B. 5 Stunden wöchentlich.

Syntax der demonstrativen und unbestimmten Fürwörter, Syntax des Adverbs, Besprechung der wichtigeren Präpositionen nach ihren verschiedenen Bedeutungen. Wiederholung der gesammten Formenlehre und Syntax.

II A — I A. je 4 Stunden wöchentlich.

Wie an Realgymnasien.

Auf die Erweiterung des Wortschatzes nach der Seite des Technischen und Kommerziellen ist besonderes Gewicht zu legen.

D. Realschule.

Für VI — IV dieselben Lehraufgaben wie bei der Oberrealschule.

III. 6 Stunden wöchentlich.

Gebrauch der Hilfsverben avoir und être. Syntax des Verbs: Gebrauch der Zeiten, Indikativ, Konjunktiv, Infinitiv, Particip.

II. 6 Stunden wöchentlich.

Die nothwendigsten Regeln von der Wortstellung. Syntax des Artikels, des Adjektivs.

I. 5 Stunden wöchentlich.

Syntax des Adverbs und der Fürwörter, im Wesentlichen Wiederholungen. Von den unbestimmten Fürwörtern werden die unwichtigeren übergangen. Wiederholung der gesammten Grammatik unter besonderer Berücksichtigung der Präpositionen. Gelegentliche Erklärung noch nicht besprochener Erscheinungen bei der Lektüre.

6. Englisch.

A. Gymnasium.

a. Allgemeines Lehrziel.

Sicherheit der Aussprache und erste auf fester Aneignun der Formen, der nothwendigsten syntaktischen Gesetze und eine ausreichenden Wortschatzes beruhende Uebung im mündliche und schriftlichen Gebrauch der Sprache, sowie Verständni leichterer Schriftsteller.

b. Lehraufgaben.

II A—I A. je 2 Stunden wöchentlich.

Einer besonderen Vertheilung des Lehrstoffes bedarf e nicht. Festzuhalten bleibt, daß der Betrieb ein wesentlic empirischer und darauf gerichtet sein muß, nach sorgfältige praktischer Einübung der Aussprache im Anschluß an das Ge lesene einen solchen Grund zu legen, daß darauf mit Erfol weiter gebaut werden kann. Lese-, Schreib- und Sprech übungen, sowie der anzueignende Wortschatz dienen lediglic diesem Zweck. Die nothwendigsten grammatischen Regeln sin induktiv zu behandeln und nach einem kurzen Lehrbuch einzu prägen, alles Uebrige ist bei der Lektüre zu besprechen. Anfang ist ein Lesebuch zu benützen, im letzten Jahre ein geeignete Schriftsteller zu lesen.

B. Realgymnasium.

a. Allgemeines Lehrziel.

Verständnis der wichtigsten Schriftwerke seit Shakespear und Uebung im praktischen mündlichen und schriftlichen Ge brauch der Sprache.

b. Lehraufgaben.

III B. 3 Stunden wöchentlich.

Erwerbung einer richtigen Aussprache durch praktisc Uebungen zunächst in einem kurzen propädeutischen Kursu unter Ausschluß theoretischer Regeln über Lautbildung un Aussprache. Leseübungen, erste Versuche im Sprechen in jed Stunde. Aneignung eines beschränkten Wortschatzes.

Durchnahme der regelmäßigen und unregelmäßige Formenlehre unter Berücksichtigung der Syntax insoweit, al sie zur Erklärung der Formen, sowie zum Verständnis d Lektüre dient. Schriftliche und mündliche Uebersetzungen au dem Elementar- und Lesebuch. Rechtschreibeübungen.

IIIA. 5 Stunden wöchentlich.

Fortsetzung der Lese- und Sprechübungen in jeder Stunde und Erweiterung des Wortschatzes.

Syntax des Verbs, namentlich die Lehre vom Infinitiv, Gerundium, Particip, den Hilfsverben; Gebrauch der Zeiten, Konjunctiv.

Schriftliche und mündliche Uebersetzungen in das Englische und aus dem Englischen und Uebungen wie in IIIB.

IIB. 3 Stunden wöchentlich.

Syntax des Artikels, Substantivs, Adjektivs, Pronomens, Adverbs und Uebersicht der wichtigeren Präpositionen, zum Theil wiederholend.

Schriftliche und mündliche Uebungen, nachahmende Wiedergabe von Gelesenem, Erweiterung des Wort- und Phrasenschatzes. Lektüre leichterer erzählender und beschreibender Prosa und einer Auswahl von Gedichten.

Sprechübungen in jeder Stunde im Anschluß an das Gelesene und Vorkommnisse des täglichen Lebens.

IIA—IA. je 3 Stunden wöchentlich.

Die Lektüre steht im Mittelpunkt des gesammten Unterrichts. Lesen ausgewählter, vorzugsweise modern englischer Prosa, theilweise zur Belebung des geschichtlichen Stoffs, sowie geeigneter Dichtwerke, insbesondere Shakespearescher Dramen nach einem festzustellenden Kanon. Auf Gedankeninhalt und gute Uebersetzung ist besonders zu achten und darauf zu halten, daß der Schüler ein Bild von der Eigenart der englischen Litteratur und ihrer Entwickelung seit Shakespeare in Haupttypen erhält. Stilistisches, Synonymisches, Metrisches nach Bedürfnis und unter maßvoller Beschränkung auf das allgemein Giltige und das Feststehende im Anschluß an das Gelesene.

Gelegentlich Erweiterung und Vertiefung der früheren grammatischen Lehraufgabe; Etymologisches und Sprachgeschichtliches.

Schriftliche und mündliche Uebersetzungen ins Englische, freie Wiedergabe von Gelesenem, Anleitung zu Aufsätzen, an konkrete Themata angelehnt, besonders bei Anstalten, wo auf das Englische vor dem Französischen ein besonderes Gewicht gelegt wird. Elemente der technischen und wissenschaftlichen Terminologie. Fortgesetzte Uebungen im Sprechen im Anschluß an Lektüre und tägliche Vorkommnisse.

C. Oberrealschule.

a. Allgemeines Lehrziel.

Wie bei dem Realgymnasium.

b. Lehraufgaben.

Vorbemerkung. Im Wesentlichen dieselben Lehraufgab wie an Realgymnasien. Die etwas reichlicher vorhandene Z hat einer strengeren grammatischen Schulung, einer umfan reicheren Lektüre und ausgedehnteren schriftlichen Uebungen z dienen, welch letztere mehr als an Realgymnasien nachahmend Art sein und überdies sich auf konkrete technische Aufgabe Briefe u. s. w. erstrecken können. Das Idiomatische ist beson ders zu betonen und die Aneignung eines reichlicheren, au technischen Wortschatzes zu sichern. Ausgedehntere Sprech übungen. Das Grammatische vertheilt sich wie folgt:

III B. 5 Stunden wöchentlich.

Durchnahme der regelmäßigen und unregelmäßig Formenlehre wie auf den Realgymnasien.

III A. 4 Stunden wöchentlich.

Syntax des Verbs, insbesondere die Lehre von den Hilfs verben, von dem Infinitiv, Gerundium, Particip, Gebrau der Zeiten, Konjunktiv. Syntax des Artikels.

II B. 4 Stunden wöchentlich.

Syntax des Substantivs, des Adjektivs, der Pronomin der Adverbien.

Wiederholungen und Ergänzungen der in IIIB gelernt Regeln. Besprechung der wichtigeren Präpositionen.

II A — I A. je 4 Stunden wöchentlich.

In den drei oberen Klassen Wiederholung, Erweiterun Vertiefung, wo es die Lektüre oder die schriftlichen und mün lichen Uebungen nothwendig machen.

D. Realschule.

III. 5 Stunden wöchentlich.

Durchnahme der regelmäßigen und unregelmäßigen Formi lehre unter Berücksichtigung der wichtigeren syntaktischen Rege die zum Verständnis der Formen selbst sowie der Lektüre no wendig sind. Systematische Gruppirung des Zusammengehörig an der Hand des Lehrbuchs.

II. 4 Stunden wöchentlich.

Die Syntax des Verbs: Hülfsverben, Infinitiv, Gerundium, Partizip, Gebrauch der Zeiten.

Aus der Lehre vom Konjunktiv nur das Allernothwendigste.

I. 4 Stunden wöchentlich.

Besprechung der Syntax des Artikels, des Substantivs, des Adjektivs, des Pronomens, des Adverbs, im Wesentlichen Wiederholungen der bereits in der III gelernten und durch die Lektüre ergänzten Regeln.

Besprechung der wichtigeren Präpositionen about, after, at, by, from, to, with.

c. Methodische Bemerkungen zu Französisch und Englisch.

1. Grammatik, Wortschatz und schriftliche Uebungen. Die Aufgabe der sprachlich-logischen Schulung, welche an lateinlehrenden Anstalten vorzugsweise der lateinischen Grammatik und den angeschlossenen Uebungen zufällt, ist an lateinlosen durch die französische Grammatik und die entsprechenden Uebungen zu lösen. Der Betrieb der französischen Grammatik an letzteren Anstalten wird sonach ein mehr systematischer sein müssen.

Bei der Auswahl der französischen und der englischen Grammatiken ist darauf zu sehen, daß dieselben in ihrem ganzen Aufbau sich nicht zu sehr unterscheiden und daß die Terminologie hier dieselbe ist wie in den anderen Sprachen.

Französisch oder englisch geschriebene Grammatiken sind auch auf den Oberstufen zu verwerfen. Die grammatische Unterweisung hat in deutscher Sprache zu erfolgen.

Die grammatischen Gesetze haben sich auf das Regelmäßige und allgemein Gebräuchliche zu beschränken, wobei Grundgesetze, abgeleitete Regeln und Einzelnes zu scheiden sind. Allgemeine Begriffsbestimmungen sind an lateinlehrenden Schulen ganz zu meiden, an lateinlosen auf das Allernothwendigste zu beschränken.

Die Anordnung des syntaktischen Stoffs nach Redetheilen ist zu bevorzugen. Dabei empfiehlt sich eine zweckmäßig gruppirende Zusammenstellung von Verwandtem.

Die Ergebnisse der geschichtlichen Sprachforschung sind mit Vorsicht und nur soweit heranzuziehen, als durch dieselben im Anschluß an Gelerntes das Verständnis von Formen, Regeln oder Wortbildungen erleichtert wird. An lateinlosen Schulen ist eine solche Heranziehung zu unterlassen.

Auszugehen ist auf der Anfangsstufe für Französisch und Englisch von der Anleitung zu einer richtigen Aussprache unter Vermeidung von allgemeinen Ausspracheregeln und unter Fernhaltung aller theoretischen Lautgesetze und der Lautschrift. Am zweckmäßigsten erfolgt die erste Anleitung in einem kurzen Lautirkursus. Vorsprechen des Lehrers, Nachsprechen des Schülers, Chorsprechen und Chorlesen sind die Mittel zur Erreichung einer richtigen Aussprache in der Schule. Ausbildung der Hör- und Sprechfähigkeit des Schülers ist stets im Auge zu behalten.

An diesen Kursus haben sich alsbald die ersten Versuche im Sprechen im Anschluß an den umzuformenden Lesestoff des methodisch angelegten Elementar- und Lesebuchs anzulehnen, welches propädeutisch die Grundlage für Grammatik, Lektüre, mündliche und schriftliche Uebungen zu bilden hat.

Für das Erlernen der Formen und der wichtigeren syntaktischen Regeln kann auf eine feste gedächtnismäßige Einprägung nicht verzichtet werden. Das Verständnis ist aber induktiv durch Beispiele und Mustersätze vorzubereiten.

Auf Aneignung eines festen von Stufe zu Stufe zu erweiternden und auch auf den Gebrauch im täglichen Verkehr zu bemessenden Wort- und Phrasenschatzes in beiden Sprachen ist auf allen Stufen streng zu halten. Dieser Schatz ist durch fortgesetzte mündliche und schriftliche Verwerthung in sicheren Besitz umzuwandeln. Besondere, die Lektüre und das Bedürfnis des täglichen Lebens berücksichtigende Vokabularien können gute Dienste leisten.

Rechtschreibeübungen sind von unten auf regelmäßig anzustellen und behufs Gewöhnung auch des Ohrs als Diktate bis in die oberen Klassen fortzusetzen.

Die sonstigen schriftlichen Uebungen haben vielseitige Verarbeitung des in dem Elementar- und Lesebuch bezw. in der Grammatik, der Lektüre und dem angeeigneten Wortschatz dargebotenen Stoffes zum Zwecke. Auf den oberen Klassen empfehlen sich besonders auch Uebungen im Rückübersetzen. Diese Rückübersetzungen bilden den Uebergang zu freien Arbeiten, Briefen, Inhaltsangaben, kürzeren geschichtlichen Darstellungen in der Fremdsprache.

Wegen der Uebersetzungen aus den Fremdsprachen gelten dieselben Bemerkungen wie bei dem Lateinischen.

2. Lektüre. Auf allen Stufen ist in beiden Sprachen die prosaische Lektüre vor der dichterischen, die geschichtliche und beschreibende vor den übrigen Gattungen zu bevorzugen, der Prosaiker aber thunlichst nicht neben dem Dichter zu lesen. In den oberen Klassen, zumal an Realanstalten, sind auch die übrigen Gattungen zu berücksichtigen. Hier gilt es, die Bekanntschaft mit dem Leben, den Sitten, Gebräuchen, den

wichtigsten Geistesbestrebungen beider Nationen zu vermitteln und zu dem Zweck besonders moderne Schriftwerke ins Auge zu fassen.

Die für die alten Sprachen geforderte Verwerthung der geschichtlichen Lektüre für den Geschichtsunterricht trifft auch hier zu.

3. Uebungen im mündlichen Gebrauch der beiden Sprachen. Dieselben haben auf der untersten Stufe bald nach den ersten Versuchen in der Aussprache zu beginnen und den ganzen Unterricht von Stufe zu Stufe zu begleiten. Die Form dieser Uebungen ist wesentlich die der Frage und Antwort; der Stoff dazu wird entweder aus der Lektüre oder von Vorkommnissen des täglichen Lebens entnommen. Die mündlichen Inhaltsangaben sind nicht zu verwerfen, aber, als Monologe der Schüler, weniger geeignet, Freude am Sprechen und Uebung im praktischen Gebrauch der Sprache zu fördern. Abgesehen von den Stunden für schriftliche Uebersetzungen soll keine Stunde ohne kurze Sprechübungen vergehen.

So betrieben werden die letzteren den übrigen Unterricht wesentlich unterstützen und als grundlegende Vorbereitung auf die nur im Verkehr mit Franzosen und Engländern zu erwerbende volle Fertigkeit im mündlichen Gebrauch der beiden Fremdsprachen ihren Zweck erfüllen.

7. Geschichte.

Vorbemerkung. Lehrziel, Lehraufgaben und methodische Bemerkungen gelten für die entsprechenden Stufen aller Arten von höheren Schulen.

a. Allgemeines Lehrziel.

Kenntnis der epochemachenden Ereignisse der Weltgeschichte, insbesondere der deutschen und preußischen Geschichte, im Zusammenhang ihrer Ursachen und Wirkungen, und Entwicklung des geschichtlichen Sinnes.

b. Lehraufgaben.

VI. 1 Stunde wöchentlich.

Lebensbilder aus der vaterländischen Geschichte, wobei von Gegenwart und Heimat auszugehen ist.

V. 1 Stunde wöchentlich.

Erzählungen aus der sagenhaften Vorgeschichte der Griechen und Römer.

Die eigentlichen Sagen des klassischen Alterthums sind der altsprachlichen Lektüre und dem deutschen Unterricht zugewiesen.

IV. 2 Stunden wöchentlich.

Uebersicht über die griechische Geschichte bis zum Tode Alexanders des Großen nebst Ausblick auf die Diadochenreiche und Uebersicht über die römische Geschichte bis zu dem Tode des Augustus in Anlehnung an die führenden Hauptpersonen. Die Behandlung der Zeit vor Solon einerseits und vor dem Auftreten des Pyrrhus andererseits ist auf das knappste Maß zu beschränken.

Bei der griechischen Geschichte ist das Allernothwendigste über die wichtigsten orientalischen Kulturvölker, soweit sie nicht schon in der biblischen Geschichte behandelt sind, einzuflechten.

Einprägung der unentbehrlichen Jahreszahlen und des geschichtlichen Schauplatzes auf allen Stufen, erstere in der Beschränkung, wie sie durch die Verfügung vom 22. Juli 1891 — U. II 2394 — gegeben ist.

III B. 2 Stunden wöchentlich.

Kurzer Ueberblick über die weströmische Kaisergeschichte vom Tode des Augustus, dann deutsche Geschichte bis zum Ausgang des Mittelalters. Die außerdeutsche Geschichte ist nur soweit heranzuziehen, als sie allgemeine Bedeutung hat.

III A. 2 Stunden wöchentlich.

Deutsche Geschichte vom Ausgang des Mittelalters bis zum Regierungsantritt Friedrichs des Großen, insbesondere brandenburgisch-preußische Geschichte.

Die außerdeutsche Geschichte ist nur soweit heranzuziehen, als sie für die deutsche und die brandenburgisch-preußische Geschichte zum Verständnis nothwendig ist.

II B. 2 Stunden wöchentlich.

Deutsche und preußische Geschichte vom Regierungsantritt Friedrichs des Großen bis zur Gegenwart.

Die außerdeutsche Geschichte wie zu III A.

Friedrich der Große, die französische Revolution, Napoleon I insbesondere in seinem Verhältnis zu Deutschland, das Unglück und die Erhebung Preußens, die Befreiungskriege, die innere Umgestaltung Preußens, die Neuordnung der politischen Verhältnisse Deutschlands 1815, die Bemühungen um Herstellung des Zollvereins und einer größeren nationalen Einheit, die Thaten Kaiser Wilhelms I. und die Gründung des deutschen Reichs bilden den Hauptinhalt der Lehraufgabe der II B.

Im Anschluß an die vaterländische Geschichte und die Lebensbilder der betreffenden Herrscher vergleichende Berücksichtigung unserer gesellschaftlichen und wirthschaftlichen Entwickelung bis 1888 unter Hervorhebung der Verdienste der Hohenzollern insbesondere um die Hebung des Bauern-, Bürger- und Arbeiterstandes.

II A. 3 Stunden wöchentlich.

Hauptereignisse der griechischen Geschichte bis zum Tode Alexanders des Großen und der römischen Geschichte bis zum Untergang des weströmischen Kaiserthums nach Ursachen und Wirkungen. Besondere Berücksichtigung der Verfassungs- und Kulturverhältnisse in zusammenfassender vergleichender Gruppirung.

I B. 3 Stunden wöchentlich.

Geschichte der epochemachenden weltgeschichtlichen Ereignisse vom Untergang des weströmischen Reiches bis zum Ende des dreißigjährigen Krieges, im Zusammenhang ihrer Ursachen und Wirkungen. Im Uebrigen wie II A.

Die außerdeutschen Verhältnisse von weltgeschichtlicher Bedeutung, ferner die Kreuzzüge, die kirchlichen Reformbewegungen, die Entdeckungen des 14. und 15. Jahrhunderts sind von allgemeineren Gesichtspunkten aus zu behandeln, als in III.

Geschichtlich-geographische Uebersicht der 1648 bestandenen Staaten.

I A. 3 Stunden wöchentlich.

Die wichtigsten Begebenheiten der Neuzeit vom Ende des dreißigjährigen Krieges, insbesondere der brandenburgisch-preußischen Geschichte, bis zur Gegenwart im Zusammenhang ihrer Ursachen und Wirkungen. Im Uebrigen wie II A.

Im Anschluß an die Lebensbilder des großen Kurfürsten, Friedrich Wilhelms I., Friedrichs des Großen, Friedrich Wilhelms III. und Kaiser Wilhelms I. zusammenfassende Belehrungen wie in II B, dem Verständnis der höheren Stufe entsprechend vertieft.

c. Methodische Bemerkungen.

Der propädeutische Unterricht in VI und V hat die Aufgabe, ausgehend von der Gegenwart und der Heimat, die großen Heldengestalten der nächsten und der ferneren Vergangenheit dem Herzen und der Phantasie des Knaben nahe zu bringen, seinen Gedankenkreis damit zu erfüllen und den ersten konkreten Grund für eine geschichtliche Betrachtung zu legen. Begeisterung des Lehrers selbst, schlichte, aber lebenswarme Schilderung der vorgeführten Helden in freier Erzählung ohne Anschluß an ein Buch thun hier fast alles.

Für den Erfolg dieses Unterrichts ist es von Wichtigkeit, daß das deutsche Lesebuch auf diesen Stufen im engsten Zusammenhange mit den biographischen Aufgaben stehe.

Für die folgenden Klassen gilt es vor allem zu unterscheiden zwischen dem Unterricht in IV—II B und dem auf der Oberstufe. Handelt es sich in den ersteren wesentlich um Ueberlieferung und Einprägung der wichtigsten Thatsachen, vielfach in Anlehnung an hervorragende Persönlichkeiten, um Festhaltung der chronologischen Ordnung, so fällt der Oberstufe zu die ergänzende Vertiefung und vergleichende Durchdringung des in IV—II B Gelernten nach verschiedenen Gesichtspunkten. Zwar ist das Vorführen von Thatsächlichem und das gedächtnismäßig geordnete Festhalten desselben auch hier erforderlich, aber die inneren Verhältnisse müssen vor den äußeren in den Vordergrund treten, das Verständnis für den pragmatischen Zusammenhang der Ereignisse und für ein höheres Walten in der Geschichte, die Fähigkeit zum Begreifen der Gegenwart aus der Vergangenheit müssen vor allem geweckt werden.

Auf beiden Stufen hängt der Erfolg in erster Linie von der Lehrerpersönlichkeit ab, welche voll nur in dem freien Vortrag zur Geltung kommt. Zur Belebung des geschichtlichen Unterrichts empfiehlt es sich, charakteristische Anschauungsmittel heranzuziehen.

Besonders sicheren Takt und große Umsicht in der Auswahl und Behandlung des einschlägigen Stoffs erheischt die für Untersekunda und Oberprima geforderte Belehrung über wirthschaftliche und gesellschaftliche Fragen in ihrem Verhältnis zur Gegenwart. Je mehr hierbei jede Tendenz vermieden, vielmehr der gesammte Unterricht von ethischem und geschichtlichem Geiste durchdrungen und gegenüber den sozialen Forderungen der Jetztzeit auf die geschichtliche Entwickelung des Verhältnisses der Stände unter einander und der Lage des arbeitenden Standes insbesondere in objektiver Darstellung hingewiesen, der stetige Fortschritt zum Bessern und die Verderblichkeit aller gewaltsamen Versuche der Aenderung sozialer Ordnungen aufgezeigt wird: um so eher wird bei dem gesunden Sinn unserer Jugend es gelingen, dieselbe zu einem Urtheil über das Verhängnisvolle gewisser sozialer Bestrebungen der Gegenwart zu befähigen.

Indem an der Hand der Geschichte die sozialpolitischen Maßnahmen der europäischen Kulturstaaten in den beiden letzten Jahrhunderten vor Augen geführt werden, ist der Uebergang zur Darstellung der Verdienste unseres Herrscherhauses auf diesem Gebiete bis in die neueste Zeit herab von selbst gegeben.

Selbstverständlich ist, daß solche Belehrungen in Untersekunda der Stufe entsprechend knapp und mehr thatsächlich, in Oberprima aber ausgedehnter und mehr pragmatisch zu behandeln sind.

Sehr zu empfehlen ist die vielfach mit bestem Erfolge ausgeführte vergleichende und den Stoff nach verschiedenen Gesichtspunkten gruppirende Zusammenfassung geschichtlicher Thatsachen. Dies gilt vorzugsweise auch für Wiederholungen in den oberen Klassen. In welcher Weise derartige gruppirende Wiederholungen vorzunehmen sind, ist in der einschlägigen Literatur eingehend dargelegt.

Der mündliche freie Vortrag der Schüler muß in dem Geschichtsunterricht besonders geübt werden.

8. Erdkunde.

Vorbemerkung. Im Wesentlichen wie zu 7. Geschichte.

a. Allgemeines Lehrziel.

Verständnisvolles Anschauen der umgebenden Natur und der Kartenbilder, Kenntnis der physischen Beschaffenheit der Erdoberfläche und ihrer politischen Eintheilung sowie der Grundzüge der mathematischen Erdkunde.

b. Lehraufgaben.

VI. 2 Stunden wöchentlich.

Grundbegriffe der physischen und der mathematischen Erdkunde elementar und in Anlehnung an die nächste örtliche Umgebung. Erste Anleitung zum Verständnis des Reliefs, des Globus und der Karten. Oro- und hydrographische Verhältnisse der Erdoberfläche im Allgemeinen, und nach denselben Gesichtspunkten Bild der engeren Heimat insbesondere, ohne Zugrundelegung eines Lehrbuchs und wie in V thunlichst in Verbindung mit der Naturbeschreibung.

V. 2 Stunden wöchentlich.

Physische und politische Erdkunde Deutschlands unter Benutzung eines Lehrbuchs. Weitere Einführung in das Verständnis des Reliefs, des Globus und der Karten. Anfänge im Entwerfen von einfachen Umrissen an der Wandtafel.

IV. 2 Stunden wöchentlich.

Physische und politische Erdkunde von Europa außer Deutschland, insbesondere der um das Mittelmeer gruppirten Länder. Entwerfen von einfachen Kartenskizzen an der Wandtafel und in Heften.

IIIB. 1 bez. 2 Stunden wöchentlich.

Wiederholung der politischen Erdkunde Deutschlands, physische und politische Erdkunde der außereuropäischen Erdtheile außer den deutschen Kolonieen. Kartenskizzen wie IV.

IIIA. 1 bez. 2 Stunden wöchentlich.

Wiederholung der physischen Erdkunde Deutschlands. Erdkunde der deutschen Kolonieen. Kartenskizzen wie in IV.

IIB. 1 bezw. 2 Stunden wöchentlich.

Wiederholung der Erdkunde Europas. Elementare mathematische Erdkunde. Kartenskizzen wie in IV.

An Realanstalten dazu die bekanntesten Verkehrs- und Handelswege der Jetztzeit.

IIA—I.

Das Wichtigste aus der allgemeinen Erdkunde und Begründung der mathematischen Erdkunde, beide mit Mathematik oder Physik zu verbinden.

Sonstige Wiederholungen im Geschichtsunterricht nach Bedürfnis.

An Realanstalten überdies genauere vergleichende Uebersicht der wichtigsten Verkehrs- und Handelswege bis zur Gegenwart.

c. Methodische Bemerkungen.

Dem Zwecke dieses Unterrichts in höheren Schulen entsprechend ist, unbeschadet der Bedeutung der Erdkunde als Naturwissenschaft, vor allem der praktische Nutzen des Faches für die Schüler ins Auge zu fassen und die politische Erdkunde nicht zurückzustellen.

Demgemäß sind Lehrziel und Lehraufgaben zu bemessen. Ueberall ist der Gedächtnisstoff zu beschränken und zu verständnisvollem Anschauen der umgebenden Natur, der Relief- und Kartenbilder anzuleiten.

Behufs Gewinnung der ersten Vorstellungen auf dem Gebiete der physischen und mathematischen Erdkunde ist an die nächste örtliche Umgebung anzuknüpfen, und daran sind die allgemeinen Begriffe möglichst verständlich zu machen. Dabei aber ist jede Künstelei zu vermeiden und vor sogen. systematischen Beobachtungen zu warnen.

Sind so die ersten Grundbegriffe zum Verständnis gebracht, so sind dieselben an dem Relief und dem Globus dem Schüler zu veranschaulichen, dann aber ist dieser zur Benutzung der Karte anzuleiten, welche er allmählich lesen lernen muß.

Das in den Lehraufgaben empfohlene Zeichnen ist für diesen Unterricht sehr wichtig, dabei ist aber vor Ueberspannung der Anforderungen zu warnen. Mit einfachen Umrissen, Profilen und Aehnlichem an der Wandtafel wird man sich meist begnügen müssen.

Auf der Oberstufe empfiehlt sich das Zeichnen besonders für die am Ende eines jeden Vierteljahrs in zusammenhängenden Stunden anzustellenden Wiederholungen.

Ob der Unterricht in der Erdkunde von dem Lehrer der Geschichte oder dem der Naturwissenschaften besser zu ertheilen sei, hängt von der Persönlichkeit und deren Befähigung ab. Im Allgemeinen scheint auf der unteren Stufe der Lehrer der Naturwissenschaft, auf der mittleren der der Geschichte dazu geeigneter zu sein. Die Wiederholungen auf der Oberstufe, soweit sie die physische und politische Erdkunde betreffen, müssen von dem Lehrer der Geschichte, die in der allgemeinen und besonders der mathematischen Erdkunde von dem Lehrer der Mathematik oder Physik angestellt werden.

9. Mathematik.

A. Gymnasium.

a. Allgemeines Lehrziel.

Sicherheit im Rechnen mit bestimmten Zahlen und in dessen Anwendung auf die gewöhnlichen Verhältnisse des bürgerlichen Lebens. Arithmetik bis zur Entwicklung des binomischen Lehrsatzes für ganze positive Exponenten; Algebra bis zu den Gleichungen zweiten Grades einschließlich. Die ebene und körperliche Geometrie und die ebene Trigonometrie. Der Koordinatenbegriff und einige Grundlehren von den Kegelschnitten. — Auf allen diesen Gebieten ist nicht bloß ein auf Verständnis beruhendes Wissen der Sätze, sondern auch Gewandtheit in ihrer Anwendung zu erreichen.

b. Lehraufgaben.

VI. 4 Stunden wöchentlich.

Weiderholung der Grundrechnungen mit ganzen Zahlen, unbenannten und benannten. Die deutschen Maße, Gewichte und Münzen nebst Uebungen in der decimalen Schreibweise und den einfachsten decimalen Rechnungen.

V. 4 Stunden wöchentlich.

Theilbarkeit der Zahlen. Gemeine Brüche. Einfache Aufgaben der Regeldetri (durch Schluß auf die Einheit zu lösen). Die deutschen Maße, Gewichte und Münzen (wie in VI).

IV. 4 Stunden wöchentlich.

Rechnen (2 Stunden). Decimalrechnung. Einfache und zusammengesetzte Regeldetri mit ganzen Zahlen und Brüchen (Aufgaben aus dem bürgerlichen Leben).

Planimetrie (2 Stunden). Lehre von den Geraden, Winkeln und Dreiecken.

III B. 3 Stunden wöchentlich.

Arithmetik (1 Stunde). Die Grundrechnungen mit absoluten Zahlen unter Beschränkung auf das Nothwendigste. (Bei den Uebungen sind auch Gleichungen ersten Grades mit einer Unbekannten zu benutzen.)

Planimetrie (2 Stunden). Parallelogramme. Kreislehre 1. Theil.

III A. 3 Stunden wöchentlich.

Arithmetik (S. 1 Stunde, W. 2 Stunden). Gleichungen ersten Grades mit einer und mehreren Unbekannten (dabei Uebungen in der Bruchrechnung). Potenzen mit positiven ganzzahligen Exponenten. Das Nothwendigste über Wurzelgrößen.

Planimetrie (S. 2 Stunden, W. 1 Stunde). Kreislehre 2. Theil. Sätze über Flächengleichheit von Figuren. Berechnung der Fläche geradliniger Figuren. Anfangsgründe der Aehnlichkeitslehre.

II B. 4 Stunden wöchentlich.

Gleichungen einschließlich einfacher quadratischer mit einer Unbekannten. Definition der Potenz mit negativem und gebrochenem Exponenten. Begriff des Logarithmus. Uebungen im Rechnen mit (fünfstelligen) Logarithmen.

Berechnung des Kreisinhaltes und -umfanges.

Definitionen der trigonometrischen Funktionen am rechtwinkligen Dreieck. Trigonometrische Berechnung rechtwinkliger und gleichschenkliger Dreiecke.

Die einfachen Körper nebst Berechnungen von Kantenlängen, Oberflächen und Inhalten.

II A. 4 Stunden wöchentlich.

Die Lehre von den Potenzen, Wurzeln und Logarithmen. Gleichungen einschließlich der quadratischen mit mehreren Unbekannten. Arithmetische und geometrische Reihen erster Ordnung. Abschluß der Aehnlichkeitslehre (Goldener Schnitt, einiges über harmonische Punkte und Strahlen). Ebene Trigonometrie nebst Uebungen im Berechnen von Dreiecken, Vierecken und regelmäßigen Figuren.

I B. 4 Stunden wöchentlich.

Wiederholungen des arithmetischen Pensums der früheren Klassen an Uebungsaufgaben. Zinseszins- und Rentenrechnung.
Die imaginären Größen.
Vervollständigung der Trigonometrie (Additionstheoreme).
Stereometrie nebst mathematischer Geographie der Kugeloberfläche.

I A. 4 Stunden wöchentlich.

Binomischer Lehrsatz für ganze positive Exponenten.
Abschluß der Stereometrie.
Der Koordinatenbegriff und einige Grundlehren von den Kegelschnitten.

c. Methodische Bemerkungen.

Der Rechenunterricht hat Sicherheit und Geläufigkeit in den Operationen mit Ziffern zu erstreben. Damit er mit dem darauf folgenden arithmetischen Unterrichte im Einklange stehe und diesen vorzubereiten und zu unterstützen geeignet sei, muß sowohl die Wiederholung der Grundrechnungsarten in Sexta als auch die Behandlung des Bruchrechnens in Quinta und Quarta unter Anlehnung an die mathematische Form geschehen, so daß dabei auch die Anwendung von Klammern dauernd geübt wird. Die Kenntnis der deutschen Münzen, Maße und Gewichte ist durch die Anschauung zu vermitteln. Auch bei der Einführung in das Wesen der Brüche ist bei allen Erklärungen dahin zu zielen, daß die Schüler mit Bruchtheilen wie mit konkreten Dingen rechnen lernen. Kopfrechenaufgaben mit kleinen Zahlen gehen zur Vermittelung des Verständnisses auf allen Stufen den schriftlichen Aufgaben mit größeren Zahlen und den eingekleideten Aufgaben voran. Auf der Mittelstufe ist das abgekürzte Multipliciren und Dividiren zu üben. Bei der Behandlung der sogen. bürgerlichen Rechnungsarten sind alle Aufgaben auszuschließen, denen für die Schüler unverständliche Vorkommnisse und Gepflogenheiten des rein geschäftlichen Verkehrs zu Grunde liegen. Der eigentliche Rechenunterricht findet in Quarta seinen Abschluß. Die Sicherheit im Rechnen ist aber im arithmetischen Unterrichte der folgenden Klassen durch fortgesetzte Uebungen zu erhalten.

Der geometrische Unterricht ist neben dem Rechenunterrichte in Quarta zu beginnen, der arithmetische in Untertertia.

Die Veränderung in der Vertheilung des mathematischen Lehrstoffs hat den Zweck, den aus Untersekunda abgehenden Schülern eine wenigstens einigermaßen abgeschlossene Vorbildung zu verschaffen. Bei der durch mancherlei Rücksichten gebotenen Beibehaltung von drei Stunden in Tertia und bei dem Umfange der Lehraufgabe für Untersekunda ist von den in diesen Klassen unterrichtenden Lehrern eine planmäßige Sichtung des Lehrstoffs unter Ausscheidung alles nicht unbedingt Nothwendigen zu fordern. So sind in der Planimetrie nur die für das System unentbehrlichen Sätze einzuprägen, alles andere ist als Uebungsstoff zu behandeln; in der Trigonometrie, welche möglichst anschaulich d. h. geometrisch zu behandeln ist, sind nur die Formeln einzuüben, welche sich auf die Funktionen **eines** Winkels beziehen und welche zur Auflösung der Dreiecke unbedingt erforderlich sind; in der Stereometrie, bei welcher auf die Körperberechnung der Nachdruck zu legen ist, soll mit der Betrachtung einfacher Körper, wie Würfel und Prisma, begonnen und zur Behandlung der wichtigsten Sätze über die Lage der Linien und Ebenen im Raume erst dann übergegangen werden, wenn das räumliche Vorstellungsvermögen der Schüler ausreichend geübt ist. Im Uebrigen ist zulässig, daß da, wo es die Verhältnisse gestatten, gewisse Abschnitte aus der Lehraufgabe der Untersekunda schon in Obertertia behandelt werden, um jene Klasse thunlichst zu entlasten.

Die strenge Einhaltung der Jahreskurse ist unerläßliche Forderung. Da auf dem mathematischen Gebiete schwerer, als auf einem anderen, Lücken im elementaren Wissen und Können sich durch Privatfleiß ersetzen lassen, und da die Schwierigkeit, welche dieser Unterricht in den oberen Klassen zuweilen macht, erfahrungsmäßig fast ausnahmslos auf Lücken in den Grundlagen beruht, so wird gewissenhafte Strenge in der Versetzung zu einer um so dringenderen Pflicht gegen die Schüler.

Der Wegfall gewisser früher in Obersekunda und Prima behandelter Abschnitte soll Gelegenheit bieten, den übrigen Lehrstoff zu vertiefen und zahlreichere Uebungen anzuschließen; dann aber ergiebt sich auch die Möglichkeit, die Schüler der obersten Klasse in den besonders wichtigen Koordinatenbegriff einzuführen und ihnen in möglichst einfach gehaltener Darstellung einige Grundeigenschaften der Kegelschnitte klar zu machen. Selbstverständlich ist weder in analytischer noch in sogenannter neuerer Geometrie ein planmäßiger Unterricht zu ertheilen. Einige Grundformeln der sphärischen Trigonometrie, die zum besseren Verständnis der mathematischen Erdkunde erforderlich sind, lassen sich in einfacher Weise bei Betrachtung der dreiseitigen Ecke ableiten.

B. Realgymnasium und Oberrealschule.

a. Allgemeines Lehrziel.

Sicherheit und Gewandtheit im Rechnen mit bestimmten Zahlen und in dessen Anwendung auf die gewöhnlichen Verhältnisse des bürgerlichen Lebens. Allgemeine Arithmetik bis zum Beweise des binomischen Lehrsatzes für beliebige Exponenten; Algebra bis zu den Gleichungen dritten Grades einschließlich. Ebene Geometrie einschließlich der Lehre von harmonischen Punkten und Strahlen, Chordalen, Aehnlichkeitspunkten und Achsen; körperliche Geometrie nebst den Grundlehren der beschreibenden Geometrie. Ebene und sphärische Trigonometrie. Einführung in die Theorie der Maxima und Minima. Analytische Geometrie der Ebene. Für Oberrealschulen ist ferner die Behandlung der wichtigsten Reihen der algebraischen Analysis verbindlich. An diesen Anstalten bleibt es dem Fachlehrer überlassen, auch die Gleichungen vierten Grades zu behandeln, sowie die Methoden zur angenäherten Lösung numerischer algebraischer und transscendenter Gleichungen klarzulegen und zu üben. — In allen diesen Zweigen ist nicht nur sichere Kenntnis in der Herleitung der Sätze, sondern auch Uebung in ihrer Anwendung zu erwerben.

b. Lehraufgaben.

VI. 4 bezw. 5 Stunden wöchentlich.

Wie beim Gymnasium.

V. 4 bezw. 5 Stunden wöchentlich.

Wie beim Gymnasium.

IV. 4 bezw. 6 Stunden wöchentlich.

Rechnen: Decimalrechnung. Einfache und zusammengesetzte Regeldetri mit ganzen Zahlen und Brüchen. (Aufgaben aus dem bürgerlichen Leben.) Anfänge der Buchstabenrechnung.

Planimetrie: Lehre von den Geraden, Winkeln, Dreiecken und Parallelogrammen. Einführung in die Inhaltsberechnung.

III B. 5 bezw. 6 Stunden wöchentlich.

Arithmetik: Die Grundrechnungen mit absoluten Zahlen. Bestimmungsgleichungen ersten Grades. Anwendung derselben auf Aufgaben aus dem bürgerlichen Leben und dem sogenannten kaufmännischen Rechnen.

Planimetrie: Kreislehre. Sätze über Flächengleichheit von Figuren. Berechnung der Fläche geradliniger Figuren.

III A. 5 Stunden wöchentlich.

Arithmetik (2 Stunden): Lehre von den Potenzen und Wurzeln. Gleichungen einschließlich einfacher quadratischer mit einer Unbekannten.

Planimetrie (3 Stunden): Aehnlichkeit der Figuren. Berechnung regulärer Vielecke sowie des Kreisinhaltes und -umfanges.

II B. 5 Stunden wöchentlich.

Das Wichtigste über Begriff und Anwendung des Logarithmus nebst Uebungen im logarithmischen Rechnen. Quadratische Gleichungen.

Anfangsgründe der Trigonometrie und Berechnung von Dreiecken.

Die nothwendigsten stereometrischen Sätze über Ebenen und Gerade; die einfachen Körper nebst Berechnungen von Kantenlängen, Oberflächen und Inhalten.

II A. 5 Stunden wöchentlich.

Schwierigere quadratische Gleichungen. Arithmetische und geometrische Reihen erster Ordnung. Zinseszins- und Rentenrechnung.

Lehre von den harmonischen Punkten und Strahlen. Chordalen, Aehnlichkeitspunkten und Achsen. Konstruktion algebraischer Ausdrücke.

Goniometrie (einschließlich der Additionstheoreme) nebst schwierigeren Dreiecksberechnungen.

Wissenschaftliche Begründung und Ausführung der Stereometrie.

I B. 5 Stunden wöchentlich.

Kubische Gleichungen. Dazu an Oberrealschulen nach dem Ermessen des Fachlehrers Gleichungen vierten Grades und Methoden zur angenäherten numerischen Auflösung von Gleichungen beliebigen Grades.

Die wichtigsten Sätze über Kegelschnitte in elementarer synthetischer Behandlung.

Sphärische Trigonometrie nebst Anwendungen auf mathematische Erdkunde.

I A. 5 Stunden wöchentlich.

Elementare Theorie der Maxima und Minima. Der binomische Satz für beliebige Exponenten. Dazu an Oberrealschulen die wichtigsten Reihen der algebraischen Analysis; ob und inwieweit dieses Gebiet auch an Realgymnasien zu behandeln ist, bleibt dem Ermessen des Fachlehrers überlassen.

Analytische Geometrie der Ebene.

c. Methodische Bemerkungen.

Bezüglich des Rechenunterrichtes, welcher auf den Realanstalten in der Regel in der Untertertia seinen Abschluß findet, wird auf die Bemerkungen zu dem Lehrplane der Gymnasien verwiesen.

Der Umfang des mathematischen Unterrichts ist nach Stundenzahl und Lehraufgabe im Wesentlichen ungeändert geblieben; nur ist eine Verschiebung in der Vertheilung des Lehrstoffs zu dem Zwecke eingetreten, den aus Untersekunda abgehenden Schülern eine nach Möglichkeit abgeschlossene Vorbildung zu gewähren. Hinsichtlich der Gestaltung des Unterrichts in dieser Klasse finden die zum Lehrplane der Gymnasien gemachten Bemerkungen entsprechende Anwendung; die größere Stundenzahl ermöglicht vor allem eine ausgedehntere Uebung im Einzelnen. Die Verminderung der wöchentlichen Lehrstunden in der Obertertia der Oberrealschule um eine wird die Bewältigung der Lehraufgabe nicht in Frage stellen, sobald die gewährte Zeit gut ausgenutzt und der Lehrstoff auf das Wichtigste beschränkt wird.

Der weitere Ausbau der einzelnen Gebiete in den oberen Klassen wird nach den Jahrgängen der Schüler etwas verschieden sein, und zwar in den Oberrealschulen bei der größeren Stundenzahl weiter gehend als in den Realgymnasien. Im Allgemeinen ist aber darauf zu achten, daß überall auf Sicherheit der Kenntnisse und Gewandtheit in deren Anwendung das Hauptgewicht zu legen ist, und daß dieser Gesichtspunkt bei der Auswahl und Ausdehnung des Lehrstoffs maßgebend sein muß. So ist z. B. bei der sphärischen Trigonometrie nicht die Herleitung und Einübung der in den meisten Lehrbüchern gegebenen Formeln erforderlich, sondern es genügt, wenn die Schüler die ersten Sätze richtig aufgefaßt haben und dadurch zur Berechnung einfacher Aufgaben der mathematischen Erdkunde, wenn auch auf etwas unbequemerem Wege, befähigt werden. Es ist ferner darauf zu achten, daß der Unterricht auch auf der obersten Stufe nicht einen ausschließlich rechnenden Charakter annimmt, sondern auch hier die Uebung in geometrischer Anschauung und Konstruktion fortgesetzt wird. Besonders ist im stereometrischen Unterrichte das Verständnis projektivischen Zeichnens vorzubereiten und zu unterstützen.

C. Realschule.

Allgemeines Lehrziel.

Sicherheit und Gewandtheit im Rechnen mit bestimmten Zahlen und in dessen Anwendungen auf die gewöhnlichen Verhältnisse des bürgerlichen Lebens. Allgemeine Arithmetik bis zur Kenntnis der Logarithmen; Algebra bis zu leichten Gleichungen zweiten Grades. Grundlehren der ebenen und körperlichen Geometrie; die Anfangsgründe der ebenen Trigonometrie.

10. Naturwissenschaften.

A. Gymnasium.

a. Allgemeines Lehrziel.

In der Botanik: Kenntnis der wichtigeren Familien des natürlichen Systems. Lebenserscheinungen der Pflanzen. Besprechung der wichtigsten ausländischen Nutzpflanzen. Einiges aus der Anatomie und Physiologie der Pflanzen sowie über Kryptogamen und Pflanzenkrankheiten.

In der Zoologie: Kenntnis der wichtigsten Ordnungen aus den Klassen der Wirbelthiere sowie einzelner Vertreter aus den übrigen Klassen des Thierreichs. Grundbegriffe der Thiergeographie. Kenntnis vom Bau des menschlichen Körpers nebst Unterweisungen über die Gesundheitspflege.

In der Mineralogie, welche nicht als besonderer Unterrichtsgegenstand, sondern in Verbindung mit der chemischen Lehraufgabe zu behandeln ist: Kenntnis der einfachsten Krystallformen und einzelner besonders wichtiger Mineralien.

In der Physik: Kenntnis der wichtigsten Erscheinungen und Gesetze aus den verschiedenen Zweigen der Physik und der Grundlehren der mathematischen Erdkunde.

In der Chemie: Kenntnis der einfachsten Lehren.

b. Lehraufgaben.

VI. 2 Stunden wöchentlich.

Beschreibung vorliegender Blüthenpflanzen; im Anschluß daran Erklärung der Formen und Theile der Wurzeln, Stengel, Blätter, Blüthen, leicht erkennbaren Blüthenstände und Früchte.

Beschreibung wichtiger Säugethiere und Vögel in Bezug auf Gestalt, Farbe und Größe nach vorhandenen Exemplaren und Abbildungen nebst Mittheilungen über ihre Lebensweise, ihren Nutzen oder Schaden.

V. 2 Stunden wöchentlich.

Vollständige Kenntnis der äußeren Organe der Blüthenpflanzen in Anschluß an die Beschreibung und Vergleichung verwandter, gleichzeitig vorliegender Arten.

Beschreibung wichtiger Wirbelthiere nach vorhandenen Exemplaren und Abbildungen nebst Mittheilungen über ihre Lebensweise, ihren Nutzen oder Schaden. Grundzüge des Knochenbaues beim Menschen.

Uebungen im einfachen schematischen Zeichnen des Beobachteten, wie in den folgenden Klassen.

IV. 2 Stunden wöchentlich.

Vergleichende Beschreibung verwandter Arten und Gattungen von Blüthenpflanzen nach vorhandenen Exemplaren. Uebersicht über das natürliche Pflanzensystem. Lebenserscheinungen der Pflanzen.

Niedere Thiere, namentlich nützliche und schädliche sowie deren Feinde, mit besonderer Berücksichtigung der Insekten.

IIIB. 2 Stunden wöchentlich.

Beschreibung einiger schwierigerer Pflanzenarten zur Ergänzung der Erkenntnisse in Formenlehre, Systematik und Biologie. Besprechung der wichtigsten ausländischen Nutzpflanzen.

Einiges aus der Anatomie und Physiologie der Pflanzen sowie übe Kryptogamen und Pflanzenkrankheiten.

(Im letzten Vierteljahre): Ueberblick über das Thierreich. Grundbegriffe der Thiergeographie.

IIIA. 2 Stunden wöchentlich.

Der Mensch und dessen Organe nebst Unterweisungen über die Gesundheitspflege.

Vorbereitender physikalischer Lehrgang Theil I (Mechanische Erscheinungen, das Wichtigste aus der Wärmelehre).

IIB. 2 Stunden wöchentlich.

Vorbereitender physikalischer Lehrgang Theil II (Magnetismus, Elektrizität, die wichtigsten chemischen Erscheinungen nebst Besprechung einzelner besonders wichtiger Mineralien und der einfachsten Krystallformen, Akustik, einige einfache Abschnitte aus der Optik).

II A. 2 Stunden wöchentlich.

Wärmelehre, Magnetismus, Elektrizität, Wiederholungen der chemischen und mineralogischen Grundbegriffe.

I B. 2 Stunden wöchentlich.

Mechanik (erforderlichen Falles mit Ausschluß der Wärmetheorie und der Wellenlehre). Akustik.

I A. 2 Stunden wöchentlich.

Optik. Mathematische Erdkunde.

c. Methodische Bemerkungen.

Der Unterricht in der Zoologie und Botanik hat, von der Anleitung zur Beobachtung und Beschreibung einzelner Pflanzen und Thiere ausgehend, die Schüler durch Vergleichung verwandter Formen allmählich zur Aneignung der wichtigsten Begriffe der Morphologie und zur Kenntnis des Systems hinzuführen. Dabei sind die Schüler auf allen Stufen im einfachen schematischen Zeichnen des Beobachteten zu üben. Das Hauptgewicht ist nicht sowohl auf einen großen Umfang des Lehrstoffs, als auf dessen unterrichtliche Durcharbeitung zu legen. Zu behandeln sind vorzugsweise die Vertreter der einheimischen Thier- und Pflanzenwelt, daneben aber auch einzelne besonders charakteristische Formen fremder Erdtheile.

Beginnt das Sommerhalbjahr so zeitig, daß die Beschaffung geeigneter Pflanzen für den botanischen Unterricht noch nicht zu ermöglichen ist, so bleibt es den betreffenden Lehrern überlassen, die erste Zeit des Sommerhalbjahres auf Ergänzung und Wiederholung der zoologischen Lehraufgabe des Winterhalbjahres zu verwenden.

Der Unterricht in der Physik und Chemie nebst Mineralogie hat eine nicht unbedeutende Verschiebung erfahren. Maßgebend für diese Aenderungen war der Gedanke, auch denjenigen Schülern, welche nach dem Abschluß der Untersekunda die Schule verlassen, ein möglichst abgerundetes Bild der wichtigsten Lehren auf diesen Gebieten mit in das Leben zu geben. Hierdurch wurde die Anordnung des Lehrstoffs in zwei Kursen bedingt. In dem ersten derselben, welcher das zweite Halbjahr der Obertertia und die Untersekunda umfaßt, sind die Grundlehren zu behandeln, während in dem zweiten, welcher sich auf jenem aufbaut, das in ihm gewonnene Wissen zu vertiefen und zu erweitern ist.

Bei der gewaltigen Fülle des Stoffes auf diesen Gebieten und der verhältnismäßig geringen Anzahl der dafür verfügbaren Lehrstunden ist auf eine angemessene Auswahl die größte Sorgfalt zu verwenden. Dabei wird das Bestreben des Lehrers vor allem dahin zu richten sein, daß die Schüler zu eigenem Denken und zum Beobachten angeleitet werden, jede Ueberlastung mit gedächtnismäßig anzueignendem Lernstoff aber sorgsam gemieden wird. Der Versuch ist bei allen Betrachtungen in den Vordergrund zu stellen. Die Lehrbuchfrage wird noch einer besonderen Regelung bedürfen.

B. Realgymnasium und Oberrealschule.

a. Allgemeines Lehrziel.

In der Botanik: Kenntnis des natürlichen Systems, genauere Bekanntschaft mit den wichtigsten natürlichen Familien der einheimischen Pflanzen. Lebenserscheinungen der Pflanzen. Besprechung der wichtigsten ausländischen Nutzpflanzen. Mittheilungen über die geographische Verbreitung bekannter Pflanzen. Einiges aus der Anatomie und Physiologie der Pflanzen, sowie über Kryptogamen und Pflanzenkrankheiten.

In der Zoologie: Kenntnis des Systems der Wirbel- und der wirbellosen Thiere. Grundbegriffe der Thiergeographie. Kenntnis vom Bau des menschlichen Körpers nebst Unterweisungen über die Gesundheitspflege.

In der Mineralogie: Kenntnis der wichtigeren Krystallformen sowie der physikalischen Eigenschaften und der chemischen Zusammensetzung der bekanntesten Mineralien.

In der Physik: Sichere Kenntnis der wichtigsten Erscheinungen und Gesetze aus den verschiedenen Zweigen der Physik sowie der mathematischen Herleitung der Hauptgesetze. Kenntnis der wichtigsten Lehren der mathematischen Erdkunde.

In der Chemie: Kenntnis der wichtigeren Elemente und ihrer bedeutendsten anorganischen Verbindungen sowie der Grundgesetze der Chemie. — An den Oberrealschulen außerdem Kenntnis der wichtigsten organischen Verbindungen.

b. Lehraufgaben.

VI. 2 Stunden wöchentlich.

Wie beim Gymnasium.

V. 2 Stunden wöchentlich.

Wie beim Gymnasium.

IV. 2 Stunden wöchentlich.

Vergleichende Beschreibung verwandter Arten und Gattungen von Blüthenpflanzen nach vorhandenen Exemplaren. Uebersicht über das natürliche Pflanzensystem. Lebenserscheinungen der Pflanzen.

Wiederholungen und Erweiterungen des zoologischen Lehrstoffs der früheren Klassen mit Rücksicht auf die Erkennung des Systems der Wirbelthiere.

III B. 2 Stunden wöchentlich.

Wiederholungen und Erweiterungen des botanischen Lehrstoffs der früheren Klassen mit Rücksicht auf die Erkennung des natürlichen Systems der Phanerogamen.

Gliederthiere.

III A. 2 Stunden wöchentlich.

Beschreibung einiger schwieriger Pflanzenarten zur Ergänzung und Wiederholung der Formenlehre, Systematik und Biologie. Besprechung der wichtigsten ausländischen Kulturgewächse. Mittheilungen über die geographische Verbreitung der Pflanzen.

Niedere Thiere. Erweiterungen und Wiederholungen des zoologischen Lehrstoffs der früheren Klassen mit Rücksicht auf die Erkennung des Systems der wirbellosen Thiere. Wiederholung des Systems der Wirbelthiere.

Dazu: 2 Stunden wöchentlich (bei der Oberrealschule).

Kurzgefaßte Aufklärung über Gegenstand und Aufgabe der Physik. Mechanische Erscheinungen, einschließlich der Hydrostatik und Aerostatik. Wärmelehre.

II B. 5 Stunden wöchentlich (bei dem Realgymnasium).
6 Stunden wöchentlich (bei der Oberrealschule).

Einiges aus der Anatomie und Physiologie der Pflanzen sowie über Kryptogamen und Pflanzenkrankheiten.

Anatomie und Physiologie des Menschen nebst Unterweisungen über die Gesundheitspflege.

Magnetismus, Elektrizität, Akustik, wichtige optische Erscheinungen.

Propädeutischer Unterricht in der Chemie. Elemente der Krystallographie.

II A. 5 Stunden wöchentlich (bei dem Realgymnasium).
6 Stunden wöchentlich (bei der Oberrealschule).

Wärmelehre (mit Ausschluß der Wärmestrahlung). Magnetismus und Elektrizität.

Allgemeine chemische Begriffe. Metalloide. Stöchiometrische Aufgaben.

I B. 5 Stunden wöchentlich (bei dem Realgymnasium).
6 Stunden wöchentlich (bei der Oberrealschule).

Mechanik (einschließlich der Wärmetheorie und der Wellenlehre). Akustik.

Die Metalle. Einfache Arbeiten im Laboratorium.

I A. 5 Stunden wöchentlich (bei dem Realgymnasium).
6 Stunden wöchentlich (bei der Oberrealschule).

Optik. Wiederholungen aus dem ganzen Gebiete.

Einzelne wichtige Kapitel aus der organischen Chemie. Einfache Arbeiten im Laboratorium.

c. Methodische Bemerkungen.

Das Streben der Lehrer muß stets darauf gerichtet sein, die Schüler zur Beobachtung und Beschreibung einzelner Naturkörper anzuleiten und durch Vergleichung verwandter Formen zum Verständnisse des Systemes hinüberzuführen, auch neben dieser Einführung in die systematische Ordnung mit den wichtigsten Erscheinungen und Gesetzen des Thier- und Pflanzenlebens bekannt zu machen. Auf Vollständigkeit ist kein besonderes Gewicht zu legen; der Stoff ist hauptsächlich der einheimischen Thier- und Pflanzenwelt zu entnehmen, wie sie die Umgebung und die Sammlung der Schule bietet, doch dürfen charakteristische Formen anderer Erdtheile nicht unbeachtet bleiben. Auf allen Stufen sind die Schüler im einfachen, schematischen Zeichnen des Beobachteten zu üben. Bezüglich der zeitlichen Abgrenzung des botanischen und zoologischen Unterrichts in den einzelnen Klassen gilt dasselbe wie bei dem Gymnasium.

Der physikalische Unterricht erfolgt auch an den Realgymnasien und Oberrealschulen in zwei Kursen, von welchen der erste mit der Untersekunda abschließt. In ihm ist der Unterricht in der Weise zu ertheilen, daß in einfachster Weise vom Versuche ausgegangen wird. Die Lehrbuchfrage bedarf noch einer besonderen Regelung.

Auf den Realgymnasien sind in diesem Kursus auch die Grundlehren der Chemie und Mineralogie zu behandeln, während in dem zweiten mit der Obersekunda beginnenden Kursus für den chemisch-mineralogischen Unterricht besondere Stunden festgesetzt sind. Behufs Sicherung der Erledigung der nicht unbedeutenden Lehraufgabe des ersten Kursus ist es rathsam, in der Untersekunda sämmtliche naturwissenschaftliche Stunden thunlichst in die Hand eines Lehrers zu legen, um dadurch eine größere Konzentration des Unterrichts zu ermöglichen; auch ist es unter Umständen statthaft, den Lehrplan für den naturwissenschaftlichen Unterricht in der Obertertia und Untersekunda dieser Anstalten ähnlich dem für die Gymnasien vorgeschriebenen zu gestalten, vorausgesetzt, daß dadurch die Lehraufgaben der genannten Klassen im Ganzen keine Kürzung erfahren.

In den Oberrealschulen findet von vornherein eine Trennung des physikalischen Unterrichts von dem chemisch-mineralogischen statt, und zwar erstreckt sich der physikalische Unterricht schon in der Obertertia über das ganze Schuljahr.

Der Unterricht in der Mineralogie wird am naturgemäßesten mit dem chemischen Unterrichte verbunden und ist im Allgemeinen auf Oryktognosie zu beschränken. Zu behandeln sind die wichtigsten Krystallformen und die physikalischen und chemischen Eigenschaften der hauptsächlichsten Mineralien.

An den theoretischen Unterricht in der Chemie, in welchem darauf Bedacht zu nehmen ist, daß die Schüler nicht etwa durch gleichmäßige Behandlung aller Elemente und ihrer Verbindungen mit Lehrstoff überladen und zu überwiegend gedächtnismäßiger Aneignung genöthigt werden, sind, zumal an den Oberrealschulen, in Prima praktische Uebungen im Laboratorium anzuschließen, in welchen die Schüler die wichtigsten Reaktionen der Metalloide und Metalle durchmachen, einfache qualitative Analysen ausführen und leichte Präparate herstellen. Derartige praktische Uebungen haben bei richtiger Leitung einen nicht zu unterschätzenden erziehlichen Werth und können unter Umständen auch auf das Gebiet des physikalischen Unterrichts ausgedehnt werden.

C. Realschule.

Naturbeschreibung.

Anleitung zur Beobachtung und Beschreibung einzelner Pflanzen; Kenntnis der wichtigeren Pflanzenfamilien und Erscheinungen aus dem Leben der Pflanze.

Anleitung zur Beobachtung und Beschreibung von Vertretern der einzelnen Klassen der Thierwelt; Kenntnis der wichtigeren Ordnungen der Wirbelthiere und Insekten. Bekanntschaft mit dem Bau des menschlichen Körpers.

Kenntnis der einfachsten Krystallformen, sowie einzelner besonders wichtiger Mineralien.

Naturlehre.

Eine durch Versuche vermittelte Kenntnis der allgemeinen Eigenschaften der Körper, der Grundlehren des Gleichgewichtes und der Bewegung, der Elektrizität, des Magnetismus und der Wärme, sowie der einfachsten optischen und akustischen Gesetze; ferner der bekanntesten chemischen Elemente und ihrer hauptsächlichsten Verbindungen.

11. Zeichnen.

A. Gymnasium.

a. Allgemeine Lehraufgabe.

Lehraufgabe des verbindlichen Zeichnens ist die Ausbildung im Sehen und im sicheren Darstellen einfacher körperlicher Gegenstände im Umriß.

In dem nicht verbindlichen Unterricht in den oberen Klassen von II B an erfolgt die weitere Entwickelung des Formen- und Farbensinnes durch Wiedergabe von schwieriger darzustellenden Gegenständen im Umriß, auch mit Rücksicht auf die Beleuchtungserscheinungen und die Farbenwirkung. Einzelne, für welche das geometrische Zeichnen von besonderem Werth ist, werden in die darstellende Geometrie eingeführt.

b. Bemerkungen.

Für den verbindlichen Unterricht: Zeichnen ebner geradliniger und krummliniger Gebilde im Klassen- und Abtheilungsunterricht nach großen Wandvorlagen (Wandtafeln), erläutert durch Zeichnungen des Lehrers an der Schultafel, zugleich mit Abänderung der gegebenen Formen. Vorlegeblätter sind ausgeschlossen. Umrißzeichnen nach einfachen Modellen, plastischen Ornamenten und anderen geeigneten körperlichen Gegenständen im Einzelunterricht. Es wird durch diese Uebungen für die Schüler, welche an dem weiteren Zeichenunterricht nicht theilnehmen, ein gewisser Abschluß erzielt, während andererseits für jeden, der eine weitere Ausbildung im Zeichnen anstrebt, eine sichere Grundlage gewonnen wird.

Bei dem nicht verbindlichen Unterricht folgt im Freihandzeichnen auf ein erweitertes Umrißzeichnen nach Geräthen, Gefäßen, plastischen Ornamenten, lebenden Pflanzen und, je nach der Leistungsfähigkeit der Schüler, auch nach anderen Gegenständen, das Ausführen von Zeichnungen nach Modellen und nach plastischen Ornamenten mit der Licht- und Schattenwirkung und darauf die Darstellung farbiger Gegenstände, lebender Pflanzen, Früchte u. dergl. mit dem Bleistift und in Wasserfarbe.

Auf das Verständnis für Form und Farbe sowie auf die Bildung des Geschmacks durch hierfür geeignete Besprechungen ist hinzuwirken.

Im geometrischen Zeichnen, soweit dasselbe an Gymnasien überhaupt betrieben werden kann, giebt zuerst das Zirkelzeichnen Uebung im Gebrauch von Zirkel, Lineal und Ziehfeder durch sorgfältiges Zeichnen von Flächenmustern, Kreistheilungen und anderen geometrischen Gebilden; es folgt das geometrische Darstellen von Körpern in den verschiedenen Ansichten mit Durchschnitten und Abwickelungen der Flächen und zum Schluß die Einführung in die darstellende Geometrie, Schattenkonstruktion und Perspektive.

B. Realgymnasium und Oberrealschule.

a. Allgemeine Lehraufgabe.

Die Lehraufgabe ist im Allgemeinen dieselbe wie bei den Gymnasien, nur ist sie hier vollständiger und umfassender zu lösen. Ausbildung im richtigen Sehen und in der sicheren Wiedergabe der verschiedensten körperlichen Gegenstände aus freier Hand im Umriß, in weiterer Ausführung unter Wiedergabe der Licht- und Schattenwirkung und in farbiger Darstellung. Einübung des geometrischen Darstellens von Körpern und Einführung in die darstellende Geometrie, Schattenkonstruktion und Perspektive.

b. Bemerkungen.

Im Freihandzeichnen sind, wie beim Gymnasium, Vorlegeblätter nicht zu benutzen, vielmehr nur große Wandvorlagen (Wandtafeln) und körperliche Gegenstände. Das Messen am Modell und jede Benutzung mechanischer Hilfsmittel, wie Zirkel und Lineal, ist gänzlich zu vermeiden. Das Zeichnen nach Gegenständen wird im Einzelunterricht geübt.

Der Stoff des Unterrichts vertheilt sich in folgender Weise:

Für Quinta und Quarta: Zeichnen ebener und krummliniger Gebilde nach Wandtafeln mit Uebungen im Abändern der vorgeführten Formen, erläutert durch Zeichnungen des Lehrers an der Wandtafel, Zeichnen von Flachornamenten und Blattformen.

In der Tertia: Zeichnen nach einfachen und schwierigen Modellen und plastischen Ornamenten im Umriß, zuletzt erst Uebungen in der Wiedergabe von Licht und Schatten nach einfachen Modellen.

In den oberen Klassen: Zeichnen nach plastischen Ornamenten im Umriß und mit Rücksicht auf die Beleuchtung

Ausführung von Zeichnungen nach Natur- und kunstgewerblichen Gegenständen. Uebungen im Malen in Wasserfarbe nach verschiedenen Gegenständen, nach Muscheln, Früchten, Blumen, Pflanzen, ausgestopften Vögeln u. dgl.

Das Linearzeichnen beginnt in der Ober-Tertia mit Uebungen im Gebrauch von Zirkel, Lineal und Ziehfeder an Flächenmustern, Kreistheilungen und anderen gerad- und krummlinigen Gebilden. In der Unter-Sekunda folgt das geometrische Darstellen einfacher Körper in verschiedenen Ansichten mit Schnitten und Abwickelungen, dem sich in der Ober-Sekunda und Prima die Einführung in die darstellende Geometrie, Schattenlehre und Perspektive anschließt. Das Zeichnen ganzer Maschinen und Gebäude nach Vorlagen ist ausgeschlossen.

C. Realschule.

a. Allgemeine Lehraufgabe.

Die Lehraufgabe ist dieselbe wie bei den übrigen Realanstalten und begrenzt sich nur durch den Abschluß des Unterrichts nach sechs Jahren.

b. Bemerkungen.

Für das Freihandzeichnen gelten die obigen allgemeinen Bemerkungen. Der Stoff vertheilt sich auf die einzelnen Klassen wie bei den übrigen Realanstalten; auf der obersten Stufe wird, wenn Sicherheit im Umrißzeichnen erzielt ist, die Wiedergabe von Licht und Schatten nach hierfür besonders geeigneten Modellen geübt.

Im Linearzeichnen: Uebung im Gebrauche von Zirkel, Lineal und Ziehfeder an Flächenmustern, Kreistheilungen und anderen gerad- und krummlinigen Gebilden.

Sind für das Linearzeichnen in den oberen Klassen mehr als zwei Stunden verfügbar, so tritt das geometrische Darstellen von Körpern in verschiedenen Ansichten mit Schnitten und Abwickelungen hinzu.

12. Turnen.

Das Turnen in den Schulen verfolgt das Ziel, durch zweckmäßig ausgewählte und geordnete Uebungen die leibliche Entwickelung der Jugend zu fördern, den Körper zu stählen, Muth und Vertrauen in die eigene Kraft zu wecken, raschen Entschluß und entsprechende Ausführung zu sichern. Dabei ist zugleich die Aneignung gewisser Fertigkeiten besonders auch in Rücksicht auf den künftigen Dienst im vaterländischen Heere zu erstreben.

Dieses Ziel kann nur erreicht werden, wenn der Turnunterricht auf Grund eines bestimmten **Lehrplans** nach sorgsam erwägender Vorbereitung des Lehrers für jede einzelne Stunde so ertheilt wird, daß der Uebungsstoff in stufenmäßiger Folge und angemessenem Wechsel ein regelmäßiges Fortschreiten aller Schüler sichert, diese selbst aber angehalten werden, alle Uebungen genau und mit Anspannung ihrer Kräfte möglichst vollkommen auszuführen. Damit ist aber nicht ausgeschlossen, vielmehr bringt es die Natur der Sache mit sich und wird ausdrücklich als Aufgabe bezeichnet, daß das Turnen mit frischem, fröhlichem Sinne betrieben werde und der Jugend die Lust gewähre, welche das Gefühl gesteigerter Kraft, erhöhter Sicherheit in der Beherrschung und dem Gebrauche der Gliedmaßen und des ganzen Körpers, sowie vor allem das Bewußtsein jugendlicher Gemeinschaft zu edlen Zwecken mit sich führt.

Auf der Unter- und Mittelstufe ist das Turnen in Form von Gemeinübungen unter unmittelbarer Leitung des Lehrers zu betreiben. Auf der Oberstufe ist Riegenturnen zulässig, sobald die Möglichkeit vorhanden ist, in besonderem Unterrichte tüchtige Vorturner auszubilden. Bei günstigem Wetter ist, wo irgend möglich, im Freien zu turnen.

A. Unterstufe. Einfache Frei- und Ordnungsübungen; Gangarten; Uebungen mit Holz-, auch leichten Eisenstäben. Leichte Verbindungen dieser Uebungsformen. Springübungen mit Benutzung von Schwingseil, Freispringel u. s. w., auch von festen Hindernissen; Uebungen am Kletter- und Steigegerüst; einfache Hang- und Stützübungen an Reck und Barren; Schwebe- (Gleichgewichts-) übungen; leichte Aufschwünge am Reck.

B. Mittelstufe. Wiederholung der Frei- und Ordnungsübungen der Unterstufe und deren Erweiterung durch schwierigere Formen und Zusammensetzungen (Uebungsgruppen). Uebungen mit dem Eisenstabe.

Weitere Uebungen an den schon auf der Unterstufe benutzten Geräthen; hinzu kommen Sturmspringel (Schrägbrett), Springbock, Springkasten und Schaukelringe.

C. Oberstufe. Weitere Zusammensetzungen von Freiübungen; Eisenstab- und Hantelübungen, namentlich in Verbindung mit Ausfallbewegungen, unter Umständen auch Keulenübungen. Bei den Ordnungsübungen sind auch die rein militärischen Formen zu berücksichtigen.

Erweiterung des Geräthturnens, insbesondere durch Hinzunahme der Uebungen am Springpferd, des Stabspringens, Gerwerfens u. s. w. Planmäßige Pflege der Turnkür.

Auf der Unterstufe sind die Frei- und Ordnungsübungen, auf der Oberstufe die Geräthübungen vorzugsweise zu pflegen.

Uebungen im angewandten Turnen sind auf allen Stufen vorzunehmen, besonders ist der Lauf mit allmählicher Steigerung durchgehend zu üben, und zwar als Dauer- und als Schnelllauf.

Turnspiele werden auf allen Stufen in geeigneter Auswahl vorgenommen. Nähere Anweisungen dafür bleiben vorbehalten.

Gesichtspunkte für die Bemessung der Hausarbeit.

A. Allgemeines.

Die Minderung der wöchentlichen Lehrstunden soll nicht eine Vermehrung der Hausarbeit zur Folge haben, sondern jener Verlust durch eine bessere Lehrmethode ausgeglichen werden. Unter letzterer Voraussetzung und nach Verringerung des Gedächtnisstoffes scheint sogar eine gewisse Beschränkung der bisher geforderten Hausarbeiten angängig.

Zwar wird unsere Jugend schon von frühe an durch eine geregelte, auf Schule und Haus planmäßig vertheilte Arbeit zu strenger Pflichterfüllung zu erziehen sein, indessen dürfen die körperlichen Vorbedingungen einer normalen, den verschiedenen Altersstufen entsprechenden geistigen Thätigkeit nicht unbeachtet bleiben. Insbesondere kommt hierbei der Inhalt und der Umfang der in Schule und Haus geforderten Arbeit in Betracht. Nachdem die Schularbeit auf den unteren und oberen Stufen nach den Lehrplänen und Lehraufgaben bereits eine Einschränkung erfahren hat, wird nunmehr zu erwägen sein, wie weit dies auch bezüglich der Hausarbeit zu ermöglichen ist.

Die Grenzen dessen, was auf der unteren, mittleren und oberen Stufe unserer höheren Schulen an Schul- und Hausarbeit zusammen zu fordern sei, hat die Wissenschaftliche Deputation in ihrem Gutachten vom 19. Dezember 1883 vorsichtig gezogen, aber nur für die höheren Klassen die Arbeitszeit ausdrücklich auf 8 Stunden täglich normirt. Die betreffende Hessische Verordnung bestimmt als äußerstes zulässiges Maß der Hausarbeit für Vorschulen 30—40 Minuten, für VI und V 1 Stunde, IV und III B 2, III A und II B $2^1/_2$, II A—I A 3 Stunden täglich. Aehnlich das ärztliche Gutachten für Elsaß-Lothringen. Alle diese Einzelfestsetzungen haben, wie die Wissenschaftliche Deputation seiner Zeit mit Recht bemerkte, etwas Mechanisches und erleiden erfahrungsmäßig vielfache Abweichungen. Die diesseitige Denkschrift, betr. die Frage der Ueberbürdung vom Jahre 1883 (Wiese-Kübler V. u. G. I. S. 277 ff.), faßt alle einschlagenden Momente zusammen.

An dieser Stelle handelt es sich nur darum, die Gesichtspunkte herauszuheben, welche für die Bemessung der Hausarbeit als maßgebend zu erachten sind. Diese Gesichtspunkte sind folgende:

1. Alle Hausarbeiten dienen lediglich entweder der Anleitung zu Ordnung und Sauberkeit (Reinschriften) oder der Aneignung des unentbehrlichen Gedächtnisstoffes und der Befestigung des Gelernten oder der Erziehung zur selbständigen geistigen Thätigkeit.

2. Demgemäß sind die Hausarbeiten als eine wesentliche Ergänzung des Schulunterrichts besonders für mittlere und obere Klassen zu erachten, aber unter steter Berücksichtigung desselben und unter Beachtung der körperlichen und geistigen Entwickelung sowie der Leistungsfähigkeit der betreffenden Altersstufen zu bemessen.

3. Ein Theil der bisherigen schriftlichen Hausarbeit kann bei richtiger methodischer Behandlung des Unterrichts in die Schule verlegt werden. Vergl. B.

4. Die nicht schriftliche Hausarbeit, soweit sie die Aneignung des unentbehrlichen Gedächtnisstoffes und die Befestigung des Gelernten betrifft, vereinfacht sich in demselben Maße, wie der gedächtnismäßige Lernstoff auf allen Gebieten sich mindert. Eine solche Minderung ist insbesondere ins Auge zu fassen für das Auswendiglernen in der Religion, dem Deutschen, in den Fremdsprachen, der Geschichte, der Erdkunde, der Naturbeschreibung und der Chemie.

5. Ein wirksames Mittel zur Verminderung der Hausarbeit ist die methodische innere Verknüpfung verwandter Lehrfächer untereinander und die entsprechende Gruppirung des Lehrstoffes. Diese sind aber nur zu erreichen, wenn wenigstens auf den unteren und mittleren Stufen die sprachlich-geschichtlichen Fächer einerseits und die mathematisch-naturwissenschaftlichen andererseits in jeder Klasse thunlichst in eine Hand gelegt werden.

B. Besonderes.

a. Untere und mittlere Stufe. Die Hausarbeiten können eine gewisse Einschränkung erfahren, wenn

α. in VI und bezw. V im Deutschen und in den bezüglichen Fremdsprachen die Forderungen im Wesentlichen zurückgeführt werden auf wiedergebende Reinschriften der in der Klasse, sei es in den Schülerheften, sei es an der Wandtafel, vorgenommenen schriftlichen Uebungen;

β. von IV—II B fernerhin häusliche deutsche Aufsätze allgemein nur alle 4 Wochen, daneben aber in der Klasse kürzere Ausarbeitungen über durchgenommene Abschnitte aus dem Deutschen, den Fremdsprachen, der Geschichte und Erdkunde, sowie den Naturwissenschaften verlangt werden;

γ. die häusliche Vorbereitung auf schwierigere Schriftsteller, besonders bei Beginn der Lektüre, nur nach vorheriger Anleitung des Lehrers in der Klasse gefordert wird;

δ. verwickeltere Rechen- und mathematische Aufgaben möglichst vermieden, jedenfalls aber nur nach vorheriger Klarstellung durch den Lehrer in der Klasse zur häuslichen Bearbeitung aufgegeben werden.

b. Obere Stufe. α. Hier entfallen an Gymnasien alle bisher nothwendigen häuslichen Uebungen für den lateinischen Aufsatz und für die griechische und französische Versetzungsarbeit; die sonstigen Klassenübungen und häuslichen Arbeiten bleiben. Die Uebersetzungen in die Fremdsprachen sind in der Regel nur nach Diktaten des Lehrers und im Anschluß an die Lektüre zu fertigen.

β. Der deutsche Aufsatz, welcher auf dieser Stufe vorzugsweise Erziehung zu selbständiger Arbeit bezweckt, aber nach Inhalt und Umfang maßvoll zu begrenzen ist, tritt noch mehr als bisher in den Mittelpunkt des gesammten Unterrichts und entnimmt aus demselben seinen Stoff. Mehr als 8 Aufsätze im Schuljahre (6 zu Hause und 2 in der Klasse) sind nicht zu fordern. Danebenher gehen kleine Ausarbeitungen in anderen Fächern. Vergl. a, β.

In der Mathematik bezw. an Realanstalten auch in den Naturwissenschaften sind neben den regelmäßigen Klassenübungen höchstens alle 4 Wochen selbständigere häusliche Ausarbeitungen von nicht zu großer Schwierigkeit zu fordern.

Eine geordnete deutsche und fremdsprachliche Privatlektüre bildet in den oberen Klassen die nothwendige Ergänzung der Schularbeit. Diese Lektüre ist zwar planmäßig zu leiten, indessen dem Schüler nach seiner Eigenart eine gewisse Freiheit der Wahl zu gestatten, damit das rechte Interesse für die Sache geweckt und Freude an der Arbeit erzeugt werde. Die Erziehung zu selbständiger freier Thätigkeit ist vor allem im Auge zu behalten.

Die zweckmäßige Verwerthung der Privatlektüre zu freien Arbeiten im Deutschen bleibt dem Ermessen der betreffenden Lehrer überlassen.

III. Erläuterungen und Ausführungsbestimmungen zu I und II.

1. Eine wesentliche Grundlage der neuen Lehrpläne bildet der erste Abschluß der Vorbildung mit dem sechsten Jahrgange jeder höheren Schule.

Aus der Statistik der in dem Schuljahre 1889/90 abgegangenen Schüler aller höheren Lehranstalten Preußens ergiebt sich, daß bei einer Gesammtfrequenz von 135 337 Schülern ins Leben übertraten 20 038

und zwar:

a. mit dem Zeugnis der Reife 4 105,
b. mit dem Zeugnis für den einjährigen Dienst . . 8 051,
c. ohne Erreichung dieses Ziels 7 882,

d. h., daß an allen höheren Schulen nur 20,5 % das Ziel der betreffenden Anstalten erreichten, 40,2 % sich mit dem Zeugnis für den einjährigen Dienst begnügten, 39,3 % selbst ohne dieses die Schule verließen.

Aus der Untersekunda allein schieden mit dem Zeugnis für den einjährigen Dienst aus 4997 d. h. 25 % aller abgegangenen Schüler, von denen nur 368 als Zöglinge der höheren Bürgerschulen eine abgeschlossenere Bildung erreicht hatten.

Andere Jahrgänge weisen ähnliche Prozentziffern des Abgangs auf.

Trotz dieser laut redenden Zahlen waren bisher alle unsere höheren Schulen mit Ausnahme der höheren Bürgerschulen so organisirt, daß lediglich das Bildungsbedürfnis jener 20,5 % von Schülern für die Gestaltung des Lehrplans maßgebend war. Darin liegt ein Uebelstand, den zu beseitigen die Unterrichtsverwaltung für ihre ernste Pflicht hält. Zwar werden die 39,3 %, welche die höheren Schulen vor Erlangung des Zeugnisses für den einjährigen Dienst von VI bis IIB verlassen, als nicht auf solche Anstalten gehörig, hier außer Betracht bleiben müssen. Dagegen ist es unerläßlich, für die 40,2 % oder mindestens die 25 %, welche unmittelbar nach Vollendung der IIB ins Leben treten, einen ersten Abschluß in der Bildung herbeizuführen, welcher sich organisatorisch in der Scheidung zwischen Unterstufe und Oberstufe geltend macht und technisch in den unter 3 erwähnten Lehraufgaben zum Ausdruck kommt. Eine nothwendige Folge dieser Scheidung ist die Trennung der bisher an manchen Anstalten noch räumlich vereinigt unterrichteten Sekunden in Geschichte und Erdkunde sowie in der Mathematik.

Demgemäß wird bestimmt, daß diese Trennung schon für das Schuljahr 1892/93 zur Durchführung gelangt.

Eine weitere Trennung der Sekunden in einem oder dem anderen wissenschaftlichen Lehrgegenstande unter Berücksichtigung der allgemeinen unterrichtlichen Bedürfnisse und der Schülerzahl der betreffenden Klassen bleibt demnächstiger Entschließung vorbehalten.

Bezüglich der bereits bestehenden Trennung der Sekunden und Tertien bewendet es bei der gegenwärtigen Ordnung.

Weiter wird bestimmt, daß alle siebenstufigen höheren Schulen mit Beginn des Schuljahrs 1892/93 auf sechsstufige zurückgeführt, d. h. daß die Obersekunden eingezogen werden.

2. Die Provinzial-Schulkollegien sind ermächtigt:

a. in sprachlich gemischten Bezirken das Deutsche in VI und V um je eine Stunde zu verstärken und so die Wochenstunden dieser Klassen auf 26 zu erhöhen;

b. an allen Realanstalten die für das Französische und Englische angesetzten Stunden gegen einander vertauschen zu lassen, vorausgesetzt, daß eine derartige Abweichung durch die Lage des Schulorts und seine Verkehrsverhältnisse gerechtfertigt erscheint;

c. an allen Arten höherer Schulen die Mathematik und die Naturwissenschaften und an gymnasialen Anstalten überdies das Lateinische und das Griechische unter entsprechender Verminderung des anderen Fachs der betreffenden Gruppe bis auf die Dauer eines Schuljahrs um je eine Stunde wöchentlich zu verstärken. Auch ist es dem Ermessen der Provinzial-Schulkollegien überlassen, behufs Beseitigung besonderer Schwächen einer Klasse, auf kürzere Zeit eine weitere Verschiebung der Wochenstunden innerhalb der beiden bezeichneten Gruppen zu gestatten;

d. an Realgymnasien in den beiden Sekunden die Stunden für das Lateinische unter entsprechender Verminderung der mathematischen bei vorhandenem Bedürfnis wöchentlich um je eine zu erhöhen.

Vorausgesetzt ist bei allen diesen Abweichungen von den

Lehrplänen, daß die Erreichung des allgemeinen Lehrziels in den betreffenden Fächern auf die Dauer nicht beeinträchtigt wird. Ueber die selbständig genehmigten Abweichungen unter a bis d, deren Gründe und Erfolge, haben die Provinzial-Schulkollegien jedesmal in den zu erstattenden Verwaltungsberichten sich zu äußern.

e. Des Weiteren sind die Provinzial-Schulkollegien ermächtigt, die in dem Zusatz zu den Lehrplänen A—D (Seite 8) angegebenen besonderen Formen eines gemeinsamen Unterbaus höherer Schulen in ihren Bezirken selbständig zuzulassen.

3. Aus der unter 1 erörterten anderweitigen Organisation ergiebt sich mit Nothwendigkeit eine andere Abgrenzung der Lehraufgaben für fast alle wissenschaftlichen Fächer in allen höheren Schulen mit Ausnahme der Realschulen, so zwar, daß, unbeschadet der Erreichung des vollen Lehrziels der Prima an Vollanstalten, nach dem sechsten Jahrgang überall eine einigermaßen abgerundete Vorbildung erreicht werden muß. Der Versuch dazu ist in den jetzigen Lehraufgaben gemacht, insbesondere darf in dieser Beziehung auf den folgerichtig durchgeführten Abschluß der zusammenhängenden grammatischen Unterweisung in den Fremdsprachen, den Abschluß in der Geschichte und Erdkunde, in der Mathematik und den Naturwissenschaften hingewiesen werden.

An die Lehrer tritt die Pflicht heran, diesen Abschluß durch zweckmäßige Methode von unten auf vorzubereiten und denselben im sechsten Jahrgange in einem gesicherten Wissen und Können zu erreichen. Die Aufsichtsbehörden werden nicht verfehlen, bei ihren Besichtigungen diesem Punkte ihre unausgesetzte Aufmerksamkeit zuzuwenden.

4. Bezüglich des evangelischen Religionsunterrichts darf auf das Lehrziel, die Lehraufgaben und die methodischen Bemerkungen hingewiesen werden.

Für den katholischen Religionsunterricht bewendet es bis auf Weiteres bei dem jetzigen Zustande.

Die besonderen Aufgaben, welche für den Religionsunterricht an höheren Schulen aus dem Allerhöchsten Erlasse vom 1. Mai 1889 und den unter dem 30. August 1889 Allerhöchst genehmigten Vorschlägen des Königlichen Staatsministeriums sich ergeben, haben bei dem evangelischen Religionsunterrichte überall Berücksichtigung gefunden. Ein Gleiches darf bei den zu erwartenden Vorschlägen für den katholischen Religionsunterricht vorausgesetzt werden.

Ein entschiedenes Gewicht legt die Unterrichtsverwaltung darauf, daß der Religionsunterricht an den einzelnen Anstalten nicht zu sehr zersplittert und daß derselbe nicht als vereinzeltes

Fach behandelt, sondern ohne künstliche Mittel zu allen übrigen Lehrgegenständen, insbesondere den ethischen, in engste Beziehung gesetzt werde. Darauf hinzuwirken ist besonders Sache der Direktoren und Schulräthe.

Eng verbunden damit ist die hier anzuschließende erziehliche Pflicht der Schule.

Soll die höhere Schule auch nach dieser Seite ihre Aufgabe lösen, so hat sie äußere Zucht und Ordnung zu halten, Gehorsam, Fleiß, Wahrhaftigkeit und lautere Gesinnung zu pflegen und aus allen, besonders den ethischen Unterrichtsstoffen fruchtbare Keime für die Charakterbildung und tüchtiges Streben zu entwickeln. Indem so der jugendliche Geist mit idealem sittlichen Gedankeninhalt erfüllt und sein Interesse dafür nachhaltig angeregt wird, erfährt zugleich der Wille eine bestimmte Richtung nach diesem Ziele.

Die dem Lehrer damit gestellte Aufgabe ist eine ebenso schwierige als lohnende und muß immer von neuem zu lösen versucht werden. Daß dabei ein liebevolles Eingehen auf die Eigenart des Schülers nothwendig ist, erscheint selbstverständlich.

Erste Voraussetzung für eine auch nur annähernde Lösung der Aufgabe, zumal unter den heutigen Verhältnissen und in den meist überfüllten Klassen, ist eine ernste und gewissenhafte Vorbereitung des Lehrers auch auf seinen Erzieherberuf. Wie der angehende Schulmann jetzt zu einem methodischen Unterricht angeleitet wird, so wird er auch für seine erziehliche Aufgabe durch Benutzung aller auf der Universität und in der praktischen Vorbereitungszeit gebotenen Hilfsmittel, sowie durch eigene Beobachtung und Uebung sich mehr und mehr selbst befähigen müssen. Daß sein Beispiel in erster Linie von entscheidendem Einflusse auf seinen Erfolg ist, hat er sich stets gegenwärtig zu halten.

Eine weitere Voraussetzung ist, daß das gesammte Lehrerkollegium einmüthig nach demselben Ziele hinstrebt und so dem Geiste der Schule eine bestimmte Richtung giebt.

Nicht minder hängt die Erreichung dieses Ziels von der Stärkung des Einflusses und der gesammten Wirksamkeit des Klassenlehrers gegenüber dem Fachlehrer, besonders auf den unteren und mittleren Klassen, ab. Die jetzt vielfach vorkommende Zersplitterung des Unterrichts auf diesen Stufen unter zu viele Lehrer ist ein Hindernis für jede nachhaltige erziehliche Einwirkung, ebenso der oft von Stufe zu Stufe eintretende Wechsel des Klassenlehrers.

Diesem Uebelstande, welcher bereits in der Circularverfügung vom 24. Oktober 1837 (Wiese-Kübler V. u. G. I. S. 56) gekennzeichnet ist, muß mehr als bisher gesteuert werden. Die Provinzial-Schulkollegien werden daher angewiesen, bei Genehmigung der alljährlich einzureichenden Lehrpläne für die einzelnen Anstalten streng darauf zu achten, daß der für ein Ordinariat vorgeschlagene Lehrer auch dazu sich eignet, und daß derselbe in dem Umfange, wie dies nach seiner Lehrbefähigung oder praktischen Bewährung möglich ist, in seiner Klasse Beschäftigung gefunden hat. Soweit zur Zeit noch in der wissenschaftlichen Vorbildung der Lehrer Hindernisse für eine ausgedehntere Verwendung in einer Klasse liegen, wird auf Beseitigung derselben Bedacht genommen werden.

Dem Klassenlehrer vor allen liegt es ob, mit den Familien seiner Zöglinge sich in Verbindung zu halten und den Eltern mit Rath und That an die Hand zu gehen. Dabei wird er in den meisten Fällen auf williges Entgegenkommen rechnen dürfen.

Die Zugehörigkeit des Schülers zu einer bestimmten kirchlichen Gemeinschaft legt der Schule die Pflicht auf, nicht bloß alle Hemmnisse der religiös-kirchlichen Bethätigung zu beseitigen, sondern, soweit die Schulordnung dadurch nicht gestört wird, diese Bethätigung auch in positiver Weise zu fördern. Die Lehrerkollegien werden gewiß gern dazu mitwirken, daß diese Absicht thunlichst erreicht werde.

5. Das Deutsche hat durch Vermehrung der Wochenstunden zumal an Gymnasien eine weitere Förderung erfahren. Es ist noch mehr als bisher in den Mittelpunkt des gesammten Unterrichts gerückt, und die Leistungen darin sind von entscheidender Bedeutung bei der Reifeprüfung, so zwar, daß ein Schüler, welcher in den Gesammtleistungen im Deutschen nicht genügt, fernerhin in den Prüfungen für nicht bestanden erklärt wird.

Die diesem Unterrichte gestellte besondere Aufgabe der Pflege vaterländischen Sinnes und des nationalen Gedankens weist dem Deutschen eine enge Verbindung mit der Geschichte zu. Durch lebendige Veranschaulichung deutscher Heldensagen mit ihrem Hintergrunde, den nordischen Sagen, bereitet der deutsche Unterricht ebenso auf die deutsche Geschichte vor, wie er die letztere durch Einführung in die bedeutendsten Geisteswerke unserer Literatur inhaltlich befruchtet und belebt.

Durch eine planmäßige Pflege einer nicht bloß richtigen, sondern auch dem Geiste unserer Sprache angemessenen deutschen Uebersetzung aus den Fremdsprachen, sowie durch die vorgesehenen regelmäßigen deutschen Klassenarbeiten aus den meisten übrigen Fächern soll der Uebung im schriftlichen Ausdruck eine besondere Unterstützung gesichert werden. Dasselbe geschieht bezüglich des mündlichen Ausdrucks durch geordnete

Uebungen im freien Vortrag. Diese Mittel voll auszunützen muß eine vornehmliche Sorge der Lehrer sein.

Die mit dem Deutschen in VI und V verbundenen Geschichtserzählungen liefern gleichzeitig einen passenden Stoff zum mündlichen bezw. schriftlichen Nacherzählen.

Wo entsprechend vorgebildete Lehrer für philosophische Propädeutik vorhanden sind, bleibt es den Direktoren freigestellt, die Grundzüge der letzteren im Anschluß an konkrete Unterlagen, wie sie z. B. einzelne platonische Dialoge bieten, in I lehren zu lassen.

6. Die Verminderung der Stunden für das Lateinische an den Gymnasien um 15 und an den Realgymnasien um 11 wöchentlich ist in erster Linie durch die unabweisbare Forderung einer Verminderung der Gesammtstunden und der Vermehrung der Turnstunden geboten gewesen. Bei den Gymnasien kam überdies noch die Nothwendigkeit der Verstärkung des Deutschen, des Zeichnens und der Aufnahme des Englischen in den Lehrplan dazu.

Eine so bedeutende Verminderung der Wochenstunden bedingte eine Aenderung des Lehrziels. An dem Gymnasium mußte nach Wegfall des lateinischen Aufsatzes auf stilistische Fertigkeit in dem bisherigen Umfang verzichtet werden, ein Verzicht, welcher ohnehin durch die abnehmende Werthschätzung des praktischen Gebrauchs des Lateinischen und die auch in Gelehrten- und Lehrerkreisen abnehmende Fertigkeit in demselben bedingt war.

Verständnis der bedeutenderen klassischen Schriftsteller Roms und diejenige geistige Zucht, welche bewährtermaßen durch eindringliche Beschäftigung mit den alten Sprachen erworben wird, ist das allgemeine Ziel dieses Unterrichts. Innerhalb dieser Grenzen ist die diesem Fache zugewiesene bedeutsame Aufgabe trotz der Stundenverminderung auch fernerhin zu lösen. Dies setzt allerdings voraus, daß, wie bereits angeordnet, der grammatische Lernstoff und der anzueignende Wortschatz auf das Regelmäßige und für eine gründliche Lektüre Nothwendige beschränkt und die schriftlichen Uebungen lediglich nach dem allgemeinen Lehrziel bemessen werden. Die eine Stunde, welche in den drei oberen Klassen fernerhin noch für grammatische Zusammenfassungen und mündliche wie schriftliche Uebungen bleibt, soll dazu dienen, die erworbene Sicherheit festzuhalten und die Lektüre von störendem grammatischen Beiwerk frei zu machen. Aufgabe der Direktoren und Aufsichtsbehörden wird es sein, allen Versuchen energisch entgegenzutreten, welche darauf abzielen, diese den schriftlichen Uebungen gezogenen Grenzen zu überschreiten und die Schriftstellerlektüre durch Hereinziehen grammatischer Erörterungen aufzuhalten, welche zum Verständnis des Schriftstellers nicht unumgänglich nöthig sind.

Neben der schriftlichen Uebersetzung in das Lateinische ist entsprechend dem allgemeinen Lehrziel auch der Uebersetzung aus dem Lateinischen eine ebenbürtige Stelle zugewiesen. Damit entfällt auch die einseitige Werthschätzung des sogen. Extemporales. Auf eine gute deutsche Uebersetzung aus der Fremdsprache ist fernerhin sowohl bei den Zeugnissen und Versetzungen als auch in der Reifeprüfung ein weit größeres Gewicht zu legen, als bisher. Um eine solche Zielleistung in geordneter Weise von unten auf vorzubereiten, ist angeordnet, daß auf allen Stufen auch regelmäßige schriftliche Uebersetzungen aus dem Lateinischen neben denen in das Lateinische hergehen.

Die in den Lehraufgaben für das Lateinische und Griechische bezeichneten Schriftsteller und Schriften sind solche, welche in den betreffenden Schuljahren gelesen werden müssen. Indessen sind die Provinzial-Schulkollegien ermächtigt, auch andere Schriftsteller oder Schriften zuzulassen, vorausgesetzt, daß dieselben nach Form und Inhalt zur Schullektüre auf den einzelnen Stufen sich eignen und ein Einlesen in die verbindlichen Klassenschriftsteller durch diese erweiterte Lektüre nicht behindert wird.

Was die Realgymnasien angeht, so begründete die erwähnte Zurückführung der Wochenstunden auf das ungefähre Maß der Unterrichts- und Prüfungs-Ordnung von 1859 zugleich die Nothwendigkeit der Beschränkung des Lehrziels. Trotz jener Verminderung kann bei der gesicherten grammatischen Vorbildung in VI—IV ein gründliches Verständnis leichterer Stellen der in der Prima gelesenen Schriftsteller erreicht werden. Damit aber ist dem praktischen Bedürfnis dieser Schülerkreise genügt.

Wegen der methodischen Behandlung des lateinischen Unterrichts s. Bemerkungen zu den Lehraufgaben.

7. Das Griechische hat 4 Wochenstunden verloren. Nachdem auch hier der grammatische Lernstoff und der anzueignende Sprachschatz beschränkt und die elementaren, nur auf Einübung der Formen und der wichtigsten grammatischen Regeln zu bemessenden Schreibübungen auf der Unterstufe auf ein geringes Maß zurückgeführt sind, erscheint die sichere Erreichung des alleinigen Ziels dieses Unterrichts — Verständnis der bedeutenderen klassischen Schriftsteller Griechenlands — verbürgt, ohne daß die Gründlichkeit der Lektüre einen Abbruch erfährt.

8. Den Beginn des Französischen an gymnasialen und demgemäß auch an realgymnasialen Anstalten auf IV zurückzuschieben, war geboten, weil erfahrungsmäßig es mit sehr großen Schwierigkeiten verknüpft ist, in den unteren Klassen

in zwei aufeinander folgenden Jahren jedesmal eine neue Fremdsprache anzufangen. Demgemäß ist an allen gymnasialen und realgymnasialen Anstalten vom Schuljahr 1892/93 ab das Französische in V in Wegfall zu bringen und in IV nach der neuen Lehraufgabe mit erweiterten Uebungen zu wiederholen. Von III B an aufwärts die entsprechenden Lehraufgaben allmählich auszugleichen bleibt den Provinzial-Schulkollegien überlassen. Wechselabtheilungen der V, welche erst ein halbes Jahr Französisch haben, geben dieses im nächsten Halbjahre auf.

Die Verminderung der Stunden im Französischen an allen höheren Schulen ist lediglich bedingt durch die Nothwendigkeit der Herabsetzung der Gesammtstundenzahl. Bei der erheblichen Kürzung des grammatischen Lernstoffs und bei fortschreitender Durchbildung der sogen. neueren Methode ist das im Wesentlichen auf den praktischen schriftlichen und mündlichen Gebrauch der Sprache bemessene Lehrziel zu erreichen. In diesem Vertrauen fühlt sich die Unterrichtsverwaltung bestärkt durch die an manchen Anstalten bisher schon erzielten Erfolge und durch das rege Streben der Lehrer der neueren Sprachen, unter Benutzung aller ihnen zu Gebote stehenden Mittel, theils in der Heimat, theils im Ausland für den praktischen Gebrauch der Fremdsprache sich zu befähigen.

Wegen der methodischen Behandlung des französischen Unterrichts und insbesondere wegen der Verschiedenheit der Aufgaben des grammatischen Unterrichts im Französischen an lateinlosen und lateinlehrenden Schulen wird auf die Lehraufgaben verwiesen.

9. Das Englische hat an Realanstalten nur eine geringe Minderung der Wochenstunden erfahren, soll aber an Gymnasien von II A bis I A als wahlfreies Fach gelehrt werden. Demgemäß wird bestimmt, daß dasselbe vom nächsten Schuljahr ab an allen Gymnasien, wo es bisher noch nicht betrieben wurde und geeignete Lehrkräfte sowie die Mittel zu deren Entschädigung in den Anstaltskassen vorhanden sind, in II A begonnen und fortschreitend bis zur I A weiter geführt werde. Vom Schuljahr 1893/94 ab ist, soweit geeignete Lehrkräfte verfügbar sind, bezüglich der Mittel zu verfahren, wie zu 1.

Für die Provinz Hannover bewendet es bezüglich des allgemein verbindlichen Charakters des englischen Unterrichts bei dem bisherigen Zustande.

An denjenigen gymnasialen Anstalten, wo das Englische bisher schon auf früheren Stufen gelehrt wurde, ist zu prüfen, ob und inwieweit dafür ein Bedürfnis vorliegt.

10. Wegen des Unterrichts in der Geschichte und Erdkunde darf auf die Lehraufgaben und die methodischen Bemerkungen im Allgemeinen verwiesen werden. Dort finden sich

auch diejenigen Gesichtspunkte, welche behufs Ausführung des Allerhöchsten Erlasses vom 1. Mai 1889 bezüglich des Geschichtsunterrichts als maßgebend zu erachten sind.

Die Schwierigkeiten, welche in Folge der Verschiedenheit der Abgrenzung der Lehraufgaben für die Klassen III und II sich ergeben, sind für das Schuljahr 1892/93 so zu überwinden, daß an Gymnasien in III B und in II B deren neue Lehraufgabe durchgenommen wird, in III A und II A aber, für welche Klassen diese erst von 1893/94 ab eintritt, lediglich der noch nicht behandelte Theil des bisher auf die zwei Jahre der Tertien und Sekunden entfallenden Lehrstoffs erledigt wird.

Den Provinzial-Schulkollegien bleibt es überlassen, die nöthigen Ausgleichungen in den Lehraufgaben für die einzelnen Anstalten allmählich herbeizuführen.

Die neuen Lehraufgaben in der **Erdkunde** sind von VI an fortschreitend zur Ausführung zu bringen. Sache der Provinzial-Schulkollegien ist es, unter Berücksichtigung der bisherigen Stoffvertheilung auch über VI hinaus die neuen Lehraufgaben schon vom nächsten Schuljahre ab zu gestatten.

Eine besondere Schwierigkeit wird dem Unterricht in der Erdkunde durch die Verschiedenheit der Wandkarten und Atlanten bereitet. Bei Aenderung der Lehrmittel wird darauf zu halten sein, daß alle Schüler denselben Atlas, und zwar möglichst durch alle Klassen, gebrauchen. Auch empfiehlt sich sehr, bei Neuanschaffung von Wandkarten darauf zu sehen, daß das System derselben von dem der von den Schülern gebrauchten Atlanten möglichst wenig abweicht.

11. Auch bezüglich der **Mathematik und der Naturwissenschaften** ist auf die Lehraufgaben und die methodischen Bemerkungen Bezug zu nehmen.

Besonders zu beachten ist die anderweite Bestimmung der Lehraufgaben in der Mathematik für den sechsten Jahrgang aller höheren Schulen. Der propädeutische Unterricht in Physik für die III A der Gymnasien empfahl sich aus praktischen Gründen.

Soweit eine Ausgleichung der alten und neuen Lehraufgaben je nach Lage der bisherigen Stoffvertheilung an den einzelnen Anstalten nöthig ist, haben die Provinzial-Schulkollegien das Erforderliche herbeizuführen.

12. Der Wegfall des **Zeichnens** in VI ist durch den erfahrungsmäßig geringen Erfolg dieses Unterrichts auf dieser Stufe gerechtfertigt. Wenn dagegen an Gymnasialanstalten das allgemein verbindliche Zeichnen um je zwei Stufen weiter geführt ist, als bisher, so ist dies durch die Bedeutung dieses Fachs und dessen Unentbehrlichkeit für die meisten Berufs-

zweige geboten. Indem daher bestimmt wird, daß das Zeichnen vom nächsten Schuljahre ab an allen höheren Schulen erst in V beginne, und daß dasselbe an Gymnasialanstalten von dem gleichen Zeitpunkte ab in III B als allgemein verbindlich gelehrt und ebenso in dem folgenden Schuljahre weiter geführt werde, wird bezüglich etwaiger Mehrkosten auf die Erläuterungen zu 1 verwiesen.

Das bisher allgemein verbindliche Linearzeichnen an Oberrealschulen wird in Zukunft als wahlfreies Fach behandelt werden, weil nicht alle Schüler ein gleiches Interesse daran haben.

13. Die Vermehrung der Turnstunden an allen Arten höherer Schulen ist, soweit Lehrkräfte und Räume dafür zur Verfügung stehen und die Anstaltskassen die Kosten zu tragen vermögen, vom nächsten Schuljahre ab durchzuführen. Was etwaige Mehrkosten und die Beschaffung der Räume von 1893/94 ab betrifft, so gilt dafür dasselbe wie zu 1.

Die Zerlegung der je 3 Turnstunden in $^6/_2$ empfiehlt sich für die unteren Stufen.

Näheres über den Betrieb des Turnens und der Turnspiele enthalten die Anordnungen über das Turnen (S. 61).

Was die Schulgesundheitspflege angeht, so bleibt besondere Anweisung dafür vorbehalten.

14. Bezüglich des wahlfreien Unterrichts im Polnischen bewendet es bei der Verfügung vom 22. Juni 1889.

15. Um an Gymnasien eine Ueberbürdung der Schüler mit Unterrichtsstunden zu verhüten, ist daran festzuhalten, daß derselbe Schüler in der Regel nur an dem Englischen oder dem Hebräischen theilnehmen darf, und daß eine Betheiligung an beiden Fächern von dem Direktor nur ausnahmsweise gestattet werden kann. Desgleichen wird eine Befreiung einzelner Schüler vom Singen in IV—I dem pflichtmäßigen Ermessen des Direktors überlassen. An der Verpflichtung der von den praktischen Gesangübungen in VI und V entbundenen Schüler zur Theilnahme an dem theoretischen Gesangunterrichte wird nichts geändert.

16. Was die Lehr-, Lese- und Uebungsbücher sowie die sonstigen Hilfsmittel für den Unterricht betrifft, welche einer behördlichen Genehmigung unterliegen, so sind, wie bereits durch die Verfügung vom 22. Juli d. J. — U. II 2394 — angeordnet ist, vorerst die an den einzelnen Schulen eingeführten Bücher u. s. w. unter Berücksichtigung der dort angegebenen Aenderungen bis auf weiteres fortzugebrauchen. Indem die Bestimmung des Zeitpunktes einer Aenderung vorbehalten bleibt, wird bemerkt, wie es in der Absicht der Unterrichtsverwaltung liegt, denselben soweit

hinauszuschieben, daß eine ausgiebige Zeit bleibt, um auf Grund der praktischen Erfahrungen neue Lehrbücher u. s. w. herzustellen. Damit aber dadurch nicht einer ungesunden Produktion auf diesem Gebiete Vorschub geleistet wird, hält die Unterrichtsverwaltung für ihre Pflicht, schon jetzt auszusprechen, daß sie entschlossen ist, im Interesse des Publikums den anerkannten Mißständen bezüglich der zu großen Zahl der Schulbücher und Hilfsmittel und der einander vielfach ausschließenden neuen Auflagen derselben zu steuern.

In welcher Weise dies am zweckmäßigsten zu geschehen habe, bleibt näherer Erwägung vorbehalten. Vorläufig genügt es, die Provinzial-Schulkollegien auf diese beiden Gesichtspunkte für ihre künftigen Vorschläge, die Einführung von Schulbüchern betreffend, hinzuweisen und insbesondere bezüglich des zweiten Punktes ihnen zu empfehlen, darauf in geeigneter Weise hinzuwirken, daß die Verfasser einzuführender Schulbücher sich verpflichten, neue Auflagen nach Form und Inhalt in irgend einer äußerlich erkennbaren Weise so zu gestalten, daß die alten Ausgaben neben den neuen von den Schülern gebraucht werden können.

17. Für die Art und das Maß der von den Schülern zu fordernden Hausaufgaben sind die in den Gesichtspunkten für die Hausarbeit niedergelegten Anweisungen zu beachten. Auf Grund derselben und unter Berücksichtigung der von den Provinzial-Schulkollegien vor Beginn des Schuljahrs festgestellten besonderen Lehraufgaben für jede Anstalt werden die Lehrerkollegien auch fernerhin jedesmal einen Arbeitsplan für die betreffenden Klassen bezüglich der Vertheilung der Hausarbeiten zu entwerfen haben. Bei dieser wird darauf Bedacht zu nehmen sein, daß, normale mittlere Leistungsfähigkeit der Schüler vorausgesetzt, eine Ueberbürdung nicht stattfindet und an jedem Tage ausreichend Zeit zur Erholung bleibt. Eine wirksame Ueberwachung der Einhaltung des gebotenen Maßes ermöglichen dem Direktor und dem Klassenlehrer die genau zu führenden Klassenbücher.

Ordnung

der

Reife- und Abschlußprüfungen.

I.

A. Ordnung der Reifeprüfung an den Gymnasien.

§. 1.

Zweck der Prüfung.

Zweck der Reifeprüfung ist, zu ermitteln, ob der Schüler die Lehraufgabe der Prima sich angeeignet hat.

§. 2.

Wo die Prüfung abgehalten wird.

Zur Abhaltung von Reifeprüfungen sind alle diejenigen Gymnasien berechtigt, welche von dem Unterrichtsminister als solche anerkannt worden sind.

§. 3.

Maßstab zur Ertheilung des Zeugnisses der Reife.

Um das Zeugnis der Reife zu erwerben, muß der Schüler in den einzelnen Gegenständen den nachstehenden Forderungen entsprechen; diese bilden den Maßstab für die Beurtheilung der schriftlichen und mündlichen Leistungen.

1. In der christlichen Religionslehre muß der Schüler von dem Inhalte und dem Zusammenhange der heiligen Schrift, von den Grundlehren der kirchlichen Konfession, welcher er angehört, und von den Hauptepochen der Kirchengeschichte eine genügende Kenntnis erlangt haben. Vgl. jedoch §§. 1 und 11, 6.

2. In der deutschen Sprache muß der Schüler ein in seinem Gedankenkreise liegendes Thema richtig aufzufassen und mit eigenem Urtheile in angemessener Ordnung und fehlerfreier Schreibart zu bearbeiten im Stande sein. Beim mündlichen Gebrauche der Muttersprache hat derselbe Fertigkeit in

richtiger, klarer und zusammenhängender Darstellung zu beweisen. Ferner muß er sich mit den wichtigsten Abschnitten der Geschichte unserer Dichtung und mit einigen Meisterwerken unserer Literatur bekannt zeigen.

3. In der lateinischen Sprache muß der Schüler die leichteren Reden Ciceros, den Sallustius und Livius, die Aeneide Virgils, die Oden und Episteln des Horaz verstehen und ohne erhebliche Nachhilfe übersetzen, auch über die am häufigsten vorkommenden Versmaße sichere Kenntnis besitzen. Seine schriftliche Prüfungsarbeit muß von Fehlern, welche eine grobe grammatische Unsicherheit zeigen, im Wesentlichen frei sein.

4. In der griechischen Sprache muß der Schüler den Homer, den Xenophon, die kleineren Staatsreden des Demosthenes und die leichteren Dialoge Platons verstehen und ohne erhebliche Nachhilfe zu übersetzen vermögen.

5. In der französischen Sprache wird sicheres Verständnis und geläufiges Uebersetzen leichterer Schriftwerke, sowie einige Uebung im mündlichen und schriftlichen Gebrauch der Sprache erfordert.

6. In der Geschichte und Erdkunde muß der Schüler die epochemachenden Begebenheiten der Weltgeschichte, namentlich der deutschen und preußischen Geschichte, im Zusammenhange ihrer Ursachen und Wirkungen kennen und über Zeit und Ort der Begebenheiten sicher unterrichtet sein. Von den Grundlehren der mathematischen Erdkunde, den wichtigsten physischen Verhältnissen und der politischen Eintheilung der Erdoberfläche, besonders Mittel-Europas, muß er genügende Kenntnis besitzen. Vgl. jedoch §§. 1 und 11, 8.

7. In der Mathematik hat der Schüler nachzuweisen, daß er in der Arithmetik bis zur Entwickelung des binomischen Lehrsatzes mit ganzen positiven Exponenten und in der Algebra bis zu den Gleichungen zweiten Grades einschließlich, ferner in der ebenen und körperlichen Geometrie und in der ebenen Trigonometrie sichere, geordnete und zusammenhängende Kenntnisse besitzt, und daß er sich ausreichende Uebung in der Anwendung seiner Kenntnisse zur Lösung von einfachen Aufgaben erworben hat.

8. In der Physik muß der Schüler eine klare Einsicht in die Hauptlehren von den Gesetzen des Gleichgewichtes und der Bewegung der Körper, von der Wärme, dem Magnetismus und der Elektrizität, dem Schalle und dem Lichte gewonnen haben.

9. In der englischen Sprache muß der Schüler Fertigkeit im Lesen und einige Uebung in der Uebersetzung leichterer Prosaiker sich erworben haben. Mit den Formen und den

wichtigsten grammatischen Gesetzen muß er einigermaßen vertraut sein.

10. In der hebräischen Sprache (vergl. §. 6, 2) wird geläufiges Lesen, Bekanntschaft mit der Formenlehre und die Fähigkeit erfordert, leichtere Stellen des Alten Testaments ohne erhebliche Nachhilfe ins Deutsche zu übersetzen.

§. 4.

Zusammensetzung der Prüfungskommission.

1. Die Prüfungskommission besteht aus dem von dem Königlichen Provinzial-Schulkollegium ernannten Kommissar als Vorsitzendem, dem Direktor des Gymnasiums und denjenigen Lehrern, welche in der obersten Klasse mit dem Unterrichte in den lehrplanmäßigen wissenschaftlichen Gegenständen betraut sind.

2. Das Königliche Provinzial-Schulkollegium ernennt regelmäßig dasjenige seiner Mitglieder, welches die inneren Angelegenheiten des betreffenden Gymnasiums bearbeitet, zum Prüfungskommissar. Im einzelnen Falle kann diese Behörde für die Leitung der mündlichen Prüfung (§§ 10—14) einen stellvertretenden Kommissar ernennen und mit dieser Stellvertretung insbesondere den Direktor des Gymnasiums beauftragen.

3. Dasjenige Organ, welchem die rechtliche Vertretung der Schule zusteht, ist befugt, aus seiner Mitte einen Vertreter zum Mitgliede der Prüfungskommission zu ernennen. Die Ernennung erfolgt in der Regel auf einen Zeitraum von mindestens drei Jahren und wird dem Königlichen Provinzial-Schulkollegium rechtzeitig angezeigt. Der ernannte Vertreter hat Stimmrecht in der Kommission.

An den für einzelne Anstalten außerdem etwa bestehenden besonderen Befugnissen zur Theilnahme an den Prüfungen wird hierdurch nichts geändert.

4. Auf sämmtliche Verhandlungen der Prüfungskommission erstreckt sich für die Mitglieder derselben die Pflicht der Amtsverschwiegenheit.

§. 5.

Meldung und Zulassung zur Prüfung.

1. Die Zulassung eines Schülers zur Reifeprüfung findet in der Regel nicht früher als im zweiten Halbjahre der Oberprima statt.

Wo Ober- und Unterprima vereinigt sind, kann diese Zulassung ausnahmsweise nach anderthalbjährigem Besuche der Unterprima im ersten Halbjahre des Besuchs der Oberprima durch das Provinzial-Schulkollegium erfolgen.

2. Wenn ein Primaner im Disziplinarwege von einem Gymnasium entfernt worden ist oder dasselbe verlassen hat, um sich einer Schulstrafe zu entziehen, oder in willkürlicher, durch die Verhältnisse nicht genügend gerechtfertigter Weise, so darf ihm an dem Gymnasium, an welches er übergegangen ist, bei seiner Meldung zur Reifeprüfung das Halbjahr, in welches oder an dessen Schluß der Wechsel der Anstalt fällt, nicht auf die zweijährige Lehrzeit der Prima angerechnet werden.

Ob in dem letztbezeichneten Falle der Wechsel der Anstalt als ein gerechtfertigter zu betrachten und demnach das fragliche Halbjahr auf die zweijährige Lehrzeit der Prima anzurechnen ist, entscheidet auf den Vortrag des Direktors das Königliche Provinzial-Schulkollegium. Falls die Eltern oder deren Stellvertreter es beantragen, erfolgt diese Entscheidung unmittelbar beim Eintritte des Schülers in die neue Schule.

3. Die Meldung zur Reifeprüfung ist drei Monate vor dem Schlusse des betreffenden Schulhalbjahres dem Direktor schriftlich einzureichen.

4. In einer Konferenz, welche von dem Direktor mit den der Prüfungskommission angehörenden Lehrern zu halten ist, werden die Meldungen vorgelegt und auf Grund der in der Prima den betreffenden Schülern ertheilten Zeugnisse Gutachten (Nr. 6 und § 12, 2) darüber festgestellt, ob diese Schüler nach ihren Leistungen und nach ihrer sittlichen Haltung als den Zielforderungen des Gymnasiums entsprechend anzuerkennen sind.

5. Wenn ein Schüler nach dem einstimmigen Urtheile der Konferenz die erforderliche Reife in wissenschaftlicher oder sittlicher Hinsicht noch nicht erreicht hat, so ist er von der Reifeprüfung zurückzuweisen. Der Beschluß der Konferenz ist dem Provinzial-Schulkollegium mitzutheilen.

6. Das Verzeichnis der Schüler, welche sich zur Prüfung gemeldet haben, nebst den erforderlichen näheren Angaben über ihre Person und dem Gutachten über ihre Reife (Nr. 4), eintretenden Falls eine Anzeige über das Ausfallen der Prüfung, hat der Direktor dem Königlichen Provinzial-Schulkollegium spätestens 2½ Monat vor dem Schlusse des betreffenden Halbjahres einzureichen.

In dem einzureichenden Verzeichnisse sind zu dem Namen jedes Prüflings folgende Spalten auszufüllen: Tag und Ort der Geburt, Konfession (bezw. Religion), Stand und Wohnort des Vaters, Dauer des Aufenthaltes auf der Schule überhaupt und in der Prima und Oberprima insbesondere (bei solchen Schülern, welche erst in die Prima eingetreten sind, Angabe der Schule, welcher sie früher angehörten, und der Dauer des Aufenthaltes), ferner ein durch kurze Bezeichnung der bisherigen Entwickelung des Schülers zu begründendes Gutachten über seine Reife. Diesem Gutachten ist die Fassung des Urtheils beizufügen, welches in dem Reifezeugnisse unter „Betragen und Fleiß" aufzunehmen beabsichtigt wird. Schließlich ist zu bezeichnen, welchen Beruf der Schüler zu wählen gedenkt.

Wenn für einen Schüler bezüglich der unter Nr. 1 und 2 festgestellten Bedingungen der Zulassung zur Prüfung eine Ausnahme beantragt wird, so ist dies in dem Verzeichnisse kenntlich zu machen und in dem Begleitberichte ausdrücklich zu erwähnen.

7. Das Königliche Provinzial-Schulkollegium prüft, ob die für die Reifeprüfung geltenden Erfordernisse (Nr. 1 und 2) erfüllt sind, und entscheidet hiernach über die Zulassung zur Prüfung.

§ 6.

Art und Gegenstände der Prüfung.

1. Die Reifeprüfung ist eine schriftliche und eine mündliche.

2. Zur schriftlichen Prüfung gehören: ein deutscher Aufsatz, eine Uebersetzung aus dem Deutschen in das Lateinische, je eine Uebersetzung aus dem Griechischen und dem Französischen in das Deutsche, und in der Mathematik vier Aufgaben, und zwar je eine aus der Planimetrie, Stereometrie, Trigonometrie und Algebra.

Diejenigen Schüler, welche sich einer Prüfung im Hebräischen unterziehen wollen, haben die deutsche Uebersetzung eines leichten Abschnittes aus dem Alten Testamente nebst grammatischer Erklärung zu liefern.

3. Die mündliche Prüfung erstreckt sich auf die christliche Religionslehre, die lateinische und griechische Sprache, die Geschichte und die Mathematik.

§ 7.

Schriftliche Prüfung.

Stellung der Aufgaben.

1. Alle gleichzeitig die Prüfung ablegenden Schüler erhalten dieselben Aufgaben.

2. Die Aufgaben sind so zu bestimmen, daß sie in Art und Schwierigkeit die Klassenaufgaben der Prima in keiner

Weise überschreiten; sie dürfen aber nicht einer der bereits bearbeiteten Aufgaben so nahe stehen, daß ihre Bearbeitung aufhört, den Werth einer selbständigen Leistung zu haben.

Für die Uebersetzung aus dem Griechischen und aus dem Französischen ist aus einem der Lektüre der Prima angehörenden oder dazu geeigneten Schriftsteller ein in der Schule nicht gelesener, von besonderen Schwierigkeiten freier Abschnitt zu wählen.

3. Die Aufgaben für jeden einzelnen Gegenstand legt der Lehrer, welcher diesen in der obersten Klasse vertritt, dem Direktor zur Genehmigung vor.

4. Für den deutschen Aufsatz, für die Uebersetzungen aus dem Deutschen ins Lateinische, aus dem Griechischen, Französischen und Hebräischen in das Deutsche haben die Fachlehrer je drei Vorschläge, für die mathematische Arbeit hat der Fachlehrer drei Gruppen von je vier Aufgaben dem Direktor vorzulegen. Nachdem dieser die Vorschläge genehmigt hat, sendet er sie unter besonderem Verschlusse dem Königlichen Prüfungskommissare ein, behufs der aus den Vorschlägen zu treffenden Auswahl.

5. Die Zustellung der Aufgabenvorschläge an den Königlichen Kommissar geschieht gleichzeitig mit der Einreichung der Meldungen an das Königliche Provinzial-Schulkollegium; zugleich mit der Entscheidung des letzteren über die Meldungen stellt der Königliche Kommissar die Aufgaben mit Bezeichnung der von ihm getroffenen Wahl unter besonderem Verschlusse zurück.

6. Der Königliche Kommissar ist befugt, statt aus den vorgeschlagenen Aufgaben zu wählen, andere Aufgaben zu bestimmen, sowie anzuordnen, daß zum Uebersetzen aus dem Deutschen ein Text, welchen er mittheilt, als Aufgabe benutzt werde. Auch steht dem Kommissar frei, bei erheblichen Zweifeln an der Selbständigkeit der gefertigten Prüfungsarbeiten für alle oder für einzelne Fächer neue Aufgaben zur Bearbeitung zu stellen.

7. Es ist Pflicht der Prüfungskommission, insbesondere der die Aufgaben stellenden Lehrer und des Direktors, dafür zu sorgen, daß die Aufgaben für die schriftliche Prüfung den Schülern erst beim Beginne der betreffenden Arbeit zur Kenntnis kommen; auch ist jede vorherige Andeutung über dieselben auf das strengste zu vermeiden.

§ 8.

Bearbeitung der schriftlichen Aufgaben.

1. Die Bearbeitung der Aufgaben geschieht in einem geeigneten Zimmer des Gymnasiums unter der beständigen,

durch den Direktor anzuordnenden Aufsicht von Lehrern, welche der Prüfungskommission angehören.

2. Für den deutschen Aufsatz und für die mathematische Arbeit sind fünf Vormittagsstunden zu bestimmen; die Frist darf bei dem Aufsatze nöthigenfalls um eine halbe Stunde überschritten werden. Zu der Anfertigung der Uebersetzungen aus dem Griechischen und Französischen werden, ausschließlich der für das Diktiren des Textes erforderlichen Zeit, je drei Stunden, zur Anfertigung der Uebersetzung in das Lateinische, ausschließlich der für das Diktiren des Textes erforderlichen Zeit, zwei Stunden bestimmt. Auch für die Uebersetzung aus dem Hebräischen werden zwei Stunden gewährt.

3. Keine Arbeitszeit (Nr. 1 und 2) darf durch eine Pause unterbrochen werden. Doch ist zulässig, die für die mathematische Arbeit bestimmte Zeit in zwei durch eine Erholungspause getrennte Hälften zu theilen, am Beginne einer jeden die Hälfte der Aufgaben zu stellen und deren Bearbeitung am Schlusse jeder der beiden halben Arbeitszeiten einzufordern.

4. Andere Hilfsmittel in das Arbeitszimmer mitzubringen, als für die Uebersetzung aus dem Griechischen ein griechisches, für die Uebersetzung aus dem Französischen ein französisches, für die Uebersetzung aus dem Hebräischen ein hebräisches Wörterbuch und für die mathematische Arbeit Logarithmentafeln, ist nicht erlaubt.

5. Wer mit seiner Arbeit fertig ist, hat sie dem beaufsichtigenden Lehrer abzugeben und das Arbeitszimmer zu verlassen.

Wer nach Ablauf der vorschriftsmäßigen Zeit mit seiner Arbeit nicht fertig ist, hat sie unvollendet abzugeben.

In jedem Falle ist von den fertigen wie von den unvollendeten Arbeiten außer der Reinschrift der Entwurf mit einzureichen.

6. Wer bei der schriftlichen Prüfung sich der Benutzung unerlaubter Hilfsmittel, einer Täuschung oder eines Täuschungsversuches schuldig macht, oder anderen zur Benutzung unerlaubter Hilfsmittel, zu einer Täuschung oder einem Täuschungsversuche behilflich ist, wird mit Ausschluß von der weiteren Prüfung und, wenn die Entdeckung erst nach Vollendung derselben erfolgt, mit Vorenthaltung des Prüfungszeugnisses bestraft. Die in solcher Weise Bestraften sind hinsichtlich der Wiederholung der Prüfung denjenigen gleichzustellen, welche die Prüfung nicht bestanden haben (vgl. § 16, 1 u. 2). Wer sich einer Täuschung oder eines Täuschungsversuches auch bei der Wiederholung der Prüfung schuldig macht, kann von der Zulassung zur Reifeprüfung überhaupt ausgeschlossen werden.

In jedem Falle einer Täuschung oder eines Täuschungsversuches ordnet zunächst der Direktor mit den der Prüfungskommission angehörenden Lehrern das Erforderliche an, die schließliche Entscheidung trifft die gesammte Kommission vor der mündlichen Prüfung (§ 10, 2). Für die Fälle, in denen ein Schüler von der Zulassung zur Reifeprüfung überhaupt ausgeschlossen werden soll, ist die Entscheidung des Ministers einzuholen.

Auf diese Vorschriften hat der Direktor bei Beginn der ersten schriftlichen Prüfungsarbeit die Schüler ausdrücklich aufmerksam zu machen.

§ 9.

Beurtheilung der schriftlichen Arbeiten.

1. Jede Arbeit wird zunächst von dem Fachlehrer durchgesehen und beurtheilt, d. h. die sich findenden Fehler werden, mag an die Stelle des Unrichtigen das Richtige gesetzt werden oder nicht, nach ihrer Art und dem auf sie zu legenden Gewichte bezeichnet, und es wird über den Werth der Arbeit im Verhältnisse zu den Prüfungsforderungen (§ 8) ein Urtheil abgegeben, welches schließlich in eines der vier Prädikate: sehr gut, gut, genügend, nicht genügend, zusammenzufassen ist. Hinzuzufügen ist die Angabe über die Beschaffenheit der betreffenden Klassenleistungen; es darf jedoch dem Urtheile über die Klassenleistungen kein Einfluß auf das der Prüfungsarbeit zuzuerkennende Prädikat gewährt werden.

2. Sodann werden die Arbeiten bei den der Prüfungskommission angehörenden Lehrern in Umlauf gesetzt. In einer hierauf vom Direktor mit diesen zu haltenden Konferenz werden die den einzelnen Arbeiten ertheilten Prädikate zusammengestellt und wird darüber Beschluß gefaßt, ob und für welche Prüflinge die Ausschließung von der mündlichen Prüfung (§ 10, 3) oder die Befreiung von der ganzen mündlichen Prüfung oder Theilen derselben (§ 10, 4) zu beantragen ist.

3. Der Direktor hat hierauf die Arbeiten nebst dem vollständigen Texte der Prüfungsaufgaben rechtzeitig vor dem Zeitpunkt der mündlichen Prüfung dem Königlichen Kommissar zuzustellen. Am Rande der Texte für die Uebersetzungen aus dem Griechischen, Französischen und in das Lateinische sind die den Prüflingen gegebenen Uebersetzungshilfen zu bezeichnen; diese Bezeichnung hat die Bedeutung, daß außerdem keine Uebersetzungshilfen gegeben sind.

Der Königliche Kommissar ist befugt, Aenderungen in den den Prüfungsarbeiten ertheilten Prädikaten zu verlangen und eintreten zu lassen. Hiervon ist in der Verhandlung (§ 13) Kenntnis zu geben.

§. 10.

Mündliche Prüfung.

Vorbereitung.

1. Die mündliche Prüfung ist innerhalb der letzten sechs Wochen des betreffenden Schulhalbjahrs vorzunehmen.

Der Königliche Kommissar bestimmt den Tag und führt den Vorsitz.

Für den Tag der mündlichen Prüfung hat der Direktor in dem Zimmer der Prüfung die Zeugnisse, welche die Prüflinge während der Dauer ihres Aufenthaltes in Prima erhalten haben, (von Schülern, welche einen Theil des Primakursus auf einer anderen Schule zugebracht haben, auch deren Abgangszeugnisse) und ihre schriftlichen Arbeiten aus Prima zur Einsichtnahme bereit zu halten.

Bei der mündlichen Prüfung haben außer den der Kommission angehörenden auch alle übrigen wissenschaftlichen Lehrer der Anstalt anwesend zu sein. In dem Falle einer mehrtägigen Dauer der Prüfung (§. 11, 1) gilt diese Bestimmung nur für den ersten Tag. Für alle den Verhandlungen beiwohnenden Lehrer trifft das §. 4, 4 Gesagte zu.

2. Der Prüfung geht voraus eine Berathung und Beschlußfassung darüber, ob einzelne der Bewerber von der mündlichen Prüfung auszuschließen oder von der Ablegung ganz oder theilweise zu befreien sind (vgl. §. 8, 6 und §. 9, 2).

3. Ein Schüler, dessen schriftliche Prüfungsarbeiten sämmtlich oder der Mehrzahl nach das Prädikat „nicht genügend" erhalten haben, ist von der mündlichen Prüfung auszuschließen, wenn bereits in der auf Anlaß der Meldung aufgestellten Beurtheilung (§ 5, 6) der Zweifel an der Reife desselben Ausdruck gefunden hat. Ist ein solcher Zweifel nicht ausgedrückt worden, so wird der Erwägung der Kommission anheimgestellt, ob der Rath zum Rücktritte vor der mündlichen Prüfung ertheilt werden soll.

4. Eine Befreiung von der mündlichen Prüfung erstreckt sich entweder auf die ganze Prüfung oder auf Theile derselben.

a. Die Befreiung von der ganzen mündlichen Prüfung hat dann einzutreten, wenn der Schüler bei tadellosem Betragen sowohl in sämmtlichen verbindlichen Fächern vor Eintritt in die Reifeprüfung als auch in sämmtlichen schriftlichen Prüfungsarbeiten mindestens das Prädikat „genügend" ohne Einschränkung erhalten hat.

b. Die Befreiung von Theilen der mündlichen Prüfung hat einzutreten α. in Fächern, welche nicht Gegenstand der schriftlichen Prüfung sind, wenn das nach §. 5, 6 abgegebene Urtheil mindestens „genügend“ ohne Einschränkung lautet;

β. in Fächern, welche auch Gegenstand der schriftlichen Prüfung sind, wenn überdies die schriftlichen Arbeiten mindestens das Prädikat „genügend“ ohne Einschränkung erhalten haben.

Dem Prüflinge steht frei, im Falle von b auf die Befreiung zu verzichten.

§. 11.

Ausführung.

1. Mehr als zehn Schüler dürfen in der Regel nicht an einem Tage geprüft werden. Sind mehr als zehn zu prüfen, so sind dieselben in zwei oder nach Erfordernis in mehrere Gruppen zu theilen. Die Prüfung jeder Gruppe ist gesondert vorzunehmen.

2. Der Königliche Kommissar bestimmt die Folge der Prüfungsgegenstände und die jedem derselben zu widmende Zeit. Er ist befugt, die Prüfung in einzelnen Fächern nach Befinden abzukürzen.

3. Die Schüler dürfen keine Bücher zur Prüfung mitbringen.

4. In Betreff etwaiger Täuschungen oder Täuschungsversuche bei der mündlichen Prüfung gelten die Bestimmungen des §. 8, 6.

5. Zu prüfen hat in jedem Gegenstande der Lehrer desselben in der obersten Klasse. Der Königliche Kommissar ist befugt, seinerseits Fragen an die Schüler zu richten und in einzelnen Fällen die Prüfung selbst zu übernehmen.

6. In der Religion sind im Wesentlichen nur diejenigen Gebiete zur Prüfung heranzuziehen, welche in der Prima eine eingehendere Behandlung erfahren haben.

7. Zur Prüfung im Lateinischen und Griechischen werden den Schülern zum Uebersetzen Abschnitte aus solchen Schriftstellern vorgelegt, welche in der Prima gelesen werden oder dazu geeignet sein würden. Inwieweit dazu Dichter oder Prosaiker benützt werden, bleibt der Bestimmung des Königlichen Kommissars überlassen, welcher auch befugt ist, die Auswahl der vorzulegenden Abschnitte zu treffen. Aus Prosaikern sind nur solche Abschnitte vorzulegen, welche von den Schülern in der Klasse nicht gelesen sind, aus den Dichtern in der Regel solche Abschnitte, welche in der Klassenlektüre, aber nicht während des letzten Halbjahres, vorgekommen sind.

Durch geeignete, an die Uebersetzung anzuschließende Fragen ist den Schülern Gelegenheit zu geben, ihre Bekanntschaft mit Hauptpunkten der Metrik, der Mythologie und der Antiquitäten zu erweisen.

8. Die geschichtliche Prüfung hat die Geschichte Deutschlands und des preußischen Staates, soweit sie in der Prima eingehender behandelt worden ist, zum Gegenstande.

9. Die Physik bildet nicht einen besonderen Prüfungsgegenstand, es wird aber empfohlen, physikalische Fragen mit den mathematischen zu verbinden.

10. Im Verlaufe der mündlichen Prüfung sind auf Vorschlag der betreffenden Fachlehrer von der Kommission die Prädikate festzustellen, welche jedem Prüfling in den einzelnen Gegenständen auf Grund der mündlichen Prüfungsleistungen zuzuerkennen sind.

§. 12.

Feststellung des Urtheiles.

1. Nach Beendigung der mündlichen Prüfung findet eine Berathung der Prüfungskommission über das Ergebnis der gesammten Prüfung statt. Die Ordnung, in welcher die einzelnen Fragen zur Erwägung und Beschlußfassung gebracht werden sollen, bestimmt der Königliche Kommissar.

2. Bei der Entscheidung darüber, ob die Prüfung bestanden sei, sind außer den Leistungen in der schriftlichen und mündlichen Prüfung die vor dem Beginne der gesammten Prüfung festgestellten Prädikate (§. 5, 6) über die Klassenleistungen in Betracht zu ziehen.

3. Die Prüfung ist als bestanden zu erachten, wenn das auf die Prüfung und die Klassenleistungen (Nr. 2) gegründete Gesammturtheil in keinem verbindlichen wissenschaftlichen Lehrgegenstande „nicht genügend“ lautet.

Eine Abweichung hiervon in Berücksichtigung des von dem Schüler gewählten Berufes ist nicht zulässig. Dagegen ist zulässig, daß nicht genügende Leistungen in einem Lehrgegenstande durch mindestens gute Leistungen in einem anderen verbindlichen Gegenstande als ergänzt erachtet werden.

Dabei finden jedoch folgende Einschränkungen statt:

a. Bei nicht genügenden Gesammtleistungen im Deutschen oder in den beiden alten Sprachen darf das Reifezeugnis überhaupt nicht ertheilt werden.

b. Nicht genügende Gesammtleistungen in einer der alten Sprachen sind nur durch mindestens gute Gesammtleistungen in der anderen alten Sprache oder im Deutschen oder in der Mathematik, ebenso umgekehrt nicht genügende Gesammtleistungen in der Mathematik nur durch mindestens gute Gesammtleistungen in einer der alten Sprachen oder im Deutschen auszugleichen.

4. Die Religionslehrer haben sich der Abstimmung zu enthalten, wenn es sich um einen Schüler handelt, der an ihrem Unterrichte nicht theilnimmt.

5. Bei allen Abstimmungen der Kommission gilt, wenn Stimmengleichheit eintritt, diejenige Ansicht, für welche der Königliche Kommissar stimmt.

6. Gegen den Beschluß der Prüfungskommission über Zuerkennung oder Verweigerung des Zeugnisses der Reife steht dem Königlichen Kommissar das Recht der Einsprache zu. In diesem Falle sind die Prüfungsverhandlungen dem Königlichen Provinzial-Schulkollegium zur Entscheidung einzureichen.

7. Nachdem die Berathung abgeschlossen und die Verhandlung von sämmtlichen Mitgliedern der Kommission unterzeichnet ist, verkündigt der Königliche Kommissar den Prüflingen das Gesammtergebnis der Prüfung.

§ 13.

Prüfungsverhandlung.

Ueber die gesammten Vorgänge der Prüfung ist ein Verhandlung mit folgenden Abschnitten aufzunehmen:

1. Verhandlung über die durch §. 5, 4 bestimmte Konferenz; dazu gehören als Beilagen die Meldungen zur Prüfun (§. 5, 3), das in §. 5, 6 bezeichnete, an das Königliche Provinzial-Schulkollegium eingereichte Verzeichnis und die Verfügung über die Annahme der Meldungen (§. 5, 7; §. 7, 6

2. Verhandlung über die schriftliche Prüfung (§. 8). I dieser ist zu verzeichnen, wann jede einzelne schriftlic Arbeit begonnen ist, welche Lehrer die Aufsicht geführt habe welche Schüler und wann und wie lange sie das Zimm während der Arbeitszeit zeitweilig verlassen haben, wann jed seine Arbeiten abgegeben hat; außerdem ist jedes Vorkommn zu verzeichnen, welches darauf schließen läßt, daß der Fall d §. 8, 6 vorliege.

Am Anfange dieser Verhandlung ist zu vermerken, d der Direktor den Schülern die in §. 8, 6 vorgeschriebene E öffnung gemacht hat; am Schlusse der Verhandlung hat d Direktor entsprechenden Falles zu bezeugen, daß während d Verlaufes der schriftlichen Prüfung nichts vorgekommen i was darauf schließen ließe, daß der Fall des §. 8, 6 vorlie

3. Verhandlung über die Vorberathung vor der münd lichen Prüfung (§. 9, 2).

4. Verhandlung über die mündliche Prüfung. Diese hat zu enthalten die Vorberathung (§. 10, 2), den Inhalt

gestellten Fragen und die Beschaffenheit der Antworten in der Weise, daß daraus die Begründung der über die Ergebnisse der mündlichen Prüfung gefällten Urtheile ersichtlich wird, und die Schlußberathung (§. 12).

§ 14.

Zeugnis.

1. Wer die Prüfung bestanden hat, erhält ein Zeugnis der Reife. Dasselbe muß enthalten: ein Urtheil über das sittliche Verhalten, die Aufmerksamkeit und den Fleiß des Schülers, für jeden einzelnen Lehrgegenstand der Oberprima die Bezeichnung des Verhältnisses der Schul- und Prüfungsleistungen zu den Forderungen der Schule, und schließlich die Erklärung, daß die Prüfung bestanden sei.

Ein Vordruck für die Zeugnisse ist dieser Prüfungsordnung beigefügt. (Anlage A.)

2. Das aus dem Urtheile über die Prüfungs- und über die Schulleistungen in dem Gegenstande sich ergebende Gesammturtheil ist schließlich in eines der vier §. 9, 1 bezeichneten Prädikate zusammenzufassen; dies Prädikat ist durch die Schrift hervorzuheben.

3. Für Physik und Englisch ist das auf Grund der Klassenleistungen festgestellte Prädikat in das Zeugnis aufzunehmen.

4. Die auf Grund des gesammten Prüfungsergebnisses unter der Verantwortlichkeit des Direktors festzustellenden und von allen Mitgliedern der Kommission zu unterzeichnenden Entwürfe der Reifezeugnisse sind nebst der gleichen Zahl von Vordrucken dem Königlichen Kommissar zur Unterschrift vorzulegen. Letztere müssen den Namen und die Personalverhältnisse der abgehenden Schüler und die Unterschrift des Direktors bereits enthalten.

Die Zeugnisse werden von sämmtlichen Mitgliedern der Prüfungs-Kommission unterzeichnet.

5. Eingehändigt werden die Zeugnisse in der Regel sämmtlichen Schülern gleichzeitig unter geeigneter Ansprache durch den Direktor in einer Versammlung der ganzen Schule oder ihrer oberen Klassen.

§ 15.

Einreichung der Prüfungsverhandlungen an die Königlichen Provinzial-Schulkollegien.

Ob und welche Theile der Prüfungsverhandlungen und -arbeiten einzureichen sind, bestimmt der Unterrichtsminister bezw. das Provinzial-Schulkollegium.

§ 16.

Verfahren bei denjenigen, welche die Reifeprüfung nicht bestanden haben.

1. Wer die Reifeprüfung einmal nicht bestanden hat, darf zur Wiederholung derselben, mag er ferner ein Gymnasium besuchen oder nicht, höchstens zweimal zugelassen werden. Dem Nichtbestehen der Prüfung wird, außer in dem Falle der Erkrankung, das Zurücktreten während der Prüfung gleichgeachtet.

2. Denjenigen Schülern, welche nach nicht bestandener Reifeprüfung das Gymnasium verlassen, wird ein gewöhnliches Abgangszeugnis ausgestellt, in dessen Eingang das ungenügende Ergebnis der Reifeprüfung zu erwähnen ist.

3. Studierende, denen im Reifezeugnisse eine genügende Kenntnis des Hebräischen nicht zuerkannt worden ist, haben sich, wenn sie nachträglich das Zeugnis der Reife in diesem Gegenstande erwerben wollen, an eine Wissenschaftliche Prüfungskommission für das höhere Schulamt zu wenden.

§. 17.

Reifeprüfung derjenigen, welche nicht Schüler eines Gymnasiums sind.

1. Wer ohne Schüler eines Gymnasiums zu sein die an die Reifeprüfung desselben geknüpften Rechte erwerben will, hat unter Nachweisung seines Bildungsganges und seines sittlichen Verhaltens das Gesuch um Zulassung zur Prüfung an das Königliche Provinzial-Schulkollegium zu richten, dessen Amtsbereiche er durch den Wohnort der Eltern oder durch den Ort seiner letzten Schulbildung angehört, und wird, sofern die Nachweisungen als ausreichend befunden sind, einem Gymnasium zur Prüfung überwiesen.

Wenn jemand bereits die Universität oder eine technische Hochschule bezogen hat, bevor er das für vollberechtigte Zulassung zu dem betreffenden Studium erforderliche Reifezeugnis erworben hat, und nachträglich die Reifeprüfung abzulegen wünscht, so hat er hierzu die besondere Bewilligung des Ministers nachzusuchen. Wenn er nach erhaltener Erlaubnis die Prüfung nicht besteht, so kann er nur noch einmal zur Prüfung zugelassen werden.

2. Das Gesuch um Zulassung zur Prüfung ist drei Monate vor dem Schlusse des Schulhalbjahres einzureichen.

Der Nachweisung des Bildungsganges sind die letzten Schul- oder Privatzeugnisse über den empfangenen Unterricht beizufügen.

3. Das Königliche Provinzial-Schulkollegium ist verpflichtet, wenn sich aus den Zeugnissen ergiebt, daß der Bitt-

steller bereits an einem Gymnasium einer anderen Provinz als Primaner die Reifeprüfung erfolglos abgelegt hat, mit dem Königlichen Provinzial-Schulkollegium dieser Provinz in Einvernehmen darüber zu treten, ob dortseits noch etwa Bedenken gegen die Zulassung zu erheben sind, welche aus den Zeugnissen nicht erhellen.

4. Junge Leute, welche früher ein Gymnasium besucht haben, dürfen zur Prüfung nur zugelassen werden, wenn mit Ablauf des Halbjahres, in welchem sie sich melden, von dem Austritt zu Ende des Lehrgangs der Obersekunda bezw. dem Eintritt in die Prima an gerechnet, zwei Jahre verflossen sind. Hierbei bleiben bezüglich der Anrechnung des Besuches der Prima die Bedingungen des §. 5, 2 in Kraft.

5. Für die Prüfung sind die §§. 3 bis 16 maßgebend, indessen sind für die schriftlichen Prüfungsarbeiten andere Aufgaben zu stellen, als die Schüler des betreffenden Gymnasiums erhalten.

Eine Ausschließung oder eine Befreiung von der mündlichen Prüfung findet nicht statt.

Die mündliche Prüfung ist getrennt von derjenigen der Schüler des Gymnasiums abzuhalten.

Zu der Prüfung in den §. 6, 3 bezeichneten Gegenständen tritt die in der deutschen Literatur und in der Physik behufs Ermittelung des durch §. 3, 2 und 8 erforderten Maßes der Kenntnisse hinzu.

Die Verhandlung über die Prüfung ist abgesondert von der über die Prüfung der Schüler des Gymnasiums zu führen.

6. Das in das Reifezeugnis aufzunehmende Urtheil über das sittliche Verhalten ist auf Grund der beigebrachten Nachweisungen (Nr. 1) und unter Berufung auf dieselben abzufassen.

7. Wird die Prüfung nicht bestanden, so ist die Kommission berechtigt, nach Befinden zu bestimmen, ob die Wiederholung erst nach Verlauf eines Jahres erfolgen darf.

8. Die Prüfungsgebühren betragen dreißig Mark. Sie sind vor dem Beginne der schriftlichen Prüfung zu entrichten.

§. 18.

Bestimmung über die Prüfung der Schüler, welche das Reifezeugnis an einem Realgymnasium oder einer Oberrealschule erworben haben.

1. Die Bestimmungen des §. 17 finden auch auf diejenigen jungen Leute sinnentsprechende Anwendung, welche die Reifeprüfung an einem Realgymnasium oder einer Oberrealschule bestanden haben und sich die mit dem Reifezeugnisse eines Gymnasiums verbundenen Rechte erwerben wollen. Haben dieselben bereits die Universität oder die technische Hochschule

bezogen, so haben sie für die Zulassung zur Gymnasial-Reife-prüfung die ministerielle Genehmigung nachzusuchen (§. 17, 1. Abs. 2).

2. Diese Ergänzungsprüfung ist eine schriftliche und eine mündliche. Sie erstreckt sich auf die lateinische und die griechische Sprache.

Die schriftliche Prüfung besteht in einer Uebersetzung in das Lateinische und einer Uebersetzung aus dem Griechischen.

Die mündliche Prüfung erstreckt sich auf die Uebersetzung einfacher Stellen des Livius und des Horaz, sowie eines leichten attischen Prosaikers und des Homer.

Eine Befreiung von der mündlichen Prüfung findet nicht statt.

Das Provinzial-Schulkollegium bestimmt die Anstalt, an welcher die Prüfung abzulegen ist.

3. Die Prüfungsgebühren betragen dreißig Mark. Si sind vor dem Beginne der schriftlichen Prüfung zu entrichten

§. 19.

Die Bestimmungen der unter den deutschen Staats regierungen getroffenen Vereinbarung über gegenseitige An erkennung der Gymnasial-Reifezeugnisse werden durch Vor stehendes nicht berührt.

B. Ordnung der Reifeprüfung an den Progymnasien.

Für die Reifeprüfungen an Progymnasien finden d vorstehenden Anordnungen über die Reifeprüfung an Gym nasien sinnentsprechende Anwendung mit folgenden näheren B stimmungen:

Zu §. 3.

Zur Erwerbung eines Zeugnisses der Reife hat der Schül in den einzelnen Lehrgegenständen die für die Versetzung die Obersecunda eines Gymnasiums erforderlichen Kenntni nachzuweisen.

Zu §. 5.

1. Die Zulassung eines Schülers zur Reifeprüfung fin nicht früher als im zweiten Halbjahre der Sekunda statt.
2. Erleidet keine Anwendung.

Zu §. 6.

2. Zur schriftlichen Prüfung gehören: ein deutscher A satz, je eine Uebersetzung aus dem Deutschen in das Lateinis

in das Griechische und in das Französische, zwei Aufgaben aus der Mathematik und eine aus der elementaren Körperberechnung.

3. Die mündliche Prüfung erstreckt sich auf die christliche Religionslehre, die lateinische und griechische Sprache, die Geschichte und die Erdkunde, sowie die Mathematik.

Zu §. 8.

2. Für den deutschen Aufsatz und für die mathematische Arbeit sind je vier, für die Uebersetzungen, ausschließlich der für das Diktiren der Texte erforderlichen Zeit, je zwei Stunden zu gewähren.

3. Keine Arbeitszeit darf durch eine Pause unterbrochen werden, doch ist es zulässig, die für die mathematische Arbeit bestimmte Zeit durch eine Erholungspause in der Weise zu theilen, daß vor dieser die beiden Aufgaben aus der Mathematik erledigt werden.

Zu §. 11.

9. Die Prüfung beschränkt sich auf die Lehraufgaben der Untersekunda. In das Zeugnis wird das Urtheil über die Klassenleistungen in der Physik aufgenommen.

Zu §. 12.

Ob und inwieweit die in § 12, 3 a und b aufgeführten Beschränkungen des Ausgleichs nicht genügender Gesammtleistungen in einem verbindlichen Lehrgegenstande durch mindestens gute Gesammtleistungen in einem anderen verbindlichen Lehrgegenstande auch hier Anwendung finden sollen, bleibt dem Ermessen der Prüfungskommission überlassen. Die Persönlichkeit des Schülers und das Urtheil der Lehrer über dessen bisheriges Streben sind bei der Entscheidung vor allem zu berücksichtigen.

Zu §. 17.

8. Die Prüfungsgebühren betragen zwanzig Mark.

II.

A. Ordnung der Reifeprüfung an den Realgymnasien und den Oberrealschulen.

§. 1.

Zweck der Prüfung.

Zweck der Reifeprüfung ist, zu ermitteln, ob der Schüler die Lehraufgaben der Prima sich angeeignet hat.

§. 2.

Wo die Prüfung abgehalten wird.

Zur Abhaltung von Reifeprüfungen sind alle diejenigen Realgymnasien und Oberrealschulen berechtigt, welche von dem Unterrichtsminister als solche anerkannt worden sind.

§. 3.

Maßstab zur Ertheilung des Zeugnisses der Reife.

Um das Zeugnis der Reife zu erwerben, muß der Schüler in den einzelnen Gegenständen den nachstehenden Forderungen entsprechen; dieselben bilden den Maßstab für die Beurtheilung der schriftlichen und mündlichen Leistungen.

1. In der christlichen Religionslehre muß der Schüler von dem Inhalte und dem Zusammenhange der heiligen Schrift, von den Grundlehren der kirchlichen Konfession, welcher er angehört, und von den Hauptepochen der Kirchengeschichte eine genügende Kenntnis erlangt haben. Vgl. jedoch §§. 1 und 11, 6.

2. In der deutschen Sprache muß der Schüler ein in seinem Gedankenkreise liegendes Thema richtig aufzufassen und mit eigenem Urtheile in angemessener Ordnung und fehlerfreier Schreibart zu bearbeiten im Stande sein. Beim mündlichen Gebrauche der Muttersprache hat derselbe Fertigkeit in sprachrichtiger, klarer und zusammenhängender Darstellung zu beweisen. Ferner muß er sich mit den wichtigsten Abschnitten der Geschichte unserer Dichtung und mit einigen Meisterwerken unserer Literatur bekannt zeigen.

3. In der lateinischen Sprache muß der Schüler der Realgymnasien im Stande sein, leichtere Stellen aus den in der Prima gelesenen Schriftstellern zu verstehen und ohne erhebliche Nachhilfe zu übersetzen. Mit den dazu erforderlichen grammatischen Gesetzen und dem daktylischen Hexameter muß er bekannt sein.

4. In der französischen Sprache muß der Schüler Abschnitte aus den prosaischen und poetischen Werken, welche in Prima gelesen werden oder dazu geeignet sein würden, verstehen und ohne erhebliche Nachhilfe übersetzen. Seine schriftlichen Prüfungsarbeiten müssen von Fehlern, welche eine grobe grammatische Unsicherheit zeigen, und von Germanismen im Wesentlichen frei sein. Im mündlichen Gebrauche der Sprache hat der Schüler sich geübt zu erweisen.

5. In der englischen Sprache muß der Schüler Abschnitte aus den prosaischen und poetischen Werken, welche in Prima gelesen werden oder dazu geeignet sein würden, verstehen und ohne erhebliche Nachhilfe übersetzen. Die schriftliche

Prüfungsarbeit muß von erheblichen Verstößen gegen die Grammatik frei sein. Vom mündlichen Gebrauche der Sprache gilt dasselbe wie bei dem Französischen.

An die Schüler der Oberrealschulen sind im Französischen und Englischen höhere Forderungen zu stellen.

6. In der Geschichte und Erdkunde muß der Schüler die epochemachenden Begebenheiten der Weltgeschichte, namentlich der deutschen und der preußischen Geschichte, im Zusammenhange ihrer Ursachen und Wirkungen kennen und über Zeit und Ort der Begebenheiten sicher unterrichtet sein. Von den Grundlehren der mathematischen Erdkunde, von den wichtigsten physischen Verhältnissen und der politischen Eintheilung der Erdoberfläche, besonders Mittel-Europas, muß er genügende Kenntnis besitzen. Vgl. jedoch §§. 1 und 11, 8.

7. In der Mathematik hat der Schüler nachzuweisen, daß er in der Arithmetik bis zur Entwickelung der einfacheren unendlichen Reihen und in der Algebra bis zu den Gleichungen des dritten Grades einschließlich, in der ebenen und körperlichen Geometrie, in der ebenen und sphärischen Trigonometrie und in den Elementen der analytischen Geometrie der Ebene bis zu den wichtigsten Sätzen der Kegelschnitte einschließlich sichere, geordnete und zusammenhängende Kenntnisse besitzt, und daß er sich hinreichende Uebung in der Lösung von Aufgaben aus den bezeichneten Gebieten erworben hat.

8. Naturwissenschaften. In der Physik muß der Schüler mit den Gesetzen des Gleichgewichtes und der Bewegung der Körper sowie mit der mathematischen Entwickelung dieser Gesetze, mit der Lehre von der Wärme, dem Magnetismus und der Elektrizität, dem Schalle und dem Lichte hinreichend bekannt sein und die Befähigung besitzen, seine Kenntnisse zur Lösung einfacher Aufgaben anzuwenden.

In der Chemie und Mineralogie muß der Schüler ausreichende Kenntnis von der Darstellung, den Eigenschaften und den hauptsächlichsten anorganischen Verbindungen der wichtigeren Elemente, sowie von den stöchiometrischen Grundgesetzen nachweisen und mit den Krystallformen, den physikalischen Eigenschaften und der chemischen Zusammensetzung der wichtigsten Mineralien bekannt sein. — An den Oberrealschulen kommt hinzu Kenntnis der für Technologie und Physiologie besonders wichtigen Verbindungen aus der organischen Chemie.

§. 4.

Zusammensetzung der Prüfungskommission.

1. Die Prüfungskommission besteht aus dem von dem Königlichen Provinzial-Schulkollegium ernannten Kommissar als

Vorsitzendem, dem Direktor der Anstalt und denjenigen Lehrern, welche in der obersten Klasse mit dem Unterrichte in den lehrplanmäßigen wissenschaftlichen Gegenständen und im Zeichnen betraut sind.

2. Das Königliche Provinzial-Schulkollegium ernennt regelmäßig dasjenige seiner Mitglieder, welches die inneren Angelegenheiten der betreffenden Schule bearbeitet, zum Prüfungskommissar. Im einzelnen Falle kann diese Behörde für die Leitung der mündlichen Prüfung (§§. 10—14) einen stellvertretenden Kommissar ernennen und mit dieser Stellvertretung insbesondere den Direktor der Anstalt beauftragen.

3. Dasjenige Organ, welchem die rechtliche Vertretung der Schule zusteht, ist befugt, aus seiner Mitte einen Vertreter zum Mitgliede der Prüfungskommission zu ernennen. Die Ernennung erfolgt in der Regel auf einen Zeitraum von mindestens drei Jahren und wird dem Königlichen Provinzial-Schulkollegium rechtzeitig angezeigt. Der ernannte Vertreter hat Stimmrecht in der Kommission.

An den für einzelne Anstalten außerdem etwa bestehenden besonderen Befugnissen zur Theilnahme an den Prüfungen wird hierdurch nichts geändert.

4. Auf sämmtliche Verhandlungen der Prüfungskommission erstreckt sich für die Mitglieder derselben die Pflicht der Amtsverschwiegenheit.

§. 5.

Meldung und Zulassung zur Prüfung.

1. Die Zulassung eines Schülers zur Reifeprüfung findet in der Regel nicht früher als im zweiten Halbjahre der Oberprima statt.

Wo Ober- und Unterprima vereinigt sind, kann diese Zulassung ausnahmsweise nach anderthalbjährigem Besuche der Unterprima im ersten Halbjahre des Besuchs der Oberprima durch das Provinzial-Schulkollegium erfolgen.

2. Wenn ein Primaner im Disziplinarwege von einem Realgymnasium oder einer Oberrealschule entfernt worden ist oder diese verlassen hat, um sich einer Schulstrafe zu entziehen, oder in willkürlicher, durch die Verhältnisse nicht genügend gerechtfertigter Weise, so darf ihm an der Schule, an welche er übergegangen ist, bei seiner Meldung zur Reifeprüfung das Halbjahr, in welches oder an dessen Schluß der Wechsel der Anstalt fällt, nicht auf die zweijährige Lehrzeit der Prima angerechnet werden.

Ob in dem letztbezeichneten Falle der Wechsel der Anstalt als ein gerechtfertigter zu betrachten und demnach das fragliche

Halbjahr auf die zweijährige Lehrzeit der Prima anzurechnen ist, entscheidet auf den Vortrag des Direktors das Königliche Provinzial-Schulkollegium. Falls die Eltern oder deren Stellvertreter es beantragen, erfolgt diese Entscheidung unmittelbar beim Eintritte des Schülers in die neue Schule.

3. Die Meldung zur Reifeprüfung ist drei Monate vor dem Schlusse des betreffenden Schulhalbjahres dem Direktor schriftlich einzureichen.

4. In einer Konferenz, welche von dem Direktor mit den der Prüfungskommission angehörenden Lehrern zu halten ist, werden die Meldungen vorgelegt und auf Grund der in der Prima den betreffenden Schülern ertheilten Zeugnisse Gutachten (Nr. 6 und §. 12, 2) darüber festgestellt, ob diese Schüler nach ihren Leistungen und nach ihrer sittlichen Haltung als den Zielforderungen der Schule entsprechend anzuerkennen sind.

5. Wenn ein Schüler nach dem einstimmigen Urtheile der Konferenz die erforderliche Reife in wissenschaftlicher oder sittlicher Hinsicht noch nicht erreicht hat, so ist er von der Reifeprüfung zurückzuweisen. Der Beschluß der Konferenz ist dem Provinzial-Schulkollegium mitzutheilen.

6. Das Verzeichnis der Schüler, welche sich zur Prüfung gemeldet haben, nebst den erforderlichen näheren Angaben über ihre Person und dem Gutachten über ihre Reife (Nr. 4), eintretenden Falles eine Anzeige über das Ausfallen der Prüfung hat der Direktor dem Königlichen Provinzial-Schulkollegium spätestens $2^1/_2$ Monat vor dem Schlusse des betreffenden Halbjahres einzureichen.

In dem einzureichenden Verzeichnisse sind zu dem Namen jedes Prüflings folgende Spalten auszufüllen: Tag und Ort der Geburt, Konfession (bezw. Religion), Stand und Wohnort des Vaters, Dauer des Aufenthaltes auf der Schule überhaupt und in der Prima und Oberprima insbesondere (bei solchen Schülern, welche erst in die Prima eingetreten sind, Angabe der Schule, welcher sie früher angehörten, und der Dauer des Aufenthaltes), ferner ein durch kurze Bezeichnung der bisherigen gesammten Entwickelung des Schülers zu begründendes Gutachten über seine Reife. Diesem Gutachten ist die Fassung des Urtheiles beizufügen, welches in dem Reifezeugnisse unter „Betragen und Fleiß“ aufzunehmen beabsichtigt wird. Schließlich ist zu bezeichnen, welchen Beruf der Schüler zu wählen beabsichtigt.

Wenn für einen Schüler bezüglich der unter Nr. 1 und 2 festgestellten Bedingungen der Zulassung zur Prüfung eine Ausnahme beantragt wird, so ist dies in dem Verzeichnisse kenntlich zu machen und in dem Begleitberichte ausdrücklich zu erwähnen.

7. Das Königliche Provinzial-Schulkollegium prüft, ob die für die Reifeprüfung geltenden Erfordernisse (Nr. 1 und 2) erfüllt sind, und entscheidet hiernach über die Zulassung zur Prüfung.

§. 6.

Art und Gegenstände der Prüfung.

1. Die Reifeprüfung ist eine schriftliche und eine mündliche.

2. Zur schriftlichen Prüfung gehören: ein deutscher und ein französischer oder nach örtlichen Verhältnissen statt dessen ein englischer Aufsatz und dementsprechend entweder eine Uebersetzung in das Englische oder in das Französische, in der Mathematik vier Aufgaben, welche aus der Algebra, der ebenen und körperlichen Geometrie, der Trigonometrie und der analytischen Geometrie zu wählen sind; in der Naturlehre eine Aufgabe. Dazu kommt bei den Realgymnasien eine Uebersetzung aus dem Lateinischen in das Deutsche.

Die naturwissenschaftliche Aufgabe kann aus der Physik oder der Chemie genommen werden.

3. Die mündliche Prüfung erstreckt sich auf die christliche Religionslehre, die französische und englische Sprache, ferner auf Geschichte und Mathematik. Je nachdem, die schriftliche Arbeit aus der Physik oder der Chemie entnommen war, kommt im ersten Falle die Prüfung in der Chemie, im zweiten die in der Physik hinzu.

§. 7.

Schriftliche Prüfung.

Stellung der Aufgaben.

1. Alle gleichzeitig die Prüfung ablegenden Schüler erhalten dieselben Aufgaben.

2. Die Aufgaben sind so zu bestimmen, daß sie in Art und Schwierigkeit die Klassenaufgaben der Prima in keiner Weise überschreiten; sie dürfen aber nicht einer der bereits bearbeiteten Aufgaben so nahe stehen, daß ihre Bearbeitung aufhört, den Werth einer selbständigen Leistung zu haben.

Für die Uebersetzung aus dem Lateinischen ist aus einem der Lektüre der Prima angehörenden oder dazu geeigneten Schriftsteller ein in der Schule nicht gelesener, von besonderen Schwierigkeiten freier Abschnitt zu wählen.

3. Die Aufgaben für jeden einzelnen Gegenstand legt der Lehrer, welcher denselben in der obersten Klasse vertritt, dem Direktor zur Genehmigung vor.

4. Für den deutschen und französischen bezw. englischen Aufsatz sowie für die Uebersetzungen in das Englische bezw. Französische und aus dem Lateinischen haben die Fachlehrer je drei Vorschläge, für die mathematische Arbeit drei Gruppen von je vier Aufgaben und für die naturwissenschaftliche Arbeit je drei Vorschläge aus der Physik und aus der Chemie dem Direktor vorzulegen. Nachdem dieser die Vorschläge genehmigt hat, sendet er dieselben unter besonderem Verschlusse dem Königlichen Prüfungskommissare ein, behufs der zu treffenden Auswahl.

5. Die Zustellung der Aufgabenvorschläge an den Königlichen Kommissar geschieht gleichzeitig mit der Einreichung der Meldungen an das Königliche Provinzial-Schulkollegium; zugleich mit der Entscheidung des letzteren über die Meldungen stellt der Königliche Kommissar die Aufgaben mit Bezeichnung der von ihm getroffenen Wahl unter besonderem Verschlusse zurück.

6. Der Königliche Kommissar ist befugt, statt aus den vorgeschlagenen Aufgaben zu wählen, andere Aufgaben zu bestimmen, sowie anzuordnen, daß zum Uebersetzen aus dem Deutschen Texte, welche er mittheilt, als Aufgaben benutzt werden. Auch steht dem Kommissar frei, bei erheblichen Zweifeln an der Selbständigkeit der gefertigten Prüfungsarbeiten für alle oder einzelne Fächer neue Aufgaben zur Bearbeitung zu stellen.

7. Es ist Pflicht der Prüfungskommission, insbesondere der die Aufgaben stellenden Lehrer und des Direktors, dafür zu sorgen, daß die Aufgaben für die schriftliche Prüfung den Schülern erst beim Beginne der betreffenden Arbeit zur Kenntnis kommen; auch ist jede vorherige Andeutung über dieselben auf das strengste zu vermeiden.

§. 8.

Bearbeitung der schriftlichen Arbeiten.

1. Die Bearbeitung der Aufgaben geschieht in einem geeigneten Zimmer der Schule unter der beständigen, durch den Direktor anzuordnenden Aufsicht von Lehrern, welche der Prüfungskommission angehören.

2. Für jeden der beiden Aufsätze und für die mathematische Arbeit sind fünf Vormittagsstunden zu bestimmen; die Frist darf bei den Aufsätzen nöthigenfalls um eine halbe Stunde überschritten werden. Für die Uebersetzung aus dem Lateinischen werden, ausschließlich der zum Diktiren des Textes erforderlichen Zeit, drei Stunden, zu der Anfertigung der Uebersetzungen in das Englische bezw. Französische, ausschließlich der für das

Diktiren der Texte erforderlichen Zeit, je zwei Stunden, für die naturwissenschaftliche Arbeit drei Stunden bestimmt.

3. Keine Arbeitszeit (Nr. 1 und 2) darf durch eine Pause unterbrochen werden. Doch ist zulässig, die für die mathematische Arbeit bestimmte Zeit in zwei durch eine Erholungspause getrennte Hälften zu theilen, am Beginne einer jeden di Hälfte der Aufgaben zu stellen und deren Bearbeitung am Schlusse jeder der beiden halben Arbeitszeiten einzufordern.

4. Andere Hilfsmittel in das Arbeitszimmer mitzubringen als für den französischen bezw. englischen Aufsatz ein französisch-deutsches bezw. englisch-deutsches, für die Uebersetzung aus dem Lateinischen ein lateinisch-deutsches Wörterbuch, für die mathematische und die physikalische Arbeit Logarithmentafeln, für die chemische Arbeit chemische Tafeln, ist nicht erlaubt.

5. Wer mit seiner Arbeit fertig ist, hat sie dem beaufsichtigenden Lehrer abzugeben und das Arbeitszimmer zu verlassen.

Wer nach Ablauf der vorschriftsmäßigen Zeit mit seiner Arbeit nicht fertig ist, hat sie unvollendet abzugeben.

In jedem Falle ist von den fertigen wie von den unvollendeten Arbeiten außer der Reinschrift der Entwurf mit einzureichen.

6. Wer bei der schriftlichen Prüfung sich der Benutzung unerlaubter Hilfsmittel, einer Täuschung oder eines Täuschungsversuches schuldig macht, oder anderen zur Benutzung unerlaubter Hilfsmittel, zu einer Täuschung oder einem Täuschungsversuche behilflich ist, wird mit Ausschluß von der weiteren Prüfung und, wenn die Entdeckung erst nach Vollendung derselben erfolgt, mit Vorenthaltung des Prüfungszeugnisses bestraft. Die in solcher Weise Bestraften sind hinsichtlich der Wiederholung der Prüfung denjenigen gleichzustellen, welche die Prüfung nicht bestanden haben (vergl. § 16, 1 und 2). Wer sich einer Täuschung oder eines Täuschungsversuches auch bei der Wiederholung der Prüfung schuldig macht, kann von der Zulassung zur Reifeprüfung überhaupt ausgeschlossen werden. In jedem Falle einer Täuschung oder eines Täuschungsversuches ordnet zunächst der Direktor mit den der Prüfungskommission angehörenden Lehrern das Erforderliche an. Die schließliche Entscheidung trifft die gesammte Kommission vor der mündlichen Prüfung (§ 10, 2). Für die Fälle, in denen ein Schüler von der Zulassung zur Reifeprüfung überhaupt ausgeschlossen werden soll, ist die Entscheidung des Ministers einzuholen.

Auf diese Vorschriften hat der Direktor beim Beginn der ersten schriftlichen Prüfungsarbeit die Schüler ausdrücklich aufmerksam zu machen.

§. 9.

Beurtheilung der schriftlichen Arbeiten.

1. Jede Arbeit wird zunächst von dem Fachlehrer durchgesehen und beurtheilt, d. h. die sich findenden Fehler werden, mag an die Stelle des Unrichtigen das Richtige gesetzt werden oder nicht, nach ihrer Art und dem auf sie zu legenden Gewichte bezeichnet, und es wird über den Werth der Arbeit im Verhältnisse zu den Prüfungsforderungen (§. 3) ein Urtheil abgegeben, welches schließlich in eines der vier Prädikate: sehr gut, gut, genügend, nicht genügend zusammenzufassen ist. Hinzuzufügen ist die Angabe über die Beschaffenheit der betreffenden Klassenleistungen; es darf jedoch dem Urtheile über die Klassenleistungen kein Einfluß auf das der Prüfungsarbeit zuzuerkennende Prädikat eingeräumt werden.

2. Sodann werden die Arbeiten bei den der Prüfungskommission angehörenden Lehrern in Umlauf gesetzt. In einer hierauf vom Direktor mit diesen zu haltenden Konferenz werden die den einzelnen Arbeiten ertheilten Prädikate zusammengestellt und wird darüber Beschluß gefaßt, ob und für welche Prüflinge die Ausschließung von der mündlichen Prüfung (§. 10, 3) oder die Befreiung von der ganzen mündlichen Prüfung oder Theilen derselben (§. 10, 4) zu beantragen ist.

3. Der Direktor hat hierauf die Arbeiten nebst dem vollständigen Texte der Prüfungsaufgaben rechtzeitig vor dem Zeitpunkte der mündlichen Prüfung dem Königlichen Kommissar zuzustellen. Am Rande der Texte für die Uebersetzungen in die fremden Sprachen und aus dem Lateinischen sind die den Prüflingen gegebenen Uebersetzungshilfen zu bezeichnen; diese Bezeichnung hat die Bedeutung, daß außerdem keine Uebersetzungshilfen gegeben sind.

Der Königliche Kommissar ist befugt, Aenderungen in den den Prüfungsarbeiten ertheilten Prädikaten zu verlangen und eintreten zu lassen. Hiervon ist in der Verhandlung (§. 13) Kenntnis zu geben.

§. 10.

Mündliche Prüfung.

Vorbereitung.

1. Die mündliche Prüfung ist innerhalb der letzten sechs Wochen des betreffenden Schulhalbjahrs vorzunehmen.

Der Königliche Kommissar bestimmt den Tag und führt den Vorsitz.

Für den Tag der mündlichen Prüfung hat der Direktor in dem Zimmer der Prüfung die Zeugnisse, welche die Prüflinge während der Dauer ihres Aufenthaltes in Prima erhalten haben (von Schülern, welche einen Theil des Primakursus auf einer anderen Schule zugebracht haben, auch ihre Abgangszeugnisse) und ihre schriftlichen Arbeiten aus Prima sowie die von denselben während des Aufenthaltes in Prima in den Unterrichtsstunden angefertigten Zeichnungen zur Einsichtnahme bereit zu halten.

Bei der mündlichen Prüfung haben außer den der Kommission angehörenden auch alle übrigen wissenschaftlichen Lehrer der Anstalt anwesend zu sein. In dem Falle einer mehrtägigen Dauer der Prüfung (§. 11, 1) gilt diese Bestimmung nur für den ersten Tag. Für alle den Verhandlungen beiwohnenden Lehrer trifft das §. 4, 4 Gesagte zu.

2. Der Prüfung geht voraus eine Berathung und Beschlußfassung darüber, ob einzelne der Bewerber von der Zulassung zur mündlichen Prüfung auszuschließen oder von der Ablegung ganz oder theilweise zu befreien sind. (Vgl. §. 8, 6 und §. 9, 2).

3. Ein Schüler, dessen schriftliche Prüfungsarbeiten sämmtlich oder der Mehrzahl nach das Prädikat „nicht genügend" erhalten haben, ist von der mündlichen Prüfung auszuschließen, wenn bereits in der auf Anlaß der Meldung aufgestellten Beurtheilung (§. 5, 6) der Zweifel an der Reife desselben Ausdruck gefunden hat. Ist ein solcher Zweifel nicht ausgedrückt worden, so wird der Erwägung der Kommission anheimgestellt, ob der Rath zum Rücktritte vor der mündlichen Prüfung ertheilt werden soll.

4. Eine Befreiung von der mündlichen Prüfung erstreckt sich entweder auf die ganze Prüfung oder auf Theile derselben.

a. Die Befreiung von der ganzen mündlichen Prüfung hat dann einzutreten, wenn der Schüler bei tadellosem Betragen sowohl in sämmtlichen verbindlichen Fächern vor Eintritt in die Reifeprüfung als auch in sämmtlichen schriftlichen Prüfungsarbeiten mindestens das Prädikat „genügend" ohne Einschränkung erhalten hat.

b. Die Befreiung von Theilen der mündlichen Prüfung hat einzutreten

α. in Fächern, welche nicht Gegenstand der schriftlichen Prüfung sind, wenn das nach §. 5, 6 angegebene Urtheil mindestens „genügend" ohne Einschränkung lautet;

β. in Fächern, welche auch Gegenstand der schriftlichen Prüfung sind, wenn überdies die schriftlichen Arbeiten mindestens das Prädikat „genügend" ohne Einschränkung erhalten haben.

Dem Prüflinge steht frei, im Falle von b auf die Befreiung zu verzichten.

§. 11.

Ausführung.

1. Mehr als zehn Schüler dürfen in der Regel nicht an einem Tage geprüft werden. Sind mehr als zehn zu prüfen, so sind dieselben in zwei oder nach Erfordernis in mehrere Gruppen zu theilen. Die Prüfung jeder Gruppe ist gesondert vorzunehmen.

2. Der Königliche Kommissar bestimmt die Folge der Prüfungsgegenstände und die jedem derselben zu widmende Zeit. Er ist befugt, die Prüfung in einzelnen Fächern nach Befinden abzukürzen.

3. Die Schüler dürfen keine Bücher zur Prüfung mitbringen.

4. In Betreff etwaiger Täuschungen oder Täuschungsversuche bei der mündlichen Prüfung gelten die Bestimmungen des §. 8, 6.

5. Zu prüfen hat in jedem Gegenstande der Lehrer desselben in der obersten Klasse. Der Königliche Kommissar ist befugt, seinerseits Fragen an die Schüler zu richten und in einzelnen Fällen die Prüfung selbst zu übernehmen.

6. In der Religion sind im Wesentlichen nur diejenigen Gebiete zur Prüfung heranzuziehen, welche in der Prima eingehendere Behandlung erfahren haben.

7. Im Französischen und Englischen werden den Schülern zum Uebersetzen Abschnitte aus solchen Schriftstellern vorgelegt, welche in der Prima gelesen werden oder dazu geeignet sein würden. Inwieweit dazu Dichter oder Prosaiker benutzt werden, bleibt der Bestimmung des Königlichen Kommissars überlassen, welcher auch befugt ist, die Auswahl der vorzulegenden Abschnitte zu treffen. Aus Dichtern sind in der Regel nur solche Stellen zu bezeichnen, welche in der Klasse, aber nicht im letzten Halbjahre, gelesen worden sind.

An die Uebersetzung sind Fragen aus der Literatur und Synonymik sowie über die Hauptpunkte der Metrik anzuschließen. Ferner ist den Schülern bei der Uebersetzung des französischen und des englischen Schriftstellers Gelegenheit zu geben, ihre Geübtheit im mündlichen Gebrauche der Sprache zu zeigen.

8. Die geschichtliche Prüfung hat die Geschichte Deutschlands und des preußischen Staates, soweit sie in der Prima eine eingehendere Behandlung erfahren hat, zum Gegenstande. Eine besondere Prüfung in der Erdkunde findet nicht statt.

9. An die Prüfung in der Chemie sind einige Fragen aus der Mineralogie anzuschließen.

10. Im Verlaufe der mündlichen Prüfung sind auf Vorschlag der betreffenden Fachlehrer von der Kommission die

Prädikate festzustellen, welche jedem Prüfling in den einzelnen Gegenständen auf Grund der mündlichen Prüfungsleistungen zuzuerkennen sind.

§. 12.

Feststellung des Urtheiles.

1. Nach Beendigung der mündlichen Prüfung findet eine Berathung der Prüfungskommission über das Ergebnis der gesammten Prüfung statt. Die Ordnung, in welcher die einzelnen Fragen zur Erwägung und Beschlußfassung gebracht werden sollen, bestimmt der Königliche Kommissar.

2. Bei der Entscheidung darüber, ob die Prüfung bestanden sei, sind außer den Leistungen in der schriftlichen und mündlichen Prüfung die vor dem Beginne der gesammten Prüfung festgestellten Prädikate (§. 5, 6) über die Klassenleistungen in Betracht zu ziehen.

3. Die Prüfung ist als bestanden zu erachten, wenn das auf die Prüfungs- und die Klassenleistungen (Nr. 2) gegründete Gesammturtheil in keinem verbindlichen wissenschaftlichen Lehrgegenstande „nicht genügend" lautet.

Eine Abweichung hiervon in Berücksichtigung des von dem Schüler gewählten Berufes ist nicht zulässig. Dagegen ist zulässig, daß nicht genügende Leistungen in einem Lehrgegenstande durch mindestens gute Leistungen in einem anderen verbindlichen Gegenstande als ergänzt erachtet werden.

Dabei finden jedoch folgende Einschränkungen statt:

a. Bei nicht genügenden Gesammtleistungen im Deutschen oder in den **beiden** neueren Fremdsprachen darf das Reifezeugnis überhaupt nicht ertheilt werden.

b. Nicht genügende Gesammtleistungen in **einer** der neueren Fremdsprachen sind nur durch mindestens gute Gesammtleistungen in der anderen neueren Fremdsprache oder im Deutschen oder in der Mathematik, ebenso nicht genügende Gesammtleistungen in der Mathematik an **Realgymnasien** nur durch mindestens gute Gesammtleistungen in einer der neueren Fremdsprachen oder im Deutschen, an **Oberrealschulen** nur durch mindestens gute Leistungen in Physik und Chemie auszugleichen.

4. Die Religionslehrer haben sich der Abstimmung zu enthalten, wenn es sich um einen Schüler handelt, der an ihrem Unterrichte nicht theilnimmt.

5. Bei allen Abstimmungen der Kommission gilt, wenn Stimmengleichheit eintritt, diejenige Ansicht, für welche der Königliche Kommissar stimmt.

6. Gegen den Beschluß der Prüfungskommission über Zuerkennung oder Verweigerung des Zeugnisses der Reife steht

dem Königlichen Kommissar das Recht der Einsprache zu. In diesem Falle sind die Prüfungsverhandlungen dem Königlichen Provinzial-Schulkollegium zur Entscheidung einzureichen.

7. Nachdem die Berathung abgeschlossen und die Verhandlung von sämmtlichen Mitgliedern der Kommission unterzeichnet ist, verkündigt der Königliche Kommissar den Prüflingen das Gesammtergebnis der Prüfung.

§. 13.

Prüfungsverhandlung.

Ueber die gesammten Vorgänge der Prüfung ist eine Verhandlung mit folgenden Abschnitten aufzunehmen:

1. Verhandlung über die durch §. 5, 4 bestimmte Konferenz; dazu gehören als Beilagen die Meldungen zur Prüfung (§. 5, 3), das in §. 5, 6 bezeichnete, an das Königliche Provinzial-Schulkollegium eingereichte Verzeichnis und die Verfügung über die Annahme der Meldungen (§. 5, 7; §. 7, 6).

2. Verhandlung über die schriftliche Prüfung (§. 8). In dieser ist zu verzeichnen, wann jede einzelne schriftliche Arbeit begonnen ist, welche Lehrer die Aufsicht geführt haben, welche Schüler und wann und wie lange sie das Zimmer während der Arbeitszeit zeitweilig verlassen haben, wann jeder seine Arbeiten abgegeben hat; außerdem ist jedes Vorkommnis zu verzeichnen, welches darauf schließen läßt, daß der Fall des §. 8, 6 vorliege.

Am Anfange dieser Verhandlung ist zu vermerken, daß der Direktor den Schülern die in §. 8, 6 vorgeschriebene Eröffnung gemacht hat; am Schlusse der Verhandlung hat der Direktor entsprechenden Falles zu bezeugen, daß während des Verlaufes der schriftlichen Prüfung nichts vorgekommen ist, was darauf schließen ließe, daß der Fall des §. 8, 6 vorliege.

3. Verhandlung über die Vorberathung vor der mündlichen Prüfung (§. 9, 2).

4. Verhandlung über die mündliche Prüfung. Dieselbe hat zu enthalten die Vorberathung (§. 10, 2), den Inhalt der gestellten Fragen und die Beschaffenheit der Antworten in der Weise, daß daraus die Begründung der über die Ergebnisse der mündlichen Prüfung gefällten Urtheile ersichtlich wird, und die Schlußberathung (§. 12).

§. 14.

Zeugnis.

1. Wer die Prüfung bestanden hat, erhält ein Zeugnis der Reife. Dasselbe muß enthalten: ein Urtheil über das sitt-

liche Verhalten, die Aufmerksamkeit und den Fleiß des Schülers, für jeden einzelnen Lehrgegenstand der Oberprima die Bezeichnung des Verhältnisses der Schul- und Prüfungsleistungen zu den Forderungen der Schule und schließlich die Erklärung, daß die Prüfung bestanden sei.

Ein Vordruck für die Zeugnisse ist dieser Prüfungsordnung beigefügt. (Anlage B.)

2. Das aus dem Urtheile über die Prüfungs- und über die Schulleistungen in jedem Gegenstande sich ergebende Gesammturtheil ist schließlich in eines der vier §. 9, 1 bezeichneten Prädikate zusammenzufassen. Dies Prädikat ist durch die Schrift hervorzuheben.

Für Botanik, Zoologie und Erdkunde wird das bei der Versetzung nach Obersekunda ertheilte Zeugnis aufgen mmen.

3. Die auf Grund des gesammten Prüfungsergebnisses unter der Verantwortlichkeit des Direktors festzustellenden und von allen Mitgliedern der Kommission zu unterzeichnenden Entwürfe der Reifezeugnisse sind nebst der gleichen Zahl von Vordrucken dem Königlichen Kommissar zur Unterschrift vorzulegen. Letztere müssen den Namen und die Personalverhältnisse der abgehenden Schüler und die Unterschrift des Direktors bereits enthalten.

Die Zeugnisse werden von sämmtlichen Mitgliedern der Prüfungskommission unterzeichnet.

4. Eingehändigt werden die Zeugnisse in der Regel sämmtlichen Schülern gleichzeitig unter geeigneter Ansprache durch den Direktor in einer Versammlung der ganzen Schule oder ihrer oberen Klassen.

§. 15.

Einreichung der Prüfungsverhandlungen an die Königlichen Provinzial-Schulkollegien.

Ob und welche Theile der Prüfungsverhandlungen und -arbeiten einzureichen sind bestimmt der Unterrichtsminister bezw. das Provinzial-Schulkollegium.

§. 16.

Verfahren bei denjenigen, welche die Reifeprüfung nicht bestanden haben.

1. Wer die Reifeprüfung einmal nicht bestanden hat, darf zur Wiederholung derselben, mag er ferner eine Realanstalt besuchen oder nicht, höchstens zweimal zugelassen werden. Dem Nichtbestehen der Prüfung wird, außer in dem Fall der Erkrankung, das Zurücktreten während der Prüfung gleichgeachtet.

2. Denjenigen Schülern, welche nach nicht bestandener Reifeprüfung die Schule verlassen, wird ein gewöhnliches Abgangszeugnis ausgestellt, in dessen Eingang das ungenügende Ergebnis der Reifeprüfung zu erwähnen ist.

§. 17.

Reifeprüfung derjenigen, welche nicht Schüler eines Realgymnasiums oder einer Oberrealschule sind.

1. Wer ohne Schüler einer neunstufigen Realanstalt zu sein die an die Reifeprüfung derselben geknüpften Rechte erwerben will, hat unter Nachweisung seines Bildungsganges und seines sittlichen Verhaltens das Gesuch um Zulassung zur Prüfung an das Königliche Provinzial-Schulkollegium zu richten, dessen Amtsbereiche er durch den Wohnort der Eltern oder durch den Ort seiner letzten Schulbildung angehört, und wird, sofern die Nachweisungen als ausreichend befunden sind, einem Realgymnasium oder einer Oberrealschule zur Prüfung überwiesen.

Wenn jemand bereits die Universität oder die technische Hochschule bezogen hat, bevor er das für die vollberechtigte Zulassung zu dem betreffenden Studium erforderliche Reifezeugnis erworben hat, und nachträglich die Reifeprüfung abzulegen wünscht, so hat er hierzu die besondere Bewilligung des Ministers nachzusuchen. Wenn er nach erhaltener Erlaubnis die Prüfung nicht besteht, so kann er nur noch einmal zur Prüfung zugelassen werden.

2. Das Gesuch um Zulassung zur Prüfung ist drei Monate vor dem Schlusse des betreffenden Schulhalbjahres einzureichen.

Der Nachweisung des Bildungsganges sind die letzten Schul- oder Privatzeugnisse über den empfangenen Unterricht beizufügen.

3. Das Königliche Provinzial-Schulkollegium ist verpflichtet, wenn sich aus den Zeugnissen ergiebt, daß der Bittsteller bereits an einer Realanstalt einer anderen Provinz als Primaner die Reifeprüfung erfolglos abgelegt hat, mit dem Königlichen Provinzial-Schulkollegium dieser Provinz in Einvernehmen darüber zu treten, ob dortseits noch etwa Bedenken gegen die Zulassung zu erheben sind, welche aus den Zeugnissen nicht erhellen.

4. Junge Leute, welche früher ein Realgymnasium oder eine Oberrealschule besucht haben, dürfen zur Prüfung nur zugelassen werden, wenn mit Ablauf des Halbjahres, in welchem sie sich melden, von dem Austritt zu Ende des Lehrgangs der Obersekunda bezw. dem Eintritt in die Prima an gerechnet,

zwei Jahre verflossen sind. Hierbei bleiben bezüglich der Anrechnung des Besuches der Prima die Bedingungen des §. 5, 2 in Kraft.

5. Für die Prüfung sind die §§. 3 bis 16 maßgebend, indessen sind für die schriftlichen Prüfungsarbeiten andere Aufgaben zu stellen, als die Schüler der betreffenden Schule erhalten.

Eine Ausschließung oder eine Befreiung von der mündlichen Prüfung findet nicht statt.

Die mündliche Prüfung ist getrennt von derjenigen der Schüler der Anstalt abzuhalten.

Zu der Prüfung in den §. 6, 3 bezeichneten Gegenständen tritt die in der deutschen Literatur, der Zoologie und Botanik und in der Erdkunde hinzu, zur Ermittelung des durch §. 3, 2, 4 und 6 erforderten Maßes der Kenntnisse.

Die Verhandlung über die Prüfung ist abgesondert von der über die Prüfung der Schüler der Realanstalt zu führen.

6. Das in das Reifezeugnis aufzunehmende Urtheil über das sittliche Verhalten ist auf Grund der beigebrachten Nachweisungen und unter Berufung auf dieselben abzufassen.

7. Wird die Prüfung nicht bestanden, so ist die Kommission berechtigt, nach Befinden zu bestimmen, ob die Wiederholung erst nach Verlauf eines Jahres erfolgen darf.

8. Die Prüfungsgebühren betragen dreißig Mark. Sie sind vor dem Beginne der schriftlichen Prüfung zu entrichten.

§. 18.

Bestimmung über die Prüfung der Schüler, welche das Reifezeugnis an einer Oberrealschule erworben haben.

1. Die Bestimmungen des §. 17 finden auch auf diejenigen jungen Leute sinnentsprechende Anwendung, welche die Entlassungsprüfung an einer Oberrealschule bestanden haben und sich die mit dem Reifezeugnisse eines Realgymnasiums verbundenen Rechte erwerben wollen.

2. Diese Ergänzungsprüfung ist eine schriftliche und eine mündliche. Sie erstreckt sich auf die lateinische Sprache.

Die schriftliche Prüfung besteht in einer Uebersetzung aus dem Lateinischen.

Die mündliche Prüfung erstreckt sich auf die Uebersetzung von leichteren Stellen solcher römischer Schriftsteller, welche in der Prima des Realgymnasiums gelesen werden.

Eine Befreiung von der mündlichen Prüfung findet nicht statt.

Das Provinzial-Schulkollegium bestimmt die Anstalt, an welcher die Prüfung abzulegen ist.

3. Die Prüfungsgebühren betragen zehn Mark. Sie sind vor dem Beginne der schriftlichen Prüfung zu entrichten.

§ 19.

Es bleibt vorbehalten, für die Zulassung zum Studium an technischen Hochschulen bezüglich der gymnasialen Reifezeugnisse besondere Bestimmungen zu treffen.

§. 20.

Die unter dem 13. Februar 1889 veröffentlichten Bestimmungen der Vereinbarung der deutschen Staatsregierungen über die gegenseitige Anerkennung der Realgymnasial-Reifezeugnisse bleiben von Vorstehendem unberührt.

B. Ordnung der Reifeprüfung an den Realprogymnasien.

Für die Reifeprüfung an den Realprogymnasien finden die vorstehenden Anordnungen für die Reifeprüfung an Realgymnasien sinnentsprechende Anwendung mit folgenden näheren Bestimmungen:

Zu §. 3.

Zur Erwerbung eines Zeugnisses der Reife hat der Schüler in den einzelnen Lehrgegenständen die für die Versetzung in die Obersekunda eines Realgymnasiums erforderlichen Kenntnisse nachzuweisen.

Zu §. 5.

1. Die Zulassung eines Schülers zur Reifeprüfung findet nicht früher als im zweiten Halbjahre der Sekunda statt.

2. Erleidet keine Anwendnng.

Zu §. 6.

2. Zur schriftlichen Prüfung gehören: ein deutscher Aufsatz, je eine Uebersetzung aus dem Deutschen in das Lateinische, Französische und Englische, zwei Aufgaben aus der Mathematik und eine aus der elementaren Körperberechnung.

3. Die mündliche Prüfung erstreckt sich auf die christliche Religionslehre, die französische und englische Sprache, die Geschichte und Erdkunde, die Mathematik und Naturlehre.

Zu §. 8.

Wie bei Progymnasien.

Zu §. 11.

Die Prüfung beschränkt sich auf die Lehraufgaben der Untersekunda.

Zu §. 12.

Wie bei Progymnasien.

Zu §. 14.

1. Für Botanik und Zoologie wird das Urtheil über die Klassenleistungen in das Zeugnis aufgenommen.

Zu §. 17.

8. Die Prüfungsgebühren betragen zwanzig Mark.

III.

Ordnung der Reifeprüfung an Realschulen (höheren Bürgerschulen).

§. 1.

Zweck der Prüfung.

Zweck der Reifeprüfung ist, zu ermitteln, ob der Schüler die Lehraufgabe der obersten Klasse der Realschule sich angeeignet hat.

§. 2.

Wo die Prüfung abgehalten wird.

Zur Abhaltung von Reifeprüfungen sind alle Realschulen berechtigt, welche vom Unterrichtsminister als solche anerkannt worden sind.

§. 3.

Maßstab zur Ertheilung des Zeugnisses der Reife.

Um das Zeugnis der Reife zu erwerben, muß der Schüler in den einzelnen Gegenständen den nachstehenden Forderungen entsprechen; dieselben bilden den Maßstab für die Beurtheilung der schriftlichen und mündlichen Leistungen.

1. In der christlichen Religionslehre muß der evangelische Schüler von dem Hauptinhalte der heiligen Schrift, besonders des Neuen Testamentes, und von den Grundlehren seiner Konfession eine genügende Kenntnis erlangt haben; außerdem muß er mit der Ordnung des Kirchenjahres, den Hauptereignissen der Reformationsgeschichte und mit einigen Kirchenliedern und deren Verfassern bekannt sein.

Der katholische Schüler muß von der Eintheilung und dem wesentlichen Inhalte der heiligen Schrift, von den Hauptpunkten der Glaubens- und Sittenlehre seiner Konfession eine genügende Kenntnis erlangt haben; außerdem muß er mit der Ordnung des Kirchenjahres, den epochemachenden Ereignissen der Kirchengeschichte und einigen Kirchenhymnen bekannt sein. Vergl. jedoch §§. 1 und 11, 6.

2. In der deutschen Sprache muß der Schüler ein seiner Bildungsstufe angemessenes Thema zu ordnen und in richtiger Sprache auszuführen im Stande sein. Er muß beim mündlichen Gebrauche der Muttersprache Geübtheit in sprachrichtiger und klarer Darstellung zeigen. Ferner muß er mit einigen Dichtungen der klassischen Literatur und dem Erforderlichen über die Dichtungsarten bekannt sein.

3. In der französischen und englischen Sprache wird richtige Aussprache, Geläufigkeit im Lesen, Sicherheit in der Formenlehre und in den Hauptregeln der Syntax erfordert. Der Schüler muß befähigt sein, leichte historische und beschreibende Prosa mit grammatischem Verständnisse und ohne erhebliche Hilfe zu übersetzen und ein nicht zu schweres deutsches Diktat ohne gröbere Fehler in die fremde Sprache zu übertragen. In dem mündlichen Gebrauche der Sprachen muß er einige Uebung erlangt haben.

4. In der Geschichte und Erdkunde muß der Schüler die epochemachenden Ereignisse aus der deutschen und preußischen Geschichte kennen und über Zeit und Ort der Begebenheiten sicher unterrichtet sein. Von den Grundlehren der mathematischen Erdkunde, den wichtigsten physischen Verhältnissen und der politischen Eintheilung der Erdoberfläche, besonders Mittel-Europas, muß er genügende Kenntnis besitzen. Vergl. jedoch §§. 1 und 11, 6.

5. In der Mathematik hat der Schüler nachzuweisen, daß er in der allgemeinen Arithmetik bis zur Lehre von den Logarithmen und in der Algebra bis zu einfachen Gleichungen des zweiten Grades mit einer unbekannten Größe, in den Elementen der ebenen und körperlichen Geometrie und den Anfangsgründen der ebenen Trigonometrie sichere und zusammenhängende Kenntnisse besitzt und sich ausreichende Uebung in der Anwendung seiner Kenntnisse zur Lösung von einfachen Aufgaben erworben hat.

6. In der Naturbeschreibung muß der Schüler eine auf Anschauung begründete Kenntnis besonders wichtiger Mineralien sowie der wichtigeren Pflanzenfamilien und Ordnungen der Wirbelthiere und Insekten besitzen und mit dem Bau des menschlichen Körpers bekannt sein.

7. In der Naturlehre muß der Schüler eine auf Grund von Versuchen erworbene Kenntnis von den allgemeinen Eigenschaften der Körper, von den Grundlehren des Gleichgewichtes und der Bewegung der Körper, des Magnetismus, der

Elektrizität und der Wärme, ferner von den wichtigsten chemischen Elementen und ihren Verbindungen besitzen.

§. 4.

Zusammensetzung der Prüfungskommission.

1. Die Prüfungskommission besteht aus dem von dem Königlichen Provinzial-Schulkollegium ernannten Kommissar als Vorsitzendem, dem Dirigenten der Realschule und denjenigen Lehrern, welche in der obersten Klasse mit dem Unterrichte in den lehrplanmäßigen wissenschaftlichen Gegenständen und im Zeichnen betraut sind.

2. Das Königliche Provinzial-Schulkollegium ernennt regelmäßig dasjenige seiner Mitglieder, welches die inneren Angelegenheiten der betreffenden Realschule bearbeitet, zum Prüfungskommissar. Im einzelnen Falle kann diese Behörde für die Leitung der mündlichen Prüfung (§§ 10—14) einen stellvertretenden Kommissar ernennen und mit dieser Stellvertretung insbesondere den Dirigenten der Realschule beauftragen.

3. Dasjenige Organ, welchem die rechtliche Vertretung der Schule zusteht, ist befugt, aus seiner Mitte einen Vertreter zum Mitgliede der Prüfungskommission zu ernennen. Die Ernennung erfolgt in der Regel auf einen Zeitraum von mindestens drei Jahren und wird dem Königlichen Provinzial-Schulkollegium rechtzeitig angezeigt. Der ernannte Vertreter hat Stimmrecht in der Kommission.

An den für die einzelnen Anstalten außerdem etwa bestehenden besonderen Befugnissen zur Theilnahme an den Prüfungen wird hierdurch nichts geändert.

4. Auf sämmtliche Verhandlungen der Prüfungskommission erstreckt sich für die Mitglieder derselben die Pflicht der Amtsverschwiegenheit.

§. 5.

Meldung und Zulassung zur Prüfung.

1. Die Zulassung eines Schülers zur Reifeprüfung findet nicht früher als im zweiten Halbjahre der ersten Klasse statt.

2. Wenn ein Schüler der ersten Klasse im Disziplinarwege von einer Realschule entfernt worden ist oder diese verlassen hat, um sich einer Schulstrafe zu entziehen, so darf ihm an der Realschule, an welche er übergegangen ist, bei seiner Meldung zur Reifeprüfung das Halbjahr, in

welches oder an dessen Schluß der Wechsel der Anstalt fällt, nicht auf die Lehrzeit dieser Klasse angerechnet werden.

3. Die Meldung zur Reifeprüfung ist drei Monate vor dem Schlusse des betreffenden Schulhalbjahres dem Dirigenten schriftlich einzureichen.

4. In einer Konferenz, welche von dem Dirigenten mit den der Prüfungskommission angehörenden Lehrern zu halten ist, werden die Meldungen vorgelegt und auf Grund der in der ersten Klasse den betreffenden Schülern ertheilten Zeugnisse Gutachten (Nr. 6 und §. 12, 2) darüber festgestellt, ob diese Schüler nach ihren wissenschaftlichen Leistungen und nach ihrer sittlichen Haltung als den Zielforderungen der Realschule entsprechend anzuerkennen sind.

5. Wenn ein Schüler nach dem einstimmigen Urtheile der Konferenz die erforderliche Reife in wissenschaftlicher oder sittlicher Hinsicht noch nicht erreicht hat, so ist derselbe von der Reifeprüfung zurückzuweisen. Der Beschluß der Konferenz ist dem Provinzial-Schulkollegium mitzutheilen.

6. Das Verzeichnis der Schüler, welche sich zur Prüfung gemeldet haben, nebst den erforderlichen näheren Angaben über ihre Person und dem Gutachten über ihre Reife (Nr. 4), eintretenden Falles eine Anzeige über das Ausfallen der Prüfung, hat der Dirigent dem Königlichen Provinzial-Schulkollegium spätestens 2½ Monat vor dem Schlusse des betreffenden Halbjahres einzureichen.

In dem einzureichenden Verzeichnisse sind zu dem Namen jedes Prüflings folgende Spalten auszufüllen: Tag und Ort der Geburt, Konfession (bezw. Religion), Stand und Wohnort des Vaters, Dauer des Aufenthaltes auf der Schule überhaupt und in der obersten Klasse insbesondere, ferner ein durch kurze Bezeichnung der gesammten bisherigen Entwickelung des Schülers zu begründendes Gutachten über seine Reife. Diesem Gutachten ist die Fassung des Urtheiles beizufügen, welches in dem Reifezeugnisse unter „Betragen und Fleiß“ aufzunehmen beabsichtigt wird.

7. Das Königliche Provinzial-Schulkollegium prüft, ob die für die Reifeprüfung geltenden Erfordernisse (Nr. 1 und 2) erfüllt sind, und entscheidet hiernach über die Zulassung zur Prüfung.

§. 6.

Art und Gegenstände der Prüfung.

1. Die Reifeprüfung ist eine schriftliche und eine mündliche.

2. Zur schriftlichen Prüfung gehören: ein deutscher Aufsatz, je eine Uebersetzung aus dem Deutschen in das Französische und

in das Englische, zwei Aufgaben aus der Mathematik und ein aus der elementaren Körperberechnung.

3. Die mündliche Prüfung erstreckt sich auf die christlich Religionslehre, die französische und englische Sprache, Geschicht und Erdkunde, Mathematik und Naturlehre.

§. 7.

Schriftliche Prüfung.

Stellung der Aufgaben.

1. Alle gleichzeitig die Prüfung ablegenden Schüler erhalten dieselben Aufgaben.

2. Die Aufgaben sind so zu bestimmen, daß sie in Art und Schwierigkeit die Klassenaufgaben der ersten Klasse in keiner Weise überschreiten; sie dürfen aber nicht einer der bereits bearbeiteten Aufgaben so nahe stehen, daß ihre Bearbeitung aufhört, den Werth einer selbständigen Leistung zu haben.

3. Die Aufgaben für jeden einzelnen Gegenstand legt der Lehrer, welcher denselben in der obersten Klasse vertritt, dem Dirigenten zur Genehmigung vor.

4. Für den deutschen Aufsatz und für die Uebersetzung in das Französische und Englische hat der Fachlehrer je drei Vorschläge, für die mathematische Arbeit drei Gruppen von je drei Aufgaben dem Dirigenten zur Genehmigung vorzulegen. Nachdem dieser die Vorschläge genehmigt hat, sendet er diese unter besonderem Verschlusse dem Königlichen Kommissar ein, behufs der aus den Vorschlägen zu treffenden Auswahl.

5. Die Zustellung der Aufgabenvorschläge an den Königlichen Kommissar geschieht gleichzeitig mit der Einreichung der Meldungen an das Königliche Provinzial-Schulkollegium; zugleich mit der Entscheidung des letzteren über die Meldungen stellt der Königliche Kommissar die Aufgaben mit Bezeichnung der von ihm getroffenen Wahl unter besonderem Verschlusse zurück.

6. Der Königliche Kommissar ist befugt, statt aus den vorgeschlagenen Aufgaben zu wählen, andere zu bestimmen, sowie anzuordnen, daß zum Uebersetzen aus dem Deutschen Texte, welche er mittheilt, als Aufgaben benutzt werden. Auch steht dem Kommissar frei, bei erheblichen Zweifeln an der Selbständigkeit der gefertigten Prüfungsarbeiten für alle oder für einzelne Fächer neue Aufgaben zur Bearbeitung zu stellen.

7. Es ist Pflicht der Prüfungskommission, insbesondere der die Aufgaben stellenden Lehrer und des Dirigenten, dafür zu sorgen, daß die Aufgaben für die schriftliche Prüfung den Schülern erst beim Beginne der betreffenden Arbeit zur Kenntnis kommen; auch ist jede vorherige Andeutung über dieselben auf das strengste zu vermeiden.

§. 8.

Bearbeitung der schriftlichen Aufgaben.

1. Die Bearbeitung der Aufgaben geschieht in einem geeigneten Zimmer der Realschule unter der beständigen, durch den Dirigenten anzuordnenden Aufsicht von Lehrern, welche der Prüfungskommission angehören.

2. Für den deutschen Aufsatz und für die mathematische Arbeit sind je vier Vormittagsstunden zu bestimmen. Zu der Anfertigung der Uebersetzungen aus dem Deutschen in das Französische und Englische werden, ausschließlich der für das Diktiren der Texte erforderlichen Zeit, je zwei Stunden gewährt.

3. Keine Arbeit darf durch eine Pause unterbrochen werden. Doch ist zulässig, die für die mathematische Arbeit bestimmte Zeit durch eine Erholungspause in der Weise zu theilen, daß vor dieser die beiden Aufgaben aus der Mathematik erledigt werden.

4. Andere Hilfsmittel in das Arbeitszimmer mitzubringen, als die Logarithmentafeln für die mathematische Arbeit, ist nicht erlaubt.

5. Wer mit seiner Arbeit fertig ist, hat sie dem beaufsichtigenden Lehrer abzugeben und das Arbeitszimmer zu verlassen.

Wer nach Ablauf der vorschriftsmäßigen Zeit mit seiner Arbeit nicht fertig ist, hat sie unvollendet abzugeben.

In jedem Falle ist von den fertigen wie von den unvollendeten Arbeiten außer der Reinschrift der Entwurf mit einzureichen.

6. Wer bei der schriftlichen Prüfung sich der Benutzung unerlaubter Hilfsmittel, einer Täuschung oder eines Täuschungsversuches schuldig macht, oder anderen zur Benutzung unerlaubter Hilfsmittel, zu einer Täuschung oder einem Täuschungsversuche behilflich ist, wird mit Ausschluß von der weiteren Prüfung und, wenn die Entdeckung erst nach Vollendung derselben erfolgt, mit Vorenthaltung des Prüfungszeugnisses bestraft. Die in solcher Weise Bestraften sind hinsichtlich der Wiederholung der Prüfung denjenigen gleichzustellen, welche die Prüfung nicht bestanden haben (§ 16, 1 und 2). Wer sich einer Täuschung oder eines Täuschungsversuches auch bei der Wiederholung der Prüfung schuldig macht, kann von der Zulassung zur Reifeprüfung überhaupt ausgeschlossen werden. In jedem Falle einer Täuschung oder eines Täuschungsversuches ordnet zunächst der Dirigent mit den der Prüfungskommission angehörenden Lehrern das Erforderliche an, die schließliche Entscheidung trifft die gesammte Kommission vor der mündlichen Prüfung (§ 10, 2).

Für die Fälle, in denen ein Schüler von der Zulassung zur Reifeprüfung überhaupt ausgeschlossen werden soll, ist die Entscheidung des Ministers einzuholen.

Auf diese Vorschriften hat der Dirigent beim Beginne der ersten schriftlichen Prüfungsarbeit die Schüler ausdrücklich aufmerksam zu machen.

§. 9.

Beurtheilung der schriftlichen Arbeiten.

1. Jede Arbeit wird zunächst von dem Fachlehrer durchgesehen und beurtheilt, d. h. die sich findenden Fehler werden, mag an die Stelle des Unrichtigen das Richtige gesetzt werden oder nicht, nach ihrer Art und dem auf sie zu legenden Gewichte bezeichnet, und es wird über den Werth der Arbeit im Verhältnis zu den Prüfungsforderungen (§. 3) ein Urtheil abgegeben, welches schließlich in eines der vier Prädikate: sehr gut, gut, genügend, nicht genügend, zusammenzufassen ist. Hinzuzufügen ist die Angabe über die Beschaffenheit der betreffenden Klassenleistungen, es darf jedoch dem Urtheile über die Klassenleistungen kein Einfluß auf das der Prüfungsarbeit zuzuerkennende Prädikat eingeräumt werden.

2. Sodann werden die Arbeiten bei den der Prüfungskommission angehörenden Lehrern in Umlauf gesetzt. In einer hierauf vom Dirigenten mit diesen zu haltenden Konferenz werden die den einzelnen Arbeiten ertheilten Prädikate zusammengestellt und wird darüber Beschluß gefaßt, ob und für welche Prüflinge die Ausschließung von der mündlichen Prüfung (§. 10, 3) oder die Befreiung von der ganzen mündlichen Prüfung oder Theilen derselben (§ 10, 4) zu beantragen ist.

3. Der Dirigent hat hierauf die Arbeiten nebst dem vollständigen Texte der Prüfungsaufgaben rechtzeitig vor dem Zeitpunkte der mündlichen Prüfung dem Königlichen Kommissar zuzustellen. Am Rande der Texte zu den Uebersetzungen sind die den Prüflingen gegebenen Uebersetzungshilfen zu bezeichnen; diese Bezeichnung hat die Bedeutung, daß außerdem keine Uebersetzungshilfen gegeben sind.

Der Königliche Kommissar ist befugt, Aenderungen in den den Prüfungsarbeiten ertheilten Prädikaten zu verlangen und eintreten zu lassen. Hiervon ist in der Verhandlung (§. 13) Kenntnis zu geben.

§ 10.

Mündliche Prüfung.

Vorbereitung.

1. Die mündliche Prüfung ist innerhalb der letzten sechs Wochen des betreffenden Schulhalbjahrs vorzunehmen.

Der Königliche Kommissar bestimmt den Tag und führt den Vorsitz.

Für den Tag der mündlichen Prüfung hat der Dirigent in dem Zimmer der Prüfung die Zeugnisse, welche die Prüflinge während der Zeit ihres Aufenthaltes in der ersten Klasse erhalten haben, ferner ihre schriftlichen Arbeiten aus der ersten Klasse und die von ihnen während dieser Zeit in den Unterrichtsstunden angefertigten Zeichnungen zur Einsichtnahme bereit zu halten.

Bei der mündlichen Prüfung haben außer den der Kommission angehörenden auch alle übrigen Lehrer der Realschule anwesend zu sein. In dem Falle einer mehrtägigen Dauer der Prüfung (§. 11, 1) gilt diese Bestimmung nur für den ersten Tag. Für alle den Verhandlungen beiwohnenden Lehrer trifft das § 4, 4 Gesagte zu.

2. Der Prüfung geht voraus eine Berathung und Beschlußfassung darüber, ob einzelne der Bewerber von der Zulassung zur mündlichen Prüfung auszuschließen oder von der Ablegung ganz oder theilweise zu befreien sind (§. 8, 6 und §. 9, 2).

3. Ein Schüler, dessen schriftliche Prüfungsarbeiten sämmtlich oder der Mehrzahl nach das Prädikat „nicht genügend“ erhalten haben, ist von der mündlichen Prüfung auszuschließen, wenn bereits in der auf Anlaß der Meldung aufgestellten Beurtheilung (§. 5, 6) der Zweifel an der Reife desselben Ausdruck gefunden hat. Ist ein solcher Zweifel nicht ausgedrückt worden, so wird der Erwägung der Kommission anheimgestellt, ob der Rath zum Rücktritte vor der mündlichen Prüfung ertheilt werden soll.

4. Eine Befreiung von der mündlichen Prüfung erstreckt sich entweder auf die ganze Prüfung oder auf Theile derselben.

a. Die Befreiung von der ganzen mündlichen Prüfung hat dann einzutreten, wenn der Schüler bei tadellosem Betragen sowohl in sämmtlichen verbindlichen Fächern vor Eintritt in die Reifeprüfung als auch in sämmtlichen schriftlichen Prüfungsarbeiten mindestens das Prädikat „genügend“ ohne Einschränkung erhalten hat.

b. Die Befreiung von Theilen der mündlichen Prüfung hat einzutreten

α. in Fächern, welche nicht Gegenstand der schriftlichen Prüfung sind, wenn das nach §. 5, 6 abgegebene Urtheil mindestens „genügend“ ohne Einschränkung lautet;

β. in Fächern, welche auch Gegenstand der schriftlichen Prüfung sind, wenn überdies die schriftlichen Arbeiten mindestens das Prädikat „genügend“ ohne Einschränkung erhalten haben.

Dem Prüflinge steht frei, im Falle von b auf die Befreiung zu verzichten.

§. 11.

Ausführung.

1. Mehr als zehn Schüler dürfen in der Regel nicht an einem Tage geprüft werden. Sind mehr als zehn Schüler zu prüfen, so sind dieselben in zwei oder nach Erfordernis in mehrere Gruppen zu theilen. Die Prüfung jeder Gruppe ist gesondert vorzunehmen.

2. Der Königliche Kommissar bestimmt die Folge der Prüfungsgegenstände und die jedem derselben zu widmende Zeit. Er ist befugt, die Prüfung in einzelnen Fächern nach Befinden abzukürzen.

3. Die Schüler dürfen keine Bücher zur Prüfung mitbringen.

4. In Betreff etwaiger Täuschungen oder Täuschungsversuche bei der mündlichen Prüfung gelten die Bestimmungen des §. 8, 6.

5. Zu prüfen hat in jedem Gegenstande der Lehrer desselben in der ersten Klasse. Der Königliche Kommissar ist befugt, seinerseits Fragen an die Schüler zu richten und in einzelnen Fällen die Prüfung selbst zu übernehmen.

6. Zu der Prüfung in Religion und Geschichte sind im Wesentlichen nur solche Gebiete heranzuziehen, welche in Prima eingehender behandelt worden sind.

7. Zur Prüfung im Französischen und Englischen werden den Schülern zum Uebersetzen aus prosaischen Werken, welche in der ersten Klasse gelesen werden oder dazu geeignet sein würden, solche Abschnitte vorgelegt, welche von den Schülern in der ersten Klasse nicht gelesen sind. Der Königliche Kommissar ist befugt, die Auswahl der vorzulegenden Abschnitte zu treffen.

Durch geeignete an die Uebersetzung anzuschließende Fragen ist den Schülern Gelegenheit zu geben, die Sicherheit ihrer grammatischen und lexikalischen Kenntnisse darzuthun.

8. Jedem Schüler ist, abgesehen von den in der geschichtlichen Prüfung etwa vorkommenden Beziehungen auf Erdkunde, eine Anzahl von Fragen über physische und politische Verhältnisse der Erdoberfläche und über die Grundbegriffe der mathematischen Erdkunde vorzulegen.

9. In der Naturbeschreibung wird nicht geprüft; in das Zeugnis ist jedoch das auf Grund der Klassenleistungen festgestellte Prädikat aufzunehmen.

10. Im Verlaufe der mündlichen Prüfung sind auf Vorschlag der betreffenden Fachlehrer von der Kommission die Prädikate festzustellen, welche jedem Prüfling in den einzelnen Gegenständen auf Grund der mündlichen Prüfungsleistungen zuzuerkennen sind.

§. 12.

Feststellung des Urtheiles.

1. Nach Beendigung der mündlichen Prüfung findet eine Berathung der Prüfungskommission über das Ergebnis der gesammten Prüfung statt. Die Ordnung, in welcher die einzelnen Fragen zur Erwägung und Beschlußfassung gebracht werden sollen, bestimmt der Königliche Kommissar.

2. Bei der Entscheidung darüber, ob die Prüfung bestanden sei, sind außer den Leistungen in der schriftlichen und mündlichen Prüfung die vor dem Beginne der gesammten Prüfung festgestellten Prädikate (§. 5, 6) über die Klassenleistungen in Betracht zu ziehen.

3. Die Prüfung ist als bestanden zu erachten, wenn das auf die Prüfungs- und die Klassenleistungen (Nr. 2) gegründete Gesammturtheil in keinem verbindlichen wissenschaftlichen Lehrgegenstande „nicht genügend" lautet.

Eine Abweichung hiervon in Berücksichtigung des von dem Schüler gewählten Berufes ist nicht zulässig. Dagegen ist zulässig, daß nicht genügende Leistungen in einem Lehrgegenstande durch mindestens gute Leistungen in einem anderen als ergänzt erachtet werden.

Bezüglich der Beschränkung der Ausgleichung nicht genügender Leistungen gilt dasselbe wie bei Progymnasien zu §. 12.

4. Die Religionslehrer haben sich der Abstimmung zu enthalten, wenn es sich um einen Schüler handelt, der an ihrem Unterrichte nicht theilnimmt.

5. Bei allen Abstimmungen der Kommission gilt, wenn Stimmengleichheit eintritt, diejenige Ansicht, für welche der Königliche Kommissar stimmt.

6. Gegen den Beschluß der Prüfungskommission über Zuerkennung oder Verweigerung des Zeugnisses der Reife steht dem Königlichen Kommissar das Recht der Einsprache zu. In diesem Falle sind die Prüfungsverhandlungen dem Königlichen Provinzial-Schulkollegium zur Entscheidung einzureichen.

7. Nachdem die Berathung abgeschlossen und die Verhandlung von sämmtlichen Mitgliedern der Kommission unterzeichnet ist, verkündigt der Königliche Kommissar den Prüflingen das Gesammtergebnis der Prüfung.

§. 13.

Prüfungsverhandlung.

Ueber die gesammten Vorgänge der Prüfung ist eine Verhandlung mit folgenden Abschnitten aufzunehmen.

1. Verhandlung über die durch §. 5, 4 bestimmte Konferenz; dazu gehören als Beilagen die Meldungen zur Prüfung (§. 5, 3), das durch §. 5, 6 bezeichnete, an das Königliche Provinzial-Schulkollegium eingereichte Verzeichnis und die Verfügung über die Annahme der Meldungen (§. 5, 7; §. 7, 6).

2. Verhandlung über die schriftliche Prüfung (§. 8). In dieser ist zu verzeichnen, wann jede einzelne schriftliche Arbeit begonnen ist, welche Lehrer die Aufsicht geführt haben, welche Schüler und wann und wie lange sie das Zimmer während der Arbeitszeit zeitweilig verlassen haben, wann jeder seine Arbeiten abgegeben hat; außerdem ist jedes Vorkommnis zu verzeichnen, welches darauf schließen läßt, daß der Fall des §. 8, 6 vorliege.

Am Anfange dieser Verhandlung ist zu vermerken, daß der Dirigent den Schülern die in §. 8, 6 vorgeschriebene Eröffnung gemacht hat; am Schlusse der Verhandlung hat der Dirigent entsprechenden Falles zu bezeugen, daß während des Verlaufes der schriftlichen Prüfung nichts vorgekommen ist, was darauf schließen ließe, daß der Fall des §. 8, 6 vorliege.

3. Verhandlung über die Vorberathung vor der mündlichen Prüfung (§. 9, 2).

4. Verhandlung über die mündliche Prüfung. Diese hat zu enthalten die Vorberathung (§. 10, 2), den Inhalt der gestellten Fragen und die Beschaffenheit der Antworten in der Weise, daß daraus die Begründung der über die Ergebnisse der mündlichen Prüfung gefällten Urtheile ersichtlich wird, und die Schlußberathung (§. 12).

§. 14.

Zeugnis.

1. Wer die Prüfung bestanden hat, erhält ein Zeugnis der Reife. Dasselbe muß enthalten: ein Urtheil über das sittliche Verhalten, die Aufmerksamkeit und den Fleiß des Schülers; für jeden einzelnen Lehrgegenstand der ersten Klasse die Bezeichnung des Verhältnisses der Schul- und Prüfungsleistungen zu den Forderungen der Schule und schließlich die Erklärung, daß die Prüfung bestanden sei.

Ein Vordruck für die Zeugnisse ist dieser Prüfungsordnung beigefügt. (Anlage C.)

2. Das aus dem Urtheile über die Prüfungs- und über die Schulleistungen in jedem Gegenstande sich ergebende Gesammturtheil ist schließlich in eines der vier §. 9, 1 bezeichneten Prädikate zusammenzufassen; dies Prädikat ist durch die Schrift hervorzuheben. Bezüglich des Prädikates für die Naturbeschreibung vergl. §. 11, 9.

3. Die auf Grund des gesammten Prüfungsergebnisses unter der Verantwortlichkeit des Dirigenten zu entwerfenden und von allen Mitgliedern der Kommission zu unterzeichnenden Entwürfe der Reifezeugnisse sind nebst der gleichen Zahl von Vordrucken dem Königlichen Kommissar zur Unterschrift vorzulegen. Letztere müssen den Namen und die Personalverhältnisse der abgehenden Schüler und des Dirigenten bereits enthalten.

Die Zeugnisse werden von sämmtlichen Mitgliedern der Kommission unterzeichnet.

4. Eingehändigt werden die Zeugnisse in der Regel sämmtlichen Schülern gleichzeitig unter geeigneter Ansprache durch den Dirigenten in einer Versammlung der ganzen Schule oder ihrer oberen Klassen.

§. 15.

Einreichung der Prüfungsverhandlungen.

Ob und welche Theile der Prüfungsverhandlungen und -arbeiten einzureichen sind, bestimmt der Unterrichtsminister bezw. das Provinzial-Schulkollegium.

§. 16.

Verfahren bei denjenigen, welche die Reifeprüfung nicht bestanden haben.

1. Wer die Reifeprüfung einmal nicht bestanden hat, darf zur Wiederholung derselben, mag er ferner eine Realschule besuchen oder nicht, höchstens zweimal zugelassen werden. Dem Nichtbestehen der Prüfung wird, außer in dem Fall der Erkrankung, das Zurücktreten während der Prüfung gleichgeachtet.

2. Denjenigen Schülern, welche nach nicht bestandener Reifeprüfung die Realschule verlassen, wird ein gewöhnliches Abgangszeugnis ausgestellt, in dessen Eingang das ungenügende Ergebnis der Reifeprüfung zu erwähnen ist.

§ 17.

Reifeprüfung derjenigen, welche nicht Schüler einer Realschule sind.

1. Wer ohne Schüler einer Realschule zu sein die an die Reifeprüfung derselben geknüpften Rechte erwerben will, hat unter Nachweisung seines Bildungsganges und seines sittlichen Verhaltens das Gesuch um Zulassung zur Prüfung

an das Königliche Provinzial-Schulkollegium zu richten, dessen Amtsbereiche er durch den Wohnort der Eltern oder durch den Ort seiner letzten Schulbildung angehört, und wird, sofern die Nachweisungen als ausreichend befunden sind, einer Realschule zur Prüfung überwiesen.

2. Das Gesuch um Zulassung zur Prüfung ist drei Monate vor dem Schlusse des Schulhalbjahres einzureichen.

Der Nachweisung des Bildungsganges sind die letzten Schul- oder Privatzeugnisse über den empfangenen Unterricht beizufügen.

3. Das Königliche Provinzial-Schulkollegium ist verpflichtet, wenn sich aus den Zeugnissen ergiebt, daß der Bittsteller bereits an einer Realschule einer anderen Provinz als Schüler der ersten Klasse die Reifeprüfung erfolglos abgelegt hat, mit dem Provinzial-Schulkollegium dieser Provinz in Einvernehmen darüber zu treten, ob dortseits noch etwa Bedenken gegen die Zulassung zu erheben sind, welche aus den Zeugnissen nicht erhellen.

4. Junge Leute, welche früher eine Realschule besucht haben, dürfen zur Prüfung nur zugelassen werden, wenn mit Ablauf des Halbjahres, in welchem sie sich melden, von dem Austritt zu Ende des Lehrganges der zweiten Klasse bezw. dem Eintritt in die erste Klasse an gerechnet, ein Jahr verflossen ist. Hierbei bleiben bezüglich der Anrechnung des Besuches der ersten Klasse die Bedingungen des §. 5, 2 in Kraft.

5. Für die Prüfung sind die §§. 3 bis 16 maßgebend, indessen sind für die schriftlichen Prüfungsarbeiten andere Aufgaben zu stellen, als die Schüler der betreffenden Anstalt erhalten.

Eine Ausschließung oder eine Befreiung von der mündlichen Prüfung findet nicht statt.

Die mündliche Prüfung ist getrennt von derjenigen der Schüler der Anstalt abzuhalten.

Zu der Prüfung in den §. 6, 3 bezeichneten Gegenständen tritt die in der deutschen Sprache und in der Naturbeschreibung zur Ermittelung des durch §. 3, 2 und 6 erforderten Maßes der Kenntnisse hinzu.

Die Verhandlung über die Prüfung ist abgesondert von der über die Prüfung der Schüler der Realschule zu führen.

6. Das in das Reifezeugnis aufzunehmende Urtheil über das sittliche Verhalten ist auf Grund der beigebrachten Nachweisungen und unter Berufung auf dieselben abzufassen.

7. Wird die Prüfung nicht bestanden, so ist die Kommission berechtigt, nach Befinden zu bestimmen, ob die Wiederholung erst nach Verlauf eines Jahres erfolgen darf.

8. Die Prüfungsgebühren betragen zwanzig Mark. Sie sind vor dem Beginne der schriftlichen Prüfung zu entrichten.

IV.

Ordnung der Abschlußprüfung nach dem sechsten Jahrgange neunstufiger höherer Schulen.

§. 1.

Zweck der Prüfung ist zu ermitteln, ob der Schüler die Reife zur Versetzung nach Obersekunda erreicht hat.

§. 2.

Die Prüfung erstreckt sich auf die Lehraufgabe der Untersekunda.

§. 3.

Die Prüfungskommission besteht unter dem Vorsitz eines Königlichen Kommissars, zu welchem auch der Direktor oder dessen zeitweiliger Stellvertreter ernannt werden kann, aus dem Leiter der Schule und den wissenschaftlichen Lehrern der Untersekunda.

§. 4.

Die Verhandlungen der Kommission unterliegen den Vorschriften über Amtsverschwiegenheit.

§. 5.

Die Prüfung findet nicht eher als im zweiten Halbjahre der Untersekunda statt. Die Zulassung erfolgt durch den Direktor, ohne daß eine besondere Meldung der Schüler erforderlich ist.

Das Verzeichnis der zu Prüfenden hat der Direktor dem Königlichen Kommissar nach Feststellung der Vorentscheidung des Lehrerkollegiums über die Versetzungsfähigkeit der einzelnen Schüler (§. 9) einzureichen. Dabei ist auf Grund dieser Vorentscheidung hinter jedem Namen zu bemerken, ob der Schüler für versetzungsfähig, nicht versetzungsfähig oder für zweifelhaft gehalten wird. Ferner sind etwaige Vorschläge für die Befreiung anzugeben (§ 10).

§. 6.

Art und Gegenstände der Prüfung sind dieselben, wie bei den Progymnasien bezw. Realprogymnasien oder Realschulen (§ 6 der Ordnung der Reifeprüfungen.)

§. 7.

Die Aufgaben für die schriftliche Prüfung bestimmt der Direktor auf Vorschlag des betreffenden Lehrers.

Sämmtliche Schüler erhalten dieselben Aufgaben und haben diese unter Aufsicht eines Lehrers anzufertigen.

Zur Bearbeitung werden für den deutschen Aufsatz und die mathematische Arbeit je 4, für die übrigen Arbeiten je 2 Stunden gewährt.

Der Königliche Kommissar ist befugt, in Zweifelsfällen neue Arbeiten anfertigen zu lassen.

Andere Hilfsmittel als Logarithmentafeln mitzubringen ist dem Schüler nicht gestattet.

§. 8.

Wer sich einer Täuschung oder eines Täuschungsversuchs schuldig macht, ist von der Prüfung auszuschließen und darf nur noch einmal zugelassen werden.

Diese Bestimmung, welche auch für die mündliche Prüfung gilt, hat der Direktor den Schülern vor Beginn derselben einzuschärfen.

Von der erfolgten Ausschließung und deren Gründen ist dem Königlichen Kommissar vor der Prüfung Mittheilung zu machen.

§. 9.

Die Arbeiten werden von dem betreffenden Lehrer durchgesehen und mit den Prädikaten sehr gut, gut, genügend oder nicht genügend bezeichnet.

Sodann werden dieselben bei den an der Prüfung betheiligten Lehrern der Untersekunda in Umlauf gesetzt, und in einer von dem Direktor abzuhaltenden Konferenz wird nach Zusammenstellung der Prädikate darüber Beschluß gefaßt, ob der einzelne Schüler als versetzungsfähig, nicht versetzungsfähig oder zweifelhaft zu bezeichnen ist, und ob er etwa für die Befreiung von der ganzen mündlichen Prüfung oder von Theilen derselben vorgeschlagen werden könne.

Der Königliche Kommissar ist befugt, Aenderungen in den Prädikaten der schriftlichen Arbeiten vorzunehmen.

§. 10.

Die Prüfung findet in der Regel im Anschluß an die Reifeprüfung statt.

Für die Prüfung sind die Zeugnisse und Arbeiten der Schüler aus Untersekunda bereit zu halten.

Der Prüfung voraus geht eine Beschlußfassung darüber, ob einzelne Schüler von der Zulassung auszuschließen und welche Schüler von der Prüfung ganz oder theilweise zu befreien sind.

Für die Ausschließung und Befreiung von der mündlichen Prüfung gelten dieselben Bestimmungen wie bei Progymnasien, Realprogymnasien u. s. w. (§ 10, 3 und 4.)

§. 11.

Sämmtliche Schüler sind zusammen zu prüfen oder nach Bedürfnis in mehrere Gruppen zu theilen.

Der Königliche Kommissar bestimmt die Ordnung der Prüfung.

Die Prüfung erfolgt durch den betreffenden Fachlehrer. Der Königliche Kommissar ist befugt, dieselbe theilweise zu übernehmen.

In den Fremdsprachen wird eine Stelle aus einem im ersten Halbjahre der Untersekunda gelesenen Prosaiker zur Uebersetzung vorgelegt, welche der Königliche Kommissar zu bestimmen befugt ist.

Durch geeignete an die Uebersetzung anzuschließende Fragen ist dem Schüler Gelegenheit zu geben, seine Bekanntschaft mit den wichtigeren grammatischen Regeln zu erweisen.

§. 12.

Bezüglich der Ausgleichung ungenügender Leistungen gilt dasselbe wie bei Progymnasien u. s. w. zu §. 12.

§. 13.

In der über die Prüfung aufzunehmenden Verhandlung sind die Ergebnisse der Vorberathung (§. 9), die in der mündlichen Prüfung erlangten Prädikate für jedes Fach und das Schlußurtheil über die einzelnen Schüler kurz anzugeben.

Einer Einsendung der Verhandlung und der Arbeiten an das Provinzial-Schulkollegium bedarf es nur in dem Falle des Einspruchs des Kommissars gegen den Beschluß der Kommission.

§. 14.

Wer die Prüfung bestanden hat, erhält ein Zeugnis n dem Vordruck D.

Wer dieselbe nicht bestanden hat, erhält auf Verlan ein Zeugnis mit dem Vermerk, daß er die Abschlußprüfu nicht bestanden hat.

§. 15.

Die Prüfung darf nur einmal wiederholt werden.

§. 16.

Gebühren werden nicht erhoben.

Erläuterungen und Ausführungsbestimmungen zu der Ordnung der Reifeprüfungen und der Ordnung der Abschlußprüfungen.

A. Ordnung der Reifeprüfungen.

1. Dadurch, daß bei dem Uebergang von Untersekunda nach Obersekunda das bis dahin erworbene mehr gedächtnismäßige Wissen der Schüler in Zukunft prüfungsmäßig festgestellt wird, ist es möglich geworden, die Reifeprüfung im Wesentlichen auf die Lehraufgabe der Prima zu beschränken (§. 1). Damit entfallen die meisten der bisherigen Wiederholungen für die Zwecke der Prüfung, und für die eigentlich wissenschaftliche Aufgabe der Oberstufe wird die erforderliche Zeit und Sammlung gewonnen.

2. In der Religion und in der Geschichte insbesondere sind aus der Lehraufgabe der Prima nur solche Gebiete zur Prüfung heranzuziehen, welche dort eine eingehendere Behandlung erfahren haben. Dabei ist mehr auf den Erweis des inneren Verständnisses und der geistigen Aneignung als auf rein gedächtnismäßiges Wissen äußerer Daten Gewicht zu legen. Die Königlichen Kommissare werden mit Nachdruck auf Beachtung dieser Vorschriften durch die prüfenden Lehrer zu halten haben.

3. Die Bedingungen der Befreiung von der mündlichen Prüfung (§. 10, 4) haben gegen früher eine wesentliche Erleichterung nach einer doppelten Richtung erfahren. Zunächst ist wieder eine Befreiung auch von Theilen der Prüfung eingeführt, dann ist die Befreiung sowohl von der ganzen Prüfung als auch von Theilen derselben nicht bloß für zulässig erklärt, sondern muß jedesmal eintreten, wenn die angegebenen Bedingungen erfüllt sind. Indem auf diese Weise die Befreiung von der mündlichen Prüfung von rein objektiven Normen abhängig gemacht wurde, blieb für das Einspruchsrecht des Königlichen Kommissars in dieser Beziehung kein Raum mehr. Der berechtigte Einfluß desselben ist im Uebrigen gesichert durch die Bestimmung des § 9, 4 wonach es ihm zusteht, die vorgeschlagenen Prädikate für die schriftlichen Arbeiten zu ändern, und überdies bei Theilbefreiungen auch durch §. 12, 6,

wonach ihm ein Einspruchsrecht gegen die Zuerkennung der Reife eingeräumt ist.

Dadurch, daß bei der Befreiung von Theilen der Prüfung dem Prüfling das Recht gewährt ist, auf diese Befreiung zu verzichten, soll ihm die Möglichkeit gegeben werden, durch Erwerbung eines günstigeren Prädikats in einem Fache nicht genügende Leistungen in einem anderen auszugleichen.

Da fernerhin die Befreiung von der mündlichen Prüfung keine Auszeichnung mehr ist, so hat auch deren Erwähnung im Zeugnis zu unterbleiben.

4. Die Ausgleichung nicht genügender Leistungen in einem verbindlichen Fache durch gute Leistungen in einem anderen verbindlichen Fache unterliegt fortan nach mehreren Seiten einer Beschränkung (§. 12, 3 Abs. 2). Einmal können nicht genügende Gesammtleistungen im Deutschen überhaupt nicht übertragen werden, dann aber ist die wenigstens theoretische Möglichkeit ausgeschlossen, daß nicht genügende Gesammtleistungen in Lateinisch und Griechisch an Gymnasialanstalten, in Französisch und Englisch an Realanstalten eine Ausgleichung erfahren. Außerdem ist die Uebertragung nicht genügender Gesammtleistungen in Lateinisch oder Griechisch an Gymnasialanstalten und in Französisch oder Englisch an Realanstalten nur durch gute Gesammtleistungen in der anderen alten bezw. neuen Sprache oder in Deutsch oder in Mathematik zulässig. Dasselbe gilt bei Gymnasien und Realgymnasien umgekehrt für nicht genügende Gesammtleistungen in der Mathematik, welche nur durch gute Gesammtleistungen in einer der alten bezw. der neuen Sprachen oder in Deutsch übertragen werden können. Nicht genügende Gesammtleistungen in der Mathematik an Oberrealschulen können nur durch mindestens gute Leistungen in Physik und Chemie ausgeglichen werden. Diese Beschränkungen scheinen aus folgenden Gründen geboten.

Ein Schüler, welcher in der deutschen Sprache sowohl in seinen Klassenleistungen als auch in seiner Prüfungsarbeit Ungenügendes leistet, hat das nöthige Maß der Allgemeinbildung überhaupt nicht erlangt; ebensowenig kann dies demjenigen zugesprochen werden, welcher in den beiden Hauptfremdsprachen, sei es der Gymnasial-, sei es der Realanstalten, nicht genügt und somit eine der Hauptaufgaben der Schule nicht gelöst hat. Durch die weiteren Einschränkungen soll verhütet werden, daß so wichtige Fächer, wie eine Hauptfremdsprache oder Mathematik, durch jedes beliebige andere Fach übertragen werden, welches, so bedeutsam es an sich sein mag, nach Stundenzahl und Stellung in der Lehrordnung zum Ersatz nicht geeignet ist. Gleichwohl tragen die Bestimmungen der Entfaltung individueller Richtungen bei den Schülern Rechnung.

Wegen etwaiger Nichtberücksichtigung dieser Beschränkungen bei den Prüfungen nach dem sechsten Jahrgange wird auf die desfallsigen Ordnungen zu §. 12 verwiesen.

5. Die Entscheidung über die Reife oder Nichtreife eines Prüflings (§. 12, 3) erfolgt auf Grund der Leistungen in Prima und der Ergebnisse der schriftlichen und mündlichen Prüfung. Diese Faktoren zusammen werden in den meisten Fällen ein sicheres Endurtheil ermöglichen. Wo dies vereinzelt nicht der Fall sein sollte und auffallende Widersprüche zwischen Klassen- und Prüfungsleistungen zu Tage treten, wird das Urtheil der Lehrer vor allem zu berücksichtigen und die Gesammtpersönlichkeit des Schülers nach ihrem bisherigen Streben und Arbeiten ins Auge zu fassen sein. Das so gefundene Schlußurtheil ist in dem Zeugnis kurz zu begründen.

6. Die Ergänzungsprüfungen für Abiturienten der Realgymnasien und der Oberrealschulen (§. 18) haben sehr wesentliche Vereinfachungen und Erleichterungen erfahren. Dadurch, daß die bisher vorgeschriebenen Rücksichten auf die Prädikate des bereits erworbenen Reifezeugnisses beseitigt sind und der lateinische Aufsatz, die Uebersetzung in das Griechische und die Prüfung in der alten Geschichte wegfallen, ist alles geschehen, um strebsamen Realabiturienten die Erwerbung der Rechte eines Gymnasialabiturienten in verhältnismäßig kurzer Zeit zu ermöglichen. Wegen der Form der Zeugnisse vergl. Circular-Verfügung vom 9. Juli 1885. Bezüglich der gymnasialen Reifezeugnisse s. II A, §. 19.

B. Ordnung der Abschlußprüfungen.

1. Nach der Organisation unserer höheren Schulen entsprechen die sechs unteren Jahrgänge der Vollanstalten genau den sechs Jahrgängen der Nichtvollanstalten. An beiden sind die bezüglichen Lehrziele und Lehraufgaben dieselben, und durch die neue Stoffvertheilung ist ein erster Abschluß der Vorbildung mit dem sechsten Jahrgang gesichert. Während aber an den sechsstufigen höheren Bürgerschulen (Realschulen) zum Zweck der Erlangung des Reifezeugnisses und der damit verbundenen Berechtigungen eine Prüfung am Ende des sechsten Jahres seit lange besteht, war bisher ein Gleiches für den sechsten Jahrgang der Vollanstalten und der siebenstufigen Progymnasien und Realprogymnasien nicht der Fall. Dadurch wurde die Entwickelung der höheren Bürgerschulen (Realschulen) schwer benachtheiligt und überdies eine große Masse von Schülern zu ihrem eigenen Schaden auf lateintreibende Schulen gedrängt. (Vergl. Erläuterungen zu den Lehrplänen u. s. w. unter III, 1.) Diese Ungleichheit im Interesse der Schulen und

der Schüler zu beseitigen, war Pflicht der Unterrichtsverwaltung. Dafür sprach aber auch die Erwägung, daß durch Einlegung der von der Gerechtigkeit geforderten Prüfung an Vollanstalten die Möglichkeit geboten wurde, die Reifeprüfung von einer bedeutenden Masse von Gedächtnisstoff zu befreien und die Primazeit für ihre eigentliche wissenschaftliche Aufgabe voll auszunützen. Die Einrichtung wird überdies voraussichtlich dahin führen, daß ein großer Theil der in den gedachten Erläuterungen erwähnten Schüler in Zukunft von vornherein lateinlose Schulen aufsucht, welche für ihren Lebensberuf geeigneter sind, als die lateintreibenden. Dadurch aber wird gleichzeitig den letzteren, besonders den Gymnasien, ein großer Dienst erwiesen.

Die gegen die Prüfung erhobenen Einwendungen können als durchschlagend nicht erachtet werden und scheinen zum Theil auf falscher Vorstellung von dieser zu beruhen.

Vorab ist zu bemerken, daß die sogen. Abschlußprüfung nach Untersekunda im Grunde nichts weiter ist, als eine mit gewissen Formen umgebene Versetzungsprüfung, wie sie bereits an vielen Anstalten innerhalb und außerhalb Preußens besteht. Neu ist im Wesentlichen nur der staatliche Kommissar, welcher aber auch der Direktor sein kann und voraussichtlich in sehr vielen Fällen sein wird. Der Schwerpunkt der Entscheidung über die Versetzung liegt nach wie vor in dem Urtheil der Lehrer der Klasse. Durch weitgehende Befreiungen ist für eine möglichste Abkürzung der Prüfung gesorgt und im Uebrigen Vorkehrung getroffen, daß das Schlußurtheil allen Rücksichten der Billigkeit gerecht wird. Das Prüfungsverfahren wird, wie die Ordnung ergiebt, unbeschadet des Ernstes der ganzen Einrichtung, ein einfaches sein.

Die äußerliche Scheidung der Vollanstalten in Unter- und Oberstufe hat nach Lehraufgaben und Methode der Behandlung auch eine innere Berechtigung. Eine ähnliche Scheidung hat in anderen Staaten sich bewährt. Die Durchführung der Lehraufgaben der Oberstufe erleidet dadurch keine Beeinträchtigung, daß auf der Unterstufe auf einen gewissen Abschluß mit Untersekunda hingearbeitet wird. Es steht vielmehr zu erwarten, daß bei voraussichtlich verminderter Schülerzahl auf der Oberstufe die Lehrziele um so sicherer erreicht werden.

Die Prüfung, wie wohl gewünscht wurde, auf diejenigen Schüler zu beschränken, welche etwa das Zeugnis für den einjährigen Dienst erstreben, würde dem ganzen Zweck der Einrichtung widersprechen und überdies die Voraussetzung erschüttern, auf welcher die Neuordnung des Berechtigungswesens beruht. Daß das Bestehen dieser Prüfung auf den Eifer der auf die Oberstufe übertretenden Schüler nachtheilig einwirke, ist nicht zu besorgen. Wo im einzelnen Fall ein äußerer Antrieb nöthig werden sollte, liegt dieser in der Versetzung in die höhere Klasse und in der Reifeprüfung.

Auch scheint der Einwand, welcher aus dem Alter der Schüler entnommen ist, nicht von Erheblichkeit, da für die Schüler der Vollanstalten auf dieser Stufe nicht zu schwer sein kann, was auf derselben Stufe in verschärftem Maße von den Schülern der höheren Bürgerschulen und am Ende des siebenten Kursus von denen der Progymnasien und Realprogymnasien seit Jahren geleistet wird. Uebrigens stehen die Jünglinge am Ende der Untersekunda meist im 16. bezw. 17. Lebensjahre.

Eine Störung des regelmäßigen Unterrichtsbetriebes wäre nur dann zu besorgen, wenn die Prüfung zu sehr ausgedehnt und von den Schülern eine andere Vorbereitung als auf jede Versetzungsprüfung vor dem Direktor erwartet oder gar gefordert würde. Dem mit aller Entschiedenheit zu wehren und in den Schülern die Ueberzeugung zu befestigen, daß treue Arbeit während des Jahres die beste Bürgschaft für die Versetzung sei, ist Pflicht der Direktoren und der Aufsichtsbeamten. Diese werden dafür Sorge tragen, daß der ganze Prüfungsvorgang auch in seinen äußeren Formen von dem einer gewöhnlichen Versetzungsprüfung nicht abweiche.

2. Die Anforderungen in allen Fächern haben sich eng an die Lehraufgaben der Untersekunda (§. 2) anzuschließen und dürfen hinsichtlich des Umfangs und der Schwierigkeit das mittlere Maß von Versetzungsleistungen nicht überschreiten.

Die schriftlichen Aufgaben (§. 7) sind so einzurichten, daß dieselben im Deutschen und in der Mathematik in je 4, in den übrigen Gegenständen in je 2 Stunden von Schülern mittlerer Begabung gelöst werden können.

Die mündliche Prüfung (§ 11) hat sich überall auf das zu beschränken, was jedem ordentlichen Schüler aus dem Unterricht der Untersekunda geläufig sein muß.

3. Die Prüfung findet nur gegen das Ende des Schuljahrs oder bei Wechselabtheilungen zu Ende der betreffenden einjährigen Lehrzeit statt, da nur auf diese Weise die volle Erreichung des auf einjährigen Lehrgang berechneten Klassenziels gesichert erscheint.

4. Die Wiederholung der Prüfung (§. 15) ist nur einmal gestattet, weil es im Interesse der Schule liegt, ungeeignete Schülerelemente nach zweijährigem erfolglosen Besuch der Untersekunda auszuscheiden, und für die Schüler selbst der Uebergang ins bürgerliche Leben nicht weiter hinausgeschoben werden darf.

Anlage A.
(Reichsformat.)

Gymnasium zu

Zeugnis der Reife.

N. N.[1])

geboren den ten 18 zu[2])
[3]) , Sohn des[4]) zu[5])
war Jahre auf dem Gymnasium und zwar Jahre in Prima[6]).

[[1]) Sämmtliche Vornamen anzugeben, Rufname zu unterstreichen; [2]) Geburtsort; [3]) Konfession bez. Religion; [4]) Stand und Name des Vaters; [5]) Wohnort des Vaters, nöthigenfalls unter Beifügung des Kreises; [6]) falls der Schüler erst in die Prima eingetreten ist, hinzuzufügen: vorher Jahre auf

I. Betragen und Fleiß.

(In den Vordrucken für fremde Prüflinge lautet I.: Sittliches Verhalten.)

II. Kenntnisse und Fertigkeiten: (Religionslehre, Deutsch, Lateinisch, Griechisch, Französisch, Englisch, Hebräisch, Geschichte und Erdkunde, Mathematik, Physik — Turnen, Zeichnen, Singen).

(Die Urtheile für die einzelnen Lehrgegenstände müssen den allgemeinen Stand der Kenntnisse des Prüflings im Verhältnisse zu den Lehrzielen bezeichnen und, falls die Leistungen in der schriftlichen und mündlichen Prüfung sich von den Klassenleistungen unterschieden haben, diese Verschiedenheit zum deutlichen Ausdrucke bringen. Die Urtheile sind bei jedem Lehrgegenstande schließlich in ein bestimmtes, durch die Schrift kenntlich gemachtes Prädikat zusammenzufassen. Vergl. §. 14, 2.)

Die unterzeichnete Prüfungskommission hat ihm demnach, da er jetzt das Gymnasium verläßt, um[1]) , das Zeugnis

der Reife

zuerkannt und entläßt ihn[2])
, den[3]) ten 189

[[1]) Bezeichnung des gewählten Berufes; [2]) Hinzufügung von Wünschen und Hoffnungen; [3]) Datum der mündlichen Prüfung.]

Königliche Prüfungskommission.

N. N. Königl. Kommissar.
(Siegel des Königl. Kommissars.)
N. N. Vertreter des Magistrats (Kuratoriums).
N. N. Direktor.
(Siegel des Gymnasiums.)
N. N. Oberlehrer u. s. w.

Anlage B.
(Reichsformat.)

Realgymnasium (Oberrealschule) zu

Zeugnis der Reife.

N. N.[1])

geboren den ten 18 zu[2]) ,
[3]) , Sohn des[4]) zu[5])
war Jahre auf dem Realgymnasium (der Oberrealschule)
und zwar Jahre in Prima[6]).

[[1]) Sämmtliche Vornamen anzugeben, Rufname zu unterstreichen; [2]) Geburtsort; [3]) Konfession bezw. Religion; [4]) Stand und Name des Vaters; [5]) Wohnort des Vaters, nöthigenfalls unter Beifügung des Kreises; [6]) falls der Schüler erst in die Prima eingetreten ist, hinzuzufügen: vorher Jahre auf]

I. Betragen und Fleiß.

(In den Vordrucken für fremde Prüflinge lautet I: Sittliches Verhalten.)

II. Kenntnisse und Fertigkeiten: (Religionslehre, Deutsch, (bezw. Lateinisch), Französisch, Englisch, Geschichte und Erdkunde, Mathematik, Physik, Chemie, Naturbeschreibung — Turnen, Zeichnen, Singen.)

(Die Urtheile für die einzelnen Lehrgegenstände müssen den allgemeinen Stand der Kenntnisse des Prüflings im Verhältnisse zu den Zielen bezeichnen und, falls die Leistungen in der schriftlichen und mündlichen Prüfung sich von den Klassenleistungen unterschieden haben, diese Verschiedenheit zum deutlichen Ausdrucke bringen. Die Urtheile sind in jedem Lehrgegenstande schließlich in ein bestimmtes, durch die Schrift kenntlich gemachtes Prädikat zusammenzufassen. Vergl. §. 14, 2.)

Die unterzeichnete Prüfungskommission hat ihm demnach, da er jetzt das Realgymnasium (die Oberrealschule) verläßt, um[1]) , das Zeugnis

der Reife

zuerkannt und entläßt ihn[2])
, den[3]) ten 189

([1]) Bezeichnung des gewählten Berufes; [2]) Hinzufügung von Wünschen und Hoffnungen; [3]) Datum der mündlichen Prüfung.)

Königliche Prüfungskommission.

N. N. Königl. Kommissar.
(Siegel des Königl. Kommissars.)
N. N. Vertreter des Magistrats (Kuratoriums).
N. N. Direktor.
(Siegel der Schule.)
N. N. Oberlehrer u. s. w.

Anlage C.
(Reichsformat.)

Realschule (höhere Bürgerschule) zu

Zeugnis der Reife.

N. N.[1])
geboren den ten 18 zu[2]) ,
[3]) , Sohn des[4]) zu[5])
war Jahre auf der Schule und zwar Jahr in der ersten Klasse,[6])

[[1]) Sämmtliche Vornamen anzugeben, Rufname zu unterstreichen; [2]) Geburtsort; [3]) Konfession bezw. Religion; [4]) Stand und Name des Vaters; [5]) Wohnort des Vaters, nöthigenfalls unter Beifügung des Kreises; [6]) sofern der Schüler erst in die erste Klasse eingetreten ist, hinzuzufügen: vorher Jahre auf]

I. Betragen und Fleiß.

(In den Vordrucken für fremde Prüflinge lautet I.: Sittliches Verhalten.)

II. Kenntnisse und Fertigkeiten: (Religionslehre, Deutsch, Französisch, Englisch, Geschichte und Erdkunde, Mathematik, Naturlehre, Naturbeschreibung — Turnen, Zeichnen, Singen.)

(Die Urtheile für die einzelnen Lehrgegenstände müssen den allgemeinen Stand der Kenntnisse des Prüflings im Verhältnisse zu den Lehrzielen bezeichnen und, falls die Leistungen in der schriftlichen und mündlichen Prüfung sich von den Klassenleistungen unterschieden haben, diese Verschiedenheit zum deutlichen Ausdrucke bringen. Die Urtheile sind in jedem Lehrgegenstande schließlich in ein bestimmtes, durch die Schrift kenntlich gemachtes Prädikat zusammenzufassen. Vergl. §. 14, 2.)

Die unterzeichnete Prüfungskommission hat ihm demnach, da er jetzt die Schule verläßt, um[1]) .
das Zeugnis

der Reife

zuerkannt und entläßt ihn[2])

, den[3] ten 189

[[1]) Bezeichnung des gewählten Berufes; [2]) Hinzufügung von Wünschen und Hoffnungen; [3]) Datum der mündlichen Prüfung.]

Königliche Prüfungskommission.

N. N. Königl. Kommissar.
(Siegel des Königl. Kommissars.)
N. N. Vertreter des Magistrats (Kuratoriums).
N. N. Rektor (Direktor).
(Siegel der Schule.)
N. N. Oberlehrer u. s. w.

Anlage D.
(Reichsformat.)

Gymnasium (Realgymnasium, Oberrealschule) zu

Zeugnis über die Versetzung nach Obersekunda.

N. N.[1])

geboren den ten 18 zu [2]) , [3]) , Sohn des [4]) zu [5]) ist Jahre auf der Schule und zwar Jahr in Untersekunda [6]).

[[1]) Sämmtliche Vornamen anzugeben, Rufname zu unterstreichen; [2]) Geburtsort; [3]) Konfession bezw. Religion; [4]) Stand und Name des Vaters; [5]) Wohnort des Vaters, nöthigenfalls unter Beifügung des Kreises; [6]) sofern der Schüler erst in Untersekunda eingetreten ist, hinzuzufügen: vorher Jahre auf]

I. Betragen und Fleiß.

II. Kenntnisse und Fertigkeiten.

(Das Urtheil über die erlangten Kenntnisse ist für jedes Fach lediglich durch eins der festgesetzten Prädikate auszudrücken.)

Nach Vorstehendem wurde dem Schüler die Versetzung nach Obersekunda zuerkannt.

den ten 189

Die Prüfungskommission.

Der Königl. Kommissar. (Siegel.) Der Direktor.

2. Aenderungen in dem Berechtigungswesen de höheren preußischen Lehranstalten.

Deutsches Reich.

In den Anforderungen an die Schulvorbildung für ein zelne Zweige des Reichsdienstes treten die nachfolgenden Aende rungen ein:

Die Reifezeugnisse der deutschen Oberrealschule werden als zureichende Erweise der Schulvorbildung an erkannt:

1. für die Annahme von Civilanwärtern, welche al Posteleven in den Post- und Telegraphendienst eintrete wollen,

2. für die Prüfung und Anstellung im Schiffbau- un Maschinenbaufach der Kaiserlichen Marine.

Die Vorschriften über die Annahme und Anstellung vo Anwärtern als Beamte im Post- und Telegraphendienst vom 1. Oktober 1882 (§ 2. 1, § 11 Absatz 1 und § 12),

sowie

die Vorschriften über die Ausbildung, Prüfung und An stellung im Schiffbau- und Maschinenbaufach der Kaiserliche Marine vom 3. Januar 1890 (§ 2 und § 52) erhalten hie nach ihre Ergänzung bezw. Berichtigung.

Die vorstehenden Bestimmungen treten mit dem 1. Apr 1892 in Kraft.

Berlin, den 12. Dezember 1891.

Der Stellvertreter des Reichskanzlers.

von Boetticher.

Königreich Preußen.

Auf den Bericht vom 30. v. M. ertheile Ich dem anbei zurückfolgenden Entwurf einer Bekanntmachung, betreffend Aenderungen in dem Berechtigungswesen der höheren preußischen Lehranstalten hiermit Meine Genehmigung.

Neues Palais, den 1. Dezember 1891.

Wilhelm R.

von Caprivi. von Boetticher. Herrfurth.
von Schelling. Freiherr von Berlepsch. Miquel.
von Kaltenborn. von Heyden. Graf von Zedlitz.
Thielen.

An
das Staats-Ministerium.

Bekanntmachung,

betreffend Aenderungen in dem Berechtigungswesen der höheren preußischen Lehranstalten.

In den Berechtigungen der höheren Lehranstalten treten mit Genehmigung Seiner Majestät des Königs die nachstehenden Aenderungen ein:

I. Die Reifezeugnisse der Oberrealschulen werden als Erweise zureichender Schulvorbildung anerkannt:

1. für das Studium der Mathematik und der Naturwissenschaften auf der Universität und für die Zulassung zur Prüfung für das Lehramt an höheren Schulen,
2. für die Zulassung zu den Staatsprüfungen im Hochbau-, Bauingenieur- und Maschinenbaufach,
3. für das Studium auf den Forst-Akademien und für die Zulassung zu den Prüfungen für den Königlichen Forstverwaltungsdienst,
4. für das Studium des Bergfachs und für die Zulassung zu den Prüfungen, durch welche die Befähigung zu den technischen Aemtern bei den Bergbehörden des Staats darzulegen ist.

Die Ordnung der Prüfung für das Lehramt an höheren Schulen vom 5. Februar 1887 (§ 3 Nr. 2),

die Vorschriften über die Ausbildung und Prüfung für den Staatsdienst im Baufach vom 6. Juli 1886 (§§ 2 und 54),

die Bestimmungen über Ausbildung und Prüfung für den Königlichen Forstverwaltungsdienst (§ 3 Nr. 1), sowie das Regulativ für die Königlichen Forst-Akademien zu Eberswalde und Münden vom 24. Januar 1884 (§ 11 Nr. 1), die Vorschriften über die Befähigung zu den technischen Aemtern bei den Bergbehörden des Staats vom 12. September 1883 (§. 2)

erhalten hiernach ihre Ergänzung bezw. Berichtigung.

II. Die Reifezeugnisse der höheren Bürgerschulen bezw. der gymnasialen und realistischen Lehranstalten mit sechsjährigem Lehrgang sowie die Zeugnisse über die nach Abschluß der Unter-Sekunda einer neunstufigen höheren Lehranstalt bestandene Prüfung werden als Erweise zureichender Schulbildung anerkannt:

für alle Zweige des Subalterndienstes, für welche bisher der Nachweis eines siebenjährigen Schulkursus erforderlich war.

Die entgegenstehenden Bestimmungen in den die Schulvorbildung für den Subalterndienst betreffenden Verfügungen der einzelnen Verwaltungen kommen in Wegfall.

Die Befugniß der einzelnen Verwaltungen, auch junge Leute mit geringerer Schulvorbildung bei besonderer praktischer Begabung für den Subalterndienst auszuwählen, wird hierdurch nicht beschränkt.

III. Für die Supernumerarien der Verwaltung der indirekten Steuern behält es bei der bisherigen Anforderung eines achtjährigen Kursus wissenschaftlicher Vorbildung (Cirk.-Verf. vom 14. November 1859 und vom 15. November 1880) sein Bewenden, jedoch kann diese Vorbildung auch durch das Reifezeugnis einer höheren Lehranstalt mit sechsjährigem Lehrgange in Verbindung mit dem Reifezeugnis einer anerkannten zweijährigen mittleren Fachschule nachgewiesen werden.

IV. Die Vorschriften vom 4. September 1882 über die Prüfung der öffentlichen Landmesser — § 5 Nr. 3 — werden dahin ergänzt, daß für die Zulassung zu der Prüfung auch das Reifezeugnis einer höheren Bürgerschule bezw. einer gymnasialen oder realistischen Lehranstalt mit sechsjährigem Lehrgange in Verbindung mit dem Nachweis des einjährigen erfolgreichen Besuchs einer anerkannten mittleren Fachschule als zureichend gilt

Die gleiche Ergänzung tritt auch für die Zulassung zu dem Markscheidefach in Geltung (Verfügungen vom 31. Oktober 1865 und vom 22. Januar 1876).

V. Zu dem Besuche der höheren Abtheilung der Gärtner-Lehranstalt bei Potsdam ist das Reifezeugnis einer höheren Lehranstalt mit sechsjährigem Lehrgange erforderlich. Ist die betreffende Schule lateinlos, so muß außerdem der Nachweis der Absolvirung eines bis einschließlich Quarta reichenden Lateinkursus bezw. der Aneignung der solchem Kursus entsprechenden Kenntnisse im Latein beigebracht werden. — Für die gärtnerischen Lehranstalten zu Proskau und Geisenheim werden die entsprechenden Klassen der lateinlosen Schulen denen der lateintreibenden gleichgestellt.

Die vorstehenden Bestimmungen treten mit dem 1. April 1892 in Kraft.

Das Staats-Ministerium.

---

3. Denkschrift, betreffend die geschichtliche Entwickelung der Revision der Lehrpläne und Prüfungsordnungen für höhere Schulen, sowie Gesichtspunkte für die vorgenommenen Aenderungen.

Die gegenwärtige Lehrverfassung unserer höheren Schulen beruht auf den Lehrplänen und den Prüfungsordnungen, wie sie durch die Cirkular-Verfügungen vom 31. März und 27. Mai 1882 eingeführt worden sind. Obschon bei der damals erfolgten Revision eine Anzahl von berechtigten Forderungen der Fachmänner erfüllt wurde, entstand doch schon in den nächstfolgenden Jahren eine Bewegung auf dem Gebiete des höheren Schulwesens, welche, ausgehend von der behaupteten Ueberbürdung der Jugend an unseren höheren Schulen, immer weiter um sich griff und allmählich die Grundlagen unserer geschichtlich überkommenen Einrichtungen auf diesem Gebiete in Frage stellte. Hatte man sich anfangs damit begnügt, zu Gunsten der leiblichen Entwickelung der heranwachsenden Jugend eine Einschränkung der geistigen Schul- und Hausarbeit und eine Verstärkung der körperlichen Uebungen sowie eine größere Berücksichtigung der Gesundheitspflege zu fordern, so traten sehr bald die Fragen einer höheren Einheitsschule, eines einheitlichen lateinlosen Unterbaus für alle Arten höherer Schulen, der Umgestaltung des Lehrplans der Gymnasien, der Gleichberechtigung der Realgymnasien mit den Gymnasien bezüglich der Zulassung zu Universitätsstudien, der Aenderung des Berechtigungswesens überhaupt, sowie ferner des Lehrverfahrens, der wissenschaftlichen und praktischen Vorbildung der Lehrer und der äußeren Stellung dieser in den Vordergrund. Dabei beschränkte man sich nicht auf verneinende Kritik, sondern ging zu positiven Vorschlägen über, deren Zahl bereits im Jahre 1888 auf 344 berechnet wurde, seitdem aber noch eine bedeutende Vermehrung erfahren hat.

In erster Linie richteten sich die Angriffe gegen die Lehrverfassung der Gymnasien und deren Grundlage, die alten Sprachen. Indem man behauptete, der Begriff der allgemeinen

Bildung habe sich geändert, der Schwerpunkt dieser liege, abgesehen von den allen höheren Schulen gemeinsamen Lehrgegenständen, heute auf Seiten der neueren Sprachen, der Mathematik und Naturwissenschaften, forderte man eine Zurückdrängung der klassischen Sprachen an unseren Gymnasien überhaupt oder wenigstens eine Aufhebung des allgemein verbindlichen Charakters des Griechischen, den Beginn des fremdsprachlichen Unterrichts auch an Gymnasien und Realgymnasien mit Französisch oder Englisch und eine Zurückschiebung des Anfangs für das Lateinische und Griechische auf entsprechend höhere Stufen. Gleichzeitig wurde eine Aenderung des Lehrverfahrens in den alten Sprachen verlangt und die Verstärkung der modernen, insbesondere nationalen Bildungselemente befürwortet.

Die Unterrichtsverwaltung verhielt sich der ganzen Bewegung gegenüber zunächst zuwartend, einerseits weil die meisten der angeregten prinzipiellen Fragen sich noch im Fluß befanden und eine Einigung der entgegenstehenden Parteien über positive maßgebende Gesichtspunkte der vorzunehmenden Revision noch in weitem Felde stand, andererseits aus dem formellen Grunde, daß erst vor Kurzem eine Umgestaltung der Lehrpläne und Prüfungsordnungen stattgefunden hatte und diesen Zeit zur Erprobung gelassen werden sollte.

Eine Aenderung in dieser Haltung der Unterrichtsverwaltung wurde durch den Allerhöchsten Erlaß vom 1. Mai 1889, betreffend die Aufgabe der Schulen bei der Bekämpfung der Sozialdemokratie, und die darauf beruhenden unter dem 30. August 1889 Allerhöchst genehmigten Vorschläge des Königlichen Staats-Ministeriums herbeigeführt. Im Anschluß daran wurde in einer Verfügung an sämmtliche Provinzial-Schulkollegien (Centralbl. f. d. g. Unterr.-Verw. 1890 S. 703 f.) zum Ausdruck gebracht, daß es sich empfohlen habe, durch gemeinsame Berathungen von Männern verschiedener Lebensstellungen zu ermitteln, welche von den zahlreichen Vorschlägen zur Verbesserung unseres höheren Schulwesens berechtigt, wie dieselben unter einander auszugleichen, besonders aber wie sie für die geschichtlich überkommenen Schulformen zu verwerten seien. Die Genehmigung Seiner Majestät des Kaisers und Königs zur Berufung einer solchen Versammlung sei ertheilt worden.

Demnächst wurden von der Unterrichtsverwaltung die der Versammlung vorzulegenden Fragen festgestellt und diejenigen Personen in Vorschlag gebracht, welche zu der in Aussicht genommenen Berathung einberufen werden sollten. Nachdem Seine Majestät den betreffenden Fragebogen und die Liste der Theilnehmer an der Versammlung zu genehmigen geruht hatten, erging am 31. Oktober 1890 die Einladung zur Eröffnung der Berathungen für den 4. Dezember desselben Jahres. Gleichzeitig wurden Vertreter des Kriegsministeriums, des Finanzministeriums, der Ministerien für Handel und Gewerbe sowie für Landwirthschaft, Domänen und Forsten zur Theilnahme eingeladen.

Seine Majestät der Kaiser und König hatten die Gnade, Allerhöchstihr besonderes Interesse an den Verhandlungen auch dadurch zu bekunden, daß Sie diese mit einer Ansprache an die Berufenen einleiteten und eine Reihe von Ergänzungsfragen zur Erörterung stellten.

Die Konferenz erledigte die ihr aufgetragenen schwierigen Arbeiten in der Zeit vom 4. bis 17. Dezember 1890 und gelangte zu einer Reihe von gutachtlichen Beschlüssen, welchen Seine Majestät im Wesentlichen Allerhöchstihre Zustimmung in der Schlußansprache vom 17. Dezember 1890 und in dem Allerhöchsten Erlasse von demselben Tage ertheilten.

Die Ergebnisse der gesammten Berathungen sind enthalten in den Verhandlungen über Fragen des höheren Unterrichts, Berlin 1891.

Die von Seiner Majestät in dem vorstehend bezeichneten Allerhöchsten Erlasse befohlene Einsetzung eines Ausschusses, welchem die Aufgabe gestellt wurde,

1. das Material zu sichten, zu prüfen und darüber in möglichst kurzer Frist zu berichten und
2. einzelne als besonders tüchtig bekannte Anstalten sowohl Preußens als auch der übrigen Bundesstaaten zu besichtigen, um das gewonnene Material auch nach der praktischen Seite hin zu vervollständigen,

erfolgte unter dem 29. Dezember 1890. Den Berathungen des Ausschusses wurden die betreffenden Vorschläge der Unterrichtsverwaltung zu Grunde gelegt, welche in allem Wesentlichen die Zustimmung desselben fanden. Die Besichtigung verschiedener höherer Schulen ist im Juni 1891 ausgeführt worden.

Die Vorschläge der Unterrichtsverwaltung waren das Ergebnis einer Jahre lang fortgesetzten Sammlung und Prüfung des in der betreffenden Literatur angehäuften Materials und einer genauen Erwägung der Gutachten der Dezember-Konferenz. Die endgiltigen Entschließungen des Unterrichtsministers sind in den beigefügten Schriftstücken, betreffend Lehrpläne, Lehraufgaben und Prüfungsordnungen für die höheren Schulen, nebst Erläuterungen und Ausführungsbestimmungen dazu, niedergelegt.

Indem in Nachstehendem die Gesichtspunkte für die in diesen Veröffentlichungen enthaltenen Aenderungen der betreffenden Bestimmungen von 1882 kurz zusammengefaßt werden, darf im Einzelnen auf die erwähnten Erläuterungen u. s. w. hingewiesen werden.

Im Allgemeinen sei vorausgeschickt, daß bei dem heutigen Stande grundlegender Fragen der zukünftigen Gestaltung des höheren Schulwesens es nicht in der Absicht der Unterrichtsverwaltung liegen konnte, einen Bruch mit der Vergangenheit herbeizuführen und Altbewährtes unerprobtem Neuen zu Liebe preiszugeben. Ein solches Vorgehen wäre auf keinem Gebiete verhängnißvoller, als auf dem unseres geschichtlich erwachsenen höheren Schulwesens. Außerdem bedeutete es zur Zeit die Lösung eines idealen Bandes, welches seit Jahren insbesondere die Gymnasien der einzelnen deutschen Staaten umschlingt, abgesehen davon, daß man die bestehenden desfallsigen Verträge nicht kurzer Hand aufheben kann. Indem sonach die Unterrichtsverwaltung grundstürzende Neuerungen abweisen zu sollen glaubte, verhehlt sie sich nicht, daß ihr Vorgehen von den verschiedensten Seiten der Kritik ausgesetzt sein wird. Indessen erachtete sie es für ihre Pflicht, unbeirrt von solchem Tadel, den Blick auf die zur Zeit erkannten praktischen Bildungsbedürfnisse der Nation gerichtet, zu prüfen, welche der bestehenden Einrichtungen unseres höheren Schulwesens sich überlebt haben und durch erprobtes Neues ersetzt werden können, und welche derselben den berechtigten, ausgereiften Forderungen der Zeit entsprechend fortzubilden sind, ohne der Entwickelung der Zukunft vorzugreifen.

Von diesem Standpunkte aus ergaben sich für die Unterrichtsverwaltung folgende Gesichtspunkte für die Revision der Lehrpläne und der Prüfungsordnungen an höheren Schulen vom Jahre 1882.

1. Weitere Ausbreitung und Förderung der lateinlosen höheren Schulen.

Die Entwickelung unseres höheren Schulwesens hat zum Schaden des mittleren Bürgerstandes seit Jahrzehnten zu einer einseitigen Ausgestaltung der lateinlehrenden Schulen auf Kosten der lateinlosen geführt. Von den 540 höheren Schulen Preußens im Schuljahre 1889/90 waren 480 lateinlehrende, 60 lateinlose. Von der Gesammtfrequenz aller höheren Schulen mit 135 337 Schülern entfielen auf jene 115 444, auf diese nur 19 893, während z. B. in Bayern, dem Königreich Sachsen und Württemberg das Frequenzverhältnis zwischen beiden Schulgattungen ein weit günstigeres und in Württemberg insbesondere die Zahl der Schüler lateinloser Anstalten höher ist, als die der lateinlehrenden. Die im Jahre 1882 mit offiziellem Lehrplan ausgestatteten und von der Unterrichtsverwaltung warm empfohlenen lateinlosen Schulen konnten eine weitere Ausdehnung nicht erfahren, so lange sie nicht mit den lateinlehrenden Realanstalten im Wesentlichen gleiche Berechtigungen erlangt hatten. Nachdem diese durch die am 14. Dezember 1891 im Staatsanzeiger veröffentlichten Aenderungen des Berechtigungswesens an höheren Schulen den lateinlosen Anstalten zu Theil geworden sind, wird nunmehr die Erfahrung darüber entscheiden müssen, ob die Oberrealschulen und Realschulen weitere Verbreitung finden und ob daneben die Realgymnasien und Realprogymnasien auf die Dauer im Vertrauen des Publikums sich behaupten werden.

Um auch an Orten, welche nur eine höhere Schule haben, den lateinlosen Realschulen Verbreitung zu sichern, ist, abgesehen von der Zulassung einer freieren Gestaltung des Lehrplans, Vorsorge getroffen, daß für eine Minderheit von Schülern, welche später humanistischen Studien sich zuwenden will, in Nebenkursen bis Quarta lateinischer Unterricht ertheilt werden kann.

2. Versuche mit einem lateinlosen Unterbau für alle Arten höherer Schulen.

Die in der einschlägigen Fachliteratur eingehend erörterte Frage eines einheitlichen lateinlosen Unterbaues für alle höheren Schulen, in welchem als grundlegende Sprache das Französische oder Englische von Sexta an gelehrt, das Lateinische an Gymnasien und Realgymnasien etwa in Untertertia, das Griechische an Gymnasien in Unter- oder Obersekunda begonnen werden soll, erscheint der Unterrichtsverwaltung auch nach den Erfahrungen, welche man in Schweden, Norwegen, Dänemark und der Schweiz mit dieser Einrichtung gemacht hat, noch nicht spruchreif. Darum ist in den anliegenden Lehrplänen und Lehraufgaben diesem Gedanken keine Folge gegeben worden. Um indessen die Ausführbarkeit des Vorschlages auch bei uns zu erproben, ist die Unterrichtsverwaltung, in Erwägung der unverkennbaren praktischen Vortheile, welche mit dem Gelingen dieses Planes verbunden wären, entschlossen, in Städten, wo mehrere Gymnasien und Realgymnasien und daneben mindestens eine lateinlose Realanstalt vorhanden sind, unter bestimmten Sicherungsmaßnahmen Versuche mit einem lateinlosen Unterbau zuzulassen. Eine besondere Schwierigkeit bildet dabei der Uebergang von Schülern aus den Gymnasien und Realgymnasien neueren Systems auf die des alten Systems. Der erste Versuch mit einem solchen Unterbau wird mit Genehmigung des Unterrichtsministers im nächsten Schuljahre in Frankfurt am Main gemacht werden.

Wie die Unterrichtsverwaltung nach den beiden bezeichneten Richtungen Klärung für die Zukunft zu schaffen bemüht ist, so sucht sie andererseits durch ein begrenztes Maß von Freiheit in der Gestaltung von Schulformen und Lehrplänen den örtlichen Bedürfnissen und den Forderungen der Gegenwart gerecht zu werden. In dieser Beziehung sei nur an die in D[1] enthaltene andere Form der Realschule und auf den Zusatz zu A bis D, sowie auf die Erläuterungen zu den Lehrplänen unter III, 2 verwiesen.

3. Erster Abschluß der Vorbildung nach dem sechsten Jahrgange aller höheren Schulen.

Einen besonders wichtigen Gesichtspunkt für die Revision der bestehenden Lehrpläne bildet der folgerichtig durchgeführte erste Abschluß der Vorbildung mit dem sechsten Jahrgange aller höheren Schulen. Das Nähere darüber ist enthalten in den Erläuterungen und Ausführungsbestimmungen zu den Lehrplänen und Lehraufgaben unter III, 1 und 3 und desgleichen zu den Abschlußprüfungen unter B.

4. Verminderung der Schularbeit und entsprechende Verstärkung der körperlichen Uebungen.

Dieser Forderung ist in den neuen Lehrplänen nach Möglichkeit entsprochen. Die Zahl der der Geistesarbeit gewidmeten allgemein verbindlichen wöchentlichen Schulstunden ist an Gymnasien vermindert um 16, an Realgymnasien um 21, an Oberrealschulen um 18, dagegen sind für das Turnen an allen diesen Schulen je 9 Stunden wöchentlich hinzugekommen, und wird für Turnspiele und die Gesundheitspflege an diesen besonders Sorge getragen werden.

5. Minderung des Gedächtnisstoffes.

Eine solche hat, wie aus den Lehraufgaben und den Erläuterungen dazu ersichtlich ist, vor Allem in der Religion, den Fremdsprachen, der Geschichte und Erdkunde in bedeutendem Umfang stattgefunden. Dadurch, sowie durch ein zweckbemessenes Lehrverfahren, wird es ermöglicht, trotz der, besonders in den alten Sprachen, eingetretenen Minderung der Wochenstunden die bei den einzelnen Lehrgegenständen unter II, a bezeichneten Ziele zu erreichen. Durch einen ersten Abschnitt der Lehraufgaben nach dem sechsten Jahrgange ist auch bezüglich der Aneignung des rein Gedächtnismäßigen ein vorläufiger Abschluß erzielt und so die Oberstufe für eine mehr wissenschaftliche Arbeit frei gemacht.

6. Aenderung der Lehraufgaben der Gymnasien bezw. der Realgymnasien im Deutschen, Lateinischen, Griechischen, Zeichnen und Aufnahme des Englischen an ersteren.

Was das Gymnasium angeht, so schien es geboten, nicht nur die Stunden für das Deutsche zu vermehren, sondern vor Allem auch den intensiven Betrieb desselben in jeder Weise zu fördern. Darauf sind Lehrziel, Lehraufgaben, methodische Bemerkungen und Erläuterungen zu „Deutsch" bemessen. — Durch die Ausdehnung des verbindlichen Zeichenunterrichts auf die beiden Tertien und die Aufnahme des wahlfreien Englisch in den drei oberen Klassen ist vielseitigen berechtigten Wünschen entsprochen.

Wegen des veränderten Lehrziels im Lateinischen an Gymnasien, sowie wegen des methodischen Betriebs desselben darf ebenso wie bei dem Griechischen auf die Anlagen Bezug genommen werden. Die Befürchtung, daß durch die Verminderung der Lehrstunden in dem Lateinischen die sprachlich-logische Schulung der Jugend und das Verständnis der Schriftsteller einen Abbruch erleide, theilt die Unterrichtsverwaltung nicht. Indem sie fernerhin im Lateinischen auf stilistische Fertigkeit und insbesondere auf den Aufsatz verzichtet, im Griechischen Schreibübungen auf der Oberstufe beseitigt, giebt sie sich der Erwartung hin, daß das Verständnis der Klassiker, unbeschadet der grammatischen und lexikalischen Sicherheit, nach der sachlichen Seite hin eine Förderung erfahre und so der geschichtlichen Erfassung des Alterthums die rechten Dienste leiste.

An Realgymnasien ist das beschränkte Lehrziel im Lateinischen um so sicherer zu erreichen, je entschlossener man sich bescheidet, diese dritte Fremdsprache ähnlich dem Französischen an Gymnasien, wieder als Nebenfach zu behandeln, wie dies von 1859 bis 1882 bei einer der jetzigen ungefähr gleichen Stundenzahl der Fall gewesen ist. Der seit 1882 ausgedehntere und intensivere Betrieb des Lateinischen an Realgymnasien führt entweder zu einer Ueberlastung der Schüler, besonders in den oberen Klassen, oder zu einer Beeinträchtigung der neueren Sprachen bezw. der Mathematik und der Naturwissenschaften, also der realen Bildung selbst.

7. Aenderung des Lehrziels und des Lehrverfahrens in den neueren Sprachen.

Das Ziel des Unterrichts in den neueren Sprachen hat in allen höheren Schulen eine Aenderung dahin erfahren, daß der praktische mündliche und schriftliche Gebrauch der Fremdsprache und das Verständnis der Schriftsteller überall in den Vordergrund gestellt, die Grammatik nur Mittel zum Zwecke ist. Die nächste Sorge wird darauf gerichtet sein müssen, die Vorbildung der Lehrer der neueren Sprachen hiermit in Uebereinstimmung zu bringen und jene Vorbildung durch den Besuch des Auslandes seitens derselben thunlichst zu fördern.

8. Aenderung der Lehraufgaben in der Geschichte.

In dieser Beziehung darf auf die Anlagen Bezug genommen werden. Dadurch daß die alte und mittlere Geschichte beschränkt und der Gedächtnisstoff erheblich vermindert worden, ist es ermöglicht, der neueren und neuesten, insbesondere vaterländischen Geschichte einen breiteren Raum zu gewähren, letztere bis zur Gegenwart fortzuführen und auf der Oberstufe das Verständnis für den inneren pragmatischen Zusammenhang der Ereignisse und für das Begreifen der Gegenwart aus der Vergangenheit anzubahnen. Entwickelung des geschichtlichen Sinnes ist eine der Hauptaufgaben dieses Unterrichts.

Nicht unerwähnt mag bleiben, daß in der Geschichte, wie in Religion, Deutsch und Erdkunde, die Lehraufgaben für die entsprechenden Stufen **aller** höheren Schulen dieselben sein werden. Dadurch ist eine gemeinsame ethische Grundlage gesichert.

9. Ordnung der Hausarbeit.

Durch die mitgetheilten Gesichtspunkte für Bemessung der Hausarbeit ist einerseits einer Ueberbürdung der Jugend thunlichst vorgebeugt, andererseits für die nothwendige Ergänzung des Schulunterrichts und die Anleitung zu selbständiger geistiger Arbeit Vorkehrung getroffen worden.

10. Förderung der erziehlichen Aufgabe der höheren Schulen.

Für die Lösung der schwierigen Aufgabe der Erziehung der Jugend an unseren höheren Schulen schien es der Unterrichtsverwaltung geboten, dem weiteren Umsichgreifen des spezialisirenden Fachlehrerthums durch stärkere Betonung der Wirksamkeit der Klassenlehrer wenigstens in den unteren und mittleren Klassen zu begegnen. Indem in dieser Beziehung auf die Erläuterungen zu den Lehrplänen unter „Religion“ verwiesen wird, sei hier nur die Bemerkung gestattet, daß ein Theil der Anklagen wegen Ueberbürdung der Jugend in den zu weit gehenden Forderungen der Fachlehrer begründet scheint. Wie dem ohne Schädigung der wissenschaftlichen Aufgabe der

Oberstufe gesteuert werden könne, ist in den Erläuterungen angedeutet.

11. Entlastung der Reifeprüfung von Gedächtnisstoff und Vereinfachung der Prüfung.

In dieser Beziehung ergiebt sich alles Nothwendige aus den Erläuterungen und Ausführungsbestimmungen zu A; hier seien nur die Minderung des Gedächtnisstoffes in Religion und Geschichte, die Beschränkung der Prüfung auf die Lehraufgaben der Prima und die Erleichterung der Befreiung von der mündlichen Prüfung hervorgehoben.

12. Abschlußprüfung nach dem sechsten Jahrgange.

Auch hier darf lediglich auf die Ordnung dieser Prüfung unter IV und die Erläuterungen dazu unter B Bezug genommen werden. Letztere insbesondere enthalten auch die Gründe für die Zweckmäßigkeit einer solchen lediglich den Charakter einer Klassen- und Versetzungsprüfung tragenden Einrichtung und die Wiederlegung der dagegen erhobenen Einwendungen.

Verleihung von Orden und Ehrenzeichen.

Bei der Feier des Krönungs- und Ordensfestes am 17. Januar 1892 haben nachgenannte, dem Ressort der Unterrichtsverwaltung ausschließlich oder gleichzeitig angehörige Personen erhalten:

1. Den Stern zum Rothen Adler-Orden zweiter Klasse mit Eichenlaub:

Dr. Bartsch, Wirklicher Geheimer Ober-Regierungsrath und Ministerial-Direktor im Ministerium der geistlichen, Unterrichts- und Medizinal-Angelegenheiten.

2. Den Rothen Adler-Orden zweiter Klasse mit Eichenlaub:

Dr. Dernburg, Geheimer Justizrath und ordentlicher Professor an der Universität zu Berlin.

Dr. Freiherr von der Goltz, Ober-Konsistorialrath und Professor, Mitglied des Evangelischen Ober-Kirchenraths und Propst zu Berlin.

Polenz, Geheimer Ober-Regierungsrath und vortragender Rath im Ministerium der geistlichen 2c. Angelegenheiten.

von Puttkamer, Regierungs-Präsident zu Frankfurt a. d. O.

Dr. Skrzeczka, Geheimer Ober-Medizinalrath und vortragender Rath im Ministerium der geistlichen 2c. Angelegenheiten.

Tappen, Geheimer Ober-Regierungsrath, Vice-Präsident des Provinzial-Schul-Kollegiums und des Medizinal-Kollegiums der Provinz Brandenburg, zu Berlin.

Dr. Weinhold, Geheimer Regierungsrath und ordentlicher Professor an der Universität zu Berlin, Mitglied der Akademie der Wissenschaften.

Winzer, Regierungs-Präsident zu Arnsberg.

3. Den Rothen Adler-Orden dritter Klasse mit der Schleife.

von Bremen, Geheimer Ober-Regierungsrath und vortragender Rath im Ministerium der geistlichen 2c. Angelegenheiten.

Holwede, Regierungs-Präsident zu Danzig.

Dr. Lessing, Professor und Direktor der Sammlung des Königlichen Kunstgewerbe-Museums zu Berlin.

D. Schneider, Geheimer Regierungsrath, Regierungs- und Schulrath zu Schleswig.

Schwarzenberg, Regierungs-Präsident zu Münster.

Dr. Storck, Geheimer Regierungsrath und ordentlicher Professor an der Königlichen Akademie zu Münster.

Tschackert, Geheimer Regierungsrath und Professor, Provinzial-Schulrath zu Breslau.

4. Den Rothen Adler-Orden vierter Klasse:

Besig, Seminar-Direktor zu Friedeberg N. M.

Bethe, Provinzial-Schulrath zu Stettin.

Bräuer, Professor und ordentlicher Lehrer an der Kunstschule zu Breslau.

Büttner, ordentlicher Seminarlehrer zu Marienburg.

Cüppers, Direktor der Provinzial-Taubstummen-Anstalt zu Trier.

Dr. Flemming, ordentlicher Professor an der Universität zu Kiel.

Dr. Förster, Geheimer Regierungsrath und vortragender Rath im Ministerium der geistlichen 2c. Angelegenheiten.

Gercke, Kreis-Schulinspektor, Superintendent und Pastor zu Usedom, Kreis Usedom-Wollin.

Grosser, Gymnasial-Direktor zu Wittstock, Kreis Ost-Prignitz.

Hegel, Geheimer Regierungsrath und vortragender Rath im Ministerium der geistlichen 2c. Angelegenheiten.

Hildebrandt, Regierungs- und Schulrath zu Düsseldorf.

Hillberg, Kreis-Schulinspektor, Superintendent und Pastor zu Rohnstock, Kreis Bolkenhain.

Höhne, Kreis-Schulinspektor, Superintendent und Erster Pfarrer zu Czarnikau.

Dr. Kißner, ordentlicher Professor an der Universität zu Königsberg i. Pr.

Dr. von Könen, ordentlicher Professor an der Universität zu Göttingen.

König, Kreis-Schulinspektor, Superintendent und Pfarrer zu Witten, Landkreis Bochum.

Dr. Königsbeck, Gymnasial-Direktor zu Neustadt W. Pr.

Kühn, Baurath und Professor an der Technischen Hochschule zu Charlottenburg.

Dr. Milz, Professor und Gymnasial-Direktor zu Cöln.

Nitzsch, Kreis-Schulinspektor, Superintendent und Pfarrer zu Strasburg U. M., Kreis Prenzlau.

Quapp, Gymnasial-Direktor zu Leer.

Rechtern, Kreis-Schulinspektor, Superintendent und Erster Pfarrer zu Lehe.

Dr. Renvers, Geheimer Regierungsrath und vortragender Rath im Ministerium der geistlichen 2c. Angelegenheiten.

Riehn, Professor an der Technischen Hochschule zu Hannover.

Dr. Schmidt, ordentlicher Professor an der Universität zu Breslau.

Dr. Schmitz, Kreis-Schulinspektor zu Sigmaringen.

Dr. Schönborn, Gymnasial-Direktor zu Pleß.

Schuster, Kreis-Schulinspektor, Superintendent und Pastor zu Gifhorn.

Schwechten, Baurath und Architekt, Mitglied des Senats der Akademie der Künste zu Berlin.

Stiller, Kreis-Schulinspektor, Erzpriester und Stadtpfarrer zu Guhrau.

Dr. Strasburger, Geheimer Regierungsrath und ordentlicher Professor an der Universität zu Bonn.

Dr. Tobler, ordentlicher Professor an der Universität zu Berlin und Mitglied der Akademie der Wissenschaften.

Dr. Weiß, ordentlicher Professor am Lyceum Hosianum zu Braunsberg.

Wever, Geheimer Regierungsrath und vortragender Rath im Ministerium der geistlichen 2c. Angelegenheiten.

5. Den Königlichen Kronen-Orden zweiter Klasse mit dem Stern.

Freiherr Juncker von Ober-Conreut, Wirklicher Geheimer Ober-Regierungsrath und Regierungs-Präsident zu Breslau.

6. Den Königlichen Kronen-Orden zweiter Klasse:

Gude, Professor, Landschaftsmaler und Vorsteher eines Meister-Ateliers bei der Akademie der Künste zu Berlin.
Dr. Pernice, Geheimer Medizinalrath und ordentlicher Professor an der Universität zu Greifswald.

7. Den Königlichen Kronen-Orden vierter Klasse:

Hofmann, Heinrich, Professor und ordentliches Mitglied der musikalischen Sektion der Akademie der Künste zu Berlin.
Völker, Hauptlehrer zu Bromberg.

8. Den Königlichen Haus-Orden von Hohenzollern:

a) Den Adler der Ritter:

Leverkühn, Geheimer Regierungsrath, Regierungs- und Schulrath zu Hildesheim.
Sander, Regierungs- und Schulrath, Direktor der Königlichen Waisen- und Schulanstalt zu Bunzlau.
Dr. Schauenburg, Realgymnasial-Direktor zu Crefeld.
Trosien, Geheimer Regierungs- und Provinzial-Schulrath zu Königsberg i. Pr.
Dr. Wehrmann, Geheimer Regierungs- und Provinzial-Schulrath zu Stettin:

b) Den Adler der Inhaber:

Becker, Erster Lehrer und Kantor zu Prittisch, Kreis Schwerin
Becker, Erster Lehrer zu Burtscheid, Landkreis Aachen.
Beisert, Hauptlehrer zu Winiary, Kreis Posen-Ost.
Dobberstein, Erster Lehrer zu Jastrow, Kreis Dt.-Krone.
Dreßler, Lehrer an der Strafanstalt Moabit zu Berlin.
Dubenkropp, Lehrer zu Gr. Rhüden, Kreis Marienburg.
Dürschlag, Hauptlehrer zu Königshütte, Kreis Beuthen i. O. Schl.
Faßbinder, Erster Lehrer zu Ehlenz, Kreis Bitburg.
Förster, Erster Lehrer zu Paderborn.
Friedrich, Hauptlehrer zu Quilitz, Kreis Glogau.
Garwes, Lehrer, Küster und Organist zu Bassum, Kreis Syke
Köther, Erster Lehrer zu Lüchtringen, Kreis Höxter.
Magnus, Lehrer zu Wellie, Kreis Stolzenau.

Rende, Hauptlehrer zu Deutsch-Neukirch, Kreis Leobschütz.
Reuschmidt, Lehrer und Küster zu Dellwig, Kreis Hamm.
Rey, Strafanstaltslehrer zu Münster.
Rehder, Hauptlehrer zu Neustadt i. H.
Schmidt, Erster Lehrer und Küster zu Gottschimm, Kreis Friedeberg N. M.
Schwalge, Lehrer zu Aachen.
Straßburg, Erster Lehrer, Küster und Organist zu Uchte, Kreis Stolzenau.

9. Das Allgemeine Ehrenzeichen in Gold:

Kanitz, pens. Lehrer zu Friedland O. Pr.

10. Das Allgemeine Ehrenzeichen:

Beck, Lehrer zu Owingen, Oberamt Hechingen.
Hollstein, Lehrer zu Skandau, Kreis Gerdauen.

Personal-Veränderungen, Titel- und Ordensverleihungen.

A. Behörden und Beamte.

Dem Geheimen Ober-Regierungsrath und vortragenden Rath im Ministerium der geistlichen ꝛc. Angelegenheiten Dr. Stauder ist der Charakter als Wirklicher Geheimer Ober-Regierungsrath mit dem Range eines Rathes erster Klasse verliehen worden.

Der bisherige Regierungs- und Schulrath bei der Regierung zu Osnabrück Brandi ist zum Geheimen Regierungsrath und vortragenden Rath im Ministerium der geistlichen ꝛc. Angelegenheiten und der bisherige Regierungs- und Medizinalrath bei dem Polizeipräsidium zu Berlin, Geheimer Medizinalrath Dr. Pistor ist zum vortragenden Rath in demselben Ministerium ernannt worden.

Dem bautechnischen Hilfsarbeiter bei dem Ministerium der geistlichen ꝛc. Angelegenheiten Landbauinspektor Bürckner ist der Charakter als Baurath verliehen worden.

Dem Ober-Präsidenten der Provinz Ostpreußen Grafen zu Stolberg-Wernigerode zu Königsberg i. Pr. ist auf Grund Allerhöchster Ermächtigung das Amt des Kurators der dortigen Universität übertragen worden.

Dem Kurator der Universität Greifswald von Hausen ist der Charakter als Geheimer Regierungsrath mit dem Range eines Rathes dritter Klasse verliehen worden.

Dem Provinzial-Schulrath Gruhl zu Berlin ist der Charakter als Geheimer Regierungsrath verliehen worden.

Der Provinzial-Schulrath Geheimer Regierungsrath Trosien zu Königsberg i. Pr. ist in gleicher Eigenschaft nach Magdeburg versetzt worden.

Der ordentliche Professor in der medizinischen Fakultät der Universität Breslau Geheimer Medizinalrath Dr. Mikulicz ist zum Mitglied des Medizinal-Kollegiums der Provinz Schlesien und

der bisherige Hilfsarbeiter beim Medizinal-Kollegium der Rheinprovinz, außerordentlicher Professor in der medizinischen Fakultät der Universität Bonn Dr. Ungar ist zum Medizinalrath und Mitglied des zuletzt genannten Medizinal-Kollegiums ernannt worden.

Dem Kreis-Schulinspektor, Pfarrer und Superintendenten Lenssen zu Essen ist der Rothe Adler-Orden vierter Klasse verliehen worden.

Der bisherige wissenschaftliche Lehrer an der städtischen höheren Mädchenschule und Lehrerinnen-Bildungsanstalt zu Cöln Dr. Engelen ist zum Kreis-Schulinspektor ernannt worden.

B. Universitäten.

Universität Berlin: Dem Geheimen Ober-Medizinalrath und Generalarzt I. Klasse à la suite des Sanitätskorps Dr. Bardeleben, ordentlichem Professor an der Friedrich-Wilhelms-Universität und der Medizinisch-chirurgischen Akademie für das Militär zu Berlin ist der erbliche Adel verliehen worden.

Dem Geheimen Regierungsrath und ordentlichen Professor an der Friedrich-Wilhelms-Universität zu Berlin, Mitglied und beständigen Sekretar der Akademie der Wissenschaften Dr. Curtius ist der Stern der Komthure des Königlichen Hausordens von Hohenzollern und

dem ordentlichen Professor in der philosophischen Fakultät der Friedrich-Wilhelms-Universität zu Berlin Geheimen Regierungsrath Dr. Rammelsberg ist der Rothe Adler-Orden zweiter Klasse mit Eichenlaub verliehen worden.

Dem ordentlichen Professor in der medizinischen Fakultät der Friedrich-Wilhelms-Universität zu Berlin Dr. Jolly ist der Charakter als Geheimer Medizinalrath verliehen worden.

Der bisherige außerordentliche Professor in der philosophischen Fakultät der Universität Berlin Dr. Michelet ist auf Grund Allerhöchster Ermächtigung zum ordentlichen Honorar-Professor in derselben Fakultät ernannt worden.

Der bisherige Privatdozent Dr. Grube, Assistent am Museum für Völkerkunde zu Berlin ist zum außerordentlichen Professor in der philosophischen Fakultät der Friedrich-Wilhelms-Universität zu Berlin ernannt worden

Universität Greifswald: Der bisherige Privatdozent Dr. Peiper zu Greifswald ist zum außerordentlichen Professor in der medizinischen Fakultät der dortigen Universität ernannt worden.

Universität Breslau: Dem Kustos an der Universitäts-Bibliothek zu Breslau Dr. de Boor ist der Titel Bibliothekar verliehen worden.

Universität Halle-Wittenberg. Dem ordentlichen Professor in der philosophischen Fakultät der Universität Halle, Geheimen Regierungsrath Dr. Conrad ist der Rothe Adler-Orden dritter Klasse mit der Schleife verliehen worden. — Der bisherige außerordentliche Professor, Geheimer Regierungsrath Dr. Maercker zu Halle a. S. ist zum ordentlichen Professor in der philosophischen Fakultät der dortigen Universität ernannt worden.

Universität Kiel. Die Wahl des ordentlichen Professors in der juristischen Fakultät Dr. Hänel zum Rektor der Universität Kiel für das Amtsjahr 1892/93 ist bestätigt worden. — Die bisherigen Privatdozenten Dr. Kosegarten und Dr. von Starck zu Kiel sind zu außerordentlichen Professoren in der medizinischen Fakultät der dortigen Universität ernannt worden. — Der bisherige Privatdozent Dr. Kreutz zu Kiel, Observator an der Sternwarte daselbst, und der bisherige Privatdozent Dr. Rodewald zu Kiel sind zu außerordentlichen Professoren in der philosophischen Fakultät der dortigen Universität ernannt worden. — Dem Privatdozenten in der philosophischen Fakultät der Universität Kiel Dr. Tönnies ist das Prädikat „Professor" verliehen worden.

Universität Göttingen. Dem ordentlichen Professor in der philosophischen Fakultät der Universität Göttingen Dr. Baumann ist der Charakter als Geheimer Regierungsrath verliehen worden.

Universität Marburg. Den ordentlichen Professoren in der philosophischen Fakultät der Universität Marburg Dr. Bergmann und Dr. Justi ist der Charakter als Geheimer Regierungsrath verliehen worden. — Der bisherige Privatdozent Dr. Tuczek zu Marburg ist zum außerordentlichen Professor in der medizinischen Fakultät und der bisherige Privatdozent Dr. Elsas daselbst ist zum außerordentlichen Professor in der philosophischen Fakultät der dortigen Universität ernannt worden. — Dem Privatdozenten in der philosophischen Fakultät der Universität

Marburg Dr. von den Steinen ist das Prädikat „Pr fessor“ verliehen worden.

Universität Bonn. Die bisherigen Privatdozenten Dr. Mor bach, Dr. Pohlig und Dr. Wiedemann zu Bonn sir zu außerordentlichen Professoren in der philosophisch Fakultät der dortigen Universität ernannt worden. — De Privatdozenten in der philosophischen Fakultät der Unive sität Bonn und Observator an der Sternwarte dasell Dr. Deichmüller ist das Prädikat „Professor“ verlieh worden.

C. Technische Hochschulen.

Berlin. Das Prädikat „Professor“ ist verliehen worden: de Dozenten an der Königlichen Technischen Hochschule zu Be lin und zwar: dem vortragenden Rath im Ministeriu der öffentlichen Arbeiten, Geheimen Ober-Baurath Hage den Regierungsbaumeistern Raschdorff und Vollme

D. Museen, Nationalgalerie u. s. w.

Die Genossenschaft der Mitglieder der Königlichen Ak demie der Künste zu Berlin hat durch die am 18. Novemb vorigen Jahres statutenmäßig vollzogenen Wahlen zu Ehre mitgliedern gewählt:

1. den Grafen Adolf Friedrich von Schack zu Münch und
2. ihren bisherigen Ersten ständigen Sekretär Geheim Regierungsrath Dr. jur. Karl Zöllner zu Berli

und haben diese Wahlen die vorschriftsmäßige Bestätigung e halten.

Der Komponist Professor Bruch zu Friedenau bei Berli ist zum Vorsteher einer mit der Königlichen Akademie d Künste zu Berlin verbundenen Meisterschule für musik lische Komposition ernannt worden.

Dem Lehrer des Neugriechischen Mitsotakis zu Berlin u dem Observator am Königlichen Astrophysikalischen Obse vatorium zu Potsdam Dr. Müller ist das Prädik „Professor“ verliehen worden.

E. Höhere Lehranstalten.

a. Gymnasien.

Dem Gymnasial-Direktor Dr. Broicher zu Bochum ist d Rothe Adler-Orden vierter Klasse verliehen worden.

Die Wahl des Rektors Dr. Lück zum Direktor des in der Entwickelung begriffenen Gymnasiums zu Steglitz im Kreise Teltow ist bestätigt worden.

Die Wahl des Oberlehrers am Gymnasium zu Wernigerode Professors Stier zum Direktor des Gymnasiums zu Belgard i. P. ist bestätigt worden.

Dem Gymnasial-Oberlehrer Professor Bock zu Lyck und dem Gymnasial-Oberlehrer Professor Dr. Darpe zu Bochum ist der Rothe Adler-Orden vierter Klasse verliehen worden.

Das Prädikat „Professor" ist verliehen worden den Oberlehrern:

Dr. Auth am Wilhelms-Gymnasium zu Cassel,
Brandt am Gymnasium zu Stade,
Dr. Braumüller und Dr. Rethwisch am Wilhelms-Gymnasium zu Berlin,
Dr. Eberhard am Dom-Gymnasium zu Magdeburg,
Dr. Eckert am Stadt-Gymnasium zu Stettin,
Dr. Flach am Gymnasium zu Dortmund,
Gaeßner am Gymnasium zu Wilhelshaven,
Jobst am Marienstifts-Gymnasium zu Stettin,
Dr. Köcher am Kaiser-Wilhelms-Gymnasium zu Hannover,
Pottgießer am Gymnasium zu Bochum,
Dr. Ruhe am Gymnasium zu Meppen,
Schaube am Gymnasium zu Brieg und
Dr. Stroetzel am Französischen Gymnasium zu Berlin.

Zu Oberlehrern bezw. etatsmäßigen Oberlehrern sind befördert worden die ordentlichen Lehrer: Titular-Oberlehrer Dr. Berns am Gymnasium zu Warburg, Dr. Knuth und Dr. Lüdeke am Gymnasium zu Steglitz sowie Dr. Preibisch am Gymnasium zu Gumbinnen.

Der ordentliche Lehrer an der Ritterakademie zu Brandenburg Dr. Spindler ist unter Beförderung zum Oberlehrer an das Gymnasium zu Steglitz versetzt worden.

Der Oberlehrer am Herzoglich Sachsen-Altenburgischen Gymnasium zu Eisenberg Professor Dr. Seiler ist als Oberlehrer an das Gymnasium zu Wernigerode berufen worden.

Der Titel Oberlehrer ist verliehen worden den ordentlichen Lehrern: Neuhoff am Gymnasium zu Eisleben, Schwarze am Gymnasium zu Potsdam und Dr. Westphal am Gymnasium zu Freienwalde.

In gleicher Eigenschaft sind versetzt worden die ordentlichen Gymnasiallehrer: Dr. Harnecker vom Gymnasium zu Friedeberg N. M. an das Gymnasium zu Frankfurt a. O., Krieger vom Gymnasium zu Rastenburg an das Gymnasium zu Gumbinnen, Dr. Kuhfeldt vom Gymnasium zu Gumbinnen an das Gymnasium zu Rastenburg und Prawitz vom Gymnasium zu Frankfurt a. O. an das Gymnasium zu Friedeberg N. M.

Als ordentliche Lehrer sind angestellt worden: am Gymnasium mit Realgymnasium zu Minden der Hilfslehrer Bischoff, am Friedrichs-Kollegium zu Königsberg i. Pr. der Hilfslehrer Dr. Schneider, an der Ritter-Akademie zu Liegnitz der Schulamts-Kandidat Hille, am Leibniz-Gymnasium zu Berlin der Schulamts-Kandidat Dr. Panofsky und am Elisabeth-Gymnasium zu Breslau der Schulamts-Kandidat Reichelt.

Der Elementarlehrer Kriegeskotten zu Wetter a R. ist als Musik- und Elementarlehrer am Gymnasium zu Wernigerode angestellt worden.

Am Gymnasium zu Königshütte ist der Volksschullehrer Leja als technischer Lehrer angestellt worden.

b. Realgymnasien.

Die Wahl des Oberlehrers Dr. Gerstenberg am Andreas-Realgymnasium zu Berlin zum Direktor des Friedrichs-Realgymnasiums daselbst ist bestätigt worden.

Dem Oberlehrer am Schiller-Realgymnasium zu Stettin Dr. Böddeker ist das Prädikat „Professor“ verliehen worden. In gleicher Eigenschaft sind versetzt worden die Oberlehrer: Dr. Klinghardt vom Realgymnasium zu Reichenbach an das Realgymnasium zu Tarnowitz und Oyen vom Realgymnasium zu Tarnowitz an das Realgymnasium zu Reichenbach.

Zu Oberlehrern bezw. etatsmäßigen Oberlehrern sind befördert worden die ordentlichen Lehrer:

Dittrich am Realgymnasium am Zwinger zu Breslau und Schulte am Realgymnasium und Gymnasium zu Düsseldorf. — Dem ordentlichen Lehrer an der Musterschule zu Frankfurt a. M. Dr. Rosenberger ist der Titel „Oberlehrer“ verliehen worden.

Als ordentliche Lehrer sind angestellt worden am Realgymnasium zu:
Magdeburg die Hilfslehrer Brunk, Koch und Dr. Köhn
Lippstadt der Hilfslehrer Kersting,
Elbing der Schulamts-Kandidat Dr. Block,
Charlottenburg die Schulamts-Kandidaten Kolwe und Unterberger und
Cöln der Schulamts-Kandidat Dr. Willenberg.

Der Schulamts-Kandidat Tonn ist als Vorschullehrer am Falk-Realgymnasium zu Berlin angestellt worden. — Der Volksschullehrer Bodendorf ist als Elementarlehrer am Realgymnasium am Zwinger zu Breslau angestellt worden.

c. Oberrealschulen.

Die Beförderung der ordentlichen Lehrer an der Klingerschule zu Frankfurt a. M. Dr. Höfler und Reichard zu Oberlehrern an derselben Anstalt ist genehmigt worden.

Als ordentliche Lehrer sind angestellt worden:

An der Klingerschule zu Frankfurt a. M. der Hilfslehrer Dr. Spenz und an der Luisenstädtischen Oberrealschule zu Berlin der Schulamts-Kandidat Brunswig.

d. Progymnasien.

Dem ordentlichen Lehrer am Progymnasium zu Linz Dr. Bachus ist der Titel „Oberlehrer" verliehen worden.

e. Realschulen.

Als ordentlicher Lehrer ist angestellt worden an der Adlerflychtschule zu Frankfurt a. M. der Hilfslehrer Weiß.

f. Realprogymnasien.

Die Wahl des Oberlehrers Dr. Tobien in Schwelm zum Rektor des Realprogymnasiums daselbst ist bestätigt worden. — Dem Rektor des Realprogymnasiums zu Uelzen Schöber und dem Oberlehrer am Realprogymnasium und Progymnasium zu Homburg v. d. H. Dr. Glaser ist das Prädikat „Professor" verliehen worden. — Der technische Hilfslehrer Buchholz ist als Zeichenlehrer am Realprogymnasium zu Löwenberg angestellt worden.

g. Höhere Bürgerschulen ꝛc.

Die Wahl des Oberlehrers am Realgymnasium am Zwinger zu Breslau Dr. Richter zum Rektor der evangelischen höheren Bürgerschule I. dortselbst ist bestätigt worden.

Die Wahl des Oberlehrers am städtischen Gymnasium zu Halle a. S. Dr. Venediger zum Rektor der höheren Bürgerschule zu Erfurt ist bestätigt worden.

Als ordentliche Lehrer sind angestellt worden an der höheren Bürgerschule zu:

Berlin (4.) der Hilfslehrer Dr. Keesebiter und
Berlin (8.) der Hilfslehrer Dr. Türk.

F. Schullehrer- und Lehrerinnen-Seminare.

Der bisherige Erste Lehrer am Schullehrer-Seminar zu Rheydt Tismer ist zum Seminar-Direktor ernannt und demselben das Direktorat des Schullehrer-Seminars zu Hilchenbach verliehen worden.

In gleicher Eigenschaft ist versetzt worden der Seminar-Direktor Feige von Petershagen nach Soest.

In gleicher Eigenschaft sind versetzt worden die Ersten Seminarlehrer:

Dr. Renisch von Neu-Ruppin nach Neuzelle und
Rothe von Neuzelle nach Neu-Ruppin.

Als E ste Seminarlehrer sind angestellt worden am Schullehrer-Seminare zu:

Mörs der bisherige ordentliche Seminarlehrer Becker zu Ottweiler,
Altdöbern der ordentliche Seminarlehrer Dr. Jander zu Münsterberg i. Schl.,
Koschmin der bisherige kommissarische Erste Lehrer Pastor a. D. Koch und
Zülz der ordentliche Seminarlehrer Skalitzky zu Habelschwerdt.

In gleicher Eigenschaft sind versetzt worden die ordentlichen Seminarlehrer:

Gliese von Osnabrück nach Osterode O. P.
Krause von Kyritz an das Lehrerinnen-Seminar zu Berlin.

Unter Beförderung zum ordentlichen Seminarlehrer ist versetzt worden:

der Hilfslehrer Grutz vom Schullehrer-Seminare zu Mörs an das Schullehrer-Seminar zu Ottweiler.

Als Hilfslehrer sind angestellt worden am Schullehrer-Seminare zu:

Münsterberg der Lehrer Krahl aus Ottag,
Habelschwerdt der Schulamts-Kandidat Dr. Maskus aus Ohlau,
Pilchowitz der Lehrer Reitz aus Primkenau,
Mörs der Lehrer Schinkel aus Kropstädt,
Trier der Lehrer Schornstein aus Barmen-Rittershausen und
Cornelimünster der Lehrer Veit aus Burtscheid.

G. Taubstummen- und Blindenanstalten.

Bei der Taubstummenanstalt zu Frankfurt a. M. ist der Lehrer Schneider und bei der Blindenanstalt daselbst ist der Lehrer Eichenberg eingetreten.

H. Oeffentliche höhere Mädchenschulen.

Den wissenschaftlichen Lehrern der städtischen höheren Mädchenschule zu Potsdam Proetzsch und Schulz ist der Titel „Oberlehrer“ verliehen worden.

J. Oeffentliche Volksschulen.

Es haben erhalten:

1. den Königlichen Kronen-Orden 4. Klasse:

Adam, pens. Rektor zu Breslau und
Reinert, pens. Lehrer zu Kolmar i. Posen.

2. Den Adler der Inhaber des Königlichen Haus-Ordens von Hohenzollern.

Bohlmann, Lehrer zu Trlong, Kr. Mogilno,
Braun, pens. Lehrer zu Heßlar, Kr. Melsungen,
Düngelmann, desgl. zu Dortmund,
Eggert, desgl. zu Boden, Kr. Herzogthum Lauenburg,
Georg, desgl. zu Capellen, Landkr. Coblenz,
Giese, desgl. zu Gr. Quern, Kr. Flensburg,
Grede, desgl. zu Singlis, Kr. Homberg,
Gruß, desgl. zu Packebusch, Kr. Salzwedel,
Gädeler, pens. Hauptlehrer und Organist zu Assel, Kr. Kehdingen,
Haderup, pens. Lehrer zu Braderup, Kr. Tondern,
Hatbke, Lehrer, Kantor, Küster und Organist zu Plötzky, Kr. Jerichow I,
Hasenjäger, pens. Lehrer zu Basentin, Kr. Cammin,
Heidemann, desgl. zu Uchtdorf, Kr. Greifenhagen,
Hensen, desgl. zu Rabenkirchen, Kr. Schleswig,
Hoffmann, Hauptlehrer und Organist zu Löwen, Kr. Brieg,
aisken, pens. Lehrer zu Pogum, Kr. Weener,
ähler, desgl. zu Hansühn, Kr. Oldenburg,
ulk, pens. Lehrer zu Alt-Langsow, Kr. Lebus,
ankow, Lehrer zu Bonn,
asialle, Erster Lehrer und Organist zu Borsum, Landkr. Hildesheim,
adeborn, Lehrer zu Briesen, Kr. Lübben,
issen, pens. Lehrer zu Großenwiehe, Kr. Flensburg,
abel, Lehrer zu Bellin, Kr. Königsberg N. M.,
eters, pens. Lehrer zu Blickstedt, Kr. Eckernförde,
etersen, desgl. zu Boren, Kr. Schleswig,
auterberg, Lehrer und Küster zu Garmissen, Kr. Marienburg i. H.,

Schmid, pens. Lehrer zu Wandsbeck, Kr. Stormarn,
Schneekloth, desgl. zu Flehde, Kr. Norderdithmarschen,
Schröder, Lehrer, Küster und Organist zu Steffeln, Kr. Prüm,
Seyda, Lehrer zu Kendzierzyn, Kr. Witkowo,
Streichhahn, desgl. zu Goyatz, Kr Lübben,
Wagner, Konrektor zu Suhl, Kr. Schleusingen,
Wessel, pens. Kirchschullehrer und Organist zu Jesau, Kr. Pr. Eylau.

3. Das Allgemeine Ehrenzeichen:

Martens, pens. Lehrer zu Kalübbe, Kr. Plön.

K. Ausgeschieden aus dem Amte.

1. Gestorben:

Algermissen, Erster Seminarlehrer am Schullehrer-Seminare zu Hildesheim,
Behr, Vorschullehrer am Gymnasium zu Allenstein,
Dr. Behneck, ordentlicher Lehrer am Realprogymnasium zu Havelberg,
Dr. Binsfeld, Gymnasial-Direktor zu Coblenz,
Dr. Ehlinger, Titular-Oberlehrer am Progymnasium zu Boppard,
Dr. Kronecker, ordentlicher Professor in der philosophischen Fakultät der Friedrich-Wilhelms-Universität und Mitglied der Königlichen Akademie der Wissenschaften zu Berlin,
D. Dr. phil de Lagarde, Geheimer Regierungsrath, ordentlicher Professor in der philosophischen Fakultät der Universität Göttingen,
Dr. Möller, Konsistorialrath, ordentlicher Professor in der theologischen Fakultät der Universität Kiel,
Dr. Römer, Geheimer Bergrath, ordentlicher Professor in der philosophischen Fakultät der Universität Breslau,
Dr. Schmidt, Gymnasial-Direktor zu Halberstadt,
Schrodt, Gymnasial-Oberlehrer zu Potsdam,
Dr. Schröter, Geheimer Regierungsrath, ordentlicher Professor in der philosophischen Fakultät der Universität Breslau,
Sonntag, Professor, Gymnasial-Oberlehrer zu Duisburg,
Töpler, ordentlicher Lehrer an der Taubstummenanstalt zu Berlin und
Trautermann, Musikdirektor, Gymnasial-Elementarlehrer zu Wernigerode.

2) In den Ruhestand getreten:

Karge, ordentlicher Realprogymnasiallehrer zu Crossen a. O., unter Verleihung des Königlichen Kronen-Ordens vierter Klasse,

Dr. Kersandt, Wirklicher Geheimer Ober-Medizinalrath und vortragender Rath im Ministerium der geistlichen ꝛc. Angelegenheiten, unter Verleihung des Sternes zum Rothen Adler-Orden zweiter Klasse mit Eichenlaub,

Kuhl, ordentlicher Progymnasiallehrer zu Andernach, unter Verleihung des Königlichen Kronen-Ordens vierter Klasse,

Obstfelder, Erster Seminarlehrer zu Weißenfels, unter Verleihung desselben Ordens,

Roß, ordentlicher Gymnasiallehrer zu Trier, und

Dr. Zöllner, Erster ständiger Sekretär der Königlichen Akademie der Künste zu Berlin, Geheimer Regierungs-Rath, unter Verleihung des Königlichen Kronen-Ordens zweiter Klasse.

3) Ausgeschieden wegen Eintritts in ein anderes Amt im Inlande.

Lorenz, Hilfslehrer am Schullehrer-Seminare zu Habelschwerdt,

Dr. Pohle, Oberlehrer am Leibniz-Gymnasium zu Berlin und

Wacke, Vorschullehrer am Königstädtischen Gymnasium zu Berlin.

4) Ausgeschieden wegen Berufung außerhalb der Preußischen Monarchie.

Dr. Ribbert, außerordentlicher Professor in der medizinischen Fakultät der Universität Bonn.

5) Auf eigenen Antrag ausgeschieden.

Correus, Vorschullehrer am Falk-Realgymnasium zu Berlin und

von Ihering, ordentlicher Lehrer an der Gewerbeschule zu Hagen

Inhalts-Verzeichnis des März-Heftes.

Druck von H. S. Hermann in Berlin.

Centralblatt

für

die gesammte Unterrichts-Verwaltung

in Preußen.

Herausgegeben in dem Ministerium der geistlichen,
Unterrichts- und Medizinal-Angelegenheiten.

April-Heft.

Berlin 1892.
Verlag von Wilhelm Hertz.
(Bessersche Buchhandlung.)
Behrenstraße 17.

Das Centralblatt erscheint jährlich in zwölf monatlichen Heften.
Der Jahrgang kostet 7 Mark.

Centralblatt

für

die gesammte Unterrichts-Verwaltung in Preußen.

Herausgegeben in dem Ministerium der geistlichen, Unterrichts- und Medizinal-Angelegenheiten.

№ 4. Berlin, den 2. April 1892.

Ministerium der geistlichen rc. Angelegenheiten.

Seine Majestät der König haben Allergnädigst geruht:

dem Staatsminister und Minister der geistlichen, Unterrichts- und Medizinal-Angelegenheiten Grafen von Zedlitz-Trützschler den Rothen Adler-Orden erster Klasse mit Eichenlaub und Schwertern am Ringe zu verleihen.

A. Behörden und Beamte.

4) Verjährungsfrist hinsichtlich der Rückzahlung voı irrthümlich an die Staatskasse entrichteten Witwen und Waisengeldbeiträgen.

Berlin, den 8. Dezember 1891

Bei der Rückzahlung von irrthümlich zur Staatskasse ent richteten Witwen- und Waisengeldbeiträgen (Reliktengesetz voı 20. Mai 1882 Ges. S. S. 298) ist mehrfach davon ausgegange daß eine solche nur insoweit für statthaft zu erachten, als nich hinsichtlich dieser Beiträge in Gemäßheit des §. 2 Nr. 5 de Gesetzes wegen Einführung kürzerer Verjährungsfristen voı 31. März 1838 (G. S. S. 249) die Verjährung eingetreten is

Diese Auffassung ist bei einer erneuten Prüfung der Frag als nicht zutreffend erachtet worden.

Allerdings verjähren nach der angegebenen Vorschrift di Klagen aus Forderungen wegen aller zu bestimmten Zeiten wieder kehrenden Abgaben und Leistungen mit dem Ablauf von vie Jahren und würden daher auch etwaige Rückstände an gese lichen Witwen- und Waisengeldbeiträgen nach Ablauf der kürzer Verjährung von den zur Zahlung Verpflichteten nicht mehr be zutreiben gewesen sein. Bei der Rückzahlung zu viel oder z Unrecht entrichteter Witwen- und Waisengeldbeiträge handelt e sich indessen nicht um derartige Rückstände, welche von den Ve pflichteten zu zahlen gewesen wären, sondern um Zahlungen, di von den Verpflichteten aus Irrthum geleistet worden und dah von ihnen nach den Vorschriften der §§. 166 und 178 Theil I Titel 16 A. L. R. innerhalb der ordentlichen Verjährung vo dreißig Jahren (§. 546 Theil I. Titel 9 A. L. R.) zurückgeforde werden können (condictio indebiti).

Die nachgeordneten Behörden setze ich hiervon mit dem Be merken in Kenntnis, daß in vorkommenden Fällen dementsprechen zu verfahren ist.

Der Minister der geistlichen ꝛc. Angelegenheiten.
Graf von Zedlitz.

An
die nachgeordneten Behörden des diesseitigen Ressorts.
G. III. 2920.

Betreffend die zur Begründung von Anträgen auf llerhöchste Gnadengeschenke zu kirchlichen Bauten aufzustellenden Prästationsnachweisungen.

Berlin, den 8. Dezember 1891.

In Abänderung der Bestimmungen der allgemeinen Erlasse om 2. November 1837 — 14556 II. M. d. g. A., IVa 9635 M. und 26. November 1873 — G. U. 41734 M. d. g. A. 1803 F. M. — (Centralbl. für 1874 S. 405) ordnen wir rdurch an, daß bei Anträgen auf Gnadenbewilligungen zu chlichen Bauten mit dem Zeitpunkte des Inkrafttretens des nkommensteuergesetzes vom 24. Juni d. J. (G. S. Nr. 19 vom Juli d. J.), welches voraussichtlich ein erheblich richtigeres ild der Leistungsfähigkeit der Gemeinden und ihrer einzelnen tuergruppen gewähren wird, als dies bei der bisherigen Einäzung der Fall war, die Individualrepartitionen, soweit sie genwärtig noch bestehen, durch eine allgemeine Nachweisung h anliegendem Formular ersetzt werden.

Damit die Centralinstanz durch Beschaffung eines möglichst llständigen und vielseitigen Materials in die Lage versetzt rde, eine selbständige und erschöpfende Prüfung der Leistungsigkeit der in Frage kommenden Gemeinden eintreten zu lassen, d in dieser Nachweisung sowohl die Grund- und Gebäudeer, wie auch die Schul- und kirchlichen Abgaben, welche bis je gemeinsam angegeben wurden, in Zukunft getrennt aufführen und in dieselbe außerdem besondere — für die einzelnen, Kirchengemeinde gehörenden Ortschaften getrennt zu haltende — gaben über den Flächeninhalt der in der Gemeinde vorhanen Grundstücke nebst Grundsteuer-Reinertrag und Gebäuder-Nutzungswerth, sowie die hypothekarische Belastung des nd- und Hausbesitzes aufzunehmen. Die bisher den Nachungen beigefügte Bescheinigung der Landräthe über das Vernis des Verkehrswerthes der Grundstücke zur Grundsteuer beizubehalten. Dagegen fällt die, die volle Einschätzung der gepfarrten zur Einkommensteuer betreffende Bescheinigung ftig fort.

Ueberall da, wo es sich darum handelt, ländlichen Gemein- auch für die Aufbringung von Spanndiensten ausnahmsie eine Beihilfe zu gewähren, ist die Spanndienstfähigkeit der effenden Gemeinden einer besonderen und eingehenden Erörte- g zu unterziehen.

Der Finanz-Minister.
Miquel.

Der Minister der geistlichen rc. Angelegenheiten.
Graf von Zedlitz.

An
ntliche Königliche Regierungen.
M. I. 17247.
. d. g. A. G. III. A. 7839.

Nachweisung über die Besitz-, Vermög…
der Kirchengeme…

Ortschaft	Steuerpflichtige: Lfde. Nr.	Steuerpflichtige: Steuerstufe nach dem Einkommensteuergesetz vom 1891.	Flächeninhalt der Grundstücke.	Grundsteuer-Reinertrag		Durchschnittsbetrag pro Hektar		Gebäudesteuer-Nutzungswerth.		Hypothekarische Be…
			Für jede Ortschaft in einer Summe anz…							
			Hektar	M.	Pf.	M.	Pf.	M.	Pf.	
		A. Grund- und Hausbesitzer.								
	1.	Stufe 19								
	2—8.	„ 18								
	4—6.	„ 12								
	7—8.	„ 10								
		2c.								
	22—33.	Stufe 1 und 2 . .								
	34—36.	Fingirte Steuerstufen								
		Darunter befinden sich:								
		a. Hausbesitzer . 8								
		b. Gespannhaltende Wirthe . . 18								
		(zu a und b nur bei Landgemeinden auszufüllen).								
		B. Steuerpflichtige ohne Grundbesitz.								
	37—38.	Stufe 16								
		2c.								
	50—56.	Stufe 1 und 2 . .								
	57—66.	Fingirte Steuerstufen								
		Summa	140	2942	—	21	01	2840	—	1…

Einkommensverhältnisse der Mitglieder

		Einkommensteuer.		Gewerbesteuer.		Fortdauernde Kommunal-, Kreis- u. Provinzialsteuern. [Bei Angabe in Prozent. ist zu vermerken, von welchen Steuern der Zuschlag erhoben wird.] [Beiträge zu vorübergehenden außerordentlichen Zwecken sind besonders aufzuführen.]		Kirchen- und Pfarrabgaben.		Schulabgaben, (wo sie nicht als Kommunalsteuern erhoben werden)		Andere öffentliche Abgaben [Deichlasten, öffentliche Genossenschaftsabgaben, Kriegsschuldensteuer 2c.]		Renten.				Baubeiträge beibringlich.		Baubeiträge unbeibringlich.	
		M.	Pf.	M.	Pf.	M.	Pf.	M.	Pf.	M.	Pf.	M.	Pf.	M.	Pf.			M.	Pf.	M.	Pf.
7	25	160	—	—	—			16	—	—	—	7	50	—	—	320	—	106	70	213	30
8	50	292	—	30	—			29	20	—	—	12	20	53	—	584	—	194	70	389	30
10	50	210	—	12	—			21	—	—	—	11	10	31	—	420	—	140	—	280	—
5	—	104	—	—	—			10	40	—	—	6	20	24	—	208	—	69	30	138	70
62	25	90	—	18	—			9	—	—	—	62	—	86	—	180	—	60	—	120	—
5	—	9	—	—	—			—	90	—	—	—	—	—	—	18	—	6	—	12	—
—	—	286	—	—	—			28	60	—	—	—	—	—	—	472	—	157	30	314	70
—	—	51	—	—	—			5	10	—	—	—	—	—	—	102	—	34	—	68	—
—	—	24	—	—	—			2	40	—	—	—	—	—	—	48	—	16	—	32	—
		1176	—	60	—	1600	—	117	60	—	—	99	—	194	—	2352	—	784	—	1568	

6) Deckblätter zu den Grundsätzen für die Besetzung der Subaltern- und Unterbeamtenstellen bei den Reichs- und Staatsbehörden mit Militäranwärtern.

Berlin, den 18. Dezember 1891.

Den nachgeordneten Behörden meines Ressorts lasse ich unter Bezugnahme auf die Cirkular-Verfügung vom 16. Februar d. J. — G. III. 61 — (Centr. Bl. für 1891 S. 323) beifolgend ein Exemplar der Deckblätter Nr. 27 bis 33 zu den Grundsätzen für die Besetzung der Subaltern- und Unterbeamtenstellen bei den Reichs- und Staatsbehörden mit Militäranwärtern, zur Kenntnisnahme zugehen.

Der Minister der geistlichen 2c. Angelegenheiten.
In Vertretung: von Weyrauch.

An
die nachgeordneten Behörden des diesseitigen Ressorts sowie an sämmtliche Königliche Ober-Präsidenten.
G. III. 3071.

November 1891.

Deckblätter Nr. 27 bis 33 zu den Grundsätzen für di Besetzung der Subaltern- und Unterbeamtenstellen b den Reichs- und Staatsbehörden mit Militäranwärter

[27]) zu S. 51. — [28]) zu S. 51, 53, 54. — [29]) zu S. 56. — [30]) zu S. — [31]) zu S. 57. — [32]) zu S. 61. — [33]) zu S. 68.

Deckbl. 27. Seite 51, Ziffer 10 ist zu streichen:
von „Hof-" bis „Hannover", ferner „und Kassen-

Deckbl. 28. Seite 51, 53, 54.
Ziffer 1 ist zu streichen; Eisenbahnverwaltung erhält di
Ziffer 1 ; Allgemeine Bauverwaltung die Ziffer 2.

Deckbl. 29. Seite 56, hinter „Straßenaufseher" ist zu setzen und zwar
In der ersten Spalte:
Leuchtfeuer-Oberwärter
In der dritten Spalte:
Die zuständigen Regierungs-Präsidenten

Deckbl. 30. Seite 56, unter die Ueberschrift zu V ist zu setzen:
1. Handels- und Gewerbeverwaltung, gewerbliches Unterrichtswesen, Porzellan-Manufaktur:

Seite 57, am Schluß ist anzufügen:

2. Berg-, Hütten- und Salinenverwaltung:		
*Sekretäre und *Buchhalter, sowie etatsmäßige Assistenten und Büreaudiätarien bei den Provinzial- und Lokalverwaltungen.	mindestens zur Hälfte	—
*Faktoren, *Schichtmeister und etatsmäßige Assistenten auf den fiskalischen Berg-, Hütten- und Salzwerken.		—
Verwaltungsbeamte bei der geologischen Landesanstalt und Bergakademie in Berlin, soweit für dieselben eine besondere technische oder wissenschaftliche Vorbildung nicht erfordert wird,		—
Telegraphisten und Telegraphengehülfen,	—	—
Hüttenvögte, Platzmeister und Visitatoren,	—	—
Waagemeister,	—	—
Verlade- und Magazinaufseher, Salzausgeber, Materialienabnehmer und Materialienausgeber,	—	—
Steinanweiser,	—	—
Schlafhausmeister,	—	—
Kohlenmesser und Wächter aller Art (mit Ausschluß der auf den fiskalischen Stein- und Braunkohlengruben erforderlichen Funktionäre dieser Art, welche aus den wegen vorgerückten Alters zur Grubenarbeit nicht mehr tauglichen Bergleuten zu entnehmen sind),	—	—
Eisenbahn- u. Wegewärter,	—	
Bademeister bei der Soolbadeanstalt zu Elmen.	—	Das Salzamt zu Schönebeck.

Seite 61, Deckblatt 17. Hinter Nr. 1 ist hinzuzusetzen:

1a. Spezialkommissionen:		
*Sekretäre, Diätare.	mindestens zur Hälfte	Generalkommissionen

Seite 68, Deckblatt 23, sind zu streichen:
Ziffer 36, 37, 40, 42.

7) Lüftung und Reinhaltung der Turnhallen.

Berlin, den 24. Dezember 1891.

Begründete Klagen, welche über die in manchen Turnhallen herrschende ungesunde Luft immer wieder und von verschiedenen Seiten mit der Bitte um Schutz für die Gesundheit der turnenden Jugend an mich gebracht worden sind, lassen keinen Zweifel darüber, daß für die nothwendige Lüftung und Reinhaltung der Turnräume mehrfach nicht mit der Regelmäßigkeit und Gründlichkeit gesorgt wird, welcher nach den Ausführungen des Erlasses vom 30. Juli 1883 U. II. 3488 (Centr. Bl. 1883 S. 497 ff.) und nach den betreffs der Reinigung und Sauberkeit in den Schulräumen, insbesondere auch in den Turnhallen, von den einzelnen Aufsichtsbehörden getroffenen Bestimmungen erwartet werden dürfen.

Indem ich deshalb die Aufmerksamkeit der Schulaufsichtsbehörden von neuem auf diesen Punkt lenke, mache ich es Ihnen wiederholt zur Pflicht, mit aller Entschiedenheit darauf zu halten, daß durch gewissenhafte Ausführung der bereits gegebenen oder in Anlaß dieser Verfügung etwa noch zu gebenden Weisungen ein Zustand der Turnhallen gesichert werde, der zu berechtigten Klagen über gesundheitschädigende Folgen des Aufenthaltes in ihnen auch dann keinen Grund giebt, wenn sie — wie es in den Wintermonaten in der Regel nicht zu vermeiden sein wird — mehrere Stunden hinter einander benutzt werden müssen.

Was zur Lüftung und Reinhaltung der Turnhallen im Einzelnen zu geschehen hat, findet sich kurz zusammengestellt in der „Schulgesundheitslehre“ von Dr. Eulenberg und Dr. Bach (Berlin 1891) Seite 515 ff., auf welche ich, wie auch auf die Schrift des Dr. F. A. Schmidt „Die Staubschädigungen beim Hallenturnen und ihre Bekämpfung“ (Leipzig 1890. Sonderabdruck aus den Jahrbüchern für deutsche Turnkunst), ausdrücklich verweise. Nach den gemachten Beobachtungen wird u. a. auch darauf strenger zu halten sein, daß die Matratzen nicht bloß sorgsam gereinigt, sondern auch nicht ohne Noth benützt und, sobald sie zur Anwendung kommen, weder auf dem Fußboden geschleift noch auf ihn niedergeworfen werden.

Der Minister der geistlichen ꝛc. Angelegenheiten.
Graf von Zedlitz.

An
sämmtliche Königliche Provinzial-Schulkollegien
und Regierungen.
U. III.B. 4287.

8) Einem mit der kommissarischen Verwaltung einer etatsmäßigen Stelle gegen Gewährung einer fortlaufenden Remuneration beauftragten Beamten darf die Benutzung der mit der Stelle verbundenen Dienstwohnung nicht unentgeltlich eingeräumt werden.

Berlin, den 11. Februar 1892.

Im Einverständnisse mit dem Herrn Finanzminister trete ich der Königlichen Ober-Rechnungs-Kammer darin bei, daß einem mit der kommissarischen Verwaltung einer etatsmäßigen Stelle gegen Gewährung einer fortlaufenden Remuneration beauftragten Beamten die Benutzung der mit der Stelle verbundenen Dienstwohnung nicht unentgeltlich eingeräumt werden darf. Vielmehr hat der Beamte in Gemäßheit der §§. 7 und 18 des Regulativs über die Dienstwohnungen der Staatsbeamten vom 26. Juli 1880 in solchem Falle eine Vergütung zu leisten, deren Höhe nach §. 19 des gedachten Regulativs festzusetzen ist. Der Betrag des Wohnungsgeldzuschusses, welcher dem Range des betreffenden Beamten oder der Stelle entsprechen würde, ist auf die Höhe der Vergütung ohne Einfluß.

An
das Königliche Provinzial-Schulkollegium zu N.

Abschrift erhalten die nachgeordneten Behörden meines Ressorts zur Kenntnisnahme und Nachachtung.

Der Minister der geistlichen 2c. Angelegenheiten.
Graf von Zedlitz.

An
die übrigen nachgeordneten Behörden meines Ressorts.
U. III. 266.

B. Universitäten.

9) Betrifft die den wissenschaftlich gebildeten Gärtnern bezw. Garten-Inspektoren bei den botanischen Universitäts-Gärten für Dienstreisen zu gewährenden Tagegelder und Reisekosten.

Berlin, den 27. Januar 1892.

Der Herr Finanzminister hat sich auf Grund der Bestimmung im §. 10 des Gesetzes vom 24. März 1873 (G. S. S. 122) damit einverstanden erklärt, daß den wissenschaftlich gebildeten

Gärtnern bezw. Garten-Inspektoren bei den botanischen Universitäts-Gärten ohne Rücksicht darauf, ob sie ein Lehramt bekleiden oder nicht, für Dienstreisen Tagegelder zum Satze von Neun Mark (§. 1 Nr. V der Allerhöchsten Verordnung vom 15. April 1876 — G. S. S. 107 —) und die entsprechenden Reisekostensätze gewährt werden.

Ew. Hochwohlgeboren 2c. ersuche ich ergebenst, hiernach in vorkommenden Fällen zu verfahren.

Der Minister der geistlichen 2c. Angelegenheiten.
Im Auftrage: de la Croix.

An
die Herren Kuratoren sämmtlicher Universitäten und der Königl. Akademie zu Münster i. W., sowie an das Königl. Universitäts-Kuratorium zu Berlin.
U. I. 5098.

---

10) Instruktion für die Herstellung der Zettel des alphabetischen Kataloges.

Berlin, den 29. Februar 1892.

Im Verfolg meines Erlasses vom 13. Oktober v. Js. - U. I. 1561 - lasse ich Ew. Hochwohlgeboren hierbei die nach Prüfung der eingegangenen Gutachten festgestellte „Instruktion für die Herstellung der Zettel des alphabetischen Kataloges" in 12 Exemplaren mit der Bestimmung zugehen, daß dieselbe vom 1. April d. Js. ab bei der Herstellung der Zettel des alphabetischen Kataloges vollständig und bei den Eintragungen in die übrigen Kataloge insoweit anzuwenden ist, als nicht mit Rücksicht auf die bestehende Einrichtung der letzteren Bedenken obwalten.

Ueber die Erfahrungen, welche sich dabei ergeben werden, sehe ich einem gefälligen Berichte zu Anfang Dezember d. Js. entgegen.

Der Minister der geistlichen 2c. Angelegenheiten.
Graf von Zedlitz.

An
die sämmtlichen Herren Vorsteher der Universitäts-Bibliotheken, sowie an den Herrn Vorsteher der Paulinischen Bibliothek zu Münster i. W.*)
U. I. 29.

---

*) In gleicher Weise ist auch an den General-Direktor der Königlichen Bibliothek verfügt worden.

Instruktion für die Herstellung der Zettel des alphabetischen Kataloges.

§. 1.

Grundlage.

Die Zettel geben die Titel der Druckschriften bibliographisch genau in allen wesentlichen Stücken wieder, und zwar auf Grund der Druckschriften selbst, nicht nach mittelbaren Quellen oder vorhandenen Katalogen, kürzen sie aber nach Möglichkeit in nebensächlichen Dingen.

Die verschiedenen Zettel.

Sie zerfallen in Haupt- und Verweisungszettel. Hauptzettel (§. 2—13; einige Beispiele s. in Anl. 1) werden für alle abgeschlossenen Werke hergestellt. An ihre Stelle treten bei noch unvollendeten Werken Interimszettel (§. 14).

Die Verweisungszettel (§. 16) dienen dem praktischen Bedürfnisse und machen auf bibliographische Genauigkeit keinen Anspruch. Sie erstrecken sich vorläufig nicht auf die Bestandtheile von periodischen Druckschriften.

§. 2.

Aufnahme.

Der sachliche Theil des Titelblattes wird vollständig und genau, soweit diese Bestimmung nicht durch die §§. 3—6 und 15 eingeschränkt wird, aufgenommen, auch hinsichtlich der Wortfolge und Orthographie.

Bei Schriften mit mehreren Titeln wird der Haupttitel aufgenommen, die anderen nur soweit sie wesentliche Ergänzungen oder Abweichungen enthalten; der allgemeine Titel geht dem besonderen und, wenn kein anderes Merkmal vorliegt, der voranstehende dem nachfolgenden vor. Jedem Titel außer dem Haupttitel ist seine Bezeichnung vorzusetzen.

§. 3.

Weglassungen.

Weglassungen werden durch drei Punkte bezeichnet.

Weggelassen werden:

1) Motti, Votivbuchstaben, Segensformeln, Empfehlungen, Widmungen, eingehende Inhaltsangaben, Preise, Privilegien, Druckerlaubnis u. dergl.;

2) bei Haupttiteln die in den Sondertiteln über den Inhalt der einzelnen Theile wiederkehrenden Angaben;

3) bei Aufführung von Mitarbeitern an Sammelwerken und Zeitschriften die Namen außer dem ersten; sind die Herausgeber

aufgeführt, so werden nur diese, jedoch höchstens drei, aufgenommen;

4) alle Personalangaben, die nicht zur Charakteristik wenig bekannter oder zur Unterscheidung gleichnamiger Schriftsteller dienen;

5) die Wohnung des Verlegers und Druckers, der Name des Druckers, wenn der Verleger genannt ist, sowie der des Besitzers der Firma. Bei Aufführung mehrerer Verleger oder mehrerer Verlagsorte werden, bei in Deutschland erschienenen Werken, sämmtliche Namen bezw. Orte aufgenommen; bei ausländischen Werken genügt der Name des ersten Verlegers bezw. der Hauptsitz der Firma. Ort, Verleger (bezw. Drucker), Jahr werden kurz in dieser Folge angegeben.

§. 4.

Kürzungen.

Ausführliche Titel, besonders solche, welche den Inhalt der Schriften im Auszuge wiedergeben oder ihn umschreiben, werden stark gekürzt, doch bleibt der Anfang und alles Wesentliche in der Weise erhalten, daß das Aufgenommene wortgetreu der Vorlage entspricht und zugleich ein nach Form und Inhalt verständliches Satzgefüge bildet.

§. 5.

Abkürzungen.

Für viel gebrauchte Wörter werden die allgemein gebräuchlichen und ohne weiteres verständlichen Abkürzungen, und nur solche, angewendet.

§. 6.

Zusätze.

Sind die Titel in wesentlichen Stücken unvollständig, so werden der Aufnahme ergänzende bezw. berichtigende Zusätze in deutscher Sprache und in Klammern hinzugesetzt. Die Klammern sind runde (), wenn der Zusatz der Schrift entnommen ist, eckige [ ], wenn er anderswo herstammt; ist auf dem Titel selbst eine Klammer gesetzt, so wird sie in Anführungszeichen '( )' eingeschlossen.

Insbesondere werden die gebräuchlichen Vornamen, die Namen der Verfasser bei anonymen und pseudonymen Schriften, Namensänderungen, Herausgeber, Uebersetzer u. s. w., und Erscheinungsort und -jahr, wenn sie ermittelt werden können, hinzugefügt. Bleiben Ort oder Jahr oder beide unbekannt, so wird dies durch [o. O.] [o. J.] [o. O. u. J.] bemerkt, aber eine ungefähre Zeitangabe beigefügt. Ist das Jahr in einer anderen als der christlichen Aera, mit anderen Ziffern als den arabischen, durch ein Chronogramm oder sonst in ungewöhnlicher Weise angegeben, so wird das Jahr der christlichen Aera in arabischen Ziffern beigefügt; römische Zahlen werden durch arabische ersetzt (s. jedoch §. 13).

In schwierigeren Fällen wird die Quelle des Zusatzes angegeben; Zweifel an der Richtigkeit des Zusatzes werden durch ein Fragezeichen ausgedrückt.

§. 7.
Seitenzählung.

Der Aufnahme des Titels, bei mehreren Titeln (§. 2) der Aufnahme des letzten, folgt die Zählung der Seiten bezw. Spalten, Blätter, Nummern und Beigaben. Die Zahlen der besonders gezählten Abtheilungen werden durch Kommata getrennt und die nicht in die Zählung einbegriffenen Blätter als „Blätter" gerechnet. Stellt die Seitenzählung sich als falsch heraus, so wird sie übernommen, aber die richtige dazugesetzt. Nicht in die Zählung einbegriffene Beigaben (Tafeln, Porträts, Karten, Pläne, Tabellen u. s. w.) werden besonders gezählt.

§. 8.
Bandzahl.

Den Abschluß des Zettels bildet die Angabe der Bandzahl und des Formates.

Angefangene Bände, deren Abschluß nicht mehr zu erwarten ist, werden wie abgeschlossene aufgenommen.

Als Blatt bezw. Blätter werden die Druckschriften bezeichnet, die nur aus einem einfachen oder gefalteten Blatte bestehen.

§. 9.
Format.

Das Format wird nach der Höhe des Einbanddeckels bestimmt und in folgender Weise unterschieden:

8. : bis 25 Centimeter,
4. : 25—35 „
2. : 35—45 „
gr. 2. : über 45 „

Wenn die hergebrachte Formatbezeichnung abweicht, wird sie in Klammern hinzugesetzt.

Die Breite wird nur angegeben, wenn sie die Höhe übersteigt, und zwar als Quer-8., Quer-4. u. s. w. Bei ganz ungewöhnlichen Formaten wird Höhe und Breite in der Form eines Bruches angegeben.

§. 10.

Auflagen und Uebersetzungen.

Die verschiedenen Auflagen und Uebersetzungen einer Druckschrift werden in der Regel besonders aufgenommen.

§. 11.

Mehrbändige Werke.

Bei mehrbändigen Werken folgt auf die Titelaufnahme die Zusammenfassung der Bände, mit Angabe von Ort, Verleger (bezw. Drucker), Jahr und Format. Dann werden die Bände, mit Ziffern bezeichnet, einzeln aufgeführt und wesentliche Abweichungen des Titels, Sondertitel, Seitenzählung und wechselndes Format angegeben.

Wenn die Bände ohne Zählung sind, so wird möglichst im Anschlusse an die Zeitfolge eine willkürliche bezw. einer Bibliographie entnommene Zählung angenommen. Wird nachträglich von zuständiger Seite eine Zählung bekannt gegeben, so tritt ein Zettel mit dieser an Stelle des Zettels mit der willkürlichen Zählung.

§. 12.

Sammelbände.

Die in Sammelbänden vereinigten Druckschriften werden numerirt und einzeln wie sonst aufgenommen, mit einer Verweisung auf die Nummer im Sammelbande. Für die Sammelbände als solche wird ein dem Inhalt entsprechender Titel angenommen; die darin enthaltenen Schriften werden mit ihrer Nummer kurz verzeichnet.

Sind in einem Bande nur wenige Druckschriften vereinigt, von denen eine an Umfang und Bedeutung sehr überwiegt, so werden auf dem Zettel nach dieser umfangreichsten Schrift die übrigen mit ihrer Nummer und dem Vermerk „angebunden“ oder „vorgebunden“ kurz verzeichnet und regelrecht auf anderen Zetteln mit einer Verweisung auf die Nummer im Sammelbande aufgenommen.

Sind dem Titel nach unabhängige Schriften entweder äußerlich durch Seitenzählung, Kustoden u. dergl. zusammengefaßt, oder bilden sie nach der Absicht des Verfassers, Herausgebers oder Verlegers ein Ganzes, so werden sie gemeinsam so verzeichnet, daß auf den Titel der Hauptschrift der Titel der angefügten Schriften, Beilagen u. dergl. folgt, eingeführt durch „folgt“, „Beilage 1“ u. dergl.

§. 13.
Besondere Schriftenklassen.

Inkunabeln, die als solche bis zum Jahre 1500 einschließlich gelten, und andere Schriften, bei denen es zur Unterscheidung verschiedener Drucke nöthig ist, werden mit Angabe der Zeilentheilung und aller übrigen Eigenthümlichkeiten aufgenommen. Bei Inkunabeln wird die Nummer von Hain's Repertorium bibliographicum angegeben.

Für die Aufnahme der Universitäts- und Schulschriften sind die von der Königlichen Bibliothek zu Berlin herausgegebenen Jahresverzeichnisse maßgebend.

Bei anderen Gelegenheitsschriften, die Abhandlungen enthalten, gilt als Haupttitel (§. 2) der Präsentationstitel (vergl. §. 16).

§. 14.
Interimszettel.

Von angefangenen Werken werden, sobald ein Theil, ein Band, ein Heft, eine Lieferung u. s. w. vorliegt, nach den für die Hauptzettel geltenden Regeln, aber ohne Band- und Seitenzählung Zettel aufgenommen und als Interimszettel kenntlich gemacht (Beispiele s. Anl. 2). Nach dem Abschlusse des Werkes, oder sobald feststeht, daß es unvollendet bleibt, tritt an die Stelle des Interimszettels ein Hauptzettel; ebenso bei sehr umfangreichen Werken und Zeitschriften in zweckmäßigen Zwischenräumen.

§. 15.
Schriftart.

Die Schriftart ist die lateinische, auch für die in Fraktur gedruckten Titel; die griechische Schrift wird beibehalten. Ist der Titel der Vorlage in anderer Schriftart gedruckt, so wird diese nach dem anliegenden Schema transscribirt (s. Anl. A). Die Originalschriftart wird angegeben.

Ist die Sprache des Titels weder eine der germanischen oder romanischen, noch die lateinische oder griechische, so wird eine deutsche Uebersetzung seiner Haupttheile beigegeben.

Majuskeln werden in Uebereinstimmung mit der Vorlage verwendet; wenn diese jedoch ganz oder zum Theile in Majuskeln gedruckt ist, nach dem in der betreffenden Sprache geltenden Gebrauche, doch so, daß für jeden Anfangsbuchstaben eines Abschnittes, eines Eigennamens und ähnlicher Bezeichnungen, sowie für Chronogramme Majuskelschrift verwendet wird.

Interpunktionszeichen werden eingefügt, wo es für das Verständnis nöthig scheint.

§. 16.

Verweisungszettel.

Verweisungen werden gemacht bei mehreren, bei anonymen und pseudonymen Verfassern, bei Fortsetzern, Bearbeitern, Vorrednern, Herausgebern, Uebersetzern, Illustratoren von Bedeutung, bei Doppeltiteln in abweichender Fassung, bei Druckwerken, die unter einem Collectiv- oder Präsentationstitel selbständige Schriften enthalten, ferner bei Doppelnamen, Namensänderungen und verschiedener Orthographie des Ordnungswortes, endlich wenn die Erleichterung der Auffindung sie rathsam erscheinen läßt.

Die Form der Verweisungen ist folgende: in der ersten Zeile steht das, wovon, in der zweiten das, worauf verwiesen wird, beide Male mit Voranstellung und Unterstreichung des ersten Ordnungswortes und mit Nachsetzung aller anderen Wörter. Die Titel werden soweit gekürzt, daß sie sicher erkennbar bleiben und der Grund der Verweisung ersichtlich ist. Bei Doppelverweisungen, die eintreten, wenn die Verweisung nicht direkt auf einen Haupttitel geht, wird die nähere Verweisung vor die weitere gesetzt, aber das Hauptordnungswort der letzteren durch Unterstreichen hervorgehoben (Beispiele s. Anl. 3).

§. 17.

Hervorhebung.

Das Hauptordnungswort wird zweimal, und alle Wörter, von denen eine Verweisung zu machen ist, werden einmal unterstrichen.

§. 18.

Form.

Die Zettel werden, wo es möglich ist, in vier Felder getheilt. In das größte kommt der Titel, in die übrigen in angemessener Anordnung (s. z. B. Anl. 4) die Signatur, die Ordnungswörter, die Accessions- und andere auf etwaige Besonderheiten des Exemplares bezügliche Vermerke. Die Zettel werden nur auf der Vorderseite beschrieben.

Anlage I.

Hauptzettel.

[F.] Arnold von Brescia v. Adolf **Hausrath**. *Leipzig: Breitkopf & Härtel* 1891. (IV, 184 S.) 1 Bd. 8.

[F]. Deutsches Ehr- und Nationalgefühl in seiner Entwickelung durch Philosophen und Dichter. '(1600—1815.)'

Von . . . F. W. **Behrens.** *Leipzig: Fock* 1891. (150 S.) 1 Bd 8.

Der Sünden **Widerstreit.** Eine geistliche Dichtung des 13. Jahrhunderts. Hrsg. v. . . . Victor Zeidler. *Graz: Styria'* 1892. (114 S.) 1 Bd 8.

[Umschlagt.:] Mainzer Civilrecht im vierzehnten und fünfzehnten Jahrhundert und Mainzer Gerichtsformeln aus dem fünfzehnten Jahrhundert. Hrsg. v. Leopold Hallein . . . *Würzburg: Gnad & C.* 1891. [Sondert. 1:] Mainzer Civilrecht . . . Jahrhundert, dargest. auf Grund mehrerer Gerichtsformeln v. Leopold **Hallein** . . . [2:] Mainzer Gerichtsformeln . . . Jahrhundert, nach zwei Copiehandschriften hrsg. v. . . . Hallein . . . (71, 122 S.) 1 Bd 8.

[..] Deutsches **Hypothekenrecht.** Nach den Landesgesetzen der grösseren deutschen Staaten systematisch dargestellt. Unter Mitw. v. . . . hrsg. v. . . . Victor von Meibom. 1—9. *Leipzig: Breitkopf & Härtel* 1871—1891. 9 Bde 8.

1. [A. T.:] D. Hannoversche H. n. d. Ges. v. 14. Dec. 1864. Von L[udw.] v. Bar. 1871. (X, 136 S.)
2. [A. T.:] D. Mecklenburg. H. Von V. v. Meibom. 1871. (X, 313 S.)
3. [A. T.:] D. Bayerische H. Von Ferd. Regelsberger. Abth. 1. 2. 1874. 77. (XVI, 333; X, 335—504 S.)
4. [A. T.:] D. Kgl. Sächs. H. n. d. Bürgerl. Gesetzb. f. d. Kgr. Sachsen. Von G[eorg] Siegmann. 1875. (XII, 243 S.)
5. [A. T.:] D. Oesterreich. H. Von Adolf Exner. Abth. 1. 2. 1876. 81. (XII, 288. XIII—LVI; VIII, 289—676. LI S.)
6. [A. T.:] D. Württemberg. Unterpfandsrecht. Von R[ob.] Römer. 1876. (VII, 252 S.)
7. [A. T.:] D. Rheinisch-franz. Privilegien- u. Hypothekenrecht . . . hrsg. v. Ernst Sigismund Puchelt. Abth. 1. D. französ. Privilegien- u. Hypothekenr. Abth. 2. D. rhein. H. in s. Abweichungen v. franz. Rechte. 1876. (X, 366; VIII, 275 S.)
8. [A. T.:] D. Preuss. H. Von H[einr.] Dernburg und F. Hinrichs. Abth. 1. D. allgem. Lehren d. Grundbuchs. Abth. 2. D. H. im Besond. 1877—91. (VIII, 547; VIII, 472 S.)
9. [A. T.:] D. Mecklenburg. H. Ergänzgsbd: D. Meckl.

H. seit d. J. 1871. - Von P. v. Kühlewein. 1889
(1 Bl., IV, 86 S.)

Anlage 2

Interimszettel.

Vorlesungen über Geschichte der Mathematik v. Morit
Cantor. Bd 1. *Leipzig: B. G. Teubner* 1880. 8.

Lehrbuch der Hygiene des Auges. Von Hermann **Cohn**
Hälfte 1. *Wien u. Leipzig: Urban & Schwarzenberg* 1891.

[F.] Albrecht Ritschls Leben. Dargest. v. Otto **Ritsch**
Bd 1. *Freiburg i. B.: J. C. B. Mohr* 1892. 8.

Die Philosophie der Griechen in ihrer geschichtl. Entwic
lung dargest. v. Eduard **Zeller.** 5. Aufl. Th.
Hälfte 1. *Leipzig: O. R. Reisland* 1892. 8.

Anlage 3

Verweisungszettel.

Zeidler, Victor [Hrsg.]
s. **Widerstreit,** Der Sünden. E. geistl. Dichtung d. 13.

Gerichtsformeln, Mainzer, aus d. 15. Jh. . . . hrsg.
Leopold Hallein. *Würzburg* 1891.
in: **Hallein,** Leopold: Mainzer Civilrecht im 14. u. 15.

Hallein, Leopold [Hrsg.]
s. Gerichtsformeln, Mainzer, aus d. 15. Jh.
in: **Hallein,** Leopold: Mainzer Civilrecht im 14. u. 15.

Meibom, Victor von [Hrsg.]
s. **Hypothekenrecht,** Deutsches.

Bar, Ludwig von: Das Hannoversche Hypothekenre
n. d. Ges. v. 14. Dec. 1864. *Leipzig* 1871.
= **Hypothekenrecht,** Deutsches, hrsg. v. Meibom. B

Meibom, Victor von: Das Mecklenburgische Hypothek
recht. *Leipzig* 1871.
= **Hypothekenrecht,** Deutsches, hrsg. v. Meibom. B

Regelsberger, Ferdinand: Das Bayerische Hypothek
recht. *Leipzig* 1874. 77.
= **Hypothekenrecht,** Deutsches, hrsg. v. Meybom. B

Siegmann, Georg: Das Kgl. Sächsische Hypothekenre
n. d. Bürgerl. Gesetzb. f. d. Kgr. Sachsen. *Leipzig* 18
= **Hypothekenrecht,** Deutsches, hrsg. v. Meibom. B

Exner, Adolf: Das Oesterreichische Hypothekenrecht. *Leipzig* 1876. 81.
= **Hypothekenrecht,** Deutsches, hrsg. v. Meibom. Bd 5.

Römer, Robert: Das Württembergische Unterpfandsrecht. *Leipzig* 1876.
= **Hypothekenrecht,** Deutsches, hrsg. v. Meibom. Bd 6.

Privilegien- und Hypothekenrecht, Das Rheinisch-französische, hrsg. v. Ernst Sigismund Puchelt. *Leipzig* 1876.
= **Hypothekenrecht,** Deutsches, hrsg. v. Meibom, Bd 7.

Puchelt, Ernst Sigismund [Hrsg.]
Privilegien- und Hypothekenrecht, Das Rheinisch-französische.
= **Hypothekenrecht,** Deutsches, hrsg. v. Meibom. Bd 7.

Dernburg, Heinrich, u. Hinrichs, F.: Das Preussische Hypothekenrecht. *Leipzig* 1877-91.
= **Hypothekenrecht,** Deutsches, hrsg. v. Meibom. Bd 8.

Hinrichs, F.: Das Preussische Hypothekenrecht
Dernburg, Heinr., u. Hinrichs, F.: Das . . .
= **Hypothekenrecht,** Deutsches, hrsg. v. Meibom. Bd 8.

Kühlewein, P. von: Das Mecklenburgische Hypothekenrecht seit d. J. 1871. *Leipzig* 1889.
= **Hypothekenrecht,** Deutsches, hrsg. v. Meibom. Bd 9.

Anlage 4.

Schema eines Zettels der Königlichen Bibliothek zu Berlin.

Kuntze	Johann Emil — Au 3148. 8.
Bd. 6394.	[F.] Gustav Theodor Fechner '(Dr. Mises)'. Ein deutsches Gelehrtenleben. Von . . . J(oh.) E(mil) **Kuntze.** M. 3 Bildn. *Leipzig: Breitkopf & Härtel.* 1892. (X S., 1 Bl., 372 S., 3 Portr.) 1 Bd. 8.

Schema

zur

Transscription anderer Schriftarten

I. Russisch.

А а Б б В Г Д Е е Ж З И und І і Й К Л М
— *a b v g(h)*[1]) *d e ž z i j k l m*

О П Р С Т У Ф Х Ц Ч Ш Щ Ъ Ы Ь Ѣ
— *o p r s t u f ch c č š šč* —[2]) *y* —[2]) *ě*

Ю Я Ѳ Ѵ.
— *ju ja f ÿ.*

[1]) Entspricht in Fremdwörtern zugleich dem *h* und ist in solchem Falle damit zu umschreiben.

[2]) Der Strich bedeutet Ausfall des Zeichens, das sich nur auf die Aussprache des vorhergehenden Konsonanten bezieht, bezw. Ersatz des Spiritus lenis rechts oben zu diesem.

Die Umschreibung des Alt-Bulgarischen (Kirchen-Slavischen) ergiebt sich aus der des Russischen.

II. Die gleiche Umschreibung gilt von dem Serbischen. Doch fehlen hier einige russische Buchstaben und mehreres hat es für sich, nämlich:

Ј Џ Ћ Ђ Љ Њ.
— *j ǧ ć ģ l' ń.*

III. Sanskrit.

a) Vokale:

अ आ इ ई उ ऊ ए ऐ ओ औ ऋ ॠ ऌ ॡ.
— *a â i î u û ê âi ô âu ṛi ṛî ḷi ḷî.*

b) Zeichen:

ं(—) und ँ(—) (*Anusvâra* und *Anunâsika*) : und ः (*Visarga*).
— *ṅ* (in der Mitte), *ṁ* (am Ende der Wörter) *ḥ*.

c) Konsonanten:

ı	ख	ग	घ	ङ	च	छ	ज	झ	ञ	ट	ठ	ड	ढ	ण	त	थ
k	*kh*	*g*	*gh*	*ṅ*	*ć*	*ćh*	*ǵ*	*ǵh*	*ń*	*ṭ*	*ṭh*	*ḍ*	*ḍh*	*ṇ*	*t*	*th*

ध	न	प	फ	ब	भ	म	य	र	ल und ळ	व	श	ष	स	ह.
dh	*n*	*p*	*ph*	*b*	*bh*	*m*	*ẏ*	*ṛ*	*l* und *ḷ*	*v*	*ś*	*ṡ*	*s*	*h.*

IV. Arabisch.

ا	ب	ت	ث	ج	ح	خ	د	ذ	ر	ز	س	ش	ص	ض	ط
–	*b*	*t*	*ṯ*	*ǵ*	*ḥ*	*ẖ*	*d*	*ḏ*	*r*	*z*	*s*	*š*	*ṣ*	*ḍ*	*ṭ*

ظ	ع	غ	ف	ق	ك	ل	م	ن	ه	و	ى.
ẓ	—	*ġ*	*f*	*ḳ*	*k*	*l*	*m*	*n*	*h*	*w*	*j.*

Die Assimilirung wird wiedergegeben. Diejenigen Kon- anten, welche das Zeichen der Verdoppelung tragen, den doppelt geschrieben.

Nicht wiedergegeben wird in der Femininalendung das ı), dagegen das *t* dieser Endung beibehalten.

Vokale sind nur: *a* (*â*) *i* (*î*) *u* (*û*).

Nicht wiedergegeben werden die Vokale der altara- hen Nominalflexion.

V. Das Persische und Türkische werden wie das ıbische transscribirt, doch kommen hinzu:

پ	چ	ژ	گ.
– *p*	*č*	*ž*	*g.*

Im Türkischen werden überdies unterschieden:

گ	ڭ.
– *g*	*ṅ.*

VI. Malaiisch.

In arabischer Schrift kommen zu den Zeichen des Ara- hen hinzu:

چ	ڎ	ڠ	ڤ	ݢ	ڽ.
– *č*	*ḍ*	*ṅ*	*p*	*g*	*ñ.*

VII. Hebräisch.

א	ב	ג	ד	ה	ו	ז	ח	ט	י	כ	ל	מ	נ	ס	ע	פ	צ	ק	ר	שׂ	שׁ	ת.
–	*b*	*g*	*d*	*h*	*w*	*z*	*ḥ*	*ṭ*	*j*	*k*	*l*	*m*	*n*	*s*	—	*f*(*p*)	*ṣ*	*ḳ*	*r*	*ś*	*š*	*t.*

Das Dagesch lene wird, abgesehen von *f* (*p*), nicht berücksichtigt.

Vokale: *â* (*å*) *a ê e i ô o û u*.

VIII. Syrisch.

ܐ ܒ ܓ ܕ ܗ ܘ ܙ ܚ ܛ ܝ ܟ ܠ ܡ ܢ ܣ ܥ ܦ

— — *b g d h w z ḥ ṭ j k l m n s* — *p*

ܩ ܪ ܫ ܬ

— *ḳ r š t*.

Vokale: *a â i î o u e ê*.

Die Zeichen Rukâk und Kušâj bleiben unberücksichtigt.

IX. (Aethiopisch) Ge'ez.

ሀ ለ ሐ መ ሠ ረ ሰ ቀ በ ተ ኀ ነ አ ከ ወ ዐ ዘ የ

— *h l ḥ m š r s ḳ b t ḫ n* — *k w* — *z j*

ገ ጠ ጰ ጸ ፈ ፐ.

— *g ṭ p̣ ḍ f p*.

ቈ ኈ ኰ ጐ sind

= *ḳu ḫu ku gu*, wenn sie als *u*-haltig bezeichnet sind.

Vokale: *a û î â ê e ô*.

X. Koptisch.

ⲁ ⲃ ⲅ ⲇ ⲉ ⲍ ⲏ ⲑ ⲓ ⲕ ⲗ ⲙ ⲛ ⲝ ⲟ ⲡ ⲣ

— *a b g d e z ê t' i k l m n x o p r*

ⲧ ⲩ ⲫ ⲭ ⲯ ⲱ ϣ ϥ ϧ ϩ ϫ ϭ ϯ.

— *t y f' k' ps ô š f ḫ h ǵ č ti*.

XI. Armenisch.

ա բ գ դ ե զ է ը թ ժ ի լ խ ծ կ հ ձ

— *a b g d e z ê ẹ t' ž i l ḫ t́ k h ď*

մ յ ն շ ո չ պ ջ ռ ս վ տ ր ց ւ փ ք օ

— *m* — *n š o ć p ǵ ŕ s w t r ṭ u ṗ k' o*

XII. Georgisch.

ა ბ გ დ ე ვ ზ ჱ თ ი კ ლ მ ნ ო

— *a b g d e w z ẹ t i k' l m n o*

ჟ რ ს ტ უ ჳ ფ ქ ღ ყ შ ჩ ც ძ წ ჭ

— *ž r s t' u ụ p k ǵ ḳ š č s g ṣ č'*

ხ ჴ ჰ

— *ḫ ǵ h*.

11) Preisaufgaben der Rubenow-Stiftung.

) Geschichte der öffentlichen Meinung in Preußen und speciell in Berlin während der Jahre 1795—1806.

Es wird verlangt eine auf eindringendem Quellenstudium eruhende methodische Bearbeitung der Aeußerungen der gebil-deten Kreise über die äußere und innere Politik des Staates, oweit solche in Zeitungen, Pamphleten, Druckschriften aller Art u Tage getreten sind. Die Darstellung hat an geeigneten Punkten ie Einwirkung jener Aeußerungen sowohl auf die maßgebenden Persönlichkeiten wie auf die Volksstimmung zu würdigen. Er-wünscht wäre ein tieferer Einblick in die etwaigen persönlichen Motive hervorragender Wortführer.

) Die Entwickelung des deutschen Kirchenstaatsrechtes im 16. Jahrhundert.

Erwartet wird eine ausführliche, auch in die Sondergeschichte enigstens einzelner wichtigerer Territorien und Städte eingehende, möglichst auf selbständiger Quellenforschung beruhende Darlegung er dem Reformations-Jahrhundert charakteristischen kirchenstaats-rechtlichen Grundsätze und Verhältnisse. Insbesondere erscheint erwünscht eine gründliche Prüfung der Rechtsstellung der staat-lichen Gewalten zur Kirche unmittelbar vor dem Auftreten der Reformatoren, sowie der Einwirkung einerseits der vorreforma-torischen kirchenpolitischen Literatur auf die reformatorische Be-wegung, andererseits der reformatorischen Anschauungen selbst auf die Gesetzgebung und Praxis, nicht nur der protestantischen, sondern auch der katholischen Fürsten und Stände.

Dem Ermessen des Verfassers bleibt überlassen, ob und wie weit er seine Arbeit auf Deutschland beschränken oder auch außer-deutsche Staaten in den Bereich seiner Darstellung ziehen will; ebenso die Bestimmung des Endpunktes der darzustellenden histori-schen Entwickelung und die definitive Formulirung des Titels.

) Es sollen die Geschichtswerke des Thomas Kantzow kritisch untersucht und es soll auf Grund der Unter-suchung eine kritische Textausgabe der beiden hoch-deutschen Bearbeitungen der Pommerschen Chronik her-gestellt werden.

Wenngleich die niederdeutsche Chronik von der Edition aus-geschlossen wird, ist doch selbstverständlich das Verhältnis der-selben zu der hochdeutschen Recension in der Voruntersuchung gründlich darzulegen, und es ist womöglich auch das Verhältnis der sogenannten Pomerania zu Kantzows Werken festzustellen. Dem Befinden des Bearbeiters bleibt es überlassen, ob er den

Text der beiden in Rede stehenden Recensionen vergleichend z sammenstellen oder jeden für sich gesondert wiedergeben will.

4) Entwickelung der Landwirthschaft in Preußen na der Bauernbefreiung.

Es sind die technischen Folgen der verschiedenen Maßrege der Bauernbefreiung von 1811—1857, insbesondere der v änderten Grundbesitzvertheilung, für die landwirthschaftliche Pr duktion der in Betracht kommenden älteren Theile Preußens ei gehend zu untersuchen und dabei namentlich die Wirkungen f die bäuerlichen Wirthschaften einerseits und für die großen Gü andererseits auseinanderzuhalten. Die vorhergegangene En wickelung auf den Domänen soll wenigstens einleitungsweise b handelt und die ganze Untersuchung zeitlich so weit ausgedeh werden, daß auch die Wirkungen der letzten Maßregeln v 1850—1857 erkenntlich werden — also ungefähr bis zum En der sechsziger Jahre, bis zum Beginne der modernen Agrarkrisi Die Lehren, welche sich für letztere etwa aus der betrachtet Entwickelung ergeben, würden dann den naturgemäßen Schlu bilden. Es soll dem Bearbeiter jedoch gestattet sein, sich eventu in der Hauptsache auf die Provinz Pommern zu beschränken.

Die Bewerbungsschriften sind in deutscher Sprache abz fassen. Sie dürfen den Namen des Verfassers nicht enthalte sondern sind mit einem Wahlspruche zu versehen. Der Nam des Verfassers ist in einem versiegelten Zettel zu verzeichnen, d außen denselben Wahlspruch trägt.

Die Einsendung der Bewerbungsschriften muß spätestens b zum 1. März 1896 geschehen. Die Zuerkennung der Preise e folgt am 17. Oktober 1896.

Als Preis für die drei ersten Aufgaben haben wir je 20(Mark, für die vierte 1000 Mark ausgeworfen.

Greifswald, im Dezember 1891.

Rektor und Senat hiesiger Königlicher Universität.
Zimmer.

C. Akademien, Museen 2c.

12) Organisation der Denkmalspflege und Bestellun besonderer Provinzial-Konservatoren.

Auf Ihren Bericht vom 4. d. Mts., dessen Anlage hierb zurückfolgt, erkläre Ich Mich mit der beabsichtigten weiter

)rganisation der Denkmalspflege einverstanden und genehmige iermit die Bestellung besonderer Provinzial-Konservatoren, welche ls sachverständige Rathgeber der zu bildenden Provinzial-Kommissionen zur Erforschung und Erhaltung der Denkmäler der krovinz und gleichzeitig als örtliche Organe und Delegirte des Konservators der Kunstdenkmäler zu Berlin in der in Ihrem Berichte näher dargelegten Weise fungiren sollen.

Hannover, den 19. November 1891.

Wilhelm R.

Graf von Zedlitz.

An
en Minister der geistlichen ꝛc. Angelegenheiten.

---

13) Meßbildaufnahmen wichtiger Bauwerke.

Berlin, den 24. Dezember 1891.

Der Königlichen Regierung übersende ich in der Anlage ein lphabetisches Verzeichnis von den in meinem Auftrage durch ie unter Leitung des Geheimen Bauraths Dr. Meydenbauer ehende Meßbildanstalt hier, Werderscher Markt Nr. 6, bis jetzt usgeführten Meßbildaufnahmen wichtiger Bauwerke zur Kenntnahme und mit dem Bemerken, daß direkt aus der gedachten nstalt sowohl photographische Abzüge von den 40/40 cm roßen Original-Aufnahmeplatten, als auch Vergrößerungen nach iesen in ungefähr doppelter Größe zum dienstlichen Gebrauche seitens der Königlichen Regierung oder der Derselben unterellten Beamten und Behörden bezogen werden können. Diese hotographien sind nicht allein als Studienmaterial, sondern uch als Vorlagen beim technischen Unterricht von besonderem Berth und werden zu nachfolgenden Preisen abgegeben, und zwar:

1)	Original-Abzüge, 40/40 cm groß mit weißem Rande, unaufgezogen, einzeln pro Blatt . . . (Dieselben in größerer Anzahl entsprechend billiger.)	5 M.
2)	Dieselben als Ausschuß I., wovon nur eine beschränkte Zahl vorhanden ist, aufgezogen pro Blatt	2—3 „
3)	Die gleichen unaufgezogen pro Blatt	1 „
4)	Dieselben als Ausschuß II., unaufgezogen pro Blatt	0,50 „
5)	Vergrößerungen, auf starkem Karton mit Goldrand und Unterdruck, zum Anhängen eingerichtet, pro Blatt	20 „
6)	Vergrößerungen, unaufgezogen, pro Blatt . .	15 „

7) Dieselben als Ausschuß I. pro Blatt . . . . 5 M.
8) Dieselben als Ausschuß II. pro Blatt . . . . 3 „

Außerdem hat der Besteller das Porto für die Zusendung zu tragen. Die Beträge werden der Kürze wegen durch Postvorschuß eingezogen. Bei unmittelbaren Bestellungen der Königlichen Regierung könnte diese Einziehung auch am Schlusse des Etatsjahres durch Verrechnung zwischen der dortigen Regierungs-Hauptkasse und der Generalkasse meines Ministeriums erfolgen.

Schließlich hebe ich noch hervor, daß die als Ausschuß I und II. bezeichneten Photographien nur wegen ihres weniger günstigen äußeren Aussehens so benannt sind, für Studienzwecke aber noch immer ein recht brauchbares Material abgeben.

Der Minister der geistlichen 2c. Angelegenheiten.
In Vertretung: von Weyrauch.

An
die sämmtlichen Königlichen Regierungen, sowie
an die Königl. Klosterkammer zu Hannover.
U. IV. 4106.

Alphabetisches Verzeichnis der Meßbild-Aufnahmen und Platten.

Die eingeklammerten Zahlen bedeuten die laufende Nummer der Aufnahme.

Ort und Gegenstand der Aufnahme.	Zeit der Aufnahme.	Anzahl der Platten
A.		
Aken a. E., Nikolaikirche (26) . . außen 14, innen 9	1886	23
„ Stadtkirche (27)	1886	4
Altenberg, Märkischer Dom (96) . außen 7, innen 23	1889	30
Altmarkgrafpieske, Kirche (25)	1886	9
B.		
Berlin, Bau-Akademie (129)	1888	1
„ Chorgestühl aus Trier, im Besitze des Herrn von Rath (126)	1891	4
„ Dom (130)	1889	3
„ Dom (144)	1891	8
„ Französischer Dom (2)	1882	4
„ St. Hedwigskirche (20)	1886	[illegible]
„ Heilige Geist-Kapelle (125) außen 3, innen 7	1891	10
„ Königskolonaden (21)	1886	4
„ Kurfürstenbrücke (127)	1891	[illegible]
„ Lotteriegebäude (24)	1886	[illegible]
„ Marienkirche (42) . . . außen 6, innen 5	1886	11
„ Mohrenkolonaden (22)	1886	[illegible]
„ Mühlengebäude (128)	1887	1
„ Nationalgalerie und Standbild Friedrich Wilhelm III. (28)	1886	[illegible]

Ort und Gegenstand der Aufnahme.	Zeit der Aufnahme.	Anzahl der Platten
Berlin, Nikolaikirche (8)	1882	6
„ Schloßapotheke (15)	1885	8
„ Siegessäule (145)	1891	5
„ Spittelkolonaden (28)	1886	8
„ Stadtbahnbrücke (4)	1882	3
„ Universität (43)	1886	3
„ Zeughaus (181)	1890	1
Bonn, Hochkreuz (120)	1890	2
„ Münster (117) außen 20, innen 16, Kapitäle 18/24 cm 4, Detail 1	1890	41
„ Ronnersdorfer Kirchhofkapelle (119)	1890	2
„ alter Thurm (118)	1890	3
Bordesholm, Kirche (70)	1888	10
Brauweiler, Stiftskirche (97) . . außen 9, innen 9	1889	18
Brieg, Piastenschloß (55) . . . . . . „ 3, „ 2	1887	5
C.		
Cöln a. Rh., Apostelkirche (83) . außen 14, innen 16	1889	30
„ Andreaskirche (80) „ 4, „ 10	1889	14
„ Bayenthurm (95)	1889	2
Cäcilienkirche (81) außen 4, innen 2	1889	6
Cunibertskirche (82) 5, „ 9	1889	14
Dom (79) . . . . . „ 121, „ 55	1889	76
„ St. Georgskirche (84) „ 1, „ 5	1889	6
Gereonskirche (85) . „ 8, „ 8	1889	16
Hahnenthor (93)	1889	2
Lyskirchen (86) . . außen 4, innen 4	1889	8
Maria am Capitol (87) „ 8, „ 14	1889	22
Martinskirche (88)	1889	4
Minoritenkirche (89)	1889	8
Pantaleonskirche (78) außen 21, innen 15	1889	36
Rathhaus (91)	1889	4
Severinskirche (90) . außen 4, innen 5	1889	9
„ Severinsthor (92)	1889	10
„ Weyerthor (94)	1889	2
olmar i. E., Privathaus (1)	1880	2
E.		
berbach, Kloster (17) außen 28, innen 39, Thurm 8, topogr. Aufn. 20/31 cm 30	1885	105
ldena bei Greifswald, Ruine (69)	1888	11
rfurt, Barfüßerkirche (63)	1887	2
„ Dom (60) . . . . . außen 37, innen 39	1887	76
„ Predigerkirche (62) . . „ 4, „ 2	1887	6
„ Severikirche (61) . . . „ 5, „ 8	1887	13
„ Stadtmauerthurm (64)	1887	1
F.		
rnburg i. Br., Kaufhaus (111)	1890	4
„ Münster (110) außen 56, innen 60, Kapitäle 18/24 cm 3	1890	119

Ort und Gegenstand der Aufnahme.	Zeit der Aufnahme.	Anzahl der Platten.
Freiburg i. Br., Privathaus-Erker (118 a)	1890	1
„ Privathaus-Thür (118 b)	1890	1
„ Universität (112)	1890	8
Freiburg a. U., Annakirche (141) außen 22, innen 18	1891	40
„ Schloß mit Kapelle (142) außen 6, innen 9	1891	15
G.		
Gelnhausen, Johanniterhaus (109)	1890	1
„ Kaiserpfalz (106)	1890	24
„ Kirche (105) außen 26, innen 25, Kapitäle 18/24 cm 11	1890	62
„ ehemalige Kirche (107)	1890	2
„ altes Rathhaus (108)	1890	1
Greifswald, Croy-Teppich der Universität (124) . . .	1891	1
„ Giebelhaus (68)	1888	1
„ St. Jakobikirche (67)	1888	7
„ St. Marienkirche (66)	1888	13
„ St. Nikolaikirche (65)	1888	22
H.		
Hadersleben, St. Marienkirche (72) außen 12, innen 13	1888	25
Halberstadt, Dom (5)	1882	19
Heisterbach, Ruine (122)	1890	16
I.		
Igel, Römisches Denkmal (38)	1886	2
Inowrazlaw, Marienkirche (52) . außen 4, innen 2	1887	6
K.		
Königsberg i. N., Barnekower Thorthurm (100) . .	1890	6
„ Kapelle des Kirchhofes (103) . . .	1890	1
„ „ „ „ (104) . . .	1890	1
„ Kirche (98) . außen 15, innen 13	1890	28
„ Kloster (101)	1890	9
„ Rathhaus (102)	1890	4
„ Schwedter Thorthurm (99) . . .	1890	7
Kösen, Brücke über die Saale (138)	1891	4
Kyllburg, Kirche und Kreuzgang (89) außen 8, innen 2	1886	10
L.		
Lügum-Kloster (74)	1888	19
M.		
Magdeburg, Dom (75) außen 35, innen 70, Domkreuzgang, Kapitäle und Figur 25 . . .	1888	130
„ Liebfrauenkirche (76)	1888	22
„ Refektorium (Staatsarchiv) (77)	1888	3
Marburg, Elisabethkirche (7)	1883	28
„ Schloß (6)	1883	5
Maria-Laach, Abteikirche (114) . außen 23, innen 37	1890	60
„ alter Thurm (115)	1890	3

Ort und Gegenstand der Aufnahme.	Zeit der Aufnahme.	Anzahl der Platten.
Marienburg i. Wpr., Schloß (13) außen 49, innen 85, Dach 11, Thurm 6	1885	102
Memmleben, Kirche (143) . . . außen 9, Krypta 5	1891	14
Mühlhausen i. Th., Blasienkirche (9)	1885	25
„ Georgenkirche (11)	1885	2
„ Jakobikirche (10)	1885	4
„ Kornmarkt (12b.)	1885	1
Marienkirche (8)	1885	40
Nikolaikirche (12a.)	1885	1
Privathaushof (12c.)	1885	1
N.		
Naumburg a. S., Aegidienkapelle (185) außen 2, innen 2	1891	4
„ Dom (182) Krypta 14, Details 15, außen 58, innen 56	1891	143
Marienthor (184)	1891	8
Marktplatz (136)	1891	8
„ Moritzkirche (188) außen 2, innen 1	1891	3
„ Stadtkirche (187)	1891	9
Nennig, Römischer Mosaikfußboden (87)	1886	4
Neuß, Oberthor (59)	1887	2
„ St. Quirin (58) . . . außen 15, innen 21	1887	36
Niedermendig, Kirche (116) . . „ 4, „ 3	1890	7
O.		
Oels, Schloß (56) . . . . . . außen 11, innen 6	1887	17
Offenbach a. Gl., reform. Kirche (16) „ 16, „ 12	1885	28
P.		
Posen, Kapelle (54)	1887	1
„ Rathhaus (53) . . . . . außen 6, innen 2	1887	8
S.		
Schwarz-Rheindorf, Kirche (121) außen 9, innen 15	1890	24
Schulpforta, Abtskapelle (140) . „ 7, Details 3	1891	10
„ Kirche und Kreuzgang Kreuzg. 9, außen 20, innen 18	1891	47
Schweidnitz, katholische Kirche (57) außen 12, innen 14	1887	26
Segeberg, Kirche (71)	1888	11
Strelno, Prokopiuskapelle (14) . außen 6, innen 2	1885	8
T.		
Tholey, Kirche (41)	1886	16
St. Thomas, Kirche (40)	1886	5
Thorn, Jakobikirche (48) . . . . außen 7, innen 5	1887	12
„ Johanneskirche (49) . . . . „ 8, „ 6	1887	14
„ Marienkirche (50) . . . . . „ 7, „ 4	1887	11
„ Rathhaus (47)	1887	9
„ Schiefer Thurm (45)	1887	3
„ Schloß (51)	1887	4
„ Stadt-General-Ansicht (44)	1887	1
„ Stadtmauer (46)	1887	16

Ort und Gegenstand der Aufnahme.	Zeit der Aufnahme.	Anzahl der Platten
Tondern, Kirche (73)	1888	9
Trier, Basilika (34)	1886	2
„ Dom (29a.)	1886	59
„ Domkreuzgang (29c.)	1886	10
„ Kaiserpalast (31)	1886	9
„ Liebfrauenkirche (29b.) innen 35, außen mit Dom 50	1886	85
„ Marktbrunnen (35a.)	1886	1
„ St. Matthiaskirche (32)	1886	12
„ St. Paulin-Kirche (33) . . außen 2, innen 5	1886	7
„ Porta nigra (30) . . . . . „ 13, „ 6	1886	19
„ Romanische Kapelle (36)	1886	3
„ Vertheidigungsthurm (35b.)	1886	1
W.		
Wittenberg, Schloßkirche (18)	1885	18
„ Treppenhaus (19)	1885	2

14) Bewerbung um das Stipendium der Dr. Paul Schultze-Stiftung.

Auf Grund des Statuts der Dr. Paul Schultze-Stiftung die den Zweck hat, jungen befähigten Künstlern deutscher Abkunft ohne Unterschied der Konfession, welche als immatrikulirt Schüler einer der bei der hiesigen Königlichen Akademie der Künste bestehenden Unterrichtsanstalten für die bildenden Künst (der Akademischen Hochschule für die bildenden Künste oder der akademischen Meister-Ateliers) dem Studium der **Bildhauer**kunst obliegen, die Mittel zu einer Studienreise nach Italien zu gewähren, wird hiermit zur Theilnahme an dem für die Erlangung des Stipendiums eröffneten Wettbewerb für das laufende Jahr eingeladen.

Als Preisaufgabe ist gestellt eine durchgeführte Reliefskizze darstellend „Scene aus einem römischen Triumphzuge". Di Größe der zur Darstellung gelangenden Hauptfiguren erwachsene Personen soll etwa 60 cm betragen.

Die kostenfreie Ablieferung der Konkurrenz-Arbeiten nebst schriftlichem Bewerbungsgesuch an den Senat der Königliche Akademie der Künste muß bis zum 31. Mai 1892 erfolgt sein

Der Bewerber hat gleichzeitig einzureichen:

a. einen von ihm verfaßten Lebenslauf, aus welchem de Gang seiner künstlerischen Ausbildung ersichtlich ist;

b. verschiedene während seiner bisherigen Studienzeit von ihm selbst gefertigte Arbeiten;

c. eine schriftliche Versicherung an Eidesstatt, daß er die von ihm eingelieferte Konkurrenz-Arbeit selbst erfunden und ohne fremde Beihülfe ausgeführt habe.

Außerdem muß der Bewerber durch Atteste nachweisen, daß er ein Deutscher ist und zur Zeit der Bewerbung als immatrikulirter Schüler einer der obenbezeichneten akademischen Unterrichtsanstalten dem Studium der Bildhauerkunst obliegt.

Eingesandte Arbeiten, denen die vorbezeichneten Schriftstücke und Atteste nicht vollständig beiliegen, werden nicht berücksichtigt.

Der Preis besteht in einem Stipendium von 3000 Mark zu einer Studienreise nach Italien.

Der Genuß des Stipendiums beginnt mit dem 1. Oktober 1892. Die Auszahlung der ersten Rate im Betrage von 1500 Mark erfolgt beim Antritt der Studienreise, die zweite Rate in gleicher Höhe wird gezahlt, wenn der Stipendiat nach Verlauf von sechs Monaten über den Fortgang seines Studiums an den Senat der Akademie der Künste für genügend erachteten Bericht erstattet hat.

Eine Theilung des Stipendiums an mehrere Bewerber ist ausgeschlossen.

Die Zuerkennung des Preises erfolgt im Monat Juni 1892.

Die preisgekrönte Konkurrenzarbeit wird Eigenthum der Akademie der Künste.

Berlin, den 16. Dezember 1891.

Der Senat der Königlichen Akademie der Künste,
Sektion für die bildenden Künste.
C. Becker.

---

15) Preisbewerbung um die Giacomo Meyerbeer'sche Stiftung für Tonkünstler.

Die nächste Preisbewerbung um das Stipendium der Giacomo Meyerbeer'schen Stiftung für Tonkünstler wird hiermit für das Jahr 1893 eröffnet.

I. Um zu derselben zugelassen zu werden, muß der ausdrücklichen Bestimmung des Stifters zufolge der Konkurrent

1) in Deutschland geboren und erzogen sein und darf das 28. Lebensjahr nicht überschritten haben;

2) muß derselbe seine Studien in einem der nachgenannten Institute gemacht haben:

a. in einem der zur Königlichen Akademie der Künste

gehörigen Lehranstalten (Akademische Meisterschulen, Königliche akademische Hochschule für Musik, Königliches akademisches Institut für Kirchenmusik),

b. in dem vom Professor Stern gegründeten Konservatorium für Musik,

c. in der vom Professor Kullak geleiteten neuen Akademie der Tonkunst,

d. in dem Konservatorium für Musik zu Köln;

3) muß derselbe sich über seine Befähigung und Studien durch Zeugnisse seiner Lehrer ausweisen.

II. Die Preisaufgaben bestehen in:

a. einer achtstimmigen Vokal=Doppelfuge, deren Hauptthema mit dem Texte von den Preisrichtern gegeben wird,

b. einer Ouvertüre für großes Orchester,

c. einer dreistimmigen, durch ein entsprechendes Instrumentalvorspiel einzuleitenden, dramatischen Kantate mit Orchesterbegleitung, deren Text den Bewerbern mitgetheilt wird.

III. Die Konkurrenten haben ihre Anmeldung nebst den betreffenden Zeugnissen (ad I., 1—3) mit genauer Angabe der Wohnung bis zum 1. Mai d. J. der Königlichen Akademie der Künste portofrei einzureichen.

Die Zusendung des Themas der Vokal=Doppelfuge sowie des Textes der Kantate an die den gestellten Bedingungen entsprechenden Bewerber erfolgt bis zum 1. Juni d. J.

IV. Die Konkurrenzarbeiten müssen bis zum 1. Februar 1893 in eigenhändiger, sauberer und leserlicher Schrift, sowie versiegelt an die Königliche Akademie der Künste abgeliefert werden. Später eingehende Arbeiten werden nicht berücksichtigt; den qu. Arbeiten ist ein den Namen des Konkurrenten enthaltendes versiegeltes Couvert beizufügen, dessen Außenseite mit einem Motto zu versehen ist, welches ebenfalls unter dem Titel der Arbeiten an Stelle des Namens des Konkurrenten stehen muß.

Das Manuskript der preisgekrönten Arbeiten verbleibt Eigenthum der Königlichen Akademie der Künste.

Die Verkündigung des Siegers und Zuerkennung des Preises erfolgt im Monat Juni 1893. Die uneröffneten Couverts mit den betreffenden Arbeiten werden dem sich persönlich oder schriftlich legitimirenden Eigenthümer durch den Inspektor der Königlichen Akademie der Künste zurückgegeben werden.

V. Der Preis besteht für die diesmalige Konkurrenz in einem auf 4500 Mark erhöhten Stipendium, welches der Sieger für eine Studienreise zum Zwecke weiterer musikalischer Ausbildung nach Maßgabe später erfolgender, besonderer Anweisung zu verıenden hat. Während dieser Reise ist der Sieger verpflichtet, ls Beweis seiner künstlerischen Thätigkeit an die unterzeichnete :ektion der Königlichen Akademie der Künste zu Berlin zwei rößere eigene Kompositionen einzusenden, von denen die eine n Symphoniesatz oder eine Ouvertüre, die andere das Fragment iner Oper oder eines Oratoriums (Psalms oder Messe) sein ıuß, dessen Aufführung etwa eine Viertelstunde in Anspruch ehmen würde.

VI. Die Zahlung des Stipendiums erfolgt in drei Raten, nd zwar der ersten beim Antritt der Reise, der zweiten und ritten erst nach Einreichung je einer der ad V verlangten Areiten bei Beginn des zweiten und dritten Drittels der Reisezeit.

VII. Das Kollegium der Preisrichter besteht aus den in erlin wohnhaften ordentlichen Mitgliedern der musikalischen :ektion der Königlichen Akademie der Künste und den Kapellıeistern der Königlichen Oper.

Berlin, den 3. Februar 1892.

Der Senat der Königlichen Akademie der Künste.
Sektion für Musik.
Dr. Martin Blumner.

D: Höhere Lehranstalten.

16) Ausführung des geänderten Vermerks zu Kap. 120 Tit. 2 bis 4 des Staatshaushalts-Etats.

Berlin, den 3. Dezember 1891.

Bezüglich der Zuschüsse für die höheren Lehranstalten ist in en Staatshaushalts-Etat für 1. April 1891/92 zu Kapitel 120 itel 2 bis 4 an Stelle des in der Cirkular-Verfügung vom . August 1879 — U II. 2087 u. — (Centralbl. für 1879 . 456) erwähnten Vermerks folgender Vermerk aufgenommen orden:

„Die einzelnen Zuschüsse können während der Dauer „der Bewilligungsperiode von längstens drei Jahren, „ohne Rücksicht auf den jedesmaligen Jahresbedarf, voll „an die Anstaltskassen gezahlt werden. Bei Ablauf der „Bewilligungsperiode vorhandene Ersparnisse aus diesen „Zuschüssen verbleiben den Anstalten. Die Verwendung „solcher Ersparnisse der unter Tit. 2 aufgeführten Anstalten „zu einmaligen und außerordentlichen Ausgaben derselben

„in einem höheren Betrage als von 15 000 Mk. im ein„zelnen Falle ist nur im Einverständnisse mit dem Land„tage zulässig.“

In Gemäßheit dieses Vermerks werden die Vorschriften unte A. 2 und 5 B. 1 und C. der Cirkular-Verfügung vom 9. Augu 1879 — U. II. 2087 II. — hiermit, wie folgt, abgeändert bezw ergänzt:

1) Mit Ablauf der gegenwärtig geltenden Etatsperiode wir künftig die Bewilligungsperiode für die staatlichen Bedürfnis zuschüsse der höheren Lehranstalten und damit übereinstimmen die Etatsperiode in der Regel überall drei, statt wie bisher sech hinter einander folgende Rechnungsjahre umfassen.

2) Dem in der obenerwähnten Verfügung vom 9. Augu 1879 zu A. 5 vorgeschriebenen Atteste ist künftig bezüglich d vom Staate zu unterhaltenden Anstalten (Kap. 120 Tit. 2) fo gender Zusatz beizufügen:

„Aus etatisirten Ersparnissen, welche aus Zuschüsse „früherer Bewilligungsperioden herrühren, sind kein „bezw. folgende Verwendungen zu einmaligen und auße„ordentlichen Ausgaben erfolgt:

„a. (15 100) Mk. Pf. zu . . (folgt nähere Bezeich„nung der geleisteten Ausgabe) im Einverständnisse m „dem Landtage laut des Staatshaushalts-Etats und de „Ministerial-Erlasses vom J. Nr. U. II.

„b. (12 300) Mk. Pf. zu . . (folgt nähere Bezeich„nung der geleisteten Ausgabe), genehmigt durch Min„sterial-Erlaß vom J. Nr. U. II.

„c. u. s. w.“

3) Mit Ablauf der gegenwärtig geltenden Etatsperiod werden die Etats der vom Staate sowie der vom Staate un Anderen gemeinschaftlich zu unterhaltenden Anstalten (Kap. 12 Tit. 2 und 3) nicht mehr auf sechs, sondern nur auf drei Jah ausgefertigt. In entsprechender Weise ist bei Aufstellung d Etats der vom Staate unterstützten Anstalten zu verfahren.

Im Uebrigen bleiben die Bestimmungen der gedacht Cirkular-Verfügung und der dieselbe ergänzenden Vorschrift nach wie vor in Kraft.

Indem ich insbesondere auf die Verfügungen vom 6. Apr und 17. Juli 1880 — U. II. 5126 und 1434 — (Centralb für 1880 S. 580 und 642) verweise, bestimme ich noch, daß b den vom Staate zu unterhaltenden Anstalten (Kap. 120 Tit. Anträge auf Verwendung etatisirter Ersparnisse in Höhe vo über 15 000 Mk. im einzelnen Falle bis spätestens Anfang Ju jeden Jahres mir vorzulegen sind, damit die Vorbereitungen f das Einholen des Einverständnisses des Landtages durch den nächstfolgenden Staatshaushalts-Etat rechtzeitig getroffen werden können.

Der Minister der geistlichen ꝛc. Angelegenheiten.
Im Auftrage: de la Croix.

An
sämmtliche Königliche Provinzial-Schulkollegien.
U. II. 2745.

---

17) Beginn und Schluß der Ferien bei den höheren Lehranstalten.

Berlin, den 15. Januar 1892.

Die Ausführung der Cirkular-Verfügung vom 18. Mai 1872 — U. 14222 — (Wiese-Kübler, Gesetze und Verordnungen für das höhere Unterrichtswesen, I. S. 250 und Centralbl. für 1872 S. 329) hat zu Unzuträglichkeiten insofern geführt, als durch das Reisen der auswärtigen Schüler nach dem Schulorte zum Schlusse der Ferien die Sonn- und Feiertagsheiligung nicht selten beeinträchtigt, der Besuch des Gottesdienstes durch die Schüler erschwert und die betreffenden Familien in gewisse Unruhe versetzt werden. Aus diesen Gründen ist es bereits drei Provinzial-Schulkollegien nachgelassen, im Wesentlichen zu der Ordnung von 1853 zurückzukehren.

Um eine gleichmäßige Regelung der wichtigen Angelegenheit herbeizuführen, bestimme ich unter Aufhebung der Verfügung vom 18. Mai 1872 hiermit allgemein, daß, soweit nach der bestehenden Ferienordnung für höhere Schulen der Schulschluß unmittelbar vor einem Sonn- oder Festtage eintritt, fernerhin der Unterricht überall am Tage vor dem Sonn- oder Festtage Mittags 12 Uhr geschlossen werde und den Direktoren bezw. Rektoren es überlassen bleibe, in denjenigen Fällen, in welchen ein Schüler an dem betreffenden Nachmittage seine Heimath nicht mehr erreichen kann, Ausnahmen eintreten zu lassen.

Was den Wiederbeginn der Schule betrifft, so bestimme ich ebenmäßig, daß, soweit nicht besondere Verhältnisse, z. B. der Eintritt der beweglichen Feste, eine andere Anordnung nöthig machen, für die Rückreise der Schüler zum Schulorte jedesmal der erste Wochentag unmittelbar nach dem betreffenden Sonn- oder Festtage freigelassen und der Unterricht erst am nächstfolgenden Wochentage morgens um die regelmäßige Stunde eröffnet werde. Demgemäß wird also nach einem Sonntage jedesmal der Montag als Reisetag und der Dienstag als Schulanfang festzusetzen sein.

An der Gesammtdauer der Ferien darf dadurch nichts ge- ändert werden.

Der Minister der geistlichen ꝛc. Angelegenheiten.
Graf von Zedlitz.

An
sämmtliche Königliche Provinzial-Schulkollegien.
U. II. 2762.

18) Minderung der verbindlichen wissenschaftlichen Wochenstunden an den höheren Lehranstalten in Folge Einführung der neuen Lehrpläne.

Berlin, den 3. Februar 1892.

Wie dem Königlichen Provinzial-Schulkollegium aus den mitgetheilten Lehrplänen bekannt, ist für alle Arten von höheren Schulen eine erhebliche Minderung der verbindlichen wissenschaftlichen Wochenstunden eingetreten. Sie beträgt für die Gymnasien 16, die Realgymnasien 21 und die Oberrealschulen 8. Entsprechend reduziren sich die Wochenstunden an Progymnasien, Realprogymnasien und Realschulen. Dieser Minderung gegenüber steht an Gymnasien ein Mehr von 9 Turnstunden, 6 englischen und 2 Zeichenstunden, im Ganzen 17, an Realgymnasien von 9 Turnstunden, an Oberrealschulen von 9 Turnstunden und 10 wahlfreien Zeichenstunden, im Ganzen 19 Stunden wöchentlich. Auch dieses Mehr erfährt selbstredend an sechsstufigen Anstalten eine entsprechende Reduktion.

Aus der vergleichenden Gegenüberstellung ergiebt sich, daß für Gymnasien und für Oberrealschulen ein Mehr von je 1 Stunde, für Realgymnasien ein Weniger von 12 Stunden Unterricht überhaupt zu ertheilen ist, und daß darnach von Ostern 1892/93 ab die Lehrkräfte für die einzelnen Anstalten bemessen werden müssen. Schwierigkeiten entstehen nur aus der Verschiedenheit der erforderlichen Lehrbefähigung insofern, als bei der erheblichen Minderung der Stunden, insbesondere in den alten Sprachen, fortan philologische Lehrkräfte weniger und technische, für das Turnen befähigte Lehrer mehr gebraucht, an Gymnasien überdies auch für das Englische neue Kräfte gefordert werden.

Es wird Aufgabe des Königlichen Provinzial-Schulkollegiums sein, bei Prüfung der für das Schuljahr 1892/93 zu genehmigenden Lektionspläne den vorgenannten Schwierigkeiten nach Möglichkeit zu begegnen, insbesondere auch bei der ohnehin vorhandenen Ueberfülle von Kandidaten des altphilologischen Faches die zur Zeit kommissarisch beschäftigten Lehrer der alten Sprachen vor Schädigung thunlichst zu bewahren. Ein Theil der Schwierigkeiten wird sich voraussichtlich ohne Schädigung von Pronteressen durch einen geeigneten Stellenaustausch beheben lassen. Im Uebrigen weise ich das Königliche Provinzial-Schulkollegium an, bei Prüfung und Genehmigung der Lektionspläne für Ostern 1892/93 bezüglich aller Anstalten staatlichen sowohl wie nichtstaatlichen Patronats — vorbehaltlich der Modifikation im einzelnen Falle — nach folgenden allgemeinen Gesichtspunkten zu verfahren:

1) Eine Reduktion der einmal in die Anstaltsetats eingestellten Lehr- und insbesondere Hilfslehrkräfte ist nur dann zuzulassen, wenn nach Deckung des aus den Lehrplänen und den Erläuterungen dazu für die Zukunft überhaupt zu berechnenden Bedürfnisses an Lehrstunden und unter Zugrundelegung der bisherigen Pflichtstundenzahl bezw. der im konkreten Fall nothwendigen geringeren Ansätze ein Minderbedarf sich ergiebt. Dabei ist nicht nur die für Ostern 1892/93 nach der Cirkular-Verfügung vom 22. Juli v. Js. — U. II. 2934 — vorgeschriebene Theilung der Sekunden und Tertien in bestimmten Fächern, sondern auch der Mehrbedarf an Stunden für Turnen, Zeichnen und Englisch, wie er für die Zukunft sich gestaltet, in Ansatz zu bringen. Eine Ersparnis an Wochenstunden auf Kosten der Lehrpläne und der Lehrer ist in keiner Weise zu dulden.

2) Um eine thunlichste Verwendung der vorhandenen Lehrkräfte, insbesondere der altphilologischen, zu sichern, ist darauf Bedacht zu nehmen, daß zunächst nicht altphilologische Lehrkräfte, welche nur eine Nebenbefähigung in den alten Sprachen haben, thunlichst nur in ihren Hauptfächern verwandt werden, und daß ferner durch eine Verschiebung in der seitherigen Beschäftigung der Lehrer möglichst viel Stunden für Altphilologen frei gemacht werden.

3) Die altphilologischen Lehrer werden, soweit nöthig, nicht allein in ihren Nebenfächern, sondern außerdem in den unteren und mittleren Klassen auch in solchen Gegenständen verwandt, in welchen sie nach dem Urtheile des Direktors auch ohne formelle Befähigung unterrichten können.

Binnen vier Wochen sehe ich einem Berichte darüber entgegen, in welcher Weise die Verhältnisse der bisher remuneratorisch verwandten Lehrkräfte sich gestaltet haben und wie viele derselben auch nach den erforderlichen Verhandlungen mit den einzelnen Patronaten in den verschiedenen Fächern unbeschäftigt geblieben sind.

Der Minister der geistlichen 2c. Angelegenheiten.
Graf von Zedlitz.

An
sämmtliche Königliche Provinzial-Schulkollegien.
U. II. 118.

19) Schüler, welche einen sechsjährigen Schulkursus an einer bisher siebenjährigen Anstalt durchgemacht haben, können die Berechtigung zum Subalterndienst nur durch das Bestehen einer Prüfung erwerben.

Berlin, den 12. Februar 1892.

In der Bekanntmachung des Deutschen Reichs- und Preußischen Staatsanzeigers vom 14. Dezember v. Js., betreffend Aenderungen des Berechtigungswesens der höheren preußischen Lehranstalten (Centralbl. für 1892 S. 341), ist unter II. bemerkt:

„Die Reifezeugnisse der höheren Bürgerschulen bezw. der gymnasialen und realistischen Anstalten mit sechsjährigem Lehrgange sowie die Zeugnisse über die nach Abschluß der Untersekunda einer neunstufigen höheren Lehr-Anstalt bestandene Prüfung werden als Erweise zureichender Schulbildung anerkannt für alle Zweige des Subalterndienstes, für welche bisher der Nachweis eines siebenjährigen Schulkursus erforderlich war."

Aus dieser Bestimmung ergiebt sich, daß Schüler, welche einen sechsjährigen Schulkursus an einer bisher siebenjährigen Anstalt durchgemacht haben, die Berechtigung zum Subalterndienst nur durch das Bestehen einer Prüfung erwerben können und daß somit diese Schüler, da mit Ostern d. Js. die Obersekunden der siebenjährigen Anstalten eingehen, an eine in der Regel an einem anderen Orte befindliche Vollanstalt übergehen müßten, um diese Berechtigung zu erlangen.

Da in solcher Nöthigung eine gewisse Härte für die betreffenden Schüler liegen würde, so bestimme ich, daß an denjenigen bisher siebenjährigen Anstalten, an welchen Schüler die oben bezeichneten Berechtigungen erwerben wollen, zu diesem Zweck in der Zeit vom 1. April ab, und zwar noch im Laufe desselben Monats, nach Maßgabe der Bestimmung der Abschlußprüfung vom 6. Januar d. Js. eine Prüfung abgehalten werde. Bei dieser Abschlußprüfung kann überall der betreffende Provinzial-Schulrath durch den Anstaltsleiter vertreten werden.

Im Uebrigen bemerke ich ausdrücklich, daß behufs Erwerbung der wissenschaftlichen Befähigung zum einjährigen Dienst für Ostern d. Js. das Bestehen einer solchen Prüfung nicht erforderlich ist, sondern in diesem Termine dafür die Versetzung nach Obersekunda in der bisherigen Weise genügt, daß dagegen Schüler, welche Ostern d. Js. an einer Nicht-Vollanstalt na

Obersekunda versetzt sind und die Reife für Prima später erlangen wollen, selbstverständlich eine Vollanstalt aufsuchen müssen.

Der Minister der geistlichen 2c. Angelegenheiten.
Graf von Zedlitz.

An
sämmtliche Königliche Provinzial-Schulkollegien.
U. II. 220.

20) Schulferien für die höheren Lehranstalten der Provinz Ostpreußen.

Königsberg, den 16. Januar 1892.

Die Lage der Ferien für die höheren Lehranstalten der Provinz wird von uns für das Jahr 1892 in folgender Weise geordnet:

Nr.	Nähere Bezeichnung	Dauer	Schluß des Unterrichtes	Beginn des Unterrichtes
1	Osterferien	14 Tage	Mittwoch den 6. April	Donnerstag den 21. April
2	Pfingstferien	5 Tage	Freitag den 3. Juni	Donnerstag den 9. Juni
3	Sommerferien	4 Wochen	Sonnabend den 2. Juli 12 Uhr	Dienstag den 2. August
4	Michaelisferien	14 Tage	Sonnabend den 1. Oktbr. 12 Uhr	Dienstag den 18. Oktober
5	Weihnachtsferien	14 Tage	Mittwoch den 21. Dezember	Donnerstag den 5. Januar 1893

Königliches Provinzial-Schulkollegium.

21) Schulferien für die höheren Lehranstalten der Provinz Brandenburg.

Berlin, den 29. Dezember 1891.

Wir haben die Ferien der höheren Lehranstalten unserer Provinz für das Jahr 1892 in folgender Weise festgesetzt:

1) Osterferien:

Schluß des Schuljahres: Mittwoch, den 6. April.
An den Anstalten Berlins und der Vororte: Sonnabend, den 9. April.
Beginn des neuen Schuljahres: Donnerstag, den 21. April.

2) Pfingstferien.

Schluß der Lektionen: Freitag, den 3. Juni.
Anfang derselben: Donnerstag, den 9. Juni.

3) Sommerferien:

Schluß der Lektionen: Sonnabend, den 9. Juli.
Anfang derselben: Montag, den 8. August.

An den Anstalten Berlins und der Vororte: Montag, den 15. August.

4) Michaelisferien:

Schluß des Sommersemesters: Sonnabend, den 1. Oktober.
Beginn des Wintersemesters: Montag, den 17. Oktober.

An den Anstalten Berlins und der Vororte: Donnerstag, den 13. Oktober.

5) Weihnachtsferien:

Schluß der Lektionen: Mittwoch, den 21. Dezember.
Beginn derselben: Donnerstag, den 5. Januar 1893.

Jede Abweichung von dieser Ordnung bedarf unserer besonderen Genehmigung.

Den Berliner Anstalten bleibt gestattet, den Unterricht am Freitag, den 8. Juli nach Abschluß der lehrplanmäßigen Lektionen und der sich anschließenden Vertheilung der Censuren zu beenden.

Königliches Provinzial-Schulkollegium.

---

22) Schulferien für die höheren Lehranstalten der Provinz Posen.

Posen, den 8. Januar 1892.

Bezüglich der Ferien bei den höheren Lehranstalten in der Provinz bestimmen wir hierdurch, daß im laufenden Jahre:

a. der Schulschluß:	b. der Schulanfang:
1) Zu Ostern: Mittwoch, den 6. April.	Donnerstag, den 21. April.
2) Zu Pfingsten: Freitag, den 3. Juni. (Nachmittags 4 Uhr)	Donnerstag, den 9. Juni.
3) Vor den Sommerferien: Freitag, den 1. Juli (Nachmittags 4 Uhr)	Dienstag, den 2. August.
4) Zu Michaelis: Sonnabend, den 24. September.	Dienstag, den 11. Oktober.
5) Zu Weihnachten: Dienstag, den 20. Dezember.	Mittwoch, den 4. Jan. 1893.

stattzufinden hat.

Königliches Provinzial-Schulkollegium.

---

23) Schulferien für sämmtliche Lehranstalten der Provinz Schlesien.

Breslau, den 4. Dezember 1891.

a. Die Ferien für das Jahr 1892 sind von uns, wie folgt festgestellt worden:

Ostern: Schulschluß: Sonnabend, den 9. April,
Anfang des neuen Schuljahres: Montag, den 25. April;
Pfingsten: Schulschluß: Freitag, den 3. Juni,
Schulanfang: Donnerstag, den 9. Juni;
Sommerferien: Schulschluß: Donnerstag, den 7. Juli,
Schulanfang: Dienstag, den 9. August;
Michaelisferien: Schulschluß: Donnerstag, den 29. September,
Schulanfang: Dienstag, den 11. Oktober;
Weihnachtsferien: Schulschluß: Dienstag, den 20. Dezember,
Schulanfang: Mittwoch, den 4. Januar 1893.

Die Herren Direktoren rc. weisen wir gleichzeitig darauf hin, daß an denjenigen Tagen, an welchen nach der Ferien-Ordnung die Schule zu schließen ist, der Schluß erst nach vollständiger Erledigung des für diese Tage vorgeschriebenen schulplanmäßigen Unterrichts erfolgen darf und nur diejenigen auswärtigen Schüler, welche sonst erst den nächsten Tag die Eisenbahn benutzen müßten, um nach Hause zu kommen, schon um 10 bezw. 11 Uhr Vormittags vom Unterrichte dispensirt werden können.

Königliches Provinzial-Schulkollegium.

Breslau, den 29. Januar 1892.

b. In Abänderung der von uns unterm 4. Dezember v. J. — I. 14315 — für das Jahr 1892 erlassenen Ferienordnung bestimmen wir hiermit, daß am Tage des Schulschlusses zu Ostern, Sonnabend, den 9. April cr., der Unterricht für alle Schüler schon Mittags 12 Uhr zu schließen ist, und daß das neue Schuljahr nicht schon mit Montag, den 25. April, sondern erst mit Dienstag, den 26. April cr. zu beginnen hat. Dementsprechend hat zu Michaelis der Schulschluß nicht schon am Donnerstag, den 29. September, sondern erst am Freitag, den 30. September cr. stattzufinden.

Königliches Provinzial-Schulkollegium.

---

24) Schulferien für die höheren Lehranstalten der Provinz Schleswig-Holstein.

Schleswig, den 17. Dezember 1891.

Die Ferienordnung für das Jahr 1892 ist, wie folgt, festgesetzt worden:

Osterferien.

Schluß des Schuljahres: Mittwoch, den 6. April.
Beginn des neuen Schuljahres: Donnerstag, den 21. April.

Pfingstferien.

Schluß des Unterrichtes: Sonnabend, den 4. Juni.
Anfang des Unterrichtes: Donnerstag, den 9. Juni.

Sommerferien.

Schluß des Unterrichtes: Sonnabend, den 2. Juli.
Anfang des Unterrichtes: Montag, den 1. August.

Michaelisferien.

Schluß des Sommerhalbjahres: Sonnabend, den 1. Oktober.
Anfang des Winterhalbjahres: Montag, den 17. Oktober, fü einzelne Anstalten Freitag, den 14. oder Sonnabend, de 15. Oktober.

Weihnachtsferien.

Schluß des Unterrichts: Mittwoch, den 21. Dezember.
Anfang des Unterrichts: Donnerstag, den 5. Januar 1893.

Die außerhalb der vorstehend festgesetzten Ferien liegende freien Tage, welche einzelne Anstalten aus örtlichen Gründe bisher noch nicht aufgegeben haben, sind bei den Michaelisferie in Abzug zu bringen.

Königliches Provinzial-Schulkollegium.

---

25) Betrifft die Aufstellung der Entwürfe zu den Etat der höheren Lehranstalten.

Posen, den 3. Februar 189

Die Bestimmung zu Nr. 8 unserer Cirkular-Verfügung vo 24. September 1891 — Nr. 4845 — (Centralbl. für 1891 S. 581 nach welcher in die Etatsentwürfe der verstaatlichten höhere Lehranstalten zu Titel I. „Grundeigenthum" ein Vermerk üb das Rechtsverhältnis des Staates bezüglich des zu der Ansta gehörenden Grundbesitzes und der darauf errichteten Gebäud sowie über die vertragsmäßigen Rechte des früheren Patron auf den Grundbesitz bei einem Eingehen oder einer Umwandlun der Anstalt aufzunehmen ist, ist in den uns zugegangenen Etat entwürfen zum größten Theile garnicht, zum anderen Theile nic in der Vollständigkeit berücksichtigt worden, welche zur Darlegun eines klaren Bildes erforderlich ist.

Neben dieser Bestimmung muß allgemein die bei den meiste Anstalten in den früheren Etats durch einen Vermerk zu Titel getroffene Anordnung, daß in dem nächsten Etat die Grundstüc und Gebäude der Anstalt unter Bezeichnung der Kataster- (Grund buch-) Nummer einzeln aufgeführt werden sollen, berücksichti werden. In Verbindung hiermit läßt die Thatsache, daß au einzelne nicht verstaatlichte Anstalten ihre Grundstücke von de

Stadtgemeinden 2c. nicht zum Eigenthume, sondern nur zur dauernden Benutzung überwiesen erhalten haben, sowie der Umstand, daß in einzelnen Fällen der Staat bezw. Fiskus, in anderen Fällen die juristische Person der Anstalt als Eigenthümer im Grundbuche eingetragen ist, die sofortige Ersichtlichkeit dieser Rechtsverhältnisse aus jenem Vermerke im Etat erwünscht erscheinen.

Wir veranlassen daher die Herren Dirigenten, aus den Materialien des Anstaltsarchives event. durch persönliche Einsicht der Grundakten des Amtsgerichtes die betreffenden Verhältnisse darzustellen und einen Vermerk mit folgenden Angaben zu formuliren:

Bezeichnung der Anstaltsgrundstücke nach der Grundbuchnummer und Straßenlage, sowie des obwaltenden Rechtsverhältnisses unter event. Angabe des Verstaatlichungsvertrages mit Datum und Geschäftsnummer (auch der ministeriellen Bestätigungsklausel) und des eingetragenen Eigenthümers, Darlegung der event. Vertragsbestimmungen für den Fall des Eingehens und der Umwandlung der Anstalt hinsichtlich des Grundstücks und der Gebäude.

Angabe der auf den Grundstücken befindlichen Gebäude unter Erwähnung der in denselben etwa vorhandenen Dienst- und Miethswohnungen.

Dieser Vermerk, welcher schon mit Rücksicht auf die möglichste Verminderung des Schreibwerkes bei den Rechnungen in gedrängtester Kürze zu fassen ist, wird, um ein Beispiel zu geben, etwa folgende Form haben:

Die Anstalt besitzt das zwischen der großen und kleinen Posener Straße belegene, im Grundbuche von Rogasen Band XIII. Seite 452 auf den Namen des „Königlichen Fiskus" eingetragene Grundstück, welches von der Stadtgemeinde Rogasen auf Grund des Verstaatlichungsvertrages vom 6./23. November 1872, bestätigt unterm 23. April 1873 — U. 10674 —, dem Staate zum freien Eigenthume, jedoch mit der Maßgabe des § 7 des Vertrages übertragen ist, daß, falls der Staat das Gymnasium gänzlich aufheben sollte, das Grundstück „nebst den alsdann darauf vorhandenen Gebäuden" an die Stadtgemeinde zurückfällt.

Auf dem Grundstücke befinden sich das Gymnasialgebäude mit der Dienstwohnung des Direktors und Schuldieners, ein Stallgebäude und die — erst nach der Verstaatlichung der Anstalt aus Staatsfonds erbaute — Turnhalle.

Der Einreichung dieser Vermerke sehen wir binnen Monats-frist entgegen.

Königliches Provinzial-Schulkollegium.
von Wilamowitz.

An
die Herren Dirigenten sämmtlicher Königlichen Gymnasien, Realgymnasien und Progymnasien der Provinz Posen.
P. S. C. 559/92.

E. Schullehrer- und Lehrerinnen-Seminare zc., Bildung der Lehrer und deren persönliche Ver-hältnisse.

26) Ertheilung von Privatstunden durch Seminarlehrer

Berlin, den 19. November 1891

Dem Königlichen Provinzial-Schulkollegium erwidere ich au den Bericht vom 9. November d. J., daß die Ertheilung vo Privatstunden durch Seminarlehrer nicht zu denjenigen Neben beschäftigungen gehört, welche eine Genehmigung der Central instanz erforderlich machen.

Der Minister der geistlichen zc. Angelegenheiten.
Im Auftrage: Kügler.

An
das Königliche Provinzial-Schulkollegium zu N.
U. III. 4248.

---

27) Die Vorschriften in dem Erlasse vom 18. Oktob 1890 — U. III. 1038 I. Ang. — für Ertheilung der na gesuchten Lehrbefähigung bezw. für die Aufnahme das Seminar finden auch auf die **Lehrerinnen**-Prüfu Anwendung.

Berlin, den 19. November 18

Auf den Bericht vom 30. Oktober d. Js. — Nr. S. II. 3559 erwidere ich dem Königlichen Provinzial-Schulkollegium, daß Vorschrift in dem Erlasse vom 18. Oktober 1890 — U. I 1038 I. Ang. — (Centralbl. für 1890 S. 703) auf Seite 5 un B c, wonach bei den Prüfungen der Seminar-Aspiranten, Lehramtsbewerber und der Lehrer besonders darauf zu ac ist, ob dieselben ausreichende Kenntnis der vaterländischen schichte, namentlich auch nach der Seite der Kulturentwickelung besitzen, und Bewerbern, welchen diese fehlt, die nachgesuchte Lehrbefähigung bezw. die Aufnahme in das Seminar zu versagen ist, auch auf die Lehrerinnen-Prüfung Anwendung zu finden hat.

An
das Königliche Provinzial-Schulkollegium zu N.

Abschrift erhält das Königliche Provinzial-Schulkollegium zur Kenntnis und Nachachtung.

Der Minister der geistlichen 2c. Angelegenheiten.
Graf von Zedlitz.

An
die übrigen Königlichen Provinzial-Schulkollegien.
U. III. C. 8399.

23) Anrechnung der vor Ablegung einer Lehrerprüfung zurückgelegten Dienstzeit bei Gewährung staatlicher Alterszulagen.

Berlin, den 31. Dezember 1891.

Die Königliche Regierung hat in Ihrem Berichte vom 22. Oktober 1891 — II. 13506 — darauf hingewiesen, daß in Ihrem Bezirke auf Grund der Allgemeinen Schulordnung vom 24. August 1814 früher die unteren Lehrerstellen an mehrklassigen Landschulen fast allgemein und vielfach auch die Unterklassen in Fleckens- und Stadtschulen mit sog. Präparanden kündbar besetzt seien, welche sich auf diese Weise praktisch für das Lehramt an Volksschulen ausbildeten und dann entweder nach Besuch eines Seminars oder ohne seminarische Vorbildung nach Ablegung einer Prüfung pro loco schon oft in sehr jungen Jahren Anstellung in einer ordentlichen Lehrerstelle erhielten.

Mit Rücksicht darauf, daß noch jetzt eine größere Anzahl solcher Präparandenstellen an Landschulen in Ihrem Bezirke vorhanden sei und noch immer zahlreiche junge Leute nach ihrer Entlassung aus der Volksschule durch Verwaltung einer solchen Stelle sich die Mittel zu ihrer weiteren Ausbildung für den Lehrerberuf zu verschaffen suchten, hat die Königliche Regierung hieran die Frage geknüpft, ob ein solcher Präparandendienst als ein „Funktioniren als Lehrer“ im Sinne des Runderlasses vom 6. Oktober 1891 — U. III. B. 3251 — (Centralbl. für 1891 S. 710) anzusehen und dementsprechend bei der Gewährung staatlicher Dienstalterszulagen als Dienstzeit anzurechnen sei. Auf diese Anfrage bemerke ich, daß der Erlaß vom 6. Oktober 1891 bezweckt, die Vorschriften über die Berechnung der Dienstzeit für

Alterszulagen thunlichst mit den Bestimmungen des Lehrerpensionsgesetzes vom 6. Juli 1885 — G. S. S. 298 ff. — über die Berechnung der pensionsfähigen Dienstzeit in Uebereinstimmung zu bringen.

Wenn nun auch das mit dem Erlasse vom 6. Oktober 1891 abschriftlich mitgetheilte Erkenntnis des Reichsgerichtes vom 23 Februar 1891 ausführt, daß als pensionsfähige Dienstzeit im Sinne des Abs. 1 §. 5 des vorerwähnten Gesetzes auch die Zeit eines thatsächlichen Funktionirens als Lehrer vor erlangter Anstellungsfähigkeit bezw. Ablegung einer Prüfung angesehen werden müsse, so liegt es doch sicherlich nicht im Sinne dieser Ausführung, auch diejenige Thätigkeit, welcher ein eben aus der Volksschule entlassener junger Mensch zu seiner Vorbereitung für den Lehrerberuf an einer öffentlichen Volksschule als Präparand x. sich unterzogen hat, als ein „Funktioniren als Lehrer" gelten zu lassen.

Für die Berechnung der pensionsfähigen Dienstzeit ist diese Frage insofern ohne wesentliche Bedeutung, als nach §. 8 des Gesetzes die vor Beginn des einundzwanzigsten Lebensjahres zurückgelegte Dienstzeit in der Regel außer Ansatz bleibt.

Um auch für die Berechnung der Dienstzeit für Alterszulagen etwaige Zweifel zu beseitigen, bestimme ich, daß in der Regel die vor Beginn des 21. Lebensjahres zurückgelegte Dienstzeit eines Lehrers auch bei der Bemessung der staatlichen Dienstalterszulagen außer Ansatz bleiben soll.

Nur in den Fällen soll dieselbe als anrechnungsfähig angesehen werden, in welchen ein Lehrer nach abgelegter Prüfung bezw. erlangter Anstellungsfähigkeit vor Beginn des 21. Lebensjahres eine Lehrerstelle an einer öffentlichen Schule verwaltet hat

An
die Königliche Regierung zu N.

Abschrift erhält die Königliche Regierung zur Kenntnisnahme und gleichmäßigen Beachtung.

Der Minister der geistlichen rc. Angelegenheiten.
Graf von Zedlitz.

An
die übrigen Königlichen Regierungen.
U. III. E. 5388.

---

29) In alle Urkunden über die Berufung von Lehrerinnen ist eine Bestimmung aufzunehmen, wonach die feste Anstellung der betreffenden Lehrerin im Fall

ihrer Verheirathung mit dem Schlusse des Schuljahres ihr Ende erreicht.

Berlin, den 13. Februar 1892.

In einem Einzelfalle ist es neuerdings vorgekommen, daß eine Lehrerin, welche sich nach ihrer definitiven Anstellung verheirathet hatte, zum Ausscheiden aus dem Amte nicht angehalten werden konnte, weil in die Berufungs-Urkunde derselben nicht der Vorbehalt aufgenommen ist, daß im Falle der Verheirathung der Lehrerin die Anstellung nicht mehr zu Recht besteht.

Mit Rücksicht darauf, daß durch die Verheirathung einer Lehrerin sich die Voraussetzungen ändern, unter welchen ihre Anstellung erfolgt ist, sehe ich mich veranlaßt, anzuordnen, daß künftighin in alle Urkunden über die Berufung von Lehrerinnen eine Bestimmung aufgenommen wird, wonach die feste Anstellung der betreffenden Lehrerin im Falle ihrer Verheirathung mit dem Schlusse des Schuljahres ihr Ende erreicht.

Auf definitiv anzustellende vollbeschäftigte Handarbeitslehrerinnen findet diese Bestimmung gleichfalls Anwendung.

An
die sämmtlichen Königlichen Regierungen.

Abschrift erhält das Königliche Provinzial-Schulkollegium zur Kenntnis und Nachachtung.

Der Minister der geistlichen ꝛc. Angelegenheiten.
Graf von Zedlitz.

An
die sämmtlichen Königlichen Provinzial-Schulkollegien.
U. III C. 300.

---

30) Turnlehrerinnen-Prüfung im Jahre 1892.

Berlin, den 15. Februar 1892.

Der Königlichen Regierung übersende ich im Anschlusse an meine Rundverfügung vom 4. August v. Js. — U. III. B. 2572 — und mit Bezug auf die Rundverfügung vom 10. März v. Js. — U. III. B. 1150 — (Centralbl. für 1891 S. 355) hierneben 2 Exemplare meiner heute erlassenen Bekanntmachung wegen des Termines für die nächste Turnlehrerinnen-Prüfung mit dem Auftrage, dieselbe durch Ihr Amtsblatt alsbald veröffentlichen zu lassen und die dort eingehenden Anmeldungen mit den vorgeschriebenen Notizblättern, welche auf einem halben Bogen und lose den Gesuchen beizufügen sind, bis spätestens den 10. April d. J. einzureichen.

Ich mache noch besonders darauf aufmerksam, daß die

Anlagen jedes Gesuches zu einem Hefte vereinigt vo gelegt werden müssen.

Der Minister der geistlichen ꝛc. Angelegenheiten.
Im Auftrage: Kügler.

An
sämmtliche Königliche Regierungen.
U. III. B. 559.

Für die Turnlehrerinnen-Prüfung, welche im Frühjah 1892 zu Berlin abzuhalten ist, habe ich Termin auf Monta den 30. Mai d. J. und folgende Tage anberaumt.

Meldungen der in einem Lehramte stehenden Bewerberinn sind bei der vorgesetzten Dienstbehörde spätestens bis zum 1. Ap d. Js., Meldungen anderer Bewerberinnen bei derjenigen Köni lichen Regierung, in deren Bezirke die Betreffende wohnt, ebe falls bis zum 1. April d. Js. anzubringen. Die in Berl wohnenden Bewerberinnen, welche in keinem Lehramte steh haben ihre Meldungen bei dem Königlichen Polizeipräsidiu hierselbst bis zum 1. April d. J. anzubringen.

Die Meldungen können nur dann Berücksichtigung finde wenn ihnen die nach §. 4 der Prüfungsordnung vom 22. M 1890 vorgeschriebenen Schriftstücke ordnungsmäßig beigefügt sin

Die über Gesundheit, Führung und Lehrthätigkeit bei bringenden Zeugnisse müssen in neuerer Zeit ausgestellt sein.

Die **Anlagen** jedes Gesuches sind zu einem He vereinigt einzureichen.

Berlin, den 15. Februar 1892.

Der Minister der geistlichen ꝛc. Angelegenheiten.
Im Auftrage: Kügler.

Bekanntmachung.

---

31) Aufnahme von Zöglingen in die Anstalten zu Droyßig, sowie Nachrichten und Bestimmungen üb diese Anstalten.

Berlin, den 11. März 189

Der Königlichen Regierung übersende ich im Anschluß a meinen Erlaß vom 28. Februar vor. Js. — U. III. 323 — (Centralbl. für 1891 S. 299) je zwei Exemplare der Bekann machung über die diesjährige Aufnahme von Zöglingen in d Anstalten zu Droyßig, sowie der Nachrichten und Bestimmunge über diese Anstalten mit dem Auftrage, sowohl die Bekanntmachun wie die Nachrichten und Bestimmungen in Ihrem Amtsblat alsbald veröffentlichen zu lassen.

Durch die gedachten Nachrichten sind, wie ich hierbei noch vorhebe, die bisherigen Aufnahme-Bestimmungen in mehreren unkten abgeändert. Im Besonderen ist die Mitwirkung der öniglichen Regierung bei Prüfung der Bewerberinnen für das hrerinnen-Seminar nicht mehr erforderlich.

Der Minister der geistlichen ꝛc. Angelegenheiten.
Graf von Zedlitz.

An
mmtliche Königliche Regierungen.
U. III. 498.

Die diesjährige Aufnahme von Zöglingen in die evangeli- schen Lehrerinnen-Bildungsanstalten zu Droyßig bei Zeitz soll in r ersten Hälfte des Monats August stattfinden.

Die Meldungen sowohl für das Gouvernanten-Institut wie r das Lehrerinnen-Seminar sind bis zum 15. Mai d. Js. ter Beachtung der in den nachstehend abgedruckten Nachrichten d Bestimmungen über die gedachten Anstalten enthaltenen Auf- hme-Bestimmungen an den Leiter der Anstalten, Seminar- rektor Moldehn in Droyßig, einzusenden.

Der Eintritt in die mit den Lehrerinnen-Bildungsanstalten rbundene Erziehungsanstalt für evangelische Mädchen (Pensionat) ll in der Regel zu Ostern oder Anfang August erfolgen. Die eldungen für diese Anstalt sind ebenfalls an den Seminar- rektor Moldehn in Droyßig zu richten.

Auf besonderes portofreies Ersuchen werden Abdrucke der achrichten und Bestimmungen über die Droyßiger Anstalten n der Seminar-Direktion übersandt.

Berlin, den 11. März 1892.

Der Minister der geistlichen ꝛc. Angelegenheiten.
Graf von Zedlitz.

ekanntmachung.
U. III. 498.

---

achrichten und Bestimmungen über die Königlichen hrerinnen-Bildungsanstalten zu Droyßig bei Zeitz.

A. Nachrichten.

Die evangelischen Erziehungs- und Bildungsanstalten zu roysig verdanken ihre Gründung dem verewigten Fürsten Otto ictor von Schönburg-Waldenburg Durchlaucht. Bei inem warmen Interesse für Förderung christlichen Lebens und ir Bildungszwecke überhaupt richtete er sein Auge auch auf das ebiet der weiblichen Erziehung und Unterweisung und erkannt ald, wie auf demselben noch Raum zu weiterer Pflege und

Förderung vorhanden sei, insbesondere aber in der natürli Anlage des Weibes eine Befähigung für erziehliche Thäti gefunden werde, die, entsprechend ausgebildet, der Familie Schule und durch diese dem Ganzen zu einem großen Segen reichen könnte. Zur nächsten Ausführung dieses Gedankens schloß er, zu Droyßig ein Lehrerinnen-Seminar zu gründ

Der Flecken Droyßig, der mit seinem Schlosse den M punkt eines größeren Güterkomplexes des Hauses Schönb bildet, liegt 9 Kilometer von Zeitz, im Regierungsbezirke M burg, Provinz Sachsen, in der Nähe des lieblichen Elsterth von den fruchtbaren Vorbergen des Thüringer Waldes umge der Ort erfreut sich der günstigsten Gesundheitsverhältnisse vereinigt mit der ländlichen Stille den Anschluß an die n gelegenen Eisenbahnen zu Zeitz, Weißenfels und Naumburg. besitzt auch eine Telegraphenstation und eine täglich zweima Postverbindung mit Zeitz.

Der von dem Fürsten festgesetzte Zweck des Seminars auf dem Grunde des göttlichen Wortes nach dem evangelis Bekenntnisse Lehrerinnen für den Dienst an Elementar- Bürgerschulen auszubilden, wobei nicht ausgeschlossen sein s daß die in ihm vorgebildeten Lehrerinnen nach ihrem Aus auch in Privatverhältnissen für christliche Erziehung und U weisung thätig wären. Der Unterricht des Seminars sollte auf alle für obigen Zweck erforderlichen Kenntnisse und F keiten erstrecken, den Unterricht in der französischen Sprache in Handarbeiten mit eingeschlossen.

Nachdem alle inneren und äußeren Einrichtungen getroff waren, und zwar mit einer Freigebigkeit, daß auch Unbemittelt der Besuch der Anstalt ermöglicht wurde, übergab der Fürst a 11. Mai 1852 die Stiftung dem Preußischen Staate.

Das Seminar wurde unter die unmittelbare Leitung u Verwaltung des Ministeriums der geistlichen 2c. Angelegenheit gestellt. Am 1. Oktober 1852 wurde die Anstalt in feierlich Weise eröffnet und gleichzeitig mit ihr eine von Kindern aus d Gemeinden Droyßig und Hassel besuchte zweiklassige Elementa Mädchenschule, welche im Jahre 1884 zu einer dreiklassigen e weitert worden ist. Die Zahl der Seminaristinnen betrug 2 und sollten diese den 1. Coetus bilden, da der Kursus auf zw Jahre festgestellt war. Das Lehrpersonal bestand aus de Direktor, einem Seminarlehrer und einer Seminarlehrerin.

Nach den gegebenen Grundsätzen gestaltete sich die Ans in freier Eigenthümlichkeit zu solcher Genugthuung des fürstlic Stifters, daß derselbe sich zur Gründung einer neuen ähnlich aber weiterführenden Anstalt entschloß. Er errichtete dem Semin

bäude gegenüber ein Gouvernanten-Institut und ein Pen-
onat für evangelische Töchter höherer Stände, die beide
t Herbste 1855 eröffnet wurden.

Dem Gouvernanten-Institut war die besondere Aufgabe ge-
llt, für den höheren Lehrerinnenberuf geeignete evangelische
ngfrauen zunächst in christlicher Wahrheit und im christlichen
ben so zu begründen, daß sie befähigt würden, die ihnen später
zuvertrauenden Kinder im christlichen Glauben und in der
ristlichen Liebe zu erziehen. Sodann sollten sie theoretisch und
aktisch mit einer guten und einfachen Unterrichts- und Erziehungs-
thode bekannt gemacht werden, in welcher letzteren Beziehung
in dem mit dem Gouvernanten-Institute verbundenen Töchter-
nsionat die nöthige praktische Anleitung erhalten würden. Ein
sonderes Gewicht sollte auf die Ausbildung in der französischen
d in der englischen Sprache, sowie in der Musik gelegt werden.
er Unterricht in Geschichte, in Litteratur und in sonstigen zur
lgemeinen Bildung gehörigen Gegenständen sollte seine volle
rtretung unter vorzugsweiser Berücksichtigung der Zwecke weib-
her Bildung finden, weshalb jede Verflachung zu vermeiden
d die nothwendige Vertiefung des Gemüthslebens zu erzielen sei.

Für das Pensionat galt es, eine allgemeine höhere weib-
he Bildung zu erstreben und dabei nach dem Willen des fürst-
hen Stifters, wie im Seminar und Gouvernanten-Institut, eine
tschieden evangelisch-christliche Richtung zu verfolgen. Diese
ildung sollte bei aller Hochachtung und Aneignung des Guten
dem Fremden doch in ihrem innersten Wesen eine deutsche
eiben und die Tradition des edlen deutschen Frauencharakters
wahren, wie derselbe lebenskräftig und opferfähig an Familie,
aterland und Kirche sich in der Geschichte bewiesen. Beide Ab-
ilungen der Stiftung, das Gouvernanten-Institut und das
ensionat, wurden unter den Direktor des Seminars gestellt, und
rde dadurch eine Einheit angebahnt, die für das Gedeihen
s komplizirten Organismus von großer Bedeutung war. Zu-
eich wurde das Lehrerkollegium entsprechend vergrößert, und
urden namentlich auch für den Unterricht und die Konversation
der französischen und in der englischen Sprache National-
hrerinnen berufen, so daß sich das Kollegium mit der Turn-
hrerin und der Hilfslehrerin in der Musik auf 14 beläuft.

Mit der eingehendsten Theilnahme begleitete der Stifter der
nstalten deren weitere Entwickelung und suchte nach allen Seiten
n zu ergänzen und zu helfen, wo im Laufe der Zeit Mängel
h herausstellten. Mit seinem Tode, am 16. Februar 1859,
ng die volle Verwaltung der Droyßiger Anstalten in die Hände
es Ministers der geistlichen ꝛc. Angelegenheiten über.

B. Bestimmungen.

Die unter der unmittelbaren Aufsicht und Leitung des Mi nisters der geistlichen, Unterrichts- und Medizinal-Angelegenhei stehenden Königlichen Lehrerinnen-Bildungsanstalten zu Droyß umfassen:

a. das Lehrerinnen-Seminar und
b. das Gouvernanten-Institut.

Ersteres bildet in zweijährigem Kursus Lehrerinnen f Volksschulen, letzteres in dreijährigem Kursus Lehrerinnen f mittlere und höhere Mädchenschulen und Erzieherinnen f Familien aus.

§. 1.

Beide Anstalten nehmen evangelische Bewerberinnen a der ganzen Monarchie auf.

§. 2.

Die statutenmäßige Zahl der Zöglinge des Seminars b trägt 42, die der Zöglinge des Gouvernanten-Instituts 50; e sprechend der Dauer des Kursus sind erstere auf zwei, letz auf drei Klassen vertheilt.

§. 3.

Die Aufnahme findet jährlich einmal, und zwar im Mon August statt.

§. 4.

Die Bewerberin muß am 1. Oktober des Jahres, in welche sie aufgenommen zu werden wünscht, das 17. Lebensjahr vo endet und darf das 24. Lebensjahr noch nicht überschritten habe Ausnahmen bedürfen der besonderen Genehmigung des Ministe der geistlichen, Unterrichts- und Medizinal-Angelegenheiten.

§. 5.

Die Meldung ist bis zum 15. Mai jedes Jahres an d Direktor der Lehrerinnen-Bildungsanstalten zu Droyßig zu richt

Der Meldung sind beizufügen:

a. die Geburtsurkunde und das Taufzeugnis,
b. der Schein über die erfolgte Impfung und Wiederimpfu
c. das Gesundheitszeugnis, ausgestellt von einem zur Fü rung eines Dienstsiegels berechtigten Arzte. Aus de selben muß namentlich hervorgehen, daß die Bewerbe nicht an Brustschwäche, großer Kurzsichtigkeit, Schw hörigkeit, Bleichsucht oder anderen die Ausübung d Lehramtes behindernden Gebrechen leidet und in ih körperlichen Entwickelung so weit vorgeschritten ist, d sie die Anstrengungen der geistigen Arbeit in der Ans ohne Gefährdung ihrer Gesundheit ertragen kann,

d. ein amtliches Führungszeugnis, möglichst von dem Seelsorger der Bewerberin ausgestellt,

e. der von der Bewerberin selbst verfaßte und geschriebene Lebenslauf, aus welchem ihr Bildungsgang ersichtlich ist,

f. die Erklärung des Vaters (oder an dessen Stelle des Nächstverpflichteten), daß er die Mittel zum Unterhalte der Bewerberin während der Dauer ihres Aufenthalts in der Anstalt gewähren werde, mit der Bescheinigung der Ortsbehörde, daß er über die dazu nöthigen Mittel verfüge,

g. die neusten Schulzeugnisse und der Nachweis über die Reife für die Aufnahme in die Anstalt.

§. 6.

Der Nachweis über die Reife für die Aufnahme wird durch blegung einer Prüfung geführt.

Dieselbe kann vor einem Königlichen Schulrath, Seminarirektor, Kreisschulinspektor, vor dem Direktor oder einem Lehrer ner öffentlichen höheren Unterrichtsanstalt abgelegt werden.

Außerdem ist den Bewerberinnen überlassen, sich unter Beiigung der in §. 5 a. bis f. vorgeschriebenen Schriftstücke, sowie er neuesten Schulzeugnisse, zur Ablegung der Aufnahmeprüfung ach Droyßig selbst zu wenden. Die Prüfung wird dort unter em Vorsitze des Direktors der Lehrerinnen-Bildungsanstalten lljährlich im Monat April abgehalten. Die bezüglichen Melungen sind bis zum 1. April einzureichen.

§. 7.

Die Aufnahmeprüfung ist eine schriftliche und eine mündliche.

In der schriftlichen Prüfung haben die Bewerberinnen für as Seminar und für das Gouvernanten-Institut einen deutschen Aufsatz über einen Gegenstand, welcher in ihren Gesichtskreis ällt, anzufertigen und einige Aufgaben aus den bürgerlichen Rechnungsarten zu lösen.

Die Bewerberinnen für das Gouvernanten-Institut haben ußerdem einen kurzen Schriftsatz aus dem Deutschen in das Französische und in das Englische zu übertragen.

In der mündlichen Prüfung haben die Bewerberinnen für as Seminar mit Ausnahme der Ausbildung in der Musik dieenigen Kenntnisse und Fertigkeiten nachzuweisen, welche nach den Allgemeinen Bestimmungen vom 15. Oktober 1872 in der Aufahmeprüfung an den Königlichen Schullehrer-Seminaren verangt werden.

Ein Anfang im Verständnis der französischen Sprache, im Gesang und im Klavier- oder Geigenspiel ist erwünscht.

Die Bewerberinnen für das Gouvernanten-Institut haben

dasjenige Maß allgemeiner Bildung nachzuweisen, welches i
einer vollorganisirten höheren Mädchenschule gewonnen wird.

Ueber den Gang der Prüfung ist eine kurze Verhandlun aufzunehmen und über das Ergebnis derselben in den einzelne Gegenständen ein Urtheil abzugeben.

Bei dem Urtheile über die schriftliche Prüfung ist zugleic zu vermerken, welche Zeit auf dieselbe verwendet und welch Hilfsmittel bei derselben gestattet worden sind.

Bewerberinnen, welche eine besondere Fertigkeit im Zeichne in weiblichen Handarbeiten oder im Klavierspiel erlangt habe ist es überlassen, den Nachweis hierüber ihren Meldungspapiere beizufügen.

§. 8.

Die Entscheidung über die Aufnahme wird von dem Minist der geistlichen, Unterrichts- und Medizinal-Angelegenheiten ge troffen. Die Einberufung erfolgt durch den Direktor.

Die Angehörigen der aufgenommenen Bewerberinnen habe spätestens zwei Wochen nach Empfang der Einberufung de Direktor anzuzeigen, daß sie dieselben zur bestimmten Zeit de Anstalt zuführen werden.

Die Entscheidung über sämmtliche in einem Jahre einge gangene Gesuche gilt zunächst als abschließende Erledigung der selben. Im folgenden Jahre müssen sich daher die abgewiesene Bewerberinnen, welche die Aufnahme noch ferner wünschen, rech zeitig auf's Neue melden, doch bedarf es der Ablegung eine nochmaligen Prüfung nicht, wenn das Aufnahmegesuch innerhal Jahresfrist erneuert wird.

§. 9.

Die Aufnahme ist zunächst eine probeweise, und kann des wegen eine Schülerin der Anstalt ebensowohl, wenn ihre Vor bereitung sich nicht als ausreichend erweist, als wenn ihr Ge sundheitszustand den Anstrengungen der Arbeit in der Anstal nicht gewachsen ist, innerhalb der ersten drei Monate ohn Weiteres entlassen werden.

§. 10.

Das Pensionsgeld einschließlich von je 15 Mark Kranken kassen-Beiträgen beträgt für jedes Schuljahr im Seminar 255 Mark, im Gouvernanten-Institut 390 Mark.

Dasselbe ist monatlich im Voraus an die Seminarkasse zu entrichten; vierteljährliche Vorausbezahlung ist gestattet.

Zeitweise Abwesenheit von der Anstalt (Urlaub, Ferien) be freit nicht von der Pflicht der Pensionszahlung.

Für das Pensionsgeld wird Unterricht, Wohnung, Beköstung, Bett, Bettwäsche, Heizung, Beleuchtung, sowie ärztliche Behandlung und Medizin in leichteren Krankheitsfällen gewährt.

Die Kosten, welche durch ärztliche Behandlung außerhalb der Anstalt oder durch Zuziehung eines zweiten Arztes und durch zahnärztliche Hilfe entstehen, haben die Erkrankten selbst zu tragen.

§. 11.

Die Nebenkosten für Bücher, Schreibmaterialien, Reinigung der Leibwäsche u. s. w. betragen bei Sparsamkeit und Ordnung im Seminar 70 bis 75 Mark, im Gouvernanten-Institut 75 bis 80 Mark jährlich.

§. 12.

Obwohl die Kosten auf's Niedrigste bemessen sind, so besteht doch für besonders bedürftige und würdige Zöglinge beider Anstalten ein beschränkter Fonds zu Unterstützungen, welche indessen nicht baar ausgezahlt, sondern auf das Pensionsgeld in Anrechnung gebracht werden. Sofern eine Erleichterung in der Pensionszahlung überhaupt möglich ist, kann solche in der Regel erst von der zweiten Hälfte des ersten Schuljahres ab und auch dann nur gewährt werden, wenn das Lehrerkollegium ein günstiges Urtheil über Fleiß, Fortschritte und Wohlverhalten des betreffenden Zöglings gewonnen hat.

Etwaige Unterstützungsgesuche sind an den Direktor der Anstalten zu richten.

§. 13.

Die Kleidung der Zöglinge ist möglichst einfach zu halten. Es genügen vier Anzüge, und zwar: zwei dauerhafte Wochentagskleider, ein Sonntagskleid und ein schwarzes Kleid für besondere Gelegenheiten. Für den Sommer empfehlen sich Waschkleider von nicht zu heller Farbe.

An Schuhwerk sind dauerhafte Lederstiefel und ein Paar Morgenschuhe mitzubringen.

An Wäsche sind ein Dutzend Hemden, ein Dutzend Handtücher, ein Dutzend Strümpfe und zwei weiße Bettdecken erforderlich.

§. 14.

Die Ferien dauern zu Weihnachten und zu Ostern je 14 Tage, die Sommerferien 5 Wochen, die Michaelisferien 8 Tage.

Besondere Verhältnisse ausgenommen, können in den Sommerferien Zöglinge in den Anstalten nicht verbleiben, wohl aber in den anderen Ferien, ohne daß besondere Vergütung für Beköstigung zu leisten ist.

§. 15.

Am Ende eines Kursus gehen sämmtliche Schülerinnen des

Seminars und des Gouvernanten-Instituts ohne Weiteres in den nächsthöheren Kursus über. Hat eine Schülerin die Befähigung dazu nicht erworben, so erfolgt ihre Entlassung von der Anstalt. Eine Ausnahme hiervon ist nur mit Genehmigung des Ministers der geistlichen, Unterrichts- und Medizinal-Angelegenheiten zulässig.

§. 16.

Die Abgangsprüfungen finden Ende Juni unter dem Vorsitz eines Kommissars des Ministers der geistlichen, Unterrichts- und Medizinal-Angelegenheiten vor der aus dem Lehrerkollegium der Anstalten bestehenden Prüfungskommission statt.

Das Reifezeugnis aus dem Seminar gewährt den Geprüften die Befähigung zur Anstellung als Lehrerinnen an Volksschulen, zur Ertheilung des Turn- und Handarbeitsunterrichts, das Reifezeugnis aus dem Gouvernanten-Institut außer der vorgenannten Befähigung auch die zur Anstellung als Lehrerinnen an mittleren und höheren Mädchenschulen.

§. 17.

Die Vermittelung von Stellen für die in Droyßig ausgebildeten Zöglinge übernimmt, wenn es gewünscht wird und soweit als möglich, die Seminar-Direktion.

---

32) Befähigungszeugnis für einen Lehrer als Vorsteher einer Taubstummen-Anstalt.

In der zu Berlin im Monat September 1891 abgehaltenen Prüfung für Vorsteher an Taubstummen-Anstalten hat der Lehrer an der Taubstummen-Anstalt zu Camberg Bleher das Zeugnis der Befähigung zur Leitung einer Taubstummen-Anstalt erlangt.

Berlin, den 19. Januar 1891.

Bekanntmachung.
U. III. A. 3015.

---

33) Verzeichnis der Lehrer und Lehrerinnen, welche die Prüfung für das Lehramt an Taubstummenanstalten im Jahre 1891 bestanden haben.

Die Prüfung für das Lehramt an Taubstummenanstalten gemäß der Prüfungsordnung vom 27. Juni 1878 haben im Jahre 1891 bestanden:

1) Bräuer, Taubstummen-Hilfslehrer zu Liegnitz,
2) Debergé, Taubstummen-Lehrerin zu Brühl,
3) Ernst, Taubstummen-Lehrer zu Brühl,
4) Homann, Taubstummen-Hilfslehrerin zu Langenhorst,

5) **Pahlke**, Taubstummen-Hilfslehrer zu Hildesheim,
6) **Rönigk**, Taubstummen-Hilfslehrer zu Halberstadt,
7) **Schlechtweg**, Taubstummen-Hilfslehrer zu Erfurt,
8) **Schmidt**, Taubstummen-Lehrerin zu Trier,
9) **Schwarz**, Lehraspirant der Taubstummenanstalt zu Wriezen a. O.,
10) **Weise**, Lehrer zu Halle a. S.,
11) **Wennekamp**, Taubstummen-Hilfslehrer zu Büren,
12) **Wiechert**, Taubstummen-Hilfslehrer zu Angerburg.

U. III. A. 3167.

---

4) **Befähigungszeugnisse zur Ertheilung des Turn-Unterrichts an öffentlichen Mädchenschulen.**

Berlin, den 6. Februar 1892.

In der im Monate November 1891 zu Berlin abgehaltenen Turnlehrerinnen-Prüfung haben das Zeugnis der Befähigung zur Ertheilung von Turnunterricht an öffentlichen Mädchenschulen erlangt:

1) **Anhuth**, Helene, in Stettin,
2) **Bersch**, Anna, Lehrerin in Berlin,
3) **Blaurock**, Marianne, desgleichen daselbst,
4) **Boeck**, Else, desgleichen in Stettin,
5) **Drewien**, Clara, desgleichen in Berlin,
6) **Giesler**, Margarete, Handarbeitslehrerin in Berlin,
7) **Gruber**, Anna, desgleichen in Gumbinnen,
8) **Günther**, Gertrud, Handarbeitslehrerin in Delitzsch,
9) **Gummert**, Margarete, desgleichen in Berlin,
10) **Gummert**, Mathilde, in Berlin,
11) **Hartmann**, Emma, Handarbeitslehrerin in Minden,
12) **Hecht**, Helene, technische Lehrerin in Stralsund,
13) **Heil**, Henriette, in Berlin,
14) **Henning**, Elsbeth, Lehrerin in Berlin,
15) **Herzog**, Margarete, desgleichen daselbst,
16) **Hoffert**, Margarete, in Stettin,
17) **Kanitz**, Paula, in Berlin,
18) **Keßler**, Friederike, Lehrerin in Emden,
19) **Kirsch**, Agnes, Handarbeitslehrerin in Berlin,
20) **Klein**, Margarete, in Berlin,
21) **Klöpfer**, Meta, in Charlottenburg,
22) **Kniephoff**, Marie, Handarbeitslehrerin in Stettin,
23) **Krasting**, Helene, in Stettin,
24) **Krause**, Marie, Handarbeitslehrerin in Strasburg, Westpreußen,

25) Krüger, Josephine, Lehrerin in Berlin,
26) Kühn, Antonie, Handarbeitslehrerin in Kröllwitz,
27) Kühne, Martha, Lehrerin in Berlin,
28) Kusserow, Anna, Handarbeitslehrerin daselbst,
29) Leutloff, Eva, Lehrerin daselbst,
30) Lindenau, Elisabeth, Handarbeitslehrerin in Friede-berg N.M.,
31) Lorenzen, Elisabeth, in Flensburg,
32) Mietke, Anna, Lehrerin in Berlin,
33) Neste, Ella, desgleichen in Kreuznach,
34) Ohlendorf, Dorothea, Handarbeitslehrerin in Hildesheim
35) le Prêtre, Elisabeth, Lehrerin in Berlin,
36) le Prêtre, Clara, in Berlin,
37) Rellstab, Clara, Lehrerin in Berlin,
38) Rosenbaum, Martha, desgleichen daselbst,
39) Rosenow, Alice, in Grabow a. O.,
40) Scheiklies, Luise, Handarbeitslehrerin in Berlin,
41) Schmidt, Henriette, desgleichen daselbst,
42) Schütze, Margarete, Handarbeitslehrerin in Sandau a. E
43) von Seydlitz, Justine, Lehrerin in Potsdam,
44) Stahn, Emma, Handarbeitslehrerin in Berlin,
45) Ströse, Marie, in Köthen,
46) Taube, Anna, Lehrerin in Berlin,
47) Tempelhagen, Marie, Handarbeitslehrerin daselbst,
48) Titzschkau, Luise, desgleichen in Sandau a. E.,
49) Wessel, Elisabeth, desgleichen in Berlin,
50) Zelck, Margarete, in Stettin,
51) Zencker, Helene, Handarbeitslehrerin in Reichenbach.

Der Minister der geistlichen ꝛc. Angelegenheiten.
Im Auftrage: Kügler.

Bekanntmachung.
U. III. B. 58 I.

---

35) Schulferien für die Seminare und die Präparanden-Anstalten der Provinz Ostpreußen.

Königsberg, den 16. Januar 18[illegible]

Die Lage der Ferien für die Königlichen Schullehrer-Seminare und Präparandenanstalten der Provinz wird von uns für das Jahr 1892 in folgender Weise geordnet:

	Nähere Bezeichnung	Dauer	Schluß des Unterrichtes	Beginn des Unterrichtes
1	Osterferien	1½ Woche	Sonnabend den 9. April	Donnerstag den 21. April
2	Pfingstferien	5 Tage	Freitag den 3. Juni	Donnerstag den 9. Juni
3	Sommerferien	4 Wochen	Sonnabend den 2. Juli (12 Uhr)	Dienstag den 2. August
4	Michaelisferien	1½ Woche	Sonnabend den 1. Oktober	Donnerstag den 13. Oktober
5	Weihnachtsferien	2 Wochen	Mittwoch den 21. Dezember	Donnerstag den 5. Januar 1893.

Königliches Provinzial-Schulkollegium.

---

6) Schulferien für die Seminare und Präparanden-Anstalten der Provinz Posen.

Posen, den 22. Januar 1892.

Unter Bezugnahme auf unsere Verfügung vom 2. Juli 1883 r. 3193, betreffend die Ferien-Ordnung, bestimmen wir hier-rch, daß im laufenden Jahre:

der Schulschluß vor den Sommerferien am Sonnabend, den 2. Juli,
" " " " Herbstferien am Donnerstag, den 29. September,
der Schulanfang nach den Sommerferien am Dienstag, den 2. August,
" " " " Herbstferien am Dienstag, den 11. Oktober

ttzufinden hat.

Königliches Provinzial-Schulkollegium.

---

37) Betrifft Fortbildungskursus für Handarbeits-lehrerinnen aus den Kreisen Guhrau und Wohlau.

Breslau, den 5. November 1891.

Euer Excellenz beehren wir uns zufolge des nebenstehend zeichneten hohen Erlasses gehorsamst zu berichten, daß der von s für Handarbeitslehrerinnen aus den Kreisen Wohlau und uhrau in Aussicht genommene Kursus in Herrnstadt mit 17 eilnehmerinnen eröffnet und nach einer Dauer von 14 Ar-itstagen am 7. Oktober d. J. geschlossen worden ist.

Täglich wurden unter der Leitung der städtischen Handarbeitslehrerin Fräulein F. aus D. reichlich 4 Stunden Unterricht ertheilt, außerhalb dieser Zeit Aufzeichnungen über methodische Ertheilung des weiblichen Handarbeits-Unterrichts von den Kursistinnen gemacht und den schwächer Beanlagten unter denselben noch besondere Nachhilfe gewährt.

Die Uebungen selbst erfolgten nach einem vor Beginn des Kursus festgestellten Plane, unter genauer Beschränkung auf die in einfacheren Schulverhältnissen auf dem Gebiete des Strickens, Nähens, Ausbesserns und Zuschneidens erreichbaren Lehrziele und endigten mit der Anfertigung des Frauen- und Männerhemdes. In methodischer Hinsicht wurde auf die Anleitung zur Ertheilung von Abtheilungsunterricht besonderes Gewicht gelegt und dieser Gesichtspunkt in den von den Kursistinnen abgehaltenen Lehrproben, welche zunächst mit Theilnehmerinnen als Schülerinnen im weiteren Verlaufe mit Kindern der Herrnstadter Volksschule fleißig abgehalten wurden, streng festgehalten. In der Schlußprüfung wurde von den Kreis-Schulinspektoren Superintendent K. und Pastor F. festgestellt, daß dank dem Fleiß der Kursistinnen und der geschickten Leitung der Uebungen durch Fräulein F. die Theilnehmerinnen eine ausreichende Befähigung zum methodischen Betriebe des Handarbeits-Unterrichts empfangen haben.

Königliche Regierung,
Abtheilung für Kirchen- und Schulwesen.

An
den Königlichen Staatsminister und Minister der geistlichen, Unterrichts- und Medizinal-Angelegenheiten Herrn Grafen von Zedlitz-Trützschler Excellenz zu Berlin.

F. Oeffentliches Volksschulwesen.

38) Rechtsgrundsätze und Entscheidungen des Königlichen Oberverwaltungsgerichtes in Volksschul- rc. Angelegenheiten.

a. Beweis für das Bestehen eines Schulverbandes — Stellung des Gutsherrn zur Schule — Voraussetzung und Begründung dieser Stellung — Uebergang der gutsherrlichen Rechte und Pflichten bei einer Parzellirung — Allgemeines Landrecht und Schlesisches Schulrecht. —

1) Zum Beweise des Bestehens eines Schulverbandes bedarf es nicht der Beibringung einer förmlichen Einschulungsver-

ung, vielmehr ist bei von altersher bestehenden Verbindungen s stillschweigende Anerkenntnis Seitens der Aufsichtsbehörde : nach §. 18. l. k. der Regierungsinstruktion vom 23. Oktober 17 den Regierungen überwiesenen „Einrichtung der Schul- ietäten" (im Weiteren sowohl Hausvätergemeinden wie Ver- nde von kommunalen Trägern der Unterhaltungslast umfassen- ı Sinne) gleichzuachten.

Voraussetzung hierfür ist aber die rechtliche Möglichkeit der Frage stehenden Verbindungen.

2) Der Gutsherr persönlich steht wie nach dem Allgemeinen ndrecht, so auch im Geltungsbereiche der Schlesischen Schul- lements außerhalb des Schulverbandes und kann vermöge er von dem Gesetzgeber angenommenen Pflicht zur Unter- zung der Unterthanen bei Befriedigung des Schulbedürfnisses r dann einer Schule beitragspflichtig sein, wenn zu dieser An- hner auf dem vormals seiner gutsherrlichen Gewalt unterwor- gewesenen Gebiete gewiesen sind. Daß er selbst im Schulbezirke minialgrundstücke eigenthümlich besitze, ist aber nicht erforderlich. weichend von den landrechtlichen Grundsätzen ist indessen die heilige Beitragspflicht der zu einer Schlesischen Reglements- de geschlagenen Dominien nicht davon abhängig, ob einem oder zelnen von ihnen, wenn die Schule im Bezirke einer Gemeinde befindet oder errichtet wird, gerade über diese bäuerliche Ge- nde gutsherrliche Rechte einstmals zugestanden haben oder nicht. Wohl aber bleibt auch nach Schlesischem Schulrechte in Er- ngelung rechtsgültiger Vereinbarungen betreffs bestimmter stungen die Unterhaltungspflicht der Herrschaften gegenüber hen Schulen ausgeschlossen, deren Bezirk weder ganz noch h nur theilweise die gutsherrliche (Guts- oder Gemeinde-) dmark in sich begreift. Durch Einschulung des gutsherrlichen ritoriums oder räumlicher Theile desselben wird zugleich die rschaft zur Schule geschlagen und damit ihre Beitragspflicht ründet, ohne daß die Schulaufsichtsbehörde diese kraft des etzes eintretende Fürsorge besonders anzuordnen nöthig hätte r sie abzuwenden im Stande wäre.

3) Wenn bei der Parzellirung eines Gutes das Eigenthum dessen ablösbaren Berechtigungen dem bisherigen Besitzer behalten, der Uebergang der sonstigen gutsherrlichen Rechte ı aller Pflichten aber weder auf den Erwerber des eigent- en Rittersitzes als des Stammes vom Gute noch auf den verber eines anderen Trennstückes von dessen Areale ausbe- ngen ist, dann stellen fortan jene vorbehaltenen Berechtigungen r die nochmals für dieselben ausgewiesenen Ablösungskapi- ien die Substanz des Gutes im Sinne des Gesetzes dar und

wird Derjenige, auf welchen sie gediehen sind, Gutsherr, au
wenn er liegende Gründe innerhalb der Gemarkung nicht besi
(Erkenntnis des I. Senates des Oberverwaltungsgericht
vom 5. September 1891 — I. 924.)

b. Bedeutung der Matrikeln für die Rechtsverhältnisse d
betreffenden Schule — Umfang der Verpflichtung des Gut
herrn zur Holzlieferung für die Schule im Geltungsbereich d
Preußischen Schulordnung. —

1) Die von der Regierung bestätigten Matrikeln sind zw
dazu bestimmt, die Rechtsverhältnisse für die einzelne Sch
übersichtlich wiederzugeben; ob dies aber zutreffend geschehen
ist im Streitfalle vom Verwaltungsrichter selbständig nach Ma
gabe des Gesetzes der von den Behörden innerhalb ihrer Z
ständigkeit getroffenen Anordnungen oder der Willenserklärung
der Betheiligten zu prüfen.

2) Aus den Vorschriften der §§ 45. 46 der Schulordnu
in Verbindung mit § 54 muß nothwendig abgeleitet werden, d
der Gutsherr in demselben Verhältnisse, in welchem er das H
bisher herkömmlich hergegeben hat, auch an dem erweiterten B
dürfnisse und also auch an demjenigen für eine neu eingericht
weitere Schulstelle und Schulklasse Theil zu nehmen hat. (E
kenntnis des I. Senates des Königlichen Oberverwaltungsgericht
vom 16. September 1891 — I 978 —).

c. 1) Die allgemeine Schulordnung für die Herzogthüm
Schleswig und Holstein vom 24. August 1814 bezeichnet
Schulvorsteher, indem sie in § 64 ihnen die Einforderung d
Hebungen der Schullehrer und die Fürsorge für die Unterhaltu
der Schulgebäude überweist, als dasjenige Organ, welchem
der örtlichen Behörde die Veranlagung der Pflichtigen zu d
Schullasten im Sinne des § 46 des Zuständigkeitsgesetzes v
1. August 1883 obliegt und welches zur Vertretung der Sch
und des Schulverbandes nach Außen berufen ist.

Hierüber hinaus geht aber die Befugnis der Schulvorst
nicht, insbesondere haben sie mangels eines sie hierzu ermä
tigenden Gesetzes nicht selbständig die inneren Angelegenheit
des Schulverbandes zu regeln, wie solches in dem Patent v
16. Juli 1864 (Ges. Bl. S. 221) für Holstein den Schulkolleg
zugestanden ist; vielmehr sind sie als Organ zur Verwaltung d
Schule und des Schulverbandes und zur Verwaltung der Sch
angelegenheiten an die Beschlüsse des Schulverbandes gebunde

2) Die Schulordnung für die Herzogthümer Schleswig u
Holstein vom 24. August 1814 zählt alle Einwohner des Sch

ezirkes zu den Mitgliedern des Schulverbandes und verpflichtet e je nach der Art der Leistung zu den Kosten der Schulhaltung nter Ausschluß allein der nicht der Schulpflichtigkeit unterliegen= n adligen Gutsbesitzer und der Besitzer adliger Stammparzellen.

Unter den adligen Stammparzellen im Sinne des § 59 a. a. O. nd die Stammhöfe gemeint und diese sind neben den adligen utsbesitzern noch besonders aufgeführt, um klar zu stellen, daß s adlige Besitzer sowohl diejenigen der nicht aufgetheilten adligen ütter, wie bei aufgetheilten Gütern die Besitzer der Stammhöfe s der Restgüter die Freiheit genießen sollen.

(Erkenntnis des I. Senates des Königlichen Oberverwaltungs= richtes vom 23. September 1891 — I. 1006.)

---

d. Begründung eines Wohnsitzes. — Wohnsitz des Beamten. Doppelbesteuerung für Zwecke des Volksschulwesens.

„Zur Begründung, zum Haben und Beibehalten eines Wohn= es gehört einmal der Wille, einen bestimmten Ort zum dauern= Aufenthalt und Mittelpunkt der Lebensverhältnisse zu machen, d außerdem die Verwirklichung dieses Willens durch ent= echende That. Unwesentlich ist dabei die Unterbrechung des fenthaltes, mag dieselbe auch aus regelmäßiger Veranlassung d zu mehr oder minder regelmäßigen Zeiten erfolgen.

Die in § 92 Tit. 10. Thl. II. A. L. R. enthaltene Vorschrift, nach kein Beamter den zur Ausübung seines Amtes ihm an= wiesenen Wohnort ohne Vorwissen und Genehmigung seiner rgesetzten verlassen darf, giebt der Aufsichtsbehörde nur die fugnis, die Niederlassung eines Beamten in einer anderen Ge= inde, als in derjenigen des Amtssitzes zu inhibiren; so lange s nicht geschehen, macht diese Vorschrift aber die rechtlichen lgen der gewählten Niederlassung nicht unwirksam. (Erlaß des nisters der geistlichen 2c. Angelegenheiten und des Innern vom Februar 1863. Minist.=Blatt der inneren Verwaltung Seite 67.)

Es fehlt eine positive Norm, durch welche die Zulässigkeit Doppelbesteuerung eines und desselben Einkommens für Zwecke Volksschulwesens in ähnlicher Weise ausgeschlossen ist, wie für andere Gebiete des Abgabenwesens durch Gesetz geschehen (§ 1 des Gesetzes wegen Beseitigung der Doppelbesteuerung n 13. Mai 1870. Bundesgesetzblatt Seite 119. § 16 der risordnung vom 13. Dezember 1872, 19. März 1881, Gesetz= mml. Seite 179; §§ 7 ff. des Kommunalabgabengesetzes vom Juli 1885, Gesetzsamml. Seite 327.) Die Vorschrift in § 31 12 Thl. II A. L. R. hat nicht diese Bedeutung. Dieselbe chränkt sich, indem sie die billige Vertheilung der Schulbeiträge ter die Hausväter nach Verhältnis ihrer Besitzungen und

Nahrungen vorschreibt, darauf, die Grundsätze, nach welchen d
Besteuerungsfuß zu bestimmen ist, aufzustellen; es ist aber a
dieser Vorschrift nicht zu entnehmen, daß vorhandene Besitzung
und Nahrungen eines schulsteuerpflichtigen Hausvaters aus irge
welchen im Gesetz auch nicht einmal angedeuteten Billigkeitsrü
sichten unbesteuert zu lassen seien.

Eine analoge Anwendung jener, die Doppelbesteuerung a
anderen Gebieten des Abgabenwesens ausschließenden positi
Bestimmungen auf die Schulbeiträge ist dem Verwaltungsrich
nicht gestattet. Dies kann mangels einer ausdrücklichen di
Beiträge umfassenden Gesetzesvorschrift nur durch genehmigte B
schlüsse des Schulvorstandes bezw. durch Festsetzung im V
waltungswege erfolgen und deshalb verfolgt auch der die Fr
der Doppelbesteuerung durch Schulabgaben behandelnde Er
des Ministers der geistlichen, Unterrichts- und Medizinal-An
legenheiten vom 3. August 1886 nur den Zweck, die Aufsich
behörden auf die Herbeiführung von, dem Gesetz vom 27. J
1885 und der Billigkeit entsprechenden Beschlüssen und F
setzungen für den Fall des Hervortretens von Beschwerden a
merksam zu machen. (Erkenntnis des I. Senates des Obe
waltungsgerichts vom 26. September 1891 — I. 1026.)

---

e. 1) Bilden Gutsbezirke und Gemeinden einen Schulv
band, so ist der Theilungsmaßstab für die Verbandsla
mangels eines denselben regelnden Gesetzes von der Regier
in Uebung des staatlichen Hoheitsrechts nach Ermessen fest
setzen. Sie darf dabei insbesondere als solchen den Maß
der direkten bezw. fingirt veranlagten Staatssteuern — un
Ausschluß der Gewerbesteuer im Umherziehen — vorschreiben

2) Im §. 49 des Zuständigkeitsgesetzes vom 1. August 18
ist für die mit der Küsterei verbundenen Schulen der Regier
wie auch den Verwaltungsgerichten die Zuständigkeit nur
Sinne des §. 47 übertragen. Wie die Regierung im Falle
§. 47 die Kosten nur auf die Gemeinden, Gutsbezirke, Sch
verbände oder die statt oder neben denselben verpflichteten Dri
vertheilen darf, sich also der Untervertheilung in den Gemein
(Gutsbezirken, Schulverbänden) zu enthalten, solche vielmehr
hierfür berufenen örtlichen Behörde — Gemeinde-, Guts- u
Schulvorstand — zu überlassen hat, so gilt dies sinngemäß
den §. 49 dahin, daß die Regierung zwar über die Beitra
pflicht der Kirchengemeinde, der Patrone, oder der statt oder ne
denselben verpflichteten Dritten zu beschließen hat, nicht aber a
über die Untervertheilung in der Kirchengemeinde. Diese ist d
Vorstande des Kirchenverbandes zu überlassen. Zur Entscheid

es Streites über die Heranziehung zu diesen von dem Kirchenvorstande vertheilten kirchlichen Abgaben sind die Verwaltungsgerichte nicht zuständig.

(Erkenntnis des I. Senates des Königlichen Oberverwaltungsgerichtes vom 3. Oktober 1891 — I. 1054 —.)

---

f. Umfang der Schulbaupflicht.

Die Schulbaupflicht, welche aus der die gesammte Unterhaltung der Schule und des Lehrers einschließenden Verpflichtung als eine besondere, nach anderen Grundsätzen und theilweise von anderen Personen zu erfüllende Unterart ausgeschieden ist, besteht nicht ausschließlich in der Aufführung, Erhaltung und nothwendigen Erneuerung der zur Unterrichtsertheilung und Unterbringung des Lehrers mit seiner Familie bestimmten Räume, sowie in deren Umgestaltung und Erweiterung nach Maßgabe des gesteigerten Bedarfs; sondern erstreckt sich darüber hinaus auf mannigfache weitere Leistungen, welche je nach der Bewandtnis des Einzelfalles mit der Bereitstellung jener Räume in unmittelbarem Zusammenhange stehen und deshalb in der Fürsorge für das Baubedürfnis der Schule einbegriffen sind.

So liegt den Baupflichtigen beispielsweise in Ermangelung eigener Gebäude die miethweise Beschaffung der erforderlichen Räumlichkeiten, ferner die Errichtung von Scheune oder Stall für den Lehrer auf dem Lande, die Anlegung eines Brunnens, die Hergabe oder der Ankauf eines Bauplatzes, der Ersatz einer abgenutzten Umwehrung des Schulgehöftes ob.

Dem steht nicht entgegen, daß in einzelnen Rechtsgebieten, so nach §. 12 Nr. 4 der Preußischen Schulordnung vom 11. Dezember 1845 und nach §. 36 Titel 12 Thl. II. A. L. R., wie dies von dem vormaligen Obertribunal ausgesprochen und in der Ministerialinstanz seitdem gehandhabt ist, der Gutsherr des Schulortes Holz nur zu den Gebäuden, nicht zu den Umzäunungen und Gehegen herzugeben hat; denn hierdurch wird nicht der Begriff und Umfang der Baulast, sondern lediglich das Verhältnis bestimmt, nach welchem die Gutsherren zu dieser Last beizutragen haben. Im Geltungsbereiche des Schlesischen Schulreglements vom 3. November 1765 würde übrigens die Frage nach der gutsherrlichen Beitragspflicht im Hinblick auf Nr. 13 a. a. O. abweichend zu beantworten sein.

(Erkenntnis des I. Senates des Oberverwaltungsgerichtes vom 14. Oktober 1891 — I. 1094 —.)

---

g. Zweck der Entlastungsgesetze vom 14. Juni 188 und 31. März 1889. Verrechnung des Staatsbeitrage nach §. 2 des ersteren Gesetzes, insbesondere im Geltungs bereich des Schlesischen Schulreglements.

Die Entlastungsgesetze vom 14. Juni 1888, 31. Mai 188 erstreben die Erleichterung der Volksschullasten in zwei Richtungen zunächst durch Ueberweisung jährlicher Beiträge aus der Staats kasse zu dem Diensteinkommen der Lehrer, sodann durch Au hebung des Schulgeldes.

Die Zusammengehörigkeit dieser beiden Ziele hat zu de Vorschriften des §. 4 zu 2 und des §. 5 des Gesetzes von 188 sowie des Artikels II. der Novelle von 1889 geführt, wonach i Höhe des Staatsbeitrages Schulgeld für die im Schulbezirk ein heimischen Kinder unter keinen Umständen mehr erhoben werde darf und wonach ferner bei denjenigen Schulen, deren Lehr seither das Schulgeld als ein seiner Natur nach steigendes un fallendes Dienstemolument bezogen hatten, der Staatsbeitrag i erster Linie zur Deckung eines ihnen statt dessen nach dreijähri gem Durchschnitte als Theil ihres baaren Gehaltes zu gewäh renden Fixums bestimmt ist.

Wo dem Lehrer eine solche Abfindung für den Fortfall de Schulgeldeinnahme bewilligt werden mußte, ist damit den Schu unterhaltungspflichtigen eine neue Last erwachsen. Zu dem Zweck deren Druck minder fühlbar und so die Beseitigung des Schul geldes möglich zu machen, verordnen die Entlastungsgesetze, da der Staatsbeitrag vor allen anderen Verwendungszwecken un erforderlichen Falles bis zu seiner vollen Höhe zur Bestreitun der die Schulgeldeinnahme ersetzenden Besoldungszulage de Lehrers zu dienen hat.

Soweit der Staatsbeitrag hierzu nicht verbraucht wird, sin aus demselben die sonstigen persönlichen Unterhaltungskosten z bestreiten. Dabei macht es keinen Unterschied, ob je nach de in den verschiedenen Landestheilen geltenden Schulrechte bürge liche Gemeinden und Gutsherren, welche mit ersteren in Ansehun der Verbindlichkeit zur Erfüllung der öffentlich-rechtlichen Pflicht und Leistungen nach § 31 der Kreisordnung vom 13. Dezemb 1872 auf einer Stufe stehen oder korporative Schulgemeind (Schulsocietäten, Schulverbände, Schulkommunen 2c.) im Einze falle als Träger der Last in Betracht kommen.

Wie aus dem Wortlaute des Entlastungsgesetzes von 18 klar erhellt und in den Materialien desselben Bestätigung find sollen die Wohlthaten des Gesetzes allen nach öffentlichem Rech Schulunterhaltungspflichtigen gleichmäßig je nach dem Verhäl nisse der von ihnen zu tragenden Last, insonderheit den Gu zirken, ebenso wie den Gemeinden — vorbehaltlich nur der orzugsweisen Berücksichtigung der Beiträge zu dem baaren Theile s Diensteinkommens, sowie der auf Umlagen beruhenden Leitungen — zu Statten kommen.

Nach den Schlesischen Schulreglements sind die Schulunterhaltungspflichtigen nicht die Angehörigen oder Einwohner der emeinde- und Gutsbezirke, sondern die Gemeinden und Dominien.

Für die Frage, ob eine Leistung an die Schule auf Umlage Sinne des Gesetzes vom 14. Juni 1888 beruhe, ist einzig d allein das Verhältnis der Schulanstalt zu den ihr Beitragslichtigen, nicht das Verhältnis der letzteren zu denjenigen Mitiedern oder Hintersassen entscheidend, welchen sie ihrerseits wierum im Wege der Subrepartition eine Auflage zu machen wa berechtigt sind.

Unter keinen Umständen kann eine Leistung, welche zur kung eines und desselben Schulbedürfnisses, z. B. des baaren heiles des Diensteinkommens des Lehrers und der Industrierein, von dem Schulvorstande aus dem Rechte der Schulstalt auf die ihr Beitragspflichtigen ausgeschrieben ist, eben ser Anstalt gegenüber sich in dem einen Falle (soweit eine Geeinde in Frage kommt) als auf Umlage, in dem anderen (soit ein Dominium oder Gutsherr in Frage kommt) als nicht f Umlage beruhend darstellen und hierdurch etwa ein Vorzugscht des einen Beitragspflichtigen vor dem anderen zur Anennung gelangen.

§. 2 des Gesetzes vom 14. Juni 1888 enthält keine direkt wingende Norm über die Anrechnung des Staatsbeitrages auf e Beiträge der betheiligten Schulunterhaltungspflichtigen, daß durch ein von den Grundsätzen dieser Gesetzesstelle abweichens Uebereinkommen ausgeschlossen und der Richter gezwungen äre, den von den Parteien übereinstimmend beliebten Verrechngsmaßstab von Amtswegen nachzuprüfen und richtig zu stellen.

(Erkenntnis des I. Senates des Königlichen Oberverwalngsgerichtes vom 17. Oktober 1891 — I. 1106 —.)

---

9) Zahlung des gesetzlichen Staatsbeitrages zur Besoldung eines Rektors an Volksschulen.

Berlin, den 3. November 1891.

Wenn die Königliche Regierung, wie ich auf den Bericht om 12. September d. Js. erwidere, die Stelle des katholischen Rektors in W. mit Rücksicht auf seine unterrichtliche Thätigkeit ls Stelle eines vollbeschäftigten Lehrers ansehen zu können glaubt, will ich nichts dagegen erinnern, daß für dieselbe nach Maß-

gabe des Gesetzes vom 14. Juni 1888, 31. März 1889, i
gesetzliche Staatsbeitrag angewiesen wird. Ich mache indes
darauf aufmerksam, daß hieraus unter Umständen der Sta
gemeinde finanzielle Nachtheile erwachsen können, da in ein
solchen Falle naturgemäß die Rektorstelle als erste ordentli
Lehrerstelle gelten muß. Sofern nämlich dem Rektor mehr
Schulen unterstellt sind und er an mehreren derselben unterrich
müssen, wie schon in dem Erlasse vom 21. Januar d. J.
U. IIIa 24 291. U. III. — bemerkt worden ist, wenn seine St
als erste Lehrerstelle in Ansatz kommt, alle übrigen ordentlic
Lehrerstellen hinsichtlich der Anweisung des Staatsbeitrages
zweite u. s. w. angesehen werden. Die Stadtgemeinde würde da
für die bisherigen ersten Lehrerstellen der einzelnen Schulen i
den geringeren Staatsbeitrag von 300 Mark erhalten könn
Nur wenn der Rektor ausschließlich an einer Schule planmä
zu unterrichten hat und also seine Stelle als erste Lehrerst
dieser einzelnen Schule gelten kann, werden für die ersten Leh
stellen der übrigen, seiner Aufsicht unterstellten Schulen die Sta
beiträge in Höhe von 500 Mark fortgezahlt werden können. I
dem ich hiernach der Königlichen Regierung die weitere Erwäg
überlasse, ermächtige ich Sie gleichzeitig, eventuell die Wied
einziehung des zuviel gezahlten Staatsbeitrags nur in dem
Schlusse des Berichts vom 7. Juli d. J. erwähnten Umfa
herbeizuführen und die Stadtgemeinde entsprechend zu bescheid

Der Minister
der geistlichen, Unterrichts- und Medizinal-Angelegenheiten
Im Auftrage: Schneider.

An
die Königliche Regierung zu N.
U. III. E. 4087.

40) Berichtigung von Druckfehlern in den Ergänzung
zu dem Seminar-Lesebuche.

Berlin, den 12. November 1891

In den Ergänzungen zu dem Seminar-Lesebuche sind
weiter unten berichtigten Druckfehler bemerkt worden. Ich h
dafür Sorge getragen, daß dieselben in den neuen Auflagen
bessert werden, veranlasse aber das Königliche Provinzial-Sc
kollegium zugleich, die Seminar-Direktoren auf dieselben aufm
sam zu machen, damit die Irrthümer in den Büchern, welche
in den Händen der Seminaristen befinden, berichtigt wer
können.

S. 71 am Ende des zweiten Absatzes sind die Worte
Josua Kap. 24, V. 15 als Inschrift der Kuppel der Schloßka

zeichnet; die Inschrift ist aber dem Briefe St. Pauli an die Philipper Kap. 2, V. 10 entnommen.

S. 85 Z. 7 von oben ist zu lesen: „des christlichen Volkslebens“.

Ebenda Z. 7 ist statt „ruht“ zu lesen: „steht“.

S. 96 Fußanmerkung Z. 9 von unten ist statt „Königinhof“ zu lesen: „Kempenhof“.

An
sämmtliche Königliche Provinzial-Schulkollegien.

Abschrift erhält die Königliche Regierung mit der Veranlassung, auch die Vorsteher der Kreis-Lehrerbibliotheken auf die Berichten aufmerksam zu machen.

Graf von Zedlitz.

An
sämmtliche Königliche Regierungen der Monarchie.
U. III. A. 2724.

Betrifft den Religionsunterricht der Kinder der sogenannten Dissidenten.

Berlin, den 16. Januar 1892.

Ew. Excellenz erwidere ich auf den gefälligen Bericht vom September v. Js. — 3544 —, betreffend den Religionsunterricht der Kinder der sogenannten Dissidenten, im Einverständnisse mit dem Herrn Justizminister und im Anschluß an den Erlaß meines Amtsvorgängers vom 6. April 1859 (Centralblatt 65), daß ich mit den rechtlichen Ausführungen unter Nr. I. II. des Berichts überall einverstanden bin.

Ich trete somit Eurer Excellenz Ansicht bei, daß der Vater des schulpflichtigen Kindes selbst dann, wenn er für seine Person einer staatlich anerkannten Religionsgesellschaft nicht angehört, gleichwohl verpflichtet ist, das Kind an dem Religionsunterrichte der öffentlichen Volksschule Theil nehmen zu lassen, sofern er nicht den Nachweis erbringt, daß für den religiösen Unterricht des Kindes anderweit nach behördlichem Ermessen (vgl. die im Gebiet des Allgemeinen Landrechts hierbei maßgebende Vorschrift Theil II. Titel 11 § 13) in ausreichender Weise gesorgt ist. Gleiches gilt von solchen Kindern, welche sich nicht in väterlicher Erziehung befinden, sondern dem Erziehungsrechte der Mutter oder eines Vormundes oder Pflegers unterstehen. Sofern jedoch derjenige Elterntheil, dessen religiöses Bekenntnis nach Maßgabe der hierüber in den einzelnen Landestheilen geltenden gesetzlichen Vorschriften über die Konfessionalität des dem Kinde zu ertheilenden Religionsunterrichts entscheidet, zu dem für diese

Entscheidung maßgebenden Zeitpunkte einer staatlich anerkannt Religionsgesellschaft angehört hat, darf auch der religiöse Unt richt des Kindes, gleichviel ob derselbe in der öffentlichen Vol schule oder als anderweiter Ersatz-Religionsunterricht stattfind nur in einer dem Bekenntnisstande der betreffenden Religion gesellschaft entsprechenden Weise erfolgen.

Der Ersatzunterricht ist wie jeder Privatunterricht von Schulaufsichtsbehörde zu beaufsichtigen.

Dieser Ansicht stehen die Bestimmungen des Artikels 12 preußischen Verfassungsurkunde vom 31. Januar 1850 um weniger entgegen, als dieser Artikel nach seinem Schlußsatze, freie Religionsübung nur insoweit zuläßt, als dadurch der füllung der bürgerlichen und staatsbürgerlichen Pflichten Abbruch geschieht. Zu solchen Pflichten aber gehört, soweit Erziehung schulpflichtiger Kinder in Frage kommt, nach Artikel Absatz 2 in Verbindung mit Artikel 24 Absatz 1 und 2 Verfassungsurkunde, desgleichen nach den in den einzelnen Land theilen geltenden Vorschriften des Familienrechts (vgl. § 75 A Landrecht Theil II. Titel 2) auch die Sorge dafür, daß Kind während des religionsunmündigen Alters nicht ohne Unt richt in der Religion gelassen wird.

Eure Excellenz ersuche ich hiernach ganz ergebenst, die d tige Königliche Regierung mit Weisung zu versehen.

An
den Königlichen Ober-Präsidenten zu N.

Abschrift erhält die Königliche Regierung zur Kenntnißnah und Nachachtung.

Der Minister der geistlichen 2c. Angelegenheiten.
Graf von Zedlitz.

An
die Königlichen Regierungen.
U. III. A. 8055.

---

42) Dauer der Pfingstferien an den öffentlichen Vol schulen.

Berlin, den 20. Januar 18

Die in Folge meines Erlasses vom 4. Juli v. Js. U. III. A. 1770 — eingegangenen Nachweisungen über Dauer der Sommer- und Herbstferien bei den öffentlichen Vol schulen haben ergeben, daß diese, insbesondere die Pfingstfer in den einzelnen Bezirken sehr ungleich bemessen sind und demnach die Voraussetzung, von welcher ich bei meinem Erl wegen der Verlängerung der Ferien zum Zwecke der Theilnah von Lehrern an Lehrerversammlungen ausgegangen bin, nicht überall zutrifft.

Ich bestimme daher, daß die Pfingstferien an den sämmtlichen öffentlichen Volksschulen der Monarchie bis einschließlich des Donnerstags nach Pfingsten zu erstrecken sind. Eine entsprechende Kürzung der Sommerferien ist dabei selbstverständlich nicht beabsichtigt.

Der Minister der geistlichen 2c. Angelegenheiten.
Graf von Zedlitz.

An
die sämmtlichen Königlichen Regierungen.
U. III. A. 2399.

---

43) Beaufsichtigung der Schulkinder beim öffentlichen Gottesdienste durch Lehrer und Lehrerinnen.

Berlin, den 27. Januar 1892.

Der Königlichen Regierung erwidere ich auf die Anfrage vom 7. v. Mts. A. II. Nr. 8119 in Betreff der Beaufsichtigung der Schulkinder beim öffentlichen Gottesdienste Folgendes:

Wenn in dem Erlasse vom 17. März 1890 — U. III. a 13282 (Centralbl. für 1890 S. 542) gesagt ist, daß die Lehrer und Lehrerinnen die Schulkinder auch über den Schulgottesdienst hinaus zu beaufsichtigen haben, sofern die Schulkinder an Sonn- und Feiertagen sich an bestimmten, ihnen eingeräumten Plätzen überhaupt am Gottesdienste der Gemeinde betheiligen, so hat damit nicht eine unbeschränkte Heranziehung der Lehrer 2c. zu dem angegebenen Zwecke für zulässig erklärt werden sollen. Vielmehr ist auch hier aus dienstlichen Rücksichten der allgemeine Grundsatz maßgeblich, daß den Lehrern 2c. die Beaufsichtigung ihrer Schüler nur da obliegt, wo die Schule in ihrer Gesammtheit zu erscheinen verpflichtet ist, mag diese Verpflichtung im einzelnen Falle auf Anordnung der Schulbehörde oder auf einem von ihr anerkannten Herkommen beruhen. Hieraus folgt zugleich, daß die Abänderung einmal bestehender Einrichtungen dieser Art nicht den Lehrern 2c. zusteht, sondern eine Anordnung oder wenigstens die Zustimmung der Schulbehörden voraussetzt. Wie hiernach im gegebenen Falle jedesmal zu entscheiden ist, muß dem Ermessen der Königlichen Regierung überlassen bleiben.

Der Minister der geistlichen 2c. Angelegenheiten.
Graf von Zedlitz.

An
die Königliche Regierung zu N.
U. III. A. 3159.

44) Gewährung einer besonderen Vergütung für Rei[...] und sonstige Dienstunkosten an einen Kreis-Sch[...] inspektor, welcher neben seinem Aufsichtsbezirke ei[...] erledigte ständige Kreis-Schulinspektion mitverwalt[...]

Berlin, den 30. Januar 18[...]

Es ist vorgekommen, daß eine Königliche Regierung weg[...] Gewährung einer besonderen Vergütung für Reise und sonst[...] Dienstunkosten an einen Kreis-Schulinspektor, welcher neben sein[...] Aufsichtsbezirke eine erledigte ständige Kreis-Schulinspektion m[...] verwaltet hatte, erst am Schlusse des Etatsjahres bei mir v[...] stellig geworden ist. Da über die betreffenden Fonds im La[...] des Rechnungsjahres Verfügung getroffen wird, so kann es [...] bei längerer Hinausschiebung solcher Anträge ereignen, daß de[...] selben aus den dazu bestimmten Mitteln nicht mehr entsproch[...] werden kann und die Fonds des neuen Jahres für eine a[...] dem alten Jahre herrührende Ausgabe in Anspruch genomm[...] werden müssen.

Um einer solchen Nothwendigkeit vorzubeugen, ermächti[...] ich die Königliche Regierung, bei eintretender Erledigung ein[...] ständigen Kreis-Schulinspektion die einstweilige Verwaltung de[...] selben selbständig anzuordnen und die mit der erledigten Ste[...] verbundene Vergütung für Reise- und sonstige Dienstunkost[...] bis zu der von der Königlichen Regierung in jedem einzeln[...] Falle für erforderlich erachteten Höhe an den einstweiligen Ve[...] treter für die Dauer des Auftrags zahlen und in der vorgeschri[...] benen Weise verrechnen zu lassen.

Die der Königlichen Regierung obliegende Verpflichtung z[...] jedesmaligen baldigen Berichterstattung über die erfolgte Erled[...] gung einer ständigen Kreis-Schulinspektion und die Art der a[...] geordneten einstweiligen Verwaltung bleibt nach wie vor bestehe[...] Gleichzeitig mit den Vorschlägen wegen Wiederbesetzung der e[...] ledigten Stelle ist mir eine Anzeige über die Höhe der dem ein[...] weiligen Vertreter aus der Dienstaufwandsentschädigung dies[...] Stelle gewährten Vergütung und über die Höhe der etwa au[...] Gehaltsersparnissen außerdem zu gewährenden Remuneration z[...] erstatten.

Der Minister der geistlichen ꝛc. Angelegenheiten.
Im Auftrage: Kügler.

An
die Königlichen Regierungen mit Ausschluß derjenigen zu Frankfurt a. O., Stettin, Cöslin, Stralsund, Magdeburg, Merseburg, Hannover, Hildesheim, Lüneburg, Stade, Aurich, Wiesbaden.

U. III. B. 437.

Beschränkung des schriftlichen Verkehrs zwischen Kreis-Schulinspektoren und den ihnen unterstellten Lehrern.

(Centralbl. für 1889 S. 720.)

Berlin, den 5. Februar 1892.

Ich mache darauf aufmerksam, daß die Kreis-Schulinspek-n ihre Aufgabe am wirksamsten lösen werden, wenn sie sich unmittelbarer, persönlicher Beziehung zu den ihnen unter-lten Lehrern halten, daß sie, schon um häufigeren Besuch der hulen zu ermöglichen, das Schreibwerk auf das thunlich rigste Maß beschränken und sich allgemeiner Verfügungen, eit es irgend angeht, enthalten sollen.

Die Königliche Regierung wolle die Kreis-Schulinspektoren Bezirkes hiernach mit Weisung versehen.

An
Königliche Regierung zu N.

Abschrift erhält die Königliche Regierung (das Königliche Pro-zial-Schulkollegium) zur Kenntnisnahme und weiteren Ver-assung.

Der Minister der geistlichen ꝛc. Angelegenheiten.
Graf von Zedlitz.

An
Königliche Provinzial-Schulkollegium hier
nd an sämmtliche Königliche Regierungen.

U. III. A. 3276. U. III. B.

46) Schmücken der Schulen mit Laubgewinden.

Osnabrück, den 2. Dezember 1891.

In den meisten Schulen unseres Bezirks herrscht die schöne tte, daß die Lehrräume zu Kaisers Geburtstag, zum Sedan- zur Entlassung der aus der Schule austretenden Kinder d zu anderen durch kirchliche oder örtliche Feste gebotenen iten mittelst Laubgewinden oder auf andere Art geschmückt den. Wir können diesen Brauch, welcher einen freudigen druck auf die Kinder nicht verfehlen wird, nur als löblich ichnen und wünschen, daß derselbe da, wo er noch nicht richt, recht bald eingeführt werde.

Die Wahrnehmungen unserer Bezirksschulräthe lassen aber nnen, daß man den Schmuck zu lange nach dem Feste bei-hält. Abgesehen davon, daß dadurch das festliche Ansehen Zimmers zu einer Gewohnheit wird, welche den ursprüng-en Zweck beeinträchtigt, kommen noch andere Gründe dazu,

welche die baldige Entfernung der Kränze, Laubgewinde u. s
nothwendig machen. In den einzelnen Theilen derselben, nam
lich auf den Blättern, sammelt sich allmählich eine Menge
Staub und anderen Stoffen, welche bei der leisesten Berühr
die Luft des Schulzimmers erfüllen und dadurch der Gesund
der Kinder schädlich werden können.

Aus diesen Gründen erachten wir es für nothwendig,
spätestens 8 Tage nach den Festen etwaiger Schmuck aus
Schulzimmern entfernt und diese selbst darauf sorgfältig gerei
werden.

Königliche Regierung.
Herr.

An
die Herren Kreis- und Orts-Schulinspektoren
des Bezirks, an den Evangelischen Magistrat
zu Osnabrück und an den Landrabbiner,
Herrn Dr. Buchholz Wohlgeboren, Emden.
II. 5728.

---

47) Betrifft die Zwischenverpflegung armer Schulkin

Posen, den 26. Januar 1

Unter Bezugnahme auf den Erlaß vom 20. Juni 1890
U. III. a 14915 — überreichen Eurer Excellenz wir gehors
die anliegende Nachweisung über die in unserem Bezirke
Beginn dieses Winters eingerichtete Zwischenverpflegung ar
Schulkinder.

Die Zahl der Verpflegungsstationen betrug im vor
Winter 4, während das beigefügte Verzeichnis deren 39 auf
Hierbei sind jedoch diejenigen Stationen noch nicht aufgenom
deren Einrichtung erst im vorigen Monat in Aussicht genom
worden ist.

Damit diese Angelegenheit seitens der Kreis-Schulinspekt
auch fernerhin die erwünschte Förderung erfährt, haben wir
sie die in Abschrift beigelegte Verfügung erlassen.

Königliche Regierung,
Abtheilung für Kirchen- und Schulwesen zu Posen.

An
den Königlichen Staatsminister und Minister
der geistlichen, Unterrichts- und Medizinal-
Angelegenheiten Herrn Grafen von Zedlitz-
Trützschler Excellenz zu Berlin.
J. Nr. 851/92. II.

achweisung der im Bezirke Posen eingerichteten Zwischen-verpflegung armer Schulkinder. — Winter 1891/92.

Kreis	Ortschaften, wo die Verpflegung stattfindet.	Erfolgt sie nur an arme Kinder?	Wer trägt die Kosten?	Durch wen ist die Einrichtung getroffen?
Adelnau	Adelnau	nein	Gemeinde	Gemeindevorstand
Birnbaum	Bialokosch	ja	?	Lehrer
	Orzeszkowo	ja	Privatpersonen	Pfarrer u. Lehrer
	Zirke	ja	Schulkasse	Magistrat
Bomst	Jablone	ja	Pfarrer	Pfarrer
Jarotschin	Jarotschin	ja	Vaterländischer Frauenverein	
Kempen	Kempen	ja	dsgl.	
	Siemianice	ja	Pfarrer	Pfarrer
Kosten	Kosten	ja	Privatpersonen	Magistrat
	Racot	ja	Frau Großherzogin von Sachsen-Weimar u. Vaterländ. Frauenverein	
Krotoschin	Krotoschin	ja	Schulkasse	Armenverein
	Zduny	ja	Vaterländischer Frauenverein	
Lissa	Grune	ja	Schulkasse	Schulvorstand
	Pawlowitz	ja	Dominialherr	
Meseritz	Betsche	ja	Privatpersonen	
	Bobelwitz	ja	Gutsherrschaft	
	Meseritz	ja	Privatpersonen	
Obornik	Gramsdorf	ja	Schulkasse und Privatpersonen	Schulvorstand
	Kischewo	ja	Privatpersonen	
	Ludom Gld.	—	Schulkasse und Privatpersonen	Schulvorstand
	Mlynkowo	—	Schulkasse und Privatpersonen	Schulvorstand
	Mur. Goslin	ja	Privatpersonen	
	Obornik	ja	dsgl.	
	Polajewo	ja	Schulkasse, Schulstrafkasse und Privatpersonen	Schulvorstand
	Popowko	ja	Lehrer	
	Pripkowo	ja	Schulkasse und Privatpersonen	Schulvorstand
	Wargowo	ja	Privatpersonen	
Ostrowo	Ostrowo	ja	Schulkasse	Schulvorstand
Pleschen	Pleschen	ja	Privatpersonen	
Posen	Posen	ja	dsgl.	
Posen-West	Caradzkoscielny	ja	Schulstrafgelder	Schulvorstand
	Skorzewo	ja	dsgl.	dsgl.
	Tarnowo	ja	?	?
	Tomice	ja	Schulstrafgelder	Schulvorstand
Rawitsch	Rawitsch	ja	Privatpersonen	Rektoren u. Lehrer
Samter	Samter	ja	Vaterländischer Frauenverein	
Schroda	Murzynowobor	ja	Dominium	
Schwerin	Althöfchen	ja	Privatpersonen	
	Schwerin	ja	Schulkasse	Schulvorstand

Posen, den 26. Januar 1892.

Königliche Regierung,
Abtheilung für Kirchen- und Schulwesen.

Posen, den 26. Januar 189[illegible]

Die Bemühungen der Herren Kreis-Schulinspektoren für di Einrichtung von Verpflegungsstationen armer Kinder waren i diesem Jahre von recht erfreulichem Erfolge begleitet. Den während im verflossenen Winter uns nur 4 solche namhaft ge macht werden konnten, waren im Dezember 1891 deren schon 3 vorhanden und fast ebenso viele in Aussicht genommen.

Um diese wohlthätigen Veranstaltungen ins Leben zu rufen sind seitens der Herren Kreis-Schulinspektoren die mannigfachste Versuche gemacht worden, von denen die folgenden als die zweck mäßigsten erscheinen.

1) Wo die Schulstrafkassen über ausreichende Mittel ver fügen, kann mit Genehmigung der Schulvorstände für diese Zweck ein Betrag entnommen werden.

2) Vielfach zeigen die Zweigvereine des Vaterländische Frauenvereins sowie Geistliche beider Konfessionen eine dankens werthe Theilnahme an dieser Angelegenheit und können oft zu Betheiligung an dem Liebeswerke gewonnen werden.

3) Die Privatwohlthätigkeit hat schon jetzt reiche Unter stützungen den Verpflegungsstationen für arme Schulkinder an gedeihen lassen, sie wird es auch fernerhin thun. Zu diesen Zwecke ist aber darauf zu achten, daß die Lehrer und Rektoren möglichst oft sich von den häuslichen Verhältnissen der ihnen anvertrauten Kinder persönlich Ueberzeugung verschaffen (vergl unsere Verfügung vom 7. September 1891 Nr. 7068 II. Gen.)

4) Ferner kann viel für das Wohlbefinden der Kinder ge schehen, wenn (wo es angeht) die Unterrichtsstunden für die ein zelnen Abtheilungen nur auf den Vormittag oder nur auf den Nachmittag eingeschränkt werden, damit den vom Schulort entfern wohnenden Kindern die Gelegenheit wird, wenigstens am warmen Mittagessen zu Haus theilzunehmen.

5) Für empfehlenswerth halten wir vor allem die Einrich tung, daß aus den verfügbaren Beständen der Schulstrafgelder für solche arme Kinder, die in unzulänglicher Fußbekleidung weite Schulwege zurückzulegen haben, Strümpfe und Pantoffeln beschafft werden, in welchen sie beim Eintritt in die Schule die erstarrten Füße bald wärmen können.

Euer Wohlgeboren (Hochwürden Hochehrwürden) wollen die Sorge für die armen Schulkinder Ihres Aufsichtskreises auch

mer nicht außer Acht lassen und uns über den Stand der An-
legenheit bis zum 31. Dezember d. J. Bericht erstatten.

Königliche Regierung,
Abtheilung für Kirchen- und Schulwesen.
von Natzmer.

An
n Königlichen Kreis-Schulinspektor 2c.
J. Nr. 351/92 II. Gen. II. Angabe.

---

ersonal-Veränderungen, Titel- und Ordens-Verleihungen.

A. Behörden und Beamte.

u außerordentlichen Mitgliedern des Kaiserlichen Gesundheitsamts auf die Jahre 1892 bis einschließlich 1896 sind ernannt worden: der Geheime Ober-Medizinalrath und vortragende Rath im Ministerium der geistlichen, Unterrichts- und Medizinal-Angelegenheiten Dr. Skrzeczka zu Berlin, der Geheime Ober-Medizinalrath und vortragende Rath im Ministerium der geistlichen, Unterrichts- und Medizinal-Angelegenheiten Dr. Schönfeld zu Berlin, der Geheime Medizinalrath und vortragende Rath im Ministerium der geistlichen, Unterrichts- und Medizinal-Angelegenheiten Dr. Pistor zu Berlin, der Geheime Regierungsrath und ordentliche Professor an der Universität Dr. von Hofmann zu Berlin, der Geheime Medizinalrath und ordentliche Professor an der Universität Dr. Gerhardt zu Berlin, der Geheime Medizinalrath und Direktor des Instituts für Infektionskrankheiten, ordentliche Honorarprofessor an der Universität Dr. Koch zu Berlin, der Geheime Medizinalrath, außerordentliche Professor an der Universität Dr. Lewin zu Berlin, der außerordentliche Professor an der Universität Dr. Schweninger zu Berlin, der Regierungs- und Geheime Medizinalrath, außerordentliche Professor an der Universität Dr. Bockendahl zu Kiel, der ordentliche Professor an der Universität Dr. Jaffé zu Königsberg i. Ostpr., der ordentliche Professor an der Universität Dr. Wolffhügel zu Göttingen und der ordentliche Professor an der Universität Dr. Renk zu Halle a. S.

Dem Regierungs-Schul- und Konsistorialrath Eismann zu Breslau ist der Charakter als Geheimer Regierungsrath verliehen worden.

In gleicher Eigenschaft sind versetzt worden die Regierungs- un Schulräthe:

Dr. Gansen von Breslau nach Aachen,

Schiesser von Aachen nach Osnabrück und Thaiß vo Danzig nach Breslau.

Der bisherige Lehrer an der höheren Bürgerschule zu Düssel dorf Dr. Geis, der bisherige Erste Seminarlehrer z Neuwied Hoche und der bisherige Prediger und Rekt zu Pyritz Neuendorff sind zu Kreis-Schulinspektoren e nannt worden.

B. Universitäten.

Universität Königsberg. Die Wahl des ordentlichen Professo in der philosophischen Fakultät Dr. Lindemann zum Rekt der Universität Königsberg für das Studienjahr vo Ostern 1892 bis dahin 1893 ist bestätigt worden.

Universität Berlin. Der bisherige Privatdozent Dr. Will z Berlin ist zum außerordentlichen Professor in der phil sophischen Fakultät der Universität daselbst ernannt worde

Universität Breslau. Der bisherige Direktor der Hamburgisch Staatskrankenhäuser Professor Dr. Kast ist zum ordentlich Professor in der medizinischen Fakultät der Universit Breslau ernannt worden. — Dem ordentlichen Professo in der philosophischen Fakultät der Universität Bresl Dr. Nehring ist der Charakter als Geheimer Regierung rath verliehen worden.

Universität Halle-Wittenberg. Der bisherige außerorden liche Professor Dr. Burbach zu Halle a. S. ist zum orde lichen Professor in der philosophischen Fakultät der dortig Universität ernannt worden.

Universität Kiel. Dem ordentlichen Professor in der medi nischen Fakultät der Universität Kiel Dr. Völckers ist d Charakter als Geheimer Medizinalrath verliehen worden. - Dem bisherigen Direktor der Medizinischen Poliklinik d Universität Kiel Professor Dr. Edlefsen ist der Rot Adler-Orden vierter Klasse verliehen worden.

Universität Marburg. Dem ordentlichen Professor in der j ristischen Fakultät der Universität Marburg Dr. Enneccer ist der Charakter als Geheimer Justizrath verliehen worde

Universität Bonn. Dem ordentlichen Professor in der philo phischen Fakultät der Universität Bonn Dr. Justi ist d Charakter als Geheimer Regierungsrath verliehen word

Akademie Münster. Der bisherige Privatdozent Dr. Einenk

zu Münster i. W. ist zum außerordentlichen Professor in der philosophischen Fakultät der Königlichen Akademie ernannt werden.

C. Technische Hochschulen.

Berlin. Dem Professor an der Technischen Hochschule zu Berlin Dr. Slaby ist der Charakter als Geheimer Regierungsrath verliehen worden. — Dem Oberlehrer am Realgymnasium zu Charlottenburg und Dozenten an der hiesigen Technischen Hochschule Dr. Buka ist das Prädikat „Professor" verliehen worden.

D. Museen, Nationalgalerie u. s. w.

Der Dr. phil. Boehlau ist zum Direktorial-Assistenten am Museum zu Cassel ernannt worden. — Den Lehrern an der Königlichen akademischen Hochschule für die bildenden Künste zu Berlin, Malern Böse und Koner sowie dem Maler Philipp Fleischer, wohnhaft zu München, ist das Prädikat „Professor" verliehen worden.

E. Höhere Lehranstalten.

a. Gymnasien.

Das Prädikat „Professor" ist verliehen worden den Oberlehrern: Dr. Böttger am Gymnasium zu Königsberg N.M. und Dr. Kewitsch am Gymnasium und Realgymnasium zu Landsberg a. W.

Zu Oberlehrern bezw. etatsmäßigen Oberlehrern sind befördert worden die ordentlichen Lehrer: Dr. Haß am Gymnasium zu Duisburg, Heling am Gymnasium zu Belgard i. P., Dr. Kettner am Gymnasium zu Mühlhausen i. Th., Dr. Kohlrausch am Kaiser Wilhelms-Gymnasium zu Hannover und Titular-Oberlehrer Stutzer am Gymnasium zu Barmen.

b. Realgymnasien.

Die Wahl des Directors der städtischen Oberrealschule zu Magdeburg Professor Dr. Junge zum Director des städtischen Realgymnasiums zu Magdeburg ist bestätigt worden.

Den Oberlehrern am Realgymnasium zu Frankfurt a. O. Dr. Mann und Dr. Noack ist das Prädikat „Professor" verliehen worden.

Als ordentlicher Lehrer ist angestellt worden am Realgymnasium zu Magdeburg der Hilfslehrer Brey.

c. Oberrealschulen.

Die Wahl des Rektors des städtischen Realprogymnasiums zu Gardelegen Professors Dr. Isensee zum Direktor der städtischen Oberrealschule zu Magdeburg ist bestätigt worden.

d. Realschulen.

Als ordentlicher Lehrer ist angestellt worden an der Adlerflycht-schule zu Frankfurt a. M. der Hilfslehrer Weiß.

e. Realprogymnasien.

Die Berufung des Oberlehrers am Gymnasium zu Emden Dr. Buchholtz zum Rektor des Realprogymnasiums zu Münden, Provinz Hannover, ist genehmigt worden.

Zu etatsmäßigen Oberlehrern sind befördert worden die ordent-lichen Lehrer:

Krüger am städtischen Realprogymnasium zu Gardelegen und Lohmeyer am Realprogymnasium zu Altena.

f. Höhere Bürgerschulen 2c.

Die Ernennung des ordentlichen Lehrers und Adjunkten am Joachimsthalschen Gymnasium bei Berlin Sünderman[n] zum Oberlehrer an der V. höheren Bürgerschule zu Berlin ist genehmigt worden.

F. Schullehrer- und Lehrerinnen-Seminare.

Der bisherige Erste Seminarlehrer Jaenicke zu Bromberg ist zum Seminar-Direktor ernannt und demselben das Direktorat des Schullehrer-Seminars zu Kreuzburg O./S. verliehen worden.

Dem Lehrer der Prinzen Söhne Seiner Majestät des Kaisers und Königs Oberlehrer Fechner am Seminare für Stadt-schullehrer zu Berlin ist der Adler der Ritter des König-lichen Haus-Ordens von Hohenzollern verliehen worden.

In gleicher Eigenschaft sind versetzt worden die Ersten Seminar-lehrer:

Koch von Koschmin nach Bromberg,
Streich vom Lehrerinnen-Seminare zu Augustenburg an das Schullehrer-Seminar zu Koschmin,
Schlemmer von Münsterberg nach Stade,
Scharlemann von Stade nach Münsterberg.

Die ordentlichen Seminarlehrer:

Schöppa von Delitzsch nach Genthin und
Schauerhammer von Genthin nach Delitzsch.

Als Erste Seminarlehrer sind angestellt worden am Schullehrer-Seminar zu:

Halberstadt: der ordentliche Seminarlehrer Braune zu Eisleben,

Reichenbach O. L.: der bisherige kommissarische Lehrer an dieser Anstalt Waisenhaus-Inspektor Ernst aus Steinau a. O. und

Rheydt: der ordentliche Seminarlehrer Steinbruch zu Hilchenbach.

t gleicher Eigenschaft sind versetzt worden die ordentlichen :minarlehrer:

Liekefett von Rawitsch nach Hildesheim und Graszynski von Hildesheim nach Rawitsch.

's ordentlicher Lehrer ist angestellt worden an dem Schullehrer-Seminar zu Habelschwerdt der Oberkaplan Exner daselbst.

r ordentliche Seminarlehrer Bietzke zu Franzburg ist zum Vorsteher und Ersten Lehrer der Präparandenanstalt zu Plathe ernannt worden.

G. Taubstummen- und Blinden-Anstalten.

r Taubstummenlehrer Großmann ist in gleicher Eigenschaft von Elberfeld nach Neuwied versetzt worden.

r Lehrer Hermann bei der Taubstummen-Anstalt zu Elberfeld ist definitiv angestellt worden.

H. Oeffentliche höhere Mädchenschulen.

m pensionirten Rektor der städtischen höheren Mädchenschule zu Hirschberg i. Schl. Waeldner ist der Königliche Kronen-Orden vierter Klasse verliehen worden.

I. Oeffentliche Volksschulen.

Es haben erhalten:

1) den Königlichen Kronen-Orden 4. Klasse:

elchert, pens. Hauptlehrer zu Flensburg, und
a gener, pens. Rektor und Kantor zu Bevensen, Kr. Uelzen.

2) den Adler der Inhaber des Königlichen Haus-Ordens von Hohenzollern:

iausen, pens. Lehrer zu Hagenberg, Kr. Sonderburg,
ietrich, Hauptlehrer zu Braubach, Kr. St. Goarshausen,
iewitz, Lehrer und Organist zu Prenzlau,
leckner, pens. Lehrer zu Marl, Kr. Recklinghausen,
euveldop, dsgl. zu Seppenrade, Kr. Lüdinghausen,
lappert, dsgl. zu Dortmund,

Orisch, pens. Rektor zu Sechesten, Kr. Sensburg,
Reifschneider, pens. Lehrer zu Langenselbold, Kr. Hanau
Rusch, Lehrer zu Schleswig,
Schulze, pens. Lehrer zu Neuenhofe, Kr. Neuhaldensleben,
Süße, dsgl. zu Obischau, Kr. Namslau,
Tomaszewski, dsgl. zu Lubiewo, Kr. Schwetz, und
Weidenhaupt, dsgl. zu Aachen.

K. Ausgeschieden aus dem Amte.

1) Gestorben:

Bäck, ordentlicher Lehrer an der evangelischen höheren Bürgerschule I. zu Breslau,
Dr. Bernhardt, Professor, Gymnasial-Direktor zu Weilburg,
Heß, Gymnasial-Direktor zu Erfurt,
Kokott, Seminar-Direktor zu Ober-Glogau,
Dr. Kossak, etatsmäßiger Professor an der Technischen Hochschule zu Berlin,
Kößler, Professor, Gymnasial-Oberlehrer zu Breslau,
Dr. Mithoff, Kaiserlich Russischer Wirklicher Staatsrath, ordentlicher Honorar-Professor in der philosophischen Fakultät der Universität Göttingen,
Robitzsch, ordentlicher Gymnasiallehrer zu Höxter, und
Dr. Scholz, ordentlicher Honorar-Professor in der philosophischen Fakultät der Universität Greifswald.

---

2) In den Ruhestand getreten:

Dr. Fliedner, Oberlehrer an der Musterschule zu Frankfurt a. M.

---

3) Ausgeschieden wegen Eintritts in ein anderes Amt im Inlande.

Dr. Simar, Päpstlicher Hausprälat, ordentlicher Professor in der katholisch-theologischen Fakultät der Universität Bonn.

---

4) Ausgeschieden wegen Berufung außerhalb der Preußischen Monarchie.

Migge, Lehrer bei der Taubstummen-Anstalt zu Neuwied,
Dr. Sievers, ordentlicher Professor in der philosophischen Fakultät der Universität Halle-Wittenberg, und
Wegehaupt, Gymnasial-Direktor zu Kiel.

Inhalts-Verzeichnis des April-Heftes.

Druck von J. F. Starcke in Berlin.

Centralblatt
für
die gesammte Unterrichts-Verwaltung
in Preußen.

Herausgegeben in dem Ministerium der geistlichen, Unterrichts- und Medizinal-Angelegenheiten.

Mai-Juni-Heft.

Berlin 1892.
Verlag von Wilhelm Hertz.
(Bessersche Buchhandlung.)
Behrenstraße 17.

Das Centralblatt erscheint jährlich in zwölf monatlichen Heften.
Der Jahrgang kostet 7 Mark.

Centralblatt

für

die gesammte Unterrichts-Verwaltung in Preußen.

Herausgegeben in dem Ministerium der geistlichen, Unterrichts- und Medizinal-Angelegenheiten.

№ 5 u. 6. Berlin, den 31. Mai 1892.

Ministerium der geistlichen ꝛc. Angelegenheiten.

Seine Majestät der König haben Allergnädigst geruht:

dem Staatsminister und Minister der geistlichen, Unterrichts- und Medizinal-Angelegenheiten Grafen von Zedlitz-Trützschler die nachgesuchte Entlassung aus seinem Amte, unter Belassung des Titels und Ranges eines Staatsministers, in Gnaden zu bewilligen und

den Staatssekretär des Reichs-Justizamtes, Wirklichen Geheimen Rath Dr. Bosse zum Staatsminister und Minister der geistlichen, Unterrichts- und Medizinal-Angelegenheiten zu ernennen.

Seine Majestät der König haben Allergnädigst geruht:

dem Ministerial-Direktor im Ministerium der geistlichen, Unterrichts- und Medizinal-Angelegenheiten, Wirklichen Geheimen Ober-Regierungsrath Dr. de la Croix den Charakter als Wirklicher Geheimer Rath mit dem Prädikat Excellenz zu verleihen.

A. Behörden und Beamte.

48) Staatsausgaben für öffentlichen Unterricht, Ku und Wissenschaft.

(Centralbl. für 1891 S. 521.)

Nachdem durch das in der Gesetzsammlung für 1892 S Seite 51 Nr. 9517 verkündete Gesetz vom 1. April d. J. der S haushalts-Etat für das Jahr 1. April 1892/93 festgestellt word werden die in dem Etat des Ministeriums der geistlichen 2c. Ange heiten nachgewiesenen Ausgaben für öffentlichen Unterricht, Kuns Wissenschaft nachstehend angegeben. Beigefügt sind dem Etat di lagen Nr. 1 bis 4 und eine Nachweisung.

Kapitel.	Titel.	Ausgabe.	Betra für 1. A 1892/9 Mark.
		A. Dauernde Ausgaben.	
109.		Ministerium. (Die Ausgaben bleiben hier unerwähnt.)	
117.		Provinzial-Schulkollegien.	
		Besoldungen.	
	1.	Vicepräsident des Provinzial-Schulkollegiums zu Berlin, 30 Provinzial-Schulräthe, 1 Provinzial-Schulrath im Nebenamte, 6 Verwaltungsräthe und Justiziarien, 8 Verwaltungsräthe und Justiziarien im Nebenamte, Zulagen für je ein Mitglied der Provinzial-Schulkollegien in Königsberg, Breslau, Hannover und Coblenz als Direktoren	225
	2.	Sekretäre, Assistenten, Kanzlisten, Portier und Hauswart, sowie Kanzleidiener . . .	138
		Summe Titel 1 und 2	364
	3.	Zu Wohnungsgeldzuschüssen für die Beamten	49
		Summe Titel 3 für sich.	

Titel.	Ausgabe.	Betrag für 1. April 1892/93. Mark. Pf.
	Andere persönliche Ausgaben.	
4.	Zur Remunerirung von Hilfsarbeitern . .	36 128.—
5.	Zu außerordentlichen Remunerationen und Unterstützungen für Subaltern=, Kanzlei= und Unterbeamte	4 110.—
	Summe Titel 4 und 5	40 238.—
	Sächliche Ausgaben.	
6.	Miethe für Geschäftslokale und zu Bureaubedürfnissen (Schreib= und Packmaterialien, Drucksachen, Feuerung, Beleuchtung, Bibliothek, Utensilien, Porto und sonstige Frachtgebühren für dienstliche Sendungen, Heften der Akten 2c.)	39 430.—
7.	Zu Diäten und Fuhrkosten	78 090.—
	Summe Titel 6 und 7	117 520.—
	Dazu: = = 4 = 5	40 238.—
	= = 3 . .	49 812.—
	= = 1 und 2	364 425.—
	Summe Kapitel 117	571 995.—
	Prüfungs=Kommissionen.	
1.	Zur Remunerirung der Mitglieder und Beamten der wissenschaftlichen Prüfungs=Kommissionen, sowie zu sächlichen Ausgaben bei denselben, einschließlich 24 584 Mark aus den eigenen Einnahmen an Prüfungsgebühren	65 284.—
3.	Zur Remunerirung der Mitglieder und Beamten der Kommissionen für die Prüfung der Lehrer an Mittelschulen und der Rektoren, der Lehrerinnen und der Schulvorsteherinnen, der Lehrer und Vorsteher an Taubstummenanstalten, der Lehrerinnen der französischen und englischen Sprache, der Zeichenlehrer und der Zeichenlehrerinnen für mehrklassige Volks= und Mittelschulen, der Turnlehrer und der Turnlehrerinnen, der Lehrerinnen der weiblichen Handarbeiten,	

Kapitel.	Titel.	Ausgabe.	Be[...] für 1. 189[...] Mark
(118.)	(3.)	sowie zu sächlichen Ausgaben bei denselben und zu Reisekosten und Tagegeldern für die auswärtigen Mitglieder der Prüfungs-Kommissionen für Vorsteher an Taubstummenanstalten, einschließlich 22 142 Mark aus den eigenen Einnahmen an Prüfungsgebühren	26 1[...]
		Summe Kapitel 118 Titel 1 und 3	91 4[...]
119.		**Universitäten.**	
	1	Zuschuß für die Universität in Königsberg	804 [...]
	2	„ „ „ „ „ Berlin . .	2 101 0[...]
	3	„ „ „ „ „ Greifswald	288 [...]
	4	„ „ „ „ „ Breslau .	911 [...]
	5	„ „ „ „ „ Halle . .	675 1[...]
	6	„ „ „ „ „ Kiel . .	570 [...]
	7	„ „ „ „ „ Göttingen .	391 9[...]
	8	„ „ „ „ „ Marburg .	595 [...]
	9	„ „ „ „ „ Bonn . .	887 [...]
	10	„ „ „ Akademie zu Münster. .	161 9[...]
	11	„ „ das Lyceum Hosianum in Braunsberg	18 9[...]
		Summe Titel 1 bis 11	7 406 [...]
	12	Dispositionsfonds zu außerordentlichen sächlichen Ausgaben für die Universitäten, die Akademie in Münster und das Lyceum in Braunsberg	60
	13	Zur Verbesserung der Besoldungen der Lehrer an sämmtlichen Universitäten, an der Akademie zu Münster und an dem Lyceum zu Braunsberg, sowie zur Heranziehung ausgezeichneter Dozenten	175 0[...]
	14	Zu Stipendien für Privatdozenten und andere jüngere, für die Universitätslaufbahn voraussichtlich geeignete Gelehrte bis zu dem Gesammtbetrage von höchstens 6000 Mark für den einzelnen Empfänger	60 0[...]
		Dispositionsfonds zur Berufung von Nachfolgern für unerwartet außer Thätigkeit	

Titel.	Ausgabe.	Betrag für 1. April 1892/93. Mark. Pf.
(15.)	tretende und zur Beschaffung von Vertretern für zeitweise beurlaubte oder aus sonstigen Gründen an der Ausübung ihrer amtlichen Obliegenheiten behinderte Universitätslehrer	20 000.—
15a.	Zuschüsse für die an den Universitäten bestehenden Witwen- und Waisen-Versorgungsanstalten, Witwen- und Waisengelder für die Hinterbliebenen von Professoren an der Akademie zu Münster und dem Lyceum zu Braunsberg, sowie Unterstützungen für Hinterbliebene von Lehrern an den Universitäten, der Akademie zu Münster und dem Lyceum zu Braunsberg	160 000.—
16.	Zu Stipendien und Unterstützungen für würdige und bedürftige Studirende . . .	68 766.38
16a.	Zur Ergänzung des Fonds Titel 16 für Studirende deutscher Herkunft zum Zwecke späterer Verwendung derselben in den Provinzen Westpreußen und Posen, sowie für Studirende aus dem Regierungsbezirke Oppeln	100 000.—
	Summe Kapitel 119	8 050 618.38
0.	**Höhere Lehranstalten.**	
1.	Zahlungen vermöge rechtlicher Verpflichtung an nachbenannte Anstalten und Fonds.	
	Regierungsbezirk Königsberg: Gymnasium zu Braunsberg.	
	Regierungsbezirk Gumbinnen: Friedrichs-Gymnasium zu Gumbinnen.	
	Residenzstadt Berlin: Berlinisches Gymnasium zum Grauen Kloster, Friedrich-Werdersches Gymnasium, Köllnisches Gymnasium, Joachimsthalsches Gymnasium.	
	Regierungsbezirk Potsdam: Ritterakademie zu Brandenburg.	

Kapitel.	Titel.	Ausgabe.	Betrag für 1. A[pril] 1892/9[3]. Mark.
(120.)	(1.)	Regierungsbezirk Frankfurt: Gymnasien zu Guben, Kottbus, Cüstrin, Landsberg a. W., Sorau, Realprogymnasium zu Lübben. Regierungsbezirk Stralsund: Pädagogium zu Putbus. Regierungsbezirk Bromberg: Gymnasium zu Bromberg. Regierungsbezirk Breslau: Katholischer Hauptschulfonds in Schlesien. Regierungsbezirk Liegnitz: Gymnasium zu Görlitz. Regierungsbezirk Magdeburg: Domgymnasien zu Magdeburg und Halberstadt, Gymnasium zu Quedlinburg. Regierungsbezirk Merseburg: Domgymnasien zu Merseburg, Naumburg, Gymnasium zu Torgau, Stiftsgymnasium zu Zeitz, Landesschule zu Pforta, Klosterschule zu Roßleben. Regierungsbezirk Erfurt: Gymnasium zu Schleusingen. Regierungsbezirk Schleswig: Gymnasien zu Hadersleben, Husum, Rendsburg. Regierungsbezirk Hildesheim: Gymnasium Josephinum nebst Realprogymnasium zu Hildesheim. Regierungsbezirk Lüneburg: Gymnasium zu Celle. Regierungsbezirk Osnabrück: Gymnasium Karolinum zu Osnabrück. Regierungsbezirk Aurich: Ulrichs-Gymnasium zu Norden, Gymnasium nebst Realgymnasium zu Leer. Regierungsbezirk Münster: Gymnasium zu Burgsteinfurt. Regierungsbezirk Minden: Gymnasien zu Bielefeld, Herford, Studienfonds zu Paderborn.	

Titel.	Ausgabe.	Betrag für 1. April 1892/93. Mark. Pf.
(1.)	Regierungsbezirk Arnsberg: Gymnasium zu Hamm. Regierungsbezirk Cassel: Friedrichs-Gymnasium zu Cassel, Gymnasien zu Hanau, Hersfeld. Regierungsbezirk Wiesbaden: Nassauischer Central-Studienfonds. Regierungsbezirk Coblenz: Gymnasium zu Wetzlar. Regierungsbezirk Düsseldorf: Gymnasien zu Essen, Duisburg, Mörs, Bergischer Schulfonds. Regierungsbezirk Cöln: Gymnasium zu Münstereifel. Regierungsbezirk Trier: Progymnasium zu St. Wendel	230 419.22
	Summe Titel 1 für sich.	
2.	Zuschüsse für die vom Staate zu unterhaltenden Anstalten. Regierungsbezirk Königsberg: Friedrichs-Kollegium und Wilhelms-Gymnasium zu Königsberg, Gymnasien zu Allenstein, Bartenstein, Braunsberg, Hohenstein, Luisen-Gymnasium in Memel, Gymnasien in Rastenburg, Rössel, Wehlau, Realgymnasium auf der Burg zu Königsberg i. Pr. Regierungsbezirk Gumbinnen: Friedrichs-Gymnasium zu Gumbinnen, Gymnasien zu Lyck, Tilsit, Gymnasium nebst Realgymnasium zu Insterburg, Realgymnasium zu Tilsit. Regierungsbezirk Danzig: Gymnasien zu Danzig, Elbing, Marienburg, Neustadt, Friedrichs-Gymnasium zu Pr. Stargardt, Progymnasium zu Berent. Regierungsbezirk Marienwerder: Gymnasien zu Marienwerder, Graudenz,	

Kapitel.	Titel.	Ausgabe.	Betrag für 1. A… 1892/9… Mark.
(120.)	(2.)	Konitz, Dt. Crone, Kulm, Strasburg, Gymnasium nebst Realgymnasium zu Thorn, Progymnasien zu Pr. Friedland, Löbau, Neumark, Schwetz, Realprogymnasium zu Kulm. Residenzstadt Berlin: Friedrich-Wilhelms-Gymnasium nebst Realgymnasium und Elisabethschule, Französisches Gymnasium, Luisen-Gymnasium, Wilhelms-Gymnasium. Regierungsbezirk Potsdam: Kaiserin Augusta-Gymnasium zu Charlottenburg, Gymnasien zu Freienwalde, Schöneberg, Spandau, Wittstock, Realgymnasium zu Perleberg. Regierungsbezirk Frankfurt: Friedrichs-Gymnasium zu Frankfurt a. O., Gymnasien zu Cüstrin, Friedeberg N. M., Luckau, Sorau, Gymnasium nebst Real-Gymnasium zu Landsberg a. W., Gymnasium nebst Realprogymnasium zu Kottbus. Regierungsbezirk Stettin: König Wilhelms-Gymnasium zu Stettin, Gymnasien zu Demmin, Greifenberg, Bismarck-Gymnasium zu Pyritz, Gymnasien zu Stargard, Treptow. Regierungsbezirk Cöslin: Gymnasien zu Cöslin, Dramburg, Neustettin, Gymnasium nebst Realgymnasium zu Colberg. Regierungsbezirk Stralsund: Pädagogium zu Putbus. Regierungsbezirk Posen: Friedrich-Wilhelms-Gymnasium und Marien-Gymnasium zu Posen, Gymnasien zu Fraustadt, Krotoschin, Lissa, Meseritz, Ostrowo, Rogasen, Schrimm, Realgymnasien zu Posen, Rawitsch. Regierungsbezirk Bromberg: Gymnasien	

Titel.	Ausgabe.	Betrag für 1. April 1892/93. Mark. Pf.
(2.)	zu Bromberg, Gnesen, Inowrazlaw, Nakel, Schneidemühl, Wongrowitz, Progymnasium zu Tremessen, Realgymnasium zu Bromberg. Regierungsbezirk Breslau: Friedrichs-Gymnasium, König Wilhelms-Gymnasium und Matthias-Gymnasium zu Breslau, Gymnasien zu Brieg, Glatz, Oels, Strehlen, Wohlau, Wilhelmsschule (Realgymnasium) zu Reichenbach. Regierungsbezirk Liegnitz: Gymnasium zu Bunzlau, Evangelisches Gymnasium und Katholisches Gymnasium zu Glogau, Gymnasien zu Hirschberg, Jauer, Lauban, Sagan. Regierungsbezirk Oppeln: Gymnasien zu Oppeln, Beuthen, Gleiwitz, Königshütte, Kreuzburg, Leobschütz, Neisse, Neustadt, Pleß, Ratibor, Gr. Strehlitz, Realgymnasium zu Tarnowitz. Regierungsbezirk Magdeburg: Domgymnasium zu Magdeburg, Viktoria-Gymnasium zu Burg, Domgymnasium zu Halberstadt, Gymnasien zu Quedlinburg, Salzwedel. Regierungsbezirk Merseburg: Gymnasium zu Eisleben, Stiftsgymnasium zu Zeitz. Regierungsbezirk Erfurt: Gymnasien zu Erfurt, Heiligenstadt, Nordhausen, Schleusingen, Realgymnasien zu Erfurt, Nordhausen. Regierungsbezirk Schleswig: Gymnasium nebst Realprogymnasium zu Schleswig, Gymnasien zu Altona, Glückstadt, Husum, Kiel, Meldorf, Plön, Gymnasien nebst Realgymnasien zu Flensburg, Rendsburg, Gymnasium nebst Realprogymnasium zu Hadersleben, Realprogymnasium zu Sonderburg.	

Kapitel.	Titel.	Ausgabe.	Betrag für 1. April 1892/93. Mark.
(120.)	(2.)	Regierungsbezirk Hannover: Kaiser Wilhelms-Gymnasium zu Hannover, Gymnasium zu Linden, Realprogymnasium nebst Progymnasium zu Nienburg.	
		Regierungsbezirk Hildesheim: Gymnasium Andreanum zu Hildesheim, Gymnasium zu Klausthal, Gymnasium nebst Realgymnasium zu Göttingen, Andreas-Realgymnasium zu Hildesheim, Realprogymnasium nebst Progymnasium zu Duderstadt.	
		Regierungsbezirk Lüneburg: Gymnasium zu Celle.	
		Regierungsbezirk Stade: Gymnasium nebst Realgymnasium zu Stade, Domgymnasium zu Verden, Realprogymnasium zu Otterndorf.	
		Regierungsbezirk Osnabrück: Gymnasium Karolinum zu Osnabrück, Gymnasium Georgianum zu Lingen, Gymnasium zu Meppen, Realgymnasium zu Osnabrück.	
		Regierungsbezirk Aurich: Gymnasium zu Aurich, Wilhelms-Gymnasium zu Emden, Ulrichs-Gymnasium zu Norden, Realgymnasium nebst Gymnasium zu Leer, Gymnasium zu Wilhelmshaven.	
		Regierungsbezirk Münster: Gymnasium zu Münster, Gymnasium nebst Realgymnasium zu Burgsteinfurt, Gymnasien zu Coesfeld, Warendorf.	
		Regierungsbezirk Minden: Gymnasium nebst Realgymnasium zu Minden, Gymnasium Theodorianum zu Paderborn.	
		Regierungsbezirk Arnsberg: Gymnasien zu Arnsberg, Hamm.	
		Regierungsbezirk Cassel: Friedrichs-Gymnasium und Wilhelms-Gymnasium zu Cassel, Gymnasien zu Fulda, Hanau,	

Titel.	Ausgabe.	Betrag für 1. April 1892/93. Mark. Pf.
(2.)	Marburg, Rinteln, Gymnasium nebst Realprogymnasium zu Hersfeld. Regierungsbezirk Wiesbaden: Gelehrtes Gymnasium zu Wiesbaden, Gymnasium zu Dillenburg, Kaiser Friedrichs-Gymnasium zu Frankfurt a. M., Gymnasien zu Hadamar, Weilburg, Realgymnasium zu Wiesbaden, Realprogymnasium zu Biedenkopf. Regierungsbezirk Coblenz: Gymnasien zu Coblenz, Kreuznach, Gymnasium nebst Realprogymnasium zu Neuwied, Gymnasium zu Wetzlar, Progymnasien zu Linz, Trarbach. Regierungsbezirk Düsseldorf: Gymnasien zu Düsseldorf, Cleve, Duisburg, Emmerich, Kempen, Neuß, Wesel. Regierungsbezirk Cöln: Apostel-Gymnasium und Friedrich-Wilhelms-Gymnasium zu Cöln, Gymnasien zu Bonn, Münstereifel, Siegburg. Regierungsbezirk Trier: Gymnasien zu Trier, Saarbrücken, Progymnasium zu St. Wendel. Regierungsbezirk Aachen: Kaiser Wilhelms-Gymnasium zu Aachen. Regierungsbezirk Sigmaringen: Gymnasium zu Sigmaringen, höhere Bürgerschule zu Hechingen	4 296 352.14
	Summe Titel 2 für sich.	
3.	Zuschüsse für die vom Staate und von Anderen gemeinschaftlich zu unterhaltenden Anstalten.	
	Regierungsbezirk Breslau: Ober-Realschule mit Fachschule zu Breslau. Regierungsbezirk Oppeln: Ober-Realschule mit Fachschule zu Gleiwitz.	

Kapitel.	Titel.	Ausgabe.	Betrag für 1. April 1892/93. Mark.
(120.)	(3.)	Regierungsbezirk Merseburg: Domgymnasium zu Merseburg. Regierungsbezirk Minden: Gymnasium nebst Realgymnasium zu Bielefeld. Regierungsbezirk Düsseldorf: Gymnasium zu Essen. Regierungsbezirk Trier: Gewerbeschule zu Saarbrücken. Regierungsbezirk Aachen: Kaiser Karls-Gymnasium zu Aachen	109 407
		Summe Titel 3 für sich.	
	4.	Zuschüsse für die von Anderen zu unterhaltenden, aber vom Staate zu unterstützenden Anstalten.	
		Regierungsbezirk Königsberg: Realgymnasium zu Osterode, Realprogymnasium zu Pillau. Regierungsbezirk Danzig: Realgymnasium zu Elbing, Realprogymnasium zu Dirschau. Regierungsbezirk Marienwerder: Realprogymnasium zu Riesenburg. Regierungsbezirk Potsdam: Viktoria-Gymnasium zu Potsdam, Gymnasien zu Brandenburg, Prenzlau, Neu-Ruppin, Realgymnasien zu Brandenburg, Potsdam, Realprogymnasien zu Luckenwalde, Wriezen, Realschule zu Potsdam. Regierungsbezirk Frankfurt: Gymnasium nebst Realgymnasium zu Guben, Gymnasium zu Königsberg N. M., Pädagogium und Waisenhaus zu Züllichau, Realprogymnasium zu Lübben. Regierungsbezirk Stettin: Gymnasium zu Anklam, Realprogymnasium zu Wollin. Regierungsbezirk Cöslin: Gymnasium zu	

Kapitel.	Titel.	Ausgabe.	Betrag für 1. April 1892/93. Mark.	Pf.
120.)	(4.)	Belgard, Progymnasien zu Lauenburg, Schlawe.		
		Regierungsbezirk Stralsund: Gymnasium nebst Realprogymnasium zu Greifswald, Gymnasium zu Stralsund, Realgymnasium daselbst, Realprogymnasium zu Wolgast.		
		Regierungsbezirk Posen: Progymnasium zu Kempen.		
		Regierungsbezirk Breslau: Gymnasien zu Schweidnitz, Waldenburg.		
		Regierungsbezirk Liegnitz: Realgymnasium zu Landeshut.		
		Regierungsbezirk Oppeln: Gymnasium zu Kattowitz.		
		Regierungsbezirk Magdeburg: Gymnasien zu Seehausen, Stendal, Realgymnasium zu Halberstadt, Ober-Realschule zu Halberstadt.		
		Regierungsbezirk Merseburg: Lateinische Hauptschule und Realgymnasium der Francke'schen Stiftungen zu Halle a. S., Gymnasien zu Sangerhausen, Torgau, Wittenberg.		
		Regierungsbezirk Erfurt: Gymnasium zu Mühlhausen.		
		Regierungsbezirk Schleswig: Wilhelmsschule (Realprogymnasium) zu Segeberg, Progymnasium nebst Realprogymnasium zu Neumünster.		
		Regierungsbezirk Hannover: Gymnasium nebst Realprogymnasium zu Hameln.		
		Regierungsbezirk Hildesheim: Realgymnasium zu Osterode, Progymnasium nebst Realprogymnasium zu Münden, Realprogymnasien zu Einbeck, Northeim.		
		Regierungsbezirk Lüneburg: Gymnasium Johanneum nebst Realgymnasium zu		

Kapitel.	Titel.	Ausgabe.	Betrag für 1. A[pril] 1892/9[3] Mark.
(120.)	(4.)	Lüneburg, Realgymnasium zu Harburg, Realprogymnasium zu Uelzen. Regierungsbezirk Stade: Progymnasium zu Geestemünde. Regierungsbezirk Osnabrück: Realgymnasium zu Quakenbrück, Realprogymnasium zu Papenburg. Regierungsbezirk Münster: Gymnasien zu Recklinghausen, Rheine, Progymnasium zu Dorsten, Realprogymnasium zu Bocholt. Regierungsbezirk Minden: Gymnasien zu Herford, Höxter, Warburg, Progymnasium zu Rietberg. Regierungsbezirk Arnsberg: Gymnasien zu Attendorn, Bochum, Brilon, Soest, Realgymnasium nebst Gymnasium zu Hagen, Realgymnasien zu Iserlohn, Lippstadt, Siegen, Realprogymnasium zu Schwelm, Gewerbeschule (höhere Bürgerschule mit Fachklassen) zu Hagen. Regierungsbezirk Cassel: Realprogymnasien zu Fulda, Hofgeismar, Marburg, Schmalkalden, Realprogymnasium nebst Progymnasium zu Eschwege. Regierungsbezirk Wiesbaden: Kaiser Wilhelms-Gymnasium zu Montabaur, Realprogymnasien zu Biebrich-Mosbach, Diez, Ems, Geisenheim, Oberlahnstein, Realprogymnasium nebst Progymnasium zu Limburg, Realschule nebst Realprogymnasium und Progymnasium zu Homburg. Regierungsbezirk Coblenz: Progymnasien zu Andernach, Sobernheim, Realgymnasium (früher Ober-Realschule) zu Coblenz. Regierungsbezirk Düsseldorf: Gymnasien zu Elberfeld, München-Gladbach, Mörs,	

Kapitel	Titel	Ausgabe.	Betrag für 1. April 1892/93. Mark. Pf.
(10.)	(4.)	Realgymnasium zu Ruhrort, Realschulen zu Elberfeld, Krefeld, Gewerbeschule (höhere Bürgerschule mit Fachklassen) zu Barmen. Regierungsbezirk Cöln: Ober-Realschule zu Cöln, Progymnasium zu Wipperfürth. Regierungsbezirk Trier: Realgymnasium zu Trier, Progymnasium zu Prüm, Saarlouis. Regierungsbezirk Aachen: Gymnasium zu Düren, Progymnasien zu Jülich, Malmedy, Realprogymnasium zu Eupen, Realschule mit Fachklassen zu Aachen	808 841.41
		Summe Titel 4 für sich	
		Dazu: = = 3 . . .	109 407.50
		= = 2 . . .	4 296 352.14
		= = 1 . . .	230 419.22
		Summe Titel 1 bis 4	5 445 020.27
	5.	Zur Durchführung des Normals-Etats vom Jahre 1892 für die Direktoren und Lehrer bei den unter Tit. 2 bis 4 aufgeführten Anstalten, sowie zur Erhöhung der Remuneration für Hülfsunterricht . . .	1 400 000.—
	5a.	Zu Zuschüssen behufs Einführung der Versorgung der Hinterbliebenen der Lehrer und Beamten an den nichtstaatlichen höheren Unterrichtsanstalten	321 487.66
	6.	Dispositionsfonds zu sonstigen Ausgaben für das höhere Unterrichtswesen	36 000.—
	6a.	Zur Deckung von Einnahmeausfällen bei den unter Titel 2 und 3 aufgeführten Unterrichtsanstalten	32 600.—
	7.	Zu unvorhergesehenen und zu außerordentlichen baulichen Bedürfnissen der staatlichen höheren Unterrichtsanstalten . .	30 000.
	8.	Zu Stipendien und zu Unterstützungen für	

Kapitel.	Titel.	Ausgabe.	Be... für 1. ... 189... Mar...
(120.)	(8.)	würdige und bedürftige Schüler von Gymnasien und Realgymnasien	22
	8a.	Zur Ergänzung des Fonds Titel 8 für Schüler deutscher Herkunft auf höheren Lehranstalten in den Provinzen Westpreußen und Posen, sowie für Schüler höherer Lehranstalten im Regierungsbezirke Oppeln	50
	9.	Zu Unterstützungen für Lehrer an höheren Unterrichtsanstalten	34
	10a.	Zu 6 Reisestipendien von je 1000 Mk. für Lehrer der neueren Sprachen	
		Seminar-Einrichtungen an höheren Lehranstalten und pädagogische Seminare zu Königsberg, Danzig, Berlin, Posen, Breslau, Cassel und Coblenz.	
	11.	Zu Stellvertretungskosten und Remunerationen für die Dirigenten und Lehrer	6
	12.	Zu Stipendien und Reiseunterstützungen für die Kandidaten	7
	13.	Zu Unterrichtsmitteln und sonstigen sächlichen Ausgaben	1
		Summe Kapitel 120	7 53
121.		Elementar-Unterrichtswesen.	
		Schullehrer- und Lehrerinnen-Seminare.	
		Regierungsbezirk Königsberg: Schullehrer-Seminare zu Braunsberg, Waldau, Pr. Eylau, Ortelsburg, Osterode.	
		Regierungsbezirk Gumbinnen: Schullehrer-Seminare zu Angerburg, Karalene, Ragnit.	
		Regierungsbezirk Danzig: Schullehrer-Seminare zu Marienburg, Berent.	
		Regierungsbezirk Marienwerder: Schullehrer-Seminare zu Graudenz, Pr. Friedland, Löbau, Tuchel.	
		Residenzstadt Berlin: Seminar für Stadt-	

Titel.	Ausgabe.	Betrag für 1. April 1892/93. Mark. Pf.
	schulen und mit der Augustaschule verbundenes Lehrerinnen-Seminar.	
	Regierungsbezirk Potsdam: Schullehrer-Seminare zu Köpenick, Oranienburg, Kyritz, Neu-Ruppin, Prenzlau.	
	Regierungsbezirk Frankfurt a. O.: Schullehrer-Seminare zu Neuzelle, Altdöbern, Drossen, Königsberg N. M., Friedeberg N. M.	
	Regierungsbezirk Stettin: Schullehrer-Seminare zu Pölitz, Kammin, Pyritz.	
	Regierungsbezirk Cöslin: Schullehrer-Seminare zu Cöslin, Bütow, Dramburg.	
	Regierungsbezirk Stralsund: Schullehrer-Seminar zu Franzburg.	
	Regierungsbezirk Posen: Schullehrer-Seminare zu Rawitsch, Paradies, Koschmin, Luisenstiftung nebst Lehrerinnen-Seminar zu Posen.	
	Regierungsbezirk Bromberg: Schullehrer-Seminare zu Bromberg, Exin.	
	Regierungsbezirk Breslau: Schullehrer-Seminare zu Breslau, Brieg, Münsterberg, Steinau, Habelschwerdt, Oels.	
	Regierungsbezirk Liegnitz: Schullehrer-Seminare zu Bunzlau, Liebenthal, Reichenbach, Sagan, Liegnitz.	
	Regierungsbezirk Oppeln: Schullehrer-Seminare zu Ober-Glogau, Peiskretscham, Kreuzburg, Pilchowitz, Rosenberg, Ziegenhals, Proskau, Zülz.	
	Regierungsbezirk Magdeburg: Schullehrer-Seminare zu Barby, Genthin, Halberstadt, Osterburg.	
	Regierungsbezirk Merseburg: Schullehrer-Seminare zu Weißenfels, Eisleben, Elsterwerda, Delitzsch, Lehrerinnen-Seminar zu Droyßig.	

Kapitel.	Titel.	Ausgabe.	Betrag für 1. Ap[ril] 1892/93 Mark.
(121.)		Regierungsbezirk Erfurt: Schullehrer-Seminare zu Erfurt, Heiligenstadt. Regierungsbezirk Schleswig: Schullehrer-Seminare zu Segeberg, Tondern, Hadersleben, Eckernförde, Uetersen, Lehrerinnen-Seminar zu Augustenburg. Regierungsbezirk Hannover: Schullehrer-Seminare zu Hannover, Wunstorf. Regierungsbezirk Hildesheim: Schullehrer-Seminare zu Hildesheim, Alfeld, Northeim. Regierungsbezirk Lüneburg: Schullehrer-Seminar zu Lüneburg. Regierungsbezirk Stade: Schullehrer-Seminare zu Stade, Verden, Bederkesa. Regierungsbezirk Osnabrück: Schullehrer-Seminar zu Osnabrück. Regierungsbezirk Aurich: Schullehrer-Seminar zu Aurich. Regierungsbezirk Münster: Schullehrer-Seminar zu Warendorf, Lehrerinnen-Seminar zu Münster. Regierungsbezirk Minden: Schullehrer-Seminare zu Petershagen, Büren, Gütersloh, Lehrerinnen-Seminar zu Paderborn. Regierungsbezirk Arnsberg: Schullehrer-Seminare zu Soest, Hilchenbach, Rüthen. Regierungsbezirk Cassel: Schullehrer-Seminare zu Homberg, Schlüchtern, Fulda. Regierungsbezirk Wiesbaden: Schullehrer-Seminare zu Montabaur, Usingen, Dillenburg, Lehrerinnen-Seminarkursus zu Montabaur. Regierungsbezirk Coblenz: Schullehrer-Seminare zu Boppard, Neuwied, Münstermaifeld. Regierungsbezirk Düsseldorf: Schullehrer-Seminare zu Mörs, Kempen, Mettmann, Elten, Rheydt, Odenkirchen, Lehrerinnen-Seminar zu Xanten.	

Titel.	Ausgabe.	Betrag für 1. April 1892/93. Mark. Pf.
	Regierungsbezirk Cöln: Schullehrer-Seminare zu Brühl, Siegburg.	
	Regierungsbezirk Trier: Schullehrer-Seminare zu Ottweiler, Wittlich, Prüm, Lehrerinnen-Seminar zu Saarburg, mit einer Mädchenschule verbundenes Lehrerinnen-Seminar zu Trier.	
	Regierungsbezirk Aachen: Schullehrer-Seminare zu Linnich, Kornelimünster.	
1.	Besoldungen der Direktoren, Lehrer und Lehrerinnen, Beamten und Unterbeamten	2 543 610.49
2.	Zu Wohnungsgeldzuschüssen für die Direktoren, Lehrer und Beamten	132 864.—
3.	Zur Remunerirung von Hilfslehrern, Kassenrendanten, Anstaltsärzten, Schuldienern und sonstigem Hilfspersonale, sowie zu Remunerationen für den Unterricht in weiblichen Handarbeiten	114 843.77
4.	Zur Bestreitung der Kosten der Oekonomie, zu Medikamenten und zu Unterstützungen in den mit Internatseinrichtung verbundenen Seminaren	1 647 305.79
5.	Zu Unterstützungen, zu Medikamenten und zur Krankenpflege für die im Externate befindlichen Seminaristen	561 067.41
6.	Zur Unterhaltung der Gebäude und Gärten	244 125.—
7.	Zu Unterrichtsmitteln	106 685.—
8.	Zur Unterhaltung und Ergänzung der Utensilien, zur Heizung und Beleuchtung, Miethe für Anstaltslokale und zu sonstigen sächlichen Ausgaben, einschließlich eines Zuschusses von 6000 Mark für eine Bildungsanstalt für jüdische Elementarlehrer im Regierungsbezirke Münster	491 321.88
	Summe Titel 1 bis 8	5 841 823.34

Kapitel.	Titel.	Ausgabe.	Betrag für 1. April 1892/93 Mark.	
(121.)		Präparanden=Anstalten.		
		Regierungsbezirk Königsberg: zu Friedrichshof.		
		Regierungsbezirk Gumbinnen: zu Pillkallen, Lötzen.		
		Regierungsbezirk Danzig: zu Preußisch=Stargardt.		
		Regierungsbezirk Marienwerder: zu Rehden, Schwetz, Dt. Krone.		
		Regierungsbezirk Stettin: zu Plathe, Massow.		
		Regierungsbezirk Cöslin: zu Rummelsburg.		
		Regierungsbezirk Stralsund: zu Tribsees.		
		Regierungsbezirk Posen: zu Meseritz, Lissa, Rogasen.		
		Regierungsbezirk Bromberg: zu Czarnikau, Lobsens.		
		Regierungsbezirk Breslau: zu Landeck, Schweidnitz.		
		Regierungsbezirk Liegnitz: zu Schmiedeberg.		
		Regierungsbezirk Oppeln: zu Rosenberg, Ziegenhals, Oppeln, Zülz.		
		Regierungsbezirk Magdeburg: zu Quedlinburg.		
		Regierungsbezirk Erfurt: zu Heiligenstadt, Wandersleben.		
		Regierungsbezirk Schleswig: zu Barmstedt, Apenrade.		
		Regierungsbezirk Hannover: zu Diepholz.		
		Regierungsbezirk Osnabrück: zu Melle.		
		Regierungsbezirk Aurich: zu Aurich.		
		Regierungsbezirk Arnsberg: zu Laasphe.		
		Regierungsbezirk Cassel: zu Fritzlar.		
		Regierungsbezirk Wiesbaden: zu Herborn.		
		Regierungsbezirk Coblenz: zu Simmern.		
	9.	Besoldungen der Anstaltsvorsteher und Lehrer	150 4	
	10.	Zu Wohnungsgeldzuschüssen für die Vorsteher und Lehrer	86 4	
	11.	Zur Remunerirung von Hilfslehrern, Anstalts=		

Titel.	Ausgabe.	Betrag für 1. April 1892/93. Mark. Pf.
(11.)	ärzten, Hausdienern und zu sonstigen persönlichen Ausgaben	31 780.—
12.	Zur Bestreitung der Kosten der Oekonomie, zu Medikamenten und zu Unterstützungen für die Präparanden	256 122.—
13.	Zur Unterhaltung der Gebäude und Gärten	2 883.—
14.	Zu Unterrichtsmitteln, zur Unterhaltung und Ergänzung der Utensilien, zur Heizung und Beleuchtung, Miethe für Anstaltslokale und zu sonstigen sächlichen Ausgaben . . .	80 191.—
	Summe Titel 9 bis 14	530 040.—
15.	Dispositionsfonds zur Förderung des Seminar-Präparandenwesens	226 561.—
	Summe Titel 15 für sich.	
16.	Zu Unterstützungen für Seminar- und Präparandenlehrer, sowie für die Lehrer an der Turnlehrer-Bildungsanstalt und an der Taubstummenanstalt zu Berlin und der Blindenanstalt zu Steglitz	35 000.—
	Summe Titel 16 für sich.	
	Turnlehrer-Bildungswesen.	
	Turnlehrer-Bildungsanstalt zu Berlin.	
17.	Besoldungen. 2 Unterrichtsdirigenten, 1 Lehrer und 1 Kastellan	16 000.—
18.	Zu Wohnungsgeldzuschüssen für die Dirigenten und den Lehrer	2 340.—
19.	Zur Remunerirung von Hilfslehrern und Hilfslehrerinnen und zu sonstigen persönlichen Ausgaben	11 250.—
20.	Zur Unterhaltung des Gebäudes . . .	1 800.—
21.	Zu Unterrichtsmitteln, zur Unterhaltung und Ergänzung der Utensilien, zur Heizung und Beleuchtung, sowie zu sonstigen sächlichen Ausgaben	7 355.—
	Summe Titel 17 bis 21	38 745.—

Kapitel.	Titel.	Ausgabe.	Betr für 1. 1892. Mark
(121.)	22.	Dispositionsfonds zu Unterstützungen für angehende Turnlehrer und zu sächlichen Ausgaben für das Turnwesen	76 400
		Summe Titel 22 für sich.	
		Summe Titel 17 bis 22	115 14
		Schulaufsicht.	
	23.	Besoldungen für 70 Schulräthe bei den Regierungen, 3 Schulräthe im Nebenamte	360 985
	24.	Zu Wohnungsgeldzuschüssen für die Schulräthe bei den Regierungen	42 480
	25.	Zur Remunerirung von Hilfsarbeitern in der Schulverwaltung bei den Regierungen	30 000
	26.	Besoldungen für 228 Kreis-Schulinspektoren	923 400
	27.	Zu Vergütungen für Reise- und sonstige Dienstunkosten für die Kreis-Schulinspektoren .	228 000
	28.	Zu Wohnungsgeldzuschüssen für die Kreis-Schulinspektoren	110 466
	29.	Zu widerruflichen Remunerationen für die Verwaltung von Schulinspektionen . .	720 000
	30.	Zur Verstärkung der Schulaufsicht in den Provinzen Westpreußen und Posen, sowie im Regierungsbezirke Oppeln	200 000
	31.	Zu Unterstützungen für Kreis-Schulinspektoren im Hauptamte	6 000
		Summe Titel 23 bis 31	2 621 331
		Höhere Mädchenschulen.	
	31a.	Zu Beihilfen zur Unterhaltung höherer Mädchenschulen	90 000
	31b.	Zur Ergänzung des Fonds Tit. 31a behufs besonderer Förderung des deutschen höheren Mädchenschulwesens in den Provinzen Westpreußen und Posen, sowie im Regierungsbezirk Oppeln	80 000
		Summe Titel 31a und 31b	170 000

Kapitel.	Titel.	Ausgabe.	Betrag für 1. April 1892/93. Mark. Pf.
11.)		**Elementarschulwesen.**	
	32.	Behufs allgemeiner Erleichterung der Volksschullasten	26 800 000.—
	33.	Besoldungen und Zuschüsse für Lehrer und Lehrerinnen, sowie für Schulen aus besonderer rechtlicher Verpflichtung und aus Specialfonds	263 612.78
	34.	Zu Beihilfen an Schulverbände wegen Unvermögens für das Stelleneinkommen der Lehrer und Lehrerinnen	7 065 633.75
	35.	Zu Dienstalterszulagen für Volksschullehrer und Lehrerinnen . . . . **Vermerk:** Die Abstufung der Alterszulagen ist in der Weise zu regeln, daß dieselben nach einer Dienstzeit von bezw. 10, 15, 20, 25 und 30 Jahren in Beträgen von jährlich 100, 200, 300, 400 und 500 Mk. an Lehrer, sowie von 70, 140, 210, 280 und 350 Mk. an Lehrerinnen gewährt werden.	8 303 300.—
	35a.	Zu sonstigen persönlichen Zulagen und Unterstützungen für Elementarlehrer und Lehrerinnen	620 000.—
	36.	Behufs Errichtung neuer Schulstellen . .	173 360.—
	37.	Zur Ergänzung der Fonds Titel 34, 35a und 36 behufs besonderer Förderung des deutschen Volksschulwesens in den Provinzen Westpreußen und Posen, sowie im Regierungsbezirke Oppeln	600 000.—
	38.	Zur Unterstützung von Schulverbänden wegen Unvermögens bei Elementarschulbauten .	1 000 000.—
	39.	Zu Pensionen für Lehrer und Lehrerinnen an öffentlichen Volksschulen	3 700 000.—
	40.	Zu Unterstützungen für ausgeschiedene Elementarlehrer und Lehrerinnen	808 000.—
	41.	Zu Zuschüssen für Elementarlehrer-Witwen- und Waisenkassen	1 280 000.—
	41a.	Zu Waisengeldern für die Waisen der Lehrer an öffentlichen Volksschulen	300 000.—

Kapitel.	Titel.	Ausgabe.	Betrag für 1. April 1892/93. Mark.
(121.)	42.	Zu Unterstützungen für Witwen und Waisen von Elementarlehrern	200 000.
		Summe Titel 32 bis 42	51 113 906.5
	43.	Dispositionsfonds für das Elementar-Unterrichtswesen	214 000.
	44.	Zur Verstärkung des Fonds Titel 43 behufs besonderer Förderung des deutschen Volksschulwesens in den Provinzen Westpreußen und Posen, sowie im Regierungsbezirke Oppeln	50 000.
		Summe Titel 43 und 44	264 000.
		Taubstummen- und Blindenwesen.	
	45.	Bedürfniszuschüsse für die Taubstummen-Anstalt zu Berlin und die Blinden-Anstalt zu Steglitz	77 843.
	46.	Zur Förderung des Unterrichtes Taubstummer und Blinder	30 000.
		Summe Titel 45 und 46	107 843.
	47.	Waisenhäuser und andere Wohlthätigkeits-Anstalten.	
		Bedürfniszuschüsse für nachbenannte Anstalten.	
		Residenzstadt Berlin: Luisenstiftung, Luisenstift, Lindow- und Orange-Waisenhaus, Kornmesser'sches Waisenhaus, Schindler'sches Waisenhaus, Haupt-Stiftungskasse der Armendirektion.	
		Regierungsbezirk Potsdam: Civil-Waisenanstalt zu Potsdam, von Türk'sche Waisenanstalt zu Kl. Glienicke.	
		Regierungsbezirk Frankfurt a. O.: Waisenhaus zu Neuzelle.	
		Regierungsbezirk Posen: Krankenanstalt der grauen barmherzigen Schwestern zu Posen, Waisenhaus zu Paradies.	
		Regierungsbezirk Liegnitz: Waisenhaus zu	

Titel.	Ausgabe.	Betrag für 1. April 1892/93. Mark. Pf.
(47.)	Bunzlau, Gemeinde Lessendorf im Kreise Freistadt in Schlesien aus dem Legate des verstorbenen Besitzers der Herrschaft Sorau, Bischofs Balthasar von Promnitz.	
	Regierungsbezirk Magdeburg: Berg'sche Diözesan-Schullehrer-Witwen und Waisenkasse.	
	Regierungsbezirk Merseburg: Francke'sche Stiftungen zu Halle, Prokuraturamt und Waisenhaus zu Zeitz.	
	Regierungsbezirk Cassel: Kleinkinder-Bewahranstalt zu Cassel	114 371.76
	Summe Titel 47 für sich.	
	Dazu: Summe Titel 45 und 46	107 843.32
	" " 43 " 44	264 000.—
	" " 32 bis 42	51 113 906.53
	" " 31a u. 31b	170 000.—
	" " 23 " 31	2 621 331.71
	" " 17 " 22	115 145.—
	" " 16 . . .	35 000.—
	" " 15 . . .	226 561.—
	" " 9 bis 14	530 040.—
	" " 1 " 8	5 841 823.34
	Summe Kapitel 121	61 140 022.66
	Kunst und Wissenschaft.	
	Kunst-Museen zu Berlin.	
1.	Besoldungen. 1 Generaldirektor, 1 technischer Beirath für die artistischen Publikationen, 1 Justiziar und Verwaltungsrath, 6 Bureaubeamte, 1 Bureau-Assistent, 8 Abtheilungs-Direktoren, davon 1 in Smyrna domizilirt, 2 Abtheilungs-Direktoren im Nebenamte, 1 Restaurator, 14 Direktorial-Assistenten, 1 Bibliothekar und 1 Chemiker, 1 Restaurator im Kupferstichkabinet, 1 zweiter Restaurator und Inspektor an der Gemäldegalerie, 1 Konservator und 1 technischer Inspektor der Gipsformerei, 1 Bauinspektor, 19 Oberaufseher, Kastellane, Röhrmeister	

Kapitel.	Titel.	Ausgabe.	Betrag für 1. A 1892/93 Mark.
(122.)	(1.)	und Oberheizer, 79 Sammlungsaufseher, Kassendiener, Portiers, Bureaudiener, Hausdiener und Wächter	292 20
	2.	Zu Wohnungsgeldzuschüssen für die Beamten	53 04
	3.	Andere persönliche Ausgaben. Zur Remunerirung von Assistenten, von Rechnungsführern, Bureauarbeitern, eines Kanzlei-Diätars, von Aufsehern, Boten und sonstigem Hilfspersonale, sowie zu außerordentlichen Remunerationen und Unterstützungen an Beamte, sowie Stellenzulagen für Unterbeamte	20 30
	4.	Zur Vermehrung und Unterhaltung der Sammlungen	340 00
	5.	Zur Unterhaltung der Gebäude und Gärten	36 00
	6.	Zu sonstigen sächlichen Ausgaben. (Bureaukosten, besondere wissenschaftliche Arbeiten und Reisen, Betrieb der Gipsformerei, Kleidung des Dienstpersonals, Unterhaltung und Ergänzung der Inventarien, Heizung, Licht, Abgaben und Lasten, Miethe für Sammlungs- und Geschäftsräume, Druckkosten, Reinigungskosten 2c.)	218 8
		Summe Titel 1 bis 6	960 3
		Kunstgewerbe-Museum.	
	6a.	Besoldungen. 1 erster Direktor, 2 Direktoren, 1 Bibliothekar und 4 Assistenten, 1 Bureauvorsteher und Rendant, 1 Registrator und Kalkulator und 1 Verwalter der Stoffsammlung, 2 Kanzleisekretäre, 1 Sekretär der Unterrichtsanstalt, 4 Bibliotheksekretäre, 1 Sekretär der Sammlungen und der erste Restaurator, 1 Hausinspektor, der zweite Restaurator, 1 Maschinist, 6 Oberaufseher, 45 Sammlungsaufseher, Bibliothekdiener, Kassendiener, Schuldiener, Oberformer, Röhrmeister, Portiers, Bureaudiener, Hausdiener und Wächter . . .	132 50

Titel.	Ausgabe.	Betrag für 1. April 1892/93. Mark. Pf.
6b.	Zu Wohnungsgeldzuschüssen für die Beamten	25 680.—
6c.	Andere persönliche Ausgaben. Zur Remunerirung der Lehrer an der Unterrichtsanstalt, für Assistenzunterricht und für Extrastunden, zur Ausbildung von Sammlungs-Aspiranten und Veranstaltung von Vorlesungen, zur Remunerirung des sonst erforderlichen Hilfspersonales, sowie zu außerordentlichen Remunerationen und Unterstützungen für die Beamten und Lehrer, einschließlich Stellenzulagen für Unterbeamte	72 091.—
	Sächliche Ausgaben.	
6d.	Zur Vermehrung und Unterhaltung der Sammlungen, für die Bibliothek und Lehrmittel	89 530.—
6e.	Zur Unterhaltung der Gebäude und Gärten	10 000.—
6f.	Zu Stipendien und Prämien	1 992.—
6g.	Zu Reisen der Beamten und Lehrer . .	5 000.—
6h.	Zu sonstigen sächlichen Ausgaben (Bureaukosten, Kleidung des Dienstpersonales, für Löhne, für Modelle, Abgaben und Lasten, Beleuchtung, Heizung, Reinigung, Frachten und Porto, Versicherung der Sammlungs-Leihgaben, zur Herstellung verkäuflicher Gipsabgüsse, für die Tischlerei 2c.)	80 765.—
	Summe Titel 6a bis 6h . .	417 558.—
	National-Galerie zu Berlin.	
7.	Besoldungen. 1 Direktor, 1 Direktorial-Assistent, 1 Registrator, 1 Bureau-Assistent, 1 Oberaufseher und Hilfs-Restaurator, 1 Kastellan, 1 Heizer und Röhrmeister und 2 Oberaufseher, 13 Sammlungsaufseher, Portier und Hausdiener	38 900.—
8.	Zu Wohnungsgeldzuschüssen für die Beamten	6 480.—

Kapitel.	Titel.	Ausgabe.	Betrag für 1. Ap[ril] 1892/93. Mark.
(122.)	9.	Andere persönliche Ausgaben. Zur Remunerirung von Assistenten, Rechnungsführern, Bureauarbeitern, Aufsehern, Boten und sonstigem Hilfspersonale, sowie zu außerordentlichen Remunerationen und Unterstützungen an Beamte, einschließlich Stellenzulagen für Unterbeamte	2 02
	10.	Zur Unterhaltung der Gebäude und Gärten	12 45
	11.	Zu sonstigen sächlichen Ausgaben (Bureaukosten, besondere wissenschaftliche Arbeiten und Reisen, Kleidung des Dienstpersonals, Unterhaltung und Ergänzung der Inventarien, Heizung, Licht, Abgaben und Lasten, Miethe für Sammlungs- und Geschäftsräume, Druckkosten, Reinigungskosten rc.)	26 5
		Summe Titel 7 bis 11	86 3
		Königliche Bibliothek zu Berlin.	
	12.	Besoldungen. 1 General-Direktor, 2 Abtheilungs-Direktoren, 16 Bibliothekare und Kustoden, 8 Hilfskustoden, 1 Obersekretär, 2 Sekretäre, 1 Bureau-Assistent, 1 Kastellan 20 Bibliothekdiener und 5 Hausdiener	158 2
	13.	Zu Wohnungsgeldzuschüssen für die Beamten	29 8
	14.	Andere persönliche Ausgaben. Zur Remunerirung von Assistenten, Rechnungsführern, Bureauarbeitern, Aufsehern, Boten und sonstigem Hilfspersonale, sowie zu außerordentlichen Remunerationen und Unterstützungen an Beamte, einschließlich Stellenzulage für den Kastellan	22 6
	15.	Zur Vermehrung und Unterhaltung der Sammlungen	150 0
	15a.	Zur Unterhaltung der Gebäude und Gärten	12 1
	16.	Zu sonstigen sächlichen Ausgaben. (Bureaukosten, Unterhaltung und Ergänzung der Inventarien, Heizung, Licht, Abgaben und Lasten, Miethe für Sammlungs- und Ge-	

Titel.	Ausgabe.	Betrag für 1. April 1892/93. Mark. Pf.
(16.)	schäftsräume, Druckkosten, Reinigungskosten 2c.)	40 744.—
	Summe Titel 12 bis 16	413 624.—
	Geodätisches Institut auf dem Telegraphenberge bei Potsdam.	
17.	Besoldungen. 3 Sektionschefs, 4 Assistenten, 1 Bureauvorsteher, 1 Bureaudiener . .	33 650.—
18.	Zu Wohnungsgeldzuschüssen für die Beamten	5 052.—
19.	Andere persönliche Ausgaben. Zur Remunerirung des Direktors, von Assistenten, Rechnungsführern, Bureauarbeitern, Aufsehern, Boten und sonstigem Hilfspersonale, sowie zu außerordentlichen Remunerationen und Unterstützungen an Beamte . . .	18 550.—
19a.	Zur Unterhaltung der Gebäude	2 200.—
20.	Zu sonstigen sächlichen Ausgaben. (Bureaukosten, besondere wissenschaftliche Arbeiten und Reisen, Unterhaltung und Ergänzung der Inventarien, Heizung, Licht, Abgaben und Lasten, Löhne, Druckkosten, Reinigungskosten 2c.)	40 167.—
	Summe Titel 17 bis 20	99 619.—
	Meteorologisches Institut zu Berlin nebst Observatorien auf dem Telegraphenberge bei Potsdam.	
20a.	Besoldungen. 5 wissenschaftliche Oberbeamte als Mitglieder, 1 wissenschaftlicher Assistent, 2 Bureaubeamte, 1 Bureau-Assistent, 1 Institutsdiener	34 550.—
20b.	Zu Wohnungsgeldzuschüssen für die Beamten	6 120.—
20c.	Andere persönliche Ausgaben. Zur Remunerirung des Direktors, von wissenschaftlichen Hilfsarbeitern, Rechnern, Bureauarbeitern und sonstigem Hilfspersonale, für Hilfsleistungen bei dem Central-Institute,	

Kapitel.	Titel.	Ausgabe.	Betrag für 1. Ap[r] 1892/93. Mark.
(122.)	(20c.)	sowie zu außerordentlichen Remunerationen und Unterstützungen an Beamte . . .	34 35(
	20d.	Zur Remunerirung der Beobachter an den Beobachtungsstationen	27 20(
		Sächliche Ausgaben.	
	20e.	Zur Unterhaltung des Gebäudes . . .	2 00(
	20f.	Zu Diäten und Fuhrkosten und zu sonstigen sächlichen Ausgaben (Bureaukosten, Unterhaltung und Ergänzung der Bibliothek, sowie der Instrumente und Inventarien, Heizung, Beleuchtung, Abgaben und Lasten, Druckkosten, Reinigungskosten ꝛc.) . .	44 30(
	20g.	Zur Unterhaltung der Beobachtungsstationen	5 00(
		Summe Titel 20a bis 20g	153 52(
		Astrophysikalisches Observatorium auf dem Telegraphenberge bei Potsdam.	
	21.	Besoldungen. 1 Direktor, 3 Observatoren, 2 Assistenten, 1 Maschinist, 1 Mechaniker und Kastellan, 1 Institutsdiener	39 35[0]
	21a.	Zu Wohnungsgeldzuschüssen für die Beamten	1 98[0]
	21b.	Andere persönliche Ausgaben. Zur Remunerirung von Assistenten, Rechnungsführern, Bureauarbeitern, Aufsehern, Boten und sonstigem Hilfspersonale, sowie für Hilfsleistungen	8 20[0]
	21c.	Zur Unterhaltung der Gebäude und Gärten	6 00[0]
	21d.	Zu sonstigen sächlichen Ausgaben. (Bureaukosten, Unterhaltung und Ergänzung der Instrumente und Inventarien, Heizung, Licht, Abgaben und Lasten, Druckkosten, Reinigungskosten ꝛc.)	22 45[0]
		Summe Titel 21 bis 21d	77 98[0]
		Biologische Anstalt auf Helgoland.	
	22.	Besoldungen. 1 Direktor, 1 Fischmeister .	7 80[0]
	22a.	Zu Wohnungsgeldzuschüssen für die Beamten	48[0]
	22b.	Andere persönliche Ausgaben. Zur Remune-	

Titel.	Ausgabe.	Betrag für 1. April 1892/93. Mark. Pf.
(22b.)	rirung zweier wissenschaftlicher Assistenten und eines Präparators	9 200.—
22c.	Zur Unterhaltung der Gebäude	500.—
22d.	Zu sonstigen sächlichen Ausgaben. (Bootfahrten, Unterhaltung und Ergänzung der Apparate ꝛc., der Sammlungen und der Bibliothek; für Verbrauchsgegenstände, Heizung, Licht, Reinigungskosten, Druck- und Versandkosten ꝛc.)	15 020.—
	Summe Titel 22 bis 22d	33 000.—
23.	Zur Unterhaltung des Hauptgebäudes und der Nebenanlagen ꝛc. der ehemaligen Hygiene-Ausstellung	8 500.—
	Summe Titel 23 für sich.	
	Sonstige Kunst- und wissenschaftliche Anstalten und Zwecke.	
24.	Besoldungen. 1 Konservator der Hannoverschen Landes-Alterthümer, 1 Vorsitzender des litterarischen, artistischen, musikalischen, photographischen und gewerblichen Sachverständigen-Vereines, 2 Historiographen des Preußischen Staates und der Mark Brandenburg, 1 Schloßkastellan zu Marienburg, 1 Schloßdiener daselbst, Aussterbebesoldung für einen Gelehrten, 1 Kustos des Rauch-Museums in Berlin, 1 Diener bei demselben Museum, 1 Bibliothekar der Landesbibliothek zu Wiesbaden, 2 Bibliothek-Sekretäre und 1 Kustos desselben Institutes, 1 Diener desselben Institutes. Beamte des Museums zu Cassel: 1 Direktor, 1 Direktorial-Assistent, 1 Konservator der physikalischen und mathematischen Instrumente, 1 Inspektor, 1 Kastellan, 1 Portier, 1 Galeriediener I. Klasse und 7 Galeriediener II. Klasse, 1 Aufseher der Gemäldesammlung zu	

Kapitel.	Titel.	Ausgabe.	Betrag für 1. A[pril] 1892/9[3] Mark.
(122.)	(24.)	Wiesbaden, 1 Konservator des Vereines für Nassauische Alterthumskunde und Geschichtsforschung, 1 Diener desselben Vereines, 1 Präparator des naturhistorischen Museums zu Wiesbaden	50 9
	25.	Zu Wohnungsgeldzuschüssen für die Beamten	6 6
	26.	Andere persönliche Ausgaben. Zur Remunerirung von Dirigenten, Assistenten, Rechnungsführern, Bureauarbeitern, Aufsehern, Boten und sonstigem Hilfspersonale, sowie zu Unterstützungen an Beamte: Museum zu Cassel, Bildergalerie daselbst, Landesbibliothek zu Wiesbaden, Verein für Alterthumskunde daselbst, naturhistorisches Museum daselbst, Kaiserhaus zu Goslar, litterarischer, artistischer, musikalischer, photographischer und gewerblicher Sachverständigen-Verein und Stellenzulagen für den Kastellan, den Portier und 2 Galeriediener bei dem Museum zu Cassel . .	5 4
	28.	Zur Vermehrung und Unterhaltung der Sammlungen. Museum zu Cassel, Landesbibliothek zu Wiesbaden, Gemäldesammlung daselbst, Verein für Alterthumskunde daselbst, naturhistorisches Museum daselbst . .	27 0
	29.	Zur Unterhaltung der Gebäude und Gärten. Museum zu Cassel, Landesbibliothek zu Wiesbaden, Verein für Alterthumskunde daselbst, Schloß zu Marienburg, Rauch-Museum zu Berlin, Bildhauer-Atelier für Kolossalwerke daselbst	13 3
	30.	Zu sonstigen sächlichen Ausgaben. (Bureaukosten, Unterhaltung und Ergänzung der Inventarien, Heizung, Licht, Abgaben und Lasten, Miethe für Sammlungs- und Geschäftsräume, Druckkosten, Reinigungskosten 2c.): Schloß zu Marienburg, Rauch-Museum zu Berlin, Reisekosten des Konser-	

Titel.	Ausgabe.	Betrag für 1. April 1892/93. Mark. Pf.
(30.)	vators der Hannoverschen Landesalterthümer, Museum zu Cassel, Landesbibliothek zu Wiesbaden, Gemäldesammlung daselbst, Verein für Alterthumskunde daselbst, naturhistorisches Museum daselbst, Kaiserhaus zu Goslar	16 719.—
31.	Zu Felix Mendelssohn-Bartholdy-Stipendien	3 150.—
32.	Dispositionsfonds zu Beihilfen und Unterstützungen für Kunst- und wissenschaftliche Zwecke, sowie für Künstler, Gelehrte und Litteraten und zu Unterstützungen behufs Ausbildung von Künstlern	220 000.—
33.	Zu Ankäufen von Kunstwerken für die National-Galerie, sowie zur Beförderung der monumentalen Malerei und Plastik und des Kupferstiches	300 000.—
34.	Zu Ausgaben für musikalische Zwecke. Für Ausbildung und Prüfung von Organisten, sowie zur Verbesserung der Kirchenmusik.	5 312.—
35.	Zur Konservirung der Alterthümer in den Rheinlanden	12 000.—
36.	Zu Kosten für die Bewachung und Unterhaltung von Denkmälern und Alterthümern, sowie zu Diäten und Fuhrkosten für den Burggrafen zu Marienburg und zu Vergütungen für Reisekosten und sonstige baare Auslagen an die Provinzial-Konservatoren der Provinzen Schlesien und Westfalen.	14 523.—
	Summe Titel 24 bis 36	675 190.—
36a.	Zu Ausgaben für das Meßbildverfahren .	18 000.—
	Summe Titel 36a für sich.	
	Zuschüsse an nachbenannte, vom Staate zu unterhaltende Anstalten.	
37.	Akademie der Künste zu Berlin und die mit derselben verbundenen Institute . . .	479 504.—

Kapitel.	Titel.	Ausgabe.	Betrag für 1. Ap 1892/93. Mark.
(122.)	38.	Musikinstitut der Hof- und Domkirche zu Berlin	23 98
	39.	Kunst-Akademie zu Königsberg i. Pr. . .	45 03
	40.	= = zu Düsseldorf	85 70
	41.	= = zu Cassel	37 14
	42.	Kunstschule zu Berlin	112 26
	43.	Kunst- und Kunstgewerbeschule zu Breslau	54 87
	44.	Akademie der Wissenschaften	199 18
		Summe Titel 37 bis 44	1 037 70
		Dazu: = = 1 = 6	960 34
		= = 6a = 6b	417 55
		= = 7 = 11	86 35
		= = 12 = 16	413 62
		= = 17 = 20	99 61
		= = 20a = 20g	153 52
		= = 21 = 21d	77 98
		= = 22 = 22d	33 00
		= = 23 . . .	8 50
		= = 24 = 36	675 19
		= = 36a. . .	18 00
		Summe Kapitel 122	3 981 3
123.		**Technisches Unterrichtswesen.**	
		Besoldungen.	
	1.	Technische Hochschule zu Berlin. 34 Lehrer, 1 Vorsteher der mechanisch-technischen Versuchsanstalt, 1 Stellvertreter desselben, 6 Kassen- und Bureaubeamte, 1 Kanzlist der mechanisch-technischen Versuchsanstalt, 26 Unterbeamte	261 00
	2.	Technische Hochschule zu Hannover. 29 Lehrer, 1 Rendant und 1 Sekretär, 1 Bureau-Assistent, 1 Bibliothekar, 2 Pedelle, sowie 12 Haus-, Laboratorien- und Sammlungsdiener	170 3
	3.	Technische Hochschule zu Aachen. 28 Lehrer, 1 Rendant, 1 Bibliothekar, 1 Mechaniker und 1 Werkmeister, sowie 8 Unterbeamte	159 10
		Summe Titel 1 bis 3	590 45

Titel	Ausgabe.	Betrag für 1. April 1892/93. Mark. Pf.
4.	Zu Wohnungsgeldzuschüssen für die Lehrer und Beamten	68 088.—
	Summe Titel 4 für sich.	
	Andere persönliche Ausgaben.	
5.	Antheile der Dozenten der technischen Hochschulen an den Kollegiengeldern . . .	65 000.—
6.	Zur Remunerirung von Hülfslehrern und Hülfsbeamten, zu Funktionszulagen für die Rektoren der technischen Hochschulen zu Berlin, Hannover und Aachen, ferner Stellenzulagen für etatsmäßige Unterbeamte derselben Anstalten, zu temporären Besoldungsverbesserungen der Lehrer der technischen Hochschule zu Berlin, sowie zur Entschädigung von Lehrern und Beamten dieser Hochschule für den Verlust an Wohnungsgeldzuschuß	336 517.—
7.	Zu Stipendien und Reiseunterstützungen bei der technischen Hochschule zu Berlin . .	37 500.—
8.	Zu Besoldungszuschüssen zum Zwecke der Heranziehung und Erhaltung tüchtiger Lehrkräfte für die technischen Hochschulen in Berlin, Hannover und Aachen . . .	30 000.—
10.	Zu außerordentlichen Remunerationen und Unterstützungen für die Beamten und Lehrer	7 000.—
	Summe Titel 5 bis 10	476 017.—
	Sächliche und vermischte Ausgaben.	
11.	Zu Amtsbedürfnissen, Porto und Frachtgebühren	208 247.—
12.	Für Lehrmittel, die Bibliothek und Sammlungen und für die Prüfungsstationen .	200 640.—
13.	Zur Unterhaltung der Gebäude und Gärten	38 200.—
14.	Zu Abgaben und Lasten, zu Exkursionen, zur Remunerirung der Mitglieder und Beamten der Kommissionen für die Diplomprüfungen	

Kapitel.	Titel.	Ausgabe.	Betrag für 1. Ap[ril] 1892/93 Mark.
(123.)	(14.)	und zu sächlichen Ausgaben bei denselben, sowie zu sonstigen Ausgaben	14 75
		Summe Titel 11 bis 14	461 84
		Sonstige Ausgaben.	
	15.	Dispositionsfonds zu Aufwendungen für technische Sammlungen, zur Herausgabe technischer Werke und Zeitschriften; für technisch-wissenschaftliche Untersuchungen und Reisen und überhaupt zur Förderung des technischen Unterrichtes	24 50
		Summe Titel 15 . . .	24 50
		Hierzu: = = 11 bis 14	461 84
		= = 5 = 10	476 01
		= = 4 . . .	68 08
		= = 1 bis 3	590 45
		Summe Kapitel 123	1 620 89
124.		**Kultus und Unterricht gemeinsam.**	
	1.	Zum Neubau und zur Unterhaltung der Kirchen, Pfarr-, Küsterei- und Schulgebäude, soweit solche auf einer rechtlichen Verpflichtung beruhen, sowie zur Erfüllung solcher rechtlichen Verpflichtungen im Vergleichswege durch Anmiethungen	1 841 00
		Sonstige Ausgaben für Kultus- und Unterrichtszwecke.	
	4.	Zu Unterstützungen für Predigt- und Schulamtskandidaten, sowie für studirende und auf Schulen befindliche Prediger- und Lehrersöhne	12 00
	9.	Zu Unterstützungen für ausgeschiedene Beamte und Lehrer mit Ausschluß der Universitäts- und Elementarlehrer, sowie für Witwen	

Titel.	Ausgabe.	Betrag für 1. April 1892/93. Mark. Pf.
(9.)	und Waisen von Beamten und von Lehrern mit Ausschluß der Universitäts- und Elementarlehrer	197 400.—
10.	Erziehungsunterstützungen für arme Kinder	3 000.—
11.	Verschiedene andere Ausgaben für Kultus- und Unterrichtszwecke	26 115.78
	Summe Kapitel 124 Titel 1, 4, 9 bis 11	2 079 515.78
	Allgemeine Fonds.	
1.	Allgemeiner Dispositionsfonds zu unvorhergesehenen Ausgaben	75 000.—
2.	Ausgaben auf Grund des Invaliditäts- und Altersversicherungsgesetzes	2 000.—
3.	Zu Umzugs- und Versetzungskosten . . .	60 000.21
4.	Amortisationsrenten für abgelöste fiskalische Leistungen	49 877.88
	Summe Kapitel 126	186 878.09
	Wiederholung.	
	Provinzial-Schulkollegien	571 995.—
	Prüfungs-Kommissionen, Titel 1 und 3 .	91 426.—
	Universitäten	8 050 618.38
	Höhere Lehranstalten	7 534 925.03
	Elementar-Unterrichtswesen	61 140 022.66
	Kunst und Wissenschaft	3 981 395.—
	Technisches Unterrichtswesen	1 620 898.—
	Kultus und Unterricht gemeinsam, Titel 1, 4, 9 bis 11	2 079 515.78
	Allgemeine Fonds	186 878.09
	Summe A. Dauernde Ausgaben	85 257 673.94
	B. Einmalige und außerordentliche Ausgaben.	
	Zum Bau von Universitätsgebäuden und zu anderen Universitätszwecken.	
	Universität Königsberg.	
11.	Zur Ausführung der durch die Verlegung der mineralogischen Sammlung bedingten	

Kapitel.	Titel.	Ausgabe.	Betrag für 1. April 1892/93. Mark.
(14.)	(11.)	baulichen Aenderungen sowie zur Herstellung eines Abortes in dem Universitätsgebäude	10 600.
	12.	Zum Erweiterungsbau der Frauenklinik, einschließlich der inneren Einrichtung und der Nebenanlagen	61 200.
		Summe Titel 11 und 12 71 800 M.	—
		Universität Berlin.	
	13.	Zum Um- und Erweiterungsbau der chirurgischen Klinik, sowie zur Herstellung eines neuen Kesselhauses für das Klinikum, 2. und letzte Rate	139 000.
	14.	Zur Herstellung eines eigenen Gebäudes für das II. anatomische Institut, 2. und letzte Rate	112 600.
	15.	Für die Drucklegung der Zonenbeobachtungen der Sternwarte, 2. Rate	5 000.
	16.	Zum Neubau eines Hörsaales für die Frauenklinik	91 400.
	17.	Zur Ausstattung des II. anatomischen Institutes mit Instrumenten und Apparaten	12 000.
	18.	Zur Anschaffung von Instrumenten, Apparaten zc. für das II. chemische Institut .	25 000.
	19.	Zur Aufstellung und Ordnung der mineralogisch-petrographischen Sammlung des Museums für Naturkunde	5 600.
		Summe Titel 13 bis 19 390 600 M.	—
		Universität Greifswald.	
	20.	Zur Deckung des in Folge außerordentlicher Bauarbeiten bei der Universitätskasse eingetretenen Defizits	11 800.
		Summe Titel 20 11 800 M.	—
		Universität Breslau.	
	21.	Zur inneren Einrichtung des neuen pathologischen Institutes	28 000.

Titel.	Ausgabe.	Betrag für 1. April 1892/93. Mark. Pf.
22.	Zur Instandsetzung der Außenfronten des großen Universitätsgebäudes	22 000.—
23.	Zum Neubau der dermatologischen Klinik, einschließlich der inneren Einrichtung, dritte und letzte Rate	79 000.—
24.	Zum Neubau der medizinischen Klinik, einschließlich der inneren Einrichtung, vierte und letzte Rate	47 550.—
25.	Zur Instandsetzung des Gewächshauses III und zur Verbesserung der Heizanlagen in den Gewächshäusern I bis III des botanischen Gartens	5 500.—
26.	Zur Ausführung eines theilweisen Umbaues der Universitätsbibliothek	37 000.—
27.	Zur Erwerbung weiterer Bauplätze für Universitätsbauten beim Maxgarten . . .	145 000.—
	Summe Titel 21 bis 27 364 050 M.	— —
	Universität Halle.	
28.	Zur Beschaffung von Instrumenten und Apparaten für die neue Irrenklinik . .	3 000.—
29.	Zur Instandsetzung der Blocks der chirurgischen Klinik und zur Umänderung der Warmwasserleitung in der letzteren . .	11 860.—
30.	Zum Um- und Erweiterungsbau des chemischen Instituts, zweite und letzte Rate . . .	105 500.—
31.	Zuschuß für bauliche Herstellungen beim landwirthschaftlichen Institute	28 120.—
32.	Zur Einrichtung einer entbehrlichen Dienstwohnung in dem Gebäude des botanischen Instituts zu Zwecken dieses Instituts .	7 125.—
33.	Zur Verbesserung der Heizanlage des anatomischen Instituts	6 000.—
34.	Zur Deckung des Fehlbetrages bei der Kasse des landwirthschaftlichen Instituts . .	23 800.—
	Summe Titel 28 bis 34 185 405 M.	— —
	Universität Kiel.	
35.	Zur Herstellung eines Ersatzbaues für die	

Kapitel.	Titel.	Ausgabe.	Betrag für 1. Apr 1892/93. Mark.
(14.)	(35.)	sogenannte Nothbaracke der medizinischen Klinik und zur Beschaffung eines Desinfektionsapparates für die klinischen Anstalten, einschließlich der Herstellung eines Häuschens zur Unterbringung desselben	19 600
		Summe Titel 35 19 600 M.	—
		Universität Göttingen.	
	36.	Zur Ausstattung der für die Augenklinik, das pharmakologische und das hygienische Institut bestimmten Räume im Ernst August-Hospital mit Mobilien, sowie zur instrumentellen Ausstattung des pharmakologischen und des hygienischen Instituts .	23 000
	37.	Zur Anschaffung von Anstaltskleidung für die Kranken der Augenklinik	1 280
		Summe Titel 36 und 37 24 280 M.	—
		Universität Marburg.	
	38.	Zur Aufhöhung, Regulirung und Einfriedigung des Bauplatzes für den Neubau der chirurgischen Klinik, sowie zur Herstellung der längs desselben im städtischen Bebauungsplan vorgesehenen Straße .	48 000
	39.	Zur Anschaffung von Anstaltskleidung für die Kranken und das Wartepersonal der Augenklinik	3 000
		Summe Titel 38 bis 39 51 000 M.	—
		Universität Bonn.	
	40.	Zur gründlichen Instandsetzung des Poppelsdorfer Schlosses, einschließlich der inneren Einrichtung, zweite und letzte Rate . .	67 300
	41.	Zum theilweisen Um- und theilweisen Neubau der Universitäts-Bibliothek, einschließlich der Kosten der inneren Einrichtung und des Umzuges, dritte und letzte Rate	59 300
		Summe Titel 40 bis 41 126 600 M.	—

Titel.	Ausgabe.	Betrag für 1. April 1892/93. Mark. Pf.
	Zum Bau von Gebäuden für höhere Lehranstalten und zu anderen außerordentlichen Ausgaben für diese Institute.	
42.	Zum Neubau des Friedrichs-Kollegiums zu Königsberg i. Pr., Ergänzungsrate für den Neubau eines Direktorwohnhauses .	33 500.—
43.	Zum Ankauf des Abel'schen Grundstücks behufs Erweiterung des Turnhallengrundstücks des Friedrichs-Kollegiums zu Königsberg i. Pr.	24 900.—
44.	Zum Bau des Gymnasiums zu Schöneberg, zweite Rate	200 000.—
45.	Zum Umbau des Gymnasiums in Gleiwitz, sowie zur Herstellung eines Abortgebäudes bei demselben	40 000.—
	Summe Titel 42 bis 45 298 400 M.	— —
	Elementar-Unterrichtswesen.	
46.	Zum Neubau des Schullehrer-Seminars zu Ragnit, dritte Rate	120 000.—
47.	Zur Erweiterung der Turnhalle und Ergänzung der Turngeräthe bei dem Schullehrer-Seminar in Rawitsch	6 000.—
48.	Zum Neubau einer Turnhalle und eines Zeichensaales ꝛc. für das Schullehrer-Seminar zu Aurich	46 800.—
49.	Zum Umbau des Seminargebäudes in Büren, sowie zur Ergänzung der inneren Einrichtung, Schluß- und Ergänzungsrate .	116 700.—
50.	Zum Neubau des Schullehrer-Seminars in Linnich, erste Rate	100 000.—
51.	Zu Elementarschulbauten behufs besonderer Förderung des deutschen Volksschulwesens in den Provinzen Westpreußen und Posen, sowie im Regierungsbezirke Oppeln . .	300 000.—
	Summe Titel 46 bis 51 689 500 M.	— —

Kapitel.	Titel.	Ausgabe.	Betrag für 1. Apr 1892/93. Mark.
(14.)		**Für Kunst- und wissenschaftliche Zwecke.**	
	52.	Zur ordnungsmäßigen Aufstellung und Katalogisirung der Sammlungen des Kupferstich-Kabinets bei den Kunstmuseen in Berlin, dritte Rate	20 00
	53.	Für die Reinigung ꝛc. von Bildwerken, insbesondere der bei Pergamon gemachten Funde, weitere Rate	7 00
	54.	Zur Vermehrung der Sammlungen der Kunstmuseen zu Berlin, Zuschuß zu Kapitel 122 Titel 4 des Ordinariums . .	60 00
	55.	Zur Errichtung eines provisorischen Schuppens auf der Museumsinsel in Berlin behufs Unterbringung der Bildwerke und Abgüsse aus Olympia	22 61
	56.	Zur Ergänzung der Einrichtungen des Museums für Völkerkunde für die Aufstellung der von Dr. Schliemann gestifteten Sammlung, insbesondere zur Unterbringung der testamentarisch vermachten Alterthümer	6 00
	57.	Zur Anschaffung eines Komparators für das geodätische Institut bei Potsdam . . .	25 00
	58.	Zum Neubau des meteorologischen Instituts auf dem Telegraphenberge bei Potsdam, dritte und letzte Rate	90 90
	59.	Zur instrumentellen Ausstattung ꝛc. des meteorologischen Observatoriums bei Potsdam	25 00
	60.	Zur instrumentellen Ausrüstung der Beobachtungsstation des meteorologischen Instituts, sechste und letzte Rate	3 60
	61.	Zur Drucklegung eines Werkes über die Niederschlagsverhältnisse Norddeutschlands, dritte und letzte Rate	7 00
	62.	Zur Errichtung einer biologischen Anstalt auf Helgoland	103 00
	63.	Beitrag des Staates zu den Kosten der Restauration des Schlosses zu Marienburg	50 00
	64.	Zur Deckung des infolge von Minderein-	

	Titel.	Ausgabe.	Betrag für 1. April 1892/93. Mark. Pf.
4.)	(64.)	nahmen an Schulgeld bei der akademischen Hochschule für die bildenden Künste in Berlin entstandenen Defizits	5 057.—
	65.	Zur Erneuerung und Erweiterung der Blitzableiteranlage auf dem Gebäude der akademischen Hochschule für Musik in Berlin	740.—
	66.	Zur Beschaffung von Atelierräumen für den Lehrer der Bildhauerkunst an der Kunstakademie zu Cassel	3 350.—
		Summe Titel 52 bis 66 429 257 M.	— —
		Für das technische Unterrichtswesen.	
	67.	Zur Beschaffung von Modellen, Apparaten, Wandtafeln ꝛc. für den Unterricht im Dampfmaschinenbau an der technischen Hochschule zu Berlin, erste Rate . . .	4 000.—
	68.	Zur Ausrüstung des technologischen Laboratoriums der technischen Hochschule zu Berlin mit Gebrauchsgegenständen und Lehrmitteln	6 000.—
	69.	Zur Anschaffung von Maschinen und Apparaten für die mit der technischen Hochschule in Berlin verbundene mechanisch-technische Versuchsanstalt	20 100.—
	70.	Zur Erweiterung der Räume des physikalischen Instituts der technischen Hochschule zu Aachen	6 400.—
		Summe Titel 67 bis 70 36 500 M.	— —
		Summe B. Einmalige und außerordentliche Ausgaben	2 698 792.—
		Dazu: Summe A. Dauernde Ausgaben	85 257 673.94
		Summe sämmtlicher Ausgaben	87 956 465.94

Erläuterungen bezüglich der dauernden Ausgaben.

1. Universitäten ꝛc. Kapitel 119 Titel 1 bis 11. Ne
Professuren werden begründet:

zu Berlin: eine außerordentliche Professur für osteuropäisch insbesondere russische Geschichte.

zu Greifswald: eine ordentliche Ersatzprofessur in der phil sophischen Fakultät.

zu Breslau: zwei Ersatzordinariate in der philosophischen un ein Ersatzordinariat in der medizinischen Fakultät.

zu Kiel: ein Ersatzordinariat in der theologischen Fakultät, s wie zwei Extraordinariate in der philosophischen Fakult und zwar für Staats- und kameralistische Wissenschafte sowie für Geologie und Paläontologie.

zu Marburg: ein Extraordinariat für neuere Sprache.

zu Münster: ein Extraordinariat für englische Sprache un Literatur unter Umwandlung eines Ordinariats der phil sophischen Fakultät in eine außerordentliche Professur.

2. Die Universitäten, die Akademie zu Münster und de Lyceum zu Braunsberg beziehen außer den Zuschüssen au

Staatsfonds unter Titel 1 bis 11 von .	7 406 852.— M
aus Stiftungs- und bestimmten Zwecken gewidmeten und anderen Fonds . .	1 048 605.95 „
aus Zinsen von Kapitalien und an Revenüen von Grundstücken ꝛc.	447 452.72 „
aus eigenem Erwerbe	1 656 480.95 „
überhaupt	10 559 391.62 M
Im vergangenen Jahre zusammen . . .	10 288 250.41 „
mithin mehr für 1892/93	271 141.21 M

3. Nach Kapitel 120 ergiebt sich für die höheren Leh anstalten, für welche der diesjährige Etat die Summe vo 7 534 925.03 Mk. aussetzt, gegen den vorigen Etat ein Meh aufwand von 1 654 870.03 Mk. Zur Durchführung des Norma Etats vom Jahre 1892 für die Direktoren und Lehrer bei d unter Titel 2 bis 4 aufgeführten Anstalten ꝛc. sind unter Titel dauernd 1 400 000 Mk. eingestellt worden.

4. Kapitel 121. Elementar-Unterrichtswesen m 61 140 022.66 Mk. weist gegen das verflossene Rechnungsja unter Anrechnung eines bei Titel 15 abgesetzten und auf ande Titel dieses Kapitels übertragenen Betrages von 12 034 M einen Mehrbedarf von 1 701 817.47 Mk. auf. Dahin gehöre

a.	Titel 1—8 mit	340 803.— M
b.	„ 9—14 „	22 534.— „
c.	„ 17—22 „	26 300.— „
d.	„ 23—31 „	81 140.— „

e. Titel 31a und 31b mit . . . . 170 000.— Mk.
f. " 32—42 mit . . . . 1 070 929.47 "

a. sind u. a. behufs Erhöhung der Gehalte der Seminardirektoren, Ersten Seminarlehrer und ordentlichen Seminarlehrer bereit gestellt 285 325 Mk.; sind in Folge Errichtung der neuen Seminare zu Prenzlau und Northeim und des Nebenkursus am Seminare zu Drossen neu bewilligt Gehälter für 2 Erste Seminarlehrer (je 1 für die Seminare), 3 ordentliche Lehrer (je 1 für die genannten Anstalten) und 1 Hilfslehrer für den Nebenkursus; sind ferner neu bewilligt Gehälter für 6 ordentliche Seminarlehrer und zwar für die Anstalten zu Brieg, Genthin und Gütersloh je 2.

b. erfordern die Gehaltserhöhungen für die Präparandenanstalts-Vorsteher und Ersten Lehrer einen Aufwand von 10 500 Mk. und sind neu bewilligt Gehälter für je einen Zweiten Lehrer bei den Anstalten zu Diepholz und Aurich.

c. ist das Gehalt für einen neuen akademisch gebildeten wissenschaftlichen Lehrer als zweiten Unterrichtsdirigenten der Turnlehrer-Bildungsanstalt zu Berlin bewilligt worden.

d. ist bei den Regierungen zu Marienwerder, Breslau, Merseburg und Schleswig je eine Stelle für einen schultechnischen Rath neu begründet und zu Gehaltserhöhungen für die Kreis-Schulinspektoren ein Betrag von 68 400 Mk. bewilligt worden.

e. sind die Ausgaben für die höheren Mädchenschulen von Kapitel 120 Titel 9 und 9a hierher übertragen.

f. hat insbesondere der Fonds zur Unterstützung von Schulverbänden wegen Unvermögens bei Elementarschulbauten Erhöhung um 200 000 Mk. erfahren.

5. Kapitel 122. Die Gesammtausgabe für Kunst und [...]senschaft beträgt 3 981 395 Mk., mithin gegen das vorige [...]tsjahr mehr 88 724 Mk. Unter Titel 22—22d sind zur [...]ichtung einer biologischen Anstalt auf Helgoland 33 000 Mk. eingestellt worden.

6. Bei dem Kapitel 123, Technisches Unterrichtswesen, [...]ches 1 620 898 Mk. in Anspruch nimmt, ist gegen den vorigen [...]t eine Erhöhung von 71 242 Mk. erfolgt. Bei der Technischen [...]hschule zu Aachen ist eine neue Lehrerstelle für Bauingenieur[...]senschaften errichtet worden.

49) Bestreitung der Kosten der Anschaffung von Akte[n-]
spinden für die Kreis-Schulinspektoren im Nebenamt

Berlin, den 9. Februar 189

Auf den Bericht vom 30. Dezember v. J. erwidere ich [der]
Königlichen Regierung, daß die Kosten der Anschaffung v[on]
Aktenspinden für die Kreis-Schulinspektoren im Nebenamte d[en]
Schulkassen des Aufsichtsbezirks nicht auferlegt werden dürf[en.]
Die Kosten sind vielmehr aus den Dienstaufwandsentschädigung[en]
der betreffenden Kreis-Schulinspektoren zu bestreiten.

Der Minister der geistlichen ꝛc. Angelegenheiten.
Im Auftrage: Kügler.

An
die Königliche Regierung zu N.
U. III. B. 55.

---

50) Betreffend die Liquidation von Reisekosten ꝛc. f[ür]
Dienstreisen der Staatsbeamten von Berlin nach
Charlottenburg.

Berlin, den 25. Februar 18[9]

Bei der Liquidation von Reisekosten ꝛc. für Dienstreisen [der]
Staatsbeamten von Berlin nach Charlottenburg ist der Sta[dt-]
bahnhof Thiergarten als der dem Mittelpunkte von Charlott[en-]
burg zunächst belegene Theil der Berliner Ortsgrenze und [der]
Kreuzungspunkt der Berliner- und Hardenberg-Straße (das [so-]
genannte „Knie“) als der Mittelpunkt von Charlottenburg a[n-]
zusehen. Demgemäß sind, da die Entfernung vom Stadtbahnh[of]
nach dem „Knie“ weniger als 2 km beträgt, Reisekosten u[nd]
Tagegelder für derartige Dienstreisen fernerhin nicht zu bewillig[en,]
vielmehr nur die baaren Auslagen für Fuhrwerk zu erstatten.

Die nachgeordneten Behörden meines Ressorts veranla[sse]
ich, hiernach in künftigen Fällen zu verfahren.

Der Minister der geistlichen ꝛc. Angelegenheiten.
Graf von Zedlitz.

An
nachgeordnete Behörden des diesseitigen Ressorts.
G. III. 883.

---

51) Auf Gesuche um Beförderung und auf Bewerbungsg[e-]
suche wird grundsätzlich ein Bescheid nicht ertheilt.

Berlin, den 27. Februar 189

Ew. Wohlgeboren erwidere ich auf die erneute Eingabe v[om]
14. Februar d. J., daß Ihre Vorstellung vom 16. Mai v. [J.]

beantwortet geblieben ist, weil nach den maßgebenden Grund- ;en ein Bescheid auf Gesuche um Beförderung und auf Be- rbungsgesuche überhaupt nicht ertheilt wird.

Der Minister der geistlichen rc. Angelegenheiten.
Im Auftrage: Kügler.

An
ı Königlichen Kreisschulinspektor Herrn N. zu N.
U. III. 510.

) Bekanntmachung betreffend die Wiederzulassung r Vermittelung der Rentenbanken zur Ablösung der :allasten nach Maßgabe des Reallasten-Ablösungs- setzes vom 2. März 1850 und nach Maßgabe des Gesetzes m 27. April 1872 betreffend die Ablösung der den istlichen und Schulinstituten, sowie den frommen und tden Stiftungen rc. zustehenden Realberechtigungen.

Bromberg, den 25. September 1891.

Das Gesetz vom 17. Januar 1881 (Gesetz-Samml. S. 5) te die Schließung der Rentenbanken zum 31. Dezember 1883 geordnet. Mit diesem Tage erreichte die Vermittelung der ntenbanken ihr Ende und waren fortan Ablösungen nur auf trag des verpflichteten Theils und gegen baare Zahlung des findungskapitals zulässig.

Durch das Gesetz vom 7. Juli 1891 betreffend die Be- derung der Errichtung von Rentengütern ist nun die Ver- telung der Rentenbanken in gleicher Weise wieder zugelassen, : dieselbe nach dem Reallasten-Ablösungsgesetze vom 2. März 50 und dem Gesetze vom 27. April 1872 betreffend die Ab- ung der den geistlichen und Schulinstituten u. s. w. zustehenden albercchtigungen gestattet war. Damit tritt auch die Provoka- sbefugnis des berechtigten Theils wieder in Kraft.

Es muß allen denjenigen, welche Realabgaben zu leisten r zu empfangen haben, dringend empfohlen werden, die derum gebotene Gelegenheit, die bestehenden Abgaben-Verhältnisse bequeme und für beide Theile vortheilhafte Art zu lösen, it ungenutzt vorüber gehen zu lassen und sich die großen vom setze gewährten Vortheile zu verschaffen.

Soweit es sich um Abgaben an geistliche Institute handelt, olgt die Ablösung auf Antrag des Verpflichteten zum 25fachen, Antrag des Berechtigten zum 22²/₉ fachen Betrage des Jahres- rths der Abgaben und Leistungen. Jedoch haben die Ver- ichteten das Ablösungskapital nicht baar zu entrichten. Es vährt vielmehr der Staat dem Berechtigten die Entschädigung Rentenbriefen und leistet hierfür der Verpflichtete während der

$56^1/_{12}$ Jahre dauernden Tilgungsperiode eine $4^1/_2$ prozent Rente von dem Abfindungskapital an die Staatskasse. N Ablauf der Frist ist das Grundstück frei von der Rentenpflich

Handelt es sich um andere dem Ablösungsgesetze v 2. März 1850 unterliegende Abgaben und Leistungen, so erfo die Ablösung in der Regel zum 20fachen Betrage durch V mittelung der Rentenbank. Der Berechtigte erhält seine E schädigung in Rentenbriefen, wogegen der Pflichtige nach sei Wahl entweder $41^1/_{12}$ Jahre hindurch eine 5prozentige Re von der dem Berechtigten gewährten Abfindung oder $56^1/_{12}$ Ja hindurch eine $4^1/_2$ prozentige Rente an die Staatskasse zu leis hat. In einzelnen Fällen kann auch die Ablösung zum 18fac Betrage durch Kapital-Zahlung erfolgen, alsdann steht es d Berechtigten aber frei, die Abfindung zum 20fachen Betrage Jahresrente in Rentenbriefen zu verlangen.

Wir stellen ergebenst anheim, für die möglichste Verbreitu der Kenntnis dieser Gesetzesbestimmungen Sorge zu tragen u gleichzeitig durch Ihre unterstellten Organe überall da, wo n derartige Lasten, Abgaben und Dienste bestehen, auf die Anbringu von Ablösungsanträgen, die ebenso sehr im Vortheil der B theiligten wie im allgemeinen Volkswirthschaftsinteresse lieg gefälligst hinwirken zu wollen.

Königliche General-Kommission.
Beuthner.

B. Universitäten.

53) Betreffend die für die Studirenden geltenden A meldungsfristen.

Berlin, den 18. Februar 18

In den Anlagen lasse ich Euer Hochwohlgeboren ein Bericht des Rektors und Richters der hiesigen Universität v 9. Februar d. J. und das darin erwähnte Cirkular vom 8. bruar d. J. in je drei Abzügen mit dem Bemerken zugehen, d ich mit der Auslegung, welche dadurch der §. 15 der Vorschrift vom 1. Oktober 1879 erfahren hat, einverstanden bin. E Hochwohlgeboren ersuche ich ergebenst, hiervon den dortig akademischen Senat unter Uebersendung je zweier Abzüge beiden Anlagen gefälligst in Kenntnis zu setzen.

Der Minister der geistlichen rc. Angelegenheiten.
Graf von Zedlitz.

An
sämmtliche Herren Universitäts-Kuratoren und die Herren Kuratoren der Akademie zu Münster und des Lyceum Hosianum zu Braunsberg.
U. I. 5269.

ktor und Richter der Königlichen Friedrich=Wilhelms=
iversität überreichen ein die Abmeldung der Studi=
iden betreffendes Cirkular, welches so eben an die
hiesigen Universitäts=Lehrer ergangen ist.

Berlin, den 9. Februar 1892.

Euerer Excellenz beehren wir uns beifolgend in drei Exem=
ren ein Cirkular zu überreichen, welches an die sämmtlichen
rer der Königlichen Friedrich=Wilhelms=Universität unter dem
d. M. ergangen ist. Der Anlaß dazu war in der von zahl=
hen Dozenten geäußerten Auffassung enthalten, daß eine Un=
chheit zwischen den zur Zeit für sie selber und den für die
idirenden geltenden Bestimmungen hinsichtlich des Vorlesungs=
lusses bestehe, insofern die Dozenten jetzt angewiesen seien,
Allgemeinen nicht früher als eine Woche vor Semester=Schluß
Vorlesungen zu beendigen, während die Studirenden schon
i Wochen vor Semester=Schluß durch Einholung der Ab=
dung thatsächlich das Ende der Vorlesungen herbeiführen
nten.

Da der Wortlaut und der Sinn der bestehenden Vorschriften
e Auffassung nach der übereinstimmenden Ansicht der beiden
rzeichneten nicht rechtfertigt, erschien es unumgänglich und
glich, sowohl die Dozenten als die Studirenden entsprechend
verständigen.

Der Rektor und der Richter.
Foerster. Daude.

An
Königlichen Staatsminister und Minister
r geistlichen, Unterrichts= und Medizinal=
ngelegenheiten Herrn Grafen von Zedlitz=
rützschler Excellenz zu Berlin.

J. Nr. 160.

Berlin, den 8. Februar 1892.

In Folge neuerdings hervorgetretener Zweifel hinsichtlich
für die Studirenden geltenden Abmeldungsfristen wird hier=
darauf aufmerksam gemacht, daß die bestehenden Vorschriften
15. der Bestimmungen vom 1. Oktober 1879) den nicht ab=
enden Studirenden keineswegs ein Recht geben, schon vierzehn
je vor dem festgesetzten Schlusse des Semesters den Vollzug
Abmeldung zu beanspruchen, sondern dieselben lediglich
veisen, innerhalb dieser Frist bei den Lehrern, deren Vor=
ngen sie hören, sich persönlich zu melden und sie um Ein=
zung ihres Namens und des Datums in die für die Abmeldung
immte Spalte des Anmeldungsbuchs zu ersuchen.

Den Lehrern wird durch diese Bestimmung implicite
Befugnis ertheilt, innerhalb der letzten vierzehn Tage vor d
Semesterschlusse die Abmeldung ohne Weiteres zu vollzieh
wogegen bekanntlich „zu einem früheren Termin die Abmeldu
„nur erfolgen darf, wenn in das Anmeldungsbuch die besond
„Erlaubnis des Rektors eingetragen ist oder die Bescheinigu
„über die erfolgte Meldung zum Abgange von der Universi
„u. s. w. vorgelegt wird.“

Die Herren Universitäts-Lehrer sind aber nach den sämm
lichen zur Zeit geltenden Vorschriften durchaus berechtigt, je na
dem beabsichtigten Termin des Schlusses ihrer Vorlesungen, un
Einhaltung jenes vierzehntägigen Zeitraumes den Zeitpunkt, v
welchem ab sie ihre Unterschrift für die Abmeldung der ni
abgehenden Studirenden gewähren wollen, ihrer Zuhörersch
gegenüber nach eigenem Ermessen festzusetzen, wobei sie selb
verständlich unter besonderen Verhältnissen auch Ausnahmen v
dieser ihrer Festsetzung bewilligen können. Eine kurze, von Rek
und Richter unterzeichnete Hinweisung auf obigen allgemein
Sachverhalt wird demnächst auch an die Studirenden ergeh

Der Rektor: Foerster.

An
die sämmtlichen Herren Dozenten.

---

54) Annahme und Anstellung von Unterbeamten bei d Universitäten durch die Universitäts-Kuratoren.

Berlin, den 24. März 18

Nachdem durch den Nachtrag zum Staatshaushalts-E
für 1. April 1890/91 die Pedelle, Hülfspedelle, Haus-, Institu
und Kassendiener rc. bei den Universitäten, einschließlich der A
demie zu Münster, in eine Besoldungsgemeinschaft gebracht word
sind, haben die bisher zwischen den Unterbeamten der Univers
(Pedelle rc.), deren Ernennung nach dem Erlasse vom 1. J
1867 — Nr. 13169 U. I. Ang. — der diesseitigen Entschließu
vorbehalten ist, und den Unterbeamten der Universitäts-Instit
hinsichtlich der Besoldungs- und Rangverhältnisse bestande
Unterschiede insofern eine Aenderung erfahren, als in Folge je
Zusammenreihung und der dadurch bewirkten Aufhebung di
Unterschiede die Eingangs genannten Beamten nunmehr auch n
gleichen Grundsätzen anzunehmen bezw. anzustellen sind. De
gemäß bestimme ich, daß von jetzt ab alle Universitäts-Un
beamten ohne Rücksicht auf die ihnen zu überweisenden Stel
nach einer probeweisen Beschäftigung von in der Regel se
Monaten in Gemäßheit des Vermerks zu Titel III. C. Nr.
des Normal-Etats für die Universitäten zunächst immer nur ge

Remuneration angenommen werden und daß ihnen erst im Falle les Freiwerdens von etatsmäßigen Besoldungen bei nachgewiesener Diensttüchtigkeit nach Maßgabe ihres Dienstalters etatsmäßige Stellen verliehen werden. Die selbständige Anstellung der sämmtichen Universitäts-Unterbeamten, deren Besoldungen sich in den Grenzen von 1000 Mk. bis 1500 Mk. bewegen, übertrage ich hiermit den Herren Universitäts-Kuratoren mit der Maßgabe, daß die Anstellung stets unter dem Vorbehalt dreimonatlicher Kündigung stattzufinden hat.

Ew. Hochwohlgeboren ersuche ich ergebenst, hiernach für die Folge gefälligst zu verfahren. An den Bestimmungen, wonach vor der Anstellung akademische Behörden ꝛc. dazu zu hören sind, wird hierdurch nichts geändert.

An
sämmtliche Herren Universitäts-Kuratoren
mit Ausnahme von Kiel und Marburg.

Abschrift übersende ich Ew. Excellenz ganz ergebenst zur gefälligen Kenntnisnahme und Nachachtung.

Der Minister der geistlichen ꝛc. Angelegenheiten.
Im Auftrage: de la Croix.

An
den Kurator der Königl. Akademie und Ober-Präsidenten Herrn Studt, Excellenz, Münster.
U. I. 89.

C. Akademien, Museen ꝛc.

5) Ernennungen der Mitglieder des Beirathes des Königlichen Kunstgewerbe-Museums zu Berlin für die Zeit bis zum 31. März 1895.

Nachweisung.

Nachdem Seine Majestät der König geruht haben, mittels Allerhöchsten Erlasses vom 21. März 1892 die Ernennung der Mitglieder des durch die Bestimmungen unter Nr. 4c der mittels Allerhöchster Ordre vom 31. März 1885 genehmigten Grundzüge zu einem Statut für das Königliche Kunstgewerbe-Museum zu Berlin eingesetzten Beirathes für die Zeit bis zum 31. März 1895 zu vollziehen, ist dieser Beirath wie folgt zusammengesetzt:

1) Dr. Bertram, Stadtschulrath, Professor.
2) Dr. Bode, Geheimer Regierungsrath, Direktor der Königlichen Gemälde-Galerie.

3) Dr. R. Dohme, Königlicher Geheimer Regierungsrath.
4) Eilers, Hof-Zimmer-Maler.
5) Ewald, Professor, Direktor der Unterrichtsanstalt des Kön
lichen Kunstgewerbe-Museums.
6) Grunow, Erster Direktor des Königlichen Kunstgewer
Museums.
7) O. Hainauer, Bankier.
8) Graf von Harrach, Geschichtsmaler, Professor.
9) A. von Heyden, desgleichen.
10) Ad. Heyden, Baurath.
11) O. Jessen, Direktor der städtischen Handwerker- und Be
gewerks-Schule.
12) Ihne, Hof-Architekt, Hof-Baurath.
13) Krätke, Direktor der Aktien-Gesellschaft für Fabrikation v
Bronzewaaren und Zinkguß.
14) Dr. Lössing, Professor, Direktor der Sammlungen d
Königlichen Kunstgewerbe-Museums.
15) O. Lessing, Bildhauer, Professor.
16) Dr. Lippmann, Geheimer Regierungsrath, Direktor d
Königlichen Kupferstich-Kabinets.
17) P. March, Kommerzienrath.
18) E. Puls, Kunstschlossermeister.
19) Reuleaux, Geheimer Regierungsrath, Professor an d
Technischen Hochschule.
20) Max Schulz, Möbelfabrikant und Kunsttischler.
21) Dr. Stryck, Stadtverordneten-Vorsteher.
22) Sußmann-Hellborn, Bildhauer, Professor.
23) Dr. Max Weigert, Stadtrath und Fabrikbesitzer.

---

56) Zusammensetzung des Kuratoriums der Königlich Bibliothek zu Berlin.

Das Kuratorium der Königlichen Bibliothek zu Berlin für die vom 1. April d. J. ab beginnende dreijährige Amt periode zusammengesetzt aus dem Ministerial-Direktor, Wirklich Geheimen Ober-Regierungsrath de la Croix, als dem All höchst ernannten Vorsitzenden, dem Generaldirektor der Biblioth Dr. Wilmanns, als dem durch das Statut berufenen Mitglie und aus den folgenden, von dem Minister der geistlichen, Unte richts- und Medizinal-Angelegenheiten ernannten Mitgliedern dem Generaldirektor der Königlichen Museen, Wirklichen Geheim Ober-Regierungsrath Dr. Schöne, dem Geheimen Ober-Regierung ath und vortragenden Rath im Ministerium der geistlichen ꝛc ngelegenheiten Dr. Althoff, dem ordentlichen Professor an er Universität und Direktor der Königlichen Sternwarte, Geeimen Regierungsrath Dr. Foerster und dem Mitgliede der öniglichen Akademie der Wissenschaften, Geheimen Regierungsath, Professor Dr. Wattenbach zu Berlin, sowie dem Oberibliothekar, Geheimen Regierungsrath, Professor Dr. Schaarhmidt zu Bonn und dem ordentlichen Professor, Geheimen Medizinalrath Dr. Külz zu Marburg.

Berlin, den 23. März 1892.

Der Minister der geistlichen ꝛc. Angelegenheiten.
In Vertretung: von Weyrauch.

ekanntmachung.
U. I. 10769.

---

7) Bekanntmachung betreffend die Prüfung der Zeichenlehrer und Zeichenlehrerinnen.

Die in Gemäßheit der Prüfungs-Ordnung vom 23. April 885 abzuhaltenden Prüfungen der Zeichenlehrer und Zeichenhrerinnen finden in diesem Jahre statt

a. in Cassel

m Freitag, den 24. Juni d. J. Vormittags 9 Uhr und an m folgenden Tagen in der gewerblichen Zeichen- und Kunstewerbeschule daselbst,

b. in Düsseldorf

m Montag, den 4. Juli d. J. Vormittags 9 Uhr und an den lgenden Tagen in der Kunstgewerbeschule daselbst,

c. in Berlin

m Donnerstag, den 21. Juli d. J. Vormittags 9 Uhr und an m folgenden Tagen in der Königlichen Kunstschule in der losterstraße hierselbst,

d. in Breslau

n Donnerstag, den 4. August d. J. Vormittags 9 Uhr und an m folgenden Tagen in der Königlichen Kunstschule daselbst,

e. in Königsberg i. Pr.

m Montag, den 20. Juni d. J. Vormittags 9 Uhr und an m folgenden Tagen in der Königlichen Kunst- und Gewerkhule daselbst.

Die Anmeldungen ꝛc. zu diesen Prüfungen sind
für Cassel und Königsberg bis zum 5. Juni d. J.
= Düsseldorf, Berlin und Breslau bis zum 15. Juni d. J.

an die betreffenden Königlichen Provinzial-Schulkollegien einzureichen.

Berlin, den 4. Mai 1892.

Der Minister der geistlichen 2c. Angelegenheiten.
Im Auftrage: de la Croix.

D. Höhere Lehranstalten.

58) Erhöhung des Schulgeldes bei den höheren Lehranstalten.

Berlin, den 22. März 1892.

Wie dem Königlichen Provinzial-Schulkollegium durch Cirkular-Verfügung vom 17. Februar d. J. — U. II. 282a — bereits mitgetheilt worden, ist zur Durchführung der in Aussicht genommenen Aufbesserung der Gehälter der Lehrer an den höheren Unterrichtsanstalten eine allgemeine Erhöhung der Schulgeldsätze bei jenen Anstalten vorgesehen. Nachdem die bezüglichen Vorschläge jetzt die Billigung des Landtages gefunden, setze ich hiermit, soweit nachstehend nicht bezüglich einzelner Anstalten besondere Anordnungen getroffen sind, das Schulgeld allgemein bei den Vollanstalten (Gymnasien, Realgymnasien und Ober-Realschulen) auf 120 Mk., bei den Progymnasien und Realprogymnasien auf 100 Mk., bei den höheren Bürgerschulen (Realschulen) auf 80 Mk. und für diejenigen Schüler an denselben, welche auf Kosten der Anstalt lateinischen Nebenunterricht in Sexta bis Quarta erhalten, auf 120 Mk. jährlich fest. Soweit bereits höhere Sätze zur Erhebung gelangen, sind diese beizubehalten. Die neuen Sätze sind vom 1. April d. J. ab an allen vom Staate ausschließlich zu erhaltenden Anstalten, ferner an denjenigen Anstalten, welche unter Verwaltung des Staates stehen oder bezüglich deren dem Staat das Lehrer-Ernennungsrecht zusteht, zur Erhebung zu bringen. Hierbei ist der bisher übliche Schuldgelderlaß von 10% auch bei den neuen Sätzen zu gewähren. Bei den Vorschulen behält es einstweilen bei den bisherigen Sätzen sein Bewenden, wenn diese Schulen sich aus ihren eigenen Mitteln auch nach Erhöhung der Vorschullehrer-Gehälter von im Durchschnitt 2100 Mk. außer Wohnungsgeldzuschuß erhalten, anderenfalls ist ebenfalls eine Steigerung des Schulgeldes und zwar bis zum Betrage des in der Sexta der Hauptanstalt erhobenen Satzes vorzusehen.

Bezüglich der Ausdehnung der Schulgelderhöhung auf die ht vom Staate zu unterhaltenden Anstalten wird besondere rfügung ergehen.

2c.

An
amtliche Königliche Provinzial-Schulkollegien.

Zusatz für Provinzial-Schulkollegium zu N. N.

Bei dem Realprogymnasium in N. N. können einstweilen t bisherigen Sätze 2c. beibehalten bleiben. Es muß jedoch nigstens ein Durchschnitt von 80 Mk. für den Schüler erzielt rden.

Die nur für jetzt nachgelassene Ermäßigung ist jederzeit derruflich und möglichst bald zu beseitigen. Bei jedesmaliger uaufstellung des Anstalts-Etats ist daher die event. Beibehal- ng derselben einer eingehenden Prüfung zu unterwerfen und sonders zu motiviren.

2c.

Der Minister der geistlichen 2c. Angelegenheiten.
Im Auftrage: de la Croix.

An
s Königliche Provinzial-Schulkollegium zu N. N.
U. II. 529.

) Formular für die Zeugnisse der Abschlußprüfung an den Realschulen.

Berlin, den 8. April 1892.

Unter Bezugnahme auf den Cirkular-Erlaß vom 12. Fe- nuar d. J. — U. II. 220 — (Centralbl. S. 404) bestimme ich erdurch, daß bei den Zeugnissen der Abschlußprüfung an den sher siebenklassigen Realschulen, an welchen die letzte Jahres- asse bisher Oberprima genannt wurde, das Formular D (Seite 62 r Prüfungsordnungen vom 6. Januar d. Js.) wie folgt geän- rt wird:

1) Die Ueberschrift hat zu lauten:

Realschule zu . . . .

2) nach den Worten: „Zeugnis über die Versetzung nach Obersekunda“ ist der Zusatz:

„einer Oberrealschule“

hinzuzufügen,

3) in den Personalangaben (geboren den . . . . ten bis: und zwar . . . . Jahr in Untersekunda) ist an Stelle der Bezeichnung: „Untersekunda“ zu setzen:

„in Unterprima (6. Jahreskursus)“

4) in den Schlußworten: „Die Versetzung nach Obersekund zuerkannt" sind die Worte:

„einer Oberrealschule"

einzuschalten.

Bei den übrigen bisher siebenklassigen Schulen (Realprogymnasien, Progymnasien) bedarf es nur der Aenderung der Ueberschriften:

„Realprogymnasium" (Progymnasium).

Ferner empfiehlt es sich, in die gedachten Zeugnisse am Schlusse nach den Worten: „Die Versetzung nach .... zuerkannt" folgende Bemerkung aufzunehmen:

„Bemerkung. Die Abschlußprüfung, auf Grund deren das vorstehende Zeugnis ertheilt worden ist, wurde gemäß dem Erlasse des Ministers der geistlichen, Unterrichts- und Medizinal-Angelegenheiten vom 12. Februar 1892 — U. II. 220 — vorgenommen."

Der Minister der geistlichen ꝛc. Angelegenheiten.
Im Auftrage: de la Croix.

An
die Königlichen Provinzial-Schulkollegien.
U. II. 687.

E. Schullehrer- und Lehrerinnen-Seminare ꝛc., Bildung der Lehrer und deren persönliche Verhältnisse.

60) Amtsbezeichnung der Ersten Lehrer an den staatlichen Schullehrer- und Lehrerinnen-Seminaren.

Auf Ihren Bericht vom 4. d. Mts. bestimme Ich hierdurch, daß fortan die Ersten Lehrer an den staatlichen Schullehrer- und Lehrerinnen-Seminaren die Amtsbezeichnung „Seminar-Oberlehrer" führen.

Berlin, den 6. April 1892.

Wilhelm R.
Bosse.

An
den Minister der geistlichen ꝛc. Angelegenheiten.

) Betrifft die Vereinbarung mit dem Ministerium für
saß-Lothringen wegen gegenseitiger Anerkennung
r Prüfungszeugnisse für Lehrerinnen an höheren
Mädchenschulen.

Berlin, den 20. Februar 1892.

Mit Bezug auf die Bestimmung unter b des Cirkular-
lasses vom 2. November 1885 — U. III a. 19771 — (Centr.-
. für 1885 S. 731) setze ich die Königliche Regierung davon
Kenntnis, daß nach §. 9 der neuen Prüfungs-Ordnung für
hrerinnen und Vorsteherinnen höherer Mädchenschulen in Elsaß-
thringen vom 4. Dezember 1891, durch welche die früher
tende Prüfungs-Ordnung vom 13. April 1876 aufgehoben
d, auch für Lehrerinnen höherer Mädchenschulen in Elsaß-
thringen die Prüfung im Englischen obligatorisch ist, bis zum
lauf des Jahres 1893 aber Bewerberinnen von dieser Prü-
g befreit werden können.

An
sämmtlichen Königlichen Regierungen.

Abschrift erhält das Königliche Provinzial-Schulkollegium
Kenntnis unter Bezugnahme auf den Cirkular-Erlaß vom
November 1885 — U. III a. 19771 —.

Der Minister der geistlichen ꝛc. Angelegenheiten.
Im Auftrage: Kügler.

An
sämmtlichen Königlichen Provinzial-Schulkollegien.
. III. C. 463.

Organisation der Seminar-Präparanden-Anstalten.

Berlin, den 14. März 1892.

Es hat sich als wünschenswerth herausgestellt, den Seminar-
äparanden-Anstalten eine bisher vielfach noch fehlende festere
ganisation dadurch zu geben, daß durch Abschluß von Ver-
gen die Leiter der Anstalten gegen Gewährung eines festen
hreszuschusses verpflichtet werden, bestimmten im unterricht-
en Interesse an die Anstalten zu stellenden Anforderungen zu
sprechen.

Hierzu gehört in erster Linie, daß der Unterricht ganz oder
gewissen Hauptfächern in getrennten Kursen ertheilt wird,
ndestens ein oder bei hoher Frequenz mehrere Lehrer an der
stalt hauptamtlich beschäftigt werden, und daß die Seminar-
rer, wo ihre Heranziehung zum Unterricht nicht entbehrt werden

kann, nicht mehr als je vier Unterrichtsstunden wöchentlich derselben geben (vergl. Erlaß vom 14. Februar 1881 — U. III. — Centralbl. für 1881 S. 215).

Ferner erscheint es zweckmäßig, die Höhe des Schulgeld entweder im Höchstbetrage vertragsmäßig festzustellen oder mi destens von der Genehmigung des Königlichen Provinzial-Schu kollegiums abhängig zu machen. Auch wird darauf Bedacht nehmen sein, daß bedürftigen Zöglingen der Unterricht unentge lich gewährt, geeigneten Falls ein gewisser Prozentsatz des au kommenden Schulgeldes für Freischüler bestimmt, und daß von dem Königlichen Provinzial-Schulkollegium festzustellen Maximalzahl der Zöglinge der Anstalt ohne Genehmigung Behörde nicht überschritten werde.

Nach dieser Richtung hin wolle das Königliche Provinzi Schulkollegium die zur Zeit bestehenden Verträge, von welch Abschrift mir einzureichen ist, prüfen und für diejenigen Anstalt für welche solche noch nicht bestehen, entsprechende Vertragse würfe vorlegen.

Dabei bemerke ich, daß bei Abschließung neuer Verträ vierteljährliche Kündigung zum Schlusse des Schuljahres be zubehalten, im Uebrigen aber davon auszugehen ist, daß die bi her den Leitern der Seminar-Präparanden-Anstalten etwa willigten Staatszuschüsse, sofern nicht eine besondere Veranlassu dazu vorliegt, eine Erhöhung nicht erfahren können.

Ich wünsche die Vorlegung des jetzt in Geltung befindlich Stundenvertheilungsplans und Angabe über die Besoldung einzelnen Lehrkräfte.

Mit dem bezüglichen Berichte wolle das Königliche Pr vinzial-Schulkollegium gleichzeitig für jede Anstalt anzeig welches Schulgeld im laufenden Jahre erhoben ist und welch künftig zu erheben sein wird, ferner von wieviel Zöglingen Anstalt im laufenden Halbjahr besucht worden ist, sowie welche Maximalzahl die Frequenz künftig zu beschränken sein wi

In dieser Beziehung weise ich darauf hin, daß die Anstalt nach den letzten mir eingereichten Frequenz-Uebersichten viel überfüllt sind, und daß jede einzelne Anstalt in der Regel ni mehr Zöglinge wird aufnehmen dürfen, als zur Füllung untersten Klasse des betreffenden Seminars bei Berücksichtigu der aus Königlichen oder städtischen bezw. staatlich sub tionirten Präparanden-Anstalten dem Seminar der Regel n zugeführten Zöglinge ausreichend ist. Hierauf sind die Leiter Anstalten schon jetzt aufmerksam zu machen.

Eine Ueberfüllung ist da, wo sie vorhanden, allmählich zustellen und bei Feststellung der Frequenz insbesondere a

rauf zu achten, welche staatlichen, städtischen oder wohlorgani-
ten privaten Präparanden-Anstalten zur Deckung des Bedarfs
Seminar-Aspiranten vorhanden sind, da es vermieden werden
ß, daß die Seminar-Präparanden-Anstalten, deren Bestand
erhaupt nur in Ermangelung anderer selbständiger Anstalten
stattet ist, anderen wohlorganisirten Präparanden-Anstalten eine
erwünschte Konkurrenz machen.

Die Begründung neuer Seminar-Präparanden-Anstalten ist,
e ich zur Vermeidung von Zweifeln bemerke, ohne meine aus-
ickliche Genehmigung nicht zulässig.

Soweit für Zöglinge der Seminar-Präparanden-Anstalten,
gesehen von dem festen Unterhaltungszuschusse, bisher schon
terstützungen gewährt worden sind und noch für die Zukunft
hwendig erscheinen, ist der jährliche Bedarf unter Beschrän-
g auf das dringend Nothwendige in dem betreffenden Berichte
anzuzeigen.

Ich beabsichtige, künftig die Zuschüsse für die einzelnen Anten getrennt, einen Betrag für Unterstützungen aber in ähn-
er Weise zu überweisen, wie es für die Seminar-Externats-
linge geschieht.

Der Minister der geistlichen ꝛc. Angelegenheiten.
Im Auftrage: Kügler.

An
mtliche Königliche Provinzial-Schul-
llegien, ausschließlich Schleswig.
U. III. 829.

Kursus zur Ausbildung von Turnlehrern im Jahre 1892.

Berlin, den 1. April 1892.

In der Königlichen Turnlehrer-Bildungsanstalt hierselbst
d zu Anfang d. J. wiederum ein sechsmonatlicher Kursus zur
sbildung von Turnlehrern eröffnet werden.

Für den Eintritt in die Anstalt sind die Bestimmungen vom
Juni 1884 maßgebend.

Die Königliche Regierung veranlasse ich, diese Anordnung
Ihrem Verwaltungsbezirke in geeigneter Weise bekannt zu
chen und über die dort eingehenden Meldungen vor Ablauf
Juli d. J. zu berichten.

Auch wenn Aufnahmegesuche dort nicht eingehen sollten, er-
rte ich Bericht.

Unter Bezugnahme auf meine Rundverfügung vom 25. April
37 — U. III. b. 5992 — erinnere ich wiederholt daran, daß

jedem Bewerber ein Exemplar der Bestimmungen vom 6. Jun 1884 mitzutheilen ist und die anmeldende Behörde sich vo der genügenden Turnfertigkeit des Anzumeldenden Ueber zeugung zu verschaffen hat, damit nicht aufgenommene Be werber wegen nicht genügender Turnfertigkeit wieder entlasse werden müssen.

Indem ich noch besonders auf den zweiten Absatz des §. der Bestimmungen vom 6. Juni 1884 verweise, veranlasse i die Königliche Regierung, die Unterstützungsbedürftigke der Bewerber sorgfältigst zu prüfen, so daß die bezügliche Angaben in der durch meinen Erlaß vom 20. März 1877 – U. III. 7340 — vorgeschriebenen Nachweisung als unbedin zuverlässig bei Bewilligung und Bemessung der Unterstützung zu Grunde gelegt werden können. Auch noch im letzten Jah sind trotz des ausdrücklichen Hinweises auf diesen Punkt i einzelnen Fällen erhebliche Schwierigkeiten daraus erwachsen, da die pekuniäre Lage einberufener Lehrer sich hier wesentlich and gestaltete, als nach jenen vorläufigen Angaben bei der Einberufun angenommen werden durfte. Die betreffenden Lehrer sin ausdrücklich auf die mißlichen Folgen ungenauer An gaben hinzuweisen.

Die Lebensläufe, Zeugnisse ꝛc. sind von jedem Bewerb besonders geheftet vorzulegen.

An
sämmtliche Königliche Regierungen und das
Königliche Provinzial-Schulkollegium, hier.

Abschrift erhält das Königliche Provinzial-Schulkollegiu zur Nachricht und gleichmäßigen weiteren Veranlassung bezügli der zu Seinem Geschäftskreise gehörigen Unterrichtsanstalten.

Dabei bemerke ich, daß in hohem Maße erwünscht ist, ei größere Zahl wissenschaftlicher Lehrer, welche für Ertheilung d Turnunterrichts geeignet sind, durch Theilnahme an dem Kurs dafür ordnungsmäßig zu befähigen.

Der Minister der geistlichen ꝛc. Angelegenheiten.
Im Auftrage: Schneider.

An
sämmtliche Königliche Provinzial-Schulkollegien, einschließlich Berlin.
U. III. B. 1189.

64) Formular zu Prüfungs-Zeugnissen für Rektoren.

Berlin, den 6. April 1892.

Aus einem Einzelfalle habe ich ersehen, daß bei der Ausfertigung von Prüfungs-Zeugnissen für Rektoren nicht von allen Prüfungs-Kommissionen das gleiche Formular benutzt wird.

Zur Beseitigung der bisherigen Verschiedenheiten beauftrage ich das Königliche Provinzial-Schulkollegium, in Zukunft bei Ausfertigung von Prüfungs-Zeugnissen für Rektoren das beifolgende Formular in Anwendung bringen zu lassen.

Der Minister der geistlichen ꝛc. Angelegenheiten.
Im Auftrage: Schneider.

An
die sämmtlichen Königlichen Provinzial-Schulkollegien, ausschließlich N.

U. III. C. 597.

, geboren 18
Konfession, gegenwärtig
Lehrer zu , erhält auf Grund der am
d. J. vorschriftsmäßig mit ihm
abgehaltenen und von ihm bestandenen Prüfung hiermit das
Zeugnis der Befähigung als Rektor von Mittelschulen oder
höheren Mädchenschulen mit fremdsprachlichem Unterrichte (oder
von Volksschulen ohne fremdsprachlichen Unterricht).

, 18

Königliche Prüfungs-Komission.
N. N.

---

65) Wiederaufnahme unfreiwillig entlassener Seminar-Zöglinge.

Berlin, den 2. Mai 1892.

Aus Anlaß eines Specialfalles bestimme ich bezüglich der Wiederaufnahme unfreiwillig entlassener Seminarzöglinge unter Aufhebung entgegenstehender früherer Erlasse Folgendes:

Hat gegen einen Seminarzögling wegen mangelhafter Führung die Entlassung verfügt werden müssen, so ist er damit auch aus der Reihe der künftigen Schulamtsbewerber ausgeschieden und in der Regel zur Prüfung nicht zuzulassen. Fälle, in welchen die zuständigen Behörden in der Lage sind, die Zulassung eines strafweise entfernten Seminaristen zur ersten Lehrerprüfung zu empfehlen und damit seinen Eintritt in den Volksschuldienst für angängig zu erklären, werden in der Regel darauf beruhen, daß

das Vergehen, welches die Ausschließung des Zöglings vo
Seminare nothwendig gemacht hat, nach seiner Beschaffenh
nicht so schwer war, um eine dauernde Ausschließung vom Vol
schuldienste zu erfordern, daß es deshalb durch die erfolgte B
strafung und den eingetretenen Zeitverlust hinreichend gesü
werden konnte, und daß außerdem der frühere Zögling sich b
zum Zeitpunkte des Antrages auf Wiederzulassung zum Vol
schuldienste vorzüglich geführt hat. Gestattet aber die Erfüllu
dieser Vorbedingungen überhaupt den Versuch einer Zulassu
zum Lehrerberufe, dann ist für die weitere Vorbereitung zu de
selben unzweifelhaft in einem Seminare besser gesorgt als
Privatleben, und es ist deshalb die Wiederaufnahme des e
lassenen Zöglings in ein anderes Seminar der Zulassung ein
derartigen, privatim weitergebildeten Zöglings zur Lehrerprüfu
vorzuziehen, denn im Seminare wird der Wiederaufgenomme
besser unterwiesen und sorgfältiger beaufsichtigt, und es kann a
das Urtheil über seine sittliche Reife zutreffender auf Grund d
täglichen Beobachtung des Seminarlehrer-Kollegiums gef
werden, als nach den einfachen, meist negativ gefaßten obrigk
lichen Führungszeugnissen.

Die Garantie gegen den Eintritt ungeeigneter oder unwü
diger Bewerber in den Lehrerstand ist bei der Wiederaufnah
in ein Seminar eine größere.

Im Uebrigen wird bei Prüfung von Gesuchen strafw
entlassener Seminaristen auf Zulassung zum Examen oder a
Wiederaufnahme in ein Seminar ein um so strengerer Maßst
anzulegen sein, als das Interesse sowohl der Volksschule wie d
Lehrerstandes selbst es unbedingt erfordert, den Eintritt in
Lehramt nur solchen Personen zu gestatten, welche durch ihr b
heriges Verhalten volle Gewähr namentlich auch in sittlicher B
ziehung bieten.

Anträge unfreiwillig entlassener Seminarzöglinge auf Z
lassung zur Lehrerprüfung bezw. auf Wiederaufnahme in
Seminar, welche ausnahmsweise zur Genehmigung geeig
scheinen, sind durch Vermittelung desjenigen Provinzial-Sch
kollegiums hierher einzureichen, zu dessen Geschäftsbereich d
Seminar gehört, aus welchem der jedesmalige Antragsteller a
gewiesen worden ist.

Der Minister der geistlichen 2c. Angelegenheiten.
Im Auftrage: Kügler.

An
sämmtliche Königliche Provinzial-Schulkollegien
und sämmtliche Königliche Regierungen, außer N.
U. III. 1307.

6) Verzeichnis der Lehrer, welche das Zeugnis der Befähigung für das Lehramt an Taubstummen-Anstalten im Jahre 1892 erlangt haben.

Für die Theilnehmer an dem bei der Königlichen Taubstummen-Anstalt zu Berlin im Etatsjahre 1. April 1891/92 abgehaltenen Lehrkursus ist Mitte März 1892 eine Prüfung nach Maßgabe der Prüfungs-Ordnung vom 27. Juni 1878 abgehalten worden, in welcher das Zeugnis der Befähigung für das Lehramt an Taubstummen-Anstalten erlangt haben:

1) Richter, August, Hilfslehrer an der Taubstummen-Anstalt zu Petershagen,
2) Rzesnitzek, Emil, Hilfslehrer an der Taubstummen-Anstalt zu Breslau, und
3) Thiel, Franz, Lehrer zu Reinerswalde.

Berlin, den 9. April 1892.

Der Minister der geistlichen ꝛc. Angelegenheiten.
Im Auftrage: Kügler.

Bekanntmachung.
U. III. A. 1146.

---

7) Befähigungszeugnisse zur Ertheilung von Turnunterricht an öffentlichen Schulen.

In der in den Monaten Februar und März 1892 in Berlin abgehaltenen Turnlehrer-Prüfung haben ein Zeugnis der Befähigung zur Ertheilung von Turnunterricht an öffentlichen Schulen erlangt:

1) Beykuffer, Karl, Lehrer in Celle,
2) Buchenau, Karl, Lehrer in Cassel,
3) Buchenau, Wilhelm, desgl. daselbst,
4) Dogs, Hermann, Studirender der Theologie und Philologie aus Hansfelde,
5) Eggert, Emil, Lehrer in Raguhn,
6) Dr. Fischer, Ernst, Gymnasiallehrer in Breslau,
7) Freytag, Hans, Kandidat des höheren Schulamts in Hannover,
8) Friesland, Karl, Studirender der Philologie aus Bremen,
9) Dr. Graffunder, wissenschaftlicher Hilfslehrer in Fürstenwalde,
10) Hartung, Hermann, Bürgerschullehrer in Eilenburg.
11) Hering, Paul, Kandidat des höheren Schulamts in Berlin,
12) Kurzrock, Heinrich, Lehrer in Cassel,
13) Langhoff, Hugo, Lehrer in Dorstfeld,
14) Lepper, Heinrich, desgl. in Cassel,
15) Dr. Meder, Franz, Gymnasial-Hilfslehrer in Colberg,

16) Rebelsieck, Martin, wissenschaftlicher Hilfslehrer in Hana
17) Regener, Heinrich, Kassenbeamter in Dortmund,
18) Dr. Richter, Ernst, Gymnasial-Hilfslehrer in Berlin,
19) Dr. Roll, Otto, Realschullehrer in Altona-Ottensen,
20) Dr. Ronte, Heinrich, Kandidat des höheren Schulamts Siegen,
21) Rudorff, Karl, Realgymnasiallehrer in Elbing,
22) Ruwoldt, August, Zeichenlehrer in Wandsbek,
23) Schiricke, Paul, Studirender der Technischen Hochschu in Berlin,
24) Dr. Schmidt, Karl, Realgymnasiallehrer in Berlin,
25) Schmitt, Karl, wissenschaftlicher Hilfslehrer in Düsseldo
26) Schulze, Friedrich, Lehrer in Lüneburg,
27) Siegel, Karl, wissenschaftlicher Hilfslehrer in Friedenau
28) Dr. Spindler, Hermann, desgl. in Frankfurt a. M.,
29) Wohlrath, Theodor, Maschinenmeister in Berlin,
†30) Wundram, Hugo, Realprogymnasiallehrer in Buxtehud

† Ist auch befähigt zur Ertheilung von Schwimmunterricht.

Berlin, den 30. April 1892.

Der Minister der geistlichen ꝛc. Angelegenheiten.
Im Auftrage: Kügler.

Bekanntmachung
U. III. B. 15121.

---

68) Verlegung von Prüfungs-Terminen.

(Centralbl. S. 188.)

Bei der Präparanden-Anstalt zu Plathe ist der Termin für di diesjährige Entlassungs-Prüfung auf den 15. bis 17. August und de jenige für die Aufnahme-Prüfung auf den 18. August verlegt worde

---

69) Betrifft Fortbildungskursus für Handarbeitsleh rerinnen im Kreise Groß-Wartenberg.

Breslau, den 1. Januar 1892.

Ew. Excellenz beehren wir uns in der Anlage den von de Königlichen Kreis-Schulinspektor Grensemann erstatteten Berich über den Verlauf der im Groß-Wartenberger Kreise vo 31. August v. Js. abgehaltenen Fortbildungskurse für Hand arbeitslehrerinnen unter Beifügung des zu Grunde gelegten Unte richtsplanes gehorsamst vorzulegen.

Königliche Regierung,
Abtheilung für Kirchen- und Schulwesen.

An
den Königlichen Staatsminister und Minister der geistlichen, Unterrichts- und Medizinal-Angelegenheiten Herrn Grafen von Zedlitz-Trützschler, Excellenz, zu Berlin.

Groß=Wartenberg, den 15. December 1891.

Der Königlichen Regierung berichte ich über die von der hohen
jörde angeordneten und im September d. Js. abgehaltenen Fort=
ungskurse für Handarbeitslehrerinnen ganz gehorsamst, wie folgt:

Die Kurse haben begonnen am 31. August d. Js. und sind
den Schlußprüfungen am 23. September d. Js. beendet
rden. Die Verlängerung der Kurse erfolgte auf Wunsch der
ilnehmerinnen, welche für die zugegebenen Kursustage Ent=
digungen nicht beanspruchten.

Die Kurse wurden geleitet durch die Handarbeitslehrerin
ulein Marie Gauglitz aus Neurode. Dieselbe hat den Unter=
t in anerkennenswerthester Weise ertheilt und sich die Liebe
Achtung aller Theilnehmerinnen erworben.

Die Uebungen fanden in getrennten Kursen abwechselnd in
oß=Wartenberg und Neumittelwalde statt, und zwar Montags,
twochs und Freitags in Groß=Wartenberg, Dienstags, Don=
stags und Sonnabends in Neumittelwalde.

Die Unterrichtszeit betrug an jedem Tage drei, gegen das
de hin mehrfach fünf Stunden. Jeder Kursus zählte (außer
Prüfungstage) zehn Unterrichtstage.

An dem Kursus in Groß=Wartenberg betheiligten sich 29 Per=
en (darunter 13 Handarbeitslehrerinnen), an dem Kursus in
umittelwalde 19 Personen (darunter 8 Handarbeitslehrerinnen).
r Besuch war durchaus regelmäßig, das Interesse eingehend
andauernd. Der gehorsamst Unterzeichnete hat sämmtlichen
bungen in Groß=Wartenberg und den meisten in Neumittel=
lde beigewohnt.

Die Unterweisung erstreckte sich auf

1) theoretische und praktische Belehrung über den Hand=
eitsunterricht;

2) Lehrproben der Theilnehmerinnen
   a. mit Kursusgenossinnen,
   b. mit Schulkindern (städtischen und ländlichen);

3) Einführung in die gesetzlichen und behördlichen Bestim=
ungen über den Handarbeitsunterricht (durch den Unterzeichneten).

Sämmtliche Theilnehmerinnen haben Lehrproben gehalten
Ausnahme von drei jüngst der Schule entwachsenen Mädchen.

Die gefertigten Arbeiten wurden zu einem großen Theile den
hulen überwiesen.

Die Erfolge des Unterrichts waren bei 16 Theilnehmerinnen
, bei 12 im ganzen gut, bei 14 genügend, bei 6 ziemlich ge=
gend. Bei dieser Beurtheilung der Leistungen ist allerdings
milder Maßstab angelegt worden.

Ganz gehorsamst
Grensemann, Kreis=Schulinspektor.

Stoffvertheilun

Unterrichtstage. Lfd. Nr.	Datum.	Das Stricken.	Das Nähen, das St und das Flicken.
1	31. VIII. bezw. 1. IX.	Die erste Hälfte des Strickbandes.	
2	2. IX. bezw. 3. IX.	Die zweite Hälfte des Strickbandes. Die Eintheilung des Kinderstrumpfes. Anschlagen zu demselben.	
3	4. IX. bezw. 5. IX.	Die Strumpfregel.	Die Eintheilung d ersten Uebungstück Verschönerungs- und bindungs-Steppnä
4	7. IX. bezw. 8. IX.	Berechnung des Beinlings bei verschiedenen Maschenzahlen.	Die Saumnaht. Die Ueberwendlings
5	9. IX. bezw. 10. IX.	Strumpfregel des Füßlings.	Kappnaht. Stilstich Knopflochnaht.
6	11. IX. bezw. 12. IX.	Wiederholung.	Stopfen dünner St Ergänzen einer Art F
7	14. IX. bezw. 15. IX.	Die Frauenstrumpfregel.	Hexenstich. Rißsto
8	16. IX. bezw. 17. IX.	Wiederholung beider Strumpfregeln. Der Fausthandschuh.	Lochstopf.
9	18. IX. bezw. 19. IX.	Der Fausthandschuh. Die Strumpfregeln. Das Einstricken der Ferse.	Flickeinsetzen. Tuchst
10	21. IX. bezw. 22. IX.	Wiederholung.	Kleiderflicken.
11	23. IX. bezw. 24. IX.	Schluß.	

lan.

Wäschestücke.	Allgemeines.	
	Der Lehrgang. Gliederung des Unterrichtes nach den drei Fortschrittsstufen.	
	Lehrverfahren. Massenunterricht.	
	Schulordnung.	
	Erziehliche Aufgabe der Lehrerin. Körperhaltung.	Die gesetzlichen und behördlichen Bestimmungen.
	Schulsprache.	
	Anschauungsmittel.	
ines Mädchenhemd Papier, $^1/_4$ Größe.	Wiederholung.	Die Durchführung der gesetzlichen und behördlichen Bestimmungen in Anwendung auf die Verhältnisse des diesseitigen Kreises.
Wiederholung.	Stoffvertheilungsplan.	
ines Frauenhemd Papier, $^1/_4$ Größe.	Unterrichtsmaterial.	
Wiederholung.	Listen.	Wiederholung.

prüfungen.

F. Oeffentliches Volksschulwesen.

70) Die den Königlichen Regierungen für sächliche Schulbedürfnisse überwiesenen Mittel können auch zur Gewährung von Beihilfen an bedürftige Schulverbände behufs Gründung und Unterhaltung von Schülerbibliotheken verwendet werden.

Berlin, den 5. März 18

Wie ich der Königlichen Regierung auf den Bericht vom 10. Februar d. J. — II. Nr. 114 — erwidere, walten meinerseits dagegen keine Bedenken ob, daß die Ihr nach Maßgabe des Erlasses vom 2. Juli 1890 — U. IIIa 18765 — für sächliche Schulbedürfnisse überwiesenen und noch zu überweisenden Mittel auch zur Gewährung von Beihilfen an bedürftige Schulverbände behufs Gründung und Unterhaltung von Schülerbibliotheken verwendet werden.

An
die Königliche Regierung zu N.

Abschrift erhält die Königliche Regierung zur Kenntnis und Nachachtung.

Der Minister der geistlichen ꝛc. Angelegenheiten.
Im Auftrage: Kügler.

An
die sämmtlichen übrigen Königlichen Regierungen.
U. III. A. 590.

---

71) Betrifft die Bewilligung von Allerhöchsten Gnadengeschenken zur Unterstützung unvermögender Gemeinden bei Elementarschulbauten.

Berlin, den 19. April 18

Im Anschluß an den Runderlaß vom 21. Mai 1885 — U. IIIa 13694 — (Centralbl. für 1885 S. 636) bestimme ich bezüglich der Anträge auf Bewilligung von Allerhöchsten Gnadengeschenken aus dem Fonds Kap. 121 Tit. 38 des Staatshaushalts-Etats: „Zur Unterstützung unvermögender Gemeinden bei Elementarschulbauten" Folgendes:

1) Zu den Anträgen ist das anliegende, beispielsweise ausgefüllte Formular zu benutzen. In dem Begleitberichte sind die zur Ergänzung desselben in Folge besonderer Verhältnisse erforderlichen Angaben, soweit dieselben nicht in Spalte „Bemerkungen" Aufnahme finden können, zu machen. Demselben ist eine von dem Landrath hinsichtlich ihrer Richtigkeit bescheinigte

von der Finanzabtheilung der Regierung mit einem Gut-
en über die Leistungsfähigkeit der Gemeinde versehenen Prä-
ionsnachweisung beizufügen.

2) Ende Januar jeden Jahres ist eine Nachweisung der aus-
ührten Bauten, des dabei verwendeten Gnadengeschenks und
eingetretenen Ersparnis einzureichen; die bisherigen Einzel-
eigen fallen fort.

3) Die Anträge auf Bewilligung von Gnadengeschenken sind,
rauf ich auch hier noch besonders hinweise, für das folgende
tsjahr bis spätestens den 1. März des diesem vorhergehenden
tsjahres zu stellen. Anderenfalls wird über das nicht in An-
ch genommene Dispositionsquantum zu Gunsten anderweiter
räge verfügt.

4) Von der regelmäßigen Einreichung der Projekte und der
seitigen bautechnischen Prüfung will ich versuchsweise in den-
gen Fällen absehen, in denen die Bewilligung eines Gnaden-
henks unter 5000 Mark beantragt und seitens der Bau-
chtigen außer den Hand- und Spanndiensten mindestens die
fte sämmtlicher Baukosten aufgebracht wird.

Ich behalte mir indessen die Einforderung der Projekte in
Fällen vor, wo der spezielle Antrag mir hierzu Anlaß giebt.

Bei dieser Gelegenheit sehe ich mich veranlaßt, der König-
en Regierung die Anwendung der Bestimmungen der mit
nem Erlaß vom 7. Juli 1888 — U. IIIa 16035 — bekannt
ebenen Erläuterungen zu fünf Entwürfen für einfache Schul-
äude vom 18. November 1887 (Dienstanweisung für die Bau-
ektoren der Hochbauverwaltung vom 1. Oktober 1888 S. 89
460) wiederholt zur Pflicht zu machen.

Insbesondere will ich auf folgende Punkte hinweisen, welche
her bei der Bearbeitung und bei der Prüfung der Entwürfe
t immer die gebührende Beachtung gefunden haben.

Die Schulhäuser sind auf den Bauplätzen so zu stellen, daß
Fenster. namentlich aber diejenigen der Schulzimmer, stets
es Himmelslicht erhalten, selbst wenn einmal später auf den
hbargrundstücken hart an der Grenze hohe Baulichkeiten er-
tet, oder stark schattende Bäume gepflanzt werden. Die Fenster-
nd der Schulstube muß daher etwa 6 bis 8 m von der Grenze
fernt bleiben, auch wenn nach den gegenwärtigen Verhältnissen
Bebauung oder Bepflanzung des benachbarten Grundstückes
t wahrscheinlich ist.

Für die Höhe der Schulzimmer ist das Mindestmaß auf
0 m festgesetzt, welches bei einer Tiefe des Raumes von 5 m
genügende Luft- und Lichtmenge zu schaffen gestattet. Bei
hsender Tiefe muß aber auch die Höhe entsprechend zunehmen,

so daß bei einer Tiefe von 6 m eine Höhe von 3,50 m und b einer Tiefe von 7 m eine solche von 3,80 m in Anwendung bringen wäre. Die Klassenbreite über 7 m auszudehnen, ist ni zweckmäßig. Die größere Höhe der Klasse ist übrigens auf d Baukosten nur von geringem Einfluß, zumal da bei geschick Anordnung des Entwurfs der die Wohnung enthaltende Th des Hauses niedriger liegen bleiben kann.

Die größere Höhe bei einer bedeutenderen Klassentiefe stattet auch die Annahme einer ausgiebigeren Lichtfläche der Fenst welche, wenn irgend möglich, mehr als ein Fünftel der Bode fläche betragen soll; denn es ist zu berücksichtigen, daß von är licher Seite ein Fünftel der Bodenfläche als Größe der wirk chen Lichtfläche abzüglich des Holzwerks der Fenster verlan wird. Vor allem aber darf nicht, wie öfter geschehen, bei d Berechnung der Lichtflächen auch die Fläche derjenigen Fens hinzugenommen werden, welche im Rücken der Schüler angebra werden. So gelegene Fenster sollten überhaupt im Allgemein vermieden werden. Von Werth sind sie nur da, wo die ande Fenster das Licht nur vom Norden her erhalten, weil sie ermöglichen, während der vom Unterrichte freien Zeit die Sonn strahlen in das Zimmer eintreten zu lassen.

Die Thür zur Klasse soll womöglich so angeordnet werd daß die Schüler den Eintretenden sofort sehen. Zwingt die La des Hauses dazu, die Thür im Rücken der Schüler anzuneh so muß vor derselben ein größerer Raum von Bänken frei bl ben, damit der Verkehr leicht von Statten geht. Liegen an ei Flure zwei Klassen einander gegenüber, so dürfen die Thü derselben nicht so angeordnet werden, daß die geöffneten Flü den freien Raum zusperren. Auch ist darauf zu achten, daß Zugang zur Treppe in das obere Geschoß nicht durch einen öffneten Thürflügel abgeschlossen werden kann. An der Einga thür des Hauses muß der Treppenvorplatz so breit angelegt w den, daß vor dem senkrecht aufstehenden Flügel noch ein Ma stehen kann, ohne beim Aufgehen der Thür zu Falle zu kom

Wenn der Flur durch die ganze Tiefe des Gebäudes durchreicht, muß ein Windfang vorgesehen werden.

Den Fensterpfeilern der Klasse, auf denen die Deckenun züge liegen, ist ein der Belastung entsprechender größerer Q schnitt zu geben. Die für diese Unterzüge an den Scheidewänd etwa erforderlichen Vorlagen dürfen nicht in den Klassen nommen werden, weil sie dem Verkehre hinderlich sind.

Wenn für später die Einrichtung von Klassen in einem geschoß in sicherer Aussicht steht, muß der Flur bei der Anlage gleich so geräumig entworfen werden, daß er zur ne der vorschriftsmäßigen Treppe geeignet ist. Zweckmäßig es sogar meist sein, in diesen Fällen die Treppe von vorn n in der künftig nothwendigen Breite einzubauen.

Die Anlage von Kellern unter dem Hause sollte nur auf plätzen zur Ausführung kommen, deren Untergrundsverhält- einen stets wasserfreien Kellerraum gewährleisten, da alle regeln zur Abhaltung des Grundwassers auf die Dauer von elhaftem Werth sind. Steigt das Grundwasser hoch an, so ie Errichtung eines zum Theil über der Erde liegenden und Erdanschüttung gegen den Wärme-Einfluß zu schützenden rs außerhalb des Hauses vorzuziehen.

Dachräume, welche zum dauernden Aufenthalt von Menschen, auch nur als Schlafkammern dienen sollen, müssen eine schnittliche Höhe von wenigstens 2,50 m haben.

Der Grund zum Umbau alter Schulhäuser ist häufig die nügende Größe der Lehrerwohnung. Da in solchen Häusern auch das Schulzimmer nicht den neueren Anforderungen richt, so ist in erster Linie zu versuchen, ob den Bedürf- der Wohnung nicht durch Hinzunahme und entsprechende ung der Klasse zu genügen ist, so daß durch den Anbau ieues brauchbares Unterrichtszimmer beschafft werden kann.

Ich behalte mir vor, durch gelegentliche Besichtigung der eführten Schulhäuser durch meine Kommissare feststellen zu , ob die Bestimmungen meines Erlasses bei den Bauaus- ingen überall befolgt worden sind, wobei ich bemerke, daß Bestimmungen auch auf diejenigen Bauten anzuwenden sind, elche eine Staatsbeihilfe nicht geleistet wird.

Der Minister der geistlichen 2c. Angelegenheiten.
Im Auftrage: Kügler.

An
lliche Königliche Regierungen.
III. E. 1554.

Angabe der derzeitige Schulverhältnisse un der Gründe, welche da nothwendig machen.	Darstellung des Projekts.	Angabe der Kosten.	Von den Kosten sind gedeckt.	Es bleiben ungedeckt und werden als Allerh. Gnadengeschenk erbeten.	Bemerkungen.
Das Schulhaus ist im Jahre 1887 abgebrannt, die Schule seitdem miethsweise untergebracht. Der Miethskontrakt läuft Ende März 1893 ab und kann nicht verlängert werden. Eine anderweite miethsweise Unterbringung ist unmöglich. Es muß deshalb ein Neubau erfolgen. Die Schule wird von 67 Kindern besucht.	Es **soll ein Schulhaus mit Wohnung** für **einen verheiratheten Lehrer und einem Klassenzimmer für 80 Kinder auf dem** alten Schul**platz** gebaut werden. **Die** Wirthschaftsgeb**äude** sind vorhanden **und** in gutem Bauzustande.	12000 **Mk.** einschließlich der Hand- und Spanndienste.	1. Werth der Hand- und Spanndienste, welche die Schulgemeinde in natura leistet . . . 1000 Mk. 2. ausgezahlte Feuerversicherung . . . 2000 „ 3. Baufonds*) seit dem Jahre 1887 mit jährlich Mk. angesammelt einschließlich der Zinsen . . 600 „ 4. Durch gutsherrliche ꝛc. Leistungen sind gedeckt . . . . . 500 „ 5. Durch **Baarbeiträge der Gemeinde werden aufgebracht** . . 1000 „ 6. **Darlehnsweise seitens der Schulgemeinde werden aufgebracht** . 4000 „ 7. **Beitrag des** Kreises **aus den** Zolleinnahmen **(Lex Huene)** 1000 „ 10100 Mk.	1900 Mk.	

*) **Wenn ein Baufonds vorhanden ist, so sind stets die einzelnen Jahresraten anzugeben.**

Personal-Veränderungen, Titel- und Ordensverleihungen.

A. Behörden und Beamte.

Der Unter-Staatssekretär im Ministerium für Handel und Gewerbe Magdeburg zu Berlin ist zum Ober-Präsidenten der Provinz Hessen-Nassau ernannt worden.

Der Regierungs-Präsident von Hartmann zu Aurich ist in gleicher Amtseigenschaft an die Königliche Regierung zu Aachen versetzt und der Polizei-Präsident Graf zu Stolberg-Wernigerode zu Stettin zum Präsidenten der Königlichen Regierung zu Aurich ernannt worden.

Der Direktor des städtischen Gymnasiums zu Danzig Dr. Carnuth ist zum Provinzial-Schulrath ernannt und dem Provinzial-Schulkollegium zu Königsberg i. Pr. überwiesen worden.

Der Konsistorialrath Schuster ist zum Justiziar und Verwaltungsrath im Nebenamte bei dem Königlichen Provinzial-Schulkollegium zu Berlin ernannt worden.

Der bisherige Seminar-Direktor Herrmann aus Schlüchtern ist zum Regierungs- und Schulrath ernannt und der Regierung zu Merseburg überwiesen worden.

Der bisherige Kreis-Schulinspektor Plagge zu Essen a. R. ist zum Regierungs- und Schulrath ernannt und der Regierung zu Oppeln überwiesen worden.

Der bisherige Seminar-Direktor Plischke zu Ziegenhals ist zum Regierungs- und Schulrath ernannt und der Regierung zu Danzig überwiesen worden.

Der bisherige Seminar-Direktor Schulrath Dr. Preische aus Ragnit ist zum Regierungs- und Schulrath ernannt und der Regierung zu Schleswig überwiesen worden.

Der bisherige Kreis-Schulinspektor Schulrath Dr. Protzen zu Marienwerder ist zum Regierungs- und Schulrath ernannt und der Regierung daselbst überwiesen worden.

Dem Prokurator der Landesschule zu Pforta Zimmermann ist der Charakter als Justizrath unter Beilegung des Ranges der Räthe vierter Klasse verliehen worden.

Dem Oberförster von Chamisso bei der Landesschule zu Pforta und dem akademischen Oberförster der Universität Greifswald Wagner ist der Charakter als Forstmeister mit dem Range der Räthe vierter Klasse verliehen worden.

Der bisherige Seminar-Direktor zu Pilchowitz Dr. Otto, der bisherige Schuldirigent zu Löwen in Schlesien Dr. Schmidt, der bisherige ordentliche Lehrer an dem Königlichen Gymnasium zu Danzig Dr. Voigt, der bisherige ordentliche

Lehrer an dem Gymnasium zu Culm Völcker und der bisherige ordentliche Seminarlehrer Werners aus Saarburg sind zu Kreis-Schulinspektoren ernannt worden.

In gleicher Eigenschaft ist versetzt worden der Kreis-Schulinspektor Sachse von Schubin in den Aufsichtsbezirk Wirsitz unter Anweisung des Wohnsitzes zu Nakel.

B. Universitäten.

Universität Berlin. Der bisherige außerordentliche Professor an der Universität zu Berlin Dr. Brückner ist zum ordentlichen Professor in der philosophischen Fakultät derselben Universität ernannt worden. — Der ordentliche Professor an der Universität zu Göttingen Dr. Schwarz ist in gleicher Eigenschaft in die philosophische Fakultät der Friedrich-Wilhelms-Universität zu Berlin versetzt worden. — Dem außerordentlichen Professor in der philosophischen Fakultät der Universität zu Berlin Dr. Dieterici ist der Charakter als Geheimer Regierungsrath verliehen worden. — Der bisherige Privatdozent Dr. Hensel zu Berlin und der bisherige Privatdozent, Geheimer Staats-Archivar Dr. Schiemann ebendaselbst sind zu außerordentlichen Professoren in der philosophischen Fakultät sowie der bisherige Privatdozent Dr. Moeli, dirigirender Arzt bei der städtischen Irren-Anstalt zu Dalldorf ist zum außerordentlichen Professor in der medizinischen Fakultät der Universität zu Berlin ernannt worden.

Universität Greifswald. Die Wahl des ordentlichen Professors in der medizinischen Fakultät Dr. Helferich zum Rektor der Universität Greifswald für das Jahr vom 15. Mai 1892 bis dahin 1893 ist bestätigt worden. — Dem ordentlichen Professor in der philosophischen Fakultät der Universität Greifswald Dr. Ahlwardt ist der Charakter als Geheimer Regierungsrath verliehen worden.

Universität Breslau. Der bisherige Privatdozent Dr. Appel zu Königsberg i. P. und der bisherige außerordentliche Professor Dr. Hintze zu Breslau sind zu ordentlichen Professoren in der philosophischen Fakultät der Universität Breslau ernannt worden. Der ordentliche Professor an der Akademie zu Münster i. W. Dr. Sturm ist in gleicher Eigenschaft in die philosophische Fakultät der Universität Breslau versetzt worden. Dem ordentlichen Professor in der medizinischen Fakultät der Universität Breslau Geheimen Medizinalrath Dr. Biermer ist der Königliche Kronen-Orden zweiter Klasse verliehen worden.

Universität Halle-Wittenberg. Der bisherige Privatdozent Dr. Kauffmann zu Marburg ist zum außerordentlichen Professor in der philosophischen Fakultät der Universität Halle-Wittenberg ernannt worden. Dem akademischen Musiklehrer an der Universität zu Halle Reubke ist das Prädikat: „Königlicher Universitäts-Musik-Direktor“ verliehen worden.

Universität Kiel. Der ordentliche Professor an der Akademie zu Münster i. W. Dr. Körting ist in gleicher Eigenschaft in die philosophische Fakultät der Universität Kiel versetzt worden.

Universität Göttingen. Der bisherige Privatdozent Dr. Andresen zu Göttingen ist zum außerordentlichen Professor in der philosophischen Fakultät der dortigen Universität ernannt worden. Der außerordentliche Professor an der Universität Bonn Dr. Morsbach und der ordentliche Professor an der Universität Kiel Dr. Stimming sind in gleicher Eigenschaft in die philosophische Fakultät der Universität zu Göttingen versetzt worden. Dem Privatdozenten in der philosophischen Fakultät der Universität Göttingen Dr. Hamann ist das Prädikat „Professor“ verliehen worden.

Universität Marburg. Der Dr. phil. Köster zu Hamburg ist zum außerordentlichen Professor in der philosophischen Fakultät der Universität Marburg ernannt worden.

Universität Bonn. Der bisherige außerordentliche Professor Dr. Felten zu Bonn und der bisherige außerordentliche Professor Dr. Rappenhöner zu Münster i. W. sind zu ordentlichen Professoren in der katholisch-theologischen Fakultät der Universität Bonn ernannt worden. Der bisherige Privatdozent Lic theol. Troeltsch zu Göttingen ist zum außerordentlichen Professor in der evangelisch-theologischen Fakultät der Universität Bonn ernannt worden.

Akademie Münster. Der ordentliche Professor am Lyceum Hosianum zu Braunsberg Dr. Killing ist in gleicher Eigenschaft in die philosophische Fakultät der Akademie zu Münster i. W. versetzt worden. Der Vorsteher der Versuchsstation des Landwirthschaftlichen Provinzial-Vereins Professor Dr. König zu Münster i. W. ist mit Allerhöchster Genehmigung zum ordentlichen Honorar-Professor i ! der philosophischen Fakultät der dortigen Akademie ernannt worden. Der bisherige Privatdozent Lic. theol. Bautz zu Münster i. W. ist zum außerordentlichen Professor in der theologischen Fakultät der dortigen Akademie ernannt worden.

C. Technische Hochschulen.

Berlin. In gleicher Eigenschaft ist versetzt worden der etatsmäßige Professor an der Technischen Hochschule zu Aachen Dr. Stahl nach Berlin.

Aachen. Dem etatsmäßigen Professor an der Technischen Hochschule zu Aachen Intze ist der Königliche Kronen-Orden dritter Klasse verliehen worden.

D. Museen, Nationalgalerie u. s. w.

Die von der Königlichen Akademie der Wissenschaften zu Berlin vollzogenen Wahlen des Direktors des Astrophysikalischen Observatoriums zu Potsdam, Geheimen Regierungsraths, Professors Dr. Vogel und des ordentlichen Professors der Paläontologie an der Friedrich-Wilhelms-Universität zu Berlin Dr. Dames zu ordentlichen Mitgliedern der Physikalisch-mathematischen Klasse der Akademie sowie die von der Königlichen Akademie der Wissenschaften zu Berlin vollzogene Wahl des bisherigen korrespondirenden Mitgliedes der Physikalisch-mathematischen Klasse, ordentlichen Professors, Geheimen Raths Dr. von Kölliker zu Würzburg zum auswärtigen Mitglied derselben Klasse der Akademie sind bestätigt worden.

Die Königliche Akademie der Künste zu Berlin hat durch die im Januar d. J. statutenmäßig vollzogenen Wahlen zu ordentlichen Mitgliedern gewählt:

1) den Maler Paul Flickel,
2) den Maler Richard Friese,
3) den Maler Konrad Kiesel,
4) den Maler Karl Saltzmann,
5) den Maler Professor Hugo Vogel,
6) den Bildhauer Adolf Brütt,
7) den Bildhauer Emil Hundrieser,
8) den Kupferstecher Professor Hans Meyer,
sämmtlich in Berlin wohnhaft,
9) den Maler Louis Alvarez in Madrid,
10) den Maler José Jimenez y Aranda in Madrid,
11) den Maler P. A. J. Dagnan-Bouveret in Neuilly,
12) den Maler Paolo Francesco Michetti in Francavilla a mare.
13) den Maler Walter William Ouleß in London,
14) den Maler Francisco Pradilla in Rom,
15) den Maler Wilhelm Leibl in München,
16) den Bildhauer Professor Adolf Hildebrand in Florenz.

17) den Architekten Stadt-Baurath Hugo Licht in Leipzig,
18) den Kupferstecher Professor William Unger in Wien.

Diese Wahlen haben die vorschriftsmäßige Bestätigung erhalten.

Der Königliche Kapellmeister z. D. Professor Radecke ist zum Direktor des Königlichen akademischen Instituts für Kirchenmusik zu Berlin ernannt worden.

Dem Direktor des Königlichen akademischen Instituts für Kirchenmusik zu Berlin Professor Radecke ist die Stelle des nicht vollbeschäftigten ordentlichen Lehrers für Orgelspiel an der Königlichen akademischen Hochschule für Musik daselbst verliehen worden.

Der bisherige Königliche Regierungsbaumeister Bormann ist zum Direktorial-Assistenten bei dem Königlichen Kunstgewerbe-Museum zu Berlin ernannt worden.

Der Dr. Seler ist zum Direktorial-Assistenten bei dem Königlichen Museum für Völkerkunde zu Berlin ernannt worden.

Das Prädikat „Professor" ist verliehen worden:

dem Maler Ferdinand Grafen Harrach, Mitglied der Königlichen Akademie der Künste zu Berlin,

dem Dr. med. Schibasaburo Kitasato zu Tokio,

dem Assistenten der Königlichen Sternwarte Dr. Knorre zu Berlin,

dem Assistenten an der Chirurgischen Klinik der Charité, Stabsarzt am Medizinisch-chirurgischen Friedrich-Wilhelms-Institut Dr. Köhler zu Berlin und

dem Astronomen Dr. phil. Oppenheim zu Berlin.

Dem Hauptlehrer und Organisten an der Marienkirche zu Mühlhausen i. Th. Steinhäuser ist das Prädikat „Königlicher Musik-Direktor" verliehen worden.

Dem Musiklehrer Wallenstein zu Frankfurt a. M. ist das Prädikat „Königlich Preußischer Musik-Direktor" verliehen worden.

E. Höhere Lehranstalten.

a. Gymnasien.

Der bisherige Gymnasiallehrer Dr. Kehr zu Altona ist zum Gymnasial-Direktor ernannt und demselben das Direktorat des Gymnasiums zu Husum übertragen worden.

Der Direktor des Dom-Gymnasiums zu Naumburg a. S. Dr. Röhl ist zum Königlichen Gymnasial-Direktor ernannt und demselben das Direktorat des Dom-Gymnasiums zu Halberstadt übertragen worden.

Der Oberlehrer am Gymnasium zu Coesfeld Professor Dr. Schwering ist zum Direktor des stiftischen Gymnasiums zu Düren ernannt worden.

Der Direktor des stiftischen Gymnasiums zu Düren Dr. Weidgen ist zum Königlichen Gymnasial-Direktor ernannt und demselben die Direktion des Gymnasiums zu Coblenz übertragen worden.

In gleicher Eigenschaft ist versetzt worden der Gymnasial-Direktor Dr. Thiele von Ratibor nach Erfurt.

Die Wahl des Oberlehrers Professors Dr. Knabe am städtischen Gymnasium zu Torgau zum Direktor derselben Anstalt ist bestätigt worden.

Das Prädikat „Professor" ist verliehen worden den Oberlehrern: Dr. Freyer am Gymnasium zu Stolp, Dr. Vetter am Gymnasium zu Pyritz, Dr. Reishaus am Gymnasium zu Stralsund, Schmidt am Gymnasium zu Treptow, Krey am Gymnasium zu Greifswald, Dr. Weyland am Gymnasium zu Gartz, Dr. Hancke am Gymnasium zu Cöslin, Dr. Seelmann-Eggebert am Gymnasium zu Kolberg, Haake am Gymnasium zu Treptow, Dr. Schmolling am Marienstifts-Gymnasium zu Stettin, Dr. Friedrich Thümen am Gymnasium zu Stralsund, Knorr am Gymnasium zu Belgard, Braun am Gymnasium zu Fraustadt, Kranz am Friedrich-Wilhelms-Gymnasium zu Posen, Dr. Küster am Gymnasium zu Meppen und Dr. Schütz am städtischen Gymnasium zu Frankfurt a. M.

In gleicher Eigenschaft sind versetzt worden die Oberlehrer:
von Schütz vom Gymnasium zu Glückstadt an das Gymnasium zu Essen und
Dr. Voß vom Gymnasium zu Essen an das Gymnasium zu Neuwied.

Zu Oberlehrern bezw. etatsmäßigen Oberlehrern sind befördert worden die ordentlichen Lehrer: Bork am Askanischen Gymnasium, Titular-Oberlehrer Magnus am Sophien-Gymnasium, Lasser am Friedrich-Werderschen Gymnasium, Kinzel am Berlinischen Gymnasium zum grauen Kloster, Schiche am Friedrich-Werderschen Gymnasium, Blumenthal am Köllnischen Gymnasium und Gruppe am Askanischen Gymnasium, sämmtlich zu Berlin, Dr. Dombrowski am Gymnasium zu Braunsberg, Hölscher am Gymnasium zu Attendorn, Dr. Jordan an der lateinischen Hauptschule der Francke'schen Stiftungen zu Halle a. S., Lohmann am Gymnasium zu Rheine, Maaß am Gymnasium zu Flensburg und Dr. Posseldt am Gymnasium zu Potsdam.

Der ordentliche Lehrer am Andreas-Gymnasium zu Hildesheim

Rösler ist zum Oberlehrer am Gymnasium zu Emden befördert worden.

Der Titel Oberlehrer ist verliehen worden den ordentlichen Lehrern: Dr. Aly an dem Pädagogium des Klosters Unser Lieben Frauen zu Magdeburg und Jorcke am Gymnasium zu Fraustadt.

In gleicher Eigenschaft sind versetzt bezw. berufen worden die ordentlichen Gymnasiallehrer:

Büttner vom Königl. Gymnasium zu Danzig an das Gymnasium zu Wernigerode,

Dr. Gorges vom Gymnasium zu Meseritz an das Wilhelms-Gymnasium zu Cassel,

Dr. Hengesbach vom Realgymnasium zu Marburg an das Gymnasium zu Meseritz,

Kluge vom Gymnasium Georgianum zu Lingen an das Kaiser Wilhelms-Gymnasium zu Hannover,

Dr. Lehmann vom Gymnasium zu Friedeberg N. M. an das Gymnasium zu Schöneberg,

Prohasel vom Gymnasium zu Sagan an das Gymnasium zu Glatz,

Spitzbarth vom Gymnasium zu Burgsteinfurt an das Wilhelms-Gymnasium zu Cassel und

Wegener vom Gymnasium zu Wernigerode an das Königl. Gymnasium zu Danzig.

Als ordentliche Lehrer sind angestellt worden am Gymnasium zu Steglitz der Hilfslehrer Dr. Binde, Guben der Hilfslehrer Dr. Franke, Belgard der Hilfslehrer Dr. Hofenfeldt, Schweidnitz der Hilfslehrer Dr. Steigemann, Barmen die Schulamts-Kandidaten Droeder und Dr. Kriege, Danzig (Königl. Gymnasium) der Schulamts-Kandidat Dr. Lakowitz, Hildesheim (Andreanum) der Schulamts-Kandidat Michaelis, Sagan der Schulamts-Kandidat Dr. Michalski, Mühlhausen i. Th. der Schulamts-Kandidat Dr. Opitz, Duisburg der Schulamts-Kandidat Vorbrodt, und Gleiwitz der Kaplan Hahnel, zugleich auch als Religionslehrer.

b. Realgymnasien.

Dem Realgymnasial-Direktor Dr. Heilermann zu Essen ist der Königliche Kronen-Orden dritter Klasse verliehen worden.

Die Wahl des Oberlehrers Dr. Matthes am Realgymnasium zu Witten zum Direktor derselben Anstalt ist genehmigt worden.

Dem inzwischen verstorbenen Realgymnasial-Oberlehrer Professor

Dr. Ladrasch zu Dortmund war anläßlich seines zum 1. April d. Js. in Aussicht genommenen Ausscheidens aus dem Amte der Rothe Adler-Orden vierter Klasse verliehen worden, was hiermit bekannt gemacht wird.

Dem Oberlehrer am Friedrichs-Realgymnasium zu Berlin Professor Dr. Lust ist der Rothe Adler-Orden vierter Klasse verliehen worden.

Das Prädikat „Professor" ist verliehen worden den Oberlehrern Dr. Gentzen am Realgymnasium zu Stralsund und Dr. Hovestadt am Realgymnasium zu Münster.

Zu Oberlehrern bezw. etatsmäßigen Oberlehrern sind befördert worden die ordentlichen Lehrer:

Jörgensen am Friedrichs-Realgymnasium zu Berlin und Dr. Rühlemann an dem Realgymnasium der Francke'schen Stiftungen zu Halle a. S.

Als ordentliche Lehrer sind angestellt worden am Realgymnasium zu

Stettin (Friedrich-Wilhelms-Realgymnasium) der Hilfslehrer Dr. Köhler,

Hannover (Leibniz-Realgymnasium) die Schulamts-Kandidaten Meyer und Tietjen sowie

Duisburg der Schulamts-Kandidat Dr. Zerbick.

c. Oberrealschulen.

Dem Oberlehrer an der Klingerschule zu Frankfurt a. M. Dr. Lorey ist das Prädikat „Professor" beigelegt worden.

Der Hilfslehrer Klemming ist als ordentlicher Lehrer an der Oberrealschule zu Magdeburg angestellt worden.

d. Progymnasien.

Dem Rektor der Klosterschule zu Donndorf Dr. Kraft ist das Prädikat „Professor" verliehen worden.

Als ordentliche Lehrer sind angestellt worden am Progymnasium zu:

Linz der Lehrer an der höheren Stadtschule zu Ahrweiler Dr. Marke,

Schwetz der Schulamts-Kandidat Arnsberg,

Neumark i. W. der Schulamts-Kandidat Dr. Brandes,

Rheinbach der Schulamts-Kandidat Dr. Rosenboom und

Prüm der Schulamts-Kandidat Schmid.

e. Realschulen.

Dem Direktor der Realschule zu Aachen Pützer ist der Rothe Adler-Orden vierter Klasse verliehen worden.

Dem Oberlehrer an der Realschule zu Aachen Dr. Goeke ist das Prädikat „Professor" verliehen worden.

Als ordentliche Lehrer sind angestellt worden an der Realschule zu:
Hanau der ordentliche Lehrer an der höheren Töchterschule daselbst Baseler und der Hilfslehrer Dr. Arendt,
Barmen-Wupperfeld der Schulamts-Kandidat Dr. Thomae,
Aachen der Schulamts-Kandidat Dr. Düsing und an der Gewerbeschule zu Saarbrücken der Schulamts-Kandidat Müller.

f. Realprogymnasien.

In gleicher Eigenschaft ist versetzt worden der ordentliche Lehrer Dr. Winzer vom Progymnasium zu Eupen an das Realprogymnasium zu Düren.

Als ordentliche Lehrer sind angestellt worden am Realprogymnasium zu Fulda der Schulamts-Kandidat Schenbel und Oberhausen der Schulamts-Kandidat Dr. Schultz.

g. Höhere Bürgerschulen 2c.

Dem Rektor der zweiten höheren Bürgerschule zu Berlin Dr. Reinhardt ist das Prädikat „Professor" verliehen worden.

Die Wahl des Dirigenten der Realschule zu Wasselnheim Plattner zum Rektor der vierten höheren Bürgerschule zu Berlin ist genehmigt worden.

Dem Oberlehrer Dr. Friedrich Zelle an derselben höheren Bürgerschule ist das Prädikat „Professor" verliehen worden.

Dem Oberlehrer der zweiten höheren Bürgerschule zu Berlin Dr. Hausknecht ist die Weiterführung des ihm von der Kaiserlich Japanischen Regierung verliehenen Professortitels gestattet worden.

Als ordentliche Lehrer sind angestellt worden an der höheren Bürgerschule zu: Liegnitz der Hilfslehrer Holzapfel, Magdeburg die Hilfslehrer Dr. Kunze, Matthes und Dr. Nordmann, Hannover (III.) die Schulamts-Kandidaten Dr. Berkenbusch, Dr. Ehrichs und Dr. Köken, Hannover (I.) der Schulamts-Kandidat Hager, Graudenz der Schulamts-Kandidat Hugen und Göttingen der Schulamts-Kandidat Dr. Kraetzschmar. Der bisherige Mittelschullehrer an der Knaben-Mittelschule zu Cottbus Wuttge ist in gleicher Eigenschaft an der höheren Bürgerschule daselbst angestellt worden.

Als Elementarlehrer sind angestellt worden an der höheren Bürgerschule zu: Geestemünde die Lehrer Degener und Rademacher, Hannover (II.) der Vorschullehrer vom Realgymnasium I. daselbst Fedderke und der Lehrer Dreyer als Zeichenlehrer, Hannover (III.) der Vorschullehrer vom Realgymnasium I. daselbst Hanebutt und der Lehrer Hanebuth aus Hannover, sowie Göttingen der Lehrer Gerecke aus Jena als Zeichenlehrer.

F. Schullehrer- und Lehrerinnen-Seminare.

Der bisherige Erste Lehrer am Schullehrer-Seminare zu Rosenberg O. Schl. Dr. Schermuly ist zum Seminar-Direktor ernannt und demselben das Direktorat des Schullehrer-Seminars zu Ober-Glogau verliehen worden.

In gleicher Eigenschaft sind versetzt worden die Seminar-Direktoren:

Moll von Altdöbern nach Pyritz und

Dr. Wimmers von Elten nach Siegburg.

Dem Seminar-Direktor Dr. Volkmer zu Habelschwerdt ist der Charakter als Schulrath mit dem Range eines Rathes vierter Klasse verliehen worden.

In gleicher Eigenschaft sind versetzt worden die Seminar-Oberlehrer:

Dörffling von Kyritz an das neugegründete Schullehrer-Seminar zu Prenzlau,

Runkel von Mettmann nach Neuwied,

von Werder von Wunstorf an das neugegründete Schullehrer-Seminar zu Northeim und

Wulff von Franzburg nach Mettmann.

Am Schullehrer-Seminare zu Hildesheim ist der bisherige kommissarische Lehrer am Schullehrer-Seminare zu Exin Dr Loegel als Seminar-Oberlehrer angestellt worden.

Dem ordentlichen Seminarlehrer Jurka zu Altdöbern ist der Königliche Kronen-Orden vierter Klasse verliehen worden.

In gleicher Eigenschaft sind versetzt worden die ordentlichen Seminarlehrer:

Bach von Weißenfels nach Oels,

Dageförde von Bederkesa an das neugegründete Schullehrer-Seminar zu Northeim,

Gräbke von Oels nach Weißenfels,

Knotta von Reichenbach O. L. nach Brieg und

Koch von Cornelimünster nach Saarburg.

Der Hilfslehrer am Schullehrer-Seminare zu Dramburg Schmidt ist unter Ernennung zum ordentlichen Seminarlehrer an das Schullehrer-Seminar zu Franzburg versetzt worden.

Als ordentliche Lehrer sind angestellt worden an dem Schullehrer-Seminare zu: Kyritz der Lehrer Hammerschmidt aus Pleschen, Dillenburg der bisherige Hilfslehrer Schreiner und Reichenbach O. L. der bisherige Hilfslehrer Schulz

Am Lehrerinnen-Seminare zu Posen ist der bisherige kommissarische Lehrer Tiemann als ordentlicher Lehrer definitiv angestellt worden.

In gleicher Eigenschaft ist versetzt worden der Seminar-Hilfslehrer Bobke von Rheydt nach Dramburg.

G. Taubstummen- und Blinden-Anstalten.

Der ordentliche Lehrer Voigt an der Taubstummen-Anstalt zu Weißenfels ist zum Direktor der letzteren ernannt worden.

Als ordentliche Lehrer sind angestellt worden an der Taubstummen-Anstalt zu:

Erfurt der Hilfslehrer Bruder,
Guben der Lehrer Krüger und
Angerburg der Hilfslehrer Wiechert.

Bei der Taubstummen-Anstalt zu Guben ist der Lehraspirant Knabe als Hilfslehrer angestellt worden.

Bei der Blinden-Anstalt zu Kiel ist der Konzertmeister Marten daselbst als Musiklehrer angestellt worden.

H. Oeffentliche höhere Mädchenschulen.

Dem Dirigenten der städtischen höheren Mädchenschule und des mit derselben verbundenen Lehrerinnen-Seminars zu Marienburg Rektor Klug ist der Titel „Direktor" verliehen worden.

Dem wissenschaftlichen Ersten Lehrer Zimpel an der städtischen höheren Mädchenschule zu Minden ist der Oberlehrer-Titel verliehen worden.

I. Oeffentliche Volksschulen.

Es haben erhalten:

1) den Königlichen Kronen-Orden 4. Klasse:

Probe, pens. Lehrer zu Mechernich, Kr. Schleiden,
Knauth, Schulrektor zu Mühlhausen i. Th., und
Schmidt, Hauptlehrer zu Charlottenburg.

2) den Adler der Inhaber des Königlichen Haus-Ordens von Hohenzollern.

Adler, Lehrer zu Possenhain, Kr. Naumburg a. S.,
Florin, Lehrer und Küster zu Strausberg, Kr. Ober-Barnim,
Heusen, pens. Lehrer zu Burtscheid, Landkr. Aachen,
Kloatz, Lehrer zu Frankfurt a. O.,
Mottsleben, pens. Lehrer zu Nordhausen,
Pipp, Lehrer zu Trochtelfingen, Oberamts Gammertingen,

Hubrich, dsgl. zu Schönfeld, Kr. Bunzlau,
Langen, dsgl. zu Katzen, Kr. Heilsberg,
Prenzel, dsgl. zu Oelschen, Kr. Steinau,
Rost, dsgl. zu Trebnitz,
Strauchenbruch, dsgl. zu Dieskau, Saalkr. und
Tiemann, dsgl. zu Oschersleben.

3) Das Allgemeine Ehrenzeichen in Gold:

Engelmayer, pens. Lehrer zu Follmersdorf, Kr. Frankenstein.

4) Das Allgemeine Ehrenzeichen:

Lange, Lehrer zu Voigtsdorf, Kr. Heilsberg,
Meyerson, israelitischer Religionslehrer zu Issum, Kr. Geldern,
Nikutowski, Lehrer zu Prinowen, Kr. Angerburg und
Rothschild, Lehrer zu Rüdesheim, Rheingaukr.

K. Ausgeschieden aus dem Amte.

1) Gestorben:

Dr. Brennecke, Professor, Realgymnasial-Oberlehrer zu Elberfeld,
Dr. Gaspary, ordentlicher Professor in der philosophischen Fakultät der Universität Göttingen,
Dr. Groenveld, ordentlicher Lehrer an der höheren Bürgerschule zu Geestemünde,
Hobohm, Anna, ordentliche Seminarlehrerin zu Droyßig bei Zeitz,
Dr. von Hofmann, Geheimer Regierungsrath, ordentlicher Professor in der philosophischen Fakultät der Universität Berlin und Mitglied der Akademie der Wissenschaften und des Kaiserlichen Gesundheitsamtes,
Dr. Karsch, Geheimer Medizinalrath, ordentlicher Professor in der philosophischen Fakultät der Königlichen Akademie zu Münster,
Dr. Küßner, außerordentlicher Professor in der medizinischen Fakultät der Universität Halle,
Dr. Ladrasch, Professor, Realgymnasial-Oberlehrer zu Dortmund,
Prase, Musiklehrer bei der Blinden-Anstalt zu Kiel,
Dr. Roth, Mitglied der Akademie der Wissenschaften und ordentlicher Professor in der philosophischen Fakultät der Friedrich-Wilhelms-Universität zu Berlin,
Strauß, ordentlicher Realschullehrer zu Frankfurt a. M.
Dr. Vogelreuter, Realgymnasiallehrer zu Stettin und

D. Weingarten, ordentlicher Professor in der evangelisch-theologischen Fakultät der Universität Breslau.

2) In den Ruhestand getreten:

Dr. Bahrdt, Professor, Realprogymnasial-Direktor zu Münden, unter Verleihung des Rothen Adler-Ordens vierter Klasse,

Dr. Brandt, Realgymnasial-Direktor zu Stralsund, unter Verleihung des Königlichen Kronen-Ordens dritter Klasse,

Dr. Christensen, Gymnasial-Oberlehrer zu Flensburg,

Fahland, Professor, Gymnasial-Oberlehrer zu Mühlhausen i. Th., unter Verleihung des Rothen Adler-Ordens vierter Klasse,

Fahle, Professor, Gymnasial-Oberlehrer zu Posen,

Fix, Schulrath, Seminar-Direktor zu Soest, unter Verleihung des Rothen Adler-Ordens dritter Klasse mit der Schleife,

Dr. Franz, Professor, Gymnasial-Oberlehrer zu Berlin, unter Verleihung des Rothen Adler-Ordens vierter Klasse,

Dr. Haacke, Professor, Gymnasial-Direktor zu Torgau, unter Verleihung des Rothen Adler-Ordens dritter Klasse mit der Schleife,

Gentz, Professor, Oberlehrer an der Musterschule zu Frankfurt a. M., unter Verleihung des Rothen Adler-Ordens vierter Klasse,

Lorch, Seminarlehrer zu Dillenburg,

Dr. Scholle, Professor, Realgymnasial-Oberlehrer zu Berlin, unter Verleihung des Rothen Adler-Ordens vierter Klasse,

Schrader, Professor, ordentlicher vollbeschäftigter Lehrer der Königlichen akademischen Hochschule für die bildenden Künste zu Berlin,

Dr. Schulz, Oberlehrer an der Lateinischen Hauptschule und Inspektor adjunctus am Pädagogium der Franckeschen Stiftungen zu Halle a. S.,

Schwarzkopf, Seminar-Direktor zu Pyritz, unter Verleihung des Königlichen Kronen-Ordens dritter Klasse,

Thies, ordentlicher Realgymnasiallehrer zu Hannover, unter Verleihung des Königlichen Kronens-Ordens vierter Klasse und

Treiber, Titular-Oberlehrer am städtischen Gymnasium zu Frankfurt a. M.

3) Ausgeschieden wegen Eintritts in ein anderes Amt im Inlande:

Bömecke, Elementarlehrer am Realprogymnasium zu Duderstadt,

Graf zu Eulenburg, Staatsminister, Ober-Präsident der Provinz Hessen-Nassau,

Dr. Fuhg, Erster Seminarlehrer zu Braunsberg,
von Hoffmann, Regierungs-Präsident zu Aachen,
Ickler, Präparandenanstaltslehrer zu Herborn,
Jenetzky, Schulrath, schultechnischer Hülfsarbeiter bei der Königlichen Regierung zu Marienwerder,
Ortmann, Elementarlehrer an der höheren Bürgerschule II zu Hannover und
Dr. Post, Professor an der Technischen Hochschule zu Hannover.

4) Ausgeschieden wegen Berufung außerhalb der Preußischen Monarchie:

Dr. Brandl, ordentlicher Professor in der philosophischen Fakultät der Universität Göttingen,
Dr. Dehio, ordentlicher Professor in der philosophischen Fakultät der Universität Königsberg,
Dr. Langendorff, außerordentlicher Professor in der medizinischen Fakultät der Universität Königsberg und
Dr. Rumpf, außerordentlicher Professor in der medizinischen Fakultät der Universität Marburg.

5) Auf eigenen Antrag ausgeschieden:

Vollhase, ordentlicher Realschullehrer zu Hanau.

6) Ausgeschieden, Anlaß nicht angezeigt:

Becker, Progymnasial-Oberlehrer zu Schlawe,
Collins, ordentlicher Progymnasiallehrer zu Neumark i. W., und
Dr. Conradt, Gymnasial-Oberlehrer zu Belgard.

Inhalts-Verzeichnis des Mai-Juni-Heftes.

Seite

Druck von J. F. Starcke in Berlin.

Centralblatt

für

gesammte Unterrichts-Verwaltung

in Preußen.

---

erausgegeben in dem Ministerium der geistlichen, Unterrichts- und Medizinal-Angelegenheiten.

Juli-August-Heft.

Berlin 1892.
Verlag von Wilhelm Hertz.
(Bessersche Buchhandlung.)
Behrenstraße 17.

Das Centralblatt erscheint jährlich in zwölf monatlichen Heften.
Der Jahrgang kostet 7 Mark.

Centralblatt

für

die gesammte Unterrichts-Verwaltung in Preußen.

rausgegeben in dem Ministerium der geistlichen, Unterrichts- und Medizinal-Angelegenheiten.

17 u. 8. Berlin, den 1. Juli 1892.

A. Behörden und Beamte.

) Verrechnung der von den Staatsbehörden in ihrer genschaft als Arbeitgeber zu leistenden Beiträge zur Invaliditäts- und Altersversicherung.

Berlin, den 26. April 1892.

Nachdem in den Staatshaushalts-Etat für 1. April 1892/93 Betrag zu „Ausgaben auf Grund des Invaliditäts- und ersversicherungsgesetzes" unter Kap. 126 Tit. 2 eingestellt rden ist, sind vom 1. April d. J. ab die von den Behörden Anstalten des diesseitigen Geschäftsbereichs, deren Einnahmen Ausgaben durch den Staatshaushalts-Etat nachgewiesen rden, in ihrer Eigenschaft als Arbeitgeber zu leistenden Beige zur Invaliditäts- und Altersversicherung unter dem obigen, den Rechnungen einzuschaltenden Titel als Mehrausgabe zu rechnen.

In Verfolg des Erlasses vom 16. März v. J. — G. III. 289 (Centr. Bl. für 1891 S. 332) setze ich die Königliche Regierung weiteren Veranlassung hiervon in Kenntnis.

Hinsichtlich der Zuschußverwaltungen verbleibt es bei den rschriften des Erlasses vom 13. April v. J. — G. III. 833 (Centr. Bl. für 1891 S. 342), wonach die dort entstehenden sgaben der fraglichen Art auf die Fonds der betreffenden stalten, bezw. die sonstigen zu deren Unterhaltung bestimmten nds zu übernehmen sind.

Der Minister der geistlichen 2c. Angelegenheiten.
In Vertretung: von Weyrauch.

An
nachgeordneten Behörden des Ministeriums.
. III. 1069.

73) Behandlung der Untersuchungskosten und der einbehaltenen Besoldung bei Einstellung des Disciplinarverfahrens.

Berlin, den 2. Mai 1892.

Auf den Bericht vom 8. April d. J. erwidere ich der Königlichen Regierung, daß bei der angezeigten Sachlage davon abzusehen ist, dem früheren Lehrer und Küster N. zu N. die während seiner Amtssuspension einbehaltene Gehaltshälfte nachträglich auszuzahlen.

Dabei bemerke ich, daß in den Fällen, in welchen das Disciplinar-Verfahren auf Grund des §. 33 des Disciplinar-Gesetzes vom 21. Juli 1852 ohne Verhängung einer Ordnungsstrafe gegen den angeschuldigten Beamten eingestellt worden ist, demselben die während der Amtssuspension einbehaltene Hälfte seines Diensteinkommens nach den maßgebenden Bestimmungen des vorerwähnten Gesetzes nicht vorenthalten werden, und daß namentlich eine Verrechnung mit den Stellvertretungs- und Untersuchungskosten nicht ohne Weiteres stattfinden kann.

Es ist nicht zu verkennen, daß dies überall da, wo, wie im Falle des Lehrers und Küsters N., so schwere Verfehlungen des Beamten erwiesen sind, daß bei Fortsetzung des Disciplinar-Verfahrens die Dienstentlassung desselben erfolgt sein würde, zu einer Unbilligkeit nicht nur gegen die Schulunterhaltungspflichtigen, sondern auch gegen die Staatskasse führt. Wird in solchen Fällen der Beamte in die Lage versetzt, sich den sonstigen Folgen einer Verurtheilung zur Dienstentlassung zu entziehen, so werden doch zugleich geeignete Maßnahmen dahin zu treffen, eventuell entsprechende Vereinbarungen mit dem Betreffenden zu schließen sein, daß nicht außerdem noch die Schulunterhaltungspflichtigen und die Staatskasse zu Gunsten des Angeschuldigten dadurch geschädigt werden, daß ihnen die Deckung für die aufgewendeten Stellvertretungskosten beziehungsweise verausgabten Untersuchungskosten entzogen wird.

Die Königliche Regierung hat in künftigen Fällen hiernach zu verfahren.

Der Minister der geistlichen ꝛc. Angelegenheiten.
Im Auftrage: Kügler.

An
die Königliche Regierung in N.
U. III. C. 1467.

1) Aufnahme der öffentlichen Mädchen-Mittelschulen
ı das Centralblatt für die gesammte Unterrichts-Verwaltung.

Berlin, den 5. Mai 1892.

Auf den Bericht vom 20. April d. Js. — II. 5335. VII. VIII. IX. — ranlasse ich die Königliche Regierung, künftighin in der Zusammen-llung der Materialien für das erste Heft des Centralblattes für : gesammte Unterrichts-Verwaltung in einem Anhange auch die entlichen Mädchen-Mittelschulen des dortigen Regierungsbezirkes fzuführen.

An
· Königliche Regierung zu N.

Abschrift erhält die Königliche Regierung zur Nachachtung.

Der Minister der geistlichen 2c. Angelegenheiten.
Im Auftrage: Kügler.

An
übrigen Königlichen Regierungen.
:. III. C. 1627.

B. Universitäten.

· Rangverhältnisse der Leiter und Lehrer an den Technischen Hochschulen.

Seine Majestät der König haben Allergnädigst geruht,

der zweiten Rangklasse den Rektor der Technischen Hochschule Berlin für die Zeit seiner Amtsdauer,

der dritten Rangklasse die Rektoren der Technischen Hoch-ılen zu Hannover und Aachen für die Zeit ihrer Amtsdauer,

der vierten Rangklasse die etatsmäßigen Professoren an den hnischen Hochschulen zu Berlin, Hannover und Aachen und

der fünften Rangklasse die mit dem Professortitel bekleideten ɜenten der Technischen Hochschulen zu Berlin, Hannover und hen

mit der Bestimmung zuzutheilen, daß, wenn einer der be-'enden Lehrer einen ihm persönlich beigelegten höheren Rang ßt, es dabei bewendet.

Berlin, den 5. Mai 1892.

Der Minister der geistlichen 2c. Angelegenheiten.
Bosse.

nntmachung.
. I. 20953.

76) Aufforderung zur Bewerbung um zwei Stipendi der Jacob Saling'schen Stiftung.

Berlin, den 10. Mai 1892.

Der Königlichen Regierung übersende ich anbei Absch einer im Deutschen Reichs- und Königlich Preußischen Staa anzeiger veröffentlichten Bekanntmachung, in welcher zur werbung um zwei zu vergebende Stipendien der Jacob Saling'sch Stiftung aufgefordert wird, mit dem Auftrage, für geeignete V breitung dieser Bekanntmachung nach Maßgabe der Cirkul Verfügung des früheren Herrn Ministers für Handel, Gewe und öffentliche Arbeiten vom 4. Februar 1869 Sorge zu tra und sodann die eingegangenen Meldungen unter gutachtli Aeußerung bis zum 1. September d. Js. zur Entscheidung mich einzureichen.

Der Minister der geistlichen 2c. Angelegenheiten.
Im Auftrage: de la Croix.

An
sämmtliche Königliche Regierungen.
U. I. 21051.

Aufforderung zur Bewerbung um zwei Stipendien Jacob Saling'schen Stiftung.

Aus der unter dem Namen „Jacob Saling'sche Stiftu für Studirende der Königlichen Gewerbe-Akademie, jetzt abtheilung III und IV der Königlichen Technischen Hochsch in Berlin begründeten Stipendien-Stiftung sind vom 1. Okto d. J. ab zwei Stipendien in Höhe von je 600 M. zu vergeb

Nach dem durch das Amtsblatt der Königlichen Regier zu Potsdam vom 9. Dezember 1864 veröffentlichten Statute die Stipendien dieser Stiftung von dem früheren Ministeri für Handel, Gewerbe und öffentliche Arbeiten und, nachdem technische Unterrichtswesen vom 1. April 1879 ab auf das Re des Ministeriums der geistlichen 2c. Angelegenheiten übergegan ist, von dem Minister der geistlichen 2c. Angelegenheiten an dürftige, fähige und fleißige, dem Preußischen Staatsverba angehörige Studirende der genannten Anstalt auf die Dauer drei Jahren unter denselben Bedingungen zu verleihen, un welchen die Staats-Stipendien an Studirende dieser Anstalt willigt werden.

Es können daher nur solche Bewerber zugelassen werd welchen, wenn sie die Abgangsprüfung auf einer Gewerbesch abgelegt haben, das Prädikat „mit Auszeichnung bestanden" Theil geworden ist, oder, wenn sie von einer Oberrealsch oder einem Gymnasium mit dem Zeugnisse der Reife versehen ind, zugleich nachzuweisen vermögen, daß sie sich durch vorzüg= iche Leistungen und hervorragende Fähigkeiten ausgezeichnet haben.

Bewerber um die vom 1. Oktober d. J. ab zu vergebenden Stipendien werden aufgefordert, ihre desfallsigen Gesuche an diejenige Königliche Regierung zu richten, deren Verwaltungs= bezirke sie ihrem Wohnsitze nach angehören.

Dem Gesuche sind beizufügen:

1) der Geburtsschein,
2) ein Gesundheitsattest, in welchem ausgedrückt sein muß, daß der Bewerber die körperliche Tüchtigkeit für die praktische Ausübung des von ihm erwählten Berufes und für die Anstrengungen des Unterrichts in der Anstalt besitze,
3) ein Zeugnis der Reife von einer zu Entlassungsprüfungen berechtigten Gewerbe= oder Oberrealschule oder von einem Gymnasium,
4) die über die etwaige praktische Ausbildung des Bewerbers sprechenden Zeugnisse,
5) ein Führungs=Attest,
6) ein Zeugnis der Ortsbehörde resp. des Vormundschafts= gerichtes über die Bedürftigkeit mit specieller Angabe der Vermögensverhältnisse des Bewerbers,
7) die über die militärischen Verhältnisse des Bewerbers sprechenden Papiere, aus welchen hervorgehen muß, daß die Ableistung seiner Militärpflicht keine Unterbrechung des Unterrichts herbeiführen werde;
8) falls der Bewerber bereits Studirender der III. oder IV. Abtheilung der hiesigen Königlichen Technischen Hoch= schule ist, ein von dem Rektor der Anstalt auszustellendes Zeugnis über Fleiß, Fortschritte und Fähigkeiten des Bewerbers.

Berlin, den 10. Mai 1892.

Der Minister der geistlichen ꝛc. Angelegenheiten.
Im Auftrage: de la Croix.

C. Höhere Lehranstalten.

) Betrifft die Abhaltung von Entlassungs=Prüfungen an den höheren Lehranstalten.

Berlin, den 1. Mai 1892.

Durch die diesseitige Verfügung vom 6. Januar d. Js. — II. 3373 — (Centralbl. f. d. ges. Unterr. Verw. für 1892

S. 199 f.) ist, wie ich dem Königlichen Provinzial-Schulkollegium auf den Bericht vom 16. April d. J. — Nr. 1905 — erwidere, angeordnet, daß

„die Ordnung der Entlassungs-Prüfungen und die Ordnung der Abschlußprüfungen mit Schluß des Schuljahres 1892/93 bezw. bei Anstalten mit Wechsel-Abtheilungen für den Michaelis-Jahrgang mit Schluß des Sommerhalbjahres 1893 nach Maßgabe der Erläuterungen und Ausführungsbestimmungen überall gleichmäßig zur Durchführung gelangen"

und ferner, daß

„alle entgegenstehenden Bestimmungen, insbesondere die Ordnung der Entlassungs-Prüfungen an den höheren Schulen vom 27. Mai 1882, sowie die dazu ergangenen, den jetzigen Vorschriften entgegenstehenden Erläuterungen und Ergänzungen, mit Ausnahme der Bestimmungen über den katholischen Religionsunterricht, zu den oben bezeichneten Zeitpunkten außer Kraft treten."

Daraus ergiebt sich, daß das Königliche Provinzial-Schulkollegium Sich im Irrthum befindet, wenn Es annimmt, die Ordnung der Reifeprüfungen vom 27. Mai 1882 sei bereits Ostern d. Js. außer Kraft getreten. Augenscheinlich liegt hier eine Verwechslung mit dem Termin der Einführung der neuen Lehrpläne vor.

Die von dem Königlichen Provinzial-Schulkollegium gestellten Fragen, soweit sie Entlassungs-Prüfungen im Michaelistermine d. Js. betreffen, erledigen sich demnach einfach dahin, daß für diese Prüfungen die Ordnung vom 27. Mai 1882 in Anwendung kommt.

Was die weitere Frage angeht, ob auch künftighin für Schüler, welche ungeachtet eines einjährigen Aufenthaltes in Oberprima zu Ostern die Reife nicht erlangt haben, zu Michaelis desselben Jahres ein Prüfungstermin angesetzt werden darf, so bemerke ich, daß bezüglich dieses Punktes durch die Ordnung vom 6. Januar d. Js. gegen bisher eine Aenderung nicht eingetreten ist. Vergl. §. 5 a. a. O.

Dasselbe ist bezüglich der Erwerbung des Befähigungszeugnisses für den einjährigen Militärdienst für dieses Jahr noch der Fall, da, wie aus den eingangs erwähnten Bestimmungen hervorgeht, die Abschlußprüfung nach Untersekunda erst für den Ostertermin 1893 vorgeschrieben ist.

Demgemäß wird der in dem Berichte des Königlichen Provinzial-Schulkollegiums erwähnte Untersekundaner, falls er im übrigen allen Anforderungen genügt, in diesem Herbst noch das erwähnte Befähigungszeugnis wie bisher ohne Prüfung erhalten können.

An
das Königliche Provinzial-Schulkollegium zu N.

Abschrift erhält das Königliche Provinzial-Schulkollegium zur Kenntnisnahme und Nachachtung.

Bosse.

An
sämmtliche übrige Königliche Provinzial-Schulkollegien.
U. II. 818.

78) Betrifft die Schulvorbildung für den Subalterndienst.

Berlin, den 9. Mai 1892.

Unter Bezugnahme auf die Cirkular-Verfügung meines Herrn Amtsvorgängers vom 12. Februar d. Js. — U. II. 220 — (Centralbl. S. 404) bestimme ich hierdurch, daß an allen neunstufigen höheren Lehranstalten (Gymnasien, Realgymnasien und Oberrealschulen) gegen Ausgang des laufenden Sommersemesters eine Abschlußprüfung für diejenigen Schüler abgehalten werde, welche sich dem Subalterndienste zu widmen beabsichtigen und zur Zeit bereits in die Ober-Sekunda versetzt sind oder Aussicht haben, am Schlusse des Sommersemesters in diese Klasse versetzt zu werden.

Die Absicht dieser Maßnahme ist, die Schüler der neunstufigen Anstalten in den Stand zu setzen, daß sie durch das Bestehen der Prüfung auch ohne Absolvirung eines siebenjährigen Schulkursus sich die nach Nr. II. der Bekanntmachung des Staatsministeriums vom 14. Februar v. Js. erforderlichen Vorbildungsnachweise zur Zulassung für den Subalterndienst beschaffen können.

Die Maßnahme wird daher nur für einmal und lediglich für die Schüler angeordnet, welche in den Subalterndienst eintreten wollen. Sie wird überflüssig, sobald mit Ostern 1893 das Bestehen der Abschlußprüfung allgemein zur Bedingung für die Versetzung nach Ober-Sekunda an den neunstufigen Anstalten geworden ist.

Für die Ausführung der Prüfung gelten alle in dem Erlasse vom 12. Februar d. Js. getroffenen Bestimmungen.

Das Königliche Provinzial-Schulkollegium beauftrage ich, hiernach die Direktoren der unter Seiner Verwaltung stehenden Vollanstalten mit Weisung zu versehen.

Der Minister der geistlichen rc. Angelegenheiten.
Bosse.

An
sämmtliche Königliche Provinzial-Schulkollegien.
U. II. 836.

79) Zusammensetzung der Königlichen Wissenschaftliche[n] Prüfungs-Kommissionen für das Jahr 1. April 189[2] bis 31. März 1893.

Die Königlichen Wissenschaftlichen Prüfungs-Kommissione[n] sind für das Jahr 1. April 1892 bis 31. März 1893 wie folg[t] zusammengesetzt:

(Die Prüfungsfächer sind in Parenthese angedeutet.)

1) für die Provinzen Ost- und Westpreußen in Königsberg i. Pr.

Ordentliche Mitglieder.

Dr. Carnuth, Provinzial-Schulrath, (Pädagogik und zugleich Direktor der Kommission),
= Schöne, Professor, (klassische Philologie),
= Ludwich, = (klassische Philologie),
= Schade, Geh. Reg. Rath und Professor, (deutsche Sprache),
= Walter, Professor, (Philosophie und Propädeutik),
= Dorner, = (evangelische Theologie u. Hebräisch),
= Kißner, = (französische u. englische Sprache),
= Lindemann, = (Mathematik),
= Hahn, = (Geographie),
= Lossen, = (Chemie),
= Rühl, = (Geschichte).

Außerordentliche Mitglieder.

Dr. Dittrich in Braunsberg, Professor, (katholische Theologie und Hebräisch),
= Lürssen, Professor, (Botanik),
= Maximilian Braun, = (Zoologie),
= Volkmann, = (Physik),
= Koken, = (Mineralogie).

2) für die Provinz Brandenburg in Berlin.

Ordentliche Mitglieder.

Dr. Klix, Geh. Reg. Rath, Provinzial-Schulrath, (deutsche Sprache und Litteratur, zugleich Direktor der Kommission),
= Weinhold, Geh. Reg. Rath u. Professor, (deutsche Sprache),
= Vahlen, Geh. Reg. Rath u. Professor, (klassische Philologie),
= Diels, Professor, (klassische Philologie),
= Fuchs, = (Mathematik),
= Schwarz, = (Mathematik),
= Kundt, = (Physik),
= Lenz, = (Geschichte),
= Scheffer-Boichorst, = (Geschichte),
= Dilthey, = (Philosophie und Pädagogik),

Dr. Paulsen, Professor, (Philosophie und Pädagogik),
" Lommatzsch, " (evangelische Theologie),
" Zupitza, " (englische Sprache),
" Tobler, " (französische Sprache),
" Freiherr von Richthofen, Professor, (Geographie).

Außerordentliche Mitglieder.

Dr. Schulze, Geh. Reg. Rath und Professor, (Zoologie),
" Engler, Professor, (Botanik),
" Schneider, Geh. Reg. Rath und Professor, (Chemie),
" Klein, Geh. Berg Rath " " (Mineralogie),
" Dillmann, Professor, (Hebräisch),
" Brückner, " (polnische Sprache),
" Jahnel, Ehrendomherr und Propst, (katholische Theologie).

3) für die Provinz Pommern in Greifswald.

Ordentliche Mitglieder.

Dr. Schwanert, Professor, (Chemie, zugleich Direktor der Kommission),
" Schlatter, " (evangelische Theologie u. Hebräisch),
" Minnigerode, " (Mathematik),
" Oberbeck, " (Physik),
" Marx, " (klassische Philologie),
" Maaß, " (klassische Philologie bezw. alte Geschichte),
" Ulmann, " (alte, mittlere u. neuere Geschichte),
" Credner, " (Geographie),
" Schuppe, " (Philosophie und Pädagogik),
" Reifferscheid, " (deutsche Sprache und Litteratur),
" Koschwitz, " (französische Sprache),
" Konrath, " (englische Sprache),
" Schmitz, " (Botanik),
" Gerstäcker, " (Zoologie),
" Cohen, " (Mineralogie).

Außerordentliches Mitglied.

Pfarrer Langer in Stralsund, (katholische Theologie).

4) für die Provinzen Schlesien und Posen in Breslau.

Ordentliche Mitglieder.

Dr. Sommerbrodt, Geh. Reg. Rath, Provinzial-Schulrath a. D., (Direktor der Kommission),
" Roßbach, Geh. Reg. Rath u. Professor, (klassische Philologie),
" Hertz, " " " " " (klassische Philologie),
" König, Professor, (katholische Theologie und Hebräisch),
" Kittel, " (evangelische Theologie und Hebräisch),

Dr. Sturm, Professor, (Mathematik),
= Lipps, = (Philosophie und Pädagogik),
= Bäumker, = (Philosophie und Pädagogik),
= Wilcken, = (alte Geschichte),
= Kaufmann, = (mittlere und neuere Geschichte),
= Vogt, = (deutsche Sprache und Litteratur),
= Partsch, = (Geographie),
= Appel, = (französische Sprache),
= O. E. Meyer, Geh. Reg. Rath und Professor, (Physik).

Außerordentliche Mitglieder.

Dr. Chun, Professor, (Zoologie),
= Prantl, = (Botanik),
= Ladenburg, Geh. Reg. Rath und Professor, (Chemie),
= Hintze, Professor, (Mineralogie),
= Kölbing, = (englische Sprache),
= Nehring, Geh. Reg Rath und Professor, (polnische Sprache

5) für die Provinz Sachsen in Halle a. S.

Ordentliche Mitglieder.

Dr. Keil, Geh. Reg. Rath und Professor, (klassische Philologie, zugleich Direktor der Kommission),
= Blaß, Professor, (vom 1. Oktober d. Js. ab klassische Philologie),
= Cantor, Professor, (Mathematik),
= Haym, = (Philosophie und Pädagogik),
= B. Erdmann, = (Philosophie und Pädagogik),
= Burdach, = (deutsche Sprache u. Litteratur,
= Meyer, = (alte Geschichte),
= Droysen, = (mittlere u. neuere Geschichte
= Kirchhoff, = (Geographie),
= Volhard, = (Chemie),
= Wagner, = (englische Sprache),
= Suchier, = (französische Sprache),
= Hering, = (evang. Theologie u. Hebräisch),
= Kautzsch, = (evang. Theologie u. Hebräisch),
= Dorn, = (Physik),
= Kraus, = (Botanik),
= Grenacher, = (Zoologie),
= Frh. von Fritsch, = (Mineralogie).

Außerordentliches Mitglied.

Dr. theol. Woker, Pfarrer, Königl. Kreis-Schulinspektor und Dechant, (katholische Theologie).

6) für die Provinz Schleswig-Holstein in Kiel.

Ordentliche Mitglieder.

. Kammer, Provinzial-Schulrath in Schleswig, (Pädagogik, zugleich Direktor der Kommission),
Glogau, Professor, (Philosophie und Pädagogik),
Deußen, „ (Philosophie und Pädagogik),
Erdmann, „ (deutsche Sprache u. Litteratur),
Klostermann, „ (evang. Theologie u. Hebräisch),
Pochhammer, „ (Mathematik),
L. Weber, „ (Physik),
Sarrazin, „ (englische Sprache),
Körting, „ (französische Sprache),
Busolt, „ (Geschichte),
Schirren, „ (Geschichte),
Krümmel, „ (Geographie),
Bruns, „ (klassische Philologie).

Außerordentliche Mitglieder.

Brandt, Professor, (Zoologie),
Curtius, „ (Chemie),
Gehring, „ (dänische Sprache),
Reinke, „ (Botanik),
Lehmann, „ (Mineralogie).

7) für die Provinz Hannover in Göttingen.

Ordentliche Mitglieder.

of. Dr. Viertel, Gymnasial-Direktor, (Direktor der Kommission),
Sauppe, Geh. Reg. Rath und Professor, (klassische Philologie),
von Wilamowitz-Möllendorff, (klassische Philologie und alte Geschichte),
Leo, Professor, (klassische Philologie),
Weilard, „ (alte, mittlere u. neuere Geschichte),
G. E. Müller, „ (Philosophie und Pädagogik),
Baumann, Geh. Reg. Rath und Professor, (Philosophie und Pädagogik),
Roethe, Professor, (deutsche Sprache),
Stimming, „ (französische Sprache),
Morsbach, „ (englische Sprache),
Knoke, „ (evang. Theologie und Hebräisch),
F. Klein, „ (Mathematik),
Schering, Geh. Reg. Rath und Professor, (Mathematik),
Riecke, Professor, (Physik),
Wallach, „ (Chemie),
Ehlers, Geh. Reg. Rath und Professor, (Zoologie),

Dr. H. Wagner, Professor, (Geographie),
= Berthold, = (Botanik),
= von Koenen, = (Mineralogie).

Außerordentliches Mitglied.

Pfarrer Schrader, (katholische Theologie).

8) für die Provinz Westfalen in Münster.

Ordentliche Mitglieder.

Dr. Rothfuchs, Provinzial=Schulrath, (Pädagogik, zuglei
Direktor der Kommission),
= Storck, Geh. Reg. Rath und Professor, (deutsche Sprac
event. auch Vertreter in den Direktionsgeschäften),
= Langen, Professor, (klassische Philologie),
= Stahl, = (klassische Philologie),
= Niehues, = (Geschichte und Geographie),
D. Fell, = (katholische Theologie u. Hebräisc
Dr. Spieker, = (Philosophie und Pädagogik),
= Hagemann, = (Philosophie und Pädagogik),
= Brefeld, = (Botanik),
= Ketteler, = (Physik),
= Andresen, = (französische u. englische Sprach
= Killing, = (Mathematik),
Niemann, Kons. Rath, (evangelische Theologie und Hebräisc
Dr. Mügge, Professor, (Mineralogie),
= Landois, = (Zoologie)
= Salkowski, = (Chemie),
= Lehmann, = (Geographie).

9) für die Provinz Hessen=Nassau in Marburg.

Ordentliche Mitglieder.

Dr. Buchenau, Gymnasial=Direktor, (Pädagogik, zugleich Direk
der Kommission),
Dr. Wissowa, Professor, (klassische Philologie),
= Birt, = (klassische Philologie),
= Niese, = (klassische Philologie u. Geschicht
= Cohen, = (Philosophie und Propädeutik
= Schröder, = (deutsche Sprache u. Litteratu
= Frh. v. d. Ropp, = (Geschichte),
= Jülicher, = (evangelische Theologie),
= Weber, = (Mathematik),
= Stengel, = (französische Sprache),
= Fischer, = (Geographie),
= Melde, Geh. Reg. Rath und Professor, (Physik),
= A. Meyer, Professor, (Botanik),

Dr. Greeff, Professor, (Zoologie),
" Kayser, " (Mineralogie),
" Zincke, " (Chemie).

Außerordentliche Mitglieder.

Dr. Graf v. Baudissin, Professor, (Hebräisch),
" Vietor, Professor, (englische Sprache),
Pfarrer Weber, (katholische Theologie).

10) für die Rheinprovinz in Bonn.

Ordentliche Mitglieder.

Dr. Neuhäuser, Geh. Reg. Rath und Professor, (Philosophie und Pädagogik, zugleich Direktor der Kommission),
" Kamphausen, Professor, (evang. Theologie u. Hebräisch),
" Kaulen, " (kathol. Theologie u. Hebräisch),
" Usener, " (klassische Philologie),
" Nissen, Geh. Reg. Rath und Professor, (alte Geschichte),
" Koser, Professor, (mittlere und neuere Geschichte),
" Rein, " (Geographie),
" Lipschitz, Geh. Reg. Rath und Professor, (Mathematik),
" J. B. Meyer, Geh. Reg. Rath und Professor, (Philosophie und Pädagogik),
" Wilmanns, Professor, (deutsche Sprache und Litteratur),
" Förster, " (französische Sprache),
" Trautmann, " (englische Sprache),
" Kekulé, Geh. Reg. Rath und Professor, (Chemie),
" Hertz, Professor, (Physik).

Außerordentliche Mitglieder.

Dr. Langen, Professor, (katholische Theologie u. Hebräisch),
" Ludwig, " (Zoologie),
" Straßburger, Geh. Reg. Rath und Professor, (Botanik),
" Laspeyres, Professor, (Mineralogie).

Berlin, den 16. Mai 1892.

Der Minister der geistlichen &c. Angelegenheiten.
Im Auftrage: de la Croix.

Bekanntmachung
U. II. 686.

D. Schullehrer- und Lehrerinnen-Seminare 2c., Bildung der Lehrer und deren persönliche Verhältnisse.

80) Definitive Anstellung von Hilfslehrerinnen und Gewährung der entsprechenden staatlichen Dienstalterszulage an dieselben.

Berlin, den 9. März 189?

Wie ich der Königlichen Regierung auf den Bericht vom 3. Februar d. J. erwidere, bestehen meinerseits keine Bedenken dagegen, daß die provisorische Anstellung von Hilfslehrerinnen, sofern dieselben in mehr als zweijährigem Dienste an öffentlichen Volksschulen sich bewährt haben, in eine definitive umgewandelt und definitiv angestellten Hilfslehrerinnen nach zehnjähriger Dienstzeit die entsprechende staatliche Dienstalterszulage gewährt werde.

Der Minister der geistlichen 2c. Angelegenheiten.
Im Auftrage: Kügler.

An
die Königliche Regierung zu N.
U. III. C. 536 U. III E.

---

81) Zulässigkeit der gerichtlichen Pfändung der den Volksschullehrern bewilligten staatlichen Alterszulagen.

Berlin, den 1. April 189?

Auf den Bericht vom 19. März d. Js., betreffend die gerichtliche Pfändung der staatlichen Alterszulage des Lehrers N. zu W., erwidere ich der Königlichen Regierung, daß ich Ihre Ausführungen am Schlusse des Berichts für zutreffend erachte.

Was die Frage anlangt, ob die staatliche Alterszulage überhaupt der Pfändung unterliegt, so ist dieselbe nach den zur Zeit geltenden Vorschriften zu bejahen. Die Lehrer haben zwar keinen Rechtsanspruch auf Bewilligung der einzelnen Zulagen; sobald ihnen dieselben aber bewilligt sind, haben sie so lange das Recht, ihre Zahlung zu fordern, als die Schulaufsichtsbehörde nicht von dem ihr bisher noch zustehenden Rechte des Widerrufs Gebrauch macht.

So lange dies nicht geschehen ist, kann auch die Forderung auf Zahlung der Alterszulage mit der Maßgabe des §. 7? Nr. 8 und Abs. 2 der Civilprozeßordnung gepfändet werden.

Der Minister der geistlichen 2c. Angelegenheiten.
Im Auftrage: Kügler.

An
die Königliche Regierung zu N.
U. III. E. 1369.

) Rückzahlung der Seminarbildungskosten ehemaliger Seminaristen.

Berlin, den 29. April 1892.

Durch die Erlasse vom 4. Mai und 8. November 1876 — III. 1949 und 11795 — (Centralbl. für 1876 S. 287 bezw. : 1877 S. 488) ist die Einziehung der von ehemaligen Semi- risten auf Grund der Aufnahmereverse zu leistenden Rückzah- igen den Königlichen Regierungen übertragen worden.

Hierbei soll es auch in Zukunft sein Bewenden behalten, ls der ehemalige Seminarist zu einer Anstellung oder Beschäf- ung im Schuldienste gelangt ist, insbesondere also bei vorzei- em Ausscheiden aus dem Schuldienste, oder der betreffenden gierung auf Grund der bestandenen Prüfung zur Anstellung rwiesen ist. In allen anderen Fällen, namentlich, wenn die ickzahlung in Folge einer aus disciplinaren Gründen erfolgten tweisung von dem Seminare beansprucht wird, haben künftig Königlichen Provinzial-Schulkollegien die Rückzahlung zur minarkasse zu betreiben, sowie die damit im Zusammenhange enden Beschlüsse wegen Anstrengung der Klage, Bewilligung ı Theilzahlungen u. s. w. zu fassen.

Erfolgt die Rückeinnahme in demselben Rechnungsjahre, so mmt sie der Anstaltskasse zu Gute. Die aus früheren rech- igsmäßig bereits geschlossenen Jahren herrührenden Rück- lungen sind dagegen als außerordentliche Einnahmen zu nsten der allgemeinen Staatsfonds unter dem in der Anstalts- hnung einzuschiebenden Einnahmetitel 6 nachzuweisen.

Der Minister der geistlichen ꝛc. Angelegenheiten.
Im Auftrage: Kügler.

An
ntliche Königliche Provinzial-Schul- llegien und Regierungen.
U. III. 330.

Für den Fall der Versetzung eines Lehrers ist dem- ben der Termin für den Stellenwechsel möglichst früh- zeitig bekannt zu geben.

Berlin, den 9. Mai 1892.

ꝛc.

Außerdem hat es mich überrascht, daß die Königliche Re- ung die Versetzung des genannten Lehrers erst am 25. März

verfügt, trotzdem aber als Termin für den Stellenwechsel d
1. April bestimmt hat.

Es leuchtet ein, daß daraus für den Lehrer erhebli
Schwierigkeiten erwachsen müssen und daß ihm die Möglich
einer wirksamen Gegenvorstellung genommen wird.

Der Minister der geistlichen 2c. Angelegenheiten.
Im Auftrage: Kügler.

An
die Königliche Regierung in N.
U. III. C. 1693.

---

84) Nachrichten über die im Jahre 1891 abgehalten Kurse zur Unterweisung von Seminar- und Volksschu lehrern 2c. in der Obstbaukunde.

Im Anschlusse an die im Centralblatte für 1891 S. 3 bekannt gegebenen Nachrichten über die in dem Jahre 1890 a gehaltenen Obstbaukurse für Lehrer wird die nachstehende Z sammenstellung hierdurch veröffentlicht.

Auch im vergangenen Jahre sind zur Deckung der Ko der Kurse wiederum bedeutende Zuschüsse aus den Mitteln d Ministeriums für Landwirthschaft, Domänen und Forsten u des Ministeriums der geistlichen, Unterrichts- und Medizin Angelegenheiten bewilligt worden.

Berlin, den 21. April 1892.

Der Minister der geistlichen 2c. Angelegenheiten.
Im Auftrage: Kügler.

U. III. A. 524.

Provinz	Ort und Anstalt, an welchen die Kurse abgehalten sind	Bezeichnung der Kurse und der Zeit der Abhaltung derselben		Zahl der Theilnehmer		
				Seminarlehrer	Volksschullehrer	Sonstige Kursisten
…stpreußen	Praust. Baumschule des Pomologen F. Rathke	Frühjahr	11.—16. Mai	—	9	—
		Sommer	3.— 8. August	—	9	—
"	Marienwerder. Kreisbaumschule	Frühjahr	15.—23. April	—	9	1
		Sommer	18.—20. August	—	6	—
		Herbst	28. Sept. bis 3. Oktbr.	—	5	—
…ndenburg	Alt-Geltow. Königl. Landesbaumschule	Frühjahr	1.—10. April	—	6	—
		Sommer	20.—29. Juli	—	7	—
		Herbst	21.—25. Sept.	—	6	—
"	Wittstock. Ackerbau- und Obstbauschule	Frühjahr	6.—18. April	—	7	—
		Sommer	6.—11. Juni	—	6	—
		Herbst	18.—23. Sept.	—	6	—
…ommern	Eldena. Baumschule d. Baltischen Central-Vereins	Frühjahr	25. Mai bis 4. Juni	—	10	—
		Sommer	20.—23. Juli	2	11	2
		Herbst	28. Sept. bis 1. Oktbr.	2	13	—
"	Karukewitz. Anstalt des Kgl. Försters Mantzke	Frühjahr	16.—25. April	—	8	—
		Sommer	26.—29. August	—	8	—
Posen	Koschmin. Gärtner-Lehranstalt	Frühjahr	16.—25. März	—	13	—
		Sommer	27. Juli b. 1. Aug.	—	12	—
		Herbst	15.—19. Sept.	—	12	—
Schlesien	Proskau. Königl. pomologisches Institut	Frühjahr	6.—21. April	4	15	—
		Sommer	13.—22. Juli	2	16	—
		Herbst	5.— 9. Oktbr.	2	16	—
Sachsen	Worbis. Landwirthschaftliche Winterschule	Frühjahr	7.—18. April	—	6	1
		Sommer	3.— 8. August	—	5	—
		Herbst	28. Sept. bis 2. Oktbr.	1	7	—
"	Erfurt. Anstalt d. Gärtners Halt	Frühjahr	11.—16. Mai	2	8	—
		Sommer	17.—22. August	1	8	—
"	Badersleben. Ackerbauschule	Frühjahr	13.—24. April	—	8	—
		Sommer	28.—31. Juli	—	7	—
		Herbst	6.— 9. Oktbr.	—	8	—
…stfalen	Wittgenstein (Laasphe). Anstalt d. Hofgärtners Kohlstaedt	Frühjahr	7.—18. April	—	10	—
		Sommer	3.— 8. August	—	10	—
		Herbst	29. Sept. bis 2. Oktbr.	—	9	—
"	Lüdinghausen. Landwirthschaftsschule	Frühjahr	31. März bis 11. April	—	13	2
		Sommer	3.— 8. August	—	13	2
		Herbst	5.—10. Oktbr.	—	13	1
…leswig-Holstein	Uetersen. Schullehrer-Seminar	Frühjahr	31. März bis 4. April	—	8	—
		Sommer	10.—22. August	—	8	—
…annover	Bremervörde. Ackerbauschule	Frühjahr	1.—15. April	—	11	—
		Sommer	21.—28. Sept.	—	10	—

Provinz	Ort und Anstalt, an welchen die Kurse abgehalten sind	Bezeichnung der Kurse und der Zeit der Abhaltung derselben		Zahl der Theilnehmer: Seminarlehrer	Volksschullehrer
Hannover.	Quakenbrück. Ackerbauschule	Frühjahr	1.—14. April	—	[illegible]
		Sommer	18.—18. Juli	—	[illegible]
		Herbst	12.—16. Oktbr.	—	[illegible]
"	Im Göttingenschen und in Salzderhelden. Anstalten des Landesbauinspektors Parisius.	Frühjahr	1.—10. April	—	[illegible]
		Sommer	27. Juli bis 1. August	1	[illegible]
		Herbst	6.— 9. Oktbr.	—	[illegible]
Hessen-Nassau	Cassel. Pomologische Anstalt	Frühjahr	6.—17. April	—	[illegible]
		Sommer	17.—22. August	1	[illegible]
		Herbst	12.—14. Oktbr.	—	[illegible]
"	Geisenheim a. Rh. Kgl. Lehranstalt für Obst- und Weinbau	Frühjahr	2.—24. März	4	[illegible]
		Sommer	24.—29. August	4	[illegible]
Rheinprovinz	Bitburg. Landwirthschaftsschule	Frühjahr	18.—22. April	5	[illegible]
		Sommer	27. Juli b. 1. Aug.	—	[illegible]
		Herbst	12.—17. Oktbr.	—	[illegible]
"	Geilenkirchen. Landwirthschaftliche Winterschule	Frühjahr	7.—18. April	—	[illegible]
		Sommer	17.—22. August	—	[illegible]
"	Simmern. Desgl.	Frühjahr	6.—18. April	—	[illegible]
		Sommer	18.—18. Juli	—	[illegible]
"	Lutzerath. Desgl.	Frühjahr	6.—15. April	—	[illegible]
		Sommer	17.—22. August	—	[illegible]
"	Oberpleis. Desgl.	Frühjahr	6.—18. April	—	[illegible]
		Sommer	17.—22. August	—	[illegible]
"	Zülpich. Desgl.	Frühjahr	6.—19. April	—	[illegible]
		Sommer	27. August bis 8. Sept.	—	[illegible]
"	Wülfrath. Desgl.	Frühjahr	4.—16. April		
		Sommer	20.—26. August		
"	Odenkirchen. Desgl.	Frühjahr	81. März bis 18. April		
		Sommer	17.—22. August		
"	Wittlich. Desgl.	Frühjahr	81. März bis 11. April		
		Sommer	10.—15. August		
"	St. Wendel. Desgl.	Frühjahr	15.—30. April		
		Sommer	17.—22. August		
Hohenzollernsche Lande	Sigmaringen. Ackerbauschule.	Frühjahr	27. April b. 7. Mai		
		Sommer	27.—81. Juli		
		Frühjahrs-Kursus			
		Sommer- "			
		Herbst- "			
		überhaupt			

85) Termin für die Prüfung als Vorsteher an Taubstummenanstalten.

Berlin, den 2. Juni 1892.

Der Königlichen Regierung übersende ich im Anschlusse an ne Rund=Verfügung vom 14. März v. J. — U. III. A. 669 — ntr. Bl. 1891 S. 356) anbei ein Exemplar einer Bekannt= chung über den Termin für die diesjährige Prüfung für Vor= er an Taubstummenanstalten mit dem Auftrage, dieselbe durch Amtsblatt veröffentlichen zu lassen.

An
mtliche Königliche Regierungen.

Abschrift vorstehender Verfügung und einen Abdruck der in bezeichneten Bekanntmachung erhält das Königliche Pro= zial=Schulkollegium zur Nachricht. Dort eingehende Meldungen spätestens bis zum 25. Juli d. Js. mit gutachtlicher ßerung an mich einzureichen.

Der Minister der geistlichen 2c. Angelegenheiten.
Im Auftrage: Kügler.

An
ntliche Königliche Provinzial=Schulkollegien.
U. III. A. 1680.

Die im Jahre 1892 zu Berlin abzuhaltende Prüfung für steher an Taubstummenanstalten wird am 23. August be= nen.

Meldungen zu derselben sind bis zum 10. Juli d. Js. bei jenigen Königlichen Provinzial=Schulkollegium, in dessen Auf= kreise der Bewerber angestellt oder beschäftigt ist, unter Ein= ung der in §. 5 der Prüfungsordnung vom 11. Juni 1881 ichneten Schriftstücke anzubringen. Bewerber, welche nicht an Anstalt in Preußen thätig sind, können ihre Meldung bei rung des Nachweises, daß solche mit Zustimmung ihrer Vor= zten beziehungsweise ihrer Landesbehörde erfolge, bis zum Juli d. Js. unmittelbar an mich richten.

Berlin, den 2. Juni 1892.

Der Minister der geistlichen 2c. Angelegenheiten.
Im Auftrage: Kügler.

nntmachung.
III. A. 1680.

---

86) Befähigungszeugnisse zur Ertheilung von Turn unterricht an öffentlichen Schulen.

An dem Kursus der Königlichen Turnlehrer-Bildungsanstal in Berlin während des Winters 1891/92 haben theilgenomm und am Schlusse desselben ein Zeugnis der Befähigung zur Er theilung von Turnunterricht an öffentlichen Unterrichtsanstalte erhalten:

† 1) Adam, Heinrich, Lehrer in Striegau,
† 2) Baehr, Otto, desgl. in Bromberg,
3) Bär, Adolf, desgl. in Apolda,
† 4) Bieberstädt, Georg, desgl. in Löcknitz,
† 5) Dr. Blencke, wissenschaftlicher Hilfslehrer in Hofgeisma
6) Comnick, Ernst, Gymnasiallehrer in Bunzlau,
7) Engel, Nikolaus, Lehrer in Fraulautern,
† 8) Dr. Franke, Joseph, Kandidat des höheren Schulam in Münster,
† 9) Dr. Fritsch, Karl, Realgymnasiallehrer in Osterode,
† 10) Gerstenberger, Adolf, Lehrer in Zoppot,
† 11) Gleim, Friedrich, wissenschaftlicher Hülfslehrer in Fra furt a. M.,
† 12) Guhlmann, Oskar, Lehrer in Schmölln,
13) Hager, Friedrich, wissenschaftlicher Hilfslehrer Wandsbeck,
14) Heckmann, Karl, Kandidat des höheren Schulamts Nümbrecht,
† 15) Heinrichsdorff, Wilhelm, Zeichenlehrer in Dortmun
16) Hergt, Leonhard, Seminar-Hilfslehrer in Erfurt,
17) Hill, Ernst, Hilfslehrer in Herborn,
18) Dr. Hippenstiel, wissenschaftlicher Hilfslehrer in Fra furt a. M.,
† 19) Hogeweg, Dietrich, desgl. in Elberfeld,
20) Dr. Kannengießer, Realgymnasiallehrer in Schalke,
21) Dr. Kill, Johann, wissenschaftlicher Hilfslehrer in Wi baden,
† 22) Kleinert, Hermann, desgl. in Breslau,
† 23) Kleitzke, Karl, Lehrer in Brandenburg a. H.,
† 24) Dr. Klette, Johannes, Gymnasiallehrer in Posen,
† 25) Klöpper, Hermann, Lehrer in Herford,
26) Köstner, Hermann, Taubstummenlehrer in Ratibor,
27) Kunze, Hermann, wissenschaftlicher Hilfslehrer in Ca
† 28) Langeheinecke, Theodor, Lehrer in Berlin,
29) Lindner, Karl, Lehrer in Proschlitz,
† 30) Mehl, Max, desgl. in Bütow,
31) Müller, Paul, desgl. in Falkenberg,

32) Mysau, Gustav, Gymnasial-Vorschullehrer in Kiel,
† 33) Nawrath, Paul, Lehrer in Lipine,
34) Nordmann, Rudolf, Taubstummenlehrer in Schneidemühl,
† 35) Netzke, Karl, Lehrer in Stolpmünde,
36) Otte, August, wissenschaftlicher Hilfslehrer in Halberstadt,
† 37) Petzoldt, Viktor, Kandidat des höheren Schulamts in Breslau,
38) Pusch, Oskar, Lehrer in Kröben,
† 39) Rakow, Magnus, desgl. in Callies,
40) Renn, Emil, Lehrer in Gr. Pomeiske,
† 41) Reuter, Christian, wissenschaftlicher Hilfslehrer in Wandsbeck,
† 42) Rhaesa, Robert, Lehrer in Langensalza,
43) Ripke, Paul, desgl. in Jersitz,
† 44) Roßbach, Karl, desgl. in Attenhausen,
45) Saurenbach, Heinrich, Gymnasiallehrer in Barmen,
46) Schalhorn, Wilhelm, Lehrer in Gr. Kleschkau,
† 47) Scheffler, Reinhold, Lehrer in Rügenwalde,
† 48) Schneppel, Fritz, Seminar-Hilfslehrer in Elsterwerda,
† 49) Schubert, Bruno, desgl. in Petershagen,
50) Schurecke, Emil, Lehrer in Gr. Lichterfelde,
† 51) Seibert, Johannes, desgl. in Böhl,
52) Siebert, Ernst, Realgymnasiallehrer in Cassel,
† 53) Dr. Stosch, Friedrich, wissenschaftl. Hilfslehrer in Guben,
54) Strehlke, Albert, Lehrer in Marienburg,
55) Teske, Richard, desgl. in Finsterwalde,
56) Thomas, Adolf, desgl. in Braunsberg,
57) Dr. Thunert, Franz, Seminar-Hilfslehrer in Tuchel,
58) Tirtey, Theodor, Progymnasiallehrer in Rheinbach,
† 59) Umerski, Franz, Lehrer in Gr. Schönbrück,
† 60) Wagner, Peter, desgl. in Ottweiler,
† 61) Wallrand, Johannes, desgl. in Langfuhr,
62) Wanke, Leonhard, desgl. in Königshütte,
† 63) Wilkending, Max, desgl. und Zeichenlehrer in Charlottenburg,
64) Wöhlermann, Otto, Kandidat des höheren Schulamts in Stargard i. P.,
† 65) Dr. Wünnenberg, Franz, desgl. in Cöln.

† Ist auch befähigt zur Ertheilung von Schwimmunterricht.

Berlin, den 14. Mai 1892.

Der Minister der geistlichen ꝛc. Angelegenheiten.
Im Auftrage: Kügler.

ekanntmachung.
U. III. B. 1789.

Verleihung von Orden und Ehrenzeichen.

Aus Anlaß der diesjährigen Anwesenheit Sr. Majestät [d]
Kaisers und Königs in den Provinzen Pommern und Westpreu[ßen]
haben nachbenannte, dem Ressort der Unterrichts-Verwaltung a[us-]
schließlich oder gleichzeitig angehörige Personen erhalten:

A. in der Provinz Pommern:

1. Den Rothen Adler-Orden zweiter Klasse mit Eichenlaub:

Poetter, General-Superintendent und Kreis-Schulinspektor [zu] Stettin.

2. Den Rothen Adler-Orden dritter Klasse mit der Schleife:

Schreiber, Ober-Regierungs-Rath zu Stettin.

3. Den Rothen Adler-Orden vierter Klasse:

Dr. Zimmer, ordentlicher Professor und Rektor der Univers[ität] zu Greifswald.

4. Den Königlichen Kronen-Orden vierter Klasse:

Neumann, Direktor der Provinzial-Blindenanstalt zu Stet[tin].

B. in der Provinz Westpreußen:

Den Rothen Adler-Orden vierter Klasse:

Dr. Boelkel, Direktor des Realgymnasiums und der höh[eren] Bürgerschule zu St. Petri in Danzig.

Personal-Veränderungen, Titel- und Ordensverleihunge[n].

A. Behörden und Beamte.

Der ordentliche Professor der Chirurgie Dr. Braun zu Könis[-]berg i. Pr. ist zum Medizinalrath und Mitglied des Me[di-]zinal-Kollegiums der Provinz Ostpreußen ernannt word[en].

Dem Unterrichts-Dirigenten der Königlichen Turnlehrer-Bildung[s-]anstalt zu Berlin Professor Dr. Euler ist der Charak[ter] als Schulrath mit dem Range eines Rathes vierter Kla[sse] verliehen worden.

Der bisherige Seminar-Direktor Dr. Küppers zu Siegburg [ist] zum Unterrichts-Dirigenten der Königlichen Turnlehr[er-]Bildungsanstalt zu Berlin ernannt worden.

Dem bisherigen Seminar-Direktor Dr. Küppers zu Siegburg ist bei seinem Uebertritte in die Stellung eines Unterrichts-Dirigenten der Königlichen Turnlehrer-Bildungsanstalt zu Berlin der Charakter als Schulrath mit dem Range eines Rathes vierter Klasse verliehen worden.

Dem Oberlehrer der Königlichen Turnlehrer-Bildungsanstalt zu Berlin Eckler ist das Prädikat „Professor" verliehen worden.

Dem Kreis-Schulinspektor Dr. Otto zu Marienwerder und dem Kreis-Schulinspektor Wenzel zu Rawitsch ist der Charakter als Schulrath mit dem Range eines Rathes vierter Klasse verliehen worden.

B. Universitäten.

Universität Berlin. Der General-Stabsarzt der Armee und Direktor der Militärärztlichen Bildungsanstalten, Wirkliche Geheime Ober-Medizinalrath Dr. von Coler zu Berlin ist auf Grund Allerhöchster Ermächtigung zum ordentlichen Honorar-Professor in der medizinischen Fakultät der Friedrich-Wilhelms-Universität daselbst ernannt worden. — Der bisherige außerordentliche Professor Dr. Erman, Direktor der Aegyptischen Abtheilung der Königlichen Museen zu Berlin, ist zum ordentlichen Professor in der philosophischen Fakultät der dortigen Universität ernannt worden. — Dem außerordentlichen Professor in der philosophischen Fakultät der Universität zu Berlin Dr. Wichelhaus, Mitglied der Königlichen Technischen Deputation für Gewerbe, ist der Charakter als Geheimer Regierungsrath verliehen worden.

Universität Breslau. Der bisherige außerordentliche Professor Dr. Müller zu Breslau ist zum ordentlichen Professor in der medizinischen Fakultät der dortigen Universität ernannt worden.

Universität Halle-Wittenberg. Die Wahl des ordentlichen Professors D. Hering zum Rektor der Universität Halle-Wittenberg für das Universitätsjahr 12. Juli 1892 bis dahin 1893 ist bestätigt worden.

Universität Göttingen. Der bisherige Privatdozent Dr. Schönflies zu Göttingen ist zum außerordentlichen Professor in der philosophischen Fakultät der dortigen Universität ernannt worden.

Universität Marburg. Der ordentliche Professor an der Universität Breslau Dr. Müller ist in gleicher Eigenschaft in die medizinische Fakultät der Universität Marburg versetzt worden.

Universität Bonn. Der bisherige außerordentliche Professor a der Universität zu Jena Dr. Litzmann ist zum außerorden lichen Professor in der philosophischen Fakultät der Un versität Bonn (neuere deutsche Sprache und Literatur) e nannt worden.

C. Museen, Nationalgalerie u. s. w.

Der Dr. Back ist zum Bibliothek-Assistenten bei dem Königliche Kunstgewerbe-Museum zu Berlin ernannt worden.

Dem wissenschaftlichen Oberbeamten am Königlichen Meteorol gischen Institute zu Berlin und Vorsteher des Meteoro logischen Observatoriums auf dem Telegraphenberge b Potsdam Dr. Sprung ist das Prädikat „Professor“ ve liehen worden.

D. Höhere Lehranstalten.

a. Gymnasien.

Der Gymnasial-Direktor Dr. Collmann zu Husum ist in gleich Eigenschaft an das Gymnasium zu Kiel versetzt worden.

Dem Direktor der Ritterakademie zu Bedburg Dr. Diehl i der Rothe Adler-Orden vierter Klasse verliehen worden.

Dem Gymnasial-Oberlehrer Meyer zu Lüneburg ist der König liche Kronen-Orden vierter Klasse verliehen worden.

Das Prädikat „Professor“ ist verliehen worden den Oberlehrern
Dr. Bieling am Lessing-Gymnasium zu Berlin,
Knobloch an der Klosterschule zu Roßleben sowie
Litter und Dr. Vasen an der Ritterakademie zu Bedburg

Die Beförderung des ordentlichen Lehrers Dr. Bertram a Gymnasium zu Bielefeld zum Oberlehrer ist genehmig worden.

In gleicher Eigenschaft sind versetzt bezw. berufen worden d ordentlichen Lehrer:

- Dr. Brauscheid von der Oberrealschule zu Elberfeld a das Gymnasium zu Schleusingen,
- Dr. Eckardt vom Gymnasium zu Salzwedel an das Gym nasium zu Oels,
- Dr. Heintze vom Progymnasium zu Tremessen an de Gymnasium zu Krotoschin,
- Dr. Polluge vom Gymnasium zu Oels an das Gymnasium zu Salzwedel und
- Dr. Puls vom Gymnasium zu Flensburg an das Gym nasium zu Altona.

lls ordentliche Lehrer sind angestellt worden am Gymnasium zu:

Insterburg der Hilfslehrer Geffers,

Braunsberg = = Dr. Rudenick,

Roßleben (Klosterschule) der Hilfslehrer Dr. Spangenberg,

Ilfeld (Klosterschule) der Schulamts=Kandidat Holstein, sowie zu

Flensburg die Schulamts=Kandidaten Iwers und Dr. Kadler.

ls sind angestellt worden am Gymnasium zu:

Allenstein der ritterschaftliche Seminarlehrer a. D. Krieger als Vorschullehrer und zu

Rogasen der Vorschullehrer Rohlapp in Folge Aufhebung der Vorschule als technischer Lehrer.

b. Realgymnasien.

ls ist bestätigt worden die Wahl des Oberlehrers am Gymnasium zu Stralsund Professors Dr. Thümen zum Direktor des Realgymnasiums daselbst.

as Prädikat „Professor“ ist verliehen worden

dem Oberlehrer Dr. Heller am Realgymnasium zu Halberstadt.

die Beförderung des ordentlichen Lehrers am Realgymnasium zu Elberfeld Dette zum Oberlehrer an derselben Anstalt ist genehmigt worden.

lls ordentliche Lehrer sind angestellt worden am Realgymnasium zu:

Halle a. S. der ordentliche Lehrer Dr. Völcker aus Eutin und der Hilfslehrer Dr. Weiske,

Hannover (I.) der Schulamts=Kandidat Dr. Erdmann,

Rawitsch = = Grundmann und

Osterode = = Hildebrand.

c. Oberrealschulen.

ie Wahl des Oberlehrers Dr. Perle vom Realgymnasium zu Halle a. S. zum Direktor der städtischen Oberrealschule zu Halberstadt ist bestätigt worden.

er Elementarlehrer Matzke an der Oberrealschule zu Breslau ist als ordentlicher Lehrer angestellt worden.

d. Progymnasien.

In gleicher Eigenschaft ist versetzt worden der ordentliche Lehrer Tetzner vom Gymnasium zu Krotoschin an das Progymnasium zu Tremessen.

e. Realschulen.

Als ordentlicher Lehrer ist angestellt worden an der Realschule zu Altona, Stadtbezirk Ottensen, der Schulamts-Kandidat Blunck.

Der Lehrer Weißleder aus Hannover ist als Zeichenlehrer an der Realschule I. zu Hannover angestellt worden.

f. Realprogymnasien.

Die Beförderung des ordentlichen Lehrers Dr. Hielscher am Realprogymnasium zu Schwelm zum Oberlehrer ist genehmigt worden.

Der Hülfslehrer Dr. Mentz ist als ordentlicher Lehrer am Realprogymnasium zu Delitzsch angestellt worden.

Als Elementarlehrer ist eingetreten an dem Realprogymnasium zu Marne der Volksschullehrer Schrader.

g. Höhere Bürgerschulen ꝛc.

Die Wahl des Oberlehrers an der vierten höheren Bürgerschule zu Berlin Dr. Rosenow zum Rektor der neunten höheren Bürgerschule daselbst ist bestätigt worden.

Die Beförderung des ordentlichen Lehrers Opitz an der Luisenstädtischen Oberrealschule zu Berlin zum Oberlehrer an der achten höheren Bürgerschule daselbst und die Beförderung des ordentlichen Lehrers an der Luisenstädtischen Oberrealschule zu Berlin Dr. Tanger zum Oberlehrer an der siebenten höheren Bürgerschule daselbst ist genehmigt worden.

E. Schullehrer- und Lehrerinnen-Seminare.

Der bisherige Oberlehrer am Schullehrer-Seminare zu Königsberg N. M. Lüttich ist zum Seminar-Direktor ernannt und demselben das Direktorat des Schullehrer-Seminars zu Altdöbern verliehen worden.

Der bisherige Oberlehrer am Schullehrer-Seminare zu Sagan Pfähler ist zum Seminar-Direktor ernannt und demselben das Direktorat des Schullehrer-Seminars zu Petershagen verliehen worden.

Der bisherige Kreis-Schulinspektor Sternaux zu Königshütte i. Schl. ist zum Seminar-Direktor ernannt und demselben das Direktorat des Schullehrer-Seminars zu Pilchowitz verliehen worden.

In gleicher Eigenschaft sind versetzt worden die Seminar-Oberlehrer:

Dr. Heidingsfeld von Oels nach Pr. Eylau und
Dr. Stephan von Pr. Eylau nach Sagan.

Unter Beförderung zum ordentlichen Seminarlehrer sind versetzt worden:

der kommissarische Lehrer am Schullehrer-Seminare zu Münsterberg Friebe an das Schullehrer-Seminar zu Brieg,

der Seminar-Hilfslehrer Heinze aus Neuzelle an das Schullehrer-Seminar zu Drossen und

der zweite Präparandenanstaltslehrer Neuschäfer zu Laasphe an das Schullehrer-Seminar zu Gütersloh.

Als ordentliche Lehrer sind angestellt worden an dem Schullehrer-Seminare zu:

Gütersloh der Volksschullehrer Stork zu Münster sowie zu Genthin der Rektor Ehle aus Weferlingen und der Rektor Wendt aus Peitz.

Als Hilfslehrer sind angestellt worden am Schullehrer-Seminare zu:

Weißenfels der Privat-Präparandenlehrer Holtz zu Halberstadt und

Drossen der Privat-Präparandenlehrer Langer daselbst.

F. Taubstummen- und Blinden-Anstalten.

Dem Taubstummenanstalts-Direktor Ochs zu Essen ist der Königliche Kronen-Orden vierter Klasse verliehen worden.

G. Oeffentliche Volksschulen.

Es haben erhalten:

1) den Königlichen Kronen-Orden 4. Klasse:

Garbe, Lehrer und Organist zu Rawitsch,
Knöll, pens. Hauptlehrer und Kantor zu Windecken, Kreis Hanau,
Petersen, Hauptlehrer und Kantor zu Burg a. Fehmarn, Kr. Oldenburg,
Schneider, Hauptlehrer zu Schedlau, Kr. Falkenberg und
Vogt, pens. Hauptlehrer und Kantor zu Altwasser.

2) Den Adler der Inhaber des Königlichen Haus-Ordens von Hohenzollern:

Bischoff, pens. Lehrer, Küster und Organist zu Tegel, Kreis Niederbarnim,
Claassen, pens. Lehrer zu Forlitz-Blaukirchen, Kr. Aurich,
Döhring, pens. Lehrer und Organist zu Palschau, Kreis Marienburg W. Pr.,
Gaede, pens. Lehrer zu Lüssow, Kr. Greifswald,
Grunwald, pens. Kirchschullehrer und Organist zu Kandien, Kr. Neidenburg,

Hahn, pens. Lehrer zu Zillerthal, Kr. Hirschberg,
Hoertels, Lehrer, Kantor und Küster zu Köpernitz, Kreis Jerichow I.,
Höhn, pens. Lehrer zu Nied, Kr. Höchst a. M.,
Holst, pens. Hauptlehrer zu Geestemünde,
Kille, pens. Hauptlehrer und Kantor zu Reussendorf, Kreis Waldenburg,
Koch, pens. Lehrer und Organist zu Midlum, Kr. Lehe,
Kollibay, pens. Lehrer zu Boleslau, Kr. Ratibor,
Korth, desgl. zu Gollin, Kr. Dt. Crone,
Lemke, Lehrer zu Berlin,
Lübke, pens. Lehrer, Küster und Organist zu Neuenhagen, Kr. Niederbarnim,
Marcy, pens. Hauptlehrer und Organist zu Annaberg, Kreis Gr. Strehlitz,
Marke, Lehrer zu Breslau,
Mießner, pens. Hauptlehrer und Organist zu Osterholz,
Mummenhoff, pens. Lehrer zu Nordwalde, Kr. Steinfurt,
Neugebauer, desgl. zu Türmitz, Kr. Leobschütz,
Nordheim, Hauptlehrer und Kantor zu Alt-Reichenau, Kreis Bolkenhain,
Pittelkow, Lehrer zu Wolfshagen, Kr. Cöslin,
Pondorf, pens. Lehrer und Kantor zu Beichlingen, Kreis Eckartsberga,
Probeck, Erster Lehrer zu Limburg a. d. Lahn,
Pruismann, Hauptlehrer zu Westwarsingsfehn, Kr. Leer,
Reimann, pens. Lehrer zu Gottesberg, Kr. Waldenburg,
Schmidt, pens. Lehrer und Organist zu Schneidlingen, Kreis Aschersleben,
Scholz, Hauptlehrer und Kantor zu Leutmannsdorf, Kreis Schweidnitz,
Stanke, Hauptlehrer zu Schammerwitz, Kr. Ratibor,
Steinki, pens. Lehrer zu Sugnienen, Kr. Braunsberg,
Strempel, desgl. zu Bärsdorf, Kr. Waldenburg,
Teichmann, desgl. zu Samitz, Kr. Goldberg-Haynau,
Tesch, pens. Lehrer zu Torgelow, Kr. Ueckermünde,
Tschirschwitz, desgl. zu Hohndorf, Kr. Löwenberg,
Walter, desgl. zu Striese, Kr. Trebnitz und
Wiehl, Lehrer zu Gr. Wartenberg.

3) Das Allgemeine Ehrenzeichen:

Grodbeck, Lehrer zu Schivelbein,
Riecken, pens. Lehrer zu Roge, Kr. Oldenburg,
Wolff, desgl. zu Purmowen, Kr. Sensburg und
Wuttke, desgl. zu Kunzendorf, Kr. Frankenstein.

H. Ausgeschieden aus dem Amte.

) Gestorben:

Horn, ordentlicher Gymnasiallehrer zu Breslau,
Dr. Schaefer, Prof., Gymnasial-Oberlehrer zu Flensburg,
Dr. Volkmann, Gymnasial-Direktor zu Jauer und
Zimmermann, Gymnasial-Oberlehrer zu Zeitz.

) In den Ruhestand getreten:

Butz, Direktor der Albinusschule zu Lauenburg.

) Ausgeschieden wegen Eintritts in ein anderes Amt im Inlande:

Christiansen, Realprogymnasial-Elementarlehrer zu Marne.

Inhalts-Verzeichnis des Juli-August-Heftes.

Druck von J. F. Starcke in Berlin.

Centralblatt

für

ie gesammte Unterrichts=Verwaltung

in Preußen.

Herausgegeben in dem Ministerium der geistlichen,
Unterrichts= und Medizinal=Angelegenheiten.

September=Oktober=Heft.

Berlin 1892.
Verlag von Wilhelm Hertz.
(Bessersche Buchhandlung.)
Behrenstraße 17.

Das Centralblatt erscheint jährlich in zwölf monatlichen Heften.
Der Jahrgang kostet 7 Mark.

Gymnasiums in Berlin), **Leitfaden für den deut schen Unterricht auf höheren Lehranstalten** XV. Aufl. Berlin, Wilhelm Hertz (Bessersche Buch handlung 1891. cart. mit Leinwandrücken **80 Pf.** De Leitfaden, aus den praktischen Bedürfnissen erwachsen und mi der Zeit in fast allen Provinzen des preuß. Staates verbreitet bietet in der knappen Fassung von nur 52 Seiten (!) das Not wendigste aus der **Form-** und **Satzlehre.** Daran reihen sich 4 Anhänge, welche den Bedürfnissen der **mittleren** und obere Klassen gemacht werden. I. Anh., S. 53—65, Von den Rede figuren. II., S. 66—81, „Poetik und Einteilung von Dichtungs arten". III., S. 82—85, Von der indirekten Rede. Daran schließen sich S. 86 einige Beispiele zur Einübung der Satzlehr und endlich ein orthographisches Wörterverzeichnis, sowie, was höchst wichtig, ein **Sachregister.**

Das Eigentümliche des Leitfadens beruht hauptsächlich in der Behandlung der **Satzlehre** (S. 30—40), die mit ihrer [illegible] **realen** als formalen Entwicklung (s. Vorrede) eine [illegible] **Konstruktionslehre** in allen Sprachen des Schulunterrichts an bahnt, wie sie gerade **nach den neuen preußischen Lehr plänen** in Betreff der Behandlung der Lektüre in den untere und beim Extemporieren in den oberen Klassen gefordert und nach diesem System besonders fruchtbringend wird.

Exemplare behufs Prüfung für eine beabsichtigte Einführung stellt die Verlagshandlung auf Verlangen gern zu Diensten.

Verlag von Ed. Anton in Halle a. S.

Durch alle Buchhandlungen zu beziehen:

Hummel, A., Seminarlehrer. **Grundriß der Erdkunde.** Mit 10 erläutern den Holzschnitten. 8. verbess. Auflage, gr. 8. IV. 198 S. geh. 1892 1 M. 50 ₰.

Eines der besten Lehrbücher f. d. geogr. Unterricht. Treffliche Gliederung des Stoffes, einfache, klare, anschauliche Darstellung u. weise Beschränkung in d. Auswahl sind wesentliche Vorzüge des Buches.

Für höhere Lehranstalten, Seminarien 2c. wird sich das Buch ganz besonders eignen.

K. in K. in d. Deutschen Lehrerzeitung v. 12. 6. 92. Nr. 135.

Centralblatt
für
die gesammte Unterrichts-Verwaltung in Preußen.

rausgegeben in dem Ministerium der geistlichen, Unterrichts- und Medizinal-Angelegenheiten.

9 u. 10. Berlin, den 15. September 1892.

) Auflösung des zur Vorbereitung der Reform des höheren Unterrichtswesens eingesetzten Ausschusses.

(Centrbl. f. 1891, S. 172.)

Nachdem der durch Meinen Erlaß vom 29. Dezember 0 zur Vorbereitung der Reform des höheren Unter- ;tswesens eingesetzte Ausschuß seine Aufgaben in der)lußsitzung vom 1. d. Mts. zu Ende geführt hat, will die Auflösung desselben hiermit verfügen. Ich ver- g dies nicht zu thun, ohne der hingebenden Treue zu)enken, mit welcher der Ausschuß selbst, wie jedes ein- ne Mitglied desselben, bei der Durchführung Meiner tentionen auf diesem Gebiete in ernster und anstren- ıder Arbeit thätig gewesen ist und wesentlich zur Er- chung des angestrebten Zieles beigetragen hat. Ich uftrage Sie, dem Ausschusse Meine volle Anerken- ng und Meinen wärmsten Dank auszusprechen.

Berlin, den 18. Juni 1892.

Wilhelm. R.

An
: Minister der geistlichen ꝛc. Angelegenheiten.
. II. 1890.

A. Behörden und Beamte.

88) Regelung der Gehälter der etatsmäßigen Unte: beamten nach Dienstaltersstufen hinsichtlich der Anrec nung früherer Dienstzeit.

Berlin, den 24. Juni 189

Den nachgeordneten Behörden lasse ich anbei Abschrift d von den Herren Ministern des Innern und der Finanzen (die Herren Ober=Präsidenten und Regierungs=Präsidenten erlaf nen Verfügung vom 31. Mai d. Js., durch welche die Bestimmu unter Nr. V. 2 der Denkschrift, betreffend die Regelung d Gehälter der etatsmäßigen Unterbeamten nach Dienstaltersstu rücksichtlich der Anrechnung früherer Dienstzeit auf die in d Vergangenheit vorgekommenen Fälle von Beförderungen, so von Versetzungen in Folge von Organisationsveränderung erstreckt wird, zur Kenntnisnahme und gleichmäßigen Beachtu zugehen.

Der Minister der geistlichen ꝛc. Angelegenheiten.
Im Auftrage: Bartsch.

An
die nachgeordneten Behörden des Ministeriums.
G. III. 1609.

Berlin, den 31. Mai 18

Aus Anlaß zu unserer Entscheidung gelangter Specialf bestimmen wir, daß der in der Denkschrift, betreffend die Regel der Gehälter der etatsmäßigen Unterbeamten nach Dienstalte stufen, unter Nr. V. 2 aufgestellte Grundsatz, wonach künftig der Beförderung eines Beamten in eine andere Klasse eine A rechnung seiner früheren Dienstzeit insoweit einzutreten hat, d derselbe keine Einbuße an seinem Gehalte erleidet, allgemein a für die Vergangenheit Anwendung finden soll, insoweit es um die Beförderung eines Beamten in eine höhere Klasse o um die Versetzung eines Beamten in eine andere Klasse in Fo von Organisationsveränderungen gehandelt hat.

Die Anrechnung hat in solchen Fällen dergestalt zu erfolg daß für den in eine andere Klasse beförderten oder versetz Beamten, soweit er ein das Mindestgehalt dieser Klasse üb steigendes Gehalt bezog, bezüglich des Aufrückens im Geh diejenige Dienstzeit mitberücksichtigt wird, welche zur Zeit d Beförderung ꝛc. der dieser Klasse angehörende jüngste Bea mit demselben Gehaltssatze, welchen der neu hinzugetretene Bea bis dahin bezogen hat, oder, falls ein solcher Satz in der neu Klasse nicht existirte, der jüngste Beamte mit dem nächsthöh-

Gehaltssatze seit seiner etatsmäßigen Anstellung in der betreffenden Klasse zurückgelegt hatte.

Insoweit einzelne Beamte in ihren früheren Stellungen neben dem Gehalte Gebühren bezogen, ist der pensionsfähige Theil derselben dem in der früheren Stellung bezogenen Gehalte zuzurechnen.

Der Minister des Innern. Herrfurth.
Der Finanzminister. Miquel.

An
sämmtliche Herren Ober-Präsidenten und Regierungs-Präsidenten und an den Vorsitzenden der Königl. Ministerial-, Militär- und Baukommission, Geheimen Regierungs-Rath Herrn Kayser, Hochwohlgeboren, hier.
M. d. J. I. A. 4916.
Fin. M. I. 5978 I. Ang.

---

9) Regelung der Gehälter der etatsmäßigen Unterbeamten nach Dienstaltersstufen.*)

Berlin, den 26. Februar 1892.

In Verfolg der Verfügung vom 1. Januar d. Js. übersenden wir Euer Hochwohlgeboren hierbei ergebenst ein Exemplar der Denkschrift, betreffend die Regelung der Gehälter der etatsmäßigen Unterbeamten nach Dienstaltersstufen, nebst der dazu gehörigen Nachweisung, aus welcher Euer Hochwohlgeboren gefälligst ersehen wollen, in welcher Weise bezw. nach welchen Grundsätzen die neue Gehaltsregelung erfolgen soll.

Dabei machen wir auf folgende Punkte noch besonders aufmerksam:

1) Die neue Gehaltsregelung soll vom 1. April d. Js. ab in Wirksamkeit treten und sind demgemäß von diesem Tage ab Gehaltszulagen nur noch nach Maßgabe des Dienstalters im Anschluß an die aufgestellten Grundsätze 2c. zu gewähren.
2) Ein Rechtsanspruch auf Gewährung von Alterszulagen steht keinem Beamten zu, auch dürfen den Beamten weder bei der Anstellnng noch anderweit irgendwelche Zusicherungen gemacht werden, auf welche ein solcher Anspruch etwa gegründet werden könnte.
3) Die Bewilligung von Alterszulagen hat bei befriedigendem dienstlichen und außerdienstlichen Verhalten stets vom

---

*) In gleichem Sinne ist auch an die betheiligten Behörden im Ressort des Ministeriums der geistlichen 2c. Angelegenheiten verfügt worden.

ersten Tage des Kalender-Vierteljahres ab zu erfolgen, dergestalt, daß jeder Beamte, welcher im Laufe eines Vierteljahres eine höhere Dienstaltersstufe erreicht hat, die entsprechende Gehaltszulage vom ersten Tage des folgenden Vierteljahres ab erhält. Erreicht ein Beamter am ersten Tage eines Kalender-Vierteljahres eine höhere Dienstaltersstufe, so ist die Gehaltszulage schon von diesem Tage ab zahlbar zu machen.

Denjenigen Beamten, welche zur Zeit des Inkrafttretens der neuen Gehaltsregelung bereits ein höheres Gehalt beziehen, als ihnen nach der festgesetzten Dienstaltersstufentafel zustehen würde, ist dieses höhere Gehalt selbstredend zu belassen.

4) Hat das Verhalten eines Beamten dazu geführt, ihm die Alterszulage einstweilen vorzuenthalten, so ist ihm dieselbe zu gewähren, sobald die bezüglichen Anstände in Wegfall gekommen sind. Die einstweilige Vorenthaltung einer Alterszulage soll jedoch für sich allein nicht die Wirkung haben, daß dadurch der durch das Dienstalter des betreffenden Beamten gegebene Zeitpunkt des Aufrückens in die nächstfolgende Gehaltsstufe hinausgeschoben wird.

Die Gründe für die einstweilige Nichtbewilligung der Alterszulage sind dem Beamten auf seinen etwaigen Antrag mitzutheilen.

5) Künftig wegfallende Dienstbezüge sind bei der Bewilligung von Alterszulagen in Abrechnung zu bringen.

6) Wie die Dienstzeit der Beamten zu berechnen ist, und in welchen Fällen eine Anrechnung früherer Dienstzeit stattzufinden hat, ist unter V 2 der Denkschrift näher dargelegt. Sollte in anderen, als den daselbst bezeichneten Fällen eine Anrechnung früherer Dienstzeit in Frage kommen, so ist darüber in jedem einzelnen Falle an uns zu berichten.

7) In den künftig, bis auf Weiteres spätestens Mitte Oktober jeden Jahres, einzureichenden Entwürfen zu den Personal- und Bedürfnis-Etats der Oberpräsidien und Regierungen sind die Gehälterfonds der etatsmäßigen Unterbeamten nach dem Stande vom 1. Oktober zum Ansatz zu bringen.

Wenn sich demnächst in Folge der Bewilligung von Alterszulagen, Mehrausgaben gegen die etatsmäßig zur Verfügung stehenden Gehälterfonds ergeben, so sind in den Final-Abschlüssen bei den betreffenden Etatstiteln die Ursachen der Ueberschreitung kurz anzugeben.

Euer Hochwohlgeboren ersuchen wir ergebenst, hiernach beüglich der etatsmäßigen Unterbeamten der Oberpräsidien und Regierungen das Erforderliche gefälligst zu verfügen, damit vom 1. April d. Js. ab die neue Gehaltsregulirung in Kraft tritt.

Der Minister des Innern. Herrfurth. Der Finanzminister. Miquel.

An
ämmtliche Herren Ober-Präsidenten
und Regierungs-Präsidenten.

Berlin, den 26. Februar 1892.

Abschrift nebst einem Exemplar der Denkschrift und ihrer nlage erhalten Euer Hochwohlgeboren zur gefälligen Kenntnisnahme und gleichmäßigen weiteren Veranlassung bezüglich der nterbeamten der Ministerial-, Militär- und Baukommission und r Thiergartenverwaltung.

Der Minister des Innern. Herrfurth. Der Finanzminister. Miquel.

An
Vorsitzenden der Königlichen Ministerial-, Militär- und Baukommission, Geheimen Regierungs-Rath Herrn Kayser, Hochwohlgeboren, hier.
F. M. I. 1516.
M. d. J. I. A. 1821.

---

enkschrift, betreffend die Regelung der Gehälter der tatsmäßigen Unterbeamten nach Dienstaltersstufen.

Es ist in Aussicht genommen, die Gehälter der etatsmäßigen nterbeamten vom 1. April 1892 ab nach Dienstaltersstufen nach aßgabe der beiliegenden Nachweisung zu regeln, so daß das ufsteigen der Beamten nicht mehr, wie seither, von dem Eintritt n Vakanzen oder der Schaffung neuer etatsmäßiger Stellen hängig sein soll, sondern jeder Beamte, ohne daß ihm übrigens 1 diesbezüglicher Rechtsanspruch beigelegt werden soll, doch bei friedigendem dienstlichen und außerdienstlichen Verhalten die höhung seines Gehaltes um bestimmte Beträge in bestimmten iträumen erwarten darf.

Von der neuen Regelung ausgenommen sind, — außer denjenigen Unterbeamten, welche nur nebenamtlich beschäftigt sind er deren Diensteinkommen ganz oder zum Theil in Emolumenten er Naturalbezügen besteht —, das Personal der Landgendarmerie (Kap. 94 Tit. 2 des Etats), deren vorwiegend militärischer

Charakter eine Regelung der Gehälter nach Dienstaltersstufe nicht angezeigt erscheinen läßt; die erst durch den Staatshaushalts-Etat für 1891/92 neu gebildete Kategorie der unteren Werksbeamten der Bergwerks-Verwaltung (Kap. 14, 15 und 1 Tit. 1 des Etats), bezüglich deren es z. B. noch an den erforderlichen Unterlagen für die Festsetzung von Dienstaltersstufen fehl die Wald-, Torf-, Wiesen- 2c. Wärter der Forstverwaltun (Kap. 2 Tit. 3 und 4 des Etats), bei welchen der verschiede Umfang u. s. w. der Geschäfte der einzelnen Stellen die besonde Festsetzung des Gehaltes für jede Stelle erforderlich macht; e Dünenplanteur und ein Dünenaufseher in der landwirthschaf lichen Verwaltung (Kap. 106 Tit. 2 des Etats), welche sch seither einer Besoldungsgemeinschaft nicht angehört hab und für welche sich auch künftighin wegen der Eigenartigk ihrer Stellung und ihrer Dienstobliegenheiten die Ausbringun fester Einheitsgehälter empfiehlt; sowie endlich die Leggedien im Bereiche der Verwaltung für Handel und Gewerbe (Kap. Tit. 4), deren Stellen im Erledigungsfalle voraussichtlich z Einziehung gelangen werden.

Für die Landgendarmerie und die unteren Werksbeamt der Bergwerks-Verwaltung werden die Gehälter im Etat au fernerweit in bisheriger Weise, nach einem Durchschnittssatze f jede Stelle, auszubringen sein; für die übrigen vorerwähnt Beamtenkategorien wird der Charakter ihrer Gehälter a Einheitsgehälter fortan im Etat, soweit dies nicht schon j geschieht, erkennbar zu machen sein.

Der Vollständigkeit wegen und zum Zwecke der Vergl chung sind in die Nachweisung die Unterbeamten der Eisenbah Verwaltung mit aufgenommen, für welche ebenso wie für Subalternbeamten derselben Verwaltung die Regelung der G hälter nach Dienstaltersstufen bereits seit mehreren Jahren beste Für die Unterbeamten der Eisenbahn-Verwaltung ist die geg wärtig im Einzelnen bestehende Regelung, welche von der die übrigen Unterbeamten in Aussicht genommenen mehrfach weicht, bis auf Weiteres beibehalten worden.

In der Nachweisung sind die Unterbeamten nach den versch denen, zum größten Theile durch den Nachtrag zum Staatshau halts-Etat für 1890/91 festgestellten Gehaltsklassen aufgefüh innerhalb jeder Gehaltsklasse sind immer zunächst, und zw nach der Reihenfolge der betreffenden Verwaltungen im Staa haushalts-Etat, alle diejenigen Beamtenkategorien aufgeführt, welche eine gleichmäßige Regelung in Aussicht genommen und sodann diejenigen, für welche hiervon abweichende beso dere Festsetzungen getroffen werden sollen.

Zur Erläuterung der Nachweisung ist Folgendes zu bemerken.

I. Indem davon auszugehen war, daß bei der neuen Regelung eine wesentliche Aenderung in dem bisherigen Gesammtaufwande an Gehältern nicht einzutreten hat, ist der Bemessung der Dienstzeit, welche die Beamten der einzelnen Kategorien künftig von der ersten etatsmäßigen Anstellung in der betreffenden Gehaltsklasse ab bis zur Erreichung des Höchstgehalts der letzteren zurückzulegen haben werden, im Wesentlichen dieselbe Zeitdauer zu Grunde gelegt, welche bisher zur Erreichung dieses Zieles durchschnittlich erforderlich war. Dabei erschien es aber geboten, diejenigen verschiedenen, zu einer und derselben Gehaltsklasse gehörenden Kategorien von Beamten, deren Dienstobliegenheiten ꝛc. wesentlich gleiche sind, alle nach einer gleichen Zeitdauer zum Höchstgehalte gelangen zu lassen, und ebenso auch für die einander gleich zu achtenden Beamtenkategorien verschiedener Gehaltsklassen die bis zur Erreichung der Höchstgehälter zurückzulegende Dienstzeit gleichmäßig zu bemessen. Denn es würde sich beispielsweise nicht rechtfertigen lassen, in dieser Beziehung die in verschiedenen Gehaltsklassen wiederkehrenden Kategorien von Boten, Kanzleidienern und anderen mit gleichartigen Obliegenheiten, wie die genannten, betrauten Beamten lediglich deshalb verschieden zu behandeln, weil dieselben theils Central-, theils Provinzial-, theils Lokal-Behörden angehören. Diese Verschiedenheit in der Stellung der Behörden rechtfertigt zwar die verschiedene Bemessung der Gehälter der betreffenden Beamten, kann aber einen Unterschied für die Zeitdauer des Aufsteigens bis zum Höchstgehalte nicht begründen.

Konnte schon aus diesen Gründen nicht für jede einzelne Beamtenkategorie die für sie speciell berechnete, seither bis zur Erreichung des Höchstgehaltes durchschnittlich erforderliche Zeitdauer auch für künftig festgehalten werden, so erwies sich dies auch noch aus dem weiteren Grunde als nicht angängig, weil die Ergebnisse der Durchschnittsberechnungen für zahlreiche Beamtenkategorien als geeignete Grundlagen für eine künftige dauernde Regelung nicht anerkannt werden können. Es gilt dies insbesondere bezüglich solcher Beamtenkategorien, welche nur eine geringe Zahl von Personen umfassen und bei denen daher bisher zufällige Umstände in weit höherem Grade das Zeitmaß des Aufsteigens im Gehalte zu Gunsten oder zu Ungunsten der Beamten beeinflußt haben, als bei solchen Kategorien, die eine größere Zahl von Beamten umfassen.

Da es sodann, wie weiterhin noch näher erörtert werden wird, angemessen erscheint, die Zeitdauer des Verbleibens in jeder einzelnen Dienstaltersstufe nicht nur für sämmtliche Beamte, sondern auch für alle Dienstaltersstufen gleichmäßig auf 3 Jahr festzusetzen, so mußte die gesammte, bis zur Erreichung des Höchst gehaltes zurückzulegende Dienstzeit überall, abgesehen von einer einzigen, demnächst zu erwähnenden Ausnahme, auf eine durch 3 theilbare Zahl von Jahren bemessen werden.

Die nach den vorbezeichneten Grundsätzen angestellten Ermittelungen haben dazu geführt, für die meisten Kategorien der Unterbeamten den Zeitraum, in welchem das Höchstgehalt der betreffenden Gehaltsklasse erreicht werden soll, auf 21 Jahre festzusetzen. Ein solcher Zeitraum erscheint auch an sich angemessen, indem danach die Unterbeamten, da sie der Regel nach in der ersten Hälfte der dreißiger Lebensjahre zur ersten etatsmäßigen Anstellung gelangen, etwa in der Mitte der fünfziger Lebensjahre das Höchstgehalt erreichen werden.

Ein längerer als 21 jähriger Zeitraum ist für keine der jetzt in Betracht kommenden Beamtenkategorien in Aussicht genommen. Dagegen ist der nach dem Ergebnis der stattgehabten Ermittelungen seither durchschnittlich nur erforderlich gewesene kürzere als 21 jährige Zeitraum da beibehalten, wo dies auch aus sachlichen Gründen gerechtfertigt erscheint. Diese Ausnahmen betreffen folgende Beamtenkategorien.

1) Für die Gehaltsklassen III (1600 bis 2000 Mk.) und IV (1500 bis 1800 Mk.) ist der seitherige durchschnittliche Zeitraum von 12 Jahren beibehalten, theils weil der Anstellung in den betreffenden Kategorien erst eine gewisse Dienstzeit in einer anderen Dienststellung voranzugehen hat, theils — für die Mehrzahl der Kategorien in Klasse IV — mit Rücksicht auf die geringe Differenz zwischen dem Mindest- und dem Höchstgehalte dieser Klasse.
2) Theils aus dem ersterwähnten Grunde, theils mit Rücksicht auf den besonders schweren und aufreibenden Dienst ist für die Beamten der Gehaltsklasse VI (1200 bis 1600 Mk.) ein Zeitraum von 15 bezw. 12 Jahren beibehalten, und aus dem letztangeführten Grunde auch
3) ein Zeitraum von 15 bezw. 18 Jahren für die betreffenden Beamtenkategorien am Schlusse der Gehaltsklassen VII (1100 bis 1500 Mk.), VIII (1000 bis 1500 Mk.) und IX (900 bis 1500 Mk.).
4) Endlich hat auch bei den Klassen XI (700 bis 900 Mk.) und XIII (500 bis 700 Mk.) die geringe Differenz zwischen dem Mindest- und dem Höchstgehalte zur Festsetzung eines Zeitraums von nur 12 Jahren geführt.

II. Die Frage der Bemessung der Zeit, welche die Beamten auf den einzelnen Gehaltsstufen zuzubringen haben, fällt zummen mit der Frage der Bemessung der Gehaltsbeträge, also Abstufung der Gehälter für die verschiedenen Altersstufen. In terer Beziehung kam in Frage, ob etwa die Gehälter für alle terbeamten möglichst gleichmäßig, vielleicht in der Weise abzu- en seien, daß die Unterschiede zwischen den einzelnen Gehalts- en überall je 100 Mk. betrügen. Von einer solchen Regelung indessen abgesehen worden, weil sich danach je nach der Ver- edenheit sowohl der gesammten bis zur Erreichung des Höchst- altes zurückzulegenden Dienstzeiten, als auch der Differenzen schen den Mindest- und Höchstgehältern die Dauer des Ver- bens in den einzelnen Gehaltsstufen nicht nur für die ver- edenen Beamtenkategorien sehr ungleichmäßig gestalten, sondern für einzelne Beamtenkategorien eine zu lange werden würde. würden z. B. die Beamten der Gehaltsklassen VII (1100 bis 0 Mk.), X (800 bis 1200 Mk.) und XII (400 bis 800 Mk.), m sie in Abstufungen von je 100 Mk. das Höchstgehalt nach ihriger Dienstzeit erhalten sollen, in drei Gehaltsstufen je ahre und in einer 6 Jahre bleiben müssen, d. h. also nur 5 Jahre und einmal nach 6 Jahren eine Zulage von je Mk. erhalten.

Dem gegenüber erschien es wünschenswerth und auch grund- ich richtiger, die Zeit, welche die Beamten in den einzelnen altsstufen zuzubringen haben, einerseits möglichst für alle mtenkategorien und zugleich auch für alle Gehaltsstufen gleich- ig zu bestimmen, andererseits aber auch diese Zeit nicht zu zu bemessen, sondern die Beamten lieber in kürzeren Zwischen- nen um minder erhebliche Beträge, als in längeren Zwischen- nen um erheblichere Beträge im Gehalte aufsteigen zu lassen. eres ist nicht nur für die Beamten und eintretenden Falles ihre Hinterbliebenen vortheilhafter, sondern empfiehlt sich auch dienstlichen Interesse.

Als eine angemessene Zeit für das Verbleiben in jeder ein- n Gehaltsstufe erscheint eine solche von drei Jahren, wie sie bei der Eisenbahnverwaltung für alle Kategorien von Unter- nten — mit einer einzigen, bei der in der Klasse X (800 bis) Mk.) unter den Beamten der Eisenbahnverwaltung zuerst eführten Kategorie ersichtlichen Ausnahme — festgesetzt ist. ch die Festsetzung eines dreijährigen Zeitraumes für das Ver- ben in jeder Gehaltsstufe wurde es aber, wie schon oben er- nt, nöthig, die gesammte Dienstzeit, welche bis zur Erreichung Höchstgehaltes zurückzulegen sein wird, überall auf eine h 3 theilbare Zahl von Jahren festzusetzen. Es hat sich dies meist ohne wesentliche Abweichungen von der Zahl der bis- bis zur Erreichung des Höchstgehaltes durchschnittlich zurückzulegenden Dienstjahre durchführen lassen. Wo Abweichung nöthig wurden, ist nahezu überall zu Gunsten der Beamten h künftig eine Abkürzung der bisherigen Gesammtzeit vorgesehe wo eine Verlängerung sich nicht vermeiden ließ, ist dieselbe a das mindestmögliche Maß beschränkt worden.

Die einzige Beamtenkategorie, bei welcher der 3jähri Zeitraum nicht anwendbar ist, ist die der Stackmeister, welche d Klasse XIV bilden (144 bis 216 Mark); für diese Beamt entsprechen die in der Nachweisung angegebenen Festsetzung den besonderen Gehalts- und den bisherigen Ascensionsverhäl nissen.

III. Je nach der Zahl der nach Vorstehendem für d einzelnen Beamtenkategorien sich ergebenden Dienstaltersstuf einerseits und dem Betrage der Differenz zwischen Mindest- u Höchstgehalt der betreffenden Kategorie andrerseits hat die A stufung der Gehälter für die verschiedenen Dienstaltersstufen b messen werden müssen. Soweit angängig, ist dabei die Differe zwischen je zwei Gehaltsstufen immer gleichmäßig normirt worde also für die Beamten stets dieselbe Gehaltserhöhung bei jede Aufsteigen aus einer Dienstaltersstufe in die folgende in Aussi genommen. Wo dies nicht angängig war und die Gehalt erhöhungen von einer Dienstaltersstufe zur anderen verschied normirt werden mußten, ist im Interesse der Beamten über das stärkere Steigen der Gehälter in den unteren Dienstalter stufen in Aussicht genommen.

Im Uebrigen ist darauf Bedacht genommen worden, d Betrag der von einer zur anderen Stufe eintretenden Gehalt erhöhung nicht unter ein gewisses Maß herabzusetzen, da dieselbe von dem Beamten auch wirklich als Verbesserung sein Einkommensverhältnisse empfunden werde. Es ist daher nur d wo dies unvermeidlich war, bis zu Gehaltsdifferenzen von n 50 Mark zwischen je 2 Dienstaltersstufen heruntergegangen, wol zu bemerken ist, daß eine solche oder sogar eine noch geringe Abstufung der Gehälter auch schon jetzt mehrfach besteht.

Die bei vielen Beamtenkategorien vorgesehene Abstufung d Gehälter in Beträgen von 80 Mark bezw. 60 Mark hat in besondere vor der etwa daneben in Betracht kommenden A stufung zu 75 Mark den Vorzug, daß sich bei der ersteren au der Vierteljahrsbetrag des Gehaltes auf volle Mark abrunde was für die Zahlung und Rechnungslegung eine Erleichteru und Vereinfachung gewährt.

IV. Eine Berechnung, welcher das Dienstalter der einzeln Beamten am 1. Oktober 1890 zu Grunde gelegt ist, hat ergeben daß nach vollständiger Durchführung des Systems der Dien tersզulagen nach Maßgabe der Nachweisung, unter Beibehaltung r bestehenden Festsetzungen für die Unterbeamten der Eisenbahn-rwaltung, in dem gesammten Jahresbedarf an Gehältern für e Unterbeamten keine wesentliche Aenderung gegen die nach urchschnittssätzen zu berechnende Gesammtsumme eintreten wird. s versteht sich von selbst, daß im Einzelnen das der Bechnung zu Grunde gelegte Material bei den wechselnden Dienstltersverhältnissen der Beamten fortgesetzten Schwankungen unterorfen ist und daher insofern einen zuverlässigen Maßstab für e Zukunft nicht bildet. Im Ganzen aber und für die Gemmtheit aller Kategorien wird im Hinblick auf die große Zahl er Unterbeamten angenommen werden können, daß die Abd Zugänge sich untereinander ausgleichen werden und die gestellte Berechnung sich im Allgemeinen auch für die Folge s zutreffend erweisen wird.

Für die Uebergangszeit jedoch, bis die Regelung der Gelter der Unterbeamten nach Dienstaltersstufen vollständig durchührt sein wird, wird sich ein vielleicht nicht unerheblicher, och von Jahr zu Jahr sich ermäßigender Mehrbedarf gegener den jetzigen bezw. den nach vollständiger Durchführung des en Systems erforderlichen Etatsbeträgen an Gehältern ergeben, von dem Zeitpunkte des Inkrafttretens der neuen Regelung für jeden Beamten, welcher nach der letzteren ein höheres halt, als bis dahin, zu beziehen hat, dieses höhere Gehalt lbar zu machen sein wird, dagegen allen Beamten, welche h der neuen Regelung weniger, als vorher, zu beziehen ben würden, das bisherige Gehalt belassen werden muß und Ausgleichung erst bei einem entsprechenden Aufsteigen im halte erfolgen kann.

V. Im Anschluß an die vorstehenden Erläuterungen zu Nachweisung ist ferner Folgendes zu bemerken:

1) Zur Vermeidung vielfacher Schreib- und Rechnungsarbeit ist in Aussicht genommen, künftighin die Gehaltszulagen immer vom ersten Tage der Kalender-Vierteljahre ab zahlbar zu machen, dergestalt, daß jeder Beamte, welcher im Laufe eines Kalender-Vierteljahres eine höhere Dienstaltersstufe erreicht hat, die entsprechende Gehaltszulage vom ersten Tage des folgenden Vierteljahres ab erhält und von diesem Termine ab die von ihm in der neuen Stufe wieder zurückzulegende 3 jährige Zeit berechnet wird. In gleicher Weise soll künftig auch im Bereiche der Eisenbahn-Verwaltung verfahren werden, bei welcher die Gehaltszulagen zur Zeit nur in Halbjahrs-Terminen zahlbar gemacht werden.

2) Von dem als Regel festzuhaltenden Grundsatze, daß d Dienstzeit in jeder Beamtenkategorie vom Zeitpunkte d etatsmäßigen Anstellung des Beamten in der betreffend Kategorie ab zu berechnen ist, soll eine Ausnahme, w sie auch gegenwärtig schon bei der Eisenbahn=Verwaltun besteht, für den Fall eintreten, daß ein Beamter in ei andere Beamtenklasse befördert wird, deren Mindestgeha geringer ist, als dasjenige Gehalt, welches der Beam in seiner bisherigen Klasse bereits bezog. In solch Fällen soll künftighin überall gleichmäßig in der We verfahren werden, daß der betreffende Beamte durch d Beförderung keine Einbuße an seinem Gehalte erleid Es soll ihm zu diesem Zwecke von der in der früher Klasse zurückgelegten Dienstzeit soviel angerechnet werde daß er in der höheren Klasse sogleich in die seinem bi herigen Gehalte entsprechende Altersstufe eintritt. dieser wird er dann die volle 3jährige Zeit ebenso z zubringen haben, wie die in derselben Stufe befindlich anderen Beamten derselben Klasse; denn in diesem Fa dem Beamten etwa auch die in derselben Gehaltsst bereits vor der Beförderung zugebrachte Dienstzeit a zurechnen, würde nicht gerechtfertigt sein, weil dersel durch die Beförderung schon die Aussicht auf Erreichu eines oft erheblich höheren Höchstgehaltes erlangt u weil im Falle einer solchen Anrechnung der beförde Beamte in der neuen Dienststellung schon nach kürze Zeit wieder im Gehalte aufsteigen würde, als and Beamte, welche sich bereits länger als er in der v ihm erst neu erreichten Dienststellung befinden, ihm al im Gehalte in derselben gleichstehen.

Besteht für die höhere Klasse eine Stufe mit demselb Gehaltssatze, welchen der Beamte in seiner seitheri Klasse bezog, überhaupt nicht, so soll ihm von seiner b herigen Dienstzeit soviel angerechnet werden, daß er der höheren Klasse sogleich in die nächsthöhere Gehal stufe eintritt.

In beiden vorerwähnten Fällen wird, wenn die förderung im Laufe eines Vierteljahres erfolgt, nach d vorstehend zu 1. Bemerkten die in der betreffenden St der höheren Klasse zurückzulegende 3jährige Zeit v ersten Tage des nächsten Vierteljahres ab zu berechnen se

3) Bei den Besoldungstiteln für die in Betracht komment Beamtenkategorien wird in den Etats fortan ein Dur schnittsbetrag der Gehälter nicht mehr anzugeben u

wird ferner für neu zu schaffende etatsmäßige Stellen immer nur das Mindestgehalt auszubringen sein. Demgemäß ist auch schon in den Etatsentwürfen für 1892/93 verfahren. Im Uebrigen aber sind in den letzteren die Besoldungsfonds noch in bisheriger Weise veranschlagt, da es wünschenswerth erschien, mit der umfassenden Aenderung, welche hierin eventuell erforderlich wird, erst vorzugehen, nachdem die Zustimmung des Landtages zu den vorerörterten bezw. den in der Nachweisung zum Ausdruck gebrachten, die Unterlagen für die künftige Veranschlagung bildenden Grundsätzen festgestellt sein wird. Für die Folge würden, wie dies schon gegenwärtig im Bereiche der Eisenbahn-Verwaltung geschieht, der Veranschlagung für jedes Etatsjahr die Dienstaltersverhältnisse der Beamten zu einem bestimmten Termine des vorhergehenden Jahres zu Grunde gelegt und die gegenüber dieser Veranschlagung sich thatsächlich ergebenden Mehr- oder Minderausgaben als solche in der Rechnung nachgewiesen werden, wie letzteres auch in der Rechnung für das Jahr 1892/93 zu geschehen haben wird.

Auch die Gehälter für Stellen, welche zum künftigen Wegfall bestimmt sind, sind in die Etatsentwürfe für 1892/93 noch in der bisherigen Weise, also mit dem Durchschnittssatze der betreffenden Stellengehälter, eingestellt; für die Folge würde nur das Mindestgehalt künftig wegfallend in die betreffende Spalte des Etats aufzunehmen, bei eintretender Erledigung der Stelle aber das thatsächlich frei werdende Gehalt einzuziehen und in der Rechnung als Minderausgabe nachzuweisen sein.

Nachweisung, betreffend die Regelung der Gehäl

Kap. des Etats.	Tit. des Etats.	Dienststellung der Beamten.	Zahl
		Klasse I. 1500 bis 2400 Mark.	
		Verwaltung der direkten Steuern.	
6.	1 u. 8.	Steuererheber und Vollziehungsbeamte bei der Direktion für die Verwaltung der direkten Steuern in Berlin und bei der Kreiskasse in Frankfurt a. M.	
		Klasse II. 1500 bis 2100 Mark.	
		Verwaltung der direkten Steuern.	
6.	8.	Steuererheber und Vollziehungsbeamte in Hannover und Linden	
		Klasse III. 1600 bis 2000 Mark.	
		Verwaltung des Innern.	
91. 92.	7. 8.	Abtheilungswachtmeister der Schutzmannschaft in Berlin und Charlottenburg	
		Klasse IV. 1500 bis 1800 Mark.	
		Domänenverwaltung.	
1.	8.	Brunnenmeister, Bademeister, Maschinist, Kastellane bei der Schloßverwaltung zu Cassel	
		Verwaltung des Innern.	
91. 92.	7. 8.	Wachtmeister der Schutzmannschaft in Berlin und Charlottenburg	
		Ministerium der geistlichen ꝛc. Angelegenheiten.	
122.	1.	Oberaufseher, Kastellane, Röhrmeister und Oberheizer bei dem Kunstmuseum in Berlin	
122.	6a.	Hausinspektor und Restaurator, Maschinist, Oberaufseher beim Kunstgewerbemuseum	
122.	7.	Kastellan, Heizer und Röhrmeister, Oberaufseher bei der Nationalgalerie	
119.	2.3.5.6.9.	Präparatoren und Konservatoren bei den Universitäten	
119.	7.	Bibliothekpedelle bei der Universität in Göttingen . .	
		Klasse V. 1200 bis 1800 Mark.	
		Centralverwaltung der Domänen und Forsten, einschließlich des Ministeriums für Landwirthschaft ꝛc.	
99. 5.	5. 4.	Botenmeister, Kanzleidiener, Hausdiener und Portiers .	
		Seehandlungs-Institut.	
12.	8.	Botenmeister, Kassen- und Kanzleidiener, Portier, Hausdiener und Wächter	
		Staatsschuldenverwaltung.	
89.	8.	Kastellan, Kanzlei- und Kassendiener, Portiers, Hausdiener	
		Herrenhaus.	
40.	1.	Hausmeister und Kanzleidiener, Portier	

…r etatsmäßigen Unterbeamten nach Dienstaltersstufen.

	Die Beamten sollen künftig beziehen in der								Die Beamten sollen verbleiben in der								
	2.	3.	4.	5.	6.	7.	8.	9.	1.	2.	3.	4.	5.	6.	7.	8.	9.
	Stufe								Stufe								
	Mark.	Mark.	Mark.	Mark.	Mark.	Mark.	Mark.	Mark.	Jahre.	Jahre.	Jahre.	Jahre.	Jahre.	Jahre.	Jahre.	Jahre.	Jahre.
…0	1650	1800	1950	2100	2200	2300	2400	—	3	3	3	3	3	3	3	Rest der Dienstjahre.	—
									21								
…0	1600	1700	1780	1860	1940	2020	2100	—	.	.	.	.	.	.	.	.	—
…0	1700	1800	1900	2000	—	—	—	—	3	3	3	3	Rest der Dienstjahre.	—	—	—	—
									12								
…0	1580	1660	1740	1800	—	—	—	—	.	.	.	.	.	—	—	—	—
	.	.	.	.	—	—	—	—	.	.	.	.	.	—	—	—	—
	.	.	.	.	—	—	—	—	.	.	.	.	.	—	—	—	—
	.	.	.	.	—	—	—	—	.	.	.	.	.	—	—	—	—
	.	.	.	.	—	—	—	—	.	.	.	.	.	—	—	—	—
…00	1300	1400	1480	1560	1640	1720	1800	—	3	3	3	3	3	3	3	Rest der Dienstjahre.	—
									21								
.	.	.	.	.	.	.	.	—	.	.	.	.	.	.	.	.	—
.	.	.	.	.	.	.	.	—	.	.	.	.	.	.	.	.	—
.	.	.	.	.	.	.	.	—	.	.	.	.	.	.	.	.	—

Kap. des	Tit. Etats.	Dienststellung der Beamten.	Zahl
		Noch Klasse V. 1200 bis 1800 Mark.	
		Haus der Abgeordneten.	
41.	1.	Portiers, Maschinenmeister (zugleich Heizer und Hausdiener), Hausnachtwächter	
		Bureau des Staatsministeriums.	
44.	5.	Botenmeister, Kanzleidiener, Portier und Hausdiener .	
		Staatsarchive.	
45.	4.	Archivdiener beim Geheimen Staatsarchiv in Berlin .	
		General-Ordens-Kommission.	
46.	2.	Kanzleidiener	
		Geheimes Civil-Cabinet.	
47.	3.	Kanzleidiener, Portiers und Hausdiener	
		Ober-Rechnungskammer.	
48.	5.	Kastellan, Kanzleidiener und Hausdiener	
		Finanz-Ministerium.	
57.	6.	Botenmeister, Kanzlei- und Kassendiener, Hausdiener und Hausnachtwächter	
		Bauverwaltung, einschließlich der Centralverwaltung des Ministeriums der öffentlichen Arbeiten.	
64.	5.	Kastellan, Botenmeister und sonstige Unterbeamte bei dem Ministerium	
65.	5.	Leuchtfeueroberwärter, Bauaufseher und Lagerhofverwalter, Brückenmeister, Fährmeister, Dünenbauaufseher und Steuermann	
65.	6.	Hafenaufseher der Ruhrschifffahrts- und Ruhrhafen-Verwaltung	
		Handels- und Gewerbeverwaltung einschließlich der Centralverwaltung des Ministeriums für Handel- und Gewerbe.	
67.	6.	Botenmeister und Kanzleidiener bei dem Ministerium .	
		Justizverwaltung.	
71.	6.	Botenmeister, Kanzleidiener, Kastellan und Hausdiener bei dem Ministerium	
74. 75.	10. 1—5.	Hausväter bei den Gefängnissen	
75.	1 u. 4.	Maschinenmeister, Gasmeister, Maschinisten	
		Verwaltung des Innern.	
83.	6.	Botenmeister und Kastellan, Telegraphisten, Kanzleidiener, Portiers und Hausdiener bei dem Ministerium . .	
85.	8.	Botenmeister und Kanzleidiener bei dem Oberverwaltungsgericht	
91.	5.	Botenmeister, Kastellane, Hausvater bei der Polizeiverwaltung in Berlin	

Beamten sollen künftig beziehen in der								Die Beamten sollen verbleiben in der								
2.	3.	4.	5.	6.	7.	8.	9.	1.	2.	3.	4.	5.	6.	7.	8.	9.
Stufe								Stufe								
Mark.	Mark.	Mark.	Mark.	Mark.	Mark.	Mark.	Mark.	Jahre.	Jahre.	Jahre.	Jahre.	Jahre.	Jahre.	Jahre.	Jahre.	Jahre.
1300	1400	1480	1560	1640	1720	1800	—	3	3	3	3	3	3	3	Rest der Dienstjahre.	—
											21					
-	-	-	-	-	-	-	—	-	-	-	-	-	-	-	-	—
-	-	-	-	-	-	-	—	-	-	-	-	-	-	-	-	—
-	-	-	-	-	-	-	—	-	-	-	-	-	-	-	-	—
-	-	-	-	-	-	-	—	-	-	-	-	-	-	-	-	—
-	-	-	-	-	-	-	—	-	-	-	-	-	-	-	-	—
-	-	-	-	-	-	-	—	-	-	-	-	-	-	-	-	—
-	-	-	-	-	-	-	—	-	-	-	-	-	-	-	-	—
-	-	-	-	-	-	-	—	-	-	-	-	-	-	-	-	—
-	-	-	-	-	-	-	—	-	-	-	-	-	-	-	-	—
-	-	-	-	-	-	-	—	-	-	-	-	-	-	-	-	—
-	-	-	-	-	-	-	—	-	-	-	-	-	-	-	-	—
-	-	-	-	-	-	-	—	-	-	-	-	-	-	-	-	—
-	-	-	-	-	-	-	—	-	-	-	-	-	-	-	-	—
-	-	-	-	-	-	-	—	-	-	-	-	-	-	-	-	—
-	-	-	-	-	-	-	—	-	-	-	-	-	-	-	-	—

Kap. des Etats.	Tit. des Etats.	Dienststellung der Beamten.
		Noch Klasse V. 1200 bis 1800 Mark.
		Verwaltung des Innern.
96.	2.	Hausväter bei den Strafanstalten und bei der Erziehungs- und Besserungsanstalt zu Wabern, Verwalter bei dem Gefängnis in Kempen, Maschinenwärter bei den Strafanstalten . . . .
		Landwirthschaftliche Verwaltung einschließlich der Centralverwaltung des Ministeriums für Landwirthschaft rc.
99.	5.	Botenmeister, Kanzleidiener und Portiers bei dem Ministerium.
		(Siehe Centralverwaltung der Domänen und Forsten.)
		Ministerium der geistlichen rc. Angelegenheiten.
109.	7.	Botenmeister, Kanzlei- und Kassendiener, Portiers, Hausdiener und Hausnachtwächter bei dem Ministerium .
111.	2.	Botenmeister, Kanzleidiener, Portier und Hausdiener bei dem Evangelischen Oberkirchenrath . . . . . .
125.	7.	Küster und Gärtner bei der Charité . . . .
		Kriegs-Ministerium.
127.	1.	Oberzeugwart, Zeugwarte I. Klasse, Zeugwarte II. Klasse, Maschinist und Heizer . . . .
		Eisenbahnverwaltung.
23.	3.	Telegraphisten . . . .
23.	4.	Lademeister . . . .
		Klasse VI. 1200 bis 1600 Mark.
		Eisenbahnverwaltung.
23.	3.	Rangir- und Wagenmeister . . . .
23.	4.	Werkführer . . . .
		Bauverwaltung.
65.	5.	Schiffsführer, Maschinisten, Baggermeister, Maschinisten, Führer und Steuermänner der Harburger Dampffähre
		Justizverwaltung.
74. 75.		Oberaufseher . . . .
74. 75.		Werk-, Küchen- und Waschmeister . . . .
74.	9.	Lehrer . . . .
		Verwaltung des Innern.
91.	5.	Oberaufseher bei dem Polizei-Gefängnis in Berlin . .
96.	2.	Oberaufseher und Werkmeister bei den Strafanstalten .
92.	3.	Schutzmannswachtmeister in den Provinzen (mit Ausnahme von Charlottenburg) . . . .

ten sollen künftig beziehen in der				Die Beamten sollen verbleiben in der								
				1.	2.	3.	4.	5.	6.	7.	8.	9.
				Stufe								
				Jahre.	Jahre.	Jahre.	Jahre.	Jahre.	Jahre.	Jahre.	Jahre.	Jahre.
1400	1480	1560		3	3	3	3	3	3	3	Rest der Dienstjahre.	—
										.	.	—
										.	.	—
										.	.	—
										Rest der Dienstj.	—	—
1850				3	3	3	3	3	3	3	3	Rest der Dienstjahre.
				24								
				3	3	3	3	3	Rest der Dienstjahre.	—	—	—
				15								
				.	.	.	.	.	.	—	—	—
				.	.	.	.	.	.	—	—	—
				.	.	.	.	.	.	—	—	—
				.	.	.	.	.	.	—	—	—
				.	.	.	.	.	.	—	—	—
				.	.	.	.	.	.	—	—	—
				.	.	.	.	.	.	—	—	—

40*

Kap. des	Tit. Etats.	Dienststellung der Beamten.
		Noch Klasse VI. 1200 bis 1600 Mark.
		Handels- und Gewerbeverwaltung.
68.	2.	Seelootsen und Revierlootse . . . .
		Klasse VII. 1100 bis 1500 Mark.
		Domänenverwaltung.
1.	8.	Unterverwalter, Obergartengehilfe, Weinbauer, Wiesenmeister, Fehnmeister . . . .
		Forstverwaltung.
2.	8.	Förster . . . .
2.	4.	Torf-, Wiesen-, Wege, Flöß- ꝛc. Meister und Thiergartenförster . . . .
		Lotterieverwaltung.
11.	1.	Kanzlei- und Kassendiener, Wächter . . . .
		Münzverwaltung.
18.	1.	Kassendiener . . . .
		Deutscher Reichs- und Preußischer Staatsanzeiger.
53.	2.	Kassen- bezw. Kanzleidiener . . . .
		Finanz-Ministerium.
61.	1.	Unterbeamte der Thiergartenverwaltung . . . . . .
		Bauverwaltung.
65.	5.	Strommeister ꝛc., Hafenbauaufseher, Wehr- und Schleusenmeister . . . .
65.	6.	Strommeister der Ruhrschiffahrts- und Ruhrhafenverwaltung . . . .
		Landwirthschaftliche Verwaltung.
100.	8.	Boten beim Oberlandeskulturgericht . . . . . .
		Ministerium der geistlichen ꝛc. Angelegenheiten.
119.	8.	Förster bei der Universität in Greifswald . . . .
125.	7.	Förster in Prieborn (Charité) . . . .
122.	24.	Kastellan, Portier, Galeriediener I. Klasse und Galeriediener II. Klasse beim Museum in Kassel . . . . .
		Eisenbahnverwaltung.
23.	4.	Zugführer und Steuerleute, Packmeister . . . . . . Bemerkung. Bei Bemessung des Zugführergehalts wird die für die Bemessung des Packmeistergehalts maßgebend gewesene Dienstzeit mit berücksichtigt.
		Verwaltung des Innern.
91. 92.	7. 8.	Schutzmänner in Berlin und Charlottenburg . . . .
		Klasse VIII. 1000 bis 1500 Mark.
		Verwaltung der direkten Steuern.
6.	1.	Kanzleidiener bei der Direktion für die Verwaltung der direkten Steuern . . . .

…eamten sollen künftig beziehen in der								Die Beamten sollen verbleiben								
2.	3.	4.	5.	6.	7.	8.	9.	1.	2.	3.	4.	5.	6.	7.	8.	9.
Stufe								Stufe								
Mark.	Mark.	Mark.	Mark.	Mark.	Mark.	Mark.	Mark.	Jahre.	Jahre.	Jahre.	Jahre.	Jahre.	Jahre.	Jahre.	Jahre.	Jahre.
[illegible]00	400	1500	1600	—	—	—	—	8 (12)	8	8	8	Rest der Dienstjahre.	—	—	—	—
200	250	1800	1850	400	450	500	—	8	8	8	8	8	8	8	Rest der Dienstj.	—
.	.	.	.	.	.	.	—	.	.	.	.	.	.		.	—
.	.	.	.	.	.	.	—	.	.	.	.	.	.		.	—
.	.	.	.	.	.	.	—	.	.	.	.	.	.		.	—
.	.	.	.	.	.	.	—	.	.	.	.	.	.		.	—
.	.	.	.	.	.	.	—	.	.	.	.	.	.		.	—
.	.	.	.	.	.	.	—	.	.	.	.	.	.		.	—
.	.	.	.	.	.	.	—	.	.	.	.	.	.		.	—
.	.	.	.	.	.	.	—	.	.	.	.	.	.		.	—
.	.	.	.	.	.	.	—	.	.	.	.	.	.		.	—
.	.	.	.	.	.	.	—	.	.	.	.	.	.		.	—
.	.	.	.	.	.	.	—	.	.	.	.	.	.		.	—
1180	1260	840	1420	500	—	—	—	8	8	8	8	8	Rest der Dienstj.		—	—
.	.	.	.	.	—	—		.	.	.	.	.	.		—	—
1100	1200	260	1820	1880	1440	1500		8 (21)	8	8	8	8	8		Rest der Dienstj.	—

Kap.	Tit.	Dienststellung der Beamten.
des Etats.		
		Noch Klasse VIII. 1000 bis 1500 Mark.
		Verwaltung der direkten Steuern.
6.	8.	Kassendiener bei der Kreiskasse in Frankfurt a. M. . . Vollziehungsbeamte bei den Kreis- und Steuerkassen
		Verwaltung der indirekten Steuern.
7.	1.	Magazindiener beim Haupt-Stempel-Magazin . . . .
8.	8.	Boten und Diener bei den Provinzial-Steuer-Direktionen
		Berg-, Hütten- und Salinenverwaltung.
14.	1.	Boten bei der Bergwerks-Direktion in Saarbrücken . .
20. 21.	4. 1.	Unterbeamte bei den Oberbergämtern und der Bergakademie in Berlin . . . .
		Staatsarchive.
45.	4.	Archivdiener in den Provinzen . . . .
		Ansiedelungskommission.
54a.	8.	Kanzleidiener . . . .
		Finanz-Ministerium.
58.	4.	Kassendiener, Boten- und Hauswächter bei den Ober-Präsidien und Regierungen ꝛc. . . . .
59.	1.	Kassendiener und Boten bei den Rentenbanken . . .
		Bauverwaltung.
65.	5.	Steuerleute, Materialien-Aufseher und Bauschreiber, Bauaufseher, Brunnenmeister ꝛc., Baggermeister, Ballastmeister und Maschinenführer am Oberländischen Kanal
		Handels- und Gewerbeverwaltung.
69a.	1.	Portier und Kassendiener bei der Porzellan-Manufaktur
		Justizverwaltung.
78.	8.	Kastellan und Gerichtsdiener bei den Oberlandesgerichten
		Verwaltung des Innern.
84.	8.	Botenmeister und Kanzleidiener bei dem Statistischen Bureau . . . .
91.	5.	Kassendiener, Boten und Vollziehungsbeamte, Portier, Leichendiener, Aufseher bei der Polizeiverwaltung in Berlin . . . .
92.	4.	Polizeibote in Charlottenburg . . . .
96.	2.	Erster Aufseher bei der Erziehungs- und Besserungsanstalt in St. Martin . . . .
		Landwirthschaftliche Verwaltung.
101.	8.	Boten bei den General-Kommissionen . . . .
106.	2.	Deichvögte . . . .
		Gestütverwaltung.
108.	1/17.	Stut-, Sattel-, Futter- und Schleusenmeister, Magazinverwalter . . . .

				Die Beamten sollen verbleiben in der							
				1.	2.	3.	4.	5.	6.	7.	8.	9.
				Stufe								
				Jahre.	Jahre.	Jahre.	Jahre.	Jahre.	Jahre.	Jahre.	Jahre.	Jahre.
	1440	1500	—	3	3	3	3	3	3	3	Rest der Dienstz.	—
								21				
	.	.	—	.	.	.	.	.	.	.	.	—
	.	.	—	.	.	.	.	.	.	.	.	—
	.	.	—	.	.	.	.	.	.	.	.	—
	.	.	—	.	.	.	.	.	.	.	.	—
	.	.	—	.	.	.	.	.	.	.	.	—
	.	.	—	.	.	.	.	.	.	.	.	—
	.	.	—	.	.	.	.	.	.	.	.	—
	.	.	—	.	.	.	.	.	.	.	.	—
	.	.	—	.	.	.	.	.	.	.	.	—
	.	.	—	.	.	.	.	.	.	.	.	—
	.	.	—	.	.	.	.	.	.	.	.	—
	.	.	—	.	.	.	.	.	.	.	.	—
	.	.	—	.	.	.	.	.	.	.	.	—
	.	.	—	.	.	.	.	.	.	.	.	—
	.	.	—	.	.	.	.	.	.	.	.	—
	.	.	—	.	.	.	.	.	.	.	.	—
	.	.	—	.	.	.	.	.	.	.	.	—

Kap. des	Tit. Etats.	Dienststellung der Beamten.	Zahl
		Noch Klasse VIII. 1000 bis 1500 Mark.	
		Ministerium der geistlichen ꝛc. Angelegenheiten.	
112.	2.	Kanzleidiener bei den Konsistorien	
117.	2.	Kanzleidiener und Portier bei den Provinzial-Schulkollegien	
119.	1—10.	Pedelle, Hilfspedelle, Kastellane, Hausverwalter, Haus-, Kassen- und Institutsdiener bei den Universitäten . .	
122.	1.	Sammlungsaufseher, Kassendiener, Portiers, Bureaudiener, Hausdiener und Wächter beim Kunstmuseum in Berlin	
122.	6a.	Sammlungsaufseher, Bibliothekdiener, Kassendiener, Schuldiener, Oberformer, Röhrmeister, Portiers, Bureaudiener, Hausdiener und Wächter beim Kunstgewerbe-Museum	
122.	7.	Sammlungsaufseher, Portiers und Hausdiener bei der Nationalgalerie	
122.	12.	Kastellan und Bibliothekdiener, sowie Hausdiener bei der Königlichen Bibliothek in Berlin	
122.	17.	Bureaudiener beim Geodätischen Institut	
122.	20a.	Institutsdiener beim Meteorologischen Institut . . .	
122.	21.	Institutsdiener beim Astrophysikalischen Observatorium	
122.	44.	Kastellan und Bote bei der Akademie der Wissenschaften	
122.	24.	Diener des Rauch-Museums in Berlin	
122.	87.	Kastellan, Pedell, Haus- und Bibliothekdiener und Portier bei der Akademie der Künste	
122.	87.	Kastellan, Portier und Hausdiener bei der Hochschule für Musik in Berlin . . . . Kalkant und Aufwärter bei dem akademischen Institut für Kirchenmusik	
122.	39.	Kastellan bei der Kunstakademie in Königsberg . . .	
122.	40.	Kastellan, Hausdiener bei der Kunstakademie in Düsseldorf	
122.	41.	Bote bei der Kunstakademie in Kassel	
122.	42.	Portier und Schuldiener an der Kunstschule in Berlin	
122.	43.	Aufwärter bei der Kunst- und Kunstgewerbeschule in Breslau	
123.	1.	Unterbeamte bei der technischen Hochschule in Berlin .	
123.	2.	Pedelle, Haus-, Laboratorien- und Sammlungsdiener der technischen Hochschule in Hannover	
123.	3.	Mechaniker, Werkmeister und sonstige Unterbeamte bei der technischen Hochschule in Aachen	
125.	7.	Diener und Portiers des Charité-Krankenhauses in Berlin	
125.	8.	Portier und Diener des Instituts für Infektionskrankheiten in Berlin	

in der

Stufe

1200	1260					21				Rest der Dienstjahre.	—
.	.	.	.	.	.	.	.	.	.	.	—
.	.	.	.	.	.	.	.	.	.	.	—
.	.	.	.	.	.	.	.	.	.	.	—
.	.	.	.	.	.	.	.	.	.	.	—
.	.	.	.	.	.	.	.	.	.	.	—
.	.	.	.	.	.	.	.	.	.	.	—
.	.	.	.	.	.	.	.	.	.	.	—
.	.	.	.	.	.	.	.	.	.	.	—
.	.	.	.	.	.	.	.	.	.	.	—

Kap.	Tit.	Dienststellung der Beamten.	Zahl der Beamten.
des Etats.			
		Noch Klasse VIII. 1000 bis 1500 Mark.	
		Verwaltung der indirekten Steuern.	
9.	8.	Grenz- und Steueraufseher	7232
		Landwirthschaftliche Verwaltung.	
105.	1.	Fischmeister	87
		Verwaltung des Innern.	
90. 92.	8. 8.	Schutzmänner in den Provinzen (mit Ausnahme von Charlottenburg)	1710
		Eisenbahnverwaltung.	
23.	2, 3 u. 4.	Billetdrucker, Magazinaufseher, Brückengeldeinnehmer, Weichensteller I. Klasse, Kassendiener, Lokomotivheizer, Maschinenwärter, Trajektheizer und Bureaudiener . .	11611
32.	6.	Bureaudiener bei dem Eisenbahn-Kommissariat in Berlin Bemerkung. Bei Bemessung des Gehalts der Weichensteller I. Klasse wird die für die Bemessung des Gehalts der Weichensteller oder Brückenwärter maßgebend gewesene Dienstzeit mitberücksichtigt, wenn und insoweit dieselbe mehr als 4 Jahre beträgt.	
		Klasse IX. 900 bis 1500 Mark.	
		Domänenverwaltung.	
1.	8.	Bademeister, Brunnenmeister, Krugzähler, Packhof- und Brunnenaufseher bei der Mineralbrunnenverwaltung, Fischerei-Oberaufseher, Gartenmeister, Gärtner und Gartengehilfen, Rehnenmeister, Grabenmeister, Dammmeister und Moorvögte	84
		Bauverwaltung.	
65.	5.	Schleusenmeister ꝛc., Strom- und Kanalaufseher ꝛc., Maschinenmeistergehilfen, Schiffsbrückenaufseher und -Wärter (am Rhein), Bauaufseher, Schloßaufseher ꝛc., Obersteuermann, Fähraufseher und Amtsdiener . .	294
65.	6.	Hafenpolizeisergeanten und Schleusenmeister ꝛc. bei der Ruhrschiffahrts- und Ruhrhafenverwaltung	
		Handels- und Gewerbeverwaltung.	
68. 68.	1. 3a.	Untere Schiffahrts- und Hafenpolizeibeamte . . . . Unterbeamte bei den staatlichen Aichungsämtern . . .	44
		Justizverwaltung.	
74. 75.	10. 1—6.	Kastellane, Gerichtsdiener und Gefangenaufseher, sowie Maschinist und Heizer bei den Landgerichten und Amtsgerichten und Gefangenaufseher bei den besonderen Gefängnissen	8475
74. 75.	10. 1—6.	Oberaufseherinnen	8
74.	10.	Lehrerin	1

Die Beamten sollen künftig beziehen in der									Die Beamten sollen verbleiben in der								
1.	2.	3.	4.	5.	6.	7.	8.	9.	1.	2.	3.	4.	5.	6.	7.	8.	9.
Stufe									Stufe								
Mark.	Mark.	Mark.	Mark.	Mark.	Mark.	Mark.	Mark.	Mark.	Jahre.	Jahre.	Jahre.	Jahre.	Jahre.	Jahre.	Jahre.	Jahre.	Jahre.
1000	1100	1180	1260	1340	1420	1500	—	—	3	3	3	3	3	3	Rest der Dienstj.	—	—
									18								
.	.	.	.	.	.	.	—	—	.	.	.	.	.	.	.	—	—
1000	1100	1200	1300	1400	1500	—	—	—	3	3	3	3	3	Rest der Dienstjahre	—	—	—
									15								
1000	1080	1140	1200	1260	1320	1380	1440	1500	3	3	3	3	3	3	3	3	Rest der Dienstjahre
									24								
00	1000	1100	1180	1260	1340	1420	1500	—	3	3	3	3	3	3	3	Rest der Dienstjahre	—
									21								
.	.	.	.	.	.	.	.	—	.	.	.	.	.	.	.	.	—
.	.	.	.	.	.	.	.	—	.	.	.	.	.	.	.	.	—
.	.	.	.	.	.	.	.	—	.	.	.	.	.	.	.	.	—
.	.	.	.	.	.	.	.	—	.	.	.	.	.	.	.	.	—
.	.	.	.	.	.	.	.	—	.	.	.	.	.	.	.	.	—

Kap. des Etats.	Tit. des Etats.	Dienststellung der Beamten.	Zahl der Beamten.
		Noch Klasse IX. 900 bis 1500 Mark.	
		Verwaltung des Innern.	
90.	3.	Kreisboten und Oberamtsdiener	492
92.	4.	Polizeiboten und Polizei-Gefängnisaufseher in den Provinzen	85
96.	2.	Strafanstaltsaufseher und Aufseher in Kempen, Führer bei den Erziehungs- und Besserungsanstalten in Wabern und Konradshammer und Aufseher bei dem Polizeigefängnis zu Cöln	1229
		Oberaufseherinnen und Hausmütter	16
		Landwirthschaftliche Verwaltung.	
102.	1.	Kastellan, Pförtner und Diener an der landwirthschaftlichen Hochschule in Berlin	
102.	3.	Pförtner und Diener bei der landwirthschaftlichen Akademie in Poppelsdorf	
102.	4.	Unterbeamte bei den pomologischen Instituten in Proskau und Geisenheim	22
108.	1.	Gärtner, Kanzlei- und Kassendiener bei der thierärztlichen Hochschule in Berlin	
103.	2.	Futtermeister, Diener und Anatomiewärter bei der thierärztlichen Hochschule in Hannover	
		Verwaltung der indirekten Steuern.	
9.	3.	Schiffer auf Wacht- und Kreuzerschiffen	39
		Klasse X. 800 bis 1200 Mark.	
		Domänenverwaltung.	
1.	3.	Rentamtsdiener, Brunnen-, Röhrleitungs-, Garten-, Park-, Wiesen-, Weide-, Fischerei-, Kanal-, Schleusen-, Busch-Aufseher und -Wärter, Krugzähler, Pritzstabel, Schloßwarte, Saalwärter, Pförtner	43
		Forstverwaltung.	
8.	1. 2.	Hausmeister und Pedelle bei den Forstakademien in Eberswalde und Münden	2
		Verwaltung der indirekten Steuern.	
9.	3.	Thorwärter, Amtsdiener, Gewichtssetzer, Bootsführer 2c., Matrosen und Heizer auf Wacht- und Kreuzerschiffen .	612
		Bauverwaltung.	
65.	5.	Nehrungsaufseher, Hafenpflanzungsaufseher, Hafenablagewärter und Bauhofs- und Materialienwächter, Dünenbauaufseher, Dünenaufseher, Leuchtfeuerwärter 2c., Steuermänner, Feuerwärter 2c., Krahnmeister, Buhnen- und Pflanzungsaufseher, Brückenaufseher, Maschinenwärter am Oberländischen Kanal und Schleusenmeister	

Die Beamten sollen künftig beziehen in der									Die Beamten sollen verbleiben in der								
1.	2.	3.	4.	5.	6.	7.	8.	9.	1.	2.	3.	4.	5.	6.	7.	8.	9.
Stufe									Stufe								
Mark.	Mark.	Mark.	Mark.	Mark.	Mark.	Mark.	Mark.	Mark.	Jahre.	Jahre.	Jahre.	Jahre.	Jahre.	Jahre.	Jahre.	Jahre.	Jahre.
900	1000	1100	1180	1260	1340	1420	1500	—	3	3	3	3	3	3	3 (zusammen 21)	Rest der Dienstj.	—
.	.	.	.	.	.	.	.	—	.	.	.	.	.	.	.	.	—
.	.	.	.	.	.	.	.	—	.	.	.	.	.	.	.	.	—
.	.	.	.	.	.	.	.	—	.	.	.	.	.	.	.	.	—
.	.	.	.	.	.	.	.	—	.	.	.	.	.	.	.	.	—
900	1000	1100	1200	1300	1400	1500	—	—	3	3	3	3	3	3 (zusammen 18)	Rest der Dienstjahre.	—	—
800	900	950	1000	1050	1100	1150	1200	—	3	3	3	3	3	3	3 (zusammen 21)	Rest der Dienstjahre.	—
.	.	.	.	.	.	.	.	—	.	.	.	.	.	.	.	.	—
.	.	.	.	.	.	.	.	—	.	.	.	.	.	.	.	.	—
.	.	.	.	.	.	.	.	—	.	.	.	.	.	.	.	.	—

Kap. des Etats.	Tit. des Etats.	Dienststellung der Beamten.	
		Noch Klasse X. 800 bis 1200 Mark.	
		Noch Bauverwaltung.	
65.	6.	Hafenwächter und Brückenaufseher bei der Ruhrschifffahrts- und Ruhrhafenverwaltung	
		Handels- und Gewerbeverwaltung.	
69.	1.	Schulwärter bei den Navigations-Haupt- und Vorschulen	
69.	1a.	Schuldiener bei den Baugewerkschulen in Nienburg, Posen und Königsberg	
69.	1b.	Schuldiener bei der Werkmeisterschule für Maschinenbauer 2c. in Dortmund	
		Ministerium der geistlichen 2c. Angelegenheiten.	
120.	2.	Schuldiener bei den höheren Lehranstalten	
121.	1.	Schuldiener bei den Seminaren	
121.	17.	Kastellan der Turnlehrer-Bildungsanstalt	
121.	45.	Hauswart der Blindenanstalt in Steglitz	
122.	24.	Schloßkastellan in Marienburg	
122.	24.	Diener der Landesbibliothek in Wiesbaden . . . . . Diener des Vereins für Nassauische Alterthumskunde 2c.	
		Kriegs-Ministerium.	
127.	1.	Wächter beim Zeughause	
		Eisenbahnverwaltung.	
23.	3.	Portiers, Billetschaffner, Weichensteller, Krahnmeister, Brückenwärter	
23.	4.	Schaffner, Matrosen, Bremser . . . . Bemerkung. Die Schaffner werden mit dem Dienstalter als Bremser, mindestens mit dem Gehaltsbetrage der 3. Stufe (900 Mark) angestellt.	[illegible]
		Klasse XI. 700 bis 900 Mark.	
		Bauverwaltung.	
65.	5.	Brunnenwärter, Brückenmatrosen, Brückenaufseher und Schleusenwärtergehilfen	
		Justizverwaltung.	
74.	10.	Pförtner	
74. 75.	10. 1—6.	Aufseherinnen	

…e Beamten sollen künftig beziehen in der								Die Beamten sollen verbleiben in der								
2.	3.	4.	5.	6.	7.	8.	9.	1.	2.	3.	4.	5.	6.	7.	8.	9.
Stufe								Stufe								
Mark.	Mark.	Mark.	Mark.	Mark.	Mark.	Mark.	Mark.	Jahre.	Jahre.	Jahre.	Jahre.	Jahre.	Jahre.	Jahre.	Jahre.	Jahre.
900	950	1000	1050	1100	1150	1200	—	3	3	3	3	3	3	3	Rest der Dienstjahre.	—
								21								
.	.	.	.	.	.	.	—	.	.	.	.	.	.	.	.	—
.	.	.	.	.	.	.	—	.	.	.	.	.	.	.	.	—
.	.	.	.	.	.	.	—	.	.	.	.	.	.	.	.	—
.	.	.	.	.	.	.	—	.	.	.	.	.	.	.	.	—
.	.	.	.	.	.	.	—	.	.	.	.	.	.	.	.	—
.	.	.	.	.	.	.	—	.	.	.	.	.	.	.	.	—
900	960	1020	1080	1140	1200	—	—	1	3	3	3	3	3	Rest der Dienstj.	—	—
								16								
850	900	950	1000	1050	1100	1150	1200	3	3	3	3	3	3	3	3	Rest der Dienstjahre.
								24								
750	800	850	900	—	—	—	—	3	3	3	3	Rest der Dienstj.	—	—	—	—
								12								
.	.	.	.	—	—	—	—	.	.	.	.	.	—	—	—	—
.	.	.	.	—	—	—	—	.	.	.	.	.	—	—	—	—

Kap. des Etats.	Tit. des Etats.	Dienststellung der Beamten.	Zahl
		Noch Klasse XI. 700 bis 900 Mark.	
		Ministerium des Innern.	
91.	5.	Aufseherinnen bei der Polizeiverwaltung in Berlin . .	
96.	2.	Aufseherinnen bei den Strafanstalten und bei dem Polizeigefängnis zu Cöln	
92.	4.	Polizeidiener in Eydtkuhnen und Prostken	
		Gefangenwärterin in Frankfurt a. M.	
		Ministerium der geistlichen ꝛc. Angelegenheiten.	
122.	24.	Aufseher der Gemäldesammlung in Wiesbaden . . .	
119.	1.	Nachtwächter bei der Universität in Königsberg . . .	
119.	9.	Nachtwächter bei der Universität in Bonn	
		Eisenbahnverwaltung.	
23.	8.	Bahn- und Krahnwärter, sowie Nachtwächter	14
		Klasse XII. 400 bis 800 Mark.	
		Ministerium der geistlichen ꝛc. Angelegenheiten.	
122.	24.	Schloßdiener in Marienburg	
		Klasse XIII. 500 bis 700 Mark.	
		Bauverwaltung.	
65.	5.	Buschwärter, Krahn- und Pflanzungsaufseher . . .	
		Klasse XIV. 144 bis 216 Mark.	
		Domänenverwaltung.	
1.	8.	Stackmeister	
		Bauverwaltung.	
65.	5.	Stackmeister	

…Beamten sollen künftig beziehen in der								Die Beamten sollen verbleiben in der								
2.	3.	4.	5.	6.	7.	8.	9.	1.	2.	3.	4.	5.	6.	7.	8.	9.
Stufe								Stufe								
Mark.	Mark.	Mark.	Mark.	Mark.	Mark.	Mark.	Mark.	Jahre.	Jahre.	Jahre.	Jahre.	Jahre.	Jahre.	Jahre.	Jahre.	Jahre.
750	800	850	900	—	—	—	—	8	8	8	8	Rest der Dienstjahre.	—	—	—	—
								12								
.	.	.	.	—	—	—	—	.	.	.	.	.	—	—	—	—
.	.	.	.	—	—	—	—	.	.	.	.	.	—	—	—	—
.	.	.	.	—	—	—	—	.	.	.	.	.	—	—	—	—
.	.	.	.	—	—	—	—	.	.	.	.	.	—	—	—	—
.	.	.	.	—	—	—	—	.	.	.	.	.	—	—	—	—
725	750	775	800	825	850	875	900	8	8	8	8	8	8	8	8	Rest der Dienstjahre.
								24								
500	550	600	650	700	750	800	—	8	8	8	8	8	8	8	Rest der Dienstjahre.	—
								21								
550	600	650	700	—	—	—	—	8	8	8	8	Rest der Dienstjahre.	—	—	—	—
								12								
180	216	—	—	—	—	—	—	8	8	Rest d. Dienstj.	—	—	—	—	—	—
								16								
.	.	—	—	—	—	—	—	.	.	.	—	—	—	—	—	—

90) Feststellung der Entschädigung, welche die Unte beamten nach Einführung der Dienstaltersstufen für d zu ihrem Bedarf aus den Vorräthen der Behörden en nommene Feuerungsmaterial zu zahlen haben.

Berlin, den 15. Juli 18

Aus Anlaß eines Einzelfalles mache ich die nachgeordne Behörden meines Ministeriums darauf aufmerksam, daß auch n Einführung des Besoldungssystems nach Dienstaltersstufen für Unterbeamten die Entschädigung, welche von den eine Die wohnung innehabenden Unterbeamten für die Entnahme des ihrem eigenen Bedarf erforderlichen Feuerungs=Materiales den Vorräthen der Behörde an die Staatskasse zu entrichten dem Allerhöchsten Erlasse vom 15. September 1889 (mitgeth durch den Runderlaß vom 19. Oktober dess. J. — G. III. 6952 Centralbl. für 1889 S. 717) entsprechend mit drei und ein halben Prozent des Durchschnittsbetrages der Gehaltsklasse, welcher die betreffende Unterbeamtenstelle gehört, zu erheben

Der Minister der geistlichen ꝛc. Angelegenheiten.
In Vertretung: von Weyrauch.

An
die nachgeordneten Behörden des Ministeriums.
G. III. 1727.
G. I. U. I. U. II. U. III. U. III.B. U. IV.

B. Universitäten.

91) Erlaß, betreffend die Bezeichnung der Assistent Volontäre und Hilfsarbeiter an den Königlichen u Universitäts=Bibliotheken.

Berlin, den 1. April 1

Ew. Hochwohlgeboren lasse ich hierneben einen Erlaß, treffend die Bezeichnung der Assistenten, Volontäre und Hi arbeiter an den Königlichen und Universitäts=Bibliotheken, heutigen Tage in sechs Exemplaren mit dem ergebensten Ersu zugehen, denselben in je zwei Exemplaren dem Vorsteher dortigen Universitäts=Bibliothek und dem Rektor und Sena Kenntnisnahme und Beachtung mitzutheilen.

Der Minister der geistlichen ꝛc. Angelegenheiten.
Bosse.

An
die Herren Kuratoren sämmtlicher Universitäten,
der Königl. Akademie zu Münster und des
Lyceum Hosianum zu Braunsberg.
U. I. 580 II.

[E]rlaß, betreffend die Bezeichnung der Assistenten, Volon- [t]äre und Hilfsarbeiter an den Königlichen und Uni- versitäts-Bibliotheken.

Berlin, den 1. April 1892.

Um die bei den Bibliotheken meines Ressorts bestehenden [V]erschiedenheiten in der Bezeichnung der wissenschaftlichen Assi- [st]enten, Volontäre und Hilfsarbeiter zu beseitigen, bestimme ich, [w]as folgt:

1) Als Assistenten sind fortan nur Diejenigen zu bezeichnen, [w]elche für den staatlichen Bibliotheksdienst, wenngleich ohne [e]tatsmäßige Anstellung, dauernd angenommen sind und in der [R]egel gegen Remuneration beschäftigt werden.

2) Diejenigen, welche sich dem staatlichen Bibliotheksdienste [d]auernd zu widmen beabsichtigen, einstweilen jedoch behufs Fest- [st]ellung ihrer Befähigung nur probeweise zur unentgeltlichen [B]eschäftigung zugelassen sind, heißen Volontäre.

3) Hilfsarbeiter sind Diejenigen, welche, ohne für den staat- [li]chen Bibliotheksdienst wie die Assistenten dauernd angenommen [o]der wie die Volontäre zu demselben probeweise zugelassen zu [se]in, mit oder ohne Remuneration vorübergehend beschäftigt [w]erden.

Da die Stellung der Hilfsarbeiter als solche eine außer- [or]dentliche ist, so ist die Bezeichnung „außerordentlicher Hilfs- [ar]beiter" hinfort nicht mehr zu gebrauchen.

Der Minister der geistlichen rc. Angelegenheiten.
Bosse.

I. 5801.

---

[2]) Anwesenheit der Studirenden am Universitätsorte.

Berlin, den 21. April 1892.

Nachdem durch Verfügung vom 30. März d. J. — U. I. [..]13. — die Universitäts-Statistik für die Kontrole der Ortsan- [w]esenheit der Studirenden nutzbar gemacht ist, will ich den Erlaß, [be]treffend die Anwesenheit der Studirenden am Universitätsorte, [v]om 18. Juli 1890 (— U. I. 1761. II. — Centrlbl. für 1890 [S]. 641), unter Aufrechthaltung der übrigen Bestimmungen des- [sel]ben dahin abändern, daß es der darin für jedes Semester [vo]rgeschriebenen Ermittelungen bei wenigstens zehn Prozent der [S]tudirenden nicht mehr bedarf. Damit kommen zugleich die [du]rch Verfügung vom 4. November 1890 — U. I. 2362. — [C]entrlbl. für 1890 S. 718) mitgetheilten Grundzüge für die [Au]sführung dieser Ermittelungen, vom 29. Oktober 1890, in

Wegfall. Ich spreche hierbei aber die Erwartung aus, daß akademischen Disciplinarbehörden nach wie vor ihr besonde Augenmerk auf die Ortsanwesenheit der Studirenden richten in Fällen einer längeren unerlaubten Abwesenheit nicht säum werden, mit den in dem Erlasse vom 18. Juli 1890 vor schriebenen Maßnahmen vorzugehen. Ueber die Erfahrung welche sich in dieser Beziehung ergeben werden, sehe ich Schluß eines jeden Semesters einem gefälligen Berichte in bisherigen Weise entgegen.

Der Minister der geistlichen rc. Angelegenheiten.
Bosse.

An
sämmtliche Herren Universitäts-Kuratoren, die Herren Kuratoren der Akademie zu Münster und des Lyceum Hosianum zu Braunsberg und das Universitäts-Kuratorium hierselbst.

U. I. 687.

---

93) Nachrichten über Verwaltung und Verwendung d Kollektenfonds für Studirende der evangelischen The logie auf den Königlichen Universitäten zu Berlin u Greifswald während des Etatsjahres 1. April 1891

I. Die auf Grund bestehender Bestimmungen in den ev gelischen Kirchen der Regierungsbezirke Danzig, Marienwerd Stettin, Cöslin, Potsdam und Frankfurt a. O., sowie der St Berlin periodisch eingesammelten Kollekten zur Unterstützung hi bedürftiger Studirender der evangelischen Theologie auf d Königlichen Universitäten zu Berlin und Greifswald haben währ des Etatsjahres 1. April 1890/91 ergeben . 9045 Mk. 46

II. Hiervon sind aufgebracht in den Regierungsbezirken

Danzig	321 Mk.	46 Pf.	
Marienwerder . . .	393 „	85 „	
Stettin	1375 „	60 „	
Cöslin	1010 „	05 „	
Potsdam	2281 „	49 „	
Frankfurt a. O. . .	1597 „	63 „	
in der Stadt Berlin	2065 „	38 „	
	zusammen		9045 Mk. 46

III. Von diesem unter der Verwaltung des Ministers d geistlichen rc. Angelegenheiten stehenden Fonds sind überwie

1) dem Rektor und dem Senat der hiesigen Königlichen Friedrich-Wilhelms-Universität zur Gewährung von Unterstützungen an Studirende der evangelischen Theologie	4000 Mk.	—	Pf.
wovon 15 Studirende Beträge bis zu 30 Mk., 37 " " von über 30 Mk. bis 100 Mk., 8 Studirende Beträge von über 100 Mk. erhalten haben;			
2) dem Universitäts-Kurator in Greifswald zu gleichem Zwecke	1000 "	—	"
wovon 20 Studirende je 50 Mk. erhalten haben;			
3) dem hiesigen Domkirchen-Kollegium als Entschädigung für den Ausfall an Miethe für die zur Aufnahme einer Anzahl Studirender der evangelischen Theologie verwendete Etage des Pfarrhauses der Domkirche	540 "	—	"
4) dem zur Aufnahme von Studirenden der evangelischen Theologie bestimmten Melanchthon-Hause hierselbst . . .	1500 "	—	"
während			
5) der Restbetrag von	2005 "	46	"
als Centralfonds behandelt ist, aus welchem 25 Studirenden der evangelischen Theologie auf der hiesigen und der Königlichen Universität in Greifswald Beihilfen im Betrage von 60 Mk. bis 120 Mk. bewilligt sind.			
Summa	9045 Mk.	46	Pf.

Berlin, den 23. Mai 1892.

Der Minister der geistlichen 2c. Angelegenheiten.
Im Auftrage: Althoff.

) Anweisung, betreffend die Ueberwachung und Unter-
ltung der betriebstechnischen Einrichtungen bei den Universitäts-Instituten.

Berlin, den 7. Juni 1892.

Ew. Hochwohlgeboren übersenden wir beifolgend in drei
emplaren die von uns unterm heutigen Tage erlassene An-

weisung, betreffend die Ueberwachung und Unterhaltung der be triebstechnischen Einrichtungen bei den Universitäts-Instituten zur gefälligen Kenntnisnahme und Nachachtung mit dem e gebenen Bemerken, daß die betheiligten Herren Regierungs Präsidenten beauftragt sind, die Lokalbaubeamten mit entsprechende Weisung zu versehen, bezw. für Greifswald mit dem Ersuchen ein Exemplar dem akademischen Baubeamten zur Nachachtun zugehen zu lassen.*)

Bei dieser Gelegenheit machen wir zugleich darauf ergeben aufmerksam, daß nach diesseitiger Wahrnehmung die Bestimmun im §. 3 der Anweisung für die Behandlung der Universitäts Bausachen vom 15. Mai 1888 nicht immer gehörig beobacht wird, wonach die Herren Kuratoren in dem zuständigen Re gierungs- und Baurathe ihren bautechnischen Berather zu seh und ihn daher in allen Fragen bautechnischer Art zuzuzieh haben. Im Interesse der sachgemäßen Erledigung der Universität Bauangelegenheiten liegt es, daß nach dieser Bestimmung über verfahren wird. Namentlich ist es von Wichtigkeit, daß d Regierungs- und Bauräthe rechtzeitig gehört werden, also einem solchen Stadium der Angelegenheit, wo ihr Rath bez Eingreifen noch von Erfolg sein kann. Ew. Hochwohlgebor ersuchen wir ergebenst, hiernach künftig gefälligst zu verfahre

An
die Herren Universitäts-Kuratoren zu Königsberg, Greifswald, Breslau, Halle, Kiel, Göttingen, Marburg und Bonn, sowie den Herrn Kurator der Königlichen Akademie zu Münster.

Abschrift übersenden wir Ew. Hochwohlgeboren ergeben unter Anschluß von drei Exemplaren der Anweisung zur g fälligen Kenntnisnahme und weiteren Veranlassung.

Der Minister der öffentlichen Arbeiten.
Im Auftrage: Schulz.

Der Minister der geistlichen Angelegenheiten.
Im Auftrage: Althoff.

An
die Herren Regierungs-Präsidenten zu Königsberg, Stralsund, Breslau, Merseburg, Schleswig, Hildesheim, Cassel, Cöln und Münster.

Min. d. ö. A. III. 11227.
Min. d. g. A. U. I. 940.

---

*) Abschrift hiervon hat die Königliche Ministerial-Bau-Kommission Berlin zur weiteren Veranlassung in Betreff der hiesigen Univers erhalten.

weisung, betreffend die Ueberwachung und Unter-ltung der betriebstechnischen Einrichtungen bei den Universitäts-Instituten.

Die mit der baulichen Unterhaltung von Universitäts-stituten und deren Nebenanlagen betrauten Baubeamten sind rpflichtet, die zu den Instituten gehörigen maschinellen Anlagen d betriebstechnischen Einrichtungen zu überwachen und für ren sachgemäße Instandhaltung Sorge zu tragen.

Zu diesen Anlagen sind zu rechnen: Centralheizungen und ftungen aller Art, Gas-, Wasser- und Entwässerungsanlagen, ktrische Leitungen zu Zwecken der Beleuchtung, Telegraphie d Kraftübertragung, Badeanlagen, Koch- und Waschküchen-nrichtungen, Kläranlagen, Desinfektionsapparate, Aufzüge 2c. bst den dazu gehörigen Kesseln und Betriebsmaschinen.

Unbeschadet der für die allgemeine Behandlung der Universi-ts-Bausachen gültigen Bestimmungen vom 15. Mai 1888 und r bezüglich der Ueberwachung von Centralheizungen erlassenen nweisung hat der Baubeamte alle vorgenannten Anlagen regel-äßig alle Vierteljahre einmal in Gemeinschaft mit dem Anstalts-spektor, dem Maschinenmeister und den Heizern — erforderlichen alls unter Zuziehung eines Specialtechnikers — einer genauen rüfung zu unterziehen und dabei alle nothwendigen bezw. ünschenswerthen Instandsetzungen festzustellen.

Die hierüber aufzunehmende Verhandlung ist dem Universi-ts-Kurator (bezw. in Berlin der Ministerial-Bau-Kommission) r Entscheidung über die einzelnen Punkte, bezw. zur Bereit-llung der erforderlichen Mittel vorzulegen.

Von dem Zeitpunkte der regelmäßigen Besichtigungen ist desmal der zuständige Regierungs- und Baurath durch Ver-ittelung des Universitäts-Kurators rechtzeitig in Kenntnis zu zen, um demselben Gelegenheit zu geben, geeignetenfalls an n Besichtigungen Theil zu nehmen.

Sofern die zur laufenden Unterhaltung der Gebäude etats-äßig zur Verfügung stehenden Mittel zur Deckung der Kosten r Instandhaltung der in Rede stehenden Anlagen nicht aus-ichen, wird der Universitäts-Kurator die Entscheidung des Herrn Ministers der geistlichen, Unterrichts- und Medizinal-Angelegen-eiten nachsuchen; das Gleiche gilt, wenn über die Nothwendig-it von Instandsetzungen wesentliche Meinungsverschiedenheiten wischen dem Kurator und den Baubeamten (Regierungs- und aurathe und Bauinspektor) bestehen.

In allen dringenden Fällen, namentlich dann, wenn Gefahr n Verzuge ist, hat der Baubeamte sofort die nöthigen Anordnungen zu treffen und hiervon dem Kurator (bezw. in Berli der Ministerial-Bau-Kommission) Anzeige zu erstatten.

Die aus dem regelmäßigen Betriebe sich ergebenden kleine Instandsetzungen, — wie die Verpackung von Dichtungen, Rein gung von Kanälen, Apparaten und Heizkörpern 2c., Beseitigun von Kesselstein, Nachdrehen von Muffen und Flanschen, Er gänzung der zum Frost- bezw. Wärmeschutze dienenden Vor kehrungen, Auswechselung von Roststäben, Beseitigung von Schäde bei vorkommenden Rohrbrüchen u. s. w. — hat der Maschinen meister bezw. der Heizer unter eigener Verantwortlichkeit zur Aus führung zu bringen, jedoch allmonatlich das hierüber sowie üb die entstandenen Tagelöhne und sonstigen Kosten zu führend Tagebuch dem Baubeamten zur Kenntnisnahme vorzulegen.

Von allen unerwartet auftretenden Schäden, welche üb den Rahmen der gewöhnlichen, aus dem Betriebe sich ergebende Abnutzung hinausgehen, hat der Maschinenmeister bezw. de Heizer dem Baubeamten sofort Anzeige zu erstatten und desse weitere Anweisung zu erwarten. Letzterer hat je nach Lage de Falles entweder sofortige Anordnungen zu treffen oder zunächs dem Kurator (bezw. in Berlin der Ministerial-Bau-Kommission Anzeige zu erstatten.

Der Baubeamte hat auch dafür zu sorgen, daß von de hier in Rede stehenden Betriebseinrichtungen richtige Pläne an gefertigt und in diese alle im Laufe der Zeit vorkommende Aenderungen eingetragen werden.

Im Uebrigen hat der Baubeamte dauernd darauf zu achte daß die Kosten des regelmäßigen Betriebes sich in angemessene ökonomischen Grenzen halten. Zu diesem Zwecke ist er bei de Verdingung des Bedarfs an Kohlen und sonstigen Brennmaterialie in soweit mitzuwirken verpflichtet, als er über die eingegangene Lieferungsangebote nebst den vorgelegten Materialproben ei Gutachten abzugeben und seine Vorschläge bezüglich des annehm barsten Angebots dem Kurator mitzutheilen hat.

Es liegt dem Baubeamten ferner ob, bei seinen regelmäßige bezw. etwaigen unerwarteten Besuchen das gelieferte Brennmateria auf seine vertragsmäßige Beschaffenheit zu prüfen, soweit dies ohne Vornahme von Brennproben möglich ist. Zur Kontrol des Verbrauches sind ihm die von dem Maschinenmeister bezw dem Heizer über die Verwendung von Brennmaterial, sowie von Gas und Wasser zu führenden Listen auf Verlangen zur Ein sichtnahme vorzulegen.

Der Baubeamte ist schließlich berechtigt und verpflichtet, di Befähigung und Thätigkeit des Maschinenmeisters bezw. de Heizer zu überwachen und im Falle von etwaigen Ungehörigiten dem Kurator (bezw. in Berlin der Ministerial-Bau-Kommission) Anzeige zu erstatten.

Berlin, den 7. Juni 1892.

Der Minister der öffentlichen Arbeiten.
Im Auftrage: Schultz.

Der Minister der geistlichen ꝛc. Angelegenheiten.
Im Auftrage: Althoff.

---

95) Nachweis etwa vorkommender Deficits in den Rechnungsabschlüssen der Universitäts-Kassen.

Berlin, den 29. Juni 1892.

Es ist die Beobachtung gemacht worden, daß die hier zur Vorlage gelangenden Finalabschlüsse der Universitäts- ꝛc. Kassen . A. in den Fällen, in welchen eine Ueberschreitung von Fonds ei der Verwaltung eingetreten ist, nicht immer einen Ausweis erüber enthalten. Da dies für die diesseitigen Entschließungen urchaus erforderlich ist, so bestimme ich, daß in die Spalte emerkungen der Abschlüsse bei dem überschrittenen Fonds eine tsprechende Erläuterung aufgenommen wird, aus welcher zu sehen ist, auf wie hoch sich die Gesammtausgabe überhaupt eziffert und wie viel davon in Ermangelung von Deckungs-itteln auf das nächste Rechnungsjahr übertragen werden mußte. leichzeitig füge ich Abschrift der an die Provinzial-Schulkolle-ien ergangenen Runderlasse vom 20. Juli 1888 — U. II. 506 I. — nebst Anlage und vom 21. Oktober 1891 — U. II. 445 —*), betreffend die Finalabschlüsse der staatlichen höheren nterrichtsanstalten, zur gefälligen Kenntnisnahme und gleich-äßigen Beachtung bei, indem ich noch besonders auf die Er-uterungen in dem beigegebenen Muster zum Titel „Insgemein" r Ausgabe aufmerksam mache.

Sind bei einer Verwaltung Fehlbeträge vorhanden, so ge-igt es nicht, die Abschlüsse nur mittels einfachen Ueberreichungs-richts vorzulegen, sondern es sind in demselben auch seitens der erren Kuratoren Vorschläge wegen Deckung des Deficits zu machen.

Ew. Hochwohlgeboren ersuche ich ergebenst, hiernach für die olge gefälligst zu verfahren.

Der Minister der geistlichen ꝛc. Angelegenheiten.
Im Auftrage: de la Croix.

An
e Herren Kuratoren der Universitäten, der Königl. Akademie zu Münster und des Lyceum Hosianum zu Braunsberg.
U. I. 1228.

---

*) Die beiden Erlasse finden sich abgedruckt im Centralblatte f. d. Unter.-erw. für 1888 S. 674 bezw. für 1891 S. 706.

C. Höhere Lehranstalten.

96) Ordnung der praktischen Ausbildung der Kandidaten für das Lehramt an höheren Schulen.*)

§ 1.

Behufs Erwerbung der Anstellungsfähigkeit an höheren Schulen haben sämmtliche Kandidaten nach bedingungslos bestandener wissenschaftlicher Prüfung für ihren künftigen Beruf praktisch sich auszubilden. Die Ausbildung erfolgt unter der Leitung bewährter Schulmänner und unter der Aufsicht des Provinzial-Schulkollegiums.

Die Bestimmung in §. 35, 2 der Prüfungsordnung vom 5. Februar 1887, nach welcher der Kandidat auch bei Erwerbung eines bedingten Oberlehrer- oder Lehrerzeugnisses zur Ablegung des Probejahres zugelassen wird, kommt in Wegfall.

§. 2.

Die praktische Ausbildungszeit dauert zwei Jahre und besteht aus einem Seminarjahr und einem darauf folgenden Probejahr.

A. Das Seminarjahr ist dazu bestimmt, die Kandidaten entweder an einem der vorhandenen pädagogischen Seminare oder an einer, den Zwecken des Seminarjahrs entsprechend eingerichteten höheren Lehranstalt von neun Jahrgängen bezw. der Vorschule derselben mit den Aufgaben der Erziehungs- und Unterrichtslehre in ihrer Anwendung auf höhere Schulen und insbesondere mit der Methodik der einzelnen Unterrichtsgegenstände bekannt zu machen, sowie durch Darbietung vorbildlichen Unterrichts und durch Anleitung zu eigenen Unterrichtsversuchen zur Wirksamkeit als Lehrer zu befähigen.

B. Das Probejahr dient vorzugsweise der selbständigen praktischen Bewährung des im Seminarjahr erworbenen Lehrgeschicks und wird in der Regel an solchen höheren Lehranstalten abgelegt, welche nicht bereits durch die Aufgaben der Seminar-Ausbildung in Anspruch genommen sind. Ein Unterschied zwischen Anstalten mit neun Jahrgängen und solchen mit kürzerer Lehrzeit findet hierbei nicht statt.

A. Seminarjahr.

§. 3.

Die Meldung zur Ableistung des Seminarjahres haben die Kandidaten, soweit sie nicht in ordnungsmäßiger Weise an einem

*) Die zu dieser Ordnung gehörige Begleitverfügung vom 5. April 18[illegible] — U. II. 962 — ist abgedruckt im Centralblatte für 1890, Seite 273.

der zur Zeit bestehenden pädagogischen Seminare Aufnahme gefunden haben, unter Beifügung des Prüfungs-Zeugnisses bezw. einer vorläufigen Bescheinigung über die bedingungslos bestandene wissenschaftliche Prüfung spätestens vier Wochen vor Anfang des Sommer- oder Winterhalbjahrs an das Provinzial-Schulkollegium derjenigen Provinz zu richten, in welcher sie das Seminarjahr abzuleisten wünschen.

Dem Minister der Unterrichts-Angelegenheiten bleibt vorbehalten, behufs Vermeidung einer Ueberzahl von Kandidaten in einer Provinz solche einer anderen Provinz zuzutheilen.

§. 4.

Die Ueberweisung der Kandidaten erfolgt zweimal im Jahre, zu Ostern oder zu Michaelis, durch das betreffende Provinzial-Schulkollegium, und zwar derart, daß die zu verschiedenen Terminen Eintretenden auch thunlichst verschiedenen Anstalten überwiesen werden. Maßgebend für die Ueberweisung ist im Uebrigen allein die zweckmäßige Ausbildung der Kandidaten.

Kandidaten, gegen deren sittliche Unbescholtenheit erhebliche Zweifel vorliegen, sind mit Genehmigung des Ministers der Unterrichts-Angelegenheiten von der Ueberweisung auszuschließen.

Das Provinzial-Schulkollegium bildet unter Beachtung der Haupt-Lehrbefähigung der Kandidaten und unter Berücksichtigung der für die Anleitung in der Methodik der einzelnen Fächer besonders geeigneten Lehrkräfte vor jedem Schulhalbjahr entsprechende Gruppen von Seminaristen und überweist dieselben den Anstalten mit der Maßgabe, daß auf die einzelne Anstalt im Durchschnitt je sechs Kandidaten jährlich entfallen. Ein Wechsel der Anstalt innerhalb des Seminarjahrs ist nicht gestattet.

§. 5.

Der Direktor und die von dem Provinzial-Schulkollegium besonders beauftragten Lehrer tragen die Verantwortlichkeit für die planmäßige Unterweisung und Uebung der Kandidaten (§. 2. A.) nach folgenden näheren Bestimmungen:

a. Das ganze Schuljahr hindurch mit Ausnahme der Ferienzeit finden in mindestens zwei Stunden wöchentlich unter Leitung des Direktors oder auch eines der beauftragten Lehrer mit den Kandidaten planmäßig geordnete pädagogische Besprechungen statt. Zu denselben haben auch die übrigen Lehrer mit Genehmigung des Direktors Zutritt. Gegenstände dieser Besprechungen sind vor allem:

Die wichtigsten Grundsätze der Erziehungs- und Unterrichtslehre in ihrer Anwendung auf die Aufgaben der höheren Schulen und insbesondere auf das Unterrichtsverfahren in den von den Kandidaten vertretenen Hauptfächern mit geschichtlichen Rückblicken auf bedeutende Vertreter der neueren Pädagogik (seit dem Beginn des 16. Jahrhunderts);

Regeln für die Vorbereitung auf die Lehrstunden, Beurtheilung der von den Seminaristen ertheilten Lektionen in persönlicher und sachlicher Beziehung, Grundsätze der Disciplin möglichst im Anschluß an individuelle Vorgänge;

kürzere Referate der Seminaristen pädagogischen und schultechnischen Inhalts (z. B. über einzelne Punkte der allgemeinen Lehrpläne, der Prüfungs-Ordnungen, der Verhandlungen Preußischer Direktoren-Konferenzen, der amtlich veröffentlichten Speziallehrpläne höherer Schulen; über wichtigere neuere Erscheinungen auf dem Gebiete der Pädagogik, beachtenswerthe Methoden, Unterrichtsmittel, Apparate, Grundsätze der Schulhygiene u. s. w.);

eine drei Monate vor Schluß des Seminarjahrs von jedem Seminaristen einzuliefernde Arbeit über eine von dem Direktor gewählte konkrete pädagogische oder didaktische Aufgabe.

Die Bestimmung der Ordnung im einzelnen und der Art der Unterredungen bleibt dem Vorsitzenden überlassen.

b. In engem Zusammenhang mit diesem Lehrgang findet eine geordnete praktische Beschäftigung der Seminaristen statt. Dieselbe besteht zunächst in dem Besuch von Unterrichtsstunden des Direktors und der von diesem bezeichneten Lehrer, dann in eigenen unterrichtlichen Versuchen nach besonderer Anweisung.

Die letzteren beginnen im zweiten Vierteljahr und erstrecken sich anfangs auf dem Umfang und der Zeit nach eng begrenzte, später allmählich erweiterte Lehraufgaben, für welche der Seminarist nach Anweisung des beaufsichtigenden Lehrers sich, soweit der Unterrichtsstoff es zuläßt, schriftlich vorzubereiten hat.

Den Lehrversuchen eines Seminaristen wohnen auch die übrigen bei, soweit der Direktor nichts anderes bestimmt.

Die Unterrichtsertheilung der Seminaristen vollzieht sich unter steter Leitung des Direktors oder eines der beauftragten Lehrer und ist für jeden Seminaristen auf zwei bis drei Stunden wöchentlich zu bemessen.

Den Kandidaten ist Gelegenheit zu geben, sich mit dem Gebrauch der Unterrichtsmittel, besonders für Naturwissenschaften und Geographie, vertraut zu machen.

Auch sind die Kandidaten thunlichst an der Leitung

von Arbeits- und Spielstunden zu betheiligen, sowie zu dem Turnunterricht und zu Schulausflügen heranzuziehen.

Soweit die örtlichen Lehreinrichtungen es gestatten, empfiehlt sich das zeitweise Hospitiren an Lehrerseminaren und Volksschulen.

Wie Direktor und Lehrer gehalten sind, dem zum Besuch ihrer Lehrstunden verpflichteten Seminaristen Aufschluß über den Stand der Klasse, die gesteckten Lehrziele im ganzen und die gestellten Lehraufgaben im einzelnen, sowie über die Art der Lösung zu geben, so werden dieselben es sich auch angelegen sein lassen, den Kandidaten theils unmittelbar nach der Stunde, theils in den Seminar-Besprechungen (§. 5a.) auf diejenigen Mängel aufmerksam zu machen, welche derselbe in dem eigenen Unterricht bezüglich der Vorbereitung, des Unterrichtsverfahrens und der erziehlichen Behandlung der Schüler oder der eigenen Haltung vor der Klasse gezeigt hat.

Die beauftragten Lehrer sind verpflichtet, ihre besonderen Wahrnehmungen dem Direktor am Ende jedes Monats mitzutheilen und dessen Weisungen einzuholen.

c. Zu den regelmäßigen Klassenprüfungen, sowie zu den Verhandlungen der Lehrerkonferenz sind in der Regel alle Seminaristen als Zuhörer zuzuziehen; soweit Schüler dabei in Betracht kommen, welche sie unterrichtet, haben die Kandidaten auf Erfordern Auskunft zu geben.

§. 6.

Der Direktor und die mit der Anleitung der Seminaristen auftragten Lehrer werden in ihrer eigenen Unterrichtsertheilung forderlichen Falls erleichtert.

§. 7.

Vier Wochen vor Ablauf des Seminarjahrs erstattet der irektor auf Grund seiner eigenen Beobachtungen und der Urtheile r beauftragten Lehrer an das Provinzial-Schulkollegium einen ericht über die Führung der Kandidaten, ihre Thätigkeit während s Jahres, das von jedem Einzelnen bekundete Streben und e erreichte Stufe der praktischen Ausbildung. In diesem Bericht id besondere Beweise der Tüchtigkeit der Kandidaten ebenso- enig zu verschweigen, wie auffallende Mängel der Führung, s Strebens und der Leistungen. Dem Berichte beizufügen sind e pädagogischen Arbeiten der Kandidaten mit dem Urtheil des irektors (§. 5a) und die Meldungen der Kandidaten zum robejahr.

Bei der Meldung können die Kandidaten hinsichtlich des

Orts des abzuhaltenden Probejahrs, welches in der Regel in derselben Provinz wie das Seminarjahr abzuleisten ist, Wünsche zum Ausdruck bringen, welche das Provinzial-Schulkollegium, sofern es sich um die Erleichterung des Unterhalts der Kandidaten oder um ihre Fortbildung handelt, thunlichst berücksichtigen wird.

Das Provinzial-Schulkollegium hat solchen Kandidaten, welche es in Uebereinstimmung mit dem Bericht des Direktors für ungeeignet zum Lehrerberuf hält, den Rath zu ertheilen, von der begonnenen Laufbahn Abstand zu nehmen.

B. Probejahr.

§. 8.

Auf Grund der im §. 7 bezeichneten Meldungen überweist das Provinzial-Schulkollegium die Kandidaten zur Fortsetzung ihrer Vorbereitung einer der im §. 2 B. bezeichneten Anstalten, wobei zu beachten ist, daß an Schulen mit neun Jahrgängen nicht mehr als drei, an solchen mit kürzerer Lehrzeit nicht mehr als zwei Kandidaten gleichzeitig beschäftigt werden dürfen. Bei dieser Zuweisung sind dem Dirigenten die in dem Seminarjahr erzielten Erfolge der Kandidaten und etwaige besondere Vorzüge oder Mängel derselben kurz mitzutheilen (§. 7).

Ein Wechsel der Anstalt im Probejahr ist nur ausnahmsweise mit Genehmigung des Provinzial-Schulkollegiums zulässig.

§. 9.

Die Kandidaten sind unter genauer Beachtung ihrer Lehrbefähigung sofort mit größeren zusammenhängenden Lehraufgaben zu betrauen und mit acht bis zehn Stunden wöchentlich zur unentgeltlichen Unterrichtsertheilung heranzuziehen.

Diese Thätigkeit vollzieht sich unter Leitung des Dirigenten der Anstalt und derjenigen Ordinarien und Fachlehrer, in deren Klassen die Kandidaten unterrichten bezw. deren Stunden sie stellvertretend übernehmen.

Die Ordnung der gesammten Beschäftigung der Kandidaten bestimmt der Dirigent, welcher dabei im allgemeinen darauf zu halten hat, daß denselben Gelegenheit gegeben wird, in mehreren Fächern und auf mehr als einer Klassenstufe zu unterrichten, und insbesondere, daß Kandidaten, deren Hauptlehrbefähigung auf Naturwissenschaften und Erdkunde sich erstreckt, behufs Uebung im Gebrauch von Anschauungsmitteln und der gewöhnlichen Apparate auf längere Zeit einem geeigneten Lehrer überwiesen werden.

§. 10.

Der Dirigent und die Lehrer der Anstalt, deren Unterricht der Kandidat zeitweise stellvertretend übernimmt, haben sich stets gegenwärtig zu halten, daß der einzige Zweck der Zuweisung die möglichste Förderung des letzteren in seiner praktischen Ausbildung, nicht aber die Erleichterung der betreffenden Lehrer ist.

Zu dem Ende haben die Dirigenten den Kandidaten sogleich bei ihrem Eintritt die ihnen gestellten Aufgaben genau zu bezeichnen, sie mit der Disciplinarordnung der Schule bekannt zu machen und unter Berücksichtigung der Mittheilungen des Provinzial-Schulkollegiums über den Erfolg des Seminarjahrs (§. 7.) mit den nöthigen Rathschlägen und Weisungen zu versehen.

Demnächst werden die Dirigenten die Führung und die Thätigkeit der Kandidaten überwachen, diese in ihren Lehrstunden öfters besuchen und auf etwaige Mißgriffe aufmerksam machen, nöthigenfalls auch unter Hinweis auf die Folgen der Nichtbeachtung (§§. 16, 17) ernste Mahnungen ihnen zukommen lassen.

Die mit der Leitung beauftragten Lehrer sind verpflichtet, den Lehrstunden der Kandidaten während des ersten Vierteljahrs regelmäßig, später mindestens zwei Mal monatlich beizuwohnen, etwaige Korrekturen derselben öfters zu prüfen und ihnen außerhalb der Unterrichtsstunden die nöthig scheinenden Bemerkungen zu machen.

Allmonatlich werden nach Schluß der üblichen Konferenzen die betreffenden Lehrer ihre Beobachtungen über die Thätigkeit der ihnen überwiesenen Kandidaten und das Streben derselben dem Dirigenten vortragen und das weiter Erforderliche mit ihm besprechen.

§. 11.

Der Kandidat, welcher durch den Dirigenten mit der zeitweisen Beaufsichtigung und Förderung einzelner Schüler beauftragt wird, hat dem Ordinarius der Klasse seine Beobachtungen mitzutheilen und dessen Rathschläge einzuholen.

§. 12.

An einzelnen von dem Dirigenten besonders bezeichneten Lehrstunden haben die Kandidaten zuhörend theilzunehmen; ebenso sind dieselben verpflichtet, den üblichen Klassenprüfungen und den Lehrerkonferenzen nach Anordnung des Dirigenten beizuwohnen und bei Feststellung der Censuren der von ihnen beaufsichtigten oder unterrichteten Schüler unter Revision des Klassenordinarius ihre Stimme abzugeben.

§. 13.

Wo die Verhältnisse der Anstalt es dringend erheischen, können die Kandidaten mit Genehmigung des Provinzial-Schulkollegiums bis zu zwanzig Stunden wöchentlich herangezogen werden; sie erhalten dann eine angemessene Vergütung.

In diesem Falle ist ihnen in der Lehrerkonferenz volles Stimmrecht in allen Fragen einzuräumen, welche die von ihnen geführte Klasse oder die von ihnen unterrichteten Schüler betreffen.

§. 14.

Zum Erweise des erreichten Maßes pädagogischer Einsicht haben die Kandidaten gegen Ende des Probejahrs einen Bericht über ihre eigene unterrichtliche Thätigkeit dem Dirigenten einzureichen.

§. 15.

Am Schlusse des Probejahrs erstattet der Dirigent einen ähnlichen Bericht an das Provinzial-Schulkollegium, wie in §. 7 vorgesehen. Demselben ist die in §. 14 erwähnte Arbeit beizufügen.

§. 16.

Das Provinzial-Schulkollegium stellt demnächst auf Grund der Berichte der Dirigenten über das Seminarjahr und das Probejahr und auf Grund etwaiger Beobachtungen seiner Departementsräthe das Urtheil über den Verlauf und den Erfolg der gesammten zweijährigen praktischen Ausbildung fest und erkennt den Kandidaten die Anstellungsfähigkeit entweder zu oder ab.

Für die eigenen Akten hat das Provinzial-Schulkollegium sein Urtheil kurz zu begründen und demselben die betreffenden Abschnitte der Berichte der Dirigenten beizufügen.

§. 17.

Dem für anstellungsfähig erklärten Kandidaten ist über seine praktische Ausbildung ein nach einem besonderen Formulare auszufertigendes Zeugnis auszuhändigen, worin nur enthalten ist: das Nationale des Kandidaten mit Angabe der Konfession oder Religion, der äußere Verlauf seiner praktischen Vorbildung und die Bemerkung über die zuerkannte Anstellungsfähigkeit.

Dies Zeugnis ist als Ergänzung zu dem über die wissenschaftliche Prüfung bei jeder Bewerbung um eine Lehrerstelle mit vorzulegen.

Die Versagung der Anstellungsfähigkeit ist insbesondere auszusprechen, wenn der Kandidat nach seiner bisherigen Thätigkeit wegen großen pädagogischen Ungeschicks oder fortgesetzten Unfleißes unter Nichtbeachtung erfolgter Warnungen oder wegen erheblicher sittlicher Mängel oder wegen körperlicher Gebrechen zur Bekleidung des Amtes eines Jugendlehrers unbrauchbar erscheint.

Der desfallsige Beschluß des Provinzial-Schulkollegiums ist dem Kandidaten sammt den Entscheidungsgründen mitzutheilen.

§. 18.

Bezüglich der durch die Provinzial-Schulkollegien nach Ostern der Michaelis an den Minister zu erstattenden Gesammtberichte ber die vollendete praktische Vorbildung der Kandidaten ergehen sondere Bestimmungen.

§. 19.

Der Minister der Unterrichts-Angelegenheiten behält sich vor, einzelnen Fällen, insbesondere bei Berufung von Geistlichen s Religionslehrer höherer Schulen, von der Ableistung der zweihrigen praktischen Ausbildung zu entbinden.

§. 20.

Verhandlungen mit den übrigen deutschen Bundesregierungen gen Abänderung der durch diesseitige Verfügung vom 28. April 375 angeordneten Anerkennung ihrer Zeugnisse über das Probehr bleiben vorbehalten.

§. 21.

Alle dieser Ordnung entgegenstehenden Bestimmungen sind sgehoben.

Berlin, den 15. März 1890.

Der Minister der geistlichen ꝛc. Angelegenheiten.
von Goßler.

) Zeugnis der Anstellungsfähigkeit für die Kandidaten des höheren Lehramtes.

Berlin, den 10. Dezember 1891.

Nach §. 17 der Ordnung der praktischen Ausbildung der ndidaten für das Lehramt an höheren Schulen vom 15. März 90*) ist dem für anstellungsfähig erklärten Kandidaten über ie praktische Ausbildung ein nach einem besonderen Formular zufertigendes Zeugnis auszuhändigen. Zur Herbeiführung er gleichmäßigen Behandlung der Sache habe ich ein Schema zum

Zeugnis der Anstellungsfähigkeit

ertigen lassen und übersende dem Königlichen Provinzial-Schulegium hierneben 3 Exemplare desselben mit dem Auftrage, darh die Formulare zur Benutzung bei Ausstellung der erwähnten ugnisse anfertigen zu lassen.

Der Minister der geistlichen ꝛc. Angelegenheiten.
Im Auftrage: de la Croix.

An
mtliche Königliche Provinzial-Schulkollegien.
U. II. 8259.

---

*) Siehe vorstehend Nr. 96.

Formular.

Der Kandidat des höheren Schulamtes N. N. (sämmtlich Vornamen anzugeben, Rufname zu unterstreichen), geboren den ten 18 zu , welche nach dem Zeugnisse der Königlichen Wissenschaftlichen Prüfungs-Kommission zu vom ten 18 die wissenschaftliche Befähigung zum Unterrichten in (Angabe der einzelnen Lehrfächer und de Klassenstufen) besitzt, hat zu seiner praktischen Ausbildung da Seminarjahr in der Zeit von 18 bis 18 an der mit dem (Bezeichnung der Anstalt) zu verbunden Seminaranstalt und das Probejahr in der Zeit von 18 bis 18 an (Bezeichnung der Anstalt) zu abgeleistet.

Auf Grund der nachgewiesenen praktischen Ausbildung i dem (Name) von der unterzeichneten Behörde di Fähigkeit zur Anstellung an höheren Schulen zuerkannt worden.

den ten 18

Königliches Provinzial-Schulkollegium.
(Siegel.) (Unterschrift).

Zeugnis der Anstellungsfähigkeit für den Kandidaten des höheren Schulamtes N. N. (Name).

---

98) Befugnis der Provinzial-Schulkollegien als staatliche Aufsichtsbehörden zur Prüfung der Gehaltsverhältnisse der Lehrer an den nichtstaatlichen höhere Lehranstalten und zur Abstellung etwaiger Mißständ

Berlin, den 10. Februar 18..

Dem Königlichen Provinzial-Schulkollegium erwidere ich a den Bericht vom 31. Dezember v. Js., betreffend die Gewährun einer Gehaltszulage an den Direktor Dr. N. am städtisch Gymnasium zu N., wie ich erwartet hätte, daß das Königli Provinzial-Schulkollegium im Interesse des Ihm dienstlich unte stellten Direktors N., auch ohne die geschehene Rückfrage hierbe mit den städtischen Behörden von N. wegen Gewährung ein Gehaltszulage in Verhandlung getreten wäre. Ich beauftrag das Königliche Provinzial-Schulkollegium, die Verhandlung einzuleiten. Dabei bemerke ich: daß für die Stadt eine gese liche Verpflichtung zur Gewährung der Gehaltszulage nicht be steht, ist zweifellos; der bezüglichen Ausführung in dem Beri tte es nicht bedurft. Dagegen ist es nicht zutreffend, wenn das inigliche Provinzial-Schulkollegium erklärt, das es lediglich ache der Stadt sei, zu bestimmen, ob und von welchem Zeitnkte ab eine Gehaltszulage einzutreten habe." Die Prüfung r Gehaltsverhältnisse der Lehrer an den höheren Unterrichtsstalten und die Abstellung etwaiger Mißstände gehört zu den fugnissen der staatlichen Aufsichtsbehörde. In wie weit von sen Befugnissen Gebrauch zu machen, ist im einzelnen Falle entscheiden. Im vorliegenden Falle ist zu prüfen, ob die Gehrung der Gehaltszulage nicht schon um deshalb angemessen weil die Stadt für die Unterhaltung des Gymnasiums einen ht unerheblichen Staatszuschuß bezieht, und ob für den Fall begründeter Weigerung seitens der städtischen Behörden der aatszuschuß nicht entsprechend zu kürzen ist. Ich verweise serhalb auf den bei Wiese-Kübler, III. Ausgabe, Bd. II. S. 373 gedruckten Erlaß vom 9. März 1884.

Ueber das Ergebnis der Verhandlungen mit den städtischen hörden erwarte ich binnen 6 Wochen Bericht.

Der Minister der geistlichen ꝛc. Angelegenheiten.
Im Auftrage: de la Croix.

An
 Königliche Provinzial-Schulkollegium zu N.
J. II. 10089.

) Betreffend die Abhaltung von Abschlußprüfungen an sechsjährigen höheren Lehranstalten zu Michaelis d. Js.

Berlin, den 9. Juni 1892.

Auf den Bericht des Königlichen Provinzial-Schulkollegiums m 21. Mai d. Js. genehmige ich, daß die durch Erlaß vom Februar d. Js. — U. II. 220 — (Centrbl. S. 404) angeneten Abschlußprüfungen behufs Erwerbung der Subalternechtigung an den früher siebenjährigen, nunmehr sechsjährigen heren Lehranstalten der dortigen Provinz auch zu Michaelis Js. in denselben Formen abgehalten werden, wie zu Ostern Js. Zu diesen Prüfungen sind aber nur solche Schüler auf trag zuzulassen, welche die Sekunda bereits länger als ein Jahr ucht haben.

Bosse.

An
 Königliche Provinzial-Schulkollegium zu N.

Berlin, den 24. Juni 18
Abschrift erhalten die Königlichen Provinzial-Schulkolleg
zur Kenntnisnahme und Beachtung.

Der Minister der geistlichen ꝛc. Angelegenheiten.
Im Auftrage: de la Croix.

An
die sämmtlichen Königlichen Provinzial-Schulkollegien mit Ausnahme von N. und X.
U. II. 1115.

---

100) Ausfallen des Nachmittagsunterrichtes mit Ri
sicht auf große Hitze.

Berlin, den 16. Juni 18

Den Zeitungen habe ich entnommen, daß während der hei
Tage der letzten Wochen hinsichtlich des Ausfallens des N
mittagsunterrichtes an den höheren Lehranstalten der Stadt
verschieden verfahren und hierdurch in betheiligten Kreisen An
gegeben worden ist. Es ist nothwendig, dem nach Kräften r
zubeugen. Das Königliche Provinzial-Schulkollegium wolle da
indem Es Seine durch den Erlaß vom 24. Juni 1889 — U.
1998 — (Centrbl. f. d. ges. U. V. 1889, S. 620) ausdrücklich
geheißenen Verfügungen den Ihm unterstellten Direktionen n
mals in Erinnerung bringt, auf deren sorgfältige Beobacht
und insbesondere darauf hinwirken, daß die den Direktionen
liegende pflichtgemäße Erwägung, ob mit Rücksicht auf Hitze
Theil des Unterrichtes ausfallen zu lassen sei, in jedem F
rechtzeitig eintrete. Zu diesem Zwecke werden die Direktio
nicht bloß an heißen Tagen die Temperatur aufmerksam beobach
sondern auch sich von vornherein darüber klar sein müssen,
bei gewissen Temperaturgraden vom Aufenthalte in den Sc
Klassen, bezw. von den Schulwegen eine ungünstige Rückwirk
auf den Gesundheitszustand der Schuljugend zu befürchten
Die städtische Schuldeputation zu N. hat unterm 4. April 1
(Wiese-Kübler II. 478) in dieser Beziehung Weisungen gege
deren Beachtung auch den Direktionen der höheren Lehransta
in dem Sinne empfohlen werden kann, daß der Ausfall des n
mittäglichen Unterrichtes, bezw. einer etwaigen fünften Vormitta
stunde stets dann anzuordnen ist, wenn das hunderttheilige Ther
meter um 10 Uhr Vormittags und im Schatten 25 Grad z

An
das Königliche Provinzial-Schulkollegium zu N.

Abschrift vorstehender Verfügung erhält das Königliche Provinzial-Schulkollegium zur Kenntnis und weiteren entsprechenden Veranlassung.

Der Minister der geistlichen zc. Angelegenheiten.
Bosse.

An
die übrigen Königlichen Provinzial-Schulkollegien.
U. II. 11723.

---

201) Versorgung der Hinterbliebenen von Lehrern und Beamten an den nichtstaatlichen höheren Unterrichtsanstalten.

Berlin, den 2. Juli 1892.

Mit Bezug auf meinen Erlaß vom 23. Juni v. Js. — U. III. 1664 U. II. — setze ich das Königliche Provinzial-Schulkollegium davon in Kenntnis, daß durch den Staatshaushalts-Etat für 1. April 1892/93 unter Kap. 120 Tit. 5a ein weiterer Betrag von 300 000 Mk. zu Zuschüssen behufs Einführung der Versorgung der Hinterbliebenen von Lehrern und Beamten an den nichtstaatlichen höheren Unterrichtsanstalten flüssig gemacht worden ist. Mit der Bereitstellung dieser Mittel und nach Abschluß der Verhandlungen mit dem Herrn Finanzminister über deren Verwendung u. s. w. ist für die Schulverwaltung der Zeitpunkt gekommen, um nunmehr die Vorbereitungen dahin zu treffen, daß für die Hinterbliebenen der Lehrer und Beamten an sämmtlichen nichtstaatlichen höheren Unterrichtsanstalten, einschließlich der bereits mit lebenslänglicher Pension in den Ruhestand versetzten, soweit dies nicht schon geschehen, eine solche Versorgung eingerichtet werde, welche der für die Staatsbeamten durch das Gesetz vom 20. Mai 1882 (G. S. S. 298) geschaffenen Fürsorge gleich oder wenigstens ähnlich und für annähernd gleichwerthig zu erachten ist. Von der neuen Einrichtung sind jedoch diejenigen Lehrer und Beamten auszuschließen, welche nur nebenamtlich bei der betreffenden Anstalt angestellt sind, ebenso diejenigen Lehrer, welche einer nach den Vorschriften des Gesetzes vom 22. Dezember 1869 (G. S. von 1870 S. 1) und der das letztere abändernden Gesetze eingerichteten Elementarlehrer-Witwen- und Waisenkasse als Mitglieder angehören. Zur Zahlung von Beiträgen für den in Rede stehenden Zweck sind die Lehrer und Beamten nicht heranzuziehen, und da, wo eine solche Verpflichtung etwa besteht, wird ihre Aufhebung anzustreben sein, falls nicht die Witwen- und Waisenpensionen über die den Hinterbliebenen der Staatsbeamten gewährten Sätze hinausgehen.

Das Königliche Provinzial-Schulkollegium veranlasse ich hiernach, für alle Anstalten, bei denen das Bedürfnis zu einer neuen Ordnung der Angelegenheit anzuerkennen ist, die erforderlichen Verhandlungen mit den Gemeinden und Stiftsvorständen, sowie mit den sonstigen Unterhaltungspflichtigen u. s. w. baldigst einzuleiten.

Sind bei einer Anstalt bereits Kassen, Fonds, Stiftungen und anderweitige Veranstaltungen für die Versorgung der Hinterbliebenen vorhanden, ohne daß sie dem Bedürfnisse genügen, so ist zu erwägen, ob eine weitere Ausgestaltung derselben bis zu dem erforderlichen Maße zulässig und empfehlenswerth ist, bezw. ob rechtliche oder andere Bedenken vorliegen, und ein erhebliches Interesse damit verbunden ist, die bestehende Einrichtung unter Vorbehalt der Rechte der zeitigen Mitglieder zu schließen, und das vorhandene Vermögen entweder sofort unter Uebernahme der bestehenden Verbindlichkeiten oder wenigstens nach dem Ausscheiden sämmtlicher Mitglieder und nach dem Tode aller berechtigten Witwen und Waisen für die neue Einrichtung mit zu verwenden.

In letzterer Beziehung wird es insbesondere von Wichtigkeit sein, festzustellen, ob und welches Vermögen den Kassen u. s. w. voraussichtlich übrig bleiben würde, wenn die bereits aus denselben zahlbaren Pensionen in der gegenwärtigen Höhe fortgewährt, und Beiträge von den Mitgliedern nicht mehr entrichtet werden. Für diese Feststellung ist von Bedeutung das am Schlusse des letzten Rechnungsjahres vorhandene Vermögen der Kassen, ferner die im letzten Rechnungsjahre fällig gewordene Einnahme derselben, abgesehen von den Mitgliederbeiträgen, ferner die Anzahl der zum Bezuge von Pensionen berechtigten Witwen, das Alter der letzteren und die Höhe der den einzelnen Witwen zustehenden Pensionen, endlich die Anzahl der zum Bezuge von Pensionen berechtigten Kinder, das Alter der letzteren und die Höhe der einzelnen dieser Kinder zustehenden Pensionen, sowie der Zeitpunkt, mit welchem die Bezugsberechtigung statutenmäßig endigt. Bei den hiernach erforderlichen Ermittelungen werden aber diejenigen Kassen u. s. w., welche den Hinterbliebenen nicht einen rechtlichen Anspruch auf den Bezug von Pensionen oder gar nur Unterstützungen für den Fall der Bedürftigkeit gewähren, überhaupt außer Betracht zu lassen sein.

In den weitaus meisten Fällen wird auf die Beschaffung einer völlig neuen Fürsorge Bedacht genommen werden müssen. Diese wird da, wo die Gemeinde oder der Kreis oder die Provinz bereits Einrichtungen zur Versorgung von Witwen und Waisen in einer dem Gesetze vom 20. Mai 1882 gleichen oder ähnlichen

Weise ins Leben gerufen hat, am zweckmäßigsten durch den Anschluß der einzelnen Anstalten an solche Kassen erreicht werden können, indem entweder die Anstalten selbst unter Zustimmung und Garantie der Unterhaltungspflichtigen die Verbindlichkeit zur Leistung der damit verbundenen Zahlungen an die Kasse übernehmen, oder diese Verbindlichkeit unmittelbar und direkt von dem Unterhaltungspflichtigen übernommen wird. Läßt sich in dieser Weise die Sache nicht ordnen, so wird in zweiter Linie in Frage kommen, ob etwa die unterhaltungspflichtige Gemeinde durch Erlaß eines Ortsstatuts unter Beobachtung der hierfür gegebenen Vorschriften, oder der sonst Unterhaltungspflichtige durch statutarische Festsetzung selbst die Hinterbliebenen-Versorgung regeln will, und erst dann, wenn auch auf diesem Wege das Ziel nicht zu erreichen sein sollte, wird die Anstalt selbst durch Statut die erforderlichen Festsetzungen zu treffen haben.

Zur Deckung des durch diese Maßnahmen bedingten Aufwandes werden zunächst die eigenen Mittel der Anstalten heranzuziehen, dann aber, falls solche nicht, oder nicht in ausreichendem Maße vorhanden sein sollten, diejenigen Gemeinden, Stiftungen, Personen u. s. w., welche an den Aufwendungen für die Anstalten theilnehmen, zur Uebernahme der Verpflichtung zu bestimmen sein, die Mittel für die beabsichtigte Hinterbliebenen-Versorgung bereitzustellen. Insoweit die Anstalten, Gemeinden u. s. w. nicht im Stande sind, den erforderlichen Aufwand aus eigenen Mitteln zu decken, wird aus Staatsfonds ein Bedürfniszuschuß unter den sonst hierfür geltenden Bedingungen gewährt werden, so, daß eine rechtliche Verpflichtung des Staates zur Theilnahme an der Hinterbliebenen-Versorgung nicht begründet wird. Beziehen die Anstalten noch keinen staatlichen Bedürfniszuschuß, so sind die Unterlagen für die Bewilligung solcher Zuschüsse in der gewöhnlichen eingehenden Weise zu beschaffen. Andernfalls genügt eine kurze Darlegung der bei der letzten Bewilligung ermittelten Thatsachen, sowie eine Aeußerung darüber, ob und welche wesentliche Aenderung der Verhältnisse etwa inzwischen stattgefunden, ob insbesondere die letzte Einschätzung zur Einkommensteuer zu einem von dem früheren Ergebnisse abweichenden Resultate geführt, sowie ob und eventuell wie der Prozentsatz der Kommunalsteuerzuschläge zu den Staatssteuern danach einer Aenderung unterlegen hat. Dabei ist zu beachten, daß durch die Gewährung von Bedürfniszuschüssen seitens des Staates nicht schon anerkannt ist, daß die zur Unterhaltung der Anstalten Verpflichteten nicht im Stande seien, zu neuen Ausgaben für die Schulen ihrerseits neue Mittel bereit zu stellen, daß es vielmehr die Aufgabe dieser Verpflichteten bleibt, in erster Linie für die

Befriedigung neuer Bedürfnisse der Anstalten zu sorgen, da ferner bisher auch, schon in Folge der vielfach unzutreffende früheren Einschätzung zu der Staatseinkommensteuer, nicht allgemei gleichmäßig in der Bemessung der Bedürfniszuschüsse verfahre und daher bei der jetzt gegebenen Veranlassung darauf Bedac zu nehmen ist, eine größere Gleichmäßigkeit unter Beachtung d Vorschriften der Cirkular-Verfügung vom 9. August 1879 zu herbeizuführen. In jedem Falle ist hiernach thunlichst dahin z wirken, daß die zur Unterhaltung der Schulen Verpflichtete mindestens einen Theil des durch die anderweitige Regelung d Besoldungen der Lehrer (vergl. den Cirk. Erl. v. 2. Juli 1892 — U. I 1229, Centralbl. S. 635) — und der Versorgung der Hinterbliebene der Lehrer und Beamten entstehenden Aufwandes alsbald ve fügbar machen. Indes sind ausreichende Mittel bereit gestell um überall insoweit aushelfend einzutreten, als erforderlich i um eine schwer drückende Belastung der Patronate der Anstalte zu vermeiden. Ueberall aber, mithin auch dann, wenn einst weilen die Bewilligung eines Bedürfniszuschusses seitens de Staates in voller Höhe des entstehenden Aufwandes sich als e forderlich erweisen sollte, werden die Unterhaltungspflichtigen di Verbindlichkeit übernehmen müssen, für die Bestreitung des m der anderweitigen Ordnung des Reliktenwesens der Lehrer un Beamten verbundenen Aufwandes dauernd zu sorgen, sobald un soweit dazu nicht anderweit die erforderlichen Deckungsmitt bereit sein werden.

Uebrigens wird auch da, wo die Bewilligung eines Be dürfniszuschusses seitens des Staates erforderlich erscheint, d Ordnung des Reliktenwesens durch unmittelbare Uebernahme de entsprechenden Verbindlichkeiten gegenüber einer Provinzialanstalt seitens der Unterhaltungspflichtigen oder durch Ortsstatuten vo Gemeinden erfolgen können, indem letzteren anderweit die Unte haltungslast der betreffenden Anstalten durch die Gewährun eines Staatszuschusses an die Schulen erleichtert wird.

Die sonst bereits jetzt aus der Staatskasse gewährten Zu schüsse zur Unterhaltung der betreffenden Unterrichtsanstalt werden nach Ablauf der gegenwärtigen Bewilligungsperiode n unter der Bedingung fortgewährt werden, daß, sofern nicht g wichtige Gründe für die Gestattung von Ausnahmen spreche spätestens am 1. April 1894 die Versorgung der Hinterbliebene der Lehrer und Beamten der Anstalten nach den vorstehende Vorschriften ins Leben tritt.

Da, wo es zur Ordnung der Sache der Aufstellung eine besonderen Anstaltsstatuts bedarf, werden die anliegenden Grund züge eines Statuts, nach welchen früher die Einführung d

nterbliebenen-Versorgung an mehreren stiftischen und den vom
aate und Anderen gemeinschaftlich zu unterhaltenden Anstalten
rdnet worden ist, geeigneten Falls als Anleitung unter Be-
ksichtigung der besonderen Verhältnisse und dergestalt benutzt
rden können, daß die Bestimmungen in den §. 14 Abs. 1, §§. 22
23 einer Abänderung zu unterziehen sind, indem es für
14 Abs. 1 nicht der Mitwirkung des Unterrichtsministers, sondern
der Bestimmung des Königlichen Provinzial-Schulkollegiums,
die §§. 22 und 23 aber nur der Genehmigung und Bestäti-
g des Unterrichtsministers bedarf.

Die Bestimmungen der §§. 16 und 20 beruhen auf der An-
hme, daß im Beharrungszustande eine Einnahme von höchstens
Prozent des pensionsfähigen Diensteinkommens der Lehrer
Beamten zur Deckung der Ausgaben des Fonds erforderlich
wird. Wenn daher dem Fonds sofort oder mit Sicherheit
späterer Zeit erhebliche Kapitalbeträge ausgeschlossener Kassen
r sonst zugeführt werden, so kann eine Herabsetzung der in
§. 16 Nr. 1 bestimmten Leistungen der Anstalt an den Fonds
tfinden, welcher dann eine gleiche Erhöhung des in dem §. 20
immten Prozentsatzes entsprechen muß. Von einer solchen An-
nung ist indes nur mit Vorsicht Gebrauch zu machen, und es
zu beachten, daß die Vorschrift des §. 20 des Normalstatuts
den Fall, daß bald ein bedeutendes Vermögen des Fonds
gesammelt wird, ohne Weiteres zu einer Ermäßigung des in
§. 16 Nr. 1 angeordneten Prozentsatzes führt.

Das Königliche Provinzial-Schulkollegium ist ermächtigt, die
lante Verbesserung in der Hinterbliebenen-Versorgung selbständig
ohne meine Genehmigung durchzuführen, wenn die Abände-
g eines nach der Allerhöchsten Ordre vom 29. September 1833 —
S. S. 121 — errichteten Witwen- und Waisenkassen-Statuts
r einer Witwen- und Waisenstiftung, oder die Gewährung
es Staatszuschusses, oder die Ordnung der Angelegenheit durch
zu erlassendes Anstalts-Statut, nicht in Frage kommt; sonst
in ersterem Falle voraussichtlich in der Regel, in letzteren
llen jedenfalls, hierher zu berichten.

Für jede Anstalt, bei welcher das Bedürfnis nach einer
lig neuen Einrichtung bezw. Umgestaltung der Witwen- und
isenversorgung oder nach Befreiung der Lehrer und Beamten
der Beitragsleistung, besteht, erwarte ich in einem besonders
erstattenden Berichte Anzeige von dem abschließenden Er-
nisse der eingeleiteten Verhandlungen, auch dann, wenn es
r Genehmigung der Centralbehörde zu den beschlossenen Maß-
hmen nicht bedarf.

Schließlich setze ich das Königliche Provinzial-Schulkollegiu noch davon in Kenntnis, daß Seine Majestät der König dur die Allerhöchste Ordre vom 4. Mai d. J. den Finanzminist und den Minister der geistlichen 2c. Angelegenheiten allgemein ermächtigen geruht haben, denjenigen Lehrern und Beamten nichtstaatlichen höheren Unterrichtsanstalten, deren Witwen u Waisen aus Provinzial- bezw. Kreis-, Gemeinde-, Schul- od anderen öffentlichen Witwen- und Waisen-Kassen Bezüge in gleich oder ähnlicher Weise gewährt werden, wie sie den Hinterblieben der Lehrer und Beamten an Staatsanstalten zustehen, die B rechtigung zum Ausscheiden aus der Allgemeinen Witwen-V pflegungs-Anstalt oder einer sonstigen Veranstaltung des Staa zur Versorgung der Hinterbliebenen von Lehrern oder Beam auf ihren unter Beachtung der desfalls von den Verwaltung derselben erlassenen Vorschriften gestellten Antrag einzuräum bezw. dieselben von dem Beitritte zu diesen Anstalten zu befrei Nach stattgehabter Regelung der Hinterbliebenen-Versorgung Gemäßheit des Normalstatuts, insbesondere des § 21 desselb steht den Lehrern und Beamten die dort bezeichnete Befug ohne Weiteres zu. In anderen Fällen aber werde ich in G meinschaft mit dem Herrn Finanzminister von der uns ertheil Befugnis für jede einzelne Anstalt Gebrauch machen, sobald in der Allerhöchsten Ordre bezeichnete Voraussetzung erfüllt wird. Mit der zu erstattenden Anzeige hierüber ist daher entsprechender Antrag zu verbinden.

Da schon vielfache Anfragen an die General-Direktion Anstalt über die Lage der Sache gerichtet sind, so hat der H Finanzminister es für angezeigt erachtet, besondere Vorschri ausarbeiten zu lassen, aus denen die formalen Voraussetzun für das Ausscheiden der Lehrer aus der Anstalt zu entnehm sind, sobald dasselbe stattfinden darf. Es empfiehlt sich, diesel alsbald zur Kenntnis der Direktoren und Lehrer der einzel in Betracht kommenden höheren Unterrichtsanstalten zu bring und es werden daher mehrere Druckexemplare dieser Vorschri zur weiteren Veranlassung hier beigefügt.

Der Minister der geistlichen 2c. Angelegenheiten.
Bosse.

An
sämmtliche Königliche Provinzial-Schulkollegien.
G. III. 1243. U. II.

a.

(G)rundzüge eines Statuts, betreffend die Fürsorge für (d)ie Witwen und Waisen der Lehrer und Beamten des Gymnasiums 2c. zu N. N.

§. 1.

Die Witwen und die hinterbliebenen ehelichen oder durch (na)chgefolgte Ehe legitimirten Kinder

a. der Lehrer und Beamten des Gymnasiums 2c. zu N. N., welche zur Zeit ihres Todes Diensteinkommen oder Wartegeld aus der Kasse des Gymnasiums 2c. bezogen haben, und welchen, wenn sie zur Zeit ihres Todes wegen eingetretener Dienstunfähigkeit in den Ruhestand versetzt worden wären, ein Anspruch auf Gewährung einer Pension aus der Kasse des Gymnasiums 2c. oder der anstatt des letzteren Verpflichteten zugestanden haben würde;

b. der in den Ruhestand versetzten Lehrer und Beamten des Gymnasiums 2c., welche zur Zeit ihres Todes kraft gesetzlichen Anspruchs oder auf Grund des § 7 des Pensionsgesetzes vom 27. März 1872 (G. S. S. 268) lebenslängliche Pension aus der Kasse des Gymnasiums 2c. oder der anstatt des letzteren Verpflichteten bezogen haben,

(er)halten aus der Kasse des Gymnasiums 2c. Witwen- und (W)aisengeld nach Maßgabe der nachfolgenden Bestimmungen.

Ausgeschlossen von dem Bezuge des Witwen- und Waisen(g)eldes sind jedoch die Witwen und hinterbliebenen Kinder

1) derjenigen Lehrer oder Beamten, welche zur Zeit ihres Todes nur nebenamtlich bei dem Gymnasium 2c. angestellt gewesen sind;

2) derjenigen Lehrer, welche zur Zeit ihres Todes einer nach den Vorschriften des Gesetzes vom 22. Dezember 1869 (G. S. von 1870 S. 1) und der das letztere abändernden Gesetze eingerichteten Elementarlehrer-Witwen- und Waisenkasse als Mitglieder angehört haben.

§. 2.

Das Witwengeld besteht in dem dritten Theile derjenigen (P)ension, zu welcher der Verstorbene berechtigt gewesen ist oder (b)erechtigt gewesen sein würde, wenn er am Todestage in den (R)uhestand versetzt wäre.

Das Witwengeld soll jedoch, vorbehaltlich der im §. 4 ver(o)rdneten Beschränkung, mindestens 160 Mk. betragen und 1600 Mk. (n)icht übersteigen.

§. 3.

Das Waisengeld beträgt:

1) für Kinder, deren Mutter lebt und zur Zeit des Tode des Lehrers oder Beamten zum Bezuge von Witwen geld berechtigt war, ein Fünftel des Witwengeldes fü jedes Kind;

2) für Kinder, deren Mutter nicht mehr lebt oder zur Ze des Todes des Lehrers oder Beamten zum Bezuge vo Witwengeld nicht berechtigt war, ein Drittel des Witwen geldes für jedes Kind.

§. 4.

Witwen- und Waisengeld dürfen weder einzeln noch zusamme den Betrag der Pension übersteigen, zu welcher der Verstorbe berechtigt gewesen ist oder berechtigt gewesen sein würde, wen er am Todestage in den Ruhestand versetzt wäre.

Bei Anwendung dieser Beschränkung werden das Witwen und das Waisengeld verhältnismäßig gekürzt.

§. 5.

Bei dem Ausscheiden eines Witwen- und Waisengeldberech tigten erhöht sich das Witwen- oder Waisengeld der verbleibende Berechtigten von dent nächstfolgenden Monat an insoweit, a sie sich noch nicht im vollen Genuß der ihnen nach den §§. bis 4 gebührenden Beträge befinden.

§. 6.

War die Witwe mehr als 15 Jahre jünger als der Ve storbene, so wird das nach Maßgabe der §§. 2 und 4 berechn Witwengeld für jedes angefangene Jahr des Alter-Unterschied über 15 bis einschließlich 25 Jahre um 1/20 gekürzt.

Auf den nach §. 3 zu berechnenden Betrag des Waisengelde sind diese Kürzungen des Witwengeldes ohne Einfluß.

§. 7.

Keinen Anspruch auf Witwengeld hat die Witwe, wen die Ehe mit dem verstorbenen Lehrer oder Beamten innerha dreier Monate vor seinem Ableben geschlossen und die Eheschließu zu dem Zwecke erfolgt ist, um der Witwe den Bezug des Witwe geldes zu verschaffen.

Keinen Anspruch auf Witwen- und Waisengeld haben d Witwe und die hinterbliebenen Kinder eines pensionirten Lehre oder Beamten aus solcher Ehe, welche erst nach der Versetzu des Lehrers oder Beamten in den Ruhestand geschlossen ist.

§. 8.

Stirbt ein Lehrer oder Beamter, welchem, wenn er a Todestage in den Ruhestand versetzt wäre, auf Grund des §.

s Pensionsgesetzes vom 27. März 1872 eine Pension hätte willigt werden können, so kann der Witwe und den Waisen sselben mit Genehmigung des Unterrichtsministers Witwen- id Waisengeld bewilligt werden.

Stirbt ein Lehrer oder Beamter, welchem im Falle seiner ersetzung in den Ruhestand die Anrechnung gewisser Zeiten ıf die in Betracht kommende Dienstzeit hätte bewilligt werden nnen, so ist mit Genehmigung des Unterrichtsministers eine lche Anrechnung auch bei Festsetzung des Witwen- und Waisen- ldes zulässig.

§. 9.

Die Zahlung des Witwen- und Waisengeldes beginnt mit m Ablauf des Gnadenquartals oder des Gnadenmonats.

§. 10.

Das Witwen- und Waisengeld wird monatlich im Voraus ezahlt. An wen die Zahlung gültig zu leisten ist, bestimmt as Provinzial-Schulkollegium.

§. 11.

Die Zahlung des Witwen- und Waisengeldes erfolgt chtsgültig an die zu dessen Bezuge Berechtigten ohne Rücksicht uf Cessionen, Verpfändungen oder andere Uebertragungen.

§. 12.

Das Recht auf den Bezug des Witwen- und Waisengeldes rlischt:

1) für jeden Berechtigten mit dem Ablauf des Monats, in welchem er sich verheirathet oder stirbt;
2) für jede Waise außerdem mit dem Ablauf des Monats, in welchem sie das 18. Lebensjahr vollendet.

§. 13.

Das Recht auf den Bezug des Witwen- und Waisengeldes uht, wenn der Berechtigte das deutsche Indigenat verliert, bis ur etwaigen Wiedererlangung desselben.

§. 14.

Die Bestimmung darüber, ob und welches Witwen- und Waisengeld der Witwe und den Waisen eines Lehrers oder Be- amten zusteht, erfolgt durch den Unterrichtsminister, welcher die Befugnis zu solcher Bestimmung dem Provinzial-Schulkollegium übertragen kann.

Die Beschreitung des Rechtsweges steht den Betheiligten offen, doch muß die Entscheidung des Unterrichtsministers der Klage vorhergehen und letztere sodann, bei Verlust des Klagerechts, innerhalb sechs Monaten, nachdem den Betheiligten die Entscheidung des Unterrichtsministers bekannt gemacht worden, erhoben werden.

§. 15.

Zur Sicherung der Erfüllung der nach den Vorschriften dieses Statutes dem Gymnasium rc. obliegenden Verpflichtungen wird bei der Kasse desselben ein Nebenfonds gebildet, dessen Mittel für die Dauer des Bestehens dieser Verpflichtungen ausschließlich zu dem genanten Zwecke zu verwenden sind. Die Einnahmen und Ausgaben des Fonds sind bei der Kasse des Gymnasiums rc. unter besonderen Titeln zu verrechnen.

§. 16.

Dem Fonds (§. 15) sind zuzuführen:

1) aus den Mitteln des Gymnasiums rc. in vierteljährlichen Vorauszahlungen sieben Prozent des in dem Etat des Gymnasiums rc. ausgeworfenen pensionsfähigen Diensteinkommens der Lehrer und Beamten;
2) die von Dritten zur Versorgung von Witwen und Waisen der Lehrer und Beamten der Anstalt bestimmten Mittel, insofern nicht hierüber abweichende Bestimmung getroffen ist.

§. 17.

Die dem Fonds gemäß §. 16 zugeführten Kapitalien sind unter Beobachtung der Vorschriften in §. 39 der Vormundschaftsordnung vom 5. Juli 1875 zinsbar zu belegen.

Ein Verbrauch derselben darf nur mit Genehmigung des Unterrichtsministers stattfinden.

§. 18.

Die Erträge des gemäß §. 16 gebildeten Vermögens des Fonds sind zur Bestreitung der statutenmäßigen Witwen- und Waisenpensionen zu verwenden.

Die in einem Etatsjahre sich ergebenden Ueberschüsse dieser Erträge über die in der gleichen Zeit zahlbaren Witwen- und Waisenpensionen können noch zur Deckung der in dem folgenden Etatsjahre zu bestreitenden Pensionen verwendet werden, wenn und insoweit dazu die fortlaufenden Einnahmen des Fonds nicht ausreichen. Andernfalls beziehungsweise nach Ablauf des letzteren Jahres treten dieselben dem nach §. 16 gebildeten Vermögen des Fonds hinzu und unterliegen den im §. 17 getroffenen Vorschriften.

§. 19.

Wenn und insoweit die Erträge des Vermögens des Fonds nicht ausreichen, um die nach diesem Statut dem Gymnasium rc.

liegenden Verpflichtungen zu erfüllen, und nicht in Gemäßheit § 17 Abs. 2 ein Verbrauch von Kapitalien zu letzterem ecke genehmigt wird, ist der Mehrbedarf aus anderweitigen itteln der Anstalt zu decken.

§. 20.

Wenn die Erträge des Vermögens des Fonds in einem atsjahre sechs Prozent des in dem Etat des Gymnasiums ꝛc. sgeworfenen pensionsfähigen Diensteinkommens der Lehrer d Beamten der Anstalt überschritten haben, so ist für das gende Jahr der in dem §. 16 Ziffer 1 bestimmte Zuschuß s den Mitteln der Anstalt um den Betrag dieses Ueberschusses ermäßigen, insofern und insoweit nicht die Zahlung des vollen tutenmäßigen Zuschusses zur Deckung der thatsächlich in letzterem hre zu bestreitenden Pensionen erforderlich sein sollte.

§. 21.

Die in einer zur Pension berechtigenden Stelle des Gymsiums ꝛc. angestellten oder unter Bewilligung von Wartegeld er lebenslänglicher Pension aus der Kasse der Anstalt in den ihestand versetzten Lehrer und Beamten sind nicht verpflichtet, Allgemeinen Witwen-Verpflegungsanstalt oder einer sonstigen ranstaltung des Staats zur Versorgung der Hinterbliebenen n Beamten oder Lehrern beizutreten, und berechtigt, aus derben auszuscheiden.

§. 22.

Abänderungen dieses Statuts unterliegen der Genehmigung s Unterrichtsministers. Sofern dieselben die Bestimmungen §§. 1 bis 14 betreffen, darf die Genehmigung nur auf Grund erhöchster Ermächtigung ertheilt werden.

23.

Dieses Statut tritt mit dem Beginn des auf die Allerhöchste stätigung desselben folgenden Kalender-Vierteljahrs in Kraft.

---

b.

orschriften über den Austritt von Lehrern an nichtatlichen höheren Unterrichts-Anstalten aus der Königchen Allgemeinen Witwen-Verpflegungs-Anstalt und ber die Ermäßigung der von denselben bei der Anstalt versicherten Pensionen.

Die unserer Anstalt angehörenden Lehrer an solchen nichtatlichen höheren Unterrichts-Anstalten, denen durch eine für die betreffende Schule erlassene Allerhöchste oder auf Gru Allerhöchster Ermächtigung von den Ministern der Finanzen u der geistlichen, Unterrichts- und Medizinal-Angelegenheiten troffene Anordnung die Befugnis zum Austritt aus unserer stalt ertheilt ist und welche demgemäß bei uns ihr gänzlic Ausscheiden aus der Anstalt oder eine Herabsetzung ihrer sicherungssumme beantragen wollen, haben diese Anträge un Beifügung ihrer Receptionsscheine an dasjenige Provinzi Schulkollegium einzureichen, unter dessen Aufsicht die An steht, an welcher die Lehrer angestellt sind oder zuletzt vor ih Versetzung in den Ruhestand angestellt waren.

Die Anträge müssen von dem Provinzial-Schulkollegi mit einer Bescheinigung desselben, daß das nach Namen u Dienststellung zu bezeichnende Mitglied unserer Anstalt unter Kategorie derjenigen Lehrer an der gleichfalls zu bezeichnen Anstalt fällt, denen nach Allerhöchster oder ministerieller Ano nung die Befugnis zum Austritt aus unserer Anstalt ertheilt sowie mit dem Receptionsschein, je nachdem die Anträge den nächsten April- oder Oktober-Termin berücksichtigt wer sollen, vor Eintritt dieser Termine an uns eingesandt werden.

Dabei wird bemerkt:

1) Bis zum Ablaufe desjenigen mit dem 1. April o 1. Oktober beginnenden Halbjahrs, in welchem ein den nöthigen Unterlagen versehener Antrag auf gänzlic Austritt aus der Anstalt oder auf Ermäßigung Pensionsversicherung an uns gelangt ist, müssen dem Antragsteller die Witwenkassenbeiträge in ihrer herigen Höhe unverkürzt fortgezahlt werden. Dage bleiben dem Antragsteller gegenüber auch die seither Verpflichtungen unserer Anstalt bis zum gleichen Z punkte in Kraft.

   Von den bis dahin reglementsmäßig an die An entrichteten Witwenkassenbeiträgen darf nach den ge lichen Bestimmungen nichts zurückerstattet werden.

2) Eine Vergütung für den erfolgten Austritt oder für erfolgte Pensionsermäßigung ist nach §. 22 unseres R glements vom 28. Dezember 1775 in keinem Falle st haft.

3) Bei einer Herabsetzung der Versicherungssumme wird die Folge der halbjährliche Beitrag entsprechend er Bigt. Der verbleibende Versicherungsbetrag muß Markbeträgen bestehen, die durch 75 ohne Rest theil sind. Die Herabsetzung wird von uns auf dem Rec

tionsschein vermerkt werden, den demnächst der Antragsteller zurückerhält.

Berlin, den 23. April 1892.

General-Direktion der Königlichen Allgemeinen Witwen-Verpflegungs-Anstalt.

Nr. 686. Germar.

22) Ausführung des Normaletats vom 4. Mai 1892, betreffend die Besoldungen der Leiter und Lehrer der höheren Unterrichtsanstalten.

Berlin, den 2. Juli 1892.

Aus Anlaß der durch den Staatshaushaltsetat für 1. April 1892/93 beschlossenen Aufbesserung der Besoldungen der Leiter und Lehrer an den höheren Unterrichtsanstalten ist der in beglaubigter Abschrift beigefügte Normaletat aufgestellt und von Sr. Majestät dem Kaiser und Könige unterm 4. Mai d. Js. vollzogen worden.

Dieser Normaletat regelt die Diensteinkommens-Verhältnisse der Leiter und Lehrer aller staatlichen bezw. unter Verwaltung des Staates stehenden, sowie der staatlicherseits unterstützten höheren Lehranstalten, also abweichend von dem Normaletat vom 20. April 1872 (Centrbl. f. 1872, S. 286 ff.) auch der Oberrealschulen und der Nichtvollanstalten (Progymnasien, Realprogymnasien, Realschulen und höheren Bürgerschulen), ferner die Bezüge der technischen und Elementarlehrer, sowie der vollbeschäftigten wissenschaftlichen Hilfslehrer.

Neben der Aufbesserung der Gehälter ꝛc. nimmt der neue Normaletat in Aussicht:

1. Die Einführung des Systems von Dienstalterszulagen an Stelle des Aufrückens im Gehalte innerhalb bestimmt begrenzter Besoldungsgemeinschaften,

2. die Gewährung von Miethsentschädigungen an die nicht mit Dienstwohnungen versehenen Leiter höherer Unterrichtsanstalten statt des Wohnungsgeldzuschusses,

3. das Ausscheiden der Leiter von Nichtvollanstalten aus den Gehaltssätzen für die wissenschaftlichen Lehrer dieser Anstalten und die Festsetzung besonderer Gehaltssätze für sie,

4. die Gewährung einer festen Gehaltszulage zu dem Lehrergehalte für die zum Unterrichte an den oberen Klassen voll qualificirten und zu einer dementsprechend hervorgehobenen Stellung berufenen Lehrer,

5. die Gleichstellung der Lehrer an den Vollanstalten und den Nichtvollanstalten bezüglich der Gehälter, insoweit nicht der

Mangel der obern 3 Klassen das Bedürfnis an vollqualificirten und demgemäß höher zu besoldenden Lehrer mindert,

6. die Heraushebung der definitiv angestellten und voll beschäftigten Zeichenlehrer aus der Zahl der sonstigen technischen und Elementarlehrer.

Was die neuen Gehaltssätze betrifft, so hat von einer Erhöhung der den Direktoren von Vollanstalten in Berlin und in Städten mit mehr als 50 000 Civileinwohnern bisher gewährten Gehälter mit 6600 Mk. bezw. durchschnittlich 5550 Mk. abgesehen werden müssen; für die Direktoren an den übrigen Orten ist eine Erhöhung um durchschnittlich 300 Mk. auf 5250 Mk. in Aussicht genommen. Für die Leiter der Nichtvollanstalten in Berlin und in Städten mit über 50 000 Einwohnern ist ein Durchschnitt von 5250 Mk., in den übrigen Orten von 4950 Mk., mithin eine Erhöhung gegen den bisherigen Satz von 4500 Mk. um 750 Mk. bezw. 450 Mk.,

für die definitiv angestellten wissenschaftlichen Lehrer bei den Vollanstalten ein Durchschnitt von 3750 Mk. und bei den Nichtvollanstalten von 3525 Mk. berechnet worden. Die hiernach für die wissenschaftlichen Lehrer eintretende Erhöhung von durchschnittlich 600 Mk. bezw. 675 Mk., ist dazu benutzt worden, die Gehälter so zu normiren, daß alle diese Lehrer sowohl in Berlin wie an den übrigen Orten, an den Vollanstalten und Nichtvollanstalten mit einem Durchschnittsbetrage von 3300 Mk. gleichgestellt werden und den Höchstbetrag von 4500 Mk. erreichen können, also auch dann, wenn sie die Qualifikation für die oberen Klassen nicht besitzen und bisher von den höchsten Gehaltssätzen ausgeschlossen waren.

Der Ueberschuß ist dazu verwendet worden, der Hälfte sämmtlicher wissenschaftlicher Lehrer an den Vollanstalten und einem Viertel dieser Lehrer an den Nichtvollanstalten, entsprechend dem Bedarfe an vollqualificirten Lehrkräften für diese Anstalten, eine unabänderliche pensionsfähige Zulage von 900 Mk. zu gewähren, welche in allen Beziehungen als ein Theil des Gehaltes ang[esehen]
an den nächstältesten vollqualificirten
Lehrer verliehen [...] Bewilligung der Zulage hängt [...] dessen nicht lediglich von dieser Lehrbefähigung ab, sondern [setzt] ebenso praktische Bewährung im Schulamte voraus.

Es ist daher nicht ausgeschlossen, daß einem nach seinen Zeugnissen formell befähigten Lehrer die Zulage einstweilen oder dauernd vorenthalten werden kann, wenn er in seiner Lehrthätigkeit sich nicht bewährt hat. Dagegen soll es auch zulässig sein, Männern, welche nach dem Ergebnisse ihrer Prüfungen für die Oberstufe durch das Zeugnis zwar nicht befähigt sind, jedoch a[...]

ehrer und Erzieher in ihrer bisherigen amtlichen Thätigkeit sich sonders ausgezeichnet haben, die Zulage zu gewähren.

Die Bestimmung über die Versagung der Zulage an einen rch das Zeugnis vollbefähigten und über die Gewährung der ulage an einen hiernach nicht ohne Weiteres berufenen Lehrer halte ich mir auf Grund des von dem Königlichen Provinzial-chulkollegium zu erstattenden Berichts vor.

Für die definitiv angestellten, nach den näheren Bestimmungen s §. 1 Nr. 4 vollbefähigten und vollbeschäftigten Zeichenlehrer das Durchschnittsgehalt auf 2400 Mk. gleich dem der sonstigen hnischen, Elementar- und Vorschullehrer in Berlin, für die ßer Berlin definitiv angestellten Zeichenlehrer, sofern sie nicht Zeichenstunden zu ertheilen haben, für die Turn-, Gesang-, ementar- und Vorschullehrer auf 2100 Mk. festgesetzt; es tritt o zu der seit dem Jahre 1872 bereits einmal erfolgten Gehalts-höhung für die betreffenden Lehrer außerhalb Berlins eine weitere höhung von im Durchschnitt 450 Mk. bezw. 150 Mk. ein.

Für die vollbeschäftigten wissenschaftlichen Hilfslehrer wird bisher der Regel nach auf 1500 Mk. jährlich bemessene Re-meration nach einer Dienstleistung von 2 bezw. 3 Jahren auf 50 Mk. bezw. 1800 Mk. steigen, sofern nicht bereits bisher here Remunerationen gewährt werden, bei denen es auch künftig bleibt.

Im Anschluß hieran ist auch eine Erhöhung der Remune-ionen für sonstigen Hilfsunterricht — außer den Hilfslehrern 1 Nr. 6 des Normal-Etats) — in Aussicht genommen. So-t für solchen nicht schon jetzt höhere Sätze gezahlt werden, en in Zukunft bei wissenschaftlichem und Zeichen-Unterricht Mk., bei Elementar- und sonstigem technischen Unterricht Mk für die Wochenstunde jährlich aufgewendet werden. Für heilung einzelner Stunden Hilfsunterricht durch nicht zu ernder Beschäftigung angenommene Lehrer sind bei wissen-aftlichem Unterrichte 2 Mk. 20 Pf., bei technischem und Elementar-terricht 1 Mk. 80 Pf. für die Stunde zu gewähren. In Berlin endet es bei den daselbst bisher üblichen Sätzen, welche im gemeinen für die Einzelstunde wissenschaftlichen Unterrichts Mk. 80 Pf. ergeben.

Lehrern, welche zur Ertheilung von Hilfsunterricht auf gere Zeit berufen sind, kann die Remuneration auch für einzelne fallende Stunden gezahlt werden, sofern durch Vertretung betreffenden Lehrers Mehrkosten für die Anstalt nicht herbei-ihrt werden.

Vorstehende Sätze sind bei Neuaufstellung der Anstalts-Etats Berücksichtigung zu ziehen.

Das System der Dienstalterszulagen macht das Aufsteig der Leiter und Lehrer nicht mehr wie bisher von dem Eintri von Vakanzen, bezw. von der Schaffung neuer etatsmäßig Stellen an einer Anstalt oder innerhalb einer Gehaltsgeme schaft abhängig, sondern läßt sie, wenn auch unter Ausschlu eines Rechtsanspruches darauf, bei befriedigendem dienstlich und außerdienstlichen Verhalten in der im §. 2 des Normal-Eta für jede Kategorie von Lehrern besonders angegebenen Fol nach genau bestimmten Zeitabschnitten in festen Gehaltsstufen b zum Höchstgehalte aufsteigen. Der §. 3 stellt die Grundsätze fe nach denen das Dienstalter und dementsprechend in Verbindu mit den Bestimmungen der §§. 1 und 2 das sich in jedem Fa ergebende Gehalt 2c. zu berechnen ist.

Als allgemeine Grundsätze sind hierbei festzuhalten:

1. Das Dienstalter wird für jede Lehrer-Kategorie vo Zeitpunkte des ersten definitiven Eintrittes in eine entsprechen Stelle in Preußen oder eines von Preußen erworbenen Lande theiles ohne Unterscheidung nach staatlichen und nichtstaatlich Anstalten gerechnet. Als Zeitpunkt des Eintrittes in die Ste gilt der Tag, von welchem ab dem Lehrer die etatsmäßig Kompetenzen der Stelle zugewiesen sind (zu vergleichen die Circ Verf. vom 15. März 1881 — U. II. 2746 — Centrbl. f. d. U. V. S. 358).

Bezüglich der Leiter der Anstalten kommt die Berufung eine leitende Stelle, gleichviel ob an einer Vollanstalt oder ei Nichtvollanstalt in Betracht. Bei den technischen, den Elemen und Vorschullehrern wird das Bestehen der zweiten Elemen lehrprüfung gefordert, soweit diese überhaupt Voraussetzung d definitiven Anstellung ist.

2. Bei allen staatlichen und unter staatlicher Verwaltu stehenden Anstalten d. h. bei allen Anstalten, an denen die der Verfügung vom 22. März d. J. — U. II. 529 — (Centr S. 506) bezw. in den dieselbe ergänzenden Erlassen angeordn Schulgelderhöhung mit dem gleichen Zeitpunkte eingetreten soll die neue Gehaltsregelung vom 1. April d. Js. ab in Wi samkeit treten und sind demgemäß von diesem Tage ab Gehal zulagen nur noch nach Maßgabe des Dienstalters im Anschlu an die dafür aufgestellten Grundsätze 2c. zu gewähren.

3. Ein Rechtsanspruch auf Gewährung von Alterszulag steht keinem Lehrer zu; auch dürfen den Lehrern der vorstehe (zu 2) gedachten Anstalten weder bei der Anstellung noch an weit Zusicherungen gemacht werden, auf welche ein solcher A spruch etwa gegründet werden könnte.

4. Die Bewilligung von Alterszulagen hat bei befriedigend

nstlichen und außerdienstlichen Verhalten stets vom ersten Tage s Kalender-Vierteljahres ab zu erfolgen, dergestalt, daß jeder hrer, welcher im Laufe eines Kalender-Vierteljahres eine höhere enstaltersstufe erreicht hat, die entsprechende Gehaltszulage vom ten Tage des folgenden Vierteljahres ab erhält. Erreicht ein hrer am ersten Tage eines Kalender-Vierteljahres eine höhere enstaltersstufe, so ist die Gehaltszulage schon von diesem Tage zahlbar zu machen.

Denjenigen Lehrern, welche zur Zeit des Inkrafttretens der ien Gehaltsregelung bereits ein höheres Gehalt beziehen, als ien nach Maßgabe des Dienstalters zustehen würde, ist nach 7 des Normal-Etats dieses höhere Gehalt so lange zu be-ien, bis sie nach den Bestimmungen der §§. 1 u. 2 des Normal-its in eine höhere Besoldung (für die definitiv angestellten ssenschaftlichen Lehrer nach Altersstufen bestimmtes Gehalt und nsionsfähige Zulage §. 1 Nr. 3) aufsteigen.

5. Die Versagung von Alterszulagen ist nur bei unbe-digender Dienstführung zulässig und darf bei nichtstaatlichen stalten nur mit Genehmigung des Königlichen Provinzial-hulkollegiums erfolgen.

Dem pflichtmäßigen Ermessen des Königlichen Provinzial-hulkollegiums bleibt es überlassen, ob bei Versagungen dieser t hierher zu berichten ist.

Die Gründe für die einstweilige Nichtbewilligung der Alters-age sind dem Lehrer auf seinen etwaigen Antrag mitzutheilen.

6. Hat das Verhalten eines Lehrers dazu geführt, ihm die terszulage einstweilen vorzuenthalten, so ist ihm dieselbe zu vähren, sobald die bezüglichen Anstände in Wegfall gekommen d. Die einstweilige Vorenthaltung einer Alterszulage soll für allein nicht die Wirkung haben, daß dadurch der durch das enstalter des betreffenden Lehrers gegebene Zeitpunkt des Auf-kens in die nächste Gehaltsstufe hinausgeschoben wird.

7. Bei der alsbald vorzunehmenden erstmaligen Regelung : Gehälter ist zunächst lediglich die nach den Bestimmungen s ersten Absatzes des §. 3 des Normal-Etats sich ergebende enstzeit anzusetzen.

8. Glaubt das Königliche Provinzial-Schulkollegium nach aßgabe des zweiten Absatzes des §. 3 einen weiteren Zeitraum Ansatz bringen zu sollen, so ist darüber für jeden Fall be-iders zu berichten und hierbei auf die persönlichen und sonstigen rhältnisse, insbesondere auf die Dienstführung des Betreffenden d die Gründe seines verhältnismäßig späten Eintretens in die elle eines Leiters oder etatsmäßigen wissenschaftlichen Lehrers einer höheren Schule einzugehen, auch bei denjenigen, welche

aus dem Universitäts-, Schulaufsichts-, Kirchen- oder ausländische
Dienste in den Dienst an einer höheren Schule übertreten, di
Höhe des früheren und des neuen Diensteinkommens zu bezeichnen
Ueber sämmtliche gegenwärtig in Frage kommenden Fälle solche
fakultativen Anrechnung einer Dienstzeit in dem dortigen Bezir
ist baldigst ein zusammenfassender Bericht zu erstatten.

Indem ich dem Königlichen Provinzial-Schulkollegium di
Beachtung der vorstehenden Bestimmungen zur Pflicht mach
übertrage ich Demselben die Befugnis, für die Leiter und Lehre
der staatlichen und unter staatlicher Verwaltung stehenden An
stalten Seines Bezirkes die Gehälter einschließlich der im §. 1 Nr.
Abs. 2 vorgesehenen festen Zulage von 900 Mk. jährlich, sow
die künftigen Dienstalterszulagen, die Remunerationen der wissen
schaftlichen Hilfslehrer und die im §. 5 vorgesehenen Mieths
entschädigungen an die nicht mit Dienstwohnung versehene
Anstaltsleiter selbständig festzusetzen und auf die betreffende
Anstaltskassen anzuweisen.

Wegen Verrechnung und Etatisirung dieser Beträge wir
weitere Verfügung ergehen. Ich bemerke hierbei jedoch scho
jetzt, daß die zwar unter staatlicher Verwaltung stehenden, abe
vom Staate nicht unterstützten Anstalten, z. B. die Anstalte
landesherrlichen Patronates, wie Landesschule Pforta u. s. w.
die erforderlichen Mehrbeträge aus eigenen Mitteln bereit z
stellen haben, daß die subventionirten Anstalten dieser Art, wi
das Pädagogium Züllichau u. s. w., in Ermangelung eigene
Mittel, wie die staatlichen Anstalten behandelt werden sollen, in
soweit nicht, wie z. B. beim Gymnasium in Düren, Dritte a
der Deckung des Aufwandes theilnehmen, daß ferner bei de
staatlichen Anstalten, welche Bedürfniszuschüsse beziehen, die au
der angeordneten Schulgelderhöhung sich ergebenden Mehrein
nahmen, welche zur Deckung der aus der Besoldungserhöhung
sich ergebenden Mehrausgaben nicht erforderlich sind, bis in Höh
des Staatszuschusses nicht den Anstalten verbleiben, sondern zu
Verfügung des Staates stehen. Dies ist bei der Abhebung de
bereits jetzt zahlbaren Staatszuschüsse zu beachten.

Die erstmalige Vertheilung der oben erwähnten festen Zu
lage von 900 Mk., wie auch die Feststellung der Anzahl de
auf den dortigen Bezirk entfallenden Zulagen wird von hier au
erfolgen. Einstweilen bestimme ich, daß bei der Vertheilung de
Zulage zunächst alle diejenigen wissenschaftlichen Lehrer zu berück
sichtigen sind, welche zur Zeit eine etatsmäßige Oberlehrerstel
bekleiden.

Nach der erstmaligen Regelung hat das Königliche Pro
vinzial-Schulkollegium, sobald eine der auf den dortigen Bezi

theilten Zulagen verfügbar geworden ist, den disponibel ge- rdenen Betrag sofort anderweit nach vorstehenden Grundsätzen d, soweit nicht besondere Gründe vorliegen, an den nächst- esten hierzu berechtigten wissenschaftlichen Lehrer des dortigen zirks zu verleihen. Hierbei kommt es nicht darauf an, welcher stalt er angehört und welche Gehälter an die Lehrer derselben zahlt werden; es ist daher nicht ausgeschlossen, daß an einer stalt gar kein mit der Zulage von 900 Mk. Bedachter sich be- idet, an einer anderen Anstalt dagegen alle oder der größte heil der Lehrer diese Zulage erhalten.

Kommen bei der Vertheilung der 900 Mk. Zulage zwei er mehrere mit dem gleichen Zeitpunkte zur definitiven An- ellung gelangte wissenschaftliche Lehrer in Frage, so entscheidet e frühere Erlangung des Zeugnisses über die Anstellungsfähig- it, bei auch hier vorhandener Gleichheit der Zeitpunkt des Be- ehens der wissenschaftlichen Prüfung und demnächst das höhere ebensalter.

Um zu verhüten, daß in Zukunft sich zwischen den ver- hiedenen Provinzen erhebliche Unterschiede bezüglich des Dienst- lters, in welchem diese Zulage von 900 Mk. erlangt wird, erausstellen, hat das Königliche Provinzial-Schulkollegium alle Jahre, zuerst zum 15. Mai 1895 ein Verzeichnis der sämmt- ichen, mit dieser Zulage bedachten wissenschaftlichen Lehrer ein- usenden und darin für jeden Einzelnen das Lebensalter, das Datum der Prüfungen, der ersten definitiven Anstellung und der Bewilligung der Zulage von 900 Mk., sowie eventuell die dies- itige Verfügung anzugeben, nach der die Zulage ausnahms- weise den Betreffenden gewährt worden ist.

Der Nachweisung ist eine Uebersicht der Gesammtzahl aller Stellen der einzelnen Lehrerkategorien, sowie das Mehr und Minder der Gehälter gegenüber den normalmäßigen Gesammt- urchschnittssummen beizufügen.

Ich behalte mir alsdann vor, die obenerwähnte Feststellung er Zahl der auf den dortigen Bezirk entfallenden Zulagen zu ndern.

Nach diesen für die künftige Regelung der Besoldungs- 2c. Verhältnisse an den staatlichen und unter staatlicher Verwaltung ehenden Lehranstalten maßgebenden Bestimmungen beauftrage h das Königliche Provinzial-Schulkollegium die neuen Gehalts- usätze an diesen Anstalten vom 1. April d. Js. ab anzuweisen.

Zu diesem Zweck ist das Gehalt für jeden einzelnen Anstalts- eiter und Lehrer bezw. die Remuneration für jeden wissenschaft- ichen Hülfslehrer nach den Bestimmungen des Normal-Etats unter vorläufiger Nichtberücksichtigung der nach §. 3, Abs. 2 anrechnungsfähigen Dienstzeiten zu berechnen, die oben erwähnte feste Zulage von 900 Mk. jährlich für alle diejenigen wissenschaftlichen Lehrer, welche zur Zeit eine etatsmäßige Oberlehrerstelle bekleiden, mit in Ansatz zu bringen, und soweit die sich hiernach ergebenden Sätze durch die bereits jetzt gezahlten Gehälter nicht erreicht werden, der fehlende Betrag anzuweisen. Dasselbe gilt bezüglich der im §. 5 des Normal-Etats vorgesehenen Miethsentschädigung für diejenigen Anstaltsleiter, welche keine Dienstwohnung haben.

Zur Benachrichtigung der Einzelnen über die Höhe des ihnen vom 1. April d. Js. ab zustehenden Diensteinkommens empfiehlt sich die Benutzung des beifolgenden Schemas A.

Um den Mehrbedarf für das laufende Rechnungsjahr möglichst bald übersehen und den Anstalten die erforderlichen Zuschüsse überweisen zu können, hat das Königliche Provinzial-Schulkollegium mir zum 15. September d. J. für jede Anstalt eine Uebersicht der von Demselben erlassenen Anweisungen nach Formular B. einzureichen, diesen Uebersichten eine Zusammenstellung des Gesammt-Mehrerfordernisses für den dortigen Bezirk beizufügen und dabei den Mehr- und Minderbedarf gegen die normalmäßigen Gesammtdurchschnittssummen anzugeben.

Die nähere Anweisung zur Ausführung des §. 9 des Normal-Etats muß einstweilen vorbehalten bleiben, bis Allerhöchsten Orts über die Sanktion des von dem Landtage angenommenen Gesetzentwurfs, betreffend das Diensteinkommen der Lehrer an den nichtstaatlichen höheren Schulen, Entscheidung getroffen sein wird.

Inzwischen sind mit möglichster Beschleunigung die nothwendigen Unterlagen für die Beurtheilung der Frage zu beschaffen, ob und in welchem Maße die Bewilligung von Staatszuschüssen zur Deckung des zu erwartenden erhöhten Aufwandes für das Diensteinkommen der Lehrer erforderlich ist. Beziehen die Anstalten noch keinen staatlichen Bedürfniszuschuß, so sind die Unterlagen für die Bewilligung solchen Zuschusses in der gewöhnlichen eingehenden Weise zu beschaffen. Anderenfalls genügt eine kurze Darlegung der bei der letzten Bewilligung ermittelten maßgebenden Thatsachen sowie eine Aeußerung darüber, ob und welche wesentliche Aenderung der Verhältnisse etwa inzwischen stattgefunden, ob insbesondere die letzte Einschätzung zur Einkommensteuer zu einem von dem früheren Ergebnis abweichenden Resultate geführt, sowie ob und eventuell wie der Prozentsatz der Kommunalsteuerzuschläge zu den Staatssteuern danach einer Aenderung unterlegen hat. Dabei ist zu beachten, daß durch die Gewährung von Bedürfniszuschüssen seitens des Staates nicht schon anerkannt ist, daß die zur Unterhaltung der Anstalten Verlichteten nicht im Stande seien, zu neuen Ausgaben für die chulen ihrerseits neue Mittel bereit zu stellen, daß es vielmehr e Aufgabe dieser Verpflichteten bleibt, in erster Linie für die efriedigung neuer Bedürfnisse der Anstalten zu sorgen, daß mer bisher auch, schon in Folge der vielfach unzutreffenden iheren Einschätzung zu der Staatseinkommensteuer, nicht allgemein eichmäßig in der Bemessung der Bedürfniszuschüsse verfahren id daher bei der jetzt gegebenen Veranlassung darauf Bedacht : nehmen ist, eine größere Gleichmäßigkeit unter Beachtung der orschriften der Cirkular-Verfügung vom 9. August 1879 zu V. lentrbl. f. 1879, S. 456) herbeizuführen. In jedem Falle ist ernach dahin zu wirken, daß die zur Unterhaltung der Schulen erpflichteten mindestens einen Theil des durch die anderweitige egelung der Besoldungen der Lehrer und der durch den Cirkular-daß vom 2. Juli 1892 — G. III. 1243 U. II. — (Centrbl. l. 623) in Aussicht genommenen Versorgung der Hinterbliebenen r Lehrer und Beamten entstehenden Aufwandes alsbald verfüg-ir machen. Indes sind ausreichende Mittel bereit gestellt, um überall soweit helfend einzutreten, als erforderlich ist, um eine schwer rückende Belastung der Patronate der Anstalten zu vermeiden.

Damit demnächst hier die Entscheidung über die Bewilligung uer Zuschüsse unter gleichmäßiger Bemessung derselben ohne chwierigkeit erfolgen kann, ist ferner für alle diejenigen kommu-alen Anstalten des dortigen Bezirkes, für welche die Bewilligung nes neuen Zuschusses, sei es zur Durchführung des Normal-tats, sei es in Anlaß der anderweitigen Versorgung der Relikten r Lehrer, in Frage kommt, mit thunlichster Beschleunigung ne schematische Nachweisung unter Vermittelung der betreffenden erren Regierungs-Präsidenten aufzustellen und spätestens bis m 1. Oktober d. Js. von dem Königlichen Provinzial-Schul-llegium an mich einzureichen, in welcher näher nachgewiesen wird:

1. Die Höhe der von den Einwohnern des betreffenden chulortes zu entrichtenden Staatssteuern, getrennt nach den nzelnen Steuerarten, und des Gesammtbetrages derselben,

2. die Höhe der anderweitigen von den Einwohnern des rtes zu entrichtenden Abgaben, gesondert nach den einzelnen erwendungszwecken, insoweit solche Sonderung stattfindet (für emeinde, Kirche, Kreis 2c.) und des Gesammtbetrages dieser bgaben, sowie die prozentuale Höhe der Zuschläge zu den nzelnen Staatssteuern.

Der Minister der geistlichen 2c. Angelegenheiten.
Bosse.

An
immtliche Königliche Provinzial-Schulkollegien.
U. II. 1229.

Normaletat, betreffend die Besoldungen der Leiter und Lehrer der nachbenannten höheren Unterrichtsanstalten (Gymnasien, Realgymnasien, Oberrealschulen, Progymnasien, Realprogymnasien, Realschulen und höheren Bürgerschulen).

A. Anstalten, welche vom Staate zu unterhalten sind oder bei denen der Staatsbehörde die Verwaltung zusteht.

§. 1.

Die Besoldungen betragen jährlich:

1) Für die Leiter der Vollanstalten (Gymnasien, Realgymnasien, Oberrealschulen)

a. in Berlin 6600 Mk.,

b. in den Städten mit mehr als 50000 Civil-Einwohnern 5100 bis 6000 Mk.,

c. in allen übrigen Orten 4500 bis 6000 Mk.;

2) für die Leiter der Anstalten von geringerer als neunjähriger Kursusdauer (Progymnasien, Realprogymnasien, Realschulen und höheren Bürgerschulen)

a. in Berlin und in Städten mit mehr als 50 000 Civil-Einwohnern 4500 bis 6000 Mk.,

b. in den übrigen Orten 4500 bis 5400 Mk.;

3) für die definitiv angestellten wissenschaftlichen Lehrer 2100 bis 4500 Mk.

Die Hälfte der Gesammtzahl dieser Lehrer an den Vollanstalten, sowie der vierte Theil der Gesammtzahl derselben an den Anstalten von geringerer als neunjähriger Kursusdauer beziehen neben dem Gehalte eine feste pensionsfähige Zulage von 900 Mk. jährlich;

4) für die definitiv angestellten Zeichenlehrer, sofern sie die vorgeschriebene Prüfung bestanden haben und mit wenigstens 14 Zeichen- und 10 Stunden anderen Unterrichts wöchentlich beschäftigt sind, 1600 bis 3200 Mk.;

5) für die sonstigen technischen, Elementar- und Vorschullehrer

a. in Berlin 1600 bis 3200 Mk.,

b. in den übrigen Orten 1400 bis 2800 Mk.;

6) die wissenschaftlichen Hilfslehrer erhalten Jahresremunerationen in Höhe von 1500 Mk. bis 1800 Mk.; sofern zur Zeit höhere Remunerationen gewährt werden, verbleibt es bei denselben auch ferner.

§. 2.

Das Aufsteigen im Gehalte geschieht in der Form von Dienstalterszulagen:

1) bei den Leitern der Vollanstalten mit je 300 Mk.,

a. in Städten über 50 000 Civil-Einwohner (§. 1 Nr. 1b) nach 7, 14 und 20 Dienstjahren,

b. in den übrigen Orten (§. 1 Nr. 1c) nach 4, 8, 12, 16 ıd 20 Dienstjahren;

2) bei den Leitern der Nichtvollanstalten mit je 300 Mk.,

a. in Berlin und in den Städten mit über 50 000 Civil-Einwohnern (§. 1 Nr. 2a) nach 4, 8, 12, 16 und 20 Dienstjahren,

b. in den übrigen Orten (§. 1 Nr. 2b) nach 7, 14 und 20 Dienstjahren;

3) bei den wissenschaftlichen Lehrern (§. 1 Nr. 3) mit je 0 Mk. nach 3, 6, 9, 12, 15, 19, 23 und 27 Dienstjahren.

Die im §. 1 Nr. 3 zweiter Absatz erwähnte feste Zulage von 0 Mk. wird nur bei nachgewiesener wissenschaftlicher und praktischer ɔchtigkeit gewährt, sofern eine solche Zulage frei geworden ist;

4) für die unter §. 1 Nr. 4 bezeichneten Zeichenlehrer mit 200 Mk. nach 4, 8, 12, 16, 20, 24, 28 und 32 Dienstjahren;

5) bei den technischen Elementar- und Vorschullehrern (§. 1 : 5)

a. in Berlin mit je 200 Mk. nach 4, 8, 12, 16, 20, 24, 28 und 32 Dienstjahren,

b. in den übrigen Orten mit je 150 Mk. nach 4, 8, 12, 15, 18, 21, 24, 28 Dienstjahren und mit 200 Mk. nach 32 Dienstjahren.

Die im §. 1 Nr. 6 bezeichnete Remuneration der wissenschaften Hilfslehrer beginnt mit 1500 Mk. und steigt nach 2 Jahren 1650 Mk., nach einem ferneren Jahre auf 1800 Mk.

§. 3.

Das Dienstalter wird für den vorliegenden Zweck berechnet:

1) bei den Anstaltsleitern (§. 1 Nr. 1 und 2) vom Amtsritte als Leiter einer höheren Unterrichtsanstalt an,

2) bei den wissenschaftlichen Lehrern (§. 1 Nr. 3) von der nitiven Anstellung als solcher an,

3) bei den Zeichenlehrern (§. 1 Nr. 4) und

4) bei den technischen, Elementar- und Vorschullehrern 1 Nr. 5) vom Tage der definitiven Anstellung im öffentlichen ıuldienste an, frühestens nach Ablegung der zweiten Elementarerprüfung,

5) bei den wissenschaftlichen Hilfslehrern (§. 1 Nr. 6) vom ȷe der ersten Einweisung in eine etatsmäßige bezw. zur Aufme in den Etat geeignete Remuneration von mindestens 0 Mk. an.

Die im Universitäts-, Schulaufsichts- oder Kirchendienste im Inlande oder Auslande zugebrachte Zeit, sowie derjenige ausländische Dienst, welcher, wenn er im Inlande geleistet wäre, zur Anrechnung gelangen würde, und die über 4 Jahre hinausgehende Thätigkeit als Hilfslehrer kann von dem Minister der geistlichen rc. Angelegenheiten im Einverständnis mit dem Finanzminister ganz oder zum Theil eingerechnet werden.

In gleicher Weise kann von der früheren Dienstzeit des Leiters einer Anstalt als wissenschaftlicher Lehrer ein solcher Theil als anrechenbar erklärt werden, daß ihm in seiner Stellung als Leiter ein gleich hohes Gehalt gewährt wird, wie es ihm zustehen würde, wenn er in der Stellung eines wissenschaftlichen Lehrers geblieben wäre.

§. 4.

Neben den Gehältern wird der Wohnungsgeldzuschuß den Anstaltsleitern und den wissenschaftlichen Lehrern nach Tarifklasse III. des Gesetzes vom 12. Mai 1873 (Gesetzsammlung S. 209), den technischen Elementar- und Vorschullehrern nach Tarifklasse IV. daselbst gewährt, sofern dieselben nicht Dienstwohnung oder die im §. 5 erwähnte Miethsentschädigung erhalten.

§. 5.

Diejenigen Anstaltsleiter, welche keine Dienstwohnung inne haben, erhalten an Stelle des Wohnungsgeldzuschusses eine Miethsentschädigung, und zwar:

in Berlin in Höhe von	1500	Mk.,
in Orten der I. Servisklasse	1000	„
in Orten der II. „	900	„
in Orten der III. „	800	„
in Orten der IV. „	700	„
in Orten der V. „	600	„

Auf diese Miethsentschädigung finden das Gesetz vom 12. Mai 1873, betreffend die Gewährung von Wohnungsgeldzuschüssen an die unmittelbaren Staatsbeamten (Gesetzsammlung S. 209), insbesondere die in den §§. 3, 4, 6 enthaltenen Bestimmungen entsprechende Anwendung.

§. 6.

Die Besoldungen, die Alterszulagen, sowie die festen Zulagen (§. 1 Nr. 3 zweiter Absatz) werden innerhalb der vorstehend angegebenen Sätze und Abstufungen vom Minister der geistlichen rc. Angelegenheiten, bezw. von den damit beauftragten Provinzial-Schulkollegien bewilligt.

Den Lehrern steht ein Rechtsanspruch auf Bewilligung einer

stimmten Diensteinkommens, insbesondere auf Feststellung eines stimmten Dienstalters oder Aufrücken im Gehalt nicht zu.

§. 7.

Gegenwärtig zahlbare Besoldungen, welche über die nach 1 und 2 zu berechnenden Beträge hinausgehen, werden bis im Einrücken des betreffenden Lehrers in eine höhere Gehaltsufe fortgewährt.

§. 8.

Emolumente, sowie unfixirte Gebührenantheile sind, sofern icht stiftungsmäßige Bestimmungen oder andere besondere Rechtserhältnisse entgegen stehen, bei Neuanstellungen, Ascensionen, Bewilligung von Gehaltszulagen u. s. w. zu den Anstaltskassen inzuziehen.

Den Lehrern steht ein Anspruch auf Befreiung vom Schulelde für ihre Söhne nicht zu.

Naturalemolumente, deren Einziehung zu den Anstaltskassen nthunlich ist, werden zu ihrem wirklichen Werthe statt Geld als Theile der Besoldung überwiesen.

3. Die sonstigen höheren Lehranstalten, welche aus unmittelbaren oder mittelbaren Staatsfonds Unterhaltungszuschüsse beziehen.

§. 9.

Die Bestimmungen der §§. 1—8 finden auf die vorbezeichneten höheren Schulen mit folgenden Maßgaben Anwendung:

1) Bei den einzelnen Vollanstalten ist auf je zwei etatsmäßige Stellen für wissenschaftliche Lehrer, bei den einzelnen Nichtvollanstalten (§. 1 Nr. 2) auf je vier solcher Stellen eine este pensionsfähige Zulage von 900 Mk. jährlich (§. 1 Nr. 3 zweiter Absatz) bereit zu stellen.

2) Aenderungen bezüglich der Dienstaltersstufen und Zulagen sind nur mit Genehmigung des Unterrichtsministers zulässig.

3) Ueber die Anrechnung der im §. 3 zweiter Absatz erwähnten, im Universitäts-, Schulaufsichts-, Kirchen- oder ausländischen Dienste zugebrachten Zeit entscheidet das zwischen den Schulunterhaltungspflichtigen und dem betheiligten Lehrer zu treffende Abkommen.

4. Der Unterrichtsminister kann auf Antrag der Unterhaltungspflichtigen bezw. der die Anstalt vertretenden Organe genehmigen, daß für die Leiter der Anstalten (§. 1 Nr. 1 und 2) und vollbeschäftigten Zeichenlehrer (§. 1 Nr. 4) von der Einführung des Systems der Dienstalterszulagen Abstand genommen werde, wenn nach seinem Ermessen Einrichtungen getroffen sind,

welche das allmähliche Aufrücken der betheiligten Lehrer zum Höchstgehalte ermöglichen.

5) Von den Unterhaltungspflichtigen bezw. den die Anstalt vertretenden Organen kann von der Einführung des Systems der Dienstalterszulagen für die wissenschaftlichen Lehrer Abstand genommen werden; in diesem Falle hat das Aufrücken der Lehrer im Gehalte nach Maßgabe des für die einzelne Anstalt oder für mehrere Anstalten zusammen aufzustellenden Besoldungsetats zu erfolgen, in welchem für jede Stelle der Betrag von 3300 Mk. voll einzustellen und auf die Gesammtzahl der Stellen in angemessenen Abstufungen innerhalb der Sätze von 2100 Mk. bis 4500 Mk. zu vertheilen ist.

6) Das Diensteinkommen der nicht unter die Vorschrift des §. 1 Nr. 4 fallenden vollbeschäftigten technischen, Elementar- und Vorschullehrer ist innerhalb der im §. 1 Nr. 5 bestimmten Grenzen dergestalt festzustellen, daß dasselbe hinter demjenigen der Volksschullehrer in dem betreffenden Orte nicht zurückbleiben darf. Außerdem ist jenen Lehrern eine nichtpensionsfähige Zulage von mindestens 150 Mk. jährlich zu gewähren. Bei der Versetzung des Lehrers an eine andere Schule, welche nicht zu den eingangs bezeichneten höheren Unterrichtsanstalten gehört, fällt diese Zulage hinweg. Die hierdurch eintretende Verminderung des Diensteinkommens wird als eine Verkürzung des Diensteinkommens im Sinne des §. 87 des Gesetzes, betreffend die Dienstvergehen der nichtrichterlichen Beamten vom 21. Juli 1852 (Gesetzsammlung S. 465), nicht angesehen.

7) Die Zuständigkeit für die Bewilligung von Besoldungen, Alterszulagen und festen Zulagen (§. 6 Absatz 1) wird von dem Unterrichtsminister unter Beachtung der für die einzelnen Anstalten geltenden Vorschriften insoweit neu geregelt, wie dies durch die Veränderung der Besoldungsordnung erforderlich gemacht wird.

Schlußbestimmung.

§. 10.

Durch diesen Normaletat wird nicht beabsichtigt, zur Erreichung der Besoldungssätze desselben in der Fürsorge des Staates für die betheiligten Anstalten über die ihm obliegenden rechtlichen Verpflichtungen hinauszugehen.

Neues Palais, den 4. Mai 1892.

Wilhelm. R.

Miquel. Bosse.

A.

Nach dem durch den Normaletat für die Besoldungen der
[L]eiter und Lehrer an den höheren Unterrichtsanstalten vom
. Mai d. J. eingeführten System des Aufrückens nach Dienst-
[a]ltersstufen erhalten die (Anmerkung.)

a. Leiter an Vollanstalten in Städten mit mehr als 50000 Civil-Einwohnern,
b. Leiter an Vollanstalten in Städten mit weniger als 50000 Civil-Einwohnern und die Leiter an Nichtvollanstalten in Berlin und in Städten mit mehr als 50000 Civil-Einwohnern,
c. Leiter an Nichtvollanstalten in Städten mit weniger als 50000 Civil-Einwohnern,
d. definitiv angestellten wissenschaftlichen Lehrer,
e. definitiv angestellten Zeichenlehrer, sofern sie die vorgeschriebene Prüfung bestanden haben und mit wenigstens 14 Zeichen- und 10 Stunden anderen Unterrichts wöchentlich beschäftigt sind (die technischen, Elementar- und Vorschullehrer in Berlin),
f. technischen, Elementar- und Vorschullehrer in den Orten außerhalb Berlins,
g. wissenschaftlichen Hilfslehrer bei befriedigendem dienstlichen und außerdienstlichen Verhalten (neben
—c. Dienstwohnung bezw. einer Miethsentschädigung nach §. 5 des Normaletats,
—f. Dienstwohnungen bezw. dem Wohnungsgeldzuschuß)

Gehalt — (g) Remuneration — bei einer Dienstzeit:

a.	bis 7 Jahren	5100 Mk.
	nach 7 Jahren	5400 =
	= 14 =	5700 =
	= 20 =	6000 =
b.	bis zu 4 Jahren	4500 =
	nach 4 Jahren	4800 =
	= 8 =	5100 =
	= 12 =	5400 =
	= 16 =	5700 =
	= 20 =	6000 =
c.	bis zu 7 Jahren	4500 =

Anmerkung: Für die jedem Lehrer 2c. zuzustellende Verfügung ist
zutreffende Passus der hier und nachfolgend unter a bis g gemachten
gabe zu wählen.

nach 7 Jahren	4800 M
„ 14 „	5100
„ 20 „	5400
d. bis zu 3 Jahren	2100
nach 3 Jahren	2400
„ 6 „	2700
„ 9 „	3000
„ 12 „	3300
„ 15 „	3600
„ 19 „	3900
„ 23 „	4200
„ 27 „	4500
e. bis zu 4 Jahren	1600
nach 4 Jahren	1800
„ 8 „	2000
„ 12 „	2200
„ 16 „	2400
„ 20 „	2600
„ 24 „	2800
„ 28 „	3000
„ 32 „	3200
f. bis zu 4 Jahren	1400
nach 4 Jahren	1550
„ 8 „	1700
„ 12 „	1850
„ 15 „	2000
„ 18 „	2150
„ 21 „	2300
„ 24 „	2450
„ 28 „	2600
„ 32 „	2800
g. bis zu 2 Jahren	1500
nach 2 Jahren	1650
„ 3 „	1800

Das Aufrücken im Gehalte erfolgt, wenn eine höhere Die altersstufe im Laufe eines Kalender=Vierteljahres erreicht w vom ersten Tage des folgenden Vierteljahres ab.

Ihre etatsmäßige Dienstzeit als (Leiter einer Vollanstalt (Ihre Thätigkeit als vollbeschäftigter wissenschaftlicher Hilfsleh ist von dem ... ten .... 18 ... ab berechnet, so Sie am 1. April d. J. seit Ihrer (etatsmäßigen) Anstellung (schäftigung) als solcher ein Dienstalter von ... Jahren erl haben. Nach Maßgabe dieses Dienstalters und der vorsteher ienstaltersstufen beträgt Ihr Gehalt (Remuneration) vom April d. J. ab .... Mk., geschrieben 2c., „Zusatz für e bisherigen Oberlehrer": (und zuzüglich einer festen Zulage m 900 Mk., geschrieben 2c.), welchen Betrag Sie bereits be- :hen.

Oder:

Da Sie zur Zeit nur ein Gehalt (Remuneration) von ..... Mk. beziehen, so ist Ihnen vom 1. April d. J. ab ie Gehalts- (Remunerations-) Zulage von ...... Mk., ge- rieben 2c., bewilligt und die Anstaltskasse angewiesen, den letzt- nannten Betrag von dem gedachten Zeitpunkte ab mit den rigen Gehalts- (Remunerations-) Bezügen an Sie in gewöhn- her Weise zu zahlen.

Oder:

Da Sie zur Zeit schon ein solches (solche) von ..... Mk., thin ..... Mk. zu viel beziehen, so haben Sie erst später e Gehalts- (Remunerations-) Zulage zu erwarten.

Ob Ihnen eine weitere Dienstzeit angerechnet, bezw. ein heres Gehalt gemäß Abs. 2 des §. 3 des Normaletats gerechnet werden kann, bleibt weiterer Entschließung vorbe- lten.

Das Königliche Provinzial-Schulkollegium.

Bemerkung.

Die nicht vollbeschäftigten Zeichenlehrer sind noch besonders auf hinzuweisen, daß, da sie die erforderliche Zahl von Zeichenstunden nicht zu ertheilen haben, sie nach den Bestim- ngen des Normaletats den sonstigen technischen und Elementar- rern gleichgestellt werden. Auch ist den Elementar- 2c. Lehrern erkbar zu machen, daß nach den gedachten Bestimmungen die t vor Ablegung der zweiten Elementarlehrerprüfung nicht in rechnung gebracht wird.

B.

Reg.-Bez. . . . .
Anstalt . . . .
Patronats-Verhältnis (A. B. C. D. des Staatshaushalts-Etats Beil. 61.

Nr.	Namen des Anstaltsleiters, der wissenschaftlichen Lehrer, der definitiv angestellten Zeichenlehrer, der Elementar- ꝛc. Lehrer, der wissenschaftlichen Hilfslehrer.	Tag der Geburt.	Datum a. des für die Berechnung des Dienstalters nach §. 3 Abs. 1 des Normaletats maßgebenden Zeitpunktes, b. der erlangten Lehrbefähigung für die Oberklassen, c. der ersten abgelegten Lehramtsprüfung.			Gehalt (Remuneration) Ende März 1892	1. April 1892			Mithin gegenwärtig mehr	Bemerkungen.
			a.	b.	c.		Gehalt, Remuneration	Hierzu Zulage von 900 Mk.	Zusammen		
						Mk.	Mk.	Mk.	Mk.	Mk.	
1											z. Beisp. Nach §. 3 Abs. 2 de[s] Normaletats ge- langt zur Anrech- nung . . . . . Min.-Verfg. vo[m] . . . . . U. II. Der Anstaltslei[ter] würde als wissen- schaftl. Lehrer ei[n] höheres Gehalt be- ziehen. (§. 3 Abs. 1 Nr. des Normaletats . . . . Das Aufrücken i[m] Gehalt zum . . . . 18 . versagt durch Ve[r-] füg. vom . . . . wegen . . . .
2											
3											
ꝛc.											

Zusammen

Der Direktor erhält Miethsentschädigung . . . . .
gegen bisherigen Wohnungsgeldzuschuß von

mithin mehr

überhaupt mehr

Davon werden gedeckt:

a. aus dem erhöhten Schulgeld . . . . .
b. aus anderweitigen Mitteln der Anstalten bezw. sonstiger Fonds

zusammen

ergiebt Mehrbedarf für 1. April 1892/93 .

103) Meldung zur Prüfung für die Prima einer Oberrealschule.

Berlin, den 22. Juli 1892.

In Erwiderung des Berichtes des Königlichen Provinzial-Schulkollegiums vom 8. Juli d. J. bestimme ich unter Bezugnahme auf die analoge Verfügung vom 28. Oktober 1871 (Wiese-Kübler I. S. 446 f.) hierdurch Folgendes:

Diejenigen jungen Leute, welche, ohne Schüler einer Oberrealschule zu sein, das Zeugnis der Reife für die Prima einer solchen Schule und die damit verbundenen Berechtigungen erwerben wollen, haben sich an das Königliche Provinzial-Schulkollegium derjenigen Provinz zu wenden, wo sie sich aufhalten, und dabei die Zeugnisse, welche sie etwa schon besitzen, sowie die erforderliche Auskunft über ihre persönlichen Verhältnisse einzureichen. Sie werden von dem betreffenden Provinzial-Schulkollegium einer Oberrealschule derselben Provinz oder, falls in dieser eine Oberrealschule noch nicht vorhanden ist, einem Provinzial-Schulkollegium einer anderen Provinz, in welcher eine Oberrealschule besteht, behufs weiterer Verfügung zur Prüfung überwiesen.

Zur Abhaltung der letzteren treten an den von dem Königlichen Provinzial-Schulkollegium zu bestimmenden Terminen der Direktor der Anstalt und die Lehrer der Obersekunda, welche in dieser Klasse in den Prüfungsgegenständen unterrichten, als besondere Kommission zusammen. — Es wird eine schriftliche und eine mündliche Prüfung abgehalten. Zu der ersteren gehört: ein deutscher Aufsatz, eine französische und eine englische Uebersetzung aus dem Deutschen, eine mathematische Arbeit; mündlich wird geprüft in französischer und englischer Sprache, in Geschichte und Erdkunde, in Mathematik und Naturwissenschaften. Das Maß der Forderungen ist die Reife für die Versetzung in die Prima einer Oberrealschule entsprechend den Lehraufgaben vom . Januar d. J.

Für die Ausfertigung der Zeugnisse gelten im Allgemeinen die für die Reifezeugnisse bestehenden Vorschriften. Die Ueberschrift derselben ist:

„Oberrealschule zu . . . .
Zeugnis der Reife für Prima"

Die Beurtheilung der in den einzelnen Gegenständen erreichten der von Externen in der Prüfung dargelegten Kenntnisse schließt jedesmal mit einem der Prädikate „sehr gut, gut, genügend, nicht genügend" ab. Dabei sind auch die Gebiete, auf welche sich die Kenntnisse, z. B. in der Mathematik, erstrecken, anzugeben.

Vor Eintritt in die Prüfung ist von jedem Angemeldeten an den Direktor der Anstalt eine Gebühr von 24 Mk. zu entrichten.

Hiernach wolle das Königliche Provinzial-Schulkollegium in dem vorliegenden Falle und in künftigen gleichen Fällen verfahren.

An
das Königliche Provinzial-Schulkollegium zu N.

Abschrift erhalten die Königlichen Provinzial-Schulkollegien zur Kenntnisnahme und gleichmäßigen Beachtung.

Der Minister der geistlichen ꝛc. Angelegenheiten.
Im Auftrage: de la Croix.

An
die übrigen Königlichen Provinzial-Schulkollegien.
U. II. 6770.

D. Schullehrer- und Lehrerinnen-Seminare ꝛc., Bildung der Lehrer und deren persönliche Verhältnisse.

104) Geltung der in dem Erlasse vom 6. Oktober 1891 (Centr. Bl. S. 710) gegebenen Grundsätze über die Berechnung der Dienstzeit im Falle einer Pensionirung und bei Gewährung von Alterszulagen.

Berlin, den 25. April 1892.

In dem mittels Runderlasses vom 6. Oktober 1891 — U. III. B. 3251 — abschriftlich mitgetheilten Erkenntnisse vom 23. Februar 1891 hat das Reichsgericht hinsichtlich der Berechnung der pensionsfähigen Dienstzeit eines Volksschullehrers entschieden, daß im Sinne des §. 5 des Gesetzes vom 6. Juli 1885 auch diejenige Zeit als Dienstzeit anzusehen sei, während welcher ein Lehrer vor erlangter Anstellungsfähigkeit mit Genehmigung der Schulaufsichtsbehörde thatsächlich als Lehrer fungirt habe.

Wenn nun die Königliche Regierung in dem Berichte vom 31. März 1892 diese Entscheidung als eine Deklaration des Gesetzes bezeichnet, welche eine neue Rechtslage schaffe und nach allgemeiner Rechtsregel keine rückwirkende Kraft haben könne, so vermag ich diesen Ausführungen nicht beizutreten.

Die Rechtsregel, daß Gesetze, Verordnungen u. dergl. nicht

ohne Weiteres rückwirkende Kraft haben, findet auf den vorliegenden Fall keine Anwendung.

Erkenntnisse des zuständigen höchsten Gerichtshofes über die Bedeutung einer gesetzlichen Bestimmung sind nicht Ergänzungen bezw. Deklarationen des betreffenden Gesetzes, sondern lediglich maßgebende Mittel zu seiner richtigen Auslegung, die in allen Fällen Berücksichtigung finden müssen, in denen das Gesetz zur Anwendung kommt.

Nachdem das Reichsgericht in dem Erkenntnisse vom 23. Februar 1891 die bisherige Praxis, nach welcher bei Berechnung der Pension eines Volksschullehrers nur die nach erlangter Anstellungsfähigkeit zurückgelegte Dienstzeit in Ansatz kam, als mit den Vorschriften des Gesetzes vom 6. Juli 1885 nicht vereinbar bezeichnet hat, muß daher die Königliche Regierung dieser Auffassung entsprechend fortan in allen Fällen verfahren, in denen Sie eine Pensionsfestsetzung zu treffen oder im Rahmen der §§. 14 ff. des cit. Gesetzes eine bereits erlassene Festsetzung nochmals zu prüfen Veranlassung findet, gleichviel, ob es sich um die Pensionen von vor oder nach dem 23. Februar 1891 in den Ruhestand getretener Lehrer handelt.

Was die Berechnung der Dienstzeit für die Gewährung von staatlichen Dienstalterszulagen an Volksschullehrer anlangt, so trete ich der Königlichen Regierung darin bei, daß die auf Grund des Erlasses vom 6. Oktober 1891 anderweit zu berechnenden Dienstalterszulagen erst von diesem Zeitpunkt ab anzuweisen sind.

Die Gewährung der staatlichen Dienstalterszulagen an Volksschullehrer ist durch den Runderlaß vom 28. Juni 1890 — U. III.a. 18417 — (Centrbl. für 1890 S. 614) neu geregelt.

Die in demselben für die Berechnung der Dienstzeit gegebenen Vorschriften sind durch den Runderlaß vom 6. Oktober 1891 insofern zu Gunsten der Lehrer erweitert, als die von dem Reichsgerichte in dem Erkenntnisse vom 23. Februar 1891 gegebene Definition des Begriffs der Dienstzeit im Sinne des Pensionsgesetzes vom 6. Juli 1885 auch für die Gewährung der staatlichen Dienstalterszulagen maßgebend erklärt ist.

Diese erweiternde Bestimmung kann der vorerwähnten allgemeinen Rechtsregel nach nicht rückwirkende Kraft haben.

Wenn dessenungeachtet die auf Grund des Erlasses vom 6. Oktober 1891 — anderweit berechneten Alterszulagen von der Königlichen Regierung schon vom 1. April 1891 ab angewiesen sind, so mag es hierbei im Interesse der betreffenden Lehrer sein Bewenden behalten. Diese billige Rücksichtnahme kann aber einen Anspruch auf Nachzahlungen für die Zeit vor dem 1. April 1891 nicht rechtfertigen.

Dementsprechend wolle die Königliche Regierung den Lehrer N. auf die zurückfolgende Eingabe vom 14. März d. J. bescheiden.

An
die Königliche Regierung zu N.

Abschrift erhält die Königliche Regierung zur Kenntnisnahme und Beachtung.

Der Minister der geistlichen ꝛc. Angelegenheiten.
Im Auftrage: Kügler.

An
die übrigen Königlichen Regierungen und das Königliche Provinzial-Schulkollegium, hier.
U. III. E. 1547.

105) Verpflichtung der Seminaristen zur Uebernahme der ihnen zugewiesenen Lehrerstellen.

Berlin, den 14. Mai 1892.

Die bisherige Verpflichtung der Seminaristen, während der ersten drei Jahre nach Ablegung der ersten Lehrerprüfung jede von der zuständigen Provinzial- oder Centralbehörde ihnen zugewiesene Stelle im öffentlichen Schuldienste zu übernehmen, wird für die Zukunft auf fünf Jahre verlängert.

Der durch den Erlaß vom 24. Januar 1887 — B. 8821 — (Centrlbl. d. Unt. Verw. S. 231) vorgeschriebene Revers, welcher bei Aufnahme in ein Schullehrer-Seminar ausgestellt wird, ist dementsprechend zu ändern.

An
sämmtliche Königliche Provinzial-Schulkollegien.

Abschrift vorstehender Verfügung erhält die Königliche Regierung zur Kenntnisnahme.

Der Minister der geistlichen ꝛc. Angelegenheiten.
Bosse.

An
sämmtliche Königliche Regierungen.
U. III. 1447.

Berlin, den 24. Juni 1892.

Der Erlaß vom 14. Mai d. J. — U. III. Nr. 1447 —, durch welchen die bisherige reversalische Verpflichtung der Seminaristen, nach Ablegung der ersten Lehrerprüfung jede von der zuständigen Stelle ihnen zugewiesene Stelle im öffentlichen Schuldienste zu übernehmen, für die Zukunft von drei auf fünf Jahre verlängert wird, hat, wie mir bekannt geworden, an manchen Stellen eine irrthümliche Auslegung erfahren.

Selbstverständlich ist nicht beabsichtigt, die auf den bisher ausgestellten Reversen beruhende Verpflichtung der Seminaristen und Lehrer einseitig zu erweitern. Der Erlaß bezieht sich vielmehr nur auf diejenigen Lehrpersonen, welche in Zukunft in ein Schullehrer-Seminar eintreten und bei der Aufnahme den üblichen Revers in der vorgeschriebenen neuen Fassung zu unterzeichnen haben.

An
sämmtliche Königliche Provinzial-Schulkollegien.

Abschrift erhält die Königliche Regierung zur Kenntnisnahme.

Der Minister der geistlichen 2c. Angelegenheiten.
Bosse.

An
sämmtliche Königliche Regierungen.
U. III. 2388.

---

106) Die von einem Lehrer im Auslande im Schuldienste zugebrachte Dienstzeit kann bei der Pensionirung nur dann ganz oder theilweise angerechnet werden, wenn dies durch besondere persönliche oder Familienverhältnisse des Lehrers gerechtfertigt wird.

Berlin, den 30. Mai 1892.

Auf den Bericht vom 29. April d. J. — II. A. 690 — erwidere ich der Königlichen Regierung, daß dem Antrage des Lehrers N. in N. auf Anrechnung eines Theiles der von ihm in Rußland im Schuldienste zugebrachten Dienstzeit bei seiner bevorstehenden Pensionirung nur dann stattgegeben werden könnte, wenn diese Anrechnung durch besondere Gründe, welche in der Person und in den Familienverhältnissen des 2c. N. liegen, gerechtfertigt wird.

Die Königliche Regierung veranlasse ich daher anderweit zu berichten, falls derartige Gründe vorliegen.

Der Minister der geistlichen 2c. Angelegenheiten.
Im Auftrage: Kügler.

An
die Königliche Regierung zu N.
U. III. B. 1754.

107) Regelung der Gehälter der Direktoren und Lehrer ꝛc. an den Schullehrer- und Lehrerinnen-Seminaren nach Dienstaltersstufen.

Berlin, den 5. Juni 1892.

Vom 1. April 1892 ab wird für sämmtliche Leiter, Lehrer und Lehrerinnen an den Lehrer- und Lehrerinnen-Seminaren und Präparandenanstalten — unter gleichzeitiger Gehaltsaufbesserung für die Direktoren, Oberlehrer und ordentlichen Lehrer an den Seminaren in der Provinz sowie für die Vorsteher der Präparandenanstalten — das Besoldungssystem nach Dienstaltersstufen eingeführt, so daß das Aufsteigen der sämmtlichen vorgenannten Personen nicht mehr, wie seither, von dem Eintritte von Vakanzen oder der Schaffung neuer etatsmäßiger Stellen abhängig ist, sondern jeder Beamte, ohne daß ihm übrigens ein diesbezüglicher Rechtsanspruch beigelegt werden soll, doch bei befriedigendem dienstlichen und außerdienstlichen Verhalten die Erhöhung seines Gehaltes um bestimmte Beträge in bestimmten Zeiträumen erwarten darf. Im Anschlusse an die Neuregelung des Besoldungssystems übertrage ich dem Königlichen Provinzial-Schulkollegium die Befugnis, die Gehälter für die sämmtlichen vorgenannten Angestellten an den Lehrer- und Lehrerinnen-Seminaren, sowie an den Präparandenanstalten Seines Bezirks sowie die Dienstalterszulagen selbständig und mit eigener Verantwortung anzuweisen. Auch bei Neuanstellungen wird — soweit nicht unten Ausnahmen vorbehalten bleiben — diesseits nur die Ernennung bezw. die Genehmigung ausgesprochen werden, während die erste Festsetzung und Anweisung des Gehaltes sowie die spätere Gewährung von Dienstalterszulagen und die Inabgangstellung des Gehaltes bei Erledigung von Stellen dem Königlichen Provinzial-Schulkollegium überlassen bleibt.

Die neue Gehaltsregelung hat nach den Grundsätzen der in einem Exemplare angeschlossenen Erläuterungen zu erfolgen. Dabei mache ich auf folgende Punkte besonders aufmerksam:

1) Die neue Gehaltsregelung soll vom 1. April d. J. ab in Wirksamkeit treten, und sind demgemäß von diesem Tage ab Gehaltszulagen nur noch nach Maßgabe des Dienstalters im Anschlusse an die Grundsätze der Erläuterungen zu gewähren.

2) Ein Rechtsanspruch auf Gewährung von Alterszulagen steht keinem Beamten zu, auch dürfen weder bei der Anstellung noch anderweit Zusicherungen gemacht werden, auf welche ein solcher Anspruch gegründet werden könnte.

3) Die Bewilligung von Alterszulagen hat bei befriedigendem dienstlichen und außerdienstlichen Verhalten stets vom ersten Tage des Kalender-Vierteljahres ab zu erfolgen, dergestalt, daß

der Beamte, welcher im Laufe eines Vierteljahres eine höhere ienstaltersstufe erreicht hat, die entsprechende Gehaltszulage vom sten Tage des folgenden Vierteljahres ab erhält. Erreicht ein eamter am ersten Tage eines Kalender-Vierteljahres eine höhere ienstaltersstufe, so ist die Gehaltszulage schon von diesem Tage zahlbar zu machen.

Denjenigen Beamten, welche zur Zeit des Inkrafttretens der uen Gehaltsregelung bereits ein höheres Gehalt beziehen, als nen nach der festgesetzten Dienstaltersstufentafel zustehen würde, dieses höhere Gehalt selbstredend zu belassen.

4) Hat das Verhalten eines Beamten dazu geführt, ihm e Alterszulage einstweilen vorzuenthalten, so ist ihm dieselbe gewähren, sobald die bezüglichen Anstände in Wegfall gemmen sind. Die einstweilige Vorenthaltung einer Alterszulage ll jedoch für sich allein nicht die Wirkung haben, daß dadurch r durch das Dienstalter des betreffenden Beamten gegebene Zeitunkt des Aufrückens in die nächstfolgende Gehaltsstufe hinausschoben wird.

Die Gründe für die einstweilige Nichtbewilligung der Alterslage sind dem Betheiligten auf seinen etwaigen Antrag mittheilen.

Bevor das Königliche Provinzial-Schulkollegium einem Beaten die Dienstalterszulage vorenthält, ist meine Genehmigung erfür einzuholen.

5) Künftig wegfallende Dienstbezüge sind bei der Bewilligung m Alterszulagen in Anrechnung zu bringen.

6) Das Dienstalter ist, abgesehen von den nachstehend unter bis c bezeichneten Ausnahmen, vom Tage der etatsmäßigen nstellung des Lehrers in der betreffenden Lehrerkategorie zu rechnen. Als Tag der Anstellung gilt der Tag, von welchem dem Lehrer die etatsmäßigen Kompetenzen (Gehalt und Wohngsgeldzuschuß) zugewiesen sind.

In folgenden Fällen, nämlich:

a. bei der Beförderung von einer Stelle des Seminardienstes in eine andere Stelle dieses Dienstes,
b. bei der Berufung von Kreis-Schulinspektoren in den Seminardienst,
c. bei der Berufung definitiv angestellter Leiter oder Lehrer an einer inländischen staatlichen höheren Unterrichtsanstalt in den Seminardienst

nn den Berufenen jedoch, damit sie durch die Berufung keine inbuße an ihrem Gehalte erleiden, ihr bisheriges Dienstalter n dem Königlichen Provinzial-Schulkollegium jedesmal soweit gerechnet werden, als erforderlich ist, damit sie in diejenige

Dienstaltersstufe ihrer neuen Stellung eintreten, welche ihrem bisherigen Gehalte entspricht. Deckt sich das letztere nicht mit der durch eine der Dienstaltersstufen der neuen Stellung gewährten Besoldung, so tritt der Berufene der nächsthöheren Dienstaltersstufe hinzu und hat in dieser die für die betreffende Stufe vorgeschriebene Zeit zu verbleiben.

Zum Beispiel:

Ein Kreis-Schulinspektor mit 4300 Mk. Gehalt wird Seminar-Direktor. Er tritt als solcher in die (nächsthöhere) Dienstaltersstufe der Seminar-Direktoren von 4350 Mk. und verbleibt in derselben die für diese Stufe festgesetzte Zeit von 4 Jahren.

Soll in anderen als den unter a bis c genannten Fällen — also namentlich bei der Berufung von Geistlichen oder von Lehrern an nichtstaatlichen höheren Unterrichtsanstalten oder an Volks- und Mittelschulen in den Seminardienst — dem Berufenen von Beginn an unter Anrechnung früherer Dienstzeit ein höheres als das Anfangsgehalt der betreffenden Lehrerkategorie gewährt werden, so bedarf es in jedem einzelnen Falle ministerieller Genehmigung.

Vorstehende Grundsätze sind auch bei der erstmaligen Gehaltsregulirung für die Zeit vom 1. April d. J. bezüglich der bereits im Amte befindlichen Lehrpersonen zur Anwendung zu bringen.

Dementsprechend habe ich die anliegenden Nachweisungen*) diesseits aufstellen lassen und veranlasse das Königliche Provinzial-Schulkollegium, hiernach unverzüglich die den Leitern, Lehrern und Lehrerinnen an den Lehrer-Seminaren und Präparandenanstalten nach Maßgabe des neuen Besoldungssystems und der neuen Besoldungssätze zustehenden Gehaltsbeträge den einzelnen Lehrpersonen vom 1. April d. J. ab durch die betreffenden Anstaltskassen zahlen zu lassen.

Zwecks Einstellung der entsprechenden Beträge in den Staatshaushaltsetat ist mir in Zukunft alljährlich und zwar *bis zum 5. Oktober jedes Jahres* eine nach Regierungsbezirken und nach den einzelnen Lehrerkategorien getrennte, aufgerechnete *namentliche* Nachweisung der sämmtlichen angewiesenen Gehälter nach dem Stande vom 1. Oktober in Gemäßheit des anliegenden Formulars A. vorzulegen.

Die Besoldungen einschließlich der Dienstalterszulagen sind wie bisher auf Kap. 121 Tit. 1 bez. Tit. 9 anzuweisen. Vom 1. April d. J. ab werden die Mehr- oder Minderausgaben bei den genannten Titeln 1 und 9 nicht mehr durch Deklaration des Etats zu- bezw. von denselben abgesetzt werden, sondern sind

*) Dieselben gelangen nicht zum Abdruck.

Rechnungen bis zur Regulirung des bezüglichen Etats als r= oder Minderausgabe nachzuweisen.

Die Königlichen Regierungen sind angewiesen worden, die den Königlichen Provinzial=Schulkollegien auf die Seminar= Präparandenanstalts=Kassen angewiesenen und von diesen hlten Gehaltsbeträge, soweit sie das Etatssoll derselben über= n, als Mehrausgabe in Aufrechnung anzunehmen.

An
tliche Königliche Provinzial-Schulkollegien.

Abschrift erhält die Königliche Regierung zur Kenntnis und m Einverständnis mit dem Herrn Finanzminister — mit der mlassung, Ihre Hauptkasse anzuweisen, die von den Könign Provinzial=Schulkollegien auf die Seminar= und Präpa= enanstalts=Kassen angewiesenen, über das Etatssoll derselben usgehenden Gehaltsbeträge als Mehrausgabe in Aufrechnung nehmen.

Der Minister der geistlichen ꝛc. Angelegenheiten.
Bosse.

An
tliche Königliche Regierungen.
III. 892. G. III.

---

luterungen zu Kap. 121 des Staatshaushaltsetats 1892/93, betreffend die Regelung der Besoldungen Direktoren und Lehrer ꝛc. an den Schullehrer= und rerinnen=Seminaren, der Lehrer an den Präpa= randenanstalten und der Kreis=Schulinspektoren.

Bis zum Jahre 1864 fehlte es an allgemeinen Grundsätzen glich der Gehaltssätze der Seminar=Direktoren und Lehrer; lben wurden jedesmal bei Feststellung des Etats für die lne Anstalt geregelt. Da die bezeichneten Beamten gewöhnlich anderen Lebensstellungen in vorgerückteren Jahren in den inardienst traten, so wurde die Höhe ihres Einkommens nach jenigen bemessen, welches sie aufgegeben hatten; außerdem die Bedeutung der Anstalt in Betracht, und das hatte damals gutes Recht, weil es noch Seminare mit einer und zwei ssen gab. Natürlich ließ sich dieses Verfahren auf die Länge t aufrecht erhalten, und so wurde durch den Allerhöchsten aß vom 1. Februar 1864 zum ersten Male ein Normal= ldungsetat für die Seminare aufgestellt. Derselbe schrieb vor:

1) Die Normalbesoldungen der Direktoren und Lehrer betrag
A. für die Direktoren
a. an den Schullehrer-Seminaren zu Berlin und Königsberg 3600
b. an den übrigen Seminaren bis 3000
c. an den Lehrerinnen-Seminaren von 1800—2100
B. für die ordentlichen Lehrer
a. an dem Seminar zu Berlin 2400 Mk., 2100 1800 Mk., 1800 Mk., 1500 Mk. und 1200 Mk.,
b. an den Seminaren mit fünf Lehrern 1950 Mk., 1650 1500 Mk., 1350 Mk. und 1200 M.,
c. an den Seminaren mit vier Lehrern 1950 Mk., 1500 1350 Mk. und 1200 Mk.,
d. an den Seminaren mit drei Lehrern 1950 Mk., 1500 1350 Mk.,
e. an den Seminaren mit zwei Lehrern 1800 Mk., 1500
f. an den Lehrerinnen-Seminaren mit drei Lehrern 1200 1050 Mk., 900 Mk.,
g. an den Lehrerinnen-Seminaren mit zwei Lehrerin 900 Mk., 600 Mk.
C. für Musterlehrer und Lehrer an den Uebungsschulen 1050
D. für Hilfslehrer und Hilfslehrerinnen:
a. an dem Seminar zu Berlin 675
b. an den übrigen Seminaren 600

2) Neben der Besoldung, mithin ohne Anrechnung auf dies wird den Direktoren, Lehrern und Lehrerinnen freie Woh oder wo diese nicht vorhanden, eine baare Entschädigung währt 2c.

Die allgemeinen Bestimmungen vom 15. Oktober 1872 g den preußischen Seminaren eine neue, gleichmäßige Lehrordn In derselben kam namentlich der Gedanke, daß die Uebu schule der Mittelpunkt aller Arbeit im Seminare sei und deswegen für die Leitung derselben gerade der tüchtigste Sem lehrer zu wählen sei, zum Ausdruck.

Unabhängig davon und noch vor Erlaß der neuen ordnung hatte die Landesvertretung wiederholt darauf gedr in das Lehrerkollegium der Seminare eine größere Zahl w schaftlich, womöglich akademisch gebildeter Männer aufzune und diesen eine bevorzugte Stellung zu geben. In Folge Umstandes ließ der neue Normalbesoldungsetat vom 31. 1873 die Unterschiede zwischen den größeren und kle Seminaren fallen. Derselbe beseitigte außerdem die Festse besonderer Gehalte für zweite, dritte und vierte Lehrer und noch einen Unterschied im Gehalte der Direktoren, der ersten rer und der ordentlichen Lehrer zu.

In die Zahl der Letzteren wurden auch die Uebungsschul- er eingerechnet, welche bis dahin zum Schaden der Sache untergeordnete Stellung im Lehrerkollegium eingenommen ten.

Als später eine größere Zahl staatlicher Präparandenanstalten Leben trat, wurden deren Vorsteher (Erste Lehrer) in ihren haltsbezügen den ordentlichen Seminarlehrern gleichgestellt in die Zahl derselben derartig eingereiht, daß sie je nach dürfnis entweder in ihrer Stelle vom Mindestgehalte bis zum chstgehalte aufsteigen, oder an ein Seminar versetzt werden nnen, ohne daß dadurch irgend eine Schwierigkeit entstünde.

Der Staatshaushaltsetat für das Jahr 1873 ließ die Ge- lte der Hilfslehrer nicht gesondert erscheinen, in der Ausführung Etats aber wurden diese ausnahmslos nur mit dem Mindest- halte bedacht, so daß es leicht war, sie wieder auszuscheiden d ihnen eine besondere Gehaltsstufe anzuweisen. Dies geschah rch den Staatshaushaltsetat für 1876. Die Unzulänglichkeit für die Seminarlehrer und die Hilfslehrer angenommenen haltssätze hat zu einer theilweisen Verbesserung derselben bereits rch die Staatshaushaltsetats für 1876 und den Nachtrag zum aatshaushaltsetat für 1. April 1890/91 geführt. Demgemäß ben die Besoldungsverhältnisse zur Zeit das folgende Bild:

Es erhalten

a. 2 Direktoren in Berlin je 5400 Mk.,
b. 113 Direktoren bei den Seminaren in der Provinz 3600 Mk. bis 4800 Mk., im Durchschnitt 4200 Mk.,
c. 4 Erste Lehrer bei dem Seminar für Stadtschullehrer und dem Lehrerinnen-Seminar in Berlin 3600 Mk. bis 4800 Mk., im Durchschnitt 4200 Mk.,
d. 117 Erste Lehrer bei den übrigen Seminaren 2700 Mk. bis 3300 Mk., im Durchschnitt 3000 Mk.,
e. 11 ordentliche Lehrer bei dem Seminar für Stadtschullehrer und dem Lehrerinnen-Seminar in Berlin je 2400 Mk. bis 3600 Mk., im Durchschnitt 3000 Mk.,
f. 467 ordentliche Lehrer bei den übrigen Seminaren 1700 Mk. bis 2700 Mk., im Durchschnitt 2200 Mk.,
g. 1 Hilfslehrer bei dem Seminar für Stadtschullehrer in Berlin 1800 Mk.,
h. 121 Hilfslehrer bei den übrigen Seminaren 1200 bis 1800 Mk., im Durchschnitt 1500 Mk.,
i. 6 Lehrerinnen bei dem Lehrerinnen-Seminar in Berlin 1500 bis 2100 Mk., im Durchschnitt 1800 Mk.,

k. 39 Lehrerinnen bei den übrigen Seminaren 1000 M bis 2000 Mk., im Durchschnitt 1500 Mk.,

l. außerdem für 7 Lehrerinnen je 100 Mk. (Funktions zulage).

Durch den Normalbesoldungsetat vom 31. März 1873 wa es der Unterrichtsverwaltung ermöglicht worden, eine nach de Dienstalter geordnete Stufenfolge der Gehalte, und zwar für d ganze Monarchie durchzuführen. Es wurden dadurch Härte des bisherigen Verfahrens beseitigt, es war möglich, einen Semina direktor oder Lehrer im Interesse besserer Erziehung seiner Kind in eine Gymnasialstadt zu versetzen, die einzelnen Lehrerkollegi sach- und fachgemäß zusammenzusetzen, ohne daß dabei irge eine Rücksicht auf das Gehalt der zu besetzenden Stelle genomm zu werden brauchte.

Wie lebhaft die Wohlthat dieses neuen Verfahrens von d Unterrichtsverwaltung selbst und von den Lehrern auch empfund wurde, so vermochte doch auch dieses nicht alle Uebelstände z beseitigen: es führte nämlich im Zusammenhange mit der Ve mehrung der Lehranstalten bei der Schulreform von 1873 un folgende Jahre und der Neugründung einer größeren Anzal Seminaranstalten ein ungleiches Tempo in dem Aufrücken d Lehrer herbei. Es konnte geschehen, daß im Jahre 1875 ein Lehrer 2 Mal in ihrem Gehalte verbessert wurden und daß später fünf und mehr Jahre auf eine neue Aufbesserung warten hatten.

Bei den Verhandlungen des Abgeordnetenhauses bez. sein Unterrichtskommission vom 1. Mai und vom 17. Juni 1891, b treffend die Petitionen von Seminarlehrern in Weißenfels u anderen Orten, und bei Gelegenheit der Etatsberathungen neben der allgemeinen Unzulänglichkeit der Gehalte auch die Uebelstand von den verschiedensten Seiten hervorgehoben word Um demselben dauernd abzuhelfen, den Direktoren und Lehr einen sicheren Fortschritt in ihren Gehaltsverhältnissen zu g währen und ihnen dadurch eine regelmäßige Wirthschaftsführu zu ermöglichen, ist darum bei der von dem Abgeordnetenha empfohlenen, von der Königlichen Staatsregierung in Auss genommenen Gehaltsverbesserung der Grundsatz der Dienstalt stufen angenommen worden. Der Bemessung der Dauer für d einzelnen Stufen sind die Erfahrungen, welche bei den bei früheren, jetzt verlassenen Systemen gemacht wurden, unter B rücksichtigung des Maßes der verfügbaren Mittel zu Grunde g legt worden.

Wenn die Zeiträume, innerhalb deren die Lehrer der ve schiedenen Kategorien das Meistgehalt erreichen, und diese Z

mentlich für die Ersten Seminarlehrer und die Seminar-Hilfs-
hrer kürzer bemessen sind, so hat dies seinen Grund darin, daß
ide Stellen der Natur der Sache nach nur Durchgangsstellen
n sollen. Zu Ersten Seminarlehrern werden grundsätzlich nur
länner gewählt, von welchen erwartet werden kann, daß sie sich
e Befähigung für ein Seminar-Direktorat oder Kreis-Schul-
ipektorat erwerben werden, zu Hilfslehrern nur solche junge
länner, welche später ordentliche Seminarlehrer werden oder
s Leiter größerer Schulkörper in den Volksschuldienst zurück-
ten. Eine längere Spanne der Stufen würde die Lehrer gegener dem bisherigen Zustande schädigen.

Daß der gleiche Gesichtspunkt für die ordentlichen Seminar-
rer nicht in demselben Maße zur Geltung kommt, ergiebt sich
on aus der Thatsache, daß ihre Zahl 4 mal so groß ist, als
der Ersten Seminarlehrer. Es wird also immer nur ein
eil von ihnen in die Ersten Lehrerstellen aufrücken können.
i die Zurückbleibenden zu entschädigen, ist das Höchstgehalt
ser Kategorie höher bemessen als das Mindestgehalt der Ersten
minarlehrer.

Demnach sind folgende Sätze angenommen worden:

1. Seminar-Direktoren.

Mindestgehalt 4000 Mk., erreichen das Höchstgehalt von
)0 Mk. in 16 Jahren und in Stufen von je 4 Jahren; Ge-
tszulagen je 350 Mk.

Stufen	Dienstalter	Besoldung
I	—	4000 Mk.
II	4	4350 „
III	8	4700 „
IV	12	5050 „
V	16	5400 „

2a. Erste Seminarlehrer (in Berlin).

Mindestgehalt 3600 Mk., erreichen das Höchstgehalt von
0 Mk. in 12 Jahren und in Stufen von je 3 Jahren; Ge-
szulagen je 300 Mk.

Stufen	Dienstalter	Besoldung
I	—	3600 Mk.
II	3	3900 „
III	6	4200 „
IV	9	4500 „
V	12	4800 „

2b. Erste Seminarlehrer (in der Provinz).

Mindestgehalt 3000 Mk., erreichen das Höchstgehalt v 4000 Mk. in 12 Jahren und in Stufen von je 3 Jahren; G haltszulagen je 250 Mk.

Stufen	Dienstalter	Besoldung
I	—	3000 Mk.
II	3	3250 =
III	6	3500 =
IV	9	3750 =
V	12	4000 =

3a. Ordentliche Seminarlehrer (in Berlin).

Mindestgehalt 2400 Mk., erreichen das Höchstgehalt v 3600 Mk. in 24 Jahren und in Stufen von je 3 Jahren; G haltszulagen je 150 Mk.

Stufen	Dienstalter	Besoldung
I	—	2400 Mk.
II	3	2550 =
III	6	2700 =
IV	9	2850 =
V	12	3000 =
VI	15	3150 =
VII	18	3300 =
VIII	21	3450 =
IX	24	3600 =

3b. Ordentliche Seminarlehrer (in der Provinz).

Mindestgehalt 1800 Mk., erreichen das Höchstgehalt 3200 Mk. in 24 Jahren und in Stufen von je 3 Jahren. G haltszulagen bis zum 12. Dienstjahre je 200 Mk., von da in gleichen Stufen je 150 Mk.

Stufen	Dienstalter	Besoldung
I	—	1800 Mk.
II	3	2000 =
III	6	2200 =
IV	9	2400 =
V	12	2600 =
VI	15	2750 =
VII	18	2900 =
VIII	21	3050 =
IX	24	3200 =

4. Seminar-Hilfslehrer.

Mindestgehalt 1200 Mk., erreichen das Höchstgehalt von 1800 Mk. in 9 Jahren und in Stufen von je 3 Jahren; Gehaltszulagen je 200 Mk.

Stufen	Dienstalter	Besoldung
I	—	1200 Mk.
II	3	1400 „
III	6	1600 „
IV	9	1800 „

5a. Seminarlehrerinnen (in Berlin).

Mindestgehalt 1500 Mk., erreichen das Höchstgehalt von 2100 Mk. in 15 Jahren und in Stufen von je 3 Jahren; Gehaltszulagen bis zur III. Stufe je 150 Mk., von da ab je 100 Mk.

Stufen	Dienstalter	Besoldung
I	—	1500 Mk.
II	3	1650 „
III	6	1800 „
IV	9	1900 „
V	12	2000 „
VI	15	2100 „

5b. Seminarlehrerinnen (in der Provinz).

Mindestgehalt 1000 Mk., erreichen das Höchstgehalt von 2000 Mk. in 15 Jahren und in Stufen von je 3 Jahren; Gehaltszulagen je 200 Mk.

Stufen	Dienstalter	Besoldung
I	—	1000 Mk.
II	3	1200 „
III	6	1400 „
IV	9	1600 „
V	12	1800 „
VI	15	2000 „

6. Präparandenanstalts-Vorsteher

stehen den ordentlichen Seminarlehrern in der Provinz gleich und beziehen ihre Gehälter wie diese (vergl. 3b).

7. Zweite Präparandenlehrer.

Mindestgehalt 1400 Mk., erreichen das Höchstgehalt von 2000 Mk. in 15 Jahren und in Stufen von je 3 Jahren; Gehaltszulagen bis zur III. Stufe je 150 Mk., von da ab je 100 Mk.

Stufen	Dienstalter	Besoldung
I	—	1400 Mk.
II	3	1550 =
III	6	1700 =
IV	9	1800 =
V	12	1900 =
VI	15	2000 =

8. Kreis-Schulinspektoren.

Mindestgehalt 2700 Mk., erreichen das Höchstgehalt von 5400 Mk. in 21 Jahren und in Stufen von je 3 Jahren; Gehaltszulagen bis zur Erreichung des Gehaltes von 5100 Mk. je 400 Mk., letzte Stufe 300 Mk.

Stufen	Dienstalter	Besoldung
I	—	2700 =
II	3	3100 =
III	6	3500 =
IV	9	3900 =
V	12	4300 =
VI	15	4700 =
VII	18	5100 =
VIII	21	5400 =

In dies System der Aufbesserungen haben die Kreis-Schulinspektoren aufgenommen werden müssen, weil sich ihre Zahl fast ausnahmslos aus der Kategorie der Gymnasiallehrer und der Seminarlehrer ergänzt. Würden also diese Beamten auf ihren bisherigen Gehaltssätzen belassen, so würde es nicht mehr möglich sein, vollbefähigte Männer für die erledigten Stellen zu gewinnen.

Die Zeit, welche für das Aufrücken eines Kreis-Schulinspektors in das Höchstgehalt vorgeschrieben ist, ist mit Rücksicht darauf so hoch bemessen, daß den Kreis-Schulinspektoren bei ihrem Uebertritt aus einer anderen Amtsstellung ihr bisheriges Dienstalter jedesmal soweit angerechnet werden soll, als erforderlich ist, damit sie in diejenige Dienstaltersstufe ihrer neuen Stellung eintreten können, welche ihrem bisherigen Einkommen entspricht.

In gleicher Weise soll auch bei dem Uebertritt in den Seminar-ienst eine Schädigung der Beamten vermieden werden und für en Fall der Berufung eines Kreis-Schulinspektors oder eines eiters oder Lehrers an einer inländischen staatlichen höheren Unterrichtsanstalt zum Leiter oder Lehrer eines Seminars die Dienstzeit als Kreis-Schulinspektor und als definitiv angestellter eiter oder Lehrer an einer der genannten Anstalten mit der vor-ezeichneten Wirkung angerechnet werden.

Auch für die nur vereinzelt vorkommenden Fälle, in denen in ordentlicher Seminarlehrer mit einem Einkommen von mehr ls 3000 Mk. zum Ersten Seminarlehrer befördert wird, ist die nwendung des gleichen Grundsatzes beabsichtigt.

Dagegen soll bei der Berufung von Beamten, auf welche bige Voraussetzungen nicht zutreffen, insbesondere also bei der erufung von Beamten des mittelbaren Staatsdienstes zum eiter oder Lehrer eines Seminars die Anrechnung früherer ienstjahre der Verständigung im einzelnen Falle vorbehalten eiben.

Im Uebrigen sollen für die Gewährung der Dienstalters-lagen die gleichen Grundsätze maßgebend sein, wie sie für die-nigen Beamtenklassen bestehen, für welche das System der Be-ldung nach Dienstaltersstufen eingeführt ist.

Provinz . . . . Formular A.

Uebersicht

der Besoldungen (der Direktoren, Lehrer, Lehrerinnen an den Schullehrer- und Lehrerinnen-Seminaren, sowie der Vorsteher und der Zweiten Lehrer an den Präparandenanstalten) am 1. Oktober 18 . . . (Nach Kategorien und Regierungsbezirken getrennt und aufgerechnet.)

Lfd. Nr.	Regierungsbezirk.	Name der Anstalt.	Name der (Direktoren, Lehrer 2c.).	Gehalt nach dem Stande vom 1. Oktober 18 Mk.	Bemerkungen.
		A. Direktoren.			
1.	N. N.	—	—	—	
2.	N. N.	—	—	—	
3.	N. N.	—	—	—	
2c.				Summe	xx
		B. Seminar-Oberlehrer.*)			
1.		—	—		
2c.				Summe	xx
		C. Ordentliche Seminarlehrer.*)			
				Summe	xx
		D. Seminar-Hilfslehrer.			
				Summe	xx
		E. Seminarlehrerinnen.*)			
				Summe	xx
		F. Präparandenanstalts-Vorsteher.			
				Summe	xx
		G. Zweite Präparandenlehrer			
				Summe	xx

*) Das Provinzial-Schulkollegium zu Berlin hat unter B. C. und [illegible] die betreffenden Lehrpersonen an den Seminaren in der Provinz [illegible] unter B. 1 C. 1 und E. 1 die betreffenden Lehrpersonen an den Seminaren in Berlin aufzuführen.

108) Turnlehrerinnenprüfung für das Jahr 1892.

Berlin, den 8. Juli 1892.

Für die Turnlehrerinnen-Prüfung, welche im Herbste 1892 in Berlin abzuhalten ist, habe ich Termin auf Montag den 28. November d. J. und folgende Tage anberaumt.

Meldungen der in einem Lehramte stehenden Bewerberinnen sind bei der vorgesetzten Dienstbehörde spätestens bis zum 1. Oktober d. J., Meldungen anderer Bewerberinnen bei derjenigen Königlichen Regierung, in deren Bezirke die Betreffende wohnt, ebenfalls bis zum 1. Oktober d. J. anzubringen. Nur die in Berlin wohnenden Bewerberinnen, welche in keinem Lehramte stehen, haben ihre Meldungen bei dem Königlichen Polizei-Präsidium hierselbst bis zum 1. Oktober d. J. einzureichen.

Die Meldungen können nur dann Berücksichtigung finden, wenn ihnen die nach §. 4 der Prüfungsordnung vom 22. Mai 1890 vorgeschriebenen Schriftstücke ordnungsmäßig beigefügt sind.

Die über Gesundheit, Führung und Lehrthätigkeit beizubringenden Zeugnisse müssen in neuerer Zeit ausgestellt sein.

Die Anlagen jedes Gesuches sind zu einem Hefte vereinigt einzureichen.

Der Minister der geistlichen 2c. Angelegenheiten.
Im Auftrage: Kügler.

Bekanntmachung.
U. III. B. 2897.

E. Oeffentliches Volksschulwesen.

09) Regelung der Gehälter der Kreis-Schulinspektoren nach Dienstaltersstufen.

Berlin, den 22. Juni 1892.

Durch den Staatshaushalts-Etat für 1. April 1892/93 wird ir die Kreis-Schulinspektoren im Hauptamte unter Festsetzung es Mindest- und des Höchstgehaltes auf 2700 und 5400 Mk. as Besoldungssystem nach Dienstaltersstufen eingeführt, so daß as Aufsteigen der genannten Beamten nicht mehr, wie seither, on dem Eintritte von Vakanzen abhängig ist, sondern jeder eamte, ohne daß ihm übrigens ein diesbezüglicher Rechtsnspruch beigelegt werden soll, bei befriedigendem dienstlichen und ußerdienstlichen Verhalten die Erhöhung seines Gehaltes um estimmte Beträge in bestimmten Zeiträumen erwarten darf. ie erstmalige Festsetzung des Gehaltes, wie solche aus den zur

Beachtung beigefügten Nachweisungen I. bezw. II.*) in Spalte 7 hervorgeht, ist für diesmal von hier aus erfolgt. Für die Zukunft übertrage ich den betheiligten Regierungen hiermit die Befugnis, die Gehälter für die hauptamtlichen Kreis-Schulinspektoren Ihres Bezirkes, sowie die Dienstalterszulagen bei Neuanstellungen selbständig unter eigener Verantwortung anzuweisen. Bei Neuanstellungen wird daher meinerseits in Zukunft lediglich die Ernennung ausgesprochen werden, während die erste Festsetzung und Anweisung des Gehaltes, sowie die spätere Gewährung von Dienstalterszulagen und die Inabgangstellung des Gehaltes bei Erledigung von Stellen, desgleichen auch die Anweisung der mit der Stelle verbundenen Dienstaufwandsentschädigung der Königlichen Regierung überlassen bleibt.

Die Gehaltsregelung hat bei jeder zukünftigen Anstellung nach den Grundsätzen der in einem Exemplare angeschlossenen Erläuterungen**) zu erfolgen. Dabei sind folgende Punkte zu beachten:

1) Die neue Gehaltsregelung soll vom 1. April d. Js. ab in Wirksamkeit treten, und sind demgemäß von diesem Tage ab Gehaltszulagen nur nach Maßgabe des Dienstalters im Anschluß an die Grundsätze der Erläuterungen zu gewähren.

2) Ein Rechtsanspruch auf Gewährung von Alterszulagen steht keinem Beamten zu; auch dürfen den Beamten weder bei der Anstellung noch anderweit irgend welche Zusicherungen gemacht werden, auf welche ein solcher Anspruch etwa gegründet werden könnte.

3) Die Bewilligung von Alterszulagen hat bei befriedigendem dienstlichen und außerdienstlichen Verhalten stets vom ersten Tage des Kalender-Vierteljahres ab zu erfolgen, dergestalt, daß jeder Beamte, welcher im Laufe eines Vierteljahres eine höhere Dienstaltersstufe erreicht hat, die entsprechende Gehaltszulage vom ersten Tage des folgenden Vierteljahres ab erhält. Erreicht ein Beamter am ersten Tage eines Kalender-Vierteljahres eine höhere Dienstaltersstufe, so ist die Gehaltszulage schon von diesem Tage ab zahlbar zu machen. Denjenigen Beamten, welche zur Zeit des Inkrafttretens der neuen Gehaltsregelung bereits ein höheres Gehalt beziehen, als ihnen nach der festgesetzten Dienstaltersstufentafel zustehen würde, ist dieses höhere Gehalt selbstredend zu belassen.

4) Hat das Verhalten eines Beamten dazu geführt, ihm

---

*) Die Nachweisungen gelangen nicht zum Abdruck.

**) Siehe die Anlage zu dem oben unter Nr. 107 abgedruckten Erlasse vom 6. Juni 1892 — U. III. 892. G. III.

ie Alterszulage einstweilen vorzuenthalten, so ist ihm dieselbe u gewähren, sobald die bezüglichen Anstände in Wegfall geommen sind. Die einstweilige Vorenthaltung der Alterszulage oll jedoch für sich allein nicht die Wirkung haben, daß dadurch er durch das Dienstalter des betreffenden Beamten gegebene Zeitpunkt des Aufrückens in die nächstfolgende Gehaltsstufe hinausgeschoben wird.

Die Gründe für die einstweilige Nichtbewilligung der Alterszulage sind dem Beamten auf seinen etwaigen Antrag mitzutheilen, uch ist mir jedesmal entsprechende Anzeige zu machen.

5) Künftig wegfallende Dienstbezüge sind bei der Bewilligung von Alterszulagen in Anrechnung zu bringen.

6) Das Dienstalter ist der Regel nach vom Tage der etatsmäßigen Anstellung als Kreis-Schulinspektor zu berechnen. Als Tag der Anstellung gilt der Tag, von welchem ab dem Kreis-Schulinspektor die etatsmäßigen Kompetenzen (Gehalt und Wohnungsgeldzuschuß) der Stelle zugewiesen sind. Beim Uebertritt aus einer anderen Amtsstellung (Lehrer, Rektor, Geistlicher ꝛc.) soll den Kreis-Schulinspektoren jedoch, damit sie durch ihre Berufung keine Einbuße an ihrem Gehalte erleiden, ihr bisheriges Dienstalter seitens der Königlichen Regierung jedesmal so weit angerechnet werden, als erforderlich ist, damit sie in diejenige Dienstaltersstufe ihrer neuen Stellung eintreten können, welche ihrem bisherigen Einkommen, mit Ausschluß des gesetzlichen Wohnungsgeldzuschusses oder sonstiger Miethsentschädigung bezw. des Werthes freier Wohnung, entspricht. Auf der festgesetzten Dienstaltersstufe haben die Beamten die in den anliegenden Erläuterungen vorgeschriebene Zeit bis zum Aufrücken in eine höhere Stufe zu verbleiben. Deckt sich das in der früheren Stellung bezogene Gehalt nicht mit der durch eine der Dienstaltersstufen der neuen Stellung gewährten Besoldung, so tritt der Kreis-Schulinspektor der nächsthöheren Dienstaltersstufe hinzu und hat in dieser die für die betreffende Stufe vorgeschriebene Zeit zu verbleiben. Zum Beispiel: Ein Erster Seminarlehrer mit 3500 Mk. Gehalt wird Kreis-Schulinspektor. Er wird ohne Rücksicht darauf, wie lange er dieses Gehalt in seiner früheren Stelle schon bezogen hat, in die III. Gehaltsstufe der Kreis-Schulinspektoren, welche den gleichen Gehaltssatz aufweist, eingereiht und verbleibt in derselben drei Jahre. Oder: Ein Gymnasiallehrer mit 3600 Mk. Gehalt wird Kreis-Schulinspektor. Er tritt als solcher in die (nächsthöhere) Dienstaltersstufe von 3900 Mk. und verbleibt in derselben die für diese Stufe festgesetzte Zeit von drei Jahren.

Die nach der Anlage I. vom 1. April d. Js. ab zu gewährenden Dienstalterszulagen (Spalte 8) hat die Königliche Regierung, soweit sie nicht auf abkommittirte Beamte entfallen, welche ihre Besoldung zurückzulassen hatten, auf Kap. 121 Tit. 26 des Staatshaushalts-Etats, diejenigen nach der Anlage II. dagegen auf Kap. 121 Tit. 30 des Staatshaushalts-Etats sofort zur Zahlung anzuweisen. In gleicher Weise ist bei dem Aufrücken in höhere Dienstaltersstufen künftig (Spalte 9 und 10) zu verfahren, wobei ich jedoch bemerke, daß die gegenwärtig aus Tit. 30 gezahlten Gehälter durch den nächstjährigen Staatshaushalts-Etat auf Tit. 26 werden übertragen werden.

Zwecks Einstellung der entsprechenden Beträge in den Staatshaushalts-Etat ist mir alljährlich und zwar bis zum 5. Oktober jedes Jahres eine aufgerechnete namentliche Nachweisung der für die Kreis-Schulinspektoren angewiesenen Gehälter nach dem Stande vom 1. Oktober — und zwar in diesem Jahre getrennt für Kap. 121 Tit. 26 und für Kap. 121 Tit. 30 — vorzulegen. In derselben ist ersichtlich zu machen, zu welchem Termine der betreffende Beamte die Anwartschaft hat, in die nächstfolgende Gehaltsstufe aufzurücken.

Der Minister der geistlichen ꝛc. Angelegenheiten.
Im Auftrage: de la Croix.

An
die Königlichen Regierungen.
U. III. B. 1253 G. III.

---

110) Aufbesserung der Besoldungen der Volksschullehrer.

Berlin, den 8. Juli 1892.

Aus dem Berichte vom 28. Juni d. J. habe ich mit Befriedigung ersehen, daß die Königliche Regierung in Ausführung der Erlasse vom 26. Juni v. J. und 14. Juni d. J. der nothwendigen Aufbesserung der unzulänglichen Besoldungen der Volksschullehrer raschen Fortgang giebt. Nachdem die dahin zielenden Maßnahmen durch die Versuche einer gesetzlichen Regelung einen längeren Ausstand erfahren haben, ist es im Interesse der Volksschule wie des Lehrerstandes unbedingt erforderlich, das Reformwerk bald zum Abschluß zu bringen, und es ist dies wesentlich erleichtert durch den Umstand, daß durch die Veranlagung zur Einkommensteuer größere Klarheit über die Finanzlage der Gemeinden gewonnen und damit ein sicherer Maßstab für die Verfügung über die der Königlichen Regierung zu Staatsbeihilfen überwiesenen Mittel gegeben ist.

Ich darf annehmen, daß bei einer neuen, den veränderten

erhältnissen angepaßten Vertheilung dieser Mittel die Neuregelung :r Besoldungen sich ohne Ueberbürdung der Gemeinden bewirken ßt. In besonderen Ausnahmefällen werde ich aus Centralfonds helfen suchen. Zu verkennen ist allerdings nicht, daß eine :ößere Zahl von Gemeinden seit der ihnen aus den Gesetzen m 14. Juni 1888, 31. März 1889 zugeflossenen Entlastungen h zu wenig gegenwärtig hält, daß in erster Linie die Gemeinden r die Bedürfnisse der Volksschule aufzukommen haben und daß e Durchführung der Unentgeltlichkeit des Volksschulunterrichts iturgemäß den Gemeinden als solchen erhöhte Steuerleistungen r die Volksschule auferlegt. Gegen solche Gemeinden, welche h der Einsicht verschließen, daß es ihre Pflicht ist, in den renzen ihrer Leistungsfähigkeit für die Bedürfnisse der Volks-)ule zu sorgen, wird ungesäumt auf dem durch das Gesetz m 26. Mai 1887 gewiesenen Wege zwangsweise vorzugehen sein.

Was die Aufbesserung der unzulänglichen Besoldungen in rten über 10000 Einwohner betrifft, so kann ich bezüglich der)rzugsweisen Dringlichkeit dieser Maßnahme nur auf den Erlaß m 1. Juli 1890 U. III a. 17783 (Centrlbl. für 1890 S. 673) :rweisen. Nach dem Ergebnisse der Steuerveranlagung werden e Fälle verschwindend selten sein, wo diese größeren Gemeinden i richtiger Würdigung ihrer Leistungsfähigkeit außer Stande ären, die Mittel zur neuen Regelung der Besoldungen verfüg- ır zu stellen.

An
: Königliche Regierung zu N.

Abschrift erhält die Königliche Regierung im Anschluß an n Erlaß vom 14. Juni d. J. — U. III. E. 2820.

Der Minister der geistlichen 2c. Angelegenheiten.
Im Auftrage: Kügler.

An
: sämmtlichen übrigen Königlichen Regierungen.
U. III. E. 8585.

---

11) Beschulung der in Rettungs-, Waisen- oder ähnlichen Anstalten untergebrachten Kinder.

Berlin, den 20. Mai 1892.

Der Königlichen Regierung erwidern wir auf den Bericht m 19. Februar d. J. —, betreffend die Beschulung der im)rtigen Waisenhause untergebrachten auswärtigen Kinder, daß : dortige Stadtgemeinde zur Aufnahme derselben in die öffent- chen Volksschulen zwar verpflichtet ist, aber, soweit nicht be- ındere Vereinbarungen bestehen, die Entrichtung eines angemessenen, von der Königlichen Regierung festzusetzenden Fremdenschulgeldes verlangen kann. Die Erlasse vom 5. Januar 1860, 20. April 1863 und 14. Juli 1864 (Schneider und von Bremen Volksschulwesen Bd. I. S. 777), welche die unentgeltliche Aufnahme der ohne besondere Vergütung in Kost und Pflege genommenen Kinder in die öffentlichen Volksschulen anordnen, beziehen sich lediglich auf die von einzelnen Personen angenommenen Kinder und dürfen nicht, wie ich, der Minister der geistlichen rc. Angelegenheiten, hiermit erläutere, auf diejenigen Kinder ausgedehnt werden, welche in Rettungs-, Waisen- oder ähnlichen Anstalten unentgeltlich aufgenommen sind, weil eine derartige Verpflichtung denjenigen Gemeinden, in welchen zufällig eine solche Anstalt errichtet wird, ganz unbillige Lasten aufbürden würde.

Da die Vorstellung des dortigen Magistrats und der Bericht der Königlichen Regierung hiernach überhaupt von einer unzutreffenden Voraussetzung ausgehen, wolle die Königliche Regierung die anderweite Regelung der Einschulung der Waisenkinder in die städtischen Schulen in Erwägung nehmen und, soweit erforderlich, mit den Betheiligten verhandeln.

Der Minister des Innern.	Der Minister der geistlichen rc. Angelegenheiten.
Herrfurth.	Bosse.

An
die Königliche Regierung in N.

M. d. J. II. 2841.
M. d. g. A. U. III. A. 1216. G. II.

---

112) Bei Begründung von Schulen sind Abmachungen über den Konfessionsstand einer Schule zu Ungunsten anderer Religionsparteien oder Zusicherungen über die Wahl des Lehrers, welche über das Gesetz hinausgehen, grundsätzlich nicht zuzulassen.

Berlin, den 8. Juli 1892.

Ihr Gesuch vom 24. Februar d. J. um Anstellung eines katholischen Lehrers an der dortigen, seither evangelischen Schule würde nach dem Konfessionsverhältnisse der die Schule besuchenden Kinder gerechtfertigt sein. Ich bin indessen außer Stande, dem Wunsche der katholischen Familienväter zu entsprechen, weil bei Begründung der Schule im Jahre 1860 dem die Schule in außerordentlicher Weise dotirenden Gutsherrn gegenüber die Verpflichtung übernommen worden ist, an der Schule stets einen evangelischen Lehrer anzustellen. Ich bemerke dabei, daß derartige Abmachungen, wonach bei Begründung von Schulen, insbesondere als Aequivalent für finanzielle Zuwendungen kirchlicher oder sonstiger Interessenten, der Konfessionsstand einer Schule zu Ungunsten anderer Religionsparteien dauernd festgelegt wird, oder über das Gesetz hinaus Einwirkungen auf die Wahl des Lehrers zugesichert werden, in neuerer Zeit grundsätzlich nicht mehr zugelassen werden, zumal dieselben mit dem staatlichen Hoheits- und Aufsichtsrechte nicht vereinbar sind.

Auf diese Weise ist wenigstens für die Zukunft Unzuträglichkeiten vorgebeugt, wie sie leider für die dortige Schule getragen werden müssen.

An
Herrn N. zu N.

Abschrift erhält die Königliche Regierung zur Kenntnis auf den Bericht vom 5. Mai d. J.

An
die Königliche Regierung zu N.

Abschrift erhält die Königliche Regierung zur Kenntnis und Beachtung.

Der Minister der geistlichen 2c. Angelegenheiten.
In Vertretung: von Weyrauch.

An
sämmtliche Königliche Regierungen.
U. III. A. 1977.

113) Vorschriften, betr. das Ausfallen des Unterrichtes in den Volksschulen 2c. mit Rücksicht auf große Hitze, bezw. statistische Nachweisung über ausgefallenen Unterricht.

Berlin, den 24. August 1892.

Die Königliche Regierung veranlasse ich, festzustellen

1) in wie vielen höheren Mädchen-, Mittel- und städtischen Volksschulen Ihres Bezirkes in diesem Sommer wegen übergroßer Hitze eine Kürzung des Schulunterrichtes stattgefunden hat und
2) in wie vielen Schulen vorbezeichneter Art dies nicht der Fall gewesen ist.

Das Ergebnis ist in übersichtliche, nach Kreisen geordnete Tabellen aufzunehmen, welche mir **binnen 14 Tagen pünktlich** vorzulegen sind.

Dabei nehme ich Gelegenheit, die Aufmerksamkeit der Königlichen Regierung wiederholt auf die hier in Rede stehende Angelegenheit zu lenken.

Mit Rücksicht auf die große Verschiedenheit in den Verhältnissen an den einzelnen hierbei in Betracht kommenden Schulen bin ich nicht in der Lage, eine allgemeine, gleichmäßig bindende Verfügung von hier aus zu erlassen. Ich beauftrage vielmehr die Königliche Regierung, für die höheren Mädchenschulen, Mittelschulen und sonstigen größeren Schulkörper Ihres Aufsichtsbezirkes die entsprechenden Bestimmungen Selbst zu geben. Für die einfacheren, namentlich für die Landschulen wird es Sache der Kreis-Schulinspektoren sein, unter Genehmigung der Königlichen Regierung die erforderlichen Anordnungen zu treffen. Hierbei ist festzuhalten:

1) Wenn das hunderttheilige Thermometer um 10 Uhr Vormittags im Schatten 25 Grad zeigt, darf der Schulunterricht in keinem Falle über vier aufeinander folgende Stunden ausgedehnt und ebensowenig darf den Kindern an solchen Tagen ein zweimaliger Gang zur Schule zugemuthet werden.
2) Auch bei geringerer Temperatur ist eine Kürzung der Unterrichtszeit nothwendig, wenn die Schulzimmer zu niedrig oder zu eng, bezw. die Schulklassen überfüllt sind.
3) Auch wenn die betreffende Schulklasse während der vollen Zeit unterrichtet wird, müssen Kinder, welche einen weiten schattenlosen Schulweg haben, von einem zweimaligen Gange zur Schule an demselben Tage befreit werden.
4) Es bleibt zu erwägen, ob bei Schulen, welche geräumige, schattige Spielplätze haben, unter Umständen der lehrplanmäßige Unterricht durch Jugendspiele unterbrochen werden kann.
5) Die Entscheidung über Ausfall und Kürzung des Schulunterrichts in jedem einzelnen Falle trifft bei größeren Schulkörpern der Vorsteher der Schule (Direktor, Rektor), bei kleineren der Ortsschulinspektor, und wenn ein solcher nicht am Orte ist, der Schulvorstand.

An
die sämmtlichen Königlichen Regierungen
der Monarchie.

Abschrift erhält das Königliche Provinzial-Schulkollegium zur Kenntnis und gleichmäßigen Beachtung hinsichtlich der dem Königlichen Provinzial-Schulkollegium unterstellten Schullehrer-Seminare, höheren Mädchenschulen, Taubstummen- und Blinden-Anstalten.

Der Minister der geistlichen ꝛc. Angelegenheiten.
In Vertretung: von Weyrauch.

An
die sämmtlichen Königlichen Provinzial-Schulkollegien der Monarchie.
U. III. A. 2380.

14) Uebersicht über die Zahl der bei dem Landheere und bei der Marine in dem Ersatzjahre 1891/92 eingestellten Preußischen Mannschaften mit Bezug auf ihre Schulbildung.

(Centralbl. für 1891 Seite 656.)

Laufende Nr.	Regierungs-Bezirk, Provinz	Eingestellt a. bei dem Landheere, b. bei der Marine	Zahl der eingestellten Mannschaften: mit Schulbildung: in der deutschen Sprache	nur in der nicht deutschen Muttersprache	zusammen	ohne Schulbildung	überhaupt	ohne Schulbildung Prozent	Im Ersatzjahr 1872/73 ohne Schulbildung Prozent
1.	Königsberg .	a. L.	5279	46	5325	71	5396	1,32	
		b. M.	346	—	346	11	357	3,08	
	Summe	a. und b.	5625	46	5671	82	5758	1,42	7,88
2.	Gumbinnen	a. L.	3532	37	3569	58	3627	1,60	
		b. M.	196	—	196	12	208	5,77	
	Summe	a. und b.	3728	37	3765	70	3835	1,82	10,08
I.	Ostpreußen .	a. L.	8811	83	8894	129	9023	1,43	
		b. M.	542	—	542	23	565	4,07	
	Summe	a. und b.	**9353**	**83**	**9436**	**152**	**9588**	**1,59**	**8,56**
3.	Danzig . .	a. L.	2393	59	2452	28	2480	1,13	
		b. M.	251	1	252	6	258	2,33	
	Summe	a. und b.	2644	60	2704	34	2738	1,24	13,41
4.	Marienwerder . . .	a. L.	3663	213	3876	153	4029	3,80	
		b. M.	117	—	117	3	120	2,50	
	Summe	a. und b.	3780	213	3993	156	4149	3,76	14,33
II.	Westpreußen	a. L.	6056	272	6328	181	6509	2,78	
		b. M.	368	1	369	9	378	2,38	
	Summe	a. und b.	**6424**	**273**	**6697**	**190**	**6887**	**2,76**	**14,02**
5.	Potsdam mit Berlin . .	a. L.	6271	4	6275	13	6288	0,21	
		b. M.	179	—	179	1	180	0,56	
	Summe	a. und b.	6450	4	6454	14	6468	0,22	1,04
6.	Frankfurt a./O. . .	a. L.	4680	5	4685	5	4690	0,11	
		b. M.	115	—	115	1	116	0,86	
	Summe	a. und b.	4795	5	4800	6	4806	0,12	1,74
III.	Brandenburg	a. L.	10951	9	10960	18	10978	0,16	
		b. M.	294	—	294	2	296	0,68	
	Summe	a. und b.	**11245**	**9**	**11254**	**20**	**11274**	**0,18**	**1,37**

Laufende Nr.	Regierungs-Bezirk, **Provinz**	Eingestellt a. bei dem Landheere, b. bei der Marine	Zahl der eingestellten Mannschaften					ohne Schulbildung
			mit Schulbildung			ohne Schulbildung	überhaupt	
			in der deutschen Sprache	nur in der nicht deutschen Muttersprache	zusammen			Prozent
7.	Stettin . .	a. L.	2962	6	2968	2	2970	0,07
		b. M.	282	—	282	—	282	0,00
	Summe	a. und b.	3244	6	3250	2	3252	0,06
8.	Cöslin . .	a. L.	2412	2	2414	17	2431	0,70
		b. M.	113	—	113	—	113	0,00
	Summe	a. und b.	2525	2	2527	17	2544	0,67
9.	Stralsund .	a. L.	659	4	663	2	665	0,30
		b. M.	141	—	141	—	141	0,00
	Summe	a. und b.	800	4	804	2	806	0,25
IV.	**Pommern** .	a. L.	6033	12	6045	21	6066	0,35
		b. M.	536	—	536	—	536	0,00
	Summe	a. und b.	6569	12	6581	21	6602	
10.	Posen . .	a. L.	4213	1476	5689	165	5854	
		b. M.	57	—	57	3	60	
	Summe	a. und b.	4270	1476	5746	168	5914	2,84
11.	Bromberg .	a. L.	1991	545	2536	34	2570	1,32
		b. M.	49	—	49	—	49	0,00
	Summe	a. und b.	2040	545	2585	34	2619	1,30
V.	**Posen** . . .	a. L.	6204	2021	8225	199	8424	2,36
		b. M.	106	—	106	3	109	2,75
	Summe	a. und b.	6310	2021	8331	202	8533	
12.	Breslau . .	a. L.	6810	30	6840	10	6850	0,15
		b. M.	140	—	140	—	140	0,00
	Summe	a. und b.	6950	30	6980	10	6990	0,14
13.	Liegnitz . .	a. L.	4034	6	4040	3	4043	0,07
		b. M.	71	—	71	—	71	0,00
	Summe	a. und b.	4105	6	4111	3	4114	0,07
14.	Oppeln . .	a. L.	5566	911	6477	143	6620	2,16
		b. M.	112	—	112	—	112	0,00
	Summe	a. und b.	5678	911	6589	143	6732	2,12
VI.	**Schlesien** . .	a. L.	16410	947	17357	156	17513	0,89
		b. M.	323	—	323	—	323	0,00
	Summe	a. und b.	**16733**	**947**	**17680**	**156**	**17836**	0,87

Regierungs-Bezirk, **Provinz**	Eingestellt a. bei dem Landheere, b. bei der Marine	Zahl der eingestellten Mannschaften					ohne Schulbildung	Im Ersatzjahre 1872/73 ohne Schulbildung
		mit Schulbildung			ohne Schulbildung	überhaupt		
		in der deutschen Sprache	nur in der nicht deutschen Muttersprache	zusammen			Prozent	Prozent
Magdeburg	a. L.	3305	3	3308	4	3312	0,12	
	b. M.	130	—	130	—	130	0,00	
Summe	a. und b.	3435	3	3438	4	3442	0,12	0,69
Merseburg .	a. L.	3784	2	3786	1	3787	0,03	
	b. M.	111	—	111	—	111	0,00	
Summe	a. und b.	3895	2	3897	1	3898	0,03	0,64
Erfurt . .	a. L.	1718	1	1719	—	1719	0,00	
	b. M.	53	—	53	—	53	0,00	
Summe	a. und b.	1771	1	1772	—	1772	0,00	0,66
Sachsen . .	a. L.	8807	6	8813	5	8818	0,06	
	b. M.	294	—	294	—	294	0,00	
Summe	a. und b.	**9101**	**6**	**9107**	**5**	**9112**	**0,05**	**0,66**
Schleswig .	a. L.	3634	2	3636	2	3638	0,05	
	b. M.	518	—	518	3	521	0,58	
Schleswig-Holstein Summe	a. und b.	**4152**	**2**	**4154**	**5**	**4159**	**0,12**	**0,63**
Hannover .	a. L.	1863	3	1866	1	1867	0,05	
	b. M.	99	—	99	—	99	0,00	
Summe	a. und b.	1962	3	1965	1	1966	0,05	
Hildesheim .	a. L.	1698	1	1699	3	1702	0,17	
	b. M.	37	—	37	—	37	0,00	
Summe	a. und b.	1735	1	1736	3	1739	0,17	
Lüneburg .	a. L.	1245	1	1246	—	1246	0,00	
	b. M.	41	—	41	—	41	0,00	
Summe	a. und b.	1286	1	1287	—	1287	0,00	
Stade . .	a. L.	860	1	861	—	861	0,00	
	b. M.	135	—	135	—	135	0,00	
Summe	a. und b.	995	1	996	—	996	0,00	
Osnabrück .	a. L.	1075	—	1075	4	1079	0,37	
	b. M.	39	—	39	—	39	0,00	
Summe	a. und b.	1114	—	1114	4	1118	0,36	
Aurich . .	a. L.	522	2	524	3	527	0,57	
	b. M.	173	—	173	1	174	0,57	
Summe	a. und b.	695	2	697	4	701	0,57	
Hannover .	a. L.	7263	8	7271	11	7282	0,15	
	b. M.	524	—	524	1	525	0,19	
Summe	a. und b.	**7787**	**8**	**7795**	**12**	**7807**	**0,15**	**1,29**

Laufende Nr.	Regierungs-Bezirk, Provinz	Eingestellt a. bei dem Landheere, b. bei der Marine	Zahl der eingestellten Mannschaften: mit Schulbildung: in der deutschen Sprache	nur in der nicht deutschen Muttersprache	zusammen	ohne Schulbildung	überhaupt	ohne Schulbildung Prozent
25.	Münster . .	a. L.	1624	1	1625	1	1626	0,[illegible]
		b. M.	35	—	35	—	35	0,[illegible]
	Summe	a. und b.	1659	1	1660	1	1661	0,[illegible]
26.	Minden . .	a. L.	1847	1	1848	—	1848	0,[illegible]
		b. M.	37	—	37	1	38	2,[illegible]
	Summe	a. und b.	1884	1	1885	1	1886	0,[illegible]
27.	Arnsberg .	a. L.	3667	—	3667	1	3668	0,[illegible]
		b. M.	78	—	78	—	78	0,[illegible]
	Summe	a. und b.	3745	—	3745	1	3746	0,[illegible]
X.	**Westfalen** .	a. L.	7138	2	7140	2	7142	0,[illegible]
		b. M.	150	—	150	1	151	0,[illegible]
	Summe	a. und b.	**7288**	**2**	**7290**	**3**	**7293**	**0,[illegible]**
28.	Cassel . . .	a. L.	3539	1	3540	11	3551	0,[illegible]
		b. M.	62	—	62	—	62	0,[illegible]
	Summe	a. und b.	3601	1	3602	11	3613	0,[illegible]
29.	Wiesbaden	a. L.	2349	—	2349	2	2351	0,[illegible]
		b. M.	42	—	42	—	42	0,[illegible]
	Summe	a. und b.	2391	—	2391	2	2393	0,[illegible]
XI.	**Hessen-Nassau**	a. L.	5888	1	5889	13	5902	0,[illegible]
		b. M.	104	—	104	—	104	0,[illegible]
	Summe	a. und b.	**5992**	**1**	**5993**	**13**	**6006**	**0,[illegible]**
30.	Coblenz . .	a. L.	2542	2	2544	1	2545	0,[illegible]
		b. M.	42	—	42	—	42	0,[illegible]
	Summe	a. und b.	2584	2	2586	1	2587	0,[illegible]
31.	Düsseldorf .	a. L.	5409	3	5412	1	5413	0,[illegible]
		b. M.	143	—	143	—	143	0,[illegible]
	Summe	a. und b.	5552	3	5555	1	5556	0,[illegible]
32.	Cöln . . .	a. L.	2688	—	2688	—	2688	0,[illegible]
		b. M.	53	—	53	—	53	0,[illegible]
	Summe	a. und b.	2741	—	2741	—	2741	0,[illegible]
33.	Trier . .	a. L.	2919	—	2919	2	2921	0,[illegible]
		b. M.	38	—	38	—	38	0,[illegible]
	Summe	a. und b.	2957	—	2957	2	2959	0,[illegible]
34.	Aachen . .	a. L.	2278	1	2279	1	2280	0,[illegible]
		b. M.	24	—	24	—	24	0,[illegible]
	Summe	a. und b.	2302	1	2303	1	2304	0,[illegible]
XII.	**Rheinprovinz**	a. L.	15836	6	15842	5	15847	0,[illegible]
		b. M.	300	—	300	—	300	0,[illegible]
	Summe	a. und b.	**16136**	**6**	**16142**	**5**	**16147**	**0,[illegible]**

Regierungs-Bezirk, Provinz	Eingestellt a. bei dem Landheere, b. bei der Marine	Zahl der eingestellten Mannschaften: mit Schulbildung: in der deutschen Sprache	nur in der nicht deutschen Muttersprache	zusammen	ohne Schulbildung	überhaupt	ohne Schulbildung Prozent	Im Ersatzjahr 1872/73 ohne Schulbildung Prozent
Sigmaringen	a. L.	271	—	271	—	271	0,00	
	b. M.	1	—	1	—	1	0,00	
Summe Hohenzollern	a. und b.	272	—	272	—	272	0,00	0,46

Wiederholung.

Provinz	Eingestellt	in der deutschen Sprache	nur in der nicht deutschen Muttersprache	zusammen	ohne Schulbildung	überhaupt	Prozent	1872/73
Ostpreußen	a. Landheer	8811	83	8894	129	9023	1,43	
Westpreußen		6056	272	6328	181	6509	2,78	
Brandenburg	"	10951	9	10960	18	10978	0,16	
Pommern	"	6033	12	6045	21	6066	0,35	
Posen	"	6204	2021	8225	199	8424	2,36	
Schlesien	"	16410	947	17357	156	17513	0,89	
Sachsen	"	8807	6	8813	5	8818	0,06	
Schleswig-Holstein	"	8634	2	8636	2	8638	0,05	
Hannover	"	7263	8	7271	11	7282	0,15	
Westfalen	"	7138	2	7140	2	7142	0,03	
Hessen-Nassau	"	5888	1	5889	13	5902	0,22	
Rheinprovinz	"	15836	6	15842	5	15847	0,03	
Hohenzollern	"	271	—	271	—	271	0,00	
Summe	**a. Landheer**	**103302**	**3369**	**106671**	**742**	**107418**	**0,69**	
Ostpreußen	b. Marine	542	—	542	28	565	4,07	
Westpreußen	"	868	1	869	9	878	2,38	
Brandenburg	"	294	—	294	2	296	0,68	
Pommern	"	536	—	536	—	536	0,00	
Posen	"	106	—	106	3	109	2,75	
Schlesien	"	828	—	828	—	828	0,00	
Sachsen	"	294	—	294	—	294	0,00	
Schleswig-Holstein	"	518	—	518	3	521	0,58	
Hannover	"	524	—	524	1	525	0,19	
Westfalen	"	150	—	150	1	151	0,66	
Hessen-Nassau	"	104	—	104	—	104	0,00	
Rheinprovinz	"	300	—	300	—	300	0,00	
Hohenzollern	"	1	—	1	—	1	0,00	
Summe	**b. Marine**	**4060**	**1**	**4061**	**42**	**4103**	**1,02**	
Dazu Summe	**a. Landheer**	**103302**	**3369**	**106671**	**742**	**107418**	**0,69**	
Ueberhaupt Monarchie		**107362**	**3370**	**110732**	**784**	**111516**	**0,70**	**3,96**

Nichtamtliches.

1) Gutachten des Gewerbeschul-Direktors Dr. Holzmüller zu Hagen i. W. über die jetzigen Forderungen an den mathematischen Lehrgang der Untersekunda auf den preußischen Gymnasien.

Die mathematischen Lehrpläne vom 6. Januar d. Js. sind in ihrer Gestaltung aus der Ueberzeugung hervorgegangen, daß eine lückenlos systematische Behandlung und eine streng wissenschaftliche Begründung der Mathematik auf dem Gymnasium überhaupt unmöglich und dem Fachstudium auf der Universität zuzuweisen ist. Mit Logarithmentafeln z. B. wird gerechnet, ohne daß die Berechnung der Logarithmen gelehrt wird. Die Tabellen werden mit Recht auf Treue und Glauben als richtig angenommen. Bezüglich der ersten Elemente ist zu beachten, daß durch neuere Forschungen manche Beweise als bloße Scheinbeweise erkannt sind, so daß z. B. neben der Euklidischen Raumauffassung andere, von ihr verschiedene, aufgestellt und theoretisch ausgebaut werden konnten. Ebenso ist in der Arithmetik manches, was man beweisen zu können glaubte, als willkürliches, wenn auch zweckmäßiges, Postulat erkannt worden.

Demnach hat die Schule alle Veranlassung, auf langathmige theoretische Spekulationen von nur scheinbarem Werthe zu verzichten. Auch eine etwa erstrebte Lückenlosigkeit würde nur von imaginärem Werthe sein. Mit Nothwendigkeit ergiebt sich die Beschränkung des Stoffes auf eine methodische Auswahl und der immerwährende Appell an die Anschauung. Gerade im Gebiete der Stereometrie ist in dieser Hinsicht vielfach in ganz verfehlter Weise gearbeitet worden. In abstrakter Weise behandelte man Punkte und gerade Linien im Raume, ging dann zur Ebene im Raume über, gelangte zur Theorie der Ecken und endlich, viel zu spät, zum Körper. Dieser systematisch ganz richtige Gang ist methodisch durchaus verfehlt, und gerade der Anfang für Schüler von schwach ausgebildeter räumlicher Vorstellungskraft förmlich abschreckend. Man muß umgekehrt verfahren, von bekannten Körpern ausgehen, an ihnen die Flächen, die Kanten, ihre Beziehungen zu einander untersuchen, ihre Inhalte und Längen ermitteln und später auch den körperlichen Inhalt zu finden suchen. Es empfiehlt sich, mit dem Würfel zu beginnen, der, abgesehen von den Kanten und Flächen, reichen Uebungsstoff bietet. Die Hauptdiagonalen des Körpers sind nach Länge und Lage (in Bezug auf die Kanten und Flächen zu untersuchen; ebenso die Mittellinien und die Diagonalschnitte des Körpers, welche letzteren Beispiele zur Flächenberechnung abgeben. Das Gesehene ist auch korrekt zu zeichnen, und zwar in schräger Parallelperspektive,*) die sich hier als das Schattengebilde erläutert, welches ein Drahtgestell des Würfels auf das Reißbrett wirft, wenn die (parallelen) Sonnenstrahlen schräg auf das letztere fallen. Diese Darstellungsweise findet sich fast in allen Lehrbüchern als stillschweigend angenommene Methode, ist aber erst in neuerer Zeit für die Zwecke des Unterrichts bearbeitet und ausgebaut worden. Von jetzt ab müssen Rechnen und Zeichnen stets Hand in Hand gehen.

Das Axenkreuz des Würfels giebt Veranlassung, das einbeschriebene Oktaeder zu behandeln. Die eine Diagonalengruppe der Würfelflächen giebt ein einbeschriebenes Tetraeder, die andere ein zweites. Beide durchdringen sich gegenseitig. Auf diese drei Körper kann man sich einige Zeit beschränken. Es sind Uebungen möglich, bei denen es sich um gesetzmäßige Abstumpfung und Abkantung handelt, auf die Seitenflächen lassen sich Pyramiden aufsetzen, so daß z. B. der von 24 Flächen begrenzte Pyramidenwürfel entsteht, der für den Fall der Neigung von 45° in das Rhombendodekaeder übergeht. Die Abstumpfung des letzteren an den Vierkantecken führt auf den abgekanteten Würfel, die Abstumpfung an den Dreikantecken auf das abgekantete Oktaeder, u. s. w.

Das bisher Genannte ist auch werthvoll für den mineralogischen und chemischen Unterricht, denn es handelt sich zugleich um Krystallographie; das Uebungsmaterial rechnerischer und zeichnender Art ist aber fast unerschöpflich zu nennen.

Ob nun vom Würfel, an dessen 12 Kanten sich regelmäßige Fünfecke so anlegen lassen, daß ein regelmäßiges Pentagondodekaeder entsteht**) (bei dem die Mittelpunkte der Seitenflächen die Ecken des regelmäßigen Ikosaeders geben), zu dieser schwierigeren Form übergegangen werden soll, oder ob zunächst entsprechende leichtere Uebungen an Prismen und Pyramiden, besonders solchen von regelmäßiger Grundfläche, vorzunehmen sind, das sei dem Takte des Lehrers und der übrig bleibenden Zeit überlassen.

---

*) Sie hat den großen Vorzug, daß Halbirung der Linien stets die wirklichen Hälften giebt, was bei der Malerperspektive nicht allgemein der Fall ist. Parallele Linien bleiben dabei auch parallel in der Zeichnung. Es ist die leichteste aller Darstellungen.

**) Rechnung dabei ganz überflüssig.

Cylinder und Kegel, ebenso die Kugel, lassen sich zwar in ähnlicher Weise zeichnerisch und rechnerisch behandeln, jedoch ist das Zeichnen erschwert und langwierig gemacht durch die dabei auftretenden Ellipsen. Die Untersekunda kann sich hier nur der flüchtigen Skizze bedienen, während auf den Oberklassen auf genaue zeichnende Konstruktion, wenigstens bei einer geringen Anzahl von Figuren zu halten ist. Dort steht es dem Lehrer auch frei, allgemeine Sätze über Linien und Ebenen im Raume zu behandeln, jedoch stets unter maßvoller Beschränkung.

Der Unterricht auf der Untersekunda hat demnach einen durchaus propädeutischen Charakter. Dies gilt auch bezüglich der Inhaltsberechnungen.

Ueber das gerade und schräge Prisma bezw. den Cylinder ist bei der Leichtigkeit der Behandlung nichts zu sagen. Hieran hat sich das Princip des Cavalieri anzuschließen, welches die Inhaltsgleichheit der Pyramiden von gleichem Grund und gleicher Höhe ergiebt. Diese Gleichheit ergiebt für das geeignet zerlegte dreiseitige Prisma die Theilung in inhaltsgleiche Pyramiden, woraus für diese und alle andern Pyramiden die Formel $J = G\frac{h}{3}$ folgt, die auch vom Kegel gilt.

In allgemein bekannter Weise wird nach Cavalieri aus Cylinder-Kegel der Kugelinhalt abgeleitet. Die Formeln werden also entwickelt, nicht aber, wie in der Volksschule, einfach als Regel vorgeschrieben (und, wie etwa an der Pyramide, durch den Inhalt des offenen Modells, in das sich Sand eingießen läßt, als richtig erprobt).

Die sogenannten Körperstumpfe und die Kugelabschnitte können auf die Oberklassen verschoben werden, da mit den genannten Uebungen die Zeit der Untersekunda erschöpft sein dürfte.

[Es sei noch anheimgestellt, bezüglich der zu zeichnenden Figuren die häusliche Ueberbürdung der Schüler dadurch zu vermeiden, daß gelegentlich der eigentliche Zeichenunterricht zur Ausführung der Aufgaben benutzt wird. Das Herstellen von Modellen aus Pappe mit Hilfe der bekannten Körpernetze ist zwar eine nützliche Uebung, muß jedoch der Privatneigung des Schülers überlassen bleiben. Wo Gelegenheit zu Handfertigkeits-Uebungen gegeben ist, können statt gewisser üblicher Spielereien solche Modelle angefertigt werden. Sache der Schule sind diese Uebungen nicht.]

Die Fragen über die Auswahl der auf Untersekunda

propädeutisch zu behandelnden Körper, über das auf dieser Klasse einzuhaltende Vermeiden einer systematischen Behandlung allgemeiner Sätze und über die dort einzuschlagende Methode der Inhaltsberechnung dürften damit in ausreichender Weise behandelt bezw. beantwortet sein. Auch über den ausbauenden Unterricht in der Prima sind die entsprechenden Bemerkungen wohl als hinreichend zu betrachten.

---

2) Zusammenstellung der im Ressort des Ministeriums der geistlichen 2c. Angelegenheiten während des Jahres 1891 durch Allerhöchste Erlasse genehmigten Schenkungen und letztwilligen Zuwendungen, nach Kategorien geordnet.

Auch im Jahre 1891 hat sich der Wohlthätigkeitssinn der Bevölkerung durch Schenkungen und Zuwendungen an inländische Korporationen und andere juristische Personen in reger Weise bethätigt.

Soweit das Ressort des Ministeriums der geistlichen 2c. Angelegenheiten hierbei in Betracht kommt, sind wir in der Lage, eine nach Kategorien geordnete Zusammenstellung derjenigen Zuwendungen, welche im einzelnen Falle den Betrag von 3000 Mk. übersteigen und demnach gemäß den Bestimmungen in §. 2 des Gesetzes vom 23. Februar 1870 der Allerhöchsten Genehmigung bedurften, nachstehend mitzutheilen:

1. Laufende Nr.	2. Bezeichnung der einzelnen Kategorien.	3. Betrag der in Geld gemachten Zuwendungen ℳ	₰	4. Werth der nicht in Geld gemachten Zuwendungen. ℳ	₰	5. Summe der Spalten 3 und 4. ℳ	₰	6. Anzahl der gemachten Zuwendungen.
1	Evangelische Kirchen und Pfarrgemeinden . . .	1 218 107	33	857 033	18	2 070 140 (2 Kirchen, Kirchenglocken, 1 Grundstück, 1 Pfarrhaus, ohne Werthangabe)	51	77
2	Evangelisch-kirchliche Anstalten, Stiftungen, Gesellschaften und Vereine	901 154	06	84 085	70	985 239	76	29
3	Evangel.-kirchliche Gemeinschaften außerhalb der Landeskirche und dazu gehörige Anstalten	12 000	—	—	—	12 000	—	1
4	Bisthümer und die zu denselben gehörenden Institute	893 709	25	84 350	—	978 059	25	13
5	Katholische Pfarr-Gemeinden und Kirchen	1 557 800	91	518 729	55	2 076 530 (2 Grundstücke, 1 Bibliothek, ohne Werthangabe.)	46	147
6	Katholisch-kirchliche Anstalten, Stiftungen 2c.	245 265	12	302 816	60	548 081	72	32
7	Universitäten und die zu denselben gehörigen Institute	633 100	—	62 000	—	695 100	—	10
8	Höhere Lehranstalten und die mit denselben verbundenen Stiftungen 2c.	411 575	65	75 000	—	486 575	65	15
9	Volksschulgemeinden, Elementarschulen bzw. die den letzteren gleichstehenden Institute . .	6 000	—	—	—	6 000	—	1
10	Taubstummen- und Blindenanstalten	132 800	—	—	—	132 800	—	2
11	Waisenhäuser und andere Wohlthätigkeitsanstalten	861 701	46	—	—	861 701	46	24
12	Kunst- und wissenschaftliche Institute, Anstalten 2c.	41 000	—	260 800	—	301 800	—	14
13	Heil- 2c. Anstalten . . .	50 000	—	—	—	50 000 (1 Grundstück ohne Werthangabe.)	—	8
	Im Ganzen	6 459 218	78	2 244 815	08	8 704 028	81	373

2 Kirchen, Kirchenglocken, 4 Grundstücke, 1 Pfarrhaus, 1 Bibliothek } ohne Werthangabe.

3) Dreiundsiebzigster Jahresbericht über die Wirksamkeit der Schlesischen Blinden-Unterrichts-Anstalt im Jahre 1891.

	Zahl der Zöglinge						Religionsverhältnis			Aus dem Regierungsbezirke			Aus anderen Provinzen oder dem Auslande
	überhaupt	in der Anstalt			außer der Anstalt								
		männliche	weibliche	Summe	männliche	weibliche	evangelisch	katholisch	jüdisch	Breslau	Liegnitz	Oppeln	
Ende 1890 verblieben . . .	124	78	85	118	9	2	72	50	2	67	22	84	1
Aufgenommen wurden im Laufe des Jahres 1891 .	26	12	7	19	5	2	17	9	—	19	4	2	1
Im Laufe 1891 waren Zöglinge	150	90	42	132	14	4	89	59	2	86	26	86	2
Im Laufe 1891 gingen ab	80	14	7	21	7	2	13	16	1	17	5	7	1
Ende 1891 verblieben . . .	120	76	85	111	7	2	76	43	1	69	21	29	1

	Schul-Unterricht			Musik-Unterricht			Als Erwachsene nur Arbeitsunterricht								
							männliche	weibliche	Summe	als Erwachsene aufgenommen			aus der Schule der Anstalt ausgetreten		
	männliche	weibliche	Summe	männliche	weibliche	Summe				m.	w.	S.	m.	w.	S.
Ende 1890 verblieben . . .	37	14	51	37	5	42	21	18	34	—	—	—	—	—	—
Dazu kamen 1891	7	4	11	4	1	5	19	7	26	10	5	15	9	2	11
Unterricht erhielten im ganzen	44	18	62	41	6	47	40	20	60	—	—	—	—	—	—
Im Laufe von 1891 gingen ab	10	4	14	5	—	5	12	7	19	—	—	—	—	—	—
Ende 1891 verblieben . . .	34	14	48	36	6	42	28	13	41	—	—	—	—	—	—

4) Preußischer Beamten-Verein. Protektor Se. Majestät der Kaiser.

Der am 1. Juli 1876 ins Leben getretene Preußische Beamten-Verein sucht auf der Grundlage der Gegenseitigkeit und Selbsthilfe die wirthschaftlichen Bedürfnisse des Beamtenstandes zu befriedigen.

Aufnahmefähig sind Reichs-, Staats- und Kommunalbeamte, Geistliche, Lehrer, Aerzte, Rechtsanwälte, sowie auch die im Vorbereitungsdienste zu diesen Berufszweigen stehenden Personen.

Der Verein schließt Lebens-, Kapital-, Leibrenten- und Begräbnisgeld-Versicherungen ab und gewährt seinen Mitgliedern Kautions- und andere Policen-Darlehen.

Die Lebensversicherung behält auch im Kriegsfalle bis zur Höhe von 20000 Mk. ohne Zahlung eines Prämienzuschlages oder einer Kriegsprämie ihre Gültigkeit, sofern die Versicherung am Mobilmachungstage mindestens drei Monate in Kraft war.

Der Versicherungsbestand betrug Ende 1891:

15 940	Lebensversicherungs-Policen über . . .	67 182 750	Mk. Kapital.
6 978	Kapitalversicherungs-Policen über . . .	15 483 310	" "
5 699	Begräbnisgeldversicherungs-Policen über .	2 338 800	" "
28 617		85 004 860	Mk.

und 385 Leibrentenversicherungs-Policen über 139600 Mk. jährliche Rente.

Nach dem 15. Geschäftsbericht für 1891 lautet das Gewinn- und Verlust-Konto, sowie die Bilanz, wie folgt. (S. nebenstehend.)

Die eigenen Fonds des Vereins, welchen Passiven nicht gegenüber stehen, belaufen sich nach statutenmäßiger Vertheilung des Gewinnes für 1891 bereits auf 2014530 Mk. 27 Pf. Aus den Zinsen dieser Fonds können annähernd sämmtliche Verwaltungskosten bestritten werden, so daß die ganzen Ueberschüsse den Versicherten zu Gute kommen.

Für die ersten 15 Geschäftsjahre sind den Vereinsmitgliedern 2343057 Mk. 06 Pf. Dividende gezahlt worden, wovon auf das Jahr 1891 392340 Mk. 14 Pf. entfallen.

In demselben Zeitraum wurden an fälligen Lebensversicherungssummen 2919734 Mk. 92 Pf. gezahlt.

In der Sterbekasse kann ein Begräbnisgeld bis zu 500 Mk. auch auf das Leben der Frau und sonstiger Familienangehöriger versichert werden, ohne daß es zur Aufnahme einer ärztlichen Untersuchung bedarf.

Die Direktion des Preußischen Beamten-Vereins in Hannover versendet auf Ersuchen die Drucksachen des Vereins unentgeltlich und portofrei, ertheilt auch bereitwilligst jede gewünschte Auskunft.

	M.	Pf.	M.	Pf.
Gewinn aus 1890, zu vertheilen 1891	—	—	488 612	52
Lebens-Versicherung:				
Prämien-Reserve Ende 1890 . .	7 403 759	17		
Prämien-Einnahme in 1891 . .	2 153 896	32	9 557 655	49
Kapital-Versicherung:				
Guthaben Ende 1890	6 170 713	08		
Beitrags-Einnahme in 1891 . .	951 505	13	7 122 218	21
Ansammlung der Dividenden:				
Guthaben Ende 1890	335 704	50		
Dividenden-Gutschrift in 1891 . .	80 802	70	416 507	20
Leibrenten-Versicherung:				
Prämien-Reserve Ende 1890 . .	683 625	43		
Prämien-Einnahme in 1891 . .	185 138	97	868 764	40
Sterbekasse:				
Prämien-Reserve Ende 1890 . .	154 318	23		
Prämien-Einnahme in 1891 . .	74 449	99	228 768	22
Zinsen-Einnahme:				
Auf Hypotheken-Darlehen . . .	617 479	92		
Auf Policen-Darlehen	75 525	18		
Auf Effekten	44 052	50		
Bank- und diverse Zinsen . . .	4 883	15	741 940	75
Miethen aus dem Geschäftshause .	—	—	4 370	—
Coursgewinn auf Effekten	—	—	10 013	50
Vermischte Einnahmen . . .	—	—	18 502	—
			19452352	29

	M.	Pf.	M.	Pf.
Gewinn-Vertheilung aus 1890:				
a. Zum Sicherheitsfonds	145 038	76		
b. Zum Extrasicherheitsfonds	5 692	99		
c. Dividende an die Lebensversicherten	332 835	77	438 612	52
Lebens-Versicherung:				
Prämien-Reserve Ende 1891	8 725 963	84		
Gezahlte Sterbefälle	541 962	94		
Reserve für angemeldete Sterbefälle .	61 600	—		
Zurückgekaufte Policen	31 268	73		
Rückversicherungs-Prämien	2 706	08	9 363 501	59
Kapital-Versicherung:				
Guthaben Ende 1891	6 689 719	25		
Eingelöste Kapital-Versich.-Policen . .	675 144	18		
Noch nicht abgehobene Versich.-Summe	200	—	7 365 063	43
Ansammlung der Dividenden:				
Guthaben Ende 1891	401 336	48		
Aufgehobene Dividenden-Ansammlung	27 313	24	428 649	72
Leibrenten-Versicherung:				
Prämien-Reserve Ende 1891	848 303	40		
Gezahlte Leibrenten und Rückgewähr .	51 054	32	899 357	72
Sterbekasse:				
Prämien-Reserve Ende 1891	194 128	20		
Gezahlte Sterbefälle	16 623	—		
Reserve für angemeldeten Sterbefall .	16	—	210 767	20
Monatsschrift	—	—	1 051	35
Verwaltungskosten	—	—	86 615	49
Kommunalabgaben u. Gewerbesteuer .	—	—	777	24
Utensilien: 10% Abschreibung . . .	—	—	484	20
Grundstück: 1% Abschreibung . . .	—	—	2 247	93
Gewinn aus 1891	—	—	610 223	90
			19452352	29

	ℳ	₰	ℳ	₰
Hypothek-Forderungen . .	—	—	16391811	98
Forderungen aus Darlehen:				
a. Policen-Darlehen innerhalb des Rückkaufswerthes . . .	571 706	39		
b. Policen-Darlehen unter Stellung von Bürgen	199 737	31		
c. Kautions-Darlehen	886 398	22		
d. Lombard-Darlehen	4 350	—	1 612 191	92
Effekten **Cours 3**1. Dez. 1891				
400000 ℳ **4% Prß. Kon**s. zu 105,80	428 200	—		
801500 ℳ 3½% Reich**s**anl. zu 98,90	792 683	50	1 215 883	50
Grundstücks-Konto	224 792	69		
Ab 1% Abschreibung	2 247	93	222 544	76
Bankier-Guthaben, gedeckt durch **Faustpfand an** Werthpapieren .	—	—	113 765	18
Guthaben bei der Reichsbank	—	—	12 221	96
Baarer Kassenbestand . . .	—	—	38 643	23
Utensilien	4 842	04		
Ab 10% Abschreibung	484	20	4 357	84
Zinsraten vom letzten Fälligkeitstermine bis 31. Dezember	—	—	174 994	18
Eiserne und laufende Vorschüsse	—	—	2 271	70
			19788186	20

	ℳ	₰	ℳ	₰
Sicherheitsfonds	—	—	1 199 842	17
Extrasicherheitsfonds	—	—	597 304	84
Kautionsfonds	—	—	53 854	36
Sicherheitsfonds für Policen-Darlehen	—	—	7 256	24
Töchterfonds	—	—	992	87
Lebensversicherung:				
Prämien-Reserve Ende 1891	8 725 968	84		
Vorausbezahlte Prämien	7 478	54		
Reserve für angemeldete Sterbefälle . .	61 600	—		
Nicht abgehobene Dividenden	27 837	47	8 822 874	85
Kapitalversicherung:				
Guthaben Ende 1891	6 689 719	25		
Vorausbezahlte Beiträge	42 342	55		
Noch nicht abgehobene Versicher.-Summe	200	—	6 732 261	80
Dividenden-Ansammlung:				
Guthaben Ende **1891**	—	—	401 336	48
Leibrenten**versicher**ung:				
Prämien-Reserve Ende 1891	848 303	40		
Vorausbezahlte **Prämi**en	12 487	86	860 791	26
Sterbekasse:				
Prämien-Reserve Ende 1891 . . .	194 128	20		
Vorausbezahlte **Prämi**en	335	42		
Reserve für **angemeld**eten Sterbefall . .	16	—	194 479	62
Asservaten	—	—	79 760	97
Lombard-Darlehen bei der Reichsbank	—	—	174 500	—
Beamten-Pensionsfonds	—	—	53 207	34
Summa			19177962	30
Aktiva:	19788186	20		
ab Passiva:	19177962	30		
Gewinn aus 1891	—	—	610 223	90
			19788186	20

...rsonal-Veränderungen, Titel- und Ordensverleihungen.

A. Behörden und Beamte.

... beim Ministerium der geistlichen ꝛc. Angelegenheiten als Hilfsarbeiter beschäftigten Provinzial-Schulrath Vater ist der Charakter als Geheimer Regierungsrath verliehen worden.

... Provinzial-Schulräthen Luke zu Posen und Müller zu Berlin ist der Charakter als Geheimer Regierungsrath verliehen worden.

... bisherige Kreis-Schulinspektor Schulrath Dr. Butzky zu Breslau ist zum Regierungs- und Schulrath ernannt und der Regierung zu Schleswig überwiesen worden.

... gleicher Eigenschaft ist versetzt worden der Regierungs- und Schulrath Dr. Preische von Schleswig nach Breslau.

... Kurator der Universität Göttingen Geheimen Regierungsrath Dr. von Meier ist der Charakter als Geheimer Ober-Regierungsrath mit dem Range der Räthe zweiter Klasse verliehen worden.

... bisherige ordentliche Lehrer am Schullehrer-Seminare zu Exin Dr. Hubrich ist zum Kreis-Schulinspektor ernannt worden.

...n Kreis-Schulinspektor Hauer zu Ober-Glogau ist der Charakter als Schulrath mit dem Range eines Rathes vierter Klasse verliehen worden.

... Kreis-Schulinspektor Schulrath Hauer ist in gleicher Eigenschaft von Ober-Glogau nach Ratibor versetzt worden.

B. Universitäten.

...versität Königsberg. Der bisherige außerordentliche Professor Dr. Erler zu Leipzig ist zum ordentlichen Professor in der philosophischen Fakultät der Universität Königsberg ernannt worden. Die bisherigen Privatdozenten Professor Dr. Nauwerk und Prosektor Dr. Zander zu Königsberg sind zu außerordentlichen Professoren in der medizinischen Fakultät sowie der bisherige Privatdozent Dr. Franz, Observator an der Königlichen Sternwarte daselbst ist zum außerordentlichen Professor in der philosophischen Fakultät der dortigen Universität ernannt worden. Der außerordentliche Professor Dr. Lange zu Göttingen ist in gleicher Eigenschaft in die philosophische Fakultät der Universität Königsberg versetzt worden.

Universität Berlin. Der bisherige ordentliche Professor Dr. Fü zu Würzburg, der bisherige ordentliche Professor am E genössischen Polytechnikum zu Zürich Dr. Frobenius u der bisherige außerordentliche Professor Dr. Planck Berlin sind zu ordentlichen Professoren in der philosophi Fakultät der Universität Berlin ernannt worden. Der bi herige Privatdozent Dr. Siemerling zu Berlin ist z außerordentlichen Professor in der medizinischen Fakul der dortigen Universität ernannt worden. Dem ordentli Professor in der juristischen Fakultät der Friedrich-Wilhelm Universität zu Berlin, Geheimen Justizrath Dr. Berner der Rothe Adler-Orden zweiter Klasse mit Eichenlaub u der Zahl 50 verliehen worden. Dem außerordentl Professor in der medizinischen Fakultät der Universität Ber Geheimen Medizinalrath Dr. Henoch und dem ordentl Professor in der philosophischen Fakultät derselben Univer und Mitgliede der Akademie der Wissenschaften Geheimen gierungsrath Dr. Wattenbach ist der Königliche Kron Orden zweiter Klasse mit der Zahl 50 verliehen word Dem Lehrer der Zahnheilkunde am Zahnärztlichen Insti der Universität Berlin, Sanitätsrath Professor Dr. Paetsch ist der Charakter als Geheimer Sanitätsrath v liehen worden.

Universität Greifswald. Dem ordentlichen Professor in der theo gischen Fakultät der Universität Greifswald D. Schlat ist der Rothe Adler-Orden vierter Klasse verliehen word Dem ordentlichen Professor in der philosophischen Fak der Universität Greifswald Dr. Susemihl ist der Chara als Geheimer Regierungsrath verliehen worden.

Universität Breslau. Der bisherige Privatdozent Dr. Kolac zu Breslau ist zum außerordentlichen Professor in medizinischen Fakultät der dortigen Universität ern worden.

Universität Halle-Wittenberg. Dem ordentlichen Prof in der philosophischen Fakultät der Universität zu Halle a. und Direktor des Landwirthschaftlichen Instituts daf Geheimen Regierungsrath Dr. Kühn ist der Charakter Geheimer Ober-Regierungsrath mit dem Range der Rä zweiter Klasse verliehen worden.

Universität Kiel. Der bisherige außerordentliche Professor von Schubert zu Straßburg i. E. ist zum ordentlichen P fessor in der theologischen Fakultät der Universität Kiel nannt worden. Der bisherige Privatdozent Dr. Hopp Seyler zu Kiel ist zum außerordentlichen Professor in medizinischen Fakultät der dortigen Universität ernannt worden. Der ordentliche Professor Dr. Schöne zu Königsberg i. Pr. ist in gleicher Eigenschaft in die philosophische Fakultät der Universität Kiel versetzt worden.

versität Göttingen. Die ordentlichen Professoren an der Universität Marburg Dr. Weber und Dr. Wellhausen sind in gleicher Eigenschaft in die philosophische Fakultät der Universität Göttingen versetzt worden.

versität Marburg. Der bisherige ordentliche Professor am Eidgenössischen Polytechnikum zu Zürich Dr. Schottky ist zum ordentlichen Professor in der philosophischen Fakultät der Universität Marburg ernannt worden. Die bisherigen Privatdozenten Dr. Jensen zu Straßburg i. E. und Dr. Schulze zu Greifswald sind zu außerordentlichen Professoren in der philosophischen Fakultät der Universität Marburg ernannt worden. Dem ordentlichen Professor in der theologischen Fakultät der Universität Marburg Konsistorialrath D. Heinrici ist der Rothe Adler-Orden dritter Klasse mit der Schleife und dem ordentlichen Professor in der philosophischen Fakultät derselben Universität Dr. Zincke ist der Rothe Adler-Orden vierter Klasse verliehen worden.

versität Bonn. Der bisherige außerordentliche Professor Dr. Kortum zu Bonn ist zum ordentlichen Professor in der philosophischen Fakultät der dortigen Universität ernannt worden.

ademie Münster. Der bisherige ordentliche Lehrer am Gymnasium zu M. Gladbach Dr. Mausbach ist zum ordentlichen Professor in der theologischen Fakultät und der bisherige außerordentliche Professor Dr. Andresen zu Göttingen ist zum ordentlichen Professor in der philosophischen Fakultät der Akademie zu Münster i. W. ernannt worden.

ceum Hosianum Braunsberg. Der bisherige Hilfskustos am Königlichen Botanischen Garten zu Berlin Dr. Niedenzu ist zum ordentlichen Professor in der philosophischen Fakultät des Lyceum Hosianum zu Braunsberg ernannt worden.

C. Technische Hochschulen.

erlin. Dem Rektor der Technischen Hochschule zu Berlin Professor Dr. Doergens ist der Charakter als Geheimer Regierungsrath verliehen worden. — Die Wahl des etatsmäßigen Professors Dr. Lampe zum Rektor der Technischen Hochschule zu Berlin für die Amtsperiode vom 1. Juli 1892 bis dahin 1893 ist bestätigt worden.

Hannover. An der Technischen Hochschule zu Hannover i der Professor Dr. Kohlrausch zum Rektor für die Amt periode vom 1. Juli 1892 bis dahin 1895 ernannt worde — Dem Dozenten an der Technischen Hochschule zu Hannov Dr. Heim ist das Prädikat „Professor" verliehen worde

Aachen. Dem Rektor der Technischen Hochschule zu Aach Professor Herrmann ist der Charakter als Geheimer R gierungsrath verliehen worden. — An der Technischen Hoc schule zu Aachen ist der Baurath Professor Dr. Heinze ling zum Rektor für die Amtsperiode vom 1. Juli 18 bis dahin 1895 ernannt. — Der bisherige Sekretär d Handelskammer zu Cöln a. Rh. Dr. van der Borgh der bisherige Eisenbahn=Bau= und Betriebs=Inspekt Dr. Bräuler zu Stettin und der bisherige ordentliche Pr fessor an der Universität zu Dorpat Dr. Schur sind etatsmäßigen Professoren an der Technischen Hochschule Aachen ernannt worden. — Dem Privatdozenten u Assistenten an der Technischen Hochschule zu Aachen Dr. Joll ist das Prädikat „Professor" verliehen worden.

D. Museen, Nationalgalerie u. s. w.

Die Wahl des Geschichtsmalers Professors Carl Becker Berlin zum Präsidenten der Königlichen Akademie d Künste daselbst für die Zeit vom 1. Oktober 1892 b 30. September 1893 ist bestätigt worden.

Die Wahl des Vorstehers einer akademischen Meisterschule f musikalische Komposition Professors Dr. Blumner z Stellvertreter des Präsidenten der Königlichen Akademie d Künste zu Berlin für die Zeit vom 1. Oktober 1892 b 30. September 1893 ist bestätigt worden.

Der Geheime Regierungsrath und Professor Dr. Auwers Berlin ist nach stattgehabter Wahl zum stimmfähigen Ri des Ordens pour le mérite für Wissenschaften und Kün sowie der Dr. Benjamin Apthorp Gould zu Cambrid Massachusets, U. S. A., und der Sir John Everett Mill zu London sind zu ausländischen Rittern dieses Ord ernannt worden.

In Bestätigung der statutenmäßig von der Genossenschaft ordentlichen Mitglieder der Akademie der Künste vollzog Wahlen sind

1) der Maler Professor Dr. Adolf Menzel,
2) der Bildhauer Professor Dr. R. Siemering,
3) der Architekt Baurath A. Heyden,

4) der Musiker Professor von Herzogenberg auf den Zeitraum vom 1. Oktober 1892 bis Ende September 1895,

5) der Musiker Professor Succo auf den Zeitraum vom 1. Juli 1892 bis Ende September 1894 zu Mitgliedern des Senates der Akademie der Künste berufen worden.

em kommissarischen Direktor der Biologischen Anstalt auf Helgoland Dr. Heincke ist das Prädikat „Professor" verliehen worden.

er bisherige kommissarische Direktor der Biologischen Anstalt auf Helgoland Professor Dr. Heincke ist zum Direktor dieser Anstalt ernannt worden.

er Provinzial-Bauinspektor Ludorff zu Münster ist zum Provinzial-Konservator der Provinz Westfalen und der Königliche Regierungsbaumeister Lutsch zu Breslau zum Provinzial-Konservator der Provinz Schlesien bestellt worden.

as Prädikat „Professor" ist verliehen worden dem Wissenschaftlichen Oberbeamten am Königlichen Meteorologischen Institute zu Berlin und Privatdozenten in der philosophischen Fakultät der Universität daselbst Dr. Aßmann, dem Dr. phil. Güßfeldt zu Berlin, dem Königlichen Musik-Direktor Hennig zu Posen, dem Dr. med. Schmidt zu Frankfurt a. M. und dem Kustos am Königlichen Botanischen Museum zu Berlin Dr. Schumann.

em Bildhauer Tondeur zu Berlin ist die Führung des ihm von Sr. Hoheit dem Herzoge von Anhalt verliehenen Titels „Herzoglich Anhaltischer Professor" gestattet worden.

em Musiklehrer und Organisten Reinbrecht zu Quedlinburg ist das Prädikat: „Königlicher Musik-Direktor" verliehen worden.

E. Höhere Lehranstalten.

a. Gymnasien.

er bisherige Gymnasial-Oberlehrer Professor Dr. Heynacher zu Norden ist zum Gymnasial-Direktor ernannt und demselben das Direktorat des Königlichen Gymnasiums in Aurich übertragen worden.

er bisherige Oberlehrer an der Ritter-Akademie zu Liegnitz Dr. Pätzolt ist zum Königlichen Gymnasial-Direktor ernannt und demselben das Direktorat des Gymnasiums zu Brieg übertragen worden.

Der bisherige Rektor der Lateinischen Hauptschule und Kondirektor der Francke'schen Stiftungen zu Halle a. S. Dr. Fries ist zum Direktor dieser Stiftungen ernannt, sowie zu der Berufung des Gymnasial-Direktors Dr. Becher zu Aurich zum Rektor der Lateinischen Hauptschule und Kondirektor der Francke'schen Stiftungen ist die Genehmigung ertheilt worden.

Der Rektor Dr. Asbach zu Prüm ist zum Direktor des in der Entwickelung begriffenen städtischen Gymnasiums daselbst ernannt worden.

In gleicher Eigenschaft ist versetzt worden der Gymnasial-Direktor Professor Dr. Radtke von Brieg nach Ratibor.

Dem Gymnasial-Direktor Dr. Eitner zu Görlitz ist der Adler der Ritter des Königlichen Hausordens von Hohenzollern verliehen worden.

Dem Gymnasial-Oberlehrer, Professor Dr. Conrad zu Coblenz ist der Rothe Adler-Orden vierter Klasse verliehen worden.

Das Prädikat „Professor" ist verliehen den Oberlehrern:

Dr. Andresen am Askanischen Gymnasium zu Berlin,

Dr. Blasel am Gymnasium zu M. Gladbach,

Dr. Holländer, Schubring und Dr. Zellmer am Köllnischen Gymnasium zu Berlin,

Dr. Kränzlin am Berlinischen Gymnasium zum grauen Kloster,

Dr. Mayer und Dr. Zeidler am Gymnasium zu Cottbus,

Zimmermann am Gymnasium zu Fürstenwalde,

Wittrock am Gymnasium zu Celle,

Dr. Renner und Dr. Pannenborg am Gymnasium zu Göttingen,

Forcke am Gymnasium zu Hameln,

Ey am Lyceum II zu Hannover,

Dr. Freye am Lyceum I zu Hannover und

dem bisherigen Oberlehrer am Pädagogium des Klosters Unser Lieben Frauen zu Magdeburg Dr. Friedrich Block.

In gleicher Eigenschaft ist versetzt worden der Oberlehrer Professor Heinisch vom Gymnasium zu Leobschütz an das Matthiasgymnasium zu Breslau.

Die Uebertragung einer Oberlehrerstelle an den Lehrer Dr. von Nagel am städtischen Gymnasium zu Halle a. S. unter Beförderung desselben zum Oberlehrer ist genehmigt worden.

Die Beförderung des ordentlichen Lehrers Scheidemantel an dem städtischen Gymnasium zu Torgau zum Oberlehrer an derselben Anstalt ist genehmigt worden.

Der Titel „Oberlehrer“ ist verliehen worden dem vom Gymnasium zu Glatz an dasjenige zu Leobschütz versetzten ordentlichen Lehrer Drzazdzynski zu Leobschütz und dem ordentlichen Lehrer am Gymnasium zu Mörs Dr. Hermes.

In gleicher Eigenschaft sind versetzt bezw. berufen worden die ordentlichen Lehrer:

Bohse vom Gymnasium zu Frankfurt a. O. an das Gymnasium zu Schöneberg,

Borgaß vom Progymnasium zu Linz,

Füchtjohann vom Progymnasium zu Münstereifel,

Machens vom Gymnasium zu Kempen,

Dr. Rauschen vom Progymnasium zu Andernach an das Gymnasium zu Bonn,

Fabian vom Realgymnasium zu Tarnowitz an das Gymnasium zu Gr. Strehlitz,

Hensling vom Gymnasium zu Cottbus an das Gymnasium zu Friedeberg N. M.,

Kornke vom Gymnasium zu Leobschütz an das Gymnasium zu Glatz,

Möcke vom Gymnasium zu Gr. Strehlitz an das Gymnasium zu Leobschütz,

Neumann vom Gymnasium zu Cottbus an das Gymnasium zu Frankfurt a. O.,

Dr. Schumann vom Progymnasium zu Trarbach an das Gymnasium zu Saarbrücken und

Sextro vom Progymnasium zu Jülich an das Gymnasium zu Sigmaringen.

Als ordentliche Lehrer sind angestellt worden am Gymnasium zu

Schöneberg die Hilfslehrer Dr. Engelmann, Dr. Przygode und Dr. Schmidt,

Neiße der Hilfslehrer Dr. Machnig,

Freienwalde a. O. = = Schumacher,

Patschkau = = Dr. Schwarz,

Halle = = Walther,

Prüm (in der Entwickelung begriffenes Gymnasium) die Schulamts-Kandidaten Dr. Bermbach und Dr. Kreuser,

Kempen der Schulamts-Kandidat Brungs,

Düsseldorf = = Bützler,

Neuß = = Felten,

Neuwied = = Hastenpflug,

Wesel = = Heinhalt,

Trier die Schulamts-Kandidaten Hemmerling, Schroeder und Seiwert,

Münstereifel der Schulamts-Kandidat Hürten,

Berlin (Sophien-Gymnasium) der Schulamts-Kandida[t] Knauff,
Aachen (Kaiser Karls-Gymnasium) die Schulamts-Kandidaten Köhn und Peerenboom,
Cleve der Schulamts-Kandidat Köster,
Düren " " Koulen,
Berlin (Joachimsthalsches Gymnasium) der Schulamts-Kandidat Dr. Lehmgrübner, zugleich auch als Adjunk[t]
Saarbrücken die Schulamts-Kandidaten Dr. Melsheimer, Münch, Dr. Napp und Wilkens,
Mülheim a. d. Ruhr der Schulamts-Kandidat Dr. Rockroh[r]
Mörs der Schulamts-Kandidat Dr. Tichelmann,
Wetzlar " " Dr. Tietzel,
Emmerich " " Dr. Wattendorf,
Essen " Dr. Wieck,
Kempen " " Wiedenfeld und
Siegburg " " Worrings.

An der Ritter-Akademie zu Brandenburg ist der interimistisch[e] Adjunkt Dr. Schaper als dritter Adjunkt definitiv ange[-]stellt worden.

Am Königstädtischen Gymnasium zu Berlin ist der Gemeinde[-]schullehrer Binski als Vorschullehrer angestellt worden.

Der Lehrer Schultheis aus Hommershausen ist zum Elemen[tar-] und Vorschullehrer am Kaiser Friedrichs-Gymnasium [zu] Frankfurt a. M. ernannt worden.

Der Elementarlehrer Meinecke vom Gymnasium zu Götting[en] ist in gleicher Eigenschaft an das Gymnasium zu Wilhelms[-]haven versetzt worden.

b. Realgymnasien.

Dem Realgymnasial-Oberlehrer Professor Dr. Schütte zu Stral[-]sund ist der Rothe Adler-Orden vierter Klasse verliehe[n] worden.

Dem Oberlehrer am Realgymnasium zu Barmen Dr. Bernar[dt] ist das Prädikat „Professor“ beigelegt worden.

Zu Oberlehrern bezw. etatsmäßigen Oberlehrern sind befördert worden die ordentlichen Lehrer:

Müller am Realgymnasium zu Dortmund,
Philipps am Realgymnasium zu Barmen und
Dr. Weise am Leibniz-Realgymnasium zu Hannover.

Dem ordentlichen Lehrer Großmann am Königlichen Real[-]gymnasium zu Berlin ist der Titel „Oberlehrer“ verliehe[n] worden.

Als ordentliche Lehrer sind angestellt worden am Realgymnasium zu:

Tarnowitz der Hilfslehrer Dr. Hanel,
Berlin (Königl. Realgymnasium) der Hilfslehrer Dr. Heinze,
Erfurt der Hilfslehrer Dr. Krauth,
Elberfeld der Schulamts-Kandidat Bähre,
Essen „ „ Dr. Knops,
Barmen die Schulamts-Kandidaten Kümmel, Dr. Michaelis und Dr. Riecke,
Goslar der Schulamts-Kandidat Schellenberg,
Coblenz „ „ Dr. Steinecke und
Düsseldorf „ „ Dr. Zehme.

c. Progymnasien.

Als ordentliche Lehrer sind angestellt worden am Progymnasium zu:

Brühl der Hilfs- und katholische Religionslehrer Müller,
Euskirchen der Schulamts-Kandidat Friesenhahn,
Trarbach „ „ Dr. Höfer,
Eupen „ „ Holthey,
St. Wendel „ Jobs,
Jülich „ Kuntze,
Andernach „ Wohlhage und
Linz „ „ Schmitz.

d. Realschulen.

Dem Rektor der 5. Realschule zu Berlin Dr. Meyer ist das Prädikat „Professor“ verliehen worden.

Die Beförderung des ordentlichen Lehrers Dr. Neufert an der Realschule zu Charlottenburg zum Oberlehrer ist genehmigt worden.

Als ordentliche Lehrer sind angestellt worden an der Realschule zu:

Bockenheim der Hilfslehrer Dr. Grebe,
Cottbus der Hilfslehrer Hielscher,
Berlin (5.) der Hilfslehrer Dr. Thomaschky sowie
M. Gladbach die Schulamts-Kandidaten Dr. Holzhausen und Krüger.

Als Vorschullehrer ist angestellt worden an der städtischen Realschule zu Graudenz der Lehrer Lange.

e. Realprogymnasien.

Als ordentliche Lehrer sind angestellt worden am Realprogymnasium zu:

Havelberg der Hilfslehrer Caesar,
Gardelegen der Hilfslehrer Dr. Seehausen,

Solingen der Schulamts-Kandidat Köhlinger sowie Bonn die Schulamts-Kandidaten Dr. Sommer und Sudhaus.

f. Höhere Bürgerschulen 2c.

Die Beförderung des ordentlichen Lehrers Dr. Kneebusch an der Gewerbeschule (höheren Bürgerschule) zu Dortmund zum Oberlehrer ist genehmigt worden.

In gleicher Eigenschaft sind versetzt worden die ordentlichen Lehrer:

Dr. Funk von der Margarethenschule zu Berlin an die VI. höhere Bürgerschule daselbst und

Dr. Hammer von der IV. an die IX. höhere Bürgerschule.

Als ordentliche Lehrer sind angestellt worden an der höheren Bürgerschule zu:

Berlin (VII.) der bisherige Gemeindeschullehrer Dr. Grün,

Hechingen der Hilfslehrer Manns,

Berlin (IX.) der Hilfslehrer Dr. Zache,

Cöln a. Rh. die Schulamts-Kandidaten Dr. Börsch, Dr. Heinrichs und Seemann sowie

Barmen (Gewerbeschule) die Schulamts-Kandidaten Dr. Busch und Hellmann.

F. Schullehrer- und Lehrerinnen-Seminare.

Der bisherige Oberlehrer am Schullehrer-Seminare zu Kazelle Dr. phil. Renisch ist zum Seminar-Direktor ernannt und demselben das Direktorat des Schullehrer-Seminars zu Schlüchtern verliehen worden.

Der bisherige Vorsteher der städtischen Lehrerinnen-Bildungsanstalt Dr. phil. Wolffgarten zu Aachen ist zum Seminar-Direktor ernannt und demselben das Direktorat des Schullehrer-Seminars zu Elten verliehen worden.

In gleicher Eigenschaft ist versetzt worden der Seminar-Direktor Bohnenstädt von Bederkesa nach Delitzsch.

Dem Seminar-Direktor Baldamus zu Posen ist der Charakter als Schulrath mit dem Range eines Rathes vierter Klasse verliehen worden.

Der ordentliche Seminarlehrer Brede vom Schullehrer-Seminar zu Segeberg ist unter Ernennung zum Seminar-Oberlehrer an das Lehrerinnen-Seminar zu Augustenburg versetzt worden.

In gleicher Eigenschaft sind versetzt worden die Seminar-Oberlehrer:

Dr. Hinze von Barby nach Königsberg N. M. und

Hotop von Homberg nach Barby.

ordentliche Lehrer sind angestellt worden an dem Schullehrer-minare zu:
Ragnit der bisherige kommissarische Lehrer Eckstein,
Bederkesa der Hilfslehrer Popken und
Hilchenbach der Mädchenschullehrer Tesch aus Neuwied.

Hilfslehrer sind angestellt worden am Schullehrer-Seminare zu:
Elten der Lehrer Conradi aus Düsseldorf,
Reichenbach O. L. der Lehrer Halbscheffel zu Wiltschau,
Rheydt der Lehrer Lins aus Meinborn, Kreis Neuwied,
Dillenburg der Predigtamtskandidat Philipp und
Neuzelle der kommissarische Hilfslehrer Rogge.

r bisherige ordentliche Lehrer am Schullehrer-Seminare zu Exin Ulbrich ist zum Vorsteher und Ersten Lehrer der Präparandenanstalt zu Rogasen ernannt worden.

der Präparandenanstalt zu Herborn ist der Lehrer Großmann aus Hermannstein und an der Präparandenanstalt zu Diepholz ist der bisherige Hilfslehrer Krigar als Zweiter Lehrer angestellt worden.

G. Taubstummen- und Blinden-Anstalten.

ordentliche Lehrer sind angestellt worden an der Taubstummen-stalt zu:
Angerburg der ordentliche Lehrer Ehlert von der Vereins-Taubstummen-Anstalt zu Königsberg i. Pr. und
Schlochau der Taubstummenlehrer Petzke von der Berend-Schröder'schen Schule zu Lübeck.

Hilfslehrer sind angestellt worden an der Taubstummen-stalt zu:
Halberstadt der bisherige Stadtschullehrer Kätzler aus Landeck i. W. Pr.,
Marienburg der Lehrer Kleinke an der Stadtschule daselbst und
Schlochau der Kursist Thiel an der Königlichen Taubstummen-Anstalt zu Berlin.

i der Blinden-Anstalt zu Steglitz ist die Lehrerin Helene Sachse aus Berlin als ordentliche Lehrerin angestellt worden.

H. Oeffentliche höhere Mädchenschulen.

m Oberlehrer an der Charlottenschule zu Berlin Dr. Hofmeister ist das Prädikat „Professor“ verliehen worden.

s ordentliche Lehrerinnen sind angestellt worden:
an der Viktoriaschule zu Berlin die Lehrerin Oldörp,

an der Elisabethschule zu Berlin die Lehrerin Spaethen und

an der Margarethenschule zu Berlin die Hilfslehrerin Wolff.

I. Oeffentliche Volksschulen.

Es haben erhalten:

1) den Königlichen Kronen-Orden 4. Klasse:

Albrecht, Hauptlehrer zu Danzig,
Scholz, Hauptlehrer und Kantor zu Charlottenbrunn, Kreis Waldenburg und
Ullmann, Rektor an der städtischen Bürgerschule 3 zu Cassel.

2) den Adler der Inhaber des Königlichen Haus-Ordens von Hohenzollern:

Assenmacher, pens. Lehrer zu Vallendar, Landkreis Coblenz,
Bluhm, desgl. zu Rekla, Kreis Schroda,
Dehnhardt, Lehrer zu Oberkaufungen, Kreis Cassel,
Eberhard, desgl. zu Rolfshagen, Kreis Rinteln,
Fritzsche, desgl. zu Obhausen-St. Petri, Kreis Querfurt,
Gerhardt, pens. Lehrer zu Zakrzewo-Hauland, Kreis Posen-West,
Harth, desgl. zu Ottweiler,
Heisig, Lehrer zu Leschnitz, Kreis Groß-Strehlitz,
Heitland, pens. Hauptlehrer zu Merscheid, Kreis Solingen,
Katzwinkel, Lehrer zu Quentel, Kreis Witzenhausen,
Kochs, Lehrer und Organist zu Bodelschwingh, Kreis Dortmund,
Kohls, pens. Lehrer zu Rügenwaldermünde, Kreis Schlawe,
Kretschmer, desgl. zu Gr. Wartenberg,
Kühn, pens. Hauptlehrer und Kantor zu Arnsdorf, Kreis Hirschberg,
Lühmann, Lehrer zu Oetinghausen, Kreis Herford,
Merle, desgl. zu Breitenbach, Kreis Rotenburg a. F.,
Metzner, pens. Lehrer zu Kupferberg, Kreis Schönau,
Moschner, Erster Lehrer und Organist zu Malkwitz, Kreis Breslau,
Nadzielski, Lehrer zu Thorn,
Pittelkow, pens. Lehrer und Küster zu Lottin, Kreis Neustettin,
Radig, Kantor und Organist zu Seeburg, Kreis Rössel,
Randzio, Lehrer zu Schwiddern, Kreis Lötzen,
Rasenberger, Lehrer und Küster zu Meineweh, Kreis Weißenfels,

Rüping, pens. Hauptlehrer und Organist zu Silschede, Kreis Hagen,
Schacht, pens. Lehrer zu Elsdorf, Kreis Rendsburg,
Schmidt, pens. Lehrer und Kantor zu Michelsdorf, Kreis Landeshut,
Schmidt, pens. Lehrer zu Rendsburg,
Schmidt, desgl. zu Zaborowo, Kreis Lissa,
Scholz, Hauptlehrer zu Straupitz, Kreis Hirschberg,
Schulz, pens. Lehrer zu Burg, Kreis Jerichow I.,
Schwarzlose, Lehrer, Kantor, Küster und Organist zu Weferlingen, Kreis Gardelegen,
Wacker, Lehrer, Kantor und Organist zu Neuenkleisheim, Kreis Olpe und
Willems, pens. Lehrer zu Kohlscheid, Landkreis Aachen.

3) Das Allgemeine Ehrenzeichen in Gold.

Weber, pens. Lehrer zu Minkowsky, Kreis Namslau.

4) Das Allgemeine Ehrenzeichen.

Grimm, pens. Lehrer und Hausvater zu Wartenburg, Kreis Allenstein,
Lipp, pens. Lehrer zu Aasbüttel, Kreis Rendsburg,
Olk, Lehrer zu Pietraschen, Kreis Lyck,
Sibbert, pens. Lehrer auf der Insel Pellworm, Kreis Husum und
Vollmann, desgl. zu Bartelshagen adl., Kreis Franzburg.

K. Ausgeschieden aus dem Amte.

1) Gestorben.

Dr. Biermer, Geh. Medizinalrath, ordentlicher Professor in der medizinischen Fakultät der Universität Breslau,
Dr. Böing, ordentlicher Progymnasiallehrer zu Wipperfürth,
D. Dr. jur. et phil. Erdmann, ordentlicher Professor in der philosophischen Fakultät der Friedrichs-Universität Halle-Wittenberg,
Dr. Franck, Professor, Gymnasial-Oberlehrer zu Demmin,
Gand, Gymnasial-Oberlehrer zu Konitz,
Hartmann, ordentlicher Gymnasiallehrer zu Colberg,
Dr. Knott, Realgymnasial-Oberlehrer zu Mülheim a. Rh.,
Dr. med. et phil. Nasse, Geheimer Medizinalrath, ordentlicher Professor in der medizinischen Fakultät der Universität Marburg,
Dr. Neuhaus, Professor, Gymnasial-Oberlehrer zu Strasburg W. Pr.,

Dr. Printzen, ordentlicher Gymnasiallehrer zu Aachen,
Dr. Rhode, Schulrath, Kreis-Schulinspektor zu Ratibor,
Dr. Ratte, Kreis-Schulinspektor zu Aachen,
Rose, Seminarlehrer zu Kreuzburg,
Schmidt, ordentlicher Lehrer an der Taubstummen-Anstalt zu Marienburg,
Dr. Schum, ordentlicher Professor in der philosophischen Fakultät der Universität Kiel,
D. Schwane, Hausprälat Sr. H. des Papstes, ordentlicher Professor in der theologischen Fakultät der Königlichen Akademie zu Münster i. W. und
D. Voigt, Konsistorialrath, ordentlicher Professor in der theologischen Fakultät der Universität Königsberg.

2) In den Ruhestand getreten.
Damroth, Seminar-Direktor zu Proskau, unter Verleihung des Rothen Adler-Ordens vierter Klasse,
Dr. Goebel, Geheimer Regierungsrath, Provinzial-Schulrath zu Magdeburg, unter Verleihung des Königlichen Kronen-Ordens zweiter Klasse,
Dr. Tomaszewski, Gymnasial-Oberlehrer zu Altona und
Wenzel, Realprogymnasial-Oberlehrer zu Stargard.

3) Ausgeschieden wegen Eintritts in ein anderes Amt im Inlande.
Dr. Krause, außerordentlicher Professor in der medizinischen Fakultät der Friedrichs-Universität Halle-Wittenberg.

4) Ausgeschieden wegen Berufung außerhalb der Preußischen Monarchie.
Dr. Heinrici, Konsistorialrath, ordentlicher Professor in der theologischen Fakultät der Universität Marburg,
Dr. Huber, ordentlicher Professor in der juristischen Fakultät der Universität Halle-Wittenberg und
Dr. Hurwitz, außerordentlicher Professor in der philosophischen Fakultät der Universität Königsberg.

5) Ausgeschieden, Anlaß nicht angezeigt.
Dr. Ohle, Adjunkt am Joachimsthal'schen Gymnasium zu Berlin,
Dr. Wetzel, ordentlicher Realprogymnasiallehrer zu Wollin und
Woltmann, Elementarlehrer am Gymnasium zu Wilhelmshaven.

Inhalts-Verzeichnis des September-Oktober-Heftes.

Druck von J. F. Starcke in Berlin.

Centralblatt

für

ie gesammte Unterrichts=Verwaltung

in Preußen.

Herausgegeben in dem Ministerium der geistlichen, Unterrichts= und Medizinal=Angelegenheiten.

November=Heft.

Berlin 1892.
Verlag von Wilhelm Hertz.
(Bessersche Buchhandlung.)
Behrenstraße 17.

Das Centralblatt erscheint jährlich in zwölf monatlichen Heften.
Der Jahrgang kostet 7 Mark.

Centralblatt

für

die gesammte Unterrichts-Verwaltung in Preußen.

Herausgegeben in dem Ministerium der geistlichen, Unterrichts- und Medizinal-Angelegenheiten.

11. Berlin, den 21. November 1892.

A. Behörden und Beamte.

5) Tag der etatsmäßigen Anstellung im Sinne der Denkschrift, betreffend die Regelung der Gehälter der etatsmäßigen Unterbeamten nach Dienstaltersstufen.

Berlin, den 10. September 1892.

In Anlaß eines Einzelfalles mache ich die nachgeordneten Behörden darauf aufmerksam, daß als Tag der etatsmäßigen Anstellung im Sinne der Denkschrift, betreffend die Regelung der Gehälter der etatsmäßigen Unterbeamten nach Dienstaltersstufen, derjenige Zeitpunkt zu verstehen ist, von welchem ab einem Beamten die Verwaltung einer etatsmäßigen Stelle dauernd übertragen wird. Die Anrechnung derjenigen Dienstzeit, während welcher ein Beamter in einer solchen Stelle auf Probe angestellt gewesen, ist danach ausgeschlossen, und zwar auch dann, wenn der Beamte während dieser Zeit das Einkommen der Stelle unverkürzt bezogen hat.

Der Minister der geistlichen 2c. Angelegenheiten.
Im Auftrage: Bartsch.

An
die nachgeordneten Behörden meines Ministeriums.
U. III. 2495.

B. Universitäten.

116) Heranziehung der Dozenten von Universitäten und Technischen Hochschulen zu militärischen Dienstleistungen.

Berlin, den 15. August 1892.

Im Verfolg der mir aus den Kreisen der Universitäten und Technischen Hochschulen vorgetragenen Wünsche bin ich mit dem Herrn Kriegsminister in Verbindung getreten, um dahin zu wirken, daß die Heranziehung von Dozenten der genannten Anstalten zu militärischen Dienstleistungen behufs Verminderung der den unterrichtlichen Interessen daraus erwachsenden Nachtheile innerhalb der durch die Heerordnung und das dienstliche Interesse gezogenen Grenzen thunlichst in den überwiegend in die Ferien fallenden Monaten März, April, August und September stattfinden möge. Der Herr Kriegsminister hat mich darauf benachrichtigt, daß er den obersten Waffenbehörden hiervon mit dem Ersuchen Kenntniß gegeben habe, die zum Ausdruck gebrachten Wünsche in derselben Weise zu berücksichtigen, wie dieses bereits für die Uebungen der Studirenden — Offizieraspiranten — angeordnet sei. Indem ich in letzterer Beziehung auf die in dem Erlasse meines Herrn Amtsvorgängers vom 16. März v. Js. — U. I. 1588 — (Centralbl. f. d. gesammte Unterr. Verw. in Preußen für 1891 S. 343) enthaltenen Mittheilungen Bezug nehme, ersuche ich Ew. Hochwohlgeboren ergebenst, die betheiligten akademischen Behörden und Dozenten entsprechend zu benachrichtigen.

Der Minister der geistlichen 2c. Angelegenheiten.
Im Auftrage: Althoff.

An
die sämmtlichen Herren Kuratoren der Universitäten, der Akademie zu Münster und des Lyceum Hosianum zu Braunsberg, sowie an die Herren Rektoren der Technischen Hochschulen.
U. I. 1448.

C. Höhere Lehranstalten.

117) Gesetz, betreffend das Diensteinkommen der Lehrer an den nichtstaatlichen öffentlichen höheren Schulen. Vom 25. Juli 1892.

(Ges. Samml. S. 219.)

Wir **Wilhelm**, von Gottes Gnaden König von Preußen 2c. verordnen, unter Zustimmung beider Häuser des Landtags, für den Umfang der Monarchie, was folgt:

§. 1.

Die für das Diensteinkommen der Leiter und der wissenschaftlichen Lehrer einschließlich der Hilfslehrer an den staatlichen höheren Schulen beim Inkrafttreten dieses Gesetzes geltenden Bestimmungen finden in gleichem Maße Anwendung bei denjenigen öffentlichen höheren Schulen, welche von einer bürgerlichen Gemeinde als eine Veranstaltung derselben unterhalten werden.

Dasselbe gilt bezüglich des Diensteinkommens derjenigen an diesen Schulen angestellten Zeichenlehrer, welche mindestens 14 Zeichenstunden und 10 Stunden anderen Unterrichts in der Woche ertheilen.

Die Besoldung der übrigen technischen, Elementar- und Vorschullehrer ist innerhalb der für die entsprechenden Kategorien von Lehrern an den staatlichen höheren Schulen bestimmten Grenzen dergestalt festzustellen, daß dieselbe hinter derjenigen der Volksschullehrer in dem betreffenden Orte nicht zurückbleiben darf und ihnen außerdem eine nicht pensionsfähige Zulage von 150 ℳ jährlich gewährt wird. Bei der Versetzung des Lehrers an eine Volksschule fällt diese Zulage weg; die hierdurch eintretende Verminderung des Diensteinkommens wird als eine Verkürzung des Diensteinkommens im Sinne des §. 87. des Gesetzes, betreffend die Dienstvergehen der nichtrichterlichen Beamten, vom 21. Juli 1852 (Gesetz-Samml. S. 465) nicht angesehen.

§. 2.

Der bürgerlichen Gemeinde steht es frei, zu beschließen, daß das Aufrücken der wissenschaftlichen Lehrer im Gehalt statt nach dem System der Dienstalterszulagen nach Maßgabe des für die einzelne Anstalt oder für mehrere Anstalten zusammen aufzustellenden Besoldungs-Etats erfolgt. In diesem Falle ist für jede Stelle eines wissenschaftlichen Lehrers neben dem Wohnungsgeldzuschusse der Tarifklasse III das für einen staatlichen Lehrer dieser Art berechnete Durchschnittsgehalt voll in den Etat einzustellen und auf die Gesammtzahl der Stellen innerhalb der Sätze für das Mindest- und das Höchstgehalt in angemessenen Abstufungen zu vertheilen.

Für die Leiter der Anstalten und die vollbeschäftigten Zeichenlehrer (§. 1. zweiter Absatz) kann die gleiche Ausnahme mit Genehmigung des Unterrichtsministers zugelassen werden, wenn nach seinem Ermessen Einrichtungen getroffen sind, welche ein allmähliches Aufrücken der Leiter und Lehrer zum Höchstgehalte in angemessenen Zwischenräumen gestatten.

§. 3.

Die bürgerliche Gemeinde ist verpflichtet, die zur Erfüllung der Bestimmungen der §§. 1 und 2 erforderlichen Mittel bereit zu stellen, soweit diese nicht aus den eigenen Einnahmen der Anstalt oder aus anderen dazu bestimmten Fonds gedeckt werden.

An den Befugnissen der Gemeinden, die Aufhebung der Anstalt zu beschließen, wird nichts geändert.

§. 4.

Die vorstehenden Bestimmungen der §§. 1 bis 3 finden auch bei denjenigen öffentlichen höheren Schulen sinngemäße Anwendung, welche von anderen Korporationen oder aus eigenem Vermögen oder aus anderen dazu bestimmten Fonds zu unterhalten sind.

Die Beschlußfassung über die Art des Aufrückens der Lehrer im Gehalt steht der nach den örtlichen Bestimmungen hierzu berufenen Verwaltungsbehörde zu.

§. 5.

Die bürgerlichen Gemeinden und sonstigen Korporationen u. s. w. sind durch die Vorschriften des gegenwärtigen Gesetzes nicht behindert, das Diensteinkommen der Lehrer an den von ihnen zu unterhaltenden Anstalten in einer für die Lehrer günstigeren als der oben bestimmten Weise zu regeln.

§. 6.

Den Lehrern steht ein Rechtsanspruch auf Bewilligung eines bestimmten Diensteinkommens, insbesondere auf Feststellung eines bestimmten Dienstalters oder auf ein Aufrücken im Gehalt nicht zu.

Die Versagung von Alterszulagen ist nur bei unbefriedigender Dienstführung zulässig und bedarf der Genehmigung des Provinzial-Schulkollegiums.

§. 7.

Höhere Schulen im Sinne dieses Gesetzes sind die vom Unterrichtsminister als solche anerkannten oder anzuerkennenden Unterrichtsanstalten, zur Zeit: Gymnasien, Realgymnasien, Oberrealschulen, Progymnasien, Realprogymnasien und Realschulen.

So lange eine staatliche Oberrealschule nicht vorhanden ist, finden auf die Oberrealschulen die für die sonstigen staatlichen Vollanstalten geltenden Gehaltsbestimmungen Anwendung.

§. 8.

Wandelt eine Gemeinde, Korporation u. s. w. eine höhere Schule in eine solche mit veränderten Berechtigungen um, so erlangen die Leiter und Lehrer der Schule nicht die Befugnis, aus dem von ihnen bekleideten Amte auszuscheiden. Jedoch ist ihnen dasjenige Diensteinkommen zu gewähren, welches ihnen zustehen würde, wenn die Umwandlung nicht erfolgt wäre.

Unter Aufrechthaltung gleicher Besoldungsansprüche müssen
) die Lehrer an solchen von Gemeinden unterhaltenen höheren
hulen, deren Klassenbestand und Lehrkräfte verringert werden,
Versetzung an eine von derselben Gemeinde unterhaltene höhere
hule mit minderen Berechtigungen gefallen lassen.

§. 9.

Dieses Gesetz tritt am 1. April 1893 in Kraft. Die Ge-
inden beziehungsweise Korporationen u. s. w. können die Zah-
ng des erhöhten Diensteinkommens bereits von einem früheren
itpunkte ab beschließen.

Urkundlich unter Unserer Höchsteigenhändigen Unterschrift
d beigedrucktem Königlichen Insiegel.

Gegeben an Bord Meiner Yacht „Kaiseradler", Bergen,
n 25. Juli 1892.

(L. S.) **Wilhelm.**

Graf zu Eulenburg. von Boetticher.
Herrfurth. von Schelling. Freiherr von Berlepsch.
Miquel. Thielen. Bosse.

---

8) Ausführungsverfügung zu dem Gesetze vom 25. Juli
Js., betreffend das Diensteinkommen der Lehrer an
den nichtstaatlichen öffentlichen höheren Schulen.

Berlin, den 21. Oktober 1892.

Durch das Gesetz vom 25. Juli d. Js., betreffend das Dienst-
kommen der Lehrer an den nichtstaatlichen öffentlichen höheren
hulen (G. S. S. 219), werden die Gemeinden, Korporationen 2c.,
lche höhere Lehranstalten als eigene unterhalten, verpflichtet,
r die Leiter und wissenschaftlichen Lehrer einschließlich der Hilfs-
hrer, sowie für die mit mindestens 14 Zeichenstunden neben
) Stunden anderen Unterrichtes beschäftigten vollqualificirten
ichenlehrer dieser Anstalten die für die Lehrer an den staatlichen
heren Schulen am 1. April 1893 geltenden Bestimmungen mit
wissen durch das Patronats-Verhältnis begründeten Maßgaben
ätestens von diesem Termin ab zur Durchführung zu bringen.
a eine Abänderung der für die staatlichen Lehrer in dem Gesetze,
treffend den Wohnungsgeldzuschuß, vom 12. Mai 1873 und
Normal-Etat vom 4. Mai l. Js. gegebenen Bestimmungen bis
jenem Zeitpunkt nicht in Aussicht steht, so sind die darin ent-
ltenen Vorschriften als Grundlage für die Besoldungsverhält-
sse der nichtstaatlichen Lehrer anzusehen.

Der Normal-Etat vom 4. Mai 1892, welcher dem Königlichen Provinzial-Schulkollegium mit den in der Cirkular-Verfügung vom 2. Juli d. Js. — U. II. 1229 — (Centralbl. S. 63 enthaltenen Ausführungsbestimmungen zugegangen ist, hat zwa im §. 9 die Regelung der Angelegenheit in demselben Sinne fü die vom Staate unterstützten Schulen beabsichtigt, stimmt aber i einigen Punkten mit dem oben erwähnten Gesetze nicht vollständi überein. Der §. 9 kommt daher vom 1. April 1893 ab nur no insoweit zur Anwendung, als seine Bestimmungen neben dene des Gesetzes bestehen können. So bleiben namentlich die Vor schriften unter Ziffer 1, 3 und 7 des §. 9 des Normal-Etats i Geltung, da sie sich aus der Natur der Sache ergeben, un dienen auch für die staatlich nicht unterstützten Anstalten al Richtschnur.

Das Königliche Provinzial-Schulkollegium hat nunmehr al bald die erforderlichen Einleitungen dahin zu treffen, daß die neu Vorschriften über die Lehrergehälter mit dem 1. April 1893 b allen nichtstaatlichen öffentlichen höheren Schulen, gleichviel, o dieselben Staatsunterstützung in Anspruch nehmen oder nicht, i Kraft treten; dabei sind die in der oben erwähnten Cirkula Verfügung enthaltenen Anordnungen über die Berechnung d Gehaltes auch hier zu beachten.

Wie die übrigen nicht ausdrücklich abgeänderten Bestim mungen des Normal-Etats vom 4. Mai 1892, so finden au insbesondere die des zweiten Absatzes im §. 8, wonach den Lehre nach Durchführung der Besoldungsverbesserung ein Anspruch a Befreiung von Schulgeld für ihre Söhne nicht zusteht, auf d Lehrer nichtstaatlicher Anstalten Anwendung. Eine Ausnah wird nur in dem Falle zu machen sein, daß dem Lehrer du ein ausdrückliches, zwischen ihm und dem Patronate getroffen Abkommen ein Rechtsanspruch darauf eingeräumt sein sollte.

Zu den einzelnen Paragraphen des Gesetzes bemerke i Folgendes.

§. 1.

I. Das Gesetz ordnet die Verpflichtung der Gemeinden nach Maßgabe derjenigen Bestimmungen an, welche zur Zeit Inkrafttretens des Gesetzes für die Lehrer an staatlichen Sch Geltung haben. Durch eine etwaige spätere Abänderung Normal-Etats vom 4. Mai d. Js. für die staatlichen Lehrer des Gesetzes über den Wohnungsgeldzuschuß vom 12. Mai 1 würde mithin eine Verbindlichkeit der Unterhaltungspflichtigen staatlicher Schulen zu einer entsprechenden Verbesserung des D einkommens der Lehrer nicht herbeigeführt werden.

Veränderungen in der Klasseneintheilung der Orte in G mäßheit des §. 3 des Reichsgesetzes vom 25. Juni 1868.

treffend die Quartierleistung für die bewaffnete Macht während des Friedenszustandes (Bund. Ges. Bl. S. 523), treten gemäß §. 2 letzter Satz des Gesetzes vom 12. Mai 1873 (auch nach dem 1. April 1893) für die nichtstaatlichen höheren Schulen ohne Weiteres in Geltung.

II. Unter dem Diensteinkommen der Lehrer an den Staatsanstalten im §. 1 ist zu verstehen das Gehalt einschließlich der Zulage von 900 *M* und der Wohnungsgeldzuschuß (§. 4 des Normal-Etats vom 8. Mai 1892) bezw. Dienstwohnung oder Miethsentschädigung der Anstaltsleiter (§. 5 daselbst).

III. Die gleiche Anwendung der Bestimmungen über die Höhe des Diensteinkommens der staatlichen Lehrer ist nur für die Leiter und wissenschaftlichen Lehrer, sowie die vollbeschäftigten Zeichenlehrer (§. 1 Abs. 2 des Gesetzes) und die wissenschaftlichen Hilfslehrer der nichtstaatlichen Anstalten angeordnet.

Thatsächlich ergiebt sich aus der Verschiedenartigkeit der Verhältnisse bei den staatlichen und nichtstaatlichen Anstalten die Unmöglichkeit, die im Normal-Etat vom 4. Mai 1892 §. 1 Ziffer 3 zweiter Absatz erwähnte feste Zulage von 900 *M* nach der Gesammtzahl aller vorhandenen nichtstaatlichen Anstalten zu bemessen. Es bleibt vielmehr für die Anwendung der bezeichneten Bestimmung des neuen Normal-Etats auf die nichtstaatlichen Anstalten nichts anderes übrig, als die dort vorgesehene Hälfte bezw. das Viertheil der Lehrerzahl, wie dies auch im §. 9 Ziffer 1 des Normal-Etats in Aussicht genommen war, auf jede einzelne nichtstaatliche Anstalt zu beschränken. Nur wenn ein und demselben Patronatsbereiche mehrere Anstalten angehören, ist die Hälfte bezw. der vierte Theil der Gesammtzahl der mit der Zulage zu versehenden definitiv angestellten wissenschaftlichen Lehrer von den sämmtlichen, demselben Patronatsbereiche angehörenden Anstalten zu berechnen. In Folge dessen kann es vorkommen, daß zwischen den mit dieser Zulage bedachten Lehrern einer nichtstaatlichen Anstalt gegenüber den an staatlichen oder anderen nichtstaatlichen Anstalten angestellten Lehrern Unterschiede bei gleichem Dienstalter sich herausstellen.

Läßt sich die Zahl der wissenschaftlichen Lehrerstellen durch 2 bei den Vollanstalten und 4 bei den Nichtvollanstalten nicht genau theilen, so erhalten die überschießenden Stellen die Zulage von 900 *M* nicht. Mindestens eine Stelle ist aber auch bei denjenigen Nichtvollanstalten, an denen weniger als vier wissenschaftliche Lehrer angestellt sind, mit der Zulage von 900 *M* auszustatten, wenn und so lange ein Lehrer an derselben angestellt ist, welchem nach seinem Dienstalter und seinen Leistungen an einer Staatsanstalt die Zulage zu gewähren sein würde.

IV. Hinsichtlich der definitiv angestellten technischen Lehrer außer den vollbeschäftigten Zeichenlehrern, der Elementar- und Vorschullehrer ist in Anlehnung an die Cirkular-Verfügung vom 2. Mai 1874 (Centr. Bl. f. d. ges. U. V. S. 482 ff.) bestimmt, daß sie mit den Volksschullehrern des Orts rangiren sollen.

Daneben ist jedoch die Gewährung einer nichtpensionsfähigen Jahreszulage von 150 *M* an diese Lehrer für nothwendig erachtet, weil letzteren die Kommunalsteuerfreiheit der Volksschullehrer nicht zusteht und ihnen die Anstellung an einer höheren Schule nicht zum Nachtheil gereichen darf.

Um die Zurückversetzung dieser Lehrer in die Reihe der Volksschullehrer ohne Schwierigkeit durchzuführen, ist die Pensionsfähigkeit der Zulage von 150 *M* ausgeschlossen und ihr eventueller gänzlicher Wegfall vorbehalten, weil dem Lehrer nach seinem Rücktritte in den Volksschuldienst die Kommunalsteuerfreiheit wieder zusteht.

Unter den Vorschullehrern sind nur die Lehrer an den mit der Hauptanstalt organisch verbundenen Vorschulen zu verstehen, denn nur diese Schulen sind Theile der höheren Schulen und nur sie fallen daher unter das vorliegende Gesetz. Dagegen ist dies nicht der Fall hinsichtlich der abgetrennt von den Hauptanstalten bestehenden selbständigen Vorschulen, auch wenn sie dem Provinzial-Schulkollegium unterstellt sind.

Die Gleichstellung mit den Volksschullehrern ist jedoch keine unbedingte, sondern durch die Worte:

> „innerhalb der für die entsprechenden Kategorien von Lehrern an den staatlichen höheren Schulen bestimmten Grenzen"

eingeschränkt. Hieraus ergeben sich für die nähere Berechnung des diesen Lehrern künftig zu gewährenden Gehalts folgende Gesichtspunkte.

1) Das Gehalt ist so zu bemessen, als wenn der Betreffende sich im Volksschuldienste des Ortes befände, d. h. es sind das Baargehalt der gleichaltrigen Volksschullehrer, der festgestellte Geldbetrag der den letzteren etwa gewährten Natural-Emolumente (wie Dienstwohnung, Feuerung u. s. w.) und die aus der Staatskasse zu gewährenden Alterszulagen zu berechnen. Diesem Betrage tritt die Zulage von 150 *M* hinzu.

2) Das Gehalt darf nicht geringer bemessen sein, als die gegenwärtige Mindestbesoldung einschließlich des Betrages an Wohnungsgeldzuschuß (siehe §. 4 des Normal-Etats vom 4. Mai 1892) der Lehrer gleicher Kategorie an Staatsanstalten, d. h. es muß wenigstens betragen:

a. in Berlin 1600 ℳ und 540 ℳ (Betrag des Wohnungs=geldzuschusses) zusammen also 2140 ℳ,

b. an anderen Orten 1400 ℳ zuzüglich des Betrages an Wohnungsgeldzuschuß nach Tarifklasse IV und der entsprechenden Servisklasse des Ortes, also an einem Orte der

I. Servisklasse	1400 ℳ	+ 432 ℳ	= 1832 ℳ	
II. =	1400 =	+ 360 =	= 1760 =	
III. =	1400 =	+ 300 =	= 1700 =	
IV. =	1400 =	+ 216 =	= 1616 =	
V. =	1400 =	+ 180 =	= 1580 =	

3) Das Diensteinkommen braucht nicht das Höchstgehalt der Elementar= 2c. Lehrer an Staatsanstalten zu überschreiten, mithin nicht höher zu sein als

a. in Berlin 3200 ℳ + 540 ℳ zusammen 3740 ℳ,

b. an anderen Orten 2800 ℳ zuzüglich des Wohnungs=geldzuschußbetrages, also an Orten der

I. Servisklasse	2800 ℳ	+ 432 ℳ	= 3232 ℳ	
II. =	2800 =	+ 360 =	= 3160 =	
III. =	2800 =	+ 300 =	= 3100 =	
IV. =	2800 =	+ 216 =	= 3016 =	
V. =	2800 =	+ 180 =	= 2980 =	

4) Erreicht das Höchstgehalt der Volksschullehrer des betreffenden Orts die vorbezeichneten Sätze zu 3 nicht, so besteht für die Patronate keine Verpflichtung, über die örtlichen Sätze zuzüglich der 150 ℳ Zulage hinauszugehen.

Die freie Entschließung über eine weitergehende Bewilligung bleibt aber den Patronaten gemäß §. 5 des Gesetzes unbenommen.

5) Ist das Volksschullehrergehalt allein oder einschließlich der 150 ℳ höher als die zu 3 bezeichneten Sätze, so sind die Patronate gleichfalls nicht verpflichtet, den Lehrern dieses höhere Gehalt zu gewähren.

6) Ist hiernach die nichtpensionsfähige Zulage von 150 ℳ nur zum Theilbetrage zu gewähren, was eintreten kann, wenn das Gehalt der Volksschullehrer sich dem Mindest= oder Höchstgehalt der staatlichen Elementarlehrer nähert, so finden auch nur auf diesen Theilbetrag die Bestimmungen des Gesetzes über die Natur dieser Zulage (Nichtpensionsfähigkeit und Wegfall beim Rücktritte in den Volksschuldienst) Anwendung.

7) Wenngleich für die Berechnung des Gehalts des Elementarlehrers an der nichtstaatlichen Schule der in die Besoldung der staatlichen Elementarlehrer fallende Betrag des Wohnungsgeldzuschusses mitangesetzt wird, so wird doch dadurch an dem Charakter des Gesammtbetrages als Gehalt nichts geändert; d. h. der volle Betrag wird, soweit nicht für die Volksschullehrer abweichende

Bestimmungen gelten, bei der Pensionirung zu Grunde geleg, nicht aber der Durchschnittsbetrag des Wohnungsgeldzuschusses.

Zur Erläuterung dieser Bestimmungen zu 1—7 wird folgen des Beispiel dienen:

Angenommen, die Volksschullehrer eines der II. Servisklas angehörigen Ortes beziehen als Diensteinkommen einschließlich an rechnungsfähiger Emolumente und der etwa gezahlten staatliche Alterszulagen

anfänglich	1300 *M*
nach einer Dienstzeit von 5 Jahren	1650 =
= = = = 10 =	1900 =
= = = = 15 =	2200 =
= = 20 =	2500 =
= = = = 25 =	2800 =
= = = = 30 =	3100 =

so sind die Gehälter der Elementar= 2c. Lehrer der nichtstaatliche höheren Schule des Orts festzusetzen:

anfänglich auf 1400 + 360 = 1760 *M*,
weil 1300 + 150 = 1450 *M* unter dem Minimum von 1760 *M* bleiben; das Gehalt von 1760 *M* ist voll pen sionsfähig, nicht etwa bloß zu 1400 + 297 3/5 *M* (der Durchschnitt des Wohnungsgeldzuschusses);

nach 5 Jahren auf: 1650 + 150 = 1800 *M*,
weil dieser Betrag höher ist, als das Minimum von 1760 *M*; hier entfällt auf die Zulage von 150 *M* nur der das Minimum von 1760 *M* übersteigende Betrag von 40 *M*; auf diesen findet das vorstehend zu Ziffer 6 Gesagte Anwendung;

nach 10 Jahren auf: 1900 + 150 = 2050 *M*
= 15 = = 2200 + 150 = 2350 =
= 20 = = 2500 + 150 = 2650 =,
weil diese drei Beträge das Minimum von 1760 *M* über steigen; würde der Satz von 2500 *M* das Höchstgehalt der Volksschullehrer darstellen (in dem oben bezeichneten Beispiel also der Satz von 2800 *M* und von 3100 *M* wegfallen), so würde dem nichtstaatlichen Elementarlehrer nicht mehr als 2650 *M* zu gewähren sein, während der selbe Lehrer an der Staatsanstalt bis zu 3160 *M* an steigen würde;

nach 25 Jahren auf: 2800 + 150 = 2950 *M*,
weil dieser Betrag das Maximum von 3160 *M* (2800 + 360 *M*) noch nicht erreicht. Das Gehalt eines staat lichen Elementarlehrers mit 25 Dienstjahren würde an

schließlich des Wohnungsgeldzuschusses nur 2810 ℳ betragen;

nach 30 Jahren auf: 2800 + 360 = 3160 ℳ,
weil das Höchstgehalt der Volksschullehrer mit 3100 ℳ + 150 = 3250 ℳ das oben zu 3 erwähnte Maximum übersteigt; hier entfällt auf die Zulage von 150 ℳ nur der Betrag von 60 ℳ, auf den das oben zu Ziffer 6 Gesagte wiederum Anwendung findet.

Will die Stadt den Betrag von 3250 ℳ voll oder annähernd gewähren, so bleibt ihr dies nach §. 5 des Gesetzes unbenommen, doch muß alsdann der den Satz von 3160 ℳ übersteigende Betrag bei der Berechnung des etwa der Anstalt zu gewährenden Staatszuschusses außer Betracht bleiben.

Die sich hiernach ergebenden Sätze sind als Mindestsätze anzusehen; sind die Gehälter der betreffenden Lehrer der höheren Schulen, wie dies vielfach der Fall ist, abweichend von denen der Volksschullehrer normirt, so behält es dabei auch ferner sein Bewenden, sofern diese abweichenden Bestimmungen für die Lehrer günstiger sind. Dies ist gegebenen Falls eingehend zu prüfen.

V. Sollten die besonderen Verhältnisse einzelner Anstalten bei Einführung des Dienstalterszulagen-Systems Abweichungen von den für die staatlichen Lehrer geltenden Normen geboten erscheinen lassen, so ist nach der im §. 9 Ziffer 2 des Normal-Etats vom 4. Mai 1892 getroffenen Bestimmung die diesseitige Genehmigung einzuholen.

VI. Ueber die Anrechnung der im §. 3 zweiter Absatz des Normal-Etats vom 4. Mai 1892 erwähnten Dienstzeiten, die außerhalb des eigentlichen Schuldienstes zugebracht sind, entscheidet das zwischen dem Schulunterhaltungspflichtigen und dem Lehrer zu treffende Abkommen, und es bedarf der Bestimmung des Unterrichtsministers und des Finanzministers nicht. Es ist thunlichst dahin zu wirken, daß das Abkommen auch für die Berechnung der Dienstzeit bei der künftigen Pensionirung des Lehrers Geltung behält. Ist ein Abkommen zwischen den Betheiligten bei der Berufung des Lehrers nicht getroffen worden, so tritt die freie Entschließung des Patronats nach §. 5 des Gesetzes ein. Das Königliche Provinzial-Schulkollegium wolle daher bei künftigen Berufungen in den geeigneten Fällen stets darauf achten, daß ein solches Abkommen getroffen wird, ehe endgültige Rechtsverhältnisse zwischen dem Patronate und dem Lehrer geschaffen werden.

Wenn bezüglich der bereits jetzt angestellten Lehrer Schwierigkeiten entstehen, die durch gütliches Uebereinkommen nicht zu beseitigen sind, so ist darüber an mich zu berichten.

VII. Sollte die Aenderung der Besoldungsordnung eine Neuregelung der (durch Herkommen, Statut oder dergl.) bisher feststehenden Zuständigkeit der Behörden erfordern, so behalte ich mir die nähere Bestimmung vor. (zu vergl. §. 9 Ziffer 7 des Normal-Etats.)

Das Königliche Provinzial-Schulkollegium hat unter Beachtung der für die einzelnen Anstalten maßgebenden Verhältnisse gegebenen Falls zu berichten.

Die vorstehenden Bestimmungen finden gleichmäßig auf die kommunalen (§. 3 des Gesetzes) wie auf die übrigen (stiftischen §. 4) nichtstaatlichen höheren Schulen Anwendung. Dies gilt, da das Gesetz in dieser Beziehung keine Ausnahme macht, auch von den Gehältern der seminarisch gebildeten Lehrer an den stiftischen Anstalten.

§. 2.

Nach dem Normal-Etat vom 4. Mai 1892 ist das System des Aufrückens im Gehalte auf Grund von Dienstalterszulagen für die Lehrer der staatlichen höheren Unterrichtsanstalten eingeführt.

Mit diesem Systeme kann im Falle einer überwiegenden Mehrzahl von älteren Lehrern zeitweise eine erhebliche Ueberschreitung der Gesammtsumme der Durchschnittsbesoldungen verbunden sein, die sich z. B. für die einzelne wissenschaftliche Lehrerstelle gegenüber dem Durchschnitte von 3300 ℳ auf 1200 ℳ zu belaufen vermag.

Die Einführung dieses Systems an den nichtstaatlichen Anstalten ist an sich erwünscht und in erster Linie in Aussicht zu nehmen, da das letztere nach §. 1 die gesetzliche Regel bildet, welche platz greift, falls nicht die Patronate von der ihnen nach §. 2 des Gesetzes freigelassenen Befugnis einer abweichenden Beschlußnahme Gebrauch machen. Die Bereitstellung des sich ergebenden Mehr an Besoldungen liegt den Patronaten ob.

Zur Vermeidung der hiermit verbundenen Schwankungen im städtischen Haushalte wird den betreffenden Patronaten zu empfehlen sein, größere Verbände nichtstaatlicher Anstalten verschiedenen Patronats zu schaffen, die den Zweck haben, das Mehr gegenüber der Durchschnittsbesoldung bei der einen Anstalt durch das Minder bei der anderen Anstalt auszugleichen, da naturgemäß in einem größeren Kreise von Anstalten sich derartige Unterschiede nahezu aufheben. Es ist auch denkbar, daß selbst bei einer einzelnen Anstalt dasselbe Resultat im Wesentlichen erreicht werden kann, wenn zunächst bei einer überwiegenden Zahl jüngerer Lehrer stets die Durchschnittsgehälter ohne Rücksicht auf den Jahresbedarf voll in einen besonderen Fonds (ähnlich dem

Pensions- oder Reliktengelderfonds) eingezahlt werden, aus dem beim Aelterwerden der Lehrer die erforderlichen Mehrbeträge gedeckt werden. Vorschläge dieser Art müssen den Patronatsbehörden überlassen bleiben.

Um jedoch alle Härten für die Städte und Korporationen auszuschließen, ist denselben im Gesetze die Entschließung darüber frei gelassen worden, ob das Alterszulagensystem für die Leiter, die wissenschaftlichen Lehrer und die vollbeschäftigten Zeichenlehrer ihrer Anstalten zur Einführung gelangen oder das bisherige Verfahren des Aufrückens bei eintretenden Vakanzen innerhalb des sog. Stellen-Etats beibehalten werden soll. Bei diesem wird bekanntlich nur das Durchschnittsgehalt für die Gesammtzahl aller Stellen der betreffenden Art in den Etat eingestellt und auf die einzelnen Stellen vertheilt, das Aufrücken im Gehalte erfolgt stets nur beim Freiwerden einer der höher dotirten Stellen, so daß die Gesammtbesoldungssumme aller Stellen unverändert bleibt. Indes ist auch bei der Wahl dieses Systems durch das Gesetz gesichert, daß im Uebrigen die betheiligten Lehrer materiell den staatlichen Lehrern völlig gleichstehen sowohl bezüglich des erhöhten Durchschnittes der Gehälter als der Miethsentschädigung für die Anstaltsleiter ohne Dienstwohnung, der festen Zulage von 900 *M* für die wissenschaftlichen Lehrer u. s. w. Der einzige Unterschied betrifft hiernach lediglich die Art des Aufrückens im Gehalte.

Die Entschließung hierüber ist den Patronaten anheimgestellt, um ihnen die Durchführung des Gesetzes zu erleichtern. Daraus folgt, daß von dieser Entschließung nach der ersten Regelung der Besoldungsverbesserung nicht beliebig abgegangen werden darf; vielmehr kann alsdann eine Aenderung nur mit Genehmigung der Staatsbehörden eintreten und auch nur unter Wahrung der erworbenen Rechtsansprüche der Lehrer.

Sodann erstreckt sich die Freiheit der Entschließung nur auf die Art des Aufrückens im Gehalte d. h. nur auf das Besoldungssystem als solches (nach Dienstalterszulagen oder nach dem sogen. Stellen-Etat). Für die Aufstellung und Ausführung des Stellen-Etats bleiben die bisherigen Grundsätze maßgebend; es ist also für die Feststellung der Gehaltsstufen wie für das Aufrücken der Lehrer im Gehalte die Genehmigung der Aufsichtsbehörde wie bisher so auch künftig erforderlich, wie denn auch über die im ersten Absatze des §. 2 geforderte „angemessene Abstufung“ der Gehälter die Aufsichtsbehörde zu befinden hat.

Dies letztere Verfahren (nach dem Stellen-Etat) ist ohne Weiteres bei den eine Mehrzahl bildenden wissenschaftlichen Lehrern einer Anstalt durchführbar, während für die geringe Zahl der Anstaltsleiter und der vollbeschäftigten Zeichenlehrer in ausreichender Weise anderweitige Vorsorge getroffen werden muß, die nach dem zweiten Absatze des §. 2 meiner Genehmigung bedarf. Mit Ausnahme von größeren Städten, wo eine Mehrzahl von Anstalten besteht, wird es sich der Regel nach empfehlen, einfach das für die staatlichen Lehrer dieser Art vorgeschriebene Dienstalterszulagen-System für die Leiter und die vollbeschäftigten Zeichenlehrer zu wählen, da die Schwankungen nur von geringer Bedeutung sein können.

Die Durchschnittssätze der Gehälter für die einzelnen Lehrerkategorien sind nach den Mindest- und Höchstsätzen, wie sie im §. 1 des Normal-Etats vom 4. Mai d. Js. aufgeführt sind, zu berechnen und betragen danach:

1) Für die Leiter der Vollanstalten in Berlin 6600 ℳ (unveränderlich), in Städten mit über 50000 Civil-Einwohnern 5550 ℳ,
in den übrigen Orten 5250 ℳ;

2) für die Leiter der Anstalten mit einer sechsjährigen Kursusdauer: in Berlin und in Städten über 50000 Civil-Einwohnern 5250 ℳ, in den übrigen Orten 4950 ℳ;

3) für die definitiv angestellten wissenschaftlichen Lehrer 3300 ℳ, welchem Betrage die feste Zulage von 900 ℳ nach den näheren Bestimmungen des Normal-Etats hinzutritt;

4) für die vollbeschäftigten Zeichenlehrer (§. 1 Abs. 2 des Gesetzes) 2400 ℳ.

Bezüglich der definitiv angestellten, aber als solche nicht vollbeschäftigten Zeichen- und der sonstigen technischen, sowie der seminarisch gebildeten Lehrer bewendet es bei den Vorschriften des §. 1 dritter Absatz des Gesetzes.

Für die wissenschaftlichen Hilfslehrer ist die gleiche Ausnahme wie bei den festangestellten Lehrern nicht zugelassen; es kommen daher die Vorschriften des Normal-Etats vom 4. Mai 1892 zu §. 1 Ziffer 6, §. 2 letzter Absatz und §. 3 Ziffer 5 auch bei den nichtstaatlichen Anstalten unbedingt zur Anwendung.

§. 3.

Die Pflicht der Bereitstellung der für die Besoldungsverbesserung erforderlichen und anderweit nicht zu beschaffenden Mittel trifft die unterhaltungspflichtigen Gemeinden.

Bei leistungsschwachen Gemeinden wird die Unterstützung durch den Staat eintreten, soweit nach Maßgabe der Verhältnisse des Einzelfalles ein Bedürfnis dazu vorhanden ist, insbesondere ein unterrichtliches Interesse an dem Bestehen der Anstalt bezw. an der Organisation derselben als Vollanstalt oder als Nichtvollanstalt als humanistischer oder realistischer eingehend geprüft und von mir anerkannt wird. In dieser Beziehung verweise ich auf meine Verfügung vom 12. Juli 1892 — U. II. 1385 —, betreffend Vorschläge wegen anderweitiger Organisation bestehender Anstalten.

Das Königliche Provinzial-Schulkollegium hat nunmehr alsbald die Patronate derjenigen nichtstaatlichen Anstalten, bei denen die Regelung nicht schon in Folge der Cirkular-Verfügung vom 2. Juli d. Js. — U. II. 1229 — eintritt, zu den erforderlichen Entschließungen und Anträgen zu veranlassen und über das Ergebnis namentlich auch über Anträge wegen Gewährung von Staatszuschüssen unter Beachtung der in der vorgedachten Cirkular-Verfügung wegen der Ausführung des §. 9 des Normal-Etats gegebenen Vorschriften bis zum 1. Februar 1893 zu berichten. Den Berichten sind die neu aufzustellenden Besoldungstitel der Anstaltsetats beizufügen.

Die bisher gewährten Staatszuschüsse verbleiben den Anstalten während der gegenwärtigen Bewilligungsperiode, werden nach Ablauf der letzteren aber nur nach Durchführung des Normal-Etats vom 4. Mai d. Js. bezw. des vorliegenden Gesetzes fortgewährt werden. Voraussetzungen für die Fortgewährung derselben bezw. die Neubewilligung von Staatszuschüssen sind außer den bereits in der Cirkular-Verfügung vom 9. August 1879 — U. II. 2087 — (Wiese-Kübler, Verordnungen 2c. S. 16) zu II und III angegebenen allgemeinen Bedingungen noch folgende, daß:

1) Die Durchführung der Reliktenversorgung nach Maßgabe der Cirkular-Verfügung vom 2. Juli d. Js. — G. III. 1243 U. II. — (Centralbl. S. 623) zu den noch festzusetzenden Terminen erfolgt;

2) die in der Verfügung vom 22. März d. Js. — U. II. 529 — (Centralbl. S. 506) und in den dieselbe ergänzenden Erlassen für die staatlichen Anstalten angeordneten Schulgeldsätze auch bei den nichtstaatlichen Anstalten und zwar thunlichst zu dem für alle Klassen gleichmäßigen Betrage zur Erhebung kommen. — Sofern bei einzelnen Anstalten besondere Gründe für die Herabsetzung des Normal-Schulgeldes sprechen, ist darüber zu berichten;

3) seitens des Patronates den zur Durchführung der Schulreform ergehenden Anordnungen der Aufsichtsbehörde (bezüglich der Organisation der Anstalt, der Berufung von Lehrern u. s. w.) pünktlich Folge geleistet wird;

4) für die Anrechnung der im §. 3 zweiter und dritter Absatz des Normal-Etats vom 4. Mai 1892 erwähnten Dienstzeiten der zur Zeit bereits angestellten Lehrer im Streitfalle die Bestimmungen der Aufsichtsbehörde maßgebend sind;

5) der Zuschuß auch innerhalb der Bewilligungsperiode zurückgezogen werden kann, wenn den Bedingungen zu 1 bis 4 binnen einer angemessenen von der Aufsichtsbehörde festzusetzenden Frist nicht nachgekommen wird, oder wenn nach den Bestimmungen derselben Behörde in Folge der Schulreform eine Verminderung des Lehrerpersonals eintritt.

Für die wegen der Besoldungsverbesserung erforderliche Erhöhung der Pensionsfonds der Anstalten ist in Gemäßheit der Pensionsverordnung vom 28. Mai 1846 die Entscheidung des Herrn Ober-Präsidenten herbeizuführen und über das Resultat bis zum 1. Oktober 1893 zu berichten.

Nach dem zweiten Absatz des §. 3 verbleibt den Gemeinden die Befugnis in dem bisherigen Umfange, die Aufhebung der von ihnen unterhaltenen Anstalten zu beschließen.

Eine derartige Aufhebung darf jedoch nicht ohne Weiteres und nicht auf einmal geschehen, sondern bedarf aus den im Erlasse vom 31. Januar 1835 (v. Kamptz, Annalen Band XIX S. 154) entwickelten Gründen der diesseitigen Genehmigung und kann in der Regel, um die berechtigten Interessen der Schüler und ihrer Eltern nicht zu schädigen, nur stufenweise von unten auf zugelassen werden (zu vergl. Stenographischer Bericht der Sitzung des Herrenhauses vom 17. Juni 1892). Anträge auf Ausnahmen hiervon bedürfen specieller Begründung. Die Entscheidung über die Aufhebung und über die Maßgaben, unter denen dieselbe zu erfolgen hat, behalte ich mir vor.

Die Erfüllung der den bürgerlichen Gemeinden auferlegten Verpflichtungen ist erforderlichenfalls im Wege des gesetzlichen Zwanges herbeizuführen. Zu diesem Zwecke würde das Königliche Provinzial-Schulkollegium, wenn die Nothwendigkeit eintreten sollte, sich mit dem betreffenden Regierungs-Präsidenten in Verbindung zu setzen haben, der dann das Weitere, insbesondere auf Grund und nach Maßgabe des §. 19 des Zuständigkeitsgesetzes vom 1. August 1883 (G. S. S. 237) anzuordnen hätte.

§. 4.

Die für die Anstalten bürgerlicher Gemeinden geltenden Bestimmungen finden auch auf die sonstigen nichtstaatlichen höheren Schulen mit den aus der Natur der letzteren sich ergebenden Maßgaben Anwendung.

Unter der Verwaltungsbehörde im zweiten Absatz des §. 4 ist die die Anstalt vertretende Behörde zu verstehen, an deren Zuständigkeiten durch das Gesetz Nichts geändert ist; für die Beschlüsse derselben bleiben die bisherigen örtlichen Bestimmungen maßgebend.

Wo also die Genehmigung oder Bestätigung dieser Bechlüsse durch einen andern Berechtigten namentlich das Königliche Provinzial-Schulkollegium erforderlich ist, oder wo überhaupt nur ein Vorschlagsrecht oder eine begutachtende Aeußerung der Lokalbehörde nach der bisherigen Bestimmung oder Uebung bestand, verbleibt es dabei auch ferner.

Einer besonderen Aufmerksamkeit bedarf bei diesen Anstalten die Frage über die auch hier in erster Linie erwünschte Einführung des Alterszulagen-Systems wegen der mit demselben verbundenen Schwankungen der Ausgaben für die Besoldungen. Die nicht von bürgerlichen Gemeinden unterhaltenen Anstalten müssen naturgemäß größere Vorsicht walten lassen, als diese, weil sie in der Regel lediglich auf ihr eigenes Vermögen angewiesen sind, dessen Erträge an sich schon vielfach schwankend sind, z. B. wenn größere Forsten oder jährlich zur Verpachtung kommende Ländereien oder sonstige Nutzungen vorhanden sind, weil ihnen ferner die Möglichkeit einer Verstärkung ihrer Einnahmen durch Steuern fehlt.

Da auch bei diesen Anstalten für die durch die Alterszulagen entstehenden Mehrausgaben seitens des Staates nicht eingetreten wird, so sind von den Kuratorien u. s. w. und dem Königlichen Provinzial-Schulkollegium zu erwägende besondere Einrichtungen geboten, welche die etwa beschlossene Durchführung des Alterszulagen-Systems sichern, ohne den Vermögensbestand der Anstalten zu gefährden.

Wenn bei einzelnen dieser stiftischen Anstalten zwar keine unterhaltungspflichtigen Patronate vorhanden sind, aber doch die an ihrer Erhaltung interessirten Gemeinden ꝛc. schon bisher mit Zuschüssen sich betheiligt haben, so muß darauf gerechnet werden, daß die letzteren auch bei der Aufbringung des Mehrbedarfes für die Lehrerbesoldung und für die Einführung der Reliktenversorgung sich betheiligen werden; mit denselben ist daher in der im §. 3 bezeichneten Weise zu verhandeln.

Im Uebrigen gilt das oben für die Gewährung von Staatszuschüssen an kommunale Anstalten Gesagte gleichfalls für die stiftischen und sonstigen nichtstaatlichen höheren Schulen, zu denen auch die vom Staate und Andern gemeinschaftlich zu unterhaltenden zählen.

Die etwa zur Erfüllung der gesetzlichen Verpflichtungen dieser Anstalten nothwendig werdenden Zwangsmaßregeln werden der Regel nach von dem Königlichen Provinzial-Schulkollegium auszugehen haben. Ich verweise in dieser Beziehung unter Anderem auf die durch den Erlaß vom 30. Dezember 1874 (Centralblatt von 1875 S. 88) ausgesprochene Befugnis zur Androhung von Geldstrafen an die Kuratorialmitglieder, auf die Verordnung vom

7. September 1879, betreffend das Verwaltungszwangsverfahren wegen Beitreibung von Geldbeträgen (G. S. S. 591) nebst Ausführungsanweisung vom 15. September 1879.

§. 5.

Seitens einiger besonders leistungsfähiger Kommunen wird den Lehrern an den von ihnen zu unterhaltenden Anstalten das Diensteinkommen zu höheren Sätzen oder in anderer Form gewährt, als den staatlichen Lehrern. Häufig wird der Wohnungsgeldzuschuß in voller Höhe in das Gehalt mit eingerechnet, die Dienstaltersstufen sind geringer, die Gehaltsstufen höher bemessen u. s. w. Hierin soll den Kommunen ꝛc. eine Beschränkung nicht auferlegt werden. Staatsmittel können jedoch für derartige Mehrleistungen nicht gewährt werden.

§. 6.

Die Bestimmung im ersten Absatze entspricht dem geltenden Verwaltungsrechte und hat auch im Normal-Etat vom 4. Mai d. Js. §. 6 zweiter Absatz Ausdruck gefunden.

Die Vorschrift im zweiten Absatze, welche der für die staatlichen Lehrer in der Cirkular-Verfügung vom 2. Juli d. Js. — U. II. 1229 — ergangenen entspricht, gewährt die Handhabe, zu verhindern, daß bei Einführung des Alterszulagen-Systems das normalmäßige Aufrücken im Gehalte ꝛc. aus andern als in der Dienstführung des Lehrers liegenden Gründen versagt wird. Zur Dienstführung des Lehrers gehört auch dessen außeramtliches Verhalten, sofern es auf sein amtliches Ansehen und seine amtliche Stellung von Einfluß ist.

Die Beschlußfassung hierüber steht der für die Wahl des Lehrers berufenen patronatlichen Behörde zu; die Versagung bedarf der Genehmigung des Königlichen Provinzial-Schulkollegiums. Im Uebrigen gelten auch für die nichtstaatlichen Lehrer die für die Lehrer der Staatsanstalten in der obenerwähnten Cirkular-Verfügung bezüglich der Versagung von Alterszulagen gegebenen Vorschriften.

Für den Fall, daß der sog. Stellen-Etat (§. 2 des Gesetzes) eingeführt wird, läßt sich eine gleiche Vorsorge für das Aufrücken der Lehrer in eine höher dotirte Stelle nicht treffen, da im Interesse des Dienstes die Berufung eines den Erfordernissen des Falles entsprechenden Lehrers von einer fremden Anstalt (der sog. Einschub) in die vakante Stelle offen bleiben muß.

§. 7.

Diese Bestimmung führt die unter das Gesetz fallenden Schularten nach den durch die Lehrpläne vom 6. Januar d. Js. festgestellten Bezeichnungen auf.

Unter Realschulen sind auch die bisherigen höheren Bürger-
hulen begriffen.

Die Geltung des Gesetzes ist beschränkt auf die dem Unter-
chtsministerium unterstehenden höheren Schulen; insbesondere
leiben die Landwirthschaftsschulen und ähnliche Anstalten, auch
weit sie allgemein bildende Institute sind, ausgeschlossen.

Dagegen sind mitbegriffen die ausdrücklich als höhere
Schulen 2c. errichteten, aber noch in der Entwickelung begriffenen
nstalten; indes können unbeschadet der Geltung des Gesetzes
was niedrigere Gehaltssätze mit meiner Genehmigung bis zum
reichten Abschlusse der sechsten bezw. neunten Klasse zugelassen
erden.

§. 8.

Die im §. 8 des Gesetzes enthaltenen Vorschriften, welche
er Initiative der Landesvertretung ihre Entstehung verdanken,
erpflichten die Leiter und Lehrer an nichtstaatlichen Anstalten im
alle der Umwandlung der Schule, an der sie angestellt sind, in
ne solche mit veränderten Berechtigungen oder im Falle eintreten-
er Verringerung der Lehrkräfte zur Weiterführung ihres Amtes
n einer auch nicht mit gleichen Berechtigungen ausgestatteten
öheren Schule derselben Gemeinde. Sie sichern aber auch den
ehrern nach der Umwandlung der Schule bezw. nach der Ver-
tzung den Bezug desjenigen Diensteinkommens, das sie beziehen
ürden, wenn die Aenderung nicht eingetreten wäre. Diese Vor-
hriften sind nach zwei Richtungen von Bedeutung.

Einmal wird den Lehrern der gegen ihre anderweitige Be-
häftigung etwa aus ihrer Berufung herzuleitende Einwand ent-
ogen, daß die Anstalt nicht dieselbe sei, für welche sie nach ihrer
erufung verpflichtet seien, oder daß die Stelle geringeren
anges sei als die ursprüngliche. Es würde also der für eine
ollanstalt berufene Direktor die fernere Leitung der in eine
ichtvollanstalt umgewandelten Schule nicht aus dem Grunde
blehnen können, weil der Leiter einer sechsjährigen Anstalt der
inften, nicht der vierten Rangklasse angehört; jedoch verbleibt
m für seine Person die vierte Rangklasse. Außer dem Falle
er Umwandlung der Schule, an welche er berufen worden, kann
ach dem Wortlaute des Gesetzes der Leiter einer Vollanstalt zur
lebernahme der Leitung einer anderen Nichtvollanstalt nicht ge-
öthigt werden.

Den übrigen Lehrern steht es überhaupt nicht zu, die Fort-
tzung ihrer Lehrthätigkeit an der umgewandelten oder an einer
nderen höheren Schule derselben Gemeinde 2c. unter Hinweis
uf ihre Berufung oder auf die mindere Bedeutung der neuen
Stelle oder Anstalt abzulehnen; bezüglich dieser Lehrer hat die

Umwandlung der Schule bezw. die Versetzung an eine andere höhere Schule eine Aenderung des Rangverhältnisses nicht zur Folge. Andererseits sollen die Diensteinkommensverhältnisse der Leiter und Lehrer durch die Umwandlung oder Versetzung nicht ungünstiger gestaltet werden, als wenn die ursprüngliche Schule fortbestände. Daraus ergeben sich folgende Konsequenzen:

Für den zum Leiter einer Vollanstalt Berufenen sind die für einen solchen bestimmten Gehaltssätze mit den oben zu §. 1 erwähnten Durchschnittsbeträgen von 6600 *M*, 5550 *M* und 5250 *M* bereit zu stellen, auch wenn die von ihm geleitete Anstalt in eine Schule von sechsjähriger Kursusdauer umgewandelt wird, für deren Leiter an sich nur die Durchschnittshöhe von 5250 *M* und 4950 *M* bereit zu stellen wären.

Für die wissenschaftlichen Lehrer ist in demselben Falle neben dem Durchschnittsgehalte von 3300 *M* die Zahl der festen Zulagen von 900 *M* nicht auf ein Viertel der Zahl der Lehrerstellen zu beschränken, sondern muß nach der Hälfte der zuletzt an der Vollanstalt vorhandenen wissenschaftlichen Lehrerstellen bemessen bleiben. Die Durchführung dieses Grundsatzes wird nicht selten Schwierigkeiten begegnen, namentlich dann, wenn mehrfach Lehrer an andere bezw. verschiedene Anstalten desselben Patronatsbereiches versetzt werden. Für diese Fälle wird es sich empfehlen, schon vor der Durchführung der Umwandlung bezw. der Versetzungen im Einverständnisse mit dem Patronate besondere Festsetzungen über die Regelung der Angelegenheit zu treffen, z. B. dahin, daß die Zulage von 900 *M* den betheiligten Lehrern gleichzeitig mit den gleichaltrigen staatlichen Lehrern der Provinz zu gewähren ist.

Für die an der ursprünglichen Anstalt definitiv angestellten und vollbeschäftigten Zeichenlehrer (§. 1 zweiter Abs. des Gesetzes und §. 1 Ziffer 4 des Normal-Etats) kommt die etwaige Herabsetzung der Zeichenstunden unter 14 Wochenstunden gleichfalls nicht in Betracht, es verbleibt vielmehr bei dem Durchschnittssatze von 2400 *M*.

Ueber eine etwa erforderlich werdende Abänderung des Stellen-Etats (§. 2 des Gesetzes) ist meine Genehmigung einzuholen.

Durch die Vorschriften des §. 8 wird das Recht der Leiter und Lehrer, ihre Stelle aufzukündigen, nicht berührt. Auch bleibt die Bestimmung des §. 6 des Gesetzes in voller Geltung, daß ein Rechtsanspruch der Betheiligten auf Gehaltserhöhung ausgeschlossen.

Bei Versetzungen im Interesse des Dienstes außer den Fällen des §. 8 treten die durch den letzteren angeordneten Folgen nicht ein.

Was die Form betrifft, unter welcher sich der Uebergang es Lehrers in die neue Thätigkeit vollzieht, so ist zu unterscheiden, ob die Anstalt, wenn auch in einem geringeren Umfange der mit veränderten Berechtigungen, doch äußerlich dieselbe leibt wie bisher, oder ob die Versetzung an eine andere Anstalt erselben Gemeinde zc. stattfindet. Im ersteren Falle bedarf es einer besonderen Anordnung oder Form; vielmehr hat der Lehrer hne Weiteres nach dem durch den geänderten Charakter der Anstalt bedingten Lehrplan und den ergehenden Anordnungen en Unterricht zu ertheilen.

In dem zweiten Falle dagegen ist, wenn ein gütliches Uebernkommen zwischen Patronat und Lehrer nicht eintritt, die Verzung an die andere Anstalt im Interesse des Dienstes von dem öniglichen Provinzial-Schulkollegium auf Grund des §. 87 iffer 1 des Disciplinargesetzes vom 21. Juli 1852 herbeizuühren, zu der das Patronat, da es nicht vorgesetzte Behörde s Lehrers ist, nicht befugt ist. Diese Bestimmung ist zu beachten, amit die Wahl der zu versetzenden Lehrer und der neuen Anlt lediglich nach sachlichen Gesichtspunkten, nicht aus Rücksichten rsönlicher Natur erfolgt.

§. 9.

Die Bestimmungen des Gesetzes sind zum 1. April 1893 zur urchführung zu bringen.

Sollten sich bis zu diesem Zeitpunkte nicht zu beseitigende hwierigkeiten bezüglich der Beschlüsse der Gemeinden zc. über Einführung des Systems der Dienstalterszulagen (§. 1/2) oder er die Umwandlung oder anderweitige Organisation der hulen (§. 8) herausstellen, so würde eine weitere Frist etwa 1. Juli 1893 mit der Maßgabe gewährt werden können, daß Durchführung der Gehaltserhöhung mit rückwirkender Kraft m 1. April 1893 ab zu erfolgen hat.

Das Königliche Provinzial-Schulkollegium wolle sich nunhr die schleunige Durchführung des Gesetzes und der vorjenden Bestimmungen angelegen sein lassen.

Der Minister der geistlichen zc. Angelegenheiten.

Bosse.

An

mtliche Königliche Provinzial-Schulkollegien.

I. II. 1644.

119) Feststellung des Bedarfes an Lehrkräften bei den höheren Lehranstalten anläßlich der Etatserneuerungen.

Berlin, den 30. Juli 1892.

Die Prüfung der Entwürfe zu den Etats der höheren Lehranstalten ist öfter dadurch erschwert worden, daß entweder den Entwürfen eine Berechnung über den Bedarf an Lehrkräften überhaupt nicht beigegeben oder aber bei Aufstellung der Berechnung insbesondere hinsichtlich des Ansatzes der von den Lehrern wahrzunehmenden Stunden, nicht nach gleichen Grundsätzen verfahren war.

Das Königliche Provinzial=Schulkollegium veranlasse u daher, darauf zu achten, daß für die Folge jedem Etatsentwurf eine Berechnung über den Bedarf an Lehrkräften bei der Ansta beigefügt wird. In derselben ist zunächst die Zahl der zu e theilenden Unterrichtsstunden, getrennt für die einzelnen Klasse und unter Berücksichtigung erforderlicher Kombinationen, anz geben. Der ermittelten Gesammtsumme der Unterrichtsstunde wird sodann gegenübergestellt die Gesammtsumme der von de im Etat vorgesehenen Lehrern (einschließlich des Direktors) ertheilenden Pflichtstunden, wobei für jede Lehrkraft die der Rundverfügung vom 13. Mai 1863 (Wiese=Kübler I S. 33 vorgeschriebene Maximalstundenzahl in Ansatz zu bringen

Wird die Entlastung einzelner Lehrer in der Maxima stundenzahl, sei es wegen andauernder Kränklichkeit, übergro Belastung mit Korrekturen, oder aus sonstigen Gründen, nothwendig erachtet, so ist dies unter Angabe der Zahl der na zulassenden Pflichtstunden näher zu begründen. In der Re muß jedoch daran festgehalten werden, daß alle Lehrer thunli zur Maximalstundenzahl heranzuziehen sind.

Der Minister der geistlichen 2c. Angelegenheiten.
Im Auftrage: Höpfner.

An
sämmtliche Königliche Provinzial=Schulkollegien.
U. II. 1564.

---

120) Titel und Rangverhältnisse der Leiter und Lehr an den höheren Unterrichtsanstalten.

Berlin, den 31. August 18

Dem Königlichen Provinzial=Schulkollegium lasse ich folgend beglaubigte Abschrift des demnächst in der Gesetz=Sam lung zur Veröffentlichung gelangenden Allerhöchsten Erlasses 28. Juli 1892, betreffend die Titel und Rangverhältnisse Leiter und Lehrer an den höheren Unterrichtsanstalten, zuge urch welchen erhebliche Aenderungen der bisherigen Vorschriften erbeigeführt werden.

Abgesehen davon, daß diese Verhältnisse für alle Lehrer an en öffentlichen höheren Unterrichtsanstalten meines Amtsbereiches, lso auch für die Lehrer an den nichtstaatlichen Schulen, geregelt verden, wird durch die Verleihung der Amtsbezeichnung „Oberehrer“ an die wissenschaftlichen Lehrer eine angemessene Unterscheidung derselben von den Elementarlehrern und ein für den Verkehr mit den Schülern und deren Eltern brauchbarer und inheitlicher Titel für jene Lehrer gewonnen; es wird ferner durch as Prädikat „Professor“ für ein Drittel der wissenschaftlichen Lehrer ein Ersatz für die bisherige Bedeutung der Amtsbezeichung „Oberlehrer“ geschaffen, sodann durch die Beseitigung des Titels „Rektor“ für die Leiter der sog. Nichtvollanstalten die Verwechselung mit den Vorstehern größerer Volksschulen beseitigt; ndlich wird durch die Möglichkeit der Erwirkung des persönlichen Ranges der Räthe vierter Klasse für einen Theil der Professoren und für die Leiter der Nichtvollanstalten eine Annäherung an die Verhältnisse der richterlichen Beamten erreicht. An den Titel- und Rangverhältnissen der Leiter von Vollanstalten sowie der icht für das höhere Lehramt geprüften Lehrer ist nichts geändert.

Behufs Ausführung dieses Allerhöchsten Erlasses bestimme ch hierdurch Folgendes:

1) Sämmtliche fest angestellte wissenschaftliche Lehrer aller öfentlichen höheren Schulen meines Amtsbereiches gehören der fünften Rangklasse an und führen fortan die Amtsbezeichnung „Oberlehrer“; einer Aenderung oder Neuausfertigung der Berufungsurunden für die bereits angestellten bedarf es nicht. Das Königliche Provinzial-Schulkollegium hat die entsprechende Anweisung n die einzelnen Anstalten ergehen zu lassen. Bei der ersten Anstellung als Oberlehrer ist die Anstalt, an welcher der Lehrer angestellt wird, in der Bestallung nicht zu bezeichnen, sondern sie t lediglich in einer besonderen Verfügung zu benennen. Bei Lehrern der staatlichen und der unter Staatsverwaltung stehenden Anstalten hat das Königliche Provinzial-Schulkollegium eine Bestallung auszufertigen, in welcher die Ernennung zum „Oberlehrer“ ausgesprochen wird. Bei den nichtstaatlichen Anstalten t von der Patronatsbehörde eine Bestallung auszufertigen, in welcher die Berufung zum „Oberlehrer einer höheren Schule des Patronatsbereichs“ ausgesprochen wird. Dieselbe wird geeignetenfalls von dem Königlichen Provinzial-Schulkollegium mit dem Bestätigungsvermerke versehen; sodann wird in der Ueberfendungsverfügung die Genehmigung zur Anstellung an derjenigen Schule

ertheilt, für welche der bestätigte Oberlehrer von der Patronatsbehörde gewählt worden ist. Dieses mit den Vorschriften für die eigentlichen Staatsbeamten übereinstimmende Verfahren bezweckt die Verwendung des Lehrers an jeder höheren Schule, gleichviel welcher Art, zu sichern, was namentlich bei Neuerrichtung von sechsklassigen Anstalten durch das betreffende Patronat von Wichtigkeit sein kann.

2) Die Führung der Amtsbezeichnung „Professor" hat die Ernennung zum Professor oder die Bestätigung als solcher durch den Unterrichtsminister zur Voraussetzung.

Nach dem Allerhöchsten Erlasse ist einem Drittheile der Oberlehrer die Amtsbezeichnung „Professor" zu verleihen. Hierbei handelt es sich um den dritten Theil sämmtlicher Oberlehrer, welche an den zum diesseitigen Amtsbereiche gehörenden öffentlichen höheren Lehranstalten angestellt sind, gleichviel ob diese Lehranstalten dem staatlichen, stiftischen oder städtischen Patronate angehören. Bedingung der Verleihung ist die Befähigung hierzu im Sinne der Vorschriften, welche in der Cirkular-Verfügung vom 2. Juli d. Js. — U. II. 1229 — S. 3 (Centrbl. S. 635) für die Gewährung der festen Zulage von 900 *M* gegeben sind.

Die Ernennung zum Professor erfolgt der Regel nach durch ein hier auszufertigendes Patent.

Die Bestätigung der Verleihung des Professortitels kommt nur ausnahmsweise in Betracht, insofern der Professortitel mit einer bestimmten Zahl von Stellen an Schulen auch nichtstaatlichen Patronates verbunden ist, deren Inhaber als solche ihn nach der bisherigen Verfassung der Anstalt führen (cfr. die Bemerkung in Wiese-Kübler Verordnungen und Gesetze II. S. 105). In diesen Fällen ist mit dem Nachweise hierfür die Bestätigung der in diese Stellen zu Berufenden bei dem Unterrichtsminister nachzusuchen.

3) Für das Verfahren bei der Ernennung zum Professor sind bis auf Weiteres die nachstehenden Grundsätze maßgebend:

a. Die Feststellung der Zahl erfolgt für jede Provinz nach Maßgabe der an sämmtlichen dortigen höheren Schulen einschließlich der Nichtvollanstalten vorhandenen fest angestellten wissenschaftlichen Lehrer und zwar bis zu einem Drittheil derselben. Hierbei sind, gemäß dem unter 2 Gesagten, die Lehrer an den nichtstaatlichen Schulen ebenso in Betracht zu ziehen, wie die der staatlichen. Sollte die Zahl der Lehrer des dortigen Bereiches durch drei nicht theilbar sein, so ist für die überschießende Zahl zwei ein Professorprädikat zu rechnen, die Zahl eins aber außer Betracht zu lassen.

Ich bemerke beiläufig, daß nach einer allgemeinen Zusammenstellung, die selbstredend nicht dauernd Geltung hat, rund 5000 wissenschaftliche Lehrerstellen in der Monarchie vorhanden sind. Es wird also die Zahl der Professoren künftig etwa 1670 betragen.

b. Die Vorschläge, betreffend die Verleihung des Professortitels an die im Sinne des §. 2 hierfür geeigneten Oberlehrer haben unter grundsätzlicher Berücksichtigung des Dienstalters von dem Zeitpunkte der ersten festen Anstellung ab zu erfolgen. — Eine mäßige Zahl von den auf jede Provinz entfallenden Patenten, deren nähere Bestimmung auf Grund der von den Provinzial-Schulkollegien demnächst einzureichenden Aufstellungen erfolgen wird, bleibt zur Verfügung des Unterrichtsministers, um besonders bewährte Schulmänner auszuzeichnen.

Aus der grundsätzlichen Berücksichtigung des Dienstalters von dem Zeitpunkte der ersten Anstellung ab folgt, daß keiner höheren Lehranstalt eine bestimmte Zahl von Professoren zukommt, daß vielmehr die Vertheilung der durch den Professortitel ausgezeichneten Oberlehrer auf die einzelnen Schulen eine ungleichmäßige und wechselnde sein kann. Es ergiebt sich hieraus ferner, daß weder der Zeitpunkt, zu welchem ein Oberlehrer nach der bisherigen Besoldungsordnung eine etatsmäßige Oberlehrerstelle erhalten hat, noch derjenige, seit welchem er innerhalb des neuen Normal-Etats die pensionsfähige Zulage von 900 *M* bezieht, bei den Vorschlägen zur Verleihung des Professortitels in Betracht kommt. Es soll das vielfach unverschuldete Zurückbleiben im Aufrücken, wie es mit der bisherigen Einrichtung von Anstaltsgemeinschaften zusammenhing, ohne Folge bleiben für die Erlangung des Professortitels und es sind Oberlehrer, insofern sie nach ihrem Dienstalter und nach ihrer Befähigung im Sinne des §. 2 in Betracht kommen, zur Verleihung des Professortitels vorzuschlagen, selbst wenn sie eine etatsmäßige Oberlehrerstelle noch nicht bekleidet haben oder die pensionsfähige Zulage von 900 *M* noch nicht beziehen. Nach dem vorbezeichneten Grundsatze ist der Professortitel nicht bloß bei der bevorstehenden Ordnung der Titel- und Rangverhältnisse, sondern auch in Zukunft zu verleihen. Es ist dies namentlich im Hinblick auf die Verhältnisse der nichtstaatlichen Anstalten geboten, bei denen es in Folge der Beschränkung der festen Zulagen von 900 *M* auf den Bereich der einzelnen Anstalt oder auf die Anstalten eines Patronatsbereiches leicht geschehen kann, daß die Lehrer die pensionsfähige Zulage von 900 *M* früher oder später erhalten, als die Lehrer an den staatlichen und den unter Staatsverwaltung stehenden Schulen.

c. Beim Ausscheiden eines Professors aus dem Dienste ist an seiner Stelle für die Verleihung des Charakters als Professor immer der nächste dienstälteste Oberlehrer ins Auge zu fassen. Sollte dieser dem Königlichen Provinzial-Schulkollegium dafür nicht geeignet erscheinen, so ist über die zeitweise oder dauernde Nichtberücksichtigung desselben rechtzeitig vor Erstattung des unter d nachstehend vorgeschriebenen Sammelberichtes eingehend zu berichten.

d. Zur Vermeidung vielfachen Schreibwerks ist nicht bei jedem einzelnen Erledigungsfalle zu berichten, sondern es sind halbjährlich zum 1. Mai und 1. November jeden Jahres Sammelberichte in Tabellenform zu erstatten, in welchen die Gesammtzahl der dem dortigen Bereich angehörenden Oberlehrerstellen, der vorhandenen Professoren, sowie die Zahl der hiernach zu verleihenden Professorprädikate, abzüglich der zur Verfügung des Unterrichtsministers verbleibenden, anzugeben und die dienstältesten Oberlehrer, deren Ernennung in Frage kommt, namentlich anzuführen sind.

4) Die Verleihung des persönlichen Ranges als Rath vierter Klasse ist für die Hälfte der Professoren und für die Leiter der Nichtvollanstalten zugelassen, sofern sie ein Dienstalter von mindestens zwölf Jahren seit der Beendigung des Probejahres zurückgelegt haben, und bleibt Sr. Majestät dem Könige vorbehalten. Für die Auswahl unter den Professoren und für die Erstattung von Sammelberichten finden die oben unter 3 c und d gegebenen Vorschriften entsprechende Anwendung.

Die Zahl der für die Erwirkung der vierten Rangklasse in Aussicht zu nehmenden Leiter von Nichtvollanstalten ist zwar nicht ausdrücklich beschränkt, doch soll die Verleihung nur „gegebenenfalls", also nur bei dem Vorhandensein gewichtiger Gründe hierfür zugleich mit der Ernennung zum Direktor erfolgen; sie wird aber bei ausreichendem Dienstalter überall da von dem Königlichen Provinzial-Schulkollegium zu beantragen sein, wo besondere Verhältnisse dafür sprechen, z. B. wenn an der Anstalt ein Professor vorhanden ist, der der vierten Rangklasse angehört oder in kurzer Frist dazu befördert werden soll.

Jedenfalls ist darauf zu achten, daß die Leiter der Nichtvollanstalten in dieser Beziehung nicht schlechter stehen als die Professoren des dortigen Bereiches; jene sind daher, sofern nicht etwa andere besonders hervorzuhebende Bedenken vorliegen, für die Erwirkung der vierten Rangklasse spätestens mit dem Zeitpunkte in Vorschlag zu bringen, in welchem die Professoren von gleichem Dienstalter, von dem Zeitpunkte der ersten Anstellung ab gerechnet, dazu in Aussicht genommen werden, und zwar hat dies zu geschehen, auch wenn dabei der größte Theil oder alle Leiter solcher Anstalten der vierten Rangklasse theilhaftig werden sollten.

5) Für die jetzige Regelung der Angelegenheit erwarte ich

Bericht zum 1. November d. J. bezüglich der Zahl der dorthin entfallenden Professorpatente und der Verleihung sowohl des Amtscharakters „Professor“ und „Direktor“, als auch der vierten Rangklasse. Diejenigen Personen, für welche zugleich die Verleihung der neuen Amtsbezeichnung und die Rangerhöhung in Frage kommt, sind besonders aufzuführen.

Ueber die vor dem 1. November d. J. in den Ruhestand tretenden Personen, welche für die Verleihung des Amtscharakters „Professor“ oder „Direktor“ oder der vierten Rangklasse in Betracht kommen, ist noch vor ihrem Ausscheiden aus dem Dienste zu berichten.

Ich mache schließlich darauf aufmerksam, daß künftig die Oberlehrer, soweit sie von dem Königlichen Provinzial-Schulkollegium ernannt bezw. bestätigt sind, im Falle eines Disciplinarvergehens nicht mehr wie bisher vom Disciplinargerichtshofe für nichtrichterliche Beamte, sondern von dem Königlichen Provinzial-Schulkollegium abzuurtheilen sind.

Das Königliche Provinzial-Schulkollegium hat hiernach die Regelung der vorstehenden Angelegenheit alsbald in die Wege zu leiten.

Der Minister der geistlichen ꝛc. Angelegenheiten.
Bosse.

An
sämmtliche Königliche Provinzial-Schulkollegien.
U. II. 1593. G. III.

Auf den Bericht des Staatsministeriums vom 11. d. M. bestimme Ich hierdurch, daß: 1) die Leiter der dem Unterrichtsministerium unterstellten höheren Lehranstalten von geringerer als neunjähriger Kursusdauer d. h. der Progymnasien, Realprogymnasien, Realschulen und höheren Bürgerschulen künftig die Amtsbezeichnung „Direktor“ führen und zur fünften Rangklasse der höheren Provinzial-Beamten gehören, aber gegebenenfalls zur Verleihung des persönlichen Ranges als Räthe vierter Klasse in Vorschlag gebracht werden können, sofern sie eine zwölfjährige Schuldienstzeit von der Beendigung des Probejahres ab zurückgelegt haben; 2) daß die wissenschaftlichen Lehrer aller nachbenannten höheren Unterrichtsanstalten: der Gymnasien, Realgymnasien, Oberrealschulen, Progymnasien, Realprogymnasien, Realschulen und höheren Bürgerschulen die Amtsbezeichnung „Oberlehrer“ führen und der fünften Rangklasse der höheren Provinzial-Beamten angehören, daß ferner einem Theile derselben bis zu einem Drittheil der Gesammtzahl der Charakter „Professor“ und der Hälfte der Professoren der Rang der Räthe vierter Klasse verliehen werden kann, sofern sie eine zwölfjährige Schuldienstzeit von der Beendigung des Probejahres ab zurückgelegt haben; 3) die Ernennung und bei nichtstaatlichen oder nicht vom Staate verwalteten höheren Lehranstalten die Bestätigung der zu 1 bezeichneten Leiter höherer Unterrichtsanstalten, desgleichen die Verleihung der vierten Rangklasse an dieselben sowie an die zu 2 bezeichneten Professoren Mir vorbehalten bleibt; 4) die Ernennung bezw. Bestätigung der Professoren an den höheren Unterrichtsanstalten, soweit dieselbe nicht in geeigneten Fällen von Mir erfolgt, dem Minister der geistlichen, Unterrichts- und Medizinal-Angelegenheiten zusteht; 5) die Ernennung bezw. Bestätigung der Oberlehrer durch die Provinzial-Schulkollegien erfolgt. Die entgegenstehenden älteren Bestimmungen werden hierdurch abgeändert bezw. aufgehoben. Dieser Erlaß ist durch die Gesetzsammlung bekannt zu machen.

Marmor-Palais, den 28. Juli 1892.

Wilhelm R.

Graf zu Eulenburg. von Boetticher. Herrfurth. von Schelling. Freiherr von Berlepsch. Miquel. von Kaltenborn. von Heyden. Thielen. Bosse.

An
das Staatsministerium.

---

121) Anrechnung des Probejahres als volles Dienstjahr bei Festsetzung der Pensionen von Lehrern an höheren Unterrichtsanstalten.

Berlin, den 5. September 1892.

Es sind Zweifel darüber entstanden, wie bei Festsetzung der Pensionen von Lehrern an höheren Unterrichtsanstalten das von den ersteren abgeleistete Probejahr im Sinne des §. 14 Nr. 5 des Pensionsgesetzes vom 27. März 1872 — G. S. S. 268 — zu berechnen ist, insbesondere, welcher Tag bei den allgemein zur Bezeichnung des Beginns des Probejahrs gebräuchlichen Zeitbenennungen „Ostern u. s. w.“ der Berechnung der pensionsfähigen Dienstzeit zu Grunde zu legen ist.

Zur Herbeiführung eines gleichmäßigen Verfahrens bestimme ich deshalb im Einverständnisse mit dem Herrn Finanzminister, daß bei Feststellung der pensionsfähigen Dienstzeit der Lehrer an höheren Unterrichtsanstalten das mit einem Schuljahre zusammenfallende Probejahr unabhängig von seiner thatsächlichen Dauer als volles Dienstjahr anzurechnen ist, gleichviel, ob dasselbe, je nach der Lage zweier aufeinander folgender Osterfeste, einige Tage mehr oder weniger als den Zeitraum eines Kalenderjahres umfaßt hat.

In Uebereinstimmung hiermit sind in den Pensionsnachweisungen bei Begründung der Dauer der Dienstzeit die ungenauen Zeitangaben „Herbst" (Michaelis), „Ostern" zu vermeiden und die Probejahre stets als vom 1. April bis zum 1. April oder vom 1. Oktober bis 1. Oktober u. s. w. laufend anzugeben.

Der Minister der geistlichen ꝛc. Angelegenheiten.
Bosse.

An
sämmtliche Königliche Provinzial-Schulkollegien.
U. II. 12354.

---

122) Grundsätze für die Aufrechterhaltung der Sauberkeit an den höheren Schulen ꝛc. im Aufsichtsbezirke des Königlichen Provinzial-Schulkollegiums zu Cassel vom 25. November 1890.

§. 1.

Die Reinigung der Klassenzimmer und des Zeichensaals erfolgt:

a. wöchentlich mindestens zweimal (am Mittwoch- und Sonnabend-Nachmittag) gründlich durch Auskehren, und zwar, um das Aufwirbeln des Staubes zu vermeiden, nachdem der Fußboden reichlich mit ausgestreuten nassen Sägespähnen, oder mit nassem Torfmull oder nasser Lohe bedeckt worden ist. Zum Anfeuchten ist warmes Wasser zu verwenden.

Außerdem sind

b. alljährlich mindestens viermal gründliche Haupt-Reinigungen vorzunehmen, und zwar, was auch bei allen übrigen Räumen gilt, bei geöltem Fußboden und bei Parket-Fußboden mit warmem Wasser, Seife und Scheuertuch, bei nicht geöltem Fußboden mit warmem Wasser, Sand, Seife und Schrubber bezw. Bürste. Zuvor ist von den Decken und Wänden, wenn dieselben nicht frisch geweißt beziehungsweise gefärbt sind, der Staub abzukehren. Getäfel und Mobiliar sind mit warmem Wasser und Seife abzuwaschen; ebenso die Fenster auf der Innen- und Außenseite. Auch sind Thürgriffe, Beschläge ꝛc. fachgemäß zu reinigen und zu putzen.

c. Ein Abwischen des Staubes von den Tischen und Bänken, den Bücherplätzen der Schüler unter den Pulten, von den

Schränken ꝛc. sowie die Entfernung des Staubes aus den Ofenkacheln hat mit feuchten Tüchern, von Außentheilen eiserner Oefen mit trockenem Tuche an jedem Mittwoch und an jedem Sonnabend mit aller Gründlichkeit und Sorgfalt zu erfolgen.

§. 2.

Die Reinigung der Bibliothek-Räume und des physikalischen Kabinets hat nach den im §. 1 angegebenen Grundsätzen stattzufinden, und zwar unter Aufsicht des Bibliothekars beziehungsweise der betr. Fachlehrer

a. viermal jährlich gründlich (Scheuern),
b. monatlich einmal durch feuchtes Aufziehen.

Bei den Hauptreinigungen sind nicht nur die unter §. 1 b 2. Absatz erwähnten Verrichtungen vorzunehmen, sondern es bleiben unter der vorgedachten Aufsicht auch die Apparate zu reinigen; ferner ist der Staub aus den Gefächern der Repositorien mit feuchten Tüchern auszuwischen, worauf mit einem trockenen Tuche nachzuwischen ist.

§. 3.

Flure, Gänge und Treppen sind

a. wöchentlich mindestens einmal gründlich zu waschen beziehungsweise zu scheuern und
b. an den übrigen Wochentagen mit nassen Sägespähnen oder dergleichen ordentlich zu kehren.
c. Das Abkehren der Decken und Wände, das Abwaschen des Holzwerks, das Putzen der Fenster, Griffe und Beschläge erfolgt nach Bedürfnis, namentlich in gründlicher Weise bei den großen Reinigungen des ganzen Anstalts-Gebäudes (§. 1 b).

§. 4.

Die Aula ist wöchentlich mindestens einmal mit nassen Sägespähnen ꝛc. zu kehren, außerdem aber mehrere Tage vor jeder Schulfeier gründlich aufzuwaschen. Stühle, Bänke, Büsten, Kronleuchter, Lampen, nicht minder Heizanlagen, Oefen, Beschläge ꝛc. sind jederzeit staubfrei bezw. sauber zu erhalten. Nach Bedürfnis, mindestens vierteljährlich einmal, sind auch die Fenster zu putzen und die Wände sorgfältig abzukehren.

§. 5.

Die Dielenböden der Turnhallen sind wöchentlich mindestens einmal gründlich zu scheuern und täglich, d. h. nach jedem Gebrauche, mit nassen Sägespähnen ꝛc. gründlich auszukehren, wofür auch nasses Aufziehen angeordnet werden kann.

Bei allen diesen Reinigungen ist der Staub von den Wänden abzukehren und von den Geräthen rc. mit nassen Tüchern, von den Außentheilen eiserner Oefen mit trockenem Tuche abzunehmen. Alle vierzehn Tage werden die Fenster geputzt.

§. 6.

Hofraum und Turnplatz sind täglich zu reinigen, auch bei heißem Wetter während der Schulzeit thunlichst mit Wasser zu besprengen.

§. 7.

Vorhänge beziehungsweise Rouleaux sind in sachgemäßer Weise zu reinigen und staubfrei zu erhalten; mindestens einmal jährlich sind sie abzunehmen und gründlich zu reinigen, event. zu waschen.

Bemerkung: Nach ärztlichem Gutachten empfehlen sich als Schutzvorrichtungen gegen Sonnenlicht am meisten Zug-Vorhänge von grauer, durchscheinender Leinwand, die an eisernen Stangen über den Fenstern anzubringen sind und zur Seite gezogen werden können.

§. 8.

Das Reinigen der Schornsteine, der Heizanlagen beziehungsweise der Oefen hat so oft zu geschehen, daß eine Belästigung durch Rauch und Rußtheile rc. nicht stattfindet.

§. 9.

Aborte und Pissoirs müssen stets sehr sauber und soweit thunlich geruchfrei gehalten werden.

Wo Wasserspülungen nicht vorhanden sind, hat in nicht zu langen Zwischenräumen — mindestens alle Vierteljahr — Abfuhr der Latrinenstoffe stattzufinden. Auch sind von Zeit zu Zeit Desinfektionen der Aborte vorzunehmen.

§. 10.

Es ist darauf Bedacht zu nehmen, daß die Wände und Decken in den Schulräumen, namentlich in den Klassenzimmern, wenn nicht alljährlich, so doch ein um das andere Jahr frisch getüncht werden.

§. 11.

Die Fußböden sind womöglich jährlich, jedenfalls aber ein um das andere Jahr mit einem guten Firniß-Oelanstrich zu versehen.

Bemerkung: Schlechte Fußböden müssen baldmöglichst erneuert werden. Dabei ist darauf zu achten, daß nicht weiches Holz und zu schmale Bretter zur Verwendung kommen. Weiches

Holz splittert leicht ab und macht einen haltbaren und dauerhaften Firnißanstrich zur Unmöglichkeit. Dasselbe saugt außerdem die Nässe begierig ein und trocknet sehr schwer. Zu schmale lattenartige Dielen vermehren unnöthigerweise die Ritzen. Am geeignetsten scheinen eichene Riemenböden zu sein, auf welche sich auch Schulbänke der neueren erprobten Systeme, wie z. B. die Frankenthaler Normal-Schulbank (Lickroth), dauerhaft anschrauben lassen.

§. 12.

Nach dem Gutachten, welches dem Cirkular-Erlasse des Herrn Unterrichts-Ministers vom 11. April 1888 — U. II. No. 8891 — beigefügt ist — mitgetheilt durch unsere Cirkular-Verfügung vom 3. Mai v. J. (S. 1965) —, betr. die Beschaffung zweckentsprechender Schulbänke, dürfen, behufs der leichteren Reinigung der Klassen, an den Schulbänken Tischplatten zum Auf- oder Ueberklappen eingerichtet werden.

Im Interesse der Erhaltung der Sauberkeit in den Klassenzimmern wird bei Beschaffung neuer Subsellien mit eisernen Gestellen jene Einrichtung neben den beweglichen Sitzen zur Regel zu machen sein.

Schulbänke, welche am Boden oder etwas über demselben Querleisten oder Bretter haben, erschweren das Ausfegen und Feuchtaufziehen der Klassen.

§. 13.

Die Schüler werden mit Strenge und Konsequenz anzuhalten sein, vor dem Betreten des Schulgebäudes und der Klassenzimmer ihre Fußbekleidung zu reinigen und die Vorschriften zu befolgen, welche ihnen zur Erhaltung der Reinlichkeit und Ordnung zu geben sind.

Cassel, den 25. November 1890.

Königliches Provinzial-Schulkollegium.
Graf zu Eulenburg.

---

123) Das Turnwesen bei den höheren Lehranstalten.

Die vielfachen Veränderungen, welche auf dem Gebiete des Turnwesens bei den höheren Lehranstalten der Monarchie seit den im Jahre 1882 darüber angefertigten, dann 1890 zum Theil zeitgemäß berichtigten Zusammenstellungen eingetreten sind, ließen es — besonders auch mit Rücksicht auf die Forderungen, welche die neuen Lehrpläne vom 6. Januar d. J. an den Umfang und en Betrieb des Turnunterrichtes stellen — der Unterrichtsver- waltung geboten erscheinen, von neuem genaue Erhebungen über essen thatsächlichen Zustand an jeder einzelnen der genannten Schulen zu veranstalten. Zu dem Zwecke wurde den Anstalts- itern die Ausfüllung von Fragebogen aufgegeben, in denen sie ezüglich ihrer Schule bestimmte Auskunft über diejenigen Punkte 1 geben hatten, deren Klarstellung für die Unterrichtsverwaltung us einem oder dem anderen Grunde von Werth war. Nach- em die ausgefüllten Fragebogen mit den von den Provinzial- ufsichtsbehörden geprüften Angaben im August d. J. im Un- richtsministerium eingegangen und aus diesen dort Zusammen- ellungen für die einzelnen Provinzen und die gesammte Monarchie ngefertigt worden sind, kann über das Ergebnis der Erhebun- en, soweit es sich kurz zusammenfassen läßt und allgemeineres nteresse beanspruchen dürfte, Folgendes mitgetheilt werden.

Die 522 höheren Lehranstalten, die unter der Aufsicht der 2 Provinzial-Schulkollegien stehen, wurden zur Zeit der Um- age mit Ausschluß der Vorschulklassen von insgesammt 140285 chülern besucht. Von diesen waren 9079, also nicht ganz 6 %, vom Turnunterrichte überhaupt befreit, und zwar 6891 f Grund eines ärztlichen Zeugnisses, 2188 aus anderen Grün- n, während 1612, also 1,1 %, an einzelnen Uebungsarten nicht heil nahmen. In den einzelnen Provinzen stellt sich der Pro- ntsatz der vom Turnen überhaupt befreiten Schüler folgender- aßen: Hannover 3,6, Hessen-Nassau 4,7, Schleswig-Holstein 5, stpreußen 5,3, Schlesien 6, Posen 6,2, Brandenburg 6,7, Rhein- ovinz 6,9, Pommern 7,1, Sachsen 7,2, Westfalen 8,5, West- eußen 9,7; der Prozentsatz der an einzelnen Uebungsarten nicht ilnehmenden Schüler bleibt in fünf Provinzen unter 1 und ht in den sieben anderen zwischen 1 und 1,5. Im Ganzen gt dies Ergebnis gegenüber den in den Jahren 1882 und 90 ermittelten Zahlen einen nicht geringen Fortschritt. Daß er im Einzelnen in dieser Beziehung noch Manches zu wün- en bleibt, wird durch die Thatsache erwiesen, daß an einer ihe von höheren Lehranstalten, besonders in den großen ädten, die Zahlen der nicht turnenden Schüler noch immer zu ch sind und zu denen anderer Schulen — sogar an demselben te — in keinem richtigen Verhältnisse stehen. So gehen sie neben verschwindend kleinen Zahlen — in Sachsen an einer stalt bis zu 21,8 %, in der Rheinprovinz bis zu 22,7 %, in stpreußen bis zu 26,5 %, in Berlin bis zu 30 %, in West- en bis zu 32,4 %. Allerdings bereiten in den meisten dieser lle die örtlichen Verhältnisse der Theilnahme entfernt wohnender Schüler am Turnunterrichte besondere Schwierigkeiten, deren Ueberwindung zu erstreben bleibt.

Für das Turnen im Freien stehen bei 289 Anstalten Turnplätze zur Verfügung, von denen etwa die Hälfte unmittelbar bei dem Schulhause liegt; bei 207 Anstalten können dazu Schulhöfe benutzt werden, deren Größe und Ausstattung freilich mehrfach nur die Vornahme einzelner Uebungsarten und Gruppen gestattet. Die Möglichkeit, den Turnunterricht, wie es bei günstigem Wetter in der Regel geschehen soll, im Freien abzuhalten, ist also bei etwa 5 % der Anstalten noch nicht gewonnen. Die Zahl der Turnhallen hat sich seit dem Jahre 1882 erheblich gehoben; zur Zeit kann bei 472 höheren Lehranstalten in einer Halle geturnt werden. Allerdings entsprechen von diesen Hallen nicht wenige nur bescheidenen Ansprüchen, manche auch überhaupt nicht mehr den gesteigerten Anforderungen der neuen Lehrpläne, bei deren Vorschrift, daß jeder Schüler wöchentlich drei Turnstunden haben soll, unter Umständen unvermeidlich werden kann, daß die Turnhalle auch von zwei Abtheilungen gleichzeitig benutzt wird. Von diesen 472 Anstalten haben 309 eigene Turnhallen, und zwar 282 solche in unmittelbarer Nähe des Schulhauses; dagegen müssen sich 163 in die Benutzung der Turnhalle mit anderen Schulen theilen, und bei 128 von ihnen bereitet deren entfernte Lage noch besondere Schwierigkeiten für den gesammten Unterrichtsbetrieb. Bei der kleineren Hälfte der Anstalten, die über eine Turnhalle noch nicht verfügen, wird im Winter in einem anderweitigen geschlossenen Raume geturnt, ganz ausfallen muß aber der Turnunterricht im Winter noch an 26 (meist kleineren) öffentlichen höheren Schulen, von denen allein 10 auf die Rheinprovinz kommen. Die Zahl der Anstalten ohne Winterturnen belief sich im Jahre 1882 noch auf etwa 80.

Während an den 522 Anstalten im Sommer d. J. insgesammt 5479 getrennt zu unterrichtende Schulklassen bestanden, waren aus den 131206 am Turnen theilnehmenden Schülern im Ganzen 2923 Turnabtheilungen von sehr verschiedener Stärke gebildet, auf die — von den besonderen Vorturnerstunden abgesehen — im Ganzen 7638 wöchentliche Turnstunden kamen. Die jetzt vorschriftsmäßigen drei wöchentlichen Turnstunden für alle Schüler waren bereits bei 364 Anstalten eingerichtet, während 158 damit noch im Rückstande waren (vergl. Erläuterungen und Ausführungsbestimmungen zu den neuen Lehrplänen unter 13). Auch den in den neuen Lehrplänen hinsichtlich der Gestaltung des Turnunterrichtes auf der Unter- und Mittelstufe einerseits und der Zulässigkeit des Riegenturnens auf der Oberstufe andererseits enthaltenen Vorschriften konnte aus äußeren Gründen bisher nur zum Theil entsprochen werden; eine gleichmäßige Regelung des Turnbetriebes in dieser Beziehung wird dem nächsten Schuljahre vorzubehalten sein.

Mit Turnunterricht betraut sind zur Zeit etwa 1240 Lehrer (gegen etwa 870 im Jahre 1882 und 1080 im Jahre 1890); eine ganz genaue Angabe ist deshalb unmöglich, weil in größeren Städten mehrfach dieselben Lehrer an mehreren Anstalten Turnunterricht zu ertheilen haben, und so dieselben Personen an verschiedenen Stellen unter den Turnlehrern mitgezählt wurden. Von der Gesammtzahl der Turnunterricht ertheilenden Lehrer waren 1064 Lehrer der Anstalt selbst (674 mit akademischer, 390 mit seminaristischer Bildung), während die übrigen etwa 170 als dem Lehrkörper nicht angehörige Hilfskräfte bezeichnet werden. Ein besonderes Zeugnis über ihre Vorbildung für den Turnunterricht, sei es durch Theilnahme an einem Kursus der Turnlehrerbildungsanstalt, sei es durch Ablegung der Turnlehrerprüfung, besitzen von den erstgenannten 1064 Lehrern 701, von den letztgenannten Turnlehrern etwa sechs Siebentel. Die Zahl der akademisch gebildeten Lehrer, die auch Turnunterricht ertheilen, ist im Laufe der Jahre, zwar nicht gleichmäßig in den verschiedenen Provinzen, aber im Ganzen recht erheblich gestiegen, und obwohl neuerdings wieder in Folge der neuen Lehrpläne hier und dort auch Lehrer mit Turnunterricht betraut worden sind, die ein Turnlehrerzeugnis bisher noch nicht erworben haben, ist doch der Prozentsatz solcher von 41,3 % im Jahre 1882 jetzt schon auf 31,1 % zurückgegangen. Es darf gehofft werden, daß die Einrichtung von halbjährigen Kursen zur Ausbildung von Turnlehrern außer in Berlin auch in Halle, Breslau, Königsberg i. Pr. und Bonn darin noch weitere Fortschritte herbeiführen wird.

Für den Betrieb von Jugendspielen sind bei der überwiegenden Mehrzahl der Anstalten besondere Stunden angesetzt; nur in den Provinzen Posen, West- und Ostpreußen sind die Anstalten mit derartigen Einrichtungen noch in der Minderheit. Die Pflege der Jugendspiele ist aber an den einzelnen Schulen, was die Zahl der ihr gewidmeten Stunden, die für diese seitens der Schule getroffenen Anordnungen, die Betheiligung der Schüler nach Zahl und Alter u. s. w. anlangt, so verschieden, daß darüber eine zusammenfassende Angabe zur Zeit noch nicht möglich ist. Thatsache ist, daß erfreulicher Weise der hohe Werth der Bewegungsspiele für die Erfrischung und Kräftigung der Jugend immer mehr anerkannt wird.

Gelegenheit, das Schwimmen zu erlernen und zu üben, haben die Schüler von 457 Anstalten. Daß Lehrer der Schule selbst den Schwimmunterricht ertheilen, ist freilich verhältnismäßig selten; wohl aber bestehen bei 73 Anstalten zu den diesem Zwecke dienenden Einrichtungen irgend welche bestimmte Beziehungen. Für die Schüler von 65 Anstalten ist leider durch die örtlichen Verhältnisse die Möglichkeit, das Schwimmen zu erlernen oder zu üben, ausgeschlossen.

Was schließlich die Vereinigungen von Schülern zur Pflege des Turnens, des Turnspieles und verwandter Leibesübungen betrifft, so bestehen solche mehr in den westlichen als in den östlichen Provinzen. Nach den Angaben, die darüber von den einzelnen Anstalten gemacht worden sind, waren im Ganzen 7[illegible] Schülerturnvereine vorhanden, aus deren Mitgliedern meist die Vorturner für das Riegenturnen genommen wurden und die dadurch auch für den gesammten Turnbetrieb der betreffenden Anstalt nutzbar gemacht werden konnten. An 12 Anstalten bestanden Rudervereine, an einigen zwanzig Vereinigungen für Bewegungsspiele, darunter 17 zur Pflege des Fußballspieles.

D. Schullehrer- und Lehrerinnen-Seminare ꝛc., Bildung der Lehrer und deren persönliche Verhältnisse.

124) Die Bestimmungen unter Nr. 6 des Erlasses vom 5. Juni 1892 — U. III. 892. G. III. — haben auf die Fälle der Berufung von Lehrern ꝛc. an nichtstaatlichen höheren Unterrichtsanstalten oder an Volks- und Mittelschulen in den Seminardienst keine rückwirkende Kraft.

Berlin, den 24. September 1892.

Auf den Bericht vom 27. August d. J. erwidere ich dem Königlichen Provinzial-Schulkollegium, daß dem Antrage Desselben, bei Bemessung des Gehalts des Seminarlehrers N. zu N. dessen frühere Dienstzeit bei der städtischen höheren Mädchenschule zu N. anzurechnen, nicht entsprochen werden kann. Wenn unter Nr. 6 des Erlasses vom 5. Juni d. J. — U. III. 892. G. III. — (Centrbl. S. 658) der Fall vorgesehen ist, daß bei Berufung von Lehrern ꝛc. an nichtstaatlichen höheren Unterrichtsanstalten oder an Volks- und Mittelschulen in den Seminardienst den Berufenen von Beginn an unter Anrechnung früherer Dienstzeit ein höheres als das Anfangsgehalt der betreffenden Lehrerkategorie mit ministerieller Genehmigung gewährt werden kann, so hat diese Bestimmung keine rückwirkende Kraft. Die Anrechnung der Dienstzeit als Seminar-Hilfslehrer ist von vornherein ausgeschlossen.

Das Königliche Provinzial-Schulkollegium wolle den N. hiernach auf sein wieder beifolgendes Gesuch vom 18. Juli d. J. in meinem Namen ablehnend bescheiden.

Der Minister der geistlichen 2c. Angelegenheiten.
Im Auftrage: Schneider.

An
das Königliche Provinzial-Schulkollegium zu N.
U. III. 8864.

125) Kursus zur Ausbildung von Turnlehrerinnen im Jahre 1893.

Zur Ausbildung von Turnlehrerinnen wird auch im Jahre 1893 ein etwa drei Monate währender Kursus in der Königlichen Turnlehrer-Bildungsanstalt in Berlin abgehalten werden.

Termin zur Eröffnung desselben ist auf Donnerstag den 6. April k. J. anberaumt worden.

Meldungen der in einem Lehramte stehenden Bewerberinnen sind bei der vorgesetzten Dienstbehörde spätestens bis zum 15. Januar k. J., Meldungen anderer Bewerberinnen bei derjenigen Königlichen Regierung, in deren Bezirk die Betreffende wohnt, ebenfalls bis zum 15. Januar k. J. anzubringen.

Die in Berlin wohnenden in keinem Lehramte stehenden Bewerberinnen haben ihre Meldungen bei dem Königlichen Polizei-Präsidium hierselbst ebenfalls bis zum 15. Januar k. J. anzubringen.

Den Meldungen sind die in Nr. 4 der Aufnahmebestimmungen vom 24. November 1884 bezeichneten Schriftstücke geheftet beizufügen.

Berlin, den 6. Oktober 1892.

Der Minister der geistlichen 2c. Angelegenheiten.
Im Auftrage: Kügler.

Bekanntmachung.
U. III. B. 8459.

126) Turnlehrerprüfung im Jahre 1893.

Für die im Jahre 1893 in Berlin abzuhaltende Turnlehrerprüfung ist Termin auf Montag den 27. Februar k. J. und folgende Tage anberaumt worden.

Meldungen der in einem Lehramte stehenden Bewerber sind bei der vorgesetzten Dienstbehörde spätestens bis zum 1. Januar

k. J., Meldungen anderer Bewerber bei derjenigen Königlichen Regierung, in deren Bezirk der Betreffende wohnt, ebenfalls bis zum 1. Januar k. J. anzubringen. Nur die in Berlin wohnenden Bewerber, welche in keinem Lehramte stehen, haben ihre Meldungen bei dem Königlichen Polizei-Präsidium hierselbst bis zum 1. Januar k. J. einzureichen.

Die Meldungen können nur dann Berücksichtigung finden, wenn ihnen die nach §. 4 der Prüfungsordnung vom 22. Mai 1890 (Central-Bl. f. 1890 S. 603) vorgeschriebenen Schriftstücke ordnungsmäßig beigefügt sind.

Die über Gesundheit, Führung und Lehrthätigkeit beizubringenden Zeugnisse müssen in neuerer Zeit ausgestellt sein.

Die Anlagen jedes Gesuches sind zu einem Hefte vereinigt einzureichen.

Berlin, den 20. Oktober 1892.

Der Minister der geistlichen 2c. Angelegenheiten.
Im Auftrage: Kügler.

Bekanntmachung.
U. III. B. 8899.

---

127) Befähigungszeugnisse zur Ertheilung des Turnunterrichtes an öffentlichen Mädchenschulen.

In den im Monate April d. Js. in Magdeburg, im Monate Mai d. Js. in Breslau und im Monate Juni d. Js. in Berlin und Königsberg i. Pr. abgehaltenen Turnlehrerinnen-Prüfungen haben das Zeugnis der Befähigung zur Ertheilung von Turnunterricht an öffentlichen Mädchenschulen erlangt:

1) Andersek, Albertine, Zeichenlehrerin zu Breslau,
2) Bahnsen, Mathilde, in Steglitz,
3) Behrens, Marie, Handarbeitslehrerin in Magdeburg,
4) Black, Helene, Lehrerin in Berlin,
5) Brennekam, Margarethe, in Magdeburg,
6) Brock, Klara, Handarbeitslehrerin in Breslau,
7) Brown, Charlotte, Handarbeitslehrerin in Grünberg i. Schl.
8) Brucks, Marie, Handarbeitslehrerin in Magdeburg,
9) Burghart, Emilie, dsgl. daselbst,
10) Busch, Anna, Lehrerin in Berlin,
11) Cochius, Therese, in Magdeburg,
12) Dombernowsky, Katharina, in Spandau,
13) Dondorff, Bertha, in Breslau,
14) Drope, Elsbeth, Zeichenlehrerin in Königsberg i. Pr.,
15) Dühring, Martha, Lehrerin in Steglitz,

16) Dzialas, Gertrud, Handarbeitslehrerin in Breslau,
17) Eckler, Marie, dsgl. in Berlin,
18) Ellendt, Charlotte, dsgl. in Berlin,
19) Enke, Elisabeth, dsgl. in Magdeburg,
20) Fischer, Martha, dsgl. in Halle a. S.,
21) Frank, Emma, dsgl. in Stralsund,
22) Gewert, Ida, dsgl. in Königsberg i. Pr.,
23) Gleißberg, Erna, dsgl. in Magdeburg,
24) Glosl, Pauline, in Magdeburg,
25) Gluth, Emilie, Handarbeitslehrerin in Magdeburg-Buckau,
26) Grosche, Marie, dsgl. in Breslau,
27) Grüneberg, Gertrud, dsgl. in Berlin,
28) Günther, Gerta, Lehrerin in Charlottenburg,
29) Habelt, Gertrud, Handarbeitslehrerin in Breslau,
30) von Hanxleden, Luise, in Wehlheiden,
31) Haubensack, Lisbeth, in Königsberg i. Pr.,
32) Haym, Anna, wissenschaftliche Lehrerin im Adeligen Stifte in Breslau,
33) Heisler, Helene, Handarbeitslehrerin in Breslau,
34) Henke, Marie, Lehrerin in Königsberg i. Pr.,
35) Hentze, Marie, geb. Lohmann, Handarbeitslehrerin in Börde,
36) Hertel, Anna, dsgl. in Magdeburg,
37) Heyl, Erna, Lehrerin in Berlin,
38) Hintzke, Bertha, dsgl. daselbst,
39) Hooff, Rosa, dsgl. daselbst,
40) Hübener, Martha, Handarbeitslehrerin in Magdeburg,
41) Hülße, Elisabeth, dsgl. daselbst,
42) Johann, Amalie, dsgl. in Königsberg i. Pr.,
43) Kämmerer, Marie, dsgl. in Berlin,
44) Kalau vom Hofe, Gertrud, dsgl. in Gumbinnen,
45) Kanitz, Paula, dsgl. in Berlin,
46) Kauschmann, Martha, dsgl. daselbst,
47) Klatt, Anna, dsgl. in Schöneberg,
48) Knabe, Martha, dsgl. in Magdeburg,
49) Köppe, Anna, dsgl. in Halle a. S.,
50) Kollatz, Susanne, in Königsberg i. Pr.,
51) Kratochwill, Magdalena, Handarbeitslehrerin in Breslau,
52) Krauske, Marie, wissenschaftliche Lehrerin daselbst,
53) Krauthoff, Emma, Handarbeitslehrerin daselbst,
54) Krieger, Marie, in Königsberg i. Pr.,
55) Kuttig, Margarethe, Handarbeitslehrerin in Habelschwerdt,
56) Lackowitz, Ida, Lehrerin in Berlin,
57) Lange, Selma, Handarbeitslehrerin daselbst,
58) Libbert, Martha, dsgl. in Magdeburg,

59) Lichtenberger, Dorette, geb. Aereboe, Lehrerin in Berlin,
60) Lipproß, Margarethe, in Berlin,
61) Ludewig, Anna, Handarbeitslehrerin daselbst,
62) Lyß, Margarethe, dsgl. in Königsberg i. Pr.,
63) Maasch, Elisabeth, dsgl. in Dramburg,
64) Malitz, Edith, Lehrerin in Charlottenburg,
65) Meißner, Bertha, Handarbeitslehrerin in Magdeburg-Sudenburg,
66) Menzel, Alma, Lehrerin in Steglitz,
67) Mildner, Elisabeth, in Breslau,
68) Nagel, Klara, Handarbeitslehrerin in Magdeburg-Buckau,
69) Nebelung, Emilie Maria, Kindergärtnerin in Magdeburg,
70) Neugebauer, Margarethe, Handarbeitslehrerin in Berlin,
71) Niemann, Marie, in Lemsdorf,
72) Oehme, Martha, Handarbeitslehrerin in Halle a. S.,
73) Panten, Elisabeth, in Strehlen,
74) Passarge, Käthe, Lehrerin in Königsberg i. Pr.,
75) Peickert, Ida, Handarbeitslehrerin in Breslau,
76) Petersen, Anna, Zeichenlehrerin in Schleswig,
77) Pietsch, Hedwig, in Magdeburg-Sudenburg,
78) Pistorius, Anna, Lehrerin in Berlin,
79) Pitschke, Hedwig, Handarbeitslehrerin in Halle a. S.,
80) Plath, Emmy, dsgl. in Stralsund,
81) Pohl, Marie, wissenschaftliche Lehrerin zu Liegnitz,
82) Prescher, Elisabeth, Zeichenlehrerin in Breslau,
83) Presting, Bertha, in Königsberg i. Pr.,
84) Reinecke, Minna, in Neuhaldensleben,
85) Roegner, Gertrud, in Liegnitz,
86) Rotmann, Anna, Handarbeitslehrerin in Greifswald,
87) Rudnicki, Käthe, in Königsberg i. Pr.,
88) Sachse, Elwine, Lehrerin in Berlin,
89) Säuberlich, Brunhilde, Handarbeitslehrerin in Königsberg i. Pr.,
90) Scheele, Marie, in Cassel,
91) Schmidt, Elisabeth, Handarbeitslehrerin in Glatz,
92) Schrödter, Elise, geb. Krause, dsgl. in Berlin,
93) Schubert, Hedwig, dsgl. in Haynau,
94) Schultze, Mathilde, geb. Bernhardt, dsgl. in Sollstedt i. Thür.,
95) Schulze, Marie, in Magdeburg-Sudenburg,
96) Seidel, Hulda, wissenschaftliche und Handarbeitslehrerin in Trachenberg,
97) Seiffert, Meta, Lehrerin in Berlin,
98) Siebert, Marie, Handarbeitslehrerin in Cassel,

99) Siebert, Bertha, Lehrerin daselbst,
100) Siegfried, Anna, in Königsberg i. Pr.,
101) Siegmund, Bertha, Handarbeitslehrerin daselbst,
102) Sonnenburg, Margarethe, in Braunschweig,
103) Starcke, Helene, Handarbeitslehrerin in Landsberg a. W.,
104) Steinike, Hermine, Lehrerin in Berlin,
105) Stobbe, Hedwig, in Königsberg i. Pr.,
106) Stoige, Elsa, daselbst,
107) Süß, Elsbeth, Lehrerin in Berlin,
108) Thieme, Luise, in Cörbelitz,
109) Tischler, Gertrud, Handarbeitslehrerin in Liegnitz,
110) Uhle, Lydia, Lehrerin in Königsberg i. Pr.,
111) Vogell, Marie, Handarbeitslehrerin in Cassel,
112) Wagner, Marie, dsgl. in Halle a. S.,
113) Wolf, Gertrud, dsgl. in Lüben.

Berlin, den 30. August 1892.

Der Minister der geistlichen ꝛc. Angelegenheiten.
Im Auftrage: Schneider.

Bekanntmachung.
U. III. B. 2486. 1.

---

128) Befähigungszeugnisse zur Ertheilung von Turnunterricht an öffentlichen Schulen.

In den im Monate März d. Js. in Halle a. S., im Monate Mai d. Js. in Breslau und im Monate Juni d. J. in Königsberg i. Pr. abgehaltenen Turnlehrer=Prüfungen haben das Zeugnis der Befähigung zur Ertheilung von Turnunterricht an öffentlichen Schulen erlangt:

1) Abicht, Max, Gymnasiallehrer in Liegnitz,
2) Aßmann, August, Vorschullehrer in Königsberg i. Pr.,
3) Dr. phil. Asmus, Wilhelm, Studirender der Philologie in Halle a. S.,
4) Baumann, Otto, Schulamts=Kandidat in Königsberg i. Pr.,
5) Belzig, Ottomar, Studirender der Theologie in Halle a. S.,
6) Beneke, Ernst, Kandidat des höheren Schulamts in Halle a. S.,
7) Bergfeld, Karl, Lehrer in Halle a. S.,
8) Bernstein, Richard, Zeichenlehrer in Schönebeck a. E.,
9) Bocatius, Erich, Lehrer in Halle a. S.,
10) van den Bruck, Gustav, Studirender der Theologie daselbst,
11) van den Bruck, Hugo, dsgl.,
12) Busch, Wilhelm, Studirender der Philologie in Halle a. S.,
13) Busse, Wilhelm, Seminar=Hilfslehrer in Osterburg,

14) Dietrich, Heinrich, Lehrer in Magdeburg-Sudenburg,
15) Elden, Kurt, Kandidat des höheren Schulamts in Breslau,
16) Erdmann, Ferdinand, Schulamts-Kandidat in Königsberg i. Pr.,
17) Dr. Hecht, Rudolf, Realgymnasiallehrer daselbst,
18) Dr. Kalide, Georg, Kandidat des höheren Schulamts in Breslau,
19) Knüppel, Friedrich, Studirender der Philologie in Halle a. S.,
20) Körber, Traugott, Lehrer in Halle a. S.,
21) Kollberg, Johannes, wissenschaftlicher Hilfslehrer in Königsberg i. Pr.,
22) Krause, Gustav, Lehrer in Magdeburg-Friedrichstadt,
23) Krause, Karl, Kandidat des höheren Schulamts in Halle a. S.,
24) Kreter, August, dsgl. daselbst,
25) Krüger, Georg, wissenschaftlicher Hilfslehrer in Königsberg i. Pr.,
26) Lindemann, Max, Studirender der Theologie und Geschichte in Halle a. S.,
27) Dr. Loebel, Otto, wissenschaftlicher Hilfslehrer in Königsberg i. Pr.,
28) Lüneburg, Reinhold, Lehrer in Magdeburg-Buckau,
29) Dr. phil. Pabst, Arnold, wissenschaftlicher Hilfslehrer in Halle a. S.,
30) Papendieck, Heinrich, Schulamts-Kandidat in Pillau,
31) Dr. Peters, Johannes, dsgl. in Königsberg i. Pr.,
32) Preuß, Felix, wissenschaftlicher Hilfslehrer daselbst,
33) Ressel, Julius, dsgl. in Breslau,
34) Schaaf, Richard, Lehrer in Magdeburg-Neustadt,
35) Dr. phil. von Scholten, Wilhelm, wissenschaftlicher Hilfslehrer in Halle a. S.,
36) Schulze, Ernst, wissenschaftlicher Hilfslehrer daselbst,
37) Seier, Traugott, Lehrer in Magdeburg-Buckau,
38) Spangenberg, Albert, Lehrer in Magdeburg,
39) Dr. phil. Spohr, Ludwig, Kandidat des höheren Schulamts in Halle a. S.,
40) Dr. phil. Steininger, Max, dsgl. daselbst,
41) Stößel, Udo, Studirender der Philologie daselbst,
42) Sturm, Ferdinand, dsgl. Theologie daselbst,
43) Tischer, Gustav, Lehrer in Magdeburg-Neustadt,
44) Trosien, Fritz, Lehrer in Königsberg i. Pr.,
45) Vetter, Wilhelm, Schulamts-Kandidat und Mittelschullehrer in Königsberg i. Pr.,
46) Wacker, Arthur, Lehrer in Halle a. S.,
47) Willing, Karl, wissenschaftlicher Hilfslehrer in Liegnitz,

48) Wittig, Ernst, Schulamts-Kandidat in Königsberg i. Pr.,
49) Wolff, Bonifacius, Lehrer in Magdeburg-Neustadt,
50) Wollenteit, Georg, Schulamts-Kandidat in Königsberg i. Pr.

Berlin, den 30. August 1892.

Der Minister der geistlichen rc. Angelegenheiten.
Im Auftrage: Schneider.

Bekanntmachung.
U. III. B. 2486. 1.

---

129) Befähigungszeugnisse für Zöglinge der Lehrerinnen-Bildungsanstalten zu Droyßig.

In den diesjährigen Entlassungsprüfungen an dem evangelischen Gouvernanten-Institute und Lehrerinnen-Seminare zu Droyßig bei Zeitz haben das Zeugnis der Befähigung erlangt:

I. für das Lehramt an höheren, mittleren und Volks-Mädchenschulen.

1) Clara Bender zu Camburg a. S.,
2) Martha Dahms zu Spandau,
3) Emmy Deubel zu Siegen, Westf.,
4) Rose Gärtner zu Celle,
5) Elsbeth Größer zu Berlin,
6) Ida Habenicht zu Worbis,
7) Luise Heusen zu Röchlitz i. Schl.,
8) Anna Keese zu Jänkendorf O. L.,
9) Gertrud Künstler zu Berlin,
0) Hedwig Meyer zu Königshütte,
1) Frieda Rappaport zu Kösen,
2) Elisabeth Schlemmer zu Lissen,
3) Margarete Storch zu Reichenbach i. Schl.,
4) Clara Strack zu Fraustadt,
5) Getrud Trettin zu Köpenick,
6) Lina Ulbrich zu Limburg a. L.,
7) Hedwig Winter zu Charlottenburg;

II. für das Lehramt an Volksschulen.

1) Margarethe Bednarski zu Ortelsburg O. Pr.
2) Anna Braun zu Nakel,
3) Helene Braun zu Nakel,
4) Elsbeth Gerloff zu Bennetze, Kreis Celle,
5) Tabea Hahn zu Zillerthal, Kreis Hirschberg,
6) Nanny Hecht zu Hagenhorst bei Siewen, Kreis Lyck,
7) Wilhelmine Husmann zu Schonnebeck, Kreis Essen,
8) Else Knorre zu Warnsdorf, Mecklenburg,

9) Elisabeth Krause zu Trier,
10) Anna Lange zu Gumbinnen,
11) Anna Litzenberger zu Neunkirchen, Kreis Ottweiler,
12) Auguste Metz zu Holzhausen, Kreis Homberg,
13) Minna Rottrott zu Spickendorf, Saalkreis,
14) Alwine Rehren zu Göttingen,
15) Emma Schmidt zu Buer bei Osnabrück,
16) Margarethe Schmidt zu Eisleben,
17) Rosalie Sondermann zu Cronenberg bei Elberfeld,
18) Elisabeth Wagner zu Düren,
19) Emmy Werner zu Kinzweiler, Reg. Bez. Trier,
20) Helene Willig zu Homberg, Reg. Bez. Cassel.

Die Königliche Seminar-Direktion zu Droyßig ist bereit, über die Befähigung dieser Kandidatinnen für bestimmte Stellen im öffentlichen und im Privatschuldienste nähere Auskunft zu geben.

Berlin, den 10. September 1892.

Der Minister der geistlichen ꝛc. Angelegenheiten.
Im Auftrage: Schneider.

Bekanntmachung.
ad U. III. 8292.

---

130) Befähigungszeugnisse für Lehrer als Vorsteher an Taubstummen-Anstalten.

In der zu Berlin im Monat August 1892 abgehaltenen Prüfung für Vorsteher an Taubstummen-Anstalten haben das Zeugnis der Befähigung zur Leitung einer Taubstummen-Anstalt erlangt:

1) der Lehrer an der Provinzial-Taubstummen-Anstalt zu Elberfeld Gustav Herrmann,
2) der Lehrer an der Taubstummen-Anstalt zu Ratibor Hugo Hoffmann,
3) der Lehrer an der Taubstummen-Anstalt zu Kempen a. Rh. Josef Kerner,
4) der Lehrer an der Taubstummen-Anstalt zu Homberg Adam Ritzert,
5) der Lehrer an der Taubstummen-Anstalt zu Liegnitz Gustav Wende und
6) der Lehrer an der Provinzial-Taubstummen-Anstalt zu Stade Friedrich Werner.

Berlin, den 25. Oktober 1892.

Der Minister der geistlichen ꝛc. Angelegenheiten.
Im Auftrage: Kügler.

Bekanntmachung.
U. III A. 2788. II.

E. Oeffentliches Volksschulwesen.

131) Aufhebung der Widerruflichkeit der staatlichen Dienstalterszulagen für Lehrer und Lehrerinnen an öffentlichen Volksschulen.

Berlin, den 27. Juli 1892.

Bis zum Ablauf des Rechnungsjahres 1891/92 konnten die staatlichen Dienstalterszulagen den Volksschullehrern und Lehrerinnen nach der Bezeichnung der hierzu ausgesetzten Mittel im Staatshaushaltsetat und nach der bei ihrer Bereitstellung maßgebend gewesenen Absicht nur als jederzeit widerrufliche Zulagen gewährt werden.

Durch den am 1. April 1892 in Kraft getretenen Staatshaushaltsetat ist eine Trennung des Fonds zu Dienstalterszulagen für Volksschullehrer und Lehrerinnen — Kapitel 121 Titel 35 — von dem Fonds zu sonstigen persönlichen Zulagen und Unterstützungen für Elementarlehrer — jetzt Kapitel 121 Titel 35a — herbeigeführt und für die Dienstalterszulagen der Vorbehalt des Widerrufs beseitigt.

Die nach den Bestimmungen des Runderlasses vom 28. Juni 1890 — U. III. a. 18417 — (Central=Bl. f. 1890 S. 614) bereits bewilligten und noch zu bewilligenden Dienstalterszulagen sind daher vom 1. April 1892 ab den betreffenden Lehrern und Lehrerinnen vorbehaltlos für die Dauer des Verbleibens in der betreffenden Stelle zu gewähren. Von demselben Zeitpunkte ab stehen demgemäß den Hinterbliebenen solcher Lehrer von diesen Alterszulagen die nämlichen Gnadenkompetenzen, wie von dem sonstigen vorbehaltlos gewährten Diensteinkommen der Lehrer (Lehrerinnen) nach Maßgabe der betreffenden allgemeinen Vorschriften zu.

Die Königlichen Regierungen veranlasse ich, dementsprechend vorkommenden Falles zu verfahren.

Der Minister der geistlichen rc. Angelegenheiten.
Im Auftrage: Kügler.

An
die Königlichen Regierungen.
U. III. E. 2075.

---

132) Entbehrlichkeit der sogenannten Postfachschulen.

Berlin, den 25. August 1892.

Nach einer Mittheilung des Herrn Staatssekretärs des Reichs=Postamtes sind die in neuerer Zeit an verschiedenen Orten entstandenen sogenannten Postfachschulen zur Vorbereitung junger Leute für die Laufbahn als Postgehilfe weder erforderlich, noch nach den gemachten Erfahrungen dazu geeignet, und es hat sich deshalb die Reichs-Postverwaltung veranlaßt gesehen, durch Veröffentlichungen im Reichsanzeiger und anderen Blättern auf die Entbehrlichkeit dieser Schulen hinzuweisen.

Mit Rücksicht hierauf und da die in Rede stehenden Schuleinrichtungen zu den Privatschulen und Privat-Erziehungsanstalten zählen, auf welche die Staatsministerial-Instruktion vom 31. Dezember 1839 (Minist.-Bl. für die innere Verw. 1840 S. 94 ff.) Anwendung findet, beauftrage ich die Königliche Regierung, künftighin die Erlaubnis zur Errichtung neuer Postfachschulen innerhalb Ihres Verwaltungsbezirkes zu versagen. Die bereits im dortigen Regierungsbezirke bestehenden Anstalten der erwähnten Art sind durch den Departements-Schulrath gelegentlich seiner dienstlichen Anwesenheit an dem betreffenden Orte einer eingehenden Revision zu unterziehen, und ist über das Fortbestehen oder die Schließung der Schule je nach dem Ausfalle der Revision seitens der Königlichen Regierung zu befinden.

Der Minister der geistlichen 2c. Angelegenheiten.
In Vertretung: von Weyrauch.

An
die sämmtlichen Königlichen Regierungen.
U. III. C. 2419. U. II.

Personal-Veränderungen, Titel- und Ordensverleihungen.

A. Behörden und Beamte.

Dem Regierungsrath Steinhausen im Ministerium der geistlichen, Unterrichts- und Medizinal-Angelegenheiten ist der Rothe Adler-Orden vierter Klasse verliehen worden.

Der bisherige Inspektor des Realgymnasiums der Francke'schen Stiftungen zu Halle a. S. Professor Dr. Kramer ist zum Provinzial-Schulrath ernannt und dem Provinzial-Schulkollegium zu Magdeburg überwiesen worden.

In gleicher Eigenschaft ist versetzt worden der Regierungs- und Schulrath Dr. Nagel von Bromberg nach Aachen.

Der bisherige Lehrer bei der Landwirthschaftsschule zu Bitburg Albers, der bisherige Rektor an der katholischen Volksschule zu Gnesen Brückner, der bisherige Rektor Heinig zu Posen, der bisherige Seminar-Oberlehrer am Schullehrer-

Seminare zu Waldau i. Ostpr. Krantz, der bisherige Konrektor bei der Stadtschule zu Stallupönen Kurpiun, der bisherige Seminar-Direktor zu Pölitz Lochmann, der bisherige ordentliche Lehrer am Schullehrer-Seminare zu Peiskretscham Polatzek, der bisherige Oberlehrer am Schullehrer-Seminare zu Ragnit Skrzeczka und der bisherige Oberlehrer am Gymnasium zu Schrimm Tietz sind zu Kreis-Schulinspektoren ernannt worden.

In gleicher Eigenschaft sind versetzt worden der Kreis-Schulinspektor D'ham von Bochum nach Essen und der Kreis-Schulinspektor Dr. Mikulla von Lublinitz nach Königshütte.

Den Kreis-Schulinspektoren Heyse zu Breslau, Polack zu Worbis und Vigouroux zu Waldenburg ist der Charakter als Schulrath mit dem Range eines Rathes vierter Klasse verliehen worden.

Dem Kreis-Schulinspektor, Superintendenten Müller zu Bahn, Kreis Greifenhagen, ist der Königliche Kronen-Orden zweiter Klasse, sowie den Kreis-Schulinspektoren Pfarrer Bornscheuer zu Langerfeld, Kreis Schwelm, und Pfarrer Doerr zu Massenheim, Landkr. Wiesbaden, ist der Rothe Adler-Orden vierter Klasse verliehen worden.

B. Universitäten.

Universität Königsberg. Es sind ernannt worden: der bisherige außerordentliche Professor Dr. Endemann zu Königsberg i. Pr. zum ordentlichen Professor in der juristischen Fakultät, der bisherige ordentliche Professor Hofrath Dr. Kuhnt zu Jena zum ordentlichen Professor in der medizinischen Fakultät und der bisherige ordentliche Professor Dr. Schmidt zu Gießen zum ordentlichen Professor in der philosophischen Fakultät der Universität Königsberg. Dem ordentlichen Professor in der medizinischen Fakultät der Universität Königsberg Dr. Jaffe ist der Charakter als Geheimer Medizinalrath verliehen worden. Der bisherige Privatdozent Dr. Hilbert zu Königsberg i. Pr. ist zum außerordentlichen Professor in der philosophischen Fakultät der dortigen Universität ernannt worden.

Universität Berlin. Die Wahl des ordentlichen Professors in der medizinischen Fakultät Geheimen Medizinalraths Dr. Virchow zum Rektor der Friedrich-Wilhelms-Universität zu Berlin für das Studienjahr 1892/93 ist bestätigt worden. Dem ordentlichen Professor in der theologischen Fakultät der Friedrich-Wilhelms-Universität zu Berlin Konsistorialrath D. Kleinert ist der Charakter als Ober-Konsistoria rath verliehen worden.

Universität Greifswald. Der bisherige Privatdozent Gericht Assessor Dr. Frommhold zu Breslau ist zum außerorder lichen Professor in der juristischen Fakultät der Universit Greifswald ernannt worden.

Universität Breslau. Die Wahl des ordentlichen Professo Geheimen Medizinalraths Dr. Ponfick zum Rektor d Universität Breslau für das Studienjahr 1892/93 ist b stätigt worden. Dem ordentlichen Professor in der phil sophischen Fakultät der Universität Breslau Geheimen R gierungsrath Dr. Hertz ist der Königliche Kronen-Ord zweiter Klasse mit der Zahl 50 verliehen worden. D bisherige außerordentliche Professor in der philosophisch Fakultät der Universität Breslau Dr. Holdefleiß ist zu ordentlichen Professor in derselben Fakultät ernannt worde Der bisherige Privatdozent Lic. theol. Dr. phil. Loehr : Königsberg i. Pr. ist zum außerordentlichen Professor der evangelisch-theologischen Fakultät und der bisherige Pr vatdozent Dr. Wohltmann zu Halle a. S. ist zum auße ordentlichen Professor in der philosophischen Fakultät d Universität Breslau ernannt worden.

Universität Halle-Wittenberg. Der ordentliche Professor a der Universität Kiel Dr. Blaß ist in gleicher Eigenschaft i die philosophische Fakultät der Universität Halle-Witten berg versetzt worden. Der ordentliche Professor Dr. Heck z Greifswald ist in gleicher Eigenschaft in die juristisch Fakultät der Universität Halle-Wittenberg versetzt worde Der ordentliche Professor an der Universität Königsber Geheime Medizinalrath Dr. von Hippel ist in gleich Eigenschaft in die medizinische Fakultät der Universität Halle Wittenberg versetzt worden. Dem ordentlichen Professor de Augenheilkunde Geheimen Medizinalrath Dr. Graefe an de Universität zu Halle-Wittenberg ist der Königliche Krone Orden zweiter Klasse, dem ordentlichen Professor in de theologischen Fakultät der Universität Halle-Wittenber Konsistorialrath D. Dr. Köstlin ist der Charakter als Obe Konsistorialrath, sowie dem außerordentlichen Professor i der medizinischen Fakultät der Universität Halle-Witten berg Geheimen Medizinalrath Dr. Schwartze ist der Ro Adler-Orden vierter Klasse verliehen worden.

Universität Kiel. Der bisherige Privatdozent Dr. Rodenbe zu Berlin ist zum außerordentlichen Professor in der phil sophischen Fakultät der Universität Kiel ernannt worden.

iversität Göttingen. Dem inzwischen verstorbenen ordentlichen Professor in der juristischen Fakultät der Universität Göttingen Geheimen Justizrath Dr. jur. et phil. von Ihering war der Charakter als Geheimer Ober-Justizrath mit dem Range der Räthe zweiter Klasse verliehen worden, was hiermit bekannt gemacht wird. Der bisherige Privatdozent Dr. Leist zu Marburg ist zum außerordentlichen Professor in der juristischen Fakultät der Universität Göttingen ernannt worden.

iversität Marburg. Der bisherige außerordentliche Professor Dr. Heß zu Marburg ist zum ordentlichen Professor in der philosophischen Fakultät der dortigen Universität ernannt worden. Der bisherige außerordentliche Professor an der Universität Breslau Lic. theol. und Dr. phil. Kühl ist zum ordentlichen Professor in der theologischen Fakultät der Universität Marburg ernannt worden. Der bisherige Privatdozent Dr. Roser zu Marburg ist zum außerordentlichen Professor in der philosophischen Fakultät der dortigen Universität ernannt worden.

iversität Bonn. Die Wahl des Geheimen Medizinalrathes Professors Dr. Saemisch zum Rektor der Universität Bonn für das Studienjahr 1892/93 ist bestätigt worden. Der bisherige Privatdozent Dr. Minkowski zu Bonn ist zum außerordentlichen Professor in der philosophischen Fakultät der dortigen Universität ernannt worden.

ademie Münster. Die Wahl des ordentlichen Professors Dr. Stahl zum Rektor der Königlichen Akademie zu Münster für das Studienjahr 1892/93 ist bestätigt worden.

C. Technische Hochschulen.

erlin. Dem Dozenten und Assistenten an der Technischen Hochschule zu Berlin Dr. von Knorre ist das Prädikat „Professor" verliehen worden.

annover. Der bisherige Professor am Polytechnikum zu Riga Mohrmann ist zum etatsmäßigen Professor an der Technischen Hochschule zu Hannover ernannt worden.

D. Museen, Nationalgalerie u. s. w.

er bisherige Privatdozent Dr. von Oettingen zu Marburg ist unter Beilegung des Titels „Professor" als Lehrer der Kunstgeschichte und Litteratur an der Kunstakademie zu Düsseldorf bestellt worden.

as Prädikat „Professor" ist verliehen worden: dem Bildhauer Hilgers zu Charlottenburg, dem ordentlichen vollbeschäftigten Lehrer Jacobsen, dem ordentlichen nicht vollbeschäftigten Lehrer Kruse und dem Lehrer für Oboe-Spiel Wieprecht an der Königlichen akademischen Hochschule für Musik zu Berlin, dem Kustos der Naturalien-Sammlungen des Königlichen Museums zu Cassel Museumsinspektor Lenz daselbst, sowie dem Vorsteher des Kartographischen Bureaus im Ministerium der öffentlichen Arbeiten Geheimen Rechnungsrath Liebenow zu Berlin.

E. Höhere Lehranstalten.

a. Gymnasien.

Der Oberlehrer am Gymnasium zu Dramburg Professor Dr. Klei[illegible] ist zum Gymnasial-Direktor ernannt und demselben die Direktion des Gymnasiums zu Dramburg übertragen worden.

Der bisherige Oberlehrer am Friedrichs-Gymnasium zu Breslau Dr. Michael ist zum Gymnasial-Direktor ernannt und demselben das Direktorat des Gymnasiums zu Jauer übertragen worden.

Der Oberlehrer am Gymnasium zu Marburg Dr. Paulus ist zum Gymnasial-Direktor ernannt und demselben die Direktion des Gymnasiums zu Weilburg übertragen worden.

Der Oberlehrer Dr. Wehrmann am König Wilhelms-Gymnasium zu Stettin ist zum Gymnasial-Direktor ernannt und demselben die Leitung des Gymnasiums zu Pyritz übertragen worden.

Der Gymnasial-Direktor Dr. Müller zu Hohenstein ist in gleicher Eigenschaft an das Gymnasium zu Tilsit versetzt worden.

Es ist bestätigt worden:

Die Wahl des Professors Dr. Albracht an der Landesschule Pforta zum Direktor des Domgymnasiums zu Naumburg a. S., die Wahl des Gymnasial-Direktors Professor Kahle zu Tilsit zum Direktor des städtischen Gymnasiums zu Danzig, die Wahl des Oberlehrers am Gymnasium zu Zerbst Professors Dr. Knoke zum Direktor des Rathsgymnasiums zu Osnabrück und die Wahl des Professors am Friedrichsgymnasium zu Berlin Dr. Voigt zum Direktor derselben Anstalt.

Den Oberlehrern am Friedrichs-Kollegium zu Königsberg i. P. Professor Dr. Lincke, Dr. Merguet und Besch ist der Rothe Adler-Orden vierter Klasse verliehen worden.

Dem Oberlehrer am Gymnasium zu Beuthen O. Schl. Dr. Fie[illegible] ist das Prädikat „Professor“ verliehen worden.

In gleicher Eigenschaft sind versetzt worden die Oberlehrer:
Bieler vom Gymnasium Andreanum zu Hildesheim an das Gymnasium zu Wilhelmshaven,
Professor Dr. Blasendorf vom Gymnasium zu Pyritz an das König Wilhelmsgymnasium zu Stettin,
Dr. Lange vom Gymnasium zu Weilburg an das Gymnasium zu Marburg,
Rauterberg vom Gymnasium zu Wilhelmshaven an das Gymnasium Andreanum zu Hildesheim,
Sioda vom Gymnasium zu Celle an das Mariengymnasium zu Posen,
Stegmann von der Realschule zu Geestemünde an das Ulrichsgymnasium zu Norden und
Professor Zimmermann vom Mariengymnasium zu Posen an das Gymnasium zu Celle.

In gleicher Eigenschaft sind versetzt worden die ordentlichen Lehrer:
Dr. Miller vom Gymnasium zu Hirschberg an das Friedrichsgymnasium zu Breslau und
Dr. Meuß von der Ritter-Akademie zu Liegnitz an das Gymnasium zu Hirschberg.

Als ordentliche Lehrer sind angestellt worden am Gymnasium zu:
Frankfurt a. M. die Hilfslehrer Dr. Fischer (städtisches Gymnasium) und Dr. Linz (Kaiser Friedrichsgymnasium),
Berlin (Wilhelmsgymnasium) der Schulamts-Kandidat Rumland.

Der Lehrer Kraft ist als Turn- und Zeichenlehrer am Gymnasium zu Aschersleben angestellt worden.

Dem Gesanglehrer am Friedrichs-Kollegium zu Königsberg i. Pr. Schloßorganisten Völckerling ist der Königliche Kronen-Orden vierter Klasse verliehen worden.

b. Realgymnasien.

Am Realgymnasium zu Biedenkopf ist der Hilfslehrer Flach als ordentlicher Lehrer angestellt worden.

Der Lehrer an der städtischen Schule zu Inowrazlaw Wahlers ist als Vorschullehrer am Realgymnasium zu Osterode angestellt worden.

c. Oberrealschulen.

Der ordentliche Lehrer am Leibnizgymnasium zu Berlin Dr. Hendreich ist in gleicher Eigenschaft an die Luisenstädtische Oberrealschule daselbst versetzt worden.

Als ordentliche Lehrer sind angestellt worden:
Die Hilfslehrer Crull und Dr. Jenssen an der Oberrealschule zu Gleiwitz.

d. Realschulen.

In gleicher Eigenschaft sind versetzt worden die ordentlichen Lehrer:
Dr. Furle von der IV. Realschule zu Berlin an die IX. Realschule daselbst und
Dr. Thiele vom Köllnischen Gymnasium zu Berlin an die VI. Realschule daselbst.

Als ordentliche Lehrer sind angestellt worden an der Realschule zu:
Berlin (VIII.) die Hilfslehrer Dr. Große und Dr. Blasendorff,
Breslau (I. evang.) die Hilfslehrer Dr. Lauterbach und Dr. Schmidt,
Charlottenburg die Hilfslehrer Seiffert II. und Dr. Treis, sowie
Arnswalde der Schulamts-Kandidat Hildebrandt.

e. Realprogymnasien.

Dem Direktor des Realprogymnasiums zu Spremberg Schmidt ist der Rothe Adler-Orden vierter Klasse mit der Zahl 50 verlichen worden.

Dem Rektor des Realprogymnasiums zu Marburg Dr. Hempfing ist der Rothe Adler-Orden vierter Klasse mit der Zahl 50 verliehen worden.

F. Schullehrer- und Lehrerinnen-Seminare.

Der bisherige Kreis-Schulinspektor Löschke zu Heydekrug ist zum Seminar-Direktor ernannt und demselben das Direktorat des Schullehrer-Seminares zu Ragnit verliehen worden.

Der bisherige Seminar-Oberlehrer Skalitzky zu Zülz ist zum Seminar-Direktor ernannt und demselben das Direktorat des Schullehrer-Seminars zu Ziegenhals verliehen worden.

Der Seminar-Direktor Moldehn zu Droyßig ist in gleicher Eigenschaft an das mit der Königlichen Augustaschule zu Berlin verbundene Lehrerinnen-Seminar versetzt worden.

Den Seminar-Direktoren Paasche zu Berlin, Eckolt zu Osterburg, van Senden zu Aurich, Bünger zu Lüneburg, Köchy zu Hannover, Dr. phil. Langen zu Odenkirchen, Ziron zu Breslau, Besig zu Friedeberg N. M., Münz zu Saarburg, Dr. phil. Beck zu Brühl, Keetman zu Königsberg N. M., Paech zu Osterode und Schroeter zu Marienburg in Westpr. ist der Charakter als Schulrath mit dem Range der Räthe vierter Klasse verlichen worden.

Dem Seminar-Direktor Stahn zu Verden ist der Rothe Adler-Orden vierter Klasse verliehen worden.

Als Seminar-Oberlehrer sind angestellt worden am Schullehrer-Seminare zu:

Neuzelle der ordentliche Seminarlehrer Brebeck aus Oranienburg,

Zülz der ordentliche Seminarlehrer Rauhut vom Schullehrer-Seminar zu Habelschwerdt,

Ragnit der bisherige kommissarische Oberlehrer Reinert,

Kyritz der bisherige Rektor der Knaben-Mittelschule zu Köpenick Rosenthal,

Rosenberg O. S. der bisherige ordentliche Seminarlehrer Stein und

Oels der bisherige ordentliche Seminarlehrer Vogel.

Dem Seminar-Oberlehrer Dr. phil. Löschhorn am Lehrerinnen-Seminar zu Berlin ist das Prädikat „Professor“ verliehen worden.

In gleicher Eigenschaft ist versetzt worden der ordentliche Seminarlehrer van der Laan von Verden nach Hannover.

Als ordentliche Lehrer sind angestellt worden an dem Schullehrer-Seminare zu:

Rheydt der Lehrer Carl aus Droyßig,

Tondern der bisherige kommissarische Lehrer Crüger,

Berlin (Seminar für Stadtschullehrer) der bisherige kommissarische Lehrer Rektor Lic. theol. Kabisch aus Altenkirchen,

Verden der bisherige Hilfslehrer Kohlmeyer,

Rosenberg O. Schl. der Kaplan Krömer zu Nikolai,

Oels der bisherige kommissarische Lehrer Lindner,

Exin der bisherige Seminar-Hilfslehrer May daselbst und der kommissarische Lehrer Sander vom Schullehrer-Seminare zu Berent,

Oranienburg der bisherige kommissarische Lehrer Sönnecken und

Cammin der bisherige Zweite Präparandenanstaltslehrer Wagner aus Massow.

An den evangelischen Bildungs- und Erziehungsanstalten zu Droyßig ist die Lehrerin Frida Johow aus Berlin als ordentliche Seminarlehrerin angestellt worden.

Als Hilfslehrer sind angestellt worden am Schullehrer-Seminare zu:

Bederkesa der Lehrer Karl Block aus Hemelingen,

Hilchenbach der kommissarische Hilfslehrer Jürging,

Exin der Lehrer Müller aus Falkenberg O. Schl. und

Segeberg der bisherige kommissarische Hilfslehrer Krohn.

Als Zweite Lehrer sind angestellt worden an der Präparanden-anstalt zu:

Aurich der kommissarische Lehrer Klingemann,
Laasphe der Volksschullehrer Otto aus Laasphe und
Schmiedeberg i. Schl. der bisherige Seminar-Hilfslehrer Stein aus Bunzlau.

G. Taubstummen- und Blinden-Anstalten.

Dem Leiter der städtischen Taubstummenschule zu Berlin Rektor Berndt ist der Titel „Direktor“ verliehen worden.

Die bisherigen Volksschullehrer Feddeler aus Schauen, Kreis Halberstadt, und Fischer aus Treffurt, Kreis Mühlhausen i. Th., sind als Hilfslehrer an der Taubstummen-Anstalt zu Erfurt angestellt worden.

H. Oeffentliche höhere Mädchenschulen.

Dem Direktor der städtischen höheren Mädchenschule zu Stettin Professor Dr. Haupt ist der Rothe Adler-Orden vierter Klasse verliehen worden.

Dem Oberlehrer Dr. Rodenwaldt an der Viktoria-Schule zu Berlin ist das Prädikat „Professor“ verliehen worden.

Dem ordentlichen Lehrer an der Viktoriaschule zu Berlin Dr. Dräger, ist der Königliche Kronen-Orden vierter Klasse verliehen worden.

I. Oeffentliche Volksschulen.

Es haben erhalten:

1) den Königlichen Kronen-Orden 4. Klasse:

Blümel, Gemeindeschul-Rektor zu Berlin,
Fabriz, pens. Lehrer zu Stralsund,
Hoffmann, pens. Volksschul-Rektor zu Breslau,
Hoppe, pens. Lehrer zu Stade,
Kittel, pens. Volksschul-Rektor zu Breslau,
Krutscheck, pens. Hauptlehrer und Chorrektor zu Falkenberg O. Schl.,
Otte, Rektor der 17. Gemeindeschule zu Berlin,
Peters, pens. Lehrer zu Cöln,
Reckzey, Rektor der 2. Gemeindeschule zu Berlin,
Rengier, pens. Lehrer zu Paderborn,
Roeschen, desgl. zu Bromberg,
Schwachenwalde, desgl. zu Sommerfeld, Kreis Krossen.

Seiffge, Erster Lehrer an der Stadtschule zu Joachimsthal, Kreis Angermünde, und
Weber, pens. Lehrer zu Duderstadt.

2) den Adler der Inhaber des Königlichen Haus-Ordens von Hohenzollern:

Bauer, pens. Lehrer zu Scherndorf, Kreis Weißensee,
Beyer, dsgl. zu Wohlau,
Beyer, dsgl. zu Wotenick, Kreis Grimmen,
Biebach, dsgl. zu Unterröblingen, Mansfelder Seekreis,
Clauß, dsgl. zu Neiden, Kreis Torgau,
Cohnen, dsgl. zu Dremmen, Kreis Hainsberg,
Deeken, Lehrer zu Hülsede, Kreis Springe,
Degenhardt, pens. Lehrer und Kantor zu Eschwege,
Diekmann, dsgl. zu Landsberg a. W.,
Fickewirth, dsgl. zu Herrnschwende, Kreis Weißensee,
Hachfeld, Lehrer, Küster und Organist zu Königsdahlum, Kreis Marienburg i. H.,
Hachmeister, dsgl. zu Mölln, Kreis Herzogthum Lauenburg,
Hamm, pens. Lehrer zu Aachen,
Hegener, dsgl. zu Neusen, Landkreis Aachen,
Henning, dsgl. zu Kirchheim, Kreis Erfurt,
Henze, pens. Erster Lehrer zu Goslar,
Höch, pens. Lehrer zu Klein-Grabe, Kreis Mühlhausen i. Th.,
Jessen, dsgl. zu Hüsby, Kreis Schleswig,
Kinowski, Lehrer zu Krotoschin,
Kluckow, pens. Lehrer zu Friedeberg N. M.,
Kosche, dsgl. zu Ober-Wiesa, Kreis Lauban,
Kray, Lehrer und Kantor zu Triebsees, Kreis Grimmen,
Krüger, pens. Lehrer zu Stettin,
Kupsch, dsgl. zu Werenzhain, Kreis Luckau,
Lehrich, Lehrer zu Münster i. W.,
Lütt, pens. Lehrer zu Grundhof, Kreis Flensburg,
Mennicke, dsgl. zu Zörbig, Kreis Bitterfeld,
Müller, dsgl. und Küster zu Arfeld, Kreis Wittgenstein,
Müller, Lehrer zu Wachenbuchen, Kreis Hanau,
Nasdal, pens. Lehrer zu Hänchen, Kreis Cottbus,
Olbrich, dsgl. zu Nieder-Leschen, Kreis Sprottau,
Rades, dsgl. und Küster zu Steinberg, Kreis Arnswalde,
Roßbach, dsgl. und Kantor zu Spangenberg, Kreis Melsungen,
Schaun, pens. Lehrer zu Hirzweiler, Kreis Ottweiler,
Schnabel, dsgl. zu Lauban,

Schreck, pens. Hauptlehrer zu Itzehoe, Kreis Steinburg,
Schulz, dsgl. zu Sorau N. L.,
Schuster, pens. Lehrer zu Wittenberg,
Seydel, Lehrer zu Zicher, Kreis Königsberg N. M.,
Starkloff, pens. Erster Lehrer zu Großvargula, Kreis Langensalza,
Staud, Lehrer zu Mehring, Landkreis Trier,
Teichert, pens. Lehrer zu Wend. Linda, Kreis Schweinitz,
Teske, dsgl. zu Wylatkowo, Kreis Witkowo,
Thomsen, dsgl. zu St. Peter, Kreis Eiderstedt,
Weber, dsgl. zu Gambin, Kreis Stolp,
Weiß, dsgl. zu Winningen, Kr. Coblenz und
Wilhelm, dsgl. zu Luckau.

3) Das Allgemeine Ehrenzeichen.

Mumm, Lehrer und Küster zu Breiholz, Kreis Rendsburg,
Schriefer, Lehrer zu Hüttenbusch, Kreis Osterholz und
Wienhöfer, pens. Lehrer zu Bleckmar, Landkreis Celle.

K. Ausgeschieden aus dem Amte.

1) Gestorben.

D. et Dr. phil. Baier, Geh. Reg. Rath, ordentlicher Professor in der philosophischen Fakultät der Universität Greifswald.
Dr. Boche, ordentlicher Realgymnasiallehrer zu Berlin,
Dr. Franz, Universitäts-Musikdirektor zu Halle a. S.,
Dr. phil. et med. Greef, Geh. Reg. Rath, ordentlicher Professor in der philosophischen Fakultät der Universität Marburg.
Hahn, ordentlicher Gymnasiallehrer zu Berlin,
Dr. Hermanowski, ordentlicher Gymnasiallehrer zu Berlin.
Hupfer, ordentlicher Seminarlehrer zu Neuzelle,
Dr. jur. et phil. von Jhering, Geh. Ober-Justizrath, ordentlicher Professor in der juristischen Fakultät der Universität Göttingen,
Kahle, ordentlicher Realschullehrer zu Hannover,
Dr. Müller, August, ordentlicher Professor in der philosophischen Fakultät der Universität Halle-Wittenberg,
Neumann, Rektor der Klosterschule zu Roßleben,
Röhrich, Gesanglehrer am Gymnasium zu Neu-Ruppin,
Dr. jur. et phil. Soetbeer, ordentlicher Honorar-Professor in der philosophischen Fakultät der Universität Göttingen und
Würkert, Gewerbeschul-Oberlehrer zu Hagen.

!) In den Ruhestand getreten.

Dr. Bech, Professor, Gymnasial-Oberlehrer zu Zeitz, unter Verleihung des Rothen Adler-Ordens vierter Klasse,

Dr. Blum, Oberlehrer an der Realschule der Israelitischen Gemeinde zu Frankfurt a. M., unter Verleihung des Königlichen Kronen-Ordens vierter Klasse,

Dannehl, ordentlicher Seminarlehrer zu Barby, unter Verleihung des Königlichen Kronen-Ordens vierter Klasse,

Debo, Baurath, Professor an der Technischen Hochschule zu Hannover, unter Verleihung des Charakters als Geheimer Regierungsrath,

Gercke, Konrektor am Realprogymnasium zu Northeim, unter Verleihung des Rothen Adler-Ordens vierter Klasse,

Gosch, Professor, Lehrer an der Kunstschule zu Berlin, unter Verleihung des Rothen Adler-Ordens vierter Klasse,

Hoffmann, Kreis-Schulinspektor zu Trier, unter Verleihung des Charakters als Schulrath mit dem Range eines Rathes vierter Klasse,

Dr. Hülsenbeck, Professor, Gymnasial-Oberlehrer zu Münster, unter Verleihung des Rothen Adler-Ordens vierter Klasse,

Hüttmann, ordentlicher Seminarlehrer zu Hannover, unter Verleihung des Rothen Adler-Ordens vierter Klasse,

Ilgen, ordentlicher Seminarlehrer zu Cammin, unter Verleihung des Rothen Adler-Ordens vierter Klasse,

Dr. Kempf, Gymnasial-Direktor zu Berlin, unter Verleihung des Rothen Adler-Ordens dritter Klasse mit der Schleife,

Dr. Kirschbaum, ordentlicher Lehrer an der Selektenschule zu Frankfurt a. M.,

Dr. Leitzmann, Professor, Oberlehrer am Pädagogium des Klosters Unser Lieben Frauen zu Magdeburg, unter Verleihung des Rothen Adler-Ordens vierter Klasse,

Lessing, Professor, Gymnasial-Oberlehrer zu Prenzlau, unter Verleihung des Königlichen Kronen-Ordens dritter Klasse,

Neukirch, Schreib- und Vorschullehrer am Marienstifts-Gymnasium zu Stettin, unter Verleihung des Königlichen Kronen-Ordens vierter Klasse,

Dr. Queck, Gymnasial-Direktor zu Dramburg, unter Verleihung des Rothen Adler-Ordens dritter Klasse mit der Schleife,

Quehl, ordentlicher Seminarlehrer zu Droyßig, unter Verleihung des Titels „Seminar-Oberlehrer",

Runge, Gymnasial-Direktor zu Osnabrück, unter Verleihung des Rothen Adler-Ordens dritter Klasse mit der Schleife,

Dr. Schillings, Professor, Gymnasial-Oberlehrer zu Paderborn, unter Verleihung des Rothen Adler-Ordens vierter Klasse,

Supprian, Direktor des Lehrerinnen-Seminares und der Augustaschule zu Berlin, unter Verleihung des Charakters als Schulrath mit dem Range eines Rathes vierter Klasse,

Dr. Wilken, ordentlicher Realprogymnasiallehrer zu Biedenkopf,

Dr. Willmann, Professor, Gymnasial-Oberlehrer zu Halberstadt, unter Verleihung des Rothen Adler-Ordens vierter Klasse,

Dr. Zinzow, Gymnasial-Direktor zu Pyritz, unter Verleihung des Königlichen Kronen-Ordens dritter Klasse.

3) Ausgeschieden wegen Eintritts in ein anderes Amt im Inlande.

Glasmachers, Regierungs- und Schulrath zu Aachen, unter Verleihung des Charakters als Geheimer Regierungsrath, sowie

Dr. Jungk und Dr. Pietsch, ordentliche Oberrealschullehrer zu Gleiwitz.

4) Ausgeschieden wegen Berufung außerhalb der Preußischen Monarchie.

Dévantier, Gymnasial-Direktor zu Königsberg N. M.

5) Ausgeschieden, Anlaß nicht angezeigt.

Kowalski, Lehrer bei der Taubstummen-Anstalt zu Brühl

Inhalts-Verzeichnis des November-Heftes.

Druck von J. F. Starcke in Berlin.

Centralblatt

für

[d]ie gesammte Unterrichts-Verwaltung

in Preußen.

Herausgegeben in dem Ministerium der geistlichen, Unterrichts- und Medizinal-Angelegenheiten.

Dezember-Heft.

Berlin 1892.
Verlag von Wilhelm Hertz.
(Bessersche Buchhandlung.)
Behrenstraße 17.

Das Centralblatt erscheint jährlich in zwölf monatlichen Heften.
Der Jahrgang kostet 7 Mark.

Centralblatt

für

die gesammte Unterrichts-Verwaltung in Preußen.

herausgegeben in dem Ministerium der geistlichen, Unterrichts- und Medizinal-Angelegenheiten.

№ 12. Berlin, den 20. Dezember 1892.

Ministerium der geistlichen ꝛc. Angelegenheiten.

Seine Majestät der König haben Allergnädigst geruht:

dem Unter-Staatssekretär im Ministerium der geistlichen, Unterrichts- und Medizinal-Angelegenheiten D. von Weyrauch den Rothen Adler-Orden zweiter Klasse mit Eichenlaub zu verleihen.

A. Behörden und Beamte.

133) Amtliche Nachrichten über das Deutsche Reichsschuldbuch.

Berlin, den 25. März 1892.

Das Reichsgesetz vom 31. Mai 1891, betreffend das Reichsschuldbuch (R. G. Bl. S. 321) tritt nach der Allerhöchsten Verordnung vom 24. Januar 1892 am 1. April d. Js. in Kraft. Die von der Reichsschuldenverwaltung herausgegebenen „Amtlichen Nachrichten über das Deutsche Reichsschuldbuch", welche im Wege des Buchhandels für 40 Pfennige bezogen werden können und auch im Centralblatte für die gesammte Unterrichts-Verwaltung zum Abdruck gelangen werden, enthalten die für diese Einrichtung maßgebenden Bestimmungen. Indem ich die nachgeordneten Behörden des diesseitigen Ressorts hiervon in Kenntnis setze, veranlasse ich Dieselben, die unterstellten Verwaltungsorgane auf die in Rede stehende Einrichtung und deren Vortheile in geeigneter Weise aufmerksam zu machen.

Der Minister der geistlichen 2c. Angelegenheiten.
In Vertretung: von Weyrauch.

An
die nachgeordneten Behörden des diesseitigen Ressorts.
G. III. 752.

Amtliche Nachrichten über das Deutsche Reichsschuldbuch.

Inhalt.

Einleitung.

Zweck und Bedeutung des Reichsschuldbuches.

Die Einrichtung des Reichsschuldbuches hat den Zweck, das Forderungsrecht zu sichern, welches die Gläubiger durch den Erwerb der auf den Inhaber lautenden Schuldverschreibungen der deutschen Reichsanleihen erlangt haben. Durch die Eintragung der Forderung in das Schuldbuch auf den Namen des Gläubigers wird sein Recht sowohl in Betreff des Kapitals als in Betreff der halbjährlich zahlbaren Zinsen von dem Besitz der über die Forderung ausgestellten, von ihm an die Reichsschuldenverwaltung eingelieferten Urkunden, welche sofort nach der Eintragung in das Buch kassirt werden, unabhängig. Der Gläubiger kann sich auf diese Weise in vollem Umfange gegen die Gefahr schützen, durch den zufälligen Verlust oder eine wesentliche Beschädigung der Schuldverschreibung oder der Zinsscheine das Forderungsrecht selbst einzubüßen. In Betreff der Zinsscheine (Kupons) ist diese Gefahr besonders erheblich, da sie weder außer Kurs gesetzt, noch im Fall des Verlustes oder Diebstahls gerichtlich für kraftlos erklärt werden können. Aber auch in Betreff der Schuldverschreibungen gewährt die Möglichkeit, sie außer Kurs zu setzen, das wünschenswerthe Maß von Sicherheit nicht, denn das Papier kann, selbst wenn es außer Kurs gesetzt ist, von einem Dritten, als ihm abhanden gekommen, aufgeboten und für kraftlos erklärt werden, wogegen durch beständige Achtsamkeit auf die zum Zwecke des Aufgebots ergehenden Bekanntmachungen Vorkehr getroffen werden müßte. Die Vermerke der Außerkurssetzung können ohne zurückbleibende Spuren beseitigt, eine Wiederinkurssetzung kann gefälscht werden.

Auf den Inhaber lautende Zinsscheine werden für die Buchforderungen nicht ausgegeben. Das zur Einlösung der Zinsscheine halbjährlich nothwendige Abschneiden derselben und das Erneuern der Zinsscheinbogen gegen Rückreichung der Talons wird erspart.

An dem hergebrachten Modus der Begebung der Reichsanleihen ist durch die Einrichtung des Buches nichts geändert.

Nur der Besitz umlaufsfähiger Effekten der genannten Anleihen, nicht die Einlieferung anderer Werthpapiere oder die Einzahlung baaren Geldes, berechtigt zur Eintragung. Der Einlieferer der Effekten aber kann beantragen, daß entweder sein Name oder daß der Name eines Dritten als Gläubiger im Buche eingetragen werde. Die Eintragung erfolgt auf besonderen, für die Gläubiger angelegten Konten. Der Gläubiger kann später Zu- und Abschreibungen auf seinem Konto vornehmen lassen. Er behält das freie Verfügungsrecht über seine Forderung; Vermerke im Schuldbuche zu Gunsten eines Dritten, welche die Rechte des Gläubigers beschränken, sind zulässig (Nießbrauch, Pfandrecht u. a.). Die Abtretung der Buchforderung an eine andere Person kann durch Uebertragung auf ein für die Letztere neu anzulegendes oder bereits angelegtes Konto erfolgen. Der Berechtigte kann jederzeit und ohne daß es einer besonderen Kündigung bedarf, verlangen, daß ihm gegen Löschung der Forderung im Buche neue Inhaberpapiere von derselben Gattung wie die früher eingelieferten ausgereicht werden.

Erster Abschnitt.

Allgemeine Bestimmungen.

§. 1.

Das Reichsschuldbuchbüreau. Pflicht der Beamten zum Stillschweigen über den Inhalt des Buches.

Die Bearbeitung der Angelegenheiten des Reichsschuldbuches rfolgt durch die Reichsschuldenverwaltung, die Führung des Buches in einem besonderen Büreau derselben, dem Reichsschuldbuchbüreau, vom 1. April 1892 ab.

Alle schriftlichen Anträge, Anfragen und Gesuche in Angelegenheiten des Buches sind zu adressiren:

An
die Reichsschuldenverwaltung
(Schuldbuchbüreau)

Berlin S.W.
Oranienstraße 92/94.

Beziehen sie sich auf ein schon angelegtes Konto, so ist in em Gesuche u. s. w. die Nummer dieses Kontos und die Abeilung des Buches anzugeben.

Die Beamten des Büreaus sind auch zur persönlichen Anahme von Anträgen und zur mündlichen Erledigung von Anfragen werktäglich von 9 bis 1 Uhr, mit Ausnahme der letzten eiden Geschäftstage jeden Monats, bereit.

Den Beamten des Büreaus ist das unverbrüchlichste Stillschweigen über die zu ihrer Kenntnis gelangenden Vermögensangelegenheiten der Buchgläubiger ausdrücklich zur Pflicht emacht.

§. 2.

Einrichtung des Reichsschuldbuches.

Es wird ein Buch für die Gläubiger der 4prozentigen, ein uch für die Gläubiger der 3½prozentigen und ein Buch für e Gläubiger der 3prozentigen Reichsanleihe geführt.

Jedes dieser Bücher zerfällt in 7 Abtheilungen:

I. für physische Personen,
II. für Handelsfirmen,
III. für eingetragene Genossenschaften,
IV. für eingeschriebene Hilfskassen,
V. für juristische Personen,
zu III. bis V., sofern sie im Inlande ihren Sitz haben,
VI. für Vermögensmassen ohne juristische Persönlichkeit, wie Stiftungen, Anstalten, Familienfideikommisse, bestimmten Zwecken gewidmete Einzelfonds, deren Verwaltung von

einer öffentlichen Behörde oder unter deren Aufsicht geführt wird,

VII. für Vermögensmassen, deren Verwalter ihre Verfügungsbefugnis über die Masse durch eine gerichtliche oder notarielle Urkunde nachweisen,

zu VI. und VII. ist es gleich, ob die Verwaltung im Inlande oder ob sie im Auslande geführt wird.

Für jede Abtheilung werden in fortlaufender Nummernfolge soviel einzelne Konten angelegt, als Gläubiger einzutragen sind. In jedem der Bücher darf der Gläubiger nur Ein Konto erhalten. Jedes Konto darf nur für Eine Person, Firma, Kasse oder Vermögensmasse angelegt sein. Das Muster für die Konten siehe Seite 790. Danach hat jedes Konto außer der Ueberschrift 4 Spalten:

Spalte 1 für den Betrag der Forderung,
" 2 für Abschreibungen,
" 3 für Beschränkungen des Gläubigers,
" 4 für Angabe des zum Zinsempfange Berechtigten, des Zahlungsweges, des Fälligkeitstermines und des halbjährlichen Zinsbetrages.

Von jedem Konto des Reichsschuldbuches wird eine vollständige Abschrift gebildet, in fortgesetzter Uebereinstimmung mit der Urschrift gehalten und getrennt in einem besonderen Gebäude aufbewahrt. Die Abschrift wird spätestens eine Woche nach Herstellung der Urschrift niedergelegt.

§. 3.

Wem ist die Benutzung des Buches zu empfehlen?

Jeder Inhaber deutscher Reichsschuldverschreibungen kann von der Einrichtung des Reichsschuldbuches Gebrauch machen. Zu empfehlen dürfte die Benutzung des Buches jedem Besitzer solcher Effekten sein, welcher dieselben als **dauernde** Kapitalanlage betrachtet, von der Sorge um die Sicherheit der Aufbewahrung der Schuldverschreibungen und Zinsscheine befreit sein will und Werth auf eine möglichst einfache und zeitige Uebermittelung seiner Zinsen legt; für die Fälle aber, in denen er an Stelle der Buchforderung wieder Inhaberpapiere wünscht, die Mühe seiner Legitimation (§. 14) nicht scheut. Von dem preußischen Staatsschuldbuche, welches in ganz ähnlicher Weise für die Besitzer preußischer Konsols wie das Deutsche Reichsschuldbuch für die Besitzer deutscher Reichsanleihen eingerichtet und seit dem 1. Oktober 1884 in Benutzung ist, haben bereits zahlreiche Privatpersonen des In- und Auslandes, Kirchengemeinden, Schulgemeinden u. a., sowie die Verwalter von Stiftungen, Fideikommissen, Mündelgeldern, Sparkassen und anderen zur Eintragung geeigneten Vermögensmassen Gebrauch gemacht.

Am 1. Februar 1892 waren in dem Preußischen Staatsschuldbuche auf 11 680 Konten Forderungen in Höhe von zusammen 650 300 050 *M* eingetragen. Von den Konten waren 7646 für physische, 2001 für juristische Personen, 1983 für Vermögensmassen ohne juristische Persönlichkeit und 50 für andere Gläubiger angelegt.

Zur Sicherung der **Mündelgelder** können die Vormünder und die Gerichte das Buch benutzen, indem sie beantragen, daß für die Mündel, denen Reichsschuldverschreibungen gehören, je ein Konto im Buch angelegt und auf demselben vermerkt wird, daß die Ausreichung neuer Inhaberpapiere gegen Löschung des Kontos während der Dauer der Vormundschaft von der Genehmigung des Vormundschaftsgerichtes abhängig sei (Reichsgesetz vom 31. Mai 1891, §. 23, R. G. Bl. S. 321).

Voraussichtlich wird es auch gestattet werden, den für **Offiziere** vom Hauptmann zweiter Klasse u. s. w. abwärts bei Nachsuchung des Heirathskonsenses erforderlichen Vermögensnachweis durch eine in das Reichsschuldbuch eingetragene Buchschuld zu führen, wie dies nach den Bekanntmachungen des preußischen Kriegsministeriums vom 7. Mai 1885 (Armee-Verordnungsblatt S. 107) und des Chefs der Admiralität vom 8. September 1886 (Marine-Verordnungsblatt S. 189) bereits betreffs des Preußischen Staatsschuldbuches gestattet ist.

Auskunft über den Inhalt des Buches erhält nur der eingetragene Gläubiger, sein gesetzlicher Vertreter, sein Bevollmächtigter und sein Rechtsnachfolger von Todeswegen, sowie bezüglich eingetragener Genossenschaften, eingeschriebener Hülfskassen, juristischer Personen und Vermögensmassen die zur Revision der Kassen derselben berechtigte öffentliche Behörde oder Person und letztere auch nur, falls ihre Berechtigung zur Kassenrevision durch eine inländische öffentliche Behörde bescheinigt ist.

§. 4.

Allgemeine Voraussetzung für die Umwandlung von Schuldverschreibungen in Buchschulden des Reichs.

Die Umwandlung der Reichsschuldverschreibungen in Buchschulden auf bestimmte Namen erfolgt gegen Einlieferung der Verschreibungen auf den Antrag des Inhabers durch **Eintragung in das Buch**.

Die Verschreibungen müssen zum Umlauf brauchbar, dürfen also nicht gerichtlich für kraftlos erklärt oder von einem Gericht oder einer mit Vollstreckungsbefugnis ausgestatteten Behörde mit

Beschlag belegt sein. Befindet sich auf der Schuldverschreibung eine Außerkurssetzung vermerkt, so muß auch der Vermerk ordnungsmäßiger Wiederinkurssetzung sich vorfinden. Die Umwandlung befleckter oder beschädigter Stücke ist zulässig, wenn nach dem Ermessen der Reichsschuldenverwaltung der Antragsteller sich als der rechtmäßige Besitzer der umzuwandelnden Schuldverschreibungen ausgewiesen hat.

Jeder eingereichten Schuldverschreibung müssen die noch nicht fälligen Zinsscheine (Kupons) und der dazu gehörige Erneuerungsschein (Talon, Anweisung) beigefügt sein. Nur den Schuldverschreibungen, welche in einem dem Fälligkeitstermine der Zinsen vorangehenden Monat eingereicht werden, sind die nächstfälligen Zinsscheine nicht beizufügen.

Rechtsverhältnis nach der Umwandlung.

§. 5.

1. In Betreff der Forderung an Kapital und Zinsen.

Mit der Eintragung in das Reichsschuldbuch erlöschen die Rechte des Inhabers an den eingelieferten Verschreibungen; die Rechte des Gläubigers in Betreff des Kapitals und der Zinsen übt derjenige aus, der im Buch als Gläubiger oder Berechtigter verzeichnet ist.

Verfügungen des Gläubigers über die eingetragene Forderung, wie Abtretungen oder Verpfändungen, erlangen dem Reiche gegenüber nur durch die Eintragung Wirksamkeit.

Im Uebrigen finden die für die Tilgung und Verzinsung der Reichsanleihen geltenden Vorschriften auf die eingetragenen Forderungen entsprechende Anwendung.

Im Falle der Kündigung einer der Reichsanleihen — zu welcher es eines Gesetzes bedarf — werden die mit ihrer Forderung zu dem Zinssatze der gekündigten Anleihe eingetragenen Gläubiger schriftlich benachrichtigt. Die Wirksamkeit der Kündigung ist jedoch von dieser Benachrichtigung nicht abhängig.

§. 6.

2. In Betreff der Zinsen insbesondere. Zahlungswege.

Die Zinsen der eingetragenen Buchforderungen werden in demselben Betrage und in denselben Fälligkeitsterminen wie die der eingelieferten Schuldverschreibungen, also entweder mit vier, dreieinhalb oder drei vom Hundert und halbjährlich entweder in dem Januar- und Juli- oder in dem April- und Oktober-Termin mit rechtlicher Wirkung an denjenigen gezahlt, welcher am zehnten Tage des dem Fälligkeitstermine vorangehenden Monats im Schuldbuch als zum Empfang berechtigt eingetragen ist, sofern nicht eine inzwischen zur Kenntnis der Reichsschuldenverwaltung gelangte Pfändung einstweilige gerichtliche Verfügung oder Zinsüberweisung im Zwangsvollstreckungsverfahren stattgefunden hat (§. 17).

Aenderungen in der Person oder der Wohnung des Zinsempfängers oder Anträge auf eine Aenderung des Zinszahlungsweges können für den nächsten Fälligkeitstermin nur dann auf Berücksichtigung rechnen, wenn die Meldung oder der Antrag betreffs der Aenderung bis zum ersten Tage des diesem Termin voraufgehenden Monats bei der Reichsschuldenverwaltung eingegangen ist.

Die Reichsschuldenverwaltung bestimmt, auf welchem Wege die Zahlung erfolgen soll und berücksichtigt dabei thunlichst die Wünsche der Gläubiger.

Zulässige Zahlungswege sind:

1) die direkte Postsendung im Inlande seitens der Königlich preußischen Staatsschulden-Tilgungskasse in Berlin W. Taubenstr. 29, und zwar:

für die nächstfälligen Januar—Juli-Zinsen zwischen dem 17. Juni und 8. Juli und zwischen dem 18. Dezember und 8. Januar;

für die nächstfälligen April—Oktober-Zinsen zwischen dem 18. März und 8. April und zwischen dem 17. September und 8. Oktober.

Die Sendung erfolgt an den Berechtigten auf dessen Gefahr und Kosten durch Postanweisung oder, wenn der jedesmalige Betrag 800 ℳ übersteigt und der Berechtigte die Postanweisung nicht ausdrücklich vorzieht, nach vorheriger Einsendung einer Quittung in ordnungsmäßig verschlossenem Briefe mit Werthangabe gegen Empfangsbescheinigung.

Bei Benutzung von Postanweisungen kann verlangt werden, daß der Abgang der Sendung dem Empfangsberechtigten mittels besonderen Schreibens angezeigt werde. Auf besonderen Wunsch wird auch den Adressen der Empfänger der Zusatz „Eigenhändig" hinzugefügt.

Kommt eine Postsendung als unbestellbar zurück, so unterbleiben weitere Sendungen, bis der Gläubiger die richtige Adresse angezeigt hat.

2) die Abhebung bei einer der nachstehend angegebenen Kassen und Zahlstellen:

a. bei der obengenannten Staatsschulden-Tilgungskasse und bei der Reichsbankhauptkasse in Berlin vom 17. Juni und 18. Dezember bezw. vom 18. März und 17. September ab,

b. bei sämmtlichen Reichsbankhauptstellen und Reichsbankstellen, sowie bei denjenigen **Landeshauptkassen** (in Preußen: bei den Regierungshauptkassen,
in Mecklenburg-Schwerin: bei der Großherzoglichen Rentnerei in Schwerin,
in Oldenburg für den Bezirk der Stadt und des Amtes Oldenburg: bei der Großherzoglichen Hauptkassenverwaltung in Oldenburg,
in Sachsen-Meiningen: bei der Herzoglichen Hauptkasse in Meiningen,
in Sachsen-Coburg und Gotha: bei der Herzoglichen Staatskasse in Gotha,
in Schwarzburg-Sondershausen: bei der Fürstlichen Staatshauptkasse in Sondershausen,
in Schwarzburg-Rudolstadt: bei der Fürstlichen Hauptlandeskasse in Rudolstadt,
in Waldeck: bei der Waldeckischen Staatskasse in Arolsen,
in Schaumburg-Lippe: bei der Fürstlichen Landeskasse in Bückeburg)
an deren Sitz sich eine Reichsbankanstalt mit Kasseneinrichtung nicht befindet, vom 24. Juni und Dezember bezw. März und September ab,

c. bei sämmtlichen Reichsbanknebenstellen mit Kasseneinrichtung, bei der Reichsbank-Kommandite in Insterburg und bei folgenden Landeskassen, wenn an deren Sitz sich eine Reichsbankanstalt mit Kasseneinrichtung nicht befindet.
in Preußen: bei den mit der Annahme direkter Staatssteuern außerhalb Berlins betrauten Königlichen Kassen (Kreiskassen, Steuerkassen u. s. w.),
in Bayern: bei den Königlichen Rentämtern,
in Sachsen: bei den Königlichen Bezirkssteuereinnahmen,
in Württemberg: bei den Königlichen Kameralämtern,
in Baden: bei den Großherzoglichen Bezirkssteuerkassen,
in Hessen: bei den mit der Annahme direkter Staatssteuern betrauten Großherzoglichen Distriktseinnehmereien und Steuerämtern,
in Sachsen-Weimar: bei den Großherzoglichen Rechnungsämtern,
in Oldenburg:
für das Herzogthum Oldenburg bei den betreffenden Amtsrezepturen außerhalb der Stadt und des Amtes Oldenburg,
für das Fürstenthum Lübeck bei der Landeskasse in Eutin und bei der Amtskasse in Schwartau,

für das Fürstenthum Birkenfeld bei der Landeskasse in Birkenfeld und bei der Amtskasse in Oberstein,

in Braunschweig: bei den Herzoglichen Kreiskassen in Wolfenbüttel, Helmstedt, Gandersheim, Holzminden und Blankenburg a. H., sowie bei der Herzoglichen Amtskasse in Thedinghausen,

in Sachsen-Meiningen: bei den Herzoglichen Amtseinnahmen in Salzungen, Hildburghausen, Sonneberg und Saalfeld,

in Sachsen-Altenburg: bei den Herzoglichen Steuer- und Rentämtern in Schmölln, Ronneburg, Eisenberg, Roda und Kahla,

in Sachsen-Coburg und Gotha: bei der Herzoglichen Staatskasse in Coburg,

in Anhalt: bei den Herzoglichen Kreiskassen in Cöthen, Zerbst und Ballenstedt,

in Schwarzburg-Sondershausen: bei der Fürstlichen Bezirkskasse in Arnstadt,

in Schwarzburg-Rudolstadt: bei den Fürstlichen Rent- und Steuerämtern in Königsee und Frankenhausen und bei den Fürstlichen Steuerämtern in Stadtilm und Leutenberg,

in Lippe: bei den Fürstlichen Steuerkassen in Lemgo, Schötmar, Blomberg und Stift Cappel, sowie bei der Landessparkasse in Detmold,

in Bremen: bei den Bremischen Steuerämtern in Vegesack und Bremerhaven,

in Elsaß-Lothringen: bei den Steuerkassen, und zwar in den Orten, in welchen sich mehrere Steuerkassen befinden, bei der Steuerkasse I,

vom 1 Juli und 2. Januar bezw. 1. April und 1. Oktober ab,

3) wenn dem zum Empfang der Zinsen Berechtigten ein Girokonto bei der Reichsbank eröffnet ist, die Gutschrift auf diesem Konto durch Vermittelung der preußischen Staatsschulden-Tilgungskasse.

Die Baarzahlung bei den Kassen und Zahlstellen (oben zu 2) geschieht nach Prüfung der Legitimation und Identität des Empfängers gegen dessen Quittung. Die Kassen u. s. w. sind verpflichtet, bei dieser Prüfung nach Maßgabe der allgemeinen Vorschriften gewissenhaft zu verfahren. Zu den Quittungen sind Formulare zu benutzen, von denen dem Berechtigten das erste mit der von der Reichsschuldenverwaltung ausgehenden Benachrichtigung über die Eintragung des Kapitals in das Reichsschuldbuch zugesandt wird, die demnächst zu verwendenden später an der Zahlungsstelle verabreicht werden.

Wird die Baarzahlung bei der Reichsbankhauptkasse oder bei einer der oben zu 2 b. und c. genannten Kassen bis zum Ablauf des mit dem Fälligkeitstermine beginnenden Kalender-Quartals nicht erhoben, so wird der Empfangsberechtigte mit dem Betrage bei der preußischen Staatsschulden-Tilgungskasse zu Berlin auf eine Restliste gesetzt und die Zahlung kann alsdann erst erfolgen, sobald ein Antrag von dem Berechtigten an diese Kasse direkt gerichtet wird.

Die Zinsen der Buchforderungen verjähren mit dem Ablauf von vier Jahren, vom Tage der Fälligkeit ab gerechnet.

Zweiter Abschnitt.

Wann und wie geschehen die einzelnen Eintragungen und Löschungen im Buch?

A. Eintragungen und Löschungen auf Antrag.

§. 7.

Allgemeine Vorschriften.

Die Eintragungen geschehen in derselben Reihenfolge, in welcher die auf dasselbe Konto bezüglichen Gesuche bei der Reichsschuldenverwaltung eingegangen sind, die Eintragungen und Löschungen so schnell, als es der Geschäftsgang irgend gestattet, in der Regel innerhalb einer Woche, wenn Zwischenverfügungen sich nicht als nothwendig ergeben.

Zur Vermeidung von Zwischenverfügungen und damit von Verzögerungen der Eintragung ist es besonders wesentlich, daß, wo Formulare zu den Anträgen vorgeschrieben sind, diese vollständig und genau ausgefüllt, daß die Namen der einzutragenden Gläubiger und der zum Zinsempfang berechtigten Personen, sowie die Bezeichnung der Wohnorte und Wohnungen recht deutlich geschrieben, Vor- und Zunamen vollständig, bei Frauen auch der Geburtsname angegeben, daß endlich, wenn ein Vertreter, Bevollmächtigter oder Rechtsnachfolger des bereits eingetragenen Gläubigers Anträge stellt, die Urkunden sofort beigebracht werden, welche zu seiner Legitimation erforderlich sind.

Ebenso empfiehlt es sich, den Anträgen auf solche Einschriften, für welche Gebühren zu erheben sind (§. 20), den Betrag derselben (siehe den Tarif Seite 793) sogleich beizufügen. — Bedingung für die Erledigung der Anträge ist die Vorauszahlung der Gebühren in der Regel nicht.

Eine Prüfung der Gültigkeit der den Anträgen zu Grunde liegenden Rechtsgeschäfte geht den Eintragungen oder Löschungen icht voraus, wohl aber eine Prüfung der vom Gesetz für die ntträge vorgeschriebenen Form und der Legitimation des Antragellers. Die Vorschriften hierfür sind verschieden, je nach dem nhalt der Anträge.

§. 8.

orm der Anträge auf Anlegung eines Kontos oder auf Zuschreibung bei gleichzeitiger Einlieferung von Schuldverschreibungen.

Zu Anträgen auf Anlegung eines Kontos oder Zuschreibung nes Kapitals auf einem zu dem gleichen Zinssatz im Reichshuldbuch schon angelegten Konto bei gleichzeitiger Einlieferung on Schuldverschreibungen genügt schriftliche Form, d. h. die nterschrift des Einlieferers ohne besondere Zeugnisse über die egitimation desselben und ohne besondere Beglaubigung der nterschrift. Wenn die Eintragung auf den Namen einer juristihen Person, einer Handelsfirma, einer eingetragenen Genossenhaft oder eingeschriebenen Hilfskasse erfolgen soll, ist die rechtche Existenz des Gläubigers, falls sie nicht notorisch ist, durch ine vorschriftsmäßige öffentliche Urkunde nachzuweisen. Dies ilt insbesondere auch von Sparkassen, Witwenkassen, Krankenassen u. a. In Bezug auf den einzutragenden oder zuzuschreienden Kapitalbetrag und die Zinsen kann in der bezeichneten form gleichzeitig beantragt werden, in Spalte 3 des Kontos ine Beschränkung des Gläubigers betreffs des Kapitals oder er Zinsen, und in Spalte 4 eine dritte Person als zum Zinsmpfang berechtigt zu vermerken. Die Personen des Gläubigers, eines gesetzlichen Vertreters und des Zinsempfangsberechtigten ind so deutlich anzugeben, daß spätere Verwechselungen mit nderen Personen von vornherein ausgeschlossen werden.

Wird beantragt, eine unter Vormundschaft stehende Person ls Gläubiger einzutragen, so ist bei großjährigen Personen der Grund der Entmündigung (z. B. entmündigt wegen Geisteskrankeit), bei minderjährigen Personen ihr Geburtstag und Geburtsrt, andernfalls aber der Name, Stand oder Beruf und letzte Aufenthaltsort des Vaters, in allen Fällen der gesetzliche Verreter (Vater, Vormund u. s. w.) anzugeben.

Die Anträge und die Verzeichnisse der Schuldverschreibungen ind nach den Mustern einzurichten, welche Seite 790 ff. abgedruckt stehen.

Formulare sind von dem Reichsschuldbüreau in Berlin und außerhalb Berlins von jeder Kassenstelle, welche mit Zahlung von Reichsschuldbuchzinsen betraut ist (siehe §. 6), unentgeltlich zu beziehen.

Wer Reichsschuldverschreibungen zu verschiedenen Zinssätzen

gleichzeitig einreicht, hat für jede Gattung ein besonderes Antragsformular und Verzeichnis zu verwenden.

Ueber Zahl und Nennbetrag der eingelieferten Werthpapier erhält der Einlieferer sofort nach dem Eingange einen von dem Rendanten und Oberbuchhalter des Büreaus oder von deren Vertretern unterschriebenen Empfangschein.

Was außerdem noch bei Ausfüllung der Formulare im Einzelnen zu beachten, ist auf einem jeden derselben abgedruckt.

§. 9.

Zulässigkeit der Anträge auf Eintragung von Beschränkungen des Gläubigers zu Gunsten eines Dritten. Verpfändung. Nießbrauch.

Wird beantragt, in Spalte 3 des Kontos eine Beschränkung des Gläubigers in der Verfügung über das eingetragene Kapital oder über die Zinsen zu vermerken, so muß der Umfang und der Rechtsgrund der Beschränkung, sowie die Person, zu deren Gunsten die Beschränkung beabsichtigt ist, aus dem Antrage genau ersichtlich sein. Unzulässig ist ein Vermerk, welcher das Gläubigerrecht nicht nur beschränken, sondern aufheben würde. Letztwillige Verfügungen können in rechtswirksamer Weise durch Eintragungsanträge nicht zu Stande kommen.

Außerdem bleibt für einzelne besondere Fälle noch Folgendes zu beachten:

1) Soll die Reichsschuldenverwaltung verpflichtet werden, nicht ohne Zustimmung eines Dritten Aenderungen im Konto betreffs des Kapitals oder der Zinsen vorzunehmen, so empfiehlt sich für den Antrag folgende Fassung:

   Ich beantrage, in Spalte 3 des Kontos zu vermerken:
   Die Verfügung über die eingetragene Forderung oder einen Theil derselben (über eine Aenderung der Zinszahlung) bedarf der Genehmigung des
   (Stand, Vor- und Zuname, Wohnort und Wohnung).

2) Soll der Vormund eines Gläubigers gemäß §. 23 des Reichsgesetzes vom 31. Mai 1891 (R. G. B. S. 321) beschränkt werden, so ist folgende Fassung des Antrages die einfachste:

   Ich beantrage, in Spalte 3 des Kontos zu vermerken:
   Die Ausreichung von Reichsschuldverschreibungen gegen Löschung der eingetragenen Forderung oder eines Theiles derselben bedarf der Genehmigung des Vormundschaftsgerichtes, jetzt des Amtsgerichtes in

3) Soll vermerkt werden, daß einem Dritten ein Nießbrauchrecht an der eingetragenen Forderung eingeräumt sei, so genügt im Allgemeinen, einen Vermerk dahin zu beantragen:

Den lebenslänglichen Nießbrauch von ℳ hat der (Stand, Vor- und Zuname, Wohnort und Wohnung).

4) Soll aber einem Dritten der Nießbrauch an der Forderung erst vom Todestage des Gläubigers ab — unabhängig von dem Erbrechte anderer Personen — sichergestellt werden, so würde zu sagen sein:

Ich beantrage, in Spalte 3 des Kontos zu vermerken:
Den lebenslänglichen Nießbrauch von ℳ hat vom Todestage des Gläubigers ab der (Stand, Vor- und Zuname, Wohnort, Wohnung).

§. 10.

Zulässigkeit der Anträge auf Zahlung der Zinsen an einen Dritten.

In Spalte 4 können als zum Zinsempfange berechtigt auch andere Personen (Firmen oder Kassen), wie der eingetragene Gläubiger, für einen bestimmten Betrag aber kann in der Regel nur Eine Person vermerkt werden. Eine Ausnahme von der letzteren Bestimmung ist z. B. zulässig, wenn die Zinsen bei einer zu ihrer Zahlung ermächtigten Kasse (s. §. 6) abgehoben werden sollen. Es dürfen in diesen Fällen zwei Personen (A. oder B.) als alternativ zu deren Empfang berechtigt vermerkt werden. Bei Sendung der Zinsen durch die Post und im Fall ihrer Gutschrift auf Reichsbank-Girokonto ist ein solcher Vermerk nicht statthaft.

§. 11.

Verfügung der Eintragung.

Entsprechen die Anträge vorstehenden Andeutungen der §§. 8 bis 10, so geschieht die Anlegung der Kontos auf den Namen der von dem Einlieferer der Schuldverschreibungen in dem Antrage als Gläubiger bezeichneten Person, und wenn die letztere schon ein Konto in dem Buche für die betreffende Anleihe besitzt, die Zuschreibung auf diesem Konto in Spalte 1, 3 und 4.

In Ermangelung anderer Bestimmung des Antragstellers wird ein in Spalte 4 eingetragener Dritter so lange als zum Empfang der Zinsen berechtigt angesehen, bis auf Antrag des Gläubigers oder seines Rechtsnachfolgers der betreffende Vermerk wieder gelöscht ist.

§. 12.

Form der Anzeigen von Aenderungen in der Person oder der Wohnung des Gläubigers oder des Zinsenempfängers. Form des Widerrufs einer Vollmacht. Form des Antrags auf Aenderung des Zahlungsweges für die Zinsen.

Die einfache schriftliche Form genügt ferner für folgende Anzeigen und Anträge:

1) für die Anzeige von Aenderungen in der Person od der Wohnung des Gläubigers oder des Zinsenempfä gers (Verheirathung einer Frau, Aenderung des Stand oder Gewerbes, Wohnorts oder Wohnung), bei welch also die Person des Berechtigten an sich dieselbe blei Die Richtigkeit ist auf Verlangen durch eine öffentli Urkunde darzuthun;

2) für den Widerruf einer Vollmacht und insbesond für Anträge des Gläubigers oder des Nießbrauchers Zahlung der Zinsen an ihn selbst, statt an die bisher dem Konto in Spalte 4 als empfangsberechtigt bezeichn Person, vorausgesetzt, daß aus Spalte 3 keine Beschrä kung des Antragstellers in dieser Richtung erhellt;

3) für Anträge auf Aenderung des Zinszahlungsweg (Post oder Kasse) ohne Aenderung des Empfangsberechtigt

§. 13.

Form anderer Anträge als der in den §§. 8 und 12 erwähnten. Form ei Vollmacht zur Verfügung über die Forderung.

Andere als die im Eingang des §. 8 und im §. 12 erwähnt Anträge, insbesondere also Anträge:

1) auf nachträgliche Eintragung einer Beschränkung od auf Löschung einer Beschränkung in der Spalte 3 ein Kontos,

2) auf nachträglichen Vermerk eines anderen Zinsempfang berechtigten in Spalte 4 an Stelle des eingetragenen,

3) auf theilweise oder gänzliche Uebertragung der e getragenen Forderung auf ein anderes Konto,

4) auf erneute Ausfertigung und Ausreichung von Reich schuldverschreibungen gegen Löschung der eingetr genen Forderung oder eines Theils derselben, sowie

5) Vollmachten für einen Dritten zur Verfügung über d Forderung

müssen, wenn sie nicht von öffentlichen Behörden ausgehen, g richtlich oder notariell oder von einem Konsul des Deutsch Reichs aufgenommen oder beglaubigt sein. Bei der Beglaubigun bedarf es weder der Zuziehung von Zeugen noch der Aufnah eines Protokolls. Anträge öffentlicher Behörden bedürfen, wen sie ordnungsmäßig unterschrieben und untersiegelt sind, kein Beglaubigung. Im Uebrigen unterliegen die von öffentlich Behörden ausgestellten oder aufgenommenen Urkunden — beispie weise die Bescheinigungen über die Befugnis zur Verfügung üb eine in Abtheilung VII. des Buches eingetragene Masse (s. §. 2) den Vorschriften des Reichsgesetzes, betreffend die Beglaubigun öffentlicher Urkunden vom 1. Mai 1878 (R. G. B. S. 89).

Sind seit der Eintragung Aenderungen in der Person des ıubigers (Verheirathung einer Frau, Aenderungen des Ge- :bes, Standes, Namens, Wohnorts) eingetreten, so kann außer- ı verlangt werden, daß die Identität durch eine öffentliche ınde dargethan werde.

Denselben Formvorschriften unterliegen Erklärungen, welche : Dritter abgiebt, zu dessen Gunsten der eingetragene Gläu- ɛr in Bezug auf die Forderung oder deren Zinserträgnisse :ch einen Vermerk im Reichsschuldbuch beschränkt ist, wenn der trag des Gläubigers von ihm, wie erforderlich, genehmigt :den soll.

§. 14.

itimation des Antragstellers bei Anträgen der im §. 13 bezeichneten Art. Rechtsnachfolger von Todeswegen.

Bei den im §. 13 bezeichneten Anträgen tritt außerdem : Prüfung der Legitimation des Antragstellers nach fol- den Vorschriften ein.

Zur Stellung solcher Anträge sind nur der eingetragene ıubiger, seine gesetzlichen Vertreter und Bevollmächtigten, sowie :enigen Personen berechtigt, auf welche die eingetragene For- ung von Todeswegen übergegangen ist.

Ehefrauen und großjährige Personen unter väterlicher walt werden zu Anträgen ohne Zustimmung des Ehemanns) Vaters zugelassen.

Zur Stellung von Anträgen für eine Firma gilt als be- ıtigt, wer zur Zeichnung der Firma berechtigt ist; zur Stellung ı Anträgen für eine in Abtheilung VI. des Buchs eingetragene rmögensmasse die Behörde, welche deren Verwaltung führt r beaufsichtigt, oder die von derselben bezeichnete Person; für : in Abtheilung VII. des Buchs eingetragene Vermögensmasse zur Verfügung über die Masse befugte Verwalter.

Die Vertreter der Handelsfirmen, der eingetragenen Genossen- ıften und der eingeschriebenen Hilfskassen haben bei Stellung Anträge durch eine öffentliche Urkunde den Nachweis zu er- ıgen, daß die Antragsteller zur Zeichnung für die Firma oder Vertretung der Genossenschaft oder Kasse legitimirt sind.

Gesetzliche Vertreter haben mit den Anträgen ihre Legi- ation als solche (Bestallung 2c.), Bevollmächtigte ihre Voll- cht vorzulegen.

Rechtsnachfolger von Todeswegen haben sich, sofern : Berechtigung auf der gesetzlichen Erbfolge beruht, durch eine :cheinigung als Erben, sofern dieselbe auf letztwilliger Ver- ung beruht, durch eine Bescheinigung darüber auszuweisen, ; sie über die eingetragene Forderung zu verfügen befugt sind.

Zur Ausstellung der vorgedachten Bescheinigungen ist dasjenige Gericht, bei welchem der Erblasser zur Zeit seines Tod
seinen allgemeinen Gerichtsstand hatte, und sofern derselbe i
Inlande einen solchen nicht hatte, derjenige Konsul des Reich
in dessen Amtsbezirk der Erblasser zur Zeit seines Todes sein
Wohnsitz oder gewöhnlichen Aufenthalt gehabt hat, falls de
Konsul von dem Reichskanzler die Ermächtigung zur Ausstellun
solcher Bescheinigungen ertheilt ist, und, in Ermangelung ein
hiernach zuständigen Konsuls, das Amtsgericht I. in Berlin z
ständig.

Unberührt bleiben die landesgesetzlichen Vorschriften, na
welchen zur Ausstellung der Bescheinigung statt der Gerich
andere Behörden oder Notare zuständig sind. Die Zuständigk
derselben ist von dem im vorhergehenden Absatz bezeichneten G
richte auf der Bescheinigung zu bestätigen.

Mehrere Erben haben zur Stellung von Anträgen und z
Empfangnahme von Schuldverschreibungen eine einzelne Pers
zum Bevollmächtigten zu bestellen.

Den Anträgen der Rechtsnachfolger von Todeswegen müs
die erwähnte Bescheinigung und die Vollmacht beiliegen.

§. 15.

Löschung einer Beschränkung des Gläubigers insbesondere.

Den Anträgen auf Löschung einer Beschränkung in Spalt
des Kontos ist die im §. 13 bezogene Genehmigungserklärun
derjenigen Personen, zu deren Gunsten der eingetragene Gläubig
beschränkt ist, und bei persönlichen unvererblichen Einschränkung
des Gläubigerrechts oder des Verfügungsrechts, welche durch d
Tod des Berechtigten erloschen sind, die Sterbeurkunde (d
Todtenschein) des letzteren beizufügen. In letzterem Fall wi
durch die Löschung das Recht auf den Bezug rückständig
Leistungen nicht berührt.

§. 16.

Uebertragung auf ein anderes Konto. Theillöschungen. Löschungen g… Ausreichung neuer Schuldverschreibungen.

Außerdem bleibt für die im §. 13 unter den Nummern
und 4 aufgeführten Anträge Folgendes zu beachten:

Uebertragungen auf ein anderes Konto sind nur i
sofern zulässig, als dies Konto in dem Reichsschuldbuch für d
gleich hoch verzinsliche Anleihe angelegt ist oder angelegt w
den soll.

Theilübertragungen und Theillöschungen sind nur zuläss
sofern sowohl die Beträge, deren Uebertragung oder Lösch

eantragt wird, als auch die Restbeträge, über welche eine Ver- igung nicht stattfinden soll, in Schuldverschreibungen der be- effenden Anleihe darstellbar sind. Dies gilt für jedes Konto, nd außerdem betreffs der $3^1/_2$ und 3prozentigen Reichsanleihen ei dem einzelnen Konto für jeden Posten besonders, wenn es ch um Forderungen handelt, welche aus mehreren, zu ver- hiedenen Terminen verzinslichen Posten (Januar—Juli und pril—Oktober) zusammengesetzt sind. Demgemäß ist bei An- ägen auf Theilübertragungen und Theillöschungen zu einem onto, welches Forderungen mit verschiedenen Zinsterminen ent- ält, auch anzugeben, ob die Uebertragung oder Löschung eines heilbetrages mit Januar—Juli- oder mit April—Oktober-Zinsen ewünscht wird.

Wird beantragt, daß eine eingetragene Forderung ganz der theilweise gegen Ausreichung von Schuldverschrei- ungen der entsprechenden Anleihe zu gleichem Renn- erthe gelöscht werden soll, so geschieht mit der Löschung die usreichung an den dazu von der Reichsschuldenverwaltung egitimirt befundenen Berechtigten durch die von ihr bestimmte asse nach Prüfung der Identität des Berechtigten gegen Quittung.

Hat der Berechtigte die Zusendung durch die Post im In- ande in der §. 13 Absatz 1 angegebenen beglaubigten Form eantragt, so ist die Reichsschuldenverwaltung ermächtigt, diesem ntrage zu entsprechen. Die Sendung geschieht alsdann auf efahr und Kosten des Berechtigten. Der Posteinlieferungs- hein dient bis zum Eingang der Quittung als Rechnungsbelag.

Postsendungen, welchen Inhaberpapiere beiliegen, werden ach dem vollen Werthe deklarirt, insofern nicht der Berechtigte n beglaubigter Form (§. 13 Absatz 1) eine minderwerthige De- larirung beantragt hat.

B. Eintragungen und Löschungen von Amtswegen.

§. 17.

Gerichtliche Pfändung 2c. Ueberweisung an Zahlungsstatt.

Von Amtswegen ist auf dem Konto in Spalte 3 zu ver- erken: eine im Wege der Zwangsvollstreckung oder des Arrestes rfolgte Pfändung oder vorläufige Beschlagnahme der Forderung nd eine durch eine einstweilige gerichtliche Verfügung angeord- ete Beschränkung des eingetragenen Gläubigers. Ist die ge- fändete Forderung einem Dritten an Zahlungsstatt überwiesen, o wird dieselbe auf ein für diesen angelegtes oder noch anzu- egendes Konto übertragen.

§. 18.

Ermächtigung der Reichsschuldenverwaltung zur Löschung einer Forder[…] und Hinterlegung der Reichsschuldverschreibungen.

Die Reichsschuldenverwaltung kann die von Amtswegen b[…] wirkte Eintragung einer Beschränkung in Spalte 3 im Intere[…] der Uebersichtlichkeit des Reichsschuldbuches als Anlaß nehm[…] zur Löschung des ganzen Kontos oder eines Theils der auf de[…] Konto eingetragenen Forderung mit folgender Maßgabe. Dur[…] das Gesetz vom 31. Mai 1891 ist die Reichsschuldenverwaltu[…] ermächtigt, in sechs Fällen von Amtswegen auf Kosten d[…] Gläubigers eine eingetragene Forderung zu löschen und d[…] dagegen auszufertigenden Schuldverschreibungen an die Hinte[…] legungsstelle in Berlin auszuliefern:

1) wenn die Eintragung von Verpfändungen oder sonstig[…] Verfügungsbeschränkungen beantragt wird;
2) wenn die Forderung ganz oder theilweise im Wege d[…] Zwangsvollstreckung oder des Arrestes gepfändet od[…] eine einstweilige gerichtliche Verfügung über dieselbe g[…] troffen ist;
3) wenn über das Vermögen des eingetragenen Gläubige[…] der Konkurs eröffnet worden ist;
4) wenn die Zinsen des eingetragenen Kapitals 10 Jah[…] hintereinander nicht abgehoben worden sind;
5) wenn glaubhaft bekannt geworden ist, daß der Gläubig[…] vor länger als 10 Jahren verstorben ist und ein Rech[…] nachfolger sich nicht legitimirt hat;
6) wenn sonst ein gesetzlicher Grund zur Hinterlegung g[…] geben ist.

Die hinterlegten Schuldverschreibungen treten in allen re[…] lichen Beziehungen an die Stelle der gelöschten Forderung. D[…] Hinterlegungsstelle werden Abschrift des Kontos und, falls d[…] ganze Forderung im Buche gelöscht ist, die auf das Konto be[…] züglichen Akten unter gleichzeitiger Benachrichtigung der B[…] theiligten mitgetheilt.

§. 19.

C. Benachrichtigungen über erfolgte Eintragungen oder Löschungen.

Ueber die Eintragung von Forderungen und Verme[…] sowie über die verfügte Auslieferung von Schuldverschreibun[…] an Stelle zur Löschung gelangter Forderungen wird dem Ant[…] steller und, falls der Berechtigte ein Anderer ist, auch diesem [..] Benachrichtigung ertheilt. Auf jedes Benachrichtigungsschre[…]

:r Eintragung einer Buchforderung wird in einer besonders die Augen fallenden Form der Vermerk gesetzt:

Dies Schriftstück gilt nicht als eine über die Forderung ausgestellte Verschreibung.

Besondere Verschreibungen werden über Buchforderungen ht ausgefertigt.

Die Mittheilung der Benachrichtigungsschreiben geschieht ttels verschlossener Briefe durch die Post, und sofern es be- ders beantragt wird, mit der Bezeichnung: „Einschreiben".

§. 20.

D. Gebühren.

An Gebühren werden erhoben:

1) für die Umwandlung von Reichsschuldverschreibungen in Buchschulden des Reiches, sowie für sonstige Eintragungen und Löschungen, jede Einschrift in das Reichsschuldbuch besonders gerechnet, 25 Pfennig von je angefangenen 1000 *M* des Betrages, über den verfügt wird, zusammen mindestens 1 *M*;
2) für die Ausreichung von Reichsschuldverschreibungen für je angefangene 1000 *M* Kapitalbetrag 50 Pfennig, zusammen mindestens 1 *M*.

Als Eine Einschrift gelten die mittels der gleichen Verfügung f Einem Konto bewirkten Eintragungen und Löschungen.

Die laufende Verwaltung und Vermerke über Bevoll- ichtigungen, über Aenderungen in der Person oder der Wohnung s eingetragenen Gläubigers oder Zinsberechtigten, sowie über nderungen des Zinszahlungsweges sind gebührenfrei.

Die Gebühren werden von dem Antragsteller, soweit nöthig, ch den für die Beitreibung öffentlicher Abgaben bestehenden orschriften eingezogen. Auch kann die Vorausbezahlung der ebühren gefordert werden.

Den Tarif siehe Seite 793.

Für die gerichtliche oder notarielle Beglaubigung der nträge in Reichsschuldbuchsachen (§§. 13, 14) dürfen an Ge- ihren nicht mehr als höchstens

1 *M* 50 *Pf* bei Beträgen bis 2000 *M*,
3 *M* bei Beträgen über 2000 *M*

hoben werden.

Berlin, den 27. Februar 1892.

Reichsschuldenverwaltung.
Sydow.

Anhang.

1) Muster zu den Konten des Reichsschuldbuches.

4 (3½ bezw. 3) prozentige Buchschuld.
Konto Nr. Gläubiger:
Aenderungen in der Person (Bezeichnung) des Gläubigers:
(Behörde, welche die Verwaltung der
Masse führt — beaufsichtigt —.)

1.		2.						3.	4.		
Betrag der Forderung		Abschreibungen						Beschränkungen des Gläubigers	Die Zinsen zu empfangen ist berechtigt:		
		a. Uebertragen auf das Konto:			b. Umgewandelt in 4 (3½ bezw. 3) prozentige Reichsschuldverschreibungen:						
ℳ		Abtheilung	Nummer	ℳ	Litr.	Nummer	Betrag ℳ			halbjährlich mit ℳ	Pf

2) Muster zu Anträgen auf Anlegung eines Kontos gegen Einlieferung von Schuldverschreibungen.

An
die Reichsschuldenverwaltung
(Schuldbuchbüreau)

Berlin S.W.
frei. Oranienstraße 92/94.

, den ten 18

Die Reichsschuldenverwaltung erhält hierbei die in dem anliegenden Verzeichnisse aufgeführten Stück Schuldverschreibungen der deutschen prozentigen Reichsanleihe über zusammen ℳ, schreibe (in Worten) Mark, nebst den dazu gehörigen Zinsscheinen über die seit 1. 18 laufenden Zinsen und den Anweisungen zur Abhebung neuer Zinsscheine mit dem Antrage:

1) die gedachten ℳ auf den Namen:*) in das Reichsschuldbuch einzutragen;

*) Hier sind Vor- und Familiennamen, bei Frauen zugleich der Geburtsname, Beruf oder Stand, Wohnort und Wohnung so vollständig und so deutlich anzugeben, daß spätere Verwechselungen und Irrthümer thunlichst vermieden werden.

2) die fälligen Zinsen durch die Post (durch die Kasse in Reichsbankhauptstelle, Reichsbankstelle in) an*) wohnhaft in Straße Nr. zahlen zu lassen.
**)

) Muster zu Anträgen auf Zuschreibung gegen Einlieferung von Schuldverschreibungen.

An
die Reichsschuldenverwaltung
(Schuldbuchbüreau)

Berlin S.W.
:ei. Oranienstraße 92/94.

, den ten 18

Die Reichsschuldenverwaltung erhält hierbei die in dem an-egenden Verzeichnisse aufgeführten Stück Schuldver-hreibungen der deutschen prozentigen Reichsanleihe über zu-immen ℳ, schreibe Mark, ebst den dazu gehörigen Zinsscheinen über die seit 1. 18 laufenden Zinsen und den Anweisungen zur lbhebung neuer Zinsscheine mit dem Antrage:

1) die gedachten ℳ zusätzlich auf das Konto: der Abtheilung de in das Reichsschuldbuch einzutragen;
2) die fälligen Zinsen durch die Post (durch die Kasse in Reichsbankhauptstelle, Reichsbankstelle in) an d wohnhaft in Kreis Straße Nr. zahlen zu lassen.

---

*) S. die Bemerkung auf der vorigen Seite.

**) Der Schluß dieser und die folgende Seite sind zu benutzen für die twaigen Beschränkungen des Gläubigers in Bezug auf das Kapital oder ie Zinserträgnisse, welche eingetragen werden sollen (wie z. B. Ver-fändungen, Nießbrauchsbestellungen u. a.).

Soll die Eintragung auf den Namen einer juristischen Person, einer andelsfirma, einer eingetragenen Genossenschaft, einer eingeschriebenen ülfskasse, erfolgen, so ist die rechtliche Existenz des Gläubigers durch eine orschriftsmäßige öffentliche Urkunde nachzuweisen.

Wenn eine Vermögensmasse ohne juristische Persönlichkeit als Gläu-iger einzutragen ist, so muß der Fall, in welchem eine Behörde die Ver-valtung der Masse führt oder beaufsichtigt, streng getrennt werden von emjenigen, in welchem Privatpersonen die Verfügung über die Masse zu-teht. In ersterem Falle ist die Behörde genau anzugeben, auch auf Ver-angen der Reichsschuldenverwaltung die Eigenschaft der Behörde als einer ffentlichen und ihre Zuständigkeit durch geeignete Urkunden nachzuweisen. Im letzteren Falle sind die gerichtlichen oder notariellen Urkunden, durch velche die Privatpersonen sich als zur Verfügung über die Masse befugt uusweisen, dem Antrage stets sofort beizulegen.

Am Schluß ist der obige Antrag vom Antragsteller zu unterschreiben.

4) Muster für die Verzeichnisse der zur Umwandlung eingelieferten Reichsschuldverschreibungen.

Verzeichnis

der mit Antrag des vom ten 18 eingelieferten Schuldverschreibungen der deutschen prozentigen Reichsanleihen.

(Zu ordnen nach den verschiedenen Zinsterminen (Januar—Juli, April—Oktober), Jahrgängen und innerhalb dieser Arten nach den Littern, für jede Littera aber nach der Nummernfolge.)

Spalte 1.						Spalte 2.					
Laufende Nr.	Anleihe vom Jahre	Litr.	Nummern	Betrag des einzelnen Stückes ℳ	Betrag für jeden Werthabschnitt ℳ	Laufende Nr.	Anleihe vom Jahre	Litr.	Nummern	Betrag des einzelnen Stückes ℳ	Betrag für jeden Werthabschnitt ℳ
a. mit Zinsscheinen über im Januar und Juli fällige Zinsen.											
1	1887	B.	10 480	2000							
2	„	„	12 107	„	4 000						
3	„	C.	40 108/15	1000	8 000						
4	1888	A.	10 207	5000							
5	„	„	12 810	„	10 000						
6	1889	D.	11 408	500							
7	„	„	12 201 5	„	3 000						
8	„	E.	20 400	200	200						
			Summe a.		25 200						
b. mit Zinsscheinen über im April und Oktober fällige Zinsen.											
9	1885	A.	1 160	5000	5 000						
10	„	C.	5 211	1000							
11	„	„	6 318/23	„	7 000						
12	1886	B.	2 720	2000	2 000						
13	„	C.	6 230	1000							
14	„	„	7 980	„	2 000						
			Summe b.		16 000						
			Gesammtbetrag		41 200						

Mit den Schuldverschreibungen müssen die dazu gehörigen Zinsscheine und Anweisungen abgeliefert werden. Nur den Schuldverschreibungen, welche in einem dem Fälligkeitstermine der Zinsen vorangehenden Monat eingereicht werden, sind die nächstfälligen Zinsscheine nicht beizufügen.

5) Gebührentarif.

Es werden erhoben:							
wenn verfügt wird über ein Kapital						für jede Einschrift in das Reichsschuldbuch	für die Ausreichung neuer Reichsschuldverschreibungen und für die damit verbundene Löschung der Buchforderung
				bis	2 000 ℳ	1,00 ℳ	2,00 ℳ
von mehr als			2 000	"	3 000 "	1,00 "	2,50 "
"	"	"	3 000	"	4 000 "	1,00 "	3,00 "
"	"	"	4 000	"	5 000 "	1,25 "	3,75 "
"	"	"	5 000	"	6 000 "	1,50 "	4,50 "
"	"	"	6 000	"	7 000 "	1,75 "	5,25 "
"	"	"	7 000	"	8 000 "	2,00 "	6,00 "
"	"	"	8 000	"	9 000 "	2,25 "	6,75 "
"	"	"	9 000	"	10 000 "	2,50 "	7,50 "
"	"	"	10 000	"	11 000 "	2,75 "	8,25 "
"	"	"	11 000	"	12 000 "	3,00 "	9,00 "
"	"	"	12 000	"	13 000 "	3,25 "	9,75 "
"	"	"	13 000	"	14 000 "	3,50 "	10,50 "
"	"	"	14 000	"	15 000 "	3,75 "	11,25 "
"	"	"	15 000	"	16 000 "	4,00 "	12,00 "
"	"	"	16 000	"	17 000 "	4,25 "	12,75 "
"	"	"	17 000	"	18 000 "	4,50 "	13,50 "
"	"	"	18 000	"	19 000 "	4,75 "	14,25 "
"	"	"	19 000	"	20 000 "	5,00 "	15,00 "
und so fort.							

Bemerkungen:

1) Vermerke über Bevollmächtigungen, sowie über Aenderungen in der Person oder der Wohnung des Kapitalgläubigers oder Zinsberechtigten, sowie über Aenderung des Weges, auf welchem die Zinsen gezahlt werden sollen, sind gebührenfrei.

2) Als Eine Einschrift gelten die mittels der gleichen Verfügung auf Einem Konto bewirkten Eintragungen und Löschungen.

---

134) Bei dem Neubau einer für drei Klassen bestimmten Landschule ist auf die Einrichtung von zwei Wohnungen für verheirathete Lehrer Bedacht zu nehmen.

Berlin, den 10. Mai 1892.

Auf den Bericht vom 4. März d. Js. erwidere ich der Königlichen Regierung, wie ich im unterrichtlichen Interesse Werth darauf legen muß, daß bei dem Neubau einer für drei Klassen bestimmten Landschule auf die Einrichtung von zwei Wohnungen für verheirathete Lehrer Bedacht genommen werde. Bei der Berufung von zwei unverheiratheten Lehrern an eine Schule der bezeichneten Art würde der größte Theil der Unterrichtsarbeit in noch wenig erfahrene Hände gelegt werden müssen, auch würde in diesem Falle ein häufiger Lehrerwechsel kaum zu vermeiden sein.

Der Minister der geistlichen ꝛc. Angelegenheiten.
Im Auftrage: Kügler.

An
die Königliche Regierung zu N.
U. III. E. 1200.

---

135) Umtausch von Werthpapieren, welche zur Bestellung von Kautionen niedergelegt sind.

Berlin, den 18. Mai 1892.

Die nachgeordneten Behörden meines Ressorts erhalten anliegend Abschrift der von dem Herrn Finanzminister an die Königlichen Regierungen ꝛc. erlassenen Cirkular-Verfügung vom 5. April d. Js. — I. 2440 II. II. 3432. III. 3989. —, betreffend den Umtausch von Werthpapieren, welche zur Bestellung von Kautionen niedergelegt sind, zur Kenntnisnahme und gleichmäßigen Beachtung.

Der Minister der geistlichen ꝛc. Angelegenheiten.
In Vertretung: von Weyrauch.

An
die nachgeordneten Behörden des diesseitigen Ressorts.
G. III. 1020.

Berlin, den 5. April 1892.

Es sind neuerdings hierher mehrfach Anträge auf Umtausch von Kautionen, die in höher verzinslichen Staatspapieren bestellt sind, in dreiprozentige konsolidirte Staatsschuldverschreibungen gestellt worden. Wenngleich gesetzlich letztere zu Beamten-Kautionsbestellungen zuzulassen sind, so ist der Staat doch nicht verpflichtet, die einmal erlangte größere Sicherheit aufzugeben und die mit dem Umtausche der Kautions-Effekten verbundenen Weiterungen und Mühwaltungen zu übernehmen.

Die Königliche Regierung veranlasse ich daher, die dort etwa eingehenden diesbezüglichen Anträge abzulehnen, falls nicht besondere Gründe geltend gemacht werden, welche einer Berücksichtigung werth erscheinen.

Der Finanzminister.
Miquel.

An
sämmtliche Königl. Regierungen, sowie an die Königl. Ministerial-, Militär- und Bau-Kommission, die Königl. General-Lotterie-Direktion, die Königl. General-Direktion der allgemeinen Wittwen-Verpflegungsanstalt, die Königl. Münz-Direktion, die Königl. Direktion für die Verwaltung der direkten Steuern und das Königl. Haupt-Stempel-Magazin hier.
F. M. I. 2440 2. Ang. II. 3432. III. 3989.

---

136) Prüfung der Rechtzeitigkeit der Berufungen in Disciplinar-Untersuchungssachen.

Berlin, den 21. Juli 1892.

Das Königliche Staatsministerium hat in einem Specialfalle n Uebereinstimmung mit dem Gutachten des Disciplinarhofes und dem gemeinschaftlichen Erlasse des Herrn Finanzministers und des Herrn Ministers des Innern vom 23. Februar 1871 Min. Bl. f. d. i. Verw. 1871 S. 57) festgestellt, daß über die Rechtzeitigkeit der Berufungen in Disciplinar-Untersuchungssachen ediglich im geordneten Instanzenzuge das Königliche Staatsministerium zu befinden habe, da das Disciplinargesetz vom 21. Juli 1852 in den §§. 41 bis 46 nur eine Art der Entscheidung über Berufungen, die durch das Königliche Staatsministerium, kenne. Die Uebertragung der Entscheidung über die nicht rechtzeitig eingelegten Berufungen auf den judex a quo würde nur auf Grund einer ausdrücklichen Gesetzesbestimmung möglich sein, welche fehle.

Unter entsprechender Abänderung des Erlasses vom 9. April 1875 (Centr. Bl. S. 300) ersuche ich Ew. 2c. ergebenst, hiernach n vorkommenden Fällen gefälligst zu verfahren.

Der Minister der geistlichen 2c. Angelegenheiten.
Im Auftrage: Kügler.

An
sämmtliche Königliche Regierungs-Präsidenten.
U. III. C. 2201.

137) Einführung des 100theiligen Thermometers.

Berlin, den 31. August 1892.

Nachdem das Königliche Staatsministerium dem meinerseits befürworteten Antrage der Aerztekammer für die Provinz Brandenburg und den Stadtkreis Berlin vom 31. Dezember 1891, betreffend die Einführung des 100theiligen Thermometers, zugestimmt hat, ersuche ich Ew. Excellenz ganz ergebenst, die Einführung des 100theiligen statt des 80theiligen Thermometers

1) in öffentlichen und privaten Kranken- und Irrenanstalten,
2) in Bädern und Badeanstalten,
3) in den Hebammen-Lehranstalten,
4) in der Krankenpflege,
5) in höheren und niederen Schulen

auf geeignete Weise zur Vermeidung von Kosten allmählich herbeizuführen. Bei Neuanschaffungen sowie beim Ersatze von unbrauchbar gewordenen Instrumenten werden stets 100theilige

Thermometer anzuschaffen sein. In Folge dessen werden beide Theilungen lange Zeit nebeneinander im Gebrauche sein.

Um die Umrechnung der 80theiligen in die 100theilige Skala zu erleichtern, hat die Physikalisch-Technische Reichsanstalt zwei in Abdrücken beigefügte Umrechnungstafeln hergestellt, von denen die kleinere für den Gebrauch in Krankenhäusern, sowie für alle Zwecke des gewöhnlichen Lebens ausreicht. Sie ist derart angeordnet, daß sie auf Pappe oder dergleichen aufgezogen, oder auf hinlänglich starkem Papiere gedruckt, neben jedes Thermometer aufgehängt werden kann.

Der Preis dieser kleinen Tafel beträgt 10 ℳ und bei Herstellung auf starkem Kartonpapier 15 ℳ für 1000 Stück.

Die Beschaffung der Tafeln, welche nur kurze Zeit in Anspruch nehmen wird, kann durch Vermittelung der Reichsanstalt bewirkt werden. Die größere Tafel berücksichtigt auch Temperaturen, wie sie in denjenigen Zweigen der Technik vorkommen, welche noch Thermometer nach Réaumur anwenden. Daß ein Bedürfnis auch für solche Tafeln vorliegt, kann nicht ohne Weiteres behauptet werden, weil die bezüglichen Gewerbe fast durchweg Handbücher oder Fachkalender verwenden, in welchen ähnliche Umrechnungstafeln niemals fehlen. Jedenfalls kann es dem Drucker überlassen werden, Tafeln dieser Art in den Verkehr zu bringen. Die Kosten der Beschaffung fallen den Betheiligten zur Last.

Ueber den Erfolg dieser Anordnungen sehe ich Ew. Excellenz gefälligem Berichte bis zum 31. Dezember 1894 ganz ergebenst entgegen.

An
sämmtliche Königliche Ober-Präsidenten.

Berlin, den 2. Oktober 1892.

Abschrift nebst Anlagen theile ich Ew. Hochwohlgeboren zur gefälligen Kenntnisnahme und gleichmäßigen Beachtung auch wegen des zu erstattenden Berichtes ganz ergebenst mit.

Der Minister der geistlichen ꝛc. Angelegenheiten.
Im Auftrage: de la Croix.

An
sämmtliche Herren Universitäts-Kuratoren (einschl. Münster und Braunsberg) und an die Herren Rektoren der Technischen Hochschulen.

U. I. 1792.

Tafeln zur Umwandlung von Graden Réaumur (R.) in Grade der hunderttheiligen Thermometerskale (C.) und umgekehrt.

Tafel
zur Umrechnung von Graden Réaumur (R.) in Grade der hunderttheiligen Thermometerskale (C.).

Grad		Grad	
R.	C.	R.	C.
±	±		
0	0	25	31,25
1	1,25	26	32,5
2	2,5	27	33,75
3	3,75	28	35
4	5	29	36,25
5	6,25	30	37,5
6	7,5	31	38,75
7	8,75	32	40
8	10	33	41,25
9	11,25	34	42,5
10	12,5	35	43,75
11	13,75	36	45
12	15	37	46,25
13	16,25	38	47,5
14	17,5	39	48,75
15	18,75	40	50
16	20	41	51,25
17	21,25	42	52,5
18	22,5	43	53,75
19	23,75	44	55
20	25	45	56,25
21	26,25	46	57,5
22	27,5	47	58,75
23	28,75	48	60
24	30		

Grad		Grad	
C.	R.	C.	R.
±	±		
0	0	30	24
1	0,8	31	24,8
2	1,6	32	25,6
3	2,4	33	26,4
4	3,2	34	27,2
5	4	35	28
6	4,8	36	28,8
7	5,6	37	29,6
8	6,4	38	30,4
9	7,2	39	31,2
10	8	40	32
11	8,8	41	32,8
12	9,6	42	33,6
13	10,4	43	34,4
14	11,2	44	35,2
15	12	45	36
16	12,8	46	36,8
17	13,6	47	37,6
18	14,4	48	38,4
19	15,2	49	39,2
20	16	50	40
21	16,8	51	40,8
22	17,6	52	41,6
23	18,4	53	42,4
24	19,2	54	43,2
25	20	55	44
26	20,8	56	44,8
27	21,6	57	45,6
28	22,4	58	46,4
29	23,2	59	47,2

Tafel 1
zur Umwandlung von Graden Réaumur (R.) in Grade der hunderttheiligen Thermometerskale (C.).

Grad		Grad		Grad		Grad	
R.	C.	R.	C.	R.	C.	R.	C.
±	±						
0	0	20	25	40	50	60	75
1	1,25	21	26,25	41	51,25	61	76,25
2	2,5	22	27,5	42	52,5	62	77,5
3	3,75	23	28,75	43	53,75	63	78,75
4	5	24	30	44	55	64	80
5	6,25	25	31,25	45	56,25	65	81,25
6	7,5	26	32,5	46	57,5	66	82,5
7	8,75	27	33,75	47	58,75	67	83,75
8	10	28	35	48	60	68	85
9	11,25	29	36,25	49	61,25	69	86,25
10	12,5	30	37,5	50	62,5	70	87,5
11	13,75	31	38,75	51	63,75	71	88,75
12	15	32	40	52	65	72	90
13	16,25	33	41,25	53	66,25	73	91,25
14	17,5	34	42,5	54	67,5	74	92,5
15	18,75	35	43,75	55	68,75	75	93,75
16	20	36	45	56	70	76	95
17	21,25	37	46,25	57	71,25	77	96,25
18	22,5	38	47,5	58	72,5	78	97,5
19	23,75	39	48,75	59	73,75	79	98,75
20	25	40	50	60	75	80	100

In den vorstehenden Tafeln enthalten die mit R. überschriebenen Spalten die Grade Réaumur, die mit C. überschriebenen Spalten die entsprechenden Grade der hunderttheiligen Thermometerskale (gewöhnlich, aber nicht ganz zutreffend, „Grade Celsius" genannt).

Die Werthe beider Tafeln gelten für die Grade über und unter Null; bei den ersten beiden Spalten wird dies durch die beigefügten Vorzeichen plus (+) und minus (—) angedeutet.

Tafel 2
zur Umwandlung von Graden der hunderttheiligen Thermometerskale. (C.) in Grade Réaumur (R.).

Grad		Grad		Grad		Grad		Grad	
C.	R.	C.	R.	C.	R.	C.	R.	C.	R.
±	±								
0	0,0	20	16,0	40	32,0	60	48,0	80	64,0
1	0,8	21	16,8	41	32,8	61	48,8	81	64,8
2	1,6	22	17,6	42	33,6	62	49,6	82	65,6
3	2,4	23	18,4	43	34,4	63	50,4	83	66,4
4	3,2	24	19,2	44	35,2	64	51,2	84	67,2
5	4,0	25	20,0	45	36,0	65	52,0	85	68,0
6	4,8	26	20,8	46	36,8	66	52,8	86	68,8
7	5,6	27	21,6	47	37,6	67	53,6	87	69,6
8	6,4	28	22,4	48	38,4	68	54,4	88	70,4
9	7,2	29	23,2	49	39,2	69	55,2	89	71,2
10	8,0	30	24,0	50	40,0	70	56,0	90	72,0
11	8,8	31	24,8	51	40,8	71	56,8	91	72,8
12	9,6	32	25,6	52	41,6	72	57,6	92	73,6
13	10,4	33	26,4	53	42,4	73	58,4	93	74,4
14	11,2	34	27,2	54	43,2	74	59,2	94	75,2
15	12,0	35	28,0	55	44,0	75	60,0	95	76,0
16	12,8	36	28,8	56	44,8	76	60,8	96	76,8
17	13,6	37	29,6	57	45,6	77	61,6	97	77,6
18	14,4	38	30,4	58	46,4	78	62,4	98	78,4
19	15,2	39	31,2	59	47,2	79	63,2	99	79,2
20	16,0	40	32,0	60	48,0	80	64,0	100	80,0

---

138) Tagegelder und Reisekosten der Orts-Schulinspektoren bei Wahrnehmung gerichtlicher Termine.

Berlin, den 18. August 1892.

Auf die Vorstellung vom 25. März d. Js. erwidere ich Ew. Hochehrwürden nach Benehmen mit dem Herrn Finanzminister, daß es mit Rücksicht auf die große Verschiedenheit der in Frage kommenden Verhältnisse und insbesondere in Rücksicht auf die Ungleichheit in der Berufs- und Lebensstellung der mit der Ortsschulaufsicht betrauten Personen Anstand findet, die Orts-Schulinspektoren als solche bezüglich der Bemessung der Tagegelder und Reisekosten als Zeugen und Sachverständige vor Gericht allgemein einer bestimmten Rangklasse anzuschließen.

An
den Orts-Schulinspektor Herrn Pastor N.
Hochehrwürden zu N.

Abschrift erhält die Königliche Regierung zur Kenntnisnahme.

Der Minister der geistlichen 2c. Angelegenheiten.
Im Auftrage: Schneider.

An
die Königliche Regierung zu N.
U. III. B. 2504.

B. Universitäten.

139) Abgabe von Thier- und Pflanzenmaterial an die Universitäts-Institute und Sammlungen seitens des Berliner Aquariums.

Berlin, den 21. April 1891.

Das hiesige Aquarium hat sich verpflichtet, den sämmtlichen diesseitigen Universitäts-Instituten und Sammlungen das von denselben für Forschungs- und Unterrichtszwecke gewünschte Material an Thieren und Pflanzen — das lebende oder konservirte gegen Ersatz der Selbstkosten, das todte unentgeltlich — aus seinen Beständen zur Verfügung zu stellen oder von der Station in Rovigno jederzeit herbeizuschaffen.

Ew. Hochwohlgeboren setze ich hiervon auch wegen Benachrichtigung der betheiligten wissenschaftlichen Institute mit dem Bemerken in Kenntnis, daß Anträge wegen Ueberweisung von Material an die Direktion des hiesigen Aquariums direkt zu richten sind.

Der Minister der geistlichen 2c. Angelegenheiten.
Bosse.

An
die Königlichen Universitäts-Kuratoren.
U. I. 13913. I.

140) Erlaß, betreffend den Leihverkehr zwischen den Universitäts-Bibliotheken zu Göttingen und Marburg.

§. 1.

Zwischen den Universitäts-Bibliotheken zu Göttingen und Marburg findet ein regelmäßiger Leihverkehr statt.

§. 2.

Dieser Verkehr ist in der Art zu gestalten, daß die Bestellscheine in der Regel an jedem Dienstag und nach Bedürfnis auch am Freitag von der entleihenden Bibliothek abgesandt und späteſtens am Tage nach ihrem Eingange von der verleihenden Bibliothek erledigt werden.

§. 3.

Diejenigen Beſtellſcheine, auf welche eine Ueberſendung von Büchern erfolgt, gelten nach Abſtempelung derſelben mit dem Tagesſtempel der verleihenden Bibliothek als Empfangsſcheine. Die übrigen werden mit den nöthigen Vermerken verſehen zurückgeſandt.

§. 4.

Die Entleihungsfriſt beträgt ausſchließlich der Hin- und Rückſendung, wenn der Vorſteher der verleihenden Bibliothek für den einzelnen Fall nichts Anderes beſtimmt, drei Wochen, für Zeitſchriften und Sammelbände eine Woche. Die Rückſendung erfolgt mit der nächſten auf den Fälligkeitstermin folgenden Sendung.

Die verleihende Bibliothek hat jedoch das Recht, in dringenden Fällen jederzeit die ſofortige Rückſendung, unter Uebernahme der Koſten ihrerſeits, zu verlangen.

Die für Lehrzwecke der eigenen Univerſität unentbehrliche Literatur iſt von der Verſendung ausgeſchloſſen.

§. 5.

Die entleihende Bibliothek haftet für rechtzeitige und unbeſchädigte Rücklieferung der entliehenen Bücher. Im übrigen ſtellt ſie dieſelben nach Maßgabe ihres eigenen Reglements zur Benutzung.

§. 6.

Die Hin- und Rückſendung der Bücher erfolgt auf dem Poſtwege oder als Eilgut, je nachdem es im einzelnen Falle am zweckmäßigſten erſcheint.

§. 7.

Die Eilgutſendungen geſchehen unter angemeſſener Werthverſicherung. Bei Poſtſendungen findet eine Werthdeklaration nur in den Fällen ſtatt, in welchen entweder die verleihende oder die entleihende Bibliothek dies aus beſonderen Gründen für erforderlich erachtet.

§. 8.

Briefſendungen im Leihverkehre werden frankirt. Alle anderen Sendungen erfolgen unfrankirt. Poſtpackete unter 5 kg ſind als „portopflichtige Dienſtſache“ zu bezeichnen.

§. 9.

Ueber die aus dem Leihverkehre entſtehenden Koſten wie über die Zahl der verſandten Bände (Buchbinderbände) wird an jeder Bibliothek besonders Buch geführt. Ende September und Ende März jeden Jahres findet eine Abrechnung auf der Grundlage statt, daß der Antheil jeder Bibliothek an den Kosten nach der Zahl der von ihr in dem betreffenden Zeitraum empfangenen Bände bestimmt wird.

§. 10.

Die entleihende Bibliothek erhebt von den Benutzern eine Entschädigung von 10 Pfennigen für jeden Band. Bei Bestellungen und Sendungen außerhalb des regelmäßigen Leihverkehrs hat der Benutzer außerdem die etwa erwachsenden besonderen Kosten (für Telegramme, Eilbriefe, besondere Sendungen u. s. w.) zu ersetzen.

§. 11.

Die Kosten, welche nach §. 9 jeder Bibliothek zur Last fallen, werden, abzüglich der nach §. 10 zu erhebenden Beträge, aus dem Titel „Insgemein“ der Universität am Ende jedes Rechnungsjahres ersetzt.

§. 12.

Die vorstehenden Bestimmungen beziehen sich nicht auf den Leihverkehr mit Handschriften und Cimelien, indem vielmehr in dieser Beziehung die Bestimmungen des Erlasses vom 8. Januar 1890 — U. I. 14528 — (Centralbl. f. 1890 S. 179) entsprechende Anwendung zu finden haben.

Berlin, den 15. Mai 1892.

Der Minister der geistlichen ꝛc. Angelegenheiten.

Bosse.

U. I. 970.

---

141) Bestimmungen für die akademische Krankenkasse zu Marburg.

§. 1.

Die akademische Krankenkasse der Universität Marburg bezweckt, erkrankten Studirenden dieser Hochschule ärztliche Hülfe und Verpflegung zu verschaffen.

§. 2.

Mitglied ist jeder Studirende der Universität Marburg.

§. 3.

Jeder Studirende ist zu einem halbjährigen Beitrag von 1 *M* 50 *Pf* (Krankengeld) verpflichtet, welcher zu Anfang des Semesters bei der Einschreibung zu den Vorlesungen erhoben wird.

§. 4.

Die Kasse gewährt den Mitgliedern, welche während ihres hiesigen Aufenthaltes erkranken, freie Arznei, unentgeltliche ärztliche Behandlung und wo nöthig Aufnahme in die Kliniken. Ist die Erkrankung unmittelbare Folge gesetzwidriger oder unsittlicher Handlungen, so kann freie ärztliche Behandlung und Arznei nur im Nothfall und nach Entscheidung des Vorstandes gewährt werden.

§. 5.

Die Kasse bezweckt wesentlich die Unterstützung der weniger Bemittelten. Bemittelten bleibt es unbenommen, entweder ganz oder theilweise die Kosten ihrer Behandlung zu tragen.

§. 6.

Bei Krankheiten, welche über zwei Monate ärztliche Behandlung erfordern, entscheidet der Vorstand über die Fortsetzung der Leistung der Kasse. Kosten, welche durch länger dauernde Wein- oder Mineralwasserbezüge oder außerhalb der Klinik genommene Bäder verursacht werden, trägt die Kasse nur soweit, als der Kassen-Vorstand nach ärztlicher Bescheinigung der Nothwendigkeit im einzelnen Falle genehmigt.

§. 7.

Aerzte der Krankenkasse sind alle hier zur Praxis berechtigten Aerzte, welche sich zur unentgeltlichen Behandlung der Studirenden der Universität bereit erklären. Die Namen dieser Aerzte werden am schwarzen Brett der Universität durch Anschlag bekannt gemacht.

§. 8.

Die von den Aerzten der Kasse verordneten Recepte sind von denselben mit dem Vermerk „Akademische Krankenkasse" zu versehen und werden in den von dem Kassen-Vorstande am schwarzen Brett bekannt zu gebenden Apotheken auf Kosten der Krankenkasse ausgeführt.

§. 9*)

Die Aufnahme ins Krankenhaus erfolgt nur auf Antrag des behandelnden Arztes und nach Verfügung des betreffenden Kranken-haus-Direktors. Es werden für die Verpflegungsberechtigten abgesonderte Zimmer thunlichst zur Verfügung gestellt. Der Aufgenommene hat für Kost, Verpflegung 2c. pro Tag an die Krankenkasse 2 M zu bezahlen. Der Gesammtbetrag der Verpflegungskosten wird nöthigenfalls von der Krankenkasse ausgelegt

*) in der durch Ministerial-Erlaß vom 27. Juli 1892 — U. I. Nr. 16788 genehmigten Fassung.

und von dem Verpflegten später wieder eingezogen. Unbemittelten oder weniger Bemittelten wird dieser Betrag auf schriftlichen Antrag vom Kassen-Vorstand ganz oder theilweise erlassen, soweit es die Mittel der Kasse gestatten.

§. 10.

Der Kassen-Vorstand besteht aus dem juristischen Mitgliede der Universitäts-Deputation als Vorsitzenden, den Direktoren der medizinischen, chirurgischen und Augen-Klinik, dem Quästor und fünf Studirenden. Jede anerkannte studentische Korporation hat das Recht, dem Rektor bis zum 1. Mai bezw. 1. November eines ihrer Mitglieder für den Vorstand zu präsentiren. Aus der Zahl der Präsentirten bestimmt der Rektor durch das Loos drei Mitglieder und wählt zwei andere aus der Zahl der keiner Korporation angehörenden Studirenden. Werden von den Korporationen weniger als drei Mitglieder präsentirt, so ersetzt der Rektor die fehlenden nach eigener Wahl aus der gesammten Studentenschaft.

§. 11.

Der Kassen-Vorstand entscheidet endgültig alle Vereinsangelegenheiten nach Stimmenmehrheit. Bei Stimmengleichheit giebt der Vorsitzende den Ausschlag.

§. 12.

Der Vorstand tritt innerhalb der ersten acht Wochen eines jeden Semesters zusammen, erwählt aus seiner Mitte den Stellvertreter des Vorsitzenden und den Protokollführer und revidirt die Rechnungen des vergangenen Semesters. Alljährlich veröffentlicht er am schwarzen Brett eine Uebersicht der Wirksamkeit der Einnahmen und der Ausgaben der Krankenkasse.

Marburg, den 19. März 1889.

Königliche Universitäts-Deputation.
Greeff.

Vorstehende Bestimmungen werden hierdurch genehmigt.
Berlin, den 15. April 1889.

Der Minister der geistlichen ꝛc. Angelegenheiten.
Im Auftrage: Greiff.

42) Statut für die akademische Krankenkasse der Königlichen Christian-Albrechts-Universität zu Kiel.

§. 1.

Die akademische Krankenkasse bezweckt, ihren erkrankten Mitliedern ärztliche Hilfe und Verpflegung nach näherer Maßgabe ieses Statutes zu verschaffen.

Mitglied ist jeder Studirende an der Christian-Albrechts-Iniversität kraft seiner Immatrikulation.

§. 2.

Für die Verwaltung der Angelegenheiten der Krankenkasse esteht eine Kommission, die aus dem jedesmaligen Rektor als 3orsitzenden, zwei ordentlichen Professoren und zwei Studirenden ebildet wird.

Beide Professoren werden alljährlich im Beginn des Sommer-:mesters von dem akademischen Konsistorium für ein Jahr ge-:ählt. Von diesen muß einer der medizinischen Fakultät an-ehören.

Beide Studirende werden bei dem Beginn eines jeden Semesters von den Studirenden gewählt. Wiederwahl ist zu-issig.

Bei der ersten Einrichtung der Kommission ist für jedes der ewählten Mitglieder ein Stellvertreter zu wählen.

Später sind sämmtliche früheren Mitglieder der Kommission ihig, als Stellvertreter der derzeitigen Mitglieder zu fungiren.

Der Rektor kann sich durch den Prorektor oder ein Mitglied :r Kommission vertreten lassen.

§. 3.

Die Namen und Wohnungen der Kommissionsmitglieder, wie der Aerzte der Krankenkasse (§. 7) werden beim Beginne den Semesters durch Anschlag am schwarzen Brett zur Kenntnis :r Studirenden gebracht.

§. 4.

Die Krankenkasse gewährt, soweit die verfügbaren Mittel ichen, den Studirenden in akuten Erkrankungsfällen unentgelt-he ärztliche Behandlung und reglementsmäßige Verpflegung den akademischen Heilanstalten, kostenfreie Arznei und ärztliche ehandlung durch einen Arzt in ihrer Wohnung. In letzterem alle sorgt jedoch die Kasse nicht für Beköstigung und Pflege s Kranken.

Die Kasse übernimmt diese Verpflichtungen nur für eine rankheitsdauer von dreißig Tagen.

Bei längerer Dauer der Krankheit ist ein besonderer Beschluß der genannten Kommission für weitere Gewährung der Hilfe der Krankenkasse erforderlich.

§. 5.

Diejenigen Studirenden, welche behufs Ablegung eines Examens sich exmatrikuliren lassen, haben, sofern sie sich ständig in Kiel aufhalten, bis zum Abschlusse des Examens die gleichen Anrechte an die Krankenkasse, wie die immatrikulirten Studenten.

Verzögert sich der Abschluß des Examens in außergewöhnlicher Weise, so kann durch Beschluß der Verwaltungskommission das Anrecht an die Krankenkasse aufgehoben werden.

§. 6.

Krank ankommende, sowie chronisch kranke Studirende können nur nach besonderer Entscheidung der Kommission der Unterstützung der Kasse theilhaftig werden.

§. 7.

Diejenigen Dozenten der medizinischen Fakultät, welche sich auf Anfrage des Vorsitzenden bereit erklärt haben, in Gemäßheit dieser Statuten den erkrankten Studirenden ärztliche Hilfe zu widmen, sind die in §§. 3 u. 4 genannten Aerzte der Krankenkasse.

§. 8.

Die Aufnahme in die Krankenhäuser geschieht durch einen vom Vorsitzenden ausgestellten Aufnahmeschein auf Grund Antrags eines der im §. 7 bezeichneten Aerzte oder eines Kommissionsmitgliedes; dem Antrag ist ein ärztliches Attest über die Erkrankung beizufügen.

§. 9.

Soll die Behandlung in der eigenen Wohnung des Erkrankten stattfinden, so ist ein dementsprechender Antrag bei der Kommission zu stellen.

§. 10.

Die Ausgaben der Krankenkasse werden bestritten:

1) Durch Beiträge der Studirenden.
   Dieselben werden bei der Vertheilung der Legitimationskarten erhoben. Sie betragen bei der erstmaligen Ertheilung der Legitimationskarten 1 *M* 50 *Pf*, bei der jedesmaligen Erneuerung derselben 1 *M*.
   Eine Erhöhung beider Sätze bis zu 2 *M* kann bei nachgewiesenem Bedürfnisse zeitweilig oder dauernd durch Beschluß des Konsistoriums mit Genehmigung des Kurators bewirkt werden.
2) Durch den Zinsertrag des Schleswig-holstein-lauenburg

schen Stipendiums für erkrankte Studirende der Christian-Albrechts-Universität.

3) Durch den Reservefonds nach Maßgabe des §. 11.

§. 11.

Ueberschüsse und Zuwendungen fließen einem Reservefonds zu. Derselbe wird bei der hiesigen Spar- und Leihkasse belegt. Wenn der Betrag dieses Fonds am Ende des Rechnungsjahres (1. April bis 31. März) 500 ℳ übersteigt, wird der betreffende Ueberschuß zum Kapital des Schleswig-holstein-lauenburgischen Stipendiums geschlagen.

§. 12.

Das gesammte Kassen- und Rechnungswesen wird von der akademischen Quästur unter Aufsicht des Kuratoriums besorgt. Der Vorsitzende ertheilt auf diese Kasse die Anweisungen und erhält von der Quästur am Ende jeden Semesters eine Abrechnung, welche er der Kommission mittheilt.

§. 13.

Im Anfang des Sommersemesters wird im Senat über die Thätigkeit der Krankenkasse vom Rektor des Vorjahres Bericht erstattet.

Genehmigt

Berlin, den 25. Juni 1892.

(L. S.)

Der Minister der geistlichen ꝛc. Angelegenheiten.
Im Auftrage: de la Croix.

---

143) Vorschriften über die Verwaltung des akademischen Krankenfonds der Universität zu Halle a. S.

§. 1.

Der vereinigten Friedrichs-Universität Halle-Wittenberg ist durch §. 8 des Regulativs vom 12. April 1817 wegen Vereinigung der Universität Wittenberg mit der Universität Halle aus dem vormaligen Fiskus nosocomii der erstgenannten Universität zur Verpflegung kranker Studirenden ein Jahresbeitrag von 1050 ℳ zugewiesen, welcher unter der Bezeichnung

„Akademischer Krankenfonds“

verwaltet wird.

§. 2.

Das Kassen- und Rechnungswesen dieses Fonds wird in Gemeinschaft mit dem der übrigen Universitäts-Institute nach den bestehenden allgemeinen Vorschriften von der Universitäts-Kasse wahrgenommen.

§. 3.

Die sonstige Verwaltung besorgt eine aus dem Rektor als Vorsitzendem, den beiden Direktoren der medizinischen und chirurgischen Klinik, sowie aus zwei Professoren gebildete Kommission. Die Letzteren werden jährlich am Tage der Rektorwahl gewählt und treten ihr Amt am 12. Juli an. Sie sind fortwährend von Neuem wählbar und brauchen einer bestimmten Fakultät nicht anzugehören.

§. 4.

In dem Rektor vereinigt sich die ganze Verwaltung.

Derselbe nimmt die von den Studirenden zu stellenden Anträge (§. 5) entgegen und verfügt über die zu gewährenden Unterstützungen mit Ausnahme der baaren Geldunterstützungen (§. 7) selbständig.

Er beruft im Bedarfsfalle nach eigenem Ermessen die Kommission (§. 3) zu Berathungen über Angelegenheiten des Krankenfonds und ertheilt der Universitäts-Kasse die erforderlichen Zahlungsanweisungen.

§. 5.

Die Anträge der Studirenden auf Unterstützung aus dem Krankenfonds sind an den Rektor zu richten.

Denselben ist

1) ein ärztliches Attest,
2) ein Zeugnis über die Vermögens- und Familien-Verhältnisse des Bittstellers nach Maßgabe des für die Stipendien-Bewerbung vorgeschriebenen Formulars

beizufügen.

§. 6.

Aus dem akademischen Krankenfonds können gewährt werden:

1) die Kosten für ärztliche und wundärztliche Hilfe und die dazu erforderlichen Heilmittel,
2) die durch die Aufnahme erkrankter Studirender in die Königlichen Universitäts-Kliniken entstehenden Kur- und Verpflegungskosten,
3) die Kosten für Versorgung der Kranken mit geeigneten Nahrungs- und Stärkungsmitteln (besserer Mittagstisch, Wein ꝛc.),
4) baare Geldunterstützungen,
5) Beerdigungskosten bis zum Höchstbetrage von 30 ℳ

§. 7.

Die baaren Geldunterstützungen sollen nur aus besonderem runde auf Grund ärztlicher, möglichst von den Direktoren der niversitäts-Kliniken auszustellender Atteste und mit Zustimmung r Vorstandsmitglieder gewährt werden und dürfen den Betrag m 60 *M* nicht übersteigen.

§. 8.

Anträge auf Erstattung bereits entstandener Kur- 2c. Kosten llen nur dann Berücksichtigung finden, wenn der Antragsteller :ben seiner Bedürftigkeit nachweist, daß er durch die Art der rankheit oder andere eheblichе Umstände an der rechtzeitigen Ein- ichung eines entsprechenden Gesuchs behindert war.

§. 9.

Die Gewährung dieser Unterstützungen ist nicht an die gesetz- he Studienzeit der Studirenden gebunden, sie darf vielmehr ich an solche Studirenden erfolgen, welche bereits exmatrikulirt nd, sich aber noch mit verlängertem akademischen Bürgerrecht ı der Universität aufhalten.

§. 10.

Die Wahl des Arztes bleibt zwar dem Ermessen jedes ranken überlassen, indessen wird ein Beitrag zum Honarar für mselben, bei der Möglichkeit unentgeltlicher Hilfe durch die hie- zen klinischen Anstalten, nur in außerordentlichen Fällen gewährt.

Die verordneten Recepte müssen an die vom jedesmaligen ektor zu bestimmende Apotheke überwiesen werden.

§. 11.

Die Studirenden werden durch Abdruck eines Auszugs aus orstehenden Bestimmungen in die jedem Studirenden bei der mmatrikulation zu behändigenden Vorschriften mit den Einrich- ıngen des akademischen Krankenfonds bekannt gemacht.

Ausgefertigt auf Grund des Ministerial - Erlasses vom 3. September 1892 U. I. 17074.

Halle, den 19. September 1892.

Der Kurator der Universität.
In Vertretung: Schollmeyer.

C. Höhere Lehranstalten.

144) Betreffend Schülerverbindungen.

Berlin, den 9. Mai 1892.

Aus mehreren in neuester Zeit zu meiner Kenntnis gebrachten Fällen der Theilnahme von Schülern höherer Lehranstalten an verbotenen Verbindungen hat sich mit Gewißheit ergeben, daß die Rädelsführer bei diesem Unwesen bemüht sind, nicht allein in einzelnen Provinzen möglichst viele Schülerverbindungen ins Leben zu rufen, sondern diese auch untereinander in engste Beziehung zu setzen und von Zeit zu Zeit zu gemeinsamen Feiern, sog. Couleurs-Verbandstagen, zu vereinigen.

Indem ich aus den erwähnten Vorkommnissen Anlaß nehme, dem Königlichen Provinzial-Schulkollegium die fortgesetzte Ueberwachung der Seiner Aufsicht unterstellten Anstalten nach dieser Richtung hin aufs neue dringend zu empfehlen, beauftrage ich Dasselbe zugleich, den Direktoren und Lehrerkollegien die genaueste Beachtung des Cirkular-Erlasses vom 29. Mai 1880 (Wiese-Kübler I. S. 339 ff.) wiederholt einzuschärfen. Um aber auch die Eltern der Schüler oder deren Stellvertreter sowie die städtischen Behörden an die ihnen obliegenden Pflichten zu erinnern, bestimme ich hiermit, daß in den nächsten Programmen der höheren Schulen unter der letzten Rubrik „Mittheilungen an die Eltern“ nachstehender Auszug aus dem bezeichneten Erlasse zum Abdruck gebracht und daß überdies bei Aufnahmen von Schülern von Tertia an aufwärts die Eltern oder deren Stellvertreter ausdrücklich auf die für sie selbst wie für ihre Söhne oder Pflegebefohlenen verhängnisvollen Folgen der Theilnahme der Letzteren an verbotenen Schülerverbindungen hingewiesen werden.

Auszug aus dem Cirkular-Erlasse vom 29. Mai 1880.

.... Die Strafen, welche die Schulen verpflichtet sind, über Theilnehmer an Verbindungen zu verhängen, treffen in gleicher oder größerer Schwere die Eltern als die Schüler selbst. Es ist zu erwarten, daß dieser Gesichtspunkt künftig ebenso, wie es bisher öfters geschehen ist, in Gesuchen um Milderung der Strafe wird zur Geltung gebracht werden, aber es kann demselben eine Berücksichtigung nicht in Aussicht gestellt werden. Den Ausschreitungen vorzubeugen, welche die Schule, wenn sie eingetreten sind, mit ihren schwersten Strafen verfolgen muß, ist Aufgabe der häuslichen Zucht der Eltern oder ihrer Stellvertreter. In die Zucht des Elternhauses selbst weiter als durch Rath, Mahnung und Warnung einzugreifen, liegt außerhalb des Rechts und der Pflicht der Schule; und selbst bei auswärtigen Schülern ist die Schule nicht in der Lage, die unmittelbare Aufsicht über ihr häusliches Leben zu führen, sondern sie hat nur deren Wirksamkeit durch ihre Anordnungen und ihre Kontrole zu ergänzen. Selbst die gewissenhaftesten und aufopferndsten Bemühungen der Lehrerkollegien, das Unwesen der Schülerverbindungen zu unterdrücken, werden nur theilweisen und unsicheren Erfolg haben, wenn nicht die Erwachsenen in ihrer Gesammtheit, insbesondere die Eltern der Schüler, die Personen, welchen die Aufsicht über auswärtige Schüler anvertraut ist, und die Organe der Gemeindeverwaltung, durchdrungen von der Ueberzeugung, daß es sich um die sittliche Gesundheit der heranwachsenden Generation handelt, die Schule in ihren Bemühungen rückhaltlos unterstützen. .... Noch ungleich größer ist der moralische Einfluß, welchen vornehmlich in kleinen und mittleren Städten die Organe der Gemeinde auf die Zucht und gute Sitte der Schüler an den höheren Schulen zu üben vermögen. Wenn die städtischen Behörden ihre Indignation über zuchtloses Treiben der Jugend mit Entschiedenheit zum Ausdrucke und zur Geltung bringen, und wenn dieselben und andere um das Wohl der Jugend besorgte Bürger sich entschließen, ohne durch Denunciation Bestrafung herbeizuführen, durch warnende Mittheilung das Lehrerkollegium zu unterstützen, so ist jedenfalls in Schulorten von mäßigem Umfange mit Sicherheit zu erwarten, daß das Leben der Schüler außerhalb der Schule nicht dauernd in Zuchtlosigkeit verfallen kann.

Der Minister der geistlichen ꝛc. Angelegenheiten.
Bosse.

An
sämmtliche Königliche Provinzial-Schulkollegien.
U. II. 5980.

---

145) **Neue Wandtafeln für den Unterricht in der Naturgeschichte von Jung, v. Koch und Quentell.**

Berlin, den 14. Juli 1892.

Im Verlage von Frommann & Morian in Darmstadt sind „Neue Wandtafeln für den Unterricht in der Naturgeschichte von Jung, v. Koch und Quentell“, bisher zwei Lieferungen, eine zoologische und eine botanische, erschienen, welche eigenthümliche, bisher noch nicht erreichte Vorzüge besitzen. Diese Vorzüge bestehen in der vortrefflichen und originellen Art der technischen Ausführung, in der zweckmäßigen Auswahl des Stoffes, in der sorgfältigen und den Bedürfnissen des Unterrichtes angepaßten Bearbeitung desselben und in der dadurch bedingten vielseitigen Verwendbarkeit bei dem Unterrichte. Die von einem dunkeln und zugleich matt gehaltenen Hintergrunde sich abhebenden, volle Schärfe und Deutlichkeit besitzenden Bilder stellen in erster Reihe die heimische Thier- und Pflanzenwelt dar und behalten für spätere Lieferungen die Berücksichtigung auch einzelner ausländischer Kulturpflanzen (Reis, Kaffeebaum, Kokospalme) vor. Die Bilder sind nicht bestimmt, den Gegenstand selbst zu ersetzen, sondern vielmehr die Auffassung und Erkenntnis desselben in geeigneter Weise vorzubereiten und zu erleichtern: sie suchen daher bei naturtreuer Auffassung zugleich das Charakteristische und Wesentliche hervorzuheben. Dementsprechend sind neben den ganzen Naturkörpern auch wichtige Einzelheiten derselben, die zum Verständnisse des ganzen Wesens und Baues der Gegenstände erforderlich sind, noch besonders abgebildet. Die Benutzung dieser Tafeln wird sich namentlich bei dem ersten Durchnehmen der dargestellten Thiere und Pflanzen ersprießlich erweisen und bei der Jugend nicht bloß die Lust am Sehen, sondern zugleich das denkende Erkennen anregen. Hiermit wird das neue Lehrmittel einem methodischen Grundsatze gerecht, dessen Beachtung schon die Jugend dahin führen kann, mit der Erkenntnis der Zweckmäßigkeit im Größten wie im Kleinsten das Gefühl der Ehrfurcht vor der überall, im ganzen Weltall wie in der Blume des Feldes, zu Tage tretenden göttlichen Weisheit zu verbinden.

Indem ich daher das Königliche Provinzial-Schulkollegium auf das neue Unternehmen aufmerksam mache, beauftrage ich Dasselbe, die Direktoren der Ihm unterstellten höheren Lehranstalten zur Prüfung und Anschaffung der Tafeln nach Maßgabe der zur Verfügung stehenden Mittel anzuregen.

Der Minister der geistlichen 2c. Angelegenheiten.
Im Auftrage: de la Croix.

An
sämmtliche Königliche Provinzial-Schulkollegien.
U. II. 1403.

---

146) Verwaltung der Seminaranstalten zur praktischen Ausbildung der Kandidaten des höheren Schulamts.

Berlin, den 28. Juli 1892.

Aus dem Berichte eines Königlichen Provinzial-Schulkollegiums über die Thätigkeit der zur praktischen Ausbildung der Kandidaten des höheren Schulamts in dessen Bezirk eingerichteten Seminaranstalten im letzten Schuljahr habe ich entnommen, daß zwischen einigen Anstalten die Seminarprotokolle zu gegenseitiger Belehrung ausgetauscht worden sind.

Ich kann dies Verfahren nur als sehr zweckmäßig bezeichnen und weise das Königliche Provinzial-Schulkollegium mit dem Auftrage darauf hin, dafür zu sorgen, daß in Zukunft möglichst zwischen allen Seminaranstalten Seines Bezirks ein Austausch der Protokolle vorgenommen werde.

Ferner mache ich darauf aufmerksam, daß es sehr erwünscht ist, die Seminaranstalten an denjenigen höheren Lehranstalten, wo sie einmal eingerichtet sind, auf möglichst lange Zeit beizubehalten und nur dann eine Verlegung derselben eintreten zu lassen, wenn die veränderten Verhältnisse dies durchaus nothwendig erscheinen lassen.

Die Verwaltung der Seminaranstalten ist übrigens streng gesondert von der Verwaltung der Angelegenheiten der betreffenden höheren Lehranstalten zu führen. Dazu gehört insbesondere die getrennte Aufbewahrung der Protokolle und aller der Seminaranstalt eigenen Bücher und sonstigen Inventarienstücke, sowie die Führung eines besonderen Inventarien-Verzeichnisses.

Das Königliche Provinzial-Schulkollegium wolle hiernach die Leiter der Seminaranstalten mit Weisung versehen und die Befolgung der getroffenen Anordnungen kontroliren.

Der Minister der geistlichen ꝛc. Angelegenheiten.
Im Auftrage: Höpfner.

An
sämmtliche Königliche Provinzial-Schulkollegien.
U. II. 998. II.

---

147) Grundsätze für das Verfahren bei Anstellung der wissenschaftlichen Lehrer der höheren Lehranstalten.

Berlin, den 7. August 1892.

Nach §. 3, 2 des unter dem 4. Mai d. Js. Allerhöchst vollzogenen Normaletats, betreffend die Besoldung der Leiter und Lehrer der höheren Unterrichtsanstalten, wird bei denjenigen Anstalten, welche vom Staate zu unterhalten sind oder bei denen der Staatsbehörde die Verwaltung zusteht, das Dienstalter für das Aufsteigen der wissenschaftlichen Lehrer im Gehalt bei Einführung des Systems der Dienstalterszulagen vom Tage der definitiven Anstellung als solcher berechnet. Dabei kann nach §. 3 letzter Absatz die im Universitäts-, Schulaufsichts- oder Kirchendienste im Inlande oder Auslande zugebrachte Zeit, sowie derjenige ausländische Dienst, welcher, wenn er im Inlande geleistet wäre, zur Anrechnung gelangen würde, und die über vier Jahre hinausgehende Thätigkeit als Hilfslehrer von dem Minister der geistlichen ꝛc. Angelegenheiten im Einverständnisse mit dem Herrn Finanzminister ganz oder zum Theil angerechnet werden.

Um bezüglich der definitiven Anstellung an den vorbezeichneten Schulen ein gleichmäßiges Verfahren für alle Provinzen des Staates zu sichern, bestimme ich, daß von sämmtlichen Provinzial-Schulkollegien fortan folgende Grundsätze beobachtet werden.

1) Jeder Kandidat, welcher nach Vollendung des Seminar- und Probejahrs und nach erlangter Anstellungsfähigkeit eine Anstellung im preußischen höheren Schuldienste zu erhalten wünscht, hat unter Beifügung seiner urschriftlichen Zeugnisse über das Bestehen der wissenschaftlichen Prüfung und über die erlangte Anstellungsfähigkeit bei demjenigen Provinzial-Schulkollegium, in dessen Bezirke er Verwendung sucht, behufs Aufnahme unter die Kandidaten des Lehramtes für die höheren Schulen der Provinz sich zu melden. In der Meldung hat er seinen zeitigen Aufenthaltsort und seine genaue Adresse anzugeben.

Die Aufnahme unter die Zahl der Kandidaten der Provinz erfolgt nach dem Datum des Zeugnisses über das abgelegte Probejahr oder über die erlangte Anstellungsfähigkeit. Geschieht die Meldung später, als sechs Wochen nach Ausstellung des betreffenden Zeugnisses, so verlängert sich die Wartezeit des Kandidaten bis zur definitiven Anstellung um die seit diesem Termine verflossene Zeit.

Bezüglich der Einreihung solcher Kandidaten, welche vor Erlaß dieser Verfügung die Prüfung und die praktische Vorbereitungszeit absolvirt, aber noch bei keinem Provinzial-Schulkollegium zur Aufnahme in die Anciennetätsliste sich gemeldet hatten, sowie in sonstigen ganz besonderen Ausnahmefällen, hat das Provinzial-Schulkollegium unter Würdigung der besonderen Verhältnisse Seine Vorschläge zur Genehmigung mir einzureichen.

Bei mehr, als einem Provinzial-Schulkollegium sich zu melden, ist untersagt.

Von einem jeden Wechsel des Aufenthaltes hat der Kandidat unter Beifügung seiner neuen Adresse dem Provinzial-Schulkollegium sofort Anzeige zu machen.

Der Uebergang eines Kandidaten aus dem Bezirk eines Provinzial-Schulkollegiums in den eines anderen ist nur mit meiner Genehmigung zulässig. Erfolgt diese, so hat das den Kandidaten entlassende Provinzial-Schulkollegium demjenigen, in dessen Bezirk er übertreten will, die betreffenden Personalakten zuzustellen. An der bis dahin erlangten Anciennetät des Kandidaten wird durch diesen Wechsel nichts geändert.

Tritt in einer Provinz des Staates in Folge des Zudranges von Kandidaten nach anderen ein Mangel an solchen ein, so behalte ich mir vor, die erforderliche Ausgleichung durch Ueberweisung von Kandidaten aus überfüllten Bezirken herbeizuführen.

:benso behalte ich mir vor, nichtpreußische Kandidaten einer be-
immten Provinz zuzuweisen.

2) Die definitive Anstellung der Kandidaten einer Provinz
rfolgt an den vom Staate unterhaltenen und den auch hinsicht-
ch des Besetzungsrechts der Lehrerstellen unter staatlicher Ver-
valtung stehenden höheren Schulen grundsätzlich nach Maßgabe
er Anciennetät, gerechnet vom Tage der Ausstellung des Zeug-
isses über das vollendete Probejahr oder über die erlangte
Anstellungsfähigkeit. Vergl. jedoch Schlußsatz von 1.

Sofern in vereinzelten Ausnahmefällen seit der Erklärung
er Anstellungsfähigkeit durch nachweisbare klare Thatsachen fest-
jestellt ist, daß der Kandidat ohne schwere Schädigung des öffent-
ichen Dienstes zur Anstellung überhaupt nicht zugelassen werden
ann, ist vorher meine Entscheidung einzuholen.

3) Eine Abweichung von dem unter 2 bezeichneten Grund-
atze ist zulässig, wenn der konfessionelle Charakter einer höheren
Schule und die darnach bei Besetzung der Stellen bisher geübte
Praxis oder das unabweisbare, auch nicht durch anderweitige
Stundenvertheilung und Versetzungen zu deckende Unterrichtsbedürfnis eine solche Abweichung fordern. In diesem Falle entscheidet die Anciennetät der Kandidaten der betreffenden Konfession
oder der Kandidaten von wesentlich gleicher für die bestimmte
Stelle erforderten Lehrbefähigung.

Ist es im einzelnen Falle auch auf diese Weise nicht mög-
ich, das Unterrichtsbedürfnis voll zu decken, so hat das Provinzial-Schulkollegium an mich zu berichten und zu einer Abweichung von den Grundsätzen unter 1 oder 2 meine Genehmigung
einzuholen.

Wegen der eingangs erwähnten Möglichkeit der Anrechnung
gewisser Dienstzeiten bei der definitiven Anstellung wird auf die
Cirkular-Verfügung vom 2. Juli d. Js. — U. II. 1229. —
(Centralbl. S. 635) verwiesen.

Was die nach Ziffer 1 und 5 des unter dem 14. Dezember
v. Js. Allerhöchst genehmigten Staatsministerialbeschlusses zulässige
Anrechnung des aktiven Militärdienstes vom 1. Januar 1892 ab
betrifft, so bemerke ich, daß diese für die Bestimmung des Dienstalters der definitiv angestellten Lehrer in Bezug auf das Aufrücken im Gehalt überhaupt nicht Anwendung findet, da das
Dienstalter nicht von der Prüfung, sondern von der definitiven
Anstellung ab datirt. Dagegen ist die Anrechnung von Wichtigkeit für die Bestimmung des Dienstalters der Kandidaten bei
Aufnahme in die Anmeldeliste. Hierbei ist in analoger Anwendung des erwähnten, hier in Abschrift beigefügten Beschlusses die
Zeit, welche die Kandidaten in Erfüllung des aktiven Dienstes

im stehenden Heere oder in der Flotte gedient haben, insoweit in Anrechnung zu bringen, als in Folge der Erfüllung der aktiven Dienstpflicht die Ablegung der wissenschaftlichen Prüfung und damit die Erklärung der Anstellungsfähigkeit später stattgefunden hat. Letztere ist sonach um die so ermittelte Zeit früher zu datiren, jedoch für diejenigen Kandidaten, welche das Zeugnis über das Probejahr oder die erlangte Anstellungsfähigkeit bereits vor dem 1. Januar 1892 erlangt haben, frühestens von diesem Tage ab. Als faktische Studienzeit für Lehrer höherer Schulen sind *für diese Berechnung* ausschließlich der Prüfung vier Jahre zu erachten.

4) Für die erste Berufung in eine definitive Stelle macht es im allgemeinen keinen Unterschied, ob der Kandidat seit erlangter Anstellungsfähigkeit an einer öffentlichen Schule Preußens fortlaufend oder vorübergehend, mit voller Stundenzahl oder mit beschränktem Lehrauftrag, oder gar nicht beschäftigt war. Wenn derselbe indessen in der Zwischenzeit auch nicht *ein* Jahr an einer preußischen höheren Schule thätig war, so ist er in der Regel vor der definitiven Anstellung mindestens noch ein halbes Jahr kommissarisch zu beschäftigen, um seine praktische Bewährung festzustellen. Alle Kandidaten, welche nicht während der ganzen Zeit seit Vollendung des Probejahrs in preußischem öffentlichen Schuldienste beschäftigt waren, haben vor definitiver Anstellung über ihr sittliches Verhalten und ihre Thätigkeit während der Zwischenzeit durch beglaubigte Zeugnisse sich auszuweisen (Nr. 2, Abs. 2). Diese sind *rechtzeitig*, am zweckmäßigsten nach Abschluß jedes Abschnitts der zwischenzeitlichen Thätigkeit, zu den Akten des kontrolirenden Provinzial-Schulkollegiums einzureichen.

Leistet ein Kandidat der Einberufung zu einer kommissarischen Beschäftigung keine Folge, so tritt in der Regel eine fernere Einberufung zu einer solchen erst wieder auf seinen Antrag ein.

Lehnt ein Kandidat eine definitive Anstellung zur Zeit oder für einen bestimmten Ort ab, so wird er durch Beschluß des Provinzial-Schulkollegiums in seiner Anciennetät um ein halbes Jahr zurückgesetzt, im Wiederholungsfalle aber kann er mit meiner Genehmigung von der Liste der Kandidaten ganz gestrichen werden.

Hat ein Kandidat bereits an einer nichtstaatlichen oder an einer nichtpreußischen öffentlichen Anstalt definitive Anstellung gefunden, so scheidet er aus der Zahl der Kandidaten ohne Weiteres aus. Bezüglich der definitiven Anstellung von Religionslehrern bedarf es nach wie vor in jedem Einzelfalle meiner Genehmigung.

5) Inwieweit Kandidaten für ihre Thätigkeit an öffentlichen nichtpreußischen Anstalten oder in Privatstellungen nach Vollendung

es Probejahrs Urlaubs bedürfen, bleibt späterer Entscheidung orbehalten.

6) Um die genaue Innehaltung der vorbezeichneten Grundtze sicher zu stellen, hat jedes Provinzial-Schulkollegium für alle n ihm angemeldeten Kandidaten zwei Anciennetätslisten nach n beigefügten Formularen A. und B. zu führen, und zwar:

a. eine allgemeine Anciennetätsliste ohne Unterschied der Hauptlehrbefähigung,

b. eine besondere Anciennetätsliste, geordnet nach der Hauptlehrbefähigung, wie solche sich aus dem Prüfungszeugnis ergiebt.

In letzterer sind bis auf Weiteres die Hauptgebiete der Unterchtsbefähigung, ohne Rücksicht darauf, welche andere Lehrbefäigung der Kandidat sonst noch besitzt, wie in Anlage B. zu unterheiden.

Beide Anciennetätslisten mit allen Ab- und Zugängen sind ets genau auf dem Laufenden zu halten und Abschriften der isten jedes Jahr zum 15. Mai mit erläuterndem Begleitberichte ierher einzureichen.

Nach vorstehenden Bestimmungen ist von jetzt an alsbald ı verfahren.

Der Minister der geistlichen 2c. Angelegenheiten.
In Vertretung: von Weyrauch.

An
immtliche Königliche Provinzial-Schulkollegien.
U. II. 1888.

---

uszug aus dem unter dem 14. Dezember v. Js. Allerhöchst genehmigten Staatsministerialbeschluß.

1) Den höheren Beamten, bei denen die Fähigkeit zur Bekleiung ihres Amtes von dem Bestehen einer Prüfung abhängt, ird bei Bestimmung des Dienstalters, sofern dieselbe gemäß dem eitpunkte des Bestehens der Prüfung zu erfolgen hat, die Zeit, elche sie während ihrer Studienzeit oder ihres Vorbereitungsienstes in Erfüllung der aktiven Dienstpflicht im stehenden Heere der in der Flotte gedient haben, insoweit in Anrechnung gebracht, ls in Folge der Erfüllung der aktiven Dienstpflicht die Ablegung er bezeichneten Prüfung, später stattgefunden hat.

2) und 3) 2c.

4) Anderen als den in Nr. 1 bezeichneten Beamten, welche icht zu den Unterbeamten gehören, kann die Zeit, welche sie in rfüllung der aktiven Dienstpflicht im stehenden Heere oder in er Flotte gedient haben, in entsprechender Anwendung der Be-

stimmungen in Nr. 1 von dem Ressortchef bei Bestimmung des Dienstalters in Anrechnung gebracht werden.

5) Diese Vorschriften treten am 1. Januar 1892 in Kraft.

6) Das Dienstalter eines Beamten kann in Anwendung der Vorschriften in Nr. 1 nicht früher als vom 1. Januar 1892 bestimmt werden. Beamte der gleichen Dienstgattung, deren Dienstalter vom 1. Januar 1892 bestimmt worden ist, während es in Anwendung der bezeichneten Vorschriften von einem früheren Zeitpunkte zu bestimmen gewesen wäre, werden in ihrem Verhältnisse zu einander so behandelt, als wenn ihr Dienstalter von dem letzteren Zeitpunkte bestimmt worden wäre.

Nachweisung

der bei dem Königlichen Provinzial-Schulkollegium zu gemeldeten bezw. für die Beschäftigung oder Anstellung an höheren Lehranstalten der Provinz notirten Schulamts-Kandidaten, nach ihrer Anciennetät geordnet.

Lfde. Nr.	Vor- und Zuname des Kandidaten.	Geburtsort. (Kreis-, Reg.-Bez.)	Jahr und Tag der Geburt.	Konfession.	Lehrbefähigung unter Angabe der einzelnen Fakultäten und der Höhe derselben.	Datum des Zeugnisses über Vollendung des Probejahres bezw. der Anstellungsfähigkeit.	Beschäftigung seit Vollendung des Probejahres.	Bemerkungen.

B.

Nachweisung

der bei dem Königlichen Provinzial-Schulkollegium zu gemeldeten bezw. für die Beschäftigung oder Anstellung an höheren Lehranstalten der Provinz notirten Schulamts-Kandidaten, nach ihrer Haupt-Lehrbefähigung und Anciennetät geordnet.

Lfde. Nr.	Vor- und Zuname des Kandidaten.	Geburtsort. (Kreis, Reg.-Bez.)	Jahr und Tag der Geburt.	Konfession.	Lehrbefähigung unter Angabe der einzelnen Fakultäten und der Höhe derselben. Die Hauptlehrbefähigung ist roth zu unterstreichen.	Datum des Zeugnisses über Vollendung des Probejahres bezw. der Anstellungsfähigkeit.	Beschäftigung seit Vollendung des Probejahres.	Bemerkungen.
	I. Religion und Hebräisch.							
1.	N. N. u. s. w.							
	II. Lateinisch und Griechisch.							
1.	N. N. u. s. w.							
	III. Französisch und Englisch.							
1.	N. N. u. s. w.							
	IV. Mathematik und Physik.							
1.	N. N. u. s. w.							
	V. Chemie, beschreibende Naturwissenschaften und Erdkunde.							
1.	N. N. u. s. w.							
	VI. Wenn erforderlich: Deutsch, Geschichte und Erdkunde.							
1.	N. N. u. s. w.							

---

148) Ergänzung des Erlasses vom 7. August d. Js. — U. II. 1388 —, betreffend Grundsätze für das Verfahren bei Anstellung der wissenschaftlichen Lehrer der höheren Lehranstalten.

Berlin, den 22. November 1892.

Nachdem durch den Erlaß vom 7. August d. Js. — U. II. 1388 — die allgemeinen Normen für die zukünftige kommissarische Beschäftigung und die definitive Anstellung von Kandidaten des höheren Lehramtes an denjenigen Anstalten, welche vom Staate unterhalten werden oder bei welchen der Staatsbehörde die Verwaltung zusteht, festgestellt sind, sehe ich mich veranlaßt, in Ergänzung dieses Erlasses bezüglich der dort vorgeschriebenen Anciennetätslisten und bezüglich derjenigen Kandidaten, welche während der Wartezeit bis zur definitiven Anstellung an nicht unter Verwaltung des Staates stehende Schulen höherer oder niederer Art übergehen bezw. um Wiederaufnahme an Schulen staatlicher Verwaltung nachsuchen, nähere Bestimmungen zu treffen. Solche erscheinen geboten, um einerseits den Provinzial-Schulkollegien die mehrfach gewünschten Anhaltspunkte für die Aufstellung der vorgeschriebenen neuen Anciennetätslisten zu geben, andererseits aber um den unter staatlicher Verwaltung stehenden höheren Schulen die erforderliche Zahl tüchtiger Lehrer zu sichern und zu verhüten, daß Kandidaten oder Lehrer, welche zu einer früheren kommissarischen Beschäftigung oder definitiven Anstellung an nichtstaatlichen Schulen gelangt sind, vor den zur Verfügung des Provinzial-Schulkollegiums verbliebenen Kandidaten oder den bereits definitiv angestellten Lehrern bei den unter staatlicher Verwaltung stehenden Schulen einen Vortheil erlangen. Demgemäß bestimme ich im Anschluße an die Verfügung vom 7. August d. Js. des Weiteren hiermit Folgendes:

I. 1) Sämmtliche in die vorgeschriebenen neuen Anciennetätslisten A. und B. einer Provinz aufgenommenen Kandidaten des höheren Lehramtes stehen während der Wartezeit bis zur definitiven Anstellung zur Verfügung und unter Kontrole des betreffenden Provinzial-Schulkollegiums.

2) Bei der Aufnahme in die Anciennetätslisten sind zu unterscheiden:

a. diejenigen Kandidaten, welche erst nach Erlaß der beregten Verfügung das Zeugnis über die Anstellungsfähigkeit erworben und sich bei einem Provinzial-Schulkollegium gemeldet haben, oder das gedachte Zeugnis später noch erwerben und sich melden werden;

b. diejenigen Kandidaten, welche nach Erfüllung aller vorgeschriebenen Forderungen bereits früher in die alten bei den Provinzial-Schulkollegien geführten Anciennetätslisten Aufnahme gefunden, aber noch keine definitive Anstellung an einer öffentlichen höheren oder niederen Schule erlangt haben;

c. diejenigen Kandidaten, welche zwar in den alten Anciennetätslisten noch nicht oder nicht mehr geführt wurden, aber auf besondere nachträgliche Meldung bei einem Provinzial-

Schulkollegium mit meiner Genehmigung zur Aufnahme in die neue Anciennetätsliste zugelassen worden sind.

Was die Kandidaten unter a. betrifft, so ist für die Bestimmung ihrer Anciennetät als Kandidaten maßgebend die Nummer 1, Abs. 2 der vorerwähnten Verfügung.

Bezüglich der Kandidaten unter b. gilt für die Aufnahme in die neue Anciennetätsliste das Datum der in der alten Liste ihnen eingeräumten Anciennetät mit folgenden beiden Maßgaben:

Hat ein Kandidat vor der in seinem Prüfungszeugnisse ihm auferlegten Ergänzungsprüfung das Probejahr abgelegt, so gilt für die Bestimmung seiner Anciennetät das Datum der bestandenen Ergänzungsprüfung.

Kandidaten, welche nur ein Zeugnis dritten Grades auf Grund des Prüfungsreglements von 1866 erworben und das Probejahr mit Erfolg abgelegt haben, werden zwar gleichfalls mit dem Datum der in der alten Liste bezeichneten Anciennetät in die neue aufgenommen, haben es sich aber selbst zuzuschreiben, wenn sie in Rücksicht auf das Unterrichtsbedürfnis wegen ihrer dürftigen Lehrbefähigung hinter Kandidaten von ausgedehnterer und besserer Lehrbefähigung zeitweise zurücktreten müssen. Vergl. Nummer 3, Abs. 1 u. 2 der vorerwähnten Verfügung.

Daß bei der Beurtheilung der Deckung des Unterrichtsbedürfnisses auch Mängel der seitherigen praktischen Bewährung eines Kandidaten entscheidend ins Gewicht fallen, ist selbstverständlich.

Für die Kandidaten unter c. behalte ich mir vor, auf Grund der Vorschläge der Provinzial-Schulkollegien zu entscheiden, ob und an welcher Stelle die Betreffenden in die neue Anciennetätsliste aufzunehmen sind. Bei diesen Vorschlägen haben die Provinzial-Schulkollegien vor allem zu berücksichtigen die erworbene Lehrbefähigung, das Zeugnis über das Probejahr oder die Anstellungsfähigkeit und das Datum desselben, die seitherige praktische Bewährung und das Interesse des höheren Schuldienstes. Vergl. Nummer 1, Abs. 4 der Verfügung vom 1. August d. Js.

II. 1) Beabsichtigt ein Kandidat in Zukunft während der Wartezeit bis zur definitiven Anstellung zu einer kommissarischen Beschäftigung, nicht bloß kurzen vorübergehenden Stellvertretung, an einer nicht unter Verwaltung des Staates stehenden Schule höherer oder niederer Art überzugehen, so hat er dafür die Erlaubnis des betreffenden Provinzial-Schulkollegiums einzuholen. Diese ist nicht zu versagen, wenn er in seinem Gesuche sich damit einverstanden erklärt, daß er im Falle der späteren Uebernahme an eine unter staatlicher Verwaltung stehende Schule hinter sämmtlichen Kandidaten des betreffenden Jahrganges, welche zur Verfügung des Provinzial-Schulkollegiums geblieben sind, hinsichtlich der ferneren kommissarischen Beschäftigung und der dafür zu gewährenden Remuneration sowie der späteren definitiven Anstellung zu stehen kommt.

2) Kandidaten, welche bereits vor Erlaß der Verfügung vom 7. August d. Js. zu einer kommissarischen Beschäftigung an eine nicht unter Verwaltung des Staates stehende Schule höheren oder niederen Grades übergegangen waren und in den alten Anciennetätslisten schon geführt wurden, ist für den Fall ihres Antrages um Wiederaufnahme dieselbe Bedingung zu stellen wie zu 1.

3) Hat ein Lehrer bereits eine definitive Anstellung an einer nicht unter der Verwaltung des Staates stehenden öffentlichen höheren Schule erlangt und wünscht an eine unter staatlicher Verwaltung stehende überzutreten, so kann dies nur so geschehen, daß er mit dem für das Aufrücken im Gehalte von dem betreffenden Provinzial-Schulkollegium festzusetzenden Dienstalter sich einverstanden erklärt. Maßgebend für diese Festsetzung bleibt das Interesse, welches die Schulverwaltung an der Uebernahme des Betreffenden hat und die Rücksicht auf das Interesse der in ihrem Dienste verbliebenen Lehrer.

In Fällen besonderen Zweifels sowie in jedem Falle einer beantragten Uebernahme eines Lehrers aus dem definitiven Schuldienste an Anstalten niederen Grades hat das Provinzial-Schulkollegium an mich zu berichten und meine Entscheidung einzuholen.

Eine Anciennetät für den höheren Schuldienst wird durch eine definitive Anstellung an einer Schule niederen Grades nicht erworben.

III. Um den Uebergang aus dem früheren System der kommissarischen Beschäftigung und der definitiven Anstellung von Kandidaten zu dem jetzigen System thunlichst zu erleichtern, will ich mit Rücksicht auf besondere mir vorgetragene Verhältnisse gestatten, daß die unter 3, Abs. 3 der mehrerwähnten Verfügung ertheilte Ermächtigung auch auf andere, als die beiden dort erwähnten Gesichtspunkte für die Zeit bis zum 1. Oktober d. Js. ausgedehnt werde. Inwieweit die Provinzial-Schulkollegien davon Gebrauch gemacht haben, ist in der Anciennetätsliste unter der Rubrik „Bemerkungen“ zu erläutern.

Der Minister der geistlichen 2c. Angelegenheiten.
Bosse.

An
sämmtliche Königliche Provinzial-Schulkollegien.
U. II. 2100.

149) Ausfallen von Unterrichtsstunden wegen großer Hitze.

Berlin, den 10. September 1892.

Der Bericht des Gymnasial-Direktors N. zu N. vom 23. August d. Js., welchen das Königliche Provinzial-Schulkollegium mir unterm 27. August d. Js. mitgetheilt hat, veranlaßt mich zu bemerken, was folgt.

Ich will vertrauen, daß meine Verfügung vom 16. Juni d. Js. — U. II. Nr. 11723 — (Centralbl. S. 622) von den Leitern der höheren Schulen nicht dahin mißverstanden werden wird, als dürften dieselben bei der Erwägung, ob der Nachmittagsunterricht Hitze halber auszufallen habe, sich auf das mechanische Verfahren der Ablesung des Thermometers zurückziehen. Wenn festgesetzt worden, daß bei einer Temperatur von 25° C. um 10 Uhr Vormittags der Nachmittagsunterricht und unter Umständen auch die letzte Stunde des Vormittagsunterrichts fortfallen sollen, so ist dies geschehen einmal, um die Direktoren auf rechtzeitige Beobachtung der Temperatur, woran es oft gefehlt hat, hinzuweisen, sodann aber um jede Unsicherheit betreffs der Grenze auszuschließen, mit deren Erreichung jedes persönliche Befinden bezüglich der zu treffenden Maßnahme aufzuhören hat. Selbstverständlich aber haben die Leiter der höheren Schulen nicht der pflichtmäßigen Prüfung überhoben werden sollen, ob ungewöhnliche Temperaturverhältnisse mit Rücksicht auf abspannende Hitze der vorangegangenen Tage auf fortbestehende Schwüle in den Klassen, auf die Länge des von den Schülern zurückzulegenden Weges zur Schule u. s. w. nicht den Ausfall eines Theiles des Unterrichts räthlich erscheinen lassen, auch ohne daß früh um 10 Uhr die am angegebenen Orte bezeichnete Temperatur erreicht worden ist. Die Verfügung vom 16. Juni d. Js. ist darauf berechnet, groben Mißgriffen, wie sie zu Anfang dieses Sommers vorgekommen, für die Zukunft nach Möglichkeit vorzubeugen; aber eine erziehlich und gesundheitlich die Jugend schonende und fördernde Behandlung der Angelegenheit bleibt selbstverständlich von der aufmerksamen Fürsorge und der taktvollen Beurtheilung der Männer abhängig, denen die Leitung unserer höheren Schulen anvertraut ist.

Die allgemein bekannt gewordene Thatsache, daß in neuester Zeit auch von Allerhöchster Stelle eine verständige Einschränkung des Unterrichtes bei ungewöhnlicher Hitze empfohlen worden ist, steigert die Verpflichtung, die in dieser Hinsicht den Leitern unserer höheren Lehranstalten obliegt. Daß dieselben dies anerkennen werden, erwarte ich auf das bestimmteste.

Der Minister der geistlichen 2c. Angelegenheiten.
Bosse.

An
das Königliche Provinzial-Schulkollegium zu N.
U. II. 1795.

150) Verhütung von Unglücksfällen unter Schülern.

Berlin, den 21. September 18[illegible]

Vor Kurzem hat sich auf einer Gymnasialbadeanstalt [illegible] erschütternde Vorfall ereignet, daß ein Schüler beim Spielen [illegible] einer Salonpistole von einem Kameraden seiner Klasse erscho[illegible] und so einem jungen hoffnungsreichen Leben vor der Zeit [illegible] jähes Ende bereitet wurde.

Das Königliche Provinzial-Schulkollegium weise ich an, [illegible] Anstaltsleitern Seines Aufsichtsbezirkes aufzugeben, daß sie bei M[illegible] theilung dieses schmerzlichen Ereignisses der ihrer Leitung an[illegible] trauten Schuljugend in ernster und nachdrücklicher Warnung [illegible] stellen, wie unheilvolle Folgen ein frühzeitiges, unbesonne[illegible] Führen von Schußwaffen nach sich ziehen kann und wie [illegible] über das Leben des zurückgebliebenen unglücklichen Mitschül[illegible] für alle Zeit ein düsterer Schatten gebreitet sein muß.

Gleichzeitig ist aber auch festzustellen, daß Schüler, die, [illegible] es in der Schule oder beim Turnen und Spielen, auf der Ba[illegible] anstalt oder auf gemeinsamen Ausflügen, kurz wo die Sch[illegible] für eine angemessene Beaufsichtigung verantwortlich ist, im Be[illegible] von gefährlichen Waffen, insbesondere von Pistolen und Revolve[illegible] betroffen werden, mindestens mit der Androhung der Verweisu[illegible] von der Anstalt, im Wiederholungsfalle aber unnachsichtlich [illegible] Verweisung zu bestrafen sind.

Der Minister der geistlichen 2c. Angelegenheiten.
Bosse.

An
sämmtliche Königliche Provinzial-Schulkollegien.
U. II. 1904.

---

151) Förderung der Ziele der Gesellschaft für deutsch[illegible] Erziehungs- und Schulgeschichte.

Berlin, den 26. Oktober 18[illegible]

Von den Bestrebungen der Gesellschaft für deutsche E[illegible] ziehungs- und Schulgeschichte habe ich, wie ich dem Vorstand auf die gefällige Eingabe vom 31. August d. Js. ergeb[illegible] erwidere, gern Kenntnis genommen. Ich kann diesen B[illegible] strebungen meine Anerkennung nicht versagen und habe da[illegible] Veranlassung genommen, in einer Cirkular-Verfügung vom he[illegible] gen Tage die Königlichen Provinzial-Schulkollegien, Regierung[illegible] und Vorstände der Königlichen Universitäts-Bibliotheken, [illegible] schließlich der Königlichen Bibliothek hierselbst, aufzufordern, d[illegible] Unternehmen in jeder Weise thunlichst förderlich zu sein und [illegible] den dortseitigen Kreisen Interesse für die Sache zu wecken. [illegible] leich habe ich den Wunsch ausgesprochen, daß die Leiter höherer ehranstalten, soweit die Mittel für Bibliothekszwecke es gestatten, ie Veröffentlichungen der Gesellschaft anschaffen und die Jahres-rogramme der ihnen anvertrauten Schulen für Zwecke der chulgeschichte noch mehr, als es bisher mehrfach schon geschehen t, nutzbar machen möchten.

Ferner ist von mir an den Direktor der Staatsarchive, Wirk-chen Geheimen Ober-Regierungsrath Herrn Dr. von Sybel, as Ersuchen gerichtet worden, den Vorständen der Königlichen eheimen Staatsarchive die thunlichste Förderung der Ziele der esellschaft zu empfehlen.

Der Minister der geistlichen ꝛc. Angelegenheiten.
Bosse.

An
en Vorstand der Gesellschaft für deutsche Erziehungs- und Schulgeschichte, zu Händen des ersten Schrift-führers Herrn N. Wohlgeboren hier.

U. II. 2052.

Berlin, den 26. Oktober 1892.

Der Vorstand der Gesellschaft für deutsche Erziehungs- und Schulgeschichte hat an mich das Ersuchen gerichtet:

1) den mir unterstellten Behörden, insbesondere den König-lichen Provinzial-Schulkollegien oder Vorständen der König-lichen Bibliotheken die Förderung seiner Nachforschungen ans Herz zu legen,
2) den Direktoren der höheren Lehranstalten die Unterstützung seiner Bestrebungen in der Weise zu empfehlen, daß die-selben nicht bloß die Veröffentlichungen der Gesellschaft für die Schulbibliothek anschaffen, sondern auch die Schul-programme für die Förderung der Geschichte der ihnen unterstellten Anstalten wie der Schule überhaupt fruchtbar machen möchten.

Die Ziele, welche die gedachte Gesellschaft verfolgt, sind für ie Geschichte unseres Schulwesens so bedeutsame und die von hr eingeleiteten Veröffentlichungen versprechen bei maßvoller Begrenzung des Unternehmens für das Verständnis des im Laufe er Jahrhunderte auf diesem Gebiete Erwachsenen so reiche Be-ehrung, daß ich den Anträgen des Vorstandes der Gesellschaft gerne entspreche.

Indem ich daher das Königliche Provinzial-Schulkollegium veranlasse, dem Unternehmen auch Seinerseits in jeder Weise thunlichst förderlich zu sein und in Seinen Kreisen Interesse für die Sache zu wecken, wünsche ich zugleich, daß die Leiter höherer

Lehranstalten, soweit die Mittel für Bibliothekszwecke es gestatten, die Veröffentlichungen der Gesellschaft anschaffen und die Jahres-Programme der ihnen anvertrauten Schulen für Zwecke der Schulgeschichte noch mehr, als es bisher mehrfach schon geschehen ist, nutzbar machen möchten. Durch solche Einzelforschungen, in richtiger methodischer Weise angestellt, wird nicht allein die Wissenschaft als solche gefördert, sondern auch das Interesse weiterer Kreise für die Schule mehr geweckt werden, als durch manche andere Abhandlungen, welche in Schulprogrammen veröffentlicht zu werden pflegen.

Im Anschlusse daran mache ich das Königliche Provinzial-Schulkollegium auch noch auf einen anderen Gesichtspunkt aufmerksam. In den Erläuterungen zu den neuen Lehrplänen ist behufs Lösung der erziehlichen Aufgabe der Schule vor allem das Zusammenwirken mit der Familie betont. Auch in dieser Beziehung können die Beilagen zu unseren Schulprogrammen noch fruchtbarer gestaltet werden, wenn in denselben wichtigere Fragen des Unterrichtes und der Erziehung, für die auch in weiteren Kreisen Verständnis und Interesse vorausgesetzt werden kann, in ernster, maßvoller Weise behandelt werden.

Indem ich diesen Gesichtspunkt nur andeute, darf ich vertrauen, daß das Königliche Provinzial-Schulkollegium es an den erforderlichen Anregungen nicht wird fehlen lassen.

Der Minister der geistlichen rc. Angelegenheiten.
Bosse.

An
die sämmtlichen Königlichen Provinzial-Schulkollegien.
U. II. 2025.

---

152) Reife- und Abschlußprüfungen nach dem sechsten Jahrgange höherer Schulen.

Berlin, den 17. November 1892.

Dem Königlichen Provinzial-Schulkollegium erwidere ich auf den Bericht vom 22. Oktober d. Js., daß ich aus demselben keinen Anlaß zur Abänderung einer Bestimmung der Ordnungen der Reife- und der Abschlußprüfungen nach dem sechsten Jahrgange höherer Schulen vom 6. Januar d. Js. zu entnehmen vermag. Erläuternd aber bemerke ich Folgendes:

1) Der Anregung zu einer Berücksichtigung des Betragens auch im Falle des §. 10, 4 b. der Ordnung der Reifeprüfung Folge zu geben trage ich Bedenken, da die Einführung der theilweisen Befreiung von der mündlichen Prüfung von ganz anderen Erwägungen ausgeht, als die Bestimmung über Befreiung von der ganzen Prüfung (§. 10, 4 a.).

2) Der Zusatz „in der Regel" zu §. 11, 1 gewährt dem Prüfungskommissar die nöthige Freiheit, die besonderen Verhältnisse zu berücksichtigen. Der Sinn der Bestimmung ist unzweifelhaft der, daß nicht mehr als 10 Schüler zusammen mündlich geprüft werden sollen, um Ermüdung zu vermeiden.

3) Der Begriff der „Gesammtleistungen" in §. 12, 3 a. u. b. findet seinen Ausdruck in dem Gesammturtheile (§. 14, 2) und in dem diesem entsprechenden Prädikate. Für die Bildung dieses Urtheils sind entscheidend Klassenleistungen, Ergebnisse der schriftlichen und Ergebnisse der mündlichen Prüfung, wo eine solche stattfindet. Nur für das Deutsche, worin mündlich nicht geprüft wird und worin allein nicht genügende Gesammtleistungen überhaupt nicht ausgeglichen werden können, ist durch die Erläuterungen zu A. 4, Abs. 2 (S. 54) wegen dieser schwerwiegenden Ausnahmestellung mit Absicht hervorgehoben, daß der Fall der nicht genügenden Gesammtleistung erst dann vorliege, wenn der Schüler sowohl in seinen Klassenleistungen als auch in seiner Prüfungsarbeit Ungenügendes geleistet habe. Eine solche Ausnahmebestimmung war für kein anderes Fach, auch nicht für die beiden alten oder die beiden neueren Fremdsprachen (§. 12, 3 a.), erforderlich.

4) Für die Extraneer-Prüfung noch die Lehraufgabe der II. A. in der Geschichte hinzuzufügen, erscheint nicht erforderlich, da die Uebersetzung aus den alten Schriftstellern ohnehin Gelegenheit giebt, einzelne Fragen über alte Geschichte zu stellen. Bei den sechsstufigen Privatanstalten genügen gelegentliche Wiederholungen der früheren Lehraufgaben in Religion und in der alten Geschichte, wenn darauf gehalten wird, daß diese Wiederholungen im Lektionsplan gesichert sind.

5) Bei der Anregung einer Aenderung der Abschlußprüfungs-Ordnung §. 5 scheint die Bestimmung des zweiten Absatzes und des §. 9, Abs. 2 übersehen zu sein. Eine Aenderung scheint hier ebenso wenig nöthig wie

6) zu §. 10, Abs. 1, wo das „in der Regel" vollen Spielraum läßt. Hält der Königliche Departementsrath die Prüfung selbst ab, so wird bei den wenigen Anstalten, wo dies geschieht, dieselbe möglichst an den Schluß des Schulhalbjahres gerückt werden können. Thut es der Direktor der Anstalt, so hat er vollends es in der Hand, die Prüfung ans Ende des Schulhalbjahrs zu legen. Diesen und ähnlichen Bestimmungen über die Abschlußprüfung ist gerade darum eine gewisse Dehnbarkeit belassen worden, weil die Prüfungskommissionen bei der Neuheit der Sache und der Verschiedenheit der Fälle sich mit einer gewissen Freiheit bewegen sollten.

Das Ergebnis der Prüfung ist bei der Verkündigung der Versetzungen überhaupt am Schlusse des Schuljahres mitzutheilen. Daraus folgt, daß die geprüften Schüler nach wie vor die Anstalt zu besuchen haben und ihrer Disciplin bis zum Schlusse der Schule unterstehen.

Schließlich bemerke ich, daß an dem Formulare des Zeugnisses über die wissenschaftliche Befähigung für den einjährig-freiwilligen Dienst Muster 18, S. 233 der Wehrordnung vom 22. Oktober 1888 nichts geändert und daß dasselbe neben dem Schulzeugnisse über die Versetzung nach Obersekunda auszustellen ist.

Bis zum 1. Juli k. Js. erwarte ich Bericht über die Erfahrungen, welche man dortseits mit der Ausführung der ersten regelmäßigen Abschlußprüfung gemacht hat. Dabei wolle das Königliche Provinzial-Schulkollegium Sich auch darüber äußern, ob etwa in Abänderung des §. 15 es nothwendig erscheine, die Wiederholung der Prüfung zweimal zu gestatten, ferner ob die Bestimmung der Erläuterungen zu B. S. 57 der Ordnung einer Abänderung dahin bedürfe, daß eine nicht bestandene Abschlußprüfung auch am Ende des nächstfolgenden Schulhalbjahres abgelegt werden dürfe, und welche Vorkehrungen im Falle des Bestehens in der Mitte des Schuljahres gegen den Versuch eines Eintrittes in die Obersekunda einer nicht mit Wechselabtheilungen versehenen Anstalt zu treffen sein möchten.

An
das Königliche Provinzial-Schulkollegium zu N.

Abschrift vorstehender Verfügung erhält das Königliche Provinzial-Schulkollegium zur Kenntnis und Nachachtung.

Der Minister der geistlichen ꝛc. Angelegenheiten.
Im Auftrage: de la Croix.

An
sämmtliche übrigen Königlichen Provinzial-Schulkollegien.
U. II. 2258.

---

153) Gewährung von Staatszuſchüſſen zur Bereitſtellung der für die Beſoldungsverbeſſerungen der Leiter und Lehrer an nichtſtaatlichen öffentlichen höheren Schulen in Gemäßheit des Geſetzes vom 25. Juli 1892 erforderlichen Mittel.

Berlin, den 5. Dezember 1892.

Auf den Bericht vom 11. November d. Js. erwidere ich dem Königlichen Provinzial=Schulkollegium, daß über die Anträge der Patronate der nichtſtaatlichen öffentlichen höheren Schulen auf Gewährung von Staatszuſchüſſen zur Bereitſtellung der für die Beſoldungsverbeſſerungen der Leiter und Lehrer an dieſen Schulen n Gemäßheit des Geſetzes vom 25. Juli d. Js. erforderlichen Mittel nach Maßgabe meiner Cirkular=Verfügung vom 21. Oktober). Js. — U. II. 1644 — bis zum 1. Februar 1893 zu berichten ſt. Dies bezieht ſich ſowohl auf die nichtſtaatlichen höheren Schulen, welche bisher ſchon ſtaatlich unterſtützt worden ſind, wie uf ſolche Schulen, die gegenwärtig noch keinen Staatszuſchuß eziehen.

Dem Königlichen Provinzial=Schulkollegium ſende ich daher ie mittels obigen Berichts vorgelegten Anträge auf Bewilligung ntſprechender Staatszuſchüſſe für die nichtſtaatlichen höheren Schulen er dortigen Provinz in einem Hefte hierneben mit dem Auftrage urück, dieſelben unter Beachtung der Beſtimmungen der Cirkular=Verfügungen vom 21. Oktober d. Js. — U. II. 1644 und 2. Juli . Js. U. II. 1229 — (Centralbl. S. 713 bezw. 635) anderweit orzubereiten und bis zu dem bezeichneten Termin einzureichen.

Dabei bemerke ich, daß dieſen Anträgen, ſoweit ſie ſtaatlich och nicht unterſtützte Anſtalten betreffen, ein vollſtändiger Etats=ntwurf beizufügen iſt, welcher ſich auf die für die ſtaatlichen lnſtalten geltende Periode erſtreckt; ſoweit es ſich dabei um Anſalten handelt, für welche Staatszuſchüſſe bisher ſchon bewilligt nd und Etats hier vorliegen, bedarf es der Beibringung neuer tats nicht; jedoch ſind auch in dieſen Fällen die neuaufzuſtellenen Beſoldungstitel vorzulegen.

Bei Berechnung des Mehrbedarfs der gedachten Anſtalten nd außer den Wohnungsgeldzuſchüſſen bez. Miethsentſchädigungen §. 4 und 5 des Normal=Etats vom 4. Mai 1892) die Durchſchnittsgehälter der Leiter, wiſſenſchaftlichen Lehrer und vollbeſchäftigten Zeichenlehrer bezw. die Durchſchnitts=Remunerationen er wiſſenſchaftlichen Hilfslehrer zu Grunde zu legen, wie ſie in er Cirkular=Verfügung vom 21. Oktober d. Js. Seite 17 und 18 ngegeben ſind, gleichviel ob die Einführung des Syſtems der Dienſtalterszulagen oder die Beibehaltung des bisherigen Ver=

fahrens des Aufrückens in vakante Stellen innerhalb des sog. Stellen-Etats von den Patronaten beschlossen ist, denen, wie in der Cirkular-Verfügung vom 21. Oktober d. Js. auf S. 14 ausgesprochen ist, die Bereitstellung des sich beim Alterszulagensystem ergebenden jeweiligen Mehr überlassen bleibt, andererseits aber auch der sich ergebende Minderbedarf gegen die Durchschnittsgehälter zu Gute kommt. Da das Diensteinkommen der übrigen technischen, Elementar- und Vorschullehrer nach dem Diensteinkommen der Volksschullehrer des Ortes zu regeln ist, so kann für diese Lehrer nicht das Durchschnittsgehalt, sondern überall nur dasjenige Gehalt bei Berechnung des Mehrbedarfs in Betracht kommen, welches gegenwärtig für dieselben vom 1. April 1893 ab nach den in der Cirkular-Verfügung vom 21. Oktober d. Js. angegebenen Grundsätzen festgesetzt und zahlbar gemacht wird.

Von dem hiernach ermittelten Mehrbetrag sind zunächst diejenigen Beträge in Abzug zu bringen, welche durch die Erhöhung des Schulgeldes gewonnen werden oder sonst in der Anstaltskasse verfügbar sind, und sodann die verbleibenden Beträge für die nach Maßgabe der Cirkular-Verfügung vom 2. Juli 1892 U. II. 1229 zu beurtheilende Frage in Betracht zu ziehen, ob dieselben von den bürgerlichen Gemeinden getragen werden können oder eventl. zu welchem Theile aus der Staatskasse zu bewilligen sein werden.

Bei Erstattung des obenbezeichneten Berichts ist eine Zusammenstellung nach dem hier beigefügten Schema mit vorzulegen.

An
das Königliche Provinzial-Schulkollegium zu N.

Abschrift erhalten die Königlichen Provinzial-Schulkollegien im Verfolg meiner Cirkular-Verfügung vom 21. Oktober d. Js. — U. II. 1644 — zur Kenntnisnahme und gleichmäßigen Beachtung. Ein Schema zu der dortseits anzufertigenden Zusammenstellung ist gleichfalls hier beigeschlossen.

Der Minister der geistlichen ꝛc. Angelegenheiten.
Im Auftrage: de la Croix.

An
die übrigen Königlichen Provinzial-Schulkollegien.
U. II. 2401.

Zusammenstellung
der Anträge der Patronate der nichtstaatlichen öffentlichen höheren Schulen auf Gewährung von Staatszuschüssen zur Bereitstellung der für die Besoldungsverbesserungen der Leiter und Lehrer an diesen Schulen in Gemäßheit des Gesetzes vom 25. Juli 1892 erforderlichen Mittel. Provinz .

Lfde. Nr.	Regierungs-Bezirk.	Bezeichnung der Anstalt.		Angabe der städtischen, Kommunal- 2c. Steuern, Zuschläge 2c.	Bisheriger Unterhaltungs-Zuschuß		Mehrbedarf zu den Besoldungsverbesserungen der Leiter und Lehrer.	Davon werden gedeckt durch Schulgelderhöhung oder sonstige Mittel.	Mithin neuer Zuschuß		Bemerkungen.
		Art	Ort		der Stadt.	des Staats.			der Stadt.	des Staats.	
					M	M	M	M	M	M	

D. Schullehrer- und Lehrerinnen-Seminare 2c., Bildung der Lehrer und deren persönliche Verhältnisse.

154) Verfahren hinsichtlich der Entsendung von Seminarlehrern zur Theilnahme an den Lehrer-Obstbaukursen.

Berlin, den 7. Mai 1892.

Die Königlichen Provinzial-Schulkollegien haben bisher die Zulassung von Seminarlehrern und Seminar-Hilfslehrern zu den jährlich an verschiedenen Anstalten stattfindenden Kursen zur Unterweisung von Lehrern im Obstbau bei mir beantragt, worauf von hier aus mit dem Herrn Minister für Landwirthschaft, Domänen und Forsten das Weitere vereinbart worden ist.

Der mit diesen Verhandlungen verbundene Zeitverlust hat nicht selten zur Folge gehabt, daß die betreffenden Seminarlehrer nicht mehr rechtzeitig an dem Frühjahrskursus theilnehmen konnten und deshalb in dem betreffenden Jahre überhaupt von der Theilnahme an den Obstbaukursen ausgeschlossen werden mußten. Selbstverständlich empfiehlt es sich nicht, die Lehrer erst an einem Sommer- und Herbstkursus und im darauffolgenden Jahre an einem Frühjahrkursus theilnehmen zu lassen.

Zur Vermeidung derartiger Zeitverluste ermächtige ich das Königliche Provinzial-Schulkollegium, hinfort diejenigen Seminarlehrer und Seminar-Hilfslehrer, deren Zulassung zu Obstbaukursen gewünscht wird, bei den betreffenden Kursusleitern bezw. Anstaltsvorstehern unmittelbar rechtzeitig anzumelden. Zugleich ist mir von diesen Anmeldungen, welche sich übrigens in dem bisherigen Umfange zu halten haben, Anzeige zu machen und die Höhe etwa zu gewährender Beihilfen anzugeben. Der Berechnung dieser Beihilfen sind die Bestimmungen über die an Turnkursen theilnehmenden Lehrer vom 18. Februar 1876 — U. III. 1744 — (Centralbl. f. d. U. V. S. 180) zu Grunde zu legen.

Der Minister der geistlichen 2c. Angelegenheiten.
Im Auftrage: Kügler.

An
sämmtliche Königliche Provinzial-Schulkollegien.
U. III. A. 1881.

155) Theilnahme der Seminaristen am Klavier- und Orgelspiele.

Berlin, den 31. Mai 1892.

Durch die Ausbildung ihrer Zöglinge zu Organisten leisten die Schullehrer-Seminare der Kirche einen wesentlichen Dienst und gewähren gleichzeitig den zukünftigen Lehrern eine Ausdehnung ihrer musikalischen Bildung, durch welche sie einen nicht zu unterschätzenden Einfluß auf die Schulgemeinden gewinnen. Aus diesen Erwägungen habe ich wiederholt in Erinnerung gebracht, daß die nach §. 8 der Lehrordnung für die Schullehrer-Seminare vom 15. Oktober 1872 zugelassenen Dispensationen vom Klavier- und Orgelspiele in jedem einzelnen Falle nur auf Grund einer Konferenz-Berathung des Lehrerkollegiums ertheilt werden dürfen.

Wenn auch in Zukunft in dieser Hinsicht mit gleicher Sorgfalt zu verfahren sein wird, so darf doch nicht unbeachtet bleiben, daß in manchen Fällen Seminaristen an dem Unterrichte im Klavier- und Orgelspiele Theil genommen haben, welche wegen unzureichender und auf diesem Gebiete auch durch energischen Fleiß kaum zu ersetzender Begabung volle Sicherheit auch in beschränktem Umfange nicht erreichten und sich daher späterhin der selbständigen Ausübung des Organistenamtes nicht gewachsen zeigten.

Bei der hohen Bedeutung, die dem Orgelspiele für die Erbauung der Gemeinden in ihren Gottesdiensten beizumessen ist, wird der Kirche mit Unterrichtsergebnissen der erwähnten Art nicht gedient. Es liegt daher auch im kirchlichen Interesse, wenn Seminaristen, die eine ausreichende musikalische Begabung nicht erkennen lassen und überdies in den wissenschaftlichen Disziplinen besonderen Fleiß aufzuwenden haben, um sich für das Schulamt tüchtig zu machen, von der Theilnahme an dem Klavier- und Orgelspiele ausgeschlossen werden.

Hierdurch wird erreicht, daß die für das Orgelspiel geeigneten Zöglinge im Unterrichte eine eingehende Berücksichtigung erfahren und zu Leistungen geführt werden können, welche den seitens der Kirche an das Organistenamt zu stellenden Anforderungen entsprechen.

Das Königliche Provinzial-Schulkollegium wolle die Seminar-Direktoren Seines Aufsichtskreises hiervon in Kenntnis setzen und zugleich beauftragen, jährlich darüber zu berichten, in welchem Umfange Ausschließungen von der Theilnahme am Klavier- und Orgelspiele stattgefunden haben.

Der Minister der geistlichen ꝛc. Angelegenheiten.
Bosse.

An
sämmtliche Königliche Provinzial-Schulkollegien.
U. III. 2082.

---

56) Grundsätze für die Aufnahme von Zöglingen in ein Schullehrer-Seminar.

Im Anschlusse an die Erlasse vom 14. Februar 1888 — U. III. 364 — und vom 4. Februar 1890 — U. III. 315 — (Centralbl. für 1888 S. 234 und für 1890 S. 277) ist die Frage aufgeworfen worden, wie zu verfahren ist, wenn sich zur Aufnahme in ein Schullehrer-Seminar mehr die Befähigung nachweisende Zöglinge melden, als nach den geltenden Bestimmungen und nach Lage der Verhältnisse aufgenommen werden können.

Ich setze voraus, daß schon bisher, soweit nicht besondere in den persönlichen Verhältnissen der Bewerber liegende Gründe eine Abweichung angezeigt erscheinen ließen, in erster Linie darauf Bedacht genommen worden ist, denjenigen Zöglingen, deren Ausbildung der Staat durch Aufnahme in eine staatliche Präparandenanstalt in die Hand genommen hat, die Gelegenheit zu ihrer weiteren Fortbildung auf dem Seminare zu geben.

Ferner bestimme ich, daß demnächst solchen Zöglingen, welche auf einer städtischen unter staatlicher Beihilfe in's Leben gerufenen Präparandenanstalt ausgebildet worden sind, vor den aus privater Ausbildung hervorgegangenen Bewerbern im Zweifelsfalle der Vorzug zu geben ist.

An
sämmtliche Königliche Provinzial-Schulkollegien.

Abschrift erhält die Königliche Regierung zur Kenntnisnahme.

Der Minister der geistlichen rc. Angelegenheiten.
Im Auftrage: Schneider.

An
sämmtliche Königliche Regierungen.
U. III. 2845.

---

157) Amtsbezeichnung als „Rektor" für die Leiter sechs- und mehrklassiger Volksschulen.

Berlin, den 21. Juni 18..

Auf den Bericht vom 30. Mai d. Js. — II. 4656 B. — ermächtige ich die Königliche Regierung, dem Ersten Lehrer der Volksschule in N. den Rektortitel beizulegen.

Ich bemerke dabei, daß es der in dem Erlasse vom 1. Ju.. 1889 (Centralbl. für 1891 S. 641) gekennzeichneten Stellung der Leiter größerer städtischer Schulsysteme entspricht, wenn den Leitern sechs- und mehrklassiger Schulen, für deren Anstellung die Ablegung der Rektoratsprüfung Voraussetzung ist, auch allgemein der Titel „Rektor" als Amtsbezeichnung beigelegt wird.

Der Minister der geistlichen rc. Angelegenheiten.
Bosse.

An
die Königliche Regierung zu N.
U. III. C. 2090. U. III. B.

---

158) Anstellung von Rektoren an sechs- und mehrklassigen Schulen.

Berlin, den 25. Juli 1..

Der Bericht der Königlichen Regierung vom 29. April d. J., betreffend die Einrichtung der Rektorate an den Volksschulen des dortigen Regierungs-Bezirks, ergiebt, daß die einer Mittelstellung zwischen Hauptlehrern und Orts-Schulinspektoren entsprechende Bestellung von Rektoren für die Gesammtheit der Schulen ..

rtes, welche sich überdies zufällig und daher auch örtlich ganz rschieden entwickelt hat, für die Dauer nicht haltbar ist.

Fortan ist für jedes einzelne größere Schulsystem die Anellung eines Hauptlehrers, für sechs- und mehrklassige Schulen ri entsprechendem Befähigungsnachweis die Anstellung von Rekren ins Auge zu fassen, und diesen im Sinne des Erlasses vom . Juli 1889 (Centralbl. S. 641) durch bestimmte Dienstanweisung ne angemessene Befugnis hinsichtlich der Leitung des Schulstems beizulegen.

Für die Stadt N. soll zwar in Anbetracht der dortigen Verältnisse zur Zeit eine Aenderung nicht gefordert werden; von ner Wiederbesetzung der beiden Rektorstellen daselbst ist aber ach deren Erledigung abzusehen.

Nach diesen Gesichtspunkten wolle die Königliche Regierung ı Zukunft regelmäßig verfahren.

An
ie Königliche Regierung zu N.

Abschrift zur Kenntnis und Beachtung.

Der Minister der geistlichen ꝛc. Angelegenheiten.
In Vertretung: von Weyrauch.

An
ämmtliche Königliche Regierungen.
U. III. C. 1794.

---

59) Ausscheiden der Lehrerinnen aus dem Schuldienste im Falle ihrer Verheirathung.

Berlin, den 15. Juli 1892.

Anfragen verschiedener Regierungen veranlassen mich, zu dem iesseitigen Rund-Erlasse vom 13. Februar d. Js. — U. III. C. 300 — (Centralbl. S. 412) zu bemerken, daß eine Aenderung der isherigen, von den Anstellungsbehörden geübten Praxis bei Entlassungen von Lehrerinnen im Falle ihrer Verheirathung nicht beabsichtigt ist. Nur für den Fall, daß in Berufungs-Urkunden der Lehrerinnen ein Vorbehalt über das Ausscheiden im Falle ihrer Verheirathung bisher überhaupt nicht oder ein längerer Termin aufgenommen war, ist in Zukunft in die Urkunden über die Berufung von Lehrerinnen die Bestimmung aufzunehmen, daß die feste Anstellung der betreffenden Lehrerin im Falle ihrer Verheirathung mit dem Schlusse des Schulhalbjahres — nicht, wie es im Erlasse versehentlich heißt, am Schlusse des Schuljahres — ihr Ende erreicht.

An
die sämmtlichen Königlichen Regierungen.

Abschrift erhält das Königliche Provinzial-Schulkollegium zur Kenntnis und Nachachtung.

Der Minister der geistlichen ꝛc. Angelegenheiten.
In Vertretung: von Weyrauch.

An
die sämmtlichen Königlichen Provinzial-Schulkollegien.
U. III. C. 2822.

---

160) Anschaffung von Orgeln für Schullehrer-Seminare.

Berlin, den 18. Juli 1892.

Der Umstand, daß die Vorschläge zur Anschaffung von Orgeln für Schullehrer-Seminare in Bezug auf Umfang und Kosten der Orgelwerke eine auffallende Verschiedenheit zeigen, hat mir Veranlassung gegeben, den Superrevisor Professor Schulz hierselbst über die bei solchen Anschaffungen zu Grunde zu legenden Verhältnisse und Einheitspreise gutachtlich zu hören.

Nach dem Gutachten desselben sind die Orgeln für Aulen am zweckmäßigsten, den Maßen des Raumes von durchschnittlich 140 qm entsprechend, zu bauen mit 12 bis 14 Stimmen auf zwei Manuale und Pedal vertheilt. Der Preis einer solchen Orgel in solider Ausführung einschließlich des Gehäuses, des Transports und der Aufstellung ist anzunehmen auf 4000 bis 4500 ℳ.

Als Uebungsorgeln für die mittleren Klassen sind solche mit 6 Stimmen, auf zwei Manuale und Pedal vertheilt, zu empfehlen. Die für dieselben in Anschlag zu bringenden Kosten einschließlich der Beträge für Gehäuse, Transport und Aufstellung dürfen die Höhe von 2500 ℳ nicht überschreiten.

Bei diesen Preisansätzen ist vorausgesetzt, daß das Gehäuse geschmackvoll und solide gebaut, doch nicht reich ausgestattet, und daß der Transport der Orgeltheile auf nicht zu weite Entfernungen erfolgt.

Für die Uebungszwecke der Seminar-Unterklassen und der Präparandenanstalten lassen sich ausreichende Orgelwerke für 1000 bis 1100 ℳ beschaffen. Ich verweise in dieser Beziehung auf den im Centralblatte für die gesammte Unterrichts-Verwaltung für 1888 S. 394 veröffentlichten Rund-Erlaß vom 29. März 1888 — U. III. 783. —

Das Königliche Provinzial-Schulkollegium wolle Sich bei Seinen Anträgen auf Anschaffung von Orgeln für Seminare und Präparandenanstalten innerhalb der vorbezeichneten Grenzen halten. Die Herren Regierungs-Präsidenten sind ersucht worden, Vorsorge zu treffen, daß auch bei Aufstellung der bautechnischen lnschläge für die innere Einrichtung dieser Anstalten hiernach verahren werde.

Der Minister der geistlichen zc. Angelegenheiten.
Im Auftrage: Kügler.

An
immtliche Königliche Provinzial-Schulkollegien.
U. III. 2390.

61) Verrechnung der von ehemaligen Seminaristen auf Grund der Aufnahmereverse zu leistenden Zahlungen bezw. Rückzahlungen.

Berlin, den 16. August 1892.

Die Bestimmungen über die Verrechnung der von ehemaligen eminaristen auf Grund der Aufnahmereverse zu leistenden ahlungen bezw. Rückzahlungen haben zu Zweifeln Veranlassung geben. Zur Beseitigung derselben ordne ich Folgendes an:

1) Die Entschädigungsgelder für den genossenen Unterricht, elche für jedes in der Anstalt zugebrachte halbe Jahr z. Zt. uf 30 *M* festgesetzt sind, verbleiben nicht den Seminarkassen, ndern sind in allen Fällen, gleichgültig ob sie ein früheres er das laufende Rechnungsjahr betreffen, an die Regierungsauptkassen zur Verrechnung als extraordinäre Einnahme zu unsten der allgemeinen Staatsfonds abzuführen.

2) Bei den Rückzahlungen erhaltener Unterstützungen ist zu terscheiden:

a. die Rückzahlungen von Unterstützungen aus früheren, rechnungsmäßig bereits abgeschlossenen Jahren sind an die Regierungs-Hauptkassen zur Verrechnung als extraordinäre Einnahme zu Gunsten der allgemeinen Staatsfonds abzuführen;

b. die Rückzahlungen von Unterstützungen aus dem jeweilig laufenden Rechnungsjahre dürfen zu anderweiten Unterstützungen für Seminaristen wieder verwendet werden. Zu dem Ende sind dieselben nicht an die Regierungs-Hauptkassen abzuführen, sondern den betreffenden Seminarkassen zu überweisen und hier nicht besonders in Einnahme zu stellen, sondern durch Absetzung von der Ausgabe wieder zu vereinnahmen, dergestalt, daß sie in den Seminar-Rechnungen am Schlusse desjenigen Titels, aus welchem die Unterstützungen bestritten worden sind, von der Istausgabe ersichtlich abgesetzt werden. Hiernach ist, und zwar schon für das laufende Rechnungsjahr zu verfahren.

An
mtliche Königliche Provinzial-Schulkollegien.

Abschrift erhält die Königliche Regierung zur Kenntniß.

Der Minister der geistlichen rc. Angelegenheiten.
Im Auftrage: Schneider.

An
sämmtliche Königliche Regierungen.
U. III. 2756.

---

162) Grundsätze des Seminar-Unterrichtes.

Berlin, den 8. Oktober 1892.

Die Wahrnehmungen meiner Kommissarien bei den Revisionen der Schullehrer-Seminare veranlassen mich, einige Grundsätze und Vorschriften, insbesondere die §§. 4 und 10 der Lehrordnung für die peußischen Schullehrer-Seminare vom 15. Oktober 1872 — B. 2314 — (Centralbl. 1872, S. 617 ff.) in Erinnerung zu bringen.

Bei einer richtigen Befolgung der dort gegebenen Gesichtspunkte muß es möglich sein, eine Ueberbürdung der Lehrzöglinge zu vermeiden und ihnen die Lehrstoffe in einer Form darzubieten, welche nicht nur eine mechanische Aneignung ausschließt, sondern auch das jetzt mehrfach zu hoch gespannte Maß der häuslichen Arbeiten vermindert.

Ich mache dabei auf folgende Punkte besonders aufmerksam:

1) In der Geschichte der Pädagogik, in der Kirchengeschichte, hier und da auch in der allgemeinen Geschichte und an einzelnen Anstalten auch in den Realien läßt der Unterricht mehrfach die Rücksicht auf den späteren Beruf der angehenden Lehrer hinter das Bestreben einer doch nicht erreichbaren Vollständigkeit zurücktreten; es kann beispielsweise nicht die Aufgabe des Seminars sein, seinen Schülern eine zusammenhängende Geschichte der Pädagogik zu geben, dies um so weniger, als dies ohne ein Eingehen in die Geschichte der Philosophie nicht möglich sein würde, und es ist zu bedauern, daß einige sonst brauchbare Lehrbücher der Pädagogik die Lehrer in dieser Beziehung durch die an die alten Kompendien erinnernde Form, welche sie der Geschichte der Erziehung gegeben haben, zu Mißgriffen verleitet.

Der §. 18 der Allgemeinen Verfügung vom 15 Oktober 1872 schreibt vor:

„Die Zöglinge erhalten das Wesentlichste aus der Geschichte der Erziehung und des Unterrichtes in lebendigen Bildern der bedeutendsten Männer, der bewegtesten Zeiten, der interessantesten und folgenreichsten Verbesserungen auf dem Gebiete der Volksschule. Zur Ergänzung und Veranschaulichung dieser Bilder dient die Einführung in d

Hauptwerke der pädagogischen Literatur, vorzugsweise aus der Zeit nach der Reformation. Die Lektüre wird so gewählt, daß sich die Besprechung irgend einer pädagogischen Frage an sie knüpft. Dieselbe wird derart behandelt, daß die Seminaristen den Inhalt eines längeren Schriftstücks selbständig und verständig auffassen lernen."

Hiernach liegt die wesentlichste Seite des Unterrichtes in der Pädagogik in der Erstrebung der formalen Bildung der Seminaristen; sie sollen angewiesen werden, zu denken, zu beobachten und zu prüfen, was ihres Amtes sein wird. Deswegen ist auch gerade dieser Lehrgegenstand der untersten Klasse des Seminars überwiesen, und er soll so betrieben werden, daß er den Seminaristen Interesse für ihren künftigen Beruf und Freude an demselben erweckt. Dazu wird die Darbietung lebendiger Bilder der hervorragendsten Meister in Erziehung und Unterricht mehr thun als eine ausführliche Darlegung ihrer Lehrsysteme. Ich verweise übrigens auf die bezüglichen Aufsätze in dem 1. Hefte der Kehrschen Pädagogischen Blätter von 1872.

Entsprechende Grundsätze sollen für die Kirchengeschichte maßgebend bleiben. Auch hier kann es sich nur darum handeln, die bedeutendsten Männer, die bewegtesten Zeiten und die folgenreichsten Verbesserungen in dem Leben der christlichen Kirche zu beschreiben.

Bei dem Unterrichte in der Geschichte hat sich ein Mißbrauch, welcher übrigens auch in anderen Lehrgegenständen vorkommt, geltend gemacht. Es haben Lehrer, welche ihr Pensum in der untersten Klasse im Laufe des Jahres nicht zu vollenden vermochten, dasselbe in der folgenden Klasse auf Kosten der dieser Klasse zufallenden Aufgaben zu lösen versucht, oder sie haben die Grenzen zwischen den einzelnen Abschnitten der Geschichte verschoben. Es ist dies um so weniger zulässig, als bei solchem Verfahren die deutsche und die preußische Geschichte nicht zu ihrem Rechte kommen.

Im Uebrigen verweise ich auf die diesseitige Cirkular-Verfügung vom 18. Oktober 1890 — U. III. 1083 I. — (Centralbl. 1890 S. 703 ff.).

Bezüglich der Realien genügt es, an die Vorschrift in §. 24 der Lehrordnung vom 15. Oktober 1872 zu erinnern:

„Es ist die besondere Aufgabe des Unterrichtes, für die Darstellung der Naturwissenschaften Methoden zu finden, durch welche sie auch auf den untersten Stufen schon formell bildende Kraft erlangen. Es ist daher überall von der Anschauung auszugehen; der Unterricht in der Physik und der Chemie darf nicht ohne das Experiment, der in der Naturbeschreibung nicht ohne das Original oder die Abbildung auftreten. Reines Gedächtniswerk ist ausgeschlossen. Ziel ist: die Befähigung der Zöglinge, sich selbständig in den drei Naturreichen zurecht zu finden, an der Hand guter Bücher weiter zu arbeiten und einen anschaulichen Unterricht zu ertheilen.“

2) Wenn in dieser Weise bei der Bemessung des Lehrstoffes die Vorschriften der Lehrordnung vom 15. Oktober 1872 eingehalten werden, so wird es bei der Darbietung des Stoffes auf eine genaue Beachtung der Bestimmung in §. 10 der mehrfach bezeichneten Verfügung ankommen. Einem geschickten Lehrer muß es gelingen, den Unterricht so zu ertheilen, daß seine Schüler sich schon während der Lehrstunden die Hauptsachen aneignen und daß ihnen nicht zugemuthet zu werden braucht, durch vorgängiges oder wiederholendes Memoriren den Lehrstoff zu gewinnen. Wenn seitens der revidirenden Schulräthe und der Seminar-Direktoren mit Nachdruck hierauf gehalten wird, so wird die gegenwärtige Belastung der Seminaristen unmerklich von selbst verschwinden. Es gehört dazu aber auch, daß mit allem Ernst und mit Ausdauer das Diktiren von Heften, die Anfertigung von Ausarbeitungen der durchgenommenen Lehrstoffe verboten, und daß den Seminaristen das Nachschreiben nicht gestattet wird.

Die andere Sorge, welche beim Unterrichte zu nehmen ist, richtet sich auf eine scharfe Scheidung zwischen den Stoffen, welche den Seminaristen geboten werden, und denjenigen, welche sie ihrerseits in der Schule mitzutheilen haben. Wenn es im Wesen des Seminar-Unterrichtes liegt, daß er über die Grenzen der Volksschule hinausgeht, so darf der Seminarist darüber nicht im Unklaren gelassen werden, was und wieviel von dem, was er selbst erarbeitet, in die von ihm geleitete Schule gehört.

Endlich muß ihm auch die Form gezeigt werden, in welcher er selbst zu unterrichten haben wird. Die Lehrprobe, welche die Seminaristen in der zweiten Klasse ablegen, und die Lehrthätigkeit, welche sie in der Seminarschule üben, reicht hierzu nicht aus; es muß vielmehr bei der Durchnahme der einzelnen Lehrstoffe auch immer wieder die richtige Lehrweise angedeutet und dargestellt werden.

3) Bei den ihnen gemachten Ausstellungen, sowie bei den Vorhaltungen über zu weit gehende Inanspruchnahme des häuslichen Fleißes der Seminaristen haben sich Seminarlehrer wiederholt damit entschuldigt, daß seitens der Kommissarien der Königlichen Provinzial-Schulkollegien bei den Entlassungsprüfungen zu hohe Anforderungen gestellt werden. Ich setze voraus, daß die Klagen auf Mißverständnis beruhen, nehme aber doch Gelege-

eit, daran zu erinnern, daß die sachgemäße Abhaltung von Prüfungen einen durchgreifenderen Einfluß auf die Arbeit der Lehranstalten übt, als selbst die eingehendste Revision. Je gewissenhafter die Lehrer sind, desto eifriger bemühen sie sich, ihren Schülern zu geben, was in der Prüfung von ihnen verlangt wird. Wenn der Kommissarius des Königlichen Provinzial-Schulkollegiums bei der Leitung der Prüfung überall erkennen läßt, daß er auf eine gründlichere Bildung höheren Werth legt, als auf vielseitiges Wissen, wenn er beispielsweise, wo es sich um den Lebensgang eines hervorragenden Schulmannes handelt, auf die Angabe der Jahreszahlen für die Vorgänge in dessen Lebenslaufe verzichtet und dafür Auskunft über das verlangt, was er der Schule genützt hat, wenn er überhaupt unwichtige Jahreszahlen, Namen, chemische Formeln nicht erfragt, so wird auch kein verständiger Seminarlehrer seinen Schülern unnöthige Dinge einprägen, die sie doch nicht dauernd im Gedächtnisse festhalten können.

Dabei will ich nicht unbemerkt lassen, daß diejenigen Lehr- und Lernobjekte, welche in der Lehrordnung vom 15. Oktober 1872 nur bedingungsweise angegeben, also mehr zugelassen als vorgeschrieben sind, einen Gegenstand der Prüfung nur für solche Zöglinge bilden dürfen, welche im Uebrigen überall befriedigen, bei welchen es sich also nur darum handelt, ihnen das Zeugnis einer über das gewöhnliche Maß hinausgehenden Bildung zu verschaffen.

Werden die Prüfungen in diesem Sinne abgehalten und regelt sich unter ihrem Einfluß die Arbeit in den Seminarien dementsprechend, so wird, wie ich hoffe, auch die Klage über den Abstand verstummen, welcher zur Zeit zwischen den Leistungen der jungen Lehrer bei der ersten und der zweiten Prüfung besteht. Daß bei der letzteren das Hauptgewicht auf die Entwickelung der Lehrtüchtigkeit des Bewerbers zu legen ist, haben meine Herren Amtsvorgänger in wiederholten Verfügungen zum Ausdruck gebracht.

Das Königliche Provinzial-Schulkollegium wolle den Seminar-Direktoren Kenntnis von diesem erneuten Hinweise auf die alten Grundsätze des Seminar-Unterrichtes geben und deren strenge Beachtung im Auge behalten.

An
sämmtliche Königliche Provinzial-Schulkollegien.

Abschrift erhält die Königliche Regierung zur Kenntnisnahme.

Der Minister der geistlichen 2c. Angelegenheiten.
Bosse.

An
sämmtliche Königliche Regierungen.
U. III. 8452.

---

163) Lehrerinnen-Fortbildungskurse bei dem Viktoria-Lyceum zu Berlin und die damit verbundenen Diplom-Prüfungen.

Berlin, den 19. Oktober 1892.

Durch Erlaß vom 23. Mai 1888 — U. IIIa. 14597 — ist das Viktoria-Lyceum in Berlin in den Stand gesetzt worden, zum Zwecke der Weiterbildung geprüfter Lehrerinnen durch ein wissenschaftliches Fachstudium in Geschichte und Deutsch Fortbildungskurse einzurichten. Mit der Ertheilung des Unterrichtes in den genannten Fächern wurden die Herren Professor Dr. Hermann (Geschichte) und Dr. Michaelis (Deutsch) betraut, die spezielle Leitung und Beaufsichtigung der Kurse dem Referenten für das höhere Mädchenschulwesen, Herrn Wirklichen Geheimen Ober-Regierungsrath Dr. Schneider, übertragen. Diese Lehrerinnen-Fortbildungskurse verfolgen das Ziel, der formalen Befähigung zum Unterrichten in sämmtlichen Klassen der Volks-, Mittel- und höheren Mädchenschulen durch einen dreijährigen Studiengang diejenige wissenschaftliche Methode und stoffliche Beherrschung des Gegenstandes hinzuzufügen, welche in den obengenannten Fächern eine erhöhte Lehrbefähigung darzustellen geeignet ist, sie erstreben also eine Ausbildung, welche der klassischen Bildung der männlichen Jugend, wenn auch nicht als gleichartig, doch als annähernd gleichwerthig an die Seite gestellt werden kann.

In der am 23. September 1891 vor dem Königlichen Kommissare Herrn Wirklichen Geheimen Ober-Regierungsrath Dr. Schneider abgehaltenen Schlußprüfung wurde das Ziel von 8 Damen (den Fräulein Allard, Pufahl, Oldörp, Plehn, Klockow, Kreyßig, Gebauer und Hildesheimer) in befriedigender Weise erreicht und der Erfolg durch ein von dem Königlichen Kommissare beglaubigtes Diplom in folgendem Wortlaut ausgedrückt (für Geschichte):

„Fräulein N. N., auf Grund des Prüfungszeugnisses vom   für den Unterricht in sämmtlichen Klassen der Volks-, Mittel- und höheren Mädchenschulen befähigt, hat vom Oktober 1888 bis Oktober 1891 an dem dreijährigen Fortbildungskursus des Viktoria-Lyceums (Abtheilung Geschichte) mit stetigem Fleiße und gewissenhafter Arbeit theilgenommen.

Sie hat sich in dieser Zeit neben einer angemessenen Uebersicht über den Wissensstoff die wissenschaftliche Methode der Quellenbehandlung angeeignet und in der schriftlichen Prüfungsarbeit über
sicheres Urtheil und umfassende Kenntnisse in dem einschlägigen Gebiete dargelegt. Auf Grund dieser Erfolge und der am 23. September 1891 vor dem Königlichen Kommissare Herrn Wirklichen Geheimen Ober-Regierungsrath Dr. Schneider bestandenen mündlichen Prüfung wird Fräulein N. N. hiermit bezeugt, daß sie zu einem auf wissenschaftlicher Grundlage ruhenden Unterrichte (namentlich der Geschichte) in den oberen Klassen höherer Mädchenschulen besonders befähigt ist."

Folgen die Unterschriften des betreffenden Lehrers, der Direktorin des Viktoria-Lyceums und des Königlichen Kommissares.

Entsprechend der Verschiedenheit des Gegenstandes weicht bei gleichem Schema des Einganges und Schlusses die Fassung des Diplomes von dem obigen ab, vor allem in dem mittleren Passus insofern, als hier „neben einer Uebersicht über die deutsche Litteratur sowie der zum Studium älterer Litteraturwerke erforderlichen Kenntnis von der Entwickelung der deutschen Sprache die Aneignung der historischen Methode zur Erklärung neuerer deutscher Dichterwerke" verbürgt wird.

Die Ertheilung der ausgefertigten Diplome erfolgte am Sonntag, den 24. Januar 1892 in den Räumen des Viktoria-Lyceums durch Herrn Wirklichen Geheimen Ober-Regierungsrath Dr. Schneider, nachdem derselbe zuvor in einer kurzen Ansprache die geprüften Schülerinnen beglückwünscht und für die praktische Verwerthung der erreichten Erfolge beherzigenswerthe Wünsche ausgesprochen hatte.

Der Minister der geistlichen 2c. Angelegenheiten.
Im Auftrage: Kügler.

U. III. C. 8881.

---

164) Festsetzung des pensionsfähigen Diensteinkommens der Lehrer und Lehrerinnen an den öffentlichen Volksschulen.

Berlin, den 24. Oktober 1892.

Durch den Rund-Erlaß vom 24. November 1886 — M. d. g. A. — U. IIIb. Nr. 7280. 2. Ang., Fin. Min. I. Nr. 16115 —

(Centralbl. für 1887 S. 383) ist unter Abänderung der Vorschrift des Absatzes 2 Ziffer 9 der Anweisung vom 2. März 1886 — M. d. g. A. — U. IIIb. 5167, Fin. Min. I. Nr. 813 — (Centralbl. für 1886 S. 387) — zur Ausführung des Lehrerpensionsgesetzes vom 6. Juli 1885 in Betreff der Festsetzung des pensionsanrechnungsfähigen Diensteinkommens der Lehrer und Lehrerinnen an den öffentlichen Volksschulen bestimmt worden, daß bezüglich der damals bereits festangestellten Lehrer von der angeordneten Festsetzung des Diensteinkommens, soweit sie seither noch nicht erfolgt sei, so lange Abstand genommen werden könne, als nicht seitens der zur Aufbringung des Diensteinkommens der Lehrer Verpflichteten oder seitens der Lehrer selbst besondere, auf Festsetzung des pensionsfähigen Diensteinkommens gerichtete Anträge bei der Königlichen Regierung gestellt werden.

Aus vielfachen Beschwerden ist zu ersehen, daß die in dem Erlasse vom 2. März 1886 vorgesehene Feststellung in sehr weitem Umfange unterlassen worden ist.

Unter Aufhebung des oben gedachten Rund-Erlasses vom 24. November 1886 bestimmen wir daher, daß fortan die Vorschriften unter Ziffer 9 Abs. 1 und 2 der Anweisung vom 2. März 1886, sowie des Rund-Erlasses vom 24. November 1886 — M. d. g. A. — U. IIIb. Nr. 7280 I. Ang., Fin. Min. I. Nr. 16115 — (Centralbl. für 1887 S. 384) bei jeder sich darbietenden Gelegenheit, insbesondere bei Besoldungsregulirungen zur Ausführung kommen und die Festsetzung des Diensteinkommens auch bezüglich der bereits angestellten Lehrer und Lehrerinnen, soweit es seither noch nicht geschehen, thunlichst bald, spätestens aber in 3 Jahren überall bewirkt wird.

An
sämmtliche Königliche Regierungen.

Abschrift erhält das Königliche Provinzial-Schulkollegium zur Kenntnisnahme und gleichmäßigen Beachtung.

Der Finanzminister.
In Vertretung: Meinecke.

Der Minister der geistlichen 2c.
Angelegenheiten.
Im Auftrage: Kügler.

An
das Königliche Provinzial-Schulkollegium hier.
Fin. Min. I. 14987.
Min. d. g. A. U. III. B. 2766.

165) Beurlaubung von Elementarlehrern.

Berlin, den 23. November 1892.

Auf den Bericht vom 21. Oktober d. Js. will ich die Königliche Regierung ermächtigen, dem Lehrer N. zu N. die Zeit vom 29. September 1886 bis zum 14. August 1887, während welcher er von der Königlichen Regierung zur Beschäftigung an der katholischen Privatschule zu N. beurlaubt war, bei Bemessung der staatlichen Dienstalterszulage anzurechnen.

Ich mache hierbei die Königliche Regierung unter Bezugnahme auf den Erlaß vom 5. Dezember 1868 — U. 31041 — (Centralbl. für 1868 S. 777) darauf aufmerksam, daß sie nicht befugt ist, einen Lehrer für eine längere Zeit als 6 Monate zu beurlauben, ohne vorher die diesseitige Genehmigung hierzu eingeholt zu haben.

Dies wolle die Königliche Regierung für die Zukunft beachten.

An
die Königliche Regierung zu N.

Abschrift erhält die Königliche Regierung zur Kenntnis und Nachachtung.

Der Minister der geistlichen ꝛc. Angelegenheiten.
Im Auftrage: Kügler.

An
die übrigen Königlichen Regierungen.
U. III. E. 5247.

---

166) Gegenseitige Anerkennung der in Preußen und Sachsen-Coburg-Gotha erlangten Befähigungszeugnisse für Sprachlehrerinnen.

Berlin, den 26. November 1892.

Mit dem Herzoglich Sächsischen Staatsministerium zu Gotha habe ich ein Uebereinkommen dahin getroffen, daß die im Königreiche Preußen auf Grund der Prüfungsordnung für Lehrerinnen der französischen und der englischen Sprache vom 5. August 1887 ausgestellten Befähigungszeugnisse auch in den Herzogthümern Sachsen-Coburg und -Gotha als gültig anerkannt, somit deren Inhaberinnen zum Unterrichte in der einen oder in den beiden fremden Sprachen an Mädchenschulen dieser Herzogthümer zugelassen werden, wogegen denjenigen Bewerberinnen, welche die Sprachlehrerinnen-Prüfung auf Grund der von dem Herzoglich Sächsischen Staatsministerium in Gotha erlassenen Prüfungsordnung vom 28. Oktober 1892 abgelegt haben, die Berechtigung zum Unterrichte in der englischen oder französischen Sprache bezw. in den beiden Sprachen an mittleren und höheren Mädchenschulen des Königreiches Preußen zuerkannt wird.

Die Königliche Regierung setze ich hiervon zur Beachtung und weiteren Veranlassung in Kenntnis.

An
sämmtliche Königliche Regierungen.

Abschrift erhält das Königliche Provinzial-Schulkollegium zur Beachtung und weiteren Veranlassung.

Der Minister der geistlichen rc. Angelegenheiten.
Bosse.

An
sämmtliche Königliche Provinzial-Schulkollegien.
U. III. C. 3955.

---

167) Bestimmungen, betreffend die Abhaltung von Kursen bei der Universität zu Halle a. S. zur Ausbildung von Turnlehrern.

1) Die Kurse zur Ausbildung von Turnlehrern in Halle a. S. stehen unter unmittelbarer Aufsicht des Universitäts-Kurators; sie beginnen Mitte Oktober und währen bis zum Schlusse des Winterhalbjahres.

2) Die Theilnehmer verpflichten sich zu regelmäßigem Besuche aller Lehr- und Uebungsstunden, zu gewissenhafter Beachtung der behufs Aufrechthaltung der Ordnung in den Kursen von dem Universitäts-Kurator getroffenen Anordnungen und zur Ablegung der nächsten in Halle a. S. abzuhaltenden Turnlehrerprüfung (Prüfungs-Ordnung vom 24. April 1891).

3) Zur Theilnahme werden zugelassen (§. 2 der Prüfungs-Ordnung):

a. Bewerber, welche bereits die Befähigung zur Ertheilung von Schulunterricht vorschriftsmäßig erworben haben,
b. Studirende nach vollendetem vierten Semester.

Die Gesammtzahl der Theilnehmer darf aber ohne besondere Erlaubnis des Ministers der geistlichen rc. Angelegenheiten über 35 nicht hinausgehen.

4) Mit der Anmeldung, welche bis zum 1. September an den Universitäts-Kurator zu richten ist, sind von den Bewerbern vorzulegen:

a. ein Lebenslauf,
b. ein ärztliches Zeugnis darüber, daß der Körperzustand

und die Gesundheit des Bewerbers dessen Ausbildung zum Turnlehrer gestatten,

c. von solchen, welche bereits eine Prüfung für das Lehramt bestanden haben, ein Zeugnis über diese Prüfung und ein Zeugnis über die seitherige Wirksamkeit als Lehrer oder in dessen Ermangelung ein amtliches Führungszeugnis; von Studirenden der Nachweis, daß sie das vierte Semester zurückgelegt haben.

5) Die Aufnahme in den Kursus darf nur dann erfolgen, wenn, abgesehen davon, daß sonstige Gründe zur Abweisung nicht vorliegen,

a. der Gesundheitszustand des Bewerbers, hinsichtlich dessen unter Umständen noch eine besondere Untersuchung durch den zu den Lehrern des Kursus gehörenden Arzt vorzunehmen ist, zu keinerlei Bedenken Anlaß giebt, und.

b. durch eine besondere Prüfung, bei welcher dreimaliges Armbeugen und -strecken am Reck und Barren, Felgaufschwung am Reck, Sprung über den brusthohen Bock und Hangeln im Beugehang am Doppeltau bis zur Mitte Mindestforderungen sind, das erforderliche Maß körperlicher Kraft und turnerischer Vorbildung nachgewiesen wird.

6) Der Unterricht in dem Kursus ist unentgeltlich. Er umfaßt theoretische Unterweisung und praktische Uebungen der Theilnehmer und erfolgt in wöchentlich etwa 18 Stunden, von denen in der Regel ein Drittel auf die Vorlesungen über Geschichte und Methodik des Turnens nebst Geräthkunde und über den Bau und die Lebensäußerungen des menschlichen Körpers nebst den beim Turnen zu beachtenden Gesundheitsregeln und den ersten Hilfsleistungen bei vorkommenden Unfällen (Prüfungs-Ordnung §. 7 nebst Anlage), zwei Drittel aber auf die Gewinnung eigener körperlicher Fertigkeit auf dem Gebiete des Schulturnens und auf Uebungen im Ertheilen von Turnunterricht, in der Leitung von Turnspielen 2c. (Prüfungs-Ordnung §. 8) entfallen.

Hinsichtlich der Turnsprache und der Befehlsformen für die Uebungen sind durchweg die von der Centralstelle ausgehenden amtlichen Veröffentlichungen maßgebend.

7) Solchen, dem Preußischen Staatsverbande angehörenden Theilnehmern am Kursus, welche bereits eine Prüfung für das Lehramt bestanden haben, können in besonderen Fällen aus Centralfonds mäßige Beihilfen gewährt werden, jedoch lediglich für den Unterhalt in Halle a. S., nicht aber zu den Kosten der Hin- und Rückreise, der Vertretung im Amte, des Unterhaltes der zurückbleibenden Familie oder dergleichen. Darauf bezügliche begründete Gesuche sind vor Beginn des Kursus durch Ver-

mittelung des Universitäts-Kurators bis spätestens zum 1. Oktob hier vorzulegen; die gewährten Beihilfen werden in monatlich Theilbeträgen nachträglich gezahlt. Unterstützungsgesuche währei des Kursus sind nur dann zulässig, wenn das in Folge unvo hergesehener Zwischenfälle eingetretene Bedürfnis einer auße ordentlichen Beihilfe zweifellos nachgewiesen wird.

Berlin, den 9. Juli 1892.

Der Minister der geistlichen ꝛc. Angelegenheiten.
In Vertretung: von Weyrauch.

Verhaltungsmaßregeln für die Theilnehmer an dei Kursus zur Ausbildung von Turnlehrern an der Uni versität zu Halle a. S.

Die Theilnehmer an dem Kursus zur Ausbildung von Turn lehrern an der Universität zu Halle haben bei Beginn der zi Anfang des Kursus ein- für allemal festzusetzenden Stunden sic pünktlich und, soweit es sich um die praktischen Uebungen handelt, in turnfertiger Kleidung zum Unterricht einzufinden.

Etwaige Behinderung ist dem Leiter des Unterrichtes und dem betreffenden Lehrer unter Angabe des Hinderungsgrundes sofort anzuzeigen.

Jeder Theilnehmer hat die Turngeräthe möglichst zu schonen und sich wegen Aufrechterhaltung der Ordnung in den Unter- richtsräumen den Anordnungen des Leiters des Unterrichtes und der Lehrer unweigerlich zu fügen.

Bei Fällen ungerechtfertigten Ausbleibens vom Unterrichte, unzureichender Anstrengung, ungebührlichen Betragens ꝛc. kann auf Antrag des Leiters des Unterrichtes die sofortige Aus- schließung vom Kursus erfolgen.

Halle a. S., den 15. Juli 1892.

Der Kurator der Universität.
Schrader, Geheimer Ober-Regierungsrath.

E. Oeffentliches Volksschulwesen.

168) Verfahren bei der Anmeldung taubstummer Kinder zur Aufnahme in eine Taubstummenanstalt.

Berlin, den 13. Mai 1892

Ew. Excellenz theile ich anliegend Abschrift der von der Regierung zu Liegnitz an die Landräthe ꝛc. des Bezirks gerichteten rfügung vom 19. April d. Js., betreffend das Verfahren bei r Anmeldung taubstummer Kinder zur Aufnahme in eine Taubmmenanstalt, zur gefälligen Kenntnisnahme mit dem Ersuchen nz ergebenst mit, den Erlaß einer gleichen Anordnung seitens r Regierungen der dortigen Provinz gefälligst in Erwägung zu hmen.

Der Minister der geistlichen rc. Angelegenheiten.
Im Auftrage: Kügler.

An
amtliche Königliche Ober-Präsidenten.
U. III. A. 1445.

Liegnitz, den 19. April 1892.

Auf Anordnung des Herrn Ober-Präsidenten der Provinz chlesien vom 2. April d. Js. (J. N. O. P. I. 10321/91) ist nftig das Verfahren bei der Anmeldung taubstummer Kinder r Aufnahme in eine Taubstummenanstalt nach folgenden Grundzen zu regeln:

1) Die Ortsvorstände sind anzuhalten, in die von ihnen aufstellenden Nachweisungen der in das schulpflichtige Alter eintenden und der zuziehenden schulpflichtigen Kinder auch die ubstummen Kinder aufzunehmen.

2) Die Lehrer haben die Richtigkeit dieser Nachweisungen züglich der taubstummen Kinder thunlichst zu prüfen und som ein Verzeichnis sowohl der in das schulpflichtige Alter neu igetretenen und zugezogenen, als auch der sonst noch in ihrem chulbezirke vorhandenen, im schulpflichtigen Alter befindlichen, er in eine Taubstummenanstalt noch nicht aufgenommenen taubmmen Kinder alljährlich bis zu einem bestimmten Termine rch Vermittelung des Lokal-Schulinspektors dem Kreis-Schulspektor einzureichen.

Bei den über 8 Jahre alten taubstummen Kindern ist hieri näher anzugeben, aus welchem Grunde dieselben in eine Taubmmenanstalt noch nicht aufgenommen sind.

3) Die Kreis-Schulinspektoren reichen die gesammelten Verichnisse bis zu einem bestimmten Termine dem Landrathe und den Stadtkreisen dem Magistrate, die Landräthe und bezw. die lagisträte reichen dieselben der Königlichen Regierung zur weiteren littheilung an den betreffenden Verein für den Unterricht und e Erziehung Taubstummer ein, welche Vereine sich sodann durch ermittelung der Landräthe und bezw. der Magisträte mit den ltern oder Vormündern der taubstummen Kinder wegen Aufihme der letzteren in eine Taubstummenanstalt in Verbindung tzen werden.

4) Wenn taubstumme, im schulpflichtigen Alter befindl. Kinder aus einem Schulbezirke in einen anderen verziehen, sind dieselben von dem Lehrer des Abzugsortes dem Lehrer d Anzugsortes zur weiteren Kontrole zu überweisen.

Liegt der Anzugsort in einem anderen Kreise, so sind d Landrathe dieses Kreises auch die über das betreffende Kind e bereits vorhandenen Akten von dem Landrathe des Abzugskre zu übersenden.

5) Sämmtliche betheiligte Behörden, insbesondere die Lan räthe und in den Stadtkreisen die Magisträte sind verpflich thunlichst darauf hinzuwirken, daß die bildungsfähigen tau stummen Kinder rechtzeitig, d. h. alsbald nach vollend 8. Lebensjahre einer Taubstummenanstalt überwiesen werden.

Indem wir Vorstehendes zur Kenntnis und Nachachtu bringen, ersuchen wir unter gleichzeitiger Aufhebung der Circul Verfügung vom 29. Oktober 1887 (II. Nr. 10198 VII.) ergebe

a. die Herren Landräthe, sowie die Magisträte zu Gör und Liegnitz um gefällige Veranlassung des Erforde lichen, damit die Aufnahme der taubstummen Kinder die betreffenden Nachweisungen seitens der Ortsvor ordnungsmäßig erfolgt,

b. die Herren Orts-Schulinspektoren, daß sie das von d Lehrern angefertigte und nach seiner Richtigkeit vo geprüfte Verzeichnis der taubstummen Kinder alsbald d Herren Kreis-Schulinspektoren vorlegen, die letzteren a ihrerseits den Herren Landräthen, sowie den Magisträ zu Görlitz und Liegnitz zur Weiterbeförderung an uns zuschi

Die Erledigung dieser Angelegenheit ist derartig zu förde daß die fraglichen Nachweisungen den Herren Kreis-Schulinsp toren zum 1. Juni, den Herren Landräthen bezw. den Magisträ zum 1. Juli und uns zum 1. August jedes Jahres spätestens zugeh

Wir dürfen vertrauensvoll erwarten, daß die behördlic Instanzen sich angelegen sein lassen werden, dafür zu sorg daß taubstumme Kinder, welche das 8. Lebensjahr zurückgel haben und genügend entwickelt und bildungsfähig sind, währ des schulpflichtigen Alters an einem innerhalb der Provinz legenen Orte, an welchem sich eine Taubstummenanstalt befind untergebracht werden.

Königliche Regierung,
Abtheilung für Kirchen- und Schulwesen.
von Dallwitz.

An
sämmtliche Herren Landräthe, Kreis- und Orts-Schul-inspektoren des Liegnitzer Regierungsbezirks, sowie die Magisträte zu Görlitz und Liegnitz.

II. 5043. VII.

69) Verwaltung und Verwendungskontrole der staatlichen Beihilfen zur Unterhaltung höherer Mädchenschulen.

Berlin, den 7. Juli 1892.

Dem Königlichen Provinzial-Schulkollegium übersende ich Abschrift der neuerdings getroffenen Anweisung über die Verwaltung und Verwendungskontrole der staatlichen Beihilfen zur Unterhaltung höherer Mädchenschulen Kapitel 121 Titel 31a. und 31b. zur Kenntnisnahme.

Der Minister der geistlichen ꝛc. Angelegenheiten.
In Vertretung: von Weyrauch.

An
sämmtliche Königliche Provinzial-Schulkollegien
mit Ausnahme von N.
U. III. C. 1380. 2. Ang.

Berlin, den 7. Juli 1892.

Wie der Königlichen Regierung bereits durch den Erlaß vom 21. April d. Js. — U. III. C. 1456 — bekannt gegeben worden ist, sind im Staatshaushalts-Etat für 1. April 1892/93 die früheren Titel 9 und 9a. des Kapitels 120 „zu Zuschüssen zur Unterhaltung höherer Mädchenschulen“ auf Kapitel 121 Titel 31a. und Titel 31b. übertragen. Gleichzeitig ist in der Textbezeichnung der Titel das Wort „Zuschüsse“ durch „Beihilfen“ ersetzt worden, so daß die Titel nunmehr lauten:

Titel 31a. zu Beihilfen zur Unterhaltung höherer Mädchenschulen 90 000 ℳ.

Titel 31b. zur Ergänzung des Fonds Tit. 31a. behufs besonderer Förderung des deutschen höheren Mädchenschulwesens in den Provinzen Westpreußen und Posen, sowie im Regierungsbezirk Oppeln 80 000 ℳ.

Im Anschluß an die Aenderung in der Textbezeichnung der Titel bestimme ich im Einverständnis mit dem Herrn Finanzminister für die Verwaltung der beiden Fonds Folgendes:

A. Beihilfen an private höhere Mädchenschulen:

Die Bewilligung der Beihilfen erfolgt in jedem einzelnen Falle von der Centralstelle aus und auf einen Zeitraum von längstens 3 Jahren sowie unter Ausschluß einer diesbezüglichen privatrechtlichen Verpflichtung der Staatskasse. Den Anträgen, gleichviel ob sie auf Neubewilligung oder auf Weiterbewilligung bezw. auf Erhöhung der Beihilfen gerichtet sind, ist ein Voranschlag der Einnahmen und Ausgaben der zu subventionirenden Anstalt beizufügen. Die Bewilligung erfolgt und ist dem Anstaltsleiter gegenüber auszusprechen unter der Voraussetzung und mit dem Vorbehalte

1) daß die etwaigen besonderen Bewilligungs-Bedingungen seitens des Anstaltsleiters eingehalten werden,

2) daß die Verwaltung der Anstalt nach Maßgabe des Voranschlages und der von der Aufsichtsbehörde verlangten Aenderungen erfolgt, sowie daß der Aufsichtsbehörde auf Verlangen die von dem Anstaltsleiter als richtig zu bescheinigende Jahresrechnung der Anstalt vorgelegt wird,

3) daß die Beihilfe zurückgezogen werden kann, wenn einer dieser Voraussetzungen nicht binnen einer von der Aufsichtsbehörde zu bestimmenden Frist genügt wird.

Ersparnisse an den Staatsbeihilfen werden nicht an die allgemeinen Staatsfonds abgeführt, sondern verbleiben dem Anstaltsleiter. Die Kontrole über die Verwendung der Beihilfen erfolgt durch Revisionen der Anstalt, bei denen der Revisor zu prüfen hat, ob die bei der Bewilligung der Beihilfe gestellten besonderen Bedingungen und die allgemeinen Voraussetzungen erfüllt sind, unter denen die Beihilfe gewährt ist. Zu dem gleichen Zwecke hat die Aufsichtsbehörde in geeigneten Fällen die Jahresrechnung der Anstalt einzufordern und zu prüfen. Eine solche Prüfung muß mindestens einmal in jeder Etatsperiode stattfinden, wenn die Bewilligung die Summe von 1500 ℳ jährlich erreicht. Bei Anträgen auf Weiterbewilligung von Staatsbeihilfen ist über das Ergebnis der Revisionen und Prüfungen zu berichten.

B. Beihilfen an kommunale höhere Mädchenschulen.

1) Die Bewilligung der Beihilfen erfolgt in jedem einzelnen Falle von der Centralstelle aus und auf einen Zeitraum von längstens 3 Jahren sowie unter Ausschluß einer diesbezüglichen privatrechtlichen Verpflichtung der Staatskasse. Den Anträgen, gleichviel ob sie auf Neubewilligung oder auf Weiterbewilligung bezw. auf Erhöhung der Beihilfen gerichtet sind, ist ein Voranschlag der Einnahmen und Ausgaben der zu subventionirenden Anstalt sowie eine gutachtliche Aeußerung Ihrer Finanzabtheilung über die Leistungsfähigkeit der betreffenden Gemeinde beizufügen.

2) Die Bewilligung der Beihilfen erfolgt unter der Voraussetzung und mit dem Vorbehalte

a. daß die etwaigen besonderen Bewilligungsbedingungen seitens der zur Unterhaltung der Anstalt Verpflichteten eingehalten werden,

b. daß nach Maßgabe der für die höheren Unterrichtsanstalten geltenden Normen und unter Beachtung der für den einzelnen Fall vorgeschriebenen Bedingungen ein Etat aufgestellt und in Abschrift der Aufsichtsbehörde eingereicht sowie daß auf Verlangen der Aufsichtsbehörde die Jahresrechnung nebst Belägen vorgelegt wird,

c. daß von den zur Unterhaltung der Anstalt Verpflichteten mindestens die etatsmäßigen Beihilfen der letzteren zum vollen Betrage in die Anstaltskasse eingezahlt werden und derselben verbleiben,

d. daß nach den Festsetzungen der Aufsichtsbehörde die erforderliche Zahl hinreichend befähigter und hinreichend besoldeter Lehrer gehalten, die Schullokale nach den maßgebenden Vorschriften eingerichtet und die nothwendigen Lehrmittel beschafft werden,

e. daß die Beihilfe zurückgezogen werden kann, wenn einer dieser Voraussetzungen nicht binnen einer von der Aufsichtsbehörde zu bestimmenden Frist genügt wird.

3) Ersparnisse an den Staatsbeihilfen werden nicht an die allgemeinen Staatsfonds abgeführt, sondern verbleiben den Anstaltskassen und dürfen ebenso wie die Ersparnisse an den etatsmäßigen Beihilfen der zur Unterhaltung der Anstalt Verpflichteten zu einmaligen oder dauernden Ausgaben im Interesse der Anstalt verwendet werden. Einer Genehmigung der Schulaufsichtsbehörde zu diesen Verwendungen bedarf es nicht.

4) Die Kontrole über die Verwendung der Staatsbeihilfen erfolgt durch Revisionen im Auftrage der zuständigen Aufsichtsbehörde, bei denen der Revisor zu prüfen hat, ob die bei Bewilligung der Staatsbeihilfe gestellten Bedingungen erfüllt sind. Außerdem hat die Aufsichtsbehörde in geeigneten Fällen die Anstaltsrechnung nebst Belägen einzufordern und dieselbe, ohne in die Details der Verwaltung einzugehen, dahin zu prüfen, daß die Verwaltung der Anstaltskasse nicht im Widerspruche mit den den Etatsfestsetzungen zu Grunde liegenden Absichten geschieht und daß die an die Bewilligung der Staatsbeihilfe geknüpften Bedingungen erfüllt sind. Eine solche Prüfung der Anstaltsrechnungen muß mindestens einmal in jeder Etatsperiode stattfinden, wenn die Bewilligung die Summe von 1500 ℳ jährlich erreicht.

Bei Anträgen auf Fortbewilligung von Staatsbeihilfen ist über das Ergebnis der Revisionen und Prüfungen zu berichten.

Die vorstehenden Grundsätze sind im Wege der Verhandlung mit den Betheiligten auch auf die z. Z. bereits bewilligten Beihilfen bezw. Zuschüsse zu übertragen. Sofern sich dabei Schwierigkeiten ergeben sollten, ist in jedem einzelnen Falle an mich zu berichten.

Der Minister der geistlichen 2c. Angelegenheiten.
In Vertretung: von Weyrauch.

An
sämmtliche Königliche Regierungen.
U. III. C. 1880. 2. Ang.

170) Befugnis der Schulaufsichtsbehörden zur Erhöhung der Gehälter der Lehrer und Lehrerinnen an Mittel- und höheren Mädchenschulen.

Berlin, den 23. Juli 1892.

Auf den Bericht vom 5. Juli d. J. erwidere ich dem ꝛc., daß ich nach den neuerlich vom Königlichen Oberverwaltungsgerichte ausgesprochenen Grundsätzen Bedenken trage, die Erhöhung der Gehälter der Lehrer und Lehrerinnen der Mittel- und höheren Mädchenschulen zu N. auf dem angegebenen Wege zur Durchführung zu bringen. Das ꝛc. veranlasse ich daher, die Rücknahme der Zwangsetatisirung herbeizuführen. Ich verkenne aber nicht, daß die Gehälter der Lehrer ꝛc. an der dortigen Mittel- und höheren Mädchenschule ꝛc. nicht so bemessen sind, wie es das Interesse der Schule und des Unterrichtswesens erfordert, und es fragt sich daher, ob nicht der von dem Königlichen Oberverwaltungsgerichte in ähnlichen Fällen gewiesene Weg dahin zu beschreiten ist, daß die Unterrichts-Verwaltung mangels angemessener Regelung der Besoldungen ihre Genehmigung zur Fortführung der Mittelschule zurücknimmt bezw. dieselbe im Schulaufsichtswegen schließt.

Bevor ich mich über eine dahin gehende Anordnung definitiv schlüssig mache, sehe ich dem Berichte des ꝛc. darüber entgegen, ob die Gehaltsverbesserung der Lehrer ꝛc. an der Mittelschule insoweit dringlich ist, daß das äußerste Mittel einer Androhung der Schließung der Schule zur Beseitigung des Widerstandes der städtischen Behörden angezeigt erscheint.

Der Minister der geistlichen ꝛc. Angelegenheiten.
In Vertretung: von Weyrauch.

An das ꝛc.
U. III. E. 8701. U. III. D.

171) Rechnungsmäßiger Nachweis der staatlichen Dienstalterszulagen für Lehrer und Lehrerinnen an öffentlichen Volksschulen.

Berlin, den 2. August 1892.

Auf Grund der Vorschriften in Nr. 1 u. 2 des Runderlasses vom 28. Juni 1890 — U. III. a. 18417 — (Centralbl. f. 1890, S. 614 ff.) erhalten Lehrer und Lehrerinnen, welche in Orten mit 10 000 oder weniger Einwohnern an öffentlichen Volksschulen dauernd angestellt sind, sofern sie nicht ein reichliches Stelleneinkommen beziehen, nach Vollendung von 10 Dienstjahren eine Dienstalterszulage, welche nach vollendetem 10. Dienstjahre

a. für Lehrer 100 ℳ,

b. für Lehrerinnen 70 ℳ

jährlich beträgt und von 5 zu 5 Jahren

a. für Lehrer um je 100 ℳ bis zum Höchstbetrage von 500 ℳ,

b. für Lehrerinnen um je 70 ℳ bis zum Höchstbetrage von 350 ℳ

jährlich steigt.

Nach Nr. 3 der genannten Vorschriften darf bei Berechnung des Dienstalters nur diejenige Zeit in Ansatz kommen, während welcher ein Lehrer (eine Lehrerin) sich wirklich im öffentlichen Schuldienste in Preußen befunden oder nach der Anstellung im öffentlichen Schuldienste im aktiven Militärdienste eines deutschen Bundesstaates gestanden hat. Die Dienstzeit aber ist vom Tage der ersten eidlichen Verpflichtung für den öffentlichen Schuldienst bezw. des Eintrittes in denselben anzurechnen.

Da die Revision der Rechnungen von der geistlichen und Unterrichts-Verwaltung auch auf die Beachtung der angezogenen Vorschriften zu richten ist, weise ich im Einvernehmen mit der Königlichen Ober-Rechnungs-Kammer die Königliche Regierung (das Königliche Provinzial-Schulkollegium) an, fortan in die Verfügungen über die Bewilligung neuer oder die Erhöhung bereits bewilligter Dienstalterszulagen für Volksschullehrer und Lehrerinnen die erforderlichen Angaben:

über den Tag der ersten eidlichen Verpflichtung des betreffenden Lehrers (der Lehrerin) für den öffentlichen Schuldienst bezw. den Eintritt in den letzteren, über eine etwaige Unterbrechung dieses Dienstes, soweit dieselbe nicht durch aktiven Militärdienst in einem deutschen Bundesstaate erfolgt ist, sowie bei Städten über die Einwohnerzahl des betreffenden Schulortes

in die den Kassen zu ertheilenden Anweisungen aufzunehmen und bezw. für die Zeit vom 1. April 1891 ab nachzuholen.

Die Erlasse vom 6. Oktober 1891 — U. III. B. 3251 —, vom 22. Juni 1891 — U. III. E. 1356 — und vom 21. Juli 1891 — U. III. E. 3517 — (Centralbl. f. 1891, S. 710 bezw. 649 und 661), betreffend den Begriff des öffentlichen Schuldienstes bezw. den Tag des Eintrittes in den öffentlichen Schuldienst bezw. die für die Einwohnerzahl eines Ortes maßgebende Feststellung, sind bei diesen Angaben entsprechend zu berücksichtigen. Im Anschlusse hieran bemerke ich noch Folgendes:

Durch Erlaß vom 7. März 1891 — G. III. 2051. U. III. A. [I. Ang.] U. III. E. 378 — ist der Königlichen Regierung (dem Königlichen Provinzial-Schulkollegium) ein Exemplar des nach Einvernehmen mit der Königlichen Ober-Rechnungs-Kammer abgeänderten Formulars zur speciellen Verrechnung der Zahlungen aus den Fonds: „Zu Beihilfen an Schulverbände wegen Unvermögens für das Stelleneinkommen der Lehrer und Lehrerinnen“ sowie „zu Dienstalterszulagen, sonstigen persönlichen Zulagen und Unterstützungen für Lehrer und Lehrerinnen“ (Kap. 121 Tit. 34 und 35 des Staatshaushaltsetats für 1890/91) übersandt.

Nachdem in dem Staatshaushaltsetat für 1892/93 eine Trennung des Fonds Kapitel 121 Titel 35 in einen Fonds zu Dienstalterszulagen für Volksschullehrer und Lehrerinnen Titel 35 und zu persönlichen Zulagen und Unterstützungen für Elementarlehrer Titel 35a. stattgefunden hat, ist die Titelbezeichnung in der Ueberschrift der Spalten 24—30 und bezw. 32—35 entsprechend abzuändern.

Außerdem bestimme ich im Einvernehmen mit der Königlichen Ober-Rechnungs-Kammer, daß zwischen den Spalten 16 und 17 des Formulars eine neue Spalte eingefügt werde, welche im Kopfe des Formulars mit den Worten:

„Tag der ersten eidlichen Verpflichtung für den öffentlichen Schuldienst bezw. des Eintrittes in denselben“

auszufüllen und in welche der Tag der ersten eidlichen Verpflichtung der seit dem 1. April 1891 auf Grund des Runderlasses vom 28. Juni 1890 mit Dienstalterszulagen neu bedachten Elementar-Lehrer und Lehrerinnen für den öffentlichen Schuldienst bezw. der Tag des Eintrittes in den letzteren einzutragen ist.

Bis zum vollständigen Verbrauche eines etwaigen Vorrathes an Formularen der durch Erlaß vom 7. März 1891 vorgeschriebenen Art ist nichts dagegen zu erinnern, wenn die Angaben für die vorstehend in Anregung gebrachte neue Rechnungsspalte unter „Bemerkungen“ mit rother Dinte erfolgen.

An
sämmtliche Königliche Regierungen und das Königliche Provinzial-Schulkollegium hier.

Abschrift erhält das Königliche Provinzial-Schulkollegium zur Kenntnisnahme mit Bezug auf die den seminarisch gebildeten Lehrern der nichtstaatlichen höheren Unterrichtsanstalten zu gewährenden Gehaltssätze.

Der Minister der geistlichen 2c. Angelegenheiten.
In Vertretung: von Weyrauch.

An
sämmtliche Königliche Provinzial-Schulkollegien.
U. III. E. 2098. U. II.

2) Gewährung von Beihilfen zu Elementarschul- :uten aus den den Kreisverbänden auf Grund des esetzes vom 14. Mai 1885 (G. S. S. 128) aus den Zoll- erträgen überwiesenen Mitteln.

(Centralbl. für 1891 S. 417 und 647.)

Berlin, den 6. August 1892.

Die beträchtliche Steigerung, welche die auf Grund des Ge- zes vom 14. Mai 1885 den Kommunalverbänden zu über- :isenden Zollüberschüsse erfahren haben, wird eine größere ahl dieser Verbände in die Lage setzen, Verwendungen über : Bestimmung des Abs. 1 des §. 4 des cit. Gesetzes hinaus itreten zu lassen. Nach den Zusammenstellungen über die seit- rige Art dieser Verwendungen ist dabei von den Kommunal- rbänden nur in ganz geringfügiger Weise das Bedürfnis der chulverbände berücksichtigt worden, obwohl diese Verbände imentlich bei dem Auftreten außerordentlicher baulicher Aus- iben vorzugsweise einer Unterstützung bedürftig sind. Wenn m manchen Kommunalverbänden die Gewährung von Unter- itzungen zu Volksschulbauten mit der Begründung abgelehnt orden ist, daß eine derartige vorzugsweise Berücksichtigung nzelner Verbände dem Sinne des Gesetzes vom 14. Mai 1885 iderspreche, so ist dies, wie eine Vergleichung der Absätze 2 id 3 des cit. §. 4 zeigt, in keiner Weise zutreffend; vielmehr ! durch den Absatz 2 l. c. gerade auf die vorzugsweise Be- icksichtigung einzelner bedürftiger Schulverbände und Gemeinden : erster Linie hingewiesen. Wird dabei in Betracht gezogen, ie besonders drückend gerade die Schulbaulast die kleineren ;chulverbände trifft und daß die Unzulänglichkeit der hiefür ver- igbaren Mittel bereits ernste Nothstände auf dem Gebiete der 'olksschule gezeitigt hat, so werden die Kommunalverbände sich er Erkenntnis nicht entziehen können, daß für sie in erster Reihe ie Pflicht besteht, aus den reichen, ihnen durch das Gesetz vom 4. Mai 1885 zufließenden Summen Mittel zur Unterstützung nvermögender Schulverbände bei Volksschulbauten bereit zu ellen.

Wir weisen dabei darauf hin, daß bei der schwankenden Höhe der Zollüberweisungen dieselben sich gerade für derartige inmalige Verpflichtungen für die Zukunft nicht begründende Zu- oendungen eignen.

Ew. Hochwohlgeboren ersuchen wir ergebenst, diese Gesichts- unkte den Kommunalverbänden gegenüber zur Geltung zu ringen und Ihre Einwirkung dahin eintreten zu lassen, daß die Kommunalverbände bei der Beschlußfassung über die Verwendung er Zollüberweisungen die Gewährung von Unterstützungen an unvermögende Schulverbände bei Volksschulbauten in einem de Bedürfnisse entsprechenden Umfange eintreten lassen.

Ueber das Ergebnis Ihrer Bemühungen sehen wir bis zu 1. Dezember d. Js. einem gefälligen Berichte ergebenst entgegε

An
sämmtliche Herren Regierungs-Präsidenten.

Abschrift theilen wir Ew. Excellenz unter dem ganz ε gebensten Ersuchen mit, auch Ihrerseits im Sinne des vorstehe den Erlasses auf die Kommunalverbände einzuwirken.

Der Minister des Innern.	Der Finanzminister.	Der Minister der geistlichen 2c. Angele
Herrfurth.	Miquel.	Bosse.

An
sämmtliche Herren Ober-Präsidenten.
Min. d. J. I. A. 7478.
Fin. Min. 11085.
Min. d. g. A. U. III. E. 4018.

---

173) Bewilligung fortlaufender Unterstützungen an nic geprüfte und freiwillig ohne Pension aus dem Am ausgeschiedene Lehrer.

Berlin, den 8. August 189

Der Königlichen Regierung erwidere ich auf den Beri vom 25. Juli d. Js., daß es keinem Bedenken unterliegt, an solchen Personen, welche ohne Ablegung einer Lehrerprüfung m Genehmigung der Schulaufsichtsbehörde an öffentlichen Volk schulen viele Jahre hindurch als Lehrer beschäftigt gewesen u sodann freiwillig ohne Pension aus dem Amte ausgeschieden si — falls dieselben sich in drückenden Verhältnissen befinden u würdig sind —, aus dem dortseits zur Verfügung stehend Fonds „zu Unterstützungen für ausgeschiedene Elementarlehr und -Lehrerinnen" (Kap. 121 Tit. 40 des Etats von der ge lichen und Unterrichts-Verwaltung) eine fortlaufende Unte stützung zu gewähren.

Hiernach wolle die Königliche Regierung in vorkommend Fällen verfahren.

An
die Königliche Regierung zu N.

Abschrift erhält die Königliche Regierung zur Kenntnisnahme und gleichmäßigen Beachtung.

Der Minister der geistlichen ꝛc. Angelegenheiten.
Im Auftrage: Kügler.

An
sämmtliche übrige Königlichen Regierungen und das Königliche Provinzial-Schulkollegium hier.
U. III. B. 2759.

174) Zurückziehung der ertheilten Genehmigung zur Einrichtung und Unterhaltung höherer Mädchenschulen in Folge Nichterfüllung der von der Schulaufsichtsbehörde gestellten Anforderungen bezüglich der Lehrerbesoldungen.

Berlin, den 27. August 1892.

Auf den Bericht vom 25. Juli d. Js. veranlasse ich die Königliche Regierung, die städtische höhere Mädchenschule in N. zum 1. April 1893 zu schließen.

In dem bezüglichen Bescheide an den Magistrat daselbst ist davon auszugehen, daß, wie dies in dem Erlasse vom 8. März 1886 (Centralbl. f. d. ges. Unterr. Verw. S. 404) unter Anderem ausgesprochen, die Genehmigung zur Errichtung einer höheren Mädchenschule zur Voraussetzung hat, daß der Lehr- und Einrichtungsplan, sowie das Regulativ für die Anstellung, Besoldung und Pensionirung des Lehrerpersonales den Anforderungen der Schulaufsichtsbehörde entspricht.

Eine selbstverständliche Folge dieser Voraussetzung ist, daß, wenn nach der Auffassung der Schulaufsichtsbehörde in späterer Zeit eine Aenderung in einem dieser Punkte, insbesondere in den Besoldungsverhältnissen geboten erscheint, die Unterhaltungspflichtigen sich den bezüglichen Anforderungen unterwerfen müssen.

Von dieser Erwägung ausgehend hat die Schulaufsichtsbehörde die Stadtgemeinde unter dem 12. November 1890 zu einer Erweiterung des bestehenden Besoldungsplanes und einer entsprechenden Aufbesserung der Dienstbezüge des Lehrpersonales der höheren Mädchenschule aufgefordert.

Wenn nun auch die bei der Weigerung der Stadtgemeinde verfügte zwangsweise Aufbesserung und bezw. die Zwangsetatisirung des erforderlichen Mehraufwandes von dem Königlichen Oberverwaltungsgerichte in dem Erkenntnisse vom 27. April d. Js. für unzulässig erklärt ist, so hat das Königliche Oberverwaltungsgericht doch das Recht der Schulaufsichtsbehörde anerkannt, bei einer Verweigerung der geforderten Mehrleistung aus

Gründen des öffentlichen Interesses die ertheilte Genehmigung zur Einrichtung und Unterhaltung der höheren Mädchenschule zurückzuziehen, bezw. die Anstalt zu schließen.

Dieser Fall liegt hier vor. Das Einkommen der Lehrer an der öffentlichen höheren Mädchenschule in N. ist erheblich geringer, als das der Volksschullehrer in dieser Stadt und entspricht nicht mehr den jetzigen wirthschaftlichen Verhältnissen. Dies kann im öffentlichen Interesse nicht geduldet werden. Da der Magistrat es abgelehnt hat, eine entsprechende Aufbesserung vorzunehmen, so muß daher die Schließung der fraglichen Anstalt verfügt und die bezügliche Verfügung sofort erlassen werden.

Mit Rücksicht auf die Schülerinnen und ihre Eltern, bezw. die Lehrpersonen, will ich indessen die Königliche Regierung ermächtigen, die Schließung erst zum 1. April 1893 auszusprechen und, falls inzwischen für die Abstellung des für die Schließung maßgebenden Mißverhältnisses ausreichende Gewähr geboten wird, von der Schließung vorläufig Abstand zu nehmen. In diesem Falle erwarte ich weiteren Bericht.

Abschrift des ergangenen Bescheides wolle die Königliche Regierung unter gleichzeitiger Anzeige des Tages, an welchem der Bescheid dem Magistrate behändigt worden ist, einreichen.

Der Minister der geistlichen ꝛc. Angelegenheiten.
Bosse.

An
die Königliche Regierung zu N.
U. III. E. 8986. U. III. C.

---

175) Vorsicht bei Benutzung von Turngeräthen seitens der Schüler.

Berlin, den 9. September 1892.

Bei Gelegenheit eines Schülerausfluges ist ein beklagenswerther Unglücksfall, der den Tod eines Schülers zur Folge hatte, dadurch herbeigeführt worden, daß dieser an dem in einem öffentlichen Garten aufgestellten Reck auf eigene Hand eine Uebung vornahm, wie sie nur an ganz sicheren und ordnungsmäßig angelegten Geräthen ohne Gefahr ausführbar sind.

Um ähnlichen Vorkommnissen thunlichst vorzubeugen, veranlasse ich die Schulaufsichtsbehörden, in geeigneter Weise dahin zu wirken, daß den Schülern, besonders bei Ausflügen, bei der Benutzung von Turngeräthen, auf deren Sicherheit nicht unbedingter Verlaß ist, die gebotene Vorsicht dringend empfohlen, die Vornahme von Uebungen aber, die nach der Beschaffenheit solcher Geräthe gefährlich werden könnten, überhaupt verboten werde.

Der Minister der geistlichen 2c. Angelegenheiten.
Bosse.

An
sämmtliche Königliche Provinzial-Schulkollegien und Regierungen.
U. III. B. 2900. U. II.

---

176) Den Mitgliedern der geistlichen Orden und ordensähnlichen Kongregationen der katholischen Kirche kann die Erlaubnis zur Leitung von Lehrerinnenbildungsanstalten oder von Lehrkursen zur Vorbildung von Mädchen zum Zwecke der Ablegung des Lehrerinnenexamens nicht ertheilt werden.

Berlin, den 22. Oktober 1892.

Aus Anlaß mehrerer zu unserer Kenntnis gelangter Einzelfälle machen wir die Königliche Regierung darauf aufmerksam, daß, wenn an Mitglieder von geistlichen Orden und ordensähnlichen Kongregationen der katholischen Kirche, welche sich statutenmäßig dem Unterrichte und der Erziehung der weiblichen Jugend in höheren Mädchenschulen und gleichartigen Erziehungsanstalten widmen und auf Grund des Artikels 5, §. 1 o. des Gesetzes vom 29. April 1887, betreffend die Abänderung der kirchenpolitischen Gesetze, die Genehmigung zur Errichtung einer Niederlassung zu dem vorerwähnten Zweck erhalten haben, die Konzession zur Leitung von höheren Mädchenschulen und gleichartigen Erziehungsanstalten ertheilt ist, die letztere nicht die Berechtigung zur Einrichtung von Lehrerinnenbildungsanstalten oder auch von Lehrkursen zur Vorbildung von Mädchen zum Zwecke der Ablegung des Lehrerinnenexamens in sich schließt. Nach Lage der Gesetzgebung kann die Erlaubnis zur Leitung derartiger Fachschulen den Mitgliedern der geistlichen Orden und ordensähnlichen Kongregationen der katholischen Kirche überhaupt nicht ertheilt werden.

Die Königliche Regierung veranlassen wir, gegebenen Falles das Erforderliche zu veranlassen und hierher Anzeige zu erstatten.

An
die sämmtlichen Königlichen Regierungen.

Abschrift theilen wir Ew. Excellenz zur gefälligen Kenntnisnahme ganz ergebenst mit.

An
sämmtliche Königliche Ober-Präsidenten.

Abschrift erhält das Königliche Provinzial-Schulkollegium zur Kenntnisnahme.

Die Minister

des Innern. der geistlichen 2c. Angelegenheiten.
Graf zu Eulenburg. Bosse.

An
die sämmtlichen Königlichen Provinzial-Schulkollegien.
Min. d. J. II. 18294.
Min. d. g. A. G. II. 4035. U. III. C.

---

177) Fortfall der sog. Abschlußklassen.

Berlin, den 27. Oktober 1892.

Den Ausführungen des Berichtes der Königlichen Regierung vom 17. Juni d. Js. vermag ich, insofern damit die Einrichtung sogenannter Abschlußklassen für zurückgebliebene Schulkinder gerechtfertigt werden soll, nicht zuzustimmen. Es ist allerdings nicht zu bezweifeln, daß manche Kinder, sei es in Folge von Kränklichkeit, mangelhafter häuslicher Aufsicht, geringer Begabung oder aus sonstigen Gründen, auch bei der größten Sorgfalt seitens ihrer Lehrer innerhalb des schulpflichtigen Alters nicht bis in die oberste Klasse mehrklassiger Schulen gebracht werden können und daß die Zahl solcher Kinder um so größer ist, je mehr aufeinanderfolgende Klassen bei der Schule vorhanden sind. Gleichwohl führt die fortschreitende Entwicklung des Schulwesens immer mehr zur Gründung vielklassiger Schulen, und die Schulverwaltung läßt auch mehr als sechsklassige Volksschulen zu. Es ist daher zwar nothwendig, daß auch auf das Bildungsbedürfniß der hinter den normal fortschreitenden Kindern zurückbleibenden Rücksicht genommen wird; daß hierzu aber die in verschiedenen Orten eingerichteten Abschlußklassen das geeignete Mittel wären, kann nicht anerkannt werden.

In der Einrichtung solcher Klassen liegt vielmehr eine doppelte Gefahr für die Schule. Zunächst wird die Lehr- und Lernarbeit durch dieselbe gestört. Nicht nur erhalten die Kinder, welche der Abschlußklasse zugeführt werden, einen unvollständigen oder lückenhaften Unterricht, welcher gar zu leicht in ein mechanisches Gedächtniswerk ausartet, sondern es lassen sich auch die Lehrer der Unter- und Mittelstufe, wo die Kinder noch ungetrennt unterrichtet werden, leicht verleiten, wenn auch nicht die zurückbleibenden Kinder zu vernachlässigen, so doch mit den begabteren Kindern die Ziele zu überspannen, weil sie sich durch die schwächeren nicht aufhalten zu lassen brauchen. Schwerer noch fallen erziehliche Bedenken in das Gewicht. Die Schüler, welche der Abschlußklassen überwiesen werden, sind nur zum kleinsten Theile wegen Unfleiß zurückgeblieben. Die Mehrzahl derselben ist durch Krankheit oder durch ihre häuslichen Verhältnisse ohne ihre Schuld zurückgehalten worden; es befinden sich unter ihnen Kinder, welche durch die Treue, mit welcher sie den Eltern beim Broterwerbe helfen, andern Kindern zum Muster dienen könnten. Gleichwohl werden sie durch die Ueberweisung an die Abschlußklassen aus der Gemeinschaft ihrer Mitschüler, mit welchen sie Jahre lang vereinigt waren, herausgerissen und gelten in deren Augen, und in Folge davon bald in den eigenen, als Schüler zweiter Ordnung. Diese Empfindung wirkt entmuthigend, nicht selten sogar verbitternd auf sie, und so erklärt es sich, daß sie auch in ihrem Betragen nachlassen und daß, wie die Erfahrung lehrt, die Führung der Kinder in den Abschlußklassen vielfach zu Tadel Anlaß giebt.

Auch hat sich gezeigt, daß die derartigen Abschlußklassen zugewiesenen Kinder hierdurch in ihrem späteren Fortkommen gehindert werden, insofern Lehrherren 2c. den anderen Kindern den Vorzug geben. Nach verschiedenen Richtungen hin scheinen daher durch die Abschlußklassen wichtige Rücksichten von sozialer Bedeutung gefährdet zu werden.

Zu dem vorliegenden Zwecke bedarf es aber einer besonderen, außerhalb der normalen Schule stehenden Einrichtung überhaupt nicht. Die für die Entwicklung und die Lehrpläne der Volksschulen geltenden Allgemeinen Bestimmungen vom 15. Oktober 1872 gestatten nicht nur, sondern erfordern, daß bei Schulen, die mit mehr als einer Klasse für die Oberstufe versehen sind, der Lehrstoff so festgesetzt werde, daß jede folgende Klasse die Lehrgegenstände der vorhergehenden lediglich zu erweitern und zu vertiefen hat. Eine nothwendige Ergänzung des Lehrstoffes darf niemals einer folgenden Klasse der Oberstufe vorbehalten bleiben. Ein Blick auf das der Mittelstufe vorgeschriebene Lehrziel läßt erkennen, daß das Kind schon auf dieser Stufe in den nothwendigsten Kenntnissen und Fertigkeiten einen gewissen für das Leben brauchbaren Abschluß erreichen soll. Diesem Grundsatze entspricht es nicht, wenn die Kinder nicht einen angemessenen Abschluß in ihren Kenntnissen bei jeder der auf die Mittelstufe noch folgenden Klassen erhalten sollten.

Da ich annehme, daß diese Auffassung den Schuleinrichtungen in den meisten Orten des dortigen Regierungsbezirkes bereits jetzt zu Grunde liegt, sehe ich von weiteren Ausführungen ab. Wo dies nicht der Fall ist, sind neue Lehrpläne mit concentrischer Anordnung der Lehrstoffe für die aufeinanderfolgenden Klassen der Oberstufe so frühzeitig aufzustellen, daß dieselben mit dem Beginn des nächsten Schuljahres bei Fortfall der sog. Abschlußklassen zur Durchführung gebracht werden können. Sollte die gleichzeitige Auflösung dieser Klassen wider Erwarten irgendwo auf besondere Schwierigkeiten treffen, so erwarte ich Bericht.

Die Königliche Regierung wolle hiernach rechtzeitig das Erforderliche anordnen, ihre Rundverfügung vom 27. März d. Js. außer Kraft setzen und von den getroffenen Maßnahmen mir Anzeige machen.

An
die Königliche Regierung zu N.

Abschrift erhält die Königliche Regierung, das Königliche Provinzial-Schulkollegium, zur Kenntnisnahme und geeigneten Beachtung.

Der Minister der geistlichen ꝛc. Angelegenheiten.
Bosse.

An
die sämmtlichen Königlichen Regierungen und die Königlichen Provinzial-Schulkollegien.
U. III. A. 1924.

---

178) Betreffend das Taubstummen-Bildungswesen.

Der Taubstummen-Unterricht hat sich in den deutschen Anstalten — freilich zu verschiedenen Zeiten mit sehr ungleichmäßiger Kraft — seit mehr als einem Jahrhunderte die Aufgabe gestellt, die taubstummen Kinder zum Gebrauche der Lautsprache zu erziehen. Seit etwa 20 Jahren ist diese Aufgabe mit größerem Ernste verfolgt worden, wobei überraschend günstige Erfolge erreicht worden sind. Um so mehr war es zu bedauern, daß vor ungefähr 3 Jahren eine Bewegung gegen den Gebrauch der Lautsprache in den Taubstummen-Anstalten entstand und aus den Kreisen der nach früheren Methoden unterrichteten Taubstummen die Rückkehr zur Gebärdensprache oder doch wenigstens der Gebrauch der Gebärdensprache neben der Lautsprache gefordert wurde.

Auf eine derartige, an Seine Majestät den Kaiser und König gerichtete Eingabe hat der Unterrichtsminister unterm 17. September nachstehende Antwort ertheilt:

Berlin, den 17. September 1892.

Seine Majestät der Kaiser und König haben die von Ew. Hochwohlgeboren in Gemeinschaft mit anderen Taubstummen eingereichte Immediat-Vorstellung vom 24. November 1891 mir zur Prüfung und zu Ihrer Bescheidung zugehen zu lassen geruht.

Ich habe mich der befohlenen Prüfung mit derjenigen eingehenden Gründlichkeit unterzogen, welche durch die Wichtigkeit ɔer Sache geboten ist, und welche das Interesse nicht nur der Taubstummen, sondern der gesammten bürgerlichen Gesellschaft erfordert. Auch habe ich diese Prüfung auf den Zustand des Taubstummen-Bildungswesens in den außerpreußischen Staaten Europas erstreckt. In dieser Beziehung haben sich, wie ich vorausschicke, die Angaben in der obenbezeichneten Immediat-Vorstellung und in den an meinen Herrn Amtsvorgänger gerichteten Eingaben vom 21. November v. Js. und 15. Februar d. Js. nicht bestätigt. Es hat sich vielmehr herausgestellt, daß mit fast verschwindenden Ausnahmen überall die Lautsprache die einzige Unterrichtssprache und der einzige Lehrgegenstand ist, und daß die Gebärdensprache auch außerhalb der preußischen Lehranstalten nur in dem Maße und Umfange zur Anwendung kommt, wie in den preußischen Anstalten.

Ew. Hochwohlgeboren scheinen von der Voraussetzung auszugehen, daß die Anwendung der natürlichen Gebärde in unseren Anstalten grundsätzlich und allgemein ausgeschlossen sei. Dies ist nicht der Fall. Wie die natürliche Gebärde selbst im Unterrichte vollsinniger Kinder unentbehrlich ist, so hat sie auch im Unterrichte der viersinnigen Kinder ihre Stelle. Sie ist das Mittel, durch welches der Lehrer den Weg zu Geist und Herz der Kinder so lange sucht, bis diese gelernt haben, Laute und Worte zu sprechen, und ebenso begleitet verständiger und maßvoller Gebrauch der natürlichen Gebärde, selbstverständlich in stetig sich veränderndem Umfange, den Unterricht. Ew. Hochwohlgeboren kann es nicht unbekannt sein, daß die sog. Artikulations- oder auch deutsche Methode in den preußischen Anstalten gepflegt worden ist, seit die Unterrichts-Verwaltung überhaupt die Sorge für die taubstummen Kinder in die Hand genommen hat. Ebenso wenig kann es Ihnen entgangen sein, daß eine nicht geringe Zahl hervorragend begabter Männer zum Theil unter Opfern mit selten wiederkehrender Hingebung alle ihre Kräfte daran gesetzt hat, diese Methode zu vervollkommnen. Was in dieser Beziehung in Mailand, in Ryhen bei Basel, in Zürich, sowie in Frankfurt a. M. und in den Anstalten der Provinz Hannover noch vor deren Vereinigung mit der preußischen Monarchie erreicht worden ist, ist bekannt. Gerade diese Erfolge haben dazu mitgewirkt, daß der Taubstummenlehrer-Kongreß zu Mailand im Jahre 1881 sich einmüthig für den ausschließlichen Gebrauch der Lautsprache bei dem Taubstummen-Unterrichte erklärte, und ich möchte nicht unbemerkt lassen, daß dieser Beschluß für mich um so höhere Bedeutung hat, als er nicht etwa durch den Einfluß preußischer Taubstummenlehrer herbeigeführt worden ist. Es haben sich vielmehr bei diesem Beschlusse 83 Italiener, 56 Franzosen, 9 Engländer, 5 Amerikaner, 3 Schweden, 1 Belgier und nur 1 deutscher Taubstummenlehrer betheiligt.

Was die Sache selbst angeht, so handelt es sich beim Unterrichte und bei der Ausbildung der Taubstummen, wie der viersinnigen Kinder überhaupt, darum, ihnen ihr Unglück so wenig empfindlich, ihre Lage so leicht wie möglich zu machen und, was darin einbegriffen ist, sie zu religiös-sittlichen, erwerbsfähigen Menschen zu erziehen und zu verhüten, daß sie der Familie, in welcher sie geboren sind, der Kirche, welcher sie angehören, dem Staatsverbande, auf dessen Schutz sie Anspruch haben, durch den Mangel der Sprache entfremdet oder gar von ihnen dauernd losgelöst werden.

Während die Gebärdensprache, welche bedeutsamen Ergebnisse durch dieselbe allerdings nur in vereinzelten Fällen auch erreicht worden sein mögen, stets dahin führen muß, daß die Taubstummen eine in sich geschlossene, durch nichts mit der übrigen Gesellschaft verbundene Gemeinschaft bilden, versucht es die Lautsprachmethode, um deren Beseitigung Ew. Hochwohlgeboren bitten, den Taubstummen die Himmelsgabe der Sprache nicht, wie Sie vorauszusetzen scheinen, als ein mechanisch angeeignetes, sondern als ein freies Eigenthum wiederzugeben. Indem sie dies thut, stellt sie das taube, nicht mehr stumme, sondern redende Kind wieder mitten in seine Familie und befähigt den erwachsenen Taubstummen, sich in seiner Kirchengemeinschaft, im Staate und in der bürgerlichen Gesellschaft zu bethätigen.

Die Annahme Ew. Hochwohlgeboren, daß dies Ziel, welches hier gesteckt ist, nur vereinzelt erreicht werde, trifft durchaus nicht zu, wie wiederholte, regelmäßig wiederkehrende und gründliche Revisionen unserer Anstalten ergeben haben. Ich nehme keinen Anstand auszusprechen, daß der Taubstummen-Unterricht noch sorgfältiger Pflege bedarf, um die ihm gestellten Aufgaben immer vollständiger zu erfüllen und namentlich, um den Kindern ausnahmslos die gewonnene Sprache zum unverlierbaren Eigenthume zu machen. Ich nehme aber auch gern Gelegenheit zu bezeugen, daß die Leiter und Lehrer unserer Taubstummenanstalten auf ihre Arbeiten ein hohes Maß von Fleiß, Ausdauer und Geduld verwenden, welches immer reichere und schönere Erfolge von ihrer mühevollen und segensreichen Arbeit erhoffen läßt.

Ew. Hochwohlgeboren haben in Ihren Vorstellungen wiederholt davon gesprochen, daß die Lautsprachmethode ihre Ergebnisse überhaupt nur durch die Anwendung der schärfsten Disciplinarmittel erreiche. Dies hat mir Veranlassung gegeben, auch nach dieser Seite hin Ermittelungen anzustellen. Zu meiner Befriedigung haben sich dabei die vorgebrachten Klagen über unverständige oder harte Anwendung des Züchtigungsrechts überall als unbegründet erwiesen. Am allerwenigsten hat sich ein Zusammenhang überspannter Strenge in der Schulzucht mit der Lautsprachmethode herausgestellt. Im Gegentheil hat der einzige, Jahrzehnte lang zurückliegende Fall liebloser Behandlung der taubstummen Kinder eine Anstalt und eine Zeit getroffen, wo die Gebärdensprache in Uebung war, und gerade der gegenwärtige Leiter dieser Anstalt, welcher dort die Lautsprache eingeführt hat, wird von entlassenen und gegenwärtigen Schülern wegen seines liebevollen Verhaltens gegen sie gerühmt.

Auf Grund der eingehendsten Ermittelungen hat sich hiernach ergeben, daß keine Veranlassung vorliegt, in der gegenwärtigen Art des Taubstummen-Unterrichts eine Aenderung eintreten zu lassen.

Ew. Hochwohlgeboren wollen hiermit gleichzeitig Ihre hierher gerichteten Eingaben vom 21. November v. Js. und 15. Februar d. Js. als erledigt ansehen.

Die beiden Anlagen der letzteren folgen zurück.

Der Minister der geistlichen ꝛc. Angelegenheiten.
Bosse.

An
Herrn N. zu N.
U. III A. 2436. I.

---

179) Betreffend den Taubstummen-Unterricht.

Berlin, den 15. November 1892.

Von Ew. Hochwohlgeboren gefälliger Vorstellung vom 7. November d. Js. habe ich mit Interesse Kenntnis genommen und gern ersehen, welche Theilnahme Sie dem Schicksale der Taubstummen zuwenden.

Ebenso haben mich die Ergebnisse der Gerichtsverhandlung gegen den Taubstummenlehrer N. zu N. in gleichem, vielleicht noch in höherem Maße wie Ew. Hochwohlgeboren unangenehm und schmerzlich berührt, und ich habe bereits Anordnung getroffen, daß unverzüglich eine erneute Prüfung aller gegen Taubstummenlehrer wegen Ueberschreitung des Züchtigungsrechtes erhobenen Anklagen unterzogen und die betheiligten Anstalten eingehend revidirt werden.

Dagegen vermag ich Ihren weiteren Ausführungen nicht zu folgen. Die gerichtlichen Verhandlungen vom 3. November d. Js., welche ich allerdings bis jetzt nur aus den öffentlichen Blättern, aber aus einer größeren Reihe von Berichten, kenne, haben allerdings herausgestellt, daß sich der Vorsteher einer Taubstummen-anstalt zu weitgehenden Ueberschreitungen des Züchtigungsrechtes hat verleiten lassen, und ich verurtheile das um so schärfer, als gerade diese Kinder einen gerechten Anspruch auf besonders liebevolle Behandlung haben; die Verhandlungen haben aber, soweit sie zur diesseitigen Kenntnis gekommen sind, einen ursächlichen Zusammenhang zwischen den Mißhandlungen und der angewendeten Lehrmethode nicht erwiesen. Ich glaube in dieser Beziehung Ew. Hochwohlgeboren gegenüber nicht nöthig zu haben zu bemerken, daß ein Taubstummenlehrer, welcher die Zunge eines Kindes zu unterrichtlichem Zwecke niederdrückt, ebensowenig genöthigt ist, dabei zu verletzen, wie etwa ein Arzt, welcher dasselbe thut, um in den Hals eines kranken Kindes sehen zu können.

Dagegen haben die sonst so bedauerlichen gerichtlichen Verhandlungen vom 3. November d. Js. gerade den Einwand gegen die Anwendung der Lautsprache in dem Taubstummen-Unterrichte, auf welchen Ew. Hochwohlgeboren besonderen Werth zu legen scheinen, daß derselbe sein Ziel nicht erreiche, doch wohl einigermaßen thatsächlich widerlegt, denn gerade von den beiden Zeugen, welche den betreffenden Anstaltsvorsteher am schwersten belastet haben, wird in den Berichten gesagt, daß sie gut gesprochen haben. Ich möchte aber auf diesen, vielleicht rein zufälligen Umstand kein besonderes Gewicht legen und Ew. Hochwohlgeboren vielmehr anheimgeben, Sich in der Taubstummenanstalt zu N. von der Grundlosigkeit Ihrer Voraussetzung Selbst zu überzeugen.

Einigermaßen überrascht hat es mich, daß Ew. Hochwohlgeboren, nachdem Sie im Eingange Ihrer Vorstellung erwähnt haben, wie Sie sowohl durch Ihre persönlichen Verhältnisse als auch durch Ihre wissenschaftlichen Arbeiten zu näherer Beschäftigung mit der Methode in den Taubstummenanstalten geführt worden sind, als einen besonderen Grund gegen den Unterricht in der Lautsprache anführen, daß derselbe aus Italien und Frankreich in Deutschland eingeführt und dort erst neuerdings in Anwendung gekommen sei.

Diese Annahme trifft nicht zu; vielmehr war der erste Gelehrte, welcher die Einführung der Lautsprache in den Unterricht der Taubstummen empfahl und wissenschaftlich begründete, ein in der deutschen Schweiz geborener holländischer Arzt*) und der

*) Gemeint ist J. K. Amman „Surdus loquens s. methodus, qua qui surdus natus est, loqui discere possit“ (Der redende Taube oder Methode, durch welche der Taubgeborene sprechen lernen kann). Amsterdam

rste Taubstummenlehrer, welcher dieselbe mit besonderem Eifer vertrat, die Kraft seines Lebens an ihre Pflege setzte und sie zur dauernden Geltung brachte, war Samuel Heinicke, der Begründer der ersten deutschen Taubstummenanstalt. Durch ein ganzes Jahrhundert ist in der bezüglichen Litteratur der Unterricht in der Gebärdensprache als die französische, der Unterricht in der Lautsprache als die deutsche Lehrweise bezeichnet worden.

Aber auch darauf würde ich ein entscheidendes Gewicht nicht legen, da es für den Werth einer besonderen Art der Erziehung und des Unterrichtes ohne Bedeutung ist, wo sie ihren Ursprung hat.

Der hohe Nutzen des Unterrichtes der Taubstummen in der Lautsprache besteht darin, daß sie durch den Gebrauch derselben mit ihrer Familie, ihrer Kirche und der gesammten bürgerlichen Gesellschaft, von welcher sie durch ihr Unglück abgesondert waren, wieder in lebendige Verbindung treten, daß dadurch ihre Erwerbsfähigkeit erhöht und eine große Reihe sittlicher Gefahren von ihnen abgewendet wird, während die Taubstummen, wenn sie nur in der ausschließlich ihnen selbst verständlichen Gebärdensprache unterrichtet werden, dauernd von allen Gemeinschaften des öffentlichen Lebens abgesondert und ausgeschlossen und allein auf den gegenseitigen Verkehr angewiesen bleiben, in ihrer Erwerbsfähigkeit gehemmt und dadurch auch sittlich gefährdet sind.

Der Minister der geistlichen zc. Angelegenheiten.
Bosse.

An
Herrn Professor Dr. N. Hochwohlgeboren zu N.
U. III. A. 3082.

---

180) Turnlehrerprüfung zu Halle a. S. und Turnlehrerinnenprüfung zu Magdeburg im Jahre 1893.

Für die Provinz Sachsen wird die nächste Turnlehrerprüfung zu Halle a. S. vom 15. März 1893 ab und die nächste Turnlehrerinnenprüfung zu Magdeburg vom 11. April 1893 ab stattfinden.

Das Nähere über diese Prüfungen enthalten unsere Bekannt-

1692. — Die Arbeiten seiner Vorgänger haben eine gleiche Bedeutung, wie diese Schrift, nicht zu beanspruchen.

machungen in den Amtsblättern der Königlichen Regierungen zu Magdeburg, Merseburg und Erfurt.

Magdeburg, den 26. November 1892.

Königliches Provinzial-Schulkollegium.
Trosien.

Bekanntmachung.
S. 10715. I.

---

181) Entziehung der der Stellenvermittlerin Dorothea Grosse zu Budapest ertheilten Konzession.

Einer Mittheilung des Herrn Ministers für Handel und Gewerbe zufolge ist der Stellenvermittlerin Dorothea Grosse zu Budapest (Inhaberin des Institutes „Agence Classique“), welche vorzugsweise die Vermittelung von Stellen für deutsche Lehrerinnen und Erzieherinnen betrieb, kürzlich von dem Budapester Stadtmagistrat die Konzession entzogen worden.

Berlin, den 23. Dezember 1892.

Der Minister der geistlichen 2c. Angelegenheiten.
Im Auftrage: Kügler.

U. III. C. 4298.

Personal-Veränderungen, Titel- und Ordensverleihungen.

A. Behörden und Beamte.

Dem vortragenden Rath im Ministerium der geistlichen 2c. Angelegenheiten Geheimen Ober-Regierungsrath Naumann ist der Rothe Adler-Orden dritter Klasse mit der Schleife verliehen worden.

Dem Kreis-Schulinspektor Pfarrer D. Enders zu Oberrad, Landkr. Frankfurt a. M., ist der Rothe Adler-Orden vierter Klasse verliehen worden.

Dem Kreis-Schulinspektor Tecklenburg zu Meseritz und dem Kreis-Schulinspektor Dr. Winter zu Paderborn ist der Charakter als Schulrath mit dem Range eines Rathes vierter Klasse verliehen worden.

Dem dritten Direktor des Prediger-Seminars zu Wittenberg Pfarrer Schmidt daselbst ist das Prädikat „Professor“ verliehen worden.

B. Universitäten.

Universität Berlin. Es ist verliehen worden: dem ordentlichen Professor in der medizinischen Fakultät der Friedrich-Wilhelms-Universität zu Berlin Dr. Hertwig der Rothe Adler-Orden vierter Klasse, dem ordentlichen Professor in der medizinischen Fakultät der Friedrich-Wilhelms-Universität zu Berlin Geheimen Medizinalrath Dr. Olshausen der Königliche Kronen-Orden zweiter Klasse und dem ordentlichen Honorar-Professor in der philosophischen Fakultät der Friedrich-Wilhelms-Universität Berlin Dr. Tiemann der Königliche Kronen-Orden dritter Klasse.

Universität Greifswald. Dem ordentlichen Professor in der medizinischen Fakultät der Universität Greifswald Geheimen Medizinalrath Dr. Mosler ist der Königliche Kronen-Orden zweiter Klasse verliehen worden.

Universität Breslau. Der bisherige Privatdozent Lic. theol. Wrede zu Göttingen ist zum außerordentlichen Professor in der evangelisch-theologischen Fakultät der Universität Breslau ernannt worden.

Universität Göttingen. Dem ordentlichen Professor in der philosophischen Fakultät der Universität Göttingen Dr. Klein ist der Rothe Adler-Orden dritter Klasse mit der Schleife verliehen worden.

Universität Bonn. Dem Oberbibliothekar und außerordentlichen Professor in der philosophischen Fakultät der Universität Bonn Geheimen Regierungsrath Dr. Schaarschmidt ist der Königliche Kronen-Orden dritter Klasse und dem Kustos der Universitäts-Bibliothek zu Bonn Bibliothekar Dr. Rau der Rothe Adler-Orden vierter Klasse verliehen worden.

Lyceum Hosianum Braunsberg. Dem ordentlichen Professor in der theologischen Fakultät des Lyceum Hosianum zu Braunsberg D. Dittrich ist der Königliche Kronen-Orden dritter Klasse verliehen worden.

C. Technische Hochschulen.

Aachen. Dem Professor an der Technischen Hochschule zu Aachen Dr. Classen ist der Rothe Adler-Orden vierter Klasse verliehen worden.

D. Museen, Nationalgalerie u. s. w.

Dem Stabshoboisten Militär-Musik-Dirigenten Boettge vom 1. Badischen Leib-Grenadier-Regiment Nr. 109 ist das Prädikat „Königlicher Musik-Direktor" verliehen worden.

E. Höhere Lehranstalten.

a. Gymnasien.

Die Berufung des Oberlehrers am Domgymnasium zu Magdeburg Dr. Heilmann zum Rektor der Klosterschule Roßleben im Kreise Querfurt, Reg. Bezirk Merseburg, ist bestätigt worden.

Dem Gymnasial-Direktor Dr. Guhrauer zu Wittenberg ist der Rothe Adler-Orden vierter Klasse verliehen worden.

Dem Rektor der Klosterschule Roßleben Dr. Heilmann ist das Prädikat „Professor" verliehen worden.

In gleicher Eigenschaft sind versetzt worden die Oberlehrer:
- Braun vom Gymnasium zu Husum an das Gymnasium zu Flensburg,
- Brungert vom Gymnasium zu Inowrazlaw an das Gymnasium zu Coesfeld,
- Dr. Cybichowski vom Gymnasium zu Münster i. W. an das Gymnasium zu Inowrazlaw,
- Karasiewicz vom katholischen Gymnasium zu Glogau an das Gymnasium zu Neustadt,
- Dr. Krüger vom Progymnasium zu Schwetz an das Gymnasium zu Strasburg,
- Scheide vom Gymnasium zu Neustadt an das katholische Gymnasium zu Glogau und
- Voigt vom Progymnasium zu Tremessen an das Gymnasium zu Tilsit.

Als Oberlehrer sind angestellt worden am Gymnasium zu:
- Dt. Crone der Hilfslehrer Dr. Abraham,
- Zeitz die Hilfslehrer Dr. Brinkmann und Wagener,
- Halberstadt (Domgymnasium) der Hilfslehrer Bühling.
- Pforta (Landesschule) der Hilfslehrer Flemming,
- Breslau (Elisabeth-Gymnasium) der Hilfslehrer Dr. Hänisch,
- Magdeburg (Domgymnasium) der Hilfslehrer Lintzel,
- Pyritz der Hilfslehrer Piper,
- Demmin der Hilfslehrer Redlin,
- Konitz der Hilfslehrer Dr. Thiel,
- Altona der Schulamts-Kandidat Doormann,
- Husum der Schulamts-Kandidat Ingwersen,

Magdeburg (Kloster Unser Lieben Frauen) die Schulamts-Kandidaten Dr. Kuchenbäcker und Schröter,
Liegnitz (Ritterakademie) die Schulamts-Kandidaten Dr. Schönermark und Willing, sowie
Husum der Schulamts-Kandidat Dr. Seidel.

b. Realgymnasien.

In gleicher Eigenschaft ist versetzt worden der Oberlehrer Dr. Fraustadt von der evangelischen Realschule I. zu Breslau an das Realgymnasium am Zwinger daselbst.

Als Oberlehrer sind angestellt worden am Realgymnasium zu:
Breslau (am Zwinger) der Schulamts-Kandidat Cierpinski und
Breslau (zum heiligen Geist) der Schulamts-Kandidat Ressel.

c. Oberrealschulen.

In gleicher Eigenschaft ist versetzt worden der Oberlehrer Dr. Kunisch von der katholischen Realschule zu Breslau an die Oberrealschule daselbst.

d. Progymnasien.

In gleicher Eigenschaft ist versetzt worden der Oberlehrer Kownatzki vom Gymnasium zu Tilsit an das Progymnasium zu Tremessen

Als Oberlehrer ist angestellt worden am Progymnasium zu Schwetz der Hilfslehrer Dr. Dreßler.

e. Realschulen.

Die Wahl des Oberlehrers am Gymnasium zu Elberfeld Dr. Tendering zum Direktor der zweiten Realschule daselbst ist bestätigt worden.

In gleicher Eigenschaft ist versetzt worden der Oberlehrer Dr. Neugebauer von der Oberrealschule zu Breslau an die katholische Realschule daselbst.

Als Oberlehrer sind angestellt worden an der Realschule zu:
Halle a. S. die Hilfslehrer Rühlmann und Dr. von Scholten,
Königsberg i. Pr. der Schulamts-Kandidat Czygan und
Hannover (I.) der Schulamts-Kandidat Wanner.

f. Realprogymnasien.

Zum Oberlehrer ist ernannt worden am Realprogymnasium zu Northeim der Schulamts-Kandidat Siemers.

F. Schullehrer- und Lehrerinnen-Seminare.

Der bisherige Seminar-Oberlehrer **Bock** zu Kreuzburg O. Sch[l.] ist zum Seminar-Direktor ernannt und demselben das Direktorat des Schullehrer-Seminars zu **Reichenbach** O. [L.] verliehen worden.

Der bisherige Kreis-Schulinspektor **Köhler** zu Zabrze O. Sch[l.] ist zum Seminar-Direktor ernannt und demselben das Direktorat des Schullehrer-Seminars zu **Proskau** O. Sch[l.] verliehen worden.

Der Seminar-Direktor Dr. **vom Berg** zu Alfeld ist in gleicher Eigenschaft an die Lehrerinnen-Bildungs- und Erziehungsanstalten zu **Droyßig** bei Zeitz versetzt worden.

Der bisherige ordentliche Seminarlehrer **Franke** zu Usingen i[st] unter Ernennung zum Seminar-Oberlehrer nach **Homberg** versetzt worden.

Als Seminar-Oberlehrer sind angestellt worden am Schullehrer-Seminar zu:

- **Petershagen** der ordentliche Seminarlehrer **Dreger**,
- **Franzburg** der bisherige Rektor **Neubauer** zu Reichenwalk und
- **Waldau** der bisherige Pfarrer **Reddner** aus Barendt.

In gleicher Eigenschaft ist versetzt worden der ordentliche Seminarlehrer **Kriesten** von Zülz nach **Habelschwerdt**.

Der bisherige Seminar-Hilfslehrer **Eggert** zu Schlüchtern i[st] unter Ernennung zum ordentlichen Seminarlehrer nach **Usingen** versetzt worden.

Als ordentliche Lehrer sind angestellt worden an dem Schullehrer-Seminare zu:

- **Waldau** der bisherige Hilfslehrer **Fromm**,
- **Kreuzburg** O. Schl. der bisherige Zweite Präparandenlehrer **Hentschel** aus Schmiedeberg im Riesengeb.,
- **Zülz** der Kaplan **Riedl** aus Groß-Strehlitz und
- **Schlüchtern** der Stadtschullehrer von dort **Weider**.

Als Hilfslehrer sind angestellt worden am Schullehrer-Seminare zu:

- **Neu-Ruppin** der bisherige kommissarische Hilfslehrer **Grothe**,
- **Bunzlau** der bisher auftragsweise beschäftigte Lehrer **Münster** und
- **Verden** der Lehrer **Schmidt** aus Arys O. Pr.

G. Oeffentliche höhere Mädchenschulen.

Den ersten beiden wissenschaftlichen Lehrern an der städtischen höheren Mädchenschule zu Görlitz, Ballhorn und Uhle, ist der Titel „Oberlehrer“ verliehen worden.

Dem Lehrer Werner an der städtischen höheren Mädchenschule (Kaiserin-Augusta-Viktoria-Schule) zu Schneidemühl ist der Königliche Kronen-Orden vierter Klasse verliehen worden.

Dem Lehrer Sasatke an der städtischen höheren Mädchenschule zu Bartenstein ist der Adler der Inhaber des Königlichen Hausordens von Hohenzollern verliehen worden.

H. Ausgeschieden aus dem Amte.

1) Gestorben.

Dr. Bludau, Gymnasial-Oberlehrer zu Dt. Crone,
Karnaucke, technischer Lehrer zu Glogau,
Krefft, Vorschullehrer am Realprogymnasium zu Dirschau,
Schmidt, Elementarlehrer am Realprogymnasium zu Lauenburg,
Dr. Steins, Progymnasial-Oberlehrer zu Frankenstein,
Walter, Seminar- und Musiklehrer zu Münsterberg,
Dr. Wehrmann, Geheimer Regierungsrath, Provinzial-Schulrath zu Stettin,
Doms, ordentlicher Seminarlehrer zu Cöslin und
Prüfer, Seminar-Oberlehrer zu Bederkesa.

2) In den Ruhestand getreten:

Bieck, Gymnasial-Oberlehrer zu Husum,
Blumberg, Vorschullehrer am Gymnasium zu Marienburg, unter Verleihung des Königlichen Kronen-Ordens vierter Klasse und
Timm, Elementarlehrer am Gymnasium zu Wandsbek.

3) Ausgeschieden wegen Eintritts in ein anderes Amt im Inlande.

Dr. Damus, Gymnasial-Oberlehrer zu Danzig,
Vogelberg, Elementarlehrer am Realprogymnasium zu Segeberg.

Inhalts-Verzeichnis des Dezember-Heftes.

Druck von J. F. Starcke in Berlin.

Chronologisches Register
zum Centralblatt für den Jahrgang 1892.

Abkürzungen:

A. Ordre — A. Erl. — A. Verordn. = Allerhöchste Ordre — Allerhöchster Erlaß — Allerhöchste Verordnung.

Bek. d. Reichsk. A. = Bekanntmachung des Herrn Reichskanzlers, bezw. des Reichskanzler-Amtes.

St. M. Beschl. — St. M. Verordn. = Staats-Ministerial-Beschluß — dsgl. Verordnung.

M. V. — M. Bek. — M. Besch. — M. Bestät. — M. Genehm. = Ministerial-Verfügung, — -Bekanntmachung, — -Bescheid, — -Bestätigung, — -Genehmigung.

Sch. K. V. — Sch. K. Bek. = Verfügung — Bekanntmachung eines Königl. Provinzial-Schulkollegiums.

R. V. — R. Bek. = dsgl. einer Königl. Regierung.

K. V. = dsgl. eines Königl. Konsistoriums.

Der Buchstabe C. zugesetzt = Cirkular.

Erk. d. Reichs-Ger. = Erkenntnis des Reichsgerichtes.

Erk. d. Ob. Verw. Ger. = Erkenntnis des Königl. Oberverwaltungsgerichtes.

Erk. d. Komp. Ger. H. = Erkenntnis des Königl. Gerichtshofes zur Entscheidung der Kompetenz-Konflikte.

Bek. d. Akad. d. K. = Bekanntmachung der Königl. Akademie der Künste zu Berlin.

Sach-Register
zum Centralblatt für den Jahrgang 1892.

(Die Zahlen geben die Seitenzahlen an.)

A.

C.

D.

E.

F.

G.

H.

J.

K.

L.

M.

N.

O.

P.

R.

S.

T.

U.

V.

W.

Z.

Namen-Verzeichnis
zum Centralblatt für den Jahrgang 1892.

(Die Zahlen geben die Seitenzahlen an.)

In dem nachfolgenden Verzeichnisse sind die in den Nachweisungen über die Behörden, Anstalten u. s. w. auf den Seiten 1 bis 174, 422 bis 424, 503, 504, 515, 516, 548 bis 558, 560, 561, 746 bis 752 vorkommenden Namen nicht angegeben.

G.

H.

J

T.

Lightning Source UK Ltd.
Milton Keynes UK
UKHW021949081118
332017UK00013B/1163/P